ISBN 978-1-5283-3055-8
PIBN 10931288

English
Français
Deutsche
Italiano
Español
Português

www.forgottenbooks.com

Mythology Photography **Fiction**
Fishing Christianity **Art** Cooking
Essays Buddhism Freemasonry
Medicine **Biology** Music **Ancient
Egypt** Evolution Carpentry Physics
Dance Geology **Mathematics** Fitness
Shakespeare **Folklore** Yoga Marketing
Confidence Immortality Biographies
Poetry **Psychology** Witchcraft
Electronics Chemistry History **Law**
Accounting **Philosophy** Anthropology
Alchemy Drama Quantum Mechanics
Atheism Sexual Health **Ancient History**
Entrepreneurship Languages Sport
Paleontology Needlework Islam
Metaphysics Investment Archaeology
Parenting Statistics Criminology
Motivational

Oct 26

$$\frac{258}{10.2}$$

6^5

ANNALES

DE

L'ASSOCIATION INTERNATIONALE

POUR LE

PROGRÈS DES SCIENCES SOCIALES

Bruxelles. — Typ. de A. Lacroix, Verboeckhoven et Cie rue Royale, 3, impasse du Parc.

ANNALES

DE

L'ASSOCIATION INTERNATIONALE

POUR LE

PROGRÈS DES SCIENCES SOCIALES

—

PREMIÈRE SESSION

—

CONGRÈS DE BRUXELLES

———————◆◆◆◆———————

BRUXELLES & LEIPZIG

A. LACROIX, VERBOECKHOVEN & Cie, IMPRIMEURS-ÉDITEURS

RUE ROYALE, 3, IMPASSE DU PARC

PARIS

GUILLAUMIN & Cie, ÉDITEURS

RUE RICHELIEU, 14

—

1863

nr. acc. date

INTRODUCTION

———

Le premier Congrès de l'*Association internationale pour le progrès des sciences sociales* s'est réuni à Bruxelles, le 22 septembre 1862. Honoré de la présence de S. A. R. Monseigneur le duc de Brabant qui daigna ainsi lui donner un témoignage éclatant de ses sympathies, il s'ouvrit sous la présidence effective du regrettable bourgmestre de Bruxelles, feu M. Fontainas, l'un des promoteurs les plus zélés et les plus convaincus de l'institution.

Les travaux se prolongèrent jusqu'au jeudi 25 septembre.

La séance de clôture fut présidée par M. Orts, membre de la Chambre des représentants.

Au banquet d'adieu, le fauteuil fut occupé par M. Vervoort, président d'honneur de l'Association et président de la Chambre des représentants.

MM. Tielemans, président à la cour d'appel de Bruxelles, et Nothomb, membre de la Chambre des représentants de Belgique, anciens ministres de la justice; M. De Decker, ancien ministre de l'intérieur, membre de la Chambre, et son collègue, M. Van Humbeeck; M. le comte de Liedekerke-Beaufort, membre de la Chambre, assisté de MM. Fétis, directeur du *Conservatoire royal de musique* et De Rongé, conseiller à la cour d'appel, vice-

président du *Cercle artistique et littéraire de Bruxelles*; MM. Vleminckx, président de l'Académie royale de médecine et Ducpetiaux, inspecteur général honoraire des prisons et établissements
de bienfaisance, MM. De Naeyer, membre et ancien vice-président de la Chambre des représentants de Belgique, et Corr-Vander Maeren, juge au tribunal de commerce, président de l'*Association internationale pour les réformes douanières*, avaient bien
voulu se charger des présidences et vice-présidences effectives
des cinq sections de l'Association.

Les réunions des sections et les assemblées générales ont pu
se tenir dans le *Palais Ducal*, gracieusement mis à la disposition
de l'Association par le ministre de l'intérieur, M. Vanden Peere-
boom.

La direction générale des beaux-arts, qui avait alors pour chef
M. Romberg, et le comité de l'exposition permanente de tableaux,
présidé par M. Schuster, architecte du Roi, occupaient diverses
parties du palais : ils se prêtèrent, avec la plus grande complaisance, à tous les arrangements que les secrétaires faisant fonctions de questeurs, MM. Émile De Mot et Victor Vleminckx,
jugèrent à propos de prendre pour approprier les locaux à leur
destination.

Le mercredi 24 septembre, les membres protecteurs et effectifs du Congrès furent invités par l'administration communale
de Bruxelles à un bal dans les salons de l'Hôtel de Ville, brillamment décorés pour la circonstance. L'avant-veille, un *Raout*
des plus animés leur avait été donné par le *Cercle artistique et
littéraire* dans son beau local de la Grand'Place. Le 25 septembre,
ils assistèrent à la fête de nuit organisée par la *Société royale de
zoologie et d'horticulture*, dans son parc du quartier Léopold. La
famille royale rehaussa par sa présence l'éclat de ces diverses
réjouissances.

Enfin, les principales Sociétés de Bruxelles, le *Cercle artistique
et littéraire*, la *Société du Commerce*, la *Société royale de la
Grande-Harmonie* et la *Société de la Philharmonie* avaient libéralement ouvert leurs salons à tout membre effectif ou protecteur
de l'Association, sur présentation de sa carte.

Une réduction de 50 p. c. sur le prix du parcours avait été

accordée sur tous les chemins de fer de l'État en Belgique, par le ministre des travaux publics, M. Vanderstichelen, à tous les titulaires d'une carte de membre effectif ou protecteur. A l'intervention de M. le ministre, la même faveur avait été consentie par les Compagnies propriétaires de lignes concédées en Belgique et par plusieurs Compagnies étrangères : la Compagnie du Nord en France, la Compagnie belge-rhénane en Allemagne, la Compagnie d'Anvers à Rotterdam, et les Compagnies du *South-Eastern* et du *London Chatham Railway* en Angleterre.

Un concours précieux fut encore apporté à l'Association par les institutions publiques ou privées du pays et de l'étranger : les Académies de Belgique, l'université de Bruxelles, des administrations communales, des chambres de commerce, des sociétés savantes, des cercles littéraires, etc., qui consentirent à accréditer auprès du Congrès des députations officielles. Parmi ces députations, des honneurs particuliers furent rendus à MM. Hastings, secrétaire général, et Westlake, secrétaire pour l'étranger de la *National Association for the promotion of social science*, d'Angleterre. Le comité fondateur ne pouvait oublier qu'à défaut de lord Brougham, retenu par une sérieuse indisposition, ces messieurs étaient auprès de l'œuvre naissante, les mandataires de l'institution qui nous a servi de modèle et d'appui.

Le comité fondateur de l'Association internationale, après avoir arrêté les statuts provisoires et décidé que l'œuvre serait constituée dès que l'adhésion de deux cents personnes au moins serait acquise, avait résolu de confier à une députation de trois membres le soin d'aller à Londres étudier le mécanisme de l'institution anglaise qui tenait, à cette époque, sa sixième session.

Composée de MM. Vervoort (*), Corr Vander Maeren et Couvreur, la députation reçut de l'illustre président de l'Association anglaise de son secrétaire général et de tous les membres des divers bureaux, l'accueil le plus cordial. Non seulement il lui fut permis de s'initier à tous les détails du fonctionnement de l'As-

(*) La prolongation de la session parlementaire et une indisposition empêchèrent M. Vervoort d'accompagner la députation à Londres.

sociation, mais à la séance d'ouverture tenue à *Exeter Hall*, sous la présidence de lord Brougham, M. Corr Vander-Maeren fut autorisé à faire connaître à l'assemblée générale des membres de l'Association, les principes et le but de l'institution projetée en Belgique. Après cette communication, accueillie par de vives acclamations, une résolution, proposée par M. Hanbury et appuyée par l'honorable M. George Denman, tous deux membres du Parlement et du conseil de l'Association, fut votée à l'unanimité, à l'effet d'exprimer les sentiments d'approbation et de sympathie de l'assemblée (*).

Quelques jours plus tard, en exécution de ce vote et malgré les labeurs que lui imposaient la session parlementaire et sa participation très active à tous les travaux de l'Association, lord Brougham voulut bien présider une réunion spécialement convoquée pour permettre à la députation venue de Bruxelles d'exposer en détail les projets et les désirs du comité qu'elle avait mission de représenter. Lord Talbot de Malahide et M. Van de Weyer, ambassadeur de Belgique à Londres, siégeaient au bureau avec lord Brougham. A cette séance assistaient, outre les membres les plus notables de l'Association britannique, un

---

(*) Les *Transactions of the National Association for the promotion of social science* reproduisent, dans le compte rendu sommaire de cette séance, les parties essentielles de la communication de M. Corr-Vander Maeren. Après avoir fait remonter à lord Brougham, l'honneur du projet qui constituait sur le continent une Association analogue à l'Association britannique, l'orateur a relaté les démarches faites pour réaliser ce projet et signalé quelques divergences dans l'organisation des deux associations, puis il a conclu en ces termes :

« L'*Association internationale* poursuivra le but que vous avez également le désir d'atteindre. En nous envoyant ici, son comité fondateur a eu surtout en vue de lui conquérir l'appui et l'assistance, non seulement des membres de votre admirable institution, mais encore de tous ces illustres visiteurs étrangers réunis autour de nous.

« Nous espérons que tous les partis, quelle que soit leur foi politique et religieuse, comprendront que notre seul objet est de réunir des hommes de toutes les opinions et de toutes les opinions, et d'associer leurs efforts vers le plus grand bien de la race humaine. Si les statuts provisoires soulevaient des critiques, nous prions le public de ne pas perdre de vue que ce plan a été élaboré par quelques proprs belges, dans le but de servir de première base à la construction de ce vaste édifice. Il est prévu dans les statuts que toute l'organisation pourra être révisée à la prochaine assemblée qui se tiendra au mois de septembre prochain à Bruxelles. C'est plus dans nos efforts et recevoir sollicitons l'adhésion de tous. Nous espérons être nous avons fait jusqu'ici. » approbation de cette noble assemblée pour ce

grand nombre d'étrangers venus à Londres pour participer aux travaux du *Congrès de bienfaisance* qui tenait alors sa troisième session, de concert avec là *National Association*. Sur la proposition de M. Van de Weyer, appuyée par MM. Wolowski et Ducpetiaux, il fut résolu que les membres de l'assemblée ne se borneraient pas à un vote stérile d'approbation, mais feraient acte d'adhésion personnelle à la nouvelle Association continentale.

Le nombre de membres exigé par les statuts provisoires fut ainsi dépassé, et comme les personnes qui se joignaient aux promoteurs de l'*Association internationale* étaient des sommités de la science et des amis du progrès appartenant à beaucoup de pays divers, l'œuvre se trouva établie dans les conditions à la fois les plus solides et les plus brillantes (*).

(*) Aux fêtes de l'Association, ainsi qu'à son banquet final, la députation et le comité fondateur de l'Association internationale ont trouvé la même bienveillance. Voici des détails empruntés à des correspondances de l'*Indépendance belge* :

« Une nouvelle fête, dont on dit merveille, sera donnée jeudi par la puissante corporation des *Fishmongers*, dans la belle salle, près de « London Bridge. » Comme à Westminster, une des attractions de la soirée sera due à la générosité du télégraphe sous-marin. Il a accordé aux membres de l'Association la faculté de correspondre gratis avec leurs amis du Continent, sur des objets concernant l'Association. L'autre soir, à Westminster, des dépêches ont été échangées avec Paris, Vienne, Naples et Berlin, et bien certainement une conversation intéressante se fût nouée avec Bruxelles si, au premier appel, il n'avait été répondu que le premier magistrat de la cité était retenu par son devoir sur le théâtre d'un grand incendie.....

« La fête de la'Corporation des *Fishmongers* offerte aux membres de la *National Association for the promotion of social science*, a eu un cachet tout particulier. C'était à la fois un concert donné par la musique des *Coldstream Guards*, une conférence — ou *lecture*, comme cela s'appelle ici — sur les facultés de la mémoire et les moyens de la développer, avec des démonstrations à l'appui, enfin une exposition de tableaux microscopiques et photographiques vus à l'aide d'instruments envoyés par des ingénieurs-opticiens de Londres pour l'amusement et l'instruction des invités de MM. les poissonniers. Mais le principal amusement de la soirée, celui qui obtenait le plus de succès, c'était le jeu du télégraphe électrique déroulant sous les yeux du public de longues bandes de papier chargées de dépêches arrivant à tout instant des principales villes du continent, en réponse aux télégrammes que d'autres appareils venaient d'y envoyer.

« Après deux communications officielles expédiées l'une à Dublin, l'autre à Glasgow, pour rappeler au lord-lieutenant d'Irlande et au lord-provost (bourgmestre) de la seconde capitale de l'Écosse, les sessions tenues dans ces deux villes par l'Association et leur annoncer le succès des Congrès réunis en ce moment à Londres sous ses auspices, lord Brougham a transmis à Bruxelles la dépêche suivante :

« Le président (lord Brougham) et le conseil de la *National Association for the promotion of social science*, prennent la liberté d'informer M. Fontainas qu'ils ont reçu avec grande « satisfaction la députation du comité fondateur de l'Association internationale. Ils

La presse, tant en Angleterre que sur le continent,ne fut pas moins prodigue d'encouragements pour l'*Association internationale*. Énumérer les journaux qui lui prêtèrent leur publicité pour faire connaître son existence et ses projets, et pour propager ses principes et les questions proposées à l'examen du premier congrès, dépasserait les limites de ce travail.

Bornons-nous à dire que la plupart suivirent les développe-

« espèrent pouvoir coopérer cordialement avec ce comité à développer le progrès des
« sciences sociales par toute l'Europe.

« Les membres de l'Association assistent en ce moment à une soirée qui leur est
« donnée dans les salons de la Corporation des *Fishmongers*. »

« Une demi-heure ne s'était pas écoulée que l'assemblée applaudissait aux paroles sympathiques de M. Fontainas contenues dans le télégramme suivant, remis à lord Brougham :

« Merci, Mylord, pour votre précieuse communication et vos dispositions généreuses.
« Nous vous recevrons en septembre prochain avec la plus grande cordialité. Si je
« n'assiste pas ce soir en personne à votre fête, mon cœur est parmi vous. »

« Après ce premier échange international, lord Brougham, ayant été informé que M. Vervoort, qui devait venir rejoindre à Londres la députation du comité fondateur de l'*Association internationale*, avait envoyé dans la journée une dépêche pour s'excuser d'en être empêché par une indisposition et des travaux parlementaires urgents, lui en fit exprimer tous ses regrets et l'espoir que son indisposition ne serait pas de longue durée.

. . . .

« C'est dans le palais de Sydenham que l'Association a convié ses membres au banquet d'adieu. Beaucoup d'entre eux en avaient déjà pris le chemin dès le matin.

« A cinq heures, les retardataires sont arrivés, et à six heures, cinq cents convives, parmi lesquels beaucoup de dames, étaient réunis dans une vaste salle à l'aile gauche du bâtiment.

« Comme les banquets sur le Continent, les dîners publics, en Angleterre, se composent de deux partis : le dîner proprement dit, et les *toasts*. A Sydenham, le dîner n'était que l'accessoire, le prétexte : les toasts formaient l'élément essentiel. Trois étrangers ont parlé : deux en français, avec beaucoup d'éloquence, MM. Garnier-Pagès et le comte Foucher de Careil, un troisième, en belge, en anglais. Ce dernier a dû la meilleure part de son succès à la lecture de l'extrait d'une lettre de M. Vervoort, président de la Chambre des représentants de Belgique. Voici cet extrait :

« Je regrette profondément de ne pouvoir me rendre au sein de l'Association. J'aurais
« été heureux de me trouver au milieu de tant d'hommes de mérite travaillant en
« commun à une œuvre si élevée.

« Ancien bâtonnier de l'ordre des avocats, j'aurais salué avec bonheur un orateur qui
« a jeté tant d'éclat sur le barreau anglais.

« Président de la Chambre des représentants, j'aurais été fier de presser avec effusion
« la main du noble vétéran des luttes parlementaires de ce grand et illustre Parlement
« anglais. »

« Des acclamations prolongées ont couvert cet hommage rendu, en termes excellents, à l'Association, à lord Brougham et au Parlement anglais. »

ments de l'entreprise avec un vif intérêt et, soit par leur approbation, soit par leurs critiques, lui donnèrent une vitalité qu'elle
n'eût jamais acquise sans ce secours.

Ainsi énergiquement soutenue, encouragée, présentée d'ailleurs au public sous les auspices des noms les plus honorables
et les plus considérés de tous les partis en Belgique, patronnée
par des notabilités étrangères de premier ordre, l'œuvre ne pouvait pas manquer de réussir. Le succès dépassa les espérances,
au moins comme mouvement moral et intellectuel.

Pendant les quatre jours que dura le congrès, tant dans la
ville de Bruxelles que dans les salles du Palais-Ducal où les cinq
sections du congrès poursuivaient avec une rare assiduité leur
mission volontaire, on remarqua une animation, une vitalité,
dont chacun gardera le souvenir. Les discussions solennelles,
éloquentes, passionnées engagées sur les questions de législation, d'éducation, d'art, de philanthropie ou d'économie politique,
se continuaient après les séances dans les rues, dans les fêtes,
dans les réunions intimes, partout où se rencoutraient ceux qui
avaient conduit, suivi ou éclairé les débats. C'était la vie intellectuelle dans toute son intensité, dégagée des préoccupations de
parti ou de nationalité, et d'autant plus splendide qu'elle éclai-
rait de ses reflets, sous les yeux des étrangers charmés, les joies
d'un peuple en fête, acclamant le souverain qui lui était rendu
au sortir d'une longue et dangereuse maladie.

Ce premier congrès a-t-il aussi bien répondu aux desseins de
ses promoteurs, sous le rapport des résultats philosophiques,
pratiques et sociaux qu'ils en attendaient? De ce choc des opinions diverses ou opposées, une lumière a-t-elle jailli? De ces
communications si variées, une idée, un renseignement utile
pourront-ils se dégager? C'est au présent livre de donner la
réponse.

Le secrétaire général,
Aug. Couvreur.

AVIS AU LECTEUR

Le Conseil d'administration, sur le rapport du comité chargé de la publication des débats du Congrès de septembre, a décidé de faire paraître, en six livraisons mensuelles, les documents à imprimer, soit en totalité, soit en partie, en vertu de l'art. 17 des statuts de l'Association.

La première livraison contient tout ce qui peut donner au lecteur une idée juste de l'ensemble de la session : la composition du conseil, les statuts, la séance d'ouverture, la séance de clôture, les discours du banquet et les rapports présentés au nom des cinq sections.

Les livraisons suivantes comprendront, chacune, les travaux d'une section, d'après l'ordre assigné dans l'organisation.

Un *Appendice* reproduira, dans chaque livraison, des extraits des délibérations du Conseil d'administration et les communications jugées propres à établir un courant d'informations et d'études, d'une assemblée générale à l'autre.

ASSOCIATION INTERNATIONALE

POUR LE

PROGRÈS DES SCIENCES SOCIALES

CONSEIL D'ADMINISTRATION (*)

Présidents d'honneur.

MM. LE PRINCE DE LIGNE, président du Sénat.
VERVOORT, président de la Chambre des représentants.
CH. ROGIER, ministre des affaires étrangères.

Président.

M. FONTAINAS, bourgmestre de Bruxelles.

Vice-Présidents.

MM. ORTS, ancien président de la Chambre des représentants.
VERHAEGEN aîné, ancien président de la Chambre des représentants.
KERVYN DE LETTENHOVE, membre de l'Académie royale de Belgique.
QUETELET, secrétaire perpétuel de l'Académie royale de Belgique.
Comte ARRIVABENE, sénateur du royaume d'Italie.

(*) Dans la séance de clôture, il a été décidé sur les propositions de MM. Orts et Wolowski que pour la première année le conseil d'administration se composerait : 1° des membres du comité fondateur ; 2° des présidents, vice-présidents et secrétaires belges ; 3° des vice-présidents et secrétaires étrangers de la première session.

ASSOCIATION INTERNATIONALE

Membres.

MM. Fortamps, membre du Sénat.

Van Schoor, membre du Sénat.

De Naeyer, membre de la Chambre des représentants.

De Decker, membre de la Chambre des représentants

Comte de Liedekerke-Beaufort, membre de la Ch des représentants.

Comte de Mérode-Westerloo, membre de la Ch. des représentants

Alph. Nothomb, membre de la Chambre des représentants.

Van Humbeeck, membre de la Chambre des représentants.

Defacqz, conseiller à la Cour de cassation.

Tielemans, président à la Cour d'appel.

De Rongé, conseiller à la Cour d'appel.

Vleminckx, président de l'Académie royale de médecine.

E. Ducpetiaux, inspecteur-général honoraire des prisons.

Fétis père, directeur du Conservateur royal de musique.

Ad. Lehardy de Beaulieu, conseiller provincial.

P. De Bavay, président du tribunal de commerce.

Corr Vander Maeren, juge au tribunal de commerce.

A. Lacomblé, secrétaire communal.

Balat, architecte, membre de l'Académie royale.

Bérardi, directeur de l'*Indépendance belge*.

Trésorier.	Secrétaire général.
M. Eug. Prévinaire,	Aug. Couvreur,
membre de la Ch. des représentants.	rédacteur de l'*Indépend. belge*.

Secrétaires des sections.

1" section : MM. Bara, avocat, membre de la Chambre des représentants ; Staes, avocat ; Van Camp, avocat.

2" section : MM. De Groux, avocat ; L. Geelhand, propriétaire ; A. Lacroix, éditeur ; Woeste, avocat.

3" section : MM. E. Demot, avocat ; E. Fétis, membre de l'Académie royale ; G. Frédérix, homme de lettres ; J. Gérard, artiste peintre ; Ad. Samuel, professeur au Conservatoire de musique.

4" section : MM. Bergé, professeur de chimie ; Crocq, membre de l'Académie royale de médecine ; Donckers, et V. Vleminckx fils, docteurs en médecine.

5" section : MM. G. Jottrand et Lejeune, avocats ; Ed. Sève, négociant.

Vice-présidents et secrétaires pour l'étranger.

ALLEMAGNE.

MM. Lette, Kuranda, De Stubenrauch, vice-présidents.

MM. Neumann, Varrentrapp, Max Wirth, secrétaires.

DOCUMENTS CONSTITUTIFS DE L'ASSOCIATION.

L'origine de l'Association et la raison d'être de son organisation sont exposées dans un discours prononcé à la séance d'ouverture de la première session, au nom du comité fondateur (page 27). Nous y renvoyons nos lecteurs, en nous bornant à publier ici les documents qui ont servi à constituer l'association.

LETTRE CIRCULAIRE.

A la suite de plusieurs réunions préparatoires, un comité, composé d'hommes notables de toutes les opinions, fit répandre par toute l'Europe, dès le 15 mai 1862, la lettre circulaire suivante :

« MONSIEUR,

« Il existe en Angleterre deux associations nées de l'initiative privée des citoyens, ayant en vue, l'une, le développement des sciences exactes (*British Association for the advancement of science*), l'autre, le progrès des sciences sociales (*National Association for the promotion of social science*).

« Les travaux de la première institution ont fait faire de grands progrès aux sciences exactes, surtout dans leur application à l'industrie ; les débats de la seconde ont préparé d'utiles réformes dans la législation de la Grande-Bretagne.

« Chaque année, ces associations tiennent de grandes assises dans l'une ou l'autre ville importante des trois royaumes.

« Des auditoires nombreux, avides d'instruction, composés d'éléments pris dans toutes les classes de la société, viennent y écouter les communications d'hommes spéciaux sur les problèmes de la philosophie, des arts, des sciences et des lettres; ces communications sont discutées, approuvées ou improuvées, et deviennent ainsi un objet d'enseignement mutuel, en même temps qu'une source de conquêtes nouvelles dans le champ ouvert à l'activité morale et matérielle de l'humanité.

« En attendant que les savants éminents que compte notre pays établissent quelque association pour le progrès des sciences exactes, modelée sur la *British Association for the advancement of science*, il nous a paru désirable de constituer, en Belgique, une association analogue à l'Association pour le progrès des sciences sociales (*National Association for the promotion of social science*), en rapports directs avec elle, mais ayant, sur elle, l'avantage d'embrasser, dans son mouvement, tous les peuples du continent européen.

« La position géographique de la Belgique, sa neutralité, la considération dont elle jouit à l'étranger nous permettent de donner, à l'œuvre, ce caractère international propre à la rendre plus grande et plus utile.

« Une réunion internationale, à convoquer pour le mois de septembre de l'année 1862, à une époque où l'exposition universelle de Londres créera un grand courant de voyageurs, nous parait le moyen le plus pratique de constituer cette association, aussitôt que nous aurons réussi à recueillir, en Belgique et à l'étranger, un nombre d'adhésions suffisant pour donner à l'entreprise l'autorité qui lui est nécessaire.

« Il importe de se pénétrer de la conviction que, pour produire de féconds résultats, cette entreprise doit rester libre de tout esprit de parti. L'amour de l'humanité, le devoir de la faire progresser dans les voies de la vérité et de la justice, voilà la cause que nous voulons servir, la seule qui puisse provoquer l'action simultanée de tous les hommes de bonne volonté, quelles que soient, d'ailleurs, leurs opinions politiques et leurs convictions religieuses.

« Si ces vues concordent avec les vôtres, si vous pensez avec nous, Monsieur, qu'une institution du genre de celle que nous venons de décrire pourra, à la fois, rapprocher les uns des autres les peuples de l'Europe, les faire s'estimer et s'entr'aider, ne laisser subsister, entre eux, d'autre rivalité que celle du bien, raffermir la paix, consolider l'indépendance de chaque nation; en un mot, si l'œuvre vous parait bonne et praticable, veuillez nous transmettre votre adhésion et nous permettre de compter sur votre concours ultérieur. Vous trouverez plus loin quelques indications précisant davantage le programme de l'institution nouvelle et de la première assemblée générale qui doit lui donner le jour. »

LE COMITÉ FONDATEUR.

MM. Fontainas, bourgmestre de Bruxelles, président.

Le prince de Ligne, président du Sénat, ancien ambassadeur.

Vervoort, président de la Chambre des représentants, président du Cercle artistique et littéraire de Bruxelles.

Fortamps, membre du Sénat, président de la commission belge pour l'Exposition universelle de Londres.

Van Schoor, membre du Sénat, membre du conseil des hospices de la ville de Bruxelles.

Verhaegen aîné, ancien président de la Chambre des représentants, administrateur-inspecteur de l'Université de Bruxelles.

Orts, membre et ancien président de la Chambre des représentants.

De Nayer, membre et ancien vice-président de la Chambre des représentants.

De Decker, membre de la Chambre des représentants, membre de l'Académie de Belgique, ancien ministre de l'intérieur.

Comte de Liedekerke-Beaufort, membre de la Chambre des représentants.

Comte de Mérode-Westerloo, membre de la Chambre des représentants.

Kervyn de Lettenhove, membre de la Chambre des représentants, membre de l'Académie de Belgique.

Alph. Nothomb, membre de la Chambre des représentants, ancien ministre de la justice.

Prévinaire, membre de la Chambre des représentants, directeur-secrétaire de la Banque nationale.

Van Humbeek, membre de la Chambre des représentants.

Defacqz, conseiller à la Cour de cassation.

Tielemans, président à la Cour d'appel de Bruxelles, membre du conseil communal, professeur de droit administratif à l'Université de Bruxelles.

Comte Jean Arrivabene, sénateur du royaume d'Italie, ancien membre du conseil provincial du Brabant, président de la Société d'économie politique de Belgique.

Ad. Le Hardy de Beaulieu, membre du conseil provincial du Brabant.

Paul De Bavay, industriel, président du tribunal de commerce de Bruxelles.

Corr Vander Maeren, ancien négociant, juge au tribunal de commerce de Bruxelles.

Alb. Lacroix, éditeur, membre du conseil communal de Bruxelles.

Balat, architecte, vice-président du Cercle artistique et littéraire de Bruxelles.

Bérardi, directeur de l'*Indépendance belge*.

A. Lacomblé, secrétaire communal.

Gust. Frédérix, homme de lettres, membre de la commission pour l'encouragement de l'art et de la littérature dramatiques.

Jos. Gérard, artiste peintre.

Aug. Couvreur, homme de lettres, ancien secrétaire du Congrès des réformes douanières de 1856, secrétaire.

STATUTS.

—

NOM DE L'ASSOCIATION.

Art. 1ᵉʳ. *Une Association internationale pour le progrès des sciences sociales* est constituée entre tous ceux qui adhèrent aux présents statuts.
Le siége de cette association est fixé à Bruxelles.

BUT DE L'ASSOCIATION.

Art. 2. L'Association a pour but de développer l'étude des sciences sociales; de guider l'opinion publique vers les moyens les plus pratiques d'améliorer les législations civiles et criminelles; de perfectionner et de généraliser l'instruction; d'étendre et de déterminer la mission des arts et des lettres dans les sociétés modernes; d'augmenter la somme des richesses publiques et d'assurer leur bonne distribution; d'améliorer la condition physique et morale des classes laborieuses; d'aider, enfin, à la diffusion de tous les principes qui font la force et la dignité des nations.

A cet effet, l'Association groupe autour d'elle toutes les sociétés et tous les individus qui s'appliquent ou s'intéressent à l'examen de ces questions, et, sans intervenir dans leurs efforts particuliers, elle cherche à dégager la vérité de l'erreur, à dissiper les doutes, à rapprocher les opinions dissidentes, à offrir, enfin, à toutes les convictions et à toutes les recherches, un terrain neutre pour l'échange d'informations et d'études sérieuses sur tous les grands problèmes sociaux de notre époque. L'Association discute et ne vote pas.

MOYENS D'ACTION DE L'ASSOCIATION.

Art. 3. L'Association poursuit son but :
1° Par des assemblées internationales se réunissant une fois par an et pendant huit jours au plus dans quelque grande ville d'Europe;
2° Par la publication des travaux de ces assemblées;
3° Par des prix accordés, au moyen de concours, aux œuvres les plus propres à seconder l'action des assemblées annuelles.

Art. 4. Ne peuvent participer aux travaux et aux délibérations de l'Association que les personnes inscrites comme membres de l'institution par les soins de son conseil d'administration. (Voir Art. 22.)
L'inscription s'accorde à toute personne, jouissant de ses droits civils, qui en fait la demande.

Art. 5. Les membres de l'Association se divisent en membres affiliés, membres effectifs, membres protecteurs et membres d'honneur.

Art. 6. Le *membre affilié* n'est inscrit que pour la durée de la session. Il paie une cotisation de cinq francs. Il a le droit, ainsi que toutes les personnes de sa famille demeurant sous son toit, d'adresser des communications à l'assemblée annuelle et de prendre part aux discussions.

Art. 7. Les *membres effectifs*, outre les droits indiqués ci-dessus, ont le privilége : 1° de recevoir les publications de l'Association; 2° de nommer les comités et le conseil d'administration de l'Association.

Les membres effectifs paient une souscription annuelle de vingt francs; cette souscription se renouvelle de plein droit si la démission n'a pas été donnée du 1" au 31 mai de chaque année.

ART. 8. Sont *membres protecteurs*, les personnes qui veulent encourager exceptionnellement les travaux de l'Association.

Leur souscription est ou à vie, ou annuelle. Elle ne peut être moindre de 250 francs, si elle est à vie, et de 50 francs, si elle est annuelle.

ART. 9. L'Association confère le titre de *membres d'honneur* à des hommes éminents qui ont rendu des services signalés à l'Association ou aux sciences sociales.

ART. 10. Les membres protecteurs et les membres d'honneur jouissent des droits et privilèges des membres effectifs.

ART. 11. Un diplôme constatant leur qualité sera remis aux membres effectifs, aux membres protecteurs et aux membres d'honneur de l'Association.

ART. 12. Les souscriptions annuelles des membres effectifs et des membres protecteurs doivent être encaissées par anticipation, du 1" au 15 juin de chaque année, et la cotisation des membres affiliés, avant leur participation aux travaux de l'Association

ART. 13. Les fonds provenant de ces diverses sources de recettes seront versés dans la caisse d'une banque publique ou privée de Belgique, à la désignation du conseil d'administration.

ART. 14. Les corporations publiques ou sociétés privées, telles que les académies, les conseils communaux, les chambres de commerce, les conseils de prud'hommes, les institutions charitables, les cercles, sociétés de commerce, etc., peuvent concourir au but de l'Association par un ou plusieurs délégués.

TRAVAUX DES ASSEMBLÉES ANNUELLES DE L'ASSOCIATION.

ART. 15. Les assemblées annuelles de l'Association se divisent en cinq sections, savoir :

1° Section de législation comparée ;

2° Section d'instruction et d'éducation ;

3° Section d'art et de littérature ;

4° Section de bienfaisance et d'hygiène publique ;

5° Section d'économie politique (impôts, questions financières, agricoles, industrielles et commerciales).

ART. 16. Chaque section discute les questions mises à l'ordre du jour par son comité. Ces questions doivent être publiées au moins trois mois avant chaque réunion annuelle.

Les discussions s'engagent dans chaque section sur des communications faites par des membres de l'Association.

Ces communications peuvent exposer soit des faits, soit des points de doctrine. Ceux qui les présentent en assument la responsabilité.

Les communications se font sous la forme de discours ou de mémoires. Aucun mémoire déjà publié ne peut être lu en section. La lecture d'un mémoire ne peut dépasser quinze minutes. Sont exceptés de cette disposition, les travaux des rapporteurs.

ART. 17. Le conseil d'administration fait imprimer, chaque année, les travaux des diverses sections, soit en totalité, soit en partie. Aucune communication faite aux sections ne peut être publiée par son auteur avant la publication des travaux de l'Association, sauf autorisation spéciale donnée par le conseil d'administration.

ART. 18. Indépendamment des séances des sections, l'Association tient deux séances générales. La première est consacrée au compte rendu des travaux de l'Association pendant l'année écoulée, à un exposé de sa situation morale et matérielle, à l'indication des questions qui seront examinées par les différentes sections.

La seconde séance générale est la séance de clôture. Il y est rendu compte des principes exposés dans les diverses sections et des discussions qu'ils ont soulevées. Les questions à examiner par la prochaine assemblée y sont également indiquées. Ces communications sont faites, soit par le président de l'assemblée générale, soit par des rapporteurs nommés par les diverses sections.

DIRECTION DE L'ASSOCIATION ET DE SES ASSEMBLÉES ANNUELLES.

Art. 19. L'Association est divisée en cinq sections qui correspondent aux sections des assemblées annuelles.

Art. 20. A chaque réunion annuelle, les membres effectifs de l'Association réunis dans les sections où ils se sont fait inscrire, nomment : 1° un comité de dix membres au moins, choisis parmi toutes les nationalités représentées au sein de l'Association ; 2° les présidents, vice-présidents et secrétaires de ces comités. Les comités ont le droit de s'adjoindre de nouveaux membres, à moins qu'il n'en soit autrement disposé.

Les comités ont mission de régler l'ordre du jour des questions soumises aux délibérations de la section, de surveiller la publication des travaux accomplis, de préparer le cadre des questions à examiner à la session suivante, etc.

Art. 21. Après la nomination des comités, les membres effectifs de l'Association, toutes sections réunies, nomment le bureau de l'Association.

Ce bureau est composé de présidents d'honneur, d'un président, de vice-présidents, d'un trésorier, d'un secrétaire général et de secrétaires. Tous les membres du bureau doivent résider en Belgique.

Les membres du bureau, réunis aux présidents, vice-présidents et secrétaires des sections, constituent le conseil d'administration de l'Association.

Art. 22. Les membres du conseil d'administration et des comités de l'Association ont un mandat d'une année. Ils sont rééligibles.

Art. 23. Le conseil d'administration de l'Association détermine l'époque et le lieu de la session annuelle, à moins que les membres effectifs de l'Association n'y aient déjà pourvu.

Il prend toutes les dispositions nécessaires pour la réunion de l'Association au lieu indiqué.

Il fait paraître les avis et les invitations, reçoit les propositions à soumettre à la discussion publique, délivre les diplômes et les inscriptions, en reçoit le prix et dresse le compte des recettes et dépenses de l'Association.

Il décerne le titre de membre d'honneur aux personnes dont il est fait mention à l'article 9.

Il établit, avec le concours des comités, le programme des assemblées annuelles.

Il fait toutes les propositions pour les nominations des présidents, vice-présidents et secrétaires de l'Association et des comités, prévues à l'article 20.

Pendant l'intervalle des sessions, il publie les travaux des assemblées annuelles et il s'occupe de tous les objets qui peuvent aider à atteindre le but de l'Association.

Il fait parvenir aux membres effectifs de l'Association toutes les publications et communications se rattachant aux travaux de l'Association.

Il provoque la formation de comités d'exécution dans les localités désignées pour la session annuelle de l'Association. Il défère à ces comités locaux les pouvoirs exécutifs nécessaires pour assurer la réunion de l'Association, la publication de ses travaux et leur distribution.

Art. 24. Pour qu'une résolution du conseil d'administration soit valable, il faut que dix membres au moins aient pris part aux délibérations. Les avis et les votes peuvent se recueillir par lettres.

ART. 25. Chaque année, l'assemblée générale des membres effectifs de l'Association nomme, en dehors du conseil d'administration, cinq commissaires pour la vérification et l'approbation des comptes.

ART. 26. Un règlement particulier, à arrêter par le conseil d'administration, fixera le mode de ses réunions, l'exercice de ses pouvoirs, des pouvoirs des comités, les garanties pour la disposition du fonds social, etc.

DISPOSITIONS TRANSITOIRES.

ART. 27. Le comité fondateur institué par les présentes est chargé de provoquer des adhésions pour la constitution de l'Association, d'instituer des comités de section provisoires et un conseil d'administration provisoire, et de fixer avec leur concours les travaux de cette année.

L'Association sera définitivement constituée lorsque deux cents membres effectifs auront adhéré aux statuts.

ART. 28. Les statuts provisoires, après avoir été examinés et arrêtés par le premier conseil d'administration définitif de l'Association, pourront être révisés en 1863, après une année de pratique.

ART. 29. Tout membre effectif qui voudrait proposer des modifications est prié de transmettre, par écrit, sa proposition, appuyée par cinq membres, au secrétaire général de l'Association, après la constitution du premier conseil d'administration.

ART. 30. Les premières assemblées de l'Association se tiendront à Bruxelles, en septembre 1862.

RÈGLEMENT DE LA PREMIÈRE SESSION.

ARTICLE PREMIER. Les membres de l'Association, étrangers à la Belgique, se réuniront le lundi 22 septembre, à 10 heures du matin, à l'hôtel de ville de Bruxelles (salle Gothique). Ils y seront reçus par M. le bourgmestre de Bruxelles et les membres de l'administration provisoire de l'Association.

A cette réception, les membres étrangers, divisés par groupes représentant les divers pays auxquels ils appartiennent, choisiront les membres à adjoindre au conseil d'administration de l'Association comme vice-présidents et secrétaires.

ART. 2. La séance d'inauguration aura lieu le même jour à midi, au *Palais Ducal*, salle des concerts du Conservatoire. Après l'ouverture de la séance par le président, il sera donné connaissance de la situation de l'Association. Le bureau procédera ensuite à l'installation des sections.

ART. 3. Les sections, après leur installation, se réuniront dans les locaux qui leur sont destinés et commenceront immédiatement leurs travaux par la nomination de leur comité.

ART. 4. Ce comité se compose d'un président, de vice-présidents, de secrétaires et de membres belges et étrangers.

Pour chaque comité, il ne pourra y avoir, au plus, que deux vice-présidents et cinq secrétaires résidant en Belgique.

ART. 5. Le comité de chaque section règle l'ordre du jour de ses séances.

ART. 6. Le président a la police de l'assemblée; il dirige les débats, donne et retire la parole, selon les règles en usage dans les assemblées délibérantes.

Art. 7. A l'ouverture de chaque séance de section, l'un des secrétaires communique la liste des publications, notes et travaux divers transmis ou offerts à la section. Ceux de ces documents encore inédits pourront être reproduits, soit intégralement, soit par voie d'analyse ou d'extrait, dans le compte rendu imprimé des séances de l'Association.

Art. 8. Les membres qui veulent mettre une question en discussion doivent l'adresser au comité, qui l'inscrit à l'ordre du jour de la section.

Art. 9. Des discours pourront être prononcés dans toutes les langues. La sténographie recueillera les discours improvisés en français. Les orateurs qui se serviraient d'une autre langue sont priés de remettre aux secrétaires le texte ou le résumé de leurs discours.

Art. 10. La parole ne peut être continuée au même orateur pendant plus de quinze minutes, sauf le consentement de l'assemblée. Le même orateur ne peut parler plus de trois fois sur le même sujet. Ces dispositions ne sont pas applicables aux rapporteurs.

Art. 11. Chaque section nomme ses rapporteurs pour la séance de clôture.

Art. 12. La séance de clôture de la session a lieu le jeudi 25 septembre, à une heure de relevée. Les rapporteurs font connaître, en termes sommaires, les questions agitées dans les diverses sections et les discussions soulevées.

Art. 13. Nul n'est admis aux séances générales de l'Association, ni aux séances des sections, s'il n'est porteur de sa carte personnelle de membre, valable aussi pour les personnes de sa famille demeurant sous son toit. Le titulaire est prié de faire viser sa carte au secrétariat de l'Assocation (Palais Ducal) en signant la liste de présence.

CORPORATIONS ET SOCIÉTÉS

QUI SE SONT FAIT REPRÉSENTER AU CONGRÈS.

—

BELGIQUE.

Académie royale des sciences, des lettres et des beaux-arts de Belgique.

MM. De Decker, Ad. Quetelet, Kervyn de Lettenhove, Ducpetiaux, De Facqz, pour la classe des lettres; Van Hasselt, Fr. Fétis, G. Geefs, Roelandt, pour la classe des beaux-arts.

Académie royale de médecine de Belgique.

MM. Vleminckx, président; Van Coetsem, premier vice-président; Lebeau, second vice-président; Sauveur, secrétaire; Broeckx, Burggraeve, Hairion et Lequime, membres.

Université libre de Bruxelles.

MM. Altmeyer, Crocq, Roussel et Thiry, professeurs.

Administration des hospices et secours de Bruxelles.

MM. Maskens et Thiéfry, membres du Conseil général

Administration communale de Gand.

MM. Ch. De Kerchove, bourgmestre; G. Callier et Aug. de Maere, échevins; Albert Colson et A. Dubois, conseillers.

Administration communale de Mons.

MM. J.-L. Papin et Jules Bourlard, conseillers.

Cercle artistique, littéraire et scientifique d'Anvers.

MM. Bosschaerts, trésorier; Callaerts, directeur; De Taye, vice-président, Haghe, Simon, Vaes, Van Roy, membres; Sneyders, président de la 5ᵉ section; Rigelé, secrétaire.

Cercle artistique et littéraire de Bruxelles.

MM. Vervoort, président; Alph. Balat et J. de Rongé, vice-présidents; L. Hymans, membre; Em. De Mot, secrétaire.

Cercle artistique de Liége.

M. Umé (Godefroid), architecte.

Chambre de commerce d'Anvers.

MM. A. Maquinay, président; Théod. Engels, Al. Joffroy et Van Peborgh, membres, Léon Vercken, secrétaire.

Chambre de commerce d'Arlon.

Hanus, secrétaire.

Chambre de commerce de Bruges.

MM. Aug. Valckenaere, membre, et Thooris, secrétaire.

Chambre de commerce et des fabriques de Bruxelles.

MM. De Meure, vice-président; Fortamps, Capouillet, De Bavay et Collart, membres; Lacomblé, secrétaire.

Chambre de commerce de Charleroi.

MM. Jean Wautelet, président, et Cam. Wautelet, secrétaire.

Chambre de commerce de Gand.

MM. Aug. De Cock, vice-président, et Oct. Groverman, secrétaire.

Chambre de commerce de Namur.

MM. Kegeljan président, et Vielvoye, membre.

Chambre de commerce de Roulers.

MM. C. de Broukere, président ; Vangheluwe-Lenoir et Rodenbach-Mergaers, membres.

Comité de salubrité publique de Schaerbeek.

MM. Heylighem, président, et Kayser, secrétaire.

Conseil supérieur d'hygiène publique.

MM. Depaire, Uyterhoeven et Visschers, membres.

Institut archéologique liégeois.

MM. Albert d'Otreppe de Bouvette, président, et Eugène Dognée, membre.

Société de médecine d'Anvers.

MM. Koyen et Rul-Oger, commissaires ; Mertens, membre.

Société des sciences médicales et naturelles de Bruxelles.

MM. Vanden Corput, secrétaire ; Crocq, Henriette, Leroy et Sacré, membres.

Société royale de Philanthropie de Bruxelles.

MM. le chevalier de Burtin d'Esschenbeek, président ; Houdin, conseiller de section, et Delemer, secrétaire général.

Société des Psychologues de Bruxelles.

M. Vanden Eynde.

Société littéraire de Gand.

MM. De Kerchove-Delimon, président ; Dervaux, Dumont et Waelbroeck, membres du Conseil ; Callier, Delaveleye, Voituron et Wagener, membres ; Is.[Deschamps, secrétaire.

Société royale de beaux-arts et de littérature de Gand.

MM. Roelandts, président, et Ed. de Busscher, secrétaire général.

Société des Sans nom, non sans cœur, de Gand.

M. J.-A. Boone, homme de lettres.

Société libre d'émulation de Liége.

MM. le général Frédérix, Dognée-Devillers et Jules Helbig, administrateurs.

Société des sciences, des arts et des lettres du Hainaut, à Mons.

MM. Hippolyte Rousselle, président; C. Lehardy de Beaulieu, secrétaire général; Max. Deprez, secrétaire annuel; Vincent Wéry, membre

Société scientifique et littéraire du Limbourg, à Tongres.

M. Poussez, membre.

ALLEMAGNE.

Association pour l'amélioration des classes ouvrières, à Berlin.

M. le docteur Lette, président, membre de la Chambre des députés

Société de jurisprudence de Berlin.

M. le comte de Wartensleben, président.

ANGLETERRE.

Association des assureurs maritimes de Liverpool.

M. P.-M. Rathbone.

Chambre de commerce de Liverpool.

MM. Laurence Heyworth et Arnold Baruchson.

Financial Association de Liverpool.

MM. Francis Boult, Ch. Holland, Ch. Robertson, vice-présidents; Knowls Musprath, trésorier; Hodgson et Bathgate, membres

National Association for the promotion of social science de Londres.

MM Hastings, secrétaire général, et Westlake, secrétaire.

FRANCE.

Société impériale zoologique d'acclimatation de Paris.

M. Dutrône, conseiller honoraire à la cour d'appel d'Amiens

Société centrale de médecine du Nord.

M. Caseneuve, président.

Société des gens de lettres de Paris.

M. Michel Masson, président honoraire, homme de lettres.

ITALIE.

Société d'Économie politique de Turin.

M. le comte Arrivabene, président, sénateur.

PAYS-BAS.

Société des industriels néerlandais.

M. Emile Koechlin, industriel.

Société néerlandaise des instituteurs, à La Haye.

M A.-D.-J. Mioulet, instituteur.

Société néerlandaise pour l'abolition des boissons fortes.

MM. D'Engelbronner, avocat, secrétaire de la direction, et Eshuys, pharmacien, membre.

Société Tot nut van 't Algemeen, à Amsterdam.

M. Van Hees, secrétaire général.

PREMIÈRE SESSION

DU 22 AU 25 SEPTEMBRE 1862

----

22 Septembre

RÉCEPTION DES MEMBRES ÉTRANGERS

A dix heures du matin, les membres étrangers se réunissent dans la salle Gothique de l'hôtel de ville de Bruxelles.

M. Fontainas, bourgmestre de Bruxelles, prend place au bureau avec MM. les membres du comité belge. Il s'exprime en ces termes :

« Messieurs,

« Dans cette réunion tout intime et toute fraternelle, j'ai hâte de vous souhaiter la bienvenue et de vous tendre loyalement une main amie. Soyez convaincus que nous vous recevons avec autant de gratitude que de cordialité.

« Nous nous sommes permis de vous convoquer dès le matin, dans ce temple de nos antiques et chères libertés communales, afin d'imprimer à nos travaux plus d'ordre et d'activité. Nous vous prions de vous entendre pour désigner les vice-présidents et secrétaires étrangers des différents comités. Une liste provisoire a été composée par le bureau. Notre secrétaire, M. Couvreur, va vous en donner communication. »

M. Couvreur, secrétaire du comité :

« Messieurs,

« Les cinq sections du Congrès sont dirigées par des bureaux dont le comité fondateur a nommé les éléments belges. Les membres étrangers sont priés de se grouper par pays et d'adjoindre à ces éléments belges des vice-présidents, des membres et des secrétaires étrangers. Nous n'entendons pas assigner de limites à ce droit de désignation; mais nous vous prions de tenir compte d'une chose : c'est que notre institution est essentiellement neutre, et qu'il est éminemment désirable que cette neutralité se retrouve dans les choix que vous allez faire.

« Le bureau a fait un travail préparatoire pour chaque pays; il est possible qu'il contienne de regrettables omissions, car il a été fait d'après une liste incomplète; nous avons désigné des membres qui, peut-être, ne sont pas présents. Vous voudrez bien rectifier les erreurs que nous aurions commises. »

Après avoir pris connaissance de la liste dressée par le bureau, les membres étrangers, réunis par pays, désignent pour faire partie des comités des sections :

ALLEMAGNE.

Vice-présidents : MM. Lette, député au Parlement de Prusse; Kuranda, député au Parlement d'Autriche; de Stubenrauch, professeur à l'université et cons. comm., à Vienne.
Secrétaires : MM. Neumann, à Berlin; Varentrapp, médecin, à Francfort; Max Wirth, économiste, à Francfort.

ANGLETERRE.

Vice-présidents : Sir Joshua Jebb, directeur général des prisons; sir John Bowring, ancien envoyé en Chine ; MM. G.-W. Hastings, secrétaire général de la *National Association for the promotion of social science;* L Heyworth, magistrat, à Liverpool.
Membres des comités : MM. le major O'Reilly, député au Parlement; Baruchson, membre et délégué de la chambre de commerce de Liverpool; Fr. Boult, vice-président de la *Financial Association* à Liverpool; R.-A. Macfie, vice-président de la chambre de commerce à Liverpool; P.-M. Rathbone, délégué des assureurs maritimes de Liverpool.
Secrétaire : M. J. Westlake, secrétaire de la *National Association for the promotion of social science.*

ESPAGNE.

Vice-présidents : MM. Gonzalès Bravo, ancien ambassadeur d'Espagne à Londres; Bernardo Iglesias, ancien gouverneur de Madrid; Pastor (Luis-Maria), ancien ministre des finances.

Membres des comités : MM. Figuerola, député aux Cortès ; Segovia, homme de lettres ; de Marcoartu, ingénieur en chef des ponts et chaussées ; Malo de Molina, négociant.

Secrétaires : MM. Gabriel Rodriguez, ingénieur civil ; San Voma, avocat, secrétaire de la Société d'économie politique, à Madrid.

ÉTATS-UNIS.

Membre du comité : M. Hoyt, propriétaire, à Madison.

Secrétaire : M. Rupp, homme de lettres, à New-York.

FRANCE.

Vice-présidents : MM. Berlioz, compositeur de musique ; Michel Chevalier, sénateur ; Émile de Girardin, propriétaire ; de Montalembert, propriétaire ; Dollfus, industriel ; comte Foûcher de Careil, homme de lettres ; Victor Foucher, conseiller à la Cour de cassation ; Garnier-Pagès, ancien membre du gouvernement provisoire ; Fréd. Passy, publiciste ; Jules Simon, homme de lettres ; L. Wolowski, membre de l'Institut.

Membres des comités : MM. W. Burger, homme de lettres ; Aug. Cochin, publiciste ; Darimon, député au Corps législatif ; de Calonne, directeur de la *Revue contemporaine* ; Floquet, avocat ; Hérold, avocat à la Cour de cassation ; Horn, publiciste ; J. Garnier, économiste ; Calmels, avocat, Dutrône, conseiller honoraire à la Cour d'Amiens ; Hequet, journaliste ; Lavertujon, directeur de *la Gironde* ; Szarvady, homme de lettres ; Eug. Pelletan, homme de lettres ; Desmarest, avocat ; Durier, journaliste ; Guillaumin, directeur du *Journal des Économistes* ; Danel, propriétaire, à Lille ; M. Masson, homme de lettres ; Moreau Christophe, publiciste ; Paul Lacroix, homme de lettres ; Peut, publiciste ; Romain Cornut, homme de lettres.

Secrétaires : MM. Campenon, avocat ; Clamageran, avocat ; de Roisin, avocat ; Deschanel, homme de lettres ; Dreo, avocat, Dumesnil-Marigny, publiciste ; Jules Duval, directeur de *l'Économiste français* ; Lavainne, professeur au Conservatoire, à Lille ; L. Ulbach, homme de lettres ; L. Viardot, homme de lettres.

ITALIE.

Vice-présidents : MM. Cini, député au Parlement de Turin ; de Çavour (marquis Gustave), député ; Trompéo, président de l'Académie royale de médecine à Turin ; Vignole, président du conseil d'Etat, à Naples.

Secrétaires : MM. Carina, homme de lettres, à Pise ; Raimonde, professeur d'économie politique, à Turin ; Marc Monnier, homme de lettres, à Naples.

PAYS-BAS.

Vice-présidents : MM. Jolles, conseiller à la Haute Cour des Pays-Bas ; Suringar, vice-président de la commission administrative des prisons ; P.-M-G. Van Hees, secrétaire général de la Société *tot Nut van 't Algemeen* ; Pyls, bourgmestre de Maestricht.

Membres des comités : MM. L.-H.-T.Wenmaeckers, avocat, à Maestricht ; J. Van Eik, avocat, à Amsterdam ; C.-C.-E. d'Engelbronner, avocat, à La Haye ; J.-M.-L.-H. Clercx, avocat, à Roermonde ; comte Nahuys, chef de division à l'administration communale, à Utrecht ; Koechlin, industriel, à La Haye.

Secrétaires : MM. T.-M.-C. Asser, avocat et professeur de droit, à Amsterdam ; O. Van Rees, professeur d'économie politique, à Utrecht ; J. Luzac, secrétaire des curateurs de l'université de Leyde ; N.-J. Verduchêne, avocat, à Maestricht.

POLOGNE.

Vice-président : M. Nakwaski, ancien nonce à la diète de Pologne.

PORTUGAL.

Vice-présidents : MM. Silva Ferrao, grand de Portugal, conseiller à la Cour de cassation; Mendes Leal, ministre de la marine à Lisbonne.

Membres des comités : MM. Ch. Forlades O'Neill, vice-consul de Belgique et négociant, à Setuval; Jose Paese; Joachim Vaes, professeur de droit à l'université de Coïmbre

RUSSIE.

Vice-présidents : MM. De Friedé (Alexandre), premier secrétaire du Sénat dirigeant; Wernadsky, conseiller d'État, à Saint-Pétersbourg.

Secrétaires : MM. Sokalski, professeur d'économie politique à l'université de Kharkoff; Berthenson, médecin, à Saint-Pétersbourg.

SUISSE.

Vice-président : M. De Miéville, président du conseil d'État du canton de Vaud.

Secrétaire : M. Petitpierre (Gonzalve), ancien député, à Berne.

SÉANCE D'OUVERTURE

---

22 septembre

Les membres de l'Association, au nombre de sept à huit cents, se réunissent vers midi, dans la grande salle des concerts du Conservatoire, au Palais Ducal, mise à la disposition de l'Association par le Ministère de l'Intérieur (direction générale des beaux-arts). Beaucoup de dames, en grande toilette, font partie de l'assemblée. Un public nombreux garnit les tribunes et les loges réservées mises à la disposition du corps diplomatique et des dames des membres du bureau.

La salle a reçu, pour la solennité, des arrangements spéciaux; sur une estrade à gradins, ornée de massifs de verdure, sont disposés une grande table couverte de drap vert, les fauteuils des présidents d'honneur, les siéges des membres des bureaux de l'Association, deux tables pour les sténographes, une tribune pour les orateurs. La loge royale, à droite de la salle, est ornée de tentures de velours rouge à crépines d'or.

Le buste du roi se dresse au fond de l'estrade, entouré de drapeaux belges et des armes de la nation.

Le bureau provisoire est composé des membres belges des divers comités. MM. Vervoort, président de la Chambre des représentants, et Fontainas, bourgmestre de la ville de Bruxelles, occupent les fauteuils de la présidence d'honneur et de la présidence.

Monseigneur le duc de Brabant, suivi des officiers de sa maison, prend place dans la loge royale. S. A. R. est accueillie à son entrée par les applaudissements chaleureux de l'assemblée.

M. Fontainas, bourgmestre de Bruxelles, président du comité fondateur, ouvre la séance par le discours suivant :

« Messieurs,

« C'est un grand et consolant spectacle, de voir tant d'hommes illustres créer une association internationale qui a pour but le progrès et pour moyen la liberté.

« L'œuvre de la civilisation s'accomplissait autrefois lentement, dans un cercle local et fatalement restreint.

« Aujourd'hui, grâce à vous, grâce aux prodiges de la science moderne, le progrès s'étend et accélère sa marche. La distance n'est plus un obstacle à ces solennelles assises où toutes les nations de la terre viennent communier, dans une large et féconde pensée d'avenir.

« Vos sympathies, messieurs, nous ont encouragés et dignement récompensés.

« De tous les coins de l'Europe et d'au delà des mers, vous êtes accourus nombreux et pleins de zèle. Vous êtes venus affirmer, une fois de plus, combien est irrésistible cette sainte aspiration vers le beau, le bon et le vrai, qui sera, quoi qu'il arrive, la gloire de notre siècle.

« Soyez les bien-venus, vous qui apportez de si loin votre part de travail à l'œuvre commune.

« Recevez nos remerciements sincères et chaleureux, vous, hommes d'État, savants, artistes, poètes, vous tous qui travaillez à fonder le bonheur et la paix parmi les hommes.

« La Belgique est fière des hôtes illustres qu'elle reçoit aujourd'hui. Bruxelles s'enorgueillit d'attacher son nom à l'entreprise dont l'avenir est désormais entre vos mains.

« Mettez-vous donc à l'œuvre, messieurs ; nulle entrave, ici, ne gênera la manifestation de votre pensée. Hommes libres sur une terre libre, n'ayez souci que de votre conscience et de la vérité ; elles seules seront la sauvegarde de la dignité et de la convenance dans les discussions qui vont se produire. (Applaudissements.)

« Encore une fois, messieurs, merci pour votre généreux concours. Puissent les quelques jours que nous allons passer ensemble cimenter des amitiés nouvelles et provoquer de nouvelles sympathies ! Puissent ainsi disparaître les erreurs et les préjugés qui divisent encore bien des peuples. Puissent-ils s'embrasser tous dans un mutuel sentiment d'amour et de respect !

« Que cette pensée d'union et de fraternité vous inspire, messieurs ; elle fécondera vos nobles travaux, et l'humanité vous bénira. (Applaudissements prolongés.) »

Après ce discours M. Couvreur fait connaître : 1° les noms des vice-présidents, membres et secrétaires étrangers choisis, à la réunion du matin, par les membres des divers pays représentés au congrès (*) ; 2° les noms des membres belges désignés provisoirement par le comité fondateur pour les fonctions de présidents d'honneur, président et vice-présidents de l'Association, présidents, vice-présidents, membres et secrétaires des comités des sections.

Ce sont :

Présidents d'honneur : MM. le prince de Ligne, président du Sénat; Vervoort, président de la Chambre des représentants, Rogier, ministre des affaires étrangères.
Président : M. Fontainas, bourgmestre de Bruxelles.
Vice-présidents : MM. Orts, ancien président de la Chambre des représentants; Verhaegen, administrateur-inspecteur de l'université de Bruxelles ; Kervyn de Lettenhove, membre de l'Académie royale de Belgique ; Quetelet, secrétaire perpétuel de l'Académie royale de Belgique; comte Arrivabene, président des Sociétés d'économie politique de Bruxelles et de Turin.
Trésorier : M. Prévinaire, secrétaire-directeur de la Banque nationale.
Secrétaire général : M. Auguste Couvreur.

COMITÉS DES SECTIONS.

PREMIÈRE SECTION. — LÉGISLATION COMPARÉE.

Président : M. Tielemans, président à la Cour d'appel.
Vice-président : M. Nothomb, membre de la Chambre des représentants.
Membres du comité : MM d'Anethan, membre du Sénat; H. de Brouckere, ministre d'Etat ; H. Dolez, représentant; Van Camp, conseiller à la Cour d'appel; Ranwet, conseiller à la Cour d'appel ; Lelièvre, président du tribunal de première instance à Gand, Rolin, ancien ministre de la justice.
Secrétaires : MM. Bara, avocat, membre de la Chambre des représentants; Staes, avocat ; Van Camp fils, avocat.

DEUXIÈME SECTION. — ÉDUCATION ET INSTRUCTION.

Président : M. De Decker, ancien ministre de l'intérieur.
Vice-président : M. Van Humbeek, membre de la Chambre des représentants.
Membres du comité : MM. Van Hasselt, membre de l'Académie royale de Belgique ;

(*) Voir page 20.

Dechamps, ministre d'État; Anspach, Callier, Henaux, échevins chargés de l'instruction publique à Bruxelles, Gand et Liége; Laurent, préfet des études à l'athénée royal de Bruxelles; l'abbé Carton, membre de l'Académie royale de Belgique, directeur de l'école des sourds-muets à Bruges.

Secrétaires : MM. Louis Degroux, avocat; Albert Lacroix, éditeur; Geelhand, propriétaire; Woeste, avocat.

TROISIÈME SECTION. — ART ET LITTÉRATURE.

Président : M. le comte de Liedekerke-Beaufort.
Vice-président : M. de Rongé, conseiller à la Cour d'appel, vice-président du Cercle artistique et littéraire.
Membres du comité : MM. Vervoort, président de la Chambre des représentants; Balat, architecte, membre de l'Académie; Hymans, membre de la Chambre des représentants; Quetelet, secrétaire perpétuel de l'Académie royale de Belgique, Kervyn de Lettenhove, membre de l'Académie; Fétis père, directeur du Conservatoire royal de musique; G. Geefs, statuaire, membre de l'Académie royale de Belgique; Roelandt, architecte, membre de l'Académie royale de Belgique; Leys, artiste-peintre, membre de l'Académie royale de Belgique; Romberg, directeur général des beaux-arts; Capronnier, Degroux, Slingeneyer, Portaels, Stroobant, T'Shaggeny, artistes-peintres, membres de la commission administrative du Cercle artistique et littéraire.
Secrétaires : MM. De Mot, avocat; G. Frédérix, rédacteur de *l'Indépendance belge*; Ed. Fétis, membre de l'Académie royale de Belgique; Gérard, artiste-peintre; Ad. Samuel, professeur au Conservatoire royal de musique.

QUATRIÈME SECTION. — BIENFAISANCE ET HYGIÈNE PUBLIQUE.

Président : M. Vleminckx, président de l'Académie royale de médecine.
Vice-président : M. Ducpetiaux, inspecteur général honoraire des prisons.
Membres du comité : MM. Visschers, membre du conseil des mines; Burggraeve, professeur à l'Université de Gand, membre de l'Académie royale de médecine; Spring, recteur de l'Université de Liége; T'Kint de Naeyer, ancien représentant; de Bonne, administrateur des hospices; de Roubaix, recteur de l'Université de Bruxelles; V. Uytterhoeven, membre du conseil supérieur d'hygiène; Verheyen, inspecteur général du service vétérinaire de l'armée; Depaire, pharmacien, conseiller communal; Laussedat, docteur en médecine; Thiéfry, membre de la commission des hospices de Bruxelles.
Secrétaires : MM. Bergé, professeur au Musée de l'industrie; Crocq, membre de l'Académie royale de médecine; Donckers, docteur en médecine; Victor Vleminckx, docteur en médecine.

CINQUIÈME SECTION. — ÉCONOMIE POLITIQUE.

Président : M. de Nayer, ancien vice-président de la Chambre des représentants.
Vice-président : M. Corr-Vander Maeren, juge au tribunal de commerce de Bruxelles.
Membres du comité : MM. le comte Arrivabene, de Sélys-Longchamps, sénateur; Paul de Bavay, président du tribunal de commerce; Sabatier, membre de la Chambre des représentants; Lehardy de Beaulieu, ingénieur, conseiller provincial; Léopold Collart, membre de la Chambre de commerce de Bruxelles; Royer de Behr, membre de la Chambre des représentants; Campan, vice-président de l'*Association internationale pour les réformes*

douanières; Barbier Hanssens, négociant, membre de la même association; Émérique, directeur de l'*Union du Crédit;* de Brouckère, président de la Chambre de commerce de Roulers; Masson, secrétaire de la Chambre de commerce de Verviers; Aug. de Cock, président de la Chambre de commerce de Gand ; Engels, négociant, et Van Peborgh, dispacheur, délégués de la Chambre de commerce d'Anvers.

Secrétaires : MM. G. Jottrand, avocat; Lejeune, avocat; Ed. Sève, négociant.

Ces choix sont ratifiés par l'assemblée, les membres étrangers prennent place au bureau, puis, le congrès étant définitivement installé, M. le président s'exprime en ces termes :

« Il faut que notre première parole soit une parole de respect et de gratitude. Félicitons-nous, messieurs, de voir nos travaux s'ouvrir sous le patronage de Mgr le duc de Brabant. Notre institution est comprise, et nous devons en être profondément heureux. Encore une fois, remercions le duc de Brabant. L'Association fera son chemin désormais; elle se développera, elle grandira, toujours noble et toujours respectée. »

De nouveaux applaudissements ont prouvé au prince que l'assemblée tout entière s'associait aux sentiments exprimés par son président.

M. Couvreur, secrétaire général de l'Association, expose ensuite, dans les termes suivants, le but de l'institution, son organisation et sa situation matérielle :

« Messieurs,

« Parmi les nombreux congrès auxquels la Belgique, depuis une quinzaine d'années, a convié tous les hommes qui s'intéressent au progrès de l'humanité : congrès d'hygiène, congrès de statistique, congrès pénitentiaire, congrès pour la propriété artistique et littéraire, congrès de bienfaisance, congrès économiques, il n'en est aucun qui n'ait laissé, dans la législation, des traces profondes de ses travaux et affirmé ainsi son utilité. Nous venons tenter aujourd'hui une œuvre nouvelle.

« D'un de ces congrès, tenu en 1856, était sortie une *Association internationale pour les réformes douanières.* Ce n'est pas ici le lieu de vous entretenir de cette institution. Tout ce que j'ai à constater, c'est qu'à la suite d'une des sessions que tient, en Angleterre, la *National association for the promotion of social science* (*) et sur la proposition directe de l'illustre lord

_____

(*) Cette session se tenait à Dublin, où se trouvaient réunis MM. Michel Chevalier, Desmarest, Garnier-Pagès de Paris, et Corr-Vander Maeren de Bruxelles. Dans ce petit groupe se développa, sous l'inspiration de lord Brougham, le premier germe de l'*Association internationale.*

Brougham, président de cette association, quelques membres de l'Association douanière proposèrent à son comité directeur (*) de constituer, sous une forme nouvelle, une fédération entre tous les congrès tenus jusqu'à présent en Belgique, et de donner à cette fédération un caractère permanent, afin d'assurer le retour périodique de ces grandes assemblées internationales, si fécondes pour le rapprochement des peuples et le développement de leurs intérêts moraux et matériels.

« Le comité, saisi de cette proposition, fut unanime à reconnaître que, pour en assurer le succès, il fallait la dépouiller de tout caractère de parti ou de propagande militante, non seulement par la proclamation des principes de la nouvelle institution, mais encore, et surtout, par les noms appelés à la présenter au public. N'ayant en vue que le bien de l'œuvre, et tout en mettant à sa disposition les ressources financières confiées à leur gestion, les promoteurs effacèrent leur individualité et bientôt, grâce à cette abnégation, grâce surtout au bienveillant accueil que firent à leur projet, dès les premières ouvertures, le bourgmestre de la capitale et les présidents des deux corps politiques du pays, ils réussirent à constituer un comité fondateur dont la composition leur parut une garantie de la moralité de l'œuvre, de sa sincérité, de son impartialité.

« Ce comité fondateur, dont les noms vous sont connus, a arrêté, sur la base des principes les plus larges, les statuts provisoires de l'association qu'il se donnait la mission de fonder. « L'Association, disait-il, a pour
« but de développer l'étude des sciences sociales ; de guider l'opinion
« publique vers les moyens les plus pratiques d'améliorer les législations
« civiles et criminelles ; de perfectionner et de généraliser l'instruction ;
« d'étendre et de déterminer la mission des arts et des lettres dans les
« sociétés modernes ; d'augmenter la somme des richesses publiques et
« d'assurer leur bonne distribution ; d'améliorer la condition physique et
« morale des classes laborieuses ; d'aider, enfin, à la diffusion de tous les
« principes qui font la force et la dignité des nations.

« A cet effet, l'Association groupe autour d'elle toutes les sociétés et
« tous les individus qui s'appliquent ou s'intéressent à l'examen de ces
« questions, et, sans intervenir dans leurs efforts particuliers, elle cherche
« à dégager la vérité de l'erreur, à dissiper les doutes, à rapprocher les
« opinions dissidentes, à offrir, enfin, à toutes les convictions et à toutes les
« recherches, un terrain neutre pour l'échange d'informations et d'études

(*) Ce comité se compose de MM. Corr-Vander Maeren, président ; Ch. A. Campan, vice-président ; Barbier Hanssens, trésorier ; G. de Molinari, Fortampe, A. Lehardy de Beaulieu et L. Masson, membres ; Aug. Couvreur, secrétaire, et Campan fils, secrétaire-adjoint.

« sérieuses sur tous les grands problèmes sociaux de notre époque. L'As-
« sociation discute et ne vote pas. »

« L'Association discute et ne vote pas. Cette disposition, messieurs, par
sa nouveauté, a soulevé quelques critiques. Et cependant, quoi de plus
logique? L'Association, voulant avant tout offrir à toutes les opinions un
terrain neutre pour la recherche de la vérité, et non un instrument de propagande pour tel ou tel principe, n'admet point que ses débats se dirigent
vers des solutions préparées à l'avance par les promoteurs de la réunion,
en vue d'imprimer une impulsion énergique à une idée déterminée. Nous
ne cherchons pas à constituer des majorités dont les vœux prétendent
représenter l'opinion de l'Association et peser sur les décisions des gouvernements.

« L'Association n'a pas de drapeau, pas de programme social ou politique:
elle n'est qu'un instrument d'enquête. Son but n'est pas d'obtenir quelques
décisions sur des sujets controversés, mais d'éprouver et d'attirer toutes
les idées, toutes les vues, toutes les propositions qui pourront, en matière
de législation, d'art, d'instruction, de bienfaisance, d'hygiène, d'industrie,
enlever des doutes, dissiper des ombres, écarter des préjugés, jeter enfin à
pleines mains des lumières sur la science sociale qui se transforme sans
cesse, avec la société qui l'a créée, et pour laquelle la vérité d'hier n'est plus
la vérité d'aujourd'hui.

« A quoi, d'ailleurs, le vote servirait-il dans des réunions de la nature
de celles-ci? Il n'a aucune sanction, il n'enchaîne personne : il ne sert qu'à
diviser. Les vaincus ne changent pas d'opinion; la distance entre les deux
partis reste aussi grande. Ce qui est nécessaire, ce n'est point que la question débattue ait été tranchée dans tel ou tel sens, c'est que la discussion
ait porté en tous sens, c'est que l'examen ait été consciencieux et approfondi, des esprits différents y mettant, chacun à son tour et par les voies
les plus opposées, l'empreinte de leurs convictions. Voilà le résultat
vraiment important que doivent atteindre nos travaux.

« Ce sont ces principes, sévèrement respectés jusque dans les choix des
hommes chargés de la direction et de la rédaction de nos débats, qui ont
fait le succès de notre œuvre. Chacun a senti que ces principes étaient la
sauvegarde de sa liberté et de ses convictions, qu'il pouvait entrer dans
notre association, non pas pour recevoir, tout rédigé, le code des lois qui
doivent régir la société, mais bien pour y suivre son désir d'étudier ces
lois, d'en scruter les imperfections et d'approfondir les moyens d'y faire
pénétrer davantage la pensée divine, l'idéal suprême de la vérité et de la
justice.

« Des adhésions nous sont venues de toutes parts. De l'Angleterre, contrée déjà familiarisée avec les institutions pareilles à la nôtre; de l'Allemagne, de l'Italie, de la Russie, pays qui sont dans l'enfantement d'idées nouvelles; de la France, terre toujours accessible aux idées généreuses; de la Suisse, si sympathique à la Belgique par la similitude des mœurs; de la Hollande, enfin, dont les représentants, remplis de nobles sentiments à notre égard, n'ont pas hésité à se joindre à nous, à l'anniversaire même des journées d'où date, pour les deux peuples, une ère nouvelle, parce qu'ils ont compris que, si nous ne pouvons point répudier le souvenir de notre origine, ni cesser d'honorer la mémoire des morts, nous sommes heureux de pouvoir imprimer à la commémoration de notre existence nationale le caractère d'une fête de l'intelligence et d'une fraternisation des peuples autour de notre réconciliation avec nos frères des Pays-Bas. (Applaudissements prolongés.)

« Grands et petits, tous sont venus, les plus illustres et les plus humbles. Hommes d'État, législateurs, jurisconsultes, philosophes, écrivains, artistes, philanthropes, économistes, l'honneur des sciences, l'honneur des lettres, tous sont représentés, tous nous ont apporté, qui son nom, qui son travail, qui sa présence.

« Plus de mille noms, appartenant à toutes les classes de la société, figurent aujourd'hui sur les listes de nos membres, et, sur ce nombre, 20 protecteurs, 700 membres effectifs et 300 membres affiliés fournissent à l'Association des ressources financières suffisantes pour assurer sa permanence et son indépendance.

« J'abuserais de vos moments, messieurs, si, pour vous faire connaître les témoignages de sympathie et le concours que nous avons reçus, je vous lisais la liste des corps savants, des corporations publiques, des sociétés privées qui se sont fait représenter à cette réunion. Elle sera imprimée dans le compte rendu de nos travaux. Quant aux lettres de félicitation ou d'adhésion qui nous ont été adressées, elles vous seront communiquées dans les sections.

« Parmi ces lettres, il en est quelques-unes qui signalent des lacunes ou des vices dans notre organisation. Il en est plusieurs, notamment, qui nous reprochent de n'avoir pas réservé une place spéciale à l'étude de la philosophie sociale proprement dite. Le comité fondateur n'a pas entendu faire une œuvre parfaite, messieurs; il a inscrit lui-même, dans les statuts, le principe de la révision après une année d'expérience, et le conseil d'administration que vous nommerez avant de vous séparer aura à examiner par quelles mesures il pourra donner satisfaction aux observations présentées.

« Pour aujourd'hui, nous devons nous borner à dire que, si les promoteurs de l'œuvre, dans la crainte de n'être pas compris des masses, lui ont donné le nom d'*Association pour le progrès des sciences sociales*, ils sont parfaitement pénétrés de cette vérité, que toutes ces sciences réunies en constituent une seule : « la science sociale, c'est-à-dire la science des lois « qui régissent l'homme dans ses efforts pour porter au point le plus haut « son individualité et sa puissance d'association avec ses semblables (*). »

« Notre organisation retrace notre croyance dans ce principe.

« Tous ceux qui, dans l'intérêt de l'humanité, se sont occupés de l'amélioration des lois civiles et criminelles, du perfectionnement et de l'extension de l'éducation, du développement des arts et des lettres, de l'émancipation des classes laborieuses, de la production et de la distribution des richesses; les jurisconsultes, les pédagogues, les philanthropes, les économistes, tous ont travaillé au progrès des *sciences sociales*. Seulement, il est arrivé que ces chercheurs, se passionnant pour une étude spéciale, ont été conduits, parfois, à rétrécir leurs investigations, à leur imprimer une direction unilatérale, à exagérer, les uns, l'individualisme, les autres, la solidarité dans la société, à perdre de vue, enfin, que l'union entre toutes les sciences morales et politiques est nécessaire pour constituer la philosophie sociale.

« En d'autres termes, la vérité est dans la science du droit, dans les principes de la bienfaisance, dans les lois de l'économie politique; mais elle n'est pas là seulement : elle est aussi dans la réunion de toutes ces sciences, et c'est pour mener de front leur étude qu'ont été fondées, en Angleterre, la *National Association*, et en Belgique, sur le même modèle, l'*Association internationale pour le progrès des sciences sociales*.

« Nos statuts vous ont dit comment nous entendons procéder à cette étude : par des assemblées annuelles, par la publication des débats de ces assemblées, et enfin, par des prix accordés aux œuvres les plus propres à seconder l'action de ces assemblées annuelles.

« Nos assemblées sont divisées en sections dont la dénomination dit suffisamment quelles sciences sont de la compétence de chacune d'elles. Cependant, pour faciliter le classement et l'utilité pratique des travaux, le conseil d'administration de l'Association fait paraître, chaque année, un cadre qui indique, pour chacune des sections, un certain nombre de questions spécialement recommandées aux recherches de l'assemblée, à raison de ce que peuvent exiger le temps et le lieu où l'Association tient ses assises.

« Les nécessités, les préoccupations du moment, les intérêts de la contrée ou de la ville qui donne l'hospitalité à la réunion de l'Association dictent le choix de ces questions. Les comités ont le droit d'écarter celles de ces

(*) CAREY. *Principes d'économie sociale.*

questions qui pourraieut, par des causes accidentelles, locales, momenta-
nées, soulever des controverses trop brûlantes en matière politique ou
religieuse, et de les ajourner jusqu'à ce que les circonstances permettent
d'en aborder l'examen.

« Chaque section, une fois installée, fonctionne comme un congrès indépendant. Là, des spécialités font des communications verbales ou écrites,
ou bien, sur les questions mises à l'ordre du jour pour la réunion de
l'année, ou bien, sur telle question qui rentre dans le cadre des attributions
générales de la section. Ces communications exposent soit des faits, soit
des points de doctrine. Elles soulèvent nécessairement, de la part des
auditeurs, des demandes d'explications ou des contestations de principes,
puis, à la clôture du débat et selon son importance, le président de la
section ou un rapporteur le résume et en dégage la formule unique ou les
formules contradictoires. Les convictions se forment autour de ces formules par la force de la vérité, jamais par la force du vote, et, en dehors
de l'Association, les individus poursuivent la réalisation de ces formules,
selon le dévouement qu'ils portent au principe que chacun d'eux a
embrassé.

« Une assemblée générale, où les sections siégent réunies, permet de
récapituler les principes débattus dans chacune d'elles, les faits nouveaux
révélés, les efforts déployés pour arriver à l'expression de la vérité. C'est
une séance de clôture sans débats, mais dont l'utilité n'est pas moins
grande que celle des séances des sections.

« Notre association est, ainsi, à la fois synthèse et analyse. Par son organisation comme corps, par la publication des débats de ses sections, elle
propage le principe de l'unité de la science sociale, elle réunit, autour d'un
foyer commun, ceux qui en poursuivent les différentes branches, et les met
à même d'en comparer les mérites relatifs. Voilà pour la synthèse. Par sa
division en sections, elle s'adresse à toutes les intelligences, à toutes les
capacités, quelles que soient leurs aptitudes ou leurs occupations profes-
sionnelles, elle fait rayonner ses recherches sur un plus grand nombre
d'objets, rappelant ainsi cette vérité, que, pour améliorer les lois régissant
le développement des peuples, il ne suffit pas de chercher un certain
nombre de faits exacts, de propositions utiles sur une question déterminée,
mais un ensemble de notions qui tiennent compte des nécessités diverses
de la société, qui s'unissent, se complètent et se contrôlent.

« Parfois il peut arriver qu'une communication soulève toute une série
de problèmes. Alors la section, après la discussion qui les a fait surgir, en ajourne l'examen et charge, soit le comité permanent qui la
représente pendant l'intervalle des sessions, soit une commission spé-

ciale, de recueillir tous les renseignements propres à l'éclairer. Une vaste enquête s'ouvre par les soins de quelques spécialistes qui s'intéressent à la question posée, et c'est alors sur cette enquête, imprimée par les soins de l'Association, que s'engagent, à la session suivante, les débats contradictoires.

« Un exemple emprunté à l'histoire de l'Association anglaise fera mieux comprendre les faits et montrera comment, sans émettre de vote, sans prétendre intervenir dans le gouvernement des choses publiques, sans engager sa responsabilité, l'Association peut exercer sur la législation, une très légitime et très salutaire influence. A l'époque où l'Association anglaise tint sa première assemblée à Birmingham, il existait en Angleterre, un grand malaise par rapport à l'état imparfait de la législation sur les banqueroutes. Les opinions, quant aux réformes à y introduire, étaient si divergentes que, si une loi avait été présentée, en ce moment, au parlement, elle n'y eût rencontré que des oppositions coalisées.

« A la suite d'une première discussion sur cet objet, l'Association sanctionna l'institution d'un comité où les principales opinions des corporations commerciales étaient représentées, et ce comité provoqua une enquête et des discussions contradictoires, comme le moyen le plus propre d'arriver à une transaction. L'essai réussit et aboutit, à l'une des assemblées suivantes de l'Association, à une formule satisfaisante pour la plus grande masse des intéressés. Là s'arrêta l'action de l'Association; mais bientôt après, le gouvernement reprit la question et en puisa la solution définitive dans l'enquête et dans les débats contradictoires de l'Association.

« En ce moment, un travail analogue se fait pour les lois sur les patentes. Elles sont défectueuses et divisent les jurisconsultes, les économistes, les inventeurs et les industriels. Un comité d'enquête a été formé avec des éléments opposés, et son travail, prolongé depuis deux ans, mais qui touche à sa fin, permet déjà d'entrevoir une transaction entre les vues contradictoires des hommes de la science et des hommes de la pratique.

« Nous n'avons plus besoin, maintenant, de développer longuement les bénéfices que le corps social peut retirer de l'existence de l'Association et de ses assemblées annuelles. Ces bénéfices ressortent naturellement de l'exposé que nous venons de faire.

« Ils sont palpables par les effets qu'après une existence de cinq années à peine, l'Association anglaise a fait surgir autour d'elle. Des institutions de philanthropie, réalisées sur la base des faits et des vérités mis en lumière par les travaux de l'Association ; des modifications dans les lois et dans les institutions du pays, formulées conformément aux principes scrutés et contrôlés dans son sein ; des enquêtes précieuses sur de grandes questions d'intérêt public, voilà ses œuvres. Ce seront aussi les nôtres.

« Partout, l'Association a stimulé l'ardeur du travail intellectuel, l'amour du bien public ; partout, elle a eu le privilége de favoriser le contact des hommes qui aiment le progrès, de les grouper autour d'un centre commun, de les arracher à l'isolement de leurs études et de leur action individuelle. Transportés dans l'atmosphère d'une libre discussion, exposés aux conflits des opinions, aux lumières jaillissant de faits qui leur étaient inconnus, ces hommes ont jugé mieux la portée de leur savoir ; ils ont secoué, en un jour, les préjugés de longues années ; ils sont devenus plus tolérants les uns envers les autres et, sans rien perdre de leur individualité, ils se sont trouvés mieux préparés pour aborder et pour résoudre tous ces redoutables problèmes qui engendrent les révolutions et devant lesquels les sociétés périssent, lorsqu'elles n'en cherchent pas la solution dans le droit, dans la liberté et dans la lumière. » (Applaudissements.)

M. LE PRÉSIDENT. Messieurs, un mot encore, avant de vous inviter à vous réunir en sections.

Parmi les hommes considérables qui nous avaient promis leur présence, se trouvait le président de l'Association anglaise dont il vient de vous être parlé, l'illustre lord Brougham.

Le mauvais état de sa santé ne lui a pas permis de répondre à notre appel.

Toutefois, d'accord avec le conseil de l'Association anglaise, il a chargé deux des principaux officiers de cette institution, MM. Hastings et Westlake, de la représenter ici.

Nous, regrettons vivement l'absence de lord Brougham et nous sommes convaincus, messieurs, que vous partagez nos regrets.

Nous Belges, nous conserverons toujours pieusement le souvenir de l'appui si bienveillant et si généreux que lord Brougham et tous les membres de l'Association anglaise ont bien voulu nous donner au début de notre institution.

M. JOHN WESTLAKE, avocat, secrétaire de la *National Association for the promotion of social science*, de Londres, demande la parole et prononce le discours suivant :

« MESSIEURS,

« L'Association nationale anglaise nous a envoyés ici pour vous aider à la recherche du bien-être social. Il faut que tous les hommes réunissent leurs efforts pour fonder solidement le bien-être non seulement de l'Angleterre, de la Belgique, mais du monde entier. Des lumières doivent être puisées partout où il y a des idées et de l'expérience.

« La guerre, la diplomatie, les questions qui se rattachent au droit international, les tarifs de douane, les passeports, les lois sur les successions, toutes les institutions, enfin, qui gênent ou facilitent l'élan paisible du commerce et de la vie privée, toujours prêt à franchir les frontières politiques, l'art et la littérature, qui, dans chaque pays, s'inspirent de la vie même de la nation et s'imprègnent de son esprit, afin de le répandre au loin, porté par le souffle sympathique du génie, et de le faire pénétrer là même où l'orgueil national repousse le plus vivement toute action étrangère, voilà autant d'influences directes de peuple à peuple, qu'il faut régler, là où il y a possibilité de régler; que dans tous les cas il faut examiner avec soin, afin qu'elles s'exercent selon les dictées de la raison, et par conséquent, de la manière la plus utile.

« Dans la civilisation homogène de l'Europe et de l'Amérique, on remarque promptement l'extrême analogie des questions sociales, et l'on apprécie mieux l'importance des rapprochements et des comparaisons. Mais au delà de cet horizon, l'intérêt ne serait-il plus le même? Y a-t-il, quelque part une question si strictement renfermée dans les institutions d'un peuple, que nul autre ne doive s'en préoccuper? Non, sans doute. C'est toujours parmi des hommes qu'un problème se pose, c'est pour des hommes qu'on en recherche la solution. Ainsi mieux on connaît l'humanité sous tous ses aspects, mieux on aidera à la civilisation.

« Elle n'est pas nouvelle, d'ailleurs, cette idée d'une communion humaine dans la recherche du vrai et du bien. Si, au moyen âge, l'Eglise empiétait sur le pouvoir temporel et s'efforçait, en imprimant aux arts, aux lettres et aux sciences un caractère religieux, de prendre la direction générale de l'activité humaine, c'était du moins une vigoureuse protestation contre l'isolement farouche où s'enfermaient les peuples d'alors. C'était rappeler aux hommes que Dieu les a créés pour vivre en société et que, s'ils ne consentaient pas à se réunir d'esprit, ils ne se rencontreraient que pour se détruire par l'épée et par le feu.

« Nous, nous n'empiétons pas sur les domaines de l'Église. Élever l'âme et la purifier en lui faisant entendre la parole toujours vivante du Très Haut, c'est une sainte mission; mais ce n'est pas la nôtre. Pour nous, le fait dominant, c'est le contact de l'homme avec l'homme. En épurant ce contact, nous aplanissons la voie et marchons d'un pas lent et sûr vers la purification morale, comme vers le bien-être matériel.

« Nous n'empiétons pas, non plus, sur le terrain des législateurs. Qu'il soit monarque ou Chambre, le pouvoir législatif rencontre mille obstacles dans les passions et les intérêts privés qui se lèvent pour le combat, animés, pleins de force, au moment où quelque projet d'amélioration les menace. Souvent le pouvoir législatif ressemble au pionnier qui, dans la forêt, après avoir, à grand'peine, coupé quelques arbres, se détourne pour éviter des arbres plus grands et moins faciles à abattre.

« Pour que rien ne lui fasse perdre de vue la ligne droite de la vérité et de la justice, il faut, au législateur, une boussole qui lui inspire toute confiance. Cette boussole, il la trouvera dans les principes que vous établirez par la discussion publique des questions sociales; principes, bien entendu, qui, après l'examen des faits et le rapprochement des idées, se feront jour d'eux-mêmes à travers l'ombre épaisse des détails et des préoccupations, sans qu'en les soumettant au vote, vous souleviez les tracasseries que vous êtes appelés à dominer et à confondre.

« De là découle aussi une raison qui explique le caractère international de votre association. Les nations, souvent séparées dans la pratique, par la force des faits, dont il faut tenir compte, ne devraient pas, pour les principes, se diviser autant qu'elles le font. En ramenant donc les questions à leurs principes, vous nous ouvrez un terrain vraiment international.

« Que l'Angleterre vienne prendre une large part à vos débats, c'est le vœu ardent de l'Association dont nous vous apportons, aujourd'hui, les félicitations. Et ces félicitations sont d'autant plus vives, que c'est à la Belgique, si ressemblante à l'Angleterre, que nous les adressons; à la Belgique, si ressemblante à l'Angleterre par sa race, par sa constitution politique et communale, par son système social, son agriculture, son industrie et son commerce; d'où il suit, que nul autre pays ne nous présente plus de questions en analogie avec les nôtres, et ne nous conduit plus avant sur le chemin de leur solution; à la Belgique, enfin, qui, à l'exemple de l'Angleterre, réclame la liberté comme un droit, parce qu'elle lui fournit l'unique moyen de remplir ses devoirs. » (Applaudissements.)

M. J. Garnier (France). Monsieur le président, je désire présenter une observation relativement aux travaux auxquels nous allons nous livrer.

Nous nous constituons en cinq sections. Or, il se dira et il se fera, dans certaines sections, de bonnes choses dont beaucoup de membres du congrès ne profiteront pas.

Je crois être l'interprète des sentiments de quelques membres de l'assemblée, en demandant que les sections préparent les questions, dans une première séance, de manière qu'après le travail d'aujourd'hui, elles puissent faire connaître à l'assemblée les questions qu'elles sont disposées à traiter.

L'Association tout entière, les cinq sections réunies, pourrait alors discuter ces questions, de sorte que nous pourrions employer nos quatre jours de la manière la plus profitable et la plus intéressante.

J'ai assisté à plusieurs congrès et je sais par expérience que, souvent, on a le regret de n'avoir pas assisté à la séance de telle ou telle section plutôt qu'à celle de la section dont on fait partie.

Ce que je propose n'est pas contraire, du reste, à ce qui a été décidé antérieurement.

Dans leur séance d'aujourd'hui, les sections choisiraient deux ou trois questions parmi lesquelles le congrès désignerait celles qui lui conviennent le mieux pour être discutées en public.

Je le répète, ce serait plus intéressant et plus profitable pour tous.

M. LE PRÉSIDENT. Il y a, sans doute, d'excellentes choses dans ce que vient de dire M. Garnier ; mais je crois qu'il sera sage de débuter en respectant le texte et l'esprit de nos statuts.

Si, au début de nos travaux, nous les modifions d'une manière quelconque, même pour y introduire des améliorations, ne croyez-vous pas que nous courions l'immense danger de dépenser les quatre jours de la session en discussions portant sur les statuts mêmes ?

C'est là un écueil que nous ferions bien d'éviter.

Les fondateurs ont, du reste, prévu la révision des statuts ; témoin le texte de l'article 28 :

« Les statuts provisoires, après avoir été examinés et arrêtés par le « premier conseil d'administration définitif de l'Association, pourront « être révisés en 1863, après une année de pratique. »

Vous le voyez, ce texte est clair et formel.

Je vous en conjure, messieurs, dans l'intérêt de nos travaux, ne confondons pas les études auxquelles chaque section doit se livrer, et conformons-nous à la règle tracée par nos statuts, qui sont notre charte. (Applaudissements.)

Maintenant, veuillez, messieurs, vous rendre dans vos sections respectives.

La séance est levée à une heure et quart.

SÉANCE DE CLOTURE

---

25 septembre

La séance s'ouvre à une heure et demie sous la présidence de M. Fontainas, bourgmestre de Bruxelles. Les présidents, vice-présidents et secrétaires belges et étrangers prennent place au bureau.

L'ordre du jour appelle la communication des rapports faits au nom des diverses sections sur les questions qui ont été soumises à leurs délibérations. Les divers rapporteurs donnent lecture de leurs travaux (*).

M. Fontainas, appelé à l'hôtel de ville par ses devoirs de premier magistrat de la commune, prie M. Orts, vice-président de l'Association, de le remplacer au fauteuil de la présidence.

M. Orts, président. La lecture des rapports étant terminée, il reste à aborder quelques objets de notre ordre du jour qui ont principalement pour but de réglementer nos travaux futurs. Car c'est une chose parfaitement entendue entre nous, le congrès actuel ne se dissout pas, il s'ajourne. (Très bien.)

La première question à résoudre est celle de savoir où se tiendra notre prochaine réunion.

M. J. Simon (France). Je n'ai pas de discours à faire ; je viens simple-

(*) Ces rapports sont reproduits, page 53 et suiv., dans l'ordre assigné par les comités des sections.

ment soumettre une proposition à l'assemblée. Comme le disait, tout à l'heure, notre honorable président, voilà la première session du congrès qui finit ; nous pourrions dire en même temps : voilà le congrès commencé, et bien commencé.

Nous avons beaucoup discuté, nous nous sommes un peu combattus et nous allons nous retirer, chacun de notre côté, le cœur rempli d'estime pour nos adversaires, et emportant, je l'espère, la bienveillance que nos adversaires ont dû avoir pour la sincérité de nos opinions. Notre association, essentiellement pacifique, remue des idées; elle n'est pas faite pour remuer des passions. Nous sommes tous des hommes de paix, nous voulons tous être des savants, des artistes ; notre mission est donc d'apporter partout la concorde et de faire cesser partout la guerre ; nous parlons, d'ailleurs, chacun pour nous et avec la responsabilité de nos paroles : le congrès, dans son règlement, a évité l'émission du vote, afin que cette responsabilité demeurât parfaitement individuelle.

Dans cette situation, quel est le lieu le plus convenable pour les séances du congrès? En vérité, il suffit d'un pays où l'on aime la liberté et où l'on aime la science, et j'ose le dire, il y a encore plus d'un pays en Europe à choisir sous ce double point de vue. Cependant, il faut faire un choix; c'est ce choix que je viens vous proposer, et, pour le dire immédiatement, c'est la Belgique. (Applaudissements.)

Ces applaudissements équivaudraient presque à un vote, si au lieu d'une proposition faite par un membre, il s'agissait d'une question posée par M. le président. Cependant, je demande à vous dire une ou deux raisons qui déterminent le choix que je vous propose.

La première que je dois indiquer, c'est la position géographique de la Belgique, placée aux portes de l'Allemagne, de la Hollande, de la France, de l'Angleterre. Et puis, messieurs, grâce aux mœurs de la Belgique, nous tous, Français, Anglais, Allemands, Hollandais, c'est tout au plus si nous considérons cette terre comme une terre étrangère; quand nous y mettons le pied, nous sommes si sûrs d'y trouver des sympathies, que nous nous croyons encore chez nous.—Je dirai, de plus, que la Belgique est le berceau de notre Association, que c'est ici que nous sommes venus pour la première fois nous serrer fraternellement la main. Quand nous nous retrouverons en Belgique, il y aura comme une certaine idée de famille qui concourra au grand but de ce congrès qui est la fraternité des intelligences.

Dans la journée que nous venons de passer, tandis que nous fêtions la science dans cette enceinte, on fêtait, dans les rues, la liberté et l'indépendance nationale; c'était la fête des Belges; mais, sous de pareils patrons, je dirai que c'était un peu la fête de tout le monde.

Je puis parler de la Belgique; j'ai usé, pour ma part, de son hospitalité; je sais comment on entend ici la liberté de la parole; je sais qu'il y a partout assez de bon sens dans les esprits pour que les entraînements des utopistes soient sans danger, et assez d'enthousiasme dans les cœurs pour que toutes les inspirations trouvent un enthousiasme qui leur réponde.

Voici un petit Etat et un grand peuple où l'on pratique et où l'on aime l'hospitalité, où l'on aime et pratique la liberté; eh bien, pour nous autres, messieurs, qui sommes les représentants apparemment dans le monde de cette douce chose qu'on appelle l'hospitalité, et de cette sainte chose qu'on appelle la liberté, voilà notre vrai berceau, notre vraie patrie. Voilà aussi pourquoi nous avons proposé au bureau que la prochaine session du congrès eût encore lieu en Belgique. (Applaudissements prolongés.)

M. LE PRÉSIDENT. Après les applaudissements qui viennent d'accueillir la fin si obligeante du discours de l'éminent orateur qui descend de la tribune, je crois inutile, si personne ne le réclame, de demander un vote autre que celui que vous venez d'émettre sur la question de savoir où aura lieu la prochaine réunion du congrès. Cependant, si quelqu'un désirait parler sur cette question, je m'empresserais de lui accorder la parole : nous avons beaucoup parlé de liberté pendant ces quelques jours, je veux donner une dernière preuve du respect que je professe pour elle en laissant pleine carrière à la contradiction. . . . .

Personne ne demandant la parole, il est donc convenu que la prochaine session du congrès aura encore lieu en Belgique. (Applaudissements.)

Messieurs, je vous demande pardon d'interrompre la série des orateurs; mais je suis contraint et fier d'accepter une difficulté que je n'avais point prévue. Je n'étais pas destiné à être votre président; je n'avais aucun titre à figurer à votre tête : ma place était parmi vous, au rang des plus humbles, mais en même temps des plus dévoués et des plus sympathiques. Mais je dois, au nom de la Belgique, remercier le congrès, ses membres étrangers, et surtout l'éminent orateur que vous venez d'entendre, des sentiments qui ont servi d'exposé des motifs à votre dernière décision.

Messieurs, si, pour pratiquer des choses aussi saintes que l'hospitalité et que la liberté, il fallait chercher une autre récompense que celle du devoir accompli, cette récompense que la conscience seule donne, nous la trouverions dans l'expression de reconnaissance que nous venons d'entendre et dans l'honneur insigne que vous nous avez fait en venant sur notre terre partager notre hospitalité, en venant apprécier notre liberté. (Applaudissements.)

Nous avons, pour aimer et chérir ces deux grandes choses, ces deux grands noms, nous avons un passé qui nous a servi de leçon, et que l'avenir ne nous fera jamais oublier.

Nous n'avons pas toujours constitué une patrie, une nation indépendante ; mais toujours, nous avons aimé ceux qui venaient s'asseoir fraternellement à notre foyer et qui, souvent, y venaient parce que la patrie, chez eux, leur faisait défaut. Ceux-là nous disaient ce que le pauvre dit à la main qui lui fait l'aumône : Dieu vous le rendra. Eh bien, cette patrie qui nous manquait, ce fut Dieu qui nous la rendit parce que nous avions été hospitaliers, et nous conserverons cette patrie, nous continuerons d'être hospitaliers parce que nous pratiquons la liberté. (Applaudissements prolongés.)

M. WESTLAKE (Angleterre). Je joins volontiers mon approbation à la proposition qui vient de vous être faite de choisir la Belgique pour le siége de notre prochaine réunion. L'Association a pris naissance, je crois qu'elle peut marcher, et que, même, elle pourrait voyager ; mais le tour des voyages viendra plus tard ; quand l'enfant sera vigoureux, il pourra transporter, dans d'autres pays, le flambeau civilisateur qui a été allumé ici. Aujourd'hui, nous ne saurions admettre l'idée d'arracher sitôt notre Association du sol hospitalier de cette Belgique qui l'a inaugurée avec tant d'éclat, de cette Belgique où nous sommes entrés avec respect, et que nous allons quitter avec amour.

M. JOLLES (Hollande). Permettez-moi, messieurs, de vous adresser quelques mots au nom de mes compatriotes, à la fin de ce congrès.

Nous tous, nous nous souvenons, avec des sentiments de reconnaissance, du discours de l'illustre président et des paroles bien senties de M. le secrétaire général. Deux mots, surtout, du président m'ont vivement touché, les mots *bonheur* et *paix des peuples*. Ce sont des mots de la plus haute valeur, car y a-t-il un vrai bonheur sans la paix ?

Messieurs, ni les Belges, ni les Hollandais, n'oublieront leur histoire. Ils béniront, en tout temps, la mémoire de ceux qui sont tombés en combattant pour la patrie. L'oubli serait une lâche ingratitude.

Mais nous bénissons aussi le présent où revivent d'antiques sentiments d'amitié et de fraternité qui, dans ce congrès, ont reçu, par un sympathique accueil, une nouvelle consécration.

Désormais, je l'espère et le désire ardemment, il n'y aura plus, entre les deux pays voisins, d'autre rivalité que le zèle à se surpasser en travaillant au bonheur et à la paix des peuples.

Messieurs, je n'ai parlé qu'au nom de mes compatriotes réunis dans cette enceinte. Cependant, je suis persuadé que, tous, vous voudrez vous unir à ce vœu sincère : Dieu protége la Belgique et son auguste roi ! » (Bravos !)

M. Garnier Pagès (France). Messieurs, je n'ai que quelques mots à dire, avant la fin de cette fête de famille, de cette fête de l'intelligence.

Je viens remplacer un ami absent; cet ami c'est M. Max Wirth, célèbre économiste allemand qui était chargé, par le congrès de Weimar, de venir à ce congrès vous exprimer les vives sympathies de l'Allemagne pour votre Association.

Ce qu'il y a de singulier dans cette circonstance, c'est que, en l'absence de nos amis d'Allemagne qui étaient au congrès de Weimar et qui ont été empêchés par les grandes nécessités du moment, c'est un Français qui est chargé de venir dire à messieurs les Belges, les Anglais, les Espagnols, les Hollandais et aux membres des autres nations, qu'il y a, en Allemagne, un désir unanime d'union, de concorde et d'amour.

Cela seul est un symbole et un discours.

M. le président rappelle à l'assemblée la nécessité de passer à la nomination du conseil chargé d'administrer l'Association jusqu'au prochain congrès.

M. Wolowski (France) propose que ce mandat reste confié au *Comité fondateur*, complété par les présidents, vice-présidents et secrétaires belges de l'Association et des sections.

M. Orts (Belgique) propose de leur adjoindre les vice-présidents et secrétaires étrangers. — (Adopté par acclamations.)

M. le président donne lecture d'une lettre de M. Charles de Kerchove, bourgmestre de Gand, par laquelle cet honorable magistrat réclame, pour la ville de Gand, l'honneur d'être le siége du prochain congrès.

Renvoi au conseil d'administration.

Trois propositions, dont voici le texte, sont soumises à l'assemblée :

1° « Les soussignés proposent d'appliquer à l'*Association internationale pour le progrès des sciences sociales* l'organisation qui a donné de si beaux résultats dans l'*Association pour la réforme douanière ;* c'est-à-dire, d'organiser dans les villes principales de la Belgique et des autres pays du continent des sous-comités qui continueraient d'une manière permanente l'étude des questions soulevées dans les congrès annuels. »

Ont signé : MM. C. Beek-Mullendorff, Corr-Vander Maeren, E. de Pressencé, Duriau, Cl. Royer, J. Stecher, Mayer-Hartogs, Alexis Joffroy, Masson, Lemaire, Francis Boult, E. Pelletan, A. Geelhand, Gouvy, Hyacinthe Deheselle, Arnold Baruchson, prince G. Lvoff, E. Desmarest, Jules Simon, Van Hees, Mioulet.

2° « Attendu qu'au point de vue économique, la douane est un mauvais impôt et un obstacle aux échanges ;

« Attendu qu'au point de vue humanitaire, elle entrave les relations des peuples et arrête les progrès de la fraternité universelle ;

« Les soussignés proposent de mettre à l'ordre du jour du prochain Congrès, l'abolition radicale de cette institution. »

> Ont signé : MM. DE NAYER, PASCAL DUPRAT, GUSTAVE JOTTRAND, COMTE ARRIVABENE, NAKWASKI, CORR-VANDER MAEREN, HYACINTHE DEHESELLE, C. BEEK, ÉMILE DURIER, JULIEN BUSE, REYNTIENS, AD. LEHARDY DE BEAULIEU, MASSON, EDM. DE SELYS-LONGCHAMPS, ARTURO DE MARCOARTU.

(Renvoi au conseil d'administration.)

3° « En vue de faire fructifier, le plus possible, les importants travaux auxquels vient de se livrer l'Association, je propose d'émettre le vœu que les gouvernements respectifs se chargent de supporter les frais d'un tirage supplémentaire du compte rendu, en faveur des membres affiliés. »

> Signé : A. KAYSER.

M. LE PRÉSIDENT. Le conseil examinera ; mais je crois que nous ferons bien, autant que possible, de conserver notre liberté. C'est un avis que nous donnait, tantôt, l'un des rapporteurs d'une de nos sections ; et il est, j'en suis convaincu, des meilleurs à suivre.

Enfin, le bureau a reçu une lettre de M. Dutrône, conseiller honoraire, délégué de la Société protectrice des animaux et de la Société d'acclimatation de Paris. M. Dutrône informe l'assemblée qu'il met à la disposition du conseil d'administration trois médailles, chacune de la valeur de 200 fr., pour être décernées : l'une, « à la *Société de sobriété* qui, d'ici à la prochaine « session du Congrès, se sera organisée sur les bases et avec le programme « d'action qui seront reconnus comme devant être les plus efficaces ; » les deux autres, « à la *Société d'acclimatation* et à la *Société protectrice des* « *animaux* qui se seront organisées dans les mêmes conditions que la « précédente.

« Les sociétés qui voudront concourir, adresseront, un mois avant la « réunion de la prochaine session, au conseil d'administration de l'Asso- « ciation internationale, un exemplaire de leurs statuts et règlements, « ainsi qu'un compte rendu de leurs travaux. »

M. LE PRÉSIDENT. Je propose à l'assemblée de voter des remerciements à M. Dutrône, pour sa bonne pensée et son offre généreuse. (Applaudissements.)

Je déclare la session actuelle close, et je répète ce que je disais tantôt : le Congrès ne se dissout pas, il s'ajourne. (Bravos! bravos!)

La séance est levée à 4 heures (*).

(*) M. Silva Ferrao, ancien ministre, conseiller à la cour de cassation, grand de Portugal, pour ne pas prolonger outre mesure la séance, avait déposé sur le bureau le discours que voici :

Messieurs, avant de nous quitter, je désire vous adresser quelques paroles.

Je suis seul de mon pays pour participer à cette exposition universelle des idées sociales. — Cependant, je ne représente pas ici uniquement mon individualité, ce serait bien peu dans une pareille assemblée. — L'empressement avec lequel mon gouvernement a accueilli le désir que je lui ai manifesté de me trouver ici, la mission ou l'ordre, pour mieux dire, que j'en ai reçu, l'adhésion de plusieurs de nos ministres comme membres effectifs, prouvent que le noble but de cette association a été compris dans mon pays. Je suis convaincu que beaucoup de mes compatriotes se fussent empressés d'accourir à ces fêtes de l'intelligence, si, en ce moment même, le Portugal n'attendait sa nouvelle reine. Cet événement, essentiellement national, nous donne l'espoir de voir se continuer une dynastie aimée et bénie de tous; car, sous son égide tutélaire, le Portugal s'avance à pas rapides dans la voie du progrès social et de la liberté.

Le Portugal, messieurs, c'est un Portugais qui vous le dit, et ne croyez pas que l'amour de la patrie l'emporte trop loin, le Portugal est digne de l'estime et de l'affection des autres nations et surtout de la Belgique qui marche avec tant d'ardeur et de persévérance dans les voies libérales et progressives.

Sous l'empire d'une charte qui nous donne une large liberté, la légalité a fait, chez nous, de grands progrès. La liberté de conscience, la liberté de la presse et la liberté de la politique nous sont acquises dans toute leur étendue.

J'ose vous assurer, au nom de mon pays, qu'il applaudit à l'œuvre vraiment humanitaire à laquelle vous nous avez appelés à travailler avec vous. Merci donc, messieurs, de votre utile et généreuse pensée. Je suis convaincu que, d'année en année, on appréciera davantage l'influence qu'une telle institution doit exercer sur le bonheur des peuples. Elle contribuera surtout à tirer notre société de ce matérialisme pratique qui tend à l'envahir, pour substituer la force au droit et le règne des passions au règne imprescriptible de la morale et de l'intelligence.

BANQUET

---

25 septembre

Présidence de M. Vervoort, président d'honneur de l'Association.

A six heures du soir, la grande salle du *Cercle artistique et littéraire*, élégamment décorée (*), s'ouvrait aux membres du Congrès et à leurs dames. Les trois longues tables préparées pour recevoir les convives furent bientôt occupées. Sur l'estrade, était dressée la table d'honneur. M. Vervoort, président d'honneur du Congrès, y prit place, ainsi que MM. Quetelet, secrétaire perpétuel de l'Académie de Belgique; le comte Arrivabene, président des Sociétés d'économie politique de Bruxelles et de Turin; Hastings, secrétaire-général, et Westlake, secrétaire de la *National Association for the promotion of social science*, délégués; Garnier-Pagès, avocat; Desmarest, avocat; Jules Simon; comte Foucher de Careil; Nakwaski, ancien nonce à la Diète de Pologne; Jolles, membre de la haute cour de justice des Pays-Bas; Suringar, fondateur du Mettray néerlandais; Van Hees, secrétaire général de la société *Tot nut van 't algemeen;* Mlle Clémence Royer, économiste; De Kerchove-Delimon, bourgmestre de la ville de Gand; MM. De Decker, de Naeyer, comte de Liedekerke, Tielemans, Vleminckx, présidents des sections de l'Association; Bérardi, directeur de l'*Indépendance belge*, Corr-Vander Maeren, juge au tribunal de commerce, membres du comité fondateur; Aug. Couvreur, secrétaire-général.

(*) C'est à MM. De Mot et Victor Vleminckx, secrétaires faisant fonctions de questeurs, que sont dues les excellentes dispositions prises pour l'ornementation des salles du Cercle et du Palais Ducal.

Au dessert, M. Vervoort a porté, en ces termes, la santé du Roi :

« Au Roi des Belges, à l'élu de la Belgique indépendante! (Applaudissements.)

« Je n'ai pas besoin, messieurs, de faire ici le panégyrique du Roi, après le spectacle magnifique auquel vous avez assisté. Les cris de joie de la foule retentissent encore à nos oreilles; l'air que nous respirons est encore agité par les tressaillements de l'allégresse générale. C'est le peuple et la milice citoyenne, volontairement réunie, qui ont fait les honneurs de cette marche triomphale, pendant laquelle s'élevaient les bénédictions de la foule partagées entre notre souverain bien-aimé et le Ciel qui protége ses jours précieux. (Bravos.)

« Ces manifestations, qu'on ne s'y trompe pas, ces manifestations, inspirées par le patriotisme et la reconnaissance, ont une haute signification. Le peuple, en acclamant son Roi, a affirmé une fois de plus son attachement profond à sa nationalité que le Roi a inaugurée (bravos), et aux libertés publiques qu'il a su comprendre et pratiquer. (Bravos.)

« C'est à cette pratique ferme et loyale de ses mâles institutions que la Belgique doit, bienfait inappréciable, trente années de prospérité, de bonheur.

« Au Roi, messieurs, et vive le Roi ! »

De nouvelles acclamations ont accueilli ces paroles.

M. De Decker s'est levé après M. Vervoort. Voici en quels termes il a porté un toast aux étrangers :

« J'ai l'honneur de porter un toast de sympathie et de reconnaissance aux hommes éminents accourus de tous les pays pour étudier et résoudre, dans un but pacifique et vraiment civilisateur, les problèmes les plus importants de cette société du dix-neuvième siècle si profondément agitée, souvent et si rudement éprouvée, mais dont l'initiative hardie a développé les conquêtes les plus fécondes de l'esprit humain. (Vifs applaudissements.)

« Merci donc, messieurs, au nom des sciences sociales qui, désormais, grâce à l'impulsion que vous leur avez donnée aujourd'hui, auront de périodiques et solennelles assises où, tout en respectant le principe des nationalités, on préparera la consolante et magnifique synthèse de la solidarité des peuples. (Bravos.)

« Merci surtout au nom de notre chère Belgique qui, en retour de l'hospitalité à laquelle on rendait tout à l'heure, dans une autre enceinte, un si touchant hommage, ose compter sur vous tous (bravos), afin que partout vous soyez là pour affirmer ses droits et défendre ses intérêts par d'invincibles arguments. (Applaudissements prolongés.)

« Pour défendre la Belgique, nous ne vous demandons qu'une chose : c'est de proclamer partout ce que vous avez eu le bonheur de voir. Communiquez à vos concitoyens l'impression magnifique de la journée d'hier. Il vous a été donné d'être témoins d'un spectacle qui a arraché des larmes à tous les yeux, celui d'un peuple heureux et fier de ses libres institutions, et confondant, dans une affection unique et dans un même enthousiasme trois générations de sa jeune dynastie. (Applaudissements.)

« Il vous a été donné de voir réalisé sur la terre de Belgique l'idéal de tous les systèmes, de toutes les doctrines politiques, l'alliance de la liberté et de l'autorité.

« Par un privilége rare à cette époque troublée, nous pouvons exalter la royauté sans nous exposer à trahir la liberté. (Bravos.) Pour nous, Belges, et daigne la Providence perpétuer cette belle situation, l'attachement à la dynastie est une des formes les plus intelligentes et les plus vraies du patriotisme. (Bravos.)

« Je bois à vous tous! étrangers, hommes de cœur et d'intelligence, élite de la société moderne, qui êtes venus nous apporter le concours de vos lumières et de votre dévouement. » (Applaudissements prolongés.)

M. JOLLES (Hollande) s'est exprimé ainsi :

« Je suis heureux que M. le président ait bien voulu m'accorder la parole après le toast que nous avons tous applaudi. Jamais nous n'oublierons les jours que nous avons passés dans la capitale de la Belgique. Nous y avons vu de belles choses, nous y avons entendu de belles paroles. Nous avons travaillé ensemble au salut, à la paix de l'humanité. L'Association que nous venons d'inaugurer a, devant elle, un bel avenir. Ses destinées, j'en suis sûr, seront nobles et fécondes; mais avant de glorifier l'enfant, il est juste de penser à ses parents, et je vous propose aujourd'hui de penser aux parents de notre Association, au *Comité fondateur*. Honneur aux enfants qui ont de tels parents, et gloire à la patrie qui a de tels citoyens! » (Applaudissements.)

M. AUG. COUVREUR, secrétaire général de l'Association, a répondu à ce toast de la manière suivante :

« Certes, messieurs, je ne m'aventurerais pas à parler dans cette assemblée où sont réunis tant d'hommes illustres et éminents, moi humble, si je n'avais pas un dernier devoir à remplir. On vient de boire au comité fondateur, je désire répondre à ce toast par l'expression de nos remerciements pour ceux qui nous ont aidés à constituer l'Association internationale.

« Si le Comité fondateur a réussi dans cette œuvre délicate et difficile, c'est que, partout où il s'est adressé, il a rencontré des sympathies. »

M. Couvreur rappelle l'important concours accordé par le gouvernement, les administrations communales, les académies, les chambres de commerce, les sociétés savantes, les cercles littéraires, les personnages considérables de plusieurs pays et particulièrement l'Association anglaise présidée par lord Brougham.

« Cette Association puissante et vigoureuse, dit-il, si utile à l'Angleterre! lord Brougham, ce vétéran de toutes les idées généreuses, sur la brèche depuis plus d'un demi-siècle! le secrétaire général de cette Association qui, le premier, nous a donné son utile concours!

« Je bois à la *National Association for the promotion of social science*, à son président lord Brougham, à M. Hastings, son secrétaire général. » (Applaudissements prolongés.)

M. Vervoort. Pendant un banquet qui a eu lieu à Londres et auquel assistaient des membres de l'Association anglaise, un toast de sympathie pour la Belgique a été porté par lord Brougham, et transmis immédiatement, par le télégraphe, au président de la Chambre des représentants.

J'ai l'honneur de vous annoncer que le toast que vous venez d'applaudir va être transmis à lord Brougham par le télégraphe (*). (Applaudissements.)

M. Hastings a répondu en anglais. Voici la traduction de ses paroles :

« Messieurs,

« Je me lève, plein de gratitude, pour répondre au toast adressé à la grande Association dont j'ai eu l'honneur de faire partie dès le premier

(*) Le 2 octobre, lord Brougham adressait à M. Vervoort la réponse suivante :

« Lord Brougham présente l'assurance de son estime à M. Vervoort. Il a reçu le télégramme, mais trop tard pour que sa réponse arrivât pendant le banquet où un toast lui a été porté ainsi qu'à l'Association nationale d'Angleterre.

« Il apprécie beaucoup cet honneur et se réjouit grandement du succès de l'Association internationale et du Congrès de Bruxelles. Il regrette infiniment d'avoir été dans l'impossibilité d'y assister, mais espère être plus heureux une autre fois,

« Il désire que le président de la Chambre des représentants sache combien il a d'estime pour lui, et quelle importance il attache aux efforts que M. Vervoort a faits pour la grande cause de la science sociale.

« Il exprime ses meilleurs sentiments pour ses autres confrères de l'Association internationale. »

moment de son existence, et qui m'a délégué auprès de vous, avec mon ami M. Westlake, pour vous exprimer ses sympathies.

« L'Association anglaise pour le progrès de la science sociale n'a été fondée dans aucun but politique. Elle est nationale par son caractère et par ses vues. Elle a été formée pour l'investigation de ces grandes lois de la nature qui unissent les diverses parties de la société et dont la stricte observance assure la prospérité des nations : lois aussi vraies et irrévocables que celles qui régissent l'univers matériel. Elle a été formée encore, pour la constatation de la condition d'existence des diverses classes de la société; pour répandre la connaissance du bien et exposer les causes du mal ; pour aider, autant que possible, à l'amélioration de tous et spécialement à celle de cette classe de la société qui, par la volonté de la Providence, est moins bien dotée que nous. Tels sont les principes sur lesquels est basée notre Association, et nous nous sommes appliqués avec assiduité, depuis cinq ans, à donner à ces principes un développement pratique. J'ai la confiance que nos efforts n'ont pas été tout à fait infructueux, et je compte sur la constance de notre courage et de notre énergie pour maintenir leurs résultats.

« Messieurs, quand nous avons appris qu'une Association semblable à la nôtre était sur le point de se former en Belgique, — Association qui devait embrasser les diverses nations de l'Europe, — nous avons ressenti une grande joie à l'espoir de voir notre idée se répandre. Animé de la plus vive sympathie, le conseil de notre Association résolut de nous déléguer, M. Westlake et moi, pour vous exprimer son désir ardent de coopérer à votre œuvre. M. Westlake a des titres spéciaux pour remplir cette mission : il est secrétaire pour l'étranger de notre Association, et aussi longtemps que ces fonctions lui seront dévolues, les devoirs qui y incombent seront accomplis admirablement. Quant à moi, je ne puis apporter que peu de chose, outre ma cordiale sympathie; mais, placé comme je le suis ici ce soir, en quelque sorte, le représentant de mes compatriotes, je ne puis laisser croire un instant à mon indifférence au sujet de ces grands principes de liberté civile, de droits constitutionnels que j'ai entendu défendre si éloquemment dans ce Congrès. La prospérité matérielle est désirable; le progrès intellectuel l'est davantage ; mais au fond de toutes ces questions repose le grand principe de la liberté constitutionnelle, base de toute science sociale vraie, et sans laquelle la prospérité nationale n'est qu'un leurre, le progrès humain, qu'un rêve.

« Messieurs, au nom de l'Association anglaise, je vous demande la permission de faire quelque chose de plus que d'exprimer de la sympathie. J'ai besoin de vous féliciter sur le succès que vous avez déjà obtenu. Ce succès est dû, en grande partie, à deux hommes, et je ne saurais passer leurs noms sous silence, dans cette circonstance. Connaissant comme je le fais, l'origine de cette Association, je suis heureux de rendre témoignage de ce fait : que l'initiative de l'idée est due à M. Corr-Vander Maeren, et que c'est par ses efforts incessants que son plan a été mis à exécution.

« Remplissant moi-même les fonctions de secrétaire de l'Association anglaise, je sais tout le travail et la responsabilité qui incombent à une pareille tâche — au moment d'un congrès surtout — et je puis apprécier à sa juste valeur l'habileté et le zèle déployés par M. Couvreur dans la conduite de cette grande entreprise. Je le remercie, au nom de tous les Anglais ici présents.

« L'absence de notre illustre président, lord Brougham, a été, pour M. Westlake et pour moi, — et, j'en suis sûr, pour toutes les personnes ici présentes, — un sujet de profond regret. Depuis cinquante ans, le nom de lord Brougham est inséparable de toute lutte en faveur du progrès de la liberté et de l'avancement de la science sociale. Durant cinquante années, il a travaillé avec une énergie incessante et un courage à toute épreuve, au renversement des préjugés et des abus et à l'expansion des lumières de l'intelligence. Beaucoup embrassent une cause lorsqu'elle est devenue populaire et victorieuse. On peut dire à l'honneur de lord Brougham, qu'il a, durant toute sa vie, combattu pour la civilisation, et cela, alors que d'autres en désespéraient. Il s'attaqua à l'odieux trafic des esclaves, lorsque cet abus inique était dans toute la force de sa puissance ; il plaida la cause de l'éducation nationale, lorsque ce bienfait était un objet presque universel de railleries ; il critiqua le système suranné de nos lois, tandis que l'idée de toucher à notre code était considérée comme une innovation dangereuse.

« Tel est l'homme que l'Association anglaise s'honore d'avoir pour président, et lui seul aurait pu la représenter ici dignement. Des circonstances indépendantes de sa volonté l'ont empêché de se rendre à votre appel ; mais je ne manquerai pas de rapporter à sa seigneurie l'accueil enthousiaste dont son nom a été l'objet ce soir.

« Je termine, messieurs, en vous réitérant, au nom de l'Association que je représente, les remerciements les plus sincères à l'occasion du toast que vous lui avez fait l'honneur de lui adresser. »

M. DESMAREST (France) porte un toast à la Belgique pour son excellent accueil, et à la ville de Bruxelles en particulier, pour sa douce et magnifique hospitalité.

Dans un langage chaleureux, il rappelle l'origine de l'Association au congrès de Dublin, sous la haute inspiration de lord Brougham, l'initiative prise en Belgique par MM. Corr-Vander Maeren, Bérardi, Couvreur, les encouragements venus d'Allemagne, de France, de Russie.

« C'est assurément une grande chose, s'écrie l'orateur, d'avoir créé une Société qui a pour but l'étude de tous les grands problèmes et qui va porter dans tout pays le flambeau de la civilisation, en se maintenant toujours sur la base solide de la liberté largement et généreusement comprise.

« Faisons tous un pacte pour comprendre et développer la véritable grandeur morale, le respect des droits et l'accomplissement des devoirs.

« Faisons un pacte pour rechercher la grande unité de la civilisation, mais en respectant l'indépendance des peuples et les priviléges des nationalités. Le respect de la nationalité, tel est le sentiment qui domine dans nos cœurs, quand nous marchons sur la terre hospitalière de Belgique.

« Je termine comme j'ai commencé, en remerciant les Belges de leur excellent et sympathique accueil. »

M. Vervoort, président, a clôturé la série des toasts par les paroles suivantes :

« Messieurs,

« J'espérais qu'une voix plus autorisée que la mienne pourrait répondre au chaleureux discours que vous venez d'entendre. Malheureusement, d'autres devoirs retiennent le bourgmestre de Bruxelles. En son absence, je vous remercie, au nom de mon pays, au nom de la ville de Bruxelles, de cette explosion de flatteuses et honorables sympathies. Vous avez parlé du sol hospitalier de la Belgique; il est facile d'exercer l'hospitalité envers des hommes tels que vous, accourus ici d'un élan unanime pour prendre part à notre œuvre. Il est doux d'exercer l'hospitalité envers ceux dontla présence réjouit et hon ore. Merci des éloges que vous avez donnés à nos institutions, merci du concours que vous avez prêté à l'Association internationale. »

Puis, parlant du but qu'il s'agit de poursuivre et des sympathies manifestées par les gouvernements, les corporations savantes, les sociétés diverses, les personnages distingués et la presse de tout pays, l'orateur

exprime ses sentiments de reconnaissance « pour ces femmes courageuses et intelligentes qui nous ont apporté la lumière douce et pénétrante
de leur esprit et de leur cœur.

« Non, notre œuvre ne périra pas, ajoute le président ; elle possède tous
les éléments nécessaires pour arriver rapidement et sûrement au progrès.

« Après les discussions sérieuses et savantes de notre première session,
les épanchements et la joie de ce banquet resserreront encore les liens
d'estime et d'affection qui nous unissent. Ce sera notre force dans l'avenir.

« Au revoir donc, amis, au revoir ! »

Après avoir chaleureusement applaudi cette improvisation, les convives
sont descendus dans les salons du premier étage, où les causeries intimes
se sont prolongées fort avant dans la soirée.

RAPPORTS DES SECTIONS

1ʳᵉ SECTION

LÉGISLATION COMPARÉE

QUESTION. — *Quelles sont les bases et quels sont les moyens d'une bonne codification des lois?*

Rapporteur : M. DOGNÉE-DEVILLERS, avocat à Liége.

« MESSIEURS,

« La question de la codification des lois a été brillamment débattue dans la première section. Dix orateurs se sont fait entendre. Ce sont MM. Léopold Alm, de Stockholm; Wenmaekers, de Hollande; Vaes, d'Anvers; Desmarest, de Paris; votre rapporteur; Calmels, Hérold, Morin et De Rode, avocats à Paris, et enfin, M. Krieger, ancien ministre de Danemark.

« Je me bornerai, messieurs, à vous présenter l'analyse très succincte des opinions émises.

« M. Alm, premier orateur, ne s'est occupé que de la première partie de la question : quelles sont les bases d'une bonne codification. S'appuyant sur la morale du Nouveau Testament, M. Alm désire, pour la codification ou la confection de nos lois, qu'on ne s'écarte point des principes du christianisme.

« M. Wenmaekers, qui lui a succédé, a pensé qu'une bonne codification doit nécessairement avoir pour base, non pas les principes du christianisme, mais la morale et la raison : donner à chacun ce qui lui appartient, garantir la justice à tous, accorder à chacun une liberté pleine et entière, n'ayant d'autre limite que la liberté d'autrui, tels sont les principes qui ont été proposés par M. Wenmaekers. — Abordant ensuite la seconde partie de la question, l'orateur estime que la première condition, pour arriver à faire de bonnes lois, c'est d'en confier l'élaboration à un corps d'hommes spéciaux, comme le conseil d'État qui a rédigé le code français.

« M. Vaes croit que la condition première d'une bonne codification, c'est qu'il y ait de l'harmonie, de l'unité dans la pensée et dans les dispositions de la loi; que la loi ne présente point de contradictions, qu'elle ne renferme surtout aucun sujet étranger à son objet. Comme le précédent orateur, il a signalé la nécessité d'établir un concours d'hommes spéciaux pour arriver à l'unité, à l'harmonie de la loi.

« M. Desmarest, reprenant à son tour la thèse développée par M. Alm, a donné à la discussion de plus amples, de plus vastes proportions. Dans l'ensemble des diverses législations de l'Europe, les principes chrétiens ont obtenu, disait-il, la légitime satisfaction qu'ils pouvaient réclamer. Il est bien évident, en effet, que toutes les sociétés sont empreintes d'un sentiment religieux qui leur est propre; que ce sentiment est le même en Europe, et qu'il ne diffère que par la forme. M. Desmarest a examiné l'une des grandes questions de ce siècle, la séparation du temporel et du spirituel; et, en supposant un idéal de civilisation encore plus avancé que celui auquel nous sommes parvenus, il s'est demandé comment s'établira le rapport nécessaire entre la loi et le sentiment religieux. La loi sera-t-elle athée, comme le voulait un des hommes d'État les plus consirables, les plus justement estimés de la France? Tel n'est point le sentiment de M. Desmarest : il ne veut pas que la loi soit athée, parce qu'il ne la veut ni matérialiste, ni indifférente, ni exclusive; il la veut large, généreuse, tolérante pour tous. La séparation du spirituel et du temporel repose sur une base fausse, nous dit M. Desmarest; elle ne saurait soutenir un examen sérieux; elle est en contradiction flagrante avec un caractère essentiel de notre nature. L'esprit humain est un, la conscience humaine doit rester une; il ne saurait y avoir ni deux règles, ni deux vérités, ni deux consciences. — Au fond de la question, il n'y a, dans la pensée de M. Odilon Barrot, qu'un mal entendu : la loi ne peut pas être athée; elle doit être tolérante, en restant empreinte du sentiment religieux.

« M. Desmarest, abordant la seconde partie de la question, et nonobstant l'exemple qu'il a puisé dans un pays qui est justement cité pour ses libertés et pour ses lois, malgré l'exemple de l'Angleterre qui n'a pas encore codifié et qui ne songe pas à le faire, M. Desmarest pense qu'on doit émettre le vœu que le principe de la codification soit admis, en conservant toutefois, dans chaque mécanisme codificateur, le génie de chaque nation, de manière à ne point le dépouiller du caractère de tradition, d'antiquité et d'originalité qui est de l'essence de chaque peuple.

« A M. Desmarest, a succédé M. Calmels, du barreau de Paris.

« Avec non moins de science et de talent, il a combattu les idées émises par son confrère. Les lois doivent être l'expression de la morale, que M. Calmels ne confond pas avec la religion. Quand on s'occupera de législations futures, c'est à la source de la morale et de la raison qu'on devra puiser les enseignements de législations. M. Calmels pense que son collègue a eu tort de combattre la pensée émise par M. Odilon Barrot; cette formule « la loi doit être athée » est, selon l'orateur, la consécration la plus solennelle de l'égalité civile, qui est l'aspiration de tous les peuples. En soutenant que la loi doit être athée, M. Odilon Barrot n'a pas voulu dire que la loi dût manquer de moralité, qu'elle ne dût pas être également juste, également honnête, également morale pour tous.

« Passant ensuite à la seconde partie de la question, M. Calmels a soutenu que les meilleurs moyens de codification, c'était d'abord de faire une bonne classification des lois, de manière que chaque loi ne traitât que de la matière particulière qu'elle avait pour objet; qu'on ne glissât pas, dans des lois spéciales, des dispositions applicables à la législation en général, et qu'on s'étonnait de trouver dans des lois d'un caractère tout à fait particulier et parfois purement local.

« Un inconvénient a été signalé par M. Calmels, inconvénient commun à la France et à la Belgique : il consiste dans le mode usité pour l'abrogation de nos lois. Les lois anciennes, en effet, ne sont abrogées, d'après la formule usitée dans ces deux pays, que pour autant qu'elles ne soient pas contraires à la loi nouvelle. Avec un pareil mode de procéder, on est obligé d'aller rechercher, dans la masse des recueils des lois, toutes les dispositions qui n'ont pas été abrogées et dont la plupart des textes sont encore maintenus quelquefois même en contradiction avec les principes de la loi nouvelle.

« Je voudrais, messieurs, pouvoir vous reproduire les belles et utiles observations successivement produites par MM. Hérold, Morin et Derode. Je voudrais aussi vous signaler les considérations élevées et pratiques qui nous ont été soumises par M. Krieger, ancien ministre du Danèmark. Mais, forcé par le temps, le rapporteur est condamné à ne vous donner que le résumé de la discussion et le sommaire de son origine :

« Les lois doivent être l'expression vraie des besoins, des idées, des

sentiments religieux et autres du peuple auquel elles doivent s'appliquer
également avec justice, avec impartialité : telle doit être la base d'une
bonne loi. Le meilleur moyen d'y arriver, c'est d'établir, dans la loi l'unité,
l'harmonie qui lui est indispensable. Qu'aucun sujet étranger à l'objet sur
lequel porte la loi n'y trouve place. Que les changements n'y soient
apportés que lorsque la nécessité, l'urgence s'en est fait impérieusement
et généralement sentir. Que les lois soient élaborées par des hommes
éminents qui, comme à Rome, nous ont légué cet admirable code de doctrines qui, malgré le temps, est encore considéré, aujourd'hui, comme la
raison écrite. Que, comme en France, au commencement de ce siècle,
des hommes spéciaux les plus éclairés et les plus capables viennent
préparer les lois et donnent au monde des codes simples comme ceux
qui ont été adoptés en France sous Napoléon Iᵉʳ, comme ceux dont la
Prusse, l'Autriche, les pays Scandinaves ont été gratifiés. Enfin, messieurs, si les lois ne répondent plus aux besoins, aux sentiments politiques et religieux des peuples qu'elles doivent régir, qu'on abroge
franchement les dispositions surannées qui ne sont plus acceptées par le
peuple, qui ne sont plus à la hauteur de l'époque. Qu'on soit net, précis,
absolu; qu'on ne maintienne pas d'anciennes législations, en en créant de
nouvelles, et l'on arrivera ainsi à faire de bonnes lois et une bonne codification. »

QUESTION. — *Quelles sont les législations qui régissent la presse dans les
différents pays de l'Europe? (Étude comparée.)*

Rapporteur : M. HÉROLD, docteur en droit, avocat à la cour de cassation
et au conseil d'État, à Paris.

« MESSIEURS,

« Trois séances ont été consacrées à la discussion de cette question.
« Dans la première, c'est sur le principe même qui doit servir de base
aux législations que l'examen a principalement porté. Deux théories se sont
trouvées en présence, l'une qui réclame pour la presse, je ne dirai pas la
liberté, mais l'impunité absolue, l'autre qui se contente, pour elle, de la
liberté et du droit commun.

« Il me serait difficile, messieurs, de vous bien faire connaître la première de ces théories, si je ne reproduisais quelques-unes, au moins, des
propres paroles de son auteur : La presse, a-t-on dit, doit échapper à toute
répression, par deux raisons, parce que la presse ne fait jamais de mal, et
parce que la répression est impossible. La presse ne fait jamais de mal,
et jamais non plus elle ne fait de bien : la parole, la discussion, la presse
sont également impuissantes pour le bien et pour le mal; dans toute discussion parlée ou écrite, chacun garde l'opinion qu'il avait au début.
L'orateur parle pour parler; l'écrivain écrit pour écrire. Se proposent-ils
de persuader? Jamais. Le public les croit-il? Il n'est pas assez simple
pour cela. La presse n'a pas le pouvoir de changer la vérité : si elle avait
ce pouvoir, les gouvernements feraient bien de la frapper impitoyable-
ment. En second lieu, la répression est impossible. L'impuissance des
gouvernements est démontrée par le nombre et par l'instabilité des lois,
par 60 années d'efforts sans résultats. La calomnie, par exemple, ne peut
être empêchée; condamné aujourd'hui , le journaliste recommencera
demain, et son habileté saura bien dissimuler le délit. En vain, la justice
redoublerait ses rigueurs : force restera toujours à la calomnie.

« Un rapporteur, messieurs, doit rester impartial. Je crains bien de
vous sembler être sorti de mon rôle. Je n'ai pourtant fait qu'exposer; et
si j'ai affaibli, en la reproduisant, la doctrine du *parler pour parler*, de
l'*écrire pour écrire*, c'est bien malgré moi, je vous assure.

« Pour être juste et complet, je dois ajouter ici, que la théorie de l'impunité de la presse a trouvé un défenseur qui a su l'appuyer par des
considérations d'un ordre tout différent. La presse doit rester impunie,
a-t-on dit, parce qu'il faut craindre d'affaiblir sa force, et que, si cette
force existe pour le mal, elle existe aussi, et surtout, pour le bien. C'est là,
messieurs, un argument fort sérieux : mais il se rapproche tellement de
ceux que fait valoir la théorie de la liberté sans privilége, que j'allais être
tenté de confondre ici les deux opinions. J'arrive à cette seconde théorie.

« La presse doit être libre, est venu nous dire un sympathique orateur;
elle doit être absolument libre en tant qu'elle est l'expression de la pensée,
en tant qu'elle est l'arme d'une raison qui s'adresse à une autre raison : mais
lorsque la presse devient la cause directe d'un fait matériel préjudiciable à
autrui, le droit de l'écrivain trouve, en face de lui, un autre droit auquel
il est dû satisfaction. Il y a donc, sinon des délits spéciaux de la presse,
au moins des délits commis par la voie de la presse. L'excitation à la
révolte, la calomnie, doivent être réprimées. Nous ajoutons que, réprimées
comme délits de droit commun, elles nous présentent ces délits sous leur
aspect le plus grave : car il est plus efficace et plus coupable assurément

de calomnier ou d'exciter à la révolte lorsqu'on s'adresse au public tout entier par la voie d'un écrit qui circule entre des milliers de mains, que lorsqu'on restreint son action au petit nombre de personnes desquelles la voix d'un homme peut se faire entendre. En résumé, cette théorie réclame l'application du droit commun à la presse, elle ne veut pour elle ni privilége, ni rigueur exceptionnelle ; elle concède cependant aux partisans d'une répression plus sévère l'existence de quelques cas où cette répression peut être admise.

« La presse libre, messieurs, c'est la lumière ; la presse n'est pas seulement utile, elle est indispensable pour le bien. Que peut, en présence de cette nécessité reconnue, le fait incontestable de sa puissance pour le mal ? Pour conclure de ce fait à la suppression de la presse, il faudrait poser en principe que l'homme préfère le mal au bien : c'est le contraire de la vérité.

« Vous remarquerez, messieurs, que personne, dans votre 1ʳᵉ section, n'a proposé de système qui n'eût pour base la liberté complète de la pensée écrite. J'en conclurais que cette liberté n'a pas d'ennemis parmi nous, si je ne devais vous rappeler la judicieuse observation de l'un de nos collègues : c'est qu'il n'y a pires ennemis que certains amis.

« Notre règlement, messieurs, ne nous permettait pas de trancher la discussion par un vote. Mais en continuant cette discussion à une séance nouvelle, et en reconnaissant par là qu'il y avait lieu de procéder à l'étude de la législation de la presse, la section vous paraîtra peut-être avoir écarté la première des théories que nous venons d'exposer : je ne pense pas, en effet, que mes collègues aient eu purement et simplement l'intention de *discuter pour discuter*.

« La seconde séance a été consacrée à l'étude comparative qui faisait rentrer nos débats dans la question plus spécialement proposée à notre examen. D'intéressantes communications ont été faites à la section. Les dispositions principales des lois qui régissent la presse en Angleterre, en Hollande, en Suède, en Prusse, en Suisse ont été analysées, et partout, on a pu reconnaître la trace plus ou moins profonde des principes libéraux qui dominent dans ces pays. Ce n'est pas sans quelque surprise que l'on retrouve, dans la loi anglaise, l'énumération d'un délit comme celui d'attaque à la religion chrétienne. Mais nous savons tous, messieurs, qu'en Angleterre, quand la loi n'est pas bonne, la pratique vaut toujours mieux que la loi ; les mœurs de cette nation, la grande institutrice de toutes les libertés, prévalent sur les textes que le respect de la tradition laisse subsister. En fait, la presse anglaise est donc libre : l'institution du cautionnement vient seule apporter à cette liberté une restriction jugée nécessaire dans l'intérêt des personnes qui peuvent obtenir contre le journal des condamnations civiles.

« En Hollande, même liberté. Cependant, on nous a signalé une entrave qui résulte de la loi fiscale : le timbre double le prix de la pensée qui circule. Les limites imposées à ce rapport ne me permettent pas, messieurs, de rendre moins incomplet cet examen comparatif; je le répète, partout nous avons retrouvé la liberté plus ou moins respectée. J'ajoute que l'on aurait pu rapprocher de ces lois celles de l'Italie nouvelle ; elles auraient donné lieu à des constatations analogues.

« La Belgique, messieurs, est venue faire connaître aux étrangers, qu'elle accueille avec tant de bienveillance, les dispositions de ses lois. C'était proposer un modèle à beaucoup d'entre nous. Il me sera permis de dire que si mes compatriotes qui, la veille, avaient réclamé la liberté complète, avaient pu se croire presque hardis, cette hardiesse, messieurs, est, à beaucoup d'égards, dépassée par la loi belge. C'est une réponse à ceux qui disent : point de loi sur la presse; toute loi *sur* la presse est une loi *contre* la presse. La loi belge, messieurs, est une loi *pour* la presse. Dans cette loi, nulle mesure préventive; et dans la répression, rien autre chose que le droit commun, sauf quelques dérogations, mais toutes favorables à la presse. La responsabilité pèse sur l'imprimeur et sur l'éditeur, mais cette responsabilité cesse, lorsque l'auteur est connu. Il est dérogé au droit commun, en faveur de la presse, sur les points suivants : 1° La calomnie et l'injure ne peuvent être poursuivis d'office, sauf dans quelques cas; la plainte de la partie lésée est nécessaire ; 2° la preuve des faits prétendus calomnieux est rendue plus facile au prévenu qu'elle ne le serait d'après la loi commune; la preuve orale est admise; 3° les délits commis par la presse sont couverts par une prescription plus courte que la prescription ordinaire; 4° le journaliste poursuivi ne subit pas de détention préventive. En outre, messieurs, la garantie du jugement par le jury est accordée à la presse pour les simples délits.—Deux lois de circonstance n'ont pas enlevé à la législation ce caractère hautement libéral. Vous le voyez donc, j'avais raison de dire que la loi belge accorde plus que ne demandent les partisans du droit commun.

« Jusqu'ici, je n'ai pas parlé de la France.

« La Belgique, messieurs, est hospitalière; elle ne nous a pas demandé notre confession. Un courageux écrivain a seulement cru devoir, dans notre troisième séance, signaler, par le récit de quelques faits, la rigueur de nos lois que nous n'avons pas, je me hâte de le dire, perdu l'espoir d'améliorer un jour.

« La fin de notre deuxième séance et la troisième ont été consacrées à l'étude des moyens pratiques de régler la presse. Ces moyens sont préventifs ou répressifs.

« Les moyens préventifs sont l'autorisation, la désignation des rédacteurs, la censure, l'avertissement, le cautionnement, le timbre. Les premiers excluent absolument la liberté : ils n'ont été soutenus par personne. Le timbre se rattache à une question d'organisation de l'impôt, et cette circonstance nous imposait une certaine réserve qui, cependant, n'a pas empêché d'exprimer le vœu de la suppression générale de cette entrave, étrangère maintenant à la Belgique.

« Les moyens répressifs sont : l'application des lois pénales ordinaires ou spéciales, la solidarité de l'imprimeur et du journaliste, les réparations civiles, le droit de réponse, l'exigence de la signature.

« Sur le premier point, l'opinion la plus généralement exprimée a été favorable à l'application pure et simple des lois ordinaires qui répriment la calomnie ou l'injure et l'excitation à la révolte.

« Quant à la solidarité de l'imprimeur et du journaliste, il faut remarquer que ce système ne saurait être admis dans les pays où la profession d'imprimeur est libre : puisque c'est dans les pays seulement où l'imprimeur peut craindre le retrait de son brevet qu'il pourra exercer une censure indirecte sur le journaliste en lui refusant son concours. Partout où la liberté existe, le journaliste pourra toujours trouver un imprimeur, dût-il le devenir lui-même.

« Le droit de réponse et les réparations civiles n'ont pu être l'objet d'aucune contestation. Le droit de réponse est la limitation de la presse par la presse elle-même : il doit être énergiquement consacré.

« Quant à la signature, recommandée toujours comme une bonne habitude morale, doit-elle être exigée par la loi? Tout au moins, il est des cas où elle ne peut l'être sans une atteinte évidente à la liberté; c'est lorsqu'il s'agit des correspondances étrangères qui proviennent de pays où les correspondants ne pourraient se faire connaître sans danger.

« Les questions de juridiction, de compétence et de procédure, qui se rattachent si intimement à tout régime de la presse, n'ont pu être discutées; le temps qui nous était assigné ne pouvait suffire à tout.

« Messieurs, j'ai terminé ma tâche.

« La question dont nous venons de nous occuper ensemble est l'une des plus importantes de celles qui nous étaient soumises. Il s'agissait de l'une de ces grandes libertés inscrites dans le code politique de toutes les nations qui aspirent à jouer un rôle moral et civilisateur, et j'ajoute, de celle de ces libertés qui est la gardienne de toutes les autres. Cependant, s'il est un pays où une pareille discussion pouvait sembler de peu d'intérêt théorique, et presque superflue, c'est assurément la Belgique; le congrès pourtant n'a pas hésité à la poser. Permettez-moi, messieurs, au nom de mes compatriotes ici présents, de l'en remercier; nous puiserons dans nos souvenirs de ce débat de nouvelles espérances, légitimes à coup sûr, laissez-le moi dire, chez un peuple qui peut, et qui pourra toujours, invoquer la grande date de 1789. »

QUESTION. — *Des améliorations à introduire dans la législation des aliénés.*

—

Rapporteur : M. DURIER, Émile, avocat à la cour impériale de Paris.

« MESSIEURS,

« L'attention de la section de législation comparée a été attirée, par M. Julien Buse, sur les améliorations qui devraient être introduites dans la loi belge, sur les établissements consacrés au traitement des aliénés.

« Lorsqu'un homme a été atteint de cet effroyable fléau qui s'appelle la folie, un grave devoir de protection naît pour ses semblables. Ce devoir, méconnu pendant une longue suite de siècles, est hautement proclamé par les sociétés modernes. Est-il complétement rempli par elles?

« Deux mesures extrêmement graves peuvent et doivent être prises. — L'interdiction qui donne un tuteur à l'aliéné. — La séquestration indispensable dans certains cas pour protéger la société, préserver l'aliéné de ses propres violences et faciliter sa guérison.

« Ces deux mesures portent atteinte à la liberté et à l'intégrité de la personne légitime, quand elles sont nécessaires; elles sont ce qu'on peut imaginer de plus odieux, si le trouble des facultés mentales ne les justifie pas. Elles peuvent être de redoutables instruments mis au service de la cupidité et de la haine. Elles peuvent, si elles sont ordonnées par l'ignorance ou la légèreté, créer le mal dont elles prétendent être le remède. L'homme enfermé comme fou devient fou. Elles menacent enfin le plus sacré des droits : la liberté individuelle.

« L'interdiction est entourée dans la loi belge, comme dans la loi française, de formalités rassurantes dont les principales sont l'avis du conseil de famille et l'interrogatoire par le tribunal chargé de statuer.

« Mais M. Julien Buse a pensé que les dispositions tracées dans la loi belge de 1850, relativement à la séquestration des aliénés, sont insuffisantes.

« 1° Le choix des médecins appartient à la direction des maisons d'aliénés. Il faudrait que ce choix fût soumis à l'approbation des plus hautes autorités administratives.

« 2° La demande d'une personne intéressée, accompagnée d'un certificat de médecin, suffit pour faire enfermer un citoyen. C'est là un grave abus. L'auteur du travail que nous analysons propose d'exiger deux certificats, délivrés par trois médecins, à huit jours d'intervalle.

« 3° Il ne suffit pas de n'enfermer que des aliénés. Il faut que, l'aliénation cessant, la séquestration prenne fin. Pour cela il est nécessaire de soumettre les établissements d'aliénés à une surveillance, sérieuse exercée par les magistrats de l'ordre judiciaire, concurremment avec ceux de l'ordre administratif, au moyen de visites fréquentes. C'est le système adopté par la loi française de 1838 et qui pourrait encore être perfectionné.

« Il serait bon également de restreindre et de soumettre à certaines conditions la défense trop souvent imposée aux aliénés de correspondre avec les personnes du dehors sans passer par l'intermédiaire et sans se soumettre au contrôle du directeur de l'établissement.

« 4° Il y aurait lieu d'augmenter considérablement le nombre des établissements publics d'aliénés et de n'accorder qu'exceptionnellement à des particuliers l'autorisation d'ouvrir des maisons de cette nature.

« M. Peemans a émis une idée très digne d'attention en proposant que la demande en interdiction soit soumise nécessairement aux tribunaux dans les trois mois de la séquestration. L'examen du tribunal serait en effet une garantie efficace.

« On a objecté que l'état d'aliénation peut être de courte durée et qu'il serait fâcheux, dans ce cas, qu'un jugement perpétuât le souvenir d'une crise passagère. Mais on pourrait répondre : 1° que le délai de 3 mois est suffisant pour que la guérison se produise, s'il s'agit d'un trouble de peu de durée ; 2° que le tribunal pourrait accorder un sursis, et, si les circonstances le permettent, se borner à la nomination d'un conseil judiciaire. Ce qui est essentiel, c'est que l'état du prétendu aliéné soit soumis à son examen.

« Un membre de la section a exprimé le vœu qu'en aucun cas, l'autorisation d'ouvrir ou de desservir une maison d'aliénés ne soit accordée à une corporation religieuse. La surveillance des établissements de cette nature est toujours d'une extrême difficulté. C'est bien assez que le magistrat se trouve en présence de médecins, d'hommes de la science, dont il lui est difficile de contrôler les décisions. Il ne faut pas qu'à cette première difficulté inévitable viennent s'en joindre d'autres résultant de la règle d'une maison religieuse. Il ne faut pas que les investigations du magistrat soient entravées par la réserve excessive que pourrait lui inspirer le caractère religieux de l'établissement soumis à son examen.

« Un honorable magistrat hollandais, M. Jolles, a signalé la loi hollandaise du 29 mai 1841, comme ayant réalisé une grande partie des réformes dont le désir était exprimé.

« Aux termes de cette loi :

« 1° Une décision de l'autorité judiciaire est nécessaire pour l'admission d'une personne dans les établissements d'aliénés ;

« 2° Cette décision n'est que provisoire. L'état du malade doit être examiné par le tribunal, à plusieurs reprises, à l'expiration du délai fixé par la loi. Ce n'est qu'après plusieurs décisions, autorisant la continuation temporaire de la séquestration, à titre d'épreuve, que cette séquestration peut devenir définitive, sauf le cas de guérison reconnu par le médecin de l'établissement, placé d'ailleurs sous la surveillance de l'autorité judiciaire.

« Telles sont, messieurs, les idées principales qui se sont produites dans la discussion et que la section m'a chargé de vous faire connaître. »

QUESTION. — *De la reconnaissance internationale des sociétés anonymes établies à l'étranger.*

Rapporteur : M. C. ASSER, avocat et professeur de droit à Amsterdam.

« MESSIEURS,

« Il y a deux principes fondamentaux qui sont comme les bases de nos sociétés modernes : celui de la nationalité, et celui de la liberté internationale. La révolution française, ce noble élan d'un peuple généreux, avait proclamé le règne de la liberté idéale, universelle ; le xix° siècle a suppléé à ce qui manquait à la révolution : la liberté des nations. Indépendance, autonomie pour les peuples divers et respect des traditions de l'histoire, mais en même temps, une alliance intime pour tout ce qui concerne les intérêts communs, et, en premier lieu, abolition de toutes les entraves à la liberté des relations intellectuelles et commerciales, voilà bien le mot d'ordre de ce siècle. Inutile, messieurs, de vous citer des exemples : vous n'avez qu'à vous rappeler l'éloquent discours par lequel notre honorable président a ouvert la première séance de ce congrès, vous n'avez qu'à vous rappeler les paroles chaleureuses de votre secrétaire général sur les liens fraternels qui unissent la Belgique et la Hollande, paroles qui ont trouvé un écho d'applaudissements dans cette enceinte, un écho de vive sympathie dans nos cœurs.

« Eh bien, messieurs, c'est précisément sur la base des deux principes mentionnés que la question des sociétés anonymes établies à l'étranger doit trouver sa solution.

« L'association des capitaux, vous le savez, est une des grandes forces économiques de notre temps. Il faut donc en étendre autant que possible la sphère d'action. Jusqu'à ce jour, hélas! la plupart des législations laissent, à cet égard, beaucoup à désirer.

« Il est vrai que la Belgique a pris, il y a sept ans environ, sous l'administration libérale et éclairée des ministres Rogier et Henri de Brouckere, l'initiative de la reconnaissance internationale, moyennant réciprocité, par un traité conclu avec le gouvernement français. Mais il est incontestable aussi que ce qui pouvait se faire sans inconvénient pour ces deux pays qui possèdent le même code de commerce, ne serait peut-être pas accepté par d'autres pays, qui ont une législation différente. On n'a qu'à passer en revue la jurisprudence des tribunaux de la plupart des pays civilisés, pour s'assurer qu'en effet il existe, presque partout, de l'incertitude à l'égard de cette question : si une société anonyme, légalement constituée en pays étranger, peut exercer ses droits et ester en justice, comme si c'était une société nationale. Cependant, pour que la liberté du commerce soit complète, il faut que cette question reçoive partout une réponse affirmative. Voilà pourquoi votre rapporteur a pris la liberté d'insister sur cette matière, en soumettant à sa section ces trois conclusions :

« 1° L'intérêt du commerce et de l'industrie exige que les législateurs des divers États fassent cesser l'incertitude qui existe actuellement à l'égard de la reconnaissance des sociétés anonymes établies à l'étranger ;

« 2° Le meilleur moyen d'atteindre ce but consisterait dans la reconnaissance internationale de ces sociétés, avec ou sans réciprocité, sur la base d'une législation uniforme;

« 3° Le principe fondamental de cette législation devrait être d'attacher à la reconnaissance des sociétés anonymes toutes les garanties nécessaires dans l'intérêt des tiers qui contractent avec ces sociétés, tout en laissant aux actionnaires la liberté la plus complète, quant aux conventions qui ne pourraient pas porter préjudice aux droits des tiers.

« Cette communication a provoqué trois excellents discours. M. Westlake, l'honorable secrétaire et représentant de l'Association anglaise, qui a servi de modèle à la nôtre, a donné un aperçu fort intéressant sur la jurisprudence de l'Angleterre et de ses colonies, concernant la matière qui nous occupe. M. Émile Durier et M. Dognée-Devillers ont développé quelques objections contre les détails des conclusions. M. Durier a protesté contre le système de réciprocité en cette matière; M. Dognée, au contraire, l'a vivement défendu. Quant au rapporteur, il ne voit dans la réciprocité qu'un moyen pratique, dont on pourrait se servir peut-être pour étendre plus vite, sur une plus grande partie de l'Europe, les avantages de la reconnaissance internationale; mais il souscrit bien volontiers à l'opinion énoncée par M. Durier, que la liberté du commerce étant en elle-même un bienfait pour le peuple qui la possède, il ne faut pas décréter en principe que la réciprocité soit la condition essentielle de la reconnaissance internationale.

« Enfin, messieurs, on a reconnu que l'admission des sociétés étrangères rencontrerait beaucoup moins d'obstacles s'il y avait moins de différence dans les législations concernant les sociétés anonymes établies dans le pays même, et l'on s'est posé cette question : Quelles pourraient être les bases d'une législation uniforme?

« Les économistes ont émis, à l'égard des sociétés anonymes, des opinions bien absolues. Ils s'opposent à toute intervention de la loi.

« Cependant, ce système ne saurait être adopté. Les législateurs ne doivent point omettre d'attacher à la reconnaissance des sociétés anonymes les garanties qui, pour ainsi dire, sont la condition essentielle du droit exceptionnel qu'on leur accorde. Tandis que chacun dans l'État est obligé de payer ses dettes, la société anonyme n'est responsable que jusqu'à concurrence du montant de son capital social. Hé bien! il faut au moins que les personnes qui contractent avec ces sociétés soient en état de juger si le capital existe et quel en est le montant. Ce que la loi peut faire à cet égard, c'est de prescrire la publication de tout ce qui concerne la situation financière de la société et de punir les auteurs de publications inexactes qui auraient porté préjudice à des tiers.

« Quant à l'*organisation intérieure* des sociétés, on désire la liberté la plus complète; c'est là qu'il convient d'appliquer ce précepte : *laissez faire, laissez passer.*

« L'autorisation préalable des gouvernements ne semble point nécessaire et fort peu efficace. L'obligation de la demander peut nuire à la liberté des transactions, du moins d'après le système des codes français et belge. En Hollande, le gouvernement n'a point de pouvoir discrétionnaire à cet égard; il est obligé de donner l'autorisation, si les statuts ne contiennent rien qui soit contraire aux dispositions assez détaillées du code.

« Tel est, messieurs, le résumé de ce débat. »

2me SECTION

ÉDUCATION ET INSTRUCTION

—

QUESTION. — *L'instruction obligatoire est-elle compatible avec la liberté d'enseignement? Dans l'affirmative, quels sont les moyens d'application?*

—

Rapporteur : M. P. VANHUMBEECK, avocat et membre de la Chambre des représentants, à Bruxelles.

« MESSIEURS,

« Partisan de l'instruction obligatoire, le premier orateur entendu ne comprend pas que la parfaite compatibilité de ce principe avec celui de la liberté d'enseignement soit un instant mise en doute. Pour lui, l'instruction peut être donnée par qui l'on voudra, mais il faut qu'elle soit donnée; le père de famille qui condamne son enfant à l'ignorance le condamne à l'isolement; il le prive d'un moyen indispensable de relations avec ceux qui l'entourent; il n'en a pas le droit; la société doit intervenir alors, comme elle le doit chaque fois que le tuteur abuse de la tutelle, chaque fois que le protecteur naturel d'un incapable transforme ses moyens de protection en moyens d'oppression. La contradiction révèle bientôt de sérieuses objections contre cette proposition, si simple en apparence; mais les partisans de l'instruction obligatoire ne se sentent pas découragés; à chaque objection qui leur est faite, ils reviennent avec plus d'ardeur défendre le drapeau qu'ils ont arboré au début de la discussion.

« Essayons de classer les arguments et les objections qui se sont trouvés en présence.

« On a attaqué la théorie de l'instruction obligatoire dans les principes sur lesquels elle se fonde, dans les moyens qui doivent en consacrer l'application, dans les résultats auxquels cette application doit conduire.

« Au point de vue des principes, on a prétendu que le devoir du père de donner l'instruction scolaire à son enfant n'est pas assez impérieux pour être revêtu d'une sanction légale; la liberté du père de famille doit être assez étendue, disait-on, pour qu'il reste juge du point de savoir si l'instruction scolaire est dans l'intérêt de l'enfant. Mêlant des considérations économiques à ces propositions qui reprochent aux partisans de l'instruction obligatoire d'appeler les rigueurs du droit au secours de simples obligations morales, un orateur soutient que la maxime *laissez faire*, *laissez passer*, vraie dans l'ordre matériel, doit l'être aussi dans l'ordre moral; qu'on ne peut la proscrire d'un côté et l'invoquer de l'autre. On ajoute que cette théorie de l'instruction obligatoire suppose l'enfant appartenant à l'État, au lieu de le supposer appartenant au père; invoquant le souvenir de Sparte, on voit dans cette théorie un moyen de favoriser la centralisation, la force brutale, le despotisme et les idées de guerre. On y voit la négation de la liberté de l'enseignement, parce que, en admettant que l'enseignement est un service de l'État, il faut admettre, dit-on, que l'État sera le maître de l'enseignement. Puis on dit : l'instruction arrive à l'enfant de l'homme aisé, votre loi ne frappera que le pauvre; si celui-ci n'instruit pas ses enfants, c'est qu'il doit d'abord les nourrir; vous l'obligez à les enlever à une occupation utile, vous serez injustes et cruels si vous ne l'indemnisez pas; et l'indemniser, c'est proclamer le droit à l'assistance, le droit au travail; que ceux qui sont partisans de l'instruction obligatoire acceptent les principes fondamentaux des divers socialismes, ils ne peuvent être logiques qu'à ce prix. Mais ce n'est pas tout : on ne reproche pas seulement, d'une manière générale, à la théorie de l'instruction obligatoire de méconnaître la liberté individuelle et même d'en amener l'anéantissement, on lui reproche spécialement d'anéantir la liberté individuelle dans son expression la plus sacrée, d'anéantir la liberté de conscience. Vainement les partisans de l'obligation légale déclarent-ils la restreindre aux éléments de la lecture et de l'écriture, leurs adversaires déclarent cette restriction illusoire dans la pratique, si toutefois il devenait possible de l'insérer dans une loi.

« Telles sont les critiques qui portent sur le principe même de l'instruction obligatoire. On s'attaque ensuite aux moyens d'exécution. En supposant, dit-on, que le principe de l'instruction obligatoire fût inséré dans une loi, il n'y a pas assez d'écoles, pas assez d'instituteurs pour que l'instruction soit donnée à tous; c'est cette lacune qu'il faut combler d'abord, et, quand elle sera comblée, quand les écoles seront assez nombreuses et assez vastes pour recevoir tous les enfants déshérités aujourd'hui des bienfaits de l'instruction, soyez-en certains, il sera inutile de faire appel à l'obligation légale; vous voulez la vulgarisation de l'instruction élémentaire, vous y serez amenés. A quoi bon, d'ailleurs, des peines contre celui qui n'en comprendra pas la légitimité, qui ne pourra pas s'élever jusqu'au sentiment qui en a inspiré l'édiction? Enfin, avez-vous réfléchi aux obstacles matériels qui vont paralyser l'application de votre théorie, aux nécessités locales, aux distances entre les diverses fractions d'une même commune dans les provinces où la population est peu nombreuse et disséminée sur une grande étendue de territoire, aux travaux de l'agriculture, à ceux des vendanges, aux exigences qui y sont inhérentes?

« Et quand vous vous serez heurtés à tous ces obstacles, quand vous aurez brutalement obligé les populations à les surmonter, quel résultat recueillerez-vous en définitive? Vous aurez des enfants sachant lire; mais ces enfants, devenus hommes, liront-ils? Rien ne vous le garantit. S'ils ne lisent point, ils oublieront ce que vous leur aurez inculqué par la force. Vous prétendez que vous les aurez sauvés de l'abrutissement et de la misère, mais l'abrutissement est une plaie du cœur plutôt qu'une plaie de l'esprit. Ah! si vous alliez jusqu'au bout des conséquences qui doivent dériver de votre théorie, il faudrait ajouter à l'obligation de donner l'instruction celle de donner l'éducation, c'est à dire l'obligation de moraliser l'enfant et de lui inculquer des sentiments religieux. Mais alors, si vous admettez que l'État puisse se substituer au père qui manque à son devoir, vous admettez donc que l'État puisse avoir une morale à lui, une religion à lui. L'existence d'une religion d'État, c'est le rétablissement de l'intolérance; prenez-y garde, l'intolérance est la conséquence extrême de vos principes.

« Voilà les raisons que font valoir les adversaires de l'instruction obligatoire. Une opinion intermédiaire se produit, qui, s'effrayant des raisons que nous venons d'analyser en dernier lieu, admet l'instruction obligatoire dans un régime de liberté seulement, mais, en dehors de la liberté, n'y voit qu'une arme de plus aux mains du despotisme. Pour ceux-là, la solution du problème dépend des circonstances.

« Comment les partisans de l'instruction obligatoire répondent-ils aux objections qui leur sont faites?

« Prétendre, disent-ils, que le devoir du père de famille de donner l'instruction scolaire à son enfant n'est pas assez impérieux pour être revêtu d'une sanction pénale, c'est dire qu'aucun intérêt social ne s'attache à l'accomplissement de ce devoir, c'est dire que l'utilité de l'instruction au point de vue social peut au moins être mise en question, et que la société doit mettre le bien-être matériel de l'enfant au dessus de son bien-être moral, puisque le premier seul sera garanti par une pénalité. Si on appelle l'économie politique au secours du droit, si on invoque la maxime : *laissez faire*, *laissez passer*, nous répondrons que l'économie politique a une place importante parmi les sciences sociales, mais n'est pas la seule de ces sciences; la liberté de chacun a pour limite la liberté de tous; celle-ci exige que tous les citoyens soient aptes à acquérir la connaissance de leurs droits et de leurs devoirs. Mais cette nécessité ne se comprend que dans les pays de liberté et d'égalité; dans ces pays seulement, tout le monde fait en réalité partie de la société civile, et on ne peut y souffrir qu'aucun en soit exclu! Non, nous ne prétendons pas que l'enfant appartienne à l'État au lieu d'appartenir au père, mais nous voulons que l'État accomplisse tout devoir imposé à l'initiative des citoyens libres, lorsque ceux-ci font défaut à leur mission. Si l'instruction obligatoire a favorisé les idées de guerre et la force brutale, c'est quand elle avait pour corollaire l'école obligatoire, une école déterminée et privilégiée, où ne se professait qu'une théorie d'État; ce corollaire, nous le répudions; nous voulons que l'instruction soit acquise, nous laissons le père libre de choisir entre les moyens de la donner. C'est ainsi que nous pouvons admettre que l'État donne *un* enseignement, sans être le seul maître de *l'*enseignement.

« Ne nous laissons pas aller à l'attendrissement que vous voulez produire, en nous reprochant de vouloir frapper le pauvre et de vouloir le punir de sa pauvreté; pour que ce raisonnement fût vrai, il faudrait admettre que l'enfant est pour le père une propriété dont il peut user et abuser; mais alors, vous en venez à légitimer les mauvais traitements, et, en réprouvant la loi sur l'instruction obligatoire, vous devez réprouver aussi toute prescription qui éloigne des manufactures les enfants trop débiles pour en supporter les rudes travaux. Pour ceux-là, bien plus que pour ceux qu'on contraint à fréquenter les écoles, une indemnité serait nécessaire. Oserez-vous l'exiger? Oserez-vous reconnaître au père le droit absolu de disposer de l'enfant? Pourquoi nous reprochez-vous de nous restreindre aux éléments de la lecture et de l'écriture? Vous dites que la lecture et l'écriture ne sont que les instruments indispensables pour arriver à la conquête de la vérité, qu'ils ne révèlent pas la vérité elle-même. Mais ce reproche nous justifie de vos accusations de vouloir supprimer la liberté de conscience.

« Nous ne prétendons pas au dépôt de la vérité universelle, nous abandonnons cette prétention à toutes les églises qui se la disputent, et les partisans de l'instruction obligatoire n'ont pour mission de défendre, ni d'accuser aucune d'elles. Mais nous voulons que dans les pays libres, tout citoyen puisse marcher à la recherche de la vérité; qu'il ne soit condamné par l'ignorance à accepter aveuglément, ni la révélation que prêche le pontife, ni celle que prêche le tribun. Et ce résultat ne peut nous être donné que par la lecture et l'écriture mises à la portée de tous.

« S'il n'y a pas assez d'écoles pour faire consacrer le principe, qu'on en augmente le nombre. Vous dites que lorsque les écoles seront suffisantes, l'instruction obligatoire sera inutile, que tous sauront lire et écrire; expliquez-nous alors pourquoi vous reculez devant notre doctrine. Vous en approuvez le but, et vous nous effrayez en invoquant des violations de liberté que, d'après vous, nous n'aurions pas l'occasion de commettre. Vous ajoutez qu'on punira l'homme incapable de comprendre la légitimité de la peine qu'on lui applique, tout en continuant à prétendre que, si les écoles étaient suffisantes, on ne punirait personne. Choisissez entre les deux arguments, mais ne les invoquez pas tous les deux à la fois. Et les raisons que vous déduisez des obstacles matériels sont-elles autre chose que la répétition, sous une autre forme, de l'argument tiré de l'insuffisance actuelle des écoles?

« Reste l'exiguïté des résultats possibles, que vous opposez complaisamment à la violence qu'il aura fallu employer pour les amener. Et d'abord, n'est-ce pas une fin de non recevoir assez usuelle chaque fois qu'il s'agit d'une réforme à accomplir? Ne voit-on pas toujours alors cette réforme repoussée et par ceux qui lui reprochent d'être mauvaise, et par ceux qui lui reprochent d'être incomplète? Ces derniers ne sont, dans des cas semblables, que des adversaires manquant de franchise, car s'ils croyaient à la vérité de leur critique, ils compteraient sur le lendemain pour l'achèvement de l'œuvre que la réforme est destinée à inaugurer. Mais ici le reproche est moins acceptable que jamais : vous voulez que l'on ne fasse rien ou qu'on adopte à la fois l'instruction obligatoire et l'éducation obligatoire.

« Ce que nous voulons, nous, répétons-le : c'est que le citoyen ait le moyen de corriger ou de compléter par lui-même cette éducation, qui ne finit pas avec l'enfance, qui dure toute la vie; pour cela, il lui faut des moyens de relation indispensables, la lecture et l'écriture. Vous savez que ces éléments de l'instruction obligatoire sont indiscutables ; vous savez aussi que la morale et la religion, ces deux éléments de l'éducation, sont avant tout matières de controverse; vous savez que l'État ne peut, en ce qui les concerne, imposer une doctrine. Or, vous avez besoin d'arriver à formuler contre nous un reproche d'intolérance; vous sentez que ce reproche est impossible contre notre théorie telle que nous l'énonçons. C'est pour cela que vous voulez nous entraîner à transformer notre système ; une fois notre théorie défigurée par vous, la critique serait juste, décisive, et empêcherait à jamais le succès de l'instruction obligatoire. Nous éviterons le piége, nous ne vous suivrons pas sur le terrain où vous voulez nous entraîner.

« Telles sont les deux théories qui se sont trouvées en présence. L'Association n'est pas appelée à trancher la question discutée. Mais il doit être permis au rapporteur de dégager de ce débat une vérité consolante et acceptée par tous les orateurs. Si l'on varie encore sur l'importance des résultats que doit donner l'instruction vulgarisée, il n'est plus possible aujourd'hui d'en nier les bienfaits d'une manière absolue ; le temps est passé, où l'ignorance du peuple trouvait des panégyristes, où d'odieux sophistes invoquaient, en faveur de cette ignorance, je ne sais quelle étrange morale et quelle détestable politique ; de pareilles maximes, si elles osaient se reproduire, seraient étouffées immédiatement aujourd'hui sous l'unanime réprobation de tous les hommes d'intelligence et de cœur. »

QUESTION. — *Quelles sont les méthodes propres à captiver l'attention des élèves et à faciliter leurs progrès ?*

—

Rapporteur : M. CH. WOESTE, avocat à Bruxelles.

« MESSIEURS,

« La longueur des débats sur l'instruction obligatoire n'a permis de consacrer à l'examen de cette question qu'un temps très restreint.

« Les divers orateurs qui ont pris part à la discussion se sont placés sur le terrain pratique. La plupart ont présenté de nouveaux plans d'études qu'ils voudraient voir appliquer à l'enseignement à ses divers degrés. Il est impossible de donner de ces plans une idée succincte. La section ayant décidé qu'ils seraient insérés au compte rendu de ses travaux, celui-ci suppléera aux lacunes de ce rapport.

« M. Braun, professeur à l'école normale de l'État, a exprimé l'opinion que les méthodes actuellement employées dans l'enseignement sont irrationnelles. D'après lui, l'on ne prend pas soin d'inculquer suffisamment aux enfants les premières notions de l'instruction primaire; les livres d'études sont mal choisis et ne réunissent pas les deux conditions sans lesquelles ils ne sauraient être efficaces, l'utilité et l'agrément; les procédés qui président à l'enseignement de la langue maternelle sont mauvais : c'est ainsi, par exemple, que les définitions grammaticales sont tellement abstraites que, loin d'éclairer l'intelligence, elles ne provoquent que l'ennui et le dégoût. M. Braun pense en outre que l'on ne cherche pas assez à former le jugement, le cœur et la conscience des élèves, et que ce but devrait dicter le choix des méthodes et former l'objet des efforts des professeurs.

« M. Hurdebise a protesté contre l'idée émise par M. Braun, à savoir que les méthodes employées dans les écoles ne sont pas rationnelles. A ses yeux, l'instituteur en Belgique se préoccupe surtout de faire de l'enfant un homme. Il ne faut pas lui imposer de méthodes; il importe, au contraire, de laisser à ses lumières et à son zèle le soin d'adopter celles qu'il croit les plus propres à faciliter les progrès de ses élèves.

« M. le docteur Duriau a présenté diverses considérations tendant à établir qu'il faut entremêler les exercices du corps et ceux de l'esprit. Pour lui, l'un des vices de l'éducation actuelle, c'est le développement exagéré de l'intelligence au détriment du corps. L'orateur, à la demande de la section, fera imprimer au compte rendu le plan d'un *nouveau système d'enseignement* dont il est l'auteur, et qui satisferait, selon lui, à toutes les exigences de la santé des enfants.

« M. Discailles a traité une question spéciale, celle de l'enseignement de l'histoire et de la géographie dans les études du second degré. Il est d'avis que cet enseignement n'est pas ce qu'il devrait être, et il en attribue surtout la cause à ce que ces deux branches ne forment pas l'objet d'un examen au sortir des écoles moyennes. Suivant lui, l'on devrait en outre veiller à ne plus mettre entre les mains des enfants que des résumés d'histoire très courts, que le professeur se chargerait de développer et de vivifier.

« M. Vercamer, enfin, a émis le vœu que le corps professoral fût réuni en congrès dans le but de s'occuper des meilleures méthodes à introduire dans l'enseignement.

« Comme nous l'avons dit en commençant, il est à regretter que la section n'ait pu traiter d'une manière plus approfondie l'intéressante question qui fait l'objet de ce rapport. La direction de l'intelligence de l'enfant est un des problèmes les plus importants de l'enseignement. Sans de bonnes méthodes, en effet, les efforts des professeurs resteront impuissants, les facultés morales et intellectuelles des enfants ne sauraient se développer, et les lumières qui doivent éclairer leur pensée et former leur jugement demeureront stériles pour eux. Il est à désirer que de nouveaux et de plus longs débats sur cette question parviennent à l'élucider davantage. »

QUESTION. — *Quelle part d'intervention peut-on réserver à la femme dans l'enseignement scolaire et quels avantages peut-on en retirer?*

—

Rapporteur : M. ROLIN-JACQUEMYNS, avocat à Gand.

« MESSIEURS,

« Deux orateurs seulement ont été entendus : MM. Sauvestre, de Paris, et Jacobs, de Bruxelles. Tous deux ont soutenu la même thèse : ils ont développé les bienfaits de l'intervention de la femme dans l'éducation, et proposé des changements au système actuel. Tous deux pensent que la part faite par ce système à la femme, comme éducatrice, est trop restreinte, surtout dans la première enfance, à cet âge où l'homme moral s'ébauche, et que l'on peut limiter à 8 ou 10 ans, suivant les organisations et les climats.

« Que voit-on dans nos écoles? Les deux sexes se partagent l'éducation, en se classant, l'un et l'autre, selon le sexe des élèves : aux hommes, l'éducation des garçons, aux femmes, l'éducation des filles. C'est là un mal, ont dit les deux orateurs. Il faut que, dans l'éducation de nous tous, hommes et femmes, il soit recueilli quelque chose de l'organisation de la femme, de cette organisation aussi supérieure à celle de l'homme par la sensibilité, l'imagination, la mobilité nerveuse des impressions, que celle de l'homme lui est supérieure à son tour par l'énergie, la réflexion, l'esprit scientifique. Or, c'est à l'enfant des deux sexes que la première est surtout destinée à s'adresser; car l'enfant, on peut le dire, est, jusqu'à un certain âge, un peu femme, et la femme, par certains côtés charmants de son organisation, est toujours un peu enfant. L'une est donc faite pour se communiquer à l'autre.

« Il est d'ailleurs inutile d'établir, comme on le fait trop souvent, une séparation absolue entre les petits enfants des deux sexes. Il y a là une défiance exagérée de la nature humaine. Mieux vaut laisser la part plus grande à la liberté, et agir sur l'esprit mobile de l'enfant, en occupant doucement son imagination et son besoin d'activité. Qui peut encore, mieux que la femme, remplir dans l'éducation ce rôle tout maternel?

« M. Sauvestre a fait ressortir le côté économique de la question. Développer, étendre la part d'intervention de la femme dans l'enseignement scolaire, c'est restituer au sexe faible un de ces emplois que le sexe fort tend tous les jours à usurper. C'est combler en partie une déplorable lacune de nos sociétés modernes.

« Mais ce n'est pas tout que de nommer un plus grand nombre d'institutrices salariées. Toute femme doit être mise en état, par son éducation, de devenir institutrice. Car toute mère est la première institutrice de son enfant. C'est à elle qu'il appartient, après lui avoir donné la lumière, de lui ouvrir les yeux de l'intelligence, et de le conduire, par la main et par l'esprit, jusqu'au seuil de l'école. Ces considérations ont amené les deux orateurs à émettre un vœu, auquel le rapporteur ne peut que s'associer pleinement, et qui sera, sans doute, celui de toute l'assemblée : c'est que, dans les institutions de jeunes filles, on élève le niveau de l'enseignement moral et philosophique, et que les élèves y soient spécialement initiées à leur mission future de mères et d'éducatrices. »

QUESTIONS. — 1° *Quels sont les meilleurs moyens de conserver aux enfants sortis des écoles primaires les bienfaits de l'instruction?*
2° *Quels sont les développements et les améliorations à apporter à l'enseignement des langues vivantes?*

—

Rapporteur : M. Louis De Groux, avocat à Bruxelles.

« MESSIEURS,

« Il est à regretter que la longueur des discussions précédentes ne nous ait laissé que peu d'instants pour entendre les communications pleines d'intérêt qui nous étaient promises sur ces intéressants sujets ; la présence

d'un grand nombre d'hommes expérimentés nous faisait entrevoir un débat
fructueux, et le très court échange d'idées que nous a permis la clôture
obligée de nos travaux fait de nos prévisions une certitude.

« Sur la première question, deux orateurs seulement, MM. Olivier et
Laduron ont été entendus.

« Difficile serait ma tâche, si je devais, dans la précipitation qui a marqué la fin de nos travaux faire à chacun de ces orateurs la part exacte des
idées qu'ils ont émises; vous me permettrez de me borner à reproduire le
sens général du débat.

« Les moyens de conserver aux enfants sortis des écoles, le bienfait de
l'instruction ont été divisés en deux catégories.

« Les premiers, qu'on pourrait appeler *anticipatifs*, consisteraient à donner à l'enseignement scolaire un plus haut intérêt pour l'élève, en le mettant
plus en rapport avec sa position spéciale; en appropriant les connaissances
qu'on lui inculque aux besoins qui, dans le cours de son existence, les lui
rendront utiles; en rapprochant, en d'autres termes, l'instruction de l'école
de l'instruction industrielle qui doit la suivre, et en faisant de la première
le prélude et l'introduction de la seconde. Un choix intelligent des livres
peut amener en partie ce résultat.

« Les autres moyens sont ceux qui font, d'une manière plus directe,
l'objet de la question soumise à nos débats.

« Les bibliothèques populaires, en tenant compte, pour leur composition,
des besoins spéciaux et des conditions économiques des diverses communes ou sections de grandes villes, les musées, les collections d'objets d'art
et d'industrie, la publication d'ouvrages illustrés traitant des occupations
industrielles et des devoirs professionnels ou présentant, d'une manière
succincte et claire, les principes pratiques des sciences, ont été présentés
comme les moyens les plus efficaces pour atteindre le but si éminemment
social que nous nous proposons : l'instruction et la moralisation du peuple.

« On a aussi proposé les conférences données aux ouvriers sur les
sciences qui se rattachent à leur profession. On a parlé enfin, mais avec
certaines réserves, d'une sorte d'enseignement mutuel consistant en conférences données par les ouvriers eux-mêmes. Ces réserves sont légitimes.
Quelque louable que soit l'idée, elle suppose plutôt un but atteint qu'un
résultat qu'il s'agit d'obtenir.

« Il nous semble désirable, messieurs, que notre association ne s'en
tienne pas à cet essai de discussion à peine ébauché, dont j'ai tâché de
vous esquisser les traits principaux, et que ce problème si important pour
l'avenir de nos populations ouvrières soit, dans une de nos sessions futures,
soumis à un examen plus approfondi.

« L'autre question portait sur *les développements et les améliorations à apporter à l'enseignement des langues vivantes.*

« M. Coglievina, de Vienne, a lu à la section un discours qui figurera au compte rendu de nos séances. Par le même motif qui a abrégé la discussion précédente, aucun débat ne s'est engagé. Cette question encore est une de celles que la section recommande aux futurs travaux de l'Association.

« Je crois devoir ajouter que des vœux ont été émis pour que l'Association veuille bien, changeant en partie les termes de cette question, examiner dans un prochain congrès, quelle part il conviendrait de donner respectivement à l'enseignement des langues mortes et à celui des langues vivantes. »

3ᵐᵉ SECTION

ART ET LITTÉRATURE

—

QUESTIONS. — 1° *De l'application de l'art à l'industrie.*
2° *Quelle influence exercent sur l'art les expositions publiques, périodiques ou permanentes?*
3° *Quels sont, pour les beaux-arts, les avantages et les incon-vénients de l'enseignement privé des ateliers et de l'ensei-gnement public des académies?*

—

Rapporteur : M. ED. FÉTIS, conservateur à la Bibliothèque royale, Bruxelles.

« MESSIEURS,

« Parmi les questions portées au programme de la troisième section, il s'en trouvait trois qui touchaient à des points différents de la théorie et de la pratique des beaux-arts. La première était ainsi conçue : « De l'ap-« plication de l'art à l'industrie. » On tombera d'accord qu'elle présente un grand intérêt, car elle embrasse à la fois et les principes esthétiques, par l'influence qu'exerce, sur le goût des populations, la vue des objets mis sous les regards de tous dans la vie ordinaire, et les intérêts matériels engagés dans les industries qui réclament le concours des beaux-arts pour tout ce qui est forme ou décoration.

« Contrairement à l'attente du comité, cette question qui aurait pu soulever une discussion utile et seconder les efforts qui se font partout aujourd'hui pour arriver à sa solution, cette question, dis-je, n'a pas été traitée. Un membre de la section, M. Delbeke, d'Ypres, a donné lecture d'un travail fait, comme il l'a dit lui-même, non pas sur l'application de l'art à l'industrie, qui était le sujet à l'ordre du jour, mais sur l'enseignement du dessin dans les écoles publiques, croyant pouvoir faire remonter jusqu'à cet enseignement, selon qu'il est bon ou mauvais, les causes de la supériorité ou de l'infériorité des industries qui relèvent de l'art. La communication de M. Delbeke est restée isolée. Elle n'a point appelé de réponse, et n'a fait naître aucune discussion.

« La deuxième question : « Quelle influence exercent sur l'art les expo-« sitions publiques, périodiques ou permanentes » était également de nature à provoquer d'importantes considérations esthétiques et pouvait donner lieu à des exposés de principes d'une haute portée, car l'influence incontestable des expositions sur la direction des écoles, aussi bien que sur celle des talents individuels, est susceptible d'interprétations diverses. Cette question tout à fait capitale, selon nous, n'a pas été discutée. Nous dirons tout à l'heure pourquoi.

« Sur la troisième question : « Quels sont, pour les beaux-arts, les avan-« tages de l'enseignement privé de l'atelier et de l'enseignement public des « académies, » une communication a été faite par M. Starck, de Bruxelles. L'auteur de cette communication est entré dans quelques considérations sur les rapports entre le maître et l'élève dans l'enseignement qui a l'art pour objet; il a brièvement exposé quels doivent être, suivant lui, ces rapports, pour que l'enseignement soit donné sans que la personnalité du maître absorbe celle de l'élève. Aucun autre orateur n'a pris la parole sur cette question qui avait bien son importance aussi, puisqu'elle fournissait l'occasion de rechercher si l'adoption de l'un ou de l'autre mode d'éducation de l'artiste peut être une cause déterminante de l'état plus ou moins florissant des beaux-arts.

« Le silence gardé par la plupart des membres de la troisième section à l'appel des questions portées au programme de ses travaux signifie-t-il que ces questions ont paru peu dignes d'intérêt? Faut-il en conclure que l'attention se détourne complétement des beaux-arts, dans ce temps d'agitations sociales et de prédominance des intérêts matériels où nous vivons? Nous ne le pensons pas. Les beaux-arts sont malades, le nier est impossible; mais ils ne sont pas encore morts, et il faut espérer qu'ils ne mourront pas. La plupart des esprits se détournent des sphères élevées et sereines où planent l'imagination et la fantaisie; mais tous ne les ont pas désertées pour se fixer dans le domaine des idées positives. On serait donc revenu, nous en sommes convaincus, aux questions d'art, après avoir fait le tour du programme, si je puis m'exprimer ainsi, et en effet on y est revenu, mais trop tard. Dans l'intervalle, une question avait surgi, par l'initiative d'un membre de la section, et telle était son importance, qu'elle a rempli deux des quatre jours de séances que nous avions à consacrer à nos travaux. Un autre rapporteur vous entretiendra des brillants débats qu'a soulevés cette question incidentelle. Ma mission se bornait à vous faire connaître ce qui s'est passé relativement aux arts plastiques.

« Je viens de dire que l'on était revenu trop tard aux premières questions du programme. En effet, un membre de l'Association, M. Dognée, de Liége, s'est fait inscrire pour parler sur l'application de l'art à l'industrie; mais l'heure de la clôture de notre dernière séance avait sonné avant que la parole n'eût pu lui être donnée pour développer ses idées.

« La section a entendu, avant de clore sa dernière séance, la lecture d'un mémoire de M. Delbeke, d'Ypres, sur les rapports de l'art avec l'État.

« Voilà, messieurs, à quoi s'est réduite la part des arts plastiques dans les débats ouverts au sein de la troisième section. »

QUESTION. — *Des différents genres de musique dans leurs rapports avec l'éducation des masses.*

—

Rapporteur : M. AD. SAMUEL, professeur au Conservatoire de musique, Bruxelles.

« MESSIEURS ,

« Votre rapporteur le constate avec regret : cette thèse qui, par son importance, par le but élevé, généreux qu'elle indique, semblait devoir attirer l'attention tout à la fois des artistes, des théoriciens et des philosophes, n'a pas été traitée dans l'ensemble des idées et des faits qu'elle embrasse.

« Un côté seulement de la question a été soulevé. M. J. Grégoir, d'Anvers, a lu un mémoire *sur l'enseignement du chant populaire*, et M. Danel, de Lille, a fait l'exposé d'une *Méthode simplifiée pour l'enseignement populaire de la musique*, méthode dont il est l'auteur. En outre, l'un des plus éminents parmi tant d'hommes illustres qui ont jeté sur nos pacifiques débats l'éclat de leur talent et de leur renommée, M. Fétis père, directeur du Conservatoire royal de musique de Bruxelles, a, dans une brillante improvisation, éclairé, par des explications complémentaires, l'exposé de la méthode nouvelle.

« Comme vous le voyez, messieurs, le travail de M. Danel est, en quelque sorte, le corollaire de celui de M. Grégoir; et M. Grégoir lui-même ne s'occupe que d'un seul genre de musique dans ses rapports avec l'éducation des masses : le chant populaire, qui, dans sa plus grande extension, est le chant d'ensemble pour les voix.

« Le but que s'est proposé, dans son mémoire, l'artiste anversois a été d'établir, d'une part, l'influence civilisatrice exercée par l'étude du chant dans les écoles destinées à l'instruction du peuple, d'autre part, la nécessité de développer, dans ces mêmes écoles, l'enseignement de la musique, et enfin, le devoir impérieux qu'il y a pour la Belgique de s'élever dans cette sphère, tout au moins au niveau atteint déjà par l'Allemagne, par la Hollande, par l'Angleterre.

« S'appuyant sur le dernier rapport triennal de l'enseignement, publié par les soins du gouvernement belge, M. Grégoir cherche à constater que l'enseignement du chant populaire n'est réellement organisé, en Belgique, que dans quelques villes, et que dans les campagnes, cet enseignement est à peu près nul.

« M. Grégoir réclame donc, pour la Belgique, un enseignement complet et régulier du chant dans toutes les écoles; il demande qu'il y soit introduit les perfectionnements que l'expérience a fait connaître; enfin, il émet le vœu que cette étude soit rendue obligatoire pour tous les élèves.

« A l'appui de ce vœu, il cite l'exemple de la Hollande, où, sur l'initiative de la *Société pour l'encouragement de l'art musical*, le gouvernement a décrété l'enseignement du chant obligatoire dans toutes les écoles primaires.

« M. Grégoir avait demandé que l'enseignement du chant populaire, sortant des ornières de la routine, profitât des perfectionnements, fruits de l'étude et de l'expérience. M. Danel, en présentant la méthode d'enseignement dont il est l'auteur, espère avoir rencontré l'un de ces perfectionnements.

« J'ai pensé, a dit M. Danel, qu'en restreignant les préceptes au strict « nécessaire, on parviendrait en peu de temps et sans de grandes diffi- « cultés à donner aux masses de la population des connaissances musi- « cales suffisantes pour les chants d'ensemble. »

« Tel est donc le but que M. Danel assigne à la méthode nouvelle.

« Selon l'auteur, ces procédés ne s'écartent de l'enseignement habituel de la musique qu'en deux points : l'emploi d'une nomenclature abrégée, et le remplacement du nom des notes—dans la solmisation —par le chiffre du degré de la gamme.

« L'énonciation du second de ces procédés suffit à en faire comprendre la nature. Le premier nécessite quelques explications préliminaires, et je vous demanderai, messieurs, la permission de les donner.

« Tous les systèmes de notation musicale représentent forcément trois éléments principaux et distincts : le son, la durée du son, les altérations qu'il subit. Dans la notation usuelle, le son est représenté par la position de la note sur la portée; la durée du son, par la figure de la note; l'altération, par les signes du *dièze*, du *bémol*, du *bécarre*, etc. Cette notation ne joint en un même signe que deux des éléments : le son et sa durée.

« Dans la nomenclature, le musicien doit énoncer, du moins en français, jusqu'à quatre mots réunis — les noms de la note, du signe altératif et de la valeur — pour désigner une seule chose.

« Dans le système proposé par M. Danel, la notation, qui est en même temps la nomenclature, réunit les trois éléments et les confond en un seul signe formé par une seule syllabe.

« M. Danel choisit, pour représenter le son, la consonne initiale du nom des notes; il en représente la durée par une voyelle, différente pour chacune des valeurs en usage, et il en marque l'altération par une consonne finale, qui, avec les deux premières lettres, forme un terme nouveau, un seul monosyllabe servant à la fois à la notation de la musique et à la nomenclature des sons.

« Pour ne présenter qu'un des exemples donnés par M. Danel, je dirai que dans la notation et dans la langue de l'auteur de la *Méthode simplifiée,* les mots *sol bémol, double croche*, sont remplacés, se notent et s'expriment par une syllabe de trois lettres, par SUL, s indiquant la note *sol*, U, la *double croche*, L, le *bémol*.

« En supprimant la consonne initiale, la syllabe ainsi tronquée se place aussi sur les lignes de la portée et ne sert plus alors qu'à remplacer les signes d'altération et de durée.

« M. Danel croit que son système, élaguant tout ce qui n'est pas indispensable dans la pratique du chant populaire, rendant la dictée facile et prompte, suppléant aux nombreuses gammes par une formule unique, est d'une transmission plus aisée que la méthode usuelle et abrége considérablement le temps des études.

« La méthode simplifiée, — avait dit M. Danel, — ne change en rien
« les principes de l'enseignement ordinaire. Elle lui sert au contraire
« d'introduction. »

« C'est parce qu'il est de ce même avis, que M. Fétis père, approuve cette méthode entre toutes celles qui se sont produites dans un but analogue.

« Le directeur du Conservatoire de Bruxelles établit que, lorsqu'il s'agit de l'enseignement des masses, il importe que les premières notions puissent mener l'élève à une connaissance plus complète de la musique; il constate que les lettres et les chiffres offrent les éléments d'une bonne notation musicale, à condition, toutefois, que ces éléments « ne forment « pas une langue qui soit sans rapport avec celle que connaissent les « artistes, avec la musique proprement dite. »

« C'est là, suivant M. Fétis, l'inconvénient des principaux systèmes qui ont été mis en pratique, tel que celui de MM. Galin-Paris-Chevée, en France, et celui de M. Natorp, en Allemagne. En sortant des cours de ces professeurs, les élèves croient savoir la musique; ils ne connaissent pas la musique traditionnelle de l'école.

« Or, lorsque M. Danel, — a dit M. Fétis, — et permettez-moi, « messieurs, de terminer ce trop long rapport, en reproduisant les remar- « quables paroles du maître, — lorsque M. Danel place les syllabes sur « la portée vide, l'enfant, étranger à l'art, comprend que la syllabe « placée sur la ligne n'est qu'un acheminement; que c'est la ligne qui est « l'intonation. Il en résulte que lorsqu'on voudra remplacer les syllabes « par un signe, ce signe sera pour l'élève comme une sorte de synonyme. « De là vient que l'enseignement de M. Danel partant de ce qui est connu « de tout le monde, conduit à la connaissance véritable de la musique et « ne sépare point des musiciens, l'enfant sorti de l'école.

« L'élève de M. Danel passe de l'enseignement primaire, à la portée de « tout le monde, comme par un intermédiaire, à la connaissance de la « musique véritable; il n'est pas séparé de l'école de musique, il y entre « immédiatement. »

« Enfin, messieurs, dans sa dernière séance, la troisième section, sur une motion faite par M. Alexandre Pinchart, a exprimé le vœu que le bureau central de l'association internationale examine s'il ne serait pas possible et avantageux d'introduire la méthode musicale de M. Danel dans les écoles communales de la Belgique. »

QUESTION. — *Quel est le criterium de la moralité dans l'art?*

—

Rapporteur : M. MADIER DE MONTJAU aîné, homme de lettres, à Bruxelles.

« MESSIEURS,

« En créant une association et en provoquant cette grande et imposante réunion pour favoriser le progrès des *Sciences sociales*, le comité fondateur a compris qu'à côté de cette science des intérêts matériels qui traite de la production et de la distribution des richesses, tout en recherchant aussi les meilleurs moyens d'assurer et de prolonger la vie humaine ou d'organiser, par la loi, les sociétés, il fallait se préoccuper de cette vie intellectuelle et morale, sans laquelle elles n'ont qu'un semblant d'existence. Près de la section chargée de discuter les questions relatives à l'éducation et à l'instruction publiques, elle a donné à une autre la mission d'étudier par quels moyens on pouvait mieux satisfaire et développer cet amour du beau qui est un des glorieux caractères de l'homme.

« Quelques questions pratiques nous avaient été proposées, comme point de départ ou comme aliment de la discussion, si d'autres ne se produisaient pas.

« Ces questions ont fait le sujet de plusieurs mémoires dont la section a entendu la lecture avec intérêt. Mais, bientôt, deux de ses membres ont entraîné la discussion dans une carrière plus large en nous conviant à négliger un moment les méthodes d'enseignement, les applications et les modes divers de manifestation de l'art et de la littérature, pour sonder l'état même de l'art et de la littérature à notre époque, et déterminer les conditions nécessaires de leur existence et de leur développement.

« Sous des formes diverses, un éminent écrivain français, M. Alexandre Weill, et M. Charles Potvin, dont les écrits attestent depuis dix ans en Belgique une série non interrompue d'efforts pour élever la pensée et faire grandir la dignité humaine, nous ont paru, en effet, produire une même pensée.

« *Y a-t-il, au XIXᵉ siècle, un criterium pour juger les lettres et les arts?*
« *Y a-t-il, au XIXᵉ siècle, seulement un homme de lettres et un artiste?...* »
demandait M. Weill!

« — Question audacieuse, assurément, à poser à une réunion presque exclusivement composée d'artistes et d'écrivains; question, qui, ne fût-ce que par son originalité paradoxale, devait tenter notre curiosité. —

« *Mettons au concours la recherche des causes qui, à l'insu même de* « *l'artiste et de l'écrivain, démoralisent l'art de nos jours, et la recherche* « *des moyens les meilleurs de le moraliser,* » proposait M. Potvin.

« N'était-ce pas nier, en d'autres termes, l'art contemporain, et déclarer l'absence du criterium, par la proposition même de le chercher?

« En tout cas, des deux côtés, soit en niant dans le temps présent l'existence de l'art et même de la pierre de touche à laquelle se peuvent reconnaître les artistes, soit en critiquant sévèrement l'immoralité et la décadence des arts et des lettres, on posait indirectement de nouveau ces grandes questions qui, de Platon à Kant et à Hegel, d'Euripide à Shake-speare et à Schiller, ont absorbé et passionné les plus hautes intelligences de philosophes et d'artistes; ces questions qui, depuis la révolution française et le commencement de ce siècle surtout, ont été reprises avec une ardeur plus vive, conséquence naturelle d'une liberté plus développée et d'une constitution sociale nouvelle :

« Qu'est-ce que l'art?...

« Reconnaît-il des lois?...

« Tout lui est-il indifféremment matière?...

« Pour l'auteur de la première proposition, l'artiste, le véritable écri-vain, héritiers directs de la lyre d'Orphée ou du style d'Homère, sont l'organe d'un verbe éternel qui ne saurait devenir objet de spéculation et occasion d'industrialisme. Ils ont mission civilisatrice et apostolique, et leur mission grandit, en se modifiant, il est vrai, à mesure que s'écoulent les âges. Que le verbe s'éclipse un moment, qu'autour de celui qui l'exprime et en lui, le bruit des intérêts étouffe la voix du génie inspirateur et celle du devoir, l'art n'est plus, et vainement vous chercheriez son prêtre. Où les trouver l'un et l'autre, dans certaines parties surtout de cette société moderne qui, sous une odieuse pression, semblent, hélas! ne plus sentir battre même leur conscience? Les écrivains, les statuaires, les peintres et les musiciens de talent sont nombreux, mais on demande en vain un homme de lettres et un artiste.

« Ainsi nous a parlé M. Weill.

« M. Potvin, à son tour, rappelle que dans le pays longtemps le plus fécond en œuvres admirables, le beau pays d'où les autres semblaient parfois attendre la lumière, le gouvernement, qui s'est posé en champion par excellence des mœurs et du droit, se déclare chaque jour obligé d'étouffer sous la censure l'*immoralité*, tandis que, par une malheureuse coïncidence, l'opinion publique tue sans cesse sous son dédain et ses sif-

flets les œuvres soi-disant artistiques ou littéraires auxquelles le pouvoir
a daigné accorder son laissez-passer ou son patronage. Le gouvernement
frappe à tort ou à raison, il est vrai, et plus souvent pour des causes
qu'il n'avoue pas que pour celles qu'il déclare; mais la magistrature,
qu'on veut croire exempte des mêmes passions, sévit aussi; de leur côté,
les pères de famille se plaignent. Il y a donc une plaie à constater et à
guérir. — De là la motion de M. Potvin.

« A la suite de ce que j'appellerai ces *exposés des motifs*, deux opinions
bien accusées se sont produites et ont bravement combattu deux jours au
sein de la section, sous les applaudissements réitérés d'un auditoire intéressé et attentif.

« Poussé par une susceptibilité honorable, un écrivain, que sa conduite
personnelle aussi bien que ses travaux laissaient complétement désintéressé dans la question, a cru devoir, le premier, prendre généreusement,
sur une terre étrangère, la défense de ces littérateurs de son pays, qu'à
tort peut-être il croyait personnellement attaqués, et dont la gloire lui
semblait intimement unie à celle de la France.

« En un temps où tout était incertain et flottant, après que la révolution
française avait renversé tout un monde dans la poussière, ceux-là ne
méritent pas, a-t-il dit, le reproche d'*immoralité*, qui, cherchant à tâtons
des voies nouvelles, ont laissé résonner vaguement leur âme, comme
résonnerait une harpe exposée aux souffles de tous les vents. Leurs
plaintes, leurs vagues inspirations ont été l'écho d'une société en détresse.
Leurs analyses douloureuses ont montré les maux à guérir. Elles ont
appelé le baume sur les plaies béantes que ces poètes, que ces artistes
découvraient. Quelques-uns, après avoir traîné les âmes à leur suite, le long
de ces voies épineuses, sont déjà revenus à des sentiments plus calmes :
en redevenant sereins, ils ont rasséréné les cœurs. N'accusons pas ces
natures souffrantes; elles ont fait œuvre de pionniers, et déjà elles ont sur
les lèvres le sourire de l'espérance; déjà elles nous montrent du doigt un
avenir meilleur.

« Pourquoi reprocher à Gœthe son *Werther*, à Châteaubriand son
René, à Balzac, qui laissera sa trace profonde dans le monde des idées,
ses études anatomiques d'une société si implacablement disséquée, à Sand
sa *Lélia*? La raison a réagi contre les excès de leur pensée et tiré de ces
œuvres des conclusions dont souvent le monde a profité.

« Limiter l'art! déterminer l'art! Dans cette voie, qu'on veut ouvrir, où
s'arrêtera-t-on? Que ne se croira-t-on pas le droit de prescrire, d'exiger?
Shakespeare aussi, l'immortel William, expose quelquefois, sans se constituer juge, le tableau des passions humaines. Condamnera-t-on Shake-

speare?... Prenons garde : il n'est pas un de ceux que nous appelons nos maîtres qui ne puisse de même être taxé d'immoralité. Ni Rabelais, ni Molière, ni Voltaire n'échapperont à la flétrissure. Ce n'est pas tout : l'ironie est une des formes les plus vives, les plus charmantes, et l'un des plus puissants leviers de l'art. Bientôt, de par la nécessité d'être incontestablement moral, on exclura l'ironie qui a tué plus d'ennemis du droit et de la vérité que l'austère logique. L'art ne procède pas comme la dialectique. A son gré, laissez-le conclure ou simplement analyser et constater. Nous détestons tous, tous, la tyrannie : ne lui empruntons pas ses procédés, pour enfanter le bien ; revendiquons la liberté là où elle manque, pour faire une société morale et pour que, de ses flancs, sorte une littérature morale aussi ; mais, de grâce, ne légiférons pas sur ce qui échappe, par son essence même, à toute autorité. Craignons de multiplier à notre insu les lois de *sûreté publique*, bon Dieu ! et de nous faire gendarmes, sans le vouloir.

« Enfin, messieurs, poussé bientôt, comme tous les esprits d'élite, par le besoin de sortir du détail pour généraliser sa pensée, l'orateur que j'analyse en ce moment nous a donné sa formule synthétique dans quelques mots pleins de portée : « Il n'y a pas, a-t-il dit, de chef-d'œuvre immoral ! »

« Est-ce à dire qu'il faille faire revivre cette théorie aujourd'hui désertée par toutes les intelligences sérieuses : « l'art pour l'art, » la statue pour la statue, le tableau pour le tableau, la parole pour la parole ; théorie sans valeur, qu'on lança à la légère dans un moment de surexcitation polémique et d'exaltation soi-disant révolutionnaire? Non certes! L'art doit être *humain*, profitable d'une façon quelconque, sous peine de n'être pas. Mais partout où l'admiration publique se fixe et reste, quelle que soit l'apparence, soyez certain qu'il y a profit à faire pour l'humanité. L'admiration seule est, par elle-même, saine et salutaire : elle échauffe l'âme et la dispose au bien.

« En face de ce système, éloquemment et spirituellement défendu par M. Louis Ulbach et par M. Berend, son utile auxiliaire, de ce système qui se défend d'être *réaliste*, tout en protégeant, il le faut avouer, avec une tendresse toute fraternelle les droits et la liberté du réalisme jusque dans ses plus extrêmes audaces, l'*idéalisme* absolu a trouvé dans un savant professeur de philosophie, M. Rondelet, de Clermont-Ferrand, un énergique et habile représentant.

« Aristote, son maître, a écrit qu'*il est des choses qu'il est bon de ne pas savoir*. Voilà la vérité de laquelle doivent partir écrivains et artistes pour choisir le sujet de leur œuvre et en déterminer les contours. Ils ont à montrer, non ce qui est, mais ce qui doit être ; ils doivent élever les esprits dans un monde supérieur, créé par l'amour du beau, par l'intelligence du vrai, non les affliger ou les énerver, en les plongeant sans cesse dans un monde de misères et de passions coupables qu'il vaut mieux laisser enveloppé, comme veut Aristote, dans une ombre salutaire. A peindre avec complaisance ces passions, ces misères morales, on fait, qu'on le veuille ou non, œuvre de corruption. Ce sera la conséquence fatale de toute littérature exclusivement analytique, si exacte, si saisissante, si émouvante que soit son analyse. Bien plus ; le danger croîtra avec la puissance d'émotion, et Bossuet a eu raison de condamner la *Phèdre* de Racine, précisément parce qu'elle était de Racine.

« Protestons contre cette théorie que le talent suffit à rendre l'œuvre morale. « Il n'y a pas de chef-d'œuvre immoral ! » Sans doute si, comme le dit le mot, il s'agit d'une œuvre vraiment *capitale*, enveloppant dans la belle forme du Jupiter Olympien ou de l'Apollon du Belvédère un cerveau, c'est à dire une intelligence et une âme, une pensée haute et vraie, le *chef-d'œuvre*, en ce cas, n'est pas, et ajoutons, ne peut pas être *immoral*, car les deux mots impliquent contradiction ; mais, si on veut qu'une forme admirable, une peinture éclatante de vigueur et de vérité, des chants d'où la volupté seule s'exhalera à flots, suffisent à constituer le chef-d'œuvre, dénions à un pareil travail et le nom auquel il prétend et la moralité.

« Quel profit le monde a-t-il donc tiré du spectacle même des tortures de Werther et de celui de son suicide ? Quel fruit des plaintes et des murmures exhalés du cœur misérablement blasé de Lélia ?... Parce que les natures vigoureuses, au lieu de subir l'influence de ces ouvrages, auront d'autant plus fortement réagi qu'elles se seront senties plus blessées, dira-t-on qu'ils sont sans péril ? Comme si les lettres et les arts n'étaient pas faits pour fortifier les faibles plutôt que pour offrir aux forts l'occasion de luttes victorieuses ! Funestes sont ces livres, et coupables leurs auteurs. La jeunesse, les incertitudes personnelles peuvent les excuser, non les justifier. Quand, sortant de son for intérieur, on veut entrer, par la plume ou par la parole, par le pinceau ou par l'ébauchoir, par le son ou par la couleur, en communication avec le monde extérieur, il faut commencer par s'assurer de soi-même, et, comme Descartes, attendre, s'il le faut, pendant dix années, dans le travail et la méditation, l'heure où, avec une fermeté de conviction qui équivaut presque à la certitude, on pourra dire : Je tiens la vérité : je suis sûr d'elle et de moi.

« Voilà les deux théories. L'une, moins rigoureuse, n'exige pas que la morale soit la dominante de l'œuvre artistique ou littéraire, son but essentiel et sa recherche préférée et constante. Elle veut que le vrai, le juste se dégagent par leur propre force, sous la protection de la liberté, du milieu du monde des lettres, comme du monde des faits, et, bien que son principal défenseur déclare qu'il n'est pas personnellement réaliste, elle semble laisser au moins toute carrière à un art exclusivement réaliste. — L'autre, plus austère, cherche l'utilité sociale *immédiate* dans toute œuvre de la pensée et ne permet à l'art de prendre dans le monde réel que les matériaux avec lesquels l'idéal pourra construire une sorte de *cité de Dieu*.

« Un orateur plein de verve et de science, dans lequel l'ardeur des convictions et de l'enthousiasme s'unit, comme l'a récemment prouvé un beau livre, à la maturité précoce, fruit des fortes études philosophiques, est intervenu entre ces théories pour les rapprocher en les complétant. Il offre les chaudes étreintes de sa main généreuse au réalisme injustement banni par quelques-uns du domaine de l'art ; mais il veut que l'idéalisme pur, qui s'abstrait le plus qu'il peut du monde réel pour chercher ces idées lointaines, types des mondes futurs, ait sa place au soleil, et ne soit pas, à son tour, proscrit comme un inutile rêveur. Ces tendances diverses doivent coexister et non s'exclure. C'est à leur double et parallèle effort que l'Allemagne a dû Schiller et Gœthe; et, comme transporté par ces grands noms au milieu des plus riches souvenirs, M. Foucher de Careil a rappelé la polémique intime soutenue par ces deux magnifiques génies sur ces questions qui nous divisent encore. Grâce à la puissance de sa mémoire et à l'éclat de sa parole, il a introduit en quelque sorte ces deux athlètes immortels dans notre étroite arène ; celui-là demandant que l'art fût maintenu dans des régions supérieures, celui-ci proclamant qu'il n'est pas un point du grand Tout où l'admiration ne se puisse attacher, d'où le beau et l'utile ne puissent sortir.

« Admirons Schiller et Gœthe, et n'essayons pas plus de détacher Werther de l'œuvre de Gœthe que les toiles mondaines de Raphaël de ces pages toutes divines, fruits de ses premières inspirations. Il doit être permis au génie exubérant de jeter même ses gourmes. Toutes les religions ont eu leurs bacchanales ou leurs fêtes des fous. Souffrez parfois les bacchanales du génie. Dans un temps qui a pris pour devise le *Nil mirari* d'Horace, mieux vaut une admiration aux bras larges qu'aux bras étroits.

« Tel est, messieurs, le sommaire, nécessairement faible et décoloré, de la discussion de deux jours à laquelle nous avons assisté et dont nous avons cru vous devoir l'exposé, si imparfait qu'il dût être. J'ai tâché, du moins, d'être impartial, en restant narrateur fidèle. Puissé-je avoir réussi, comme aussi à vous faire bien comprendre comment la discussion dont vous venez d'entendre le résumé est sortie de la question qui nous était posée et de la proposition qui nous était faite !

« Dans le peu de temps qui lui reste, l'assemblée générale devant laquelle j'ai l'honneur de parler pourra-t-elle et voudra-t-elle rouvrir ce débat?... Il nous a paru utile, en tous cas, de lui exposer sous forme de doutes une dernière opinion qui semblait, à quelques-uns, naître du conflit des idées antagonistes dont vous avez entendu le résumé, et surgir entre elles comme un élément plus conciliateur encore que la thèse de M. Foucher de Careil.

« Et d'abord, cette incertitude des idées et des convictions, cette multiplicité des routes suivies pour arriver à l'effet, sans autre préoccupation que celle de le produire, cet ébranlement général des consciences qui a engendré tant d'œuvres sans signification précise ou d'une signification absolument contradictoire, dont nous parlait un des premiers orateurs, n'attestent-elles pas précisément ce qu'affirmait, par la manière même dont il posait sa question, M. Weill : l'absence à notre époque d'un criterium artistique et littéraire?

« Serait-il vrai maintenant, comme cela semble ressortir d'une partie de la discussion, que ce criterium, qui fut longtemps la religion, la religion d'où sortirent les œuvres des Grecs, merveilleuses de beauté idéale, et plus tard, les beautés austères des temps vraiment chrétiens — tous ces chefs-d'œuvre calqués sur une conception idéale du beau et du bon, — serait-il vrai que la littérature et l'art d'aucun temps s'en puissent passer?

« Ce criterium, s'en pourraient-ils passer, parce que véritablement le génie humain en effervescence suffit à la production d'un art et d'une littérature grands par eux-mêmes, quel que soit le sujet choisi par le génie, et de quelque façon que le génie ait manié son sujet?

« Serait-ce, en effet, condamner la pensée humaine à l'esclavage que lui demander seulement, pour la couronner, de pouvoir justifier que son œuvre, construite d'après une norme morale, ne peut être responsable d'aucun mal accompli?

« Si on admettait ces exigences, tous les écrivains, tous les artistes, les plus grands, du passé comme de l'avenir, risqueraient-ils d'être enveloppés également dans l'accusation d'immoralité?

« Ceux de notre temps, ceux qui viendront après nous, seraient-ils tenus de sortir du monde réel pour s'enfoncer de plus en plus dans un mysticisme quelconque, péril immense! tandis qu'il eût suffi de la marche parallèle d'un *réalisme* pur et d'un *idéalisme* pur, se développant *à côté* l'un de l'autre, pour que l'art et la morale, le beau et le bien, eussent égale et suffisante satisfaction?...

« Ou bien, messieurs :

« De l'étude philosophique de la nature de l'art, résulte-t-il que, formé d'un double et indivisible élément, *réalité* et *idéal*, il doit, tout à la fois, tenir à la terre par la base d'une *réalité*, afin de ne pas ressembler à ces nuages brillants qui s'évaporent et n'ont qu'une existence passagère, et s'élancer sans cesse vers une supériorité, vers une perfection idéales dont le sentiment ne sera plus cherché par l'homme dans une église quelconque, mais en lui-même; en lui-même, où il le trouvera nous faisant voir sans cesse nos imperfections, nous faisant aspirer sans cesse à nous élever au dessus de notre valeur morale présente?

« La supériorité de l'œuvre qui contiendrait ce double élément fécondé par l'action même de notre spontanéité, la distance qui séparerait cette œuvre de celles entachées d'immoralité ou au moins d'indifférence pour la moralité, ne seraient-elles pas nettement marquées, sans qu'aucune liberté eût été violée, sans qu'aucune législation restrictive fût intervenue, par cela seul que, tandis que dans les unes l'équilibre reste complet entre le bien et le mal, dans l'autre, malgré les plus étranges audaces, cet équilibre est rompu au profit d'une vérité génératrice, d'une pensée forte et utile, du bien enfin, attesté par la conscience, de telle sorte que jamais la confusion ne soit possible entre Pantagruel, Tartuffe, Candide et les œuvres qui ont été mises sous leur protection?

« Parce que, depuis les Rabelais et les Rembrandt, les lettres et l'art se sont plus éloignés de l'influence de toute théologie, parce qu'ils s'en éloigneront chaque jour davantage, pour devenir exclusivement humains, ne doivent-ils pas chercher avec d'autant plus d'ardeur leur criterium nouveau dans la conscience, dans ce sentiment éternel et sublime de la justice libre, dégagée de toute crainte et de tout fatalisme, que la Révolution française, bien loin de le troubler, a affirmé d'abord et affermi ensuite par les grands principes qu'elle a posés et les grandes choses qu'elle a faites?

« Si l'art, comme M. Potvin le prétend, a faibli réellement, s'il en faut chercher la cause et si on doit accuser quelqu'un de cette décadence, la cause ne serait-elle pas uniquement l'oubli de ces grands principes, le relâchement de la conscience publique, et le vrai coupable par conséquent, non l'artiste, non l'homme de lettres, mais le milieu qui l'entoure et l'enlace, mais cette société de nos jours qui, en cessant de se prendre au sérieux, en raillant de tout, en sacrifiant tout aux intérêts, en cessant enfin d'être un organisme régulier et vivant, aurait cessé de donner à l'art et aux lettres même cette base d'une réalité sérieuse qui leur est indispensable; à plus forte raison de les aider à trouver en eux-mêmes le souffle inspirateur de l'idéal?...

« Nous livrons, messieurs, ces doutes à votre appréciation.

« En finissant, laissez-moi me réjouir d'avoir vu, dans la section dont
je suis un des rapporteurs, les adversaires, également passionnés pour le
vrai, parlant, les uns et les autres, avec une égale conviction et un égal
amour, au nom de la liberté. Elle a été, dans cette lutte fraternelle, le
besoin de tous les cœurs; chacun croyait combattre ce qui pouvait l'étouffer ou l'entraver, et, au dessus des combattants, dirigeant la discussion
avec un tact exquis, sans jamais la gêner, notre honorable président,
M. le comte de Liedekerke, témoignait... de son respect, allais-je dire?
non, de son amour pour cette sainte liberté, en laissant aborder toutes
les questions, toutes les idées, avec une tolérance que je n'ai vue encore
si complète que dans les réunions de ce Congrès. »

QUESTION. — *Du rôle de l'État dans la formation d'un public littéraire.*

—

Rapporteur : M. G. FRÉDÉRIX, homme de lettres, à Bruxelles.

« MESSIEURS,

« Votre troisième section a dû à l'initiative de M. Stecher, professeur
de l'Université de Liége, une exposition du *rôle que l'État peut avoir dans
la formation d'un public littéraire.* M. Stecher part de ce principe, que le
goût des belles-lettres, étant quelque chose de plus qu'un pur épicurisme de
l'esprit et pouvant être une propagande de hautes aspirations et de passions généreuses, doit être de plus en plus vulgarisé comme un instrument
de civilisation. Il importe essentiellement au progrès social d'avoir un
véritable public littéraire, capable de choisir entre les livres qui paraissent
et de stimuler les écrivains qui ne veulent que le règne du beau.
« Mais comme nous vivons à une époque de transition et de complication, l'orateur pense que pour susciter ou étendre le sens littéraire dans
les masses, on ne peut se passer, au moins provisoirement, du concours
du gouvernement. Toutefois ce concours ne peut jamais être qu'accessoire;
le principal agent est naturellement la liberté. C'est seulement parce que
l'exubérance de la vie industrielle et aussi la grande tendance des travail-

leurs intellectuels à se cantonner en spécialités détournent momentanément des hautes voies de l'idéal, qu'il faut combattre par des armes exceptionnelles le positivisme menaçant. L'exemple tant cité d'Athènes, la ville littéraire par excellence, montre que l'intervention de l'autorité officielle n'est pas toujours funeste à l'initiative individuelle dans les arts et dans les lettres.

« Arrivant aux moyens dont l'État et les communes peuvent disposer au profit de cette éducation littéraire du peuple, l'orateur a recommandé la multiplication des écoles, l'enseignement des principes de la vie constitutionnelle, le développement vaste et franc des institutions libérales, les subsides et les récompenses aux gens de lettres dignes de leur mission, les concours largement entendus, un *minimum* de connaissances littéraires à exiger dans tous les examens et pour pouvoir obtenir le plus grand nombre des emplois publics, enfin et surtout, la création de bibliothèques populaires et de lectures populaires faites par les instituteurs des villes et des campagnes.

« Par cette vulgarisation des grands modèles, a dit l'orateur en terminant, les hommes de tous les pays se rapprocheront sans se confondre, et la fraternité ne pourra nuire à l'individualisme national, si nécessaire aux progrès du monde. Que n'avons-nous eu, a-t-il dit en faisant un retour sur la Belgique, que n'avons-nous eu, enfants de Henri de Dinant et d'Artevelde, ces grands souvenirs littéraires quand l'étranger nous ôta l'honneur de notre nom traditionnel ! Nous n'aurions pas payé notre vieille autonomie de deux siècles d'abâtardissement et de léthargie.

« A M. Stecher a répondu M. Pascal Duprat, qui n'a point combattu tous les moyens qui venaient d'être indiqués pour former un public littéraire, mais qui s'est défié de l'intervention de l'État en de tels sujets. Par le malheur des temps, a dit M. Duprat, l'État n'est plus l'ami, n'est plus le père de famille dont parle M. de Bonald, il est le maître, il est souvent l'ennemi. Voilà pourquoi on lui refuse même des attributions qui sont dans son rôle.

« Et puis, avons-nous à la tête des gouvernements actuels des Périclès pour abandonner à l'État la direction de la pensée publique? Qu'ont produit les encouragements, les subsides, les récompenses? Ou des œuvres insuffisantes, ou des œuvres nulles. Ce ne sont point des lois, ni des règlements, ni aucune institution qui peuvent changer ou agrandir le développement littéraire. Ce développement-là a son cours régulier; il suit le développement des êtres et celui de la société.

« Pour que des institutions propres à former un public littéraire soient vraiment efficaces, elles ne doivent pas être dans la main de l'État. Il ne faut pas qu'on puisse répandre dans les bibliothèques populaires ou qu'on en puisse retrancher telle ou telle œuvre dans un intérêt de mensonge et d'oppression.

« Les gouvernements ne demandent pas mieux que de donner aux littérateurs des subsides et des encouragements qui en fassent en quelque sorte des associés, je n'ose dire des complices. Il faut craindre, non qu'ils refusent de protéger les lettres, mais qu'ils les accablent et les écrasent de leur protection.

« En résumé, a dit l'orateur, travaillons, par notre propre initiative et par l'effort collectif de grandes associations, à former ce public littéraire que tous nous réclamons; mais ne confions pas à César la garde des muses.

« Plusieurs de ces idées ont été reprises et soutenues par M. de Pressensé qui a signalé, à plusieurs époques, dans l'intervention de l'État une cause de stérilité et d'abaissement pour la littérature.

« M. Stecher s'est défendu de vouloir abandonner la garde des intelligences à l'État, et surtout à un État despotique. Les moyens qu'il a recommandés, il ne les croit bons et efficaces que dans un pays où règne la plus complète liberté de la presse, où le gouvernement est, non pas le maître de la nation, mais la nation elle-même.

« Il nous semble, messieurs, que les différents orateurs qui ont traité tour à tour cette intéressante question n'ont point, en définitive, de vues opposées. Tous reconnaissent qu'il est bon de faire pénétrer dans le peuple le goût des lettres, source de jouissances incessantes et source de moralisation profonde. Tous reconnaissent que sans la liberté, ce goût des choses de l'esprit ne pourra jeter de semences fécondes ou ne produira que des fruits amers et malsains. Seulement, M. Stecher, citoyen d'un pays libre, accepte en faveur de l'éducation du peuple ce qu'il faut appeler, non pas les protections, mais les devoirs des gouvernements. Il croit que l'État, dans une nation démocratique, peut être utile à la littérature et la faire mieux connaître et mieux comprendre. MM. Pascal Duprat et de Pressensé ont une foi moins robuste dans les intentions libérales et l'influence artistique de l'État. Ce sont des Troyens qui se défient des présents d'un Grec, et qui veulent que les Troyens fassent eux-mêmes leurs affaires. »

4ᵐᵉ SECTION

BIENFAISANCE ET HYGIÈNE PUBLIQUE

——

QUESTION. — *Le régime alimentaire des ouvriers de fabrique et son insuffisance pour la plupart d'entre eux ne contribuent-ils pas puissamment aux progrès de la tuberculose pulmonaire? Quels sont les moyens pour remédier à ce mal?*

——

Rapporteur : M. le docteur CROCQ, à Bruxelles.

« MESSIEURS,

« Je n'ai pas besoin de chercher par une longue dissertation à vous démontrer l'importance de cette question; vous la saisirez tout de suite. La phthisie pulmonaire constitue la plus grave de toutes les maladies sociales, la plus répandue, celle qui fait le plus de victimes. J'ai dit *maladie sociale*, messieurs, et je m'explique sur la valeur de cette expression. Qu'une lésion quelconque atteigne l'un d'entre nous et, quelle que soit sa gravité, fût-elle toujours mortelle, elle ne méritera pas le nom de *maladie sociale*; ce sera une maladie individuelle. Mais qu'elle frappe non plus des individus isolés, qu'elle exerce au loin ses ravages dans un cercle toujours de plus en plus large, qu'elle atteigne les sources même de la vie et qu'elle se transmette par voie d'hérédité, et elle constituera une véritable calamité, une maladie non plus individuelle, mais sociale. Telle est précisément la phthisie pulmonaire. La classe dans laquelle elle porte principalement ses coups est la classe inférieure, celle des travailleurs qui ont besoin de leurs bras pour vivre, et qui n'ont ni le temps ni le moyen d'être longtemps malades; celle des producteurs qui sont en définitive la source du bien-être social, de la richesse et du luxe. Tâcher de préserver de ses coups cette classe intéressante de la société est un but digne de l'émulation et des veilles des philanthropes. M. Burggraeve, professeur à l'Université de Gand, a longuement médité cette difficile et importante question, que son initiative a fait insérer à notre programme.

« Selon le savant professeur de Gand, l'insuffisance de l'alimentation chez l'ouvrier constitue la cause la plus active de la phthisie pulmonaire. Mettre son salaire en rapport avec ses besoins, tâcher d'autre part de lui fournir au meilleur marché possible les aliments indiqués par l'hygiène : tels sont pour lui les moyens d'y remédier. Un membre pense que la pureté de l'air a une influence au moins aussi puissante; il cite à l'appui de son opinion la disparition de la phthisie dans les prisons, depuis qu'au système collectif on a substitué le système cellulaire, sans que l'alimentation ait été modifiée. Il y joint les excès de toute espèce, auxquels s'adonnent trop souvent les ouvriers. Un membre a proposé de faire donner dans les écoles primaires un cours élémentaire d'hygiène, afin de faire connaître au peuple ces causes de maladie, et de lui enseigner à les éviter. Un autre orateur, tout en approuvant ces mesures, a démontré qu'elles seraient insuffisantes, tant qu'on ne fournirait pas à l'ouvrier les moyens pécuniaires de se procurer des aliments suffisants et une habitation hygiénique. Il n'est pas possible d'imposer au patron le taux du salaire qu'il devrait donner à ses ouvriers; mais d'autre part il conviendrait de laisser aux travailleurs toute latitude pour débattre et fixer le salaire auquel ils ont droit. Que partout donc on abolisse le délit de coalition; qu'en vertu du principe de liberté d'association, inscrit dans la charte de tous les peuples libres, on permette aux ouvriers de s'associer pour exiger de leurs patrons une rémunération convenable; et on aura trouvé le remède le plus efficace au mal signalé dans cette discussion.

« Comme vous le voyez, messieurs, cette question touche aux points les plus ardus, les plus délicats de la science sociale, et les orateurs qui l'ont abordée l'ont fait avec la plus grande indépendance d'esprit, attaquant en face la difficulté sans chercher à se la dissimuler. »

QUESTION. — *Quels sont les moyens de donner au peuple l'esprit de prévoyance et l'habitude de l'épargne ?*

—

Rapporteur : M. le docteur BURGGRAEVE, professeur à l'Université de Gand.

« MESSIEURS,

« La section a attaché d'autant plus d'importance à cette question, que c'est de sa solution *pratique* que dépend la bonne assiette des masses, c'est à dire la sécurité de la société entière. Si l'ouvrier doit tout attendre de sa prévoyance, de son esprit d'ordre, d'économie, il faut tout faire pour développer chez lui ces vertus, source de sa sécurité dans l'avenir et de son bien-être dans le présent. L'imprévoyance laisse l'ouvrier désarmé contre les moindres éventualités, et force ainsi la société à recourir à des moyens qui, quoique louables dans leur but, ne constituent pas moins un véritable paupérisme, où il n'y a de changé que le mot. Il faut permettre à l'ouvrier de se soustraire à l'action énervante de la charité soit privée, soit publique. Il y a là, avant tout, une question d'économie sociale dont les circonstances que nous traversons en ce moment doivent faire comprendre la gravité. Il ne s'agit pas d'une théorie, mais d'un fait palpable, saisissable pour chacun. Être ou ne pas être, là est toute la question.

« Plusieurs orateurs ont été entendus sur ce sujet. L'auteur de ce rapport pense que l'esprit de prévoyance et l'habitude de l'épargne ne peuvent naître chez l'ouvrier que sous l'influence d'un bien-être relatif, et que, par conséquent, il faut fortifier l'esprit de famille, base de toute société. Il expose combien les demeures d'ouvriers sont défectueuses, malgré toutes les améliorations qu'on a cherché à y apporter. La spéculation mesure d'une main avare l'air et l'espace à ses locataires. L'ouvrier, ne trouvant chez lui aucune aisance, va chercher au dehors des distractions coûteuses et pleines de dangers pour sa moralité. Le cabaret gagne ce que perd le foyer domestique. L'orateur pense trouver le remède à cette situation, sinon en rendant l'ouvrier propriétaire de sa maison, condition impossible pour le plus grand nombre d'entre eux, du moins, en lui permettant de participer aux avantages d'une association dont l'orateur fait connaître le mode d'organisation. Cette association, en émettant des titres que l'ouvrier pourrait acquérir, ferait de sa demeure sa véritable caisse d'épargne. Le présent viendrait ainsi en aide à l'avenir, et l'esprit de prévoyance et l'habitude de l'épargne naîtraient chez l'ouvrier d'autant plus facilement, qu'il y trouverait *immédiatement* un bien-être pour lui et sa famille. De cette manière, aussi, l'ouvrier entrerait dans les conditions des autres classes de la société. Ces considérations ont été appuyées par plusieurs orateurs, et le projet d'association a reçu l'approbation de l'assemblée ; seulement, on a désiré d'en voir disparaître les mots d'*actions,* d'*actionnaires,* afin d'éloigner toute idée de spéculation.

« L'honorable vice-président de la section (M. Ducpetiaux) a exposé les véritables sources de l'épargne pour l'ouvrier. Il dit ce qui a été fait dans d'autres pays, notamment en Angleterre, pour répandre les idées de prévoyance et d'épargne dans la classe ouvrière. Ces sources sont : l'éducation, la moralisation des masses, mais surtout l'association, ce puissant levier des sociétés modernes. Un orateur, M. Lhoest, de Mons, a insisté sur les avantages de l'hygiène inséparable de la moralisation, puisque toutes les mesures reposent avant tout sur une bonne économie intérieure. Sordidité et inconduite sont synonymes. L'état moral des populations se reflète dans la manière dont elles sont logées. La véritable splendeur d'une cité ne réside pas seulement dans les monuments, mais dans l'aménagement de ses quartiers ouvriers. La santé de l'âme est inséparable de la santé du corps. La véritable économie, la véritable épargne pour l'ouvrier, c'est la santé ; là aussi sont les saines appréciations de sa dignité. Il n'y a plus à craindre, dès lors, qu'ils se ravale à la condition de la brute.

« En somme, la section pense que tous les moyens qui tendent à l'amélioration physique et morale des masses doivent être employés, et parmi ces moyens sont ceux qui sont consignés dans le présent rapport. »

QUESTION. — *Dans quelles professions, jusqu'ici réservées aux hommes, les femmes peuvent-elles être utilement employées?*

—

Rapporteur : M. BOËNS, docteur en médecine à Charleroi.

« MESSIEURS,

« Cette question a provoqué une discussion très intéressante, dont voici l'analyse succincte :

« Le premier orateur, M. Boëns, de Charleroi, a d'abord déclaré qu'il serait naturellement conduit, après avoir indiqué les diverses professions qui lui paraissent devoir être accessibles aux femmes, à dire quelles sont celles dont elles devraient être définitivement éloignées.

« Il a rangé toutes les professions en deux grandes catégories : l'une, comprenant les professions générales qui ne peuvent s'exercer que dans des ateliers vastes et alimentés par la vapeur ou par d'autres agents mécaniques; l'autre, les professions spéciales, privées ou sédentaires.

« Dans la catégorie des professions générales, il existe, a-t-il ajouté, quelques industries où les femmes pourraient être utilement employées, même à l'exclusion des hommes, ce sont : la *typographie* et la *lithographie,* professions dans lesquelles une instruction ordinaire, la légèreté de la main et la délicatesse du toucher constituent les qualités essentielles pour faire de bons ouvriers. Dans les autres industries qui appartiennent à cette catégorie et où le mélange des ouvriers des deux sexes ne peut guère être évité, il serait à désirer que l'on cherchât à réunir les femmes dans des ateliers distincts, annexés aux établissements principaux, réforme qui est réalisable, par exemple, dans beaucoup de *verreries* et dans les *manufactures de glaces, de porcelaines et de papiers peints;* ou qu'on ne leur confiât d'autres fonctions que celles de concierges, de commissionnaires et de lampistes, ainsi que cela se pratique dans quelques usines de Charleroi.

« L'orateur s'est attaché à justifier ces diverses propositions en indiquant les vices et les inconvénients nombreux qui résultent des travaux accomplis en commun par des individus de l'un et de l'autre sexe.

« Arrivant à la catégorie des professions spéciales ou sédentaires, l'orateur a fait remarquer, d'abord, que les femmes devraient être appelées de préférence vers ces professions plutôt que vers celles de la catégorie précédente. En effet, c'est dans l'exercice des professions sédentaires seules que les femmes peuvent se procurer des ressources régulières dans les diverses circonstances et conditions particulières de leur existence. Dans ce genre de professions, en outre, elles ne sont jamais exposées aux causes de désordre inhérentes au mélange des sexes pendant les heures de travail et surtout pendant les heures de repos et de repas pris à l'atelier; de plus, elles n'oublient et ne négligent pas aussi complétement les travaux de la vie intérieure, les occupations et les soins du ménage.

« Cependant, toutes les professions spéciales ne sont pas également accessibles aux femmes. Ainsi, celles qui exigent un grand déploiement de forces, qui sont accompagnées de beaucoup de dangers ou qui réclament une éducation exceptionnellement longue et assidue ou des aptitudes particulières ne leur conviennent point. Quant à celles qui, tôt ou tard, peuvent devenir de leur domaine, l'orateur a cité la *passementerie*, la *chapellerie*, la *corderie*, la *confection d'habits* de tous genres, la *cordonnerie* et la *bijouterie*; professions auxquelles il a cru pouvoir ajouter encore les états de *pâtissier* et de *confiseur*, ainsi que les emplois de *dessinateur* dans certaines fabriques ou *manufactures d'étoffes*, d'*ornements*, de *décors* et d'*ustensiles* de toute nature.

« Après avoir développé cette thèse, l'orateur a signalé quelques-unes des professions dont les femmes devraient être exclues. C'est ainsi qu'aux professions de *femmes-dentistes*, et de *sages-femmes*, il voudrait, se fondant sur des raisons puissantes, voir substituer celles de *garde-couches* et de *garde-malades* patentées, mais à la condition de n'opérer cette substitution que progressivement, afin de ne pas nuire à certaines positions acquises. Ainsi encore, à propos du travail souterrain des mines, l'orateur a insisté sur la nécessité d'exclure complétement les femmes de ce genre d'occupations. Ce n'est pas seulement au nom de la religion, de la morale et de l'hygiène, a-t-il dit, qu'il faut réclamer l'exclusion absolue des femmes du travail souterrain des mines, c'est surtout au nom de l'humanité, dans l'intérêt des classes laborieuses de la société, dans l'intérêt même des familles de houilleurs. Combien, en effet, de malheureuses mères ne voit-on pas, chaque jour, devenir victimes des vices de conformation qui résultent des travaux trop pénibles auxquels elles ont été soumises pendant leur jeunesse dans les fosses à charbon? Combien de pauvres petits enfants de houilleurs, arrêtés par cette cause au seuil de la vie, meurent avant d'avoir vécu?

« Un second orateur, M. Hastings, de Londres, abordant la même question, nous a fait connaître que l'*Association nationale pour le progrès des sciences sociales* s'est particulièrement occupée, dès 1857, de cet intéressant sujet, et que ce ne sont pas seulement des hommes, mais aussi des dames, haut placées, et qui exercent une grande influence dans la littérature, qui ont pris part à cette discussion. La conclusion à laquelle l'Association anglaise est arrivée, c'est qu'il existe, sous ce rapport, des vices dans la société; que l'on voit, d'un côté, des femmes employées à des travaux qui sont contraires à leur constitution, tandis que, d'un autre côté, elles ne sont pas appelées à divers autres travaux auxquels elles pourraient être avantageusement occupées. Mais déjà, grâce à l'influence de l'Association nationale anglaise, on emploie beaucoup de femmes dans l'*Imprimerie Victoria*, à Londres, pour la composition typographique.

« En terminant, l'honorable orateur a reconnu qu'il y avait des mesures à prendre pour engager les femmes à pratiquer certaines professions qui leur conviennent particulièrement; mais qu'il vaut toujours mieux, en semblable matière, s'en rapporter à l'initiative privée, à l'action des associations libres, que de réclamer l'intervention de l'autorité.

« Un troisième orateur, M. Visschers, sans vouloir entrer dans tous les développements donnés à cette question par les orateurs précédents, a voulu seulement faire ressortir quelques-unes des paroles que M. Boëns a prononcées. Il s'est attaché spécialement à appuyer l'observation relative à l'interdiction, pour les femmes, du travail souterrain des mines. C'est sur ce point que fut alors circonscrite la discussion. Quand je dis *discussion*, je me trompe, messieurs; car ceux des honorables membres de la quatrième section qui ont parlé après l'honorable M. Visschers n'ont fait qu'applaudir au vœu qu'il a formulé, vœu que la quatrième section tout entière a appuyé et qui, en vertu de la décision unanime qu'elle a rendue à cet égard, est maintenant soumis à l'approbation de l'association entière par celui-là même qui l'a conçu et qui, depuis vingt ans, n'a cessé d'écrire et de combattre pour le faire triompher. »

QUESTION. — *De l'exclusion des femmes des travaux souterrains des mines.*

—

Rapporteur : M. VISSCHERS, membre du conseil des mines, à Bruxelles.

« MESSIEURS,

« Une question importante, soulevée dans le sein de la 4ᵐᵉ section, donnera lieu au présent rapport que, pour ménager le temps de l'assemblée, je rendrai aussi court qu'il me sera possible.

« A la suite d'une enquête faite en Angleterre en 1842, un acte législatif du 10 août de cette année a prononcé, dans toute l'étendue du Royaume-Uni, l'exclusion des femmes des travaux souterrains des mines.

« Les faits scandaleux révélés par cette enquête, la nature des travaux grossiers des mines, si peu en harmonie avec la constitution délicate de la femme, avec les occupations qui lui conviennent, l'intérêt même de la conservation de la race justifient pleinement l'adoption de cette mesure.

« Les rapports annuels des inspecteurs des manufactures et des mines en ont démontré l'excellence.

« En Belgique, une enquête a aussi été ordonnée par le gouvernement, dès l'année 1843, sur le travail des femmes et des enfants dans les manufactures, les usines, les mines, etc.

« Dans cette enquête, l'on a entendu les principales chambres de commerce, les commissions médicales provinciales, les ingénieurs des mines. Tous ont réclamé, entre autres mesures, l'exclusion des femmes des travaux des mines.

« Les résultats de cette enquête, recueillis par une commission dont M. Ducpetiaux et moi nous étions les rapporteurs, ont été publiés en trois volumes in-8°. (Bruxelles, Lesigne, 1846-1848.)

« En 1852, le Congrès international d'hygiène réuni à Bruxelles, et qui comptait dans son sein des représentants de la plupart des États d'Europe, s'est occupé des questions qui concernent l'hygiène et la police des ateliers, et spécialement, le travail des femmes et des enfants. Au nombre des résolutions que cette assemblée a sanctionnées par son vote, figure « l'exclusion des femmes des travaux souterrains des mines (*). »

« Si l'on s'en rapporte à un historien, M. Ferdinand Henaux (**), l'entrée des travaux souterrains des mines était autrefois interdite aux femmes dans le pays de Liége. Aujourd'hui encore, dans un grand nombre d'exploitations, tant de cette province que de celle du Hainaut, l'on n'y admet point les femmes. L'exemple de l'Angleterre, où l'industrie des mines réclame tant de bras, l'exemple des exploitations les mieux conduites du pays démontrent à l'évidence que ce travail, qui déforme le sexe, qui l'expose à mille séductions, à mille dangers, n'est point nécessaire, indispensable : il doit être proscrit.

« On cherche les moyens d'amélioration du sort de la classe ouvrière. Dans les districts de mines, c'est par cette mesure qu'il faut commencer. C'est en vain que l'on procurerait à l'ouvrier une demeure plus commode et plus salubre, si la femme ne sait pas l'entretenir en bon état; si ses agréments personnels ne détournent pas son mari du cabaret, où il ruine sa santé et sa bourse; si, impropre aux soins du ménage, elle n'est point capable d'élever ses enfants, de leur inspirer les premiers principes de morale.

« La place de la femme, de la compagne de l'ouvrier, est au foyer domestique. L'école et l'ouvroir doivent la préparer à remplir sa mission.

« Au nom des intérêts de la morale, d'autres intérêts également respectables, la 4ᵐᵉ section, à l'unanimité, a décidé que rapport vous serait fait sur cette question, en la recommandant, messieurs, à vos convictions éclairées, à vos ardentes sympathies, à votre haute influence. »

(*) *Compte rendu des travaux du Congrès international d'hygiène de Bruxelles.* Un vol. in-8° page 118. Bruxelles, Stapleaux, 1852.

(**) *La Houillerie du pays de Liége sous le rapport historique, industriel et juridique.* Un vol. in-8°, page 68, note 3. Liége, 1861.

QUESTION. — *Les enfants dits des hospices sont souvent atteints de scrofule.*
N'est-il pas désirable de les réunir à la campagne ou sur les bords de la
mer où la scrofulose est rare? N'y a-t-il pas lieu d'y fonder des orphelinats
généraux, à l'instar des écoles de réforme de Beernem et de Ruysselede?

—

Rapporteur : M. L. LAUSSEDAT, docteur en médecine, à Bruxelles.

« MESSIEURS,

« S'il est une question digne d'appeler et de fixer l'attention des vrais
amis de l'humanité, de tous ceux dont le cœur saigne au spectacle des
misères les plus imméritées et les plus douloureuses, c'est assurément
la question qui traite de la condition des orphelins et des améliorations
à apporter à leur triste sort.

« Ces chers êtres déshérités des plus précieux dons de la nature, la
tendresse d'une mère, la sollicitude d'un père, attendent tout de la com-
misération publique.

« Le seul mot d'orphelin fait naître, dans tous les cœurs, un sentiment de pitié, de sympathie que les mères sentent mieux encore que nous,
peut-être.

« Toute question sociale implique l'étude simultanée des droits et
des devoirs de la société : la question des droits est grave, elle est
immense ; nul plus que nous ne reconnaît toute son importance, toute sa
portée : votre quatrième section, dans le vaste programme qui lui était
soumis, a eu plus d'une fois à l'aborder, et il lui a été souvent impossible
de dire exactement où commencent et où finissent ces droits.

« Ici, messieurs, la tâche était plus facile et plus douce : nous n'avions
qu'à nous occuper d'une question de devoir social; aussi, la section a été
unanime à le proclamer, et elle s'est appliquée à chercher le meilleur
moyen de le remplir, dans l'ordre des termes où la question lui avait été
proposée.

« Qu'il me soit permis, messieurs, pour l'intelligence complète de la
question et pour en bien préciser la nature et l'importance, de dire, en
quelques mots, dans quelles conditions l'administration des hospices
reçoit les orphelins :

« Les enfants dits des hospices forment deux catégories : les uns, fruit de la séduction ou de la débauche, deux vices également odieux qui flétrissent et empoisonnent tout autour d'eux, sont abandonnés par les auteurs de leurs jours. Cédant aux funestes inspirations de la honte et de la misère, des mères exposent leurs enfants sur la voie publique ou les déposent furtivement dans les établissements institués pour les recevoir.

« On comprend, tout d'abord, que ces pauvres créatures apportent, pour la plupart, en naissant, le germe des maladies les plus terribles, de celles qui affectent la constitution tout entière; aussi, leur mortalité est-elle considérable dès les premiers mois : ceux qui survivent mènent une existence chétive, les efforts de la science et de la charité sont trop souvent impuissants à effacer les stigmates que leur ont légués leurs parents. Parmi ces affections, la plus fréquente, parce qu'elle est souvent aussi la résultante des autres, est la maladie scrofuleuse.

« La seconde catégorie se compose, en général, d'orphelins nés de parents morts jeunes et dans la misère. Or, comme l'hérédité, alors surtout qu'elle est représentée par les privations et la maladie, est une des causes essentiellement productrice de la scrofule, on conçoit que les deux catégories réunies ne peuvent qu'offrir le tableau de tout ce que renferme de funeste la maladie contre laquelle les administrations préposées à la garde et à l'éducation des orphelins cherchent des remèdes efficaces.

« Nous avons signalé, messieurs, une des causes de la maladie scrofuleuse, l'*hérédité*. Il en est d'autres encore; les principales sont les conditions hygiéniques, et parmi celles-ci, nous citerons surtout les influences atmosphériques, le défaut de lumière, les variations de température, et plus spécialement encore, l'altération de l'air. Or, rien ne contribue plus à la viciation de l'air que l'encombrement, l'agglomération, au moins, des enfants malades ou maladifs dans un même milieu. Les hospices situés au centre des villes ne sauraient donc être des établissements propres à neutraliser et à combattre la scrofule qui, d'après des observations récentes, affecte plus de soixante enfants sur cent dans les hospices d'orphelins. Devant de pareils faits, quel parti prendre? Les administrations hospitalières ont introduit, dans leurs établissements des villes, toutes les modifications dont ils étaient susceptibles; il y a eu, sans doute, une légère diminution de la mortalité, mais le mal affreux continuant ses ravages, il s'agissait de recourir à des procédés plus généraux, plus radicaux.

« Il serait hors de propos de relater ici, en détail, les débats de la section. Il nous suffira d'analyser brièvement les diverses opinions qui se sont produites.

« M. Ducpetiaux a présenté des faits du plus haut intérêt. Il s'agissait d'une autre classe de déshérités, les jeunes détenus : la scrofule faisait, chez eux, les plus grands ravages, avant leur installation dans les écoles de réforme à la campagne. Là, les enfants scrofuleux, placés sous l'action bienfaisante d'un air libre et pur, d'une lumière largement répandue autour d'eux, de l'exercice pratiqué dans les conditions les plus favorables, ont vu leur constitution détériorée se transformer presque complétement.

« Divers membres ont signalé et défini les propriétés spéciales à l'air marin et les avantages qu'offriraient des orphelinats fondés à proximité de la mer, à la condition, bien entendu, de choisir avec attention et discernement les lieux où seraient fondés ces établissements.

« Quant aux moyens d'exécution, au point de vue économique et pratique, nous devons mentionner spécialement les travaux de M. le professeur Burggraeve, de Gand. L'honorable membre a rédigé un projet de statuts *pour la fondation d'une société civile des hospices et bureaux de bienfaisance réunis pour l'institution d'orphelinats maritimes et agricoles.* On trouvera la reproduction de ce projet dans le compte rendu des travaux de la section.

« Les conclusions de la quatrième section sont entièrement favorables au principe de l'institution de ces orphelinats généraux, sans rien préjuger sur le mode d'exécution, qui peut varier suivant les lieux et les circonstances. »

QUESTION. — *Quelle influence exercent les monts de piété sur les habitudes des classes laborieuses, et de quelles réformes ces institutions sont-elles susceptibles ?*

—

Rapporteur : M. VISSCHERS, membre du conseil des mines, à Bruxelles.

« MESSIEURS,

« Les honorables défenseurs des monts de piété, rappelant surtout les services que ces institutions ont rendus dans le passé, les considèrent comme un remède efficace et nécessaire pour prévenir l'usure : ils n'hésitent point à les ranger au nombre des établissements de bienfaisance ; c'est une ressource pour le malheureux, en cas de détresse imprévue ou lorsqu'il ne peut recourir à une assistance tout à fait désintéressée.

« Mais tel n'est pas le point de vue où la question nous place : sans rechercher si les monts de piété ne sont pas tout simplement « des banques privilégiées de prêts sur nantissements », d'autres membres de la section ont examiné quelle peut être L'INFLUENCE que les monts de piété exercent sur les habitudes des classes laborieuses ; et, dans l'état actuel, ils ont cru apercevoir qu'ils constituent, le plus souvent, un aliment et un encouragement pour l'imprévoyance et le libertinage ; et l'on a invoqué les statistiques qui montrent, dans la clientèle de ces établissements, les prostituées, de jeunes libertins et la classe ouvrière à la veille des grandes fêtes et du carnaval.

« Sans doute, les monts de piété offrent une ressource contre la détresse ou le malheur ; mais ce service, ils le font payer chèrement.

« La bienfaisance qui, dans le sein de la section, a trouvé des apologistes ardents, vient en aide au malheur par des *dons* et non par des *prêts*.

« L'on a dit : lorsqu'une femme avec des enfants en bas âge aura perdu son soutien et n'aura point de pain à donner à ses enfants, quelle ressource lui restera-t-il si vous lui enlevez le mont de piété ? — Nous savons, messieurs, que le mont de piété recevra en gage jusqu'au lit de la veuve ; mais est-ce là de la bienfaisance, de la charité ?

« Que l'imprévoyance, la débauche empruntent chèrement, elles trouveront leur répression dans le prix même qui leur sera demandé. Laissons, dans les capitales, les grandes dames apporter leurs bijoux au mont de piété ; plaignons le peuple réduit à y chercher un recours pour dépenser parfois, en un jour, le salaire de plusieurs semaines. Jamais mont de piété n'a servi à procurer, comme la caisse d'épargne, un petit capital à l'ouvrier, à l'artisan économe et industrieux. D'après les observations critiques auxquelles les monts de piété ont donné lieu, on résume ainsi leur bilan : institution douteuse et imparfaite de bienfaisance ; palliatif contre la misère et le paupérisme ; banque de prêts dont les services coûtent cher, et, d'autre part, influence plutôt nuisible que favorable sur les habitudes des classes laborieuses, puisque, sans jamais remédier à la misère, les monts de piété tiennent constamment leurs bureaux ouverts à la dissipation, au libertinage, à l'imprévoyance.

« Si le malheur a droit à nos sympathies, quelquefois à notre respect, il nous faut chercher ailleurs le soulagement de la misère... Mais ce sujet nous entraînerait trop loin.

« Pour favoriser l'esprit d'économie et de prévoyance du peuple, la philanthropie moderne offre de nombreuses institutions : tout en essayant d'éclairer le peuple sur les moyens d'améliorer sa situation, elle lui représente qu'il doit compter surtout sur ses propres efforts, et, dans la section, on a reconnu de quel bienfait étaient, pour le peuple, les Sociétés de secours mutuels, les Caisses d'épargne, les Associations pour l'achat en commun de provisions, les Sociétés de prêts, les Banques populaires introduites récemment en Allemagne, les Sociétés de loyers, les Caisses de retraite, etc. Ces institutions stimulent le peuple à l'économie, à la prévoyance. Dans ce cercle d'idées, elles sont irréprochables.

« Quelle importance accorderons-nous, maintenant, aux améliorations que l'on ne cesse, presque partout, d'apporter aux monts de piété? Nous devons, sans doute, des éloges aux administrateurs qui ont introduit l'ordre dans cette vaste comptabilité, qui s'attachent à diminuer le taux des intérêts des prêts et à former une dotation pour ces établissements. On nous a fourni, à cet égard, des documents intéressants, et nous ne pouvons qu'émettre des vœux pour que la somme des inconvénients auxquels les monts de piété donnent lieu diminue sans cesse.

« Mais au fond, si, dans l'état actuel de la société, qui ne subsiste que par l'échange des services, le prêt gratuit est impossible; si, au malheur, comme nous le disions plus haut, il faut le plus souvent *donner* et non *prêter*; si, fatalement, l'institution ne peut s'abstenir de prêter et, par conséquent, de fournir une aide, un aliment au vice et à l'imprévoyance, il nous faut, pensons-nous, ne pas hâter les mesures qui détruiraient les monts de piété; mais, en les laissant subsister comme *palliatifs* à la misère, nous efforcer de mettre à la disposition du peuple les véritables institutions qui peuvent le régénérer, améliorer son sort dans le présent et dans l'avenir.

« N'oublions pas que, tant que la loterie a existé dans les États du centre et de l'occident de l'Europe, les monts de piété en étaient comme les succursales. Au fur et à mesure que les institutions de prévoyance se répandront, nous ne doutons pas que la clientèle des monts de piété ne diminue. »

QUESTIONS. — 1° *Les liquides fermentés sont-ils utiles ou nécessaires à l'homme?*
2° *La société a-t-elle le droit de réprimer le vice de l'ivrognerie? Dans l'affirmative, déterminer dans quelle mesure l'intervention de l'autorité peut être admise.*

Rapporteur : M. CROCQ, docteur en médecine, à Bruxelles.

« MESSIEURS,

« Je n'abuserai, ni de votre temps ni de votre patience en cherchant à vous exposer l'historique de ces questions, leur base scientifique, leur importance sociale. Je vous dirai, seulement, que leur intime connexité a porté la section à les réunir en une seule discussion, afin d'éviter les doubles emplois et les redites que leur disjonction aurait nécessairement entraînés.

« Tous les orateurs ont reconnu et adopté la division des boissons alcooliques en boissons distillées et en boissons fermentées, les premières étant beaucoup plus riches en alcool que les secondes. Tous ont été unanimes à déclarer celles-ci utiles, souvent même nécessaires. Tous, aussi, ont proclamé les mauvais effets des premières. La plupart des orateurs désireraient même en voir l'usage habituel totalement aboli, tandis que quelques autres, moins absolus, croient qu'il peut être utile dans certaines circonstances, et voudraient, seulement, qu'il fût restreint dans de justes limites.

« L'ivrognerie constitue le vice le plus ignoble et le plus dégradant; il anéantit, à la fois, la santé physique et morale de l'individu, et le fait arriver aux degrés les plus bas de l'abrutissement et de la dégradation. Il agit sur les générations futures, car les ivrognes lèguent souvent à leurs enfants une santé délabrée, l'affaiblissement des facultés intellectuelles, le penchant au vice et au crime. Le réprimer est donc un devoir social : sur ce point, tous les orateurs ont été d'accord. Il n'en a pas été de même sur les moyens d'atteindre ce but. Tous ont conseillé les moyens de persuasion, l'enseignement populaire de l'hygiène, l'action des patrons sur leurs ouvriers, du clergé sur ses fidèles, des autorités sur leurs administrés, les préceptes de la morale et de la religion, enfin, les associations de tempérance. Ces sociétés, sur lesquelles des détails intéressants ont été fournis, sont très nombreuses en Angleterre, en Amérique, en Hollande, et y ont produit d'excellents résultats.

« A ces moyens purement moraux, quelques membres de la section voudraient joindre des moyens coercitifs. On a proposé la limitation des débits de boissons spiritueuses; la limitation de leur fabrication, mise en pratique dans certains États de l'Amérique du Nord; l'établissement de droits très élevés sur la production et le débit de ces boissons; enfin, la répression de l'ivrognerie elle-même. En effet, l'ivrogne est nuisible à lui-même et aux autres; sa présence dans les rues et dans les lieux publics devient une source d'accidents et de malheurs; il est tout aussi nuisible que l'aliéné, dont il se distingue par ce que sa volonté aurait pu l'empêcher de se mettre en état d'ivresse et qu'il est, par conséquent, responsable de ses actes. Ces arguments n'ont pas empêché plusieurs membres de repousser, comme attentatoire à la liberté, la répression de l'ivresse, qui est pourtant pratiquée avec succès dans plusieurs localités.

« La discussion longue et approfondie à laquelle la section s'est livrée, à cette occasion, et à laquelle un grand nombre d'orateurs ont pris part, a fait ressortir, une fois de plus, les dangers de l'abus des boissons fortes. Elle a montré, aussi, combien il est utile, nécessaire même, que tous les amis de l'humanité s'occupent de rechercher et d'appliquer les moyens les plus convenables pour arrêter, dans son développement, le vice dégradant de l'ivrognerie. »

QUESTIONS. — 1° *Du drainage considéré au point de vue de l'hygiène publique.* 2° *Des dangers des mariages consanguins.*

Rapporteur : M. FLEURY, docteur en médecine, à Schwalheim.

« MESSIEURS,

« Il y a quelques années, à peine, Hyppolite Royer-Collard a pu dire, avec l'assentiment de tous les hommes sérieux et compétents :
« L'hygiène semble arrêtée et comme engourdie dans les traditions du

« passé ; pour elle, les sciences physiques et naturelles n'ont pas marché,
« ou, du moins, elle se contente, dans la plupart des cas, de ces notions
« incertaines, diffuses que donne une observation superficielle et vulgaire,
« et, par conséquent, elle n'aboutit, le plus ordinairement, dans ses con-
« clusions, qu'à des règles banales. Qui ne voit qu'il n'y a pas là de science
« véritable? Qui ne comprend l'urgente nécessité de sortir d'un tel état
« de choses et de ramener, du moins, l'hygiène au niveau des autres par-
« ties de la médecine? »

« Depuis que ces paroles ont été écrites, la biologie a marché à pas de
géant dans la voie du progrès; des hommes éminents, dont les noms sont
connus de chacun de vous et parmi lesquels la Belgique proclame, avec
un légitime orgueil, ceux des Ducpetiaux, des Quetelet, des Vleminckx,
ont imprimé une puissante impulsion à la science de l'homme ; l'hygiène
n'est point restée en arrière de ce grand mouvement, et il lui a suffi de
vigoureux élans pour se placer au niveau des parties les plus avancées et
les plus positives de la médecine.

« Grâce à de nombreuses monographies, à un travail de coordination qui
a porté l'ordre et la méthode là où régnaient le désordre et la confusion,
l'hygiène, appuyée sur les données fournies à la physiologie par les sciences
physico-chimiques, l'hygiène est, aujourd'hui, sinon une science dans la
rigoureuse acception de ce mot, du moins un art reposant sur des principes scientifiques d'une fixité et d'une certitude absolues. Il n'est plus
permis de ranger parmi les *banalités triviales* les règles que l'hygiène,
sous le nom d'*hygiène privée*, prescrit à l'homme considéré individuellement, ni les préceptes que, sous le nom d'*hygiène publique*, elle impose à
l'être collectif qui constitue la société.

« Mais l'hygiène a franchi les limites de ce double domaine, déjà si
vaste. Elle a compris que sa sollicitude doit s'étendre au delà du bien-
être physique de l'individu et de la société ; elle a compris que son droit
et son devoir sont de se préoccuper également de leur bien-être intellectuel et moral. Et c'est alors, messieurs, que votre rapporteur a pu dire aux
hygiénistes :

« Portez haut et ferme le drapeau de la science de l'homme ; pénétrez
« hardiment, au nom de vos droits et de vos devoirs, dans cette science
« nouvelle que de libres et éminents penseurs ont élevée sous le nom
« d'*hygiène sociale;* réclamez votre droit d'examen et d'intervention dans
« toutes les grandes questions d'*éducation publique*, de *civilisation*, de
« *morale*, de *religion*, de *législation*, de *gouvernement*, et peut-être un jour
« viendra où les peuples sauront et proclameront qu'avant d'aspirer à gou-
« verner les hommes, il faut avoir appris à connaître leur organisation

« physique intellectuelle et morale, leurs besoins individuels et réci-
« proques, sources de leurs droits et de leurs devoirs sociaux. » (*)

« Si l'hygiène privée et publique est le formulaire déduit des données
fournies à la biologie par les sciences physico-chimiques, anatomiques et
physiologiques, l'hygiène sociale est le formulaire scientifique déduit des
données de la psychologie, des enseignements de la philosophie, de l'histoire et de la politique.

« En présence de l'heureuse transformation qui s'est accomplie et à
laquelle, — qu'il nous soit permis de le dire, — nous ne sommes pas resté
étranger, les savants distingués, les illustres hommes d'État qui ont
fondé cette noble Association ont pensé que l'hygiène ne devait pas rester
en dehors de leur programme. Nous en sommes fier pour l'hygiène; mais
nous nous permettrons aussi d'en féliciter notre comité fondateur.

« La sociologie, comme toutes les autres sciences, a ses métaphysiciens,
ses idéologues, ses [utopistes, ses sectaires, et l'expérience n'a que trop
mis en lumière la funeste influence qu'à certains moments de la vie des
peuples ses adeptes, quoique honnêtes, convaincus et bien intentionnés,
peuvent exercer sur les destinées des empires.

« La sociologie, on l'a trop oublié, messieurs, est essentiellement une
science d'observation et d'expérimentation ; elle est la philosophie de
l'histoire naturelle de l'homme, et elle ne méritera le nom de *science
sociale* que le jour où, par l'intervention des plus sévères méthodes d'analyse et d'induction logique, elle reposera sur la connaissance exacte et
l'application raisonnée des *lois naturelles* qui régissent l'humanité, considérée en elle-même et dans ses rapports avec les milieux.

« A ce point de vue, qui ne comprendra quels éminents services
l'hygiène est appelée à rendre à la sociologie? Qui ne sait que, déjà,
d'importants services ont été rendus?

« Nous voudrions, messieurs, justifier, par de plus amples développements, ces considérations générales dont vous ne méconnaîtrez pas
l'opportunité ; mais l'heure nous presse, et nous ne devons pas abuser davantage de la faveur et de la bienveillante attention que vous avez bien voulu
nous accorder.

« M. le docteur Burdel, de Vierzon, a prié M. le docteur Vleminckx,
président de la section d'hygiène, de nous donner communication d'un
mémoire intitulé : *Du drainage considéré au point de vue de l'hygiène
publique*.

« L'auteur discute les divers procédés de drainage, indique les condi-

(*) L. FLEURY. *Cours d'hygiène fait à la faculté de médecine de Paris*. T. III, page 3.

tions générales que doivent présenter les terrains soumis à l'opération et les modifications que celle-ci introduit dans la température du sol, le pouvoir évaporatoire de sa couche superficielle, les conditions météorologiques locales, etc.

« Abordant ensuite des questions de pathogénie, depuis longtemps débattues, M. Burdel rappelle que l'humidité est considérée comme l'une des causes les plus puissantes de l'anémie, de la scrofule, de la tuberculisation, du rachitisme, du rhumatisme, etc.; que les sols palustres donnent naissance à toute une classe de maladies endémiques parmi lesquelles la fièvre intermittente occupe le premier rang.

« Nous laissons de côté une dissertation sur la *force catalytique* de Berzélius : la discussion nous entraînerait ici beaucoup trop loin, et elle ne serait d'aucune valeur pratique dans une question qui relève exclusivement de l'observation et de la statistique.

« Établissant alors un rapport entre les effets physiques connus du drainage et les influences morbifiques attribuées à l'humidité, M. Burdel en conclut que le drainage est un puissant instrument d'assainissement et que, dans les villes comme dans les campagnes, il doit, sinon faire complétement disparaître les maladies précitées, du moins en diminuer considérablement le nombre.

« *A priori*, cette conclusion est parfaitement légitime; mais est-elle justifiée par les faits?

« L'auteur produit des statistiques recueillies à La Motte-Beuvron (Loir-et-Cher), avant et après l'établissement du drainage dans cette localité. Il en emprunte deux autres à des auteurs anglais, et dès lors il se croit en droit de dire : « J'ai démontré la bienfaisante influence du drainage au point de vue de l'hygiène publique. »

« Non, messieurs, M. Burdel n'a pas démontré! Gardons-nous d'accepter ce mot dont on a tant abusé et dont on abuse encore en cette circonstance. L'observation n'embrasse qu'un très petit nombre d'années; les faits sont peu nombreux; ils ne sont pas péremptoires.

« M. Burdel a signalé des faits qui doivent fixer l'attention des hygiénistes et qui sont de nature à provoquer des recherches plus complètes. A ce point de vue, M. Burdel a bien mérité de la science.

« Un médecin de Paris, M. le docteur Hiffelsheim, nous avait annoncé l'intention de discuter la question des *mariages consanguins*: des obstacles imprévus l'ont empêché d'assister à nos séances.

« La question a soulevé, néanmoins, une assez vive discussion. Plusieurs orateurs ont été entendus, mais il a été reconnu que, malgré d'importants et récents travaux, de nouvelles recherches étaient nécessaires.

« Sur la proposition de votre rapporteur, la section a décidé, à l'unanimité, de proposer que la question fût inscrite dans le programme de l'année prochaine, sous ce titre plus général :

« *Du mariage civil au point de vue de l'hygiène sociale.* »

5ᵐᵉ SECTION

ÉCONOMIE POLITIQUE

—

QUESTION. — *Des différents systèmes d'impôts et de leur influence sur la production.*

—

Rapporteur : M. GUSTAVE JOTTRAND, avocat à Bruxelles.

« MESSIEURS,

« Au nom de la section d'Économie politique de votre association, je vais avoir l'honneur de vous faire rapport de la discussion qui s'est déroulée dans son sein, sur la grave question du système de l'impôt mise en tête de l'ordre du jour de nos délibérations, et sur la question non moins importante de la réduction des dépenses publiques, — et surtout des dépenses militaires, — surgie fatalement de la première.

« Je crois devoir, messieurs, vous épargner tout préambule et retracer immédiatement à grands traits, en négligeant forcément d'intéressants détails, les principes sur lesquels a porté le débat.

« A quel titre l'État perçoit-il l'impôt? Uniquement à titre des services qu'il rend aux citoyens et de la volonté des citoyens de recevoir ces services : ce qui leur impose le devoir d'en payer la valeur.

. « Ce principe, posé par la plupart des orateurs entendus chez nous, n'a point été contesté. — Les temps sont passés, comme nous l'ont fait remarquer Mˡˡᵉ Royer et M. Joseph Garnier, les temps sont passés pour cette thèse du gouvernement maître et seigneur des biens de la nation et libre d'en user arbitrairement pour l'accomplissement de vues dont il ne devrait compte qu'à lui-même et tout au plus à Dieu.

« Mais, pour répondre aux notions modernes, que doit donc être l'impôt ?

« Ne doit-il se présenter que sous une forme unique, celle de l'impôt direct sur le capital ou sur le revenu ?

« Peut-il, au contraire, revêtir diverses apparences et notamment celle des taxes indirectes sur la consommation, la fabrication ou la transmission de certaines valeurs ou de certaines denrées ?

« Au point de vue idéal, personne n'est venu se faire le champion des taxes indirectes. — Tout ce que l'on a dit en leur faveur était tiré soit des nécessités pratiques qu'entraîne encore l'imperfection de notre civilisation, soit d'un certain indifférentisme en matière d'impôts.

« Les taxes indirectes se contentent de défendre tranquillement une vieille position acquise ; que les amis de l'impôt direct s'en réjouissent ; pour eux, la victoire n'est qu'une question de temps, car dans les luttes du progrès, comme dans celles des siéges, l'attaque, toujours, l'emporte sur la défense.

« Parmi les promoteurs ardents et absolus d'un impôt exclusivement direct, aussi confiants dans la possibilité de sa réalisation pratique immédiate que dans son excellence théorique, ont figuré deux membres de l'*Association anglaise pour la réforme financière*, établie à Liverpool, MM. Lawrence Heyworth, membre du parlement, et Francis Boult, qui, tous deux, veulent que cet impôt frappe le revenu ; M. Clamageran, avocat à Paris, qui voudrait l'établir, à la fois, sur le revenu et sur le capital ; M. Hyacinthe Deheselle, de Verviers, qui, au moyen d'un système nouveau et remarquable d'analyse, propose de frapper le capital matériel seul, et M. Joffroy, d'Anvers, qui ne veut plus que de l'impôt foncier.

« D'autres se sont montrés moins confiants dans la possibilité d'opérer d'emblée cette grande réforme, tout en la désirant de toutes leurs forces.

« Ainsi : Sir John Bowring, qui, avec sa vieille expérience d'homme d'État, craint de voir durer trop longtemps encore la douane et l'accise qu'il exècre ;

« M. Joseph Garnier, qui admet que les goûts belliqueux des peuples poussés par la vanité nationale sont un grand obstacle à l'introduction de l'impôt unique sur le revenu, qu'il préconise ;

« Mlle Royer, qui croit qu'une réforme brusque apporterait tant de perturbations économiques, qu'il vaudrait mieux une substitution graduelle de l'impôt sur le capital aux impôts de mutations, et de l'impôt sur le revenu aux impôts de consommation.

« L'école de l'indifférence ou de la diversité en matière d'impôts s'est trouvée brillamment représentée par MM. Wolowski et Jules Duval, de

Paris, accompagnés, mais moins nettement, de MM. Van Rees, professeur d'économie politique à Utrecht, et O'Reilly, membre du parlement anglais.

« C'est grâce aux phénomènes de réflexion ou de répercussion qu'offre, aux regards de l'économiste, l'impôt considéré dans ses effets, que ces honorables membres de l'Association croient pouvoir rester neutres entre l'impôt direct et l'impôt indirect. Pour eux, payer l'impôt, c'est simplement en faire l'avance, et nul contribuable, pas même l'ouvrier, ne manque de faire entrer la somme qu'il paye dans la fixation du prix des choses qu'il loue ou qu'il vend. En dernière analyse, on ne connaît clairement d'un impôt, quel qu'il soit, que le poids dont il charge le revenu de la nation en masse, et tout fait présumer que, dans le tourbillon du mouvement des échanges, chacun finit par ne supporter de l'impôt qu'une part aussi équitable que possible.

« Débarrassés, par cette thèse, du gros problème de l'assiette de l'impôt, les orateurs que je viens de citer ne se sont plus préoccupés : M. Duval, que de la réduction des taxes générales et de leur remplacement par des taxes spéciales à chaque service public, et, autant que possible, localisées au moyen de la décentralisation ;

« MM. Van Rees et O'Reilly, que de certaines conditions auxquelles doivent tendre les taxes indirectes, tout comme les taxes directes, savoir : modération, perception peu coûteuse, équité, liberté laissée au commerce et à l'industrie ;

« M. Wolowski, enfin, que de la quotité à prélever chaque année sur l'avoir social au profit des pouvoirs publics, sans entraver la formation de la richesse, c'est à dire du chiffre des budgets.

« C'est cet immense problème de la réduction des dépenses publiques, ce problème qui, comme le sphinx antique, faute de solution, menace de mort la prospérité matérielle, et partant la civilisation morale de tous les États de l'Europe, c'est ce problème qui a fini par porter le débat sur le terrain du désarmement général.

« Mais avant de l'y suivre, encore quelques mots sur l'impôt direct.

« Il est, disaient ses défenseurs, le moins coûteux à percevoir, et, en moyenne, son introduction, à elle seule, réaliserait, dans les budgets, une économie d'un cinquième, soit 20 p. c. : ce qui n'est pas à dédaigner.

« C'est le seul qui, ne se percevant pas à l'occasion du travail même, laisse complétement libres le travail et la concurrence. La douane la plus faible est encore une entrave, en même temps qu'une source de protection.

« Il est le seul qui ne demande l'avance des charges qu'à ceux qui peuvent la faire, et sont assez forts pour s'en rembourser sur autrui. Les classes pauvres, les plus nombreuses, frappées surtout par l'impôt indirect, n'ont point le dos assez élastique et robuste pour le faire rebondir aussitôt, par la hausse des salaires, sur les épaules du capital. Elles gardent la charge et y succombent.

« Enfin, et ce n'est pas son plus mince avantage, l'impôt direct faisant voir distinctement à chacun ce que l'État lui coûte, pousse chacun à s'enquérir de ce que l'État fait : il est ainsi un sûr garant contre l'autocratie et l'arbitraire et le seul gage certain d'une vraie communauté de vues entre une nation et ceux qui la gouvernent.

« Mais ne voyez-vous pas, a-t-on répondu, que frapper directement le capital seul de la charge immense des budgets actuels, c'est décourager ceux qui l'accumulent, et nuire, par cela même, aux travailleurs? En tous cas, à moins que la réforme ne soit simultanée entre toutes les nations, n'est-ce pas le faire émigrer aussitôt du premier pays qui ouvrira la marche? Et d'autre part, frapper, à un taux élevé, tous les revenus quelquefois précaires, insaisissables, c'est s'exposer à des fraudes, à des mensonges sans nombre, destructifs de toute équité dans la répartition des charges, de toute moralité dans la nation.

« Hommes pratiques, aussi bien que savants, se sont montrés sensibles à ces préoccupations, et MM. Baruchson et Macfie, de la Chambre de commerce de Liverpool, grands ennemis de toute douane, mais craignant fort un *income tax* trop lourd, ne nous ont point paru, sur ce terrain, très éloignés de MM. Duval et Wolowski.

« Ainsi, le seul obstacle sérieux à l'admission de l'impôt direct et unique se trouvait consister, en fin de compte, dans le taux énorme auquel devrait forcément l'élever le maintien des budgets actuels.

« Ramenée ainsi, de tous côtés, constamment à la même idée, notre section n'a pas hésité à en aborder l'examen.

« Mettant à part, outre les questions précédentes, le point de savoir si l'impôt doit frapper les choses, abstraction faite des personnes, ou les personnes à raison des choses — point soulevé par M. Deheselle et discuté avec lui par Mlle Royer, MM. Masson, Ch. Lehardy de Beaulieu et Duval; — s'il doit être progressif et proportionnel — M. Joseph Garnier le voulant progressif dans une certaine mesure, Mlle Royer, proportionnel, mais progressif transitoirement, pour réparer les injustices du passé, et M. Wolowski, enfin, dégagé de toute progression, — la 5e section ne s'est plus préoccupée que de la nécessité de ramener l'ensemble des charges publiques à une modération dont elles s'éloignent de plus en plus chaque jour.

« Trop de gouvernement, trop d'administration, trop de centralisation, mais surtout, et planant bien haut au dessus de tout le reste, trop de soldats, de canons, de vaisseaux, tels sont les vices que, d'une voix unanime, j'oserai le dire, notre section a condamnés dans le système de ceux qui, en Europe, ont charge de nations.

« De France, d'Angleterre, d'Espagne, un même cri s'est élevé. MM. Garnier-Pagès, Clamageran, John Bowring, Marcoartu, reniant, pour l'avenir, la gloire guerrière de leurs ancêtres, ont maudit, au nom de leurs pays respectifs, cette folle émulation d'armements militaires qui, commencée entre les deux grandes nations que sépare la Manche, s'étend fatalement à tous les pays d'Europe, créant partout, entre les gouvernants et les peuples, le malaise, le trouble et la désaffection.

« Honneur! s'est-on écrié pour la France, au souverain ou au ministre de l'une de ces deux grandes puissances qui, le premier, prêtera l'oreille à cet esprit nouveau! Quel que soit son passé, tout sera oublié, car en rendant la paix aux nations, il leur rendra la force, la liberté, et il rouvrira les ailes à cet essor sublime de la civilisation du xixe siècle qu'en gémissant, nous voyons s'arrêter. Au nom des nations faibles, je demande aussi le désarmement, s'est écrié un officier belge, M. le major Vandevelde; c'est pour elles, surtout, que je défends la permanence des armées : c'est leur meilleure sauvegarde; mais je déplore l'extension ruineuse qu'elles doivent leur donner pour prouver, à ceux qui menacent, qu'elles sont déterminées à se défendre.

« Je ne vous dirai point les magnifiques paroles dont ce sujet a fait retentir notre salle de délibérations; elles perdraient trop à passer par ma bouche. Ce débat, d'ailleurs, n'était pas de ceux qui se résument ; que ceux à qui a fait défaut la chance de l'entendre, cherchent à en obtenir une lecture complète; ils y puiseront consolation et confiance en l'avenir, malgré, même, le triste spectacle des violences, des convoitises et des oppressions ouvertes ou hypocrites que nous offre, en ce moment, le monde des deux côtés de l'Atlantique; ils y verront le germe fécond de l'estime et du respect des nations entre elles, destiné à grandir et à étouffer, sous ses larges rameaux, ces amours-propres, ces vanités, ces ambitions puérils, mesquins ou criminels auxquels sont dus tous les maux de l'humanité.

« Ma tâche serait trop incomplétement remplie, messieurs, si j'omettais de faire ressortir, avant de terminer, trois traits marquants de nos débats.

« D'abord, la haine vigoureuse dont les orateurs ont honoré la douane, considérée comme un instrument de protection, et dernière barrière au rapprochement des peuples; haine à laquelle je n'ai constaté qu'une timide exception chez M. Koechlin, industriel néerlandais, réclamant encore un peu de protection; mais qui, par contre, a trouvé sa plus vive expression chez M. Joffroy, membre et délégué de cette intelligente chambre de commerce et d'industrie d'Anvers qui, comme vous le savez, réclame énergiquement, auprès de nos pouvoirs publics, l'abolition immédiate du cordon douanier.

« Ensuite, comme second trait, le courage et le succès avec lesquels plusieurs de nos associés d'Angleterre, d'Espagne et de Hollande, laissant de côté, pour un moment, leur langue maternelle, et moins préoccupés de bien dire que de dire vrai, ont fait usage de la langue française, celle du lieu où ils se trouvaient. Quel exemple à suivre! quel immense pas serait fait vers la fraternité des peuples si, chez bien des nations, l'éducation publique, moins latine et moins grecque, songeait plutôt à rendre, par la pratique des langues vivantes, la jeunesse capable de communion intellectuelle avec l'humanité.

« Enfin, messieurs, comme dernier trait, la présence, parmi nous, d'une jeune femme mêlée courageusement, éloquemment à nos débats. Je veux parler de Mlle Royer, de Lausanne, membre de la société d'économie politique de Paris, qu'il ne vous doit pas suffire, mesdames, d'écouter avec un légitime orgueil de sexe, mais qu'il faut imiter, dans une certaine mesure; car la science est faite pour vous comme pour nous, et tant que, par un reste des préjugés du passé, l'horizon intellectuel de la femme ne sera pas semblable à celui de l'homme, la famille sera boiteuse et le progrès ne volera que d'une aile. »

———

QUESTIONS. — 1° *De l'uniformité à établir dans les lois relatives au commerce, à la navigation, aux assurances et au règlement des avaries.*
2° *De l'influence des prix de transport sur les transactions commerciales?*
3° *Des résultats produits par les modifications apportées dans le tarifs douaniers des différents pays.*

———

Rapporteur : M. ED. SÈVE, négociant à Bruxelles.

« MESSIEURS,

« La science économique, prenant de jour en jour de plus vastes proportions, acquiert, dans les masses qui naguère l'accueillaient avec défiance ou avec dédain, une estime bien méritée. L'étude en devient une nécessité pour tous, l'objet, une préoccupation pour les gouvernements.

« L'économie politique n'embrasse-t-elle point, dans ses recherches, tout ce qui intéresse la société au point de vue politique, moral et matériel ? D'ailleurs, elle ne se contente plus de la théorie pure, elle se préoccupe de l'application. Elle a demandé des réformes dans le mécanisme de la production et de la distribution des richesses, et elle les a vu adopter ; elle a sondé, étudié les maladies économiques et sociales, et elle y a trouvé des remèdes. Enfin, l'économie politique est devenue une science de première nécessité. A ce titre, elle devait compter au congrès le plus grand nombre d'adhérents, tout une pléiade de soldats du progrès.

« Des quatre questions proposées par le comité fondateur à l'examen de la cinquième section, la première seule, qui concernait l'impôt, a pu être discutée longuement.

« Les autres ont dû être resserrées dans notre dernière séance, dont l'ordre du jour se trouvait ainsi surchargé ; elles ont donné lieu à des débats nécessairement écourtés dont j'ai l'honneur de vous présenter un résumé succinct :

« Nous avons tenu à entendre tout le monde et à préparer les études qui feront l'objet des délibérations futures.

« Nous avons discuté, premièrement, l'importante question de l'uniformité à établir dans les lois relatives au commerce, à la navigation, aux assurances et au règlement des avaries. Le remarquable projet de code international pour le règlement des avaries, présenté par MM. Théodore Engels et Van Peborgh, d'Anvers, a été soutenu par les représentants des principales sociétés d'assurance d'Angleterre et des États-Unis. Il fera l'objet d'un examen sérieux de la part de la cinquième section, et nous prierons la section de législation de bien vouloir participer à nos travaux.

« Un autre projet a été présenté par M. Coumont, avocat au Havre.
« Le droit maritime, voilà l'immense tâche que le xix⁰ siècle a léguée au
« génie perpétuellement civilisateur du commerce de mer. Malgré les ser-
« vices sérieux rendus à toutes les nations du globe par le développement
« du droit maritime, avouons, messieurs, que cette matière est malheu-
« reusement au dessous des besoins du monde commercial, et qu'il ne faut
« point être sourd au vœu formé par des hommes compétents et dévoués
« qui veulent élever le droit maritime au niveau des besoins universel-
« lement manifestés et reconnus. » MM. Nahuys, Geelhand, Rathbone, Macfie, Bradfort, Wenmackers, d'Engelbrouner, Mayer-Hartogs et Baruchson ont pris successivement la parole sur cette question, qui sera mise, nous l'espérons, au programme de notre prochaine session.

« M. Macfie nous a présenté un projet très intéressant d'une union de tous les États pour les brevets, qu'il intitule le *Patent Union*. Son projet très important sera soumis à l'examen de l'un des jurisconsultes les plus compétents en cette matière, M. l'avocat Tillière, qui a bien voulu se charger d'en faire un rapport.

« La seconde question concernait les transports. J'ai eu l'honneur de faire connaître à l'assemblée que le gouvernement belge s'occupait actuellement de cette question, vitale pour l'accroissement de nos forces industrielles et commerciales. M. Mayer-Hartogs a demandé que cette question fût mise à l'ordre du jour de la prochaine réunion du Congrès, afin de pouvoir être discutée sérieusement.

« La troisième question avait trait au crédit foncier et agricole. Nous avons entendu MM. Haeck, Nakwaski, de Gheleke et le comte Arrivabene. L'attention de l'assemblée s'est portée sur quelques développements d'un projet d'organisation du crédit, présenté par M. Haeck, qui démontre l'importance de cette création à plusieurs points de vue : à cause de sa nécessité et de son urgence, en raison des résultats économiques qu'elle doit amener et des facilités qu'elle doit procurer pour la solution d'autres questions d'ordre intellectuel et moral. M. Haeck ajoute que cette organisation doit exercer une salutaire influence sur les principes fondamentaux du gouvernement du pays par le pays; il donne des raisons sérieuses de cette triple importance.

« Au point de vue moral, l'organisation du crédit doit encore produire une influence immense, car on sait que, dans les années de disette, la mortalité et la criminalité sont excessives. Améliorer la production, n'est-ce point exercer une grande influence sur la moralité des populations? « Les « institutions de crédit soutenues par le pays, dit M. Haeck, frappent sur « le travail les impôts qu'il leur plaît d'établir, je ne dois pas sortir de « mon pays pour en trouver les preuves. La Banque nationale ne fonc- « tionne qu'avec l'argent du pays; eh bien, elle prélève, sur la circulation « des effets de commerce, les sommes qu'il lui plaît de prélever; il n'y a « pas de contrôle, et le jour où elle voudra frapper de paralysie telle ou « telle branche du travail national, elle le pourra. »

« Les considérations présentées par l'orateur ont produit de la sensation, et la demande qu'il a adressée de mettre la question de l'organisation du crédit à l'ordre du jour de notre prochaine réunion, dans le but de prévenir les abus qui peuvent atteindre les meilleures institutions, a été accueillie par des applaudissements prolongés.

« L'ordre du jour appelait ensuite la discussion suivante : *De la falsification des denrées alimentaires au point de vue commercial*. M. Bergé, auteur de la proposition, retenu par ses fonctions de secrétaire de la quatrième section, n'ayant pu venir la défendre, le président, M. de Nayer, l'a recommandée à l'attention du congrès.

« La dernière question posée comprenait *l'Exposé des résultats produits par les modifications apportées dans les tarifs douaniers des différents pays.* M. Dumesnil Marigny a déposé sur le bureau un travail dont le défaut de temps n'a pas permis l'examen. Il vous sera communiqué.

« Avant que l'on ne terminât la séance, M. E. de Girardin a demandé que l'assemblée déclarât que l'adoption, par toutes les nations, de l'uniformité des monnaies, poids et mesures constitue un progrès social. Cette proposition, appuyée par M. Joffroy, a été acclamée par des applaudissements prolongés.

« M. Grovermann a informé de l'intention de la ville de Gand de réclamer l'honneur de voir siéger dans ses murs le congrès, à sa prochaine session ; il a exprimé l'espoir, comme délégué de la chambre de commerce, de retrouver dans un an, dans cette ville, tous les illustres étrangers qui ont participé, cette année, aux travaux de la section.

« Notre digne et honorable président, qui a su diriger si vaillamment et si intelligemment nos débats, M. de Nayer, a clôturé nos séances par l'expression de ce sentiment qui est aussi le nôtre : « Poursuivons, messieurs, avec courage et ardeur, l'étude des sciences économiques, et si le libre-échange n'est pas encore adopté définitivement pour les produits matériels, pratiquons-le au moins, sur une large échelle, pour l'échange des conquêtes de l'intelligence. »

BIBLIOGRAPHIE

———

OUVRAGES OFFERTS AU CONGRÈS DE BRUXELLES.

———

OUVRAGES ALLEMANDS

CIESZKOWSKI (comte Auguste), Berlin. *Antrag zu Gunsten der Klein-Kinder Bewahranstalten als Grundlage der Volks-Erziehung.*

HELM (Dr Karl), Vienne. *Einige Worte über Austellungen von Haushaltungs-Gegenstanden.* 1862, in-8°, 39 pp.

STURZ (J. J.), Berlin. 1° *Der Fischfang auf hoher See.* 1862, in-12, 96 pp.; 2° *Die Krisis der deutschen Auswanderung.* 1862, in-8°, 248 pp.

WEISS (Dr Guido), Leipsig. *Zeitschrift des Central-Vereins in Preussen für das Wohl der arbeitenden Klassen.* 1862, in-12, 96 pp.

OUVRAGES ANGLAIS

ASHER (C. W.), L. L. D^r, Hambourg. *German resolutions and british policy.* — *Observations on the past, present and future of international maritime law.* 1860, in-8°, 27 pp.

COBDEN (Rich.) M. P. Manchester. *Letter to Henry Ashworth Esq. upon the present state of international maritime law as affecting the rights of belligerants and neutrals.*

GOLDEN LUMLEY (W.), Esq. L. L. M. Londres. *A sketch of the present system of the relief to the poor in England.* 1862, 13 pp.

HASTINGS (George W.), L. L. B., Londres. *The history and objects of the National Association for the promotion of social science.* 1862, in-8°, 40 pp.

HEYWORTH (Lawrence), Liverpool. 1° *Speech at the meeting of the Liverpool Chamber of commerce.* 1862, in-f°, 1 p.; 2° *The true source of remunerative wages and the way to secure them.*

TWINING (T.), Londres. *Handbook of economic litterature, being a descriptive catalogue of the library of the Twickenham Economic Museum;* part 1. *Domestic and Sanitary Economy.* 1862, in-12, 85 pp.

OUVRAGES FRANÇAIS

ASHER (C. W.), Hambourg. 1° *Abrégé des Codes criminels de l'Autriche, la Prusse et la Saxe.* 1857, in-4°, 94 pp.; 2° *Essai sur les principes de droit maritime international.* 1856, in-8°, 44 pp.

ALTMEYER, Bruxelles. *Quelques mots sur l'instruction obligatoire.*

BARTHEL (Napoléon), Bruxelles. *Religion scientifique de l'humanité.* 1859, in-8°, 124 pp.

BIRD (John), Londres. *Alphabet pour les sourds-muets.*

BOUQUIÉ-LEFEBVRE, Bruxelles. 1° *Le petit livre des bons conseils.* 1857; 2° *Des causes et des résultats de l'intempérance.* 1857.

BOURGUIN, Paris. *M. Lesage ou Entretiens d'un instituteur avec ses élèves sur les animaux utiles.*

CARPENTIER (Abbé), Liége. *Notice sur la Société ouvrière de Saint-Joseph.* 1860, in-12, 24 pp.

CARTON (Chanoine), Bruges. *Philosophie de l'enseignement maternel considéré comme type de l'éducation du jeune sourd-muet.*

CAUMONT (Aldrick), au Havre. 1° *Étude sur la vie et les travaux de Grotius ou le Droit naturel.* 1862, in-8°, 316 pp.; 2° *Plan de Dieu ou Physiologie du travail.* 1862, in-8°, 26 pp.

CLERMONT (Georges), Verviers. *Communication adressée au Congrès artistique et littéraire de Bruges, en faveur de l'adoption d'une langue universelle.*

CONSIDERANT (N.), Bruxelles. *De l'instruction gratuite et obligatoire.*

DANEL (L.), Lille. *Méthode pour l'enseignement populaire de la musique.*

DAUBIÉ (Mlle), Paris. *Du progrès dans l'enseignement primaire.*

DE COCK, Bruxelles. *Institution d'un fonds provincial d'agriculture en Brabant;* discours prononcé au conseil provincial le 2 juillet 1862. in-12, 57 pp.

DE CROMBRUGGHE (Baronne), Bruxelles. 1° *Éducation de l'homme*, traduit de l'allemand de Frédéric Froebel ;

2° *Manuel pratique des jardins d'enfants*, de Frédéric Froebel, *à l'usage des institutrices et des mères de famille*, par Jacobs, avec une introduction de Mme la baronne de Marenholtz;

3° *Les Causeries de la mère*, interprétation française du livre allemand de Frédéric Froebel.

DE LA ROUSSELIÈRE (baron Amédée), Liége. *Projet de retraite et d'assistance en faveur de la vieillesse, l'orphanité et l'infirmité incurable.* 1862.

DE LA TOUR DU PIN-CHAMBLY (vicomte), Paris. *Morale, religion et politique.*

DELEMER, Bruxelles. *Le Philanthrope économiste.*

DEPAU, Paris. *Éducation nouvelle, théorique et pratique.* 1862, in-8°, 60 pp.

DE SOIGNIE (Jules), Liége. *Des Belges et des Étrangers.* 1858, in-4°, 136 pp.

DUCOULOMBIER, Bruxelles. *Les îles Mariannes considérées comme siége d'une colonie de condamnés, de libérés et de travailleurs libres.* 1862, in-18, 68 pp.

DUCPETIAUX (Éd.), Bruxelles. 1° *Le système cellulaire et la colonisation agricole.* 1861;

2° *La colonisation pénale et l'emprisonnement cellulaire.* 1860;

3° *Notice statistique sur l'emprisonnement cellulaire en Belgique.* 1857.

DU MESNIL-MARIGNY (J.), Paris. *Les libres-échangistes et les protectionnistes conciliés.* 1860, in-8°, 413 pp.

DURANT (D^r.), Ixelles. 1° *De la profession médicale et de la charité publique;*

2° *Manuel des pères de famille et des maîtres de pension;*

3° *L'Union médicale universelle;*

4° *Du choléra épidémique.* 1854, in-8°, 28 pp.

5° *Mémoire sur les conseils de discipline médicaux.* 1862, 9 pp.

DUVAL (Jules), Paris. *Gheel ou Une colonie d'aliénés.* 1860.

ENGELS (Théod.), et VAN PEBORGH (Éd.), Anvers. *Uniformité de législation commerciale et maritime.* 1862, in-8°, 34 pp.

FÉLINE (Adrien), Paris. 1° *Méthode pour enseigner la langue et la prononciation françaises par le système phonétique ;*
2° *Exercices de la lecture phonétique ;*
3° *Ouvrages d'application du système phonétique.*

FLÉCHET, Verviers. 1° *Nouvelle délimitation entre Verviers et Dison.* 1861, 8 pp. ;
2° *Ville de Verviers.* 1862, in-8°, 15 pp. ;
3° *Projet de société anonyme pour la construction de maisons d'ouvriers.* 1859, in-8°, 16 pp.

GARNIER (J.), Paris. *Traité de finances.* 1862, in-12.

GATTI DE GAMOND (Mlle), Bruxelles. *Éducation de la femme.* (Revue mensuelle), 6 livraisons. 1862.

GAY (J.), Paris. *Ce qu'on appelle propriété littéraire est nuisible aux auteurs, aux éditeurs et au public.* 1862, in-8°, 16 pp.

GUILLAUMIN, éditeur, Paris. *Journal des Économistes ;* 3 livraisons. 1862.

HAREMBERT (Armand), Paris. *Le Droit humain,* code naturel de la morale sociale. 1862, in-8°, 170 pp.

HENAUX (F.), Liége. *Catalogue de la bibliothèque populaire communale de Liége.*

HÉROLD (Ferd.), Paris. *Sur la perpétuité de la propriété littéraire.* 1862, in-8°, 46 pp.

JACQUINET, Charneux. *Idées sur l'enseignement civil.*

LAGET-VALDESONS et LAGET (Louis), Nimes. *Théorie du code pénal espagnol comparé avec la législation française.* 1860, in-8°, 520 pp.

LEBLOYS (E.)., Bruxelles. *Voulez-vous la paix et le désarmement général?* 1862, in-12, 22 pp.

LEBON (Dr), Nivelles. *Des habitations ouvrières.* 1862, in-8°, 32 pp.

LECATTE (Auguste), Dinant. 1º *Situation administrative de la colonie d'aliénés de Gheel au 1er janvier 1843*. 1843, in-4º, 8 pp. ;
2º *Projet de loi apportant des modifications au code pénal militaire*. 1844, in-8º, 16 pp. ;
3º *Études de droit militaire*. 1841, in-8º, 34 pp.

LÉON (M.), Toulouse. *De l'Uniformité des poids et mesures et de l'établissement possible d'une monnaie universelle*. 1862, in-12, 24 pp.

LEVRAT (F. M. Ph.), Bruxelles. *Monographie de l'hydrocéphale aiguë*. 1857, in-8º, 164 pp.

LUBLINER (Louis), Bruxelles. *Concordance entre le code civil du royaume de Pologne de 1825 et le code civil français, relativement à l'état des personnes*.

MARÉCHAL (M.), Ath. *De l'enseignement populaire*.

MEYNDERS, Bruxelles. 1º *Almanach des paroisses*. 1861 et 1862 ;
2º *Triomphe de l'auguste mystère de la foi*. 1850 ;
3º *Examen critique d'un sermon du père Lacordaire*. 1853 ;
4º *Histoire de Salomon*. 1842, in-8º, 168 pp. ;
5º *Notre-Dame de Laeken*, description. 1854, in-8º, 40 pp.

NAKWASKI, Genève. 1º *Études sur les divers systèmes pénitentiaires*. 1860 ;
2º *Question de l'émancipation des paysans de la Pologne*. 1860, in-8º, 62 pp.

NÉEL (J. F.), Paris. *Haro sur le papier timbré*. 1862, in-8º, 168 pp.

NYPELS, Liége. *Code pénal prussien du 14 avril 1851*. Introduction et traduction.

OLIVIER (Dr), Tournai. *Considérations sur les meilleurs moyens de conserver aux enfants sortis des écoles primaires le bienfait de l'instruction*.

PEUT (Hipp.), Paris. *Revue internationale universelle* (prospectus). 1855.

PROTIN, Paris. *Les Économistes appréciés* ou *Nécessité de la protection*.

RENDU, Paris. *Mémoire présenté à l'empereur sur l'instruction obligatoire. Rapport de la sous-commission du comité de l'enseignement international sur les écoles internationales et le lycée international*.

ROMBERG (E.), Bruxelles. *Compte rendu des travaux du Congrès de la propriété littéraire et artistique*. 1859, 2 vol. in-8º, 350 pp.

Sève (Edouard), Bruxelles. *Le Nord industriel et commercial.* 3 vol. in-8°, 1862.

Société centrale des instituteurs belges, Bruxelles. *Le Progrès, journal de l'Éducation;* années 1861 et 1862.

Squillier (J.), Anvers. *Des subsistances militaires, de leur qualité, de leur falsification, de leur manutention, de leur conservation,* etc. 1858, in-8°, 733 pp.

Suringar, Amsterdam. 1° *Le système cellulaire;*
2° *Discours sur l'amélioration morale des prisonniers.*

Tempels (P.), Ypres. *La loi nationale, son enseignement et sa révision.* 1861, in-12, 78 pp.

Uytterhoeven (André), Bruxelles. 1° *Notice sur l'hôpital Saint-Jean.* 1862, 2e édit., in-8°, 290 pp.;
2° *Mélanges de chirurgie, d'ophthalmologie et d'hygiène publique.* 1859, in-8°, 312 pp.
3° *Des secours aux blessés sur les champs de bataille.* 1855, in-4°, 24 pp.
4° *De l'application de la gutta-percha au traitement des fractures.* 1862.

Vallat (E.), Moulins. *Traité des racines saxonnes.* 1861, in-18, 400 pp.

Wolowski (L.), Paris. 1° *Un grand Économiste français du XIVe siècle.* 1862, in-4°, 26 pp.
2° *Mémoire sur le cours de politique constitutionnelle de Benjamin Constant.* 1862, in-8°, 36 pp.

OUVRAGES ITALIENS

Carina (Dino), Pise. *Sulla intrusione primaria ed industriale della Francia, dell' Inghilterra et del Belgio.*

Chierici (Luigi), Turin. 1° *Prolusione a un nuovo trattato di medicina civile.* 1861, in-8°, 40 pp.
2° *Nuovo trattato di medicina civile;* fasc. 1 et 2. 1862, in-8°, 67 pp.

Ellero (Petro), Bologne. *Giornale per l'abolizione della pena di morte;* 3 livrais. 1862, in-8°, 260 pp.

Torrigiani (Carlo), Firenze. *Della educazione directiva et correttion dei giovani traviati, considerata ne suoi rapporti,* etc.

Trompeo (Benedetto), Turin. *Dell' influenza delle leggi sull'igiene.* 1862, 8 pp.

9

OUVRAGES NÉERLANDAIS

D'ENGELBRONNER, Amsterdam. *Nederlandsche vereeniging tot afschaffing van sterken drank.* 1861, in-8°, 48 pp.

SURINGAR (Ritter W. H.), Amsterdam. 1° *Rede über Armenpflege und Armenpatronat.* 1842, in-32, 32 pp.

2° *Het vijf en twintigjarig bestaan van het Nederlandsch genootschap : « tot zedelyke verbetering der gevangenen. »* Derde druk. in-8°, 35 pp.

VETH (P. J.), Amsterdam. *Een blik op de Nederlandsche volksschool, naar aanleiding van een bezoek aan eenige instellingen van onderwys in Belgie en Frankryk.* 1862, in-8°, 104 pp.

De sterke drank als volksdrank, veroordeeld door circa 500 nederlandsche Geneeskunstoefenaren. 1861, in-12, 79 pp.

OUVRAGES ANONYMES

Fondation Savigny (prospectus).

La silhouette du jour. 1857, in-18°, 540 pp.

Revue de l'instruction publique en Belgique; 1 livraie.

The church stops the way : a letter to the right hon. lord Brougham, président social science association, etc., etc. 1862, in-8°, 20 pp.

Why do people die? or plain words for plain folks. 1862, in-8°, 11 pp.

Staatsblad van het koningryk der Nederlanden. 1861, 58 pp.

Wetboek van strafvordering (Ontwerp van wet en memoria van toelichting).

Wetsontwerpen tot regeling : 1° van het geneeskundig staatstoezigt; 2° der voorwaarden ter verkryging der bevoegheid van geneeskundige apotheker, hulp-apotheker en vroedvrouw; 3° der uitoefening van de geneeskunst; 4° van de uitoefening van de artsenybereidkunst, etc.; documents offerts à l'Association par M. JOLLES de La Haye.

PREMIÈRE SECTION. — LÉGISLATION COMPARÉE

—

MÉMOIRES ET DÉBATS

—

La première section s'occupe de *législation comparée* : elle étudie les lois civiles, politiques et pénales des divers pays, leurs effets sur la condition sociale des peuples, leurs imperfections et les maux qui en découlent, les améliorations ou réformes dont elles sont susceptibles, etc. Les travaux peuvent se classer comme suit :

I. Principes généraux de législation et de jurisprudence.

II. Méthodes de législation.

> Elaboration des lois. — Conseils d'Etat. — Comités législatifs. — Travaux parlementaires. — Codification des lois.

III. Droit public.

> Droit politique. — Principes fondamentaux. — Libertés publiques. — Libertés communales.
> Droit administratif. — Organisation de l'administration. — Etendue du pouvoir administratif.
> Droit des gens. — De la non-intervention. — De la neutralité. — Principes du droit maritime en temps de guerre.
> Droit international privé. — Droit civil. — Questions d'état civil. — Validité des mariages, des actes, etc. — Succession. — Force exécutoire des jugements.
> Droit commercial. — Sociétés. — Contrainte par corps.

10

IV. Droit criminel.

Peines. — Peine de mort. — Classifications des infractions. — Droit pénal militaire. — Instruction criminelle. — Des droits de la défense pendant l'instruction. — De la détention préventive.

V. Droit civil.

Principes généraux. — Propriété privée. — Servitudes. — Droit commercial.

VI. Administration de la justice.

Organisation judiciaire. — Tribunaux de commerce. — Justice militaire. — Police locale. — Frais judiciaires. — Notariat.

Le comité fondateur de l'Association avait spécialement proposé à l'examen de la première section les questions suivantes :

1° Quelles sont les bases et quels sont les moyens d'une bonne codification des lois ?
2° Quels sont les droits et les devoirs des neutres en cas de guerre ?
3° Quelles sont les législations qui régissent la presse dans les différents pays de l'Europe ?
4° Quels sont les moyens de réduire la détention préventive en matière criminelle ?
5° Quels doivent être les principes d'une loi internationale régissant d'une manière uniforme les successions relativement aux étrangers ?

La première section ouvre ses travaux le 22 septembre, à une heure et demie, sous la présidence de M. Tielemans. Après la confirmation du bureau et du comité, il est donné communication des ouvrages adressés à la section; puis l'assemblée règle l'ordre de ses délibérations.

Elle arrête que les discussions porteront d'abord sur les diverses questions soumises par le comité fondateur à son examen, puis sur les propositions ou communications émanées de l'initiative particulière des membres de la section.

En conséquence de cette décision, la section entend la lecture d'un mémoire de M. Alfred Geelhand sur *les droits et les devoirs des neutres*. Ce mémoire n'ayant soulevé aucune discussion et personne ne demandant la parole sur les autres questions inscrites au programme, l'assemblée passe à l'examen des communications individuelles.

Législation concernant les aliénés.

—

Sur quelques réformes à introduire dans la législation concernant les aliénés,
par M. Julien Buse, avocat à Gand.

Le sujet que je viens traiter me semble être un de ceux qui doivent, des premiers, fixer votre attention. Il touche à l'une des plaies les plus fréquentes de notre époque, et cependant, il faut bien le dire, ce xix⁰ siècle, qui a sondé tant de mystères, n'a pas tenu ce que l'on était en droit d'attendre de son activité et pour l'étude des moyens propres à prévenir les maladies mentales, et pour le progrès de la législation sur les aliénés, ces malheureux proscrits de la civilisation. Les insensés et les fous n'inspirent plus l'horreur dont les âges passés les poursuivaient; mais ils sont loin encore d'être entourés de la sympathie et des soins dont leur sort est si digne. « Combien de volumes, disait récemment un homme compétent en ces matières, le Dr J. Parigot, combien de volumes n'ont pas été publiés sur l'hygiène privée et publique, alors que l'on ne trouve rien ou fort peu de chose sur ce qu'il convient de faire pour la conservation de ce que nous avons de plus précieux, la raison. »

Et, en effet, c'est chose inexplicable que cette quasi indifférence de notre époque et pour les maladies mentales qui l'affligent dans une si vaste proportion, et pour l'étude de la législation qui doit régir les aliénés. On est frappé d'étonnement en voyant les progrès relativement insignifiants qui ont été introduits, depuis le commencement du siècle, et dans leur traitement, et dans les dispositions de la loi qui les concernent. Le Code civil, en traitant de l'interdiction, ne s'était occupé ni des mesures à prendre pour procurer aux aliénés les soins que leur position réclame, ni des dispositions propres à assurer la société contre leurs fureurs, ni des précautions nécessaires pour garantir leur liberté individuelle. Tout, en cette matière, était abandonné à la confusion et à l'arbitraire, et c'est à peine si l'on trouve, dans la collection des lois depuis 1789, quelques dispositions éparses dont le vague et l'insuffisance ne peuvent être contestés.

Dans la loi des 16-26 mars 1790, qui avait pour objet la mise en liberté des personnes détenues en vertu de lettres de cachet, on trouve une disposition (l'art. 9) relative aux aliénés, ainsi conçue : « *Les personnes déte-*

nues pour cause de démence seront, pendant l'espace de trois mois, à partir du jour de la publication des présentes, à la diligence de nos procureurs, interrogées par les juges dans les formes usitées, et, en vertu de leurs ordonnances, visitées par les médecins qui s'expliqueront sur la véritable situation des malades, afin que, d'après la sentence qui aura statué sur leur état, ils soient élargis ou soignés dans les hôpitaux qui seront désignés à cet effet. »
Mais cette disposition, comme on le voit, était purement temporaire, et d'ailleurs, les hôpitaux dont elle parle ne furent jamais indiqués. (Durieu et Roche, *Rép. des établissements de bienfaisance*, v° *Aliénés*, p. 39.)

L'art. 7, titre III, de la loi du 24 vendémiaire an XI nous révèle que, lors de la promulgation de cette loi, un certain nombre d'insensés étaient renfermés dans les dépôts de mendicité aux frais de la nation ; le même article ordonna que ces insensés fussent transférés dans les maisons de répression instituées par cette loi. Ainsi, les aliénés étaient confondus avec les repris de justice !

Voilà pour la France.

En Belgique, nous n'étions pas plus favorisés. Deux arrêtés du prince-souverain, en date des 23 février et 5 mars 1815, autorisaient les tribunaux de faire renfermer dans une maison de correction les personnes aliénées ou coupables d'une inconduite quelconque, sur la requête de leurs parents.

C'était tout.

En France, la loi du 30 juin 1838, en Belgique, celle du 18 juin 1850 réglementèrent la matière. Et on peut dire avec Duvergier (*Coll. des lois*, t. 38, p. 490) que, jusqu'alors, les aliénés étaient presque hors la loi commune, que la sûreté publique n'était pas suffisamment garantie et que la liberté individuelle pouvait être compromise.

A partir de 1838, à partir de 1850, qu'a-t-on fait? Quelle différence entre les innovations insignifiantes que, de loin en loin, il est permis de mettre en relief dans cette sphère, et, par exemple, les progrès immenses réalisés en matière de répression ! Ici, les gouvernements ont fait preuve d'une activité admirable : la peine de mort, tant prodiguée dans le Code draconien de 1810, se cache, pour ainsi dire, dans le nouveau Code belge, et, en attendant l'avenir prochain qui la proscrira à jamais, n'y apparaît plus que dans des cas exceptionnels ; — le régime des prisons a été amélioré et le travail des détenus réglementé de telle manière qu'à l'expiration de leur temps d'expiation, ils ont la perspective de pouvoir rentrer dans la société, non laissés à l'abandon et livrés à l'opprobre, mais avec un pécule qui, les mettant pour un temps à l'abri des tentations et des besoins, leur ouvre la voie du bien dont ils s'étaient écartés ; — le patronage des criminels libérés organisé sur une vaste échelle; et, enfin, la création d'écoles de réforme dans lesquelles les jeunes délinquants, placés à l'abri de toute mauvaise suggestion, de tout contact impur, deviennent, comme l'expérience l'a si bien démontré, des membres utiles à la société, au pays, et qui réalisent cette magnifique utopie d'une faute transformée en bienfait.

Certes, ce que l'État a réalisé en matière de répression est digne de toute notre admiration et de nos plus sincères éloges. Ce qu'il a enfanté ici tient du prodige et nous montre de quoi il est capable pour arriver graduellement à l'extirpation de toutes les misères sociales. C'est à raison de ces progrès, que nous constatons avec un légitime orgueil, que nous nous croyons en droit de demander ce que l'on a fait pour l'amélioration du sort des aliénés, pour la perfection de la législation qui les régit.

Il ne m'appartient pas d'examiner la question de la réforme du *traitement* des aliénés. Je n'ai ni l'expérience ni les connaissances nécessaires pour résoudre les difficiles problèmes qu'elle soulève. Au surplus, sur ce point, la lutte est engagée. Des athlètes éminents sont descendus dans l'arène : MM. Parigot, Mundy, Bulkens, en Belgique, J. Duval, en France, A. Drost, en Allemagne, ont énergiquement combattu le système qui séquestre les aliénés de la société et les assimile aux criminels, et ont chaleureusement plaidé en faveur des asiles libres, en faveur du système qui est en vigueur à Gheel et que le Dr Drost a baptisé « *das paradies der Wahnsinnigen;* » et ils l'ont fait avec un talent et une conviction qui doivent faire triompher leurs idées. L'expérience, d'ailleurs, y aide, car la statistique établit que Gheel donne, sur cent cas, soixante-six guérisons. Mais ce côté de la question, je n'ai pas à m'y arrêter. Ma tâche est plus modeste et plus facile. J'ai à prendre les choses telles qu'elles existent actuellement, à ouvrir la loi en vigueur sur les établissements d'aliénés, et à vous demander, messieurs, quelles sont les réformes qu'il est nécessaire, indispensable de lui faire subir et dont elle est susceptible.

La loi du 18 juin 1850 pose le principe que nul ne peut ouvrir un établissement d'aliénés sans une autorisation du gouvernement.

La loi française de 1838 posait le principe que tout département est tenu d'avoir un établissement d'aliénés; elle admit, comme la loi belge, l'existence d'établissements privés.

Nous ne sommes pas systématiquement contraire aux établissements privés; mais nous estimons que le gouvernement ne peut les admettre qu'en cas de nécessité, et qu'il doit être très sobre dans l'octroi des autorisations qui doivent leur donner l'existence. Nous pensons aussi qu'il devrait, comme cela se fait en France (Circul. min., 16 août 1840), conseiller la création de grands établissements d'aliénés, plutôt que celle de petits.

Il nous semble, pour des motifs qu'il importe peu de déduire ici, mais que l'on comprendra, que le personnel des établissements d'aliénés devrait être exclusivement composé de laïques. C'était l'opinion des Chambres françaises : lors de la discussion de la loi de 1838, quelques membres de la Chambre des pairs avaient soutenu qu'entre les établissements destinés à recevoir et à soigner les aliénés, la préférence devait être accordée à ceux qui sont desservis par des congrégations religieuses, ou, plutôt, que tous devaient être confiés à leurs soins pieux. Mais cette prétention, vivement combattue, ne fut point accueillie.

Les principales réformes à apporter à la loi de 1840 concernent :

L'organisation intérieure des établissements existants;

La surveillance à exercer sur tous les établissements d'aliénés en général et sur les établissements *privés* en particulier;

Les garanties à apporter à la liberté individuelle;

Les conditions d'admission et de sortie des aliénés dans les établissements,

L'organisation consacrée par la loi de 1850 constitue, nous ne le nions pas, un grand progrès : cette loi a mis quelque chose là où il n'y avait rien. Mais cette organisation est-elle satisfaisante? offre-t-elle des garanties efficaces à la société?

Dans son art. 3, elle exige :

1° Un service médical et sanitaire, un régime intérieur approprié aux besoins et à l'état des malades; 2° approbation, *tous les trois ans*, par la Députation permanente, du personnel des médecins, et autorisation, pour ce collége, d'ordonner, en tous temps, les modifications ou le remplacement de ce personnel en cas de négligence grave ou d'omission des devoirs imposés par la loi.

Il résulte de cet article que la loi n'exige pas l'agréation par le gouvernement du médecin placé à la tête d'un établissement d'aliénés. Ce n'est jamais qu'après une expérience de trois ans que la Députation permanente pourra, par une improbation, provoquer la destitution du médecin en fonctions. Mais pourra-t-elle ne pas admettre le praticien que la direction de la maison choisira en son remplacement? En présence des termes de l'art. 3, ce droit ne lui appartient point. Il y a donc ici une lacune dans la loi. En France, les médecins doivent être agréés par le préfet. Nous voudrions quelque chose d'analogue, mais en même temps de plus complet : l'agréation par la Députation permanente, agréation qui serait révocable en tout temps, et qui serait soumise à l'approbation du ministre de l'intérieur.

Même disposition pour le directeur (dans les établissements publics) et pour les autres employés ; en un mot, haute tutelle, haute surveillance de l'État sur toutes choses et en tout temps.

Mais ce n'est pas l'organisation intérieure des établissements d'aliénés qui doit faire le principal objet de la sollicitude du législateur. La question qui nous occupe doit être envisagée sous un autre rapport, plus délicat et plus grave : on est en droit de se demander si, dans la législation qui nous régit, la liberté individuelle est garantie, si l'espèce de surveillance et de contrôle que le gouvernement exerce de nos jours, spécialement sur les établissements PRIVÉS, est assez étendue.

Il suffit de parcourir la loi de 1850 pour être persuadé que, sous ce double rapport, elle présente de grandes lacunes. Nous l'avouons à regret, la loi est telle qu'elle constitue un danger sérieux et permanent pour la liberté individuelle, et, ce qui le prouve, c'est que, pour priver un citoyen de sa liberté et le colloquer dans une maison de fous, il suffit d'une simple demande émanant d'une personne INTÉRESSÉE, et notez que la loi ne dit pas ce qu'elle entend par « personne intéressée. »

Voilà tout ce que la loi exige. Nous disons *tout*, car il serait impossible d'attacher une importance réelle à la disposition qui exige que la demande d'admission soit accompagnée d'un certificat de médecin ayant au moins quinze jours de date et constatant l'état mental de la personne dont on demande la séquestration.

En effet, si l'art. 8 exige, à la vérité, un certificat ayant quinze jours de date, n'est-il pas évident que cette disposition reste sans sanction? Elle est si peu considérée comme obligatoire, qu'on la chercherait vainement dans les règlements de bien des maisons de santé. Comment certifie-t-on la date de quinze jours? La loi n'établit aucun moyen de vérification : et dès lors, on n'a qu'à antidater pour s'y conformer en apparence, pour l'éluder en réalité. Pourquoi ne pas exiger, sur le certificat, le visa du président du tribunal? La formalité est simple et elle couperait l'abus dans sa racine.

Mais suffit-il, pour priver un homme de sa liberté et le ranger parmi les fous, de la déclaration d'un seul médecin, du premier praticien venu? Oui, aux yeux de la loi actuelle, et cependant, cela ne devrait pas être.

Se contenter de l'appréciation d'un seul homme pour juger définitivement l'intelligence d'un autre homme est chose absurde et inadmissible. Nous ne voulons pas nous mettre mal avec la docte faculté; mais les médecins ne sont-ils pas sujets à l'erreur comme le vulgaire des mortels, et cela n'est-il pas vrai surtout quand il s'agit d'apprécier l'état mental d'un homme? Qui peut dire à quel point finit la raison, à quel autre commence la folie? Les passions, les excès, une émotion vive, les suites d'une maladie, la fatigue, des influences atmosphériques, mille causes inconnues peuvent agir sur notre économie de telle sorte que l'homme du moment ne ressemble plus à l'homme d'hier : où donc est le médecin qui, à ces heures de trouble et de commotion, pourrait, malgré toute sa science, se prononcer pour ou contre l'aliénation mentale ?

« Ce n'est pas sur quelques actes isolés, disait le conseiller d'État Emmery lors de la discussion de la loi relative à l'interdiction, ce n'est pas sur quelques actes isolés qu'on s'avisera jamais de décider qu'un homme a perdu le sens et la raison : telle est la triste condition de l'humanité, que le plus sage n'est pas exempt d'erreurs. »

Donc, le code, pour interdire un individu, veut des actes, des actes concluants répétés,—et un médecin, par une simple déclaration non motivée, non sujette à discussion, que l'on ne peut contrôler, pourra envoyer quelqu'un dans une maison de fous !

Cela ne peut être.

L'art. 8 de la loi peut aussi, dans des circonstances rares, sans doute, mais qui se sont déjà présentées et qui se présenteront encore, devenir une arme redoutable entre les mains de la vengeance, de l'avidité ou du crime : c'est un motif de plus pour le soumettre à une révision radicale ; car il est urgent, dans l'intérêt de l'humanité, de rendre plus difficiles les conditions d'admission dans les maisons de santé. On pourrait modifier l'art. 8 en ce sens, qu'il faudrait deux certificats délivrés à huit jours d'intervalle, le premier ayant au moins quinze jours de date, — ce qui s'établirait par le visa du président du tribunal de 1re instance, — et délivrés par trois médecins.

Supposons un instant que toutes les garanties soient données pour l'entrée ; admettons que le législateur ait été si prévoyant, que l'on puisse affirmer, avec une entière certitude, que jamais homme jouissant de ses facultés mentales ne pourra être séquestré de la société ; peut-on dire, cependant, que, sous le régime de la loi actuelle, l'aliéné, sa guérison une fois obtenue, récupérera sa liberté ?

Cette question nous conduit à dire quelques mots sur la surveillance à exercer par l'État sur les établissements d'aliénés.

La sortie est accordée sur une déclaration donnée par le médecin de la maison.

Pour les établissements *publics*, l'on peut, sans trop d'inconvénients, laisser dépendre la liberté d'un homme de cette déclaration. Pour les établissements *privés*, cela ne suffit pas.

Généralement, les établissements privés sont établis par la spéculation et dans un esprit de lucre; certes, la science, l'amour de l'humanité, peuvent y avoir leur part; mais, avant toutes choses, elles constituent une *affaire*.

Or, il ne faut pas encourager les spéculations qui exploitent les misères humaines.

Qu'arrivera-t-il le plus souvent? C'est que le directeur, le médecin d'un établissement privé, ayant intérêt à avoir le plus grand nombre de pensionnaires, la délivrance du certificat constatant la guérison pourra être retardée. Nous n'affirmons pas la fréquence de ce coupable abus, mais il suffit qu'il puisse se présenter pour que nous travaillions à le prévenir et à le rendre impossible. La possibilité du cas que nous signalons ne peut être contestée. Or, à elle seule, cette éventualité justifie notre manière de voir.

La loi doit pouvoir assurer la sortie immédiate des aliénés guéris. Elle y réussira peut-être en soumettant les établissements à des visites fréquentes, répétées à des époques indéterminées, des commissions provinciales médicales.

En France, le préfet peut toujours ordonner la sortie immédiate des personnes placées volontairement dans les asiles d'aliénés. Pourquoi ne pas reconnaître chez nous le même droit aux gouverneurs de province?

. Généralement, on peut remarquer, dans les règlements des maisons de santé, d'abord, un article qui défend toute correspondance entre l'aliéné, les membres de sa famille et ses amis, sans permission du directeur ou du médecin; ensuite, un autre article qui prescrit aux commissionnaires attachés à l'établissement de remettre au directeur les lettres et les objets qu'auraient pu leur confier les aliénés.

Nous avouons que nous saisissons mal l'utilité de dispositions aussi inquisitoriales. Nous ne comprenons pas leur introduction, surtout, dans les règlements des établissements privés. Que l'on use de précaution, dans certains cas, pour les entrevues, soit; la prudence le commande. Mais pourquoi défendre à un aliéné de correspondre librement avec ses parents ou ses amis? Pourquoi exiger une autorisation, le soumettre aux caprices d'un cabinet noir au petit pied? S'il est réellement aliéné, qu'a-t-on à redouter de l'usage qu'il fera de l'écriture? S'il ne l'est pas, s'il est arbitrairement retenu, pourquoi l'empêcher de se plaindre, d'appeler au secours, de redemander la liberté qu'on lui a ravie? La justice et l'humanité ne réprouvent-elles pas cette prohibition? L'art. 20 de la loi dispose que les établissements d'aliénés sont sous la surveillance du gouvernement qui les fera visiter tant par les fonctionnaires spécialement délégués à cet effet que par des comités d'inspection, et qu'ils seront visités à des jours indéterminés, une fois au moins : 1° tous les six mois, par le bourgmestre de la commune; 2° tous les mois, par le procureur du roi; 3° tous les ans, par le gouverneur de la province.

Cette surveillance n'est pas assez rigoureuse. Il faudrait introduire, dans notre législation, les sages prescriptions de la loi française de 1838. Chez nos voisins, le droit de visite a été accordé à un grand nombre de fonctionnaires, et ce, nonobstant les vives critiques que l'on a fait valoir dans les deux chambres : on a pensé que la liberté individuelle ne pouvait être entourée de trop de garanties, et, en conséquence, le droit de visite a été reconnu au préfet, aux délégués de celui-ci et à ceux du ministre de l'intérieur, au président du tribunal civil, au procureur impérial; au juge de paix et au maire de la commune. Il y a, en outre, un inspecteur général des aliénés, et la faculté de visiter tous les établissements est accordée aux premiers présidents et aux procureurs généraux.

Les quelques réflexions que nous venons de formuler démontrent que la législation concernant les aliénés est loin d'être à la hauteur des exigences sociales, qu'il est urgent d'y introduire une réforme radicale.

Cette réforme, nous la demandons au nom de la liberté individuelle, de l'humanité et de la justice : d'abord, pour extirper les abus existants, ensuite, pour en prévenir de plus douloureux.

Les gouvernements doivent tendre, surtout, à mettre les établissements d'aliénés directement et entièrement sous leur contrôle et surveillance. Ils doivent, en conséquence, travailler à la création d'établissements *publics*, les seuls qui méritent une entière confiance, et à n'accorder qu'exceptionnellement des autorisations pour la création d'établissements privés. Il ne faut pas que le traitement des maladies mentales, qu'une œuvre d'humanité, devienne une industrie, une œuvre d'exploitation. Cette pensée fait mal.

En résumé, nous proposons que le Congrès émette le vœu que le gouvernement soumette, dans un avenir prochain, la législation concernant les aliénés à une réforme radicale ayant spécialement pour but de donner des garanties sérieuses à la liberté individuelle et de concilier ce qu'exige l'humanité avec le soin de la défense de la société.

DÉBAT.

M. FLEURY (France). La question qui vient d'être traitée est, en effet, excessivement grave; c'est un problème complexe qui soulève des questions nombreuses. Et, tout d'abord, il serait important de distinguer entre la séquestration des aliénés et leur interdiction. La question de la séquestration est grave; elle a occupé les plus éminents jurisconsultes de tous les pays. Elle est grave et difficile, parce qu'il s'agit de concilier la liberté individuelle et la liberté d'autrui, la liberté individuelle et l'ordre, la sécurité de la société.

Il n'entre pas, bien entendu, dans ma pensée de traiter ici cette immense question avec tous les développements qu'elle comporte. Mais la question de l'interdiction des aliénés est plus simple, plus facile à résoudre, et peut-être est-ce celle qui offre les abus les plus déplorables, les plus nombreux, les plus scandaleux.

Vous savez, en effet, messieurs, qu'il suffit de la demande de quelques parents, de quelques collatéraux avides qui ont obtenu, par un moyen ou par un autre, ce certificat dont vous avez entendu parler tout à l'heure en termes fort justes, pour faire prononcer l'interdiction d'un homme, c'est à dire pour lui ravir la gestion de sa fortune, pour l'enfermer dans une maison d'aliénés où on lui accorde 5 ou 10 francs pour ses besoins quotidiens, tandis qu'il possède parfois une fortune considérable, laquelle devient, du vivant de l'aliéné, la propriété de sa famille, de ses collatéraux.

C'est pour réprimer ces abus qu'une réforme est surtout urgente; et, à cet égard, je me bornerai à indiquer seulement un travail très important qui a été publié récemment en France par M. H. de Castelneau.

M. MORIN (France). Je n'ai demandé la parole que pour relever une erreur de droit qu'a commise l'orateur que nous venons d'entendre. — A l'en croire, il suffirait d'un simple certificat de médecin pour faire prononcer l'interdiction d'une personne supposée atteinte d'aliénation mentale. Bien loin qu'il en soit ainsi, le Code civil entoure l'interdiction de formalités nombreuses; il faut toute une procédure pour arriver à la prononcer : celui qu'il s'agit d'interdire est interrogé; il peut même se faire défendre, et ce n'est pas l'autorité administrative qui prononce, mais un tribunal dont le jugement peut être déféré à une cour d'appel et même, s'il y a lieu, à la cour de cassation. La législation actuelle est donc suffisante sous ce rapport, et je ne vois rien à y changer.

On a très bien fait d'établir une distinction entre l'interdiction et la séquestration; mais je ferai remarquer qu'on ne séquestre que les aliénés qui sont réellement dangereux pour la tranquillité publique ou qui pourraient se livrer à des attentats sur eux-mêmes; par exemple, ceux qui ont la monomanie du suicide. Quant aux individus dont l'intelligence est seulement plus ou moins affaiblie, il peut y avoir lieu de les interdire pour les empêcher de dissiper leur fortune; mais jamais il n'y a nécessité de les séquestrer. De sorte que la séquestration n'est prononcée qu'à l'égard d'un nombre fort minime d'individus.

M. JOLLES (Pays-Bas). Je désire présenter une seule observation pour le moment.

La Hollande possède actuellement une loi dont les dispositions font droit aux critiques que vient de formuler M. Buse. Je ne sais pas s'il connaît cette loi; mais deux de ses compatriotes, MM. Ducpetiaux et Sauveur, ont visité ma patrie et ont fait l'éloge de la législation dont je parle, dans un rapport qu'ils ont présenté au gouvernement belge. Je tenais à faire cette observation dans le but de faciliter la solution des questions qui viennent d'être soulevées.

LE PRÉSIDENT (M. TIELEMANS). M. Jolles ne pourrait-il pas nous présenter une analyse des dispositions que cette loi consacre?

M. JOLLES. Très volontiers; je la présenterai demain.

M. PERMANS (Louvain). Je crois, messieurs, que la loi qui régit les aliénés en Belgique doit recevoir de notables modifications. La principale que je signalerai serait de rendre la demande d'interdiction obligatoire dans les trois mois après l'admission de l'aliéné dans une maison de santé. Je crois que ce serait le seul moyen de garantir la société contre les abus.

L'interdiction, en effet, est entourée de formalités excessivement sévères; elle se fait sous la surveillance de la magistrature, sous la direction du tribunal ou tout au moins d'un membre du tribunal spécialement délégué. C'est sous la surveillance du procureur du roi qu'il est procédé aux interrogatoires en matière d'interdiction. Les intérêts de la famille sont sauvegardés par des délibérations du conseil de famille, et ce conseil, vous le savez, n'est pas composé arbitrairement de telles ou telles personnes intéressées, mais d'une manière bien déterminée et qui offre toutes les garanties désirables, puisqu'il doit être pris parmi les plus proches parents de la ligne paternelle et maternelle. Aussi, messieurs, si une personne placée dans une maison d'aliénés devait être interdite au bout d'un certain temps, on constaterait facilement si elle est, oui ou non, frappée d'aliénation mentale, et si elle n'a pas été victime d'un abus.

Ce moyen serait infiniment plus sûr que des visites plus ou moins fréquentes; pour ma part, j'ai visité beaucoup d'établissements d'aliénés, tantôt officieusement, tantôt officiellement, et j'ai pu constater que la fréquence des visites est tout à fait insuffisante pour reconnaître l'existence de l'abus. L'aliénation, en effet, est un état mental qui n'est point permanent. Ainsi, allez visiter des aliénés : vous en trouverez qui vous paraîtront jouir de toute leur raison; mais à peine serez-vous parti, que leur folie reparaîtra. Ce n'est que par le témoignage des personnes qui sont constamment en contact avec les aliénés que l'on peut connaître véritablement l'état mental de ceux-ci. Or, il suffira presque toujours à ces personnes d'appeler l'attention des aliénés sur un objet déterminé pour faire apparaître la folie dans toute son intensité. Il n'y a donc qu'un moyen de parvenir à la constatation des abus, c'est de faire prononcer l'interdiction après un certain laps de temps.

On a signalé, tout à l'heure, un fait que je considère comme un véritable abus : je veux parler de la défense qui est faite aux aliénés de correspondre avec leur famille, avec leurs amis, sans l'intermédiaire du directeur de l'établissement. Cet abus existe dans presque toutes les maisons de santé; mais c'est là une simple question de règlement intérieur à la solution de laquelle la législation est tout à fait étrangère.

M. DURIER (France). Je considère comme excellente l'idée que vient de suggérer l'orateur auquel je succède. Je crois, en effet, que l'interdiction prononcée après un certain temps de séquestration serait le meilleur moyen de prévenir tout abus. Les formalités nombreuses dont l'interdiction est entourée sont la garantie la plus sérieuse, la plus efficace contre toute séquestration arbitraire.

Cependant, je ne voudrais pas que l'introduction d'une mesure de ce genre dans la législation dispensât d'organiser la surveillance active et rigoureuse des maisons d'aliénés; car il est évident que le trouble des facultés mentales qui a provoqué la séquestration, d'abord, et, plus tard, l'interdiction, peut venir à cesser et il ne faut pas que, dans ce cas, un défaut de surveillance soit cause d'une prolongation arbitraire et inutile de la séquestration. A côté donc de l'excellente mesure de l'interdiction après un certain temps de séquestration, je voudrais que l'on organisât une surveillance sévère des maisons d'aliénés, de telle sorte que la liberté puisse être rendue sans retard à l'aliéné qui recouvrerait ses facultés mentales.

Quant à cette question de la surveillance, elle a une très grande importance, et elle est très délicate à résoudre. Tout le monde comprend, en effet, que le médecin le plus compétent doit, pour pouvoir se rendre compte de l'état mental de personnes placées dans des maisons d'aliénés, avoir la main haute sur ces personnes. — Mais je ne voudrais pas que cet examen fût jamais confié à un directeur unique. — Je ne voudrais pas qu'un individu qui a, par exemple, comme on le disait tantôt, la monomanie du suicide, fût mis au secret dans la maison de santé où on l'a colloqué. Je voudrais, au contraire, qu'il pût recevoir les visites de ses parents, de ses amis, sauf dans les cas où l'aliénation a besoin, pour être guérie, d'un isolement complet, d'un calme absolu, et où il faudrait que, par dérogation à la règle générale, il pût être défendu de communiquer avec l'aliéné. Mais je voudrais qu'une pareille décision ne pût pas émaner d'un médecin unique, et qu'elle fût prise de commun accord avec un magistrat appartenant à l'ordre judiciaire ou à l'ordre administratif, de manière à entourer l'aliéné de toutes les garanties désirables.

Je crois, messieurs, avec l'auteur du mémoire que nous avons entendu tout à l'heure, qu'il importe essentiellement que les maisons d'aliénés restent dans des mains laïques. Actuellement, déjà, la surveillance des établissements d'aliénés offre une certaine difficulté, parce que ceux qui sont chargés de l'exercer se trouvent en présence de la science, en présence d'hommes dont le magistrat doit respecter la compétence. Or, la difficulté serait bien plus grande encore si elle se compliquait du respect, de la considération qui entoure le caractère religieux des personnes chargées de la direction de l'établissement ; en un mot, si, à un respect scientifique, venait se joindre un respect religieux, on augmenterait considérablement les difficultés de la mission des hommes chargés de surveiller les établissements d'aliénés et de se rendre compte de l'état mental des malheureux qui y sont enfermés.

Voilà donc trois idées qu'il importerait de formuler dans la législation : interdiction après un certain temps de séquestration ; surveillance mieux organisée en conservant à l'aliéné la faculté de correspondre avec ses parents et avec ses amis, enfin, point d'établissements administrés par des ordres religieux.

M. MEYNNE (Bruges). Je me trouve pris au dépourvu par le débat qui vient de s'engager et auquel je ne m'attendais nullement aujourd'hui. Mais je crois avoir quelque expérience en cette matière, et je ne puis pas laisser se propager l'idée que la législation belge soit aussi défectueuse qu'on paraît le supposer.

Il y a, ce me semble, quelque chose d'incomplet dans l'analyse qu'en a faite le premier orateur. Il n'est pas exact, en effet, de dire qu'il suffit d'un simple certificat de médecin pour autoriser la séquestration d'un individu pour cause d'aliénation ; il faut, de plus, une ordonnance de l'autorité locale.

M. J. BUSS (Gand). Après la séquestration.

M. MEYNNE. Rendue dans les vingt-quatre heures de la séquestration. Le certificat ne sert que pour colloquer provisoirement la personne soupçonnée d'aliénation, pour la mettre en lieu sûr et empêcher qu'elle ne trouble la tranquillité publique.

Mais l'autorité tutélaire de la commune doit intervenir, aussitôt après, pour contrôler l'exactitude des faits allégués et pour rendre à la liberté, s'il y a lieu, l'individu injustement colloqué. Je tenais à rectifier cette omission.

M. J. BUSS (Gand). Je n'ai point critiqué spécialement le certificat du médecin ; mais j'ai dit que l'avis d'un seul homme est insuffisant pour décider du sort de quelqu'un ; j'ai dit que cela est inadmissible ; je dirai même que cela est absurde. Vous avez beau me parler de l'action tutélaire de l'autorité communale, je dis que cette garantie est illusoire, et voici pourquoi : la loi exige un certificat de médecin ayant quinze jours de date ; si cela était rigoureusement observé, il y aurait là une garantie, j'en conviens; mais ce certificat peut être délivré au moment même de la séquestration avec une antidate, et dès lors, cette unique garantie disparaît complétement.

Je profiterai de la circonstance pour répondre quelques mots à une autre observation. M. Durier a dit que le meilleur moyen de prévenir les abus serait de créer une sorte de comité médical chargé de surveiller les établissements d'aliénés. Je partage cette manière de voir, et je suis heureux qu'un débat aussi sérieux se soit engagé déjà sur un sujet que je n'ai fait qu'effleurer. Ceci prouve, messieurs, que j'ai mis le doigt sur la plaie, et si je ne l'ai point montrée dans tout ce qu'elle a d'affreux, d'autres l'ont fait pour moi. Il suffit que le mal ait été signalé pour que tous les esprits sérieux cherchent à y porter remède.

Déjà, dans notre pays, M. Tesch, ministre de la justice, a institué pour la commune de Gheel, où les aliénés vivent en liberté, un comité sérieux, composé d'un médecin, d'un pharmacien, du doyen de la localité, des bourgmestres de la commune et des communes environnantes et du commissaire d'arrondissement de Turnhout. On peut donc dire que, là, on n'a à redouter aucun des abus dont les établissements privés offrent parfois l'exemple, et qui disparaîtraient certainement en grande partie si l'on ne se contentait plus du certificat illusoire d'un seul médecin.

M. Polenus (Hasselt). L'expérience m'a appris à reconnaître le fondement de l'opinion qui vient d'être exprimée sur le danger de s'en rapporter au certificat d'un seul médecin. Voici un fait, entre autres, qui s'est passé, à ma connaissance, dans le courant de l'année :

Un certificat attestant le dérangement des facultés mentales d'un individu avait été délivré par un médecin. Connaissant la personne dont il s'agissait, je la fis examiner par un autre médecin qui n'hésita pas un seul instant à déclarer, par écrit, qu'il n'y avait pas lieu d'ordonner la séquestration.

Vous savez, messieurs, que les mesures les plus sages, prises dans l'intérêt des malheureux aliénés, sont presque toutes demeurées inefficaces en présence des difficultés de la pratique. Comme la question est réservée, je vous soumettrai, dès maintenant, une question dont M. Peemans pourra peut-être nous indiquer la solution ; je veux parler de la question du domicile de secours qui, dans bien des cas, aggrave singulièrement les embarras financiers de certaines communes.

Je partage l'avis des précédents orateurs quant à l'obligation qui devrait être imposée de prononcer l'interdiction après un certain temps de séquestration. Mais il faudrait au moins que, quand il s'agit d'aliénés indigents, ces formalités fussent poursuivies d'office et sans frais pour la commune.

Toutes ces difficultés disparaîtraient si le gouvernement avait un grand établissement central dont il organiserait la surveillance comme il l'entendrait, et dont les frais seraient supportés par le budget de l'État. Je soumets cette idée aux hommes pratiques de cette assemblée et surtout à M. Peemans ; peut-être connaît-il quelque autre moyen de venir en aide aux communes pauvres qui ont à faire poursuivre les séquestrations d'indigents aliénés.

E. Peemans(Louvain). La législation y a pourvu : quand il s'agit d'indigents, la loi leur accorde le bénéfice du *Pro Deo ;* le procureur du roi peut agir d'office pour provoquer l'interdiction, sans qu'il en coûte rien aux communes.

A la clôture de ce débat, M. Dutrône (France) annonce à la section qu'il met à la disposition de l'Association une médaille de 200 francs pour la société de tempérance qui, d'ici à la prochaine session, aura formulé les statuts les plus satisfaisants pour prévenir l'ivrognerie, l'une des causes principales de l'aliénation mentale. — M. le président le remercie au nom de la section, et confie ensuite à M. Durier le soin de présenter le rapport sur la question relative à la législation concernant les aliénés.

M. ÉMILE DESPRET dépose sur le bureau une note qui proteste contre l'appel fait par plusieurs orateurs à l'intervention gouvernementale; il craint que, sans s'en apercevoir, on n'arrive bientôt à dire : *hors de l'État, point de salut*. Or, la séparation des attributions de l'État de celles des individus est aussi utile, aussi nécessaire que la division du temporel et du spirituel.

Ainsi, on a demandé, pour la députation permanente, la faculté de désigner, sauf approbation ministérielle, le médecin chargé de délivrer les certificats et les directeurs aptes à gérer des établissements d'aliénés; on a réclamé pour l'État le monopole des établissements d'aliénés, à l'exclusion formelle des congrégations religieuses.

Au nom de la liberté, on doit proscrire toute intervention et tout monopole : le choix du médecin par la députation ou par le ministre n'est qu'un palliatif sans valeur. En définitive, ce sera toujours un seul homme qui décidera de la liberté de son semblable. Quant à la nomination des directeurs par les mêmes autorités, ce n'est qu'un changement de forme de l'autorisation actuelle.

L'exclusion des congrégations religieuses n'est pas plus motivée; que la loi détermine des conditions nombreuses et sévères, rien de mieux; mais que chacun, sans distinction, soit admis à y satisfaire. En un mot, il faut consacrer le droit commun pour tous et en toutes choses.

Dans la séance du 23 septembre, M. JOLLES (Pays-Bas), fait connaître les dispositions suivantes de la loi hollandaise du 29 mai 1841 relatives aux aliénés (*).

ART. 10. — Lorsque, par suite d'aliénation d'une personne qui n'est pas placée sous cura-

(*) *Notice sur les établissements d'aliénés des Pays-Bas.* Extrait d'un rapport au gouvernement belge par MM. DUCPÉTIAUX, SAUVEUR et OUDART, membres de la commission permanente d'inspection des établissements d'aliénés.

telle, ou qui ne l'est pas actuellement pour insanité d'esprit, il y a nécessité de pourvoir immédiatement à la surveillance et au traitement du malade, son conjoint, ainsi que tout parent ou allié, ou celui qui exerce quelque surveillance sur lui pourra s'adresser au président du tribunal d'arrondissement de la demeure ou de la résidence momentanée de l'aliéné, à l'effet d'être autorisé à le faire admettre provisoirement dans une maison de traitement pour aliénés. A défaut desdites personnes, ou lorsque celles-ci laissent le malade entièrement sans soins, le ministère public a la même faculté, et il y est tenu, lorsque le placement de l'aliéné sous une surveillance assurée est jugé nécessaire dans l'intérêt de l'ordre public ou pour prévenir des accidents.

En attendant, l'aliéné pourra, par les soins de l'autorité locale, être placé en surveillance d'une manière efficace, à la condition d'en donner connaissance au ministère public dans les vingt-quatre heures.

ART. 11. — Toute personne majeure, non placée sous curatelle, qui sentirait que son état rendrait son séjour dans une maison de traitement désirable, pourra elle-même solliciter cette autorisation.

ART. 12. — Les demandes ci-dessus sont faites par requête d'avoué ou par réquisitoire écrit du ministère public. Ces pièces doivent indiquer l'établissement dans lequel on désire que l'admission ait lieu. Il y sera joint une attestation délivrée dans la quinzaine qui précède la présentation de la requête, par un médecin compétent, à l'exclusion du médecin de l'établissement dans lequel on désire faire admettre le malade. Cette attestation indiquera en même temps toutes les circonstances et tels procès-verbaux et documents qui établiront la preuve de l'état d'aliénation mentale.

ART. 13. — Si la déclaration du médecin prouve suffisamment, soit par elle-même, soit en la combinant avec les circonstances indiquées, l'existence actuelle de l'aliénation mentale, le président du tribunal d'arrondissement, après avoir entendu le ministère public sur la requête, accordera l'autorisation demandée.

ART. 14. — Le médecin de la maison de traitement devra, pendant les quatre premières semaines à compter du jour de l'admission, tenir note du résultat de ses observations.

Dans les quatre semaines, il devra dresser un rapport circonstancié de ses observations et exprimer son avis motivé si l'état du malade est tel que son séjour ultérieur dans l'établissement est utile ou nécessaire, soit pour sa guérison, soit dans l'intérêt de l'ordre public, soit pour prévenir des accidents.

ART. 15. — Au plus tard dans les six semaines après la date de l'ordonnance du président ou de la décision du tribunal d'arrondissement, le rapport mentionné dans l'article précédent, accompagné d'une nouvelle requête ou d'un nouveau réquisitoire, devra être soumis au tribunal d'arrondissement susdit qui, le ministère public entendu, et s'il n'existe point de présomptions contraires, accorde l'autorisation de faire séjourner le malade dans une maison de traitement, pendant un terme d'épreuve qui ne pourra excéder une année.

ART. 19. — Si l'aliéné ne se rétablit pas dans le temps d'épreuve, le médecin de l'établissement médical dans lequel l'admission a eu lieu fera une déclaration motivée sur sa situation.

Cette déclaration sera présentée, avant l'expiration du temps d'épreuve, au tribunal d'arrondissement qui a accordé l'autorisation, lequel pourra accorder, dans les formes prescrites ci-dessus, un nouveau temps d'épreuve n'excédant pas une année.

Si, après l'expiration de cette seconde année, les mêmes motifs existent encore, il pourra de nouveau être procédé de la même manière.

L'aliéné qui, en vertu de la présente loi, est admis dans une maison de traitement, y restera tant que le délibéré du tribunal sur la prolongation de sa détention ne sera pas terminé.

ART. 20. — Après l'expiration du troisième temps d'épreuve, il ne sera plus accordé de nouvelle autorisation, mais l'aliéné sera considéré comme se trouvant dans un état permanent d'aliénation mentale; et s'il est majeur et n'a point été placé précédemment en curatelle, il y sera pourvu par le tribunal de son domicile conformément aux prescriptions du Code civil.

S'il y a nécessité, le tribunal d'arrondissement pourra accorder, dans les formes ci-dessus, l'autorisation de prolonger, pendant l'instance en curatelle, le séjour de l'aliéné dans la maison de traitement.

Quelles sont les législations qui régissent la presse dans les différents pays d'Europe?

Aucun mémoire sur cette question n'avait été adressé au bureau; mais, à la reprise de la séance du 22 septembre, M. le président ayant rappelé les cinq questions proposées par le comité fondateur, le débat suivant s'est engagé :

M. MORIN (France). Tantôt, à l'appel de ces questions, tout le monde a gardé le silence. Celle qui concerne la presse mérite cependant de fixer notre attention. Dans les termes où elle a été posée, elle comporte un examen comparé de la législation de la presse dans les différents États de l'Europe. Il est possible qu'aucun de nous ne se soit cru en mesure de traiter cette question d'une manière complète; car il y a peu de personnes assez versées dans la connaissance des diverses législations de l'Europe pour pouvoir les comparer entre elles. Si le silence gardé sur cette question provient des proportions qu'on y a données, on pourrait inviter les membres de cette assemblée, où les différents pays de l'Europe sont représentés, à nous faire l'exposé du régime de la presse dans chacun de ces pays. Ces différents exposés constitueraient précisément, dans leur ensemble, le travail de comparaison qui nous est demandé. Je propose donc de scinder la question de manière à permettre à chacun de nous de la traiter partiellement au point de vue de son propre pays.

M. ÉMILE DE GIRARDIN (France). En présence des termes dans lesquels la question a été posée par le comité fondateur, j'ai gardé le silence par cette raison très simple qu'il me paraissait que l'examen comparatif de la législation qui régit la presse dans les divers États de l'Europe serait sans utilité aucune. A quoi servirait, en effet, de connaître les difficultés, les entraves mises, soit en France, soit ailleurs, à l'exercice de la liberté de la presse? En quoi cette connaissance, en admettant qu'elle fût exacte et parfaitement complète, ferait-elle faire le moindre progrès à la question? De plus, il me semble qu'en matière de législation de la presse, il n'y a rien au monde de plus simple que la suppression de toute législation, de toutes les entraves mises à l'exercice du droit d'exprimer sa pensée. La question se réduit à savoir si les hommes qui sont en possession de leur bon sens, de leur raison, ont le droit de l'exercer.

Eh bien, je crois que, puisque nous sommes une association libre fondée pour le progrès des sciences sociales, nous devons poser la question autrement qu'on ne la pose dans les associations qui ne sont pas libres, c'est à dire dans les corps officiels : nous devons nier ici, très hautement et très nettement, qu'on doive faire et qu'on ait le droit de faire aucune loi sur la presse. Nous devons affirmer qu'on a le droit d'écrire,et d'imprimer, comme on a le droit de penser ; ni plus, ni moins.

Je sais que cette opinion soulève des objections et que je suis en désaccord, quoique ancien journaliste, avec la plupart des journalistes. Il y a controverse sur la question de savoir si la presse peut faire du bien ou si elle peut faire du mal, si elle peut nuire ou servir. Si, en effet, elle peut nuire, oh ! alors, je comprends très bien la nécessité d'une législation préventive ou répressive ; car, après tout, si vous pouvez nuire à l'État, l'État a le droit de se défendre ; alors il intervient et il fait une loi pour règlementer l'exercice de la liberté de la presse.

A mon avis, et j'ai une longue expérience en cette matière, j'affirme que la presse est impuissante aussi bien pour nuire que pour servir.

Le journalisme, c'est le doute constitué.

Le mal que peut faire la presse, en admettant qu'elle en puisse faire, est guéri par le bien qu'elle fait d'un autre côté.

Je me résume donc et je dis qu'en matière de liberté de la presse, il importe très peu de connaître les moyens qui ont été employés soit en Angleterre, à une certaine époque, soit en Belgique, soit en France, soit ailleurs, pour régler ou modérer l'exercice de cette liberté ; qu'il faut conclure à l'impossibilité (l'expérience le prouve suffisamment d'ailleurs) d'une législation en matière de presse, et surtout, à l'inutilité d'une pareille législation.

M. DUBIER (France). Si la question est maintenue à l'ordre du jour, je voudrais qu'on la complétât, et qu'au lieu de demander un exposé de toutes les législations sur la presse existant dans tous les États de l'Europe, on demandât de déterminer quelles sont les conditions d'une bonne législation sur la presse. Je crois que cette législation doit être très simple, mais que, cependant, il en faut une.

M. HÉROLD (France). En toute chose, messieurs, il y a le désirable et le possible. Tout en me rapprochant beaucoup, en théorie, de l'opinion émise tout à l'heure sur la nécessité de la liberté aussi absolue que possible en matière de presse, il est incontestable que, dans l'état actuel des choses, la législation de l'Europe est loin de cet idéal. Pour ma part, je serais très heureux de connaître les législations sur la presse qui ont un caractère plus libéral que la législation française. Je serais très heureux, notamment, de connaître la législation belge qui passe, aux yeux de l'Europe, pour être très libérale. Je voudrais connaître aussi celle des autres pays, pour pouvoir baser mon opinion sur des faits existants et chercher le moyen d'introduire des modifications dont l'utilité, en principe, n'est contestée par personne. Je demande donc que la question soit maintenue à l'ordre du jour comme une des plus intéressantes qui puisse nous occuper.

M. MORIN (France). Il faut, je pense, se conformer au programme ; faire, en quelque sorte, la statistique des diverses législations sur la presse. Si l'on veut, on pourrait dispenser la France de faire sa confession. (Rires.) Mais que ceux qui ont la liberté de la presse veuillent bien nous dire en quoi consiste leur législation, pour que nous puissions en profiter, pour que nous puissions aviser au meilleur régime à donner à la presse dans notre pays. M. Ém. de Girardin vient de le dire en deux mots : liberté entière, absolue ; point d'entraves. C'est aussi mon avis. — Je demande donc si la discussion roulera sur l'examen des divers régimes de la presse en Europe, ou bien, si l'on se bornera à examiner quelle serait la meilleure législation sur la presse.

M. Eug. Pelletan (France). Il y a deux questions à examiner : d'abord, une simple question de fait, la comparaison des diverses législations ; ensuite, quel principe doit régir toutes ces législations diverses. Il faut donc naturellement commencer la discussion par l'exposé des faits, pour pouvoir ensuite en tirer une conclusion. C'est la seule marche rationnelle.

M. Ém. de Girardin (France). Je ne répondrai qu'un seul mot. A quoi bon cet examen, puisque nous avons l'expérience de tous les régimes de presse qu'on peut imaginer ? Ils ont été successivement appliqués à tous les pays de l'Europe. En France, nous avons vu la presse soumise à des lois préventives, à commencer par la censure ; puis, sont venues les lois répressives, les lois qui punissaient l'attaque à la personne du souverain, aux lois, à la morale, à la religion,... pardon, je m'égare dans cette nomenclature (hilarité) ; enfin, nous avons eu, je dois le dire, la liberté de la presse, pendant un temps trop court, et, durant cette période, la liberté de la presse n'a eu d'autre limite que l'intolérance des mœurs. Car il se trouve quelquefois que les mœurs sont plus intolérantes que la loi. Il y a des exemples en France ; on en pourrait citer ailleurs. C'est bien assez, déjà, que vous ayez les mœurs comme correctif de cet excès de liberté, si le mot liberté et le mot excès peuvent se lier l'un à l'autre.

Je dis donc que l'examen comparé qu'on nous demande est sans utilité aucune. Vous avez expérimenté en France tous les régimes de presse. Les hommes les plus considérables, comme jurisconsultes, comme législateurs, ont concouru à la confection de ces lois. Ainsi, prenez depuis 1815 jusqu'en 1830, toutes les législations qui ont régi la presse en France : qu'est-ce qu'elles ont produit ? Rien. De 1830 à 1848, la France a vécu sous le régime de lois répressives analogues à celles qui existent en Belgique. Nous tous, et je m'en accuse tout le premier, nous avons trouvé que nous n'avions pas réellement la liberté de la presse. Plus tard, nous avons eu la liberté entière de la presse : pas de cautionnement, pas d'autorisation, pas d'avertissement, pas de timbre même ! Il n'est qu'une seule chose dont je n'aie pas pu obtenir la suppression, c'est la censure matérielle qui s'appelle l'imprimeur. Je me souviens d'avoir demandé qu'on restituât aux imprimeurs la liberté d'imprimer ; je n'ai pas pu l'obtenir. Eh bien, cela seul suffit pour dire que la liberté de la presse n'existe pas.

Je le demande donc, à quoi nous servirait d'étudier la législation de la presse dans les différents pays ? La seule question qui devrait être débattue est celle de savoir si l'on peut faire une législation sur la presse ; car la question est pendante. On essaie, depuis 1830, de faire une loi sur la presse. — L'assemblée trouvera-t-elle ce que tous les Corps législatifs de tous les pays du monde n'ont pu trouver ? Je ne demande pas mieux que de voir discuter la question ainsi posée : Quelle loi peut-on faire sur l'exercice de la liberté de la presse ?

M. Eug. Pelletan (France). Je ne diffère pas avec M. Ém. de Girardin quant au fond. Pas plus que lui, je ne crois aux crimes ni aux délits de la presse, deux cas réservés cependant. Mais enfin, nous ne pouvons pas empêcher que le congrès n'ait posé une question sur laquelle plusieurs d'entre nous ont probablement des travaux préparés. Eh bien, je crois que, pour la thèse même que soutient M. de Girardin, il est bon que toutes les législations sur la presse soient ici examinées et discutées ; ce sera le plus fort argument pour M. de Girardin.

Je demande donc que la discussion commence par l'historique de toutes les législations existantes sur la presse ; c'est surtout cette étude comparative qui fera voir l'impuissance de toute autorité à comprimer l'essor de l'esprit humain. Cela fait, nous aborderons la discussion du principe.

LE PRÉSIDENT (M. TIELEMANS). Je crois que la discussion sur ce point est terminée ; il ne s'agit plus que de poser la question. Nous avons encore trois jours pour traiter toutes les questions du programme, car il est bien entendu que les questions sur lesquelles on n'a point parlé aujourd'hui pourront être traitées demain et les deux jours suivants. Je vous propose de remettre à demain, à 2 heures, la reprise de la discussion sur la question de la presse. — Cette proposition est adoptée.

Séance du 23 septembre. — Présidence de M. TIELEMANS.

(Suite des débats sur la presse.)

M. EM. DE GIRARDIN (France). La question posée par votre comité, messieurs, est celle-ci : *quelles sont les législations qui régissent la presse dans les différents pays d'Europe. Étude comparée.*

A quoi bon cette étude comparée, si ce n'est à prouver que les gouvernements les plus solides sont ceux où les lois contre l'exercice de la liberté de la presse sont les moins restrictives? si ce n'est à glorifier la Belgique, la Grande Bretagne et la Suisse au détriment de la France, leur voisine ?

Toute loi sur la presse est une loi contre la presse.

Pourquoi des lois contre la presse ?

De quel droit et à quel titre ?

Que les gouvernements gouvernent à leurs risques et périls !

Qu'ils se défendent uniquement par leurs actes !

S'ils sont bons, c'est à dire s'ils respectent pleinement les droits de l'individu, qu'ils durent ! S'ils sont mauvais, c'est à dire s'ils portent atteinte aux droits de l'individu, qu'ils tombent ! Qu'ils durent ou qu'ils tombent, sans distinction entre gouvernements monarchiques ou républicains, aristocratiques ou démocratiques, traditionnels ou constitutionnels.

Qu'est-ce que la liberté de la presse? C'est la liberté de penser tout haut. Rien de plus. La liberté de penser est indivisible. Elle implique la liberté de parler, et celle-ci, la liberté d'écrire et d'imprimer. Sans la liberté de la parole parlée, écrite, imprimée, à quoi bon la liberté de penser ?

Mettre des limites à la liberté de penser tout haut, c'est mettre des limites à la liberté de penser tout bas.

Penser tout haut ce qu'on pense tout bas est-il punissable ? En d'autres termes : Y a-t-il des crimes et des délits de la pensée parlée, écrite ou imprimée ?

Je pose ainsi la question :

Les journalistes sont-ils sorciers ?

Est-il en leur pouvoir de rendre mauvais un gouvernement qu'ils trouvent mauvais, s'il est bon ?

Est-il en leur pouvoir de rendre bon un gouvernement qu'ils trouvent bon, s'il est mauvais ?

Si les journalistes avaient ce pouvoir, les meilleurs gouvernements de l'Europe seraient ceux dont il n'est permis de dire que du bien ; ce seraient les gouvernements de l'Autriche, de la France et de la Russie ; les moins bons seraient ceux de la Belgique, de la Grande Bretagne et de la Suisse, qu'il est permis de critiquer.

J'ose dire, qu'on me pardonne cette impardonnable audace, j'ose dire que les journalistes qui outragent la vérité n'ont pas le pouvoir de changer la vérité en mensonge ; j'ose dire qu'ils n'ont pas le pouvoir d'ensorceler les gouvernements ; j'ose dire, en plein dix-neuvième siècle, qu'ils ne sont pas des sorciers ; j'ose dire que crimes et délits de la presse sont crimes et délits imaginaires.

Si les sorciers avaient été réellement des sorciers, s'ils avaient eu la puissance surnaturelle de nuire, la société aurait eu raison de les brûler. Pourquoi a-t-elle eu tort de le faire ? C'est qu'il n'était pas vrai qu'ils eussent la puissance surnaturelle que l'ignorance leur supposait et que plusieurs ont eu l'orgueil et la bêtise de s'attribuer jusque sur le bûcher.

Je viens de nier que la liberté de la presse soit douée d'aucune puissance surnaturelle ; maintenant, je vais nier qu'elle exerce aucune puissance politique.

Je déplace la question et je la pose en ces termes :

Un gouvernement étant bon et faisant tout ce qu'il devrait faire pour mériter de durer, serait-il au pouvoir des journalistes qui l'attaqueraient injustement de l'ébranler et de le renverser ?

Un gouvernement étant mauvais et faisant tout ce qu'il devrait faire pour mériter de tomber, serait-il au pouvoir des journalistes qui le défendraient systématiquement de l'affermir et de le perpétuer ?

Je réponds : non, sans hésiter.

Si j'ai tort, si je me trompe, que dans cette enceinte où je parle un auditeur se lève, et cite un bon gouvernement qu'une presse hostile ait détruit, un mauvais gouvernement qu'une presse servile ait sauvé.

Un bon gouvernement n'a rien à craindre des mauvais journaux qui l'attaqueraient.

Un mauvais gouvernement n'a rien à craindre des bons journaux qui lui résisteraient ; car, eussent-ils la puissance de le renverser, pour ne pas périr par eux, il les aurait fait périr avant lui : quand il tombe, il ne tombe jamais qu'après eux, et n'eussent-ils jamais existé, il serait tombé sans eux.

Est-ce que l'expérience n'est pas là pour enseigner et pour montrer que les gouvernements les plus discutés ne sont pas les moins solides, et que les gouvernements les moins discutés ne sont pas les plus affermis ?

Dès qu'on observe avec soin, — l'esprit dégagé de toute notion antérieure, en procédant comme procède la science, sans préventions, sans passions, sans parti pris, sans idée préconçue, — on reconnaît que la puissance attribuée à la liberté de la presse est une puissance tout imaginaire qui n'existe que dans l'aveugle effroi qu'elle inspire. C'est la puissance du fantôme qui, elle aussi, n'existe que dans une puérile terreur, se dissipant en même temps que se dissipe l'ignorance.

Que cesse la puérile crédulité des gouvernements, et aussitôt cessera la prétendue puissance des journaux !

Une puissance uniquement fondée sur l'ignorance et la crédulité mérite-t-elle le nom de puissance ?

Je n'hésite pas à répondre : Non.

Voltaire a dit :

> Les prêtres ne sont pas ce qu'un vain peuple pense ;
> Votre crédulité fait toute leur science.

Ce que Voltaire a dit des prêtres, je le dis des journalistes aux gouvernements :

> Votre crédulité fait toute leur puissance.

Puissance imaginaire équivaut à impuissance réelle.

De l'impuissance reconnue de la presse découle naturellement l'impunité systématique de la presse.

Plus de crimes ni de délits de la parole parlée, écrite, imprimée, conséquemment, plus de lois ni préventives, ni répressives, ni restrictives, contre la liberté de la presse.

Telle est ma conclusion, et je la précise en ces termes que je vous propose d'adopter sous forme de déclaration :

De l'étude comparée des législations qui régissent la presse dans les différents pays d'Europe il résulte qu'après la Suisse, où la presse est pleinement libre, c'est en Belgique que la presse est le moins contenue par des mesures restrictives et répressives ; de l'expérience d'un très grand nombre d'années il résulte, également, que cette liberté dont la presse jouit dans ces deux pays n'y a pas ébranlé l'ordre; prenant en considération cette longue et concluante expérience, l'*Association internationale pour les progrès des sciences sociales* déclare se prononcer hautement et unanimement :—contre le régime de la censure, où cet abus de la force existe;— contre le privilége des autorisations préalables, où cette inégalité a été créée;—contre l'intimidation des avertissements, des suspensions et des suppressions, où cette terreur sévit; — contre le dépôt de cautionnements, où cette mesure préventive est établie; —contre les brevets d'imprimeurs, où cette atteinte est portée à la liberté et à l'égalité des professions; —contre la taxe du timbre, où le poids de cet impôt est un obstacle calculé pour restreindre la lecture des journaux ; — enfin, contre tout mode de restriction fiscale et de répression légale.

LE PRÉSIDENT. La parole est à M. Eug. Pelletan. (Applaudissements.)

M. EUG. PELLETAN (France). En vérité, messieurs, vos sympathies m'écrasent ; je vous demande plutôt votre indulgence : je me suis levé ce matin avec la fièvre. Que voulez-vous ? L'air de la liberté m'a porté à la tête. Vous nous avez ouvert ce concile universel de l'esprit humain; cette initiative vous revenait de plein droit. J'aurais cru manquer à un devoir, malgré ma faiblesse personnelle, si j'avais manqué à ce rendez-vous.

Je vais répondre à la théorie de M. de Girardin. Je l'accepte en partie, je la repousse aussi par un côté. Mais, auparavant, j'ai besoin de faire cette étude comparée de la législation qui n'a pas encore été faite. J'aurais pu en tirer mon profit si quelqu'un s'était chargé de ce travail.

Eh bien, je crois, sans vouloir entrer dans les détails de l'analyse, qu'on peut, en fait de presse, grouper tous les Etats de l'Europe en deux familles : les États où le gouvernement laisse parler l'opinion publique, les États où il la fait parler : il n'y a pas d'autre distinction. Chaque fois qu'un gouvernement, quel qu'il soit, impose silence à un pays, c'est qu'il a quelque raison secrète de modestie.

Jusqu'à présent, on n'avait connu qu'une seule manière de retirer la parole à un peuple et de le tenir au secret; c'était la censure. Je crois qu'elle est encore pratiquée en Russie.

Le procédé est simple : tout écrivain doit porter son manuscrit à un *collaborateur* officiel que l'on nomme censeur. Ce collaborateur change, mutile, dénature, fait dire à l'écrivain juste le contraire de ce qu'il a dit. Ce système, messieurs, peut tuer la pensée, il la tue même assurément, mais il a du moins cet avantage qu'il ménage la personne de l'écrivain ; quand le censeur a donné son *visa*, l'écrivain échappe à toute responsabilité légale ; et quand un article est publié, s'il déplaît au pouvoir, c'est le censeur qui est puni. Je dirai même qu'en Russie, dans ce cas, le censeur est mis sur le chevalet et reçoit la bastonnade. La Russie aime assez ce mode de procéder ; elle trouve que le métier de censeur mérite bien cette récompense. (Rires et bravos.)

Il y a, ensuite, un second système qui consiste dans l'avertissement, espèce de sphynx qui dit à l'écrivain : devine, ou je te dévore ! Ah ! messieurs, c'est là un véritable trait de génie. Car ce procédé fait de l'écrivain son propre censeur ; il le place entre le châtiment et sa conscience ; il le condamne à la vérité ou à la lâcheté ; il le fait à la fois bourreau et supplicié, il lui dit : mutile-toi de ta propre main ; méprise-toi ; refoule en toi ce que tu as de meilleur, porte-le en toi comme un remords. (Applaudissements.)

Ah ! de grâce, messieurs, n'applaudissez pas. Je parle en ce moment devant des étrangers, et je parle de mon pays. Respectez la douleur de la piété filiale. (Sensation.).

Eh bien ! messieurs, voilà le premier rouage de ce mécanisme ingénieux. Mais ne croyez pas que l'avertissement dispense l'écrivain de la prison. Non, messieurs, on a laissé toutes les lois répressives à côté de l'avertissement. Ce n'était pas assez d'avoir fait de l'écrivain son propre censeur : quand il ne se censure pas assez, on l'envoie en prison, et, par application d'un article additionel resté derrière le rideau, dans une loi de sûreté générale, on l'envoie à Cayenne ou à Lambessa. On a fait du soleil, Dieu de la lumière, le châtiment de la pensée ! (Bravos !)

Dites-moi, messieurs, que gagne le pays à cette discipline de la parole qui n'est, en réalité, qu'une nouvelle forme du silence ? car en France, à l'exception de quelques journalistes de courage dont j'en vois quelques-uns ici, les journaux me représentent assez exactement les tuyaux différents d'un orgue qui doit rendre, sous les doigts de l'organiste, le même air avec des notes variées.

Qu'en est-il résulté pour la France ? Je le dis avec douleur, il en est résulté une diminution d'intelligence. Quels talents nouveaux avons-nous vus éclore depuis une douzaine d'années ? Aucun ; car je ne parle pas de ce talent, facile en France, de l'esprit pour l'esprit, du clown chargé de remplir l'entr'acte par des cabrioles. — A part cela, où sont nos nouvelles gloires, où sont nos nouvelles richesses intellectuelles ? Hélas ! messieurs, nous vivons sur notre capital acquis d'hommes illustres ; nous ne l'avons pas renouvelé, et, pour répéter un mot que j'ai déjà dit ailleurs : « Nous nous éclairons et nous nous réchauffons aux derniers rayons du soleil couchant. » (Applaudissements.)

Et le gouvernement lui-même, quels avantages a-t-il retirés de ce système de quarantaine ? il a mis la presse au lazaret ; mais, à côté de cette presse suspecte, a surgi de je ne sais quels bas-fonds une presse invisible, une presse mystérieuse, une presse insaisissable : la presse parlée, la conversation. Il suffit au premier venu, au premier romancier de la politique d'inventer l'anecdote la plus invraisemblable ; elle circule, elle prend date, elle devient vérité et, le *Moniteur* a beau la démentir, on ne le croit pas. On ne le croit pas, savez-vous pourquoi ?... précisément parce qu'il a démenti (rires) ; l'esprit frondeur est ainsi fait. Or, je le déclare du fond du cœur, c'est un malheur pour un pays que d'avoir ainsi l'oreille toujours béante à la calomnie.

Maintenant je rentre dans la question posée par M. Émile de Girardin.

Oui, il a parfaitement : raison dans l'ordre des doctrines, la liberté de la presse ne peut offrir aucun danger.

Au moyen âge, toutes les fois qu'éclatait un fléau, on voulait absolument trouver un agent responsable, un homme qui eût déchaîné ce châtiment sur le monde ; et cet homme, on l'appelait sorcier. En Flandre, vous avez eu une duchesse qui a fait périr 3,000 sorciers ; au XVIIe siècle, en France, le président Delanghe en a fait périr 1,700. On condamnait d'autant plus aisément le sorcier, qu'on ne pouvait pas faire la preuve de la sorcellerie. On a reporté l'erreur de la magie à la pensée ; on a cru à une puissance satanique de la parole ; mais lorsqu'un homme prêche une doctrine, il ne fait que la proposer, en vertu de sa raison libre, à une autre raison libre, et s'il l'empoisonne, il a commencé par s'empoisonner lui-même ; probablement, même, l'empoisonné a consenti au poison. C'est donc l'empoisonnement par consentement mutuel. Ainsi donc, je crois avec M. de Girardin à l'innocuité de la presse dans le domaine de la pensée ; mais je diffère d'opinion avec lui dans le domaine de l'action. Il est des cas où l'écrivain peut commettre de véritables délits. M. de Girardin a fait bon marché de la calomnie. Oui, sans doute, l'homme d'État doit la mépriser ; ses actions répondent pour lui. Nous ne pensons pas, nous non plus, que les ministres soient de petites maîtresses, d'une telle délicatesse de nerfs, qu'ils doivent s'évanouir à la moindre note discordante d'un journal. Mais convenez, cependant, qu'il est des moments où la calomnie peut entraîner la ruine d'un homme, d'une maison ; quand, par exemple, un journal vient dire faussement d'un négociant qu'il a déposé ou va déposer son bilan. Eh bien, voilà une action odieuse pour laquelle nous demandons une répression. Il faut mettre dans la loi une disposition contre les calomniateurs. Déshonorer un homme, cela n'est-il pas souvent plus cruel, plus irréparable que de le frapper du couteau ou du bâton ? Au bout de quelques jours, il est guéri d'une blessure corporelle ; mais quel moyen, dites-le moi, de se guérir des blessures de la calomnie ?

Il est un autre cas encore, où la peine peut encourir une répression pénale. C'est quand, au lieu de s'adresser à la raison publique pour faire triompher ses idées, elle fait directement appel à la révolte, à l'insurrection, et indique des moyens de triompher par la force. C'est qu'alors il ne s'agit plus de doctrines, mais d'un fait, d'un fait qui tombe sous le coup de la loi pénale.

Je répondrai seulement un mot à la théorie de M. de Girardin sur l'impuissance de la presse. S'il a raison, quel métier de dupes faisons-nous donc ? Quoi ! quand nous parlons, quand nous écrivons, nous n'avons pas l'espoir de convaincre nos semblables, de les améliorer ? Mais, si cela était et si telle était l'impuissance de la parole écrite ou parlée, comment donc nous expliquerons-nous les progrès de l'humanité ? — Vous m'objectez et vous invoquez l'exemple de la Belgique où, après des années de discussions, de polémiques incessantes, on retrouve les mêmes partis en présence, les mêmes divergences d'opinion. Mais, messieurs, oserait-on prétendre que, bien que les organes de ces partis aient conservé le même nombre d'abonnés, la presse n'a pas exercé sur les uns et sur les autres une influence latente, qu'elle n'ait modifié plus ou moins les opinions ?

Et maintenant, messieurs, je n'ai plus qu'à vous remercier de votre bienveillance. Vous avez ici élevé une tribune vraiment européenne ; vous mettez le sort de l'humanité à l'étude. Y a-t-il quelque chose de plus grand dans le monde ? Essayons donc ici, à frais communs, de bonne volonté, d'assurer le triomphe de la liberté ! C'est la question fondamentale dont la solution entraînera la solution de tous les autres problèmes. Je ne suis pas novice dans la vie ; j'ai appris à calculer les chances diverses d'une situation donnée. Je sais, car telle est la loi de l'histoire, que l'avenir appartient à la liberté. Il y a des défaites qui sont des victoires. — J'en appelle à ce sublime blessé, couché aujourd'hui, une balle dans le pied, sur son lit de douleur. Eh bien, la liberté le relèvera, et je crois que la terre ne tournera plus longtemps autour du soleil avant que nous ne voyions Garibaldi debout. Je sais bien que, dans l'intervalle, il peut arriver des malheurs individuels; nous en avons pris notre parti. Nous avons jeté nos âmes à une telle hauteur, qu'aucune puissance de la terre ne saurait les atteindre. (Applaudissements prolongés.)

M. DE PRESSENSÉ (France). Il faut, messieurs, la conscience d'un devoir à remplir pour que je me hasarde à faire diversion à ces brillantes et généreuses paroles que vous venez d'entendre et qui laisseront comme de longs sillons de feu dans nos âmes.

J'abonde dans la théorie que l'honorable M. Pelletan vient de nous développer, avec les réserves qu'il a faites. Moi aussi, je suis partisan de la liberté indéfinie de la parole et de la pensée. Mais il y a un moment où la parole laisse découler la boue et le sang. Dès qu'elle est devenue un cri de colère et de vengeance ou bien une insulte infâme, alors, je ne lui reconnais plus le droit de se prévaloir de la liberté.

Mon intention n'est pas de rentrer dans tout ce qui vous a été si bien dit. Je veux seulement appeler votre attention sur l'une des applications de la liberté de la presse.

Si l'on vous eût apporté ici cet examen comparatif des diverses législations de la presse dans les États de l'Europe, vous auriez vu, dans les pays qui ont le malheur de ne pas posséder le droit sur ce point, les mesures restrictives accumulées particulièrement sur tout ce qui se rapporte aux discussions religieuses; et des faits récents, qui pourraient être produits à cette tribune, démontreraient jusqu'où l'on est allé pour restreindre les polémiques religieuses. Or, messieurs, je ne crois pas me tromper en disant que nous sommes non seulement dans une grande crise politique, mais aussi dans une grande crise religieuse.

Allez au fond de toutes les grandes agitations de l'humanité, et je le dis à son honneur, vous y trouverez les questions religieuses. Nous sommes dans une grande crise : soit que vous considériez la religion en elle-même, soit que vous considériez l'organisation de la société religieuse, vous y trouvez constamment la question des relations du temporel et du spirituel. Eh bien, pour que cette crise aboutisse, nous avons besoin d'une liberté complète de polémique, et je viens la réclamer. Moi, messieurs, qui, je l'avoue hautement, crois au christianisme avec toute l'énergie de mon âme et de ma conscience; moi qui ne pense pas qu'il ait vieilli d'un jour, qui crois encore que l'Évangile est la charte de toutes les libertés, je viens, précisément à cause de cela, réclamer non pas seulement l'entière liberté de la polémique religieuse dans les controverses entre les divers cultes, mais encore, l'entière liberté des attaques contre ce qui me tient le plus près au cœur. Oui, je viens réclamer cette liberté, et je voudrais, en quelques mots, montrer aux hommes de religion combien il leur importe de réclamer et de sauvegarder cette entière liberté de la presse dans les polémiques religieuses. Je ne crois pas m'éloigner de votre programme, messieurs, en abordant cette question.

Je dirai d'abord que la liberté de la presse, prise dans sa plus grande généralité, se recommande au point de vue religieux. Porter atteinte à la liberté de la presse, c'est à dire, à la libre manifestation de la pensée, c'est porter atteinte à une grande loi providentielle qui se révèle dans la création. Dieu a fait la pensée de l'homme libre, et tellement libre, que je vous défie de l'enchaîner. Non, messieurs, il ne s'est pas encore trouvé d'oiseleur assez habile, de rets aux mailles assez étroites pour la rendre prisonnière. A ce point de vue donc, la liberté de la presse se recommande aux hommes religieux. Mais il est surtout un domaine où toute violation de cette liberté est véritablement une impiété : c'est le domaine de la pensée religieuse proprement dite. Montesquieu l'a dit admirablement : « la puissance des lois vient de ce qu'on les craint, et la puissance de la religion de ce qu'on la croit. » Ce qui veut dire qu'une religion ne peut reposer que sur la libre appréciation et, par conséquent, sur la liberté complète de discussion. Il n'est pas possible de concilier la persuasion et la contrainte.

Il y a, messieurs, deux manières de régner : une grande et une petite. La grande consiste à régner par la liberté et sur des êtres libres qui se donnent volontairement ; la petite manière consiste à régner sur des esclaves et par le despotisme. Eh bien, ce n'est pas la petite manière de régner que Dieu a choisie : c'est sur des êtres libres et par la liberté qu'il veut régner. Ce n'est pas la peine d'être tout puissant pour être despote.

Ainsi, à ce point de vue déjà, l'oppression constitue un attentat, une injure à la divinité. Et, d'ailleurs, ne voyez-vous donc pas qu'en voulant restreindre la liberté des discussions religieuses, vous avez commencé par confesser votre propre incrédulité ? Eh ! quoi, vous frappez ? c'est donc que vous ne voulez pas écouter. Et vous ne voulez pas écouter, parce que vous sentez bien que celui qui vous résiste est plus fort que vous. — Ainsi, vous débutez par réaliser votre propre défaite, et pour éviter des blessures, vous avez commencé par le suicide. Singulier moyen de conserver votre croyance.

Je le répète donc : sans liberté, la pensée religieuse perd toute dignité. La pensée religieuse, savez-vous quand elle règne ? quand elle a surtout régné ? c'est quand elle portait la couronne d'épines au front ; c'est quand elle était au pied d'un tribunal de proconsuls. C'est alors qu'elle disait : « Je suis reine, mon royaume n'est pas de ce monde. » Et quand, du haut de ce tribunal, elle rend des arrêts, qu'enseigne-t-elle aux masses ? « Celui qui se sert de l'épée périra par l'épée. » — Aussi, messieurs, où sa puissance religieuse a-t-elle éclaté de son plus vif éclat ? C'est sur un gibet, sur une croix couverte d'ignominie ; c'est du haut de cette croix où la force brutale l'avait clouée que sa plus grande puissance spirituelle a pris son élan dans le monde. — Je suis tellement pénétré de cette pensée, que j'aspire ardemment au moment où il n'y aura plus ni contrainte, ni faveur ; plus de budget des cultes, plus rien que la liberté ! (Applaudissements.) C'est là ma grande aspiration, et j'espère bien qu'un jour quelque homme éminent de ce pays, un de ces hommes qui semblent avoir reçu pour mission d'éclairer les esprits, soumettra cette question à votre attention. Je l'espère et le demande pour un de nos prochains congrès.

Mais, messieurs, je reviens à la question, et je dis que, quant à moi, lorsque la liberté de la manifestation des pensées religieuses, lorsque la liberté des attaques est le moins du monde gênée, je me sens deux fois offensé : offensé comme libéral sincère, ami de la liberté, offensé comme homme religieux. Oui, le rouge me monte au front, lorsque j'entends dire que la pensée religieuse ne peut se passer de contrainte. Quoi ! vous osez dire cela à ce siècle qui vous écoute, qui vous subit et qui, peut-être, est tenté de se détourner de vous ! — Mais alors, vous avouez donc que c'est la force matérielle qui vous soutient ? vous croyez à cette force matérielle et pas à autre chose ?

Messieurs, j'entends quelquefois parler des droits de la vérité. Les droits de la vérité ! Mais c'est un des plus détestables sophismes imaginés par certains esprits contemporains ! On veut dire, par là, que la vérité religieuse doit avoir des immunités particulières, qu'elle a des droits que l'État doit sauvegarder. — D'abord, faites-y attention, votre vérité à vous n'est pas la vérité de tout le monde. Vous êtes ici, à ce degré de latitude et de longitude, les plus forts. Mais, prenez-y garde, la chance peut tourner, et votre argument est une épée à deux tranchants qui pourrait bien un jour vous transpercer vous-mêmes. Prenez garde qu'en entendant murmurer confusément parmi vous (et je m'adresse ici à tous ceux qui sont animés de l'amour de la liberté de conscience, dans toutes les églises, dans toutes les communions religieuses), prenez garde qu'on ne recueille de vous cette parole, — elle a été prononcée, — que quand vous n'êtes pas les plus forts, vous ne servez la liberté que parce que c'est votre intérêt. — Non, non, point d'immunités pour la pensée religieuse ; non, non, ne la traitez pas comme une chose sacrée. Qu'elle entre dans la loi, qu'elle descende dans l'arène, qu'elle combatte par la raison, visière levée. Je vous le dis dans le plus grand intérêt de la vérité et de la liberté.

Il y a bientôt trente ans, parut en Allemagne un livre illustre et plein de talent ; c'était, à coup sûr, l'œuvre la plus formidable qui eût jamais été dirigée contre la pensée religieuse : je veux parler de la *Vie de Jésus* de Strauss. — On fut inquiet de cette apparition, et on demanda à l'un des plus illustres théologiens évangélistes de ce pays s'il ne fallait pas empêcher la circulation d'un tel livre. Il répondit, avec une légitime indignation, que toute pensée devait circuler. Mais en même temps, il tailla sa plume et il écrivit une réfutation. — Voilà ce qui s'appelle combattre à armes égales sur le terrain de la liberté. — Ah ! messieurs, si l'on entrait résolûment dans cette voie, que de causes de dissensions disparaîtraient ; et peut-être verrions-nous disparaître aussi ce qui, au fond de ma conviction, n'est qu'un funeste malentendu et la source du déplorable désaccord qui règne entre la religion et la liberté. Peut-être alors, sur ce terrain, se réconcilieraient-elles et verraient-elles enfin tout ce qu'elles renferment de bénédictions, de lumière et de force pour notre génération. Et, si vous le pouvez, faites que votre pensée, votre croyance monte comme un soleil à l'horizon des esprits, et que, par sa chaleur spontanée, elle dissipe les nuages qui vous séparent. Mais ne jouez pas avec la foudre ; car celles que vous lancez parfois encore sont des foudres mouillées qui n'atteignent plus personne.

Ainsi donc, liberté, liberté complète pour la polémique religieuse, liberté pour la presse dans ses attaques contre le christianisme : voilà ce que je demande. Et je termine, messieurs, par un mot d'un homme qui fut si longtemps l'un des plus grands champions de la liberté de conscience, d'un homme qui fit partie de cette minorité maudite et proscrite qui fut traitée comme la balayure du monde, par ce mot de Tertullien : « *Non est religionis cogere religionem.* » (Applaudissements.)

M. Desmarest (France). Dans le cours de la discussion qui vient d'avoir lieu, j'ai été sollicité deux fois, par la nature de mes idées, de demander la parole. J'y ai été sollicité une première fois, par la position de la question telle que l'avait formulée M. Émile de Girardin. Cependant, je croyais qu'une occasion plus favorable pour moi se présenterait, quand M. Émile de Girardin aurait lui-même, dans le débat, rencontré la contradiction qu'avec sa vaillance ordinaire il était disposé à chercher.

Mais la discussion, messieurs, a immédiatement abandonné ce point de vue. Elle a rencontré, dans la vive, chaleureuse et entraînante parole de M. Eug. Pelletan, ce que j'appellerai une diversion. Mais elle n'était point assez considérable — non point par le talent et par la magie de la pensée, mais par l'opposition — pour fournir à M. de Girardin le contradicteur qu'il sollicitait.

Dans le dernier discours que vous venez d'entendre, la question a été nettement posée sur le terrain de la liberté religieuse. Là, encore une fois, j'ai été sollicité de prendre la parole, et j'ai cédé à cette impression parce que j'avais cru découvrir, dans la pensée de l'orateur, je ne sais quel genre de liberté mitigée et compromettante contre laquelle j'étais en disposition de m'insurger. Mais je dois lui rendre cette justice que j'avais mal compris sa pensée, et que la netteté de la déclaration qui a terminé son discours m'a donné, comme à

cette assemblée — j'en juge par ses applaudissements —, une grande et légitime satisfaction.

Permettez-moi donc, messieurs, de reprendre le débat au point où il a été placé dès le
début, et de restituer à la proposition de M. de Girardin son véritable caractère, sa véritable portée.

M. de Girardin est venu défendre ici le principe absolu de la liberté illimitée de la
pensée et de la presse. — Il vous a dit : il ne peut pas y avoir de délit de la pensée, il ne
peut pas y avoir de délit de la presse, et, en conséquence, ce que je demande à la législa-
lation de tous les pays, ce n'est pas même une loi libérale sur la presse. Je pose en fait,
d'une manière radicale, absolue, que toute loi sur la presse est une loi contre la presse.
— Ainsi, il faut abaisser toute espèce de barrière, confondre la liberté de la presse
avec la liberté de la pensée, et donner à cette liberté un essor illimité. C'est cette thèse,
messieurs, que je demande la permission de combattre dans une certaine mesure.

Mon Dieu ! messieurs, quand je prends cette détermination, je me trouve, je l'avoue, en
révolte contre moi-même, contre toutes les aspirations de ma pensée ; car ce que j'aime
avant tout, c'est la liberté ; et si je n'étais convaincu, à ce moment, que c'est pour mieux la
sauvegarder, je n'aurais pas le courage de la défendre comme je vais le faire.

Je suis cependant attiré par le discours de M. Pelletan, et quand je vois un homme d'un
caractère si rassurant pour tout le monde, d'une pensée si démocratique, si libérale ; un
homme qui a eu tout récemment l'honneur de souffrir pour cette liberté de la pensée, dont
il est un des plus charmants et des plus chaleureux champions (applaudissements) ; quand je
le vois proposer des limites à la presse, alors, messieurs, je suis pleinement rassuré.
— La thèse de M. de Girardin l'a effrayé, et en conséquence, il a demandé une restriction — elle appartenait à ce noble cœur — il a fait une restriction contre la calomnie ; il
en a fait une seconde contre l'appel à la révolte.

Je crois qu'elles sont justes et légitimes ; mais je lui demanderai, et à vous tous, messieurs,
pour notre satisfaction commune, je lui demanderai la permission de placer la question sur
le terrain que j'appellerai plus logique et plus philosophique.

Je ne me préoccupe pas encore des exceptions ; mais je réponds à la pensée de M. de Girardin : peut-il y avoir des exceptions ?

M. DE GIRARDIN. J'ai dit que non.

M. DESMAREST. Évidemment, vos opinions sont bien connues et vous vous êtes exprimé
de manière à ne laisser de doute dans l'esprit de personne. Votre doctrine, je l'estime ; elle
a beaucoup de mes sympathies, mais elle ne les a pas tout entières. Et voulez-vous que je
vous dise le véritable nom de votre doctrine ? C'est l'individualisme ; c'est l'exaltation de
l'individu. — Cette doctrine n'est que la moitié de l'humanité ; ce n'est pas l'humanité
tout entière.

M. EM. DE GIRARDIN. Je demande la parole.

M. DESMAREST. Parce que, à côté de l'individu, il y a la société ; et de même qu'il y a
les droits de l'individu, il y a les droits de la société. Donc, pour faire le droit humain, il
faut prendre ce qu'il y a de légitime dans l'élément individuel, et dans l'élément social, ce
qui est légitime (applaudissements). Et cette nécessité, voudrez-vous me permettre de vous
la faire sentir en me servant de vos propres idées ?

On m'a dit que, dans la séance d'hier, M. de Girardin a émis l'opinion qu'il n'y a pas de danger à donner à la presse toutes les libertés possibles ; la presse s'annihilera elle-même ; elle ne sera rien qu'une immense boîte aux lettres, un office général de la publicité où tout viendra se confondre pour s'absoudre et se faire oublier. — Vos alliés, et nous en sommes tous un peu, n'ont pas pu accepter cette doctrine ; et d'ailleurs, M. Pelletan, avec une sagacité à laquelle je rends hommage, a résisté devant ce tunnel dans lequel vous vouliez le faire entrer, et il a dit : Vous tirez sur vos propres troupes ; vous tuez le dieu que vous voulez encenser. Comment, vous proclamerez la nécessité de la liberté absolue de la presse, et vous dites que la presse est inutile, qu'elle n'exerce aucune influence !

Voilà une première observation qui ne peut pas manquer de frapper M. de Girardin.

Mais quel a été le début des discours des orateurs qui m'ont précédé ? — Se posant en face des diverses législations de l'Europe, ils ont commencé par vous dire : en France, la presse n'est pas libre ; en Belgique, en Angleterre, elle l'est. Ajoutons, pour être juste, qu'elle est relativement très libre dans la plupart des États de l'Allemagne.

Nous avons la douleur de confesser, nous Français, et nous sommes peu habitués à de tels aveux, que le pays de l'Europe où la presse est le moins libre, c'est certainement la France. — Eh bien, vous, partisan de la liberté illimitée de la presse, vous commencez par reconnaître en fait cette différence qu'il y a, dans une grande partie de l'Europe, une presse libre, et dans une autre partie, une presse qui ne l'est pas ; et cependant, nulle part, remarquez-le bien, la presse n'est organisée d'après le système de M. de Girardin.

Quand je vais en Allemagne, je trouve une presse que M. de Girardin proclame libre, et cependant, je constate que ses droits ont des limites. Ici, je trouve une presse libre, et cependant, sa liberté est limitée. — Quand, autrefois, il y avait en France plus de libertés qu'aujourd'hui, elles avaient cependant aussi certaines limites.

C'est, je le répète, messieurs, que la société n'est pas composée d'individus désagrégés, mais d'individus qui se rapprochent les uns des autres, et qu'il est impossible de ne pas trouver la limite de la liberté individuelle dans la liberté des autres.

Vous croyez à la liberté, j'y crois comme vous ; mais vous croyez aussi à la justice ; or, la justice, c'est le droit des autres.

Et maintenant, messieurs, ne soyons pas matérialistes dans la pensée. Quand je parle de la justice, je ne parle pas de telle ou telle forme de la justice que je puis condamner si elle n'est pas en rapport avec la civilisation ; je parle de la société se jugeant elle-même.

Dans un autre ordre d'idées, il est généralement accepté que la forme la meilleure pour la justice, surtout pour les matières criminelles, c'est le jury, c'est à dire la société représentée par elle-même ; et, de même que je respecte dans l'écrivain le droit individuel, absolu d'agir, de manifester sa pensée, de même je reconnais à la société, représentée par le jury, le droit de dire si l'écrivain a dépassé la limite de son droit. — Ici donc, je me rencontre avec les exceptions que réclame M. Pelletan. Je crois même que ces exceptions, il pourrait en étendre un peu le cercle, et qu'il y serait nécessairement amené par les nécessités mêmes de la législation. Nous, quand nous cherchons la théorie, nous trouvons ces deux droits : le droit de l'individu, d'une part, d'exprimer librement sa pensée, et d'autre part, le droit de la société s'interrogeant elle-même. Et alors, M. de Girardin, nous arrivons à concilier ce qui, dans votre pensée, est absolument inconciliable, et nous restituons à la presse cette immense puissance morale dont, hier, vous faisiez trop bon marché quand vous réclamiez pour elle un bill d'indemnité d'autant plus inutile, qu'elle ne servirait à rien. — C'est, au contraire, parce qu'elle doit servir à beaucoup de choses, parce qu'elle est le commencement du règne de l'opinion publique, parce qu'elle doit servir partout à ébranler le despotisme et la tyrannie, parce qu'elle doit éclairer la conscience de l'humanité, parce qu'elle doit être le fondement de ce qui restera des gouvernements d'Europe, quand la liberté sera partout établie, c'est parce qu'elle a cette grande mission à remplir, qu'il faut ménager sa puissance et ménager ses droits. (Applaudissements.)

Voilà, messieurs, ce que j'avais à dire sur la première partie de la question.

Maintenant, je demande la permission de dire un mot rapide sur la seconde. On a parlé de la religion et réclamé pour elle le bénéfice général de la liberté.

Les déclarations faites par M. de Pressencé, à la fin de son discours, ont été d'une telle netteté, que j'ai reconnu tout de suite l'honnêteté de ses intentions et la justesse de sa doctrine. En effet, ce qu'il veut, c'est la liberté : il veut qu'on puisse attaquer les dogmes, les principes comme les hommes. Que réclame-t-il? La liberté.

Si la liberté avait d'autres limites que la conscience du pays, s'interrogeant lui-même par le jury, elle ne serait plus la liberté. Mais j'ajouterai à sa pensée, et j'espère qu'il ne me contredira pas, qu'alors il la faut toujours, en face de toutes les idées, dans tous les temps, partout. Il la faut à Paris comme à Bruxelles et à Genève; il la faut à Rome également.

En effet, là, elle n'est pas seulement liée par la législation comme dans notre pays; mais elle a, en face d'elle, un pouvoir à deux têtes, un pouvoir à deux glaives qui dit : moi, je suis le pouvoir spirituel par excellence; je suis en outre le pouvoir temporel qui est une consécration de mon pouvoir spirituel, et j'en ai besoin à tout jamais, car c'est le gouvernement de deux cent millions de catholiques qui tous réclament la liberté. Oui, tous la réclament. Il s'agit de savoir à quel point ils la réclament; s'ils ont fait, avec cette liberté, un pacte absolu, éternel, sauf les restrictions que j'ai indiquées. Si, réellement, ils veulent la liberté, qu'ils se joignent à nous pour demander que ce pouvoir temporel disparaisse et ne soit plus un obstacle au règne universel de la liberté de la pensée.

Un mot encore. On disait tout à l'heure, rappelant un côté de l'histoire et soulevant un coin du rideau qui le cache, on disait : je regrette ce temps où la liberté a fait divorce avec le pouvoir spirituel, avec l'élément religieux. Messieurs, je cherche dans l'histoire et je n'aperçois rien de semblable. — J'ai vu le christianisme, à son origine, ne soupçonnant certes pas ce qu'il deviendrait un jour; je l'ai vu, renfermé dans le domaine de l'idée pure, ne rien demander au pouvoir temporel, si ce n'est la liberté; et, à ce moment, lui dire qu'il réservait l'indifférence pour les choses de la terre; j'ai entendu, comme on le rappelait tout à l'heure, le fondateur du christianisme témoigner cette indifférence pour les biens temporels en disant : « Mon royaume n'est pas de ce monde! »

Mais il y a d'autres religions; il y a des religions qui sont des philosophies, des religions qui sont l'incarnation même de l'idée générale, universelle, multiple, c'est à dire de la liberté de l'esprit humain. A celles-là, il est défendu de dire : mon royaume n'est pas de ce monde; — que si l'idée philosophique, qui est notre religion à nous, pouvait dire : mon royaume n'est pas de ce monde, elle se résumerait donc, pour nous, dans une jouissance platonique qui se satisferait seulement dans des congrès, sans tenter aucun effort pour chercher à triompher ici-bas. — Non, messieurs, nous ne voulons pas des deux glaives : nous n'en voulons qu'un, mais nous voulons l'avoir dans la main.

Le grand divorce serait de séparer l'idée religieuse de l'idée d'autorité. Voilà un divorce qui s'accomplira, et c'est la liberté qui recueillera l'héritage. Eh bien, unissons-nous donc pour demander une Église libre et un État libre, c'est à dire la liberté pour toutes les idées, pour toutes les philosophies, pour la pensée humaine dans toutes ses manifestations. (Applaudissements).

M. Bérardi (Bruxelles). Il faut plus que de l'audace, messieurs, pour venir prendre la parole après les orateurs qui ont occupé aujourd'hui cette tribune. Il faut plus que de l'audace, surtout, lorsque vous attendez avec impatience l'homme éminent qui vient de demander à répondre aux objections qui lui ont été faites. — Un mot pour m'excuser : Je serai très court.

Je veux fournir, d'abord, à M. de Girardin, l'occasion de répondre à quelques autres objections, et je commence par déclarer que je suis tout à fait partisan de sa doctrine.

Je dis avec lui : en fait de législation de presse, pas de législation ; mais je suis partisan de ce système par des raisons diamétralement opposées aux siennes.

M. de Girardin ne veut pas de législation pour la presse, parce que, selon lui, la presse ne fait ni bien ni mal ; la presse libre s'annihile. Moi, je dis : La presse est puissante pour le bien, elle est puissante pour le mal,... heureusement ! Je dis heureusement, parce que, si elle n'était pas puissante pour le mal, elle ne serait pas puissante pour le bien. (Applaudissements.) Et, en effet, comment pouvez-vous concevoir la pensée de la puissance pour le bien seulement ? La puissance pour le bien seulement, c'est la perfection. Or, citez-moi une institution humaine qui soit parfaite. Il n'en est aucune ; par conséquent, aucune institution ne peut avoir la puissance du bien seulement ; la presse pas plus qu'aucune autre. Seulement, il y a cette grande différence, que la puissance de la presse pour le bien est d'autant plus grande, que la presse est dans la vérité, et que sa puissance pour le mal est d'autant plus faible qu'elle est dans le faux, dans l'erreur. — Voilà pourquoi je n'ai nulle crainte de subir la puissance pour le mal, puisque je trouve, à côté, la puissance pour le bien.

Un orateur s'est demandé : Pourquoi ne pas accepter le bien seulement et corriger le mal ; c'est à dire : pourquoi ne ferions-nous pas une législation sur la presse qui empêcherait de faire le mal et ne permettrait que le bien ? Pourquoi ? Parce que je vous défie de la faire. Quelle sera la mesure ? qui indiquera la limite ? Qui vous dira exactement où finit le bien et où commence le mal, d'une manière absolue ? Je ne connais personne qui puisse faire cette distinction.

L'orateur qui m'a précédé à cette tribune vous a dit : La presse est libre en Angleterre, libre en Belgique, libre en Allemagne, et cependant, dans tous ces pays, la liberté est plus ou moins limitée : la liberté de la presse peut donc exister avec une législation qui la règle. J'accepte l'argument et je dis qu'il plaide en ma faveur. En Belgique, en Allemagne, ailleurs encore, il y a des limites à la liberté de la presse ; mais ces limites ne sont pas les mêmes. Quelles sont les bonnes ? quelles sont les mauvaises ? Car, enfin, elles ne peuvent pas être différentes et être toutes également bonnes. Qui me donnera le criterium ?, Qui me dira celle de ces législations qui réprime suffisamment les écarts de la presse en lui laissant une latitude suffisante pour remplir le bon côté de sa mission ? Si c'est en Allemagne, la législation belge est donc mauvaise ? Si c'est en Belgique, c'est la législation allemande qu'il faut condamner. Et vous prétendez, cependant, que la presse est suffisamment libre à la fois et sous la législation belge et sous la législation allemande !

Supposez un homme qui ait de grandes qualités, et ce qui se voit tous les jours, les défauts correspondant à ces qualités. Il y a beaucoup de ces hommes, et il n'est pas rare d'entendre dire, à propos d'eux : Ah ! s'ils pouvaient n'avoir pas ces défauts ! Mais on oublie une chose, c'est que, dans ce cas, ils n'auraient pas non plus les qualités. Il en est de même de la presse : si vous voulez jouir de ses bienfaits, sachez supporter ses inconvénients. — Voyez ce qui se passe en Angleterre : On a cité à tort ce pays-là comme modèle, en droit, car les limites légales à la liberté de la presse y sont telles que cette liberté n'existerait réellement pas, si on les observait; mais les mœurs y sont plus fortes que la loi, et la liberté de la presse existe en Angleterre précisément parce que les lois restrictives ne sont jamais appliquées.

Je me résume en disant à M. de Girardin : Oui, vous êtes dans la vérité quand vous dites qu'il n'est pas possible de faire une législation sur la presse; mais la raison pour laquelle vous devez désirer qu'il n'y ait pas de législation, c'est que toute loi sur la presse est de nature à l'entraver dans la réalisation du bien qu'elle peut produire.

M. Eugène Pelletan demande deux exceptions à la liberté absolue de la presse; il excepte les cas de calomnie et l'appel à la révolte. Mais qu'entend-il par ces mots : appel à la révolte? qui donc en donnera la formule?

M. Eug. Pelletan. Je demande la parole.

M. Bérardi. Oh! nous la connaissons, la formule; on en a assez abusé : c'est l'attaque au gouvernement établi, l'excitation à la haine des citoyens les uns contre les autres. Connaissez-vous beaucoup d'articles de journaux qu'on ne puisse faire rentrer dans le cercle élastique de cette formule? Votre loi contre l'appel à la révolte ouvrira la porte à tous les procès de tendance; elle ressuscitera la complicité morale!

Je le répète donc, en fait de législation de presse, la limite est impossible à marquer, et c'est pour ce motif que je conclus qu'il ne peut pas y avoir de législation sur la presse. (Applaudissements.)

M. Eug. Pelletan. Messieurs, je vous demande pardon de me lever de nouveau; mais il importe de bien préciser la question. J'ai entendu avec plaisir les paroles de M. Desmarest; mais je n'ai pas bien compris s'il admet une limite légale dans le domaine abstrait de la pensée. La raison pure qui parle directement à la raison pure à l'aide du raisonnement ne saurait produire de mal, à moins de renverser toutes les lois de l'entendement humain. L'erreur s'introduit, cependant, quelquefois, dans la raison; je ne pourrais pas le nier sans commettre moi-même une erreur. Mais quand elle y entre de contrebande, elle y pénètre avec la passion, le plus souvent aussi avec le préjugé. Par conséquent, je ne comprends pas la théorie qu'on m'oppose. Admettez-vous, oui ou non, que, dans le domaine de l'idée, l'État, en vertu d'une infaillibilité quelconque, d'une doctrine écrite par des ministres changeants, puisse venir dire, dans l'ordre politique, économique, religieux : voilà des idées que j'autorise, en voici d'autres que je frappe d'anathème? Toute la question est là. Je dis qu'il n'y a ni crime, ni délit de presse; ce sont des crimes et des délits imaginaires. Mais il y a des crimes et des délits de fait qu'on peut commettre à l'aide de la presse, et ces délits tombent et doivent tomber sous le coup du code pénal : je ne comprends pas, vraiment, qu'on le conteste. Quoi! un jour de révolte, un homme crie à tue-tête dans la rue : à bas le gouvernement et vous le condamnez; mais que, au lieu de jeter ce cri de vive voix dans l'étroite limite d'un quartier, il emploie un journal pour lancer un appel à la révolte au pays tout entier, vous laisserez ce crime impuni!

Autre exemple : il y a, à l'heure qu'il est, un vaste pays où la liberté de la presse règne de la manière la plus absolue. Mais une guerre a éclaté au sein de cette grande nation, et l'on a interdit aux journaux de parler des opérations militaires. Eh bien! ces journaux ne commettraient-ils pas un crime, une véritable trahison, s'ils violaient la défense et pratiquaient l'espionnage à ciel ouvert? Concevrait-on qu'une telle action demeurât impunie?

Je pose la question à M. de Girardin directement. Un homme ira demander à un autre homme, le pistolet sur la gorge, une de ces choses honteuses qui se font surtout dans les pays où la liberté de la presse n'existe pas; il n'aura pas réussi, et il l'attaquera dans son honneur, dans sa fortune, dans tout ce qu'il a de plus précieux, en se servant de l'intermédiaire de quelque journal; car, chose triste à dire, il se rencontre des journaux qui acceptent un pareil métier. Vous voulez qu'une action aussi odieuse reste impunie, tandis que vous acceptez la loi pénale qui punit les coups et blessures, dont il ne restera plus trace peut-être dans quelques jours? Et vous voulez qu'on subisse, en silence, les blessures morales qu'on aura reçues et qui auront laissé dans le cœur une longue souffrance!

Est-ce que je demande une chimère? Il y a ici des Anglais; consultez-les, ils vous diront si je réclame une nouveauté. Ils nous l'ont dit, jamais ils n'abolissent leurs lois, si absurdes qu'elles puissent être; mais ils ont une jurisprudence vivante dont la tradition est soigneusement conservée par le jury. Eh bien, le jury anglais, avec le bon sens pratique qui le distingue, a créé précisément la législation que je demande; et, depuis quelque temps, nous avons vu, en Angleterre, deux condamnations dont une a été prononcée, par une cour irlandaise, du chef d'un appel à la révolte par la voie de la presse.

En deux mots, je me résume : oui, pour les questions de doctrine, liberté absolue, pleine et entière, inviolabilité complète de la pensée écrite; mais pour les deux faits que j'ai cités, la calomnie et l'appel à la révolte, répression, et répression énergique et sévère. (Assentiment.)

M. Em. DE GIRARDIN. Je cherche en vain un contradicteur. Tous les orateurs qui m'ont précédé à cette tribune ont successivement adhéré à ma conclusion; car les deux restrictions qu'y met M. Pelletan ne me paraissent pas supporter un examen très sérieux. Il vous a parlé du danger qu'il y aurait à permettre l'appel à la révolte, si l'appel à la révolte par la voie de la presse n'encourait pas une peine plus ou moins forte. — Eh bien, je demanderai à mon ancien confrère s'il a jamais vu une révolte éclater dans les pays en pleine possession de la liberté; je le prierai de me citer un seul pays qui ait fait une révolution pour obtenir ce qu'il avait déjà. S'il peut m'en citer un seul, je déclare que j'accepterai sa restriction. Quant à moi, je n'en connais aucun.

M. EUG. PELLETAN. Et les journées de juin, en France?

M. DE GIRARDIN. Je répondrai, et c'est là un de mes plus forts arguments en faveur de la liberté absolue de la presse, que je ne la revendique pas seulement dans l'intérêt des peuples, dans l'intérêt de l'individu; je la revendique, surtout, dans l'intérêt des gouvernements.

M. Desmarest m'accusait, tout à l'heure, de vouloir l'individualisme. Eh bien, je demande quel est et quel doit être le rôle de l'État? De quel droit l'État viendra-t-il marquer une limite à la liberté de la pensée, à la liberté de la parole? Est-il détenteur de la vérité? Ce que je demande, quand je réclame la liberté de la presse, c'est surtout l'irresponsabilité de l'État, et c'est principalement dans l'intérêt des gouvernements que je revendique cette liberté. Si j'insiste sur ce point, c'est que, dans les pays qui ne sont pas en possession de la liberté de la presse, ce qu'il importe, ce n'est pas de convaincre les peuples, c'est de convaincre les gouvernements. Et s'il était bien démontré aux gouvernements qu'ils n'ont plus rien à craindre ni de la liberté de la presse, ni de la puissance que réclament les journalistes, je crois qu'on aurait fait un pas immense vers la solution de la question.

Maintenant, j'arrive à la seconde restriction proposée par M. Pelletan.

Il vous a parlé des dangers de la calomnie, et il vous a cité un fait. Il a dit : Un journal, par exemple, annonce que tel négociant a déposé son bilan, et ce fait sera faux. Eh bien, qu'arrivera-t-il, si le fait est faux ? C'est qu'il sera rectifié dès le lendemain; (Réclamations) et le journaliste qui aura avancé un tel fait d'une manière aussi inconsidérée n'aura nui qu'à lui-même. (Interruption.) Mais, sera-t-il donc au pouvoir du journaliste qui aura annoncé qu'un négociant a déposé son bilan de faire que ce fait qui est faux soit vrai ? Evidemment non : le fait même sera démenti ; la société lui dira qu'il est un calomniateur ; elle le punira suffisamment par la réprobation qu'elle lui infligera, et je trouve que cette punition vaudra bien celle qui lui serait infligée par le jury ou par un tribunal correctionnel. (Réclamations.)

Messieurs, à quelques murmures que j'entends, je crois reconnaître que je n'exprime pas, en ce moment, l'opinion de la majorité de cette assemblée. (Non! non!) L'idée est peut-être un peu absolue, et je vois qu'elle rencontre généralement peu d'adhérents. Eh bien, soit ! J'ai tort. Mais, je le demande à M. Pelletan : où posera-t-il la limite de la calomnie ? où commencera-t-elle, où finira-t-elle ? Irez-vous jusqu'à punir l'insinuation ? et si vous punissez l'insinuation maladroite, trop transparente, la punirez-vous encore quand elle sera habilement déguisée ? La preuve, messieurs, que je suis ici parfaitement dans la pratique, c'est qu'il a été impossible de faire, en matière de presse, une législation qui réprimât, d'une manière efficace, la diffamation ou la calomnie. Dans les pays comme la Belgique, comme l'Angleterre, où l'on a qualifié de crimes et de délits certains faits de la presse, qu'arrive-t-il ? On vous le disait tout à l'heure ; c'est que les mœurs, en Angleterre, valent mieux que la loi, et qu'on a renoncé à s'abriter derrière la loi précisément parce qu'on a reconnu que, lorsqu'on demandait la protection de la loi, cette protection ne faisait qu'aggraver le mal dont on se plaignait; cette protection ne faisait que donner plus de retentissement à la diffamation, à la calomnie. Qu'arrivait-il? C'est que le journaliste qui avait été condamné comme diffamateur ou comme calomniateur prenait sa revanche le lendemain et rendait une nouvelle attaque plus perfide encore, parce qu'elle était plus habile. Vous l'aviez condamné à l'amende, à des dommages-intérêts ; savez-vous qui les payait ? C'était le diffamé, car, le lendemain, on lui faisait expier chèrement le triomphe qu'il avait remporté. L'expérience est donc là pour prouver qu'on n'a jamais pu faire une loi efficace sur la presse, une loi protectrice de cette société pour laquelle M. Desmarest vient de témoigner, tout à l'heure, tant de vigilance et de sollicitude ; et dans les pays libres où il y a des lois répressives, on ne les maintient qu'à une condition, c'est de les laisser sommeiller. (Approbation.)

J'arrive maintenant à ce que M. Pelletan nous disait, en faisant apparaître à nos yeux le spectacle douloureux de cette guerre meurtrière qui a éclaté aux États-Unis et qui divise actuellement un pays qui fut si longtemps un modèle pour le reste du monde. Eh bien, je le demande à M. Pelletan lui-même, qu'est-ce que les États-Unis, au point de vue du Nord, ont gagné à suspendre la liberté de la presse ? qu'ont-ils gagné à interdire la relation des mouvements des armées ? Le Nord compte-t-il aujourd'hui plus de triomphes ? est-il plus facilement vainqueur parce qu'il a mutilé une liberté qui nous faisait envie ? Quant à moi, je n'admets pas que, par des considérations ni de paix, ni de guerre, ni d'ordre intérieur ou extérieur, vous puissiez jamais porter atteinte à la liberté de la presse. Il n'y a jamais aucun avantage à la faire, il n'y a que des inconvénients : il n'y a qu'une responsabilité plus grande assumée sur vous. Vous ne ferez pas que vos généraux incapables ou impuissants acquièrent l'expérience de la puissance, parce que vous aurez désarmé le journalisme. En conscience, laissez-nous tracer les mouvements de vos armées, mais sachez les commander.

Maintenant, un dernier mot à M. Bérardi.

M. Bérardi n'est pas d'accord avec moi sur ce point, et je dois reconnaître qu'il aura certainement pour lui tous les journalistes : il n'admet pas l'impuissance de la presse. Il dit : Vous ne pouvez pas admettre que la presse soit toute puissante pour le bien et impuissante pour le mal. — Ce n'est pas à moi qu'il a répondu en faisant cette distinction ; pour moi, la presse est impuissante pour le bien comme pour le mal. Cette impuissance, mais, messieurs, elle est évidente, elle nous crève les yeux, — pardonnez-moi cette expression vulgaire. — Que la presse soit absolument libre, comme je le demande, ou que la liberté soit contenue, comme en Belgique, elle est également impuissante ; impuissante quand elle est libre, impuissante quand elle est contenue. En voulez-vous une preuve que vous offre ce pays même où nous sommes ? Eh bien, je le demande, depuis vingt ans, le parti catholique et le parti libéral sont en présence en Belgique ; croyez-vous que la presse y ait beaucoup changé la situation respective de ces deux partis ? Je pourrais même me demander si tout ce que je dis et tout ce que vous venez d'entendre aura beaucoup modifié les convictions qui étaient au seuil de cette enceinte. (Réclamations.) — Voyons, quel est celui d'entre vous qui aura la bonne foi de se lever et de dire : Avant d'entrer ici, j'avais telle opinion, et maintenant, après avoir entendu tel ou tel orateur, j'ai changé d'avis ?

M. Joseph Garnier. Pourquoi donc parlez-vous ? (Hilarité prolongée.)

M. Em. de Girardin. J'ai prévu l'objection et je vais y répondre. Pourquoi je parle ? Pourquoi le peintre fait-il un tableau, le statuaire une statue ?... Pourquoi un orateur ne parlerait-il pas ? (Nouvelles réclamations.) Mais, messieurs, est-ce que la parole n'est pas de l'art ? Est-ce que le peintre qui fait un tableau changera nos convictions ? — Eh bien, de même qu'un peintre peint pour peindre, qu'un statuaire sculpte pour sculpter, de même un orateur parle pour parler. (Hilarité, murmures et applaudissements.) C'est triste à dire, mais c'est comme cela. (Nouveaux rires et réclamations.)

Oui, l'orateur parle pour parler, et il est évident que, quand je dis cela, je suis complétement désintéressé, puisque je ne suis pas orateur. (Rires.)

Mais je veux revenir à une objection de M. Pelletan. — On m'a dit : Mais que gagnerez-vous à revendiquer la liberté de la presse, puisque vous devez conclure à l'impuissance, à l'inutilité de la presse ? Il y a là une contradiction flagrante. Eh bien, je vais la relever. Croyez-vous donc que je n'aurai absolument rien fait quand j'aurai fait triompher ma thèse sur l'impuissance de la presse ? Pour moi, messieurs, je suis convaincu que j'aurai obtenu un résultat immense et procuré à la presse un bienfait incalculable, si je parviens à faire tomber toutes les pénalités qui existent en matière de presse, et si le fait ne pouvait plus se représenter d'un écrivain, comme celui que vous venez d'applaudir, qui, pour avoir soutenu une doctrine par la voie de la presse, est condamné à deux mois de prison à Mazas. (Applaudissements.)

M. G. W. Hastings (Angleterre) (*). Pour discuter la législation sur la presse, comme dans toute question de jurisprudence, il est nécessaire de s'entendre sur les principes qui doivent servir de base à la loi. Quelques orateurs semblent être favorables à une impunité complète pour la presse ; de manière qu'un écrivain aurait la liberté d'émettre toute espèce d'assertions et d'employer n'importe quel langage pour les exprimer. Je ne puis me ranger

(*) M. Hastings a prononcé ce discours en anglais. Il est résumé dans la traduction.

à cette opinion. La presse doit être parfaitement libre de publier ce qu'elle juge convenable, sous sa propre responsabilité, sans aucune entrave ni restriction ; mais si, abusant de cette liberté, elle fait tort, soit à l'Etat, en troublant la tranquillité du pays, soit aux individus, en menaçant leur considération, la loi doit intervenir pour mettre un frein à cette licence. La maxime célèbre des avocats romains : *sic utere tuo ut alienum non lædas* est applicable dans ce cas. La presse doit user de son pouvoir et de sa force dans les limites de la justice, sinon, elle doit subir les conséquences de ses atteintes à la liberté d'autrui. La loi anglaise renferme ce principe en substance. Il y a deux siècles, l'immortel Milton attaqua la censure dans son « *Plea for unlicensed printing* » (Plaidoyer en faveur de la liberté de l'imprimerie), et, peu d'années après la publication de cet ouvrage, la censure fut abolie à jamais chez nous.

Tout journal est libre d'imprimer ce qu'il lui plaît ; mais s'il publie un article dangereux, sous quelque rapport que ce soit, il le fait à ses risques et périls. Si le libelle est dirigé contre l'Etat, c'est à dire s'il est séditieux, le procureur de la reine (Attorney General) peut attraire l'éditeur en justice, et le cas est jugé par un jury indépendant et impartial. Si le libelle est dirigé contre un individu, le remède se trouve dans une action civile qui est également soumise à un jury qui accorde parfois des dommages-intérêts très élevés.

M. de Girardin se trompe en disant que l'impunité existe aujourd'hui en Angleterre. Les poursuites judiciaires sont, au contraire, très fréquentes. J'affirme de nouveau que le principe de la législation devrait être : une presse libre, mais légalement responsable.

J'aurai l'honneur de remettre à M. le Président une note, rédigée par mon ami M. Westlake et moi, sur la législation anglaise en matière de presse. (Voir p. 172).

Permettez-moi, messieurs, de vous exprimer, en terminant, ma satisfaction de participer à ce Congrès international dans un pays où la presse est aussi libre que dans aucun pays du monde, et, en même temps, mon vœu sincère que la même liberté puisse s'étendre à toutes les nations de l'Europe.

M. Eug. Pelletan. Je vais essayer de répondre, fait par fait, à M. de Girardin. J'ai connu une guerre civile et une insurrection sous le régime de la liberté. Eh bien, quand j'ai vu un homme criant : aux armes ! avais-je, oui ou non, le droit de l'arrêter et de le conduire en prison ? Oui ; ceci, on me le concède. Mais si, au lieu de s'adresser à un petit groupe par la voix, il s'adresse à une population tout entière, par la presse, vous ne voulez pas qu'on le punisse ! Maintenant, pour la calomnie, j'ai un argument qui date d'hier, et je demande pardon à l'honorable ministre M. Rogier, que je vois devant moi, de rappeler la calomnie dont il a été l'objet : l'outrage était tellement odieux qu'il ne pouvait atteindre un homme aussi haut placé dans l'estime de ses concitoyens. Cependant, je connais l'esprit de parti, et je comprends qu'une réparation publique, éclatante, ait été réclamée à la justice. Un débat public eut lieu devant le tribunal ; le calomniateur fut convaincu, condamné ; qu'il porte le poids de son action ! Trouvez-moi un autre moyen de le confondre ! (Bravos.)

Mais, dites-vous, demain le calomniateur recommencera. La presse exerce donc une influence ! Dès lors, que devient votre théorie ?

Et puis, permettez-moi de le dire, vous êtes injuste, vous êtes ingrat envers votre gloire. Vous avez combattu pour la liberté de la presse, dans un moment où la France ne savait pas comment ce don du ciel lui était tombé. Comment donc pouvez-vous croire, vous, homme d'intelligence, qu'il n'y a pas une influence et une pression des plus intelligents sur les moins intelligents ? Comment comprenez-vous donc le déplacement des opinions ? comment comprenez-vous que l'on sorte de la nuit des erreurs, des préjugés ? N'est-ce pas l'hommage le plus éclatant que la raison, chaque jour plus éclairée, rend sans cesse à la vérité? (Applaudissements.) Il n'y a pas eu de grande révolution dans le monde qui n'ait été précédée d'un mouvement dans les idées. Vous expliquez-vous 1789 sans le magnifique travail de la philosophie du XVIII° siècle, sans les encyclopédistes, sans Montesquieu, sans Voltaire, sans Rousseau, sans tous ces magnifiques génies qui ont tiré la société des ordures de la régence? Et ce n'est pas seulement une influence affirmative qu'exerce la presse : elle exerce aussi une influence négative très précieuse qui, pour être inaperçue, n'en est pas moins une sécurité immense pour un peuple. Savez-vous pourquoi, en Russie, on vous enlève sans instruction, sans jugement? Croyez-vous que cela serait possible si la presse était libre? croyez-vous que de tels faits se commettraient tous les jours si, sous le coup de cette injure faite à la justice, la Russie pouvait pousser un long gémissement? (Applaudissements prolongés.)

M. GARNIER-PAGÈS. M. de Girardin vient de dire un mot qui a fait sourire; il a dit : Je parle pour parler. Eh bien, du fond de ma conscience je viens vous dire : si je suis au milieu de vous, c'est pour y répandre mes idées et pour recueillir celles de tous mes collaborateurs à la grande œuvre que nous poursuivons en commun. Et vous tous qui êtes dans cette enceinte, vous tous qui êtes accourus de tous les points de l'Europe, pourquoi donc êtes-vous ici? C'est parce que vous êtes des apôtres de l'humanité ; c'est parce que vous êtes des apôtres régénérateurs de la société; c'est parce que vous êtes des apôtres de la liberté de la pensée et surtout de la pensée émise par la presse, de la pensée écrite, de la pensée parlée.

Mon ami M. Pelletan vous a dit que nous n'aurions pas eu 1789 sans les idées exposées dans l'Encyclopédie, dans les œuvres immortelles des écrivains du XVIII° siècle. Il aurait pu remonter plus haut et il aurait vu ceci : c'est qu'il y a une époque, dans l'histoire de l'humanité, où nous étions plongés dans les plus profondes ténèbres, où l'on ne pouvait ni parler, ni écrire. Eh bien, quels étaient alors les principes de la société? C'étaient des principes en vertu desquels eurent lieu les dragonnades et la révocation de l'Édit de Nantes ; en un mot, c'était la souveraineté du droit divin.

A cette souveraineté de la force a succédé la souveraineté du peuple. Je suis ici dans un pays qui doit le savoir. Nous y sommes réunis en un jour commémoratif d'une grande lutte. Le droit de la force avait fait, à son gré, le partage de l'Europe ; il avait ajouté ici, retranché là-bas ; il avait traité les hommes comme un vil troupeau. Eh bien, en septembre 1830, qu'a fait la Belgique? Elle a fait succéder au droit de la force, le droit sacré de la souveraineté du peuple. Et si, dans cette enceinte et à une pareille époque, commémorative d'une telle conquête, il est une pensée qui doit rester incontestée comme elle est incontestable, c'est qu'il n'y a réellement de souveraineté du peuple que là où il y a la liberté de la presse. Et, remarquez-le bien, cette souveraineté du peuple, comment s'exerce-t-elle? Par le suffrage. Or, comment pourriez-vous voter, comment pourriez-vous juger le mérite de vos candidats, justifier votre candidature aux yeux des électeurs, si vous n'aviez pas la liberté d'écrire? Comment pourriez-vous mettre votre âme sur votre main et l'exposer au soleil, si vous n'aviez pas la faculté d'écrire? Oui, nous pouvons le dire : là où la liberté de la presse n'existe pas, la souveraineté du peuple n'est qu'un mensonge ; là où la liberté de la presse n'existe pas, le suffrage des citoyens n'existe pas davantage ; c'est un mensonge et une honte.

Il ne sert à rien de le nier. L'expression de la parole, parlée ou écrite, exerce une influence réelle, sérieuse ! Et c'est parce que cela est incontestable, que j'ai pris la parole pour protester contre cette idée que nous sortirions d'ici sans en savoir davantage et sans emporter des convictions différentes de celles que nous avions en entrant, ou sans nous être raffermis dans nos convictions. Non, messieurs, cette idée n'est pas juste, et la preuve, c'est que nous savons fort bien que nos paroles dans cette enceinte auront de l'écho au dehors; qu'elles seront portées, précisément par la presse, dans toutes les parties du monde et qu'elles y produiront leurs fruits, surtout dans les pays qui sont plongés dans les ténèbres. (Applaudissements.) Nous savons que nos paroles sont une protestation vivante, bonne, utile, féconde, de nature à changer la face des choses. Eh! oui, je le déclare; je n'aurais parlé ni de suffrage universel, ni de souveraineté du peuple, ni de liberté de la presse, si j'avais pensé que je jetais au vent d'inutiles paroles.

Croyez-le bien, messieurs, il y a ici, pour nous, plus qu'un plaisir : il y a ce qui est le plus sacré dans le monde, ce qui est dans le cœur de chacun de vous, il y a la conscience du devoir accompli et la satisfaction d'en transmettre l'expression à tous les hommes de bien, à tous les hommes de cœur. (Applaudissements prolongés.)

M. OPPENHEIM (Bruxelles). Je n'étais point venu à cette réunion pour prendre la parole, mais plutôt pour écouter. J'ai entendu plusieurs discours dans lesquels ont été brillamment développées des idées très larges et excessivement élevées sur la liberté de la presse. Je vous demande pardon, messieurs, si je viens faire descendre la discussion de ces hauteurs.

Le procès qui a été fait aux lois restrictives de la liberté de la presse est un procès fait à l'humanité tout entière. Sans doute, nous sommes tous partisans de la liberté absolue pour toutes les manifestations de la pensée. Mais l'état social impose nécessairement certaines limites à la liberté ; c'est ainsi que la liberté de chacun a nécessairement pour limite la liberté d'autrui, sans cela la liberté cesserait à l'instant d'avoir pour fondement la justice.

Sans doute, M. de Girardin l'a dit, ce qui condamne les lois restrictives de la liberté de la presse, c'est qu'aucune d'elles n'est parfaite. Mais il en est malheureusement ainsi de toutes les lois humaines ; et, dans cette situation, force m'est bien d'accepter les lois restrictives de la liberté de la presse, si imparfaites qu'elles soient, comme je suis obligé d'accepter toutes les autres lois.

M. Pelletan accepte, en thèse générale, la liberté de la presse : la pensée humaine est libre et, dès lors, la manifestation de cette pensée par la voie de la presse doit être libre aussi, sauf l'abus qui pourrait être fait, dans des cas déterminés, de l'usage de ce mode de transmission de la pensée.

Cette idée est parfaitement juste; mais pourquoi ne demander que deux exceptions? pourquoi ne pas dire, d'une manière générale, que la liberté de la presse n'a d'autre limite que celle des citoyens eux-mêmes? Ainsi, l'appel à la révolte, c'est une atteinte portée aux droits du gouvernement, de l'autorité établie et reconnue; c'est donc un empiétement sur la liberté d'autrui. Il en est de même de la calomnie. Et ici, je dois rencontrer cette idée, qu'il n'est pas besoin de punir la calomnie parce que le calomniateur trouvera sa punition dans le mépris qu'il inspirera. Soit! mais comment le calomnié pourra-t-il répondre et confondre son calomniateur? Si je suis attaqué par un journal, serai-je obligé, moi, homme obscur, de fonder un journal pour me défendre? Et puis, suis-je certain que ce journal sera lu par les personnes qui ont lu l'attaque dirigée contre moi? Il faut donc bien qu'une garantie soit donnée par la loi à tous les citoyens contre les abus possibles, contre les écarts de la presse.

En envisageant l'ensemble des législations sur la presse, on constate la préférence donnée aux législations préventives sur les législations répressives. Je demanderai alors pourquoi on ne donnerait pas la préférence à une législation qui, pour empêcher l'assassinat, ordonnerait que tout enfant venant à naître aurait les bras coupés.

Mais ce sont là des impossibilités. La liberté de la presse étant nécessaire, indispensable, il faut laisser à toutes les opinions la liberté de se manifester, sauf à réprimer les abus qui pourraient être faits de cette liberté. Il ne faut pas perdre de vue qu'à côté du journaliste, il y a aussi le journal; que si le journaliste est parfois bien connu pour être l'auteur d'un article incriminé, d'autres fois, aussi, on ne se trouve qu'en présence d'un journal dans lequel il est bien difficile, sinon impossible, de découvrir une individualité. La loi doit donc contenir des garanties bien définies pour tous les citoyens; la meilleure, selon moi, c'est l'appréciation des délits de presse par le jury, attendu que le jury n'est qu'une forme spéciale de la souveraineté populaire.

C'est à ce point de vue, me semble-t-il, qu'il faut se placer pour résoudre la question que nous discutons en ce moment.

M. Joseph Garnier (France). Je demande la permission de dire quelques mots à l'adresse de M. de Girardin. D'abord, je crois que nous devons le remercier d'avoir produit et soutenu sa thèse, car, sans lui, la discussion n'eût probablement pas été aussi intéressante; (Hilarité.) c'est donc, tout d'abord, des remerciements que nous lui devons. (Bravos.)

Ensuite, je crois bien que la presse, comme la parole, comme l'association, comme tous les moyens que nous avons d'exprimer notre pensée, comme tous les moyens de propagande, ressemble à la lumière. Supposons, en effet, une ville dépourvue d'éclairage; on s'y heurte, à chaque pas, à toute sorte d'obstacles physiques et moraux. Comment les faire disparaître? Il faut d'abord les montrer, pour que tout le monde soit convaincu de leur existence. De même, supposons une société pleine de préjugés et de vices. Que faut-il faire avant tout? Les montrer; puis viendra le réformateur qui les fera disparaître. N'est-ce pas ainsi que l'on procède généralement pour obtenir des réformes? Aux pays comme la Russie, qui en ont le plus grand besoin, que dit-on? Montrez-nous et laissez-nous dire tout ce qu'il y a de défectueux dans votre organisation au point de vue politique, religieux, économique, etc.; nous nous servirons ensuite de l'expérience des autres peuples pour introduire les réformes qui seront reconnues nécessaires. C'est ainsi, me semble-t-il, qu'il faut procéder aussi pour arriver à la solution de la question qui nous est posée.

M. Em. de Girardin. Je connais le règlement et je sais que nul n'est autorisé à demander la parole plus de trois fois. Ce n'est que la troisième fois que je me lève et je ne le fais, d'ailleurs, que parce que je n'entends plus personne réclamer la parole.

Je la demande avec un regret profond; c'est de voir que cette discussion n'aboutit à aucune conclusion, et que tous les orateurs qui m'ont précédé semblent s'être mis d'accord pour assurer le triomphe de ma doctrine; c'est à dire, pour constater l'impuissance de la pensée dans ses deux modes de manifestation : la parole et la presse. J'avoue que je ne saurais partager l'espérance si éloquemment exprimée par mon ancien collègue, M. Garnier-Pagès.

M. Garnier-Pagès n'est pas venu pour parler, mais pour convaincre; il est venu avec l'espérance que de ces grandes assises allait sortir le triomphe de la liberté de la presse.

Eh bien, messieurs, puisque notre association est une association périodique, je me réserve de demander, l'an prochain, ici même, si les espérances de M. Garnier-Pagès se sont réalisées, si nous avons fait faire un progrès à la question de la liberté de la presse. Non, messieurs, je ne l'espère pas, et j'ajoute qu'aucun de vous ne l'espère. (Murmures.) Non, vous ne l'espérez pas; (Nouveaux murmures.) vous dites que vous l'espérez, et moi je répète que vous ne l'espérez pas. (Oh! oh!) Messieurs, il faut être sincère quand on est des hommes sérieux et bien convaincus. Et quand j'entends M. Garnier-Pagès nous dire, à cette tribune, qu'il espère que ses paroles auront du retentissement au dehors, qu'elles y exerceront de l'influence, je lui réponds : non, votre parole, si éloquente qu'elle soit, n'exercera pas plus d'influence que la mienne. (Réclamations.) Il demande la liberté de la presse dans l'intérêt des peuples; moi, je la demande dans l'intérêt des gouvernements. Nous prêchons, l'un et l'autre, dans notre sens, et je crois que, l'un et l'autre, nous prêchons fort inutilement. Et croyez bien, messieurs, que je ne fais pas ici du paradoxe, que je ne cherche pas à en faire. Je voudrais bien me tromper, je voudrais bien que la plume fût une arme et que la parole fût une puissance. Mais ce sont vingt années d'expérience qui m'ont amené à ce résultat : conviction humiliante de l'impuissance de la presse, de son inutilité, de l'impuissance de la parole et de son inutilité. (Oh! oh! Murmures.)

M. Pelletan vous a dit que, sans liberté de la presse, il n'y avait pas d'exemple de grand mouvement d'idées. Je demanderai à mon éloquent confrère s'il existait une presse et si cette presse était libre à l'époque où le christianisme a commencé à jeter sur le monde sa grande lumière. Et cependant, nierez-vous que l'apparition du christianisme ait été un grand mouvement d'idées?

M. Pelletan m'a fait une autre objection; il m'a dit : mais, avec la liberté de la presse, assisteriez-vous à ce navrant spectacle d'hommes qu'on emprisonne, qu'on déporte? J'écarte toutes les exagérations; mais je ne puis pas écarter de ma mémoire ce souvenir, qu'en France, il y a eu une liberté de la presse, liberté de droit, sinon de fait; car il faut distinguer entre la liberté de droit et la liberté de fait : la liberté peut exister en droit et ne pas exister en fait; elle peut être dans la loi et n'être pas dans les mœurs. Eh bien, cette liberté a existé de par la loi, et la presse a été impuissante à empêcher neuf mille de nos concitoyens d'être déportés; et quand il s'est trouvé un journaliste qui a voulu défendre cette liberté, on l'a mis en prison.

UN MEMBRE. Cela prouve qu'on le craignait.

M. EM. DE GIRARDIN. Je le demande, comment cette liberté était-elle garantie à l'écrivain qui la revendiquait? Que M. Pelletan réponde.

Il faut donc conclure. Eh bien! je demande à tous les orateurs qui m'ont précédé de me dire comment ils comprennent une législation sur la presse; quelle limite ils marqueront à l'exercice de la liberté; quelle législation serait pour eux l'idéal. Je suis absolu, c'est vrai, quand je soutiens mes idées; mais je ne suis pas absolu dans le fait, et je vais le prouver : qu'on me donne la liberté de la presse comme en Belgique, et je déclare que je m'en contenterai en France. (Rires et bravos.)

M. DURIER (France). Quand nous entendons M. de Girardin nous dire que la presse est impuissante, cela fait l'effet d'un paradoxe très agréable; d'autant plus que M. de Girardin a écrit pendant vingt ans, et qu'il l'aurait fait uniquement pour le plaisir d'écrire, comme il aurait parlé ici pour le plaisir de parler, comme enfin, il aurait adhéré à l'*Association pour le progrès des sciences sociales* sans croire au progrès des sciences sociales.

Cette thèse ne peut donc que nous faire l'effet d'un paradoxe très agréablement développé et qui n'est nullement de nature à nous inquiéter, nous qui croyons fermement à la nécessité de la presse, à la toute-puissance de la pensée.

Ce qui nous inquiète, ce qui nous froisse, quand nous voyons une pareille doctrine se produire devant vous, c'est que c'est toujours ainsi que l'on combat la liberté. Quand ou vient nous dire : il faut rendre la presse complétement libre, c'est à dire il ne faut réprimer ni la calomnie, ni l'appel à la révolte, ni l'offense à la morale publique, on fait, messieurs, une chose mille fois plus dangereuse pour la liberté de la presse que quand on vient dire, avec le bon sens, avec la raison : il faut une presse libre ; mais la liberté de la presse, comme toutes choses en ce monde, a ses limites ; elle n'est pas absolue.

M. de Girardin nous dit : Je ne demande pas la liberté de la presse dans l'intérêt de l'expansion de la pensée, je la demande dans l'intérêt des gouvernements, qui, pour la plupart, n'ont pas besoin de tant de sollicitude. (Rires.) Mais, messieurs, le conseil que M. de Girardin donne aux gouvernements n'a pas beaucoup de chance d'être suivi, et j'en appelle, sur ce point, à sa propre doctrine sur l'inefficacité de la parole. (Nouveaux rires.) Il a d'autant moins de chance d'être suivi qu'il n'est pas raisonnable. Les gouvernements, en effet, lorsque de pareilles doctrines se produiront devant eux, ne se trouveront pas dans la situation où ils sont lorsqu'on revendique les droits de la pensée, en tenant compte des nécessités sociales, des droits de tous et en renfermant ces droits dans leurs véritables limites.

Je n'avais que ces quelques mots à dire. Il importait, d'ailleurs, que cette discussion ne fût point close sur les paroles de M. de Girardin.

M. JULIEN BUSE (Gand). Le dernier orateur que nous venons d'entendre a considéré les paroles de M. de Girardin comme une plaisanterie. Quant à moi, messieurs, lorsqu'on vient affirmer en plein jour que la presse est impuissante, je dis qu'on méconnaît l'histoire, et qu'on renie ses propres œuvres, quand on se nomme Émile de Girardin.

Qu'a fait la presse, dites-vous, et en quoi s'est-elle associée aux grands mouvements d'idées qui se sont produits dans le monde? Mais vous oubliez donc que c'est la première bible sortie des presses de Guttenberg qui a clos l'ère du moyen âge et inauguré l'émancipation de l'esprit humain! Vous oubliez donc Voltaire, Rousseau, Montesquieu et l'immortelle phalange des encyclopédistes qui ont préparé 1789! Vous oubliez donc 1848; vous oubliez ce que vous avez fait vous-même; vous oubliez 1852; vous faites un hochet du bâton de maréchal que vous avez conquis dans la presse!

Non, messieurs, vous le voyez bien, la presse n'est pas impuissante. Nous, Belges, nous avons un enseignement à tirer de ce congrès, et nous ne pouvons pas laisser clore par une plaisanterie une discussion grande, élevée et qui laissera des traces profondes dans nos cœurs. Non, la presse n'est pas impuissante. Elle a fait, chez nous, la révolution du XVIe siècle et la révolution de 1830 ; et tous les hommes qui, aujourd'hui, nous gouvernent sont fiers d'être sortis des rangs du journalisme, d'avoir, un jour, tenu une plume qui a eu la valeur d'une épée.

La presse est puissante; vous-même vous l'avez prouvé, et vos paroles d'aujourd'hui l'ont prouvé une fois de plus. (Applaudissements prolongés.)

M. LE PRÉSIDENT. Personne ne demandant plus la parole, la discussion est close sur cette partie de la question. L'examen de la question au point de vue de la législation positive est renvoyé à demain.

Séance du 24 septembre. — Présidence de M. TIELEMANS.

M. le Président, en ouvrant la séance, annonce que la discussion portera, désormais, sur les principes des différentes législations, afin d'arriver à une solution pratique qui satisfasse le plus complétement possible les aspirations de tous vers la liberté. La section reçoit communication des travaux suivants.

Résumé de la législation d'Angleterre sur la presse, par MM. GEORGE W. HASTINGS *et* JOHN WESTLAKE, *délégués de la « National Association for the promotion of social science. »*

La censure n'existe pas, pour la presse, en Angleterre. Elle disparut des lois en 1694, lorsque le Parlement refusa de proroger les statuts 13 et 14 (chap. II art. 33) qui expiraient en cette année.

Toute personne qui imprime et publie un journal s'engage, en donnant des garanties suffisantes, à payer les amendes ou dommages-intérêts auxquels elle peut être condamnée par la loi pour articles parus dans ledit journal. Cette caution s'élève à 400 livres sterling pour les journaux de Londres et à 300 livres pour ceux des provinces.

L'imprimeur ou l'éditeur doit déposer au bureau du timbre une déclaration portant le titre du journal, l'endroit ou les endroits où il s'imprime et se publie, les noms et demeures du propriétaire, de l'éditeur et de l'imprimeur.

Enfin, les noms et adresses de l'imprimeur, de l'éditeur et des bureaux du journal doivent paraître sur chaque exemplaire. Un exemplaire de chaque numéro doit être envoyé au bureau du timbre.

Ces dispositions se trouvent dans : 60 Geo. III et 1 Geo. IV art. 9; — 11 Geo. IV et 1 Will. IV art. 73; — 6 et 7 Will. IV art. 76.

La loi sur les libelles est, en partie, loi écrite (*statute law*), en partie loi coutumière, c'est à dire qu'elle s'appuie sur des décisions judiciaires et des précédents, sans être formulée dans un acte du Parlement.

Un article est reconnu diffamatoire lorsqu'il expose un individu au mépris ou au ridicule ou qu'il tend à lui nuire dans la considération de ses semblables. Tout écrit portant en soi un caractère de sédition, de blasphème ou de trahison est également considéré comme libelle.

L'auteur ou l'éditeur d'un libelle peut être poursuivi devant la justice criminelle ou civile :

1° Par une action devant la cour de la Reine (Queen's Bench) selon laquelle, si le jury prononce la culpabilité, il peut être condamné à l'amende ou à la prison, ou à l'une et l'autre. Cette manière de procéder est en usage dans le cas d'un écrit séditieux, et aussi lorsque le libelle, dirigé contre la personne d'un particulier, est en même temps une provocation contre l'ordre public. Le procureur de la reine (Attorney General) peut intenter une action de sa propre autorité; un particulier doit obtenir l'autorisation de la cour;

2° Par un acte d'accusation présenté à une cour criminelle. Cette voie est ouverte à tout le monde, et la condamnation est la même que dans le cas d'une action criminelle;

3° Par une action civile dans laquelle le jury fixe le montant du dommage pécuniaire auquel il estime que le plaignant a droit. C'est la voie généralement suivie dans le cas d'écrits diffamatoires contre de simples citoyens. Dans ces actions, qui sont fréquentes, le défendeur peut plaider sa justification en prouvant que l'article incriminé est vrai; et s'il parvient à établir ce fait, il a droit à l'acquittement.

Des dispositions ont été prises (6 et 7 Vict. art. 96) en faveur des journaux contre les actions pour libelles. Le défendeur peut plaider que l'article incriminé a été publié sans malice intentionnelle ou négligence coupable, et que, avant l'ouverture de l'action ou à la première occasion qui s'est présentée, il a inséré des excuses. Il doit aussi payer une certaine somme à la cour comme compensation.

Dans le cas d'une action criminelle ou d'un acte d'accusation, le défendeur peut également plaider que les faits incriminés sont vrais et que c'est dans l'intérêt du public qu'ils ont été publiés.

Il est juste de constater que les poursuites d'office pour écrits séditieux ou blasphématoires sont devenues extrêmement rares.

Exposé succinct de la législation qui régit la presse dans les Pays-Bas par M. J. Luzac, avocat à Leyde.

La législation qui régit la presse dans le royaume des Pays-Bas porte l'empreinte de la tendance louable de renfermer dans des bornes aussi étroites que possible l'ingérence de l'autorité. Pour ce motif, elle ne s'est pas arrêtée à ces nombreux détails dont la réglementation dégénère si facilement en surveillance oppressive. Sans exception, les lois sur la presse ont, ici, un *caractère répressif*, gage précieux et indispensable du droit d'émettre librement ses opinions. La censure est tellement étrangère à nos mœurs et à nos idées que son introduction serait parfaitement impossible.

Les Pays-Bas, quoique heureusement préservés de ces commotions violentes qui, dans les dernières quinze années, ont agité tant de peuples, ont eu cependant, eux aussi, leurs jours difficiles. Même alors est sorti victorieux de l'épreuve ce grand principe sanctionné dans l'art. 8 de la loi fondamentale : « que personne n'a besoin d'une autorisation préalable pour exposer par la presse ses sentiments et ses pensées. »

Mon dessein n'est nullement d'entrer soit dans une appréciation, soit dans un développement de la législation hollandaise sur la presse. Je n'ai d'autre but que de donner un simple exposé de ses dispositions.

Mon sujet se divise tout naturellement en deux parties, en tant que la législation que j'ai en vue regarde ou la propriété littéraire et artistique, ou les délits qui se commettent par la presse.

La propriété littéraire et artistique est réglée par la loi du 25 janvier 1817, dont les dispositions se résument comme suit :

I. Les auteurs de produits littéraires et artistiques, tant originaux que traduits d'une langue étrangère, ou leurs ayants droit, jouiront du droit exclusif de faire imprimer, vendre et distribuer leurs ouvrages ;

II. Le droit de copie ne dure que vingt ans après le décès de l'auteur ou du traducteur ;

III. La violation du droit de copie sera réputée contrefaçon et punie comme telle ;

IV. Les dispositions susmentionnées ne regardent ni le texte des auteurs classiques grecs ou romains, ni les Bibles, ni les livres d'école, ni les calendriers, etc. ;

V. Il y a liberté entière de faire connaître par des extraits, dans les recueils périodiques, la nature et la valeur de tel ou tel ouvrage littéraire ou artistique ;

VI. Les droits qui découlent de la propriété littéraire ne peuvent être invoqués que sous les conditions suivantes :

a. Que l'ouvrage soit imprimé dans le pays ;

b. Que l'éditeur soit regnicole et son nom mentionné au titre, ou du moins quelque part dans l'ouvrage ;

c. Que trois exemplaires soient mis à la disposition du ministère de l'intérieur.

De cette loi naissait une question importante, longtemps attaquée et défendue avec chaleur. Il s'agissait des droits qu'aurait l'État sur la publication des lois et autres actes émanant de l'autorité suprême. La Haute Cour ayant, par son arrêt du 8 septembre 1840, décidé cette question au préjudice de l'État, elle reçut une solution définitive en ce même sens, par suite du décret royal du 24 avril 1841.

J'aborde, en second lieu, la législation sur les délits de la presse.

La loi fondamentale des Pays-Bas, en consacrant la liberté de la presse, ne l'a fait que sous la condition, aussi nécessaire que salutaire, que chacun serait responsable devant la loi. En effet, que deviendrait la liberté des citoyens si chacun se voyait livré, sans défense, à la malveillance de quiconque s'attaquerait publiquement à son honneur et à ses intérêts? Cette responsabilité voulue par la constitution ne s'étend, du reste, qu'à ces actes que l'État, s'il veut rester fidèle à sa mission, doit flétrir et punir sous quelque forme qu'ils se présentent. Je veux dire : la calomnie, l'outrage, l'injure, la provocation à des crimes ou délits.

Voyons quelles sont ces lois contre les abus de la liberté de la presse.

Nous citerons, en premier lieu, les articles du Code pénal français qui, quoique profondément modifié en plusieurs endroits par des lois spéciales, a encore force de loi dans les Pays-Bas. Ce sont, notamment, les art. 283-290 concernant les délits commis par la voie d'écrits, images ou gravures distribués sans noms d'auteur, d'imprimeur ou de graveur, et les art. 367-378 traitant de la calomnie, des injures et des expressions outrageantes.

Les dispositions des articles nommés en dernier lieu ont cependant paru ne régler la matière que d'une façon incomplète. On a donc tâché d'y suppléer par la loi du 16 mai 1829, modifiée et augmentée par celle du 1er juin 1830. Voici, en quelques mots, leur contenu :

I. Est réputé complice celui qui, par la vente ou la distribution d'écrits, aura excité à un crime ou délit et que, par cela même, un crime ou délit aura été commis;

II. Les art. 367-378 du Code pénal sont applicables aux délits de calomnie et d'injures commis envers les autorités publiques ou des corps, quoique, pour ces derniers, personne ne soit désigné nominativement;

III. Les délits de calomnie ou d'injures commis par écrit ne peuvent être poursuivis que sur la plainte de la partie lésée, excepté dans les cas où ils sont dirigés contre le roi, les membres de la famille royale, les autorités publiques, les fonctionnaires dans l'exercice de leurs fonctions;

IV. Excepté les cas où, par suite d'un écrit, un crime ou délit a été commis, l'instruction judiciaire et le renvoi doivent précéder la poursuite devant les tribunaux. En tout cas, personne ne peut être arrêté avant que sa condamnation ne soit prononcée;

V. L'action publique qui naît de ces deux lois est prescrite par trois mois, à dater du jour où le délit a été commis, et si des poursuites ont déjà eu lieu, à partir du dernier acte judiciaire.

Une loi du 3·mai 1831 a statué que les peines édictées dans les lois

susmentionnées, consistánt en un emprisonnement dont le maximum est
de cinq ans et en amendes, plus ou moins fortes, seront prescrites dans
dix ans, à partir du jour où la sentence a acquis l'autorité de chose
jugée.

En dernier lieu, je m'arrête à la loi du 20 septembre 1814 relative aux
délits commis par ceux qui attaquent des souverains dans leur personne,
qui nient ou mettent en doute la légitimité de leur famille et de leur
gouvernement qui critiquent leurs actes d'une manière outrageante. Les
peines (amende et, en cas de récidive, emprisonnement de un à trois ans)
seront applicables aux imprimeurs, éditeurs, libraires et colporteurs qui
ne peuvent nommer l'auteur; aux trois premières catégories sera retiré,
en même temps, leur brevet pendant l'espace de trois à six ans. L'article
final ordonne que ni les auteurs ou rédacteurs, ni les imprimeurs, éditeurs
ou libraires ne pourront alléguer, comme excuse ou circonstance atténuante, que les pièces ou articles pour lesquels ils sont appelés en justice
sont reproduits ou traduits de livres, d'imprimés ou de journaux étrangers.

Je finis ce court exposé par la remarque que la connaissance des délits
de la presse est du ressort des tribunaux ordinaires, l'institution du jury
étant inconnue dans les Pays-Bas.

Voilà, en peu de mots, un aperçu de la législation qui régit la presse
dans les Pays-Bas. Elle est loin d'être parfaite et, en maint endroit, elle
est susceptible de justes critiques. Cela est vrai, surtout, pour les lois
de 1829 et de 1830, qui doivent leur existence aux événements politiques
de cette époque et se ressentent fortement de leur caractère de lois de circonstance. Cependant, l'habitude du gouvernement représentatif et la
possession d'une sage liberté, ces correctifs puissants de lois défectueuses,
n'ont pas manqué d'exercer leur salutaire influence. Aussi, l'application
des dispositions légales que j'ai mentionnées n'a soulevé que très rarement
de justes réclamations. Sous leur empire, au contraire, la presse a pu se
développer librement et contribuer, pour une large part, à répandre partout les lumières que le progrès de l'esprit humain ne cesse de faire jaillir
sur toutes les branches de la science.

DÉBAT.

M. POLLÉNUS (Hasselt). M. Westlake nous apprend qu'en Angleterre on exige une
caution; cela me paraît parfaitement juste, mais je désirerais savoir qui discute la valeur de
la caution.

M. WESTLAKE. C'est une question à débattre avec le bureau du timbre.

M. Jolles (Hollande). Mon honorable collègue au congrès, M. Luzac, de Leyde, venant d'exposer la législation hollandaise sur la presse, je me bornerai, pour répondre à l'invitation que m'a faite M. le Président dans la séance d'hier, à définir brièvement la portée de l'art. 8 de la loi fondamentale, qui s'explique en ces termes :

« Nul n'a besoin d'une autorisation préalable pour manifester ou répandre par la presse ses idées ou ses sentiments, sauf la responsabilité déterminée par la loi. » Nos lois sur la presse ne sont point restrictives; elles laissent une assez grande liberté. Nous pouvons donc dire que la liberté de la presse règne en Hollande ; cette liberté, cependant, ne donne pas la licence de commettre sans danger, par écrit, des délits qu'on ne saurait impunément commettre *verbalement*. Les lois qui, en Hollande, se rapportent à la presse, sont d'ancienne date. Les poursuites sont heureusement fort rares. Pendant vingt ans que j'ai eu l'honneur d'occuper diverses fonctions comme magistrat judiciaire, et principalement comme membre du parquet à Amsterdam, je n'en ai vu presque aucune. Vous avez probablement lu dans les journaux que notre gouvernement a l'intention de libérer les journaux du timbre; c'est une nouvelle preuve du désir qu'il a d'affranchir la presse des entraves qui pèsent sur la pensée.

M. Mabille (Tournai). J'ai entendu avec plaisir l'exposé qui vient d'être fait de l'état de la législation sur la presse en Hollande, et j'ai été heureux d'apprendre que, sauf la répression des délits qu'elle peut commettre, la presse y est complétement libre. J'en suis d'autant plus heureux qu'en faisant l'étude de la loi belge, j'ai trouvé que, sous le gouvernement hollandais qui nous a régi pendant un certain temps, la presse ne se trouvait pas, à beaucoup près, dans une situation aussi favorable. A cette époque, l'éditeur, l'imprimeur, l'écrivain, tous pouvaient être poursuivis en même temps ; les poursuites étaient exercées avec une rigueur extraordinaire et les procès étaient très nombreux. En dernier lieu, les deux seuls journaux qui soutenaient encore les opinions libérales en Belgique ont fini par succomber sous le coup des condamnations qu'ils avaient encourues.

La vie politique sembla s'éteindre pendant quelque temps en Belgique. Cependant, deux cœurs généreux veillaient sur les destinées du pays ; bientôt la résistance s'organisa, et l'on vit apparaître de nouveaux champions pour réclamer la liberté de la presse. Le gouvernement d'alors y répondit par une loi qui date du mois de juin 1830 ; on était à la veille de grands événements, la situation était excessivement tendue ; les attaques se renouvelaient sans cesse, et le souverain, au lieu de suivre l'exemple du grand Frédéric qui, voyant un jour affiché un libelle injurieux pour lui, ordonna qu'on le plaçât plus bas pour qu'on pût mieux le lire, le souverain crut pouvoir étouffer la révolution naissante en remettant en vigueur les principes rigoureux qui avaient régi le pays avant 1789.

Tous ces moyens furent impuissants; la révolution de 1830 éclata, et telle était l'impatience du pays de secouer le joug des lois oppressives qu'il avait dû subir, que dès le 16 octobre 1830, c'est à dire quinze jours après le triomphe de la révolution, le gouvernement provisoire rendit le plus beau décret par lequel on ait jamais proclamé la liberté de la presse. Toute gêne, toute entrave à la libre expansion de la pensée, de quelque manière qu'elle puisse se manifester, était anéantie. Dès ce moment s'ouvre, pour la Belgique, une ère nouvelle : la presse, si longtemps muette, renaît et se propage dans tout le pays; la lumière se fait partout. Au mois de février 1831 apparaît notre constitution, une des plus belles, sans contredit, des temps modernes, et la liberté de la presse y trouve une nouvelle et solennelle consécration. En même temps qu'elle proclame la liberté de la presse, la constitution donne à la presse une garantie nouvelle en déférant au jury l'appréciation des délits qu'elle pourrait commettre.

Je ne puis, messieurs, me dispenser de m'arrêter un instant ici. La constitution porte que le jury est établi, en matière criminelle, pour tous les délits politiques et de presse. Dans les premiers temps, on a interprété cette disposition en ce sens, que toute imputation d'un fait constituant un délit était du ressort du jury. Mais, plus tard, on s'est écarté de cette jurisprudence large et libérale, et nous avons vu récemment un jugement rendu par un tribunal de la province de Limbourg décider que celui qui se prétend attaqué par un journal peut avoir recours aux tribunaux civils pour obtenir réparation.

Je ne pense pas que cette jurisprudence soit conforme à l'esprit qui animait les membres du congrès quand ils ont fait la constitution.

Quoi qu'il en soit, pendant vingt années nous étions restés en possession de cette liberté et nous pouvions la considérer comme une conquête à laquelle nulle atteinte ne pouvait jamais été portée. Cependant, nous avons eu bien des vicissitudes dans l'application du régime de la liberté de la presse. En 1848, le timbre sur les journaux, qui avait été décrété par une loi de 1839, fut aboli ; c'était une liberté de plus pour la presse. Mais en 1852, nous avons été entraînés par un courant contraire, et le premier décret sur la presse, décret si large, si libéral qu'on pouvait le citer comme un modèle, a été mutilé. Je ne veux pas dire que le gouvernement l'ait fait de bon gré ; j'ai même de fortes raisons de croire le contraire ; mais la pression était telle, qu'il a bien fallu céder : la loi du 20 décembre 1852 a été la conséquence de cet état de choses. Je signale cette loi comme un retour vers des idées moins libérales, parce que je n'y retrouve pas même le mot *méchamment* que l'on rencontrait dans une loi hollandaise analogue qui défendait toute attaque contre l'autorité du souverain.

La suppression de ce mot rend la disposition d'une élasticité extrême et aggrave singulièrement la position de l'écrivain ; car tel propos sera considéré comme injurieux par une personne et passera inaperçu aux yeux d'une autre ; telle réflexion qui nous paraîtra sans importance parce que nous sommes depuis longtemps habitués à la liberté pourra, dans un autre pays, exposer son auteur à la déportation.

M. LE PRÉSIDENT. Je prie l'orateur de ne pas s'écarter de l'objet en discussion ; on expose l'état de la législation sur la presse. C'est à cet exposé que les orateurs doivent se limiter pour le moment.

M. MABILLE. J'ai terminé l'exposé des lois qui régissent la presse en Belgique. Je dois le dire, il existe, à côté de ces lois, des dispositions administratives qui me causent de profonds regrets. Ainsi, il existe en Belgique une classe de citoyens qui ne peut pas faire usage des droits qui sont conférés par la constitution en matière de manifestation de la pensée ; je veux parler des militaires. La constitution n'a excepté personne du bénéfice de ses libéralités, et cependant, les militaires ne peuvent rien publier sans l'autorisation du département de la guerre. N'est-ce pas là une véritable censure? Je me borne à signaler le fait et à dire que je verrais avec plaisir la section de législation émettre le vœu que la liberté de manifester ses opinions fût restituée à la classe de citoyens dont je viens de m'occuper.

M. WENMAECKERS (Pays-Bas). Quand on examine la loi anglaise, loi si bien faite pour un pays d'excessive liberté comme l'Angleterre, il est peut-être étonnant de voir qu'elle exige encore le cautionnement. Pour ma part, je crois que c'est à juste titre que dans les constitutions les plus récentes, le principe du cautionnement n'a plus été inscrit. Il est évident, en effet, qu'exiger le dépôt d'une certaine somme pour pouvoir fonder un journal, c'est priver du bénéfice de la liberté de la presse quiconque n'a pas les moyens, par lui-même ou autrement, de remplir cette condition. Je crois qu'on a été trop loin, sous ce rapport, tout en reconnaissant, cependant, qu'une caution peut être une chose très utile, en ce qu'elle est de nature à empêcher le premier venu de causer parfois la ruine d'un honnête commerçant, sans que celui-ci puisse obtenir aucune satisfaction de la part d'un homme qui ne possède rien. Malgré cette considération, qui milite, dans une certaine mesure, en faveur du cautionnement, je crois qu'il a contre lui des arguments beaucoup plus sérieux, et qu'il faut s'appliquer à le faire disparaître.

Quant aux poursuites, je remarque que la législation anglaise diffère peu de la nôtre et de la législation belge. Cependant, nous avons vu récemment, en Belgique, comment un jugement condamnant un imprimeur (l'auteur de l'article ne s'étant pas fait connaître) peut rester sans effet par suite de l'insolvabilité de l'imprimeur. Il y a cependant une solidarité civile entre l'auteur et l'imprimeur; je crois qu'on devrait la consacrer formellement, de telle manière que les délits commis par la voie de la presse puissent être efficacement poursuivis.

Quant au timbre, c'est encore là une entrave à l'émission de la pensée. Ainsi, en Hollande, nous avons une législation extrêmement libérale, surtout par l'application qu'elle reçoit; mais nous avons conservé le timbre, et cette seule mesure fiscale est tellement importante, qu'elle rend impossible la publication de journaux de la dimension des principaux journaux belges. Aussi, ne voyons-nous en Hollande que des journaux de petit format. Quant aux journaux étrangers, ils sont frappés d'une véritable prohibition par suite de ce droit fiscal. Ainsi, tel journal belge qui, publié en Hollande, ne coûterait que de 25 à 30 francs, nous coûte presque le triple. C'est assez dire que les journaux étrangers ne franchissent guère la frontière.

Je m'empresse d'ajouter que le ministre des finances de Hollande, d'après ce que j'ai lu récemment dans les journaux, se propose de présenter une loi portant suppression de ce droit de timbre. Mais ce projet se lie à une réduction plus générale des impôts et à l'établissement d'une sorte d'*income-tax* qui sera difficilement acceptée en Hollande. De sorte que, si ce projet échoue, nous devons nous résigner à renoncer au bénéfice de la suppression du timbre des journaux.

En résumé, je crois qu'il n'y a pas lieu d'exiger un cautionnement, parce que c'est une entrave indirecte à la liberté de la presse; je suis d'avis, en second lieu, que la loi peut parfaitement, sans méconnaître l'esprit de la Constitution, stipuler des garanties contre l'éditeur et l'écrivain, à raison d'attaques par la voie de la presse; enfin je repousse, comme une entrave à la libre manifestation de la pensée, toute espèce de loi purement fiscale comme l'est la loi sur le timbre des journaux.

M. CALMELS (France). La discussion de cette question touche à son terme. Je ne dirai pas qu'elle s'est égarée, hier, sur les hauteurs politiques, desquelles elle a dû nécessairement descendre. Cette question est toute simple; elle a une application, et c'est précisément sur cette application que M. le Président vient d'appeler votre attention d'une manière particulière. Il faut donc oublier ces scènes d'enthousiasme auxquelles nous avons assisté; il faut examiner. C'est ce que je vais faire.

Le système que je présente me paraît le plus simple, le plus vrai et, qu'on me permette de le dire, le seul véritablement acceptable, à côté surtout du principe extraordinaire qu'a défendu hier l'un de nos collègues, M. de Girardin.

En matière de presse, je ne connais que deux choses possibles : ou la liberté la plus complète, la plus absolue, — ce qui est la négation du droit des membres d'une société ; — ou, au contraire, les restrictions, — et qu'on m'entende bien, les restrictions ordinaires, apportées à la presse comme en toute autre matière.

La presse est un moyen de faire connaître sa pensée ; elle rend l'auteur ou ceux qui concourent à la divulgation de sa pensée responsables de leurs actes, absolument comme pour tous les autres actes de la vie sociale.

Hier, M. Pelletan disait qu'il n'apportait que deux restrictions à la liberté de la presse ; et il raisonnait ainsi : principe : liberté de la presse ; mais comme il n'y a jamais de liberté absolue en ce monde, parce que l'absolu, c'est l'impossible, je demande que cette liberté ne couvre pas de l'impunité la calomnie et l'appel à la révolte.

Nous différons beaucoup d'opinion, M. Pelletan et moi ; mais ici, nous nous rencontrons ; sur ce terrain, nous sommes d'accord. Voici, quant à moi, ce que je propose : je dis que ceux qui manient la plume, ceux qui font de leur pensée un instrument public sont responsables de leurs œuvres ; mais ils n'en doivent pas être responsables autrement que ceux qui agissent matériellement. Je dis à l'écrivain : Vous avez le droit d'écrire, c'est un droit naturel. Faut-il, comme le disait hier M. Pelletan dans ce magnifique langage qui retentit encore à nos oreilles, faut-il que vous soumettiez votre pensée à une censure préalable ? Non. Pourquoi ? Parce que, dans aucun autre acte de ma vie, je ne me soumets à une censure préalable. Je suis responsable, j'accepte cette responsabilité, et je vous dis : il faut que l'auteur qui écrit ait le courage de son opinion ; il ne faut pas qu'il se cache sous le voile de l'anonyme ; il faut que son nom figure au bas des lignes que sa main a écrites. Il sera donc responsable sans que personne puisse avoir préalablement le droit de raboter, si je puis le dire, l'expression de sa pensée. Je repousse donc tout de suite la censure, et je couvre mon principe de cette responsabilité personnelle et civile en ajoutant immédiatement l'obligation de la signature.

A côté de la censure préalable, nous voyons, dans différentes législations, divers autres moyens : le timbre, le cautionnement, employés non pour réprimer, mais pour diriger, en quelque sorte, le cours de la pensée.

Je viens de m'expliquer sur la censure ; je n'admets pas davantage le cautionnement : il suffit que vous soyez responsable pour que le principe de la liberté ne doive pas être entravé dans son application.

Qu'est-ce que je veux donc admettre ? Je vous accorde la liberté de publier tout ce que vous voudrez, mais sous votre responsabilité ; et c'est ici que je vous attends. C'est ici que je réclame des moyens énergiques de répression, non seulement contre l'écrivain qui a émis sa pensée, mais encore contre tous ceux qui auront concouru à l'émission de sa pensée.

Vous le voyez, je suis large, généreux, libéral dans la plus haute acception de ces mots. Liberté complète, absolue, pas d'entrave, pas de censure, pas de cautionnement. Je voulais parler du timbre ; mais l'orateur qui m'a précédé en a donné la seule justification possible : c'est un droit fiscal, et il y a là peut-être une question dont la solution n'appartient pas seulement aux hommes qui s'occupent de la question de la liberté de la presse. Laissons de côté cette question fiscale qui, du reste, n'est pas une entrave bien sérieuse à la circulation de la pensée.

Je demande donc une répression sévère, énergique contre l'auteur et contre l'imprimeur d'articles qui portent atteinte aux droits d'autrui. En un mot, tout ce qui nuit aux autres doit être puni ; voilà le critérium. Aussi, je crois que si vous voulez créer une législation spéciale pour la presse, créer des délits de presse, comme on dit, vous vous engagez dans une voie tout à fait inconnue, capricieuse, arbitraire. En matière de presse, comme en toute autre matière, il n'y a d'autres délits que ceux que prévoit le code pénal. Pas de délits de presse spéciaux : le droit commun; responsabilité, de la part des auteurs, de leurs œuvres, et obligation, par conséquent, pour eux, de signer leurs écrits; punition, enfin, de ceux qui peuvent avoir prêté le concours de leur travail, de leur intelligence et qui peuvent, dans les limites du droit commun, être considérés comme complices. En un mot, pas de prévention, pas d'obstacles préalables; rien que le droit commun.

M. Dognée-Devillers (Liége). Comme l'orateur qui m'a précédé, je crois qu'aucune mesure préventive ne doit entraver la liberté de manifester ses opinions par la presse : pas de cautionnement, pas de timbre, pas de censure, et, je vais plus loin, pas de signature. Je ne crois pas, en effet, que la signature soit une garantie. On trouve des noms, on signe des articles qu'on n'a pas faits. La garantie de la signature est donc, selon moi, illusoire, et elle porte, à mon sens, une grave atteinte à la liberté d'exprimer ses opinions.

Mais si je veux la liberté, si je la veux grande, sans mesures préventives, sans censure surtout, sans timbre, sans signature, je ne veux pas la licence. Je veux que la presse se respecte et qu'elle respecte les autres; je ne veux pas qu'elle porte atteinte ni aux droits privés, ni à l'état social. En conséquence, et en vertu des principes généraux du droit, je dis que tout fait quelconque de l'homme qui cause à autrui un dommage moral ou matériel exige une réparation. Je dis que l'individu qui, usant de la plus belle des libertés, s'oublie et porte atteinte à un individu ou à l'État, doit être puni sévèrement.

Comment le sera-t-il ? — Messieurs, ce qui existe chez nous me paraît un exemple digne d'être recommandé. Si l'écrivain a commis un délit contre l'État, il sera puni par le jugement du pays, par le jury, qui est le mieux à même de proportionner la peine à la faute commise. Quant aux délits contre les particuliers, il faut également qu'ils soient punis, et ici, je diffère complétement d'opinion avec l'orateur qui a ouvert hier cette discussion; je n'admets pas qu'on doive laisser impuni l'écrivain qui, dans une intention évidemment malveillante, aura dit d'un négociant qu'il a déposé son bilan ou qu'il va le déposer. Il suffit que ce fait puisse causer un préjudice quelconque à la personne désignée, pour qu'il doive être puni.

Un mot, messieurs, suffit pour justifier mon système : avec la législation que je réclame, la presse serait libre; elle ne serait pas licencieuse.

M. Hérold (France). Après une discussion aussi prolongée, je n'abuserai pas de vos moments. Seulement, je crois remplir un devoir en signalant une lacune qui n'a pas encore été relevée dans le cours de cette discussion.

Je suis aussi de ceux qui ne veulent pas de mesures préventives, cela va sans dire : pas de censure, pas d'avertissement, pas de cautionnement, et j'ajoute : pas de timbre; je trouve même un peu trop modeste la déclaration d'incompétence qu'a faite, tout à l'heure, M. Calmels, quant à cette partie de la question. Nous sommes parfaitement à même d'émettre ici une opinion qui paraîtrait à M. Calmels un empiétement sur les attributions de nos confrères de l'économie politique. Si nous étions dans un pays où l'institution de l'esclavage existât et qu'on vînt nous dire, au nom des financiers, que nous ne devons pas désirer l'abolition de cette institution, parce que, par exemple, il existerait un droit de mutation sur la vente des hommes, nous dirions sans doute : nous ne pouvons pas nous arrêter devant des considérations financières de cette nature. — Eh bien, le timbre me paraît encourir le même reproche que ce droit de mutation. C'est une entrave très grande à la circulation de la pensée. Donc, pas de timbre non plus, pas de mesures préventives d'aucune sorte. Rien que la répression raisonnable; rien que deux restrictions à la liberté, et je dirai qu'elles ne résultent que de l'application de la loi générale. La complicité se manifeste autrement qu'en fournissant des armes matérielles, autrement qu'en donnant des conseils à l'auteur : elle se manifeste aussi par la presse; c'est l'application de la loi générale. L'autre exception concerne la calomnie ou la diffamation; voilà encore un fait dans lequel j'aperçois un délit de presse. La diffamation ou la calomnie par la parole, dans un cercle restreint de personnes, ne peut pas avoir de bien grandes conséquences et ne cause généralement qu'un léger préjudice pour la personne lésée ; tandis que par la voie de la presse, elle a des conséquences incalculables. Pourquoi donc ne pas la punir dans ce dernier cas comme dans le premier ?

Maintenant, il va de soi que j'admets aussi la réparation civile ; c'est là un principe de droit commun.

Mais voici la lacune dont je parlais en commençant. Il y a un mode particulier de réparation, c'est la presse elle-même ; et ce mode a l'immense avantage d'être en même temps une extension de la liberté des personnes autres que l'écrivain ; c'est le droit de réponse. On n'en avait rien dit encore, et cependant, je crois que l'organisation du droit de réponse est d'un grand intérêt en matière de presse ; car je ne suis pas de l'avis de M. de Girardin qui nous disait, hier, qu'il est impossible de réprimer les délits de presse contre les personnes, parce que le journaliste diffamateur continuera à diffamer celui qui aura triomphé de l'injustice. Il y a un moyen très simple de lui imposer silence : c'est le droit de réponse.

Quant à la signature, je ne crois pas non plus qu'on puisse l'imposer par la loi, attendu qu'il sera toujours extrêmement facile d'éluder une telle prescription. J'ajoute qu'il est des cas où il serait impossible, en bonne législation, d'exiger la signature ; par exemple, quand il s'agit de correspondances étrangères. Je sais bien que la cour de cassation de France a jugé que la signature des correspondances étrangères est obligatoire ; de sorte qu'aujourd'hui, une correspondance des États du Sud de l'Amérique émanant d'un adversaire de l'esclavage devrait être signée par lui. Je n'ai pas besoin de dire à quels dangers il s'exposerait. Cette jurisprudence, qui est, maintenant, le complément de la loi française, ne me paraît pas susceptible d'être maintenue.

Je dirai, cependant, qu'il serait très bon que l'habitude de la signature entrât dans les mœurs des écrivains ; mais c'est là une chose qui doit se faire naturellement, comme conséquence des principes de publicité et de liberté.

La séance est levée à midi.

Deuxième séance du 24 septembre. — Présidence de M. TIELEMANS.

M. LE PRÉSIDENT. Je crois, messieurs, que la question a fait un grand pas ce matin. Pour simplifier, je vous propose de laisser maintenant de côté la censure : la censure est morte, et nous pouvons lui accorder le silence du tombeau. (Approbation.) Le second point, c'est l'avertissement. Je crois qu'ici encore nous sommes tous du même avis : l'avertissement est condamné, et nous n'avons plus qu'à attendre le jour de son exécution. (Adhésion.) Reste le timbre. A cet égard, je crois que l'on a dit tout ce qu'il était possible de dire : c'est une mesure purement fiscale ; elle n'est pas un obstacle à la liberté de la presse, mais il est désirable que tous les gouvernements suppriment le timbre et le remplacent, s'il le faut, par un autre impôt, parce que la pensée humaine doit circuler à bon marché. (Assentiment.)

Nous ne sommes donc plus èn présence que de cinq faits sur lesquels je prierai l'assemblée de concentrer la discussion : c'est la solidarité de l'imprimeur, le cautionnement qui existe en Angleterre, comme vous l'avez entendu, le droit do réponse, les délits communs ou spéciaux à la presse, et enfin la signature.

M. Dréo (France). Il reste peu de chose à dire, au point où est parvenue la discussion. Il est, cependant, une question qui n'a été qu'effleurée jusqu'à présent ; je veux parler du rôle de l'imprimeur dans l'exercice de la liberté de la presse.

M. Pelletan nous disait hier, dans son langage si ardent, si imagé, que ce qu'il y avait de plus terrible pour l'écrivain, c'était d'être obligé de se mutiler lui-même, de se placer entre sa conscience et le besoin de dire la vérité, besoin dont la satisfaction peut entraîner sa ruine et celle de sa famille. Eh bien, il y a, selon moi, quelque chose de plus terrible, c'est la censure de l'intérêt, la censure de l'imprimeur.

Nous avons des imprimeurs qui exercent un véritable monopole, qui sont responsables ; et, dans la légitimité même de leur rôle, ils ont le droit de se défendre, de se prémunir contre les condamnations qui peuvent les atteindre. Eh bien, pour moi, c'est la chose la plus déplorable, la plus pénible qu'on puisse rencontrer, c'est le plus grand obstacle à la liberté de la presse ; car, si je suis juge de la limite que je puis atteindre, si, moi écrivain, je suis juge de la condamnation à laquelle je m'expose, j'aurai le choix de me taire ou, faisant appel à mon courage, d'obéir à la voix de ma conscience; tandis que, quand je me trouve en face d'un monopole, je suis forcément condamné au silence. Il serait donc essentiel de discuter la question à ce point de vue et de se demander : est-il bon d'établir un privilège pour l'imprimeur? (Interruption.)

Je crois que cela n'existe pas en Belgique ; mais vous avez encore, je pense, la responsabilité de l'imprimeur.

M. le président. Oui, mais seulement quand l'auteur n'est pas connu.

M. Dréo. Je ne demande pas davantage. Seulement, j'entendais combattre, tout à l'heure, l'obligation de la signature, et je trouve qu'il y a beaucoup à dire sur ce point. Il est très important, en effet, que la vérité ne se cache pas derrière la personnalité. Nous savons tous ce que la personnalité a fait de mal en France. Eh bien, je comprends qu'à un certain point de vue on vienne dire : il vaut mieux qu'une idée soit soutenue sans que derrière elle se place une personnalité qui peut, au besoin, en abuser. Cependant, quand il s'agit de faire preuve de courage, d'émettre une opinion qui peut exposer un auteur à des inconvénients, voire même à des dangers, je crois qu'il faut réserver à l'écrivain la possibilité de signer son œuvre et d'assumer ainsi, personnellement, la responsabilité de son opinion.

N'y aurait-il pas possibilité de concilier ces deux idées? Je le crois, et voici comment : quand l'imprimeur, instrument matériel aussi essentiel à la liberté de la presse qu'une loi supprimant toute entrave, quand l'imprimeur croira qu'un article l'expose à des poursuites, il pourra exiger la signature et ne point prêter ses presses, en cas de refus de signer ou d'apporter à l'écrit les rectifications qu'il jugera nécessaires. De cette façon, la position de l'imprimeur et de l'écrivain sera suffisamment sauvegardée. L'imprimeur n'est pas censeur, l'imprimeur ne peut plus refuser ses presses; et l'écrivain, de son côté, n'est plus enchaîné, dès l'instant où, signant ses œuvres, il en assume toute la responsabilité.

M. Em. de Girardin. La liberté absolue a cet immense avantage, qu'elle simplifie tout. Dès que vous avez la liberté d'imprimer, si vous n'avez pas d'imprimeur, vous imprimez vous-même, et il n'est pas besoin de demander si l'auteur devra ou ne devra pas signer son œuvre.

M. Léopold Alm (Suède). Au sujet de la législation de la presse en Suède, il faut observer que toute personne n'ayant pas une mauvaise réputation peut publier un journal. On n'est pas obligé de verser un cautionnement. L'acte d'autorisation de faire paraître un journal est frappé d'un droit qui ne s'élève qu'à 6 francs. Les délits de presse sont jugés par un jury composé de neuf membres choisis parmi les citoyens. Le tribunal en choisit trois, le plaignant trois autres et le défendeur également trois. Il faut que six membres déclarent l'article coupable pour que l'auteur soit condamné.

M. le président. Il y a, dans la communication qui vient de nous être faite, un passage sur lequel je désirerais avoir une explication. M. Alm nous a dit que toute personne n'ayant pas une mauvaise réputation peut publier un journal; je lui demanderai comment on apprécie, en Suède, la réputation des gens pour leur accorder ou leur refuser l'autorisation de publier un journal.

M. Alm. Il n'est pas précisément nécessaire de jouir d'une bonne réputation; il suffit de n'en avoir pas une mauvaise. (Rires.)

M. André Lavertujon (France). Je m'étais fait inscrire avec l'intention de parler lorsque la section entrerait dans l'examen détaillé des diverses législations sur la presse. Les paroles qu'a prononcées, tout à l'heure, notre président m'ont appris qu'on avait procédé à cet examen dans la séance tenue ce matin, séance à laquelle j'ai eu le malheur de ne pouvoir assister. Je ne crois donc pas devoir faire rétrograder le débat en reportant l'attention de l'assemblée sur un sujet vidé. Au surplus, les observations que je me proposais de présenter étaient d'un caractère purement descriptif et pratique. Puisque nous avions pour but de comparer entre eux les divers systèmes qui régissent la presse en Europe, je voulais, en mettant à contribution une expérience personnelle déjà assez longue, faire connaître d'une manière plus détaillée, et pour ainsi dire plus intime, le système qui domine en France depuis dix ans. Mais, je le répète, puisque, par ma faute, je ne me suis pas trouvé parmi vous à l'heure où cette discussion était à l'ordre du jour, je crois devoir renoncer...

M. le président. Il n'y a pas autant d'inconvénients que vous le supposez à revenir sur le débat de ce matin, et je crois voir que la section souhaite vivement vous entendre.

De toutes parts. Oui, oui, parlez, parlez.

M. Lavertujon. Je remercie M. le Président de sa bienveillance, et je vais me rendre, sans plus de délai, aux désirs de la section.

Messieurs, tout le monde connaît le décret-loi du 17 février 1852; tout le monde a eu sous les yeux un ou plusieurs de ces arrêtés administratifs connus sous le nom d'*avertissement*; tout le monde a lu un ou plusieurs de ces décrets de suspension ou de suppression qui constituent le côté le plus saillant, le plus en relief de la législation française sur la presse. Certes, telle qu'on la connaît, sous ses aspects superficiels, extérieurs, cette législation a conquis un très mauvais renom dans tout le libéralisme européen. Eh bien ! j'ose dire qu'elle vaut encore moins que sa réputation, et qu'elle est un instrument de silence beaucoup plus parfait qu'on ne le croit généralement. Je vais jusqu'à prétendre que ceux qui ont façonné cet instrument ne se doutaient pas eux-mêmes de la perfection du mécanisme qu'ils venaient d'inventer.

Pour en bien connaître la portée, l'influence, l'efficacité, il faut avoir été saisi par ses engrenages clandestins ; il faut en avoir suivi en intéressé le fonctionnement secret pendant de longues années. Je le démontrerai par des faits concluants. Mais pour mettre un peu d'ordre dans cette démonstration, je vais passer en revue, de mémoire, car je regrette de n'avoir pas les textes sous la main, les principales dispositions du décret-loi de 1852.

Quand on essaye de formuler en quelques mots l'esprit essentiel de ce décret, lorsqu'on cherche à le caractériser d'une manière générale, voici ce qu'on trouve : de toute évidence, l'intention dominante du législateur a été de supprimer la critique, la discussion, le contrôle, aussi radicalement que possible. Ce n'était pas là, j'en conviens, un effort nouveau. Avant 1852, en France comme ailleurs, il y a eu des gouvernements qui ont cherché à se soustraire, eux et leurs agents, à l'incommodité des libres discussions. L'auteur du décret-loi n'ignorait pas ces tentatives. Il avait même, je pense, étudié avec un soin particulier les méthodes mises en avant par les pouvoirs successifs qui ont péri sous les coups de la presse ; on l'affirme ainsi, du moins ; on le répète tous les jours : pour ma part, je n'en crois rien. Grâce à cette étude préliminaire, l'auteur du décret-loi — je dis l'auteur pour la facilité du langage, la construction d'un engin aussi compliqué a dû nécessiter plusieurs collaborateurs — l'auteur du décret-loi paraît s'être rendu compte, avec une remarquable sagacité, de l'état réel de l'opinion publique, dans presque tous les pays, à l'égard de la liberté de la presse. Il a vu que la masse du public était à la fois *pour* et *contre* la presse. *Pour*, car on rougirait partout d'avouer qu'on fait partie d'un peuple où le droit d'exprimer librement sa pensée, ce droit qui est la marque la moins douteuse d'une civilisation avancée, est supprimé ; *contre*, car presque partout, surtout aux époques d'excitation politique, on a peur de ces feuilles volantes qui vont porter de tous côtés les idées vraies et fausses, les aspirations honnêtes et coupables, les réclamations justes et mal fondées.

Cet état complexe de l'opinion posait donc ainsi le problème au législateur de 1852 :

Il faut supprimer la liberté de la presse, mais en se gardant d'avouer qu'on la supprime. Il faut entourer la presse de liens préventifs qui lui ôtent l'initiative, l'énergie et le ressort, mais en dissimulant savamment l'existence de ces liens. Pour tout dire, il faut organiser la censure ; mais ce mot étant gravement compromis, dangereux, impopulaire, il faut organiser une censure invisible, inavouée, et ne perdre aucune occasion de nier que la censure existe.

C'est sous l'empire de cette préoccupation générale qu'a été rédigé le décret-loi de 1852. Je suis malheureusement obligé de rendre hommage à l'habileté du législateur, et d'avouer qu'il a complétement réalisé son programme. Examinons.

Au début du système, je rencontre, d'abord, l'autorisation préalable, un emprunt fait au premier Empire et aux mauvaises années de la Restauration. Il n'y a pas à s'étendre sur ce point ; tout le monde est, là dessus, aussi instruit que moi : il suffit, pour s'édifier, de jeter un coup d'œil sur la liste des journaux français. Pour une ou deux feuilles libérales qui ont pu, à grande peine, se fonder en dix ans, on compte les feuilles gouvernementales par vingtaines. Cette multiplication de journaux d'une couleur unique, qui naissent bruyamment, puis s'éteignent, la plupart du temps, dans l'inanition, est très habilement entendue pour amuser le spectateur naïf et sincère. C'est un mouvement artificiel qui joue l'activité réelle. Le public s'en montre flatté, il est porté, par là, à se croire libre. En fin de compte, au bout de l'année, qu'a-t-il gagné? Trois ou quatre feuilles de plus, consacrées à l'admiration permanente et à l'encensement perpétuel. Selon l'indication du programme, on a favorisé une des apparences de la vie libérale, tout en supprimant la liberté.

A côté de l'autorisation préalable vient se placer le droit d'agréer les nouveaux rédacteurs en chef, les nouveaux gérants, les nouveaux directeurs politiques. Au premier abord, quoi de plus anodin que ce droit? L'administration se réserve, non pas de choisir elle-même les hommes qui doivent exercer une action prépondérante sur un journal, elle n'aurait garde de rêver un pareil attentat contre la liberté de la presse; non, elle désire uniquement donner une marque de bien-venue au nouveau directeur, au nouveau propriétaire de toute feuille influente. Le bon public, pétri de confiance, ne comprend guère pourquoi on se révolte contre ce qui n'est, après tout, qu'une précaution de bienveillance et de politesse. Maintenant, regardez bien au fond de cette combinaison : à elle seule, elle suffirait, entre des mains résolues et habiles, pour faire passer en quelques mois tous les journaux existants dans le camp gouvernemental. — Prenons un exemple. Voici une feuille prospère, bien rédigée, influente; elle est dirigée par deux personnes soumises à la formalité de l'*agrément* : le gérant et le rédacteur. Une de ces deux personnes disparaît par une cause quelconque : fatigue, dégoût, départ, que sais-je? Eh bien! ce simple accident jette le journal entre les mains du pouvoir. En premier lieu, il doit arrêter — sous peine de mort — il doit arrêter immédiatement sa publication, jusqu'à ce que le rédacteur en chef ou le gérant manquant soit remplacé. En second lieu, ce remplacement ne peut s'opérer qu'après l'agrément de l'administration. Or, messieurs, cela saute aux yeux, le droit d'agréer emporte avec lui le droit de choisir. Pour lui donner cette valeur, la méthode est bien simple ; elle consiste à repousser indéfiniment tous les candidats, jusqu'à ce que l'on en présente un à la convenance du ministre qui dispose de la faculté « d'agréation », pardonnez-moi ce néologisme. Nous avons au milieu de nous M. de Girardin, qui est un exemple de l'opération que j'explique en ce moment. Les actionnaires de *la Presse* prétendaient, à tort ou à raison, que le rédacteur en chef actuel faisait mal les affaires du journal. Au nom des intérêts matériels de leur entreprise, ils demandaient à le remplacer par M. Émile de Girardin. Mais le ministre a répondu que M. de Girardin ne lui agréait pas, et les actionnaires de *la Presse* ont dû se contenter du rédacteur en chef présentement en titre. — Autre exemple plus curieux : M. Grégory Ganesco se démet de la rédaction en chef du *Courrier du Dimanche*. On demande au ministre d'approuver un nouveau rédacteur en chef. Non, répond le ministre, je trouve que M. Ganesco fait très bien l'affaire du *Courrier*. Vainement l'écrivain proteste, déclare qu'il veut se retirer. Le refus du ministre est opiniâtre; il faut que M. Ganesco, *volens, nolens*, rédige le *Courrier du Dimanche*, ou que le *Courrier* meure ; car, je vous l'ai dit, il est défendu à un journal de paraître sans rédacteur en chef. En tout ceci, messieurs, où est l'atteinte visible, palpable, criante, portée à la liberté? Pour la masse du public, elle n'est nulle part. Le public juge que ce sont des écrivains qui se disputent le premier poste et un ministre qui, par un sentiment de bienveillance, s'efforce de mettre d'accord cette race irritable des journalistes. Au lieu de s'indigner, le public rit de bon cœur à cette comédie du rédacteur dirigeant un journal malgré ses propriétaires, ou à cette autre comédie du *rédacteur en chef malgré lui*. C'est le chef-d'œuvre de la tyrannie, s'enveloppant de formes doucereuses, bénignes et paternelles. (Applaudissements.)

Messieurs, je viens de dire que le public ne comprend pas, en général, tout ce qu'il y a de conséquences énormes et insolentes dans ce préliminaire de l'*agréation*. Cela tient à plusieurs causes, mais surtout au goût que nous avons, chez nous, en France, pour la position de fonctionnaire. Un rédacteur en chef agréé ministériellement est presque un personnage officiel ; c'est, pour beaucoup de gens, une occasion de l'envier plutôt que de le plaindre. Cela le met sur la ligne des préfets, des sous-préfets, des commissaires de police. Il y a quatre à cinq mois, une circulaire fut lancée dans tous les départements, invitant les journalistes à faire connaître leurs noms, prénoms, âges, moyens d'existence, grades universitaires, etc. Quelques écrivains eurent le bon sens de se refuser à cette bizarre enquête ; ils la dénoncèrent au public. L'étonnement, au premier abord, ne fut pas trop grand. Faire du journalisme un corps organisé, autorisé, bon à être surveillé comme un régiment et apte à marcher avec régularité et discipline, ce n'était point un projet qui fût tellement en dehors des tendances du jour vers la réglementation. Dans un pays où tout le monde brûle d'entrer dans les fonctions publiques, on aurait plutôt été surpris de voir des gens se fâcher parce qu'il s'agissait de faire d'eux des fonctionnaires. Cependant, en s'ébruitant, l'incident fut mieux compris ; on commença à chuchotter et à rire. L'administration, quelque peu embarrassée de la sensation qu'elle avait produite, déclara enfin qu'elle avait entrepris son enquête dans les meilleures intentions du monde et pour distribuer à bon escient, parmi les journalistes, une certaine quantité de décorations. Les choses en restèrent là ; les journalistes échappèrent à l'enrégimentation ; ils échappèrent aussi à la décoration ! (On rit.)

J'arrive à la partie principale du régime de 1852 : aux avertissements. Vous savez tous, et chaque jour il est facile de s'instruire par de nouveaux textes, vous savez tous ce que c'est qu'un avertissement. M. le ministre ou M. le préfet du département de....., à propos d'un article dont on cite un lambeau de phrase, ou même dont on ne cite rien, déclare que le journal le..... a attenté à la paix publique. ou attaqué la constitution, ou excité les citoyens à la haine les uns contre les autres ; en conséquence, le journal le..... est averti. Messieurs, il y a un intéressant travail à faire sur les quelques centaines d'avertissements distribués en France depuis dix ans : c'est d'essayer de les ranger par catégories, par chefs d'accusation, pour en tirer une jurisprudence quelconque, une règle capable de guider et de prémunir l'écrivain. Ce travail, messieurs, j'ai eu la patience de le faire ; j'avais de très sérieuses raisons de l'entreprendre. J'y ai passé de longues heures, comparant, ajustant, cherchant des analogies et des similitudes. Je défie le plus habile codificateur, je défie l'esprit de classification incarné lui-même, je le défie d'obtenir à l'avance aucune indication, aucune maxime générale propre à éclairer et à préserver du danger ; je le défie de formuler aucune règle d'ensemble susceptible d'apprendre à l'écrivain ce qui est permis et ce qui est défendu. Ce qui était défendu hier, ou plutôt frappé et puni, est permis aujourd'hui ; ce qui est permis aujourd'hui sera frappé demain. Vainement on chercherait, dans ce chaos de décisions souvent burlesques, une autre marque que celle du caprice, une autre trace que celle des préoccupations fugitives qui assaillaient l'esprit de l'administrateur au moment où il remplissait sa fonction de juge de la pensée. Pas de jurisprudence, pas d'usage uniforme, pas de règle dans ce fouillis d'arrêtés où l'attaque contre la personne du chef de l'État n'est ni plus ni moins réprimée que la médisance contre un certain engrais approuvé par arrêté préfectoral. Pas de règle ? Je me trompe : il en est une qui s'inscrit à chaque page, qui s'impose à l'esprit. Cette règle, la voici : c'est que, sous un semblable régime, pour éviter la répression, il ne sert de rien d'être attentif, prudent, réservé, modéré. Un unique moyen de salut existe : l'abstention, le silence. Celui-là seul qui ne parlera jamais ne sera jamais averti. (Applaudissements.)

Après cette esquisse, est-il besoin, messieurs, de vous démontrer que l'avertissement, qu'on veut présenter comme une mesure purement répressive, est un moyen préventif au premier chef ? préventif par la vague peur qu'il engendre, par la continuelle crainte de commettre un délit inconnu, un délit qui ne se définit et ne prend naissance que dans la sentence même du juge. D'ailleurs, à l'avertissement *officiel*, public, vient se joindre l'avertissement officieux, tout aussi redoutable. Une note communiquée, à Paris, par un employé du ministère de l'intérieur, en province, par un commissaire de police, intime au journaliste l'ordre de ne pas aborder telle ou telle question. Il y a eu des exemples de résistance ; mais, en général, il faut plier. Maintenant, avisez-vous de dire que la presse française est soumise à la censure, et vous soulèverez des dénégations chaleureuses. La censure, grand Dieu ! c'était bon pour la Restauration ! on se faisait alors apporter, dans des bureaux spéciaux, les épreuves du journal au moment de la mise sous presse. On biffait, on effaçait, on modifiait tout passage jugé dangereux, irrespectueux ou inconvenant. Rien de pareil ne se passe sous le régime du décret-loi de 1852. Vous êtes simplement engagé, par voie officieuse, à ne souffler mot sur certain sujet ; vous êtes en même temps averti, par les exemples de tous les jours, qu'il est imprudent de parler de quoi que ce soit, de quelque manière que ce soit. Mais ressusciter l'odieuse censure ! Nous respectons bien trop les grands principes de 89 ! (On rit.)

Messieurs, vous riez, quoique ce que je dis soit fort triste ; malheureusement, votre rire est une preuve de l'étonnant bonheur avec lequel le législateur de 1852 a réussi à réaliser le programme que j'ai exposé en commençant : supprimer la liberté de la presse sans choquer ouvertement les esprits, sans révolter les consciences. On plaint un journal frappé d'amende, on plaint un journaliste condamné à la prison ; ces peines matérielles, résultat immédiat et palpable, donnent à penser et poussent à réfléchir ; mais un *avertissement*, qu'est-ce donc de si terrible ? Nul ne s'en souvient, un quart d'heure après en avoir lu le libellé ; et pourtant, cette formule si anodine, c'est le premier pas vers la suspension et la suppression ; c'est un redoublement d'inquiétude, d'appréhension et de peur. Oui, de peur ! En sorte que l'arrêté ministériel ou préfectoral équivaut à un premier cadenas attaché à une bouche qui, hier encore, s'ouvrait librement et croyait pouvoir parler sans crainte. Mais enfin, puisque mes paroles vous ont mis en voie de gaieté, je me reprocherais de ne pas vous montrer le régime des avertissements sous un de ses côtés réellement comiques. C'est lorsqu'il a pour but de redresser une erreur réelle ou prétendue portant sur un fait récent ou ancien. Lorsque, par exemple, il frappe le journal *la Presse* pour avoir outragé la vérité historique en insinuant que si l'empereur Napoléon succomba en 1814, c'est parce qu'il avait épuisé la France et que le pays n'était plus avec lui. Certes, messieurs, on peut professer plusieurs manières de voir sur ce point de l'his'oire du xixᵉ siècle ; mais le trancher par jugement administratif, c'est vraiment prodigieux. Sur ce terrain, le communiqué complète et supplée l'avertissement. Permettez-moi une anecdote. Toute une ville a assisté à une exécution à mort ; l'exécuteur a mal fait son devoir, a commis de hideuses maladresses ; un journal les raconte pour les regretter. Notez que le fait a eu pour témoins deux ou trois mille personnes ; mais retracer, même brièvement et sans déclamation, de semblables détails, cela trouble la tranquillité publique, cela trouble, tout au moins, la tranquillité de M. le préfet. Par bonheur, le remède est près du mal. Il consiste à envoyer, au journal coupable, un communiqué déclarant, au nom de l'autorité préfectorale, que l'écrivain a mal vu les choses, que le cou du condamné a été très régulièrement coupé. Messieurs, il y a plusieurs milliers d'années que les philosophes cherchent, sans parvenir à le trouver, un *criterium* absolu de certitude : les *avertissements* et les *communiqués* ont résolu le problème. Quand tout un continent a assisté à certaines péripéties et en a apprécié les causes d'une certaine manière, quand tout un public a contemplé de ses yeux un certain fait et s'en est rendu compte, l'*avertissement* et le *communiqué* surviennent ; ils proclament, envers et contre l'impression universelle, ce qu'il faut penser et ce qu'il faut croire. Nous tenons là le criterium de certitude absolue. Ce phénix tant cherché n'est plus à trouver : il est au fond des encriers ministériels et préfectoraux. (Hilarité.)

Je crois avoir dit que les auteurs du décret-loi de 1852, en se proposant de supprimer, autant que possible, la libre émission de la pensée, avaient atteint un degré de perfection qu'ils ne soupçonnaient pas eux-mêmes. Je donnerai, en preuve de cette allégation, l'article qui déclarait supprimé de *plein droit* tout journal ayant subi deux condamnations pour délit ou contravention.

Messieurs, de tous les pièges contenus dans le décret-loi, celui-là était peut-être le plus perfide. Je puis en parler d'autant mieux à cœur ouvert, qu'il n'existe plus. Saisissez-en bien l'effrayante efficacité. Voici un journal qui, tout en rendant des services à une population et en se faisant, sinon aimer, du moins écouter, même de ses adversaires politiques, même des amis du gouvernement, gênait l'administration. Comment s'en défaire ? L'avertir ? Mais il est habile, prudent, modéré, et les avertissements causeraient du scandale. Le supprimer ? C'est bien plus difficile encore. Alors, on prenait un chemin lent, détourné, mais sûr. On le faisait poursuivre tantôt pour un oubli de signature, tantôt pour nouvelles inexactes. J'ai connu un journal ainsi traqué souterrainement qui avait été condamné une fois à 500 fr. d'amende, comme coupable de n'avoir pas signé un article dans lequel on donnait des renseignements sur l'usage que les Anglais font du vin de Bordeaux. (Hilarité.) Je ne dis rien que d'exact. Une autre fois, à 50 fr. d'amende, pour avoir diffamé un maire ; ce chiffre atteste assez que la diffamation n'était pas bien sérieuse. Au total, 550 fr. de répression lui étaient infligés par les tribunaux. A cette somme, le décret de 1852 ajoutait une légère aggravation de peine : la mort. Or, remarquez bien qu'à chaque condamnation, ni les juges, ni le parquet, encore moins le public, ne voyaient ou n'étaient censés voir le but réel de ces poursuites ; ils ne voyaient qu'une minime amende et se montraient peu émus. La suppression arrivait sans qu'il y eût à accuser personne de l'avoir provoquée ; chacun s'en lavait les mains. « C'est fort regrettable, disait le préfet ; la loi est ainsi. » Le journal dont je parle fut sauvé par le hasard d'une amnistie générale, mais cinq ou six journaux, moins heureux que lui, cinq ou six propriétés plus ou moins considérables s'étaient englouties dans ce que j'ai appelé trop justement *un piège*.

C'était un piège, en effet ; seulement, ce piège avait le défaut d'être indifféremment tendu contre les amis et contre les ennemis. Les préfets ne sont pas seuls à obtenir des condamnations pour contravention ou pour délit. Il arriva, un jour, qu'une feuille très utile au gouvernement se trouva avoir été condamnée deux fois, sur la poursuite de personnes privées. La suppression, je l'ai dit, était de plein droit : le journal allait donc mourir. Alors, on se dit : « Ici, notre but est dépassé ; tuer nos adversaires sans avoir l'air de les toucher, c'est bien ; mais laisser mourir nos adhérents sans que la loi nous donne le moyen de créer pour eux une exception de salut, c'est plein d'inconvénients. Il faut modifier le décret en ce point. » Et voici comment, ainsi que je l'ai avancé, le législateur lui-même apprit, par l'expérience, qu'il avait créé une machine meurtrière au delà de ses propres désirs.

Encore une observation, et j'aurai fini. Sous la Restauration, pendant les mémorables débats provoqués par la triple loi de 1819, les orateurs libéraux firent prévaloir, en matière de diffamation, une distinction importante, capitale, qui intéressait au plus haut point la moralité publique. « La vie privée doit être murée, dirent-ils ; la preuve de la diffamation ne doit être admise contre les particuliers, parce qu'il ne faut pas donner aux inimitiés et aux rancunes le moyen de fouiller audacieusement et d'étaler au grand jour l'existence intime des citoyens. Mais la vie publique appartient au public; il y va de l'honneur de la société tout entière que ceux qui la représentent officiellement soient toujours prêts à répondre à toutes les accusations. Ce serait outrager les fonctionnaires que de les protéger contre la diffamation par le silence. Il faut, au contraire, que les diffamateurs soient contraints de prouver ce qu'ils ont avancé, ou condamnés à subir la honte réservée à l'imposture. « Ainsi parlèrent les libéraux, et ils firent triompher ce principe devant une Chambre peuplée de fonctionnaires; ils le firent triompher au grand profit de l'honnêteté française, et ne contribuèrent pas peu, par là, à tenir en échec les fraudes, les tyrannies et les prévarications. Grâce à eux, il fut permis d'appuyer devant la justice, par toutes les voies ordinairement employées pour établir la vérité, toute accusation lancée contre un homme public. Le décret-loi n'a pas absolument, radicalement abrogé cette indispensable garantie de moralité publique; telles ne sont pas ses habitudes. Le décret-loi, je ne puis trop le répéter, apporte en toutes choses les plus habiles accommodements; il n'aime pas à heurter les usages et les préjugés. Il n'a donc pas effacé la loi de 1819, il a laissé subsister le droit de preuve contre les fonctionnaires. Seulement, dans un de ses coins les plus obscurs, il a déclaré qu'un certain genre de preuves, — celles qui s'obtiennent oralement et par témoins — serait interdit. Or, messieurs, sur cent cas de diffamation contre un préfet, un sous-préfet, un maire, sur cent cas pris au hasard, c'est à peine si on en trouverait un ou deux susceptibles d'être prouvés par écrit. Comment diffame-t-on un fonctionnaire? en expliquant, en interprétant les actes de son administration. La preuve matérielle du fait allégué, de la critique formulée échappe nécessairement à celui qui accuse, puisque cette preuve se trouve entre les mains, dans les archives de celui qui est accusé. Contre ce dernier, il n'existe qu'une arme : la notoriété, les témoignages. Le décret-loi l'a brisée sans bruit, sans étalage, sournoisement, et le grand principe de morale gouvernementale, proclamé et maintenu par trois pouvoirs successifs, a disparu des codes français. Messieurs, je ne voudrais rien exagérer; mais il me semble que si notre civilisation, nos annales nationales étaient, comme celles de quelques villes de l'antiquité, détruites par un cataclysme; si, en l'an deux mil ou en l'an trois mil, un historien, à la manière de Niebuhr, trouvait, parmi les débris, cet unique article du décret-loi promulgué, au début d'un gouvernement, pour assurer à tous les fonctionnaires d'une contrée où les fonctionnaires surabondent, la plus triste des inviolabilités; s'il réfléchissait à la portée d'une semblable disposition et au résultat inévitable qu'elle a dû produire, — il me semble, dis-je, que cet historien aurait le droit de reconstruire de fond en comble tout un régime... que je ne veux pas, que je n'ose pas qualifier.

Je n'examine pas les intentions; je les crois, si l'on veut, innocentes et pures; mais c'est bien le moins qu'on puisse dire à ceux qui, d'avance, éteignent toute lumière, qu'ils ont sans doute des motifs pour craindre le grand jour. Ne savaient-ils pas que la nature humaine est partout identique, mélange de bien et de mal, et que là où elle n'est pas contenue par une surveillance mutuelle, incessante, les mauvais instincts, les penchants avides, oppressifs, tyranniques, corrompus, se développent avec une invincible rapidité? Eh bien! quiconque a produit sciemment, volontairement, l'obscurité et la nuit est solidaire, sinon complice, de toutes les chutes que la nuit et l'obscurité ont favorisées et provoquées. (Applaudissements.)

J'aurais voulu dire quelques mots d'une des conséquences du décret de février 1852 en ce qui regarde le droit de propriété; mais ne ressort-il pas de tout ce que je viens d'exposer, qu'aux yeux du législateur, les journaux sont un genre spécial de propriété que rien ne garantit ? qu'un ministre, qu'un préfet peut confisquer à sa guise et à son caprice ? Les journaux, pourtant, représentent souvent la fortune de plusieurs personnes ; et n'est-ce pas une chose édifiante de voir le cas qu'un régime qui se vante d'avoir sauvé l'ordre, la famille, la propriété, fait d'une certaine espèce de propriété ? On alléguait un jour cet argument devant un haut personnage qui se préparait à supprimer une feuille valant quatre ou cinq cent mille francs. — « Vous parlez de propriété, dit-il, mais je connais l'histoire de la feuille en question ; elle a coûté beaucoup d'argent à ses fondateurs qui nous soutenaient ; ils l'ont vendue parce qu'elle les ruinait. Le nouvel acquéreur nous a fait de l'opposition, et le journal a prospéré. Cette propriété que vous m'opposez s'est donc formée à nos dépens ; je puis la supprimer en toute tranquillité de conscience. »

Maintenant, je dois le redire avant de m'asseoir, ces maximes violentes, ces mesures impitoyables, on n'y a recours que si l'on n'a pu réussir par d'autres voies. N'oubliez pas que le but qu'on se propose, c'est de supprimer la liberté en en conservant les apparences, en gardant le droit de dire : Nous sommes libéraux. Aussi, au lieu de tuer les journaux, on aime bien mieux évincer les écrivains. L'Univers, après avoir été très agréable, était devenu très gênant. Un, deux, trois avertissements sont lancés pour faire comprendre aux propriétaires qu'ils agiraient sagement en se séparant de leur principal rédacteur, le redouté Louis Veuillot. Les propriétaires s'étant montrés sourds à ces avis, on se décide à anéantir l'Univers ; voilà la part faite à la violence. Mais aussitôt, on offre aux propriétaires de reconstituer leur journal sous un titre équivalent, le Monde ; on le leur offre à une seule condition, c'est que M. Louis Veuillot n'y écrira pas ; voilà la part faite à la modération, à la douceur, au désir d'éviter tout déploiement de force inutile. — Le public se dit : Après tout, ils ne sont pas trop sévères, puisque le journal existe encore. Le but souhaité est ainsi atteint sans scandale. Une plume a été, non pas brisée, cela fait trop de bruit, mais réduite à l'impuissance de se mouvoir ; c'est ce que, dans les anciennes législations, on appelait l'interdiction de l'eau, du pain et du sel. On ne condamnait pas un homme à mourir de faim ; on s'arrangeait de façon à ce qu'il ne pût pas se procurer d'aliments. Les effets de ce procédé ne sont que trop visibles. Comptez les interdits du pain et du sel de la publicité : il y en a plusieurs dans cette salle ; ce sont tous les talents dont la France s'honore.

Ce dernier résultat est le triomphe et le couronnement du décret-loi de 1852 : les hommes les plus éminents mis hors de la presse sans qu'on puisse indiquer un fait patent, positif, avoué, qui rende le pouvoir responsable de ces exclusions. Les auteurs et les apologistes du décret-loi affirment hautement que cette législation n'emploie pas les moyens préventifs ; ils ont raison. Ils pourraient soutenir de même qu'elle n'emploie que très parcimonieusement les moyens répressifs, car le nombre est relativement très minime, en effet, des mesures de rigueur ; — je parle des mesures authentiques et officielles dirigées contre la presse depuis dix ans. Et pourtant, si, au lieu du décret-loi, on eût doublé, triplé, centuplé les dispositions pénales dont regorge notre arsenal judiciaire, il est certain qu'on n'aurait pas obtenu un effacement aussi complet de la critique, un anéantissement aussi absolu de la libre-pensée. Messieurs, je le répète, là est le triomphe de ce chef-d'œuvre de l'esprit de ruse et de subterfuge. De sa première à sa dernière ligne, la législation de 1852 porte un mot inscrit à chaque page, quoique invisible : La peur! La peur, qui peut bien ne pas agir sur l'écrivain, mais qui étreint le gérant, qui fait trembler l'imprimeur, qui trouble les nuits et les jours de l'actionnaire ou du propriétaire. Entre toutes ces terreurs qui l'entourent, le pressent, pèsent sur lui, s'imposent à lui, que devient le malheureux journaliste? Il se laisse gagner, lui aussi, par le tremblement universel, ou bien, il renonce à son impossible métier. Il ne lui est pas même donné de recourir à cette suprême ressource des opprimés doués de courage : le martyre. Le décret-loi ne persécute pas, ne frappe pas : il fait le vide autour de ceux qui lui déplaisent, lentement, graduellement, sans tumulte. Je dirais que c'est une loi de terreur, si ce mot n'était trop gros, trop dramatique pour exprimer un système à formes aussi peu accusées, aussi paisibles. La peur y est partout, quoique la menace ne soit nulle part. A quoi bon des prisons, des amendes, des jugements pour supprimer la pensée? tout cet appareil judiciaire échauffe les têtes, engendre l'indignation, pousse à la révolte. De bonnes trappes invisibles, inaperçues, où l'on tombe insensiblement, où l'on n'est pas tué, mais où la voix s'étouffe, voilà comment procède le système que je viens de décrire. C'est bien la terreur, mais perfectionnée par le progrès de nos temps administratifs. On s'étonne parfois du petit nombre d'écrivains qui se sont fait remarquer par des essais de résistance. On devrait plutôt s'étonner que ces quelques essais aient pu se produire. J'ai parlé de martyre; le rechercher fut toujours chose rare; c'est chose impossible, lorsqu'en le bravant on n'a pas l'espoir de donner un fructueux exemple, de jeter une semence d'imitateurs. Le vers du poète latin

Exoriare aliquis nostris ex ossibus ultor

n'est pas fait pour les écrivains de ce temps-ci. Le genre de persécution qu'ils subissent est combiné de façon à ne leur susciter ni vengeurs, ni émules. Ils ne peuvent pas, comme les hommes d'une autre époque, crier en succombant : *Vive la République!* ou *Vive le Roi!* selon l'opinion qu'ils professent. Ils disparaissent comme Edgard Ravenswood dans le roman de Walter Scott; ils enfoncent peu à peu, lentement, sans convulsions, sans résistance; le public circule autour d'eux et ne s'aperçoit pas que la mort les gagne; et lorsque tout est fini, les choses se sont passées avec tant de gradation, avec des préparations si savantes, avec une adresse si raffinée, que nul ne pense à s'émouvoir. Je me trompe... il se trouve des gens pour admirer l'habileté consommée des tourmenteurs et pour railler le patient. (Applaudissements prolongés.)

M. Nakwaski (Pologne.) Jusqu'à présent, messieurs, on n'a rien dit de la Suisse, bien que la presse y jouisse de la plus grande liberté. Il est de mon devoir de combler cette lacune; je l'eusse fait déjà, si je n'avais craint de mêler ma voix à celle des grands orateurs que vous avez entendus.

En Suisse, il n'y a pas de loi sur la presse; la constitution centrale garantit pleinement la liberté de la presse; il en est de même des constitutions cantonales. Je m'étonne que M. de Girardin n'ait pas invoqué cet exemple à l'appui de sa doctrine; car je puis attester que ce régime produit beaucoup de bien et n'offre aucun des inconvénients que redoutaient, hier, MM. Desmarest et Pelletan. Sans doute, nous avons eu, il y a une quinzaine d'années, quelques lois oppressives dans certains cantons, et aujourd'hui même, il y a peut-être encore, par-ci par-là, quelques chicanes de police. Mais dans les grands cantons de Berne, de Genève, de Vaud et autres, il n'existe aucune loi exceptionnelle, sauf ce qui concerne les délits communs et les délits de presse.

M. Eug. Pelletan. Je demande à faire une distinction. Ce qu'a dit l'orateur qui se rassied est parfaitement conforme à tout ce que nous avons dit nous-mêmes. Est-il permis, en Suisse, de crier : Aux armes! et de faire appel à la révolte? Non, parce que c'est un délit de droit commun. Il y a une distinction essentielle à faire, quant à ce mot presse qui, je le répète, représente deux choses : la liberté de la pensée qui toujours doit rester entière, inviolable ; puis, la liberté du fait qu'on peut commettre à l'aide de la presse. Eh bien, je dis que le fait rentre dans le droit commun, tandis que la liberté de la pensée y reste étrangère ; elle est inviolable. Aucune main, aucun pouvoir n'a le droit de comprimer les manifestations de la pensée.

M. Calmels nous a dit, ce matin, que l'État a le droit de limiter la pensée. Quoi ! après le pape, il y aurait encore quelqu'un qui se prétendrait infaillible ? L'État infaillible, qu'il ose donc créer une doctrine ; et s'il le fait, comment pourra-t-il la maintenir au milieu d'une société gouvernée par la souveraineté populaire où les majorités se renouvellent sans cesse, apportant avec elles des principes nouveaux qui détruisent ceux qui prévalaient la veille ? Ce qui sera vérité aujourd'hui va donc être réputé délit demain, et alternativement. Est-ce sérieux ? est-ce soutenable ?

Je reviens à ce qui concerne la Suisse. On a dit qu'en Suisse on ne punit point la diffamation. (Interruption.) Permettez. Je veux le croire, je ne connais pas le Code pénal suisse ; mais il me paraît difficile d'admettre que, quand un homme occasionne la ruine d'un autre, celui-ci n'obtienne point réparation. S'il en est ainsi, il y a une lacune évidente dans la législation suisse en ce qu'elle accorde un privilége à la diffamation.

M. NAKWASKI. J'ai dit que tous les délits commis par la voie de la presse sont de droit commun. La théorie n'est bonne qu'à condition que la pratique l'ait confirmée. Dans la pratique, la presse se respecte assez pour ne diffamer personne. C'est précisément l'usage de la liberté qui en prévient l'abus.

M. PELLETAN. Vous avez raison, et vous venez de dire un mot dont je m'empare pour glorifier une fois de plus la liberté. Oui, cela est vrai, dans les pays libres depuis longtemps, les inconvénients qui peuvent résulter de la liberté ne se produisent pas. Nous parlons toujours de la législation écrite et non de la législation inédite, la seule vraie, de la législation de l'opinion qui punit bien plus que toutes les polices correctionnelles. Rappelez-vous l'exemple de la Restauration. On traînait des hommes comme Béranger et Dunoyer sur les bancs de la police correctionnelle, et au lieu d'en sortir humiliés, ils y grandissaient, le public proclamait qu'ils avaient fait leur devoir, et le condamné, ce n'était pas Béranger, c'était le juge, c'était le gouvernement. (Bravos.)

Voilà ce qui se passait. Le gouvernement condamnait, et le public prenait fait et cause pour le condamné. Je m'arrête ; je n'aurais qu'à répéter ce que vient de dire avec tant de talent mon ami Lavertujon, lui qui a tant lutté pour la liberté de la presse, lui qui a si bien mérité d'elle et qui, avec sa modestie habituelle, ne s'est pas même nommé. (Applaudissements.)

Il ne vous a pas, cependant, tout dit, et puisque nous sommes en famille, je demande la permission de raconter une anecdote instructive sur le danger de l'avertissement : Un jour, à propos du miracle de la Salette, un rédacteur du *Siècle* est sommé, par la *Gazette de France*, de confesser sa croyance religieuse. C'était une sommation assez déplacée. Nous ne sommes pas tenus d'aller réciter notre *Confiteor* sur les boulevards. Néanmoins, l'écrivain se rappela une magnifique préface de Châteaubriand, publiée en 1827, en tête de ses œuvres, dans laquelle, passant par dessus le christianisme pour arriver à une sorte de religion naturelle, il disait en finissant : « Je regarde l'Évangile comme le livre de la liberté et non comme un instrument de despotisme ; s'il en était autrement, je m'approcherais avec horreur de la tombe où j'espérais trouver la vie et où je ne trouverais que le néant. »

Aussitôt, le ministre de l'intérieur de cette époque appela M. Havin, et lui dit : « Vous venez de publier un article factieux contre l'empire et contre la religion. L'avertissement est rédigé, mais avant de l'insérer au *Moniteur*, je veux bien entendre votre justification. » M. Havin eut la délicatesse d'avouer au ministre que l'article était de Châteaubriand; le ministre sourit et retira son avertissement.

La discussion est close. M. Hérold est chargé de présenter à l'assemblée générale un rapport sur les discussions auxquelles a donné lieu l'examen des questions relatives à la presse.

Séance du 23 septembre. — Présidence de M. TIELEMANS.

A l'ouverture de la séance, M. JOLLES, membre de la Haute Cour de Justice des Pays-Bas, propose à l'assemblée d'avancer, le lendemain, l'heure de la séance et de ne pas siéger l'après-midi. « A 2 heures, dit-il, le roi fait sa rentrée à Bruxelles ; il serait fort agréable aux étrangers, et surtout à moi, Hollandais, et à mes compatriotes, de pouvoir assister à cette solennité, comme marque d'estime pour un roi que toute l'Europe admire et vénère. »

M. LE PRÉSIDENT répond en ces termes :
« Je remercie l'honorable membre des bonnes paroles qu'il vient de prononcer à l'égard du roi des Belges qui, en effet, mérite toute l'estime de l'Europe pour la manière admirable dont il a gouverné notre petit pays. Quant à la proposition elle-même, j'avais l'intention de la faire à la fin de la séance. »

La proposition, mise aux voix, est adoptée. Puis, la discussion s'engage sur la question posée par le comité fondateur :

Quelles sont les bases et quels sont les moyens d'une bonne codification des lois?

M. LÉOPOLD ALM, de Stockholm, donne lecture de la note suivante :
« Pour élever une construction, il faut un terrain. De même, les lois doivent avoir une base. Les lois doivent être le résultat d'enseignements fondés sur une profonde connaissance des hommes et sur l'étude des relations sociales. Lorsqu'on réfléchit que toute la science du genre humain, avec ses racines les plus profondes, est déposée dans le Nouveau Testament, il est évident que ce testament est la clef de toute science. Jésus-Christ n'est pas seulement un docteur du monde spirituel et de notre être

spirituel, il est aussi un docteur pour notre vie pratique dans notre passage sur cette terre. Le temporel et le spirituel en nous, toutes nos facultés, sont dans une étroite liaison; c'est pourquoi, aussi, l'on comprend que la doctrine établie par le Christ, la plus haute personnalité de tous les âges du monde, est en même temps spirituelle et temporelle. Ceci est une vérité que, malheureusement, dans les luttes au sujet des dogmes chrétiens, on perd généralement de vue. Il en résulte chaque jour que ceux qui nient un dogme rejettent toute la doctrine. De là vient, précisément, que des soi-disant savants parlent orgueilleusement des écrits des philosophes payens et modernes qui, cependant, ne sont pas la millième partie aussi instructifs que les doctrines du Christ.

« Si l'on conçoit cela, on comprendra que toute l'instruction dans les écoles doit subir une réforme radicale. Il faut que les doctrines fausses et vaines soient séparées des doctrines vraies. Car il n'y a pas d'autre voie que celle tracée par Jésus-Christ, et il n'y en aura jamais d'autre.

« L'homme n'est certainement pas mis au monde pour être méchant. Quelques modèles isolés que l'homme pourrait prendre pour guides dans une autre conviction ne prouvent rien, car une exception ne fait pas la règle.

« Pourtant la société, par des lois insensées, porte souvent l'homme à devenir méchant. Elle l'élève misérablement, elle l'empêche de travailler librement, elle l'outrage dans ses sentiments les plus sacrés, en ce qu'elle ne lui permet pas, pour contracter mariage, de suivre ses inclinations, outre que, de mainte manière, elle travaille à le corrompre. Nonobstant cela, la nature humaine est, par son essence, si noble, que l'oppression ne peut la vicier. Sa dignité ne périra pas, l'homme se purifie dans l'adversité. »

DÉBAT.

M. WENMAECKERS (Hollande). Je ne sais pas si l'orateur que nous venons d'entendre a examiné la question sous toutes ses faces. Je suis assez de son avis sur la première partie de la question : « quelles sont les bases d'une bonne codification? » Je crois avec lui qu'une bonne codification doit nécessairement avoir pour base la morale. Donner à chacun ce qui lui appartient, garantir la justice à tous, accorder à chacun une liberté pleine et entière n'ayant d'autre limite que la liberté d'autrui ; telles doivent être les bases fondamentales de toute loi, et on peut les ramener à cette formule évangélique : « ne fais pas à autrui ce que tu ne voudrais pas qu'on te fît. »

Mais cela ne suffit pas pour résoudre la question. Il ne suffit pas d'avoir la base, il faut encore savoir comment on peut bâtir sur cette base ; ce qui revient à se demander comment il faut procéder pour faire de bonnes lois.

Je n'ai pas approfondi la question, messieurs, mais je crois que la première condition pour arriver à faire de bonnes lois, c'est d'en confier l'élaboration à des hommes spéciaux. Par exemple, pour ce qui concerne la question des aliénés, que des médecins, des chefs d'établissements d'aliénés, des parents d'aliénés et même des individus qui ont été indûment séquestrés en soient chargés. — Dans beaucoup de cas, il serait extrêmement utile de confier l'élaboration des lois à des commissions spéciales, quand le ministre chargé de présenter la loi ne possède pas les connaissances spéciales nécessaires pour la rédiger.

A cet égard, il me semble que l'institution d'un Conseil d'État dans chaque pays est une chose extrêmement utile. Nous en avons un en Hollande, et je sais qu'il a été question d'en établir également en Belgique. Toutefois, le ministre doit toujours conserver une entière liberté d'action envers ces institutions ; elles doivent l'éclairer, mais jamais lui imposer leur opinion.

M. VAES (Anvers). La question qui nous est soumise en ce moment est, sans contredit, en matière de législation, une des plus intéressantes qui puissent se présenter. L'utilité d'une bonne codification des lois est surtout ressentie par ceux qui, comme magistrats de l'ordre administratif ou judiciaire ou comme membres du barreau, sont appelés à l'application et à l'interprétation des lois.

La première condition d'une bonne codification, c'est évidemment que les lois elles-mêmes soient bonnes ; mais ce n'est pas dans la discussion de ces lois que nous pouvons entrer aujourd'hui. Les lois doivent certainement réunir toutes les conditions de sagesse, mais il s'agit surtout de savoir quelle est la condition essentielle que doivent posséder les lois pour pouvoir être bien codifiées. A mon avis, il faut, par dessus toutes choses, qu'il y ait, dans les lois, de l'unité et de l'harmonie ; qu'elles ne présentent point de contradictions et ne renferment aucune disposition étrangère à leur objet.

Le précédent orateur a préconisé une institution dont je reconnais avec lui toute l'utilité pour arriver à la confection de bonnes lois ; je veux parler des Conseils d'État. Aujourd'hui, nos lois civiles sont codifiées, au moins, pour la plus grande partie. Eh bien, scrutons l'histoire et voyons comment on en est arrivé à ce résultat. Qu'a-t-on fait, sous le consulat, pour arriver à l'élaboration de cet admirable ensemble de lois qui datent de cette époque ? On en a chargé un Conseil d'État et, de plus, on a consulté toutes les autorités, tous les hommes spéciaux sur les innovations à introduire dans la législation nouvelle. Voilà comment a été produit cet ensemble de lois que nous admirons encore aujourd'hui. Il faut donc, avant tout, le concours d'hommes compétents, de jurisconsultes éclairés pour arriver à l'unité, à l'harmonie dans les lois.

Aussi, messieurs, quand vous sortez des lois civiles, des lois codifiées, voyez quel immense dédale se présente à vos yeux. Nous avons des lois fiscales, des lois douanières, des lois sur l'enregistrement, des lois administratives de toute espèce, dans lesquelles on s'égare chaque fois que l'on doit les consulter. Pourquoi ? Parce qu'elles manquent d'unité, d'harmonie ; parce qu'elles n'ont pas été faites sous une seule et même inspiration.

M. DESMAREST (France). La question qui nous occupe peut être examinée à divers points de vue. Notre honorable collègue de Suède s'est particulièrement préoccupé du point de vue religieux ; je crois que les idées qu'il a émises sous ce rapport sont parfaitement justes, et déjà, dans l'ensemble des diverses législations, elles ont obtenu les légitimes satisfactions qu'elles pouvaient réclamer.

Il est bien évident que toutes les sociétés sont empreintes d'un sentiment religieux qui leur est propre. Ce sentiment est le même partout en Europe et ne diffère que par la forme : ici catholique, là protestant, ailleurs mahométan. Ce sentiment pénètre nécessairement dans la législation de chaque peuple, selon le culte qu'il professe. Ici, nous touchons à l'une des plus grosses questions des temps modernes, à une question toute chargée de tempêtes et dont la solution préoccupe à juste titre les esprits : nous touchons à la question de la confusion du domaine spirituel et du domaine temporel

Il y a, dans toute société, un sentiment religieux évident, incontestable ; il y a même, dans toute société, un clergé qui est chargé ou qui se croit chargé de représenter plus particulièrement ce sentiment religieux. Qui donc doit faire la loi, et au nom de quel principe doit-elle être faite ? Pour les pays théocratiques, la réponse est simple : ceux qui feront la loi sont ceux qui sont les dépositaires de la vérité religieuse. C'est ainsi que nous avons vu, dans tout le moyen âge, la prétention affichée par l'Église et par son chef spirituel d'être les dominateurs des lois. —Je crois que ce temps est passé. On s'est bien quelque peu inquiété, dans les temps modernes, de ces doctrines ; on les trouvait dangereuses. Je partage cette opinion ; mais on les a trouvées plus illogiques qu'elles ne l'étaient en réalité.

On comprend que, sous l'empire de certaines idées, celui qui a charge d'âmes veuille avoir aussi charge de corps, et il faut bien reconnaître, sans partager cette idée, qu'elle ne manque pas de logique.

Quand les bases de la société ont été changées, et quand les pouvoirs temporels ont pris la place des pouvoirs théocratiques, les pouvoirs temporels ont eu une aspiration évidemment légitime, celle de faire les lois. Toutes les difficultés, toutes les luttes sont nées de cet antagonisme, et permettez-moi de rappeler à quelles énormités de pensée le conflit entre ces deux ordres d'idées a mené de très bons esprits.

Préoccupé de faire dominer la loi civile sur l'autorité religieuse, un de nos orateurs français les plus estimables et les plus estimés, M. Odilon Barrot, est arrivé à dire un jour que la loi devait être athée ! Qu'est-ce qu'il entendait par ces paroles ? Assurément, si on les prenait dans leur sens grossier, il y aurait là quelque chose qui révolterait profondément la conscience publique. Telle n'était pas la pensée de leur auteur. Il voulait, dans l'impossibilité de concilier la loi religieuse et la loi civile, donner à la loi je ne sais quelle profonde indifférence, je ne sais quelle innocuité au point de vue des idées, et il disait : La loi ne doit pas avoir de base religieuse. — Toutes les doctrines révolutionnaires se sont plus ou moins rangées autour de cette opinion, et elles ont plus ou moins adopté cette formule qui sépare profondément le domaine spirituel du domaine temporel.

Que cette maxime soit bonne comme procédé d'opposition, je le crois ; mais quand je vais au fond des choses, quand je consulte ma conscience, je me demande s'il peut y avoir deux aspirations de la loi, une aspiration qu'on appellera religieuse, une autre aspiration qu'on appellera civile ; j'arrive à cette conclusion, que c'est la même chose que si nous nous demandions s'il y a deux consciences.

Je repousse donc cette doctrine : l'homme est un, l'humanité est une, et c'est une chose monstrueuse que de dire que la loi doit être athée, comme ce serait une hérésie que de dire que la loi doit être subordonnée à tel ou tel pouvoir spirituel : ici, catholique, là, protestant, ailleurs, musulman.

La vérité donc, sur cette première question, c'est que les lois humaines doivent être profondément empreintes du sentiment religieux et le suivre dans ses dernières manifestations.

Un mot, maintenant, d'un autre point de la question :

Les orateurs qui m'ont précédé ont semblé généralement admettre que, si l'on pouvait discuter sur tel ou tel mode de codification, il n'y avait pas de difficulté sur le principe même de la codification.

Je m'en réjouis, pour ma part, parce que je suis partisan de ce principe et que je crois qu'il finira par triompher partout. Mais comme nous voulons, dans une réunion internationale, faire des choses qui soient utiles et praticables, nous devons nous placer au point de vue même de la solution des questions. Voyez en Europe; il y a diverses nations qui ont appliqué ce principe de la codification. La France, la Belgique l'ont appliqué. Dans quelle mesure? c'est ce qu'il convient d'examiner.

Dans l'histoire des peuples, l'imagination précède la raison; dans l'histoire des peuples, les vérités de sentiment et les vérités instinctives se manifestent longtemps avant les vérités de raisonnement. Partout où, dans une réunion d'hommes appartenant à la vie sauvage, à la vie semi-civilisée, à la vie civilisée, il naît une législation, cette législation, d'abord, n'est pas raisonnable, elle n'est pas synthétique, elle n'est pas uniforme, elle n'est pas harmonique. Elle est luxuriante, complexe, singulière; et nous pouvons, remarquez-le bien, en retrouver encore, à l'heure qu'il est, des échantillons en Europe; car il en est qui ont été conservées comme en serre chaude et qui ont gardé leur empreinte primitive.

En France, avant 1789, nous avions encore une multitude de lois de cette nature. A cette époque, l'esprit de la codification s'empara de toutes les intelligences, et alors s'accomplit ce grand travail auquel on faisait tout à l'heure allusion. On a codifié les lois civiles, c'est à dire ces lois qui sont de tous les temps, qui se rapportent à des besoins de tous les jours. On a codifié toutes ces lois; mais devant le réseau des lois administratives, on s'est arrêté, et la question, sous ce rapport, reste encore à résoudre.

Il ne manque pas de gens qui plaident en faveur du chaos; qui disent : Mon Dieu! laissons cela comme cela est. La codification, prétendent-ils, est chose impossible; elle aura des inconvénients; et ils en donnent des raisons qui ne me semblent pas bonnes, qui me paraissent plus spécieuses que solides. Ils disent : « La loi est chose très mobile; vous aurez toujours des appareils codificateurs à côté de votre appareil législatif; les lois ont besoin de durée, de la sanction du temps; » et quand ils regardent la carte de l'Europe, ils trouvent de grands exemples qui peuvent autoriser cette opinion.

L'Angleterre, messieurs, et vous savez que les exemples qu'elle nous offre ne peuvent pas être dédaignés, parce qu'il y a là une puissante tradition, quelque chose de nature à faire profondément réfléchir, l'Angleterre s'est placée à un autre point de vue.

Les Anglais n'ont point codifié leurs lois ni civiles, ni administratives; ils sont encore, sous ce rapport, dans la période traditionnelle, dans la période instinctive; mais ils ont fait pénétrer, petit à petit, les clartés de l'esprit moderne dans les obscurités des lois anciennes.

Je crois qu'il est conforme aux besoins de l'esprit moderne d'avoir des lois précises; mais il faut toujours se souvenir du passé, parce qu'il y a souvent, dans les traditions du passé, je ne sais quel reflet de la conscience humaine; et pour bien préparer l'avenir, il faut avoir le respect du passé. Il semble, messieurs, que la Providence, en rapprochant les peuples par la télégraphie et par les chemins de fer, ait voulu leur montrer sur la carte les différentes stations de leur itinéraire. Ceux-ci pourront arriver à tel point; ceux-là auront tout sacrifié au désir de centralisation; tels autres se seront arrêtés en chemin, ayant gardé le souvenir des libertés municipales. Eh bien, messieurs, nous aurions déjà fait chose utile si nous émettions le vœu que le principe de la codification soit admis d'une manière générale, aussi bien pour les lois administratives que pour les lois civiles, toutefois, en conservant, dans chaque mécanisme codificateur, le génie de chaque nation, de manière à lui maintenir ce caractère de tradition et d'antiquité, ce caractère d'originalité qui est de l'essence de chaque peuple.

Il faut, messieurs, traiter aussi cette question au point de vue pratique, dans une réunion nternationale comme celle-ci, où chaque nation est représentée avec son génie particulier. Ce serait faire chose extrêmement utile que de dresser, soit aujourd'hui, soit l'année prochaine, une sorte de statistique de la législation de chaque pays. Ainsi, je me figure un avocat suédois voulant connaître la législation de la France ; il rencontrera les plus grandes difficultés; il devra compulser d'immenses bibliothèques, s'imposer de grands sacrifices pécuniaires ; et, après s'être donné beaucoup de peines, il ne sera pas même certain d'avoir trouvé tout ce qu'il cherchait. Voudra-t il consulter les législations des divers États de l'Allemagne, il éprouvera la même difficulté. Et cependant, tout cela peut se réduire à fort peu de chose : il n'est pas un avocat ou magistrat français, suédois, anglais, belge ou autre qui ne puisse résumer en une trentaine de pages les principes généraux des droits de son pays.

Eh bien, messieurs, puissé-je voir rangés ici, sur le bureau de notre président, tous ces petits extraits, tous ces petits corps d'information, rédigés par des hommes de bonne volonté de tous les pays ; vous auriez là, sous les yeux, les bases les plus sûres et les meilleures de la codification future.

M. DOGNÉE-DEVILLERS (Liége). L'un des précédents orateurs a signalé les vices de la législation qui nous régit. Ainsi, depuis longtemps, nous sommes à nous demander pourquoi, en Belgique, un Conseil d'État n'a pas été institué. Mais nous ne pouvons pas nous placer au point de vue exclusif de la Belgique; nous devons traiter la question à un point de vue plus général, plus humanitaire.

Quant aux bases d'une codification, je n'exclurais ni la religion, parce que je pense que le sentiment religieux doit animer ceux qui font des lois, ni beaucoup d'autres nécessités sociales, parce que, selon moi, la loi doit être l'expression des besoins, des idées et des sentiments du peuple auquel elle est destinée.

Maintenant, par quels moyens arriver à une bonne codification ? On a rappelé le grand travail qui a été fait en France et qui a produit l'admirable code qui, sauf quelques modifications, régit encore beaucoup de pays d'Europe. On aurait pu dire, remontant beaucoup plus haut, que, du temps des Romains, dont les lois ont encore pour nous une grande autorité, le même système, les mêmes moyens avaient été employés. C'est, en effet, à la réunion de ces grands jurisconsultes romains que nous avons dû le Digeste, ce magnifique monument de législation.

Il est avantageux pour les peuples d'avoir de bonnes codifications. Mais précisément ce qui se passe dans tous les pays nous prouve qu'il ne faut pas codifier trop rapidement. Il ne faut le faire que quand l'urgence en a été démontrée.

Sans doute, en France et en Belgique, il existe une lacune fâcheuse en ce qui concerne les lois administratives; sans doute, il serait à souhaiter que l'on pût simplifier la législation administrative dans ces deux pays. De grands jurisconsultes se sont mis à l'œuvre. Je ne veux pas citer de noms propres, mais, pour la Belgique, nous avons eu deux hommes qui se sont occupés, avec un talent et une persévérance remarquables, de nous préparer les éléments du code administratif.

En France, d'autres hommes, également capables, se sont livrés à la même étude, et les travaux de tous ces hommes éminents sont devenus des sources précieuses de discussions et d'observations.

Patientons encore un peu et le répertoire administratif de la Belgique et d'autres répertoires serviront de bases à de bonnes codifications qui compléteront celles qui existent déjà.

M. CALMELS (France). Après les observations que vous avez entendues, je n'ai plus que peu de chose à dire.

La question qui nous est soumise est double : on nous demande « quelles sont les bases et quels sont les moyens d'une bonne codification. »

Nul d'entre vous, messieurs, n'a pensé qu'il fallût discuter sur la question de savoir si une codification des lois est chose utile, nécessaire. Dans un congrès d'intérêts internationaux comme celui-ci, cela ne peut être mis en discussion. La codification, du reste, est une très vieille question ; elle a été, pour nous, le résultat d'efforts tentés bien longtemps avant l'émancipation de notre pays. Colbert s'était occupé beaucoup de cette codification, et il avait pensé que l'unité politique et militaire de la France, qui devait transporter si loin les bienfaits de la civilisation, ne pouvait réussir sans l'unification dans les lois. Il avait raison ; mais ce grand problème, il n'a pas pu le résoudre.

Il s'est représenté plus tard : dès le début de notre grande révolution, lorsque la société française se sentit trembler sur ses bases, l'Assemblée Constituante comprit que, puisque la révolution devait régénérer tout ce qui s'était fait jusqu'alors, il fallait viser à l'unité ; c'est ainsi qu'elle proposa de réunir dans un seul code les principes qu'elle voulait faire consacrer. Cette pensée n'a pas pu être réalisée à ce moment ; elle disparut quelque temps dans le tourbillon révolutionnaire. Il a fallu franchir bien des années, endurer bien des souffrances pour accomplir cette œuvre importante. Il était donné à Napoléon Ier d'y attacher son nom, et, quel que soit le terrain sur lequel nous soyons placés, c'est un devoir dicté par la reconnaissance que de lui en rendre un légitime hommage.

Il y a des lois, messieurs, qui sont l'expression de la morale et qui doivent être codifiées pour servir de modèles à toutes les lois secondaires. A l'heure qu'il est, vous êtes encore régis par ce principe. Il faut donc bien le reconnaître, il y a là un noyau, une source toujours jaillissante, toujours féconde ; c'est à cette source que vous irez puiser ces enseignements de législation fondés sur la morale et sur la raison, quand vous vous occuperez des codifications futures.

Y a-t-il possibilité de codifier au delà ? Voilà ce qui me préoccupe. Et si cela est possible, quels seront les bases et les moyens de cette codification ?

L'orateur auquel je réponds vous disait, dans un langage brillant, qu'il existe un principe qui doit toujours régner au fond de toute loi, et que, si on le méconnait, on ne tarde pas à faire naître de ces grosses questions si violentes, si ardues, si pleines de tempêtes que soulève toute tentative de séparation du spirituel et du temporel.

Il critiquait très fort, à cette occasion, cette pensée d'un de nos orateurs libéraux qui a dit : la loi doit être athée ! Je crois qu'il a eu tort, et je prétends que cette pensée, cette formule est la consécration la plus solennelle de l'égalité civile.

Que signifie cette formule : la loi doit être athée ? Qu'il faut faire respecter les intérêts civils ; qu'il ne faut pas empiéter sur ce qui peut dépendre du domaine de la conscience ; mais que, en dehors de cela, la loi ne connaît que des citoyens, auxquels elle est uniformément applicable. En disant : la loi doit être athée, Odilon Barrot a-t-il voulu dire que la loi dût manquer de moralité ? qu'elle dût abandonner le faible aux rigueurs du fort ? que la loi ne dût pas être également juste, également honnête, également morale pour tous ? Mais, messieurs, ce serait l'atteinte la plus grave, la plus violente, la plus inique aux droits de l'homme, à la liberté individuelle !

Voilà ce que j'éprouvais, tout d'abord, le besoin de dire, en réponse à l'étrange interprétation donnée aux paroles d'un homme qui ne professait certes pas les sentiments qu'on lui a supposés.

Maintenant, j'aborde la question : « quelles sont les bases et quels sont les moyens d'une bonne codification ? »

Ces bases, messieurs, reposent avant tout sur une bonne classification. Je sais bien que ce n'est pas une solution que je propose, et je m'arrête moi-même pour répondre à la question qu'on pourrait m'adresser : cette classification, comment la fera-t-on ?

Il y a deux moyens que j'indique tout de suite et qu'une longue expérience m'a fait connaître. Il faudrait que chaque loi spéciale (et ce n'est que de celles-là que nous avons à nous occuper ici) ne traitât que de la matière particulière qu'elle a pour objet. Si, dans des lois de ce genre, on vient, par un motif quelconque, parfois par un sentiment individuel ou politique, à glisser quelque disposition étrangère à son objet spécial, aussitôt on provoque un doute, une incertitude, un chaos dans lequel se perdront les générations qui ne connaîtront pas les circonstances qui ont influé sur le législateur.

Voulez-vous un exemple ? Je me suis plus spécialement occupé des lois qui régissent les industries et les manufactures en France.

Napoléon Ier, passant un jour par Lyon, fut émerveillé des richesses de nos fabrications. Il eut la pensée de créer un Conseil de Prud'hommes pour réglementer les rapports entre les patrons et les ouvriers. Que fit-on ? Au beau milieu d'un chapitre, on glissa quelques dispositions qui réglementaient le droit de propriété sur les dessins de fabrique ou sur les conceptions de l'intelligence. De telle sorte que c'est dans une loi de Prud'hommes qu'il faut aller chercher les dispositions régissant certaines propriétés de l'intelligence !

Évidemment, messieurs, aussi longtemps que l'on procédera ainsi, on n'aura pas de bonnes lois.

Voilà une première observation.

Un autre inconvénient, également commun à la Belgique et à la France, résulte du mode d'abrogation des lois. Je n'ai jamais compris qu'un gouvernement, quel qu'il fût, pût abroger une loi en se servant du moyen que l'on met généralement en usage. Depuis quelques années, nous avons eu le malheur, en France, de passer sous le régime successif de gouvernements régis par des principes bien différents. Qu'est-il arrivé quand, par exemple, au gouvernement impérial a succédé, en 1815, le gouvernement de la Restauration ? De nouvelles lois furent faites qui reflétaient l'esprit politique nouveau ; mais comme les lois antérieures contenaient bien, par-ci par-là, quelques bonnes dispositions dont on voulait le maintien, on se borna à dire, à la fin de chaque loi nouvelle : les lois antérieures sont abrogées en tant qu'elles sont contraires à la présente. Or, je le demande, comment serait-il possible de parvenir à une bonne codification avec un pareil mode de procéder ? Comment ! vous voulez que moi, jurisconsulte français, par exemple, je sois obligé d'aller chercher dans cette masse de recueils de lois toutes les dispositions qui n'ont pas été abrogées, pour trouver la solution d'une question donnée ? En vérité, cela n'est pas sérieux ; et cependant, il en est ainsi.

On rappelait hier que la presse, en France, est actuellement régie par deux ou trois cents lois. J'accepte ce chiffre sans le discuter. Dites-moi, comment est-il possible de se reconnaître dans un pareil dédale et d'y marcher avec assurance à la solution d'une question donnée ? Et si nous, Français, nous rencontrons de telles difficultés, comment veut-on que des étrangers, obligés parfois de faire valoir leurs droits chez nous, trouvent dans notre législation les éléments qui doivent servir à la défense de leurs intérêts ?

Il faut, messieurs, que le législateur ait le courage de son opinion; il ne faut pas qu'il s'abrite derrière cette formule commode pour cacher son embarras ou sa crainte de dire franchement ce qu'il a voulu. Je sais bien que c'est souvent par faiblesse que l'on agit ainsi, que les gouvernements biaisent et n'ont pas toujours le courage de dire ce qu'ils ont entendu maintenir ou abroger. On ne veut pas rompre complétement avec le passé; on veut se ménager le bénéfice des interprétations, lorsqu'on aura cessé de tenir le pouvoir. Cela peut être habile, mais comment arriver à une bonne classification avec un pareil système?

On a parlé, à cet égard, des lois qui régissent l'administration. Sur ce point, il y a encore une observation spéciale à présenter. Pourquoi, en effet, dans tous les pays soumis à ces grands principes généraux qui ont la morale pour base, pourquoi ces principes ne peuvent-ils pas nous guider dans le domaine des lois administratives? La raison en est simple : c'est que ces principes diffèrent, de pays à pays, quant aux lois administratives. De telle sorte que les jurisconsultes qui ont à examiner des questions appartenant à l'ordre administratif se trouvent à l'instant complétement déroutés. Aussi longtemps donc que vous aurez des lois sans base certaine et qui ne dériveront pas d'un principe incontestable, vous n'obtiendrez aucun résultat durable; acceptez une base, et vous arriverez à une classification nette, précise, invariable, comme le principe même sur lequel elle s'appuiera.

Je me résume : les bonnes lois sont la base la meilleure et la plus sûre d'une bonne codification. Et, d'autre part, sans classification, point de codification ; il faut de l'ordre dans les matières qui font l'objet de chaque loi spéciale. Enfin, ayez le courage de votre opinion: si des lois ne répondent point à vos instincts politiques ou religieux, abrogez-les franchement; mais soyez net, précis; point de restrictions, point de réserves, point de portes dérobées par lesquelles pourront passer vos idées quand on voudra les étouffer et les proscrire.

M. HÉROLD (France). La pensee de prendre la parole m'est venue en entendant l'orateur qui vient de se rasseoir; mais je ne la demande que pour mettre, si je puis ainsi dire, une note au bas de son discours. Tout à l'heure, en parlant de codification, il a été amené à parler de la codification des lois françaises et du livre de Napoléon I⁰ʳ. Il a ajouté à cette mention un éloge auquel je demande la permission de mettre une restriction. Je dirai donc que cette codification napoléonienne que l'on vante tant depuis si longtemps, pour laquelle on a même une sorte de fétichisme, — c'est un fait historique que, sous le premier empire, tout avocat qui la critiquait était réprimandé — cette codification est aujourd'hui surannée et n'a jamais été digne des éloges dont elle a été l'objet.

Sans doute, Napoléon a attaché son nom à l'œuvre; mais presque tout le travail de préparation avait été fait avant lui; il n'a fait que récolter ce qui avait été semé par d'autres, et, permettez-moi de le dire, il a très mal récolté ce qui avait été très bien semé.

Avant la révolution, un travail de codification avait été fait par un seul homme, par Pothier, et si je prends, par exemple, le chapitre des obligations et des hypothèques dans le Code, je trouve qu'on a très mal copié Pothier. Le chapitre des hypothèques a été particulièrement mal fait, parce qu'on était arrivé en 1804 et qu'on voulait absolument avoir, sans délai, le couronnement de l'œuvre. Je pourrais multiplier les exemples; parler, par exemple, de la filiation : là encore, je pourrais signaler une question sur laquelle la jurisprudence n'est pas encore fixée et qui eût pu être tranchée par un seul mot. Est-ce à dire qu'il n'y a pas eu là un grand service rendu? Certes non ; mais je constate que ce service a été, encore une fois, le fait des circonstances qui ont amené au pouvoir l'homme auquel il a été donné d'attacher son nom à la codification.

Maintenant, ne croyez pas que c'est un simple désir de critique qui m'a fait prendre la parole. Non, je l'ai fait parce qu'on codifie encore et qu'il est bon de dire la vérité sur la codification française pour éviter qu'on ne la prenne aveuglément pour exemple.

M. DESMAREST (France). Je vous demande pardon, messieurs, de revenir encore une fois sur la brèche; mais je ne voudrais pas laisser l'assemblée sous l'impression de ce qui, à mes yeux, n'est qu'une erreur de mots entre M. Calmels et moi.

Mon honorable confrère a eu le courage de reprendre pour lui la maxime : la loi doit être athée; et avec réflexion, il l'a environnée de sa passion, de son courage, de son amour. Au fond de ma conscience, je suis convaincu qu'il y a là une erreur, une erreur dans la pensée, mais surtout une erreur de mots; et si j'insiste, c'est que je crois que cette erreur pèse en ce moment sur l'Europe tout entière. Il y a, dans le domaine de cette idée, dans la grosse question de la séparation du spirituel et du temporel, trois opinions bien tranchées : il y a une opinion radicale, c'est celle que je professe et, entendez bien ceci, je crois, en la professant, être libéral dans le sens le plus large; il y a une opinion absolument opposée : c'est celle qui a été soutenue dans le passé, c'est l'opinion théocratique; et puis, il y a une opinion intermédiaire qui séduit beaucoup d'esprits, c'est l'opinion qui professe la séparation entre le domaine spirituel et le domaine temporel; et la formule de cette opinion, c'est le mot de M. Odilon Barrot repris par M. Calmels : *la loi doit être athée!* Eh bien, je le répète, il y a, au fond de cette opinion, une erreur de conscience; il y a, dans tous les cas, un manque absolu de confiance dans la valeur de nos idées.

En effet, il y a dans le monde deux grands mouvements : le mouvement temporel et le mouvement spirituel. Aussi longtemps que l'autorité a été dans les mains de l'Eglise, l'Eglise, qui était habituée à tout absorber, s'est efforcée de cumuler le pouvoir temporel et le pouvoir spirituel. Pour lui faire brèche, l'esprit révolutionnaire a voulu revendiquer ce que j'appelle la moitié de la liberté, c'est à dire le domaine temporel, en laissant à l'Eglise le domaine spirituel. Eh bien, je dis qu'on a tort de ne réclamer que la moitié de l'empire, qu'il faut le revendiquer tout entier; on a tort de dire à l'Eglise : restez chez vous, dans votre domaine spirituel; laissez-moi chez moi, dans mon domaine temporel. Voilà, cependant, comme on a toujours raisonné; et quand, lors des conférences qui ont amené le Concordat, le légat du pape traitait cette question avec Napoléon, savez-vous ce que celui-ci lui répondait? — « Je sais bien, Eminence, ce que vous voulez : vous voulez garder la lame et ne me laisser que le fourreau! » — Eh bien, ce que nous voulons, nous, c'est avoir à la fois la lame et le fourreau.

Dans toutes les luttes religieuses qui ont agité l'Europe, vous rencontrez le parallélisme de ces deux mouvements. La révolution anglaise a été faite en défiance du domaine spirituel et temporel; aussi a-t-elle été complète et couronnée d'une réussite absolue. La révolution française, au contraire, a été une révolution plus générale, plus sympathique, plus européenne, et cependant, il lui a manqué ce caractère; elle est tombée dans la maxime de M. Odilon Barrot et de M. Calmels; elle a cru sa victoire complète, en disant à l'Eglise : restez dans votre domaine spirituel, laissez-moi le domaine temporel. Elle s'est trompée : elle n'a réclamé que le fourreau et elle a laissé l'épée à l'Eglise. Il fallait réclamer à la fois la lame et le fourreau.

Mon confrère me dit : la loi doit être athée et en même temps morale. C'est là que je l'attendais. Qu'est-ce donc que la morale suivant vous? Vous ne voyez donc pas qu'avec votre goût pour les distinctions vous êtes amené à vous demander où sera la limite de la morale et de la religion? Est-ce à dire qu'il y a une sorte de religion civile, une morale sans religion ou une religion sans morale? Voyons; expliquons-nous. Est-ce possible? non, tout cela, encore une fois, n'est qu'une dispute de mots.

Vous vous croyez bien fier, bien indépendant en revendiquant une morale en dehors de la religion, et vous portez encore au cou les traces du collier qui vous a été attaché au moyen âge. Vous ne vous apercevez pas que la religion, c'est ce sentiment humain, généreux, universel qui, pour changer de formule, n'en est pas moins le même partout. La religion, c'est le christianisme dont on ne veut pas, c'est le mahométisme dont on se moque, c'est le protestantisme qu'on repousse. On dit : émancipons-nous de Rome, de Mahomet, de Calvin; et l'on croit avoir remporté une belle victoire! Non! messieurs, on a conquis le fourreau, mais la lame est restée aux mains de l'adversaire.

Il n'y a pas deux morales, il n'y a pas deux religions. Il y a un sentiment moral et religieux qui est le même partout, quelle que soit la forme sous laquelle il apparaît. Que me parlez-vous de morale et de religion, Monsieur Calmels? Voyons, je vous donne le pouvoir absolu.

M. CALMELS. Merci, je n'en veux pas.

M. DESMAREST. Souffrez que je vous fasse violence. (Rires.) Vous voilà maître absolu. Eh bien, je suppose que vous ayez à faire une loi sur le mariage; permettrez-vous la polygamie?

UN MEMBRE. C'est une question de morale.

M. DESMAREST. Eh! vous voyez donc bien que nous ne sommes séparés que par une question de mots. Si vous vous obstinez à parler de morale, c'est que, pour tout le monde, la morale se confond dans le sentiment religieux. Quand, dans le domaine des faits politiques, un homme a dit : il y a deux morales, nous nous sommes insurgés.

Non, il n'y a qu'une morale, et c'est pourquoi il n'est personne en France qui veuille se poser comme partisan de la polygamie. Or, si vous dites : la loi doit être athée, vous devez permettre la polygamie. Vous ne le ferez pas. Pourquoi? Parce que votre sentiment religieux s'y opposera.

Il y a un mot, messieurs, qui nous conciliera tous, c'est le mot liberté. Quand j'entends réclamer l'unité du domaine spirituel et du domaine temporel, au nom de quoi le fait-on? Au nom de la liberté. Le sentiment religieux, pour moi, ce n'est pas le pape à Rome, ce n'est pas l'archevêque de Canterbury en Angleterre, ce n'est pas le commandeur des croyants à Constantinople. C'est une opinion qui a la prétention d'avoir l'épée en même temps que le fourreau. Cependant, ce n'est pas une autorité, c'est une doctrine de liberté absolue. Alors, je veux bien dire avec M. Calmels: la loi doit être morale, parce que, pour moi, la morale est l'expression du sentiment religieux dans toute sa liberté. Mais il ajoutera avec moi, la loi doit être tolérante, parce que la base de la liberté doit être la tolérance universelle.

Si j'insiste tant sur ce point, croyez bien que je ne cède pas à un vain plaisir de discussion; mais que je suis convaincu que l'opinion démocratique et libérale a une conquête de plus à faire : elle doit se poser carrément devant le monde non seulement comme une doctrine qui se contente du pouvoir civil, mais comme une autorité qui a la prétention de régner, non par la force, mais par la liberté, parce que la liberté recèle dans son sein la solution de tous les problèmes sociaux.

M. Calmels (France). Les quelques paroles que j'ai prononcées tout à l'heure n'au- raient eu que le mérite d'avoir rappelé mon éloquent confrère à cette tribune, que je m'en féliciterais. Mais au fond de son discours, je trouve une théorie que, malgré tout mon bon vouloir, je ne saurais accepter.

Quoi! vous vous récriez et vous n'êtes point satisfait, parce que la société n'a visé qu'à la conquête du domaine temporel? Vous ne voulez pas que la loi soit égale pour tous? vous ne voulez pas, au dessus de ce principe de l'égalité, la consécration de cette fraternité qui vous domine! et c'est au nom de la liberté que vous soutenez une pareille doctrine? Voyons donc quels sont les arguments qu'on nous oppose.

M. Desmarest vous a dit : vous ne pouvez pas séparer la morale de la religion ; la reli- gion, c'est la morale, et la morale, c'est la religion. Eh bien, si cela était vrai, il faudrait commencer par brûler les trois quarts des livres engendrés par l'esprit humain. Vous me demandez ce que j'entends par morale et religion? Mon Dieu! qu'ai-je besoin de répondre? Tout le monde l'a fait pour moi. La morale, c'est le domaine de la conscience pure et simple, sans aucune pratique religieuse ; c'est, si vous le voulez, le principe sans le culte. La religion, c'est ce qui élève l'homme, ce qui va me transporter hors de moi-même, hors de ce domaine de la conscience qui est moi, ma pensée, mon individualité. Les prin- cipes de religion et de morale sont donc tout à fait différents, et grâce aux lumières de l'in- telligence, au flambeau de la civilisation, nous en sommes venus à reconnaître et à pouvoir nous dire à nous, les représentants de nations si diverses, que les principes de la morale sont partout les mêmes, dans tous les temps, dans tous les pays. En un mot, et pour bien exprimer la distinction que j'établis ici : je ne comprendrais pas une loi qui ne fût pas morale, mais je comprends très bien une loi qui ne donne aucune satisfaction au sentiment religieux.

Vous voulez que la loi soit religieuse, soit! mais voyons donc ce qui se passe. Ouvrons l'histoire de notre France. N'est-ce pas avec les lois qui la régissaient à une autre époque qu'on a commis toutes ces monstruosités connues sous le nom de dragonnades? N'est-ce pas au nom de ces lois qui réglementaient tout à la fois le spirituel et le temporel que l'In- quisition a accompli ses épouvantables massacres? N'est-ce pas la même doctrine qui a pro- voqué les infâmes boucheries dont la révolution de 1793 a été souillée? Et c'est après de tels exemples que vous voulez reproduire le même principe dans nos lois! Mais où allez- vous donc? Faites y attention : vous consacrerez, je le répète, la plus flagrante violation de la liberté humaine. Si je suis athée, pourquoi voudriez-vous m'empêcher de l'être? Quelles satisfactions trouverais-je encore avec de pareilles doctrines, dans un pays qui a inscrit sur son drapeau la devise de l'égalité!

Vous voyez donc bien que M. Odilon Barrot a eu parfaitement raison, et que s'il avait été possible d'aller encore plus loin que cette extrême limite de l'athéisme, on aurait dû le faire, parce que la loi doit couvrir tout le monde également de son manteau.

M. Desmarest m'a demandé si, ayant le pouvoir de le faire, je permettrais la polygamie. Mon Dieu! je pourrais dire que si nos lois la défendent, elles ne le font que bien molle- ment ; car le délit d'adultère n'est guère qu'un petit péché véniel dont on obtient l'absolu- tion moyennant 25 francs d'amende. Mais quelqu'un a déjà répondu pour moi en interrom- pant M. Desmarest : c'est là une question de morale; et comme votre loi doit avoir pour base les principes qui régissent la famille, vous ne pouvez évidemment point permettre la polygamie. Votre exemple ne peut donc me donner aucune satisfaction, et il laisse debout, je pense, toutes les observations que j'ai présentées contre le système de mon honorable contradicteur.

M. Morin (France). Après les discours éloquents que nous venons d'entendre, je serai bref ; mais la question est tellement grave que nous ne devons pas regretter le temps que nous y consacrons.

Je suis charmé qu'à propos de la question de codification, on en soit venu à discuter ce grand principe de la séparation du temporel et du spirituel. On a invoqué, à cet égard, certaines idées auxquelles je déclare me rallier complétement. Moi aussi, je suis d'avis que la loi doit être athée. Cependant, je dois dire que si j'accepte le principe, je répudie la formule ; elle a quelque chose de farouche et qui ne rend pas bien la pensée qu'elle tend à exprimer.

La loi doit être athée ! Est-ce à dire qu'elle doive ériger l'athéisme en principe ? Évidemment non. Cela veut dire : la loi doit être neutre entre tous les cultes. En d'autres termes, la loi ne doit pas reconnaître de religion officielle, et ce principe doit, je crois, être accepté par tous les amis de la liberté.

On a dit que les gouvernements protecteurs de la liberté devaient posséder aussi bien la lame que le fourreau. Mais ce principe ne serait autre chose que la reconnaissance de la théocratie ; car, enfin, si chaque homme est libre, il a le droit de pratiquer la religion qu'il croit la meilleure, et même de n'en pratiquer aucune. Dès lors, les princes, qui ne sont que les mandataires de la nation, n'étant investis d'aucune espèce de pontificat, ne pourraient restreindre la liberté de conscience sans commettre une iniquité, un véritable acte d'oppression.

Aussi, messieurs, qu'avons-nous vu à certaine époque, en France ? Robespierre, comprenant la nécessité de mettre un terme aux débordements de l'athéisme et de l'immoralité et mû par des considérations auxquelles j'applaudis, mais faisant fausse route, fit décréter, par la Convention, la reconnaissance de l'existence d'un Être suprême et de l'immortalité de l'âme.

J'accepte la croyance, mais je m'insurge contre la prétention que l'on a eue de l'imposer. Sous Charles X, on fit la loi dite du sacrilége, qui punissait de mort quiconque attaquait un dogme du catholicisme. Je déplore de pareilles attaques, mais encore une fois, la répression était un acte d'oppression et une illégalité, attendu que l'État, considéré comme unité collective, n'a aucune religion.

Je suis donc d'accord avec ceux qui croient que l'État n'a rien à voir dans le domaine spirituel, attendu qu'il ne peut pas avoir la prétention de diriger les consciences. — Ni les arrêts des conciles, ni les bûchers de l'inquisition ne sont parvenus à asservir l'intelligence humaine. La conscience n'appartient qu'à l'homme, et le gouvernement, qui ne possède aucune révélation, n'a pas le droit d'y intervenir. Séparons donc soigneusement le temporel et le spirituel, et suivons l'exemple des États-Unis où chaque communion religieuse vit librement, sans que le gouvernement songe jamais à s'en occuper.

M. Krieger (Danemark). Un des précédents orateurs a fait une protestation contre l'admiration trop universellement professée pour le Code Napoléon. Je ne puis que m'y associer, et je m'étonne qu'aucun Allemand, s'il y en a dans cette assemblée, n'ait élevé la voix pour appuyer cette protestation. Sans doute, Napoléon a été le plus grand empereur des temps modernes ; mais il n'a pas été le premier codificateur. Vous le savez, messieurs, une codification existait avant Napoléon, en Prusse et en Autriche, et quant aux trois royaumes scandinaves dont je suis ici l'un des représentants, la question de la codification y a été résolue depuis longtemps, attendu qu'en Danemark, par exemple, nous possédons un code depuis le XVIIᵉ siècle.

En Norvége et en Suède, il y a eu également une codification complète dès la première moitié du XVIIIe siècle.

Selon moi, la meilleure base d'une bonne codification, ce sont de bonnes lois ; et il importe de ne pas introduire légèrement des nouveautés dans la législation. Le mot codification lui-même, qui a été emprunté à la loi anglaise, indique précisément qu'elle doit s'appuyer sur les lois existantes.

Pour les lois spéciales, c'est chose bien différente, et ce sont ces lois qui, depuis cinquante ans, ont été précisément la source des plus grandes divergences d'opinions en Allemagne, sur le point de savoir s'il fallait également les codifier.

Quant aux moyens d'arriver à une bonne codification, il faut avant tout tenir compte de l'état de la société ; il faut que les opinions soient généralement arrêtées et qu'il y ait de l'unité dans les idées ; il faut enfin des hommes éminents, capables de produire une codification conforme aux idées générales.

M. Dognée-Devillers est chargé de présenter un rapport à l'assemblée générale sur le débat auquel cette question a donné lieu.

De la reconnaissance internationale des Sociétés anonymes

Le droit international concernant les Sociétés anonymes par M. T. M. C. ASSER, avocat et professeur de droit à Amsterdam.

Dans le programme général, publié par le comité fondateur de cette association internationale, figurait, parmi les travaux à soumettre à la première section, l'importante matière des *sociétés*. Bien que, des cinq questions soumises aux délibérations de notre section, aucune ne se rapporte à cette matière, j'ai cru pouvoir vous occuper, pendant quelques instants, d'une forme spéciale des sociétés, la société *anonyme*, considérée au point de vue international.

Je n'ai pas la prétention de résoudre la question si difficile des droits à accorder aux sociétés anonymes établies à l'étranger ; seulement, je serais heureux si je pouvais provoquer, soit aujourd'hui, soit dans une prochaine session, un débat contradictoire sur cette matière qui, dans la plupart des législations, n'est pas encore réglée, et à l'égard de laquelle le besoin d'une entente internationale s'est fait vivement sentir. Votre section, messieurs, composée d'hommes d'État distingués et de célèbres jurisconsultes de tant de pays civilisés, semble appelée à contribuer, plus que personne, à l'œuvre internationale qui a pour but de faire disparaître la lacune qui existe, à cet égard, dans les législations actuelles.

Permettez-moi donc, messieurs, de poser, comme une simple introduction à vos débats ultérieurs, deux questions que j'ai prises pour le
sujet de mon examen. La première est celle-ci : « Quelle est en ce
« moment, dans les Pays-Bas, la position légale des sociétés anonymes
« établies à l'étranger, comparée à celle qu'elles ont obtenue dans plu-
« sieurs autres pays de l'Europe? » — La seconde question consiste à
savoir : « Par quels moyens on pourrait faire disparaître les obstacles qui
« empêchent, pour le moment, d'accorder, aux sociétés anonymes établies
« à l'étranger, les mêmes droits qu'à celles qui se sont légalement con-
« stituées dans le pays même? »

Dans la première question je fais spécialement mention des Pays-Bas,
parce que je ne suis compétent qu'en ce qui concerne la législation et la
jurisprudence de mon propre pays : en me hasardant à y ajouter une
comparaison avec le système légal de quelques autres pays, je vous prie
de vouloir bien la rectifier, messieurs, si vous y découvrez des erreurs.

En Hollande, comme en Belgique et en France, une société anonyme
ne peut être légalement constituée sans l'autorisation préalable du gouvernement; chez nous, cette autorisation doit être accordée si les
statuts de la société ne renferment rien de contraire aux dispositions du
Code de commerce néerlandais, concernant la forme et la publication
de l'acte constitutif, le capital, la direction, la durée et la dissolution des
sociétés et le nombre des suffrages à donner par chaque actionnaire dans
l'assemblée générale. En outre, l'autorisation peut être refusée si le but
de la société est censé être contraire à l'ordre public ou aux bonnes
mœurs. Les motifs d'un refus doivent être communiqués aux intéressés.
On voit, — ceci soit dit en passant, nous y reviendrons dans la suite —
que notre Code n'accorde pas au gouvernement le même pouvoir discrétionnaire qui résulte des dispositions du Code de commerce français à cet
égard. Cependant, M. Vavasseur, avocat à la cour impériale de Paris,
s'est trompé en affirmant, dans un écrit publié récemment sous ce titre :
Une réforme urgente, qu'en Hollande l'autorisation gouvernementale n'est
prescrite que si les statuts dérogent en quelque point aux décisions de
la loi.

Pour les sociétés étrangères, quant à la question de savoir, si elles peuvent
exercer leurs droits en Hollande et ester en justice, nos lois ne renferment
aucune disposition spéciale. Cependant, un grand nombre de sociétés
étrangères, et notamment beaucoup de compagnies d'assurance terrestre et
maritime, étendent leurs opérations sur notre pays et y sont représentées
par des agents. — Voilà pour le *fait*. Quant au *droit*, il y a une grande
divergence d'opinions entre nos jurisconsultes; et les tribunaux se sont

prononcés en sens divers. Deux ou trois ont jugé que la constitution légale, dans un pays quelconque, suffit pour exercer tous les droits et ester en justice chez nous, d'après la règle du *statut personnel*. Dernièrement encore, la cour d'appel de La Haye a jugé en ce sens dans une affaire où la compagnie Anglaise d'assurance sur la vie *The Defender* se trouvait assignée devant la cour par un assuré Hollandais auquel elle avait refusé un paiement exigé. La compagnie, avant de se défendre au fond, prétendit que, comme elle n'avait pas le droit d'ester en justice dans les Pays-Bas, l'assuré n'était pas recevable dans son action intentée contre elle devant un tribunal néerlandais. En première instance, ce système avait triomphé; mais cette sentence a été infirmée par le juge d'appel. Plusieurs autres tribunaux ont eu également à s'occuper de cette question, soit qu'il se fût agi d'une action intentée par des sociétés d'assurance' étrangères, pour recouvrer des primes, soit à l'occasion d'une action comme celle contre *The Defender*. Cependant, notre cour de cassation n'a jamais eu l'occasion de se prononcer sur cette question de droit qui, à mon avis, doit être résolue en ce sens, que l'autorisation du gouvernement néerlandais est la condition essentielle sans laquelle les sociétés anonymes ne peuvent être considérées comme telles en Hollande. Je ne comprends pas comment on peut, en cette matière, se servir de l'argument dérivé de la règle du *statut personnel*. Il est vrai que les lois concernant l'état et la capacité des personnes suivent celles-ci en pays étranger; mais les auteurs qui, comme le docteur Bar, dans son ouvrage publié à Hanovre, il y a deux ou trois mois, sous le titre : *Das Internationale Privat und Strafrecht* (§ 41), veulent résoudre la question par l'application de la règle du statut personnel, oublient qu'il ne s'agit pas ici de connaître les droits personnels de la société, mais de savoir si la société doit être reconnue comme telle, c'est à dire comme personne morale. Or, puisque c'est de la *loi* que la société anonyme — qui n'est qu'une association de capitaux — emprunte sa qualité de personne morale, elle ne peut être censée telle qu'autant que les conditions que la *loi* attache au droit qu'elle accorde ont été remplies. Ce système, qui me paraît parfaitement logique, a été développé avec beaucoup de talent dans deux remarquables arrêts : celui de la cour de cassation belge du 8 février 1849, et celui de la cour de cassation française du 1ᵉʳ août 1860. On n'a pas besoin, dans ce système, d'attribuer à l'autorisation du gouvernement le caractère d'une mesure de police, comme le fait M. Bravard-Veyrières, dans son *Traité de droit commercial* (T. I, p. 487), pour prouver qu'elle doit, d'après le principe général énoncé dans l'article 3 du Code Civil (titre préliminaire), s'appliquer aussi aux sociétés constituées à l'étranger. Cet argument

ne nous convaincrait pas ; car on ne saurait considérer comme une
mesure de police l'autorisation du gouvernement, qui est la condition
de la personnalité morale et la base du droit spécial de la responsabilité limitée. Ajoutons que nous comprenons encore moins sur que
principe est basée la distinction adoptée par le tribunal civil de la Seine
(4ᵉ chambre) qui, dans sa sentence du 18 août dernier, concernant une
action contre la grande société des chemins de fer russes (*Gazette des
Tribunaux* du 30 août 1862), tout en reconnaissant que les sociétés anonymes étrangères non autorisées en France n'y ont point d'existence
légale et ne peuvent pas, par cette raison, saisir comme demanderesses
les tribunaux français, n'en a pas moins jugé que ces sociétés peuvent
être assignées, comme défenderesses par des Français.

En tout cas, la grande divergence d'opinions sur un point d'une telle
importance doit démontrer la nécessité d'une intervention législative. En
Hollande, comme en plusieurs autres États, les intéressés ont demandé
qu'on fît disparaître l'incertitude par une loi. Chez nous, ce furent, d'un côté,
les assureurs néerlandais qui, s'appuyant sur le principe de la nationalité
et tâchant de démontrer que les primes réduites des sociétés étrangères ne
sont qu'un moyen d'engager le commerce et le public, en général, à se faire
assurer par des compagnies peu solides, exigèrent qu'on soumît toutes les
sociétés anonymes étrangères ayant des agents dans notre pays à l'autorisation préalable du gouvernement néerlandais. Une telle loi équivaudrait
presque à une exclusion complète ; car, en Hollande, l'autorisation ne
pouvant être donnée si les statuts ne s'accordent pas avec les dispositions
du code, le gouvernement devrait, dans la plupart des cas, refuser l'autorisation, puisqu'il arriverait bien souvent que les statuts, rédigés dans un
autre pays, sous une autre législation, ne seraient pas, dans tous les détails,
conformes aux préceptes de notre code. Cependant, les sociétés étrangères elles-mêmes et le commerce s'associèrent aux vœux des assureurs
néerlandais, en tant que ceux-ci demandaient l'intervention de la loi. Le
commerce voulait que la loi lui accordât la faculté de citer au besoin les
compagnies étrangères devant nos tribunaux : ces compagnies elles-mêmes
souhaitaient qu'une telle loi vînt ôter à leurs concurrents néerlandais l'argument dérivé de l'incertitude à l'égard de leur position légale, et vînt conférer à eux-mêmes l'avantage de pouvoir exercer en Hollande tous les
droits pour lesquels la personnalité morale leur est nécessaire, par exemple,
le droit de faire une saisie-arrêt, de prendre une inscription hypothécaire, etc. Le gouvernement, sommé d'intervenir par l'émotion publique
qui, en 1858 et 1859, monta jusqu'à lui par une série de pétitions adressées au roi et aux chambres, présenta un projet de loi, dans lequel il

s'efforçait de concilier les deux opinions contraires. Il y réussit mal. Comme le gouvernement comprit qu'on ne pouvait, en plein XIX° siècle et dans le pays classique de la liberté, comme on a souvent appelé la Hollande, défendre aux sociétés étrangères, soit compagnies d'assurance, soit autres, d'étendre leurs opérations sur notre pays et de faire concurrence aux sociétés nationales, tout en entretenant les relations commerciales des Hollandais avec l'étranger, il se garda bien de proposer l'exclusion de toutes les sociétés dont les statuts n'auraient pas reçu l'autorisation exigée par le code néerlandais, ce qui, comme nous l'avons déjà dit, équivaudrait à une défense formelle. D'un autre côté, l'admission pure et simple de toutes les sociétés qui peuvent prouver leur existence légale dans un pays étranger pourrait être considérée comme une injustice envers les nationaux, toutes les fois que les lois du pays étranger sont moins sévères ou que le gouvernement est plus facile en ce qui concerne la reconnaissance des sociétés. D'ailleurs, il y aurait de l'inconséquence à reconnaître les sociétés étrangères qui ne présentent pas les garanties qu'on exige, dans l'intérêt du public, pour les sociétés constituées dans le pays. Le projet de loi qui fut présenté en 1859 établit, en principe, que les compagnies étrangères pourraient être reconnues comme telles dans les Pays-Bas, à la requête de leurs agents, mais que ceux-ci seraient obligés d'adresser au gouvernement, en même temps que la demande d'admission, une copie en forme authentique des statuts et une déclaration de deux maisons de commerce établies dans les Pays-Bas, certifiant que l'agent mérite la confiance du public. D'après l'art. 4 du projet, l'autorisation du gouvernement ne pouvait être refusée si ces formalités avaient été remplies et que les sociétés étrangères, légalement constituées dans le pays étranger, n'étaient pas réputées poursuivre un but contraire à l'ordre public et aux bonnes mœurs ; tandis que les garanties exigées par notre code, quant à la réalité et à la suffisance du capital social, étaient remplacées par des préceptes à l'adresse des agents, sous la clause pénale de la responsabilité personnelle de ceux-ci, et, s'il y avait lieu, de peines d'emprisonnement et d'amendes à eux infligées. Le projet de loi rencontra, de tous côtés, une opposition assez vive, et fut retiré par le gouvernement, après le rejet de l'art. 1ᵉʳ par la deuxième chambre (*).

Plusieurs députés avaient, dans les débats sur le projet de loi, conseillé de saisir cette occasion pour réformer la partie de notre code de commerce

(*) On trouve le projet de loi avec l'exposé des motifs et les débats auxquels il donna lieu dans le premier volume de l'excellent recueil · *Magazyn van Handelsregt*, qui paraît à Amsterdam sous la rédaction de MM. A. DE VRIES et J. A. MOLSTER. — Page 4622, on trouve les remarquables discours des députés GODEFROI et WINTGENS.

qui concerne les sociétés anonymes en les émancipant de la tutelle administrative, comme en Angleterre les *Limited liability companies*, tout en augmentant les autres formalités et les garanties prescrites par la loi. De cette manière, on croyait pouvoir résoudre le problème sans le secours d'une loi d'exception pour les sociétés étrangères. D'autres membres demandaient une loi basée sur le système de la réciprocité. On sait qu'en Belgique, d'après la loi du 14 mars 1855 qui donna exécution à une convention industrielle et commerciale avec la France, les sociétés anonymes et autres associations commerciales, industrielles ou financières qui ont obtenu l'autorisation du gouvernement français peuvent exercer tous leurs droits et ester en justice, en se conformant aux lois du royaume, toutes les fois que les sociétés de même nature, légalement établies en Belgique, jouissent des mêmes droits en France. La loi française du 30 mai 1857 contient les mêmes dispositions à l'égard des sociétés belges, tandis que les deux gouvernements sont autorisés à étendre ce bénéfice aux sociétés existant en tout autre pays, *moyennant réciprocité*, comme le dit expressément l'art. 2 de la loi belge et comme le sous-entend la loi française (*).
Pour la Belgique et la France, deux pays qui ont le même code de commerce, ce système de réciprocité ne présente point d'obstacle, et chaque gouvernement s'en rapporte à l'autre quant à l'approbation de l'acte constitutif. Mais le même système ne pourrait, sans de graves inconvénients, être adopté en Hollande, où la loi fait dépendre l'autorisation du gouvernement de certaines conditions à remplir qui constituent des garanties nécessaires dans l'intérêt du public. Il y aurait de l'inconséquence, nous l'avons déjà dit, à admettre des sociétés étrangères qui, quoique légalement constituées dans leur propre pays, ne présenteraient pas les garanties exigées par notre code. Le même obstacle peut exister pour plusieurs autres pays. Cependant, le gouvernement français a conclu, après la loi de 1857, des traités analogues à celui qui fut conclu avec la Belgique; dernièrement encore, le 15 mai 1862, dans un traité entre la France et l'Angleterre, il a été « accordé à toutes les compagnies et autres associa-
« tions commerciales ou financières constituées ou autorisées suivant les
« lois particulières à l'un des deux pays, la faculté d'exercer tous leurs
« droits et d'ester en justice devant les tribunaux, soit pour intenter une
« action, soit pour y défendre, dans toute l'étendue des États et posses-
« sions de l'autre puissance, sans autre condition que de se conformer

---

(*) Le gouvernement français a usé de la faculté que lui accorde l'article 2 de cette loi, au profit des sociétés établies dans les pays suivants : Turquie et Égypte (décret du 7 mai 1859), Sardaigne (décret du 8 sept. 1860), Portugal et Grand-Duché de Luxembourg (décret du 27 février 1861), Confédération Suisse (décret du 11 mai 1861), etc., et récemment encore, aux sociétés anglaises par le traité du 15 mai 1862.

« aux lois desdits États et possessions (*). » Il est vraiment remarquable que le gouvernement français, ne se dissimulant pas l'inconséquence qu'on pourrait lui reprocher à cause de la reconnaissance des *Limited liability companies* ou sociétés anglaises, qui peuvent être constituées même sans l'autorisation du gouvernement anglais, tandis qu'en France l'autorisation est de rigueur, se sert de cette inconséquence comme d'un argument à l'appui du nouveau système de *Sociétés à responsabilité limitée*, qu'il a adopté dans un projet de loi présenté au Corps législatif dans sa dernière session. La législation anglaise a servi de modèle aux rédacteurs de ce projet de loi.

En Prusse, où la loi du 9 novembre 1843 sur les sociétés par actions a été récemment abrogée par l'introduction du Code de commerce allemand (*Allgemeines deutsches Handelsgesetzbuch*), le gouvernement exerce, sur les sociétés anonymes, une surveillance très sévère, et peut, en certains cas, retirer l'autorisation donnée, soit pour cause de contravention à la loi par la société, soit pour d'autres raisons, dans l'intérêt public; dans ce dernier cas, la loi accorde aux actionnaires une indemnité, comme dans les expropriations pour cause d'utilité publique. — Sous plusieurs autres rapports encore, la loi prussienne du 24 juin 1861, par laquelle le Code de commerce allemand a reçu force de loi en Prusse, a augmenté les dispositions de ce Code concernant les sociétés anonymes. En vigueur de ce Code, comme de la loi de 1843, le gouvernement prussien a accordé l'autorisation nécessaire à plusieurs compagnies étrangères, entre autres à deux sociétés néerlandaises; — mais on ne peut pas dire que l'admission des sociétés étrangères y soit réglée d'une manière satisfaisante, puisqu'il paraît que le gouvernement n'agit pas d'après un système arrêté. On comprend que ce gouvernement n'accorde pas facilement l'autorisation aux compagnies étrangères, puisqu'il doit lui être presque impossible, pour ce qui concerne ces compagnies, de veiller à la stricte observation de toutes les dispositions de la loi prussienne.

En examinant les divers systèmes adoptés, dans les États que nous avons mentionnés, pour les sociétés anonymes en général, et la condition où s'y voient placées les sociétés étrangères, on cherche en vain les garanties nécessaires pour la liberté du commerce international. Il serait bien superflu de démontrer dans cette assemblée que l'association est une des grandes forces économiques de notre temps, et vouloir prouver ici que les législateurs doivent s'efforcer de faire disparaître les obstacles qui

(*) *Exposé des motifs* du projet de loi concernant les sociétés à responsabilité limitée, présenté au Corps législatif français, le 16 mai 1862 (p. 25).

entravent les opérations internationales des associations, ce serait
assurément prêcher des convertis. — Il s'agit de trouver, et c'est là le but
de la seconde question que nous nous sommes posée, un système qui,
sans présenter les inconvénients de ceux qu'on a essayés ou proposés jusqu'à présent, puisse assurer partout, aux sociétés anonymes étrangères
légalement constituées dans leur propre pays, les droits dont jouissent les
individus étrangers. C'est alors seulement que les bienfaits de l'association
des capitaux se feront sentir dans toute leur étendue.

Une chose qu'on oublie trop souvent, c'est qu'il ne s'agit pas seulement,
dans cette matière, des sociétés qui, comme les compagnies d'assurance,
ayant l'habitude de se faire représenter par des agences, entretiennent
régulièrement des relations avec les pays étrangers; — mais il arrive
souvent qu'une société se voit accidentellement et pour une seule fois dans
la nécessité de faire valoir des droits à l'étranger. Qu'on se représente une
compagnie de bateaux à vapeur dont un des bateaux a été endommagé
à la suite d'une collision dans les eaux d'un État étranger et qui veut,
pour la conservation de ses droits, faire saisir le bâtiment qui a causé le
dégât et obtenir la condamnation de l'adversaire. Si la compagnie ne veut
ou ne peut pas, dans ce procès, agir au nom du capitaine, elle peut
s'attendre — à moins qu'elle n'ait été reconnue comme société anonyme
dans le pays étranger — à être déclarée non-recevable dans l'action
intentée, comme n'ayant pas le droit d'ester en justice. — On voit, par cet
exemple, que le système qui exige que les sociétés, pour être reconnues
comme telles dans un pays étranger, obtiennent l'autorisation préalable du
gouvernement de ce pays, si cette autorisation est prescrite pour les sociétés
nationales, est un système fort incomplet. D'ailleurs, comme nous l'avons
déjà fait remarquer, il est souvent impossible d'imposer aux sociétés étrangères constituées sous la vigueur d'une tout autre législation, les conditions attachées à la reconnaissance des sociétés nationales. — Le second
système, celui de remplacer les garanties exigées pour les sociétés nationales par des dispositions applicables aux compagnies étrangères, présente, comme nous avons tâché de le démontrer, des inconvénients encore
plus graves. — Reste, enfin, l'admission pure et simple, soit absolue, soit
moyennant réciprocité : ce système ne paraît pouvoir être adopté qu'en
tant qu'il y a égalité de législation entre les deux pays, comme entre la
France et la Belgique. Cependant, après mûr examen de la question,
nous considérons le système d'admission en vertu de conventions internationales, avec ou sans réciprocité, comme le seul par lequel le problème
puisse recevoir sa solution, *pourvu que les États contractants puissent
se résoudre à adopter les mêmes principes pour la reconnaissance et l'orga-*

nisation des sociétés anonymes dans chacun des pays. Du moment qu'il se
serait formé, pour ce qui concerne cette matière, une législation universelle ou du moins commune à plusieurs États, les sociétés anonymes qui
y seraient établies se verraient assurer une sphère d'action étendue sur
tous ces États.

L'esprit de fraternité entre les diverses nations, dont nous voyons dans
notre temps les heureux symptômes, me donne l'espoir que, si la nécessité d'une législation uniforme était reconnue, on parviendrait à s'entendre
sur les principes à adopter. Permettez-moi, messieurs, de vous dire en
peu de mots, — et c'est par là que je terminerai cette communication —
quelles pourraient, à mon avis, être les bases d'une loi internationale sur
les sociétés anonymes. Je dis : d'une loi *internationale.* L'expression
n'est pas tout à fait exacte; la loi ne serait applicable, dans chaque État,
qu'aux sociétés nationales; mais les traités établissant la reconnaissance
réciproque des sociétés anonymes, dans les divers pays, seraient basées,
en effet, sur l'uniformité de la législation.

La première question qui se présente au législateur concerne le rapport entre les sociétés anonymes et le gouvernement. Les économistes
orthodoxes ne manquent pas de défendre le système de la liberté et de
l'indépendance. JEAN-BAPTISTE SAY (*), en faisant allusion à cette phrase
adressée par Voltaire au cardinal de Fleury : « Monseigneur, vous travaillez
« à vous rendre inutile, » donne, en traitant la matière des sociétés par
actions, ce conseil significatif aux gouvernements : « Travaillez à vous
« rendre inutiles et, s'il est possible, à vous faire oublier. » Quoique
applaudissant de tout mon cœur au sage précepte de GOURNAY : « Laissez-
« faire, laissez passer ! » je ne crois pas que l'application de ce précepte
à la matière qui nous occupe soit possible. Demander l'émancipation
complète des sociétés anonymes, c'est, en quelque sorte, en demander la
suppression. Ces sociétés, en effet, ne doivent leur caractère de personne
morale qu'à une fiction créée par la loi, dans l'intérêt du commerce et
de l'industrie. La nature des choses, le droit naturel, s'il est permis de
s'exprimer ainsi, exige que chaque individu soit obligé de remplir les
obligations qu'il a contractées et de payer ses dettes. Ce principe est
appliqué, avec plus de rigueur encore, aux sociétés en nom collectif, par
la responsabilité solidaire, et maintenu, mais sans la solidarité, pour les
sociétés civiles. Accorder la qualité de personne morale à une Association,
non pas d'*individus*, mais de *capitaux*, et remplacer la responsabilité des
associés par celle du capital social, voilà certes une concession de beau-

_____
(*) *Cours complet d'économie politique.* BRUX. 1844, p. 301.

coup d'importance faite par la loi aux intérêts du commerce et de l'industrie. Par l'application du précepte : « laissez-faire, laissez passer! » ce but, d'une utilité incontestable, ne serait pas atteint; de la *nature des choses*, la société anonyme ne résulterait pas. Or, puisqu'il s'agit d'une création de la loi, tant soit peu anormale au point de vue du droit, il faut que la législation y attache toutes les garanties qui lui semblent nécessaires pour empêcher que cette institution exceptionnelle ne porte préjudice aux droits des tiers. — On peut dire que l'intérêt des sociétés, non moins que celui du public, réclame cette intervention de la loi, puisque les garanties légales, quand elles contiennent la preuve de la réalité du capital social, c'est à dire de l'existence du *débiteur*, doivent nécessairement augmenter le crédit dont jouissent les sociétés et favoriser par là leurs opérations commerciales.

Il résulte de ce que je viens de dire que l'État doit, à mon avis, ne veiller qu'aux intérêts des tiers qui contractent avec les sociétés anonymes. Quant aux droits et obligations réciproques des actionnaires, on peut dire avec les économistes que le principe de la liberté des conventions licites s'oppose à toute intervention du gouvernement ou de la loi. Sans doute, il arrive quelquefois que des gens trop crédules se laissent entraîner dans des sociétés qui ne sont que des prétextes dont se servent les directeurs pour se voir confier des capitaux, et que souvent aussi les statuts sont de nature à ne laisser aux actionnaires que fort peu de pouvoir vis-à-vis des directeurs et augmentent par là le nombre des dupes. Mais, à cet égard, je souscris volontiers à l'opinion énoncée par M. RENOUARD (*), pour ce qui concerne les sociétés en commandite par actions, opinion également applicable aux sociétés anonymes : « Ce qui est à réformer, ce n'est pas « la loi, c'est l'éducation du public... Vous vous jetez sur des actions « parce que vous vous êtes laissé étourdir par le fracas des amorces d'un « aigre-fin; prenez-vous-en à votre crédulité. Vous vous jetez sur ces « actions, sans en vérifier la valeur réelle, parce que l'engouement étant « contagieux, vous comptez les vendre en hausse à quelque autre qui ne « vérifiera pas plus que vous; prenez-vous-en à votre cupidité. La loi et « le gouvernement n'ont rien à faire à vos mécomptes. » Sous ce point de vue, l'on doit réprouver les dispositions légales qui concernent les obligations des directeurs vis-à-vis des actionnaires et les droits à exercer par ceux-ci. La seule chose que le législateur pourrait faire à cet égard, ce serait de poser des règles qui suppléeraient aux conventions spéciales où celles-ci manqueraient ou seraient incomplètes.

(*) *Dict. de l'Économie Politique* de MM. COQUELIN et GUILLAUMIN, in voce : *Sociétés commerciales*

Quant aux garanties à exiger dans l'intérêt du public, on peut les trouver, d'une part, dans la publicité de l'acte constitutif et de tout ce qui concerne la situation financière de la société, d'autre part, dans la responsabilité individuelle des directeurs et des actionnaires eux-mêmes, s'il y a lieu, en cas de contravention aux préceptes concernant la publicité. Par la *situation financière* de la société j'entends, non seulement le montant du capital social, mais surtout celui des versements qui ont déjà eu lieu. C'est là un détail important que le public doit connaître : de même que les noms des actionnaires, si la totalité du capital n'a pas encore été versée. L'art. 1ᵉʳ du projet de loi français concernant les sociétés à responsabilité limitée, déjà cité par nous, renferme une disposition plus complète que celle des codes actuels, sur la publication requise. Mais on a oublié de prescrire la publication des versements opérés après la constitution, et des noms des nouveaux acquéreurs d'actions, tant que la totalité du capital n'a pas été versée. Ce dernier point est très important, puisque, dans le cas prévu, c'est en partie du crédit dont jouissent les actionnaires que dépendra le crédit de la société. Cependant, jusqu'à présent, ce point semble avoir échappé à l'attention des législateurs. — En outre, la loi devrait prescrire la publication du bilan annuel, ou du moins, d'un extrait par lequel l'actif de la société fût porté à la connaissance du public. — Pour assurer l'exactitude de toutes ces publications, on pourrait, quant à ceux des versements encore à opérer, déclarer les directeurs personnellement responsables vis-à-vis des tiers, de toutes les erreurs qui pourraient porter préjudice aux intérêts de ceux-ci. Pour l'exactitude des chiffres du bilan portés à la connaissance du public, les garanties sont moins faciles à trouver, car ces chiffres ne constatent, en effet, que les gains ou les pertes de la dernière année et le montant de l'actif, qui se trouve sous l'administration des directeurs. Il résulte du caractère même du bilan qu'une connivence entre les directeurs et les actionnaires pour tromper le public par des chiffres fictifs ne serait pas impossible. Peut-être pourrait-on diminuer le danger d'une telle connivence, en statuant que le bilan, comme il a été publié, servira toujours de base à la comptabilité du directeur envers les actionnaires. Si la loi déclare nulle toute convention contraire à ce principe, il n'est pas probable qu'un directeur se hasarde à publier des bilans frauduleux, puisque les actionnaires pourront s'en servir contre lui-même.

Voilà pour les questions de *principe* : — quant aux *détails*, plusieurs dispositions de notre Code, du projet de loi français, concernant les sociétés à responsabilité limitée, des lois anglaises et du nouveau Code allemand, pourraient trouver une place dans la loi internationale dont nous nous occupons.

Avant de terminer cette communication, je ne puis me dispenser d'ajouter quelques mots sur la question dont on s'est beaucoup occupé en Hollande, et dernièrement encore en Allemagne, lors de la rédaction du nouveau Code : à savoir, si les garanties au profit des tiers, qui doivent résulter des dispositions de la loi, rendent superflue l'autorisation préalable des gouvernements? Dans presque tous les pays, cette autorisation est requise : l'Angleterre fait exception à la règle. En Espagne, ce sont les tribunaux de commerce qui donnent l'exequatur aux sociétés anonymes. Mais il importe fort peu quelle soit l'autorité qu'on charge de ces fonctions : que ce soit le pouvoir exécutif, les tribunaux, ou comme le propose M. VAVASSEUR, dans son écrit cité, les chambres de commerce, en leur qualité de représentation commerciale, le pouvoir discrétionnaire d'accorder ou de refuser l'autorisation est de nature à pouvoir porter préjudice à la liberté d'action, indispensable au commerce. C'est ce qu'on a compris en Hollande en 1830. L'opposition contre le système du Code de commerce était si grande, qu'on a introduit dans le Code néerlandais le principe, déjà mentionné, d'après lequel le gouvernement n'a qu'à examiner si l'acte ne renferme rien qui soit contraire aux dispositions assez détaillées de la loi concernant les sociétés anonymes. Si ce n'est pas le cas, le gouvernement ne peut refuser l'autorisation. Ce système du Code néerlandais me semble très recommandable : les arguments par lesquels on a souvent combattu le système d'autorisation, comme il est exprimé dans le Code français et dans la plupart des autres Codes de l'Europe, — arguments répétés dernièrement dans l'organe central du commerce allemand (*), perdent toute leur force devant le système néerlandais. — Cependant, on pourrait adopter ce système pour les sociétés qui demandent l'autorisation du gouvernement, sans que, cependant, cette autorisation soit déclarée la condition *sine quâ non* de l'anonymat. Au contraire, on pourrait accorder ce privilége à toutes les sociétés, autorisées ou non, qui auraient rempli les formalités requises et se conformeraient, d'ailleurs, à toutes les dispositions de la loi. En effet, l'autorisation d'après le système néerlandais n'implique aucunement l'approbation du but et de l'organisation, ni la moindre confiance dans la solidité et les qualités financières de la société; elle n'est qu'une déclaration du gouvernement, constatant que les statuts sont en conformité avec les dispositions de la loi. On pourrait donc, sans inconvénient, permettre de constituer des sociétés sans cette autorisation préalable; mais puisque l'anonymat de ces sociétés ne résulterait pas d'une autorisation gouvernementale, ce privilége pour-

(*) *Central-Organ fur den deutschen Handelsstand*, 1862, n° 8.

rait toujours leur être contesté par des créanciers qui leur reprocheraient quelque contravention aux préceptes de la loi concernant les sociétés anonymes, — et alors les tribunaux devraient prononcer.

C'est pour cette raison que l'autorisation gouvernementale, si elle a le caractère que lui accorde notre Code, bien loin de nuire à la liberté du commerce, ne saurait que lui être favorable, puisqu'elle constate légalement que la société a droit au privilége de l'anonymat.

Je ne me permettrai pas, messieurs, d'abuser plus longtemps de votre patience; seulement, je prendrai la liberté de vous soumettre les conclusions de mon travail en ces termes :

1° L'intérêt du commerce et de l'industrie exige que les législateurs des divers États fassent cesser l'incertitude qui existe actuellement à l'égard de la reconnaissance des sociétés anonymes établies à l'étranger.

2° Le meilleur moyen d'atteindre ce but consisterait dans la reconnaissance internationale de ces sociétés, avec ou sans réciprocité, sur la base d'une législation uniforme.

3° Le principe fondamental de cette législation devrait être, d'attacher à la reconnaissance des sociétés anonymes toutes les garanties nécessaires dans l'intérêt des tiers qui contractent avec ces sociétés, tout en laissant aux actionnaires la liberté la plus complète quant aux conventions qui ne pourraient pas porter préjudice aux droits des tiers.

DÉBAT.

M. WESTLAKE (Angleterre). Je n'ai pas examiné à fond ce sujet, ne sachant pas que M. Asser eût l'intention de nous communiquer l'excellent travail qu'il vient de lire. M. Asser a commencé par nous faire l'exposé de l'état actuel de la législation européenne, quant à la position légale des sociétés anonymes établies à l'étranger. Qu'il me soit permis de compléter cet exposé en vous faisant connaître l'état actuel des choses en Angleterre et dans les colonies anglaises, ainsi qu'aux Etats-Unis, dont la législation est basée sur la nôtre.

Avant le traité franco-anglais, il était formellement interdit aux sociétés anonymes établies à l'étranger d'ester en justice. Mais il existait une distinction assez étrange : si la société établie en pays étranger ne cherchait pas à étendre ses affaires au delà de ce pays et s'il lui arrivait de devoir poursuivre quelqu'un devant un tribunal anglais, cette société obtenait l'autorisation nécessaire à cet effet; mais quand la société établie en pays étranger contractait en Angleterre et avait à y demander l'exécution de son contrat, elle n'y était pas autorisée. Telle a été l'opinion universelle du barreau anglais, et c'est pour cela que, dans le récent traité conclu avec la France, on a stipulé que les sociétés françaises pourraient faire plaider leurs contestations en Angleterre.

Aux États-Unis, on a interprété d'une manière toute différente les principes du droit international. — La Constitution des Etats-Unis assure aux citoyens de chaque État la complète jouissance, dans les autres États, des droits dont ils jouissent chez eux. Les tribunaux ont décidé qu'en présence du texte seul de la Constitution, les sociétés établies dans l'État de New-York, par exemple, ne pourraient pas ester en justice dans l'État de Pennsylvanie ou dans quelque autre partie de l'Union; mais ils ont décidé, en même temps, qu'en dehors de la Constitution et en vertu des principes généraux du droit international, une société anonyme établie dans l'un des États de l'Union doit jouir de la personnification civile dans tous les autres.

L'importante colonie anglaise du Haut-Canada a résolu la question autrement. Les juges qui siégent à Toronto, capitale de ce pays, ont décidé qu'une compagnie qui a son siége principal à Londres, par exemple, peut ester en justice sur contrats conclus ailleurs ; mais qu'elle ne peut pas ester en justice à Toronto sur contrats conclus au Canada. Ainsi, la solution qui, en Angleterre, n'a encore été formulée que par l'opinion des hommes de loi, est consacrée par jugement au Canada.

Il résulte de cette situation que les capitaux anglais sont exclus du Haut-Canada. J'ai été consulté l'année dernière sur un projet d'établissement, à Londres, d'une société anonyme pour la construction de matériel de chemin de fer destiné au Canada. La réalisation de ce projet eût été un grand bienfait pour les deux pays, et surtout pour le Haut-Canada qui est un pays essentiellement agricole et où il n'y a guère de capitaux. Mais, si désirable que cela fût, j'ai dû combattre le projet, attendu que la jurisprudence du Haut-Canada enlevait toute sécurité à une pareille entreprise.

Quant à moi, je trouve la décision des juges de Toronto contraire au bon sens ; ils se sont basés sur ce seul moyen, que créer une personne civile est un acte de souveraineté, et que le gouvernement qui est souverain dans un pays ne peut pas faire acte de souveraineté dans un autre. Cela est parfaitement vrai, mais ce n'est pas par des considérations aussi abstraites que la question doit se résoudre.

M. Asser a discuté avec beaucoup de talent la question de savoir si l'autorisation devrait être accordée aux sociétés anonymes d'une manière absolue, ou seulement, sous la condition de la réciprocité. C'est une question très intéressante et sur laquelle je n'aimerais pas à donner mon avis avant de l'avoir mûrement méditée. Il est très rare que des sociétés étrangères viennent s'établir parmi nous, tandis que nous voyons fréquemment des sociétés anglaises s'établir à l'étranger. Voilà pourquoi la question est un peu neuve pour moi.

Je me borne, messieurs, à ces courtes observations, et j'espère que l'excellent travail de M. Asser portera des fruits et exercera une salutaire influence sur la législation de l'Europe et de l'Amérique.

M. DURIER (France). Je commence par exprimer toute la satisfaction que j'ai éprouvée à la lecture du travail de M. Asser. Ce travail est extrêmement complet, il émane d'un esprit familiarisé avec la science du droit; et, ce qui est plus remarquable, c'est que, quoique émanant d'un jurisconsulte qui n'appartient pas à la France, il atteste une étude très complète de la législation française et de tous les ouvrages qui, en France, ont traité la question abordée par M. Asser.

Je me permets, cependant, de différer d'opinion avec lui. Je n'admets pas complètement ses conclusions. Quoique de nombreuses parties de son travail me soient très sympathiques et défendent des principes fort libéraux, je crois que sa conclusion n'est pas suffisamment libérale, et je viens demander à la section la permission de lui exposer jusqu'à quel point, suivant moi, on pourrait aller dans la voie qu'a ouverte M. Asser.

M. Asser propose d'adopter le système de la réciprocité, c'est à dire de décréter que les sociétés anonymes étrangères seront admises en Hollande, par exemple, à exercer tous leurs droits, à ester en justice, à la condition que les nations auxquelles appartiennent ces sociétés ou chez lesquelles elles ont leur siége principal reconnaîtront les mêmes droits aux sociétés hollandaises qui voudront les exercer sur le territoire de ces nations.

De plus, M. Asser pense qu'il faudrait apporter une certaine restriction à cette solution de la question: tout au moins, voudrait-il la subordonner à une condition qui serait l'établissement d'une législation internationale, l'adoption de principes identiques par chacun des pays qui voudrait participer aux avantages résultant de la réciprocité ; de telle façon qu'un pays ne pût pas voir s'établir sur son territoire des sociétés admises à l'existence, comme sociétés anonymes, dans d'autres pays, indépendamment des conditions qui sont considérées par les jurisconsultes hollandais (pour prendre un exemple), comme essentielles pour que les sociétés anonymes ne soient pas un danger public, au lieu d'être un bienfait. — Voilà quelles sont les deux solutions que M. Asser soumet à notre examen.

J'avoue qu'aucune de ces solutions ne me satisfait complétement.

En principe, je ne suis·pas partisan de la réciprocité. Sans doute, il a été extrêmement naturel, lorsque les nations de l'Europe sont sorties de l'état d'isolement dans lequel elles s'étaient obstinément renfermées pendant si longtemps, il a été parfaitement naturel et, de plus, éminemment pratique de rapprocher l'établissement de la liberté, chez une nation, des principes les plus larges et de chercher à obtenir la reconnaissance de ces mêmes principes par les autres nations.

Mais chacune des nations européennes a été saisie de la crainte d'être prise pour dupe ; elle a pensé qu'en entrant dans la voie de la vérité largement et sans restriction, elle serait victime de sa générosité. Ç'a été, je pense, une erreur : un peuple gagne toujours à proclamer chez lui, sans restriction et sans condition, les principes de la vérité.

Indépendamment de cette sorte de devoir qui s'impose à une nation, indépendamment de cette perspective glorieuse qui s'ouvre devant un peuple qui entre résolument dans la voie du progrès, il y a un intérêt public à ce que la législation d'un peuple, surtout en matière commerciale, soit aussi large que possible. Ce sont les restrictions apportées à la liberté, en matière commerciale et économique, qui ont appauvri certaines nations; c'est la cause de leur décadence.

C'est, au contraire, la résolution libérale d'admettre les étrangers, de faire tomber, autant que possible, les barrières qui séparent malheureusement encore l'humanité et qui nous cantonnent chacun sur notre territoire, qui a amené certaine nation du globe — et c'est sa gloire la plus impérissable — à cet état de prospérité où nous la voyons.

On pouvait croire que le système de la réciprocité produirait de bons fruits : et lorsque, après cette période d'isolement dont je parlais, on est entré dans cette voie, on ne croyait pas qu'on y marcherait rapidement. Or, que nous a enseigné l'expérience ? Que les concessions offertes étaient rarement acceptées, que la condition de réciprocité ne provoquait pas le consentement du peuple voisin et, en somme, je crois que le principe de réciprocité est un principe jugé par l'expérience, et qu'il vaut mieux donner franchement et résolument l'exemple de la vérité.

J'écarte donc le principe de la réciprocité.

Il y a, dans la seconde résolution proposée par M. Asser, quelque chose qui choque aussi mes opinions. M. Asser pense qu'il faudrait non seulement proclamer le principe de la réciprocité, mais avant tout se mettre d'accord sur les principes dont l'adoption constituerait, quand au point qui nous occupe, une législation internationale. Eh bien, j'avoue que je ne suis pas du tout partisan d'une législation internationale en matière de sociétés anonymes; et cela, pour une raison bien simple; c'est que je ne suis pas même partisan d'aucune législation sur les sociétés anonymes, ou tout au moins d'une législation préventive.

Je crois que M. Renouard, magistrat français illustre et l'un des esprits les plus éminents de notre pays, était parfaitement dans le vrai lorsqu'il a dit que ce qu'il fallait réformer, ce n'était pas la législation, mais l'éducation du peuple ; qu'il fallait habituer les personnes qui sont appelées à traiter avec les sociétés anonymes à se confier surtout à leur raison, à leur bon sens, à examiner, à lire les statuts avant de souscrire des actions, et à se renseigner sur les personnes qui composent l'administration de ces sociétés, quels que fussent leurs titres et leurs noms.

Voilà, messieurs, où est la vérité : habituez les actionnaires à contrôler et vous arriverez à éviter qu'ils ne soient trompés. Mais lorsque, au contraire, le gouvernement leur présente certaines sociétés comme offrant des garanties suffisantes, cela suffit pour que l'actionnaire coure aveuglément porter son argent à ces sociétés ; et c'est ainsi que, sous prétexte de protéger les gens, on les égare et on contribue à les perdre.

Et tenez, qu'il me soit permis d'invoquer ici un souvenir personnel: M. Westlake nous a dit, avec raison, que cette question ne préoccupe l'Angleterre que dans un sens, parce que, heureusement, elle voit beaucoup plus de ses sociétés faire des affaires à l'étranger qu'elle n'accueille de sociétés étrangères chez elle, par la raison qu'en matière de commerce, d'industrie, de banque, l'Angleterre marche évidemment à la tête du monde et de la civilisation. Eh bien, il s'établit en France beaucoup de sociétés anglaises; il nous est venu, notamment, des sociétés d'assurances sur la vie, et j'ai eu à m'occuper d'une affaire dans laquelle, précisément, cette législation protectrice qui, pour ne pas exposer les citoyens français à des dangers, défendait aux sociétés anonymes d'ester en justice, a trouvé dans cette défense un obstacle, et un obstacle d'abord insurmontable à la réalisation des espérances des parties intéressées, espérances très légitimes puisqu'elles étaient fondées sur un contrat. Cette société anglaise était arrivée en France, elle y avait fait des affaires nombreuses, considérables, et son gouvernement, qui ne l'autorisait pas à ester en justice, la laissait parfaitement établir ses bureaux à Paris et contracter avec des Français. Qu'est-il arrivé? L'un des assurés meurt (il s'agissait d'une assurance sur la vie); ses héritiers viennent réclamer l'exécution du contrat et le paiement d'une prime considérable. La société n'avait qu'une chose à répondre : Je ne puis pas ester en justice. Non seulement (et ceci est la jurisprudence admise unanimement en France) je ne pourrais pas vous y assigner, mais vous ne pouvez pas m'y assigner vous-même. Et, bien que le contrat portât, en toutes lettres, que toutes les contestations seraient soumises aux tribunaux français (ce qui, pour les assurés français, était évidemment une garantie), il fallut renoncer à cette garantie, parce qu'elle était contraire à la loi, réputée d'ordre public, qui ne permet pas aux sociétés étrangères d'ester en justice. Voilà, messieurs, comment on ruine ceux qu'on veut protéger.

Il en est de même de cette prétendue garantie que l'autorisation du gouvernement offre au public. Sans doute, les statuts sont toujours examinés, en France, avec beaucoup de soin par le conseil d'État; sans doute, les statuts qui sont approuvés sont, en général, fort sages; mais il n'est pas moins vrai que des sociétés anonymes se ruinent. C'est ainsi que nous avons vu, il y a quelque temps, la déclaration de faillite d'une société anonyme française dans le conseil d'administration de laquelle figuraient des personnes ayant une position élevée, et notamment plusieurs sénateurs.

Cependant, les statuts avaient été soigneusement examinés; on avait même stipulé (ce qui était une bien grande garantie) qu'aussitôt que la société aurait éprouvé des pertes qui auraient diminué d'un quart son capital social, toutes les opérations devraient cesser. Eh bien, la société a fait faillite, c'est à dire que, lorsqu'elle a arrêté ses opérations, le capital social était non pas diminué d'un quart seulement, mais complétement dévoré et ne se composait plus que de dettes.

Vous voyez donc bien que cet examen prétendûment protecteur, cette autorisation qui est censée sauvegarder les intérêts du public, ne sauvegarde absolument rien du tout. Les administrateurs sont toujours les maîtres de l'affaire, quels que soient les statuts, parce que les meilleurs statuts ne valent rien quand on ne les exécute pas. Comment voulez-vous que les actionnaires sachent que le capital est diminué? Ils ne le savent que quand on leur dit qu'il n'y a plus rien. Tandis que si le public était habitué à contrôler, à examiner, à ne point se satisfaire de ce que, dans le conseil d'administration figure monsieur tel ou tel qui est devenu un grand personnage dans l'État; si le public, animé d'un juste esprit, non de défiance, mais de réserve, de précaution, de prudence, examinait sérieusement, et s'il savait, surtout, qu'une autorisation gouvernementale, une estampille de quelque nature qu'elle soit, n'est pas une garantie qui le dispense de juger par lui-même, il ne s'exposerait pas si souvent à des mécomptes, et parfois même à une ruine complète.

Je suis donc d'avis d'admettre, dans chaque pays, toutes les sociétés qui veulent s'y établir et de les autoriser à exercer leurs droits dans tous les pays du monde.

M. Asser, je le sais bien, nous dit : « Il faut que la société commence par avoir une existence dans son pays pour pouvoir faire des affaires dans les pays voisins. Eh bien ! qu'est-ce qui constatera l'existence de la société? L'autorisation gouvernementale est au moins nécessaire. » — J'en demande pardon à M. Asser, mais je ne suis pas de son avis. En effet, qu'est-ce qui constate qu'un homme existe? C'est son acte de naissance; on ne l'autorise pas à prendre naissance; il existe, et on constate sa naissance. Je suis parfaitement d'accord avec M. Asser qu'il faut une condition; mais condition et autorisation sont deux choses. Imposez aux sociétés l'obligation de constater leur existence par des actes revêtus d'un caractère public, rien de mieux, rien de plus juste. Faites mieux encore : imposez leur la condition de la publicité la plus sévère, afin que les actionnaires connaissent parfaitement quels sont les statuts, les personnes engagées et dans quelles limites; attachez même une sanction pénale et des nullités civiles à la négligence de ces conditions. Ainsi, la société naîtra ; elle se produira au grand jour telle qu'elle est, et son existence sera constatée; mais une fois que vous aurez fait cela, suivant moi, vous aurez fait tout ce que vous devez. Aller plus loin serait faire, non seulement, chose inutile, mais encore chose dangereuse.

M. DOGNÉE-DEVILLERS (Liége). Je suis complétement de l'avis du dernier orateur sur la seconde partie de la question qui nous est soumise. Je suis convaincu que, pour les sociétés anonymes comme pour les individus, dès l'instant où leur naissance est légalement constatée dans le pays d'origine, elles doivent pouvoir vivre à l'extérieur. Mais sur la première partie de la question, je diffère d'opinion avec lui, et précisément pour les mêmes motifs que ceux qu'il a fait valoir. Je suis Belge et défends la loi belge. Je pense que, précisément pour que le principe de la liberté puisse s'étendre dans tous les pays, il faut que tous les habitants des autres pays puissent venir apporter chez nous le concours de leurs capitaux et de leur intelligence. Ce n'est qu'à cette condition que la liberté pourra répandre partout ses bienfaits.

La jurisprudence a été très divergente chez nous sur ce point, puisque deux ou trois arrêts de la cour de cassation ont statué dans l'un et dans l'autre sens. Les sociétés françaises qui exerçaient en Belgique ont rencontré de grandes difficultés à ester en justice; c'est pourquoi le récent traité franco-belge contient une stipulation à cet égard : on a compris, de part et d'autre, que l'intérêt français et l'intérêt belge réclamaient cette satisfaction. Si l'on ne procédait pas partout ainsi ; s'il n'y avait pas partout réciprocité; si les sociétés étrangères pouvaient venir lutter avec nos sociétés indigènes, sans réciprocité pour celles-ci, au nom de la liberté, il faut convenir que ce serait une véritable duperie pour nos sociétés.

Quoi ! messieurs, vous auriez chez vous des sociétés fonctionnant légalement et qui auraient dans le pays rempli toutes les formalités prescrites pour jouir d'une existence légale ; elles supporteraient toutes les charges attachées à leur position, et vous ouvririez la porte à l'étranger sans l'astreindre à aucune de ces obligations, et sans qu'il fût permis à nos sociétés de prendre la même position au dehors? J'en demande pardon à ceux qui ne partagent pas mes idées sur ce point ; mais je ne comprends pas ainsi la liberté : je ne comprends pas la liberté si elle n'est pas réciproque. La liberté, je la dois, mais seulement à qui me la concède également ; ce n'est qu'ainsi qu'elle peut porter ses fruits partout. Je pense qu'en matière commerciale, il serait dangereux de ne pas faire ce que nous avons fait par notre traité international avec la France ; il serait dangereux de donner la liberté à toutes les sociétés étrangères sans demander en retour, pour les nôtres, la liberté d'aller exercer à l'étranger.

M. ASSER (Pays-Bas). Permettez-moi, messieurs, de répondre aussi brièvement que possible aux diverses objections que mon système a soulevées, après, toutefois, avoir adressé mes sincères remerciements à M. Westlake et aux autres honorables préopinants pour les paroles bienveillantes qu'ils m'ont adressées.

Les objections que j'ai à rencontrer portent principalement sur deux points : le principe de la réciprocité, et la question de savoir si une législation sur les sociétés anonymes est nécessaire dans l'intérêt général ; dans l'affirmative, doit-elle être uniforme comme condition de l'admission réciproque de ces sociétés.

. Quant au premier point, je crois n'avoir pas été bien compris. Il est vrai que j'ai employé les mots *moyennant réciprocité* dans la seconde de mes conclusions ; mais c'est précisément pour la raison qu'a fait valoir M. Durier, c'est à dire, comme moyen pratique d'étendre les bienfaits de la liberté sur une plus grande partie du monde.

M. Durier nous a dit que, bien qu'en principe, la réciprocité ne puisse se concilier avec l'esprit de liberté commerciale qui règne de nos jours, cependant, à l'époque où les principes de liberté étaient encore dans l'enfance, la réciprocité était un excellent moyen d'arriver à leur développement. Eh bien, c'est justement pour cette raison et parce que je crois que, pour le moment du moins, on peut dire que le principe de la liberté des associations commerciales n'est pas encore entré suffisamment dans les mœurs, que j'ai cru devoir proposer, comme moyen pratique, en Europe, le système de la réciprocité. Mais je suis parfaitement d'accord avec M. Durier que le principe de la liberté commerciale exige qu'on l'applique même là où il n'y a pas de réciprocité ; parce que la liberté commerciale est, par elle-même, un bienfait. Quant au second point, je dois aussi donner quelques explications qui sont de nature, je suppose, à démontrer que nous sommes beaucoup plus d'accord qu'il ne semble.

D'abord, quant à l'autorisation du gouvernement, je n'ai pas dit que je la considérais comme une condition *sine qua non* de la reconnaissance des sociétés, ni que je désirais que la législation future consacrât le système de l'autorisation. J'ai dit que si l'on veut admettre ce système, on ne peut le faire qu'en suivant l'exemple donné par la législature néerlandaise ; c'est à dire, qu'on ne doit pas donner au gouvernement le pouvoir discrétionnaire d'accorder ou de refuser l'autorisation, mais que la loi elle-même doit prescrire les conditions qui sont nécessaires pour la constitution des sociétés anonymes. L'action du gouvernement ne doit donc être autre que celle-ci : examiner les statuts pour s'assurer si les conditions attachées à la reconnaissance par la loi elle-même ont été remplies. Je crois que si l'on n'attache pas d'autre caractère à l'autorisation, elle ne pourra nullement nuire à la liberté commerciale ; et cette autorisation, pourra avoir son utilité pour les sociétés elles-mêmes, puisqu'elle constituera la garantie que les statuts ont été trouvés conformes à la loi. Néanmoins, je crois qu'on devrait également permettre la formation de sociétés sans autorisation.

En dernier lieu, se présente la question de savoir si, quand il n'y a pas eu d'autorisation préalable, il faut que la loi donne les garanties nécessaires à l'intérêt public.

J'ai tâché de défendre cette thèse et d'établir, en peu de mots, quelles sont les garanties que la loi doit offrir. Il m'a paru que tous les honorables préopinants partageaient mon avis sur ce point. M. Durier a dit : je ne veux pas de législation préventive. Moi non plus, messieurs, je n'en veux pas ; je veux des conditions comme celles que prescrit la loi anglaise, comme celles qu'exige la France dans le nouveau projet sur la responsabilité limitée. Mais ce n'est pas là de la législation préventive : on pose un principe et on y attache une sanction pénale. Seulement, et c'est là tout ce que j'ai voulu dire, je ne crois pas qu'on doive maintenir, dans la législation, les principes qui concernent les rapports réciproques des actionnaires entre eux et les rapports entre les directeurs et les actionnaires ; car ce sont là des faits qui ne touchent nullement à l'intérêt ni aux droits des tiers.

Les paroles de M. Renouard que j'ai citées et auxquelles M. Durier a fait allusion n'ont rapport, en effet, qu'à la relation qui existe dans les obligations réciproques des directeurs et des actionnaires. M. Renouard ne s'est pas proposé de dire que la loi ne devait pas stipuler de garanties pour sauvegarder les intérêts des tiers puisque, dans les sociétés en commandite par actions dont il parle, il y a un débiteur solidaire et pas de capital.

Maintenant, s'il est vrai, — et ceci, les honorables préopinants l'ont reconnu, — que la loi doive attacher à la reconnaissance des sociétés anonymes des conditions qui garantissent les droits des tiers ; s'il est vrai, et je crois que nous sommes encore d'accord sur ce point, que la publication, tant de l'acte constitutif que de la situation financière de la société, doive être considérée comme le meilleur moyen de garantir ces droits, je crois qu'il y aura également accord entre nous pour émettre, soit maintenant, soit dans une prochaine session, le vœu qu'une législation aussi universelle que possible intervienne pour assurer aux sociétés anonymes la reconnaissance internationale qui est exigée dans l'intérêt du commerce et de l'industrie.

Quant à la réciprocité, je le répète, je considère cette question comme tout à fait secondaire, et je ne l'ai indiquée que comme moyen pratique d'étendre le plus possible la liberté commerciale.

La discussion est close. M. Asser est chargé d'en faire l'objet d'un rapport à l'assemblée générale.

Des principes d'une loi internationale réglant l'exécution des jugements rendus à l'étranger.

Introduite sur la proposition de MM. Lelièvre, Westlake, Hérold, Asser et Dognée-Devillers, à la suite de la discussion sur les sociétés anonymes, cette question a été exposée en ces termes par M. LELIÈVRE, *président du tribunal de première instance de Gand* :

« MESSIEURS,

« L'exécution des décisions judiciaires rendues par les tribunaux étrangers est l'une des matières qui donnent lieu, aujourd'hui, aux applications les plus fréquentes. La cause en est dans l'accroissement continu des rapports entre les citoyens des divers pays.

« Tout ce qui touche aux relations internationales a acquis une importance que l'on ne saurait méconnaître. Les principes sur lesquels elles sont fondées n'ont plus rien de commun avec les doctrines qui leur servaient de base à d'autres époques.

« Autrefois, les nations avaient adopté une politique d'isolement qui faisait considérer l'étranger comme un *ennemi* que l'on devait soumettre à un régime exceptionnel ; de là, le droit d'aubaine, les restrictions introduites relativement au droit de successibilité et les entraves apportées à l'exécution des actes passés et des jugements rendus en pays étranger. Les fonctionnaires étrangers n'étaient réputés que de simples particuliers, et la justice étrangère était, elle-même, frappée de suspicion.

« Aujourd'hui que les gouvernements ont compris la nécessité de créer des relations fondées sur des considérations d'utilité, de convenance et de bienveillance réciproques, il est évident que les lois anciennes n'ont plus rien de commun avec les besoins de la situation actuelle.

« Si l'on veut favoriser nos relations commerciales à l'étranger et assurer notre crédit, il n'est plus possible de refuser force exécutoire, chez nous, à des actes passés hors des limites de notre territoire ; d'un autre côté, la justice étant un lien commun entre les nations, il convient de consacrer partout le respect de ses décisions qui ne doit pas être limité par des frontières. Telle est la pensée qui a inspiré notre proposition. Nous devons ajouter que, depuis quelques années, la Belgique a fait un pas marqué vers le système que nous avons pour but d'établir.

« L'article 77 de la loi du 16 décembre 1851 sur le régime hypothécaire admet la légitimité de l'hypothèque consentie par des actes passés à l'étranger, et les motifs qui ont servi de base à cette disposition ne permettent pas de la restreindre aux stipulations hypothécaires; ils justifient, au contraire, de la manière la plus pressante, son application générale à tous les actes quelconques.

« En outre, la même loi de 1851 ayant abrogé les articles 2123 et 2128 du Code civil, il en résulte que l'article 546 du Code de procédure civile conçu en ces termes : « les jugements rendus par les tribunaux étrangers « et les actes reçus par les officiers étrangers ne seront susceptibles « d'exécution que de la manière et dans les cas prévus par les articles 2123 et 2128 du Code civil » ne peut plus recevoir son exécution, ce qui démontre la nécessité de pourvoir, par d'autres prescriptions, à la lacune que laisse, en cette matière, la législation actuelle.

« Ces considérations nous ont convaincu de la haute utilité d'une loi qui autoriserait le gouvernement à régler, par des traités internationaux, l'exécution des jugements et des actes intervenus en pays étranger. Ces traités seraient conclus avec les pays dont la législation est similaire et dont l'organisation judiciaire présente le plus d'analogie avec la nôtre.

« La loi, tout en stipulant les garanties qu'on croira nécessaires, permettrait au gouvernement de régler, par des mesures équitables, des intérêts importants qui touchent à l'ordre le plus élevé. Ces garanties nous paraissent devoir se résumer comme suit :

« 1° La réciprocité de la force exécutoire des sentences judiciaires dans les deux pays ;

« 2° Les jugements définitifs, ayant force de chose jugée, seraient seuls rendus exécutoires par le tribunal de première instance du lieu où l'exécution doit se faire ;

« Celui-ci statuerait à cet égard, sur requête, après avoir entendu le ministère public en ses conclusions ;

« 3° Le demandeur ne serait admis à poursuivre l'exécution que lorsque la partie succombante aurait été légalement assignée devant le juge compétent ;

« 4° Le jugement dont on demande l'exécution ne devrait renfermer aucune disposition contraire, soit à la souveraineté de la nation sur le territoire de laquelle l'exécution doit avoir lieu, soit au droit public du même État, soit à des droits réels, soit à l'état et à la capacité des personnes, soit à la morale publique et aux bonnes mœurs.

« Toutes ces conditions seraient vérifiées par le tribunal, mais il lui serait interdit d'examiner la légalité de la décision du fond.

« Nous aurions désiré, messieurs, pouvoir donner à notre proposition de plus longs développements ; mais l'heure avancée de la séance et le terme de nos travaux fixé à ce jour nous en empêchent.

« Espérons que l'attention du gouvernement ayant été appelée sur cette importante question, il s'empressera de la faire résoudre par la législature d'une manière conforme aux besoins de notre époque. »

DÉBAT.

M. WESTLAKE (Angleterre). En Angleterre, la législation concernant l'exécution des jugements rendus en pays étrangers est assez bizarre, et la procédure est des plus mauvaises. Nous n'avons pas, dans notre système légal, ce procédé si connu sur le continent européen, qui consiste à déclarer obligatoires les jugements rendus en pays étrangers. Ainsi, je suppose que vous obteniez en Belgique un jugement contre un Anglais et que celui-ci se réfugie en Angleterre. Il ne vous sera pas possible d'obtenir, dans ce pays, l'exécution de votre jugement. Il faudra recommencer le procès à nouveau ; et ici, nous voyons apparaître un procédé des plus étranges : dans sa défense, l'intimé peut soutenir que le tribunal belge n'était pas légalement saisi de la cause, selon les règles qui régissent la compétence des tribunaux ; et s'il perd sur ce premier point, l'intimé ne pourra pas se soustraire à l'exécution du jugement rendu contre lui en Belgique. En d'autres termes, on ne peut discuter que la compétence, mais la décision sur le fond reste acquise, si la question de compétence est jugée contre le condamné en pays étranger. — Néanmoins, celui-ci peut faire subir à celui qui le poursuit tous les délais d'une nouvelle action, et c'est encore un des côtés fâcheux de cet état de choses.

Il y a là, évidemment, une réforme très utile à réaliser, et je crois que si l'attention publique était appelée sur cette question par le Congrès, on obtiendrait sans difficulté du Parlement anglais une loi qui améliorerait, sous ce rapport, la procédure.

M. LE PRÉSIDENT propose de mettre à l'ordre du jour de la prochaine session de l'Association une étude comparée des différentes législations sur l'exécution des jugements rendus à l'étranger. — Adopté.

De la législation concernant les réfugiés politiques

par M. FRÉD. D'HAINAULT, *publiciste (France).*

La question que j'ai l'honneur de porter devant vous a un intérêt qui se double par son actualité. Il m'a paru qu'il serait suffisant, pour attirer votre attention et vos études, d'énumérer succinctement les motifs qui militent en faveur d'une révision des lois et coutumes qui régissent encore aujourd'hui, dans la plupart des États de l'Europe, cette matière délicate.

Aussi ne ferai-je aucune histoire rétrospective et n'entrerai-je pas dans de grands détails; ils m'entraîneraient trop loin et ne vous apprendraient, d'ailleurs, rien que vous ne sachiez déjà.

Ce qu'il était nécessaire pourtant d'établir, ce sont les grands principes généraux, qui sont faussés dans leur application toutes les fois que l'on porte atteinte à l'inviolabilité du refuge, à l'hospitalité, cette antique vertu de nos pères dont ils nous ont légué les traditions et dont la transgression a déshonoré les peuples et les monarques qui ont eu la faiblesse ou l'infamie de céder à des menaces ou à de mauvaises passions.

Ce que je viens réclamer de vos intelligents avis, c'est le moyen d'arriver à abolir l'arbitraire en vertu duquel un gouvernement s'arroge le droit d'expulser de son territoire, sans jugement, sans aucune formalité, tantôt sur la réclamation d'un autre gouvernement, tantôt pour son bon plaisir, un étranger qui est venu y chercher asile.

Il répugne à l'équité, à la bonne foi, à l'honneur, à ce qui s'appelle, selon moi, le droit des gens, qu'un gouvernement puisse ainsi arbitrairement attenter à la liberté — car le choix d'une résidence est une liberté aussi sacrée que toutes les autres — d'un homme à qui la justice du pays n'a rien à reprocher.

Toutes les nations doivent être solidairement protectrices du droit qu'a l'homme de vivre en respirant l'air qui n'appartient qu'à Dieu et dont nul ne peut s'arroger la propriété. Pour ce qui est du territoire, Dieu ne l'accorde aux peuples qu'à la condition de le rendre hospitalier et libre pour tous, sans distinction. Il faut donc que les lois générales ou particulières que les sociétés se donnent ne portent aucune atteinte au droit naturel, sur lequel est fondé le droit des gens. N'est-ce pas dire aussi que le droit des nationalités comporte l'obligation de protéger le faible contre le fort, le persécuté contre le persécuteur, l'individu contre les masses, l'homme isolé contre une nation, ou plutôt contre le gouvernement qui a la prétention de la représenter?

A une époque où, sous le régime du libre-échange qui tend chaque jour à se généraliser, la marchandise est mise à l'abri des vexations qui pesaient naguère sur le commerce et l'industrie; quand les animaux eux-mêmes sont protégés contre les mauvais traitements par des sociétés dont les efforts produisent les plus heureux résultats, il importe que tout homme soit mis à l'abri des tracasseries suscitées par les gouvernements.

Loin de moi la pensée de faire aucune application, surtout dans ce pays qui peut, comme l'Angleterre, être placé à la tête de ceux qui pratiquent le plus généreusement]l'hospitalité. C'est, au contraire, pour le remercier que je réclame, de vos études, messieurs, le moyen de le mettre à l'abri des vexations qu'il a eu et peut encore avoir à subir de la part des gouvernements qui abusent du droit du plus fort pour réclamer ou exiger des extraditions ou des]expulsions, bien que les individus, objets de la réclamation, n'aient contrevenu en aucune façon aux lois du pays.

C'est encore contre]leurs propres entraînements qu'il est bon de protéger les peuples. Les pressions intérieures sont parfois plus dangereuses que celles qui viennent de l'extérieur. De même qu'il y a lieu de pouvoir recourir à une protection efficace et forte contre un voisin dangereux, de même, aussi, tout individu isolé doit trouver à qui s'adresser pour résister à un gouvernement abusant de la force publique qu'il a entre les mains pour l'expulser du territoire, lui refuser le droit au travail, au domicile, à l'existence enfin, parce qu'il sera né ailleurs.

C'est alors qu'il est bon que tous les peuples soient solidaires, et que leurs représentants s'unissent en un seul faisceau pour résister aux caprices de l'absolutisme.

Inutile de dire qu'il existe des traités internationaux régissant la matière pour les actes qualifiés crimes par les codes de divers pays. Il ne s'agit donc, ici, que d'élaborer la question au point de vue politique et moral. La sûreté publique ne pouvant être menacée par quelques individus qui n'ont commis ni crime ni délit dans les États où ils sont venus chercher asile, le droit des gens se trouve lésé, aussitôt qu'un gouvernement fait usage de la force pour expulser un homme que la justice ne peut atteindre.

Rappelons-nous ce qui s'est passé dans des jours qui ne sont point encore éloignés, où nous avons vu une grande nation résister avec calme à des demandes presque menaçantes, en soumettant à sa propre justice les faits pour lesquels on lui réclamait une extradition. Sans m'inquiéter ici de la culpabilité reconnue ou non de celui qui était en cause, je me bornerai à dire qu'il a suffi qu'un jury ait déclaré que les lois du pays même n'avaient point été violées, pour que la personne de l'accusé soit restée inviolable. Sous aucun prétexte, selon moi, un gouvernement ne doit repousser un homme de son territoire, parce que cet homme devient utile à la société dès qu'il ne lui est pas nuisible. Sa présence, son travail, sa pensée, concourent au bien-être commun. A ce titre, il a droit de vivre partout, quels que soient ses persécuteurs.

Cette thèse, si éloquemment défendue dans son dernier ouvrage par l'illustre poète dont la présence à Bruxelles, il y a quelques jours, me fait doublement regretter l'absence de cette réunion, vous la soutiendrez aussi, parce qu'elle est juste, généreuse, humanitaire, civilisatrice, sociale, en un mot, et qu'elle rentre dans la catégorie de celles que vous vous êtes donné pour mission d'étudier.

Supposons, pour un instant, ce qui s'est déjà malheureusement présenté, que la nation dont je parlais tout à l'heure, au lieu d'être grande et puissante, n'ait pas possédé les éléments nécessaires pour résister à la pression exercée sur son gouvernement; que devenaient alors les garanties?

C'est à combler cette lacune que je vous appelle, en vous proposant un des moyens que je considère comme des meilleurs pour y arriver.

Il consiste dans l'institution, chez tous les peuples, d'un tribunal international, composé de juges choisis, chaque année, dans la magistrature du pays et dans les représentants de toutes les nations accrédités auprès de son gouvernement.

Ce tribunal serait appelé à statuer, à la requête des deux parties, toutes les fois qu'un étranger serait menacé d'extradition ou d'expulsion.

Des lois de circonstance pouvant, à chaque instant, être acceptées par un peuple ou imposées par un souverain, l'intervention d'un tribunal international appelé à se prononcer sur la justesse de la réclamation, sur l'existence, comme sur la moralité du fait qui sert de prétexte, abriterait l'individu isolé contre les rigueurs ou les faiblesses des gouvernements, en même temps qu'il sauvegarderait la liberté et la sûreté des petites puissances, naturellement protégées par les grandes, dans tous les cas de cette nature.

DÉBAT

M. ÉM. DE GIRARDIN. Nous ne devons pas, messieurs, nous abuser sur le pouvoir des associations internationales. Il ne faut donc pas espérer que nous arriverons à changer la législation, quant aux exilés et aux réfugiés politiques.

Simplifions la question et demandons, en un mot, le triomphe universel de la liberté. Si la liberté existait partout, il n'y aurait pas à s'occuper de réformer le droit des gens en ce qui concerne les réfugiés et les exilés politiques.

Il faut, dans une association comme la nôtre, introduire le moins de principes possible. Eh bien, la plupart des idées que j'ai entendu émettre à ce Congrès peuvent se réduire à ce principe unique : triomphe en Europe, si ce n'est dans le monde, de la liberté.

Il y a une foule de questions que nous posons et qui se résolvent tout naturellement par la liberté. Demandons-la partout et toujours, et la plupart des questions que nous agitons se résoudront d'elles-mêmes. Donc, je demande la liberté.

M. MORIN (France). Je m'associe de tout cœur aux généreux sentiments de l'auteur de la proposition; mais je regrette de ne pouvoir adopter ses conclusions. Le moyen qu'il indique est défectueux et, pour le prouver, je citerai un fait qui concerne la Belgique. En 1816, une loi de réaction exila de France tous les hommes qui faisaient la gloire de ce pays, et notamment Merlin et Carnot. Le gouvernement de la Restauration exigea du roi des Pays-Bas, l'expulsion de Carnot. Le roi n'osa pas résister à cette demande qui ressemblait trop à une injonction. Si la proposition qui nous est soumise avait existé à l'état de principe international, que serait-il arrivé? Il se serait constitué un Congrès, lequel eût été composé précisément des représentants des puissances alliées, et ceux-ci eussent certainement félicité le roi des Pays-Bas d'avoir purgé le pays d'un homme aussi dangereux que Carnot. Pour éviter de telles conséquences, il faudrait un Congrès composé, non par les représentants des dynasties, mais des peuples, et cela nous mènerait évidemment trop loin.

Je conclurai donc, comme M. de Girardin, et je dirai : tâchons de faire prédominer partout la justice et la liberté, et souhaitons que la politique généreuse qui inspire les gouvernements de la Belgique et de l'Angleterre prévale dans le monde entier.

M. D'HAINAULT. Je reconnais que si la question devait être soumise à l'arbitrage seulement des puissances étrangères qui, trop souvent, forment une sainte alliance pour soutenir les actes du despotisme, autant vaudrait ne rien faire du tout. Mais je demande une garantie qui me semble de nature à former un contrepoids sérieux à cette coalition, c'est celle de la magistrature du pays qui a servi de refuge. D'un autre côté, il serait bien étonnant qu'il y eût toujours accord parfait entre tous les diplomates pour déférer à la demande du gouvernement qui voudrait obtenir l'extradition. A côté des cinq ou six puissances entre lesquelles règnerait une telle harmonie, il s'en trouverait quinze, vingt peut-être qui conserveraient leur liberté d'action, car j'appellerais, dans ce tribunal, les représentants de toutes les puissances du monde; et il n'est pas à supposer qu'il y eût jamais unanimité entre eux pour accorder l'extradition d'un homme qui n'a commis aucun crime contre les lois du pays.

M. LE PRÉSIDENT (Tielemans). J'avais demandé, après la communication de M. d'Hainault, si sa proposition était appuyée, parce que, en effet, je craignais bien qu'elle ne le fût pas. Elle n'est pas pratique. Je crois que mettre les réfugiés et les exilés devant un tribunal de diplomates, c'est la plus malheureuse idée qui se puisse concevoir. Ne mettez jamais la liberté en face de l'autorité intéressée, (Très bien !) parce qu'alors, la liberté n'existe plus. (Applaudissements.) Quelque confiance que j'aie, par exemple, dans la magistrature belge, je craindrais fort pour l'exilé si, à côté d'elle, vous aviez la pression de la diplomatie. Encore une fois, la proposition n'est pas pratique, et je demande, pour éviter un vote, que son auteur la retire. L'idée est bonne, mais le moyen de la réaliser laisse à désirer.

M. D'HAINAULT. Il faut donc, d'après M. le président, s'en rapporter uniquement à l'arbitraire du gouvernement intéressé lui-même ?

M. LE PRÉSIDENT. Non, il faut s'en rapporter au gouvernement sur le territoire duquel se trouve l'exilé. Seulement, c'est dans la magistrature qu'il faut chercher la protection. Ainsi, votre idée de ne permettre l'expulsion qu'en vertu d'un jugement me paraît bonne; mais, encore une fois, il ne faut jamais mettre la liberté en présence d'une autorité autre que la magistrature.

M. D'HAINAULT. Je modifierai ma proposition en me bornant à demander que toutes les questions de ce genre soient déférées aux tribunaux, et que l'extradition ne puisse avoir lieu qu'en vertu d'un jugement.

De la vénalité des offices.

M. Morin (France), usant du droit d'initiative que le règlement donne à tous les membres, propose de mettre à l'ordre du jour de la seconde session la question de la vénalité des offices. Il croit qu'il serait digne du Congrès d'étudier plus particulièrement les sujets pour lesquels la presse repousse le concours des penseurs. La plupart des journaux de jurisprudence sont dirigés par des officiers ministériels, naturellement peu disposés à accueillir des communications en contradiction avec leurs plus chers intérêts. Au contraire, l'Association offre un terrain complétement libre, où il serait intéressant de débattre une pareille question.

DÉBAT.

M. Em. de Girardin. Je viens combattre cette proposition comme j'ai combattu la précédente ; quand vous proclamez partout la liberté, il ne peut plus être question de la vénalité des offices. Quand vous aurez la liberté des professions, vous aurez la liberté des offices. Ayons donc confiance dans le principe de la liberté ; et si nous pouvions faire une association qui se résumât dans ce seul mot, qui demandât la liberté en tout, pour tous et partout, toutes ces questions s'évanouiraient.

A ce propos, je demanderai que l'*Association internationale pour le progrès des sciences sociales* s'applique à chercher ce qu'il y a à faire d'efficace pour que toutes les questions qui peuvent se résoudre par la liberté se posent devant elle, et que toutes les autres questions en soient écartées. Sans cela, nous discuterons une foule de questions secondaires, des questions qui appartiennent à tous les parlements officiels, tandis qu'il n'y a qu'une seule question féconde que nous puissions poser avec quelque chance d'en hâter la solution, c'est la liberté.

M. Garnier-Pagès (France). Tout en partageant les idées de M. de Girardin, je crois, cependant, la proposition de M. Morin très bonne et très acceptable. Il ne suffit pas d'aspirer au règne de la liberté ; il y a des transitions inévitables pour y arriver. Cela est tellement vrai, que si les peuples entraient à l'instant même dans la possession de tous leurs droits, encore faudrait-il un temps moral pour résoudre une foule de questions secondaires.

Eh bien, en attendant que ce mouvement général des peuples vers la liberté se produise et réussisse, faut-il se contenter de paroles et ne pas se donner la peine d'entrer dans la pratique ? Je crois, moi, que c'est surtout ce but que le Congrès doit poursuivre. Il dit aux gouvernements de tous les pays : Non seulement nous voulons la liberté, mais encore, voilà les institutions qui doivent concourir à l'établir.

Ainsi, le drapeau arboré par M. de Girardin est le nôtre depuis longtemps ; nous le plantons au sommet de notre édifice ; mais, en même temps, nous devons construire à l'intérieur de l'édifice. Et quand une question aussi importante que celle-ci se présente, il faut la mettre à l'ordre du jour et l'y maintenir jusqu'à ce qu'elle soit résolue.

C'est ainsi que la lumière se fait. Je ne suis pas de ceux qui disent que parce qu'il y a des ténèbres dans certains pays, il n'y a de lumière nulle part. Non, messieurs, la lumière est partout ; je la vois en ce moment briller en Europe comme jamais elle n'a resplendi.

J'ai assisté au Congrès de Weimar ; on y a traité une question identique, celle de la liberté de la profession d'avocat, de médecin, de pharmacien, etc.

-- Voyez ce qui se passe encore, à l'heure qu'il est, en France. Vous croyez sans doute, vous Anglais, Belges, Hollandais, Allemands, que vendre de la marchandise en gros est une chose permise à tout le monde. Quoi de plus simple, en effet ? Eh bien, en France, c'est un privilége. En France, ne vend pas de la marchandise qui veut. Il n'est pas permis d'acheter d'un négociant une certaine quantité de marchandise pour compte d'un autre, si l'on n'a pas un office qu'on a payé 100 à 150,000 francs. Et ce qu'il y a de mieux, c'est que la loi punit non seulement celui qui a l'audace de vendre de la marchandise qu'il a acceptée d'un autre, mais encore celui qui a vendu et celui qui a acheté. Convenez, messieurs, que cela est monstrueux. On fait des traités de commerce, pourquoi ? Pour donner une certaine liberté à l'étranger avec lequel on traite ; et l'on n'a pas même, dans son propre pays, la liberté de vendre sa marchandise. Encore une fois, cela est monstrueux.

Eh bien, quand j'entends une voix amie nous dire qu'il faut étudier cette question très grave, très pratique de la vénalité des offices, je ne puis que m'associer à elle pour demander que cette question soit mise à l'étude et reçoive une prompte solution.

M. MORIN (France). Il est naturel, messieurs, que quand on croit à l'impuissance de la parole et de la presse, on considère comme de vains discours tout ce qui peut être dit, même de plus utile, sur des questions pratiques dont la solution aurait immédiatement des résultats appréciables et éminemment avantageux. Il est évident que la discussion du sujet que j'ai indiqué ouvrirait les yeux à bien des personnes : il en est beaucoup en Belgique, par exemple, qui ne soupçonnent même pas la possibilité de ce qui existe en France ; d'autres, qui connaissent cet état de choses, disent : cela est déplorable, mais enfin, il y a droit acquis, et il n'est point permis de déposséder qui que ce soit sans dédommagement. Or, messieurs, si, par la discussion, nous parvenions à prouver qu'il est possible d'arriver à la liberté de l'exercice de toutes les professions sans attenter aux droits de personne, je crois que nous rendrions un véritable service à la société.

M. LE PRÉSIDENT. Nous discutons pour savoir si l'on discutera. Je propose de formuler la question en ces termes : « Quels sont les meilleurs moyens pratiques d'arriver à la suppression de la vénalité des offices ? »

M. EMILE DE GIRARDIN. MM. Garnier-Pagès et Morin veulent la même chose que moi : ils veulent la liberté pour tous. Maintenant, la question est de savoir si le chemin qu'ils indiquent et le procédé qu'ils emploient sont les meilleurs. Eh bien, je crois qu'ils sont les moins bons et même qu'ils sont dangereux ; voici pourquoi : c'est que si vous posez la question en détail ; si vous demandez s'il convient d'abolir la vénalité des offices et de faire, par exemple, que tout le monde puisse être notaire, avoué, huissier, agent de change, etc., vous aurez, prenez-y garde, vous aurez contre vous tous les notaires, tous les avoués, tous les huissiers, tous les agents de change. Non seulement vous ferez d'eux tous autant d'adversaires, mais vous compliquerez tellement la question, que beaucoup d'amis sincères de la liberté se surprendront à douter qu'elle puisse être proclamée dans sa plénitude.

Ainsi, on parle d'une question qui a été agitée au Congrès de Weimar, de la question de savoir si, comme en Amérique, tout le monde pourrait être médecin ; eh bien, tous les médecins que je connais se lèveraient en masse pour protester contre une telle idée et pour la combattre énergiquement au nom de l'humanité.

Il faut que tout le monde ploie devant le grand principe de la liberté ; il faut que toute question de profession, d'intérêt matériel, disparaisse devant ce principe ; et, si vous ne prenez pas la grande voie, vous n'y arriverez jamais. La preuve, c'est que, dans tous les temps, au lendemain d'une révolution où il semblait qu'on avait proclamé la liberté, on a vu ce grand principe s'évanouir et succomber devant les intérêts individuels.

Je combats donc, de la manière la plus énergique, la proposition de M. Morin. C'est précisément parce que je veux la liberté que je demande qu'on ne pose pas de semblables questions. Nous en avons déjà écarté une, je demande qu'on écarte également celle-ci.

M. Garnier-Pagès. Financièrement, je suis convaincu qu'il y a moyen d'établir la liberté en accordant des indemnités aux possesseurs d'offices. Je crois sincèrement qu'il y a possibilité d'arriver à ce résultat sans faire tort à personne, bien au contraire. Prenons pour exemple les courtiers de commerce. L'État pourrait leur avancer ce que leur charge leur a coûté et se faire rembourser au moyen d'une contribution spéciale à laquelle cette profession serait soumise, jusqu'au remboursement de ses avances. Le moyen pratique de résoudre la question existe donc. La propriété des offices est une chose sacrée, puisqu'elle existe en vertu de la loi. Je ne veux pas faire de tort aux possesseurs d'office ; mais je leur dis : il y a lieu de vous exproprier pour cause d'utilité publique ; eh bien, je vous exproprie moyennant indemnité. Il n'est pas d'homme qui, possesseur d'une charge d'agent de change, par exemple, qui lui a coûté peut-être deux millions, ne tremble d'en être spolié dans un mouvement révolutionnaire. Si donc, moi État, je lui dis : « Vous nuisez à l'intérêt général par le monopole que vous exercez ; je vais vous rembourser vos deux millions, » de quoi aura-t-il à se plaindre ? Et alors, qu'arriverait-il ? C'est qu'au lieu de n'avoir que cinquante agents de change, vous en aurez cinq cents peut-être, et que le commerce recueillerait nécessairement les fruits de cette situation nouvelle.

Certes, j'aspire tout autant que M. de Girardin à voir régner partout la liberté ; mais il se trompe s'il croit que le lendemain des grands mouvements populaires il ne se fait rien. Il y a des moments où quelques hommes assument sur eux la grande responsabilité d'une dictature provisoire. Pendant ces quelques jours de pouvoir absolu, ils ne peuvent évidemment faire que ce qui est le plus indispensable pour la sécurité, pour l'intérêt, pour l'ordre public, c'est aux grandes assemblées du peuple à compléter leur œuvre. S'il n'est pas donné à ces assemblées d'accomplir leur tâche, ce n'est pas une raison pour accuser la révolution elle-même et le principe qu'elle tendait à faire triompher.

Nous ne sommes pas venus ici pour inquiéter, mais pour chercher pacifiquement en commun la solution de quelques problèmes sociaux. C'est aussi dans cette disposition d'esprit que nous étions au congrès de Weimar ; et, je le dis à l'honneur de tous les médecins et de tous les avocats allemands et autres qui y assistaient, ce sont eux qui, avec un noble désintéressement, ont plaidé le plus chaleureusement la cause de la liberté des professions.

Vous le voyez, le dévouement existe encore, on rencontre encore des hommes qui comprennent et qui acceptent la loi du sacrifice. Ne craignons donc pas de saper dans leurs fondements les idées les plus invétérées et d'ouvrir largement les voies du progrès. Ce n'est pas l'histoire du passé, mais l'histoire de l'avenir que nous faisons en ce moment.

Des moyens de réduire la détention préventive en matière criminelle.

M. Dognée-Devillers se proposait de discuter cette question; mais le temps lui paraît trop court pour approfondir un sujet de cette importance. Tout en faisant des vœux pour que l'on parvienne à faire, législativement, partout, ce qu'on fait déjà un peu, administrativement, en Belgique, il demande que cette question soit réservée pour la prochaine session du Congrès.

M. le président propose, pour le prochain Congrès, une étude comparée des législations sur la détention préventive, dans le but d'arriver à une amélioration. — Adopté.

Étude comparée des divers systèmes d'organisation judiciaire actuellement en vigueur dans les divers États d'Europe.

M. Hérold (France) propose l'étude comparée des divers systèmes d'organisation judiciaire. Il le fait surtout pour appeler l'attention du Congrès sur cette question, afin d'en provoquer l'examen approfondi dans la prochaine session.

DÉBAT.

M. Jolles (Hollande). En Hollande, on a voté une nouvelle loi sur l'organisation judiciaire. J'ai été heureux de pouvoir en offrir une traduction française au Congrès : cela me dispense d'entrer dans les détails. Je me bornerai à rappeler quelques principes.

La loi a diminué le nombre des Cours d'Appel ; elle les a réduites à *cinq*. Jusqu'à présent, chacune de nos provinces en possédait une.

Ces cinq cours connaissent de l'appel des jugements en matière pénale, rendus en première instance par les tribunaux d'arrondissement de leur ressort.

En matière civile, les cours siégeront au nombre de cinq conseillers : dans les affaires pénales au nombre de six.

Les tribunaux, qui jugent en matière civile, au nombre de trois, en matière pénale au nombre de quatre juges, connaissent en premier ressort, de tous les faits punissables dont la connaissance n'est pas attribuée aux juges de canton ou à la Haute Cour, et ainsi, en général, de tous les crimes et délits ordinaires, *sauf l'appel*. Le principe d'appel en toute matière criminelle, qui n'existait pas pour les crimes, à été introduit dans la nouvelle loi.

Un membre. Qui est-ce qui statue en premier ressort en matière criminelle ?

M. JOLLES. Autrefois, c'étaient les cours d'appel; mais d'après la loi récemment votée ce seront les tribunaux ordinaires, les tribunaux du ressort.

L'assemblée réserve la discussion de cette question pour une prochaine session de l'Association.

De diverses lois hollandaises présentant un intérêt général

par M. JOLLES, conseiller à la haute cour des Pays-Bas.

Pour atteindre le but de notre association, il est indispensable, comme on l'a déjà dit, de connaître la législation des divers pays, et surtout les progrès accomplis par la promulgation de nouvelles lois sur des matières graves. Déjà, j'ai eu l'honneur d'appeler l'attention du Congrès sur la nouvelle loi néerlandaise sur l'organisation judiciaire. Permettez-moi de vous parler encore de deux autres lois et projets de loi dont je viens d'offrir des exemplaires au Congrès.

Il s'agit, d'abord, d'une loi qui règle l'organisation et la compétence du *conseil d'État* (21 décembre 1861).

Ce conseil est composé, sous la présidence de S. M. le Roi, d'un vice-président et de 14 membres. Il est divisé en divers comités chargés, chacun en ce qui le concerne, de soumettre des projets de loi à la décision royale. Un des comités s'occupe de l'examen des *affaires contentieuses* dont la solution appartient au pouvoir exécutif.

Puis, de la loi du 19 août 1861, *sur le service militaire.*

Le nombre des miliciens ne peut dépasser cinquante-cinq mille. La milice est composée, autant que possible, de volontaires. Elle est complétée par le service forcé. Cette obligation est imposée à tous les habitants qui sont entrés dans leur 20ᵉ année. Le sort les désigne annuellement, au nombre fixé par le roi, qui, cependant, ne peut dépasser le chiffre de dix mille. Le remplacement est permis. La durée du service est de cinq ans. L'étranger appartenant à un État où les Hollandais ne sont pas assujettis au service, n'y est pas astreint en Hollande.

Les *projets de loi* dont j'ai l'honneur de vous faire hommage sont : les projets de loi sur l'*instruction criminelle*, sur l'*instruction secondaire* et sur *la police médicale.*

Le projet de loi sur l'instruction criminelle est conforme à la loi sur l'organisation judiciaire : il diffère, en plusieurs points, du Code actuel; il ne distingue plus, de la manière jusqu'à présent suivie, entre crimes, délits et contraventions; il n'exige plus un acte d'accusation; il a modifié la preuve des délits et changé la manière de procéder contre les absents en matière criminelle, en prescrivant, en général, au lieu d'une déclaration comme *contumace,* sans examen ni jugement à l'audience publique, une condamnation, s'il y a lieu, par *défaut.*

La faculté d'appel ou de faire opposition contre des décisions interlocutoires ou d'instruction a été augmentée, surtout en faveur du prévenu; les droits de la défense ont été étendus.

Le projet de loi sur l'instruction secondaire institue quatre sortes d'écoles.

Écoles ordinaires secondaires (burgerscholen),

Écoles secondaires supérieures,

Écoles agricoles,

Écoles polytechniques.

Cette loi a voulu comprendre cette partie de l'instruction qu'exige l'éducation des citoyens qui, trop avancés pour l'instruction primaire, ont besoin de connaissances générales, de civilisation et de préparation pour les différents métiers de l'industrie. Aux écoles supérieures on enseignera :

1° Les mathématiques, les principes de la technologie, la physique, la chimie, la minéralogie, la géologie, la botanique, la zoographie, la cosmographie, la connaissance des institutions des communes, des provinces et de l'État ;

2° Les éléments de l'économie politique, la géographie, l'histoire, la littérature et grammaire hollandaise, française, anglaise et allemande, les principes des sciences commerciales, la calligraphie, le dessin et la gymnastique. Chaque commune dont la population excède dix mille âmes doit avoir une école ordinaire. Les écoles sont communales ou de l'État.

Les projets de loi sur la police médicale comprennent : 1° la surveillance de l'État ; 2° les conditions pour être admis comme médecin, apothicaire et sage-femme; 3° la réglementation de l'exercice de la médecine; 4° celle de l'exercice de la pharmacie.

Voilà, messieurs, un court exposé de quelques lois et projets de lois acceptés ou proposés dans ma patrie. Je me suis borné à citer des lois qui ont rapport à des branches de législation qui pourraient avoir un intérêt général. Pour les pays qui ont des colonies, je citerai encore la *loi sur l'émancipation des esclaves,* qui vient d'être adoptée, il y a quelques mois, et à laquelle applaudiront certainement tous les amis de l'humanité.

Je finis, messieurs, par une observation : pour atteindre un degré de perfection dans la législation, nous avons besoin les uns des autres : nous devons étudier et connaître les lois des autres nations ; nous devons aimer à apprendre d'autrui ; si nous trouvons ailleurs de bons principes, pourquoi refuserions-nous de les suivre?

Bienheureux le pays qui peut se réjouir de ses succès en matière de législation! Et, messieurs, ne serez-vous pas de mon avis, quand je déclare ici, qu'en plusieurs matières de législation, la Belgique a donné un excellent exemple? (Très bien!)

Communications diverses.

S'autorisant de paroles empruntées aux œuvres de MM. Proudhon, de Morny et Victor Hugo, M. le docteur Fleury constate que la société moderne est tourmentée par un profond travail de décomposition. Sur presque tous les points du globe, il n'y a pas un principe qui ne soit démenti, pas un système qui ne se contredise.

Mais la civilisation sortira triomphante de ce combat. Elle n'entre pas dans une époque de décadence ou de mort, mais dans une époque de transition et de rénovation sociale.

Toute rénovation, qu'elle soit religieuse, politique ou sociale, philosophique, scientifique, littéraire ou artistique, repose sur un principe, une formule, un symbole. Il s'agit de déterminer le symbole social de l'avenir.

Le passé nous en a légué un que nos pères ont cimenté de leur sang. Liberté, égalité, fraternité, tels sont les trois mots que, depuis un siècle, répètent les plus fervents apôtres de l'humanité. Et cependant, la liberté est proscrite, l'inégalité divise les hommes, et la fraternité se traduit par des égorgements humains.

Ce triste résultat est la conséquence d'un symbole social erroné qu'il importe de ramener à ses véritables termes.

M. Fleury conserve le premier terme du symbole social, la liberté, le premier et le plus indéniable des droits de l'homme. Pour en assurer l'exercice, il réclame la propagation la plus étendue de l'instruction.

Mais il ne saurait admettre l'égalité sociale absolue, pas plus que l'égalité naturelle et individuelle. « Au point de vue politique et économique, dit-il, ce sont les écoles communiste et saint-simonienne qui ont établi les véritables principes sociaux en disant :

A chacun suivant sa capacité. A chaque capacité, suivant ses œuvres.

« Là est la vérité; là est la JUSTICE. »

L'inégalité naturelle entraîne fatalement l'inégalité politique et économique. Pour être *juste*, l'inégalité politique n'exige que le concours de la liberté. Mais en consacrant cette inégalité, la *justice* place à ses côtés L'ÉGALITÉ CIVILE et veut que celle-ci soit complète, ABSOLUE.

« Le principe de *l'égalité devant la loi* est la plus importante, la plus fondamentale des conquêtes de 89. A lui seul, il suffirait pour immortaliser un siècle, pour sanctifier une révolution.

« Mais la *justice* ne se contente point de l'égalité devant la loi ; elle exige encore *l'égalité devant l'opinion publique, l'égalité dans les mœurs.* »

L'auteur, après avoir cité l'opinion conforme de Napoléon III, rappelle que c'est pour avoir voulu réaliser le rêve impossible de l'égalité sociale absolue que les révolutionnaires ont abouti à la ruine publique et aux plus regrettables réactions.

« L'égalité sociale absolue doit donc céder la]place à l'inégalité politique et économique ayant pour contrepoids l'égalité civile, c'est à dire l'égalité devant la loi et devant l'opinion publique. L'égalité sociale absolue doit céder la place à la JUSTICE.

« La *fraternité*, mot emprunté au christianisme, n'est autre chose que la charité ; et quand elle n'est point une arme entre les mains des partis, elle sert d'égide aux oligarchies, aux aristocraties.

« Il ne saurait en être autrement. La fraternité, la charité sont des *vertus ;* or, l'état social ne prend pas son point d'appui sur la *vertu*, mais sur les *lois naturelles.*

« La loi naturelle à laquelle obéissent les individus et les sociétés est celle de l'amour de la conservation et du bien-être. L'individu assure son existence et son bien-être par *l'égoïté.*

« La société ne peut assurer son existence et son bien-être que par la *solidarité.* »

La charité publique doit disparaître, parce que, dans une société bien constituée, le paupérisme ne doit pas exister. « A celui qui a le pouvoir et la volonté de gagner sa vie en travaillant, la société doit le travail ; à celui qui n'a point le pouvoir de travailler, la société doit l'assistance. Celui qui a le pouvoir, mais non la volonté de travailler, doit être puni ou exclu. »

En résumé :

« Pour constituer l'état social de l'avenir, il faut substituer au symbole social révolutionnaire : Liberté, égalité, fraternité, le symbole social scientifique :

Liberté — justice — solidarité.

M. Victor Calland (France) donne communication d'un travail ayant pour objet la détermination des bases de la philosophie sociale. « Le devoir de l'intelligence humaine, dit-il, n'est pas de faire des lois, ni d'inventer un ordre arbitraire, mais de découvrir l'ordre véritable, d'en accepter les règles infaillibles et de les promulguer, en en faisant une continuelle application aux besoins généraux de l'humanité... La science sociale est tout entière contenue dans les règles fondamentales de l'*Association*, qui, bien comprise et sagement appliquée, peut répondre à tous les désirs, à tous les besoins, à toutes les aspirations de l'humanité ; puisque, pour être vraie et féconde, elle doit réaliser nécessairement l'accord harmonique de toutes les facultés humaines. » M. Calland poursuit d'ailleurs la création, en France, d'un *Institut libre des hautes sciences sociales*, dont il préparait les bases au moment même de la fondation de l'*Association internationale*.

BIBLIOGRAPHIE

———

OUVRAGES REÇUS DEPUIS LA CLOTURE DU CONGRÈS

———

G<small>UILLAUMIN</small>, Paris. — *Journal des Économistes*. Livraison d'octobre 1862.

J<small>OUBERT</small> (L.), Paris. — *Revue contemporaine*. Livraison du 30 septembre 1862.

T<small>REKKER</small> (P.-J.), Anvers. — *Un mot sur la Charité et le Paupérisme*. 1862. Brochure, 15 pp.

JOURNAUX.

L'Économiste français, paraissant deux fois par mois. (Envoi à dater du 10 octobre 1862.)

L'Italie nouvelle, journal hebdomadaire. (Envoi à dater du 5 octobre 1862.)

De Nederlandsche Industriëel, journal hebdomadaire. (Envoi à dater du 5 octobre 1862.)

De Volksvriend, journal mensuel. (Envoi à dater du 1er janvier 1862.)

DEUXIÈME SECTION. — ÉDUCATION ET INSTRUCTION

MÉMOIRES ET DÉBATS

Cette section étudie les questions relatives à l'éducation et à l'instruction théorique et pratique de toutes les classes de la société. Les travaux se rapportent :

I. Aux objets poursuivis par l'éducation et par l'instruction.

II. Aux moyens et méthodes d'éducation et d'instruction.

> Enseignement supérieur, secondaire et primaire. — Enseignement classique. — Ecoles professionnelles. — Enseignement public et privé. — Ecoles d'adultes. Ecoles du soir. — Ecoles agricoles. — Ecoles de dessin. — Académies. — Ecoles d'exercices corporels, etc.

III. Aux effets de l'éducation.

> Elévation du niveau social. — Efficacité plus grande des lois. — Augmentation de la puissance productrice. — Economie dans les puissances publiques. — statistique.

Le Comité fondateur de l'Association avait proposé à l'examen de la deuxième section les questions suivantes :

1° L'instruction obligatoire est-elle compatible avec la liberté d'enseignement? Dans l'affirmative, quels sont les moyens d'application?

2° Quelles sont les méthodes propres à captiver l'attention des élèves et à faciliter leur progrès?

3° Quelle part d'intervention peut-on réserver à la femme dans l'enseignement scolaire et quels avantages peut-on retirer de cette intervention?

4° Quels sont les meilleurs moyens de conserver aux enfants sortis des écoles primaires, les bienfaits de l'instruction?

5° Quels sont les développements et les améliorations à apporter à l'enseignement des langues vivantes?

Les travaux de la seconde section s'ouvrent le lundi 22 septembre, à une heure et quart, sous la présidence de M. De Decker.

Les pouvoirs du bureau provisoire sont rendus définitifs par acclamation.

M. LE PRÉSIDENT. Je vous remercie, messieurs, au nom du bureau, de la confiance que vous voulez bien nous témoigner en ratifiant la nomination provisoire faite par le comité fondateur, en lui imprimant un caractère définitif.

En acceptant les fonctions qui nous sont confiées, nous aurons à cœur de remplir tous les devoirs qu'elles nous imposent. L'accomplissement de ces devoirs sera rendu facile par le concours éclairé que nous attendons de tant d'hommes éminents accourus dans cette enceinte, et animés d'une même pensée de dévouement aux intérêts les plus élevés de la société.

Au premier rang des problèmes sociaux dont l'étude est le but de notre association, brillent, sans contredit, les questions qui se rattachent à l'éducation, à l'instruction du peuple. C'est l'instruction moralisée qui fait la véritable force des nations. Les familles comme les gouvernements se préoccupent vivement de la solution de ces questions : l'avenir est là. Chacun des orateurs qui sera appelé à prendre la parole dans cette section sera pénétré, je n'en doute pas, de l'importance de notre mission. Chacun saura conserver à nos discussions la gravité qu'elles commandent, tout en suivant librement les inspirations de sa conscience. (Très bien.)

Après l'approbation du règlement, la discussion est ouverte sur la première question inscrite au programme de la section.

L'instruction obligatoire est-elle compatible avec la liberté d'enseignement? Dans l'affirmative, quels sont les moyens d'application?

Aucun mémoire sur cette question n'avait été présenté à la Section, Mais plusieurs associés s'étaient fait inscrire pour ou contre. La discussion s'est immédiatement engagée, après que la Section eut décidé d'entendre successivement un partisan et un adversaire de l'instruction obligatoire.

DÉBAT

M. SAUVESTRE (France). Il s'agit de savoir si l'on décrètera, non pas l'instruction obligatoire, mais l'obligation de l'instruction; ce sont deux choses distinctes. L'instruction obligatoire semble indiquer que certaines doctrines seraient imposées. J'entends par l'obligation de l'instruction, l'obligation de recevoir un certain degré d'instruction. Cela s'accorde parfaitement avec la liberté d'enseignement. Il est impossible que personne dans cette enceinte veuille qu'une partie de la population soit dépourvue de moyens de relation avec l'autre partie. Ne savoir ni lire, ni écrire, c'est être isolé, c'est être en dehors de la société. J'ai beau chercher, je ne trouve pas d'autre argument en faveur de ma thèse. Maintenant, que le père soit libre de donner à son fils l'instruction qu'il voudra, je le demande. Que le devoir du père soit rempli par l'État, quand le père ne pourra pas le remplir, cela va de soi. La société, toutes les fois que la tutelle paternelle fait défaut, —cela est inscrit dans nos Codes, du moins dans le Code français et dans le Code belge, — la société se charge de la tutelle de l'enfant. L'État doit l'instruction à l'enfant qui ne peut pas la recevoir de son père.

Je ne veux pas donner d'autres développements à mon idée. La question est bien nette et bien claire. Si, cependant, l'on me faisait des objections, je trouverais des arguments pour les réfuter.

M. FÉLINE (France). La question s'est déjà présentée plus d'une fois; elle a été souvent débattue et toujours, on a opposé aux partisans de l'instruction obligatoire le droit du père de famille. C'est, en effet, une question très délicate que celle de savoir si c'est une obligation pour le père de famille d'apprendre à lire à son fils avant de lui apprendre à gagner son pain. Ne faudra-t-il pas allouer une somme d'argent au père, non seulement pour qu'il puisse faire enseigner la lecture à son fils, mais encore pour l'indemniser de la perte du salaire que lui rapporterait le travail de ce dernier? Décréter l'instruction obligatoire, c'est imposer à l'État le devoir de payer au père la journée de travail du fils. Cela est tout naturel.

Si le père abusait du travail de son fils, si, pendant qu'il le fait travailler, il perdait son temps au cabaret, je comprendrais alors la tutelle de l'État; mais lorsqu'il n'en est pas ainsi, il est juste que le père vive et qu'il compte sur ses enfants pour l'aider à faire vivre la famille. A la campagne, par exemple, il est d'une nécessité absolue qu'à 5 ou 6 ans, l'enfant mène paître la vache et qu'il aide à rentrer le foin.

Jusqu'à quelle époque, d'ailleurs, durera l'obligation qu'il s'agit d'imposer? Quel âge l'enfant devra-t-il avoir atteint pour qu'elle cesse? Que lui apprendra-t-on? Toute la question est là, et de sa solution dépend l'utilité de l'instruction obligatoire. Si vous n'apprenez à l'enfant qu'à lire et à écrire, et vous ne pouvez apprendre autre chose aux classes inférieures, vous n'arriverez qu'à des résultats négatifs, aussi longtemps que l'on se servira d'une écriture aussi irrationnelle que la nôtre. Oui, les résultats seront négatifs. Je vais vous poser une question que, sans doute, vous ne vous êtes pas faite. Qu'est-ce que *savoir lire?* Il y a des distinctions, des degrés à l'infini, de l'homme qui sait quelques lettres, au lecteur disert qui saisit les moindres nuances de la phrase.

Quand l'inspecteur visite l'école, l'instituteur fait lire l'enfant ; mais l'enfant comprend-il ce qu'il lit? Celui qui comprend ce qu'il lit est déjà parvenu à un assez haut degré d'instruction. Combien d'enfants qui lisent sans comprendre !

Un jour, je me promenais dans les rues de Marseille, en attendant le bateau qui devait me conduire en Algérie ; j'entendis deux conscrits qui causaient derrière moi. « Toi, disait l'un, ça t'ennuie de lire, parce que tu n'es pas assez fort pour comprendre ; mais si tu lisais mieux, tu verrais comme c'est amusant de lire. » Depuis vingt et un ans, je n'ai jamais oublié cette parole qui a été pour moi une véritable révélation. L'un d'eux lisait, mais pas assez bien pour comprendre ce qu'il lisait ; l'autre, au contraire, apprenait en lisant. Voilà la difficulté, messieurs ; il ne s'agit pas seulement d'apprendre à lire aux enfants ; il s'agit aussi de leur apprendre à comprendre par eux-mêmes ce qu'ils lisent, et l'école primaire ne suffit pas pour arriver à ce résultat.

Réfléchissez donc à ce qu'est notre écriture ; quel assemblage de lettres bizarre et incohérent. Songez donc qu'il y a trente-sept manières d'écrire le son *an;* que la lettre *a* peut se prononcer de dix manières différentes. Avant d'obliger les enfants à lire, il faudrait remplacer l'écriture actuelle par une écriture nouvelle, simple, facile et rationnelle. Mais la réforme de l'écriture passe pour une utopie, une absurdité. Ce n'est pourtant pas une idée d'aujourd'hui : voilà trois cents ans qu'elle a été proposée. La réforme de l'écriture a été proposée en 1532 par Sylvius ; Ramus a continué son œuvre dans sa *Grammaire française.* Cette réforme a eu l'approbation de tous les hommes illustres du XVIIᵉ siècle. C'est Corneille qui a fait supprimer l's partout où elle était inutile. Les *Précieuses* ont eu une grande influence sous ce rapport ; elles ont puissamment contribué à la simplification de l'orthographe ; elles disaient : il faut simplifier l'écriture afin qu'elle soit à la portée de tout le monde. Qu'oppose-t-on aux partisans de cette réforme? Un document signé d'un grand nombre de membres de l'Académie française parmi lesquels figure Bossuet. Ces messieurs posent en principe que l'orthographe ancienne doit être conservée, telle qu'elle est, sans simplification, afin que les hommes instruits puissent se distinguer des ignorants. Quand on est témoin de pareilles assertions, que voulez-vous qu'on dise?

Je considère l'écriture actuelle comme tout à fait impossible, comme inabordable aux basses classes, et je me résume en disant que tant que la langue française n'aura pas une écriture rationnelle, avec un signe pour chaque son, c'est à dire une écriture phonétique destinée à faciliter l'instruction primaire, il est inutile de conduire les enfants à l'école · ils ne peuvent qu'y perdre leur temps.

M. JULES SIMON (France). Je vous avoue que je n'avais nulle idée de prendre la parole aujourd'hui ; mais l'instruction obligatoire est une de ces questions capitales sur lesquelles on est toujours prêt.

Je viens à l'instant de lire le programme, et j'y vois que la question est ainsi posée : « L'instruction obligatoire est-elle compatible avec la liberté d'enseignement? » Je réponds

qu'il n'y a aucune difficulté à concilier l'instruction obligatoire avec la liberté d'enseignement. Au contraire, la liberté d'enseignement est la condition de l'instruction obligatoire.
Avant d'imposer à tout le monde le devoir d'apprendre, il faut donner à tout le monde le
droit d'enseigner.

Je ne perdrai pas mon temps et le vôtre à démontrer l'utilité et la nécessité de l'enseignement primaire. Ceux qui refusent de le rendre obligatoire ne sont pas moins dévoués que
nous à ses progrès ; mais ils sont arrêtés par deux objections : la liberté de conscience et la
liberté du père de famille.

La liberté de conscience n'est pas engagée dans la question. Il ne s'agit ni d'enseignement secondaire, ni d'enseignement supérieur, ni d'éducation. Ce que nous demandons est
à la fois très grand et très petit ; très grand par les résultats, très petit en soi-même. Nous
demandons que tous les enfants soient obligés d'apprendre à lire et à écrire. Pourquoi parler à ce propos de la religion, de la morale et de la politique ? Ne sortons pas de l'alphabet !
On dira, si l'on veut, que l'éducation est plus importante que la lecture et l'écriture, soit ;
nous ne proposons pas de la rendre obligatoire. En quoi la liberté de conscience est-elle
intéressée à ce qu'une partie de la population soit privée des connaissances les plus élémentaires ? C'est cela seulement qui est en question ; c'est à cela qu'il faut répondre. Mais il n'y
a pas de réponse.

L'objection tirée de la liberté du père de famille est très grave. Quoique partisan de toutes
les libertés, je déclare qu'il n'y a pas de liberté sans règle. La liberté peut être restreinte
dans le cas de nécessité absolue. Or, que tout le monde sache lire, c'est une nécessité
absolue pour l'humanité en général et pour chaque homme en particulier. La loi à intervenir ne restreint la liberté du père que pour protéger celle de l'enfant ; car retenir l'enfant
dans l'ignorance, c'est le condamner à une minorité éternelle, c'est lui ôter le premier
organe de la liberté. Nous avons fait, en France et en Angleterre, la loi sur le travail des
enfants dans les manufactures, pour protéger le corps de l'enfant ; et nous ne protégerions
pas son esprit ? L'ignorance est un plus grand mal que la fatigue. Il est d'une société
matérialiste de s'occuper du corps et d'oublier l'âme ! (Applaudissements.)

On nous dira que nos instituteurs sont impies, et que nos écoles sont des *écoles de pesti-
lence*. Je réponds que l'objection ne vaut rien, si l'enseignement est libre. Vous trouvez
nos écoles mauvaises ? Faites-en de bonnes. Les ressources vous manquent pour créer des
écoles ? Passez-vous-en. C'est l'instruction qui est obligatoire ; l'école ne l'est pas.

Mais le père lui-même ne saura pas lire ; l'instituteur fera défaut. Ce n'est pas une raison
pour renoncer à une loi et à un principe. Il faut faire la loi, comme législateurs, si elle est
bonne ; et dans les cas très rares où elle ne pourra être appliquée faute de ressources, il
faudra savoir pardonner, comme juge, une faute involontaire.

Nos adversaires pensent qu'il suffit de multiplier les écoles, et que l'instruction se
répandra sans qu'il soit nécessaire de recourir à la contrainte. Mais les faits témoignent
contre eux. En France, le nombre des enfants qui ne reçoivent aucune instruction est
de 879,611 ; encore ce chiffre, quoique pris sur une statistique officielle, n'est-il pas scrupuleusement exact ; car en faisant le relevé des enfants qui suivent l'école, on prend la liste
d'inscription du maître, sans tenir compte des nombreuses absences. Tel élève, qui figure
sur la liste dressée au commencement de l'année scolaire, a suivi l'école deux ou trois
mois, quelquefois moins ; les manufactures, les travaux des champs, la misère, vident
l'école au bout de quelques semaines et font, des listes d'inscription, un mensonge. Ce n'est
pas tout. Voici la classification des écoles en France, d'après les derniers rapports de
l'inspection ; pour les garçons, il y a 19,650 bonnes écoles, 16,867 qualifiées passables,

3,619 mauvaises; pour les filles, 2,853 bonnes écoles, 9,943 passables, 1,445 mauvaises. Ainsi, plus de la moitié de nos écoles sont à peine médiocres, 5,064 sont décidément mauvaises. Les enfants qui sortent de ces écoles savent tout au plus épeler; une fois rentrés chez eux, ils ne lisent plus. Il n'y a pas un livre chez nos campagnards, pas même une Bible, pas un livre de messe. Le chapelet y supplée. Au bout de deux ou trois ans, l'instruction acquise à l'école est perdue, faute d'exercice; et c'est ce qui explique le nombre affligeant des illettrés parmi nos jeunes conscrits (90,373 en 1857).

Voilà pourtant ce qui se passe dans un pays qui se flatte d'être à la tête de la civilisation par ses savants, ses littérateurs et ses philosophes. La France n'est ni au premier, ni au second, ni même au troisième rang pour l'instruction du peuple. On ne le dit pas sans confusion, et sans ressentir une amère douleur. Prenez-y garde; c'est là un fait terrible, non seulement pour la France, mais pour l'Europe; car il ne se fait pas un mouvement en Europe auquel la France soit étrangère, et il ne se passe rien en France, sans que toute l'Europe en soit remuée.

L'instruction obligatoire est depuis longtemps en vigueur en Allemagne, en Suède, en Norvége, dans tous les cantons de la Suisse, à l'exception de Schwitz, Ury, Unterwald et Genève. Genève n'en a pas besoin, parce que tout le monde y sait lire. (Applaudissements.) On se sent pénétré d'un sentiment d'admiration et de reconnaissance envers Dieu, en voyant que dans cette petite république libre, il n'y a pas de déshérité de la pensée! (Applaudissements prolongés.) Pendant que l'instruction faisait des progrès immenses autour de nous, nous n'avions pas même d'écoles. Le premier Empire donnait 4,500 francs aux frères de la doctrine chrétienne, et c'était tout. La Restauration éleva le budget de l'enseignement primaire à 100,000 francs. — En 1830, sur 37,000 communes, il n'y en avait pas dix mille qui eussent une maison d'école. Un budget de six millions et la loi de 1833 sur l'instruction primaire furent les premiers bienfaits du gouvernement nouveau. Cette belle loi suffirait pour immortaliser le ministre qui l'a faite, et cependant, au bout de trente ans, nous avons encore un million d'enfants qui ne savent pas lire.

Ce n'est donc pas assez d'obtenir des écoles; il faut faire en sorte qu'on les demande, que les pères de famille les demandent, et ils les demanderont quand l'instruction sera devenue un devoir, comme l'impôt, le jury et la milice.

Je supplie le Congrès d'examiner cette question dans un esprit de justice et de paix. Nous représentons devant vous deux causes sacrées, la cause de l'intelligence et la cause de la misère : la cause de l'intelligence, parce qu'il en est du grand atelier de la société humaine comme de tous les ateliers; si l'on veut obtenir une fabrication supérieure, il faut avoir une fabrication considérable; il faut faire travailler beaucoup d'ouvriers, afin que dans le nombre surgissent des ouvriers d'élite. Nous représentons aussi la cause de la misère. Ne confondez pas notre demande avec les exagérations et les folies qui ont fait, il y a quelques années, tant de mal à une bonne cause. L'instruction est la seule richesse en ce monde qui s'augmente en se partageant. Mettez-nous en état de nous secourir nous-mêmes. Quand nous souffrirons par notre faute, nous n'aurons plus le droit de nous plaindre. (Applaudissements prolongés.)

M. N. BIHET (Huy). D'après l'éminent orateur que nous venons d'entendre, nous devons nous attendre à voir, un jour ou l'autre, les gouvernements décréter l'enseignement obligatoire. Portons un instant nos regards sur la Belgique, et demandons-nous s'il y a lieu d'y établir l'enseignement obligatoire.

D'où vient que beaucoup d'enfants sortent de l'école primaire incapables de lire et d'écrire? Cela provient de l'insuffisance et de l'encombrement des écoles, de ce que les instituteurs ont trop à faire et sont mal payés, et de ce que les programmes d'études sont mal conçus. Tant que l'on n'aura pas remédié à tous ces inconvénients, l'instruction obligatoire sera un danger pour mon pays. Avant de décréter ce principe nouveau, il faut absolument réformer la loi sur l'enseignement primaire; il faut doubler le nombre des écoles; il faut que les instituteurs soient mis à même de remplir convenablement leurs fonctions. Avec un traitement dérisoire comme celui qu'ils reçoivent aujourd'hui, il est impossible qu'ils s'occupent de leurs élèves comme ils devraient le faire.

Quant à la liberté d'enseignement, j'admets que plus tard l'instruction obligatoire puisse se concilier avec elle.

M. Beck-Mullendorf (Verviers). En réponse à la seconde partie de notre question : « Quels sont les moyens pratiques de concilier la liberté d'enseignement avec l'instruction obligatoire ? » je me suis hasardé à formuler un projet de loi, en prenant pour base notre loi de 1842 sur l'instruction primaire.

Une chose que nous pouvons constater, c'est qu'en Belgique on a fait de nobles efforts pour développer l'instruction populaire.

Et pourtant, la population des écoles n'augmente pas. Je vais vous donner quelques chiffres.

D'après le recensement de 1856, le nombre des enfants des deux sexes qui fréquentaient les écoles communales était de 435,956. En 1860, il n'était que de 316 mille. Il y avait donc une diminution de plus de cent mille.

Ces résultats affligeants prouvent la nécessité de l'obligation en ce qui concerne l'instruction.

Si nous consultons d'autres chiffres, si au lieu d'examiner le nombre des enfants qui fréquentent les écoles, nous recherchons ceux qui ont profité de l'enseignement, nous voyons qu'il n'y a pas progrès, et nous comprenons qu'il faut, pour arrêter le mal, le couper dans sa racine.

En 1840, le nombre des miliciens dépourvus de toute instruction était de 34 p. c.; en 1860, il est encore de 32 1/2 p. c. Est-ce un progrès? En présence d'un pareil résultat, n'est-on pas en droit de dire que l'instruction obligatoire doit venir en aide à la liberté d'enseignement?

Après l'éloquent orateur que vous avez entendu, il n'est plus nécessaire d'examiner si la société a le droit d'obliger tous ses membres à s'instruire. Cette conviction est entrée dans nos esprits. Ce qu'il nous faut rechercher, ce sont les moyens pratiques propres à réaliser l'amélioration que nous avons en vue. Les difficultés sont dans l'exécution.

Je vous demande la permission de vous lire les principales dispositions du projet de loi que j'ai rédigé (*).

« Art. 1er. Les matières de l'enseignement rendues obligatoires sont :

« La lecture, l'écriture, les éléments du calcul, le système légal des poids et mesures et, suivant les besoins des localités, les éléments des langues française, flamande ou allemande.

« Les préceptes de la religion seront enseignés par les délégués des chefs des différents cultes professés dans la commune, soit dans le local même de l'école, soit dans le bâtiment affecté spécialement à chaque culte.

(*) Voir aux pièces à l'appui.

» L'enseignement de la religion aura lieu à des heures spéciales ; cet enseignement pourra être délégué par le ministre de chaque culte à l'instituteur, et il sera alors donné sous sa surveillance et sous sa responsabilité. »

Vous voyez que cet article respecte la liberté de conscience qui est garantie par la Constitution belge. L'enseignement religieux doit, à mes yeux, faire partie de l'instruction primaire, mais il ne doit pas être obligatoire.

Ici, messieurs, se place une grande difficulté, celle des dépenses. Pour que l'instruction soit réellement obligatoire, il faut imposer à la commune l'obligation de donner l'instruction à tous les enfants qui se présentent pour jouir de ce bienfait. Or, il n'y a pas de ville en Belgique, où chaque année, les écoles communales ne refusent des enfants. La ville de Verviers, qui est pourtant une des plus libérales et des plus progressives du pays, refuse tous les ans de trois à quatre cents élèves.

L'obligation imposée à tous les citoyens d'instruire leurs enfants implique donc, pour les communes, l'obligation de créer des établissements au fur et à mesure des besoins. Il est pourvu à cette nécessité par l'art. 3 de mon projet.

L'instruction ne doit pas seulement être obligatoire, elle doit être gratuite. C'est le seul moyen de remédier à un grand abus que j'ai constaté dans mes entretiens avec un grand nombre d'instituteurs. Dans les campagnes, il y a une distinction entre les élèves payants et les indigents admis par le conseil communal à fréquenter l'école sans rétribution. Il en résulte, dans les classes, une division regrettable que l'instruction gratuite ferait disparaître. Mais si l'on impose aux communes l'obligation de procurer l'instruction gratuitement, il faut leur créer des ressources. On les trouverait dans un impôt spécial qui serait appliqué aux besoins de l'instruction primaire. Cet impôt existe dans l'un des États de l'Amérique du Nord, l'État de Massachussets.

A côté de l'instruction obligatoire, il y a le travail des enfants dans les fabriques. La Belgique ne possède pas de loi sur cette matière. En ce moment, le département de l'intérieur se préoccupe de cet objet ; les chambres de commerce et les députations permanentes des provinces appelées à donner leur avis sur ce point, ont été d'accord pour demander qu'on défendît d'employer les enfants dans les fabriques avant qu'ils aient atteint l'âge de onze ans. Une seule chambre de commerce, celle de Termonde a émis un avis opposé. La chambre de commerce de Verviers, au contraire, a énergiquement soutenu la nécessité d'une limite d'âge.

Une autre difficulté, c'est qu'une fois sortis de l'école, les enfants oublient ce qu'ils ont appris. Il faut prendre des mesures pour développer l'intelligence de l'enfant ; il faut constater s'il a profité de l'enseignement, il faut tâcher qu'il conserve l'instruction reçue.

Je propose, à l'article 10, la création d'écoles de persévérance, organisées par canton, par communes ou par réunions de communes. La fréquentation de ces écoles serait obligatoire jusqu'à l'âge de quinze ans révolus.

On a fait, aux partisans de l'instruction obligatoire, une objection que, dans mon projet, je me suis appliqué à prévenir. Beaucoup de personnes craignent que, par l'instruction obligatoire, on ne veuille éloigner les enfants des écoles religieuses, et qu'on ne les force à aller aux écoles communales. Cette crainte est chimérique.

La liberté d'enseignement ne peut être violée. Pour mieux la garantir, je me suis efforcé de ne blesser aucune opinion politique ou religieuse, et j'ai représenté toutes les opinions dans le comité de surveillance de l'enseignement primaire dont la composition est indiquée à l'article 29.

Vient enfin la question des pénalités. A mon avis, il ne faut pas trop compter sur les pénalités. Il suffit de proclamer le grand principe de l'instruction obligatoire; l'obligation une fois imposée par la loi, les pénalités ne seront pas nécessaires. L'instruction obligatoire, pour produire ses effets, n'a besoin que d'être établie. Voici les seules peines que je propose; elles n'ont rien d'effrayant :

» Art. 16. Les parents ou tuteurs sont rendus responsables des absences non motivées que pourront faire les enfants depuis l'âge de six ans jusqu'à dix ans révolus.

» Les peines dont les parents sont passibles sont :

» 1° La réprimande devant le conseil de surveillance.

» 2° La réprimande publique; cette réprimande sera affichée à la porte de la maison commune et publiée au son du tambour par le garde-champêtre, ou l'un des agents de police de la commune.

» 3° La privation des secours du bureau de bienfaisance pour un temps plus ou moins long.

» 4° L'amende, qui ne pourra s'élever au dessus du salaire d'une journée de travail, et qui, en cas de non payement, sera remplacée par un jour de prison. »

Dans tout cela, il n'y a qu'une difficulté, c'est la dépense. Créer des ressources pour que les communes puissent donner l'instruction gratuite, les mettre à même, par des subsides, de construire des écoles en nombre suffisant, de payer convenablement les instituteurs, cela coûtera beaucoup d'argent. Mais quelles dépenses ne fait-on pas pour des choses bien moins importantes! Lorsque, dans cinquante ans, on expliquera à nos petits enfants le système de la neutralité armée, lorsqu'on leur dira : « En ce temps là, on ne se battait pas, mais on avait organisé une armée considérable, on cherchait à organiser une flotte militaire, on construisait d'immenses forteresses, » ils n'y comprendront rien. Ils demanderont l'explication de cette singulière expression : « la neutralité armée. » Un pays neutre, diront-ils, est un pays qui ne se mêle pas des affaires des autres. Erreur; un pays neutre doit avoir une armée, une flotte et tout ce qui s'ensuit. On considère la dépense qu'occasionnera l'instruction obligatoire comme une impossibilité; mais ce système de la neutralité armée n'est-ce pas une plus grande impossibilité? On me dira qu'il faut prendre ses précautions. Eh! mon Dieu, vous connaissez l'histoire. J'ai un ami qui part pour un voyage et qui va traverser une forêt dangereuse. Je lui prête un revolver. Il rencontre un brigand, il jette son revolver et s'enfuit. Voilà à quoi servent les précautions de la neutralité armée. (Hilarité). Espérons que, dans un avenir prochain, l'on aura renoncé à ces idées, et que cet argent inutilement dépensé sera employé au développement de l'instruction dans le peuple, et à la création d'hôpitaux pour les soldats invalides du travail. (Applaudissements.)

M. LE PRÉSIDENT. Messieurs, la section doit faire choix d'un rapporteur. On a proposé M. Jules Simon; mais ne croyez-vous pas qu'il vaudrait mieux désigner, pour remplir cette mission, un membre qui n'ait point pris parti dans la question d'une façon aussi tranchée?

M. BECK-MULLENDORF. M. Nestor Considérant ne pourrait-il pas s'en charger?

M. N. CONSIDÉRANT. Je suis tout aussi engagé que M. Jules Simon.

M. LE PRÉSIDENT. Je vois, parmi les membres de la section, un professeur à l'université libre de Bruxelles, M. Jules Tarlier, qui serait, ce me semble, parfaitement en mesure de faire ce travail.

M. J. TARLIER. Je suis déjà chargé, pour une autre assemblée, d'un rapport qui exige beaucoup de soin; je ne remplirais pas bien la mission que la section me conférait.

M. LE PRÉSIDENT. On vient de me proposer notre honorable vice-président, **M. Van Humbeek.** C'est un choix auquel, pour ma part, je me rallie de tout cœur.

M. Van Humbeeck est nommé rapporteur par acclamations.

M. DE PRESSENSÉ (France). Ce n'est pas un discours préparé que je viens prononcer devant vous; je viens seulement vous faire part des doutes et des embarras qui obsèdent encore mon esprit, même après le discours pathétique de M. Jules Simon, et quoique sa parole ait fait vibrer mon cœur. Oui, je pense comme lui que, s'il y a une question grande et sérieuse posée devant le Congrès, c'est celle qui nous occupe. Elle touche à la liberté; il n'est donc pas étonnant qu'elle soulève les sollicitudes les plus vives. Nous avons tous, évidemment, le même but en vue. Nous comprenons tous que c'est un devoir sacré pour les classes qui ont la lumière, de la communiquer, de la répandre largement, d'abord par un motif de générosité, ensuite parce qu'il est nécessaire de communiquer ce qui éclaire à ceux qui sont dans les ténèbres, et cela, par un calcul d'intérêt bien entendu. Si jamais la solidarité humaine doit se manifester, c'est assurément dans cette question. Les classes éclairées ne peuvent pas, à elles seules, posséder la lumière; ou bien, la liberté n'est plus possible pour aucune classe; nous n'avons plus qu'une loterie terrible où les destinées du droit et de la liberté s'en vont à l'aventure, au gré des passions du moment; et vous savez ce qui peut sortir de la misère et de l'ignorance! Il faut donc répandre abondamment la lumière, et avant tout, ces premiers éléments sans lesquels aucune connaissance n'est possible.

Mais ce sont les moyens qui embarrassent mon esprit. Toutes les difficultés de la question ne sont pas résolues pour moi.

Je comprends l'instruction obligatoire dans une société vraiment libre; mais dans une société où la liberté n'existe pas, où la liberté est comprimée, l'instruction obligatoire peut devenir un des plus grands périls, et l'un des instruments les plus sûrs du despotisme. (Applaudissements.)

N'isolons pas la question, et prenons nos précautions. Gardons-nous de fortifier le pouvoir central, le pouvoir de l'État, au détriment de la liberté. La question dépend du progrès que feront les idées de décentralisation. Il faut placer la liberté, non plus seulement sur le péristyle, mais à l'intérieur du temple. Il s'agit de créer, pour ainsi dire, la monade libérale; la liberté dans les parties, et non dans le centre; la liberté dans la commune avant tout. (Applaudissements.)

Faites donc comprendre, messieurs, que vous ne voulez pas l'instruction obligatoire sans la liberté la plus absolue; que tant qu'il n'y aura pas séparation complète entre le pouvoir religieux et l'État, l'instruction obligatoire ne sera pas réalisable. Et combien d'administrations passeront avant qu'on ait réalisé ce projet important de la séparation des pouvoirs! Quand le sentiment de la liberté vibrera-t-il assez fortement dans les cœurs pour qu'on atteigne ce but? Pour moi, j'ai foi entière dans le droit et dans la force fécondante de la liberté; je crois ses ressources inépuisables; et je suis persuadé que lorsque les communes seront libres, quand le pouvoir, qui est aujourd'hui concentré entre les mains du gouvernement, sera partagé entre elles, on arrivera au résultat tant applaudi par M. Jules Simon lui-même. Toutes les communes, j'en suis persuadé, suivront le bel exemple de Genève, et elles arriveront ainsi, sans le secours de l'obligation, à la suppression de l'ignorance. Quand les communes comprendront qu'elles ne dépendent pas du pouvoir central, elles comprendront qu'elles ont intérêt à développer l'instruction, parce que la liberté ne peut pas se passer de lumières. (Applaudissements.)

On a parlé de pénalités. Je ne me fie pas aux moyens de répression ; et je ne crois pas que des réprimandes publiques, même accompagnées du son du tambour (on rit), fassent grand effet sur les pères de famille. Ce n'est pas ainsi qu'on leur fera comprendre leur devoir ; ce n'est pas ainsi qu'on fera pénétrer dans leur cœur le sentiment viril du droit. C'est à cela qu'il faut viser ; il faut que le père comprenne que l'instruction de ses enfants est une des obligations les plus sacrées que fait naître la paternité ; qu'il est de son devoir de ne pas laisser ses enfants croupir dans l'ignorance.

Quant à la gratuité, je ne suis pas tout à fait d'accord avec l'orateur qui m'a précédé. Je ne vois pas d'inconvénient à ce que le père sache qu'il a des devoirs à remplir pour l'instruction de ses enfants. Là où il y a un sacrifice, l'obligation morale est plus grande ; nous tenons davantage à ce qui nous coûte quelque chose.

Je me résume en quelques mots. Il ne faut pas isoler la question ; il faut, au contraire, la rattacher à la grande question de la liberté dans la société moderne. Les questions d'enseignement ne peuvent être résolues, si la question de la liberté ne l'est pas. Nous tendons tous à éclairer les masses ; nous pensons que la lumière apportera la vérité avec elle, afin de fonder la liberté, et avec la liberté, tout le développement moral dont elle est capable. Prenons garde de sacrifier à l'idole des races latines, à l'État, à la centralisation, cette machine terrible dont les rouages compliqués vont broyer partout les forces individuelles. Prenons des précautions sérieuses pour maintenir la liberté de la famille, et n'allons pas faire de l'État un père de famille. Fondons avant tout la liberté, et ne craignons pas les maux qu'elle mène parfois à sa suite, car le meilleur remède à la liberté, c'est encore la liberté. (Applaudissements.)

M. Rolin-Jacquemyns (Gand). En entendant, tout à l'heure, les éloquentes paroles de M. Jules Simon, je me suis senti ému et presque troublé. Partisan de la liberté absolue du père de famille en matière d'enseignement, adversaire de toute immixtion de l'État dans la direction que le père donne à son enfant, je me suis demandé si, par cela même, j'étais aussi un partisan de l'ignorance et de la misère. Un sévère examen de conscience m'a rassuré, et a raffermi mes convictions. Car moi aussi, j'ose le dire, je me sens battre le cœur à l'aspect de la misère ; moi aussi, je crois qu'il faut poursuivre l'ignorance dans ses derniers retranchements.

Nous sommes donc d'accord sur le but. Reste la question des moyens, et cette question, il faut l'examiner à un point de vue pratique. Il faut savoir avant tout ce que l'on entend par les deux systèmes en présence : l'instruction obligatoire et la liberté de l'instruction.

Si je considère l'instruction obligatoire telle qu'elle est organisée autour de nous, dans les différents pays qui ont adopté ce système, je trouve qu'en général, dans ces pays, elle peut, jusqu'au jour où elle devient inutile, se traduire par ceci : Amende, emprisonnement, pénalités de tous genres, comme celles qu'on a réunies dans le projet qui vient de nous être lu et qui, je l'espère, restera à l'état de projet, — pénalités les plus vexatoires et les plus humiliantes, à l'adresse de qui? Du père de famille, de celui que vous supposez ne pas connaître les bienfaits de l'instruction, à un individu qui n'a pas même le sentiment moral à l'aide duquel il comprendra la justice de la peine que vous lui infligerez.

L'instruction obligatoire est une conséquence de cette tyrannie indiscrète qui porte l'État à s'immiscer dans les affaires des individus. L'instruction est un bienfait, dit l'État. Donc, il faut forcer le père de famille à la donner à ses enfants, peu importe que des besoins plus grossiers peut-être, mais aussi plus impérieux, se fassent sentir; peu importe que le père de famille comprenne, ou non, ce bienfait. C'est ainsi que l'on arrive à fouler aux pieds la liberté de la famille, cette liberté sacrée qui est la base de toutes les autres.

En vain, restreignez-vous l'obligation à la lecture et à l'écriture. Pouvez-vous, de bonne foi, rester dans ces limites? Une fois entraînés à sanctionner par des peines les obligations du père de famille en matière d'éducation, oserez-vous dire que la lecture et l'écriture soient les seules choses qu'il doive à ses enfants? qu'elles soient même les plus importantes? Certes, c'est un grand point que de savoir lire et écrire. L'homme qui possède ces connaissances dispose, pour communiquer avec le monde extérieur, de deux instruments de plus que celui qui est réduit à l'unique emploi du langage parlé. Mais au-dessus de l'éducation de l'intelligence, il y a celle du cœur et de la conscience, et si vous forcez le père à donner l'une, vous serez condamnés, de par une logique inexorable, à exiger qu'il y joigne l'autre. Mais voici la difficulté. Cette exigence, comment l'exercerez-vous, sans violer la liberté de conscience?

Dans les pays qui ont l'instruction obligatoire, comme dans presque tous ceux qui ne l'ont pas, en Prusse, comme en France et en Belgique, l'instruction religieuse est donnée à l'école. Supposez, maintenant, qu'un père de famille, ne professant pas le culte de la majorité des citoyens, habite une commune où ne se trouve qu'une école; que ce père, désireux de conserver intacte la foi religieuse de son enfant, craigne, en l'envoyant à l'école, de l'exposer au prosélytisme de ses maîtres ou de ses camarades et que, cependant, il n'y ait aucun autre moyen d'instruction à sa portée. Faudra-t-il condamner cet homme à l'amende, à la prison peut-être? Flétrirez-vous, à l'égal d'un délit, un sentiment aussi respectable? Ou bien l'élèverez-vous au dessus de votre loi? M. Jules Simon n'hésite pas. Juré, dans un cas semblable, il acquitterait le père de famille, c'est à dire qu'il ferait ce que font les jurys en général en présence de ces lois pénales qui blessent un sentiment intime d'équité. Aveu précieux, et qui condamne d'avance le système de l'instruction obligatoire. Car il prouve que ce système est incompatible avec le sentiment instinctif et juste qui porte le père de famille à croire que c'est à lui, et à lui seul, que le Ciel a confié la direction de ses enfants.

Peut-être, cependant, y aurait-il lieu d'hésiter, et de mettre le salut de tous, cette loi suprême, au dessus des droits individuels; s'il était bien démontré que l'instruction obligatoire est le seul moyen d'atteindre le but que nous poursuivons tous : la propagation de l'instruction et la diminution progressive de la misère. Mais rien ne nous paraît moins prouvé.

On a opposé les États où l'instruction est obligatoire à ceux où elle ne l'est pas. On vous a fait un tableau navrant de la situation de ceux-ci. Il y a en France, vous a-t-on dit, un million d'enfants qui ne savent ni lire ni écrire. Mais au compte de qui faut-il porter ce total effrayant? Faut-il en accuser le mauvais vouloir d'un million de pères, ou la trop longue incurie du gouvernement? Sont-ce les parents qui refusent les avantages de l'école, ou est-ce l'administration qui oublie de les leur offrir? Nous ne voulons d'autre témoignage, en ce qui concerne la France, que celui de M. Jules Simon lui-même. En regard du nombre des enfants qui, dans son pays, ne vont pas à l'école, il a placé le chiffre déplorable des écoles qui devraient exister et qui n'existent pas, et le chiffre honteux des écoles qui existent, mais qui sont officiellement signalées comme mauvaises, parce qu'on n'y apprend rien. Exigerez-vous que le père de famille envoie son fils à de pareilles écoles?

Où croyez-vous que, par je ne sais quel effet magique, le jour où vous aurez décrété l'instruction obligatoire, ces écoles seront devenues excellentes? Commencez donc par établir de bonnes écoles. Peut-être alors verra-t-on se généraliser l'admirable phénomène dont le canton de Genève est, depuis plusieurs années, le théâtre : l'instruction universellement répandue par la seule force de la liberté.

La Belgique a, sans doute, beaucoup à faire pour arriver à ce beau résultat. Il est consolant, cependant, de jeter les regards en arrière, et de voir partout, autour de nous, dans nos villes et dans nos campagnes, les progrès rapides que ces derniers temps ont réalisés. Le gouvernement belge fait aujourd'hui ce qu'il aurait dû faire toujours, ce que tout gouvernement devrait faire. Il considère comme un de ses premiers devoirs de développer et d'améliorer l'enseignement; il crée des écoles normales, améliore la position des instituteurs et des institutrices, se montre de plus en plus sévère dans leur choix, et encourage les communes, par des subsides très élevés, à multiplier le nombre des écoles primaires. Or, à mesure que ce nombre augmente, le nombre des enfants que leurs parents y envoient volontairement devient plus considérable. Ainsi à Gand, depuis huit à dix ans, le nombre des écoles a doublé, le nombre des élèves qui les fréquentent a plus que doublé, et il y a, chaque année encore, un nombre de demandes auxquelles on ne peut suffire. De pareils faits ne prouvent-ils pas, messieurs, que, dans un pays libre, on peut arriver sans contrainte, sans cette immixtion de l'État que je redoute, à un résultat que nous verrons tous avec bonheur? (Applaudissements.)

M. MIOULET (Pays-Bas). Après les discours chaleureux et entraînants que vous avez entendus, il est peut-être téméraire de prendre la parole ; mais je viens d'un pays où l'on a débattu la même question. Il y a à peine un mois et demi que la *Société d'utilité publique* d'Amsterdam l'a discutée. En Hollande, où l'instruction primaire est très répandue depuis le réveil du XVIe siècle, chaque église a son école, et l'enseignement est gratuit dans les campagnes. La loi de 1806 sur l'instruction primaire a fait faire de grands progrès à l'enseignement. Le gouvernement a fait de grands efforts, et beaucoup d'écoles libres se sont élevées. Les écoles, en effet, sont libres chez nous ; mais la liberté d'enseigner n'existe que pour ceux qui ont un brevet constatant qu'ils ont les connaissances nécessaires, qu'ils savent leur métier. Celui qui veut être maître d'école doit, pour bien faire, s'y préparer dès le bas âge.

Ce n'est que parmi les personnes tout à fait indigentes que l'on rencontre des parents qui n'envoient pas leurs enfants à l'école. J'ai été effrayé quand j'ai entendu ce chiffre de 800 mille enfants dépourvus, en France, de toute instruction. La Hollande est, sous ce rapport, dans une situation bien meilleure.

La *Société d'utilité publique*, dans un but philanthropique, a mis à son ordre du jour la question de l'instruction obligatoire. Elle s'est demandée si la loi pourrait décréter ce principe.

J'ai entendu débattre ici la question de savoir si ce serait un bienfait pour les pauvres de recevoir l'instruction ; si l'enseignement de la lecture et de l'écriture suffisait. Non, cela ne suffit pas. A quoi sert un enseignement purement mécanique ? Ce qui est utile dans l'enseignement, c'est la méthode. En apprenant à l'enfant à lire et à écrire, on développe son esprit; il devient intelligent. Le premier degré de l'instruction d'un enfant consiste à mettre son intelligence en émoi et en marche. Vous donnerez à l'enfant la lecture, l'écriture et un peu de calcul. C'est fort bien, mais ce qui lui sera utile, c'est ce développement dont je viens de parler; ce commerce avec l'instituteur, cette *mécanisation* de son intelligence par l'instituteur, si je puis m'exprimer ainsi. Ceux qui n'ont pas passé par là, savent lire, j'en conviens, mais ils restent comme des brutes, parce que leur intelligence n'a pas été travaillée. (Applaudissements.)

M. Jules Simon a parlé d'un pays qui m'est toujours cher, de la France, à laquelle me rattache mon origine, quoique je sois né dans le pays que je représente ; eh bien, je dira aux Français : Veillez à ce que vos écoles soient améliorées. Faites en sorte qu'on ne place pas à la tête de vos écoles des hommes incapables d'exercer leur métier. C'est un métier; je n'ai pas honte d'appeler mon état un métier. (Applaudissements.)

Je ne suis pas jurisconsulte ; je ne suis pas à même de trancher la question de droit. Une chose me frappe, cependant. Vous parlez des droits des parents; mais l'enfant a aussi des droits. (Applaudissements.)

Il a une intelligence qui doit être cultivée.

On tombe ici dans une contradiction que je ne comprends pas. Quand un père frappe son enfant, quand il lui fait un tort matériel, vous le punissez ; et lorsqu'il le laisse à l'état de brute, vous ne le punissez pas, comme s'il n'était pas coupable à la fois envers son enfant et envers la société. Vous lui laissez commettre un meurtre, un assassinat intellectuel ! (Applaudissements.)

On a peur de l'intervention de l'État. On dit : Dans un pays de liberté, l'instruction obligatoire est sans danger ; mais dans un État despotique, elle ne sera qu'un nouvel instrument de despotisme. Je comprends, jusqu'à un certain point, cette crainte. Eh bien donc, que dans toutes les localités s'élèvent des écoles, et que tous les hommes intelligents s'unissent pour en fonder et pour faire comprendre les avantages de l'instruction et les inconvénients de l'ignorance, et pour engager les parents à conduire leurs enfants à l'école.

Voilà ce qui se fait en Hollande, ce petit pays qui compte, avec la Suisse, la Belgique et l'Angleterre, parmi les plus avancés en matière d'instruction ; mais il ne faut pas oublier que, dans les petits pays, cette propagande est plus facile que dans les grands, parce que les individus sont plus rapprochés. Et cependant il y a, dans ces pays, encore des parents qui n'envoient pas leurs enfants à l'école.

Il faudrait, selon moi, détruire le mal dans sa source. Cette source, c'est l'appât du gain.

Pendant dix-sept ans, j'ai été instituteur à l'école diaconique de l'église wallonne à Rotterdam. Il y avait une dizaine d'enfants qui recevaient leur nourriture de la diaconie; les autres appartenaient à des familles qui gagnaient leur pain. C'étaient les pauvres que nous avions le plus de peine à avoir à l'école. Ceux-là, il fallait les forcer, en leur ôtant tout secours en aliments. Ils allaient à la fabrique pour gagner un sou. Lorsqu'on leur ôtait la nourriture, ils revenaient, parce qu'ils y auraient plutôt perdu que gagné.

J'ai acquis ainsi la conviction que, pour arracher les pauvres à l'ignorance, il faut les forcer, mais les forcer d'après nos mœurs qui respectent les droits de l'individu; et vous savez que le respect de l'individualité existe a un très haut degré en Holllande.

Je crois qu'il a moyen d'établir l'instruction obligatoire. Je ne puis pas juger des autres pays ; mais puisque nous sommes ici dans une assemblée internationale, il est bon que chacun apporte son contingent. L'instruction obligatoire peut être établie d'une manière raisonnable et progressive. Il faut laisser aux parents la liberté de mener leurs enfants à l'école de leur choix. On ne demanderera pas à l'enfant où il apprend, mais il faut qu'il apprenne. Avec cette réserve, je suis partisan de l'instruction obligatoire (Applaudissements.)

M. Jacquinet (Charneux). Par *liberté d'enseignement*, entend-on la liberté de ne rien enseigner du tout, de priver les jeunes gens de toutes notions intellectuelles et morales, de

leur refuser tout à fait le pain de la science? Non. Le devoir d'un père lui impose l'obli-·
gation de nourrir le cœur et l'esprit tout comme le corps de son fils. Et lorsque le père
manque à ce devoir, la société peut-elle l'y contraindre? Je le crois; car il y va de son intérêt à elle, et de l'intérêt de l'enfant; en le faisant, elle est sage et elle est juste.

Mais la société a-t-elle le droit d'imposer la fréquentation de telle ou telle école, même à
titre gratuit? Je ne le pense pas; car *liberté d'enseignement* signifie la liberté pour chacun de
choisir ses professeurs et ses méthodes. Il importe à la société que les jeunes générations
acquièrent un certain degré d'instruction; mais il doit lui être indifférent par quel mode et
par quelles personnes cette instruction a été donnée; cela regarde les parents, cela rentre
dans leurs prérogatives.

L'instruction élémentaire peut donc être utilement rendue obligatoire, mais non la fréquentation de telle école.

Comment la société exercera-t-elle son droit à cet égard, tout en respectant ceux des
individus dans la mesure convenable? En d'autres termes, par quel moyen s'assurera-t-elle
que les parents se sont acquittés de leur devoir, que l'instruction a été donnée? Je ne vois
pas d'autre mode praticable, ou tout au moins meilleur, que celui adopté dans l'enseignement supérieur, je veux dire l'examen de l'élève. Ne pourrait-on pas établir, dans des circonscriptions territoriales déterminées, en Belgique, dans chaque canton, par exemple, des
jurys qui siégeraient une ou deux fois par an, et devant lesquels les chefs de familles amè-
neraient leurs enfants? Dès que ceux-ci seraient reconnus suffisamment instruits de tout ce
qui constitue les premiers éléments de toute éducation intellectuelle, ils recevraient de
ces jurys un certificat constatant qu'ils ont satisfait aux prescriptions de la loi, et connaissance en serait donnée aux autorités de la commune. Les parents des enfants qui, à l'âge
de 12 ans accomplis ou davantage, n'auraient pas sollicité cette espèce de certificat de
civisme, seraient avertis immédiatement, par les soins du bourgmestre du lieu, et si un an
révolu, à dater de cet avertissement, et sans motifs valables, ils n'avaient satisfait à leur
obligation, ils seraient passibles de telle peine à déterminer, et leurs enfants seraient en
outre instruits d'office et à leurs frais.

Avec ce mode de procéder simple et peu tracassier dont je viens de tracer les traits principaux, l'instruction obligatoire, ce me semble, n'aurait rien d'impopulaire, et tous les
droits s'y trouveraient suffisamment sauvegardés.

M. LADUBON (Saint-Ghislain). On paraît considérer l'enfant comme une propriété dont
le père a le droit de retirer certains bénéfices. Il lui fait conduire les vaches aux champs,
ou bien il l'envoie à la fabrique pour qu'il lui en rapporte deux sous. En un mot, il a le
droit de faire produire à l'enfant le plus possible. Je n'admets pas cette théorie. Le père
a des droits sur son enfant, mais il doit aussi des égards à cette créature qui ne lui a pas
demandé de naître; et de même qu'il doit à son corps la nourriture qui le fait vivre, il doit
la culture à son intelligence.

Je partage entièrement l'opinion de ceux qui ont fait ressortir la nécessité d'augmenter
le nombre des écoles, et d'en améliorer l'organisation, afin que partout les parents aient les
moyens de faire donner à leurs enfants une instruction convenable. Mais un orateur a fait
valoir une objection au sujet d'une foule d'instituteurs primaires qui ne sont pas ici pour se
défendre. Il a dit que les instituteurs ne sont pas assez payés, et que c'est pour cela que
beaucoup de leurs élèves ne font pas de progrès. C'est une erreur. Les élèves progressent
dans nos écoles, et s'il en est qui en sortent sans avoir beaucoup appris, ce n'est pas d'ordinaire, la faute de l'instituteur, ce n'est surtout pas parce que celui-ci ne reçoit que de faibles

appointements. Il est de mon devoir de protester contre cette idée. Ce n'est pas, pour de l'argent que l'instituteur belge travaille ; ce n'est pas avec de l'argent qu'on achète son dévouement. Lorsque nous instruisons nos élèves, ce n'est pas l'amour du gain qui nous excite à bien faire, c'est le sentiment du devoir. (Applaudissements.)

M. BIHET. C'est à moi que s'adresse la protestation de l'orateur. J'ai dit et je maintiens qu'aussi longtemps qu'on laissera l'instituteur dans cet état d'infériorité sociale où il est aujourd'hui, il lui sera impossible de remplir convenablement sa mission. Le dévouement est une grande force, mais il ne faut pas la mettre aux prises avec la misère.

La séance est levée à quatre heures.

Séance du 23 septembre. — Présidence de M. DE DECKER.

A l'ouverture de la séance, il est donné lecture de la lettre suivante de M. Victor Hugo :

MESSIEURS,

Vous voulez bien, et cet honneur me touche vivement, désirer ma présence au Congrès qui se réunit, le 22 septembre, à Bruxelles. Je regrette que des affaires urgentes me rapellent à Guernesey, et me privent d'assister à l'important débat qui va s'ouvrir.

Trouvez bon que, du moins, je vous envoie ma complète adhésion.

Une grande impulsion peut naître, et naîtra, je n'en doute pas, du Congrès si utilement convoqué par vous.

Entre toutes les questions posées par votre excellent programme, une, la plus féconde de toutes, me semble mûre pour la solution, en Belgique particulièrement. C'est ce qu'on pourrait appeler la question mère : l'instruction gratuite et obligatoire. Un tel sujet se recommande de lui-même à l'attention du Congrès. Cette question résolue, une bonne loi faite sur votre initiative, l'exemple donné aux autres peuples, ce serait là un résultat admirable.

Pas de plus pressante urgence que celle de l'enseignement gratuit et obligatoire. Le présent pèse, mais passe ; tournons nos yeux vers ce grand lendemain qui attend la civilisation ; préparons-le. L'enfant, voilà la question suprême. L'enfant a dans son berceau la paix ou la guerre de de l'avenir. C'est de ce berceau qu'il faut chasser les ténèbres. Faisons lever l'aurore dans l'enfance. Vingt-cinq années d'enseignement gratuit et obligatoire changeraient la figure du monde. L'enfant, je le répète, c'est l'avenir. Ce sillon-là est généreux; il donne plus que l'épi pour le grain de blé. Déposez-y une étincelle, il vous rendra une gerbe de lumière. Pour faire un citoyen, commençons par faire un homme. Ouvrons des écoles partout. Quand on n'a pas en soi la lumière intérieure que donne l'instruction, on n'est pas un homme; on n'est qu'une tête du troupeau multitude, qui se laisse faire, et que le maître mène tantôt à la pâture, tantôt à l'abattoir. Dans la créature humaine, ce qui résiste à la servitude, ce n'est pas la matière, c'est l'intelligence. La liberté commence où l'ignorance finit.

Ces choses, j'eusse voulu vous les dire, et d'autres encore. Je n'y renonce que bien à regret; mais vous ne manquerez pas de voix éloquentes et de généreux esprits. J'adhère du fond du cœur aux nobles travaux du Congrès. Ces conciles d'intelligences, convoqués de temps en temps, sont efficaces. Les problèmes du siècle nous pressent; ils arrivent; ils sont là. Le moment est venu de nous préparer à les recevoir, et de pousser le vieux cri d'alerte des Romains : *Ad portas.*

Veuillez, je vous prie, messieurs, être auprès du Congrès mes interprètes, et recevoir l'assurance de ma vive cordialité.

VICTOR HUGO.

DÉBAT.

M. DE GROUX (Bruxelles). A entendre plusieurs des brillants orateurs qui ont pris la parole dans la séance d'hier, il semblerait, en vérité, que la question que nous discutons est celle de savoir si l'instruction est une chose excellente qui doit être le but de tous les désirs, de tous les efforts, ou si c'est une chose que l'on puisse dédaigner; et que les partisans de l'instruction obligatoire défendent, contre les adversaires de ce système, l'excellence de l'instruction.

Devant un auditoire si éclairé, je ne fais à personne l'injure de croire qu'il puisse y avoir entre nous dissentiment sur ce point. Quant à moi, adversaire ardent et, je le crois bien, incorrigible de l'instruction obligatoire, je déclare l'instruction la chose la plus excellente et la plus désirable, et, dans mes efforts pour la distribuer à tous (si ma volonté et mes efforts pouvaient quelque chose sur les destinées de l'instruction), j'irais aussi loin que possible, je ne m'arrêterais qu'à une seule limite; mais celle-là, je la respecterai toujours : la liberté.

.Néanmoins, et si ardent que soit mon amour pour l'instruction, j'ai été surpris hier des ardeurs de sentiment et de langage qu'elle a provoquées.

Plusieurs orateurs ont parlé d'une manière générale des pères qui ne font pas instruire leurs enfants, comme s'ils les vouaient à la misère de l'abrutissement. On est allé plus loin. Si un père, a-t-on dit, est criminel, quand, par de mauvais traitements, il ôte la vie à son enfant, à combien plus forte raison ne l'est-il point, quand il lui donne la mort de l'âme en le laissant croupir dans l'ignorance ?

Soyons sérieux, ou plutôt soyons calmes; et ne perdons pas de vue les termes du problème que nous discutons. De quoi s'agit-il? De savoir si l'on peut, en respectant toutes les libertés dans la mesure qu'elles doivent être respectées, contraindre les parents à envoyer l'enfant à l'école, ou à lui apprendre ou lui faire apprendre ce qui s'enseigne à l'école : la lecture, l'écriture, un peu de calcul. C'est bien ainsi, si je ne me trompe, que l'on entend la question de l'enseignement obligatoire.

Eh bien, ces termes posés, je ne demande pas si ôter la vie à son enfant et ne pas l'envoyer à l'école sont deux faits d'égale gravité, mais je demande à quiconque veut se donner la peine de réfléchir, si l'enfant qui n'est pas allé à l'école est, par cela même, voué à la misère de l'abrutissement à laquelle échappe celui qui a reçu l'instruction scolaire.

L'expérience répond tous les jours à cette question par des faits patents et irrécusables. Que d'artisans, d'ouvriers, de cultivateurs n'ont jamais appris à lire et à écrire et se montrent néanmoins, en intelligence, en aptitude, les égaux de bien des maîtres d'école, de bien des avocats!

Et qu'on ne me dise pas que ce sont là des faits exceptionnels, que la richesse des dons naturels a seule, chez ces hommes, suppléé à l'absence de l'enseignement et produit une heureuse exception; non, ces faits sont trop fréquents pour constituer des exceptions, et l'observation la plus superficielle suffit d'ailleurs pour les expliquer.

L'enseignement scolaire est, sans doute, un moyen de développer l'intelligence, il en est le plus ordinaire et le plus efficace; mais ce n'est pas le seul. Le manœuvre qui se rend compte de son travail, le mécanicien qui discute en lui-même l'œuvre que la routine lui a appris à faire et qui finit par la perfectionner, le laboureur qui, aux leçons pratiques de son métier, joint les observations de son propre jugement, qui recherche dans la terre, dans le ciel, dans la succession des saisons, dans les phénomènes atmosphériques les secrets des lois naturelles, tous ces hommes cultivent leur intelligence, et, qu'ils sachent ou ne sachent pas lire, la misère de l'abrutissement ne sera jamais leur partage. Qui travaille et pense, s'ennoblit.

La misère de l'abrutissement tient, d'ailleurs, à d'autres causes qu'au défaut de culture de l'esprit; elle est le résultat de la perversion des sentiments moraux. Prenez dans quelque position que vous vouliez un homme moral, rangé, voué à tous ses devoirs, vous ne pourrez jamais, quelle que soit son ignorance, trouver en lui un être dégradé et abruti.

Sans doute, celui qui a reçu le bienfait de l'instruction a une ressource de plus; mais il n'est pas plus exact de dire que celui qui n'a pas fréquenté l'école ou reçu l'instruction scolaire est voué à la misère de l'abrutissement, qu'il n'est exact de dire que l'on est soustrait à cette misère lorsqu'on sait lire et écrire. Il y a une distinction à faire entre l'esprit et le cœur; l'abrutissement tient au cœur beaucoup plus qu'à l'esprit.

Pardonnez-moi, messieurs, ce long préambule. Il était indispensable pour faire ressortir l'exagération de langage de nos adversaires, exagération que j'ai admirée comme l'expression de nobles et généreux sentiments, mais qui n'en est pas moins un danger dans une discussion où nous devons, avant tout, appliquer tout le calme de notre esprit à ne point changer les termes d'une question qui n'est qu'une question de droit et pas autre chose.

Le système de l'enseignement obligatoire se fonde essentiellement sur l'obligation du père et sur le droit de l'enfant : sur l'obligation du père de donner à son enfant l'instruction scolaire, sur le droit de l'enfant de recevoir cette même instruction.

Cette obligation du père, ce droit de l'enfant sont les prémisses de l'argumentation; c'est là ce qu'il faut établir, et c'est précisément là ce qu'on a oublié d'établir.

Il s'agit d'examiner s'il y a, pour le père, obligation de donner, pour l'enfant, droit de recevoir l'instruction scolaire.

Cela est très contestable.

Remarquez, messieurs, que l'on veut substituer la contrainte légale à l'action libre et spontanée du père de famille ; une prescription de la loi, à un devoir moral.

Pour constituer une obligation légale, il faut une obligation précise, déterminée, absolue. L'obligation existe-t-elle pour le père avec ces caractères, en ce qui concerne l'enseignement de l'école ? Évidemment, non.

Quels sont les devoirs qu'impose la paternité ?

Le père doit nourrir son enfant. Ce n'est pas assez, il faut qu'il l'élève : c'est à dire qu'il lui assure les conditions matérielles de l'existence, qu'il le mette en état de subvenir à ses besoins, de se suffire à lui-même, et de s'acquitter de tous les devoirs qui, comme homme et comme citoyen, lui incomberont pendant le cours de son existence.

Voilà le devoir, tout le devoir du père : dans l'ordre matériel, le soutien et le développement de la vie et des forces physiques ; dans l'ordre intellectuel et moral, la culture des sentiments religieux et moraux et des aptitudes requises pour subvenir à ses besoins et accomplir tous ses devoirs.

Cette dernière obligation, et étendez-la autant qu'il est possible à l'intelligence de l'étendre, implique-t-elle le devoir positif de donner à l'enfant l'enseignement scolaire ? Non, car si l'enseignement scolaire est un des moyens, et le plus puissant, de donner à l'enfant l'aptitude qui lui est nécessaire, il s'en faut bien qu'il soit le seul. Combien d'hommes n'ont jamais reçu cette instruction qui n'en ont pas moins, dans les professions les plus variées, fourni une carrière honorable dans l'accomplissement de tous leurs devoirs d'hommes et de citoyens. Il est impossible que tant d'honnêtes citoyens soient déclarés mauvais et pervers pour avoir laissé leurs enfants ce qu'ils étaient eux-mêmes : c'est à dire, de bons artisans honorables et utiles, mais n'ayant jamais appris à lire et à écrire. Quand un père laisse en mourant un enfant à qui il a appris à subvenir à ses besoins matériels et à remplir ses devoirs moraux, il a satisfait à toutes les obligations de la paternité, on ne peut rien exiger de plus.

La nécessité de l'instruction scolaire pour l'enfant, l'obligation pour le père de la lui donner est donc une question de circonstances et de position : le père n'a pas plus, en tous cas, le devoir positif de donner à son enfant l'instruction scolaire qu'il n'est tenu à lui assurer tel emploi, telle industrie, telle profession déterminée.

Sans doute, si, outre l'éducation indispensable que nous avons définie plus haut, l'enfant reçoit l'instruction scolaire, il n'en sera que plus apte à subvenir à ses besoins, que plus capable de remplir ses devoirs moraux ; mais ce surplus, et l'on ne m'accusera pas, pour cela, de manquer de respect à l'instruction, est au delà de la nécessité ; le père n'est pas plus obligé de la donner et le fils pas plus en droit de l'exiger, qu'on ne pourrait forcer le père, après avoir élevé son fils, à lui laisser un capital plus ou moins considérable pour les commodités de la vie.

J'ai examiné, au point de vue théorique, l'obligation du père et le droit de l'enfant, ces prémisses, ces bases du système que les défenseurs de l'instruction obligatoire ont oublié d'établir. Je crois avoir prouvé que cette obligation, que ce droit n'existent pas, et renversé ainsi toute la doctrine de l'instruction obligatoire.

Je vais supposer, à présent, que nos adversaires ont établi ce droit et cette obligation.

Je me demande si l'instruction obligatoire n'est pas incompatible avec nos institutions, si nos institutions n'en empêchent pas à jamais la réalisation en Belgique.

Je me place au point de vue de nos libertés constitutionnelles et des principes sur lesquels repose notre droit public, et à ce point de vue, je repousse encore l'enseignement obligatoire, comme portant atteinte à l'autorité paternelle, à la liberté individuelle, à la liberté de conscience.

Pour traiter ces trois points, il me faudrait un temps qui n'est pas à ma disposition, je me bornerai à en dire quelques mots.

Je dis que le système de l'instruction obligatoire porte une atteinte funeste à l'autorité du père de famille, parce que, au nom d'un droit qui n'est pas un droit, au nom d'une obligation qui n'est pas une obligation, elle enlève au père cette prérogative précieuse d'être le juge de ce qui convient aux destinées de son enfant. Il est attentatoire à la liberté individuelle.

Toute liberté comporte un usage positif et un usage négatif. La liberté des cultes est la liberté d'embrasser, de professer, de pratiquer tel culte que l'on veut. C'est aussi la liberté de n'en embrasser aucun ; la liberté même d'être athée.

En vertu du droit et de la liberté d'association, nous avons la faculté d'unir nos forces individuelles ; mais personne ne peut me contraindre à en user, si je préfère rester isolé et me renfermer dans mon action individuelle.

De même pour la liberté d'enseignement ; je puis choisir l'enseignement de l'État ou tout autre, et si je n'en veux aucun, je ferai de cette liberté le même usage négatif que des autres. Vous, État, vous n'avez pas le droit de trouver étrange cette prétention du citoyen de ne pas se faire instruire ou de ne pas faire instruire son enfant. Toute liberté n'est une liberté qu'à la condition que l'usage n'en soit point discuté par l'État. Une liberté dont l'usage peut être discuté par le gouvernement n'est plus une liberté et ne vaut plus la peine d'être défendue.

En troisième lieu, l'instruction obligatoire porte atteinte à la liberté des cultes et de conscience. Je ne ferai qu'indiquer deux hypothèses qui vous ont déjà été signalées : celle d'un calviniste habitant un village où il n'y a que des écoles catholiques, et celle d'un père catholique qui n'aurait à sa disposition qu'une école dont le prêtre serait exclu. Dans ces deux hypothèses, vous ne pouvez, sans violer les droits de la conscience du père de famille, obliger celui-ci à envoyer son enfant à l'école.

M. Altmeyer (Bruxelles). La religion sera exclue de l'école.

M. Beck-Mullendorf. L'enseignement religieux se donnera hors de l'école.

M. de Groux. On croit me réfuter en disant que l'enseignement religieux sera indépendant de l'école et qu'on n'enseignera dans celle-ci que la lecture et l'écriture. Ne serait-ce pas là la condamnation de votre système ? Le père de famille peut fort bien ne pas vouloir de cet enseignement purement littéraire et mécanique, et l'État ne peut le contraindre à s'en contenter. Si le père de famille prétend ne donner ou ne faire donner à son enfant qu'un enseignement où l'éducation morale et religieuse marche pas à pas avec le progrès scientifique, l'État n'a pas le droit de trouver cette prétention exorbitante, il n'a pas le droit de discuter avec ce père de famille le raisonnement de sa conscience. S'il le fait, il viole sa liberté, car le propre de toute liberté c'est que l'exercice en soit indiscutable.

Non seulement l'instruction obligatoire porte atteinte à toutes ces libertés, mais elle constitue en outre une suprême injustice.

Il n'est pas de père de famille qui n'ait l'orgueil de donner à ses enfants, avec une instruction plus étendue, une position supérieure à la sienne. Aussi peut-on affirmer qu'il n'y a pas de père aisé qui n'envoie ses enfants à l'école ou ne les fasse instruire d'une autre manière. Pour les classes aisées, la loi qui rendrait l'instruction obligatoire serait une superfétation.

A qui donc réserve-t-on la loi? Au pauvre, au pauvre seul.

Mais en voyant tout le monde rechercher l'instruction, de quel droit imputez-vous à crime au pauvre de ne point envoyer son enfant à l'école? Pouvez-vous vous figurer que le pauvre n'aimerait pas l'instruction comme les autres, si elle était à sa portée, si elle ne lui imposait des sacrifices, si au lieu d'être, comme pour l'artisan aisé, un objet d'orgueil bien légitime, une sorte de luxe que ses moyens lui permettent de se donner, elle n'entraînait pas lui la perte d'un salaire indispensable?

Ce que vous punissez en lui, ce n'est pas son mépris pour l'instruction (il l'aimerait comme les autres si, comme les autres, il pouvait se la procurer), mais c'est sa pauvreté que vous punissez, sa pauvreté qui lui fait vouer ses enfants au travail nourricier de la famille.

Direz-vous que l'instruction rendue obligatoire sera gratuite?

La gratuité de l'instruction ne rendra pas au père le salaire que vous lui aurez enlevé.

Le père est tenu de nourrir sa famille. C'est le premier et le plus impérieux de ses devoirs, c'est un devoir absolu, rigoureux, qui ne souffre aucune restriction et ne doit subir aucune entrave. Vous rendez impossible au père l'accomplissement de ce devoir inflexible pour le forcer à en remplir un autre moins rigoureux.

Pour être juste, vous devez rendre au pauvre ce dont vous l'avez privé. Si le salaire de son enfant lui est indispensable, vous devez indemniser le père de la perte de ce salaire.

Mais prenez garde, le principe vous entraîne, vous créez le droit à l'assistance, forcément, irrésistiblement.

M. J. GUILLIAUME. C'est évident. C'est du communisme.

M. DE GROUX. La conséquence fatale, inflexible du droit à l'assistance, c'est le droit au travail.

L'ouvrier pourra vous dire : « Je ne voulais pas de l'instruction obligatoire; vous me l'avez imposée, et en même temps vous m'avez donné le droit à l'assistance; je suis en possession de ce droit, j'en use, c'est vous qui m'en avez investi, vous ne pouvez le méconnaître. L'ouvrage me manque; je réclame votre intervention pour m'en procurer. Hier, je vous demandais l'assistance pour rien, aujourd'hui, avec bien plus de dignité, avec bien plus d'autorité, je ne vous la demande qu'en échange du travail de mes bras. »

Que lui répondrez-vous? Vous serez obligés d'intervenir, ou bien vous vous montrerez inconséquents et cruels envers l'ouvrier.

Et vous voilà en plein socialisme.

M. REYNTIENS (Bruxelles). Le spectre rouge !

M. GOEMAN (Belgique). Il y a plus d'un quart d'heure que vous parlez.

M. FELINE (France). Je demande grâce pour un si beau talent.

M. Beck-Mullendorf. Il y a eu si peu d'orateurs contre l'instruction obligatoire que nous vous prions de continuer.

M. le Président. Le président seul a la police de l'assemblée. Hier, j'ai laissé les partisans de l'enseignement obligatoire dépasser le temps fixé par le règlement. Je fais preuve d'impartialité en étendant la même tolérance à un adversaire de ce système. (Marques d'approbation.)

M. de Groux. Oui, vous voilà en plein socialisme, et, qu'on ne s'y trompe pas, je n'entends pas me servir de ce mot banal de socialisme dont on se plaît à qualifier toute réforme dont on ne veut pas; je parle de ce mauvais socialisme qui méconnaît et renverse les lois naturelles de la société. Votre doctrine conduit à ce socialisme, et, réagissant du matériel au moral, efface du monde social toute responsabilité et anéantit tout effort individuel.

Je n'ai point épuisé la série des conséquences funestes des principes sur lesquels repose la théorie de l'instruction obligatoire, et je me garderais bien de le faire. Les instants nous sont comptés, et je sens que j'ai trop abusé déjà de la bienveillance avec laquelle vous daignez m'entendre.

Voix nombreuses. Non, non, continuez.

M. de Groux. Permettez-moi une dernière observation.

J'ai supposé l'obligation positive, formelle, déterminée, pour le père de famille, de faire donner à son fils l'instruction scolaire. Cette obligation, purement morale, vous la transformez en obligation civile. D'un devoir de conscience, vous faites une loi.

Mais l'instruction n'est pas le seul besoin de l'enfant; instruire son enfant n'est pas le seul devoir du père. Il y en a d'autres et d'un ordre infiniment plus relevé. S'il faut instruire l'enfant, il faut surtout le moraliser. Le père a l'obligation de donner, l'enfant le droit de recevoir l'instruction morale.

Le père néglige son devoir. Transformerez-vous encore ce devoir moral en obligation civile? Si vous le faites, voilà l'État qui devient le régent de la morale publique. Si vous ne le faites pas, vous n'assurez pas le droit de l'enfant à l'instruction morale.

Pour être logique, vous devrez, de même que vous punissez le père qui n'envoie pas son enfant à l'école, punir le père qui néglige l'éducation morale de son enfant, qui le laisse se livrer au vice. Et vous voilà entraînés à une transformation complète de nos lois pénales. Ce ne sera plus le délit, ce sera le vice qui sera puni, et ce ne sera pas dans la personne du vicieux que vous le punirez, mais dans la personne du père du vicieux.

Vous voyez à quelles étranges conséquences vous arrivez; et reculer vous est impossible; il n'y a pas de différence entre l'enseignement scolaire et l'enseignement moral; ou s'il y en a une, c'est en faveur de ce dernier que les principes doivent être appliqués avec le plus de rigueur.

Je vais plus loin.

Le premier devoir de l'homme est celui qui le rattache à son créateur. Le premier devoir du père est d'inspirer à son enfant des sentiments religieux. S'il ne le fait pas, il trahit son devoir.

À ce devoir du père correspond un droit pour l'enfant.

Enfin, l'intérêt de la société y est au plus haut point engagé : à moins qu'on ne prétende qu'il est moins important pour l'État d'avoir des citoyens religieux que des citoyens sachant lire et écrire.

Tout ce que vous avez invoqué pour rendre obligatoire l'enseignement scolaire se représente avec une force plus grande pour l'enseignement religieux.

Transformez encore une fois, la logique vous y condamne, le devoir moral du père en une obligation civile; par la force de vos principes, l'État se substitue, doit se substituer au père, pour assurer l'accomplissement du devoir que celui-ci néglige, pour donner satisfaction au droit méconnu de l'enfant. Car, remarquez-le bien, il ne vous suffira pas de punir le père; qu'importe cette punition à l'enfant dont le droit continuera d'être méconnu? L'État devra sauvegarder ce droit que le père a trahi, il devra donner lui-même à l'enfant l'instruction scolaire que le père ne lui a pas donnée, il devra moraliser l'enfant que le père n'a pas moralisé; il devra inculquer des sentiments religieux à l'enfant à qui le père n'en a inspiré aucun.

Mais quelle religion l'État enseignera-t-il à cet enfant?

Celle du père? Et si le père n'en a pas? s'il repousse toute religion? s'il se déclare athée? L'État devra donc avoir une religion à lui qu'il enseignera à tous les enfants dont les pères, sans religion eux-mêmes, auront négligé de former le cœur aux sentiments religieux.

La conséquence fatale, irrésistible de la doctrine de l'enseignement obligatoire est l'établissement d'une religion d'État. (Protestations.)

Que vous le vouliez ou que vous ne le vouliez pas, c'est la conclusion irréfutable de votre théorie. Les intérêts et les passions changent, mais les principes sont inflexibles, et tôt ou tard, la logique réclame ses droits.

Vous conviez aujourd'hui l'État à substituer son action aux devoirs moraux du père de famille. Si un jour quelque Louis XIV, après vous avoir donné l'instruction obligatoire, veut vous courber sous le niveau d'une religion d'État, c'est en invoquant vos propres principes, qu'il repoussera vos plaintes inconséquentes.

Du reste, rassurons-nous. Je ne crains pas de voir jamais la doctrine de l'enseignement obligatoire recevoir son application en Belgique. Elle est et restera classée parmi les utopies irréalisables. La sagesse de nos hommes d'État et de la législature nous en est garant. Dans une discussion qui n'est pas ancienne et qui restera célèbre, les représentants les plus importants et les plus éclairés des deux opinions qui divisent le pays, MM. Orts, Muller, de Theux, de Brouckere et Verhaegen ont fait justice des arguments de nos adversaires, ils ont tous repoussé l'instruction obligatoire avec une vive énergie et une lumineuse éloquence.

Je crois avoir démontré que l'instruction obligatoire est antipathique à nos mœurs et à nos institutions libérales.

Gardons-nous bien de croire, messieurs, que ce système que nous combattons soit un fruit de notre civilisation, une conquête de l'esprit moderne. Il est la conséquence d'un principe politique qui remonte aux premiers âges du monde et qui a, comme tel, subi l'épreuve d'une application complète.

En Perse, la tribu des Pasargardes, c'est à dire la tribu citoyenne, était élevée sous la tutelle et sous la direction de l'État. L'enfant, soustrait dès le berceau à l'autorité paternelle, était élevé par l'État. C'était de l'État et de l'État seul qu'il recevait à la fois l'éducation et l'instruction.

A Sparte aussi, l'État se chargeait du soin exclusif d'élever et d'instruire la jeunesse, et, cela peut être un titre d'admiration pour les partisans du système que je combats, tout citoyen savait écrire son nom sur les tablettes du scrutin.

A Athènes, au contraire, l'enseignement était abandonné à l'initiative individuelle; nulle loi, nul règlement ne venait contraindre ni diriger l'action spontanée du père de famille. Où a été l'intelligence? où a été l'instruction? où ont été les lumières?

Qui parle aujourd'hui des lettres de la Perse? Lacédémone ne s'est illustrée que par la force brutale des armes, tandis qu'Athènes, à travers vingt siècles écoulés, et de par delà les ruines de toutes les civilisations antiques, éclaire encore le monde par l'éclat immortel de ses chefs-d'œuvre. (Applaudissements.)

J'ai tort de parler de la gloire littéraire : les intérêts de la liberté me touchent davantage.

Qu'est-il arrivé chez ces nations soumises au régime de l'instruction obligatoire?

Sparte n'a jamais été qu'un peuple de soldats, la Perse a vécu et est morte dans sa molle servitude; et plus tard, lorsque nous voyons, dans le cours des âges, reparaître l'instruction obligatoire, c'est toujours avec le cortège de tous les despotismes ou au sein d'une centralisation absorbante. Et c'est logique.

Je comprends le système de ces pouvoirs forts : il est tout d'une pièce; mais je le déclare incompatible avec ces institutions dont nous sommes fiers, avec nos libertés si chèrement acquises, avec notre esprit national, notre esprit d'indépendance qui a tant de fois rendu impuissants ou renversé les gouvernements assez mal inspirés pour vouloir lui créer des entraves.

L'instruction obligatoire ne s'établira donc pas en Belgique. Est-ce à dire qu'il n'en faille point combattre la doctrine? Non, il faut la combattre, et énergiquement, comme on combat tout ce qui se présente au nom d'un principe funeste, et j'appelle principe funeste tout ce qui, favorisant la doctrine du pouvoir fort et de la centralisation, diminue dans les masses le goût et l'habitude de la liberté. (Plusieurs voix : Très bien.)

Comme vous, comme tous, nous voulons que l'instruction se répande et se généralise; mais nous voulons que ce soit avec la liberté et par la liberté.

Notre Congrès constituant de 1831 a cru pouvoir confier les destinées de la Belgique à l'initiative individuelle et à la liberté. S'est-il trompé? Les faits se chargent tous les jours de répondre d'une manière éclatante à cette question. Depuis 1830, l'instruction s'est répandue, les écoles se sont multipliées. Dans la discussion dont je vous parlais tantôt, M. Rogier, ministre de l'intérieur, a déclaré que dès qu'une école s'ouvre, elle est en quelques jours encombrée d'élèves, bien qu'on ne les force point à y entrer. Le passé nous répond de l'avenir. Dans quelques années, sans la contrainte et grâce à la liberté, les étrangers qui visiteront la Belgique n'y rencontreront, pas plus qu'à Genève, ni un homme, ni une femme, ni un enfant qui n'ait reçu le bienfait de l'instruction.

Je me résume. J'aime l'instruction, mais je préfère la liberté; s'il me fallait faire un choix, il ne serait pas un instant incertain. Je suis convaincu, d'ailleurs, que par la liberté, l'instruction se généralisera. Irais-je douter d'elle quand, depuis plus de trente ans, elle ne donne au monde que le spectacle de sa fécondité?

C'est au nom des libertés du peuple belge, au nom des principes de nos institutions, au nom de notre esprit national, que je repousse pour la Belgique, dans la doctrine de l'instruction obligatoire, le régime abrutissant de Sparte et de Persépolis. (Applaudissements.)

M. Albert Lacroix (Bruxelles). M. de Groux a invoqué l'autorité de quelques hommes éminents. Il me serait facile de lui opposer l'autorité de plusieurs autres, notamment d'un grand nombre d'économistes, partisans de l'instruction obligatoire. Je pourrais faire valoir encore un meilleur argument, en m'appuyant sur l'exemple des pays qui ont réalisé dans leur législation le principe de l'instruction obligatoire, et prouver, par les résultats atteints, l'excellence du système.

Quant à moi, je croyais la cause gagnée. Après avoir entendu M. Jules Simon traiter la question au point de vue social et philosophique, je m'imaginais que les derniers doutes étaient évanouis ; mais je vois qu'il y a encore aujourd'hui des convictions sérieuses qui n'ont pas été ébranlées.

Je me bornerai à prendre les principales objections qui ont été formulées contre l'obligation de l'instruction. Je constate que nous sommes tous d'accord sur l'utilité, l'efficacité, la nécessité de l'instruction primaire, et que nous en comprenons mieux que jamais les bienfaits. Nous ne différons que sur une chose, les moyens pratiques d'arriver au résultat.

Nos adversaires nous reprochent d'abord de porter atteinte à la liberté du père de famille. Mais le père de famille, par cela seul qu'il est père, a certaines obligations à remplir envers son enfant. De même, par cela seul qu'il est homme faisant partie de la société, il a certains devoirs à remplir envers la société. La société lui procure des avantages, elle a le droit de lui imposer des charges. Je ne vois pas que la liberté d'un individu soit atteinte lorsqu'on y apporte quelques restrictions pour empêcher qu'elle ne gêne la liberté d'autrui. Chaque jour, dans des lois générales ou dans des règlements ordinaires de conseils communaux, on édicte des mesures coercitives, des peines, des amendes ; et jamais on ne proteste au nom de la liberté, sous le prétexte qu'elle serait étouffée, contre des mesures aussi simples. Le père ne peut donc se plaindre de ce que sa liberté soit atteinte. Il n'aura à remplir que le devoir strict et rigoureux que la nature elle-même lui impose. En effet, il y a chez l'enfant deux éléments : la vie matérielle et la vie morale. Toutes les deux réclament la plus vive sollicitude. La loi prescrit au père de donner à son enfant la nourriture du corps. Je suis étonné qu'on traite moins bien cette jeune intelligence qui ne demande qu'à s'ouvrir et à s'épanouir. De quel droit refuserait-on à cet être chétif, qui ne peut pas manifester sa volonté, la nourriture indispensable à son intelligence ? l'intelligence, cette chose sacrée que Dieu a mise en lui pour qu'il devienne un homme ! Le père en a-t-il le droit ? Je le nie. Je ne sache pas que la loi civile le lui reconnaisse. La loi civile restreint à cet égard son autorité. Des hommes éminents, versés dans l'étude et la connaissance des lois, interprètent ainsi l'article du Code civil qui oblige le père à nourrir et à élever son enfant. Par cet article, la loi civile décrète l'obligation de l'instruction.

Une seule chose manque : la sanction pénale ; mais c'est là un complément qui n'a pas besoin d'être discuté, et qu'il est du devoir d'une société intelligente d'ajouter, pour assurer l'accomplissement des devoirs du père.

Il est utile à la société d'avoir des citoyens moraux et instruits. La société, en échange des services que, chaque jour, elle rend au père de famille, peut demander que celui-ci lui donne des êtres moraux et capables. C'est le droit de l'enfant. De quelle autorité le sacrifierait-on ? De quelle autorité le père lui refuserait-il ce qui lui est nécessaire pour mûrir ? L'enfant n'a pas la liberté de manifester sa volonté. C'est au père de remplir l'obligation que la nature lui a imposée.

Voilà les objections de la loi civile et de la loi naturelle écartées. Il n'y a plus rien à dire au point de vue social et philosophique. Il n'est pas nécessaire de revenir sur la question constitutionnelle. Je me placerai sur un autre terrain.

Une objection a été faite. Le nombre des écoles, dit-on, est restreint ; on ne peut pas recevoir tous ceux qui se présentent pour réclamer le bienfait de l'instruction. Ce n'est pas là un argument. Ouvrez des écoles, multipliez-les. L'obligation de l'instruction, inscrite dans la loi avec une sanction pénale, vous imposera le devoir d'ouvrir des écoles; car, lorsqu'on réclame une chose, il faut fournir les moyens de l'exécuter.

On nous a dit encore : De quel droit refuserez-vous l'instruction morale et religieuse? Il y a une distinction à faire. L'instruction primaire se compose d'éléments indiscutables, que tout le monde admet, et qui, chez toutes les nations, sont regardés comme le premier degré de toute connaissance. Mais la religion et la morale! qui donc a le droit de toucher à ce foyer inviolable de la conscience humaine? Une seule personne, et c'est le père. Quand vous aurez donné à l'enfant la lecture et l'écriture, le père lui ouvrira le livre de sa religion; mais vous ne pouvez pas porter atteinte à sa conscience. Lorsque l'on est instruit, on est mis à même de se procurer un jour des connaissances plus complètes.

Laissez, nous dit-on encore, laissez les choses suivre leur cours naturel. Chaque jour l'instruction se répand davantage; elle tend de plus en plus à se généraliser sans la contrainte; et, pour le prouver, l'on s'appuie sur des statistiques. Nous avons établi, au contraire, que, malgré cette tendance, on est, même aujourd'hui, fort loin du but. D'après ce que plusieurs orateurs étrangers ont déclaré hier, bien des nations civilisées sont encore plongées dans l'ignorance, au moins dans certaines couches sociales. L'ignorance est plus étendue qu'on ne le pense. La statistique découvre un coin du tableau; mais il est un coin que la statistique n'éclaire pas complétement.

Je veux admettre que tout le monde, ou presque tout le monde, se rende à l'école. Mais cela ne suffit pas. N'y eût-il qu'une seule exception, il ne faudrait pas la négliger. La loi est faite pour les exceptions. Il ne doit pas y avoir une seule restriction à l'obligation de l'instruction. La société a le droit d'exiger que le père instruise ses enfants; elle a le devoir d'inscrire dans la loi une sanction à l'obligation qu'elle impose. De là la peine.

C'est là ce qui effarouche nos adversaires : la sanction pénale, l'amende, la prison. Sans doute, il n'est pas désirable de sévir contre les citoyens. Mais vous êtes prévenus, pourquoi violez-vous la loi? pourquoi n'accomplissez-vous pas votre devoir? Tout citoyen doit porter la responsabilité de ses actes.

Mais, nous dit-on, cela entraînera de graves conséquences; et ici, déplaçant habilement la question, l'on nous parle du droit à l'assistance. Cela n'a aucun rapport avec l'instruction obligatoire. Je ne comprends pas comment le droit à l'assistance pourrait être la conséquence de l'obligation de l'instruction. L'objection n'est pas sérieuse; il est inutile de s'y appesantir.

On a pu comparer, dans les différents pays qui ont l'obligation de l'instruction, les bienfaits de l'instruction largement répandue avec les inconvénients de l'ignorance. En Allemagne, en Suisse, l'observation a été faite plus d'une fois. En Suisse, on a comparé un canton à l'autre. En Allemagne, on a pu constater la différence entre les progrès des nations qui ont l'instruction obligatoire et ceux des petits royaumes qui n'ont pas mis de sanction à l'obligation du père. Le progrès se réalise sous toutes ses faces dans une société qui possède les premières notions des connaissances, et cette société arrive à un développement intellectuel considérable.

L'intelligence ne s'épanouit qu'après avoir été ouverte. Il est certain que la lecture, l'écriture et le calcul sont les premiers éléments, la clef de la science et de la pensée. Vous devez former de bons citoyens, des hommes moraux, et la moralité résulte d'une bonne nature et d'une intelligence développée. Sans doute, il y a des gens qui ne savent ni lire ni écrire, et qui sont néanmoins des êtres moraux; mais ce sont des exceptions qui, aujourd'hui, ne sont plus fréquentes. Que prouve la statistique? Que la masse des crimes et des délits est commise par la classe qui est dépourvue d'instruction. La statistique est à la fois effrayante et consolante. C'est la démonstration victorieuse de la thèse que je me suis efforcé de défendre.

Il n'est pas sérieux de prétendre que l'instruction obligatoire porte atteinte à la liberté. Je ne crois pas qu'une nation quelconque perde rien de sa liberté quand l'instruction obligatoire sera inscrite dans ses lois. Je dis, au contraire, que l'instruction obligatoire garantit la liberté, qu'elle en est le couronnement.

La Belgique a le bonheur d'avoir toutes les libertés inscrites dans sa Constitution, dans ses lois, et surtout dans ses mœurs. Un tel pays devrait prendre la glorieuse initiative d'une réforme nécessaire. Loin d'y perdre, il y gagnerait. L'instruction obligatoire ferait des hommes meilleurs et fortifierait le sentiment national ; elle ferait de tous les citoyens des hommes libres. (Applaudissements.)

M. LE COMTE FOUCHER DE CAREIL (France). Messieurs, je n'espère pas tout d'abord convertir les partisans de l'instruction obligatoire. Je comprends leur résistance. Moi-même, je me sens combattu. Qui ne le serait, quand on voit arriver, à deux jours de date, aux partisans de l'instruction obligatoire le secours de la philosophie, et de la grande, de l'immortelle poésie? Dans l'alliance de ces deux grandes forces, il y a de quoi nous rendre modestes. Cependant, il me reste encore des doutes. Permettez-moi de parler librement, sans opinion bien arrêtée contre l'instruction obligatoire. Comme M. de Pressensé, c'est pour vous exposer les doutes et les embarras de mon esprit que je réclame un instant votre attention.

Je regrette de ne pas avoir assisté à toute la séance d'hier, et de n'avoir pas pu saisir l'ensemble du discours de M. Simon. Je n'ai entendu que ses dernières paroles. Il s'agissait de l'intelligence à réveiller, de la guérison de la misère à obtenir. Ah! si tel doit être le résultat prochain de l'instruction obligatoire, acceptons-la sur-le-champ, par acclamations. Oui, si dans cette merveilleuse réforme on trouve tout ce que l'on cherche depuis dix ans sans arriver à une solution pratique, si l'on y trouve le salut de cette France que l'on a mise un peu trop bas hier, il n'y a pas à hésiter. Mais ne sentez-vous pas, à première vue, que cette réforme si désirable ne tiendra pas toutes ses promesses?

Eh quoi, il suffirait d'un article de loi ainsi conçu : « Tous les Français sauront lire et écrire » ou plutôt « tâcheront de lire et d'écrire » pour que la France fût sauvée, l'intelligence régénérée, la misère supprimée! Il y a, entre le but et les moyens, une disproportion énorme qui frappe toutes les intelligences. Je suis persuadé du mérite de l'instruction obligatoire dans une sphère modeste ; mais vouloir en faire le drapeau du libéralisme, c'est un leurre.

On a agrandi le débat hier. Toute intelligence philosophique agrandit le débat : M. Simon l'a porté très haut. On l'a agrandi tellement, qu'on a voulu rendre les droits sacrés de l'intelligence et de la misère solidaires de l'obligation d'enseignement. On l'a amoindri d'autre part. On a parlé, toute une journée, d'instruction, sans prononcer le mot d'éducation. Tout est là. Vous aurez beau, à l'aide de mécanismes perfectionnés, de méthodes progressives, donner, ce qui sera facile, des instruments de travail aux jeunes gens, le problème sera-t-il résolu? Non, messieurs. Je suppose qu'une légion d'instituteurs modèles comme il n'y en a pas, parcoure les campagnes, et que grâce à elle il n'y ait plus en France une seule personne qui ne sache lire et écrire. Ce sera une belle réforme, je le reconnais, dans un ordre inférieur, subalterne ; mais croyez-vous que la France régénérée s'ouvre à la vie intellectuelle? Croyez-vous que le prolétariat et la misère cèdent à votre cohorte d'instituteurs? Non, messieurs, il faut encore autre chose.

Un honorable pédagogue disait hier, en parlant du commerce de l'instituteur avec les

jeunes enfants, que c'était un métier. Ce n'est pas un métier, c'est un art, et un grand art
que l'enseignement ; et ce n'est pas en le réduisant de plus en plus, jusqu'à son minimum,
jusqu'à la mécanique, jusqu'à la machine pure, qu'on en fait un art. Ces âmes tendres des
enfants, voyez-vous, ont besoin d'être maniées doucement ; il faut les conduire petit à petit
vers les sources du savoir et non pas les y plonger brutalement. Ce ne sont pas de petits
récipients dans lesquels il suffit d'infuser la lecture et l'écriture. Si vous vous bornez à cette
simple opération, le vase laissera fuir ce que vous lui aurez donné, parce que vous n'aurez
pas fait ce qu'il faut pour l'y retenir. L'enfant oublie ce qu'on lui donne par des procédés
mécaniques.

Ainsi, première attaque, premier reproche, on a beaucoup parlé d'instruction, pas assez
d'éducation. L'on n'a pas vu qu'il y avait disproportion évidente entre le but et les moyens.
Le but est noble, il est sublime ; il explique la chaleur avec laquelle vous avez défendu votre
conviction. Le but, c'est l'intelligence à sauver, la misère à déraciner des sociétés humaines.
Le moyen n'est pas tout à fait impuissant, mais il est subalterne et n'aura jamais l'efficacité
qu'on lui suppose. Il était bon de faire disparaître cette idée en commençant la discussion.

Si l'on s'appuie, par tant de raisons fondées en un sens, sur l'intelligence et la misère pour
défendre l'instruction obligatoire, il y a d'autres forces vives dans la société humaine sur
lesquelles nous avons le droit de nous appuyer aussi, nous qui sommes moins persuadés de
ses bienfaits. Nous ne voulons pas de scission arbitraire entre l'instruction et l'éducation,
entre l'intelligence et la volonté. La philosophie nous apprend qu'on ne peut pas isoler les
facultés dans l'homme. C'est vers l'harmonie des facultés que doit tendre l'éducation.

Si vous prononcez ce grand mot « l'intelligence, » nous vous répondrons par ces mots qui
ne sont pas moins grands « volonté, force morale. » Voilà ce qu'il faut développer dans les
masses. Comme l'a dit Victor Hugo, pour faire un citoyen, il faut faire un homme ? Croyez-
vous que cela puisse résulter de ce mécanisme qu'on appelle la lecture ? Croyez-vous que les
destinées de la misère dépendent de 800 mille enfants qui ne savent ni lire ni écrire. Non,
messieurs, et quand ce serait vrai, je dirais encore qu'il manque à votre projet une base
sérieuse, celle de la force morale, de l'éducation, de la volonté à développer.

On a fait, hier, de la France, un tableau triste et saisissant. Avec beaucoup de courage et
d'énergie, on l'a comparée à ces cimes des Alpes qui sont éclairées tandis que la vallée reste
dans la nuit. Je reconnais qu'il y a du vrai dans ce tableau, mais il n'est vrai qu'à moitié.
Ce dont la France manque, ce n'est pas d'intelligence. Vous n'avez pas à développer l'intelligence dans ce pays vraiment électrique sous ce rapport. Il n'y a pas, d'ailleurs, moyen
d'ouvrir des ateliers pour la fabrication de l'intelligence. L'intelligence n'est pas un fluide
qui circule plus dans les masses, moins chez les individus isolés. L'intelligence est un feu
solitaire allant tantôt ici, tantôt là, et brillant plus ou moins ; « Spiritus flat ubi vult. » Il
n'y a pas de machine intellectuelle pour répandre l'intelligence sur la surface d'un grand
peuple. Non, ce n'est pas l'intelligence qui manque, c'est la volonté, c'est le cœur. Le mal
est dans l'affaissement de la volonté, l'abaissement du cœur, l'aplatissement des caractères.
Voilà la grande misère de ce pays, voilà le desideratum de l'éducation. « La liberté commence où l'ignorance finit » nous dit le grand poète ; non, messieurs, la liberté commence
surtout où la force morale a commencé. (Applaudissements.)

Je dis que ce n'est pas assez de l'instruction obligatoire pour régénérer l'intelligence, supprimer la misère, et implanter la liberté dans les cœurs. Le croyez-vous ? Croyez-vous qu'un
simple problème scolaire, qu'une question d'école puisse faire naître la liberté sur la surface
du globe et changer le monde en un instant ? En voyant quels moyens on propose pour arri-

ver à un aussi vaste résultat, mes souvenirs d'Allemagne me reviennent. La liberté imposée par la contrainte, c'est l'identité absolue dans les contraires, c'est la plus violente antinomie qu'on puisse imaginer. Faire naître la liberté en soumettant les peuples à la salutaire contrainte de l'instruction obligatoire que les Anglais, qui ne se payent pas de mots, ont appelée *Compulsory instruction*, c'est le « Compelle eos intrare » de l'Église catholique que l'on veut appliquer aux questions d'enseignement. Quant à moi, je ne veux pas plus de l'un que de l'autre.

Depuis quand, messieurs, ce qui s'appelle intolérance au point de vue de la conscience, s'appelle-t-il liberté, quand il s'agit de l'intelligence? Ce qui est vérité est vérité. Vous ne pouvez pas isoler les deux parties de l'âme humaine. Vous ne pouvez pas livrer l'intelligence au maître d'école, et la conscience au prêtre ou à tout autre instituteur. Prenons l'homme entier, développons-le dans l'harmonie de ses facultés, dans son intelligence et dans sa liberté, et ne comptons pas trop, pour y parvenir, sur l'instruction obligatoire.

La question qui nous occupe, plus on la sonde et plus elle est sérieuse. L'on a parlé de la criminalité, c'est l'argument le plus spécieux qu'invoquent les partisans de l'instruction obligatoire. Mais s'ils ont un bon argument, n'en avons-nous pas d'autres à leur opposer?

L'instruction obligatoire soulève des objections morales, politiques et économiques.

L'objection morale est, en quelque sorte, devenue banale. C'est le droit du père opposé au droit de l'enfant. Ce qui me frappe, c'est le droit du père, base de la famille, une des bases fondamentales de l'ordre social. En y touchant, on ébranle, sous certains rapports, l'ordre social tout entier. En tout cas, c'est un singulier moyen d'ébaucher l'homme moral dans l'enfant, de former cet *homunculus*, que de dégrader la statue de Dieu dans le père.

Vous qui parlez si bien de la liberté de conscience, vous ne la respectez guère dans la pratique. On me dit qu'il n'y a pas d'atteinte à cette liberté. Oui, toutes les libertés sont sœurs. Le plus enthousiaste défenseur de l'enseignement obligatoire a vu, au moment où il préchait sa doctrine, se dresser devant lui la liberté de conscience, pour lui dire que ce qu'il demande est une iniquité. Il en a été effrayé lui-même; il a senti qu'il y a là une atteinte quelconque, directe ou indirecte, mais une atteinte réelle à la liberté de conscience.

L'objection politique est un terrain brûlant sur lequel je ne veux pas m'aventurer. Je ne veux pas comparer l'État à l'Église catholique, et le montrer dirigeant par l'enseignement compulsoire les idées et les croyances des individus. Mais enfin, récemment, toute l'Europe s'est indignée en apprenant le sort d'un enfant arraché à sa famille. Croyez-vous sincèrement que ces catholiques convaincus qui ont commis ce forfait moral n'avaient pas d'excellentes raisons dans l'esprit pour agir ainsi en face de la famille Mortara? L'État n'en trouvera pas de plus puissantes. Le jour où vous donnerez cette arme à l'État, il y aura un danger réel. Je ne veux pas plus de petits Mortara dans l'enceinte d'une école que dans celle d'une église. (Applaudissements.)

L'objection la plus sérieuse est l'objection économique. Maintenons-nous sur ce terrain, restons-y ; nous en sommes trop sortis.

Je suis étonné que toutes les lumières de la science économique ne soient pas préoccupées de la voie nouvelle dans laquelle on veut faire entrer l'économie politique. — Depuis mon enfance, j'entends dire que l'unique base de cette science, c'est la liberté absolue. « Laissez faire, laissez passer. » Voilà la formule magique, la recette infaillible qui double la force de production dans le monde. Les faits sont d'accord avec la théorie. C'est la grandeur de l'illustre Cobden, c'est la grandeur de l'Angleterre et des pays libres comme la Belgique, d'avoir pratiqué avec succès ce grand principe. Et ces mêmes économistes, lorsqu'il s'agit d'enseignement, s'écrient : « Ne laissez pas faire, ne laissez pas passer l'enfant devant l'école, poussez l'y par les épaules : « *Compelle eos intrare.* » Laissez faire, laissez passer, formule excellente dans l'ordre économique, mais qui ne vaut rien dans l'ordre moral. » Singulier langage! Ce qui est vérité dans l'ordre inférieur est deux fois vérité dans l'ordre moral. Si nous avons vu la protection, la prohibition conduire à des résultats contraires à ceux qu'elles promettaient, et les peuples qui avaient des richesses les perdre à cause de leur avarice, dans l'ordre moral, c'est une double vérité; c'est surtout qu'il faut faire application de la liberté économique, — qui serait outrageusement violée par l'éducation compulsoire. Entre « laisser passer » et « forcer d'entrer » il y a une différence qui saisit tous les esprits.

Il y a une autre question économique qui se rattache à celle-ci, et qui a bien sa valeur. La première question que je vous fais, la voici : L'enseignement est-il un service de l'État? quand vous m'aurez répondu, je discuterai les conséquences. Répondez-moi carrément là dessus. Je ne vous demande qu'un oui ou un non. Si vous répondez : « Oui, l'enseignement est un service de l'État, » il est incontestable que tout s'enchaîne méthodiquement, logiquement. L'État fait entrer l'enfant dans son école où se trouve un maître choisi par lui. Mais l'État qui paye ses instituteurs donnera-t il gratuitement l'instruction? Sur cette question de la gratuité, l'on a entassé une montagne de préjugés. On dit, et Victor Hugo le répète : « Il faut que l'instruction soit obligatoire et gratuite. » Messieurs, la gratuité n'est qu'un leurre en économie politique, et le plus puéril de tous. Vous avez, parmi les membres de ce Congrès, M. Émile de Girardin. Eh bien, demandez lui si l'État fait quelque chose gratuitement. La vraie théorie, c'est que l'État est le grand assureur qui ne donne rien pour rien. Si vous voulez l'enseignement gratuit, article 1er : Payez-le (hilarité). Vous n'aurez pas la gratuité autrement que par un impôt pour l'enseignement. La gratuité est une chimère, une illusion ; je comprends que l'imagination d'un poète s'y soit laissé prendre.

Et puis, il y a les difficultés matérielles, les difficultés locales : la récolte, la vendange, la vaine pâture, les mille et une nécessités du travail agricole sont autant d'obstacles à ce que votre loi produise, du moins en France, les résultats que vous en attendez. Beaucoup de nos départements sont divisés en deux zones d'un caractère tout différent. Tandis qu'au nord il y a pléthore, au sud il y a phthisie. Au nord, la population est très agglomérée; les villages se serrent les uns contre les autres. Au sud, au contraire, le vide, le désert. L'enfant a deux lieues à faire pour aller à l'école. Comment l'obligeriez-vous à y aller? Donnez-lui donc des jambes obligatoires (on rit) à ce malheureux enfant qui a quatre lieues à faire par jour pour apprendre à lire et à écrire. C'est une difficulté très sérieuse et dont on ne tient pas assez compte.

Un autre obstacle, messieurs, c'est l'instituteur. Il ne sortira pas de ma bouche une parole amère pour ce martyr, ce héros du monde moderne. Quand fera-t-on une bonne fois la monographie de l'instituteur primaire? Espérons que le grand poète qui a dépensé tant de talent sur l'échappé du bagne, écrira un jour aussi cette triste épopée sociale de l'instituteur primaire. Il n'est pas de misère, au moins en France, à comparer à celle de ces héros à 40 sous par jour. Et nous n'en avons pas assez. Si l'on décrétait l'instruction obligatoire, il nous en faudrait deux ou trois mille de plus. Cela ne se trouve pas si vite qu'on le pense. Il n'en sort pas assez, chaque année, des écoles normales. Vous ne pouvez pas espérer la réalisation de votre projet en France, tant qu'on n'aura pas un nombre suffisant d'instituteurs ayant un traitement convenable.

Voyez le mécanisme financier des pays qui veulent entreprendre des réformes utiles. Je vais vous citer un fait dont j'ai été témoin dans mon Conseil général. Le ministre de l'instruction publique, comprenant qu'il ne fallait pas laisser croupir dans l'ignominie ce représentant de Dieu devant l'enfant, a voulu élever son salaire au déssus de celui du valet de charrue. Au lieu de six ou sept cents francs, il a porté le traitement de l'instituteur à 900 francs. Grand progrès! mais qu'en est-il résulté? Pour élever le traitement de l'instituteur, on a déprimé celui de l'institutrice. Ces pauvres femmes de campagne n'ont plus que 400 francs par an! Comment voulez-vous qu'elles vivent? Le budget ne permet pas qu'on leur donne davantage. Il faut qu'elles attendent un excédant de recettes. Elles sont à la merci du ministre. Quant à nous, nous avons émis force vœux qui sont restés stériles comme tous les vœux.

Voilà où en est la question. Ne le perdez pas de vue, messieurs, c'est une question de budget. Quand on parle de décréter une loi sur l'enseignement obligatoire, il ne faut pas repousser les objections. A quoi sert d'élever le traitement de l'instituteur si vous abaissez le traitement de l'institutrice? L'instruction n'y gagne rien. Songez à ce que coûte déjà, à l'État, l'instruction primaire, et demandez-vous combien il vous faudra de millions en plus pour arriver à votre but. Mais, me direz-vous, nous prendrons à M. Garnier-Pagès son projet de désarmement général, à M. Victor Hugo son système de paix universelle. Si vous voulez prendre cette voie-là, quand aboutirez-vous? Dans un siècle ou deux (mouvement)? Mettons 50 ans pour calmer vos inquiétudes et vos impatiences (on rit).

Messieurs, j'ai établi, en premier lieu, qu'il y a une disproportion énorme, évidente à tous les yeux, entre le but si noble de M. Jules Simon, le salut de l'intelligence, la guérison de la misère, et les moyens insuffisants qu'on propose pour atteindre ce but, la lecture et l'écriture. En second lieu, j'ai établi que l'instruction obligatoire n'est pas aussi pratique que le croient ses défenseurs. Je vais vous démontrer, en troisième lieu, qu'elle n'est pas nécessaire.

On a parlé, hier, de la loi de 1833, qui a immortalisé un de nos plus grands hommes d'État, beaucoup plus grand ministre de l'instruction publique que des affaires étrangères, M. Guizot. Cette loi, qui est son principal titre de gloire et qui a eu de merveilleux effets, est bonne à étudier dans ses moindres détails, même par ceux qui proposent une loi nouvelle. Je ne doute pas que votre loi ne soit excellente et ne puisse être opposée avec succès à celle de M. Guizot; mais permettez-moi de penser qu'une loi qui a trente ans d'existence mérite d'être discutée sérieusement avant d'être abrogée.

Ce qu'il y avait, messieurs, de merveilleux dans cette loi, c'est qu'elle intéressait aux questions d'éducation et d'instruction toutes les forces vives d'un pays libre, car la France était libre alors. Elle commençait par le commencement, par la famille : *Ab Jove principium*. Puis la commune. Quand la commune avait épuisé ses ressources, le canton, l'arrondissement et le département qui est notre plus grande circonscription, votaient leurs centimes qui s'élevaient à 50 mille francs en moyenne. Enfin, en dernier lieu, venait l'État. L'État n'apportait son concours qu'après que la série de toutes les forces ascendantes avait été parcourue; qu'après que toutes les autorités avaient dit leur dernier mot, fait leur dernier sacrifice. Ainsi, l'instruction n'était pas seulement le devoir de l'État; elle intéressait toutes les forces vives de la nation. Il y avait un conflit organisé entre la commune et l'imposante, mais terrible figure de l'État. La commune faisait des sacrifices pour ne pas devenir débitrice de l'État.

Les résultats de cette loi sont-ils mauvais? On les a critiqués. La statistique est là, nous a-t-on dit. Il y a plus de 800 mille enfants qui ne savent ni lire ni écrire. Mais cette statistique est ancienne. Elle remonte à 1857. Celle de 1862 n'est pas faite, et j'espère que le chiffre qu'elle nous fera connaître sera moins élevé.

Ce chiffre, d'ailleurs, n'est plus effrayant si on le compare à celui de 1833. Qu'avions-nous alors, avant la loi? Ce n'était pas un million, c'étaient cinq à six millions d'enfants qui ne savaient ni lire ni écrire. Et depuis trente ans, en dépit des débats orageux de 1850, en dépit de cette lutte pour la liberté de l'enseignement, qui a plus embrouillé la question qu'elle ne l'a résolue, qui a plus enrayé la loi de M. Guizot qu'elle ne l'a secondée, en dépit de mille efforts en sens contraire, la progression a été constante d'année en année.

On a fait un tableau du nombre des écoles. Il y en avait 22,640 en 1833.

De 1833 à 1838, l'augmentation moyenne a été de 118 par année.
De 1838 à 1849   »   »   » de 360   »
De 1849 à 1857   »   »   » de 396   »
De 1857 à 1861 (en quatre ans)   »   » de 860   »

Vous ne pouvez pas dire qu'il n'y a pas eu progrès, marche ascendante, sous la vigoureuse impulsion de la loi de M. Guizot.

Il ne faut pas oublier que, si la loi de 1833 a eu un effet salutaire, un grand effet, c'est que cette loi a laissé à l'initiative individuelle toute sa portée en un sens; car tout en soumettant à certaines restrictions, à certaines réserves le droit d'ouvrir des écoles, elle a laissé à toutes les forces vives de la charité, de la bienfaisance, toute leur sphère d'action. Voilà le point principal. Que les individus se réunissent, qu'ils fassent des efforts, qu'ils fondent des écoles et qu'ils obligent les enfants à y aller, mais sans les y forcer par la contrainte légale, sans gendarmes et sans tambour, sans sanction pénale comme en Prusse. Oui, messieurs, l'Allemagne est un grand pays, un grand foyer intellectuel; mais l'instruction obligatoire lui rend de forts mauvais services. Pour le nier, il faut ne pas avoir vu ce que j'ai vu à Magdebourg et ailleurs. On a beau faire, on a beau réduire l'enseignement à un simple mécanisme, on n'a pas encore trouvé, même à l'Exposition de Londres, une machine perfectionnée pour enseigner la lecture et l'écriture. L'instituteur est un homme, et tout homme veut faire des prosélytes, religieux, politiques ou autres. Les résultats de l'enseignement obligatoire, je les ai constatés en Allemagne avec mon ami Rendu qui, à la vérité, est très partisan, lui, de l'enseignement obligatoire. On est arrivé en Allemagne au panthéisme et à l'athéisme obligatoires. Un tel résultat est de nature à effrayer certaines consciences. On me dira que, lorsque l'instruction obligatoire aura fonctionné, la liberté sera fondée; et qu'alors ces résultats mauvais pourront être utilement combattus. Le danger n'en existe pas moins; et qui sait si, après avoir tant fait pour amener la liberté, il sera possible de triompher des résultats dont je parle!

Messieurs, je me résume. La bataille semblait perdue hier; je ne dis pas qu'elle soit gagnée aujourd'hui, car nous ne sommes pas venus ici pour livrer et gagner des batailles; mais je crois qu'il y a, en ce moment, des esprits sérieux qui ont des doutes.

Le point capital, c'est la disproportion entre le but et les moyens. L'enseignement obligatoire a du bon, mais dans une sphère subalterne. La liberté de conscience, que vous voulez respecter, vous force à restreindre votre programme et à ne plus montrer à l'enfant que le mécanisme pur et simple de la lecture et de l'écriture. Pour atteindre aux grands effets sur lesquels vous comptez, il faut chercher ailleurs un moyen. Ce moyen, M. de Pressensé l'a indiqué avec un admirable esprit, c'est la décentralisation. Rendons aux communes toute leur sphère d'action, développons autant que possible la liberté communale, individuelle, la charité, la bienfaisance privée.

En terminant, je dirai à mes hôtes de Belgique que l'on cherche à entraîner vers l'instruction obligatoire et qui me paraissent y aller avec une certaine puissance de traction, et pour ainsi dire à la vapeur, je leur dirai : Cette liberté communale que nous avons perdue, cette liberté qui a fait l'Italie savante, cette liberté qui a fait les communes de Flandre ce qu'elles étaient et ce qu'elles sont restées, cette liberté vous l'avez ; et moins que tout autre peuple vous avez besoin de l'instruction obligatoire, car vous avez tous les moyens d'action qu'on n'a pas laissés à la France. (Applaudissements).

M. JULES SIMON. J'ai pris la parole hier, je la demande une seconde fois aujourd'hui pour répondre aux orateurs que vous venez d'entendre, parce qu'il y a certaines objections que je ne puis laisser passer.

Je disais hier que des deux objections, la liberté du père de famille et la liberté de conscience, la première était la plus sérieuse. Elle l'est pour moi ; mais, en fait, nos adversaires y songent peu. J'ai bien envie de dire, pour déchirer tous les voiles, que ce qui surtout les préoccupe, et ce qui fait l'animation du débat, c'est la question religieuse.

M. FOUCHER DE CAREIL. Pas pour moi, au moins, ce serait une erreur absolue.

M. J. SIMON. Je n'ai nommé personne.

M. DE GROUX. Ce n'est pas une question religieuse, c'est une question politique, en Belgique surtout.

M. LE PRÉSIDENT. Pas d'interruptions.

M. J. SIMON. M. le Président est le maître de défendre les interruptions ; mais pour moi, je les accepte toutes.

En Belgique, me dites-vous, ce n'est pas une question religieuse ; je ferai toutes les exceptions que vous voudrez pour la Belgique. Je ne connais ce qui s'y passe que par les rapports de vos Chambres et les articles de vos journaux. Mais en ce qui concerne la France, j'ai fait une étude approfondie de la question, et je puis émettre mon opinion avec quelque autorité. Voilà trente ans que j'étudie les questions d'enseignement dans mon pays ; je dis ce que je crois vrai, et je répète que, selon moi, le fond de la difficulté, c'est la question religieuse.

M. FOUCHER DE CAREIL. Je proteste de nouveau en ce qui me concerne.

M. J. SIMON. J'irai plus loin. Dans ma pensée, toute la politique actuelle est dominée par la question religieuse. Si la question religieuse était résolue, toutes les difficultés politiques s'évanouiraient comme par enchantement. Pourquoi réclamez-vous, quand je dis qu'en matière d'enseignement vous êtes préoccupés de la question religieuse ? Je ne vous en blâme pas, je vous en honore. Permettez-moi de dire que je suis moi-même un homme religieux. J'ai ma foi, ma foi philosophique et religieuse, à laquelle je suis attaché par le fond de mes entrailles, et pour laquelle j'éprouve les mêmes scrupules et la même sollicitude que vous. C'est parce que je respecte vos alarmes et la sincérité de vos convictions, que je réduis ma demande à la lecture et à l'écriture. Qu'il soit donc bien entendu qu'il n'y aura pas d'école obligatoire ; il n'y aura pas d'enseignement obligatoire de la morale ou de la religion ; en un mot, il n'y aura pas d'atteinte à la liberté de conscience : à moins que ce ne soit attenter à la conscience de quelqu'un, que de l'obliger à faire apprendre à lire à son enfant !

Mais quoi ! nous dit-on, la lecture et l'écriture sont-elles toute l'éducation ? Il semble qu'on nous reprocherait volontiers d'être des athées et des matérialistes, et de compter pour rien la morale. En vérité, ce n'est pas nous combattre que de parler ainsi. Est-ce que nous croyons qu'un père, après avoir appris à son fils à lire et à écrire, est quitte envers ce fils, envers la société, envers Dieu ? Vous savez bien que nous ne le pensons pas. Nous croyons, comme vous, que la première obligation du père de famille, c'est de faire de son fils un homme, de le mettre à même de subir les nécessités du sort, et de vaincre les difficultés que l'homme rencontre à chaque pas. Croyez-vous qu'en défendant l'instruction nous prétendions qu'elle est supérieure à l'éducation ? Croyez-vous qu'il y ait, pour nous, quelque chose au monde de plus sacré que ces grands principes de la morale qui, lorsqu'ils sont entrés dans un cœur, le préservent à jamais des lâches compromis et des capitulations déshonorantes ? S'il fallait donner sa vie, verser tout son sang, pour défendre la morale, pour répandre la sainte contagion du devoir et de l'honneur, croyez-vous que nous laisserions à d'autres le premier rang ? (Applaudissements.) Demandez à mon confrère Mioulet, que voilà à côté de moi, s'il sait ce que c'est qu'un maître d'école ! et moi-même, s'il m'est permis de parler de moi et de ma vie, si obscure et pourtant si agitée, croyez-vous que pendant les vingt années que j'ai passées dans l'enseignement, depuis les humbles fonctions de maître d'études jusqu'à celles de professeur à la Sorbonne et à l'école normale, il me soit arrivé une seule fois de monter dans ma chaire, sans me souvenir que je parlais à des hommes et qu'il s'agissait de faire des hommes, sans avoir le sentiment profond de ma responsabilité devant la société et devant Dieu ? (Applaudissements.)

Laissez donc là, encore une fois, ces devoirs qui ne nous divisent pas, dont nous ne parlons pas. Répondez-nous sur notre demande, et non pas sur des discours que vous mettez sans notre permission dans notre bouche. Pour la dixième fois, il s'agit de la lecture et de l'écriture. C'est le devoir de la société, c'est le droit de l'enfant. Nous accepterons tout le reste ; mais pour ceci, nous l'exigeons.

Mon très honorable ami, M. de Pressensé, est d'accord avec nous sur l'utilité et sur le droit. Il voudrait seulement attendre un moment plus opportun. Il ne veut armer qu'un pouvoir libéral. Ses principes sont les miens, je n'ai pas besoin de le dire (interruption). Moins je parle, et plus on me comprend. (Rires.) Mais avons-nous le droit d'ajourner une question de morale, sociale et universelle, à cause de ce que j'ai envie d'appeler un accident éphémère ? Est-ce que nous livrons l'éducation à un gouvernement, à une religion, à un parti ? De quelles armes et de quels ennemis parlez-vous ? De quelles craintes pouvez-vous être troublé, vous, défenseur et promoteur de la liberté religieuse, quand nous proposons d'abolir le droit à l'ignorance ?

M. Foucher de Careil me demande de lui dire *carrément* si à mes yeux l'instruction primaire sera au service de l'État, oui ou non. Carrément, je suis tout prêt à le faire ; mais brièvement, ce n'est pas si facile. Il y a une manière d'abréger les questions qui consiste à en ôter ce qu'elles renferment de plus important. Quand on demande si l'instruction est un service de l'État, il faut distinguer. Je crois que l'État est obligé de donner l'instruction quand elle ne peut être donnée que par lui. L'État ne doit intervenir qu'après tout le monde ; mais quand il s'agit d'un intérêt pressant, indispensable, souverain, et que tout le monde abandonne, l'État doit-il se refuser ? Doit-il abdiquer ? Osera-t-on le soutenir ?

M. Foucher de Careil a peur de l'État ; et moi aussi, j'en avais peur, dans mon pays, même quand il était libéral par origine et par principe. J'en aurais peur dans ce noble pays de Belgique, si petit par son territoire et si grand par ses institutions. Je n'admets l'intervention de l'État que quand elle est nécessaire, c'est à dire quand la liberté se récuse. J'ose dire que M. Foucher de Careil a trop de talent et de sens pour ne pas être de mon avis. Ce que j'admire le plus, dans la loi de M. Guizot, c'est qu'elle n'appelle le département qu'après la commune, et l'État qu'après le département. Faisons comme elle, et mieux qu'elle, s'il est possible. Réveillons l'énergie individuelle, provoquons des fondations comme en Angleterre, où les universités ont une vie propre, et par conséquent une ample liberté. A défaut de fondations particulières, nous avons l'action des communes. Les communes sont l'avenir de la liberté. Réveillez-vous, communes flamandes, patrie commune de quiconque adore la liberté, ma patrie! Donnez l'exemple de la guerre à l'ignorance, comme vous avez donné, au prix de votre sang, l'exemple de la guerre au despotisme! Est-ce moi qui viendrai défendre l'université unique, la centralisation intellectuelle, moi, ennemi de toute centralisation? Si M. Foucher de Careil avait été, comme moi, professeur en Sorbonne.....

M. FOUCHER DE CAREIL. J'y ai été votre élève. (On rit et on applaudit.)

M. JULES SIMON. Combien de fois j'ai senti que la direction toute puissante de l'État était un obstacle à la dignité du professeur, à son autorité, à sa conscience! J'ai le droit de le dire, parce que je n'ai jamais, pour ma part, consenti à la concession la plus légère. Et pourquoi ne dirais-je pas aussi que chaque fois qu'on m'attaquait, je trouvais, dans les chefs de l'université, l'appui le plus éclairé et le plus généreux? On m'attaquait pourtant, la loi était contre moi; l'université, telle qu'elle existe en France, n'a qu'une indépendance de fait, dont il faut faire honneur au caractère des hommes. Je le reconnais, je le déclare. Je le crierai, s'il le faut, plus haut que nos adversaires. Mais en vérité, vous ne me combattez que par des équivoques. Est-ce que nous vous forçons à entrer dans nos écoles? Qui donc a aboli en France le certificat d'études? C'est nous; c'est moi! (Mouvement.) C'est moi, comme rapporteur de la loi organique sur l'enseignement en 1848. Je puis bien le rappeler, car on ne me le pardonnera jamais. J'ai poussé jusque-là l'amour, la passion de la liberté. Je résume tout en un seul mot : liberté entière d'enseigner ; aucune liberté pour les pères de condamner leurs enfants à l'ignorance absolue et invincible.

On nous fait une autre objection que voici : Nous pouvons nous passer de l'instruction obligatoire; l'instruction fait des progrès constants; elle en fera chaque jour de plus considérables.

M. Foucher de Careil s'est trompé en disant que la statistique que j'ai citée n'a plus de valeur parce qu'elle est trop ancienne. C'est la statistique de 1860, qui m'a été officieusement communiquée par un ami. Celle de 1861 ne peut pas encore être faite. Cette statistique est navrante. En avions-nous besoin? Il suffit d'ouvrir les yeux. M. Foucher de Careil habite une des provinces les plus riches et les plus éclairées de la France. Qu'il vienne dans mon pays, en Basse-Bretagne. Je ne veux pas dire de mal de la race bretonne, fière, constante, un peu têtue, suivant le proverbe, mais têtue dans la probité et dans l'honneur. Il est malheureusement vrai que l'ignorance, je dis l'ignorance absolue, n'y est pas une exception, au moins dans la campagne. On y voit encore des hameaux où personne ne sait lire. Je me rappelle, comme si c'était hier, ce qui se passa en 1833, quand M. Guizot appela à son aide tout ce qui, dans le pays, avait de l'autorité morale. Ce fut un beau spectacle que de voir les préfets, les sous-préfets, les maires et les grands propriétaires, sans distinction de partis, faisant de longues courses à travers les campagnes et demandant le

concours de tout le monde pour répandre l'instruction, et avec elle le bien-être de la
liberté. Hélas! tant de zèle n'a réussi qu'à moitié, il s'est brisé contre l'ignorance tranquille
et sûre d'elle-même; quelquefois contre l'extrême pauvreté; car enfin, l'instruction a beau
être gratuite, il faut toujours, pour aller à l'école, faire abandon de son salaire. N'est-ce
pas aussi ce que nous voyons dans les manufactures? Là même où il y a une loi, la faim
la viole tous les jours. La faim, dis-je? Oui, pour l'apprenti, c'est la faim; mais pour le
patron, c'est le lucre. Certes, quand, pour écrire l'*Ouvrière*, j'ai visité, sans en excepter
une, toutes les grandes cités industrielles de la France, j'ai vu, en grand nombre, des
patrons admirables de zèle et de dévouement; mais combien me répondaient : « Il suffit
qu'un apprenti sache rattacher. » Et comme j'insistais : « Vous êtes philanthrope, me disait-
on, et nous, nous sommes industriels. » (Mouvement.)

J'ai besoin de faire un effort pour rappeler ces paroles qui pèsent encore sur mon âme
après plus de deux ans. Elles contrastent péniblement avec les sentiments élevés de l'immense majorité des chefs d'industrie, avec l'indignation qu'ils m'ont témoignée quand je
leur ai parlé de ces maîtres sans cœur, qui passent à travers leurs ateliers comme le plan-
teur du Sud à travers ses plantations, en disant : « Il faut bien qu'il y ait des esclaves,
parce qu'il faut bien que le coton soit récolté. » (Bruyants applaudissements.)

Ne vous étonnez donc pas que je ne me fie pas à la bonne volonté des populations pour
répandre l'instruction sans loi; et permettez-moi de dire aussi, que je ne me fie pas davantage à ceux qui, tout en protestant de leur amour pour l'instruction, insistent pour démontrer que l'on peut être heureux et moral sans savoir ni lire ni écrire. Je suis le premier à
reconnaître que parmi les hommes qui ne savent rien, il y en a d'heureux, il y en a d'honnêtes, il y en a même de puissants par l'intelligence. Mais si quelqu'un ici a le malheur de
penser que la culture intellectuelle n'aurait pas pour résultat d'augmenter et de féconder
ces heureux dons, qu'il se lève dans cette assemblée et qu'il fasse ouvertement un appel à la
barbarie! (Applaudissements.)

Il y a, entre nous, un dissentiment profond. Nous avons beau célébrer à l'envi la liberté
et faire sonner des fanfares en l'honneur de l'instruction et de ses bienfaits; nous sommes
plus séparés par le fond de nos sentiments que par la rhétorique de nos discours. Nos
adversaires commencent par admirer avec nous l'instruction, puis ils démontrent avec talent
qu'on peut s'en passer. Ne vont-ils pas jusqu'à nous accuser de communisme? Sachez qu'il
y a cette différence entre les communistes et nous, que quand les communistes veulent partager la propriété à tout le monde, ils commencent par l'ôter à ceux qui la possèdent. (On
rit.) Nous, au contraire, nous enrichissons à la fois celui qui reçoit et celui qui donne.
Faire la guerre à l'ignorance, c'est augmenter le capital social. Le maître lui-même devient
plus savant, et *mieux* savant en communiquant sa science. Il y a, de l'orateur à l'auditoire, comme une contagion bénie qui profite à la civilisation et à la morale. (Applaudissements.)

Mais j'entends M. Foucher de Careil qui me dit : Que parlez-vous de civilisation, puisque
vous vous bornez à la lecture et à l'écriture? Je réponds : Puisque je demande si peu,
pourquoi me le refusez-vous? (Rires et applaudissements.) Mais non, je demande beaucoup
en effet. J'impose peu, et je demande tout. Avec le peu que j'impose, et que vous n'avez
aucune raison de me refuser, j'obtiendrai tout.

Songez, messieurs, que le suffrage universel aura bientôt envahi une moitié de l'Europe.
Tous ceux qui pensent se demandent ce que c'est que le suffrage universel sans la liberté
de choisir. La liberté a deux ennemies : la censure et l'ignorance; la censure qui empêche
de parler, l'ignorance qui empêche d'entendre. Hâtons-nous d'apprendre à lire à ceux qui

seront électeurs demain, si nous voulons que les comices du XIX° siècle représentent autre chose que la force et le nombre.

C'est la cause de la liberté, c'est la cause de la civilisation, c'est la cause de l'ordre que nous défendons. C'est aussi celle de l'humanité et de la justice. Toutes ces sciences dont nous sommes fiers, héritage pieusement recueilli des mains de nos ancêtres, de quel droit en priverions-nous le peuple ? Faut-il que la moitié de nos frères viennent au milieu de nous comme des exilés dans un pays dont ils ignorent la langue ? Ne suffit-il pas que le sort les condamne à gagner leur pain à la sueur de leur front, et ne leur donnerons-nous pas les moyens de fortifier leur jugement et leurs facultés ? Platon, que j'ai le droit de citer, car un de nos adversaires nous a parlé tout à l'heure de Persépolis (on rit), Platon, dans une comparaison admirable, dit que tout ce qui est vrai de l'homme est vrai de la société, et que tout ce qui est vrai de la société est vrai de l'homme. Eh bien, pour l'homme comme pour la société, la liberté sans la lumière, la liberté sans le pouvoir de juger et de choisir, c'est le néant de la liberté. (Applaudissements.)

Messieurs, l'ignorance est la source de toutes les misères et elle est elle-même la plus grande de toutes les misères. Voilà longtemps que nous réclamons contre elle, et qu'on refuse de nous écouter. Tantôt on nous accuse de demander trop, et tantôt de demander trop peu. Ici, on nous appelle des tyrans, et là, on nous confond avec les anarchistes. Rappelez-vous un mot vraiment sublime du peuple de Paris quand il disait au gouvernement provisoire : « Nous avons trois mois de patience et de misère au service de la république. » Il avait le droit d'être généreux, car il parlait pour lui-même. Mais nous qui plaidons pour nos frères, et dont le cœur est tout saignant d'une misère qui n'est pas la nôtre, nous venons vous dire, avec douceur et fermeté : nous n'avons plus de patience ! (Applaudissements prolongés.)

Séance du 24 septembre. — Présidence de M. DE DECKER.

L'ordre du jour appelle la continuation de la discussion de la première question du programme :

M. JULES GUILLIAUME (Bruxelles). Le Code civil définit ainsi les devoirs des parents à l'égard de leurs enfants :

« Les époux contractent ensemble, par le fait seul du mariage, l'obligation de nourrir, entretenir et élever leurs enfants. »

Cette définition satisfait pleinement les partisans de l'enseignement obligatoire ; car elle reconnaît à l'enfant un droit positif à l'alimentation intellectuelle comme à l'alimentation physique. Ils se plaignent seulement que l'art. 203 du Code civil n'ait de sanction que dans la conscience du père de famille, et ils réclament la conversion de l'obligation morale en obligation légale.

Il est à remarquer, toutefois, qu'ils n'insistent pas sur l'accomplissement forcé de chacun des devoirs prescrits par le Code. Quoique le pain du corps soit indispensable à qui veut profiter du pain de l'esprit, ils abandonnent la nourriture et l'entretien à la discrétion de la famille ; ils demandent que l'enfant soit bien instruit, lors même qu'il serait mal nourri, mal logé et mal vêtu.

Sur quoi repose une distinction qui s'expliquerait infiniment mieux si elle était établie eu sens inverse? pourquoi propose-t-on de rendre l'instruction obligatoire, tout en laissant la nourriture facultative? La seule raison qu'on allègue, c'est que la nécessité d'élever les enfants n'est pas aussi généralement comprise que celle de les nourrir et de les entretenir.

Je crois donc que la question aura fait un grand pas quand on sera parvenu à indiquer pourquoi l'une de ces nécessités semble moins évidente que l'autre, et, en second lieu, quels sont les moyens à employer pour en démontrer l'évidence à tous les yeux.

En dehors, ou, si l'on veut, au dessus du devoir paternel et du droit de l'enfant, il y a en cause un troisième intérêt, celui de la société. Partisans et adversaires de l'enseignement obligatoire s'accordent à reconnaitre que l'ignorance est une plaie, un danger public; mais, tandis que les premiers réclament à cor et à cri l'application héroïque de leur panacée, les autres se contentent de recourir à quelques remèdes de bonnes femmes. Ici, comme dans le cas du père de famille qui laisse ses enfants sans culture intellectuelle, tout dépend de l'idée plus ou moins haute que l'on se forme de l'instruction et de ses effets.

· L'instruction est-elle l'une des conditions nécessaires à l'homme pour remplir sa destinée? L'assertion ne serait vraie que dans un milieu organisé d'après la formule saint-simonienne : « à chacun selon sa capacité, à chaque capacité selon ses œuvres. » Mais aujourd'hui, les connaissances même les plus élémentaires sont d'un usage si peu général, que beaucoup de personnes, ayant appris à lire et à écrire, l'oublient faute d'exercice. Il est bon que l'homme soit instruit, comme il est bon que l'homme soit robuste; ni plus ni moins. Dans la plupart des professions, la force musculaire lui sera même d'un plus grand secours que les facultés intellectuelles. La statistique des conseils de milice atteste qu'un grand nombre de jeunes gens ne savent ni lire ni écrire; mais elle constate aussi que beaucoup sont réformés pour faiblesse de constitution. Est-ce une raison pour décréter non seulement la gymnastique, mais l'hygiène obligatoire?

L'instruction primaire n'est pas une condition essentielle du bien-être de l'individu; elle est moins encore une condition essentielle de sa moralité. La science n'est pas une garantie de vertu; l'ignorance n'est pas une présomption de perversité. Je suis loin de partager les appréhensions de ce personnage de comédie qui redoutait l'instruction parce qu'il avait remarqué que tous les faussaires savent écrire. M. Rossi a finement répondu à cette objection en disant : « Nous espérons bien qu'un jour viendra où tous les criminels sauront lire et écrire. » Mais la réponse est à deux tranchants; car s'il peut arriver qu'un jour tous les criminels soient instruits, c'est qu'évidemment l'instruction ne les aura pas détournés du mal. Il existe, sans contredit, un rapport entre l'ignorance et la criminalité; seulement, ce rapport n'est pas aussi direct qu'on le suppose. La vérité est que si le crime et l'ignorance vont souvent ensemble comme frère et sœur, c'est qu'ils ont une mère commune, la misère. Il y a donc à choisir entre deux issues : ou diminuer le paupérisme et laisser l'instruction se répandre d'elle-même, comme une suite naturelle de l'aisance, ou imposer l'instruction, c'est à dire, faire peser sur le prolétariat une charge nouvelle, au risque de voir s'accroître la misère.

On insiste cependant, et, après avoir invoqué la statistique, on somme l'histoire de témoigner que « la moralité des peuples est en raison directe de leur instruction, qu'elle s'élève ou s'abaisse avec la culture de l'intelligence, que l'état des mœurs varie avec celui des lumières, et qu'au plus bas degré de la civilisation correspond aussi le plus bas degré de la moralité (*). »

(*) G. TIBBAGHIEN. *De l'instruction obligatoire.*

Voilà ce qu'on veut faire dire à l'histoire, et voici ce qu'elle répond : A Athènes, quand Périclès gouverne, Aspasie règne ; on décerne une statue au sophiste Gorgias et Socrate est condamné à boire la ciguë ; le peuple court aux spectacles, mais il déserte l'agora et l'on ne parvient à l'y ramener qu'en lui assignant un jeton de présence. Plus tard, Alexandrie déploie une activité intellectuelle sans exemple dans les annales de l'humanité ; les écoles et les bibliothèques publiques foisonnent ; l'érudition remue toutes les sciences, et cette époque de culture encyclopédique est une époque de décadence. A Rome, dans un temps où l'on faisait des livres sur tout, même sur l'art culinaire, Tacite oppose le vigoureux état de nature des Germains incultes au raffinement des Romains de l'empire. Est-ce donc par amour du paradoxe que l'austère historien fait remarquer à ses compatriotes que les Germains ignorent le commerce mystérieux des lettres? Là, dit-il, on ne rit pas du vice ; corrompre et être corrompu ne s'appelle pas suivre le train du siècle ; là, les bonnes mœurs ont autant de force qu'ailleurs les bonnes lois. Et sans remonter à l'antiquité, on nous a cité tout à l'heure de grands empires et de grandes capitales où la plus haute civilisation coïncide avec la dépravation la plus abjecte.

Si l'instruction primaire pouvait tenir les promesses faites en son nom, elle s'imposerait d'elle-même. S'il y avait lieu d'espérer, je ne dis pas une rénovation sociale, mais seulement un progrès réel et sensible, par l'enseignement de l'a b c, pas un législateur n'hésiterait à inscrire dans le code le principe formel de l'instruction obligatoire ; ou plutôt, l'intervention du législateur deviendrait inutile ; car si l'instruction possédait l'influence magique qu'on lui attribue, si elle exerçait une action décisive sur le bien-être et la moralité de l'individu, pas un père ne priverait son enfant d'une condition indispensable à l'accomplissement de sa destinée.

De la résistance même que rencontre cette tentative d'empiétement de la loi sur le domaine de la morale, je conclus que si l'instruction n'est pas généralement reconnue comme une nécessité, c'est qu'elle n'en est pas une. Aussi, le Code ne prescrit-il pas aux parents l'obligation d'instruire leurs enfants, mais celle de les élever, ce qui est bien différent. Les partisans de l'enseignement obligatoire eux-mêmes ne parviennent à donner quelque consistance à leur système qu'en confondant les deux termes distincts d'instruction et d'éducation, la partie avec le tout.

Qu'importe? dira-t-on ; ce n'est là qu'une subtilité, une querelle de mots. Pour nous, instruction et éducation sont à peu près synonymes ; nous voulons que l'homme soit éclairé ; au lieu de passer par le cœur pour arriver à la tête, nous prenons la route inverse. Mais nous ne sommes pas exclusifs ; nous ne répudions pas certains moyens d'éducation ; notre programme d'études comprend la religion, c'est à dire l'histoire sainte et le catéchisme, la lecture de la Morale en action et du Manuel de la civilité puérile et honnête.

Je ne discute pas pour le moment l'efficacité très contestable de ces divers procédés. Je constate seulement que ce sont là des expédients pour englober l'éducation dans l'instruction, pour faire entrer le contenant dans le contenu, opération physiquement impossible. Entre l'éducation proprement dite et l'instruction telle qu'on l'entend, il n'y a pas seulement disproportion, mais incompatibilité réelle, absolue, radicale. Avant de glorifier la diffusion des lumières, il convient, me semble-t-il, de nous assurer si nous avons devant nous un flambeau qui nous éclaire ou un feu-follet qui nous égare et nous conduit au précipice.

L'éducation est l'apprentissage de la vie. L'école a pour fonction de servir d'intermédiaire entre la famille et la société ; il faut donc qu'elle participe de l'une et de l'autre, qu'elle continue, sans transition trop brusque, l'œuvre commencée d'instinct par la mère, et qu'elle fasse de l'enfant un homme.

Est-ce entre ces deux pôles, la famille et la société, que se meut aujourd'hui l'école? Examinons.

L'enfant quitte le foyer domestique qu'il remplissait de bruit et d'animation. Il entre en classe. Il porte les regards autour de lui, et aussitôt une impression étrange le saisit. Le spectacle qu'il a sous les yeux est entièrement nouveau pour lui. Il pressent, il devine, il comprend qu'il n'y a plus rien de commun entre ce qu'il a été jusqu'à présent et ce qu'il va devenir.

Dans la classe, tout a été combiné avec un soin minutieux pour favoriser le recueillement et prévenir la moindre distraction. Les carreaux de vitre ont été dépolis; le vert de la campagne et le bleu du ciel ont été proscrits comme séditieux; point de couleur qui réjouisse et repose l'œil. L'enfant s'assied sur un banc noir, devant un tableau noir; il se courbe sur un pupitre noir; il pâlit sur un livre sans images, un livre à caractères noirs. Quand il aura passé quelques années dans cette classe en grand deuil, il pourra s'estimer très heureux s'il en sort plus instruit que myope.

Pour le rendre sociable, on s'efforce de comprimer en lui toute expansion. Pendant deux ans, sa mère s'est donné une peine inouïe pour lui apprendre à marcher et à parler, à présent, il lui est interdit de se servir de sa langue et de ses jambes. Comment voulez-vous qu'il se retrouve au milieu de pareilles contradictions?

Beaucoup de philanthropes réprouvent comme trop cruel le système des prisons cellulaires; ils prétendent que le silence et l'isolement conduisent à l'hébêtement et à la folie. Tel est pourtant le régime de la classe, avec cette aggravation de barbarie que l'enfant est isolé sans être seul. Il n'a pas même une muraille qui le sépare de ses voisins et lui ôte la tentation de causer avec eux. C'est l'ordre du maître qui sert de cloison au malheureux Tantale.

L'école ne se modèle ni sur la famille ni sur la société; son prototype est ailleurs, en dehors du monde : c'est le couvent avec ses vœux de mutisme, son recueillement et ses pratiques monotones; c'est le pénitencier avec application de la discipline auburnienne. Je pourrais pousser plus loin l'analogie; je pourrais vous rappeler les noms qui désignent les différentes parties du couvent, de la prison et de l'école, et qui ne sont en usage que pour ces trois sortes d'institutions : le dortoir, le parloir, le réfectoire, le préau. Autrefois, l'homme était mis au carcan; l'enfant était mis à genoux; quand la fustigation a été supprimée de la législation pénale, le magister a renoncé à sa férule. Aujourd'hui les pénitences disciplinaires sont encore les mêmes dans les prisons et dans les écoles. Ces quelques indications suffisent pour caractériser notre prétendu système d'éducation dans ses traits les plus généraux. L'enfant commence l'apprentissage de la vie en passant par le bagne.

Le régime cellulaire de l'école le conduirait infailliblement à l'idiotisme, si quelques heures de récréation ne venaient contrebalancer l'influence pernicieuse des heures de classe. C'est alors seulement que la nature reprend ses droits et que l'enfant rentre en possession de lui-même. Étrange mode d'enseignement qui ne devient salutaire qu'au moment où tout enseignement cesse! Mais la récréation elle-même ne concourt à l'éducation de l'enfant que sous le rapport physique. Les exercices désordonnés auxquels il se livre ne sont pas de ceux que Frœbel appelle les bains rafraîchissants du travail; ce sont les sauts de joie extravagants du captif dont on vient de briser la chaîne. La récréation a un caractère de sauvagerie d'autant plus prononcé que la contrainte de la classe a été plus violente. Or, l'éducation a précisément pour objet d'arracher l'enfant à l'état sauvage pour le préparer à la civilisation, c'est à dire de le soumettre à une règle, à une loi, à une discipline; car la liberté réelle est à égale distance de l'anarchie et du despotisme.

La première impression que l'enfant reçoit de l'école est donc celle-ci : dans la classe, il voit régner l'ordre sans liberté ; hors de la classe, la liberté sans ordre ; nouvelle contradiction qui ne peut manquer de jeter une nouvelle confusion dans son esprit.

L'enfant a tout à apprendre ; il a soif de tout connaître. Il ne demande qu'à s'occuper ; un rien l'intéresse, le captive, l'amuse. Il veut savoir le fond des choses ; il cassera son plus beau joujou pour voir ce qu'il y a dedans. Comment l'école répond-elle à cette curiosité insatiable ? Quels aliments offre-t-elle à cette précieuse avidité ?

Il me serait facile de démontrer que le seul enseignement normal, rationnel, est celui que l'enfant reçoit sur les genoux de sa mère ; et que l'enseignement de l'école est abstrait, dogmatique, entièrement contraire au génie pratique de l'enfance. Pour ne pas entrer dans de trop longs détails, je me bornerai à juger l'arbre par ses fruits. On est parvenu à rendre les occupations de l'enfant tellement arides, tellement ennuyeuses, que l'activité d'esprit est devenue un supplice pour ce petit être essentiellement actif. Il demandait de la nourriture, on lui a présenté une médecine. Ainsi, pour le décider à la prendre, a-t-il fallu imaginer je ne sais quel monstrueux système de récompenses et de peines, de flatterie et d'intimidation, semer la terreur pour recueillir l'hypocrisie ou la révolte, exciter la vanité chez les uns, et en même temps l'envie et la haine chez les autres, caresser chez tous les mauvais instincts qui grouillent dans les bas-fonds de l'âme humaine. Le travail dans l'école n'est pas le produit naturel, spontané, libre, d'un besoin d'activité ; c'est le résultat d'une contrainte extérieure. L'enfant travaille comme le nègre sous le fouet du commandeur, non pour sa propre satisfaction, mais pour celle de son maître, autant dire pour l'amour de Dieu. Sans les travaux forcés, le bagne ne serait pas complet.

La morale enseigne qu'il faut faire le bien pour le bien ; l'école donne à tous les actes un but intéressé. L'enfant apprend par cœur que l'homme est né pour travailler comme l'oiseau pour voler ; et il sait pourtant bien que l'oiseau ne vole pas pour obtenir un prix ou pour éviter un pensum. Et lors même qu'ils ne seraient pas démentis à chaque instant, les plus beaux préceptes de morale font connaître le bien, mais ils ne le font pas aimer.

C'est ici qu'éclate, dans toute son évidence, la distinction que j'ai établie : on possède l'instruction, on est possédé par l'éducation. Une fois entrée dans l'homme, l'éducation fait corps avec lui, elle devient un élément de son être, elle le domine, elle s'empare de sa volonté ; elle ne lui laisse plus la faculté d'incliner vers le bien ou vers le mal, selon les circonstances ou les suggestions de son égoïsme ; elle le livre pieds et poings liés à la souveraineté de la conscience.

Comment s'opère un pareil miracle ? Comme tous les miracles ; de la façon la plus naturelle du monde.

L'éducation de l'enfant doit passer par les mêmes phases de développement que celle du genre humain. A l'origine des sociétés, l'instinct aveugle règne seul. Les convoitises sans frein engendrent des luttes, des attentats, des violences sans nombre. Mais le besoin d'une protection commune se fait sentir ; une législation intervient, une pensée jaillit de l'instinct, la lumière se dégage du chaos.

A mesure que les rapports sociaux se multiplient, la loi se diversifie ; à mesure que la conscience publique gagne du terrain, l'arbitraire individuel en perd. Les mœurs, sans cesse dépouillées de leur gangue, s'adoucissent et s'épurent. La légalité, une fois reconnue, comprise et pratiquée par tous, devient une habitude. La justice règne. Le barbare est entré en pleine civilisation.

Mais, pour accomplir cette lente transformation, pour soumettre l'homme encore inculte à une nécessité restrictive de sa liberté, il faut un intermédiaire entre son instinct toujours prêt à la révolte et son intelligence à peine éveillée. Cet agent, nous le trouvons chez tous les peuples primitifs. C'est le sentiment religieux. Le symbole parle aux yeux avant que la raison se révèle à l'esprit. Sur les ailes de la religion, l'homme s'élève du fini à l'infini, de la diversité à l'unité, il étudie les phénomènes pour en découvrir la cause. Le sentiment religieux persiste ou s'éteint selon qu'il est ou non conforme aux nouvelles lumières de la raison. C'est la nature qui sert de pierre de touche au sentiment et à l'intelligence. Si la religion n'a fait que traduire fidèlement et présenter sous une forme sensible les enseignements de cette immortelle révélation, la science se confond avec la foi, l'homme arrive à la plénitude de sa conscience. Dans le cas contraire, la religion change de nom et s'appelle superstition. Elle ne tarde pas à disparaître comme l'alchimie et la magie devant la chimie et la physique, comme tous les empirismes devant toutes les sciences. La raison passe outre et continue seule son évolution.

Comme l'humanité, l'enfant est d'abord livré sans défense à tous les instincts qui luttent au dedans de lui. Comment sortira-t-il de l'anarchie pour vivre en paix avec lui-même? Comment donnera-t-on à sa vie intérieure l'harmonie, l'ordre, l'unité? Deux moyens se présentent : le premier consiste à hisser l'enfant sur des échasses démesurées pour lui faire franchir d'un seul pas, au risque de se casser le cou, l'énorme distance qui sépare la barbarie de la civilisation. C'est le procédé qu'emploie l'école.

L'autre moyen consiste simplement à lui jeter un pont, à le conduire par le sentiment à la raison. C'est le parti qu'indiquent la nature et l'histoire ; c'est le chemin que suivent les mères, c'est le seul praticable ; car l'enfant ne peut pas plus arriver de l'instinct à la conscience, sans passer par la période d'incubation du sentiment, que la chenille rampante ne peut se transformer en papillon aérien, sans avoir sommeillé d'abord dans son enveloppe de chrysalide. Mais le sexe fort et présomptueux s'est confié à son pédantisme plus qu'à l'instruction maternelle. La prédominance de l'homme sur la femme est le péché originel de l'école.

Le sentiment a son expression dans l'art. L'image est la forme simple, primitive, enfantine de la pensée. L'idéal est le pressentiment de l'idée, comme l'apparence est le pressentiment de la réalité. Le beau est donc la première étape du vrai.

L'art conduit à l'observation de la nature. L'esprit, qui ne s'est occupé d'abord que des manifestations extérieures, s'attache à en découvrir les lois mystérieuses. Il étudie, il analyse, il compare. Il arrive par l'expérience à la science, à la vérité. Mais si la raison à elle seule peut découvrir et formuler la justice, elle est incapable d'engendrer la morale sans le concours actif du sentiment. Le bien n'est autre chose que l'accomplissement du vrai et du beau. Voilà pourquoi les raisonnements les plus sensés et les admonestations qu'on croit les plus persuasives sont autant de paroles perdues. L'art seul, et c'est là sa plus haute mission, peut ôter sa rudesse à l'instinct, faire l'éducation du sentiment et fournir à la raison l'appoint de la bonne volonté.

Éclairer l'esprit sans tenir compte du sentiment, c'est laisser la conscience ténébreuse. L'école fait payer quelques lambeaux de vaine science au prix de qualités mille fois plus précieuses ; car il y aura toujours trop de demi-savants, il n'y aura jamais assez de grands caractères.

Cette seule considération suffit pour expliquer et justifier le peu d'empressement d'un grand nombre de pères de famille à doter leurs enfants de ce qu'on est convenu d'appeler les bienfaits de l'instruction. Mais si la seule culture intellectuelle ne parvient pas à s'imposer comme une nécessité, il en serait tout autrement de la culture intégrale dans laquelle l'instruction ne serait plus qu'une simple branche d'éducation, une branche qu'on pourrait tailler, émonder, retrancher même au besoin, sans empêcher l'arbre de porter d'excellents fruits.

S'il n'y a point de connaissances, il y a une foule de qualités indispensables à tout le monde, à chaque instant de la vie. Il importe à la société comme aux individus, que tout citoyen, grand ou petit, soit, non pas instruit mais intelligent, robuste, adroit, actif, laborieux, honnête, moral. Le père de famille le moins éclairé n'a pas besoin qu'on le lui démontre. Pour qu'il comprenne la nécessité d'élever ses enfants comme il comprend celle de les nourrir et de les entretenir, il s'agit uniquement de lui présenter un mode d'éducation qui réalise tout ce qu'on attend vainement de l'instruction ; en d'autres termes, il n'y a qu'à prendre une route entièrement opposée à celle de l'école d'aujourd'hui. L'école rend le travail obligatoire parce qu'il est rebutant ; rendons le travail attrayant et il deviendra volontaire. L'école exige que l'enfant soit immobile et passif ; proclamons bien haut que le mouvement et l'activité sont des conditions essentielles de développement. L'école impose silence à l'enfant, allons au devant de ses questions. Quand le travail intéresse, il n'y a plus ni paresseux ni bavards ; faisons donc du travail un jeu, mais un jeu méthodique, organisé, normal ; faisons du jeu le travail. Nous aurons ainsi le contraire de l'école, nous aurons le jardin d'enfants.

Le but du jardin d'enfants est de préparer l'unification complète de la vie par la culture physique, esthétique et intellectuelle, de conduire l'enfant de l'instruction à la notion, de la pratique à la théorie, de l'expérience à la science et à la conscience. Dans chacun de ses jeux, il découvre une loi simple, fixe, immuable qui préside aux phénomènes multiples, complexes et variés. Placez-le ensuite dans la société, et il lui sera aussi impossible de comprendre la liberté sans ordre que l'ordre sans liberté. Au lieu d'un mercenaire contenu dans le devoir par la crainte du gendarme ou l'appât de quelque distinction, vous aurez un citoyen juste et moral qui sera comme l'empreinte vivante de la légalité.

L'enfance tient dans ses mains les clefs de l'avenir. C'est par elle que doit commencer l'affranchissement de l'humanité. Plus de cabanon ni de camisole de force, plus de routine et plus de superstition, plus d'école cellulaire, plus d'anachronisme ! A ce prix seulement, l'homme-enfant pourra parvenir, selon la glorieuse devise d'Ulric de Hutten, par la vérité à la liberté, par la liberté à la vérité.

M. DE PRESSENSÉ (France). Je n'ai que peu de paroles à ajouter à celles que j'ai eu l'honneur de prononcer devant vous, il y a deux jours. Je suis fier d'avoir contribué à provoquer la réplique de M. Jules Simon, aux sentiments duquel je sympathise profondément.

Je poursuis le même but que lui. Je suis convaincu, comme lui, de la nécessité absolue d'une vaste diffusion de l'instruction. Je ne conteste pas sa conclusion ; mais j'insiste sur les idées que j'ai présentées avant-hier.

Quand on veut faire une loi, on ne saurait prendre trop de précautions en faveur de la liberté. J'admets que nous vivons aujourd'hui sous l'empire d'un accident, ou si l'on aime mieux, d'un incident qui ne durera pas toujours. Mais, indépendamment de cela, il y a une disposition qui existe foncièrement dans nos races, une tendance séculaire que l'on retrouve à chaque pas dans l'histoire de notre pays, et qui nous pousse vers la centralisation. Nous devons donc veiller, plus que tout autre peuple, à ce que les droits de la liberté soient scrupuleusement garantis. Les dynasties peuvent passer, les formes peuvent changer, mais si, au fond, l'idée de la centralisation subsiste, il n'y a pas de liberté réelle. C'est, comme le disait Tocqueville, mettre la tête de la liberté sur un corps servile. A mes yeux, c'est de cela surtout qu'il faut se souvenir dans la question qui nous occupe.

. Nous avons tous une grande répugnance pour les mesures restrictives de la liberté du père de famille, pour l'amende et la prison. N'y aurait-il pas un moyen d'arriver au but sans cela? Là où le droit de suffrage est universel, on pourrait le rattacher à certaines conditions élémentaires; demander à l'électeur, par exemple, d'écrire son nom sur la liste électorale. Tous les citoyens seraient alors intéressés à s'instruire; les partis auraient intérêt à répandre l'instruction et leurs luttes seraient un concours pour la diffusion des lumières. Ce serait un magnifique résultat. Peut-être arriverait-on ainsi, sans léser la liberté, à rendre morale l'obligation de l'instruction. C'est là l'essentiel.

Aide-toi, le Ciel t'aidera, dit le proverbe. On pourrait dire aussi : Aide-toi, l'État t'aidera. Sauve-toi, et tu sauveras l'État. Fais tout ce que tu peux toi-même, avant de t'adresser à celui sur lequel on fait trop reposer le fardeau de la vie publique.

La liberté individuelle a quelque chose de grand à faire dans cette question; elle le fait, du reste, en Angleterre et ailleurs. Il y a un livre que M. Jules Simon connait bien : *La vie de village en Angleterre.* J'ai été frappé, en le lisant, de l'émulation, de l'ardeur, de l'activité dans le sens de la diffusion des lumières, qui se manifestent en Angleterre chez les classes instruites. On y multiplie les écoles. On s'y fait soi-même maître d'école et les sociétés d'utilité publique y fondent des bibliothèques. Il est beau de voir ainsi les classes instruites répandre les lumières. La gratuité n'y est pas complète, à la vérité. Mais, à mon avis, ce n'est pas un mal. Lorsqu'on fait un sacrifice pour obtenir une chose, on y tient davantage. Celui qui paye pour s'instruire, ne s'appauvrit pas, il s'enrichit; et puis on respecte davantage la dignité de celui qu'on instruit, en ne lui donnant pas l'instruction comme une aumône.

Tout cela est organisé sur une large échelle. On fonde des bibliothèques; on fait des lectures aux ouvriers des grandes villes; on donne des prix à ceux qui se sont distingués, et l'instruction se développe de plus en plus. On n'oublie pas non plus l'instruction religieuse. Il y a des écoles du dimanche. La jeunesse lettrée s'y fait l'institutrice volontaire de la jeunesse pauvre. Je crois donc qu'avant de recourir à l'État, il y a quelque chose de grand à faire dans ce sens. Si nous recueillons nos forces disséminées, si nous cherchons à répandre l'instruction par la liberté individuelle et par l'association, nous arriverons à un grand résultat.

La question sociale n'est pas tranchée; elle subsiste, on ne peut la supprimer. Le problème est toujours là qui nous serre la gorge. Ne nous occupons pas du peuple parce que nous en avons peur, mais parce que nous l'aimons. L'amour, la charité fraternelle à l'égard du peuple est notre devoir. Il y a entre les classes qui sont en haut et celles qui sont en bas, une formidable différence. C'est aux heureux de la terre à faire disparaître, autant qu'il est en leur pouvoir, l'inégalité de fortune et l'inégalité d'instruction. C'est leur devoir et c'est leur intérêt, c'est l'intérêt de la société tout entière. La charité descendue du ciel sur la terre a sauvé le monde; c'est la charité qui sauvera la société, j'en ai la foi profonde. (Applaudissements.)

M. Foucher de Careil (France). J'arrive un peu tard pour répondre au discours que vous avez entendu hier. J'espérais le faire immédiatement, afin que la réplique suivit l'attaque; mais de plus graves questions ont été agitées dans une autre enceinte. La liberté était menacée, on a couru au rempart. Notre section a été désertée pour cette grande question de la presse. Maintenant que nous sommes revenus à nos modestes et utiles débats, je ne puis laisser passer sans protestation certaines attaques, certains arguments, qui ont froissé mes convictions et mes croyances.

M. Jules Simon, avec un admirable talent, a posé le débat sur un terrain tout nouveau, sur lequel je ne m'étais pas mis. Par une tactique habile, il a changé le caractère de cette lutte désintéressée, essentiellement philosophique et scientifique, et avec un art consommé, il vous a dit : « Ne nous laissons pas égarer. Il n'y a jamais eu qu'une question, la question religieuse; c'est elle qui préoccupe tous les esprits et qui nous divise en deux camps. » Puis, avec une autre habileté non moins grande, se réservant le beau côté, il nous a divisés en catholiques et libéraux. J'ai protesté immédiatement ; je l'ai fait par devoir de conscience. Rien ne peut faire supposer que je me sois fait le défenseur d'une question religieuse en critiquant le mécanisme de l'instruction obligatoire.

Ce qui me surprend dans la bouche d'un philosophe comme M. Jules Simon, c'est qu'il se laisse entraîner par sa verve et son talent jusqu'à dire : « Toutes les questions politiques sont des questions religieuses, toutes les questions religieuses sont des questions politiques. » Je n'accepte pas cette théorie; je la connais, et je la repousse avec indignation. Si aujourd'hui, il y a des questions qui sont tout à la fois politiques et religieuses, c'est qu'on a soulevé des conflits déplorables entre la politique et la religion, entre le temporel et le spirituel. Mais ici, grâce à Dieu, il ne s'agit pas de cela.

Je suis resté sur le vrai terrain, en considérant le système proposé comme un moyen d'éducation.—Je vous ai fait comprendre la disproportion qui existe entre le but et le moyen. Le but est magnifique et digne des âmes généreuses; au point de vue philosophique, il s'agit de sauvegarder les droits sacrés de l'intelligence méconnus et foulés aux pieds ; au point de vue économique, de déraciner la misère du sein des sociétés humaines. Plus mon esprit s'attache à ce difficile et grand problème, plus je suis convaincu que ce n'est pas en substituant au système d'enseignement en vigueur l'instruction obligatoire, c'est à dire en vulgarisant la lecture et l'écriture, qu'on s'emparera du problème et qu'on lui donnera une solution satisfaisante. Voilà pourquoi je proteste contre l'immixtion de la religion dans une question économique, qui ne concerne que l'instruction, l'enfance, et l'État.

On a dit avec éloquence que le peu de confiance que ce moyen inspire aux adversaires de l'instruction obligatoire n'est qu'une finesse, une tactique habile ; que c'est ainsi que toutes les réformes sont écartées; qu'on oppose la même fin de non-recevoir aux meilleures idées, à toutes les idées nouvelles. Telle n'est pas ma pensée. Personne n'est, plus que moi, partisan de la diffusion de l'instruction; mais je suis surtout partisan du développement de l'éducation. A vous entendre, lorsqu'on se sert du moyen de l'enseignement obligatoire, on a le droit de se décerner un brevet de libéralisme. Tous les partisans de la liberté, dites-vous, sont partisans de l'enseignement obligatoire; et ceux qui ne sont pas partisans de l'enseignement obligatoire ne sont pas partisans de la liberté. C'est une erreur de polémique, ce n'est pas une raison sérieuse.

Si j'osais faire une nouvelle statistique, je dirais aux libéraux qui sont si fiers de leur méthode nouvelle, de leur enseignement obligatoire : Puisque vous croyez avoir tout fait pour l'enseignement, comptons un peu. Quelles écoles, quels asiles, quelles maisons pour l'enseignement de l'enfance avez-vous fondés? Où sont vos preuves de capacité? Vous le savez comme moi : parmi ceux qui repoussent l'enseignement obligatoire ou qui doutent de son efficacité, il y a des hommes qui se sont faits maîtres d'écoles, qui ont fondé des écoles en grand nombre, qui ont répandu l'instruction, qui ont travaillé à ouvrir au savoir une voie large et féconde.

Nous différons donc sur le principe? Pourquoi? Vous voulez, de cette France trop ignorante dans ses bas-fonds, faire tout d'un coup un immense cerveau qui reflète toutes les idées bonnes et mauvaises, toutes les émotions et toutes les passions. Nous voulons, surtout, nous, que le cœur batte dans un grand peuple, et ce n'est pas le mécanisme de la lecture et de l'écriture qui fera battre le cœur de la France. Votre loi sera stérile, et c'est ce qui m'autorise à dire que des moyens aussi simples ne vous donnent pas le droit de vous décerner un brevet de libéralisme et de philanthropie.

Je n'ai plus que peu de chose à dire. Laissez-moi vous communiquer un souvenir récent qui vous montrera comment j'entends la question. J'ai parcouru, il y a peu de temps, l'Angleterre. Un soir, étant entré dans un établissement qui n'était ni une église, ni une école, mais qui avait un caractère mixte, j'y ai trouvé réunis des hommes et des enfants. Tous avaient un livre en main. Tous, en suivant ce livre, s'unissaient dans une pensée commune. Tous avaient ce merveilleux don que l'on veut donner à tous dans mon pays ; ils savaient lire et écrire. Ce livre, c'était la Bible! Je ne suis pas protestant, mais je sais admirer le bien partout où il est, et je cherche à le comprendre dans ses causes et ses effets. Il peut y avoir, il y a des moyens d'éclairer les masses. Il peut y avoir chez elles un besoin moral de lecture ; il peut y avoir un attrait religieux ou autre qui porte l'homme à savoir lire. Quand cette émotion existe, quand ce besoin exige satisfaction, alors vous avez des hommes qui savent lire et écrire, des hommes qui sauront lire toujours ; tandis que dans nos écoles vous avez le tiers où la moitié des enfants qui n'apprennent que par contrainte et qui oublient. Pourquoi cela? Parce que la question morale doit précéder toujours la question de méthode et de mécanisme.

Ce que nous voulons, c'est précisément qu'on se préoccupe moins du mécanisme et qu'on aille plus au fond de la question vitale, la question de l'éducation et du cœur ; qu'on ne croie pas que tout sera fait lorsqu'on aura imposé le mécanisme de la lecture et de l'écriture, et qu'on se pénètre bien de cette vérité, qu'il faut commencer par créer les mœurs et les idées, par créer des besoins intellectuels dans les masses. Ne sentez-vous pas qu'il y a là un obstacle sérieux qui rendra votre tâche épineuse? Ce besoin moral qui attire l'intelligence vers le livre n'existe pas dans le peuple. Vous n'avez pas su le faire naître, vous ne le trouvez pas, vous ne savez pas le moyen de le développer. Ce n'est pas un mécanisme insuffisant qui le fera naître. Il faut aller à la racine du cœur et de l'esprit, et éveiller la passion du savoir. C'est toujours ainsi que le savoir s'est développé dans le monde. L'histoire nous rapporte qu'Amyot cirait ses bottes tout en cherchant à déchiffrer les hiéroglyphes des livres grecs, et que c'est ainsi, sans le secours d'aucun maître d'école, qu'il est arrivé à la science et au génie. Le premier élément de l'éducation, c'est de créer des besoins intellectuels avant de chercher à les satisfaire brutalement là où ce n'est pas nécessaire.

Quel que soit l'avenir du principe de l'instruction obligatoire, je ne doute pas qu'il puisse être efficace ; je le crois bon, mais dans une sphère limitée, dans un ordre subalterne, à son rang. N'oubliez pas ceci. L'instruction n'est que la plus facile partie du grand problème que nous avons à étudier. Il y a tout un art presqu'inconnu qu'on appelle l'art de l'éducation. C'est là qu'il faut porter la lumière et les études ; c'est pour cela qu'il faut chercher de nouvelles méthodes. Il faut développer l'homme dans sa totalité ; vous ne pouvez pas le scinder en deux parties, mettre d'un côté l'intelligence et de l'autre la volonté ; porter tous nos efforts sur l'une, et laisser l'autre inerte et dégradée. Nous voulons l'essor harmonieux de toutes les forces de l'homme. Nous ne voulons pas de ce système qui leur refuse et l'essor et l'harmonie, et qui sépare l'homme en deux troncs, pour livrer l'un au maître d'école, l'autre au curé. Il faut prendre l'homme tel qu'il est avec son caractère, ses passions. Le schisme que vous voulez établir serait déplorable et aurait de détestables résultats.

On a cité l'Angleterre ; ce n'est pas en fait d'instruction que ce pays est un modèle ; mais en fait d'éducation, c'est le premier pays du monde. Là, on s'occupe de l'homme entier. Son esprit s'y développe comme son corps par une sorte de gymnastique. On s'y attache surtout à affermir sa volonté qui est le caractère indélébile de cette forte race anglo-saxonne.

Je ne cesserai de le répéter : s'il y a quelque chose à apprendre en fait d'éducation, c'est en Angleterre, et non pas chez les peuples où règne l'enseignement obligatoire.

Consultez la statistique de l'enseignement obligatoire en Europe et aux États-Unis. En Allemagne, il y a deux parts égales : l'une, pour le régime de l'enseignement obligatoire, l'autre, pour le régime de l'enseignement libre. Je ne sache pas qu'il y ait une infériorité réelle dans cette région libre où l'on repousse l'enseignement obligatoire. La situation de l'enseignement aux États-Unis a donné lieu à d'étranges aberrations. On a dit et répété dans des brochures que les États-Unis avaient inscrit dans leur constitution le principe de l'enseignement obligatoire. C'est à dire que là où la liberté existe dans toute sa sauvagerie, on n'aurait pas craint de recourir à la contrainte pour faire des hommes, pour peupler les écoles. On a cité la république de Massachusetts, la première colonie des Anglais sur cette terre vierge. On s'est trompé. Cet État n'a pas inscrit dans sa constitution le principe de l'enseignement obligatoire. Ces grands hommes de l'Angleterre perdus dans les solitudes du Nouveau-Monde ont voulu, il est vrai, que chaque homme fût forcé d'apprendre un état, un métier ; cette prescription a été rendue obligatoire ; mais elle n'a rien de commun avec l'enseignement obligatoire.

Je conclus. On a montré avec une sévérité navrante les plaies de la France. Je crois les connaître aussi bien que mes adversaires ; mais je n'admets pas qu'elles soient un argument en faveur de leur thèse. Je n'admets pas que l'enseignement obligatoire puisse guérir ces plaies. Croyez-vous sincèrement que si la France souffre c'est uniquement parce qu'il y a chez elle 800,000 individus qui ne savent ni lire ni écrire ? Croyez-vous que si la France n'est plus au premier rang des États, c'est uniquement à cause de cela ? Croyez-vous que ce soit là le germe de son mal, et qu'il suffise de couper ce germe pour la guérir ? Non, messieurs, le mal est plus profond ; il tient aux racines du cœur, à l'absence de force morale, à l'abaissement des individus ; c'est à cela qu'il faut porter remède, et ce n'est pas par le vain palliatif de l'enseignement obligatoire que l'on guérit ces maux-là dans une nation comme la France. (Applaudissements.)

M. Permans (Louvain). Il n'est plus guère possible de traiter la question de l'instruction obligatoire après les brillants orateurs que vous avez applaudis. Cette question me paraissait des plus simples ; elle s'est étendue, on lui a donné de grands développements. Reprenons-la telle qu'elle a été posée : l'instruction obligatoire est-elle compatible avec la liberté d'enseignement ? Sur cette question, nous avons entendu fort peu d'orateurs. Il s'agit donc de savoir si, dans une société où l'enseignement est libre, on peut rendre l'enseignement obligatoire ; et si l'enseignement obligatoire est compatible avec la liberté de l'enseignement, il s'agit de trouver des moyens pour réaliser le problème.

L'affirmation du principe ne me paraît pas douteuse. Pourtant nous l'avons entendu contester. Nous avons même entendu proscrire l'école. Tout à l'heure M. Guillaume nous a dépeint l'école comme une prison cellulaire.

M. J. Guilliaume. L'école telle qu'elle est aujourd'hui.

M. Peemans. Je ne parle que de celle-là. J'avoue que dans une réunion d'hommes sérieux il me paraissait impossible qu'on songeât à mettre en avant un pareil paradoxe.

M. J. Guilliaume. Contestez-vous qu'on impose aux élèves le silence et l'isolement?

M. Peemans. C'est une erreur; tous les pédagogues qui sont ici vous le diront.

M. Guilliaume. Demandez à M. Braun, il s'y connaît.

M. Laduron. C'est une nécessité; il faut que l'élève se taise quand le professeur parle; il n'y a pas d'enseignement possible sans cela.

M. J. Guilliaume. Il n'est pas nécessaire d'isoler les élèves les uns des autres en leur imposant le silence entre eux.

M. le Président. N'interrompez pas l'orateur.

M. Peemans. J'ai voulu affirmer le principe, parce que, si nos plus rudes adversaires reconnaissent que l'instruction est une grande et belle chose et même une nécessité, il ne peut plus y avoir entre eux et nous qu'une faible distance à parcourir. Je suis donc heureux d'avoir relevé les paroles de M. Guilliaume, puisqu'il a protesté immédiatement quand je lui ai reproché de faire la guerre à l'école. Si l'instruction est reconnue nécessaire à tout le monde, pourquoi ne pas proclamer l'instruction obligatoire? Pourquoi ne pas forcer les récalcitrants à s'instruire alors que l'instruction libre aura donné tout ce qu'elle peut donner?

L'instruction obligatoire est-elle donc si effrayante? Pour qui sera-t-on amené à rendre l'instruction obligatoire? Pour quelques pères de famille qui eux-mêmes n'ont pas reçu d'instruction, qui ont le sens moral perverti et ne peuvent comprendre l'utilité de l'instruction pour les enfants. C'est pour soustraire les enfants à l'influence de ces pères dont l'ignorance explique le mauvais vouloir, que la loi sera faite.

Les lois pénales sont faites pour les exceptions. Nous avons des lois contre les voleurs; ce n'est pas que tout le monde soit voleur, c'est parce qu'il y a des voleurs. Nous aurons une loi sur l'enseignement obligatoire parce qu'il faudra, un jour, quand les idées de civilisation et de progrès auront fait plus de chemin, quand l'intelligence de chacun aura atteint un certain développement, il faudra qu'il n'y ait plus d'exception.

Le moyen, c'est d'abord de faire donner par l'instruction libre tout ce qu'elle peut donner. Malgré les statistiques, l'instruction libre n'a pas encore donné le quart de ce qu'elle peut donner. On a fait beaucoup en Belgique depuis la loi de 1842 qu'on peut appeler une heureuse innovation, comme la fameuse loi de 1833 dont M. Guizot a doté la France. On a fait beaucoup pour l'instruction; mais nos villages manquent d'instituteurs et de locaux, il nous manque surtout l'argent, qui est le nerf de la guerre à l'ignorance. Il nous faut proclamer le principe de l'instruction obligatoire pour contraindre la société à tous les degrés à satisfaire ce grand besoin social de l'instruction.

On nous a fait deux objections sérieuses. On a d'abord repoussé notre principe au nom de la liberté du père de famille; on prétend que celui-ci a le droit de laisser croupir ses enfants dans l'ignorance. Rien n'est plus respectable que la liberté du père de famille, et en toutes circonstances, j'en ai donné des exemples; je sais faire respecter les droits du père de famille. Mais il n'y a pas de liberté absolue dans le monde. La liberté de chacun est circonscrite par la liberté des autres. Doit-elle, peut-elle être absolue dans un état social bien constitué? Évidemment non. Sous la législation actuelle, il y a bien des limites à la liberté absolue du père de famille. Le père de famille doit élever ses enfants, leur donner des aliments ; la loi civile le lui ordonne. La loi civile lui ordonnera aussi de donner à ses enfants les aliments de l'intelligence. Déjà la loi morale, la loi naturelle lui impose cette obligation. Ce n'est pas à ses dépens qu'il donnera l'instruction à ses enfants. On ne lui demande que de la laisser donner, puisque la société la lui offre. D'après la loi de 1842, tout le monde a droit à l'instruction ; non seulement les pauvres, mais les gens aisés peuvent réclamer l'instruction. La commune est obligée de la donner à tous ceux qui la réclament.

Dans la société ancienne, la liberté du père de famille était absolue ; le père avait droit de vie et de mort sur ses enfants ; il pouvait les vendre comme des esclaves ; c'était une matière qui lui appartenait. La civilisation est venue, et la tyrannie du père de famille a été abolie ; aujourd'hui, lorsqu'un père prétend avoir le droit de séquestrer, de mutiler son enfant, d'exercer sur lui de mauvais traitements, il est condamné par les tribunaux aux acclamations du peuple : *vox populi, vox Dei*. Il y a eu tout récemment une émeute à la suite de la découverte d'un enfant qui avait été enfermé dans un cloaque ; la police est intervenue et elle a eu toutes les peines du monde pour soustraire la marâtre à la vindicte publique. Eh bien, l'opinion publique, qui flétrit les parents assez barbares pour infliger des tortures physiques à des êtres qu'ils devraient chérir, poursuivra un jour d'une haine aussi violente ceux qui, oubliant que la nature leur a donné charge d'âmes, auront laissé languir leurs enfants dans l'impuissance intellectuelle. (Applaudissements.)

La seconde objection grave qu'on nous a faite est celle-ci : le père de famille a le droit de vivre du travail de ses enfants. S'il ne peut à lui seul subvenir aux besoins de sa famille, il peut s'aider du travail de ses enfants.

Je m'élève contre un tel principe. L'enfant ne doit pas d'aliments à son père tant que celui-ci lui en doit. Si l'instruction primaire est obligatoire jusqu'à l'âge de 12 ans, qui osera dire que l'on prive le père de famille d'un gain sur lequel il a le droit de compter? Ce serait vouloir faire des crétins intellectuels et physiques au lieu de citoyens. Ne demande-t-on pas une loi qui règle le travail des enfants dans les manufactures? Dès l'âge de six ans, l'enfant est livré au travail industriel ; sa santé est compromise ; son intelligence est négligée. Il faut une loi qui protége l'enfance au risque de restreindre la liberté du père de famille. ·

Il y a en faveur de l'instruction obligatoire un argument que j'appellerai l'argument de nécessité légale. Il faut que tout le monde sache lire. Il est impossible de ne pas proclamer le principe de l'instruction obligatoire. Il n'y a pas un citoyen français ou belge qui ne doive savoir lire ; cela résulte d'une disposition qui se trouve dans la législation française et belge, et, je crois, dans toutes les législations de l'Europe. Je veux parler de la fiction légale : tout le monde est censé connaître la loi ; la loi pénale comme la loi civile.

La loi peut porter atteinte à notre liberté, à notre fortune. Il faut la connaître ; la fiction légale a été maintenue. Mais comment porte-t-on les lois à la connaissance des citoyens? On ne fait plus de publications orales à son de trompe. Aujourd'hui, l'on suppose que tout le monde sait lire. On publie la loi au *Moniteur*. Au lieu de faire lire la loi dans les villes et les campagnes, aux populations attirées par le bruit de la clochette ou du tambour, on se borne à l'imprimer, et dix jours après, tout le monde est censé l'avoir lue ; tout le monde doit l'observer. Cet argument me semble irréfutable. L'instruction obligatoire est la con-

séquence nécessaire de la fiction légale et du mode de publication qui a remplacé les pro-
clamations orales. (Applaudissements.)

M. Rolin-Jacquemyns (Gand). Avant d'aborder le fond du debat, qu'il me soit permis,
messieurs, de répondre à ce qu'a dit M. Jules Simon sur la nature de la question. Car il est
de la dernière importance qu'il n'y ait pas de méprise à cet égard. Déjà des orateurs français ont répondu, en ce qui concerne leur pays, à la qualification de *question religieuse*, par
·laquelle on voudrait bien donner le change sur les véritables intérêts engagés dans le
débat. Comme Belge, je crois de mon devoir de relever à mon tour cette espèce d'argument.

Ma réponse sera simple. La question de l'enseignement est-elle une question religieuse?
Oui, si l'on entend par questions religieuses, les questions de liberté religieuse, de liberté
d'enseignement, de liberté de conscience; non, si l'on entend par questions religieuses
celles où l'intérêt d'un dogme spécial est engagé. Car ce n'est pas la liberté d'un dogme
spécial; mais celle de tous les dogmes religieux et philosophiques qui est mise en cause par
l'instruction obligatoire. A proprement parler donc, la question est moins une *question
religieuse* qu'une *question de liberté religieuse*. Et la liberté religieuse n'est pas la seule qui
soit ici menacée. Il y en a bien d'autres. C'est ce dont j'espère vous convaincre.

Et d'abord, afin qu'il n'y ait plus de malentendu, et que l'on ne m'accuse pas de déplacer
la question pour faire meilleur marché des arguments que l'on m'oppose. Je dirai que je
reconnais chez mes adversaires le désir de concilier leur système avec la liberté, notamment
avec la liberté d'enseignement. Je suis persuadé que M. Jules Simon parle avec sincérité
quand il dit qu'il ne veut pas de l'école obligatoire, qu'il ne veut pas rendre obligatoires
les écoles de l'État, et quand il proteste contre l'intervention de l'État en matière d'enseignement ou en tout autre matière, alors que cette intervention n'est pas exigée par le
besoin de tous. Je le crois aussi de très bonne foi quand, dans ces deux petites choses, la
lecture et l'écriture, il ne voit que deux moyens mécaniques, qu'il veut donner aux enfants,
ou plutôt qu'il veut obliger tous les pères à donner à tous leurs enfants. Et je ne suis pas,
quant à moi, de l'avis de ceux qui considèrent ce bienfait comme une petite chose. C'est
une grande chose, au contraire, que tout le monde sache lire et écrire. Quand il en sera
ainsi, nous aurons fait un grand pas, et nous marcherons plus vite dans la voie du progrès
où nous sommes engagés. Mais il est permis de douter que ce projet soit réalisable, alors
même que la loi, par laquelle tous les citoyens seraient forcés d'apprendre à lire et à écrire
à leurs enfants, leur laisserait la liberté de les envoyer dans tel établissement qu'ils juge-
raient convenable.

L'instruction est une magnifique chose. Mais il faut comparer le but avec les moyens
pratiques de le réaliser. Toutes les innovations ont un but légitime; sans quoi elles ne se
feraient accepter de personne, à plus forte raison des esprits généreux qui en sont partisans. Les novateurs les plus extravagants, les socialistes, les communistes de l'école de
M. Cabet, que je suis loin cependant de confondre avec nos adversaires, ont un but
légitime. Ils ne veulent pas autre chose que le bonheur de toute l'humanité, et je suis
persuadé qu'ils le veulent entièrement. Je crois donc aussi que ceux qui réclament l'instruction obligatoire veulent le progrès et la diffusion des lumières, et que beaucoup
d'entre eux entendent arriver à ce résultat sans violer aucune liberté essentielle. Mais
cela est-il possible? Là est toute la question, et le comité fondateur de l'Association l'a
comprise ainsi, puisqu'il a demandé à notre section de ne pas s'occuper seulement du
principe, mais de son application dans la pratique.

Beaucoup d'orateurs, se plaçant sur ce terrain, ont soutenu que l'instruction obligatoire, telle qu'ils l'entendent, c'est à dire avec la lecture et l'écriture seulement, est parfaitement compatible avec toutes les libertés. D'un autre côté, ces mêmes orateurs ont reconnu qu'il n'y a de liberté d'enseignement que pourvu qu'il n'y ait pas d'écoles obligatoires. Or, je pense que, dans l'état actuel des choses, décréter l'enseignement obligatoire, c'est rendre l'école officielle obligatoire. Je pense qu'il n'est pas possible de décider tout à la fois que l'enseignement de la lecture et de l'écriture sera obligatoire pour tous, et que les écoles de l'État ne le seront pour personne. Soyez-en convaincus, messieurs, vous aurez beau inscrire, à côté l'un de l'autre, ces deux principes dans la loi, les faits donneront, à l'un ou à l'autre, un éclatant démenti.

Que voyons-nous autour de nous? Dans les villes, il y a, il est vrai, beaucoup de moyens d'instruction. Chaque parti, chaque croyance, chaque opinion offre son école au père de famille. Il y a l'école catholique, l'école protestante, voire même l'école philosophique. Dans ces grandes agglomérations d'hommes, la minorité même est assez puissante pour se donner au besoin une école selon son cœur. Mais si ce fait rend l'instruction obligatoire moins dangereuse, il la rend en même temps moins nécessaire. Témoin Genève, où l'instruction est devenue universelle sans être obligatoire. Témoin les progrès réalisés dans toutes les communes où l'administration fait sérieusement, généreusement son devoir. Témoin, par exemple, la ville de Gand où la même marche suivie pendant dix ou quinze ans encore rendra toute contrainte inutile.

Aussi n'est-ce pas pour les villes que l'on réclame l'instruction obligatoire, c'est pour les campagnes. Mais qu'existe-t-il dans les campagnes? Quelques communes ont des écoles privées; l'immense majorité a des écoles de l'État. Décrétez l'enseignement obligatoire et, dans la plupart des cas, le père n'a pas le choix entre telle ou telle école. Il est obligé en fait d'envoyer son enfant à l'école de l'État.

M. PIRMANS. Permettez, c'est l'école de la commune.

M. ROLIN-JACQUEMYNS. N'importe, c'est toujours l'école officielle, l'école du pouvoir; c'est le pouvoir communal qui offre son école au père. Mais si l'enseignement de cette école déplaît au père, si le père se défie du maître d'école, et cela peut arriver, M. Jules Simon en convient, — si, par exemple, le père est protestant, seul de sa croyance dans la localité qu'il habite, si, dans cette localité ou dans les environs, il n'y a pas d'école protestante, que fera-t-il? Il n'aura pas le choix, il devra envoyer son enfant à l'école officielle, bien qu'il puisse avoir mille raisons de s'en défier. Vous le voyez donc, vous aurez beau mettre dans la loi que l'école officielle n'est pas obligatoire. En fait, elle le sera pour ce père de famille.

« Ce n'est là, » direz-vous, « qu'une exception; en règle générale, l'école officielle ne sera pas obligatoire. » Mais n'y eût-il qu'une seule exception, elle serait la condamnation de votre système. N'est-ce pas toujours à propos d'exceptions que les partisans de la liberté de conscience élèvent la voix? Toutes les violations de la liberté de conscience se sont produites contre des exceptions : c'était la majorité qui tyrannisait la minorité opposante. Interrogez l'histoire. Si, en Espagne, par exemple, les protestants, les hérétiques sont morts sur les bûchers, c'est parce qu'ils ne partageaient pas la croyance de la majorité. Négliger les exceptions, c'est tuer la liberté. C'est donc pour l'exception que je réclame. Je ne veux de protection exclusive pour aucune communion quelconque. Je veux que toutes aient les mêmes droits. Je ne veux pas que le maître d'école soit favorisé aux dépens du curé, pas plus que je ne désire voir le curé triompher du maitre d'école.

Mais, s'écrie-t-on, c'est bien simple. Nous nous bornerons à l'enseignement de la lecture, de l'écriture et du calcul. Est-ce sérieusement que l'on prétend, par la même loi qui proclamera l'instruction obligatoire, ordonner au maitre d'école de borner son enseignement à des procédés mécaniques? Ne voyez-vous pas que l'enseignement de ces procédés doit se combiner avec un enseignement moral et religieux et que, si l'enseignement de la lecture ne porte que sur des mots et non sur des idées, la lumière n'entrera pas dans l'esprit de l'enfant? Ne pensez-vous pas d'ailleurs que, pour apprendre à lire, il faille des livres? Or, quels livres emploierez-vous? Et puis, il ne suffit pas que l'enfant apprenne à lire. Il faut qu'il comprenne ce qu'il lit. Il faut pénétrer dans son intelligence et y verser des idées. Or, quelles idées lui donnerez-vous? Et ne sentez-vous pas enfin que les livres dont vous ferez usage et que les idées que vous enseignerez pourront froisser la liberté de conscience du père de famille? Je dis du père de famille, et c'est à dessein que je m'exprime ainsi. Car l'instruction, qu'on l'appelle métier ou art, est une mission que l'instituteur tient du père de famille; il est donc le mandataire, le remplaçant du père auprès de l'enfant, et s'il dépasse son mandat, s'il le viole, c'est à la liberté du père de famille qu'il porte atteinte.

Si vous voulez véritablement être conséquents avec vos principes, limiter, comme vous le dites, l'enseignement de l'école, savez-vous ce que vous faites? Vous avilissez la profession du maître d'école, vous le condamnez à ne plus remplir une fonction intelligente, à étouffer les inspirations de sa conscience, et à oublier lui, être pensant, qu'il s'adresse à de petits êtres qui commencent à penser. Vous le ravalez au rôle d'un manœuvre ou d'une machine.

Prétendrez-vous le contraire? Mais alors, nous nous retrouvons en présence de la difficulté que je signalais tout à l'heure. Il se peut que le maître d'école ait des idées différentes de celles du père de famille, que ses opinions philosophiques ou religieuses déplaisent au père de famille. Or, il n'a pas le droit d'imposer ces idées à l'enfant, si le père ne le veut pas.

On a, il est vrai, opposé le droit de l'enfant au droit du père. On en a fait deux droits complétement distincts et presqu'ennemis. Partant de là, on voudrait conférer à la société une tutelle active, se traduisant par une ingestion continuelle et indiscrète dans le sein de la famille. En cela, on n'oublie qu'une chose, c'est que, vis-à-vis de la société, si l'enfant a des droits, c'est le père qui les exerce. Tant que l'enfant est enfant, sa volonté est celle de son père. Par conséquent, tout exercice d'un droit qui implique la manifestation d'une volonté se fait par l'intermédiaire et sous l'autorité du père de famille. Ceci n'est pas seulement une règle de droit positif, c'est la traduction d'un sentiment inné dont chaque violation révolte la conscience publique. Je demande à le prouver par un exemple.

Un orateur a rappelé hier un événement qui a remué l'Europe. Un enfant est enlevé à son père, on l'initie à une religion qui n'est ni celle de sa race, ni celle de sa famille. Puis, quand les parents éplorés viennent le réclamer, on refuse de le rendre. L'enfant lui-même, fidèle à sa foi nouvelle, refuse de les suivre. Tel est le fait dont le récit a soulevé chez tous les amis de la liberté un cri de réprobation unanime. Tous l'ont qualifié d'attentat à la liberté de conscience, à la liberté religieuse, et, sans doute, bien des partisans de l'instruction obligatoire n'ont pas été des derniers à flétrir les lois qui autorisaient, qui commandaient de pareils actes. Cependant en quoi consistait l'attentat? Avait-on forcé l'enfant à abjurer? Avait-on exercé sur lui quelque violence physique? Nullement. On l'avait persuadé, on l'avait catéchisé, et l'on avait si bien entraîné sa conviction, que lui-même disait à son père : « Je reste avec ceux qui m'ont enseigné la vérité, je ne veux plus retourner avec vous. » D'ailleurs, ceux qui agissaient ainsi étaient fermement convaincus qu'ils assuraient le bonheur éternel de l'enfant. Où donc était l'attentat? Où était le vice de la loi qui autorisait cet acte? Il consistait, messieurs, en ceci : qu'une autorité étrangère à la famille, y avait pris la place du père; qu'elle avait séparé la volonté du père de la volonté de l'enfant; qu'elle s'était emparée de celui-ci à cet âge où l'intelligence est encore une cire molle que le premier venu peut pétrir à son gré. Or, cette autorité qui s'appelait l'Église dans l'affaire Mortara, s'appelle l'État dans la question de l'enseignement obligatoire. Un zèle indiscret, voilà ce qu'il faut déconseiller à l'un comme à l'autre.

J'ai donc le droit de le dire. C'est violer la liberté de conscience, que d'intervenir, à propos d'enseignement, entre le père et l'enfant, avant que ce dernier ait atteint un certain âge. Jusque-là, les deux intelligences se confondent en une seule. L'homme fait est le mandataire légal de l'enfant. La direction intellectuelle que le père donne à son enfant est une question à vider entre Dieu et lui.

On nous a fait tantôt une objection considérable. Tout citoyen, dit-on, est censé connaître la loi, et, en vertu de cette fiction, celui qui contrevient à la loi sans la connaître est puni comme s'il l'avait connue. Or, comme de nos jours la publication officielle des lois ne se fait plus que par le *Moniteur*, nul ne peut connaître la loi s'il ne sait lire. Il s'ensuit que, pour empêcher la fiction légale de demeurer un mensonge, tout le monde doit savoir lire. L'instruction obligatoire est donc pour l'État plus qu'un droit, elle est un devoir.

Au premier abord, il faut en convenir, l'objection paraît extrêmement sérieuse. Cependant, il ne nous semble point qu'elle le soit. En admettant que nul ne puisse connaître la loi s'il ne sait lire, il en résulte seulement que le devoir de l'État est de mettre les moyens d'instruction à la portée de tous les citoyens. S'ils n'en profitent point, c'est à eux-mêmes ou à leurs parents qu'ils doivent s'en prendre. L'État n'est pas plus responsable de leur négligence à cet égard, qu'il ne peut l'être des habitudes vicieuses ou des instincts criminels que développerait en eux le défaut d'éducation morale.

Mais on peut faire, à l'habile et pratique orateur que je contredis en ce moment, une réponse plus décisive encore. Tous ceux qui apprennent à lire et à écrire connaissent-ils, par cela même, toutes les lois? Certainement non. Il y a une foule de lois, actuellement en vigueur, et que nous tous, ici présents, nous ignorons tout comme si nous ne savions ni lire ni écrire. En revanche, il y en a d'autres que nous connaissons tous, mais que ceux qui ne savent ni lire ni écrire connaissent également. Quelles sont-elles? Les lois qui punissent les délits et les crimes. Du moins peut-on affirmer que tout homme en a une connaissance suffisante, pour que l'ignorance ne puisse pas plus lui servir d'excuse aux yeux de la morale qu'aux yeux du Code. Et d'où vient cette connaissance? C'est que les lois qui punissent les délits et les crimes sont fondées sur la justice. Les lois de ce genre, a dit Rossi, doivent être justes avant d'être utiles. Or, cette justice, l'homme n'a pas besoin de livres pour la connaître; il en trouve les principes au fond de son cœur. Il n'est pas nécessaire d'avoir lu la loi, pour savoir qu'il est défendu de voler et de tuer. Quant à la foule de dispositions qui punissent de peines légères les actes, souvent indifférents au point de vue de la morale absolue, que l'on appelle des contraventions, il est vrai que les principes de justice n'avertissent point de leur existence. Mais l'instruction primaire ne les fait pas connaître davantage, et quoi que l'on fasse à cet égard, la présomption légale demeurera toujours, dans un grand nombre de cas, une fiction mensongère.

D'ailleurs, parmi les hommes mêmes que leur éducation professionnelle prépare à la connaissance et à l'étude des lois, combien y en a-t-il qui les connaissent toutes ? Quels sont
les avocats assez savants ou assez présomptueux pour oser se vanter d'avoir, moniteurs
vivants, présente à la pensée la masse innombrable des lois, arrêtés et règlements généraux, provinciaux et locaux qui nous régit, et pour être certains de ne jamais pécher par
ignorance ?

L'objection est donc plus spécieuse que vraie.

Revenons à notre principe. Il s'agit d'une question de liberté et d'une question d'enseignement. C'est sur ce terrain qu'il faut placer le débat. La liberté, dit-on, a ses limites
résultant de l'existence même de la société. Toute loi est une atteinte à la liberté, ce n'est
pas un motif pour ne plus faire de lois. Il ne s'agit, messieurs, que de s'entendre. Il y a
la liberté et *les libertés*. *La liberté* individuelle, chacun en sacrifie une portion à l'intérêt
de tous. Mais il y a *des libertés* si sacrées qu'on a cru devoir les proclamer solennellement
dans la loi des lois, dans la Constitution. Ces libertés, on ne peut y porter atteinte sans
violer la Constitution. Une des plus précieuses, c'est la liberté de conscience, dont la liberté
de l'enseignement n'est, pour ainsi dire, que le corollaire. Je crois avoir démontré qu'elle
serait violée par l'instruction obligatoire.

Deux principes ont successivement gouverné le monde : celui de la société moderne et
celui de la société ancienne. La société ancienne faisait de l'État un maître absolu. Tout
ce que l'État ordonnait devait être exécuté, et rien n'échappait à son action. Dans cette
société, l'instruction obligatoire eût été possible. Aujourd'hui le monde a changé. On se
fie à la liberté, aux forces individuelles, et l'on croit qu'en respectant toujours la liberté,
on arrivera au bien, plus vite et plus sûrement qu'en recourant à la force. (Applaudissements.)

M. Mioulet (Pays-Bas). Il est difficile d'ajouter quelque chose à tout ce qui a été dit ;
mais je viens d'un pays où l'enseignement primaire est presque universellement répandu, et
je crois qu'il est intéressant pour l'Association internationale que chacun de nous lui apporte
des faits de son pays.

Mes premières paroles ont été mal comprises. Heureusement, l'éloquence de M. Jules
Simon et le talent de M. Rolin ont fait à peu près disparaître le malentendu.

J'ai appelé métier l'œuvre de l'instituteur, et je le répète après avoir entendu M. Foucher de Careil, qui m'a contredit : le rôle de l'instituteur primaire est un métier. Je vous
expliquerai comment c'est un métier.

M. Foucher de Careil a parlé avec éloge de ce qu'il a vu en Angleterre, de ce zèle, de cet
élan pour porter l'instruction partout, pour la communiquer aux classes les moins favorisées. Je sais aussi ce que l'on fait pour l'enseignement primaire en Angleterre, chez ce
grand et noble peuple, où l'individualité germanique a conservé tout son empire. Je sais
qu'il y a là beaucoup d'écoles, que l'enseignement y a pour base les premières règles de la
pédagogie, et qu'il y est donné non pas mécaniquement, mais d'après une méthode propre
à développer l'intelligence.

Pour moi aussi, l'instituteur est un homme appelé à développer les intelligences. Il remplit une mission, et cette mission est une mission de dévouement, car, entre les quatre
murailles de son école, il n'a que Dieu et sa conscience pour témoins. (Applaudissements.)
Chaque soir, il se rend compte de ce qu'il a fait, et chaque soir, même s'il n'est pas catholique, il a raison de dire son *mea culpa*. (Nouveaux applaudissements.)

C'est ainsi que j'entends le métier d'instituteur, et ici je dois relever une fausse idée qui s'est produite. On parle du danger qu'il y a à ce qúe l'instituteur inculque à de petits enfants des idées contraires aux dogmes de telle ou telle Église. Le malheureux, s'il fait cela, ne sait pas son métier; il n'a pas étudié les premiers éléments de la pédagogie. L'instituteur n'a que deux choses à faire : au point de vue de l'instruction, il doit développer l'intelligence de l'enfant; au point de vue de l'éducation, il doit faire ce que demande M. Foucher de Careil, former sa volonté. Qu'il se pénètre de cette double mission, et qu'il n'aille pas abrutir l'intelligence de l'enfant, en l'abreuvant d'idées que cette intelligence ne peut pas digérer.

Ce qu'on nous a dit de la France m'a désolé. Je viens d'un pays beaucoup plus avancé. Chez nous l'instruction est répandue partout. Chaque commune a son école, et lorsqu'il n'y a pas assez d'écoles, les États provinciaux, sur le rapport de l'inspecteur de district, ordonnent qu'on en ouvre de nouvelles.

Je disais tout à l'heure que l'instituteur a une mission de dévouement; mais, cependant, il faut qu'il vive. En Hollande, si le traitement que l'instituteur reçoit de la localité n'est pas suffisant, les Etats députés ont la faculté d'ordonner à la commune de l'augmenter. Cependant chez nous les communes ont leur autonomie. Quand j'ai entendu le respectable bourgmestre de Bruxelles nous souhaiter la bienvenue dans le temple bâti par la commune aux libertés communales, et nous parler de ses libertés avec une noble fierté, j'ai senti mon cœur battre à la pensée que les Belges aussi comprennent tout le prix de l'autonomie des communes et qu'ils savent la faire respecter. (Applaudissements.)

M. Jules Simon a dit que la difficulté était dans la question religieuse. M. Rolin et d'autres orateurs l'ont contredit. Je crois pourtant que M. Jules Simon a raison, et que certaines idées religieuses font obstacle à l'enseignement obligatoire. On l'a compris en Hollande, et l'on a voulu écarter cette difficulté. Aussi l'art. 23 de notre loi de 1857 porte-t-il que l'enseignement scolaire doit servir à développer les facultés intellectuelles de l'enfant, et le conduire à la pratique des vertus chrétiennes et sociales. Il n'est pas question de dogmes; car la loi prend soin d'ajouter que l'instituteur s'abstiendra d'enseigner quoi que ce soit de contraire au respect dû aux opinions religieuses des autres.

J'approuve ce que d'autres orateurs ont dit de la nécessité de combiner l'instruction avec l'éducation; mais il ne faut pas y faire intervenir la religion, car, une fois que l'on entre dans cette voie, il est impossible de satisfaire tout le monde. L'un trouve que l'on ne fait pas assez, l'autre que l'on fait trop. Il vaut beaucoup mieux ne pas s'occuper de la religion, et laisser le soin de l'enseigner à ceux que la chose concerne spécialement. Pour que personne ne se plaigne, il faut vivre en ermite à l'endroit de la religion.

En Hollande, on n'est pas non plus de l'avis de M. Guilliaume. Tout à l'heure, en entendant M. Guilliaume, je me suis rappelé le célèbre paradoxe de Jean-Jacques Rousseau sur l'influence des lettres et des arts. A en croire M. Guilliaume, les écoles ne feraient que du mal. Nous ne partageons pas cette opinion, et nous multiplions les écoles autant que nous pouvons.

Mais ce n'est pas la question. Il s'agit de l'instruction obligatoire qui inspire à beaucoup de gens une sorte d'horreur. On nous dit : Faites des écoles et vous aurez des élèves; vous n'aurez pas besoin de l'instruction obligatoire. Chez nous, la question n'est pas aussi difficile qu'en France et en Belgique. Elle a été débattue sur une plus petite échelle à la Société d'UTILITÉ PUBLIQUE de Rotterdam. Si l'on nous avait dit que le tiers de nos miliciens ne sait ni lire ni écrire, nous aurions jeté les hauts cris. Cependant, il reste encore quelque chose à faire dans notre pays. La Société d'UTILITÉ PUBLIQUE, société tout à fait nationale, compte parmi ses membres des délégués de beaucoup de grands villages. Nous avons appris par eux que dans les villages où il y a des fabriques, les enfants ne vont pas à l'école, quoique l'enseignement soit gratuit. On a nommé des commissions chargées d'engager par le raisonnement, par la persuasion, les parents à instruire leurs enfants; ces demandes sont restées stériles. Que faire alors? Il faut bien recourir à l'instruction obligatoire. On fait grand cas de la liberté chez nous, car la Hollande est un pays de liberté. Mais que peut-on attendre de ceux qui ne savent pas ce qu'on leur demande, de parents qui, n'ayant rien appris eux-mêmes, disent : « Nous avons grandi ignorants; nos enfants grandiront ignorants comme nous, et ne s'en trouveront pas plus mal? » Le pauvre ne voit qu'une chose, les deux ou trois sous que lui rapporte le travail de son fils. Ne lui parlez pas de liberté, il n'y entend rien.

La Société d'UTILITÉ PUBLIQUE s'est aussi préoccupée des moyens d'arriver au but. Elle a pensé que si la législature ne se ralliait pas au principe proposé, et n'adoptait pas l'instruction obligatoire, il fallait organiser une ligue, réunir des Congrès, afin d'éclairer l'opinion, et de lui prouver que la vraie philanthropie consiste, comme le disait Macaulay, à diminuer le nombre des prisons en augmentant le nombre des écoles. (Applaudissements.)

Je ne suis pas jurisconsulte, mais je crois qu'il ne sera pas si difficile qu'on le pense de trouver une formule pour allier l'instruction obligatoire à la liberté d'enseignement. Il y a en Hollande des écoles de l'État, ce qui n'empêche pas la liberté d'enseignement d'exister pour tous ceux qui ont reçu un brevet de capacité. Quant aux moyens à employer pour amener les enfants à l'école, je crois qu'il faudra toujours en venir aux mesures de coercition. Tant mieux pour les pays où cette contrainte ne sera pas nécessaire. (Applaudissements.)

M. BOUVIER-PARVILLEZ (Bruxelles). La question qui vous occupe s'est considérablement étendue, il ne s'agit plus de l'incompatibilité de l'enseignement obligatoire avec la liberté d'enseignement, ainsi que l'indiquaient les termes de la question, mais de l'incompatibilité de l'enseignement obligatoire avec la liberté individuelle, ainsi que l'ont envisagée tous les orateurs qui m'ont précédé et avec qui je ne tenterai pas, messieurs, de rivaliser d'éloquence.

Je suis venu pour écouter plutôt que pour prendre la parole; le caractère humblement pratique de mes observations vous le prouvera. Si je parle, ce n'est pas pour parler, pour faire du bruit; je désire moins vous faire partager mon opinion que de pouvoir me rallier à celle qui aura pour elle les meilleurs arguments.

Résolvez mes questions, dissipez mes doutes et vous me compterez parmi les plus ardents partisans de l'instruction obligatoire.

M. le comte Foucher de Careil a fait tout d'abord une question qui dominait le sujet. Quel est votre enseignement obligatoire? Est-ce l'enseignement de l'État, oui, ou non? M. Jules Simon est parvenu à ne répondre ni oui, ni non, c'est à dire à éluder la question.

Il comprenait que le principe de l'enseignement obligatoire impliquait l'enseignement obligatoire donné par l'État, l'État qui seul dispose de ressources suffisantes pour envelopper d'un indispensable réseau d'écoles un pays tout entier.

Eh bien, messieurs, l'intervention de l'État, en matière d'enseignement, m'épouvante. Je redoute l'usage qu'il peut faire des livres que vous lui mettez entre les mains. Amoureux de la liberté la plus large, hostile à la contrainte la mieux intentionnée, à l'emploi de la force la plus louable en théorie, l'être que je crains le plus en matière de restrictions à la liberté individuelle, en matière de correction et d'intervention à titre d'autorité, c'est cet être moral que l'on nomme l'État.

C'est qu'aussi les gouvernements ont parfois la main si malheureuse. Regardez l'État Mécène, l'État marchand-douanier, l'État constructeur, l'État agriculteur, l'État industriel et voyez son bilan; l'actif de ses bienfaits et le passif de ses dépenses. bilan peu flatteur ; ce qu'on peut dire de mieux en sa faveur, c'est que c'est bien... pour l'État. Louange non, justification tout au plus.

L'intervention de l'État, dans tout ce qui n'est pas absolument de son ressort, doit donc éveiller les appréhensions sinon les soupçons. Il devrait en être partout ainsi, en France, en Belgique, en Suisse, en Angleterre, je ne fais pas d'exception.

M. MIOULET. Je proteste pour le gouvernement de la Hollande.

M. BOUVIER-PARVILLEZ. Vous avez tort, monsieur, si le gouvernement actuel de votre pays a votre confiance, pouvez-vous répondre de l'avenir? En Hollande, pas plus qu'ailleurs, le gouvernement de la veille n'est certain d'être le gouvernement du lendemain.

Qui dit enseignement obligatoire dit réglementation, et la réglementation est le plus infaillible moyen d'étouffer la liberté.

Aussi une loi qui consacrerait le principe de l'enseignement obligatoire serait une mauvaise loi. Une telle loi porte atteinte à la puissance paternelle, ce principe fondamental de l'ordre public des sociétés modernes , compromet le premier de tous les biens, la liberté individuelle et avec elle tous les principes qui la sauvegardent dans notre large et belle. Constitution belge.

Pourquoi donc ne pas approuver la haute sagesse, la prudence éclairée de notre Parlement qui repoussa, à une majorité considérable, le vœu émis par une de nos communes, en faveur de l'enseignement obligatoire?

Pourquoi ne pas louer notre gouvernement s'opposant lui-même à être implicitement investi d'un pouvoir immense? Ce refus d'un pouvoir offert à l'autorité est assez extraordinaire pour lui valoir un éloge , l'autorité n'a pas souvent de ces libéralités-là ; encourageons-les au moins par notre gratitude.

Aussi pas d'obligation, gardons même la liberté de l'ignorance. Ce n'est après tout que la liberté de la nécessité de l'ignorance. On ne fait pas de l'ignorance pour l'ignorance , comme on fait parfois de l'art pour l'art. On ne laisse pas croupir son enfant dans l'ignorance par plaisir. L'opulence ne croupit pas dans l'ignorance. Enfin , comme dit un grand écrivain, un publiciste éminent qui fut à la fois un homme politique indépendant et un tribun courageux : « Le penchant le plus naturel aux pères est d'élever leurs enfants au dessus de leur état. » Ce penseur, messieurs, parlait ainsi du prolétariat, il s'opposait à l'enseignement obligatoire, fût-il gratuit, pour le peuple.

Ensuite je veux la liberté de l'ignorance, parce qu'il est des choses qui bien qu'excellentes ne doivent pas être néanmoins rendues obligatoires. Je pourrais citer bien des exemples : l'intempérance qui ruine la santé individuelle est une détestable chose , sans contredit. Voulez-vous faire de la tempérance obligatoire ?

QUELQUES VOIX. Oui ! oui !

M. BOUVIER-PARVILLEZ. Et la malpropreté qui dans un temps donné peut compromettre la santé de toute une cité. Funeste chose également. Voulez-vous faire aussi de la propreté obligatoire ?

Quelques voix. Certainement.

M. Bouvier-Parvillez. Dans ce cas, empruntez aux Chinois leur alimentation obligatoire garantie par des dispositions répressives, prenez dans le Coran les ablutions obligatoires, garanties par des pénalités sévères, religieuses, il est vrai, mais tout aussi réelles. Sérieusement où vous arrêterez-vous dans votre manie de tout réglementer; car vous allez avoir bien des choses à réglementer; la main de l'État va s'étendre sur tous les actes quelconques de la vie du citoyen qui ne pourra plus faire un pas sans être soutenu par les lisières gouvernementales.

Mais, nous dira-t-on, il n'y a point d'innovation. Voyez l'art. 203 du Code civil; nourrir, élever et entretenir, comprend instruire ses enfants.

L'objection ne tient pas, l'interprétation fût-elle exacte. L'art. 203, en effet, n'est pas obligatoire, il n'a pas de sanction pénale. En vain invoquera-t-on l'art. 312 du Code pénal qui punit les mauvais traitements, cette disposition faite surtout en faveur de l'autorité paternelle, notez-le bien, n'est pas une conséquence de la disposition civile; elle punit un fait punissable non une omission répréhensible. Autre chose est d'ailleurs maltraiter et être dans l'impossibilité de bien traiter. Le père qui n'a pas de pain, peut, sans délit, ne pas en donner à son enfant.

S'il en était autrement pour l'enseignement, vous feriez, société, à votre aise et selon votre bon plaisir, le procès à l'infortune, vous ajouteriez le mal de la peine au mal de la misère. La misère érigée en crime !

L'enseignement obligatoire exige l'extinction préalable du paupérisme. Résolvez ce problème, et admettez le droit de l'homme au travail et à l'assistance.

Admettez au moins toutes ces conséquences pour l'enfant, car pour apprendre intellectuellement il faut être dans les conditions physiques de pouvoir apprendre.

A force de parler du droit de l'enfant, j'ai bien peur qu'on ne fasse fausse route. Il en sera de votre loi comme de certaines lois faites en faveur des mineurs, qui prescrivent des mesures protectrices, mais coûteuses, sans qu'ils en retirent grand avantage. Car enfin pourquoi établir en faveur de l'enfant un droit qui ne saurait être qu'un leurre. L'écriture et la lecture, c'est bien peu pour l'enfant intelligent; pourquoi n'allez-vous pas au delà? C'est beaucoup pour l'enfant à l'intelligence rebelle; pourquoi le contraindre à cette dépense de force et de temps? En outre, ces premiers éléments, que sont-ils en comparaison de l'enseignement moral, de l'enseignement religieux? Ces enseignements rentrent aussi dans les droits de l'enfant. Cela est si vrai qu'une loi belge, qui rencontre beaucoup d'adversaires en théorie et presque pas d'adversaires dans la pratique, a consacré le principe de la nécessité de la prédominance de ces derniers enseignements, au grand détriment de la liberté de conscience fort mal à l'aise au milieu des palliatifs illusoires imaginés. En présence de cette loi faite, je trouve votre loi à faire inopportune et, à ce point de vue encore, mauvaise.

Notons encore ici l'aveu de M. Jules Simon, qui est bien forcé de prévoir déjà l'exception à la règle, en faveur de la liberté de conscience.

Et le droit de l'enfant à développer les forces physiques dont il aura besoin comme travailleur, le droit de l'enfant à savoir un métier, dont il aura surtout besoin, comme ouvrier; qu'en faites-vous? Quelle sera son éducation? L'enfant abandonné à lui-même sachant lire et écrire, qu'écrira-t-il? que lira-t-il? que fera-t-il?

Vous remettrez alors l'enfant au père, n'auriez-vous pas mieux fait de ne pas le lui enlever même temporairement ?

Voyons maintenant votre heureuse réglementation.

Vous avez entendu de nombreux projets de lois. Autant de projets, autant de contradictions, vos projets opposés les uns aux autres s'entre-détruisent.

Le professeur, je l'ai dit, sera l'homme de l'État, au moins en règle générale, et la règle générale absorbe aisément l'exception. Car enfin vous ne pouvez logiquement maintenir l'établissement d'instruction publique reposant sur des principes contraires à la morale. La morale de qui ? Du gouvernement.

Le gouvernement, ou si vous aimez mieux, les factions feront servir l'éducation, ce n'est pas moi qui le dis, à répandre dans l'âme de la jeunesse des opinions exagérées, des maximes farouches, le mépris des idées religieuses (c'est un libre-penseur qui écrit cela), qui leur paraîtront des doctrines ennemies, l'amour du sang, la haine de la pitié. » — Voilà pour le professeur ministériel.

Il y a plus : de quel droit l'État ordonnera-t-il que, de tel âge à tel âge, l'enfant fréquentera l'école ? En effet, pour léser le moins possible le père de famille, la nécessité vous contraint à désigner, comme temps d'études, les premières années de l'enfant. Eh bien, consultez la médecine ; les premières années de l'enfance sont sujettes très fréquemment aux maladies du cerveau. C'est comme père de famille que je parle, j'en ai l'expérience. Vous n'enverrez pas tel ou tel enfant précoce à l'école, vous l'enverrez au tombeau.

—L'heureux progrès !

Afin d'adapter la peine, on a forgé un fait punissable. Ne pas développer l'intelligence de l'enfant, c'est le tuer moralement et intellectuellement.

L'analogie trouvée, la peine suivait. Seulement autant de mots autant d'erreurs, et le tout pour aboutir à un non sens.

Tue-t-on l'intelligence parce qu'on n'apprend pas à lire et à écrire ? Nullement, tout au plus ne me l'aide pas.

Il y a des illettrés fort intelligents et des lettrés parfaitement ineptes. L'intelligence consiste moins à jouer avec les mots qu'à concevoir une idée, et l'idée se produit parfois aussi bien et même mieux avec l'outil qu'avec la plume. Quant au meurtre moral, c'est le plus souvent l'œuvre des ouvrages pernicieux viciant l'intelligence captivée par des idées funestes.

Mais concédons que laisser croupir l'enfant dans l'ignorance équivaut au meurtre, à l'assassinat intellectuel. La peine doit logiquement être celle du meurtre et de l'assassinat.

Personne ne va jusque-là. On préfère appliquer l'amende, la peine par excellence des contraventions de simple police.

Voilà le meurtre, l'assassinat intellectuel punis comme la plus légère infraction. Où est la peine proportionnée au délit ou plutôt au crime ? Car vous faites au père un crime de ne pas pouvoir instruire son enfant.

On est bien forcé de convenir des difficultés que présente le principe dans son application. Mais à ces difficultés près, objecte-t-on, qui ne sont que des détails d'exécution, pourquoi ne pas reconnaître le principe ?

C'est que rien n'est plus inutile et en même temps plus funeste que de laisser passer l'utopie.

L'utopie est le plus souvent une chose bonne en soi, généreuse, mais chimérique. L'utopie, c'est l'ennemie du progrès. S'occuper de l'impossible, c'est négliger, retarder, entraver, compromettre le possible ; c'est la peine perdue, le temps perdu, les forces perdues, c'est le stationnement réactionnaire, c'est presque le recul.

Que si l'on recherche les moyens les plus efficaces de répandre l'instruction, ce n'est pas aux moyens coercitifs, directs, brutaux qu'il faut avoir recours.

Émancipez le peuple, initiez-le à la vie publique en raison de ses lumières; développez
en lui l'ambition d'être utile, de contribuer directement à l'action de l'état social d'une
façon quelconque; mettez-lui dans l'âme l'amour de la patrie, l'orgueil de l'exercice de
ses droits civiques comme récompense, comme fruits d'un certain minimum de connaissances acquises; mais laissez l'instruction faire elle-même son chemin, s'imposer par une
invincible contagion émanant de sa seule force et de son propre éclat. Organisez vigou-
reusement l'enseignement à tous les degrés, protégez-le, propagez-le, élargissez-le par des
subsides accordés même aux enseignements libres comme légitime salaire des triomphes
remportés. Secourez les professeurs pauvres, récompensez les élèves partout où ils se
trouvent, fondez des bourses et faites de ces bourses le prix du succès et non le privilége
ou le monopole de la faveur; stimulez entre tous les établissements existants une émulation illimitée. L'État ne justifiera plus ses écoles, les écoles de l'État s'affirmeront elles-
mêmes.

La science échappée du lit de Procuste de vos règlements se fera respecter, aimer,
apprécier; elle se popularisera. Elle n'a point besoin pour fleurir d'être placée sous la cloche
routinière des circulaires, avis ou arrêtés ministériels; elle grandira sans avoir pour soutiens
les gardes champêtres, les gendarmes et les juges. Délivrée de ces entraves soi-disant protectrices, l'instruction jettera ses racines profondément sur les sols les plus ingrats, dans
les communes les plus pauvres et les plus éloignées des villes. Ne pas croire à cette expec-
tative, c'est manquer de foi dans l'avenir, dans le progrès de la civilisation. En un
mot, faites en sorte qu'il s'ouvre des écoles de toutes parts, elles s'empliront; le mal
disparaîtra, et l'on ne se mettra plus en peine de découvrir le remède. (Applaudissements).

M. LADURON (Saint-Ghislain). Je ne vous apporte pas un discours, je vous apporte un
fait. Je m'étonne qu'il n'ait pas déjà été signalé par des membres de cette assemblée. Dans
plusieurs communes de notre pays l'enseignement obligatoire est pratiqué. Il y a telle commune du Brabant où le bureau de bienfaisance et l'administration communale se sont entendus pour établir en principe que les secours seraient refusés aux chefs de famille assez
oublieux de leurs devoirs pour ne pas envoyer leurs enfants à l'école. Qu'en est-il résulté?
On est allé dans les familles, on a exhorté les parents à envoyer leurs enfants à l'école. Une
ou deux fois on a appliqué la peine; et aujourd'hui dans la commune de Jodoigne tous
les enfants savent lire et écrire. Ce système sera prochainement appliqué ailleurs.

UN MEMBRE. Il est déjà appliqué à Ypres.

M. LADURON. J'ai fait tous mes efforts pour que ce système prévalût. J'ai dit à des
parents : Si vous continuez à laisser croupir vos enfants dans l'ignorance, je vous défends de
travailler chez moi.

Messieurs, je suis venu à cette tribune pour éclairer ma conscience. Je vous le demande :
Ai-je bien fait? Ai-je mal fait? Si j'ai mal fait, si j'ai porté atteinte à une liberté sacrée,
je m'incline devant votre jugement. Mais je dois dire que j'ai été guidé par le respect que
j'ai pour les droits de l'enfant et que je ne puis souffrir qu'on les oublie.

Si le conseil communal a le droit d'établir ainsi l'enseignement obligatoire, pourquoi
l'État n'aurait-il pas le même droit?

Il y a un autre point que quelques personnes ont touché. On craint l'influence du maître
d'école. On veut prendre contre nous des précautions. Il semble que les partisans de l'instruction obligatoire veuillent jeter les enfants en pâture au maître d'école. Si jamais

j'avais eu le malheur de porter atteinte à la moralité d'un enfant, ou de chercher à lui inculquer des doctrines et des croyances différentes de celles de sa famille, j'irais bêcher la terre et je renoncerais pour toujours à ma profession ; car, soyez-en convaincus, l'instituteur respecte l'autorité paternelle, il respecte la liberté de conscience, surtout chez cet être faible et sans appui, chez l'enfant qui est ce qu'il y a au monde de plus sacré.

M. Fáline (France). Ceux qui ont défendu l'instruction obligatoire ont dit avec raison, messieurs, que c'était du droit des enfants qu'il s'agissait, mais si vous ne consultez pas leurs tuteurs naturels, les consulterez-vous eux-mêmes ? Non. Alors vous ne consulterez que vous, c'est à dire vos idées ou vos passions, et certes vous êtes passionnés dans cette question.

On vous a dit aussi que l'instruction élémentaire développait déjà l'intelligence de l'enfant.

Veut-on connaître l'opinion d'un illustre philosophe à cet égard. On lit dans Destutt de Tracy : « La mémoire seule peut servir à cette étude (la lecture) ; aucun raisonnement ne « peut guider ; au contraire, il faut à tout moment faire le sacrifice de son bon sens, re- « noncer à toute analogie, à toute déduction, pour suivre aveuglément l'usage établi, qui « vous surprend continuellement par son inconséquence, si malheureusement pour vous « vous avez la puissance et l'habitude de réfléchir. Et j'en appelle à tous ceux qui ont un « peu médité sur nos facultés intellectuelles. Y a-t-il rien au monde de plus funeste qu'un « ordre de choses qui fait que la première et la plus longue étude de l'enfance est incompa- « tible avec l'exercice de son jugement ? Et peut-on calculer le nombre prodigieux d'es- « prits faux que peut produire une si pernicieuse habitude qui devance toutes les au- « tres ? »

Si l'étude de la lecture ne développe pas l'intelligence de l'élève, lui donne-t-elle toutes les vertus et surtout la justice et la dignité comme le prétend M. Jules Simon qui en fait une panacée universelle, destinée à amener l'âge d'or sur la terre ? M. de Groux vous a prouvé par des exemples tirés de l'antiquité qu'il n'en était rien. Permettez-moi d'en prendre dans notre histoire contemporaine.

On a fait un magnifique éloge de la loi de 1833. Eh bien ! a-t-elle augmenté les vertus dont a parlé M. Simon ? Non. Une socialisme corrupteur, qui fait de l'homme un men- diant ou un imposteur, qui lui enlève son initiative, son courage, sa dignité, a envahi la France et l'a conduite à cette funeste révolution de 1848, et à ce suffrage universel et égalitaire aussi inique que décevant, qui a anéanti toutes nos libertés en pulvérisant nos droits et qui ne peut produire que l'anarchie ou le despotisme.

Je ne prétends pas que cette décadence soit le résultat de la loi de 1833, mais que l'in- struction ne nous a pas préservés de la corruption, et qu'ainsi il n'y a pas de motif de lui sacrifier la liberté la plus précieuse, celle du père de famille.

Je le répète donc : ce droit si douteux d'obliger les parents à envoyer leurs enfants à l'école, il faudrait du moins pour l'exercer être certain des résultats, et l'expérience prouve le contraire.

M. le Président. Personne ne demandant plus la parole, la discussion est close sur la première question. Demain, nous aborderons les autres questions du programme.

La séance est levée à midi.

Séance du 25 septembre. — Présidence de M. DE DECKER.

**Quelles sont les méthodes propres à captiver l'attention des élèves
et à faciliter leurs progrès.**

—

Les méthodes irrationnelles, par M. THÉOD. BRAUN, *professeur à l'école normale
de l'État à Nivelles.*

Permettez-moi, messieurs, de répondre à la question qui nous est soumise, en vous présentant quelques considérations théoriques et pratiques sur les *méthodes irrationnelles.*

Par le tableau du mal que produisent ces procédés, contraires à la nature humaine et à l'esprit de l'enfant, nous arriverons naturellement à la conclusion que réclame notre programme.

Dès sa naissance, l'enfant dirige d'abord ses yeux vers la lumière; le sens de la vue se manifeste; bientôt au moindre bruit, il tourne vivement la tête du côté d'où vient le son qui frappe son oreille; la vue et l'ouïe, voilà les deux premiers sens qui fonctionnent et dont l'action se manifeste petit à petit, d'une façon de plus en plus régulière.

Bientôt il distingue, il connaît les personnes qui l'entourent; d'abord sa mère. Il sait bien vite lui témoigner son affection et lui faire connaître ses moindres désirs; le regard, le geste, l'attitude, les cris, tout lui servira pour se faire comprendre. Son père, ses frères, les amis de la famille, tout lui sert à développer ses sensations et son intelligence, à montrer ses affections, ses sympathies, de même que ses répulsions et ses antipathies.

De jour en jour, on peut suivre les progrès intellectuels de l'enfant; il ne tarde point à comprendre les paroles qu'on lui adresse, à distinguer le son de voix des divers interlocuteurs, à se rendre compte de la moindre nuance, de l'intention exprimée par le ton et l'accent. A son sourire, à ses larmes, à son émotion, impossible de se méprendre sur sa parfaite connaissance de tout ce qu'on lui dit, et même de ce qui se dit autour de lui.

Enfin, il articule quelques sons, il répète d'abord, puis il exprime très bien son désir; et ce phénomène du langage de l'enfant est tellement rapide, tellement extraordinaire, qu'il est plus facile de l'admirer que de l'expliquer. En peu de temps, cette faible créature, à peine entrée dans la vie, apprend à s'énoncer, et résout un problème qui exige des années d'efforts de la part d'une personne adulte. — Des milliers de mots se gravent nettement dans sa mémoire; ces mots peuvent même appartenir à plusieurs idiomes différents; l'enfant les apprend et les retient sans jamais se tromper dans leur application.

Nous n'apprécions pas ici le système qui consiste à mettre un enfant en état, dès le berceau, de parler plusieurs langues; nous constatons un fait qui se reproduit chaque jour.

A mesure que les facultés intellectuelles de l'enfant se développent, sa curiosité grandit au point d'embarrasser les personnes qui ne peuvent pas toujours donner une explication satisfaisante aux *pourquoi* et aux *comment*, à toutes les questions qu'il fait, à toutes les interprétations qu'il demande; il désire connaître chaque objet qu'il aperçoit, il tient à en savoir la nature et le but. Quand il brise un des jouets qu'il affectionne le plus, ne croyez pas qu'il obéisse à un instinct aveugle de destruction, il cherche à se rendre compte de chaque fragment, et plus d'une fois il essaye de les rétablir dans leur ensemble. Si nos plus célèbres anatomistes et nos meilleurs mécaniciens avaient conservé un souvenir fidèle de leur enfance, ils nous raconteraient infailliblement qu'ils ont été de terribles destructeurs de jouets.

Mais l'enfant parvient à cette période de la vie où il faut suivre un récit, le comprendre, s'y intéresser. Avec quel bonheur il écoute la légende populaire ou la chanson, par lesquelles sa mère le récompense lorsqu'il est bien sage; quelle fête pour lui que ces récits et ces chants qu'il préfère aux jeux les plus animés. Parlez-lui d'un lointain voyage, peignez une longue traversée maritime, décrivez des animaux féroces, racontez des scènes de chasse, de pêche, de guerre, son attention le tient suspendu à vos lèvres, il semble vous dire : encore, encore, toujours. — Le narrateur se lasse plus vite que le jeune auditeur.

Remarquez la joie, la satisfaction d'un petit garçon qui met pour la première fois *un pantalon* comme son père, comme son frère aîné; il se croit déjà un homme; eh bien! le premier livre est pour l'enfant une sensation encore plus délicieuse. Sans connaître une seule lettre, il en parcourt les pages, il les regarde, il y passe son doigt, il se figure presque qu'il sait lire. C'est qu'il devine que dans ce volume se trouve une noble source d'aliments pour son intelligence, pour la meilleure partie de son être. Il ne s'agit que de répondre dignement à cet instinct révélateur, à cette curiosité si féconde, si fructueuse, si elle est bien dirigée.

Cependant, qu'arrive-t-il d'un grand nombre d'enfants? Leur curiosité s'émousse, ils ne fréquentent l'école que par contrainte, les uns avec indifférence, les autres avec dégoût; pour eux, ce livre, objet d'une curiosité si avide au début, devient un tourment, une cause de larmes et de déceptions.

A qui la faute? — Nous n'hésitons point à le dire : à la méthode défectueuse, irrationnelle qu'emploie l'instituteur. Avec un procédé d'enseignement tout à fait mécanique, privé d'âme et de vie, comment voulez-vous stimuler l'attention, intéresser l'enfant, et obtenir de lui des efforts, dont vous ne savez ni lui donner l'exemple, ni lui révéler le charme et le prix ?

Sans doute, il y a beaucoup d'écoliers d'un caractère apathique, enclins à la paresse ; il en est aussi de légers, d'étourdis, qui ne prêtent aux leçons qu'une attention distraite, insuffisante ; enfin, il faut faire la part des natures lentes, rebelles à l'instruction, faute de comprendre assez vite, et qui semblent frappées d'une apathie invincible. Mais nous ne parlons pas, pour le moment, de cette catégorie d'écoliers, nous faisons seulement allusion à des enfants mieux doués, dont l'activité intellectuelle diminue, au lieu de s'accroître, qui passent d'un objet à l'autre sous l'influence d'un besoin incessant de distraction, qui finissent par se décourager, par tomber dans une véritable somnolence, et qui, quelquefois, sont à jamais perdus pour eux comme pour la société.

Cet adolescent, ce jeune homme aujourd'hui d'un esprit inculte, de mœurs grossières, victime de ses appétits et de ses passions, serait-il ainsi déchu, s'il eût trouvé un instituteur l'initiant aux charmes et aux ressources de l'instruction? C'est cet attrait vers l'étude qui, généralement, manque à tous les jeunes gens que nous voyons poursuivre des distractions frivoles et des plaisirs dangereux.

Le mal remonte à l'école primaire, aux premières leçons de lecture, alors que l'enfant timide, mais rempli de zèle, s'est trouvé en face d'un maître impatient, qui s'irrite à la moindre erreur de l'élève, sans lui laisser le temps d'apprendre. Découragé aux premières lettres de l'alphabet, humilié à ses yeux, aux yeux de ses camarades, cet enfant ne trouve à l'école qu'un chemin hérissé de ronces et d'épines; ce chemin ne s'embellira point au lycée ou au collège, à l'université, ni même dans la vie sociale.

Quelle différence si, à son entrée à l'école, l'enfant a le bonheur de rencontrer un instituteur dévoué, affable, au niveau de son importante mission, et qui, en appliquant les meilleures méthodes d'enseignement, les anime, les vivifie en quelque sorte par cette force qui vient du cœur! Une parole d'approbation, un sourire, une récompense méritée, un simple reproche fondé et bien senti, que de résultats on obtient avec ces moyens si faciles, mais si efficaces!

Beaucoup d'instituteurs, pénétrés d'ailleurs du sentiment de leurs devoirs, manquent de patience, d'esprit de suite; ils négligent de revenir, d'insister sur les premiers principes; ils oublient les éléments de l'intuition, cette base indispensable et fondamentale sur laquelle repose l'œuvre entière d'un bon enseignement. Comment construire un édifice durable et solide, lorsque la base est mal assise, lorsque le point d'appui fait défaut?

On ne saurait consacrer trop de temps et de soins aux premiers éléments de l'instruction. Mieux les élèves s'approprient et s'assimilent les notions élémentaires et fondamentales, plus ils sont en état de se perfectionner par leurs efforts personnels et de monter ainsi de degré en degré; l'intelligence raisonnée de ce qui précède les prépare bien à se rendre compte de ce qui suit.

Parfois, on se console d'un premier échec, en se promettant de le réparer plus tard; et l'on cherche loyalement à combler les lacunes laissées dans l'instruction des élèves. Mais ceux-ci pourront-ils s'associer à cette mesure de réparation? voudront-ils redoubler d'efforts? — Et même avec une volonté sincère, réelle, seront-ils à même de le faire? Supposons que maître et élèves aient résolu avec succès ce problème. Les enfants savent lire, malgré l'incohérence des premières leçons reçues. Le résultat se trouve atteint.

Mais voici qu'aux mains de ces écoliers, on met un livre de lecture dont les matériaux sont mal coordonnés, les sujets peu attrayants et sans but d'instruction. Hors des heures de classe, jamais les enfants ne seront tentés de l'ouvrir; car ils n'y trouvent rien pour leur esprit et leur imagination. Au lieu de s'adresser à la vie et de révéler à de jeunes intelligences des notions utiles, on les fatigue d'abstractions. — Dès que le livre de lecture inspire indifférence ou dégoût, n'accusez pas l'élève; prenez-vous-en au livre et à la méthode.

Si, passant à un autre ordre de connaissances, nous examinons comment on procède souvent à l'enseignement de la langue maternelle, et particulièrement à la partie grammaticale, nous comprendrons aisément d'où vient la répulsion qu'inspire le seul aspect d'une syntaxe.

Combien de définitions arides, inutiles, incorrectes, imposées aux malheureux élèves qui doivent les retenir, les répéter, sans que leur intelligence puisse les apprécier! Quels longs détours pour arriver à la chose la plus simple. La règle obscurcit l'application, loin de la faciliter. On tourmente ainsi les enfants en les forçant d'apprendre de mémoire les abstractions qu'ils ne peuvent comprendre, et qui ne leur serviront jamais. Rarement, on pense à faire appliquer les connaissances déjà acquises au moyen d'exemples venant confirmer les règles théoriques. Ce travail

purement mécanique ne peut manquer de devenir insupportable et, par
conséquent, de provoquer l'inattention.

Que tout homme qui a passé par de semblables épreuves interroge ses
souvenirs, qu'il se reporte à ces leçons grammaticales, si éloignées du but
à atteindre, et chacun se dira que si d'importantes améliorations ont été
introduites dans cette branche d'enseignement, il reste encore beaucoup
à faire, même avec les meilleures méthodes, pour les rendre aussi rationnelles que fructueuses.

Mal préparés par leurs premières études, n'ayant pas une notion suffisante de leur langue maternelle, ces élèves entrent au collège pour étudier
le grec et le latin, ou pour y suivre des cours professionnels.

Or, comment suppléeront-ils au point d'appui qui leur manque pour
faire une version, ou rédiger une simple lettre? Ne sachant ni parler, ni
écrire correctement dans leur langue maternelle, ils rencontreront encore
plus de difficultés dans l'étude des langues anciennes ; et s'il s'agit d'études
scientifiques, ils seront arrêtés à chaque phrase, à chaque mot. — Ainsi,
avec des méthodes défectueuses et irrationnelles, on énerve les intelligences qu'on se propose de développer et de fortifier.

L'auteur de ces considérations ne se rappelle qu'avec une sorte d'effroi
l'époque de sa vie où, animé d'une volonté ferme de réussir, il commença
à étudier la langue française, qui lui était étrangère. Il désespéra d'abord
d'arriver jamais à la connaissance pratique de cette langue, et il comprit
plus tard que la méthode qu'on lui faisait suivre mettait obstacle à ses
progrès. A peine initié à la connaissance de l'orthographe de l'allemand,
sa langue maternelle, on lui fit commencer l'étude du français. Grâce à
une bonne mémoire, il parvint au bout de quelque temps à savoir mécaniquement décliner et conjuguer d'après le système du célèbre Meidinger.
Mais encore aujourd'hui, à tant d'années de distance, il se souvient de la
série d'énigmes que lui présentait la signification de ces mots : nomi-
natif, génitif, etc. — Néanmoins, il finit par traduire du français en
allemand ; mais avec quelle peine ! c'était à se décourager. Aussi,
après plusieurs années d'études éprouvait-il une espèce de répulsion
pour cette langue que, depuis lors, des circonstances particulières lui
ont fait adopter, comme sa seconde langue maternelle, et qui lui est
devenue si chère à mesure que l'usage et une connaissance mieux raisonnée, plus approfondie, lui en révèlent chaque jour le charme, les
ressources, le génie.

Ce fait personnel nous a mieux fait sentir tout le danger des méthodes
irrationnelles ; le jour où elles seront corrigées et rectifiées, un nouvel
horizon s'ouvrira pour tous les établissements d'instruction.

Ceux qui n'ont pas sérieusement médité ce sujet se plaisent à répéter que l'on peut apprendre le français au moyen du latin. Nous croyons que c'est une erreur. — Au nom de l'expérience, nous disons qu'il est beaucoup plus facile d'apprendre le latin quand on connaît à fond le français. Toutefois, nous admettons qu'une langue morte, comme le latin, étudiée par principes, est un précieux auxiliaire pour arriver à une connaissance plus complète de la langue française.

Sans doute, l'instruction a de nos jours réalisé de nombreuses conquêtes, grâce à des méthodes plus rationnelles; mais il reste beaucoup à faire. On est encore à la recherche du grand œuvre. Il suffit pour s'en convaincre, de lire avec attention les·plus récents programmes d'études, et l'on verra que l'un est plus d'une fois la condamnation de l'autre.

La première loi est d'introduire un principe logique, rationnel, dans les procédés didactiques.

Nous savons, par exemple, que les enfants aiment à entendre parler des pays lointains et de leurs habitants; une leçon d'histoire bien donnée a également pour eux le plus grand charme; mais trop fréquemment la méthode irrationnelle les prive de ces jouissances; ainsi on tourmente l'élève, on fatigue sa mémoire en le forçant d'apprendre et de réciter comme un perroquet des nomenclatures sans fin et sans intérêt; on néglige leur jugement pour de vains exercices mnémoniques. Jugez de la torture intellectuelle infligée à un enfant qui, sans aucune idée du système des mesures, est pourtant forcé d'apprendre des chiffres exprimant le degré d'élévation des montagnes.

La curiosité naturelle de l'esprit humain s'intéresse beaucoup aux montagnes, à leurs cimes couvertes de neiges perpétuelles, à leurs vallées dévastées par les orages et les avalanches, mais très peu à leurs dimensions exactes exprimées en toises ou en mètres. Autant vaudrait exiger la désignation de la largeur et de la longueur des rues des villes ou des lignes de chemins de fer? Cette prétention paraîtrait absurde; et cependant c'est à peu près ce que l'on fait pour l'étude de la géographie.

Ajoutons que l'enseignement de la religion qui devrait inspirer aux enfants des idées de méditation, de recueillement, en agissant sur leurs dispositions morales et sur leur conduite, en rattachant la terre au ciel, en ouvrant des perspectives infinies sur la vie future, est trop souvent dépouillé d'attrait. On s'adresse à la mémoire et c'est le cœur qu'il faut toucher. On se contente de faire réciter (et de quelle manière !) le texte du catéchisme ou de l'histoire sainte, et l'on appelle ce travail machinal, l'enseignement de la religion !

Est-ce ainsi que l'on prétend appliquer les sublimes conseils de Féne-

lon, de Gruber, de Rollin, de Sailer et de Hirscher? Y a-t-il le moindre
appel à la conscience? Est-ce que les enfants peuvent devenir meilleurs
par ce procédé? Peuvent-ils assister à de pareilles leçons avec plaisir,
avec une attention soutenue ?

En terminant, nous dirons que le tableau des méthodes irrationnelles
est loin d'être complet; nous pourrions y joindre la critique du système
qui pèche par l'excès contraire, en présentant aux enfants une masse
d'idées et de choses qu'ils sont incapables de s'assimiler.

Sans doute, la variété des études est, comme la variété des mets, un
excellent moyen d'exciter l'appétit; mais l'esprit ainsi que le corps ne
profite que de ce qu'il digère.   •

DÉBAT.

M. VERCAMER (Namur). La question qui nous occupe en ce moment est complexe et
immense. D'un côté, il y a tout à créer dans notre pays en fait de méthode. De l'autre,
les questions qui y ont directement trait sont, je crois, du domaine des hommes spéciaux.

Je dis que tout est à créer. En effet, la loi du 1er juin a doté notre pays d'un enseignement moyen dont nous avons raison d'être fiers. Mais cette loi n'a donné que ce qu'une
loi, que ce qu'un décret peut donner, à savoir : l'organisation matérielle, les locaux, les
collections, le personnel enseignant, le corps en un mot. Mais l'âme, mais le souffle qui
doit animer ce corps, mais l'esprit de méthode, ne dépend pas d'un vote de la Chambre ou
d'un arrêté royal. L'esprit de méthode ne peut être enfanté que par la propagation parlée
et écrite, par les revues, les journaux, les conférences ad hoc, où les plus habiles inspirent
les plus faibles. Il faudrait, à ce sujet, un Congrès spécial, où serait convoqué tout le corps
enseignant.

Je suis persuadé que la plupart des hommes du métier admettent la nécessité d'un pareil
Congrès. Il ne s'agit pas seulement de chasser l'esprit de routine en fait d'enseignement, il
s'agit encore de coordonner les aspirations éparses vers un enseignement uniforme et méthodique.

Messieurs, j'ai enseigné dans le pays flamand, j'enseigne depuis dix ans dans le pays
wallon ; partout, j'ai été frappé de ce double vice qui retarde les progrès de l'enseignement
moyen ; dans telles classes, la routine siége en souveraine ; dans telles autres, autant de
maîtres, autant de méthodes. Que diriez-vous d'un propriétaire qui, ayant un édifice à six
étages à construire, choisirait six architectes différents pour faire le plan et diriger la construction de chaque étage? Eh bien, messieurs, c'est le cas de la marche des études de
nos établissements d'enseignement moyen. Les préfets des études sont d'habiles administrateurs, quelques-uns de savants méthodologistes. Mais leur action est impuissante pour
extirper l'esprit de routine, pour coordonner, pour unifier l'esprit de méthode, pour créer
un plan d'ensemble et préserver les élèves de ces lits de Procuste, où l'étendent, au renouvellement de chaque année scolaire, des mains de forces diverses. Il ne suffit pas, quand
on est préfet des études, de savoir soi-même et de vouloir, il faut, avant tout ou après tout,
posséder dans son personnel enseignant des sujets qui savent et qui comprennent.

C'est pour arriver à ce résultat, messieurs, que je propose la convocation d'un Congrès spécial, ayant pour but d'achever l'œuvre de la loi du 1er juin 1850.

M. HURDEBISE (Tournai). On a beaucoup parlé de méthode rationnelle et de méthode irrationnelle ; on s'est lancé à ce propos dans des considérations prétendûment philosophiques ; et l'on a fini par laisser entendre que tout dans l'enseignement se fait au rebours du bon sens, qu'on n'y a ni méthode ni système, que la routine et le mécanisme y règnent en maîtres. Peu s'en est fallu que l'on ne nous dît sans ambages qu'en cela nous agissions de propos délibéré, et que nous avions pour but, non de développer les intelligences, mais d'étouffer les nobles aspirations du cœur. Homme de l'enseignement, je dois protester contre de telles allégations, je dois protester au nom des professeurs et des instituteurs qui, j'ose le dire, n'ont jamais failli à leurs devoirs.

Vous, qui nous croyez guidés par des sentiments si peu dignes, venez visiter nos établissements, et vous verrez si nous ne savons pas former des hommes et des citoyens. D'ailleurs, il ne suffit pas de parler en termes vagues de méthode rationnelle ou irrationnelle ; il faut descendre sur le terrain des faits ; il faut prendre chaque science en particulier, et nous indiquer les différents procédés à suivre dans l'enseignement de cette science. Alors du moins la discussion aurait une base et pourrait intéresser ; telle qu'elle a été entamée, elle ne peut aboutir à rien. Dans tous les cas, de ce que dans l'enseignement de telle science vous adoptez tel procédé, et que moi j'en préfère un autre, vous n'avez pas le droit d'appeler ma méthode, une méthode irrationnelle ; elle est différente de la vôtre, voilà tout ; quelle est la meilleure ?

On a voulu aussi, en passant, attaquer l'enseignement des humanités, comme s'il était sans but et sans importance, comme s'il se donnait d'une manière étroite et mécanique. Ce n'est pas le moment d'entamer cette grande question. En attendant que nous puissions l'envisager sous toutes ses faces, contentons-nous de dire que l'enseignement des humanités est, en général, innocent des reproches dont on veut l'accabler, et que d'ordinaire ceux qui l'attaquent trahissent par leurs assertions qu'ils ne le connaissent guère. On peut même observer que les esprits sérieux reviennent de plus en plus à cet enseignement, et que bientôt, une fois qu'il sera connu tel qu'il est et tel qu'il doit être, il triomphera de tous les obstacles, et ramènera toutes les intelligences non prévenues.

Il nous reste une dernière observation à présenter : en parlant de méthode rationnelle, et, en se servant uniquement de cette expression, on a eu l'air de conclure qu'il n'y avait qu'une méthode, puisqu'elle est le produit de la raison. De la sorte on arrivera, tout doucement et sous l'apparence d'un grand principe, à exiger l'unité de méthode ; ce serait là une application funeste et désastreuse ; elle tuerait l'enseignement. Loin de vouloir l'unité de méthode, nous demandons, nous, la liberté de méthode ; nous voulons la responsabilité du maître. Un programme étant donné, et c'est au pouvoir directeur, quelle que soit sa nature, à le proposer, le professeur doit être maître de l'exécuter librement, à ses risques et périls ; il doit lui être permis d'employer telle méthode qu'il juge convenable, de se servir de tel ouvrage qu'il juge bon. On doit se borner à constater les résultats de l'enseignement. Une méthode imposée est toujours mauvaise ; une mauvaise méthode, si elle va au caractère et aux aptitudes du maître, aura de bons résultats. Avec le système des méthodes imposées, on s'expose à tomber dans des contradictions, à rejeter ce que l'on avait d'abord admis, à admettre ce que l'on avait d'abord rejeté. Ne voyons-nous pas actuellement tel ouvrage classique, la grammaire d'un des hellénistes les plus distingués de ce temps, M. Dübner, rejetée chez nos voisins du Midi, et acceptée, et à bon droit, dans notre pays ?

De la liberté n'est jamais sorti que le bien ; la liberté des méthodes produira la vie et le progrès de l'enseignement ; la liberté des livres amènera chez nous une littérature classique, une littérature nationale, dont nous avons tant besoin, et qui, sans cela, ne pourra jamais se développer. (Applaudissements.)

M. LE PRÉSIDENT. La section consent-elle à ce que M. Discailles lui soumette ses vues sur l'enseignement de l'histoire et de la géographie ? (Adhésion.)

M. DISCAILLES (Bruges). Les orateurs que vous venez d'entendre se sont placés à un point de vue général. La section me permet de traiter en quelques mots une question spéciale ; je l'en remercie.

L'enseignement de l'histoire et de la géographie, ces deux branches dont personne ne peut contester l'utilité, n'est pas dans nos Athénées ce qu'il devrait être. Cela tient à deux causes. En sortant de l'Athénée, l'élève n'est pas interrogé sur l'histoire et la géographie. Il en résulte qu'il n'étudie pas ces branches comme il devrait les étudier.

La seconde cause, c'est la méthode d'enseignement. On met entre les mains de l'élève des livres trop gros, à la vue desquels il recule effrayé. Il faudrait remplacer ces livres par des résumés que l'élève étudierait et que le professeur développerait dans son cours.

Ce que je viens de dire s'applique aux livres d'histoire. Les livres de géographie ne signifient rien. On met entre les mains des élèves la géographie méthodique de Meissas et Michelot, qui est insuffisante.

Pour améliorer l'enseignement de l'histoire et de la géographie, il y aurait deux moyens à employer : d'abord inscrire dans la loi l'obligation pour les élèves de répondre sur ces deux branches à l'examen qu'ils ont à subir pour entrer à l'université ; en second lieu, mettre au concours des résumés d'histoire et de géographie.

Déjà, le gouvernement belge est entré dans cette voie en instituant un prix pour un cours de thèmes. Il serait à désirer qu'il fît la même chose pour l'enseignement historique.

Il serait utile aussi de mettre au concours une sorte de catéchisme constitutionnel pour familiariser les élèves avec les principes fondamentaux de nos institutions.

M. LE PRÉSIDENT. Le gouvernement a déjà fait faire des publications de ce genre; il continue à s'en occuper, mais il ne peut pas tout faire à la fois. C'est une question de temps.

Quels sont les développements et les améliorations à apporter à l'enseignement des langues vivantes.

—

Mémoire présenté par M. le Dr FRANÇOIS COGLIEVINA, propriétaire-directeur de l'Institut italien-français, à Vienne.

S'il est incontestable, que l'objet d'une grande et solide éducation est le développement de toutes les facultés de l'âme, il est aussi un fait dès longtemps acquis par la science, que l'étude consciencieuse des langues développe puissamment l'esprit, abstraction faite des avantages qu'elle procure dans la pratique de la vie.

En général, on a recours à des moyens à la fois trop matériels et trop abstraits pour susciter et régler l'activité de l'enfant. Je suis d'avis que l'étude de quelque langue, faite avec méthode dès le bas âge, convient particulièrement à l'activité intellectuelle de l'enfance, vive, éveillée, questionneuse. Que l'instituteur, pourvu de bons éléments didactiques, montre à l'enfant des objets — la nature est toute à sa disposition ; — qu'il prenne de beaux livres illustrés ; qu'il appelle chaque chose par son nom étranger ; qu'il aime à discourir là-dessus très élémentairement ; qu'il entame des conversations simples, en interrogeant et insistant pour avoir des réponses ; au bout de peu de temps vous verrez l'enfant qui aura prêté une oreille complaisante, s'essayer de lui-même à s'exprimer dans la langue de son maître et ami. J'ai pratiqué cette méthode avec plusieurs enfants ; et, à six ans, ils ne savaient encore ni lire, ni écrire, mais ils s'exprimaient déjà très correctement et très couramment dans trois langues. En outre, ils possédaient une foule de notions de toute espèce, sur la nature et sur l'histoire, fécond et moral travail de l'esprit. Cela peut paraître incroyable, mais ce fut ainsi.

Si ce système pouvait s'introduire dans les écoles primaires, combien le temps serait mieux employé. Une telle préparation mettrait bientôt en goût de plus sérieux entretiens. Et à cet égard ne nous préoccupons pas trop de la faiblesse de l'intelligence de l'enfance ; si, sans danger pour nous-mêmes, les grands génies peuvent créer en devançant les siècles, pourquoi le maître ne pourrait-il pas devancer graduellement l'imagination, la compréhension spontanée de l'enfant? Par l'accent, l'expression du visage, par le mouvement de la personne, l'enfant qui vit de mouvement, qui en déborde, saisit le signe et l'idée signifiée, ses qualités, ses nuances indéfinissables. De l'idée il passe à l'action ; il recueille, il féconde, il développe les moindres germes déposés dans son esprit.

Plus tard, des lectures choisies, graduées, continuent admirablement l'œuvre commencée. Ainsi, l'enfant est développé pour la vie et non dressé pour le salon.

Aux personnes d'un âge mûr, je voudrais voir suivre la méthode que voici :

A chaque leçon, le maître proposera d'écrire et de prononcer une trentaine de mots choisis de telle sorte, que les formes fondamentales de la langue y soient présentées, successivement connues, et enrichissent la mémoire d'un vrai trésor lexical.

Progressivement réunies en propositions sensées, elles seront vivifiées par de continuels exercices oraux, de façon que l'écolier se trouve en présence d'un tout organique. Je repousse ces thèmes saturés de narcotique, complices de la paresse des maîtres et des élèves; mais, respectant la loi du travail, je veux que, par l'application constante de la faculté de comprendre et de la faculté de mettre en œuvre les notions acquises, on remplisse l'étude d'opérations actives. Si je ne me trompe, ce procédé réglera de bonne heure les fonctions de l'œil, de l'oreille, de la langue, comme de l'attention, de la mémoire, de l'imagination, de la raison. Harmonieuse diversité, concurrence féconde, concert puissant des facultés de l'esprit et du corps!

L'élève conduit par cette voie, connaît la langue étrangère au même degré qu'il connaissait la sienne quand il en commença l'étude.

Voilà donc le moment de bien initier l'adolescence à l'œuvre bienfaisante de la grammaire, cette logique de la langue, première discipline de la réflexion. Mais ici il faut se défier de ce système imposant qui, marqué d'un cachet de vieille autorité, débute par la pure théorie et use le temps à rabâcher toujours les règles et les exceptions; ce système ne répond plus aux besoins modernes; il a fait son temps.

On a dit avec raison, et je me plais à le répéter, qu'il faut donner la supériorité à l'étude des lettres considérée comme instrument de l'éducation générale de l'esprit; aussi, une prédominance prévoyante est-elle assurée à l'élément moral et littéraire sur l'élément physique et scientifique, dans tous les grands systèmes d'éducation; or, pourquoi, fidèle à cette idée, n'introduit-on pas dans l'instruction, la pluralité des langues comme étude littéraire en soi, et comme moyen d'enseignement? Espère-t-on connaître la langue maternelle sans pouvoir la comparer à une ou plusieurs langues étrangères? non, sans doute, et cela dût-il contrarier un peu, non encore! Interrogez là-dessus Cicéron, qui fréquenta les écoles grecques pour connaître le latin.

Comme application, je verrais avec plaisir, dans certaines classes bien préparées, enseigner l'histoire dans une autre langue que les mathématiques; l'histoire naturelle dans une autre que la religion : l'histoire littéraire d'un peuple dans sa langue même. Par cette heureuse innovation, l'intérêt pour les langues serait doublé, et dans la variété des occupations on saluerait un moyen de détruire cette monotonie énervante qui ne défend que trop mal du goût fatal des habitudes commodes, incompatibles avec toute ambition généreuse.

Me voici maintenant au dernier degré de l'instruction philologique, j'entends parler des études comparatives.

Il y a bien longtemps que les sciences naturelles se sont servi de ce moyen, et à coup sûr elles y ont beaucoup gagné.

Le *Comité fondateur*, en plaçant en tête du programme, les questions de législation comparée, a voulu montrer qu'à un état avancé de la science, c'est la méthode comparative qui en favorise le mieux les progrès.

Les langues sont réglées par des lois certaines, auxquelles il est nécessaire de former l'esprit de la jeunesse. Prenons comme exemple les langues romaines ou romanes. Ces langues sont parlées par plus de quatre-vingt dix millions d'héritiers de la civilisation ancienne, épars dans les plus belles contrées du monde ; ces langues, dont la singulière unité dans la variété des idiomes consacre mieux que toute autre combinaison l'entente intime des grands peuples de la race latine ; dont les chefs-d'œuvre sont offerts à l'admiration générale, par les charmes de leurs formes antiques et modernes, présentent, dans les lois de leur développement, les éléments les plus propres à donner à l'intelligence la force, la souplesse, l'éclat et la maturité. D'ailleurs, est-il possible d'arracher le secret de la vie privée et publique du monde latin en dissolution et du monde roman en formation, sans s'éclairer du flambeau de la philologie comparée? Je crois même, messieurs, que sans posséder les résultats de la philologie, une histoire complète des peuples romans restera toujours à désirer ; et sans vouloir me constituer en prophète, j'entrevois dans ces études un instrument providentiel pour rattacher entre elles les grandes branches de la famille latine.

En attendant, je n'ai point à vous montrer à l'œuvre les savants illustres qui ont fait de la philologie une science exacte : mais vous me permettrez de m'acquitter d'un devoir sacré en vous rappelant le nom du grand maître des philologues romans, M. Fréd. Diez, de Bonn, à qui nous sommes redevables des principes régulateurs des futures recherches. Sur ses traces, une pléiade de jeunes lettrés, — parmi lesquels l'infatigable professeur Ad. Unssafia, à Vienne, mon habile et zélé maître qui, jeune encore, jugé en autorité dans cette science — répand la lumière sur cet horizon qui s'agrandit de jour en jour dans sa double direction historique et philosophique.

Mais il reste encore beaucoup à faire pour les dialectes, beaucoup pour la syntaxe, bien plus encore pour mettre à la portée de tous ces précieuses découvertes.

Dans les écoles supérieures, je n'hésite pas à recommander vivement les études comparatives, et pour nous surtout, nations romanes choisies par un ordre providentiel pour exprimer et représenter dans l'ordre logique et historique de la civilisation le principe positif de la forme absolue, pour nous, ces études sont un glorieux héritage d'intelligence, de travail et de goût.

Je voudrais au moins que ces études fussent imposées aux maîtres de langues, comme une nécessité de leur profession : car alors la jeunesse serait confiée à des hommes avisés, au niveau de la philologie moderne; et nous ne verrions plus brevetés et salariés par l'État, et préférés dans les familles, tous ces aventuriers qui, couvrant de charlatanisme leur honteuse ignorance, se donnent à l'étranger pour des professeurs de langue et de littérature, tandis qu'ils ne sont que de véritables marchands de participes.

Ce serait un honneur pour l'*Association internationale* de détromper tant de dupes et de contribuer au progrès et à la diffusion des études philologiques qui, en épurant le goût, en fortifiant l'âme et en armant l'intelligence d'une puissante activité, ne sont pas les moins utiles parmi les sciences sociales.

M. Sermon (Bruxelles) dit que tout enseignement élémentaire doit être donné dans la langue maternelle.

Il signale les suites désastreuses que l'emploi d'une langue étrangère entraîne dans cet enseignement pour la civilisation et le progrès du peuple.

De l'éducation internationale par M. A. Barbier, *de Clermont-Ferrand (France).*

La question de l'éducation internationale préoccupe beaucoup les esprits depuis quelques mois.

J'ai pensé qu'il devait convenir à l'*Association internationale pour le progrès des sciences sociales* qu'elle fût posée devant elle.

Je ne chercherai pas à développer ici les avantages de l'éducation internationale : l'opinion publique est formée à cet égard.

Je me bornerai à quelques notes sur le but qu'on doit se proposer et les principaux moyens de l'atteindre, et pour cela je diviserai ce que j'ai à dire en six paragraphes.

§ 1er. Du but qu'on doit se proposer en créant l'éducation internationale ;

§ 2. De l'organisation des collèges ;

§ 3. De l'importance du choix des maîtres qui vivent avec les élèves ;

§ 4. De l'enseignement des langues vivantes ;

§ 5. De quelques matières à ajouter à l'enseignement ;

§ 6. De l'éducation physique.

BUT DE L'ÉDUCATION INTERNATIONALE.

Le but de l'éducation internationale est de former des hommes qui, en restant citoyens de leur pays, deviennent en même temps citoyens du monde.

Pour cela, il est nécessaire :

1° Qu'ils connaissent et parlent avec facilité plusieurs langues étrangères ;

2° Qu'ils aient habité plusieurs pays étrangers, pour se défaire d'une foule de préjugés exclusifs et pour connaître par la pratique et pouvoir, par conséquent, apprécier les usages et les mœurs des autres peuples ;

3° Enfin il reste un troisième résultat à atteindre, c'est de donner aux enfants une éducation plus complète et meilleure que celle qu'ils reçoivent aujourd'hui, en empruntant aux différentes nations et en réunissant ce qu'il y a de mieux dans chacune.

Pour réaliser ces avantages, il faut fonder sur des bases entièrement nouvelles des colléges dans les pays qui marchent à la tête de la civilisation.

Mais cette création doit avoir lieu par le concours des forces individuelles. Il faut proscrire tout recours aux divers gouvernements ou à l'un d'eux, car, chacun d'eux voudrait imposer ses professeurs et ses méthodes et l'administration des colléges perdrait en indépendance plus qu'elle ne gagnerait en protection.

DE L'ORGANISATION DES COLLÉGES.

Je voudrais donc qu'une grande société internationale, par actions, se formât sous le patronage des savants les plus distingués de l'Europe et avec des capitaux demandés à tous les pays pour fonder l'œuvre aussi importante que nouvelle de l'*Education internationale.*

A cet effet, quatre colléges seraient créés : en Allemagne, en Angleterre, en France et en Italie.

On y recevrait les enfants de l'âge de 5 à 9 ans, et on les y répartirait de manière que, dans chacun, les enfants de chaque langue fussent en nombre égal.

Dans les quatre colléges, les études et la discipline seraient soumises à un programme unique résumant les méthodes et les systèmes les plus parfaits employés dans chaque pays.

Partout l'enseignement serait le même, de telle sorte que l'enfant sortant d'une classe, en Angleterre, trouverai tdans la classe supérieure, en France ou en Italie, la suite des études commencées.

A la fin de chaque année, un concours serait ouvert dans chaque classe entre les quatre établissements.

La durée des cours serait de huit années, auxquelles on en ajouterait une neuvième que l'élève passerait dans son pays, pour se fortifier sur les matières qu'il lui serait nécessaire de bien connaître, pour y prendre les grades dont il a besoin.

Les enfants seraient envoyés chaque année d'un collége dans un autre, et quand ils auraient successivement passé dans chaque pays une année dans les classes inférieures, ils recommenceraient la même rotation dans les classes supérieures, de manière à avoir, leurs études finies, passé deux années dans chaque pays. C'est à dire une année de l'enfance et une de la jeunesse.

Il faudrait donner à chaque collége une importance suffisante pour qu'il pût recevoir, chaque année, 100 élèves au minimum dans la plus basse classe. Mais, pour avoir le temps de former tout le personnel nécessaire, je ne voudrais commencer la première année qu'avec une quarantaine d'élèves, et je n'organiserais les classes supérieures qu'au fur et à mesure que les élèves qui auraient débuté dans nos établissements y arriveraient.

De là, deux avantages attachés à toute chose qui débute sur une petite échelle : le premier, c'est de pouvoir commencer de suite, avec de faibles frais, dans des locaux loués, et d'avoir tout le temps nécessaire pour construire les établissements définitifs, conformément aux besoins qui se seront manifestés ;

Le second, c'est de pouvoir choisir un à un, et les uns après les autres, tous les maîtres, professeurs, comptables, administrateurs, etc., dont on aura besoin, choix qui seront d'autant mieux faits qu'il n'en faudra chaque année qu'un petit nombre de nouveaux,

Je bornerai ici ce que je crois devoir dire sur l'organisation des colléges. Certes, j'ai assez étudié la matière pour être fixé sur tous les détails de cette organisation, par exemple : les bases de la société à former; le capital nécessaire; le prix que coûteront les colléges, les lieux où ils seront placés; les dépenses annuelles; le taux de la pension à demander, etc., mais je crois que le temps de la Société est trop précieux pour faire entrer ces détails dans la présente note.

DE L'IMPORTANCE DU CHOIX DES MAÎTRES QUI VIVENT AVEC LES ÉLÈVES

Dans les grands établissements d'éducation secondaire, l'instruction est donnée par des professeurs très habiles et convenablement rétribués, tandis que la surveillance et la direction des élèves est laissée, du moins en France, aux soins de maîtres en sous ordre très peu payés, d'une instruction médiocre, n'ayant aucune autorité sur les élèves et regardés, par eux, presque comme des domestiques.

Or, qui est-ce qui donne aux élèves l'éducation, proprement dite, sinon les maîtres qui sont constamment avec eux?

Je veux donc que, dans nos colléges, l'ordre pratiqué jusqu'ici soit complétement interverti.

Je veux que le sous-maître, qu'on appelle en France maître d'étude, et que les élèves nomment *pion*, soit un homme d'une capacité et surtout d'une moralité éprouvée ; qu'il aime les enfants et sache s'en faire aimer ; qu'il s'applique à connaître le caractère de chacun, et à gouverner les enfants, non pas avec des férules ou des pensums, mais avec des réprimandes et des encouragements variés suivant les différents caractères ; qu'il soit pour les enfants un père à la fois sévère et tendre et leur inspire la conviction qu'il les aime et ne les punit que malgré lui ; qu'il ne néglige aucun moyen pour développer le sentiment du juste et de l'injuste, si vif chez les enfants, et pour faire naître en eux le respect d'eux-mêmes et le sentiment de leur dignité. C'est en respectant les enfants qu'on leur apprend à se respecter eux-mêmes et à ne jamais ni mentir ni mal faire.

Je veux encore qu'il s'occupe de leurs jeux ; qu'il veille à ce que tous s'amusent, qu'il leur accorde toutes les facilités, tous les plaisirs compatibles avec la règle ; qu'il fasse, en un mot, qu'il ne manque aux enfants que les baisers de leur mère, pour qu'ils soient aussi heureux que dans la maison paternelle.

Je veux enfin que cet homme soit fort instruit, non pas d'une manière très profonde, mais d'une manière générale, afin de pouvoir répondre à toutes les questions que lui feront les enfants ; leur donner des idées justes sur tout ce qu'ils voient dans leurs récréations et leurs promenades ; leur expliquer la nature d'une pierre, l'organisation d'une plante, le mécanisme d'un moulin ; jeter, enfin, dans leur intelligence, en jouant et sans prétention, des semences scientifiques, qui germeront plus tard et deviendront, dans la suite des études, des points de départ d'une saine instruction.

« Ce sont des phénix que vous cherchez, me dira-t-on ; vous n'en trouverez pas. » Si je ne trouve pas la perfection que je rêve, du moins je ferai tous mes efforts pour m'en rapprocher le plus que possible : et je ne doute pas qu'on ne parvienne à trouver des hommes qui satisfassent d'une manière convenable aux conditions que je viens d'indiquer, si on leur assure une position honorable et un beau traitement. Or, c'est ce que, dans le nouvel établissement, il ne faut pas hésiter à faire : car, s'il est important de former chez les enfants l'intelligence, il est plus important encore de former la conscience et le caractère.

Les idées que j'exprime sont, je suis heureux de le reconnaître, prédominantes en Angleterre. En général, les professeurs y vivent avec les élèves, et l'éducation, proprement dite, y est supérieure à celle des autres pays. Aussi devra-t-on, dans un collége international, emprunter beaucoup sous ce rapport à l'Angleterre.

ENSEIGNEMENT DES QUATRE LANGUES.

La première condition de toute éducation internationale c'est que les enfants apprennent vite, avec plaisir et sans fatigue, les langues vivantes qu'ils doivent savoir. Car s'il fallait les apprendre lentement et successivement par les moyens employés jusqu'à ce jour, toute la jeunesse y serait consacrée, et ce ne serait pas la peine de créer des établissements spéciaux.

Or, la différence de langage des enfants, qui paraît au premier abord une difficulté si grande, est au contraire le levier le plus puissant dont on puisse se servir pour un enseignement commun. C'est ce qui deviendra palpable par les quelques explications qui suivent :

Je réunis en nombre égal, dans chacun de mes colléges, des enfants des quatre langues, de l'âge de 8 à 9 ans (plus ils seront jeunes, plus ils apprendront facilement par la pratique). Je n'exige d'eux qu'une chose, c'est qu'ils sachent lire et écrire dans leur langue maternelle.

A leur arrivée, je les confie à un maître choisi, comme je l'ai dit dans le paragraphe précédent, et qui, à ses autres qualités, devra joindre la connaissance des quatre langues.

Ce maître veillera à ce que dans les récréations, les promenades, les réfectoires, les dortoirs, les enfants de langues différentes soient, autant que possible, en contact les uns avec les autres, et, par conséquent, dans la nécessité d'échanger entre eux des mots dans leurs langues respectives.

Mais c'est surtout sur les classes que je compte, et je les fais de la manière suivante :

Je remets à chacun de mes enfants un livre contenant, dans les quatre langues, les phrases dont ils auront le plus habituellement à se servir.

A l'entrée en classe, le professeur divise les élèves par groupes de quatre ; chaque groupe composé d'un enfant de chaque langue.

Quand le professeur annonce la classe d'anglais, chaque groupe va se placer dans une partie de la salle désignée d'avance. Le petit Anglais se place au centre, et fait lire et prononcer à ses camarades, une phrase anglaise. Cela a lieu, en même temps, dans tous les groupes. Quand cette phrase est prononcée suffisamment bien, il passe à une seconde. Le professeur n'a autre chose à faire qu'à veiller au maintien de l'ordre. Quand il craint que les enfants ne soient fatigués de l'anglais, il annonce la classe de français. Alors ce sont les petits Français qui se placent au centre des groupes, et font lire et prononcer en français les phrases lues en anglais. Ensuite et de la même manière, viennent les leçons d'allemand et d'italien.

Dans l'origine, la classe sera courte et l'on ne lira qu'un petit nombre de phrases; mais à mesure que les enfants feront des progrès et que, par conséquent, leur attention pourra, sans fatigue, se soutenir plus longtemps, le nombre des phrases augmentera.

Dans l'intervalle des classes, les élèves n'auraient d'autre travail à faire qu'à apprendre par cœur les phrases lues précédemment et à les copier proprement.

Du reste, point d'explication; procédons comme le fait la nature; que l'enfant apprenne trois langues nouvelles, comme il a appris sa langue maternelle, par la cohabitation et par l'oreille. L'explication des mots nouveaux lui est donnée, ou par ses camarades ou par la traduction qu'il a dans son livre; toute explication du maître est inutile.

Qu'on ne l'oublie pas; l'enfant est curieux et aime à interroger; d'un autre côté, il aime à s'ériger en maître de ceux qui parlent moins bien que lui, et le fait avec beaucoup de tact. Profitons de cette double disposition; l'importance que l'enfant se donnera quand il est maître, est une garantie qu'il s'appliquera à bien comprendre quand il est écolier. Des classes ainsi faites seront un plaisir plutôt qu'une étude. L'attention étant constamment soutenue, les progrès seront rapides.

Qu'on suppose, en effet, cinq phrases seulement apprises dans chaque classe. Ce sera 10 par jour, plus de 250 au bout d'un mois! ajoutez à cela ce que l'enfant aura appris par le contact avec ses condisciples et vous serez convaincus qu'au bout d'un mois, chacun des enfants sera en état de se faire comprendre dans chacune des quatre langues.

Quand ce résultat sera obtenu, que ce soit un peu plus tôt ou un peu plus tard, le maître, dans les récréations, devra établir la règle que chaque jour, on parlera une langue différente.

Avec du tact, de la patience et de la fermeté, cette règle (qui, pour la langue française, existe déjà dans beaucoup d'institutions anglaises, notamment dans les pensions de jeunes filles) s'établira facilement, et une fois qu'elle sera établie, l'instruction pratique des enfants dans les langues, fera des progrès rapides.

Je ne doute pas qu'avant deux mois les enfants ne soient en état de bien comprendre les explications qui seront données par un professeur, quelque langue qu'il parle, et alors on pourra commencer l'étude des grammaires.

En résumé, j'ai la conviction qu'à la fin de la première année d'études, les enfants sauront pratiquement quatre langues d'une manière à peu près complète, et commenceront à en connaître la grammaire.

Si tel est le résultat de la première année, comme le terrain sera préparé pour l'enseignement des années suivantes! Comme la mémoire sera exercée! Comme l'intelligence sera fécondée par la connaissance de quatre idiomes différents! Comme le jugement sera formé par la comparaison instinctive qu'auront faite les enfants de quatre formes diverses de langage! Comme les autres études deviendront faciles et promptes!

Remarquez que les enfants se perfectionneront sans travail spécial dans la connaissance des langues vivantes, si l'on prend soin de leur donner les autres parties de l'enseignement dans des langues différentes : par exemple, si, dans la même classe, on enseigne l'histoire en français ; l'arithmétique en italien ; la géographie en anglais ; la botanique en allemand. Les devoirs que les élèves auront à faire alternativement dans ces langues diverses leur en procureront bientôt la connaissance approfondie.

Ne voulant pas trop étendre ce travail, je n'examinerai pas quelles sont les diverses branches de l'enseignement qui doivent être cultivées dans un collége international. Je me bornerai à signaler quelques points qui me paraissent à tort exclus de l'enseignement ordinaire.

DE QUELQUES MATIÈRES NOUVELLES A INTRODUIRE DANS L'ENSEIGNEMENT.

Il y a peu d'hommes qui n'aient été frappés de voir les élèves ayant fait les meilleures études, entrer dans le monde, ignorant des choses qu'il importe le plus de connaître ; c'est une lacune que je voudrais voir combler.

Je voudrais, notamment, que tous les jeunes gens reçussent, dans leurs études, des notions d'économie politique.

Qu'ils fussent mis au courant de l'histoire contemporaine.

Qu'ils connussent les constitutions politiques des différents peuples.

Qu'ils apprissent l'histoire des principales religions du monde.

Qu'on leur enseignât les règles générales du commerce, etc., etc.

Toutes ces matières si importantes, la plupart des hommes ne les étudieront pas, par conséquent ne les sauront jamais ou ne les sauront que mal. Il est donc nécessaire de les rendre familières au jeune homme pour qu'il connaisse la société où il va prendre place, qu'il en apprécie le mécanisme et les conditions, et que son jugement appuyé sur des bases solides, ne se laisse pas entraîner par les sophismes des novateurs.

CONSIDÉRATIONS SUR L'ÉDUCATION PHYSIQUE.

Enfin il me semble qu'il y a beaucoup à faire pour perfectionner l'éducation physique des enfants.

Les anciens disaient que l'homme devrait être *Mens sana in corpore sano*. Les modernes ont négligé cet axiome et l'on s'occupe beaucoup trop, en France surtout, de développer l'entendement et pas assez de développer la force et la santé.

Je demande donc que les établissements à fonder soient placés dans des lieux salubres, au milieu de beaucoup d'air et d'espace ;

Que les bâtiments soient vastes et bien aérés et les cours nombreuses et suffisamment grandes ;

Que les élèves soient astreints à suivre jusqu'à la fin de leurs études, les cours de gymnastique ;

Qu'ils apprennent tous à nager, à faire des armes, à danser, à chanter et à monter à cheval ;

Que rien ne soit négligé pour accroître la force et l'adresse, et rendre la santé robuste.

Je veux, en un mot, que l'on fasse partout ce qui se fait dans les établissement d'éducation d'Angleterre, où tout ce qui concerne les exercices du corps est en général fort bien entendu. Ce n'est qu'ainsi qu'on peut espérer remplir les intentions du Créateur qui, en unissant chez l'homme, l'esprit à la matière, a voulu en composer un tout harmonieux.

DÉBAT.

M. DESMARETS (France). J'ai un devoir à remplir. Un de mes amis, M. Rendu, inspecteur général de l'université de France, m'a chargé d'appeler votre attention sur la création des colléges internationaux. Ce sujet se rapproche trop du·but poursuivi par cette Association pour que vous lui refusiez la publicité qui sera donnée à vos travaux. Si l'idée est utile, elle gagnera quelque chose à être discutée, et elle le sera évidemment, après le retentissement que lui aura donné l'Association internationale.

Frappé de ce que les communications deviennent chaque jour plus intimes entre les différentes nations de l'Europe, facilitées comme elles le sont, au point de vue matériel, par la rapidité des chemins de fer et par les fils électriques, grâce auxquels la pensée n'est plus l'esclave de la distance ; frappé aussi de cette tendance qu'ont les peuples à se rapprocher et à se mêler tous les jours davantage, M. Rendu s'est demandé s'il ne serait pas possible de favoriser cette tendance, en organisant dans les études de l'enfance les rapports de nation à nation.

L'obstacle, c'est la diversité des langues. Vous pouvez l'apprécier mieux que personne, vous qui êtes au carrefour de l'Europe, et qui voyez passer devant vous des étrangers de toutes les nations, Anglais, Russes, Allemands, Italiens. Vous devez comprendre la nécessité d'établir le libre échange des langues, au moyen d'une éducation plus large.

J'ai eu le bonheur de passer quelque temps en Angleterre, et de causer avec des Anglais. Quel plaisir de voir disparaître, avec la difficulté de s'entendre, la plupart des préjugés qui nous séparent! (Applaudissements.)

Malheureusement notre langue est pour nous un obstacle. Tous les peuples apprennent des langues étrangères. En général, nous, Français, nous ne connaissons que notre langue. La difficulté que nous éprouvons à apprendre les langues étrangères engage les autres nations à apprendre la nôtre. Cela n'est pas juste.

Pour remédier à ce mal, M. Rendu propose de créer partout des établissements d'éducation internationale. Il y en aurait, je suppose, à Paris, à Bruxelles, à Londres, à Berlin, et dans d'autres grandes villes. Voici quel serait le système. Les parents qui placeraient leur enfant dans l'un de ces établissements pourraient déclarer au chef de l'institution que leur désir serait, qu'en 1863, par exemple, leur enfant continuât ses études dans un autre de ces établissements. Après avoir séjourné un certain temps dans un collège de Belgique, l'enfant irait ainsi en Italie ou en Espagne. Il passerait d'un établissement dans l'autre, selon le vœu de ses parents, dont le choix serait libre.

Si l'enfant a l'intelligence vive, s'il a le don des langues, ou si l'on juge utile qu'il en apprenne plusieurs, il changera de collège aussitôt qu'il en saura une, et ira en étudier une autre. S'il est nécessaire qu'il connaisse à fond une seule langue, il restera deux ou trois ans dans un pays.

Ce que l'on appliquerait aux enfants serait applicable aussi aux professeurs ; et ainsi le libre échange des langues serait établi.

Hier, j'ai serré la main d'un de mes camarades de collège que je n'avais pas revu depuis l'époque où je l'avais connu à Paris ; c'est un de vos compatriotes, M. Leirens. Voilà un fait exceptionnel. Si les exceptions devenaient plus fréquentes, si un plus grand nombre d'hommes faisaient une partie de leurs études à l'étranger, ce serait une semence féconde de fraternité dans le monde. Que d'efforts ne fait-on pas pour rapprocher les peuples par des traités de paix! et cependant quand la diplomatie croit avoir bâti un monument durable, la guerre éclate, et le sang coule. Pareille chose n'arriverait pas si, dès l'enfance, les citoyens des diverses nations étaient mis en contact les uns avec les autres, et s'ils apprenaient à se comprendre et à s'aimer. (Applaudissements.)

M. Nakwaski (Pologne). J'appuie la proposition de l'honorable préopinant, et je crois même qu'il faut généraliser le vœu de M. Rendu pour l'établissement de collèges internationaux. Quatre nations seulement figurent dans son projet. Pourquoi ne pas instituer un nombre de collèges plus considérable? J'appuie donc la proposition de l'honorable préopinant, mais je suis d'avis qu'il faut tâcher de lui donner un caractère encore plus international, si c'est possible.

M. Clercx (Pays-Bas). L'idée exposée par M. Desmarets m'est sympathique. Cette idée de consacrer plus de temps à l'étude des langues vivantes rentre tout à fait dans ma manière de voir. Un jeune homme qui possède plusieurs langues vivantes est plus qu'un savant helléniste, qu'un savant latiniste.

Je désirerais cependant adresser une question à M. Desmarets. Ces jeunes gens qui auront été placés dans des colléges internationaux, que deviendront-ils dans la société ? Veut-on faire de ces colléges des académies, des universités où ces jeunes gens étudieraient la médecine ou le droit, ou toute autre science ? Ce point est important, car il ne suffit pas d'apprendre les langues vivantes, il faut savoir autre chose. Et si l'on réunit toutes ces études dans ces établissements, on tombera dans le grand vice de l'enseignement à notre époque.

N'oublions pas le proverbe latin : *Non multa sed multum.* N'apprenez pas beaucoup de choses, mais sachez bien ce que vous avez appris.

Faites la nomenclature de tout ce qui compose le programme des études dans l'enseignement moyen et supérieur. Les langues vivantes tiennent bien peu de place dans notre enseignement; mais en revanche on y fait figurer l'histoire, la géographie, les mathématiques, et surtout le grec et le latin, dont, à une époque plus avancée de la vie, nous avons bien peu besoin. J'en ai l'expérience, sinon je n'oserais pas le dire en présence de tant de philosophes et de pédagogues.

Qu'au lieu de perdre son temps à apprendre tout cela, on étudie les langues vivantes, l'idée est bonne. Qu'on aille les étudier à la source même, l'anglais en Angleterre, le français en France, rien de mieux. Mais si l'élève change constamment de professeur pour les autres branches que les langues vivantes, il ne saura rien. Il faut suivre une méthode bien arrêtée; partir des premiers principes, et développer de plus en plus les connaissances auxquelles on veut initier l'élève; sans cela, l'enseignement reste inefficace.

Malgré l'objection, je sympathise avec les idées de M. Rendu. Je voudrais voir, si c'était possible, un changement s'opérer dans l'enseignement, et les langues vivantes détrôner le grec et le latin.

De la nécessité d'une langue internationale, par M. le Dr BURGGRAEVE, *professeur à l'université de Gand.*

Dernièrement nous étions six dans le même waggon, tous appartenant à des nationalités différentes.—En vain nous eûmes voulu causer, chacun de nous ne connaissait que sa langue. Malgré la rapidité de l'express, le temps nous parut long et nous atteignîmes le but de notre voyage sans avoir pu échanger une parole. — Je me disais : A quoi bon les chemins de fer, s'ils ne servent qu'à mettre en contact des hommes condamnés au mutisme faute de se comprendre? La nécessité d'une langue internationale m'apparut alors dans toute sa réalité. — Je me rappelais ce passage de la Genèse: « *Erat autem terra labii unius et sermonum eorumdem.* » (Chap. XI, V. 1), et je me disais: Vain progrès! vaine découverte! tant que les hommes n'auront pas un même langage.

Le temps et l'espace, ces deux grands obstacles à l'activité humaine, ont été vaincus; mais ce ne sont pas tant les distances qui séparent les hommes que les langues. — Sans cette multiplicité d'idiomes, la pensée, libre d'entraves, volerait d'un bout de la terre à l'autre et les nations, unissant leurs efforts, marcheraient d'un pas non interrompu vers leurs glorieuses destinées.

Mais, dira-t-on, la langue d'un peuple, c'est sa vie; c'est la source où se retrempent les sentiments nationaux et domestiques. Aussi ne voulons-nous en aucune manière détruire les langues nationales; mais ces langues, qui suffisent à la vie intime des peuples, ne suffisent pas à leur vie extérieure. A moins de vouloir rester étrangers les uns aux autres, ils doivent se mettre en communauté d'idées et de langage.

Nous ne rechercherons pas si, primitivement, il n'y a eu qu'une langue et quelle a été cette langue; à plus forte raison nous ne voulons pas chercher à faire une langue nouvelle; d'autres l'ont vainement essayé. « La différence des langues tient à des causes trop profondes, pour qu'on puisse les faire disparaître. Ce sont les religions, les lois, les mœurs, les habitudes, les climats, toutes les causes enfin soit physiques, soit morales qui, dans le cours des âges, ont contribué à morceler le genre humain et à multiplier les individualités nationales. Cette variété d'idiomes, nés de l'isolement respectif de certaines collections d'hommes, a eu pour effet de prolonger encore cet isolement. Toutefois, à d'autres égards, elle a été utile au progrès de l'intelligence humaine dont elle a élargi la sphère. Que de pensées et de nuances de pensées, de sentiments, d'images n'ont d'expression possible, d'expression exacte et complète qu'en un seul idiome. Aucun poète, aucun orateur, aucun grand écrivain n'est traduisible. Qu'il n'eût existé qu'une langue sur la terre, que de richesses perdues! » Ainsi parle Lamennais.

Mais, à côté des idiomes nationaux qui isolent les hommes et donnent lieu à des préjugés regrettables, il faut l'idiome international qui rapproche les peuples et fait disparaître les idées étroites. Jusqu'au commencement du XVIIIe siècle, le latin fut la langue des savants. Sa concision, sa sévérité même le rendaient particulièrement propre au commerce scientifique; de tous les points de l'Europe, les savants correspondaient entre eux sans se connaître et ce n'est pas chose peu étonnante que ces communications rapides de la pensée, quand il n'existait encore ni journaux, ni revues.

Nous le comprenons : l'établissement d'une langue internationale, prise entre les langues actuelles, présenterait plus de difficultés. A l'époque où le latin dominait, il n'y avait à côté de lui aucune langue capable de lui disputer la suprématie. Depuis cette époque, les langues modernes se sont formées, elles ont leur littérature, leurs chefs-d'œuvre. Cependant, il faut que l'une d'elles serve aux rapports internationaux. Nous en trouvons la preuve dans ce qui s'est passé au Congrès international de statistique, tenu à Paris en 1855. Dès l'abord la nécessité d'une langue uniforme parut évidente à tout le monde.

Après une longue discussion, un membre, M. Ch. Debraux (Autriche), déposa une proposition tendant à ce qu'il fût décidé que le Congrès international de statistique se servirait dans ses réunions ultérieures, dans quelque pays qu'elles eussent lieu, d'une langue commune. Cette langue, l'honorable membre pensa que ce devait être le français. Le français, disait-il, c'est la langue officielle de la diplomatie, et la diplomatie l'a adopté à cause de sa clarté et de sa concision. C'est, en effet, dans ces deux qualités essentielles que consiste le mérite de la langue française, mérite dont, au reste, elle n'est pas redevable à elle-même, mais au latin dont elle a hérité en grande partie.

Si nous réclamons une langue universelle, c'est uniquement pour nos rapports internationaux, pour le libre-échange des idées qui importent tant au bien-être même matériel des nations. Mais nous voulons aussi que chaque nation conserve religieusement sa langue maternelle, qu'elle la cultive, la développe sans relâche, parce qu'elle est nécessaire au développement de l'esprit humain et qu'elle est la sauvegarde de sa nationalité.

De l'adoption d'une langue internationale par M. EVERAERTS *(Taviers).*

Après avoir développé, dans des considérations analogues, les inconvénients que présente la diversité des langues, M. Everaerts expose en ces termes les avantages que retirerait l'humanité de l'adoption d'une langue internationale :

« En musique, il suffit de quelques signes peu nombreux pour la fixation et l'intelligence des productions infinies de l'imagination artistique.

« En chimie, tous les principes qui président aux innombrables transformations de l'ordre physique sont ramenés aux formules de la nomenclature chimique qui servent à exprimer les combinaisons des corps premiers entre eux.

« Dans la science des nombres, quelques chiffres ou signes représentatifs servent de base aux innombrables applications auxquelles elle donne lieu.

« De même, par l'adoption d'une seule langue, toutes les connaissances de l'esprit humain, toutes les manifestations de la pensée humaine, chez tous les peuples, se traduiraient, dans l'écriture, par 25 à 30 signes alphabétiques et, dans le langage, par un seul vocabulaire que chacun se rendrait bientôt familier.

« Quel beau résultat, si tous les hommes pouvaient s'entendre et correspondre par la presse, ce levier plus puissant que celui d'Archimède !

« La lutte contre les ténèbres et l'ignorance devenue commune et universelle ;

« Le domaine des sciences exactes, du droit, de la politique, de la diplomatie, de la civilisation, étendu et agrandi tous les jours ;

« Le génie de certains hommes privilégiés rayonnant par tout et pour tous ;

« Tous les trésors d'intelligence que Dieu a départis à l'espèce humaine, convergeant à un centre commun, au lieu de s'épuiser en efforts stériles et isolés, contre les entraves des âges précédents ;

« Toutes les intelligences supérieures, plus fortes par leur réunion, marchant d'accord et en un faisceau compact, sur la route du progrès, et élargissant sans cesse le cercle des conquêtes humaines sur la matière brute et inerte ;

« L'humanité, enfin, consciente de ses forces et prenant ; pour ainsi dire, possession de toutes ses facultés réunies, se dirigeant désormais d'un pas sûr et rapide vers le but providentiel de sa perfectibilité morale et intellectuelle. »

Quelle part d'intervention peut-on réserver à la femme dans l'enseignement scolaire et quels avantages peut-on retirer de cette intervention ?

—

*Note présentée par M. JACOBS, directeur des écoles communales,
à Saint-Josse-ten-Noode.*

L'instruction primaire se divise en deux parties :

La première comprend l'éducation de l'enfant jusqu'à l'âge de 7 à 8 ans ;

La seconde, l'enseignement dans l'école primaire.

Sur le premier point, nous serons tous d'accord :

L'éducation de la première enfance appartient à la femme.

Pour apercevoir la part que la nature réserve à la femme dans l'enseignement de l'école primaire, il sera nécessaire, messieurs, de jeter un coup d'œil sur le caractère propre de l'homme et de la femme et sur la destinée qu'ils ont de s'unir dans l'idéal harmonique de l'être humain.

Tous les auteurs s'accordent à reconnaître une pensée plus profonde, une activité intellectuelle plus puissante, une volonté plus forte à l'homme qu'à la femme, et à celle-ci, une organisation plus mobile, un sentiment plus délicat qu'à l'homme. Le principe intellectuel prédomine chez le premier, le principe de la sensibilité chez la seconde. Il s'ensuit que les occupations, les études où la pensée domine, seront plutôt du domaine de l'homme, tandis que celles où domine le sentiment appartiendront au domaine de la femme.

A l'homme la science, l'art à la femme.

Si j'ai dit, messieurs, que le principe intellectuel domine chez l'homme, et le principe de la sensibilité chez la femme, il ne faut pas en conclure que la culture du côté que j'appellerai accessoire puisse être négligé; non, il faut cultiver aussi le sentiment chez l'homme, et l'intelligence chez la femme.

J'arrive à conclure en faveur de l'intervention simultanée de l'homme et de la femme, dans l'enseignement primaire.

Ici je pourrais froisser certaines opinions, en introduisant l'élément masculin dans les écoles de filles. On me demandera si, — puisque je considère le côté intellectuel, scientifique, comme accessoire dans les écoles de filles, — si, dis-je, on ne peut pas laisser à la femme le soin de donner cette instruction?

Messieurs, la femme est, par sa nature, entraînée vers tout ce qui est du domaine de la sensibilité, vers toutes les aspirations généreuses et charitables. N'est-il pas à craindre que la science ne décline dans les mains exclusives de la femme? Les résultats que présentent nos écoles de filles justifient ces craintes. Ce n'est pas moi qui réclame; ce sont les femmes elles-mêmes. Voici ce que dit madame Necker :

« Toute l'éducation de la jeune fille s'attache à l'extérieur, le grand souci de l'éducatrice, c'est de la façonner, de la dresser de manière à ce que, par son maintien, elle puisse s'attirer la faveur publique, l'attention d'un époux. Le grand objet de l'éducation, l'éducation intellectuelle, le développement harmonieux des facultés leur reste complétement étranger. L'éducation ne songe pas à former des esprits éclairés, des créatures intelligentes, etc. »

A ce mal, il est nécessaire de chercher un remède.

Aussi faut-il cultiver dans la future compagne de l'homme la créature raisonnable, intellectuelle, capable au besoin de se suffire à elle-même; mais surtout former en elle la mère des générations à venir : l'éducatrice des jeunes garçons, comme l'éducatrice des jeunes filles. Et que ne lui faut-il pas de science et d'intelligence pour remplir ce beau rôle! L'éducation actuelle de la femme énerve l'homme. Les idées étroites que la femme tient de son éducation ne lui donnent pas le pouvoir de cultiver en ses fils le type de la pensée, de l'énergie, de la volonté, de la force, de l'indépendance. On doit donc, à tout prix, élever le niveau scientifique dans l'éducation de la femme; et pour en arriver là, on doit avoir recours à l'homme qui représente le principe intellectuel du genre humain.

Ne déplaçons pas la femme; n'offensons pas sa modestie, sa retenue naturelle, sa nature affectueuse et timide, en la faisant monter dans la chaire professorale.

Donnons-lui ce que la nature lui destine : les petits enfants, dont les facultés, dans leur éclosion, ont besoin du soleil doux et tendre du sentiment maternel.

Laissons-lui aussi la direction morale de nos jeunes filles. Et sans soustraire les jeunes garçons à la douce influence de leur cœur aimant, conservons à l'homme l'enseignement des sciences, le domaine de la pensée.

Dans la pratique, il suffirait que chaque commune joignit à l'école communale une annexe pour les petits enfants, organisée d'après le système de Frœbel.

L'institutrice, à qui l'on confierait ce jardin d'enfants, serait chargée en outre de la direction morale des jeunes filles de l'école primaire et leur enseignerait les connaissances spéciales, la couture, le ravaudage, etc. Le jardin d'enfants serait une école pratique pour les futures mères, en même temps qu'il offrirait le moyen d'occuper utilement pendant les récréations, les garçons de l'école primaire. L'instituteur enseignerait les connaissances spéciales aux garçons et donnerait l'enseignement des sciences aux deux sexes.

On dira que ce système ne respecte pas assez la séparation des sexes.

Mais cette séparation a-t-elle bien toute l'importance qu'on lui accorde souvent? Et d'ailleurs se préoccupe-t-on beaucoup de la maintenir hors de l'école? Et pourtant elle est sans doute bien moins utile sous les yeux des maîtres, que dans les jeux auxquels les enfants des deux sexes se livrent, en toute liberté, dans les villes et dans les campagnes.

DÉBAT.

M. SOUVESTRE (France). La question qui est soulevée ici est une de celles qui me sont le plus chères. Elle présente deux aspects, elle touche à deux grands intérêts sociaux. Il y a d'abord l'importance de l'éducation de l'homme. Sur ce point, je suis parfaitement d'accord avec l'orateur qui vient d'être entendu; mais il y a aussi autre chose. Il n'y a pas tant de professions accessibles à la femme. Il faut donc élargir le cercle de celles où elle peut entrer. Bien que ce ne soit pas précisément dans le programme de la section d'éducation, je demande à dire deux mots de ce côté de la question, avant d'entrer dans la question d'éducation.

Je ne sais pas ce qui se passe en Belgique; mais en France, se développe une déplorable tendance. Le nombre des professions à l'aide desquelles les femmes peuvent gagner leur vie devient de plus en plus restreint. L'ouvrière ne peut pas vivre de son travail, mais, comme il faut qu'elle vive, je vous laisse à deviner comment elle y supplée. A Bruxelles même, en me rendant au Congrès, j'ai aperçu un magasin de ces machines à coudre qui vont élargir la plaie. Je ne veux pas dire de mal des machines. Telle n'est pas ma pensée, mais toutes ces nouvelles découvertes doivent nous pousser à chercher des professions accessibles à la femme, des moyens de lui rendre la dignité du travail.

L'enseignement est une de ces professions.

Les écoles mixtes sont une bonne chose. Il existe en France des écoles où les deux sexes sont réunis. Il en résulte un bien dont on se félicite tout d'abord, c'est qu'en général l'enseignement des enfants, sans distinction de sexe, entraîne moins de frais, puisqu'il ne faut qu'une institutrice au lieu d'un instituteur et d'une institutrice. Cette réunion des sexes ne dure que jusqu'à huit ans en France; elle durerait jusqu'à dix ans dans le Nord, jusqu'à un âge moins avancé dans les pays méridionaux, c'est une affaire de latitude.

Je partage l'avis de M. Jacobs sur la séparation des sexes. Je me rappelle l'impression fâcheuse que j'ai éprouvée en visitant une salle d'asile où les deux sexes étaient séparés par une barrière à claire voie, haute comme deux fois un enfant, et à travers laquelle les pauvres petits essayaient d'échanger des poignées de mains. Il vaut mieux se fier davantage à la bonté de la nature humaine. Ce n'est pas en multipliant les mors et les bridons qu'on élève les enfants, c'est en agissant sur leur cœur. (Applaudissements.)

Quant à la méthode particulière de Frœbel qui est appliquée avec succès à Bruxelles et à Paris, je regrette que nous ne puissions pas en constater les effets. Si le Congrès s'était réuni deux mois plus tôt, les jardins d'enfants et les autres établissements d'enseignement eussent été le but d'un pèlerinage pour la section d'éducation, pèlerinage d'autant plus intéressant que vous avez un système tout différent du nôtre, le système de la liberté.

Quels sont les meilleurs moyens de conserver aux enfants sortis des écoles primaires les bienfaits de l'instruction?

Mémoire présenté par M. Théod. Olivier, *docteur en médecine à Tournai.*

Que l'on croie nécessaire ou non l'intervention du législateur pour forcer le père à donner à son enfant la connaissance de la lecture et de l'écriture, on est parfaitement d'accord sur ce point, qu'il est urgent de généraliser l'instruction primaire.

Supposons ce premier résultat acquis, le vrai but sera-t-il atteint? Non, certes; la question qui nous est posée le prouve assez. Les notions de l'école primaire tendent à s'effacer, si l'on n'emploie des moyens efficaces de les conserver. Et conserver, ici, c'est développer; car l'homme ne grandit pas avec le même vêtement qu'il portait dans son enfance. Il faut que son instruction grandisse avec lui, quelque humble et quelque simple qu'on la suppose.

Il le faut, et pourtant personne ne songera à imposer, par la contrainte, ce développement sans lequel l'instruction primaire n'aura rien fait. Nous sommes donc amenés à chercher dans le sein même de l'instruction, les forces irrésistibles qui obligeront l'ouvrier, et ceux avec qui il est en rapport, à diriger leurs efforts dans ce sens.

Qu'est-ce qui empêche l'ouvrier, sorti de l'enfance, de développer, au milieu de ses travaux, les notions qu'il a reçues? Le défaut de rapport entre son instruction et son travail. Qu'est-ce qui empêche les classes aisées d'aider en cela l'ouvrier, et d'éveiller, de favoriser en lui la tendance à s'instruire? Le défaut de rapport entre leur propre instruction et la sienne, ainsi qu'avec les travaux dont cette instruction est la lumière.

L'instruction des différentes classes de la société offre par elle-même une grande variété de nuances : mais toutes ont cela de commun qu'elles reposent sur un même fond qui est l'entendement humain, toujours identique à lui-même dans la marche naturelle de l'acquisition de ses connaissances. Considérons cette puissance spontanée de l'être humain, depuis l'enfance jusqu'à l'âge où elle acquiert la plénitude de son action, soit dans les professions laborieuses, soit dans les professions studieuses, et nous trouverons bientôt la clef de la difficulté.

L'enfant, qui est en quelque sorte l'ébauche de l'homme fait, reçoit dans l'école primaire un ensemble de notions qui représente toutes les branches des connaissances humaines. Il les saisit toutes d'instinct, sans en rejeter aucune. C'est cet ensemble, si complet et si largement ébauché, qu'il s'agit de conserver agrandi, à son âge viril, où il devra concentrer ses connaissances sur la profession qu'il aura choisie, sans que la grande pensée d'universalité, âme de toute bonne éducation, ait à souffrir de la spécialisation professionnelle.

Entre l'enfance et l'âge viril se trouve un âge moyen qui est l'adolescence, et pendant lequel les puissances de l'esprit, comme celles du corps, grandissent avec rapidité. Ces années de transition, où l'aplomb instinctif de l'enfance se dérange de jour en jour pour arriver à l'aplomb raisonné de l'âge viril, ont besoin d'une sollicitude toute spéciale, et c'est là que se trouve le nœud de l'instruction comme de l'éducation. Il importe que, dans cette phase de croissance, l'esprit, en grandissant sur certains points, ne se rétrécisse pas sur certains autres.

C'est à ce moyen âge que correspond la période scolaire appelée *ensei-*

gnement moyen. On avait borné d'abord cette dénomination à l'enseignement des colléges ; mais on a reconnu qu'elle s'appliquait également à toute instruction faisant suite à celle de l'école primaire, et l'on a remplacé par l'expression *d'école moyenne,* celle *d'école primaire supérieure.*

Cette rectification de termes correspond à une rectification d'idées qu'il importe de pousser jusqu'au bout, afin que toutes les conséquences fécondes en soient déduites. Les termes *primaire, moyenne, supérieure,* désignent évidemment trois degrés répondant aux trois âges successifs d'une même instruction. Ces degrés existent, en vertu de la nature même, dans l'instruction de l'ouvrier comme dans celle du docteur, et il y a confusion à dire, comme on l'a fait si souvent, que l'instruction *primaire* convient à toutes les conditions sociales, l'instruction *supérieure* aux hommes qui se destinent aux professions savantes, et l'instruction *moyenne* à ceux qui tiendront le milieu entre la masse et les savants. Il faut employer d'autres expressions pour caractériser cette distinction entre les éducations plus ou moins lettrées. Appelons, par exemple, *instruction ouvrière* ou *du troisième ordre,* celle qui s'applique à toute la masse ; *instruction intermédiaire* ou *du deuxième ordre,* celle qui convient aux positions intermédiaires ; et enfin *instruction classique* ou *du premier ordre,* celle qui conduit aux professions savantes, de quelque catégorie que ce soit. Chacun de ces ordres d'instruction a ses trois degrés, correspondant aux âges : *primaire,* s'adressant à l'enfance et jetant dans l'esprit le germe des notions ; *moyen,* apprenant à les raisonner, à les classer, et répondant à l'adolescence ; *supérieur,* les concentrant sur une profession, et s'appliquant à l'âge viril.

Cette distinction une fois bien établie, tout s'éclaircit de soi-même dans le développement de l'instruction de l'ouvrier. Il ne s'agit plus que de rechercher ce qui remplira, dans cette instruction, le rôle que remplissent l'université et le collége dans celle de l'élève destiné à des professions plus lettrées.

L'ouvrier apprend sa profession dans l'atelier, qui est pour lui ce qu'est l'université pour l'avocat, le médecin, l'ingénieur. C'est donc là que s'opère son instruction *supérieure.*

Son instruction *moyenne* a lieu également dans l'atelier. Elle correspond à ces années pendant lesquelles il prélude à l'acquisition de son diplôme d'ouvrier fait, se livrant à des essais, à des œuvres de détail et à des études de principes.

La marche naturelle de l'acquisition des connaissances étant connue, il suffira, pour continuer dans la carrière de l'ouvrier l'action bienfaisante de l'instruction, de l'accompagner en esprit dans les travaux de son adolescence et de sa jeunesse, et d'élever l'atelier à la hauteur d'une école, moyenne d'abord, puis supérieure, par les lumières appropriées que l'on répand sur le travail.

C'est bien là ce que l'on s'efforce aujourd'hui de faire. Transformer en écoles fécondes, par des leçons, des livres et une action administrative intelligente, les ateliers de l'industrie manufacturière et le grand atelier des campagnes, tel est le but auquel tendent, en ce moment, les nations civilisées. Elles ne l'atteindront qu'en tenant compte de la marche de l'esprit, suivant les âges, telle que nous l'avons indiquée.

La question des livres est d'une haute importance, dans la réussite de cette œuvre ; car les livres sont le levier par excellence de l'instruction, et l'école primaire résume tous ses bienfaits dans ces mots : « apprendre à lire. » Toute l'instruction subséquente ne consiste, en quelque sorte, qu'à continuer d'apprendre à bien lire.

La constitution d'une bibliothèque populaire, renfermant, classé dans un ordre lumineux, tout ce qu'il y a d'incontesté dans le domaine des connaissances humaines, est donc une œuvre que notre époque doit poursuivre sans relâche. J'ai essayé de traiter ce sujet avec quelque détail dans le travail imprimé que j'ai eu l'honneur d'offrir à l'assemblée. Je dirai seulement ici qu'à mon sens, ce dont il faut principalement se préoccuper dans une œuvre pareille, ce doit être d'avoir un ensemble complet, dont toutes les parties soient harmonieusement reliées, et sans doubles emplois. J'ajouterai qu'il faut diriger les appels au zèle des auteurs, ainsi que les encouragements et indemnités qu'on leur offre, de telle sorte que l'économie de l'ensemble soit toujours conservée, et que chaque livre se perfectionne indéfiniment, tant pour la solidité du fond que pour la lucidité de la forme, sans que le fruit d'aucun travail se trouve jamais perdu.

A la question des livres se rattache, comme annexe, celle des musées et des collections, qui a acquis, de nos jours, un haut degré d'importance, et dont la généralisation promet les résultats les plus féconds.

Mais pour que tous ces moyens réalisent leurs bons effets, il faut qu'ils soient mis en œuvre. Par qui le seront-ils ? Par l'humble particulier d'abord, dont l'initiative est la force vive sur laquelle toute amélioration est fondée. Si pourtant il demeure inerte, ou s'il est incapable de saisir le levier qu'on lui offre, c'est aux plus puissants ou plus instruits de le stimuler et de l'aider ; car, ainsi que l'a dit avec une grande justesse un éminent orateur de cette assemblée, en s'appuyant sur l'exemple de l'Angleterre, les classes aisées et lettrées ont une mission d'enseignement à remplir envers l'ouvrier. Manquent-elles à cette mission ? l'administrateur communal vient réveiller leur initiative, en même temps que celle de l'ouvrier dont elles sont les tutrices; et, par ses soins, les moyens que la société a voulu assurer à chacun de ses membres sont enfin mis à la main de tous, afin que chacun s'en serve suivant ses forces. Or, c'est là l'essence de l'action *administrative : à la main, ad manum.*

Mais quel sera, dans l'accomplissement de cette œuvre, le rôle de cette autre puissance sociale qu'on appelle l'État? Ce rôle, on peut le dire *à priori*, ne peut être que grand, en bien ou en mal. Il sera grand en mal si les attributions de l'État sont confondues avec celles de la commune et s'il fait double emploi avec elle; il sera grand en bien, si les attributions de ces deux puissances sont rendues bien distinctes. Nous venons de voir que la commune a pour attribution essentielle *l'administration*, et en quoi l'action administrative consiste. L'attribution essentielle de l'État est le *gouvernement*. En quoi consiste donc l'action gouvernementale? Elle consiste à assurer l'équilibre et la responsabilité, à voir si l'administration, à quelque degré qu'elle appartienne, fait ce que lui prescrit la loi qui la constitue; à l'y obliger par les moyens que cette loi donne, et à provoquer de nouvelles lois si celles qui existent sont insuffisantes.

. Et la société a besoin que ce pouvoir de l'État soit vigoureux et indépendant comme celui de la commune. On redoute l'action de l'État, et avec raison, s'il n'est conçu que comme une administration centrale entre les localités d'un pays plus ou moins grand, assez forte pour les maîtriser chacune en particulier et ayant avec cela des attributions mal définies qui lui permettent de substituer son action à la leur et de s'immiscer arbitrairement dans toutes leurs affaires. Mais si l'on distingue bien l'action gouvernementale de l'action administrative, l'État n'apparaît plus que comme une puissance tutélaire qui vient relever, au fond de la commune, l'initiative particulière déprimée par les défectuosités communales, et cela en s'appuyant toujours sur la loi. Cette action de l'État se comprend très bien si, au lieu de raisonner, comme on le fait le plus souvent, sur un État d'une grande étendue, on prend pour type une simple ville libre. Là, on ne saurait dire que l'État est un pouvoir central par rapport à la commune, puisque tous deux n'embrassent qu'une seule localité. Pourtant, là comme ailleurs, l'État est quelque chose. Quel rôle remplit-il donc? Il met la localité en rapport avec le monde, et l'oblige à se tenir à sa véritable hauteur; il ne la gêne donc pas, mais la relève. Dans un grand État, il reliera de même chaque localité au grand ensemble universel, et obligera l'esprit local à grandir, tout en demeurant lui-même. Ainsi l'unité se concilie avec la diversité, la *centralisation* avec la *décentralisation*. L'étude du rôle respectif de l'État et de la commune est encore une de ces questions vastes et fécondes qui jaillissent de la question qui nous occupe ici, ce qui prouve bien que, si l'on veut remuer, dans toute sa profondeur, le sujet de l'instruction publique, on le voit toucher à toutes les grandes questions sociales et éclairer fortement leur solution.

Je crois qu'il est utile, en terminant ces considérations, de formuler les principales questions que me semble renfermer celle qui était posée, afin d'appeler sur elles l'attention de l'Association.

1° Déterminer les différents ordres de causes qui empêchent la continuation du bienfait de l'instruction dans les âges qui suivent l'enfance.

2° Déterminer les traits caractéristiques de l'action intellectuelle dans l'enfance, dans l'adolescence et dans l'âge viril, et montrer comment l'ensemble des connaissances qui composent une bonne instruction s'adapte à ces différents âges.

3° Déterminer les rapports des connaissances dont l'instruction se compose, avec l'apprentissage des diverses professions, tant laborieuses que studieuses. Faire sentir le besoin de tout l'ensemble des connaissances, au point de vue de chaque ordre de profession.

4° Préciser ce qu'il doit y avoir de commun entre l'instruction des ouvriers, des savants, et de ceux qui occupent les positions intermédiaires. Caractériser la physionomie différente que doivent revêtir ces trois ordres d'instruction, tout en conservant leur fond commun.

5° Préciser les matières d'une bibliothèque populaire. Déterminer les rapports de ses différentes parties, et leurs communications logiques dans l'économie de l'ensemble.

6° Quel est le mode d'appel à faire aux auteurs, et comment faut-il diriger les encouragements et indemnités, pour que les livres de la bibliothèque populaire deviennent l'objet d'un perfectionnement continu, et se tiennent toujours au niveau des connaissances sans perdre les qualités acquises ?

7° Faire ressortir les avantages des musées et des collections, au point de vue de l'instruction populaire. Chercher les moyens pratiques de les généraliser.

8° Préciser le rôle respectif du simple ouvrier, du chef d'industrie, de l'administration communale et du gouvernement dans le développement de l'instruction. Comparer spécialement les attributions de la commune avec celles de l'État, et les mettre en présence, dans les différents ordres de difficultés.

DÉBAT.

M. LADURON (Saint-Ghislain). Il ne nous reste pas assez de temps pour traiter la question dans tous ses détails. Je me bornerai à indiquer quelques moyens propres à conserver aux enfants les bienfaits de l'instruction. Je citerai d'abord la création de bibliothèques populaires et ensuite l'organisation de conférences données aux ouvriers par les ouvriers. Pour réaliser cette dernière idée, il faudrait une réforme dans l'enseignement. Il faudrait que dans les écoles primaires, on s'occupât davantage du langage, qu'on exerçât davantage les élèves à parler leur langue. On leur apprend à éviter des fautes d'orthographe, on ne leur apprend pas assez à bien parler. Combien de fois ne sommes-nous pas embarrassés pour expliquer oralement la chose la plus simple? Nous sommes plus gênés souvent pour parler que pour écrire, et lorsque nous devons à l'improviste développer et soutenir nos convictions, nous sommes réduits à l'impuissance, parce que l'habitude de la parole nous manque.

Je pense que l'idée de l'organisation de conférences à donner par les ouvriers pourrait être soumise, l'année prochaine, aux discussions du Congrès.

Utilité d'un enseignement de l'économie politique pour le peuple, par M. G. FRANCOLIN, *secrétaire de la société pour l'instruction élémentaire, à Paris.*

Lorsque l'enfant du peuple quitte l'école sachant lire, écrire et compter, il n'a acquis, en définitive, qu'un instrument pour apprendre; son instruction est à peine ébauchée, et elle se continuera, comme son éducation, au hasard dans l'atelier, au milieu de ses compagnons aussi ignorants que lui, ou par des lectures de toute espèce, plus souvent mauvaises que bonnes. Il ne vit pas, dans un milieu social où les idées d'ordre, d'attachement aux lois, de respect des bases de la société, soient généralement adoptées; de sa position même dans la société, surtout dans les pays bouleversés, comme la France, naissent, au contraire, des idées de désordre et de révolte, des critiques amères et aveugles de ce qui existe, des regrets très vifs de son état d'infériorité, et des sentiments de haine contre toutes les institutions qu'il accuse de sa misère. Plus que tout autre, il a donc besoin qu'on lui explique les lois de la société, celles du travail, du salaire, de la concurrence, les principes qui montrent dans la société, non pas des intérêts en lutte et en opposition les uns avec les autres, mais des intérêts qui s'accordent et s'harmonisent; il faut qu'il connaisse comment la propriété, le capital, le travail ne sont pas des ennemis, et qu'on lui indique les moyens qu'il a de s'élever et d'améliorer son état, en un mot, qu'on lui parle det outes ces questions d'économie politique et d'économie sociale qui le touchent de si près, car elles sont pour lui des questions de vie ou de mort.

Il lui faut donc un enseignement économique, complément de l'instruction primaire, et qui lui sera non moins utile que l'enseignement industriel et professionnel qu'on s'efforce de mettre à la portée des adultes, par des cours du soir et du dimanche. Il n'y a pour atteindre ce but, que deux moyens : des cours publics et des journaux, les uns et les autres se complétant réciproquement, malgré la supériorité du second moyen sur le premier.

Les cours quelque bien faits qu'ils soient et quelque suivis qu'on les suppose, ne s'adressent jamais qu'à un nombre restreint d'auditeurs. Puis, il faut le dire, après des journées d'un travail fatigant, on n'est pas toujours disposé à sacrifier une partie de son repos à un nouveau travail, et lorsqu'on le fait, l'esprit ne profite pas toujours de ce qu'il entend. D'ailleurs, des cours de cette nature ne peuvent guère être bien faits et suivis avec succès que dans les villes; il ne faut pas y songer pour les campagnes. Enfin, par lui-même, un cours ne laisse dans l'esprit que des idées fugitives, facilement oubliées, et quelquefois peu nettes chez les hommes dont l'intelligence n'est pas très développée.

Un journal qui traite spécialement des matières économiques pénètre, au contraire, partout, si son prix n'est pas élevé. Il reste entre les mains du lecteur, qui le relit, qui peut l'étudier, réfléchir sur ce qu'il y trouve, et le conserver. Il est même souvent lu par d'autres que par les abonnés; et les rédacteurs, étant en rapport avec eux, répondront à leurs questions, à leurs doutes; et ils en recevront et leur donneront d'utiles renseignements. Un tel journal peut d'ailleurs s'étendre plus qu'un professeur, sur certaines questions, et il le fera même avec plus de hardiesse, parce qu'il saura mieux se faire comprendre.

Mais pour qu'il ait des chances de succès, il faut qu'il soit fait au point de vue des ouvriers et non au point de vue de la science. Tout en faisant connaître ce qu'est la société, en donnant une idée de l'harmonie des intérêts, du rôle du capital et du travail, il faut qu'il examine, sans esprit de parti, et sans intention politique, ces questions de concurrence, de liberté du travail, de taux des salaires, si vitales pour l'ouvrier, et qui, laissées ordinairement aux mains des utopistes et des ambitieux, sont résolues contre la science et le bon sens et donnent des armes contre la société. Il faut, pour que l'ouvrier s'intéresse à la lecture de son journal, qu'il y trouve des applications de la science et de ses principes aux questions du moment : crises, coalitions, emploi de nouvelles machines dans l'industrie, augmentation des prix, etc.; qu'il y rencontre des études sur les moyens de produire la richesse, sur la manière d'augmenter la valeur du travail et sur les conditions auxquelles le revenu que le travail tire de ses produits peut égaler celui que le capital retire des siens. Il faut familiariser l'ouvrier avec le crédit, avec ses divers instruments, l'éclairer sur les conditions des associations, sur la formation des épargnes; il faut étudier avec lui, les moyens d'adoucir les variations produites dans sa position par l'invention des machines, etc., etc.

Il est impossible de signaler ici tout ce que devrait contenir un tel journal. Cependant nous ne pouvons passer sous silence la nécessité de donner des indications sur les besoins de l'industrie, sur les améliorations à apporter, les découvertes à faire; des renseignements sur les endroits où le travail est très demandé, et sur ceux où il est, au contraire, trop offert, et où la concurrence est trop grande. Il y aurait même là un moyen de diriger et peut-être d'empêcher dans une certaine mesure l'émigration des campagnes vers les villes. En comparant les salaires des différentes professions, leurs charges, leurs difficultés et les conditions qu'elles réclament, on éclairerait utilement les esprits en détruisant des illusions fâcheuses. En un mot, on aiderait le travailleur, non pas à sortir de sa position, mais à l'améliorer; on favoriserait non pas le déclassement, mais une élévation générale et un accroissement de production.

Je ne dirai rien de l'enseignement industriel, scientifique et historique qui pourrait aussi trouver sa place dans un tel journal, ni des questions de morale qu'on y pourrait traiter. Je crois qu'il suffit de montrer que les journaux politiques actuels, entraînés par la polémique du jour et par les questions générales, ne peuvent se consacrer à l'enseignement économique et à l'éducation du peuple, discuter toutes ses idées fausses, et lui fournir les renseignements et les notions dont il a besoin, et qu'il faut pour suffire à cette vaste tâche des organes spéciaux, tels que nous n'en possédons pas encore, du moins en France. C'est d'ailleurs le complément des bibliothèques populaires dont on s'occupe aujourd'hui avec tant de raison.

Communications diverses.

Considérations sur l'éducation physique, dans ses rapports avec l'éducation intellectuelle et morale, par M. le docteur DURIAU, de Bruxelles.

Parmi les différentes branches des connaissances humaines, il en est une qui a pour objet de diriger les organes du corps humain dans l'exercice de leurs fonctions et pour but la conservation de la santé : c'est l'hygiène; or, cette science a dans son domaine la direction des fonctions encéphaliques, constituant le moral de l'homme, sous les noms de facultés intellectuelles, de qualités morales, affections de l'âme, penchants, passions. Il est donc de toute évidence que l'hygiène intellectuelle et morale doit fournir sa part de lumières, afin de contribuer à élucider les diverses questions d'éducation.

L'encéphale obéit aux lois qui régissent toute l'organisation humaine. Il est créé pour être exercé, d'où dérive l'obligation de donner l'instruction qui est son aliment nécessaire. Il acquiert, par l'exercice bien dirigé, une plus grande activité et une puissance extraordinaire.

Il n'est que trop vrai que les maux physiques ou moraux qui nous accablent sont le plus souvent notre propre ouvrage. Ainsi, l'exercice trop prolongé du cerveau amène bientôt la lassitude, la céphalalgie, favorise le développement et l'excitation de cet organe, en trouble les fonctions ainsi que celles du cœur et de l'appareil digestif. Il nuit à la nutrition générale, au développement musculaire; et l'organisme souffre tout entier.

Les troubles fonctionnels des viscères et des sens externes sont les avant-coureurs d'altérations organiques quelquefois latentes; les désordres les plus graves, les hypérémies, les irritations à tous les degrés, les phlegmasies, les hémorrhagies cérébrales, la folie, l'usure de la substance nerveuse, l'affaiblissement de l'intellect, telles sont, avec des nuances infinies, les conséquences de l'exaltation des exercices encéphaliques.

Lorsque les émotions morales sont fortes et rapides, que les passions sont vives, tumultueuses, de grandes perturbations se produisent instantanément et peuvent occasionner la mort subite.

D'un autre côté, l'inactivité intellectuelle trop prolongée rend les combinaisons de l'esprit lentes et difficiles. L'atrophie est le résultat du défaut complet d'exercice de l'encéphale, l'intelligence finit par s'oblitérer, tandis que la nutrition générale acquiert une grande énergie. L'inaction des fonctions encéphaliques ravit à l'individu une multitude d'avantages qu'il est destiné à recueillir pour sa santé et l'embellissement de sa vie. La destination de l'homme n'est pas remplie, le problème de son développement harmonique n'est pas résolu.

Ces considérations démontrent la nécessité d'observer cette première loi et la plus importante de toutes, à savoir : *d'alterner fréquemment l'exercice de l'encéphale et l'exercice musculaire et des sens externes;* de sagement combiner les exercices du corps et de l'esprit; et de choisir le juste milieu entre l'excès et le défaut d'action des organes, de manière à ne pas troubler l'ordre admirable que la nature a établi dans leurs mouvements.

De la liberté et de l'ordre dans le monde physique découle tout naturellement la nécessité de l'ordre uni à la liberté dans le monde moral; c'est là ce que l'intelligence suprême a écrit à chaque page, dans le grand livre de la nature, et ce n'est pas, il faut le dire avec douleur, ce que les hommes ont le plus respecté.

Une autre loi doit être scrupuleusement observée : *c'est d'alterner souvent entre eux les exercices des différentes facultés de l'encéphale.*

Soit que l'on admette les divisions des fonctions encéphaliques des métaphysiciens, soit que l'on adopte les facultés fondamentales décrites par Gall, on ne peut s'écarter de cette règle.

Si l'on admet, avec le savant physiologiste allemand, la pluralité des organes cérébraux, il sera nécessaire de laisser en repos certaines parties de l'encéphale, tandis que d'autres seront mises en action. Un sentiment se montre-t-il avec trop de force, il faut le réprimer; est-il trop faible, il faut le développer.

Étant admis ces deux principes sur lesquels repose le succès de toute éducation, entrons dans quelques développements sur les règles particulières qui n'en sont que le complément.

Dans les sociétés antiques, chez les peuples guerriers, on s'attachait surtout au perfectionnement des sens externes et des forces musculaires : De nos jours, le premier rang appartient à la culture de l'esprit. Mais son développement forcé et prématuré ne se fait-il pas souvent au détriment du corps?

Combien d'athlètes de la pensée ne voit-on pas succomber à l'âge où les forces physiques auraient dû atteindre leur plus grande vigueur? La moitié du genre humain meurt avant l'âge de six ou sept ans; cette effrayante mortalité serait certainement moindre, si en diminuant, dans l'âge tendre, la quantité de travail intellectuel, on donnait aux jeunes gens plus de mouvement, d'air et de soleil.

Les exercices corporels doivent s'exécuter de préférence en plein champ, et non dans les villes, dans des espaces trop resserrés, où l'air est peu renouvelé et presque constamment vicié par des émanations diverses. Les maisons d'éducation seraient plus avantageusement placées hors des cités populeuses, dans des lieux salubres, à la campagne où les sens acquièrent une force et une perfection particulières.

A défaut de promenades à la campagne, il est nécessaire de favoriser les jeux, pendant les heures de récréation, et surtout d'en bannir le sérieux que l'on exige trop souvent dans les écoles.

La gymnastique, fort en honneur chez les anciens, trop négligée par les modernes, donne au système nerveux plus de force réelle et moins de fausse sensibilité; le caractère devient plus ferme, car le moral de l'homme est en harmonie avec son éducation physique.

Dans les premiers temps de sa vie, l'enfant est dirigé par l'instinct que Flourens considère comme une force primitive et propre, comme la sensibilité et l'irritabilité; il diminue et s'éteint en raison de l'accroissement de l'intelligence. Avec le progrès des forces physiques, l'enfant acquiert des idées nouvelles, et dès l'âge de deux ou trois ans, il est déjà susceptible de raisonnement.

L'éducation se commence donc au berceau, et la première institutrice de l'homme, c'est la mère, sa seconde providence, si elle remplit complétement la mission que lui a confiée la nature.

Si l'on ne veut arrêter l'essor de sa jeune intelligence, il faut bien se garder de confier trop tôt l'enfant à l'instituteur; de l'assujettir à des études prématurées; de le forcer à une trop grande assiduité.

L'organisation physique en éprouverait des atteintes désastreuses, ce qui confirme ce dicton vulgaire, qu'une *nfant qui a trop d'esprit ne peut vivre longtemps*. L'école primaire ne devrait donc lui être ouverte qu'à l'âge de sept ans.

La conservation de la santé des enfants commande de ne pas exercer sur eux de pénible contrainte; de leur laisser dans leurs jeux la plus grande liberté; de ne pas mettre d'obstacles à l'activité qui les entraîne; de ne pas comprimer la gaieté naturelle à leur âge. La mobilité et l'inconstance forment le fond de leur caractère, ils sont incapables d'une attention soutenue, et l'on peut à peine, pendant un quart d'heure, la fixer sur le même objet. C'est pourquoi il faut bien diriger l'emploi des heures d'étude, varier fréquemment leurs occupations intellectuelles, *instruire en amusant*. Les jardins d'enfants de Frédéric Froebel remplissent très avantageusement toutes ces indications. C'est ce qui a engagé les sociétés réunies de l'enseignement mutuel et des écoles gardiennes de Bruxelles, sociétés indépendantes de toute administration publique, à adopter cette méthode. Elle est aussi pratiquée à l'école primaire supérieure fondée par la société des pères de famille à Ixelles, à l'école normale primaire supérieure de demoiselles de Bruxelles, à l'école gardienne de Molenbeek-Saint-Jean.

Dans les jardins d'enfants, Froebel s'applique à développer le goût et l'amour du travail, ainsi que les forces physiques, morales et intellectuelles, en offrant à la première enfance une progression d'impressions par des objets simples, de petits mouvements accompagnés de causeries, de chansons, et plus tard de jeux gymnastiques et d'occupations qui exercent autant l'âme que le corps. Les jardins d'enfants sont ordinairement ouverts, pendant cinq heures par jour, à des enfants de deux à huit ans.

« Les causeries introduisent l'enfant dans la vie réelle, en le faisant passer par les différentes scènes de la nature universelle, de manière qu'il entre insensiblement en relation avec les végétaux, les animaux, l'homme, la famille, la société, pour aboutir à Dieu. » C'est ainsi que s'exprime madame la baronne de Marenholtz de Hanovre, qui a introduit cette méthode en Belgique en 1858. Elle est suivie en Allemagne depuis 1854 dans plus de cinquante établissements. De là, elle s'est répandue successivement en Angleterre, en France, en Suisse et même en Amérique.

On voit que les préoccupations du sage pédagogue allemand, ainsi que celles des instituteurs bien inspirés, ont pour objet le développement successif et, pour ainsi dire, simultané, des forces physiques, intellectuelles et morales. C'est aussi ce qu'ont voulu, dans tous les temps, les Charles Londe, les Briand, les hygiénistes distingués de tous les pays. C'est le vœu de la nature. Avec le concours des mères intelligentes et de tous les hommes instruits, on doit s'attendre à voir s'opérer dans ce sens des modifications salutaires dans les diverses méthodes d'éducation et d'instruction.

Autrefois, on croyait aider les enfants à marcher, au moyen de *lisières*, et l'on ne produisait que des déformations; le *maillot*, large bande de toile qui les serrait étroitement de la tête aux pieds, causait des difformités et des accidents graves. Aujourd'hui, ces moyens et beaucoup d'autres sont, à juste titre, bannis de l'éducation physique des enfants.

Souhaitons vivement de voir disparaître de l'éducation morale, les moyens analogues qui retiennent trop longtemps emprisonné le moral de l'enfant, et empêchent les caractères de se dessiner plus tard, en leur enlevant toute initiative, toute spontanéité.

La meilleure méthode d'instruction et d'éducation de l'enfance est celle qui procède du simple au composé, du connu à l'inconnu.

Est-il nécessaire de rappeler qu'une alimentation trop copieuse entrave les fonctions cérébrales, engourdit les facultés; que l'esprit est lourd et paresseux après les repas; que les heures en doivent être bien réglées; qu'après les avoir pris, on doit suspendre les études?

Dirons-nous qu'il faut accoutumer les enfants à être vêtus à la légère; qu'au lieu de se tenir près du feu en hiver, ils doivent se promener en plein air?

Parlerons-nous du temps qu'il faut consacrer au repos des organes de la vie de relation, que huit à neuf heures de sommeil sont nécessaires à l'enfant?

Il est inutile d'entrer dans ces détails, chacun en étant instruit.

Mais ce qu'il importe d'étudier avec soin, ce sont les passions qui exercent déjà un grand empire dès l'enfance, puisqu'un certain nombre d'enfants succombent aux tourments de la jalousie. La peur, que l'on n'excite que trop chez eux, les rend pour longtemps timides et pusillanimes. La colère porte aussi le trouble dans toutes les fonctions, tandis que la joie, la confiance, l'espérance y apportent le calme et la régularité.

D'autres modifications de la sensibilité intérieure, comme le chagrin et la tristesse, exercent sur l'économie une action débilitante. C'est aux moyens moraux et aux agents hygiéniques bien choisis qu'il s'agit d'avoir recours pour réprimer les unes et favoriser le développement des autres.

En parlant des moyens de répression, il faut condamner et proscrire les châtiments, les violences physiques qui rendent les enfants timides haineux, incapables de sentiments généreux.

Que n'imite-t-on la nature, en leur laissant la libre expansion des forces morales et intellectuelles avant de penser à les réprimer, en ne s'opposant pas inopportunément à la manifestation nécessaire de leurs inclinations, de leurs aptitudes particulières et spontanées?

Nous ne pouvons passer sous silence certaines manœuvres solitaires qui nuisent au plus haut degré à la santé du corps et de l'esprit. La première et la seconde enfance, aussi bien que l'adolescence, en subissent de funestes effets. Ce vice ne peut être plus efficacement combattu que par des exercices musculaires portés jusqu'à la fatigue et accompagnés d'autres soins vigilants.

Si un juste équilibre doit être conservé entre le développement physique et moral, entre les affections de l'âme et l'entendement, il doit l'être aussi entre les facultés intellectuelles primitives. Si l'on a trop longtemps exercé hors des limites raisonnables la mémoire des enfants, sans chercher à développer en même temps leur jugement, on s'est aussi trop souvent adressé à leur imagination, en détachant leur attention des objets qui les entourent, qui impressionnent directement leurs sens et leur permettent des combinaisons intellectuelles faciles. L'esprit de l'enfant se refuse cependant aux principes abstraits, aux maximes générales.

Le même équilibre doit également exister dans le développement des facultés affectives entre elles. Il est des hypertrophies morales, comme il est des hypertrophies physiques. Les premières détruisent l'harmonie entre les qualités morales, les dernières sont un état morbide du corps humain. Les unes et les autres peuvent devenir fatales.

La direction du sentiment religieux ou de vénération, c'est à dire la croyance en Dieu, le penchant à un culte religieux, a pris une grande part dans l'instruction et dans l'éducation de la jeunesse. La faiblesse de ce sentiment est un mal, aussi bien que son excès de développement, si on le considère au point de vue de la santé du corps et de l'intégrité des facultés intellectuelles et morales. Dans le dernier cas, surtout, il absorbe plus ou moins tous les autres sentiments, les frappe de nullité, produit les monomanies les plus dangereuses et les plus cruelles, dispose les hommes à la superstition et au fanatisme. La terre est partout rouge du sang qu'a fait couler le fanatisme religieux, lorsque les croyances des peuples se sont écartées des principes immuables d'une saine morale.

Pour éviter les maux qui résultent pour l'individu et pour la société de l'exaltation du sentiment religieux, il faut que son développement ne se fasse pas à l'exclusion des autres facultés de l'encéphale. D'ailleurs, l'intelligence de l'enfant est encore trop faible pour qu'il se forme une juste idée de Dieu; il serait donc convenable d'attendre que son sentiment religieux fût suffisamment développé pour l'occuper des études religieuses.

Non seulement les croyances religieuses, mais aussi les lois, les usages, les mœurs publiques, les exemples, la fortune exercent une puissante influence sur l'éducation.

En un mot, les connaissances acquises par l'instruction, la culture du caractère, le perfectionnement moral, la science unie à la vertu dans un corps sain, font de l'enfant l'honneur de la famille et de la société.

L'éducation, dit Montaigne, *c'est l'institution morale de l'homme;* elle doit tendre à lui faire respecter la liberté de ses semblables sans leur faire l'entier sacrifice de la sienne; elle lui apprend à pratiquer la tolérance envers les autres, lui enseigne l'amour de l'humanité, l'oblige à se soumettre aux lois que le pays s'est librement données; l'engage à faire triompher les principes qui sont la gloire de la civilisation moderne.

L'éducation rend donc l'homme bon et sociable : c'est surtout la sociabilité qu'elle doit tendre à développer.

L'instruction est à l'éducation ce que la fleur est au fruit, ce que la beauté est à la bonté. L'instruction peut donner des connaissances très étendues et l'éducation rester médiocre. On multiplie les écoles, mais améliore-t-on l'éducation? Il est des localités où l'instruction n'est certes pas négligée, cependant on y remarque l'absence du sentiment du juste et de l'injuste, le défaut de caractères qui se distinguent par l'amour du bien et l'horreur du mal, parce qu'on s'est trop préoccupé de répandre les lumières sans donner aux populations les moyens de se former un jugement sain, sans chercher à fortifier le sens moral et le respect du vrai.

On trouve une quantité énorme de livres destinés à procurer l'instruction; peu sont faits en vue de l'éducation. Cependant si l'on veut, dès l'enfance, développer les vertus sociales, ne doit-on pas apprendre à l'élève quels sont ses droits et ses devoirs? On doit lui faire connaître ses devoirs pour qu'il puisse les remplir, les droits d'autrui pour qu'il s'habitue à les respecter. Pourquoi, par exemple, ne pas faire entrer, même dans l'instruction primaire, des explications sur le Code civil? Pourquoi ne pas livrer à l'étude des jeunes étudiants quelques chapitres de la Constitution du pays?

L'enseignement des droits et des devoirs non seulement de l'individu., mais ceux de la famille et de la société se généralisant de plus en plus, l'éducation morale des masses devenant plus parfaite, on arriverait au plus haut degré de civilisation possible. De même que l'homme respecte la liberté de l'homme, un peuple respecterait davantage la liberté et l'indépendance d'un autre peuple. La bonne politique, celle qui est fondée sur le juste et l'honnête, enseignerait moins aux hommes l'art de s'entre-tuer, mais elle consoliderait la paix du monde et favoriserait la prospérité des nations, en les faisant fraterniser entre elles.

Pour nous résumer, disons que, si la santé de l'homme qui s'adonne assidument à l'étude s'altère plus ou moins sensiblement, c'est surtout dans l'enfance et dans la jeunesse, qu'il faut conserver une juste propor-tion dans le développement des facultés physiques, intellectuelles et morales. Disons encore que, généralement, on cultive trop l'esprit au détri-ment du corps. Si une mort prématurée n'est pas le résultat d'une sollici-tude mal entendue de parents ou de maîtres imprudents qui veulent faire des enfants de petits prodiges, des jeunes gens de petits savants, on réussit trop souvent à produire des êtres pâles, débiles, étiolés, languissants, destinés à traîner une pénible existence, et cela pour ne pas leur avoir suffisamment fait exercer leurs membres, pour ne pas leur avoir souvent fait respirer un air pur, pour les avoir laissés trop longtemps enfermés dans des salles trop étroites, dans une atmosphère échauffée, viciée, cor-rompue; enfin pour n'avoir pas cherché à conserver l'équilibre et l'har-monie entre les différentes forces de l'organisme.

Attirer spécialement votre attention sur ce sujet, c'est provoquer des mesures propres à conserver la santé du corps, sans laquelle il n'est point de bonheur. Tel est le point de départ du perfectionnement moral de l'homme et de la société, l'objet de vos vœux et de vos efforts.

Opinion de madame la baronne Marenholtz sur la méthode de Frédéric Froebel.

La méthode des jardins d'enfants satisfait aux exigences naturelles de la première enfance, c'est à dire :

1° Au besoin de *mouvement physique*, par des jeux gymnastiques qui produisent le développement des membres;

2° Au besoin de s'occuper d'une manière *plastique*, par des exercices qui produisent la dextérité de la main et le développement des sens;

3° Au besoin de créer, par ces petites œuvres qui développent ses facul-tés artistiques ;

4° Au besoin de connaître ou à la curiosité naturelle, en l'engageant à observer, à examiner, à comparer (c'est ainsi que se produit le développement intellectuel);

5° Aux tendances de l'enfant à cultiver et à soigner, par le jardinage et par l'accomplissement de ses petits devoirs, qui produisent le développement du cœur et de la conscience;

6° Au besoin du chant, par les jeux et les chansons, qui produisent le développement des sentiments et du goût esthétique;

7° Au besoin de vivre en société, par la vie dans la communauté du jardin d'enfants : ce mode d'existence produit les vertus sociales. Cependant le jardin d'enfants ne doit pas *remplacer*, il doit *seconder* l'éducation de famille, qui reste toujours le centre et le point de départ;

8° Au besoin le plus profond de son âme : à trouver la cause des choses, à trouver Dieu.

Distribution d'une journée au jardin d'enfants.

DIVISION de la journée.	PREMIÈRE CLASSE 6 à 8 ans.	DEUXIÈME CLASSE 4 à 6 ans.	TROISIÈME CLASSE 2 à 4 ans.
9 h. à 9 h. 1/4	Préparation, prière ou cantique d'entrée.	Idem	Idem.
9 h. 1/4 à 9 h. 1/2	Religion	Les cubes.	Le jeu de balle.
9 h. 1/2 à 10 h.	Les boîtes d'architecture.	Le jardinage	Les petits bâtons.
10 h. à 10 h. 1/2	Le jardinage	Causeries. (Histoire natur., Botanique, etc.)	Le jardinage.
10 h. 1/2 à 11 h.	Lecture et écriture . . .	Jeux gymnastiques . . .	Le tissage.
11 h. à 11 h. 1/2	Exercices gymnastiques. .	Les petits bâtons	Courses et causeries au jardin.
» »	Chant du départ	Idem	Idem.
1 h. 1/2 à 1 h. 3/4	Préparat^on, chant d'entrée.	Idem	Idem.
1 h. 3/4 à 2 h.	Les petits bâtons	Les lattes.	Causeries religieuses.
2 h. à 2 h. 1/2	Jeux et calculs (avec les petits bâtons).	Jeux gymnastiques . . .	Le dessin.
2 h. 1/2 à 3 h.	Jeux gymnastiques . . .	Le piquage	Jeu de balle.
3 h. à 3 h. 1/2	Modelage et ouvrages en bois.	Les planchettes	Jeux gymnastiques.
3 h. 1/2 à 4 h.	Causeries (géogr., histoire natur., botanique, etc.)	Causeries religieuses. . .	Les cubes.
» »	Action de grâce, cantique.	Idem	Idem.

Avant-midi. / *Après-midi.*

De l'éducation des jeunes filles pour le foyer domestique, par M. GOUPY DE
      BEAUVOLERS *de Bruxelles.*

M. Goupy de Beauvolers appelle l'attention de la section sur l'éducation
de la femme.

A ses yeux, l'éducation des femmes est trop négligée. Quand elles quittent
le pensionnat et qu'elles entrent dans le monde, elles ignorent les devoirs
qu'elles ont à remplir, et ne soupçonnent pas le rôle important qu'elles
ont à jouer dans la société. Et cependant il serait si facile de leur préparer
un avenir heureux, en leur apprenant à être bonnes épouses, bonnes
mères et bonnes ménagères. De leurs goûts, de leur caractère et de la
direction qu'elles impriment au ménage, dépend le bonheur ou le malheur
de l'homme, et l'éducation qu'elles donnent à leurs enfants exerce sur la
société une influence décisive. Malheureusement, elles ne rapportent souvent des grands pensionnats où elles ont été élevées, que le goût du luxe
et des dépenses, et ce goût, le commerce du monde ne sert que trop à le
développer. On devrait, pour le combattre, leur mettre entre les mains
les ouvrages célèbres de Fénelon, de la marquise de Lambert, de Mme de
Genlis, de Mme de Rémusat, de Mme de Beaumont, de Mme Guizot, de
Mme de Bassanville, de Miss Edgeworth, et de la baronne de Crombrugghe, etc. Elles y apprendraient qu'elles ne doivent pas être seulement
l'ornement des salons, mais que, compagnes de l'homme, des devoirs impérieux leur sont imposés à ce titre. On parviendrait de cette manière à
faire faire à l'éducation des femmes de notables progrès.

*Quelques observations sur le programme de mathématiques de l'enseignement
moyen du degré supérieur en Belgique*, par M. BECK-MULLENDORFF, *professeur de mathématiques, à Verviers.*

Comme homme pratique, nous ne reconnaissons pas la nécessité de
diviser en deux sections différentes l'enseignement des mathématiques.
Nous ne nous sommes jamais expliqué comment on n'a pas réuni dans un
enseignement commun les élèves de la section professionnelle, et ceux de
la section des humanités.

Ce serait une manière toute naturelle d'abord,

— Ou d'épargner un surcroît de travail au professeur,

— Ou même, pour un grand nombre d'établissements, de diminuer le
personnel enseignant,

— Et, considération très importante dans les petites villes, de ne pas réduire le nombre des élèves d'une classe, à ce point que tous les bénéfices de l'enseignement public disparaissent.

Si nos observations étaient prises en considération, le programme, et par suite son application, serait singulièrement simplifié, et une anomalie disparaîtrait du même coup.

C'est ainsi qu'on ne verrait pas les jeunes gens dont le jugement, l'imagination, l'intelligence ont été développés par les études si substantielles de l'antiquité, jugés moins aptes à comprendre les mathématiques que des élèves à qui on a enseigné d'une manière plus ou moins superficielle, il faut bien le reconnaître, les langues vivantes et tous les abrégés possible.

Nous sommes étonné que par le temps qui court, temps d'un positivisme dont nous n'avons pas à juger la valeur et le résultat, il faille nous faire, sous certains rapports, l'avocat de la science du positivisme.

On semble n'avoir pas compris le véritable but *utilitaire* des mathématiques; on néglige d'en faire une science théorique d'abord, *qui devient fatalement pratique,* pour la réduire quelquefois à ce qui a dû sembler aux auteurs du programme, une stérile partie d'examen ou de programme, et, dans d'autres cas, à un misérable *chiffrage.*

Par une singulière répartition qu'il nous est impossible d'expliquer, on a semblé se dire :

— A la section professionnelle, une forte dose de développements pratiques, ou d'exercices ;

— Aux autres, des trésors de théorie, c'est à dire d'une science de luxe qui semble ne devoir servir à rien.

C'est méconnaître complétement la *mathématique* que de la réduire d'une part à une sorte de mécanisme, et de l'autre à une utopie scientifique.

Nous n'admettrons jamais qu'un calculateur soit un mathématicien, ni qu'un rêveur de problèmes possède la science de Newton ou de Pascal.

La mathématique est un art, — c'est à dire une méthode applicable à une pratique, et ce sont là deux parties aussi indivisibles que ce qui, en nous, conçoit et exécute.

Aussi, pourrait-on ressentir un peu d'indignation quand, dans un programme d'études, on lit ces mots barbares :

« *Recherche* (au lieu de *théorie*) du plus grand commun diviseur de deux
« nombres entiers (4ᵉ professionnelle). Racine carrée *sans démonstration*
« (4ᵉ professionnelle). On fera connaître, *sans les démontrer*, les formules
« à l'aide desquelles on détermine les volumes et les surfaces convexes

« des polyèdres, des trois corps ronds, du cône tronqué et du segment
« sphérique (3° professionnelle), etc., etc. »

Car, par un tel enseignement, on introduit la foi dans la science, et l'on
oublie le but principal des mathématiques, qui est de développer chez le
jeune homme la puissance de démonstration.

Et puis est-il possible d'admettre des gradations diverses dans la science
démonstrative? nous ne le pensons pas.

Quant à nous, nous ne connaissons pas de moyen d'expliquer, d'une manière différente, le même théorème, à deux sections d'élèves, à la section
professionnelle, ou à la section littéraire.

Y a-t-il, enfin, une géométrie pour l'industrie et une autre pour les
humanités?

Que les études soient poussées plus ou moins loin, voilà seul ce qui est
possible.

Les auteurs du programme se sont laissé égarer par un mirage d'assimilation.

On conçoit des abrégés d'histoire et de géographie, on ne conçoit pas
des abrégés de mathématiques ; — à moins que les mathématiques ne
deviennent une science populaire, et presque tout aussi matérielle que tout
travail de main-d'œuvre ; —la science de l'ouvrier qui apprend à calculer,
comme il apprend à filer et à tisser. Les mathématiques, même réduites à
cette mesquine proportion, sont loin d'être inutiles; mais voilà, et voilà
seulement ce que nous appelerions l'enseignement professionnel des
mathématiques ?

Nous irons au devant d'une objection qui va nous être faite ici :

La plupart des élèves qui suivent les cours de la section professionnelle
quittent les colléges après la 4° ou la 3°; — il faut donc, autant que possible, les mettre en état d'entrer immédiatement et fructueusement dans
l'industrie.

Nous raisonnons autrement :

Les études faites dans de telles conditions, étant tout à fait incomplètes
et insuffisantes, ne pouvant donner aucun résultat utile, il faut autant que
possible forcer les parents à renoncer à ce système vicieux, et les contraindre moralement à mieux comprendre les intérêts de leurs enfants, en
leur laissant achever des études indispensables.

Arrivons aux détails, et suivons le programme pas à pas.

La section professionnelle, d'après le programme, doit pousser l'étude
des mathématiques plus loin que la section des humanités, et soupçonne-t-on
l'étrange moyen qu'on emploie pour arriver à ce résultat? — On abrége
d'une année les études des futurs industriels, et cependant, comme nous

l'avons dit plus haut, il est bien à croire que les fortes études de l'antiquité n'ont pas amoindri la puissance intellectuelle des élèves de la section d'humanités. — En vain nous cherchons une explication de cette mesure. Nous ne pouvons y voir qu'une distraction résultant du manque de pratique.

Nous lisons dans le programme, que dans les classes de 6ᵉ et de 5ᵉ latine, on fera faire des *exercices* de calcul.

Le mot *exercice* ici a son vrai sens acrobatique; — et c'est évidemment dès le premier pas, égarer le jugement des élèves, et faire une vicieuse application d'une méthode que nous sommes loin de condamner en tout et pour tout. Lorsque Jacotot, d'illustre mémoire, enseigne un fait grammatical, il en fait à l'instant même sortir une règle, c'est à dire une théorie grammaticale. C'est profaner sa méthode que de l'appliquer abusivement à une science dans laquelle les faits ne sont que des résultats, c'est à dire des déductions; — et qu'on ne s'y méprenne point : — on n'obtiendra jamais du jeune homme, qu'il recherche la philosophie d'un résultat qu'il connaît matériellement.

C'est donc dès le principe, adopter une marche vicieuse, creuser une ornière dont les professeurs spéciaux ne pourront que difficilement faire sortir les élèves; — car logiquement, on a reconnu que pour faire du *chiffrage*, un professeur de latin ou de grec était aussi apte que quiconque. Heureusement pour les élèves, que la réciproque n'a pas été admise, et que nous autres professeurs de mathématiques, nous ne sommes pas obligés de faire ressortir à leurs yeux les beautés littéraires de Démosthènes et d'Euripide.

Dans la division professionnelle, qui correspond à ces deux classes dites d'humanités, c'est à dire dans la cinquième, on se rapproche de notre sentiment, — nous ne savons trop pourquoi, — et l'on exige que *les principes essentiels des opérations fondamentales sur les nombres entiers et fractionnaires* soient exposés aux élèves.

Voilà de la théorie, — à la bonne heure; — mais pourquoi cette différence en faveur du comptoir et de la fabrique?

C'est en quatrième que commence, pour les élèves de la section d'humanités, l'enseignement de l'arithmétique proprement dite.

Voilà donc deux grandes années de perdues, et une cause de retard pour les jeunes gens destinés à recevoir une éducation supérieure, pour ceux, par exemple, qui doivent subir des examens très difficiles pour être admis dans les différentes écoles spéciales, anomalie inconcevable et très préjudiciable à ces pauvres candidats.

N'était ce vice de distribution, toute l'arithmétique pourrait être ensei-

gnée en *quatrième latine*, ce qui du reste se faisait avant que le gouvernement ne nous eût octroyé sa petite charte universitaire.

. A côté du large enseignement que nous possédions sous le régime
communal, plaçons le programme gouvernemental.

Quatrième latine : Numération. — Opérations fondamentales sur les nombres entiers. —
Caractères de divisibilité. — Recherche du plus grand commun diviseur. — Fractions. —
Système métrique. — Nombres complexes. — Résolution de problèmes par la méthode de
réduction à l'unité. — Proportions.

La cause étant donnée, les effets doivent suivre : — retard consécutif et
annuel pour les élèves des humanités.

Ainsi, c'est seulement en *poésie latine*, que les *questions d'intérêts* sont
enseignées à des jeunes gens qui sont presque des hommes, et qui déjà
ont abordé les hautes études littéraires.

En *troisième latine*, seulement, on enseigne la résolution et la discussion du second degré à une inconnue. Comme nous discutons de bonne
foi, nous reconnaissons que les élèves de cette classe, tout mal préparés
qu'ils sont par leurs études antérieures, ont dû apprendre en entier la
géométrie plane.

Il n'y en a pas moins encore une énorme différence en faveur des
illettrés.

Voici comment s'établit cette différence :

En *quatrième professionnelle*, on a dû enseigner :

Arithmétique : — Révision complète des principes démontrés dans la classe précédente,
avec des applications à diverses questions usuelles. — Principes et caractères de divisibilité
d'un nombre par 2, 3, 4, 5, 6, 8, 9 et 11. — Recherche du plus grand commun diviseur
de deux nombres. — Proportions. — Racine carrée.

Algèbre : — Traduction des problèmes du premier degré à une inconnue en équation. —
Utilité et but de cette traduction. — Opérations fondamentales sur les quantités algébriques.
— Résolution des équations du premier degré à une et à plusieurs inconnues. — Élimina-
tion. — Application aux questions les plus usuelles.

Géométrie : — Définitions préliminaires. — Propriétés principales des perpendiculaires,
des obliques et des parallèles. — Conditions de l'égalité des triangles. — Le quadrilatère et
ses variétés. — Propriétés principales du cercle et des figures qui résultent de sa combinaison avec la ligne droite. — Mesure des angles. — Problèmes et nombreux exercices numé-
riques.

Dans cette classe, le programme porte *révision*.

Le mot *révision* ne signifie-t-il pas *examen critique?* C'est sans doute
revue ou *récapitulation* qu'on a voulu dire. — *Recherche* du plus grand
commun diviseur. — *Recherche* n'est pas à beaucoup près synonyme de
théorie. — C'est toujours la *chiffromanie* qui l'emporte.

Il serait beaucoup préférable que la quatrième industrielle, comme la quatrième latine, étudiât exclusivement l'arithmétique, mais toute l'arithmétique.

En prévision d'études tronquées, comme nous l'avons fait remarquer, les élèves de la *troisième professionnelle* ont un petit programme de clôture.

Ils achèvent tant bien que mal, grâce à ce malheureux système de calcul, *moins la théorie de la géométrie, moins la démonstration*, des études bâtardes qui les mettent dans la nécessité, quand ils veulent devenir des industriels sérieux, de recommencer, ou plutôt de défaire leurs études.

Voici du reste ce charmant amalgame :

Révision (*toujours pour récapitulation sans doute*) des principes de géométrie et d'algèbre enseignés en quatrième.

Algèbre : — Calcul des radicaux du second degré. — Résolution et discussion de l'équation du deuxième degré. — Extraction de la racine cubique SANS DÉMONSTRATION. — Problèmes. — Progressions. — Théorie élémentaire des logarithmes. — Usage des tables. — Applications aux questions d'intérêt composé et aux annuités. — Géométrie. — Évaluation des aires planes. — Propriétés principales des triangles. — Lignes proportionnelles. — Figures semblables. — Propriétés principales des polygones réguliers. — Mesure du cercle. — Détermination du rapport de la circonférence au diamètre.

Trigonométrie rectiligne : — Usage des tables. — Exercices principalement relatifs aux arts et au mesurage des surfaces planes de diverses formes.

Topographie : — Lever des plans à la planchette, au graphomètre. (*Pourquoi ne pas indiquer le lever à l'équerre d'arpenteur?*) — Arpentage. — Nivellement. — Exercices sur le terrain. — Tracé des plans.

N. B. Dans l'enseignement de la trigonométrie on se bornera à ce qui est nécessaire pour la résolution des triangles.

On fera connaître, sans les démontrer, les formules à l'aide desquelles on détermine les volumes et les surfaces convexes des polyèdres, des trois corps ronds, du cône tronqué et du segment sphérique, et on les appliquera à de nombreuses questions relatives aux arts, aux volumes et au jaugeage des vases de diverses formes.

Voilà de l'entassement inscientifique.

La section professionnelle est purgée; l'histoire de Saturne est renouvelée. Les mathématiques ont dévoré tous leurs enfants. — Cependant quelques cailloux sauveurs ont préservé quelques Jupiters!

Il reste quelques élèves échappés à la débâcle; *apparent rari*....; au lieu d'un cours, le professeur se trouve en face de deux ou trois élèves que le *prurigo* d'un établissement anticipé n'a pas arrachés des bancs du collége.

Pour ces élus, commencent les études sérieuses. C'est ce qu'on appelle emphatiquement la deuxième et la première scientifique, — la deuxième et la première industrielle que l'on n'a point voulu supprimer, mais qui cependant ne participent plus depuis un an au concours général.

A ceux-là, on enseigne :

En poésie :

Mathématiques : — Propriétés principales des droites et des plans perpendiculaires. — Obliques. — Théories du parallélisme des droites et des plans. — Mesure de l'angle dièdre. —Propriétés principales de l'angle solide et des polyèdres, leurs volumes et leurs surfaces convexes. — Propriétés principales du cylindre, du cône et de la sphère. — Cône tronqué. — Segment sphérique. — Surface convexe et volume de ces corps.

Récapitulation et complément de l'arithmétique, de l'algèbre, de la géométrie et de la trigonométrie rectiligne, et exercices propres à familiariser les élèves avec les bonnes méthodes scientifiques.

En rhétorique :

Mathématiques. — Question de maximum et de minimum. — Fractions continues. — Analyse indéterminée du premier degré. — Théorie des combinaisons. — Puissances et racines des monômes supérieures à celles du deuxième degré. — Calcul des radicaux arithmétiques. — Exposants fractionnaires. — Équations exponentielles. — Logarithmes.

Trigonométrie sphérique.

Géométrie analytique. — Homogénéité des expressions algébriques. — Construction des expressions algébriques. — Problèmes déterminés. — Coordonnées rectilignes. — Leur transformation. — Construction et discussion des équations du deuxième degré à deux variables. — Réduction de l'équation générale du deuxième degré. — Propriétés des courbes du deuxième degré. — Coordonnées polaires. — Intersection de deux courbes du deuxième degré. — Problèmes.

Géométrie descriptive.

Notions préliminaires. — Problèmes relatifs à la ligne droite et au plan. — Notions sur la génération des surfaces. — Plans tangents au cylindre et au cône dans les cas les plus simples. — Intersection du cylindre et du cône par le plan.

N. B. — Ce cours est facultatif. Cependant les élèves de la première scientifique devront en suivre la partie qui concerne la ligne droite et le plan.

Mécanique. (Cours facultatif.)

Mouvement rectiligne. — Mouvement uniforme. — Vitesse. — Mouvement uniformément varié. — Accélération. — Chute des corps dans le vide. — Composition et décomposition des vitesses. — Mouvement curviligne. — Masse. — Lois d'inertie. — Effets des forces et de leur mesure. — Composition et décomposition des forces. — Moments par rapport à un point et à un axe. — Forces parallèles. — Centre de gravité. — Équilibre des forces. — Frottement.

Définition du travail et de la force vive. — Équation du travail. — Machines simples.

— Notions sur les transformations des mouvements. — Moteurs. — Résistances utiles. — Résistances passives. — Notions sur les machines à vapeur et les machines hydrauliques les plus employées.

Ajoutez à cela la chimie organique, la chimie inorganique, les éléments d'astronomie, le commerce, l'histoire et la géographie industrielle et commerciale, l'histoire de la Belgique, la langue anglaise, la langue allemande, la littérature française, et nous serons forcés de convenir que si ce programme était chose sérieuse, et n'était pas une simple affiche, nous ne voulons pas dire réclame, la Belgique serait le pays où l'instruction moyenne professionnelle est élevée au plus haut degré.

Mais alors quel soufflet donné au latin et au grec! Quel argument contre les études classiques! Car nous arrivons ici au sublime de l'absurde, puisque les élèves de rhétorique latine, qui comptent déjà une année d'études de plus que ceux de la première professionnelle, ne sont pas en état de suivre les cours de la section scientifique, et doivent généralement rester encore une année au collége, s'ils veulent se présenter à une des écoles spéciales du gouvernement.

Du reste, tous les vices de ce programme, surtout en ce qui concerne la troisième, sont mis en relief, pour peu qu'on jette un coup d'œil sur les résultats du concours général établi entre tous les colléges et athénées du royaume.

En 1859-60 (*), 202 élèves, appartenant à 20 établissements, étaient portés sur les listes de la troisième professionnelle; — 10 élèves ont obtenu des nominations; — 14 élèves seulement ont obtenu la moitié des points attribués aux différentes épreuves du concours.

Un semblable résultat ne serait-il point des plus tristes à constater, ne serait-il point de nature à donner une singulière idée du développement intellectuel de la jeunesse belge, si tous les professeurs n'étaient convaincus qu'il est avant tout le résultat de la mauvaise organisation des études.

De la réforme orthographique : considérations à l'appui du système d'écriture phonétique, par M. A. FÉLINE, de Paris.

L'orthographe française, livrée à l'arbitraire le plus capricieux de l'usage, est encore une source de difficultés pour l'enfant à qui on enseigne à lire et à écrire.

(*) Les résultats de 1860-61 sont encore plus désastreux; nous ne les avons pas sous la main.

Il est donc important de la réformer et d'abréger ainsi, pour l'enfant, un temps perdu pour l'exercice de son initiative et de sa véritable intelligence.

J'ai depuis quinze ans, messieurs, étudié cette grande question, et j'étais venu avec l'espoir de vous exposer mes idées. Permettez-moi de vous énoncer, en peu de mots, les avantages que l'on peut tirer de la phonotypie.

Le premier serait d'employer l'écriture rationnelle et phonétique comme méthode d'instruction primaire. Vous comprenez tous qu'il est beaucoup plus facile d'apprendre à lire dans cette écriture simplifiée, ayant un signe et un seul signe pour chaque son, que dans notre écriture usuelle. Eh bien, l'expérience prouve que sachant lire dans l'une, on passe dans l'autre sans aucune difficulté. Cette méthode est d'ailleurs déjà très répandue par MM. Pittmann et Ellis, en Angleterre, où leur *Journal phonétique* compte mille abonnés, et aux États-Unis, surtout dans le Massachusetts.

On pourrait faire un alphabet européen appelé à devenir universel. Mon intention était de profiter de la présence des étrangers qui assistent à vos séances pour provoquer la formation d'une société internationale; c'est le seul moyen de réaliser ce travail scientifique qui exige des représentants de chaque langue.

Si enfin, on voulait réaliser la réforme de l'écriture, comme on a fait celle des poids et mesures, comme on réalise en ce moment celle de l'écriture musicale, j'ose dire que l'on accomplirait le plus grand progrès, bien supérieur, par ses conséquences, aux chemins de fer, aux filatures et à tous les miracles accomplis par l'industrie depuis un siècle.

Avec une écriture phonétique, tout le monde saurait lire, les enfants se l'apprendraient les uns aux autres, en jouant avec des lettres. Tout le monde saurait l'orthographe qui, exige de longues années d'études, et que l'on ne sait jamais bien, devant constamment recourir au dictionnaire. Ces deux études étant, pour ainsi dire, supprimées, les enfants apprendraient autre chose, reposeraient leur esprit, et exerceraient leur corps. On rendrait surtout un grand service au peuple en supprimant cette aristocratie qui distingue celui qui a passé dix ans de sa vie à manier la plume, de celui qui a manié un outil.

Avec l'écriture phonétique, les étrangers apprendraient beaucoup plus facilement le français, qui deviendrait la langue universelle pour les sciences et le commerce, comme elle l'est déjà pour la diplomatie.

Enfin, cette écriture supprimant environ 25 p. c. de lettres inutiles, on économiserait un quart du prix des livres et un quart du temps employé à les écrire. Ce dernier bénéfice serait immense. Il représenterait pour la France plus de 500 millions par an, car ce n'est pas assez d'évaluer à un million, le nombre de ceux qui travaillent de la plume, et leur temps à

2,000 francs par an ; c'est donc deux milliards dont on gagnerait le quart ou cinq cent millions. C'est le revenu brut des vignobles de France, et des mines de houille de l'Angleterre! L'économie serait d'environ 70,000,000 pour la Belgique, et chacun de ceux qui manient une plume en prendrait sa part.

La Belgique a un exemple qui peut l'encourager : le Japon emploie deux sortes d'écriture : la chinoise que, comme la nôtre, la vie d'un lettré ne suffit pas à connaître, et, en outre, une écriture phonétique usuelle ; et de l'avis de tous les voyageurs et philosophes, c'est à la supériorité de ce précieux instrument de civilisation qu'il doit d'avoir de beaucoup dépassé le Céleste Empire. Faites de même, messieurs, ayez ce courage, l'Europe vous applaudira et la France vous imitera.

J'étais venu avec l'espoir de développer devant vous mes idées sur cette grande question, de vous montrer les immenses avantages de cette réforme cent fois plus féconde que celle des poids et mesures et cent fois plus facile à adopter; malheureusement, les questions de principe ont absorbé tous vos instants ; mais si quelques-uns de mes collègues étaient curieux de connaître les détails et les moyens d'exécution de ma méthode, je serais heureux de venir, sous leurs auspices, exposer le résultat de mes travaux.

A la clôture de la séance, plusieurs membres déposent sur le bureau des questions qu'ils proposent au comité d'inscrire dans le programme du prochain Congrès.

M. LE PRÉSIDENT. Le comité décidera si ces questions figureront au programme.

Messieurs, nous avons terminé nos travaux. Je suis fier d'avoir présidé une assemblée composée d'un si grand nombre d'hommes de talent, qui, pendant quatre longues séances, ont été sur la brèche, pour défendre à des points de vue différents, mais avec une égale sincérité, ce grand intérêt de l'instruction. Je remercie la section d'avoir par son attention constante, facilité la tâche du Président. (Applaudissements.)

M. MIOULET. Je propose à la section de voter des remerciements à M. le Président, pour l'intelligence et l'impartialité avec lesquelles il a dirigé nos travaux; et aux membres du bureau qui l'ont aidé dans l'accomplissement de sa tâche. (Applaudissements prolongés.)

La séance est levée à une heure et demie.

PIÈCE A L'APPUI

PROJET DE LOI ORGANIQUE

DE

L'INSTRUCTION PRIMAIRE GRATUITE ET OBLIGATOIRE

Présenté par M. Beck-Mullendorff, à Verviers.

TITRE I

DISPOSITIONS GÉNÉRALES

Art. 1ᵉʳ. Les matières de l'enseignement rendues obligatoires sont :
La lecture, l'écriture, les éléments du calcul, le système légal des poids et mesures et, suivant les besoins des localités, les éléments de la langue française, flamande ou allemande.

Les préceptes de la religion seront enseignés par les délégués des chefs des différents cultes professés dans la commune, soit dans le local même de l'école, soit dans le bâtiment affecté spécialement à chaque culte.

L'enseignement de la religion aura lieu à des heures spéciales ; cet enseignement pourra être délégué par le ministre de chaque culte à l'instituteur, et il sera alors donné sous sa surveillance et sous sa responsabilité.

Art. 2. L'enseignement étant libre en Belgique, l'instruction primaire obligatoire pourra être acquise sous trois formes distinctes :

. 1° Dans la famille, sous la surveillance et la responsabilité du père de famille ou des tuteurs.

2° Dans les écoles privées, qui fonctionneraient dans les mêmes conditions qu'aujourd'hui, c'est à dire avec ou sans rétribution.

3° Dans les écoles primaires organisées sous la surveillance de l'État.

Art. 3. Il y aura dans chaque commune du royaume au moins une école primaire établie dans un local convenable.

Le nombre des écoles devra être augmenté dans chaque commune en raison des besoins de la population, constatés par les inscriptions annuelles.

Art. 4. La commune pourra être autorisée à adopter, dans la localité même, une ou plusieurs écoles privées réunissant les conditions légales pour servir d'annexes à l'école communale obligatoire.

Art. 5. Dans les cas prévus par l'article précédent, la députation permanente du conseil provincial, sauf recours au Roi, statue sur les demandes d'autorisation faites par la commune.

Il sera annuellement constaté par les soins du gouvernement, s'il y a lieu ou non de maintenir cette autorisation. En cas de négative, l'autorisation sera retirée par arrêté royal.

Art. 6. La commune est tenue de procurer l'instruction gratuitement à tous les enfants dont les parents en font la demande, dans son école communale, ou dans toute autre école spécialement désignée par elle, en conformité de l'art. 4.

ART. 7. L'instruction sera obligatoire, à partir de l'âge de 6 ans révolus jusqu'à 10 ans accomplis.

Des dispenses pourront cependant être accordées en raison de la faiblesse des enfants, dûment constatée.

ART. 8. Les enfants ne pourront être employés dans une industrie quelconque que lorsqu'ils auront atteint leur onzième année. Il pourra y avoir, à certaines époques de l'année, exemption pour les travaux de la campagne, avec obligation cependant pour l'enfant de fréquenter l'école chaque jour pendant deux heures; des cours spéciaux seront organisés à cet effet.

ART. 9. Un livret de fréquentation sera délivré par les comités de surveillance dont il est parlé à l'art. 29, aux élèves ayant rempli les conditions imposées par l'art. 7.

ART. 10. Des *écoles de persévérance* seront organisées par canton, par commune, ou par collection de communes, pour les enfants employés dans une industrie quelconque.

La fréquentation de ces écoles sera obligatoire pour tous les enfants jusqu'à l'âge de 15 ans révolus, aux mêmes conditions que les écoles primaires.

Les écoles de persévérance seront organisées aux frais des patrons ou chefs d'industrie, au prorata du nombre d'enfants employés dans chaque ferme ou atelier.

Ces écoles sont spécialement sous la surveillance et la direction des députations provinciales et des inspecteurs d'arrondissement dont il est parlé à l'art. 35.

Les programmes varieront en raison des besoins des localités, et ils seront arrêtés par la députation permanente, l'inspecteur, les comités de surveillance et la chambre de commerce entendus. Des instructions sur la Constitution belge seront, au moins une fois par an, données par l'inspecteur d'arrondissement, aux élèves des écoles de persévérance faisant partie de son ressort.

Les leçons seront de deux heures par semaine, pour chaque division, et elles n'auront lieu que le dimanche ou le soir. Une de ces deux heures sera consacrée aux explications du professeur, l'autre au travail propre de l'élève.

ART. 11. Les livres destinés à l'enseignement primaire, dans les écoles communales ou adoptées, seront examinés par la commission centrale et approuvés par le gouvernement.

ART. 12. L'évêque diocésain et les consistoires des cultes rétribués par l'État, pourront se faire représenter, auprès de la commission centrale d'instruction, par un délégué qui n'aura que voix consultative.

ART. 13. La nomination des instituteurs communaux a lieu par le conseil communal, conformément à l'art. 84, n° 6, de la loi du 30 mars 1836.

Les conseils communaux ne pourront nommer comme instituteurs, que ceux qui justifieront avoir fréquenté avec fruit, pendant deux ans au moins, les cours de l'une des écoles normales de l'État, les cours normaux institués ou acceptés par le gouvernement, ou les cours d'une école normale privée, ayant, depuis deux ans au moins, accepté le régime d'inspection établi par la présente loi, ou bien encore que les candidats auxquels une commission spéciale d'examen, nommée par la députation permanente de chaque province, aura délivré un brevet de capacité.

Les connaissances exigées pour l'obtention de ce brevet, devront comprendre toutes les branches faisant partie de l'enseignement des écoles normales de l'État, ainsi qu'une leçon pratique donnée devant la commission.

Toutefois les conseils communaux pourront, avec l'autorisation du gouvernement, choisir des candidats ne justifiant pas de l'accomplissement de cette condition.

ART. 14. Le conseil communal pourra suspendre l'instituteur, pour un terme qui n'excédera pas trois mois, avec ou sans privation de traitement.

La députation permanente de la province sera appelée à statuer définitivement sur le maintien ou la révocation de l'instituteur, en prenant l'avis des inspecteurs, le conseil communal et l'instituteur entendus.

La députation permanente pourra, d'office, suspendre ou révoquer un instituteur communal, en prenant l'avis des inspecteurs, le comité de surveillance et l'instituteur entendus.

ART. 15. En cas de vacance d'une place d'instituteur, soit par révocation, soit autrement, le conseil communal sera tenu de procéder au remplacement, dans les quarante jours, sauf fixation par la députation provinciale d'un délai plus long ; passé le terme de quarante jours, ou le terme fixé par la députation, il sera procédé d'office par celle-ci à la nomination.

TITRE II

DES PÉNALITÉS ET DES RÉCOMPENSES

ART. 16. Les parents ou tuteurs sont rendus responsables des absences non motivées que pourront faire les enfants depuis l'âge de 6 jusqu'à 10 ans révolus.

Les peines dont les parents sont passibles sont :

1° La réprimande devant le comité de surveillance ;

2° La réprimande publique ; — cette réprimande sera affichée à la porte de la maison commune, et publiée au son du tambour par le garde-champêtre, ou l'un des agents de police de la commune ;

3° La privation des secours du bureau de bienfaisance, pour un temps plus ou moins long ;

4° L'amende qui ne pourra s'élever au dessus du salaire d'une journée du travail exercé par le condamné, et qui, en cas de non payement, sera remplacée par un jour de prison.

ART. 17. Tout enfant de 6 à 16 ans, qui, au mépris de l'autorité paternelle, se livrera au vagabondage et ne fréquentera pas, soit les écoles primaires, soit les écoles de persévérance, pourra être placé pour un temps plus ou moins long dans une école de réforme.

ART. 18. Tout instituteur libre ou communal sera tenu, sous peine d'une amende de simple police, d'adresser le dernier jour de chaque mois, au comité spécial de surveillance, une liste d'absence, divisée en absences motivées et en absences non motivées.

ART. 19. Le comité de surveillance examine cette liste, et indique à l'officier du ministère public près le tribunal de simple police ceux des parents qu'il croit devoir faire poursuivre conformément à l'art. 16.

ART. 20. Le même comité est chargé, sauf recours à la députation permanente, de dresser chaque année la liste des personnes qui déclarent donner ou faire donner dans la famille l'instruction primaire à leurs enfants. — Il s'assure que cette obligation est remplie, et agit, comme il est dit à l'article précédent, contre les parents ou tuteurs qui y auraient manqué.

ART. 21. Le juge de paix, dans le délai de trois jours après cette communication, invite par écrit, les pères ou tuteurs des enfants à comparaître devant lui.

Le prévenu est averti, dans sa citation, d'avoir à produire ses moyens de défense.

ART. 22. Quiconque, après la citation reçue, ne se présente pas, soit en personne, soit par un fondé de pouvoirs, devant le juge de paix, est condamné par défaut. Un extrait du jugement lui est signifié par un agent de police ou par le garde-champêtre.

ART. 23. Le condamné peut appeler du jugement du juge de paix à la députation permanente. Le recours doit être formé dans les trois jours.

ART. 24. Les fermiers, patrons ou chefs d'industrie qui emploieront des enfants en dessous de l'âge de 11 ans, ou non pourvus du *livret de fréquentation*, seront passibles d'une amende de simple police.

Art. 25. Les instituteurs chargés des écoles de persévérance seront tenus, sous peine d'une amende de simple police, d'envoyer au bourgmestre de chaque commune, à la fin de chaque trimestre, une liste des élèves ayant fréquenté les écoles de persévérance, et où seront notées les absences non motivées faites par chacun d'eux.

Ces listes seront communiquées à l'inspecteur d'arrondissement qui poursuivra les délinquants, comme il est dit à l'art. 19.

Les élèves qui en seront jugés dignes recevront, à l'âge de 15 ans révolus, un *diplôme de capacité* et de persévérance ; ce diplôme sera transcrit sur un registre spécial déposé à la maison commune.

Un règlement spécial déterminera les connaissances exigées pour l'obtention de ce diplôme.

Art. 26. Ceux auxquels il aura été délivré un diplôme de capacité seront, à l'âge de 25 ans accomplis, électeurs communaux et provinciaux, pourvu qu'ils possedent ou qu'ils aient acquis la qualité de Belges.

Art. 27. Les contraventions à la présente loi pourront être constatées par les gardes-champêtres et les autres agents de la force publique.

Art. 28. Le recouvrement des amendes se fait d'après le mode adopté pour les condamnations de simple police.

La moitié du produit des amendes est donnée comme prime aux agents verbalisants, spécialement chargés par cette loi d'empêcher le vagabondage des enfants de 6 à 11 ans, et de conduire à l'école ceux qu'ils trouveraient en flagrant délit.

TITRE III

INSPECTION ET SURVEILLANCE

§ 1er. — Des comités de surveillance.

Art. 29. Il sera organisé dans chaque commune et dans chaque quartier, un comité de surveillance de l'enseignement primaire.

Art. 30. Ce comité se compose :

1° Du bourgmestre ou d'un échevin ;

2° De deux membres nommés par le conseil communal ;

3° D'un membre nommé par le commissaire d'arrondissement ;

4° D'un membre nommé par la chambre de commerce de l'arrondissement ;

5° Du curé-doyen, ou du curé de la paroisse, ou de son délégué ;

6° D'un délégué des consistoires des différents cultes rétribués par l'État et pratiqués dans la commune.

Les fonctions de membres du comité de surveillance sont gratuites. — Toutefois le conseil communal pourra adjoindre à ces comités un secrétaire dont les fonctions seront rétribuées. Le secrétaire n'a dans ce cas que voix consultative.

Art. 31. — La présidence du comité appartient au bourgmestre, ou à l'échevin qui le remplace. En cas de partage, le président a voix propondérante.

Art. 32 — Le comité de surveillance présente au conseil communal deux candidats, lorsqu'il s'agit de pourvoir à la vacance des places d'instituteur.

Art. 33. — Le comité de surveillance pourra suspendre l'instituteur pour un terme qui n'excédera pas quinze jours, avec ou sans privation de traitement.

Art. 34. — Une décoration spéciale pourra être décernée aux membres des comités de surveillance, qui auront exercé avec dévouement leurs fonctions pendant 10 années consécutives.

§ 2. — *Inspecteurs d'arrondissement.*

Art. 35. — Il y aura un inspecteur par arrondissement administratif.

Ce fonctionnaire est nommé et révoqué par la députation permanente; il jouit d'un traitement minimum de 2,000 fr. sur la caisse provinciale.

L'inspecteur d'arrondissement visite les écoles de son ressort au moins deux fois l'an.

Il tient note détaillée des résultats de chaque inspection, et les consigne dans un registre accessible, en tout temps, à l'inspecteur provincial.

Ce registre contiendra un état statistique du nombre des écoles communales et libres de son ressort, et des élèves qui les fréquentent, avec indication des méthodes employées dans chaque école et du degré de zèle et d'aptitude dont chacun des instituteurs fait preuve.

Art. 36. — L'inspecteur d'arrondissement réunira, en conférence, sous sa direction, au moins une fois par trimestre, les instituteurs de chaque canton.

Les instituteurs libres peuvent aussi être admis à ces conférences, si l'inspecteur le juge convenable.

Des jetons de présence seront accordés aux instituteurs qui y assisteront.

Ces conférences auront pour objet tout ce qui peut concerner le progrès de l'enseignement primaire, et spécialement l'examen des méthodes et des livres employés dans les écoles.

§ 3. — *Inspecteurs provinciaux.*

Art. 37. — Un règlement arrêté par le conseil communal, sur la proposition du comité de surveillance, l'inspecteur d'arrondissement entendu, et approuvé par la députation permanente, sauf recours au Roi, déterminera, dans chaque commune, les jours et les heures de travail, les vacances, le mode de punition et de récompense.

Art. 38. — Il y aura un inspecteur dans chaque province.

Ce fonctionnaire est nommé et révoqué par le Roi ; il jouit d'un traitement minimum de 3,000 fr. sur le trésor public.

Il inspecte, au moins une fois par an, toutes les écoles communales de son ressort et celles qui en tiennent lieu, en vertu de l'art. 4 de la présente loi.

Il doit présider annuellement l'une des conférences d'instituteurs mentionnées en l'art 36, et y recueillir tous les renseignements mentionnés dans les registres de l'inspection d'arrondissement.

Il se met en rapport avec les inspecteurs d'arrondissement qui lui sont subordonnés dans l'ordre hiérarchique.

Art. 39. — Les inspecteurs provinciaux se réunissent tous les ans en commission centrale, sous la présidence du ministre de l'intérieur.

Le ministre pourra les convoquer en session extraordinaire, quand l'intérêt de l'instruction l'exigera.

Art. 40. — Chaque inspecteur provincial soumet à la commission centrale, pour en délibérer, un rapport sur les écoles primaires de son ressort, comprenant l'analyse des registres de l'inspection d'arrondissement. La commission réunit en un seul travail général les renseignements qui sont consignés dans ces rapports, sur les écoles, les maîtres et les élèves, et ce qui concerne, surtout, les données statistiques, l'usage des méthodes, le zèle et la capacité des instituteurs. Elle provoque les améliorations et les réformes jugées nécessaires, et fournit au ministre les renseignements dont il pourrait avoir besoin.

TITRE IV

SUBSIDES ET MOYENS D'ENCOURAGEMENT

§ 1er. — Subsides.

Art. 41. Un règlement d'administration générale déterminera plus spécialement, d'après les principes de la présente loi :

1° Les attributions des inspecteurs et de la commission centrale d'inspection ;

2° Les objets des conférences cantonales, ainsi que les localités où ces conférences devront s'ouvrir ;

3° L'indemnité à accorder aux inspecteurs d'arrondissement et de province pour leurs frais de route et de séjour, et celles à répartir en jetons de présence entre les instituteurs ;

4° La rétribution extraordinaire que touchera le secrétaire de la commission centrale d'instruction.

Art. 42. Les inspecteurs d'arrondissement et de province devront être choisis parmi les instituteurs et les professeurs de l'enseignement moyen qui se seront distingués par leur zèle et leur aptitude.

Art. 43. Un rôle spécial de contributions, sera dressé, dans chaque commune, pour pourvoir aux besoins de l'instruction primaire. La somme nécessaire à cet objet sera portée annuellement au budget communal, parmi les dépenses obligatoires dont il est parlé à l'art. 131 de la loi communale.

Ce rôle de contributions est approuvé par la députation permanente, sauf recours au roi.

La députation permanente détermine aussi, sauf recours au roi, la part contributive qui incombe au bureau de bienfaisance, dans les frais d'instruction des enfants pauvres ; la part assignée au bureau de bienfaisance sera porté d'office à son budget.

Art. 44. Le traitement de l'instituteur est fixé par le conseil communal, sous l'approbation de la députation permanente, et sauf recours au roi. Ce traitement ne peut être en dessous de 800 fr. L'instituteur a droit, en outre, à une habitation ou à une indemnité de logement, à fixer de commun accord, sauf recours à la députation, en cas de dissentiment.

Le traitement des institutrices ne peut être inférieur à 600 fr.

Art. 45. Le fonds dont il est parlé à l'art. 43 est destiné :

1° A la construction ou à l'entretien des bâtiments d'école ;

2° A l'achat des meubles et des livres nécessaires ;

3° A fournir à l'instituteur communal et à l'institutrice leur logement, et, le cas échéant, l'indemnité de logement.

Art. 46. En cas d'insuffisance constatée des ressources de la commune, la province et l'État interviennent pour que les besoins de l'instruction primaire puissent être complétement satisfaits.

Art. 47. Les fonds votés par les provinces, en faveur de l'instruction primaire, sont principalement destinés aux objets suivants :

1° Traitements ou suppléments de traitements aux instituteurs communaux, ou à ceux qui en tiennent lieu ;

2° Subsides pour construction, réparation ou ameublement de maisons d'école ;

3° Subsides aux écoles de persévérance ;

4° Subsides aux caisses de prévoyance en faveur des instituteurs ;

5° Bourses d'études pour les aspirants-instituteurs ;

6° Dépenses résultant de l'inspection d'arrondissement, de la tenue des conférences d'instituteurs et des concours.

Art. 48. Le subside voté annuellement par la législature pour l'instruction primaire a pour but principal de favoriser :

1° La construction de nouvelles maisons d'école ;

2° L'établissement de salles d'asile, principalement dans les cités populeuses et dans les districts manufacturiers ;

3° Les écoles de persévérance dominicales, ainsi que les écoles du soir pour les adultes,

4° Les écoles connues sous le nom d'ateliers de charité et d'apprentissage ;

5° De pourvoir aux frais de l'inspection provinciale et de la commission centrale d'instruction.

Art. 49. Les écoles communales ou adoptées sont soumises au régime d'inspection établi par la présente loi.

Si les inspecteurs signalent des abus dans une école, le ministre de l'intérieur en informe l'administration dirigeant l'école, et use des moyens propres à amener l'exécution de la loi.

Art. 50. Les instituteurs communaux devront participer à la caisse de prévoyance établie sous la surveillance de l'État.

§ 2. — *Moyens d'encouragement.*

Art. 51. Des bourses de 200 francs au moins chacune seront mises annuellement à la disposition du gouvernement, pour être accordées à des jeunes gens peu favorisés de la fortune et qui feront preuve d'aptitude, pour les aider à suivre les cours normaux destinés à former des instituteurs.

Ces bourses pourront être continuées, pendant un terme qui n'excédera pas trois années, à des élèves-maîtres envoyés pour faire leur noviciat, soit comme assistants, soit comme instituteurs, dans les écoles communales.

Art. 52. Les élèves-instituteurs sont exemptés du service militaire ; ils prennent toutefois l'engagement de remplir les fonctions d'instituteurs communaux pendant huit ans au moins. En cas de non-exécution de cet engagement, ils sont enrôlés dans un des corps de l'armée.

Art. 53. Des concours pourront être institués entre les diverses écoles communales.

Un règlement spécial, laissé aux soins de la députation permanente de chaque province, déterminera tout ce qui concerne ces concours.

Art. 54. Les jurys d'examen seront nommés par la députation permanente.

Les concurrents seront examinés, en ce qui concerne l'instruction morale et religieuse, par un ministre de la communion à laquelle ils appartiennent.

Un prix spécial de religion sera destiné à chaque culte.

TITRE V

DES ÉCOLES NORMALES

Art. 55. Il sera établi par le gouvernement, trois écoles normales pour l'enseignement primaire, l'une dans les provinces wallonnes, l'autre dans les provinces flamandes, la troisième dans le Luxembourg.

Art. 56. Il y aura, dans chaque école normale, un ministre du culte des élèves, chargé de l'enseignement de la morale et de la religion.

DISPOSITIONS FINALES

Art. 57. Dans chaque chef-lieu d'arrondissement, des cours normaux seront adjoints par le gouvernement à l'école moyenne du chef-lieu.

Art. 58. Les inspecteurs d'arrondissement et de province, les instituteurs communaux, ainsi que les professeurs et directeurs des écoles normales, prêteront le serment prescrit par l'art. 2 du décret du Congrès national du 20 juillet 1831.

Art. 59. Tous les trois ans, un rapport sur l'état de l'instruction primaire sera présenté par le gouvernement à la législature.

TROISIÈME SECTION. — ART ET LITTÉRATURE

MÉMOIRES ET DÉBATS

Cette section aborde l'examen des problèmes se rattachant à la mission de l'art et de la littérature dans les sociétés modernes. Voici le cadre de ses attributions :

I. Rapport de l'art et de la littérature avec l'état, — avec l'industrie, — avec l'éducation, etc.

II. Des moyens de développer l'influence de l'art et des lettres dans la société.

> Écoles spéciales. — Expositions publiques, permanentes ou périodiques. — Conservatoires de musique. — Écoles de philosophie et de littérature. — Académies savantes. — Récompenses publiques. — Représentations théâtrales.

III. Nouveaux procédés pour l'exécution ou la reproduction d'œuvres d'art.

Le comité fondateur de l'Association avait proposé à l'examen de la troisième section les questions suivantes :

1° De l'application de l'art à l'industrie. Organisation, programme et portée des études dans les divers pays. Collections de modèles, musées, etc.

2° Quelle influence exercent sur l'art les expositions publiques, périodiques ou permanentes ?

3° Quels sont pour les beaux-arts les avantages et les inconvénients de l'enseignement privé (ateliers) et de l'enseignement public (académies) ?

4° Des différents genres de musique dans leurs rapports avec l'éducation des masses.

5° Quelle influence le développement de la presse périodique exerce-t-il sur l'esprit et sur la forme de la littérature ?

SÉANCE DU 22 SEPTEMBRE

—

Présidence de M. le comte DE LIEDEKERKE-BEAUFORT.

Après avoir confirmé les pouvoirs du comité provisoire désigné par le comité fondateur, la section nomme second vice-président M. Fétis, père, directeur du Conservatoire royal de musique de Bruxelles, et passe immédiatement à l'étude des questions portées à son ordre du jour.

Sur la première question, M. DELEBEKE (Ypres) donne lecture d'un mémoire qui traite moins *de l'application de l'art à l'industrie* que de la meilleure méthode d'enseigner le dessin. Pour bien préparer l'élève aux cours supérieurs de peinture, de sculpture et d'architecture, il faut, suivant lui, que dans les cours inférieurs, l'élève soit initié aux règles du beau, et n'ait plus qu'à les appliquer; il faut qu'il se trouve prêt à profiter des leçons qui vont lui découvrir les secrets de la nature, lui apprendre l'application des ordres architectoniques, les rapports de l'art avec la nature, le maniement des couleurs et de l'argile, la science du clair-obscur, etc.

Pour réussir à réorganiser l'enseignement des arts, il faudrait tout d'abord renoncer dans les classes inférieures à l'usage des têtes ombrées et des figures du système Julien; puis joindre en un seul cours les classes dites de la figure antique et du modèle vivant, afin de faire éviter aux jeunes gens les fautes que provoque l'étude exclusive de l'une de ces deux branches. Mais, avant tout, il importe de condamner ces dessins achevés et brillants qui offrent à l'élève des difficultés incroyables. L'habileté d'étendre des hachures sur le papier s'acquiert au prix de trop grands sacrifices de temps et de peine. D'ailleurs, en copiant, à force de patience, ces sortes de modèles, le jeune homme s'énerve et perd le feu sacré du génie.

On doit avoir d'autres préoccupations; on doit concentrer toute l'attention sur la nature des lignes et des formes, apprendre à distinguer un contour serré, d'un contour mou; un mouvement gracieux, d'un mouvement incohérent; une forme relevée, une composition bien ordonnée; enfin, à saisir ces combinaisons multiples que présente un assemblage de lignes destinées à charmer et à émouvoir.

Dans tout ceci, M. Delebeke veut le moins de noir possible, mais des ombres larges, massées, peu coloriées, afin de ne point trop préoccuper l'élève d'une chose qu'il étudiera plus tard sur la nature.

Après la lecture du travail de M. Delebeke, M. ALEX. WEILL (France) demande la parole. Il croit que c'est la première fois que des artistes et des hommes de lettres se réunissent pour discuter sur l'influence des lettres et des arts. Avant de passer à l'étude des objets mis à l'ordre du jour, il désire poser devant la section une question d'une portée plus générale. Il faut savoir avant tout s'il y a des lettres et si elles ont une influence bonne ou mauvaise sur la société, s'il y a un critérium philosophique pour les lettres et pour les arts.

Sur l'invitation de M. le Président, M. Weill formule sa proposition en ces termes : « *Y a-t-il un critérium ou une mesure intellectuelle pour juger* « *les lettres et les arts? Y a-t-il, au* XIXe *siècle, un homme de lettres, un* « *artiste?* »

DÉBAT.

M. DOGNÉE (Liége). Je m'oppose à la prise en considération de cette proposition.

On demande : Y a-t-il un homme de lettres, y a-t-il un artiste au XIXe siècle? Y a-t-il un critérium pour juger les arts et la littérature? Les lettres ont-elles une influence salutaire ou délétère sur la société?

Il me semble que sur la première question, il ne peut s'établir de discussion.

Je ne veux point citer de noms. Mais il y en a suffisamment qui répondent : Oui, il y a des hommes de lettres, oui, il y a des artistes.

Quant à la seconde question : Y a-t-il un critérium pour connaître le beau, dans les lettres et dans les arts, je pense que les règles qui nous sont posées par le règlement dont nous avons entendu la lecture dans l'autre enceinte nous en interdisent la discussion. Il ne nous est pas permis, en effet, de discuter des questions qui remontent aux sources philosophiques et religieuses.

Enfin la question de savoir si les lettres contribuent à élever l'art ou à l'abaisser me semble rentrer dans une des questions du programme.

Je crois, messieurs, que nous devons nous en tenir aux questions importantes qui figurent au programme et ne point aborder des questions qui nous sont défendues. (Réclamations.)

M. L. DE BURBURE (Anvers). Je crois qu'il importe avant tout de suivre l'ordre du programme.

M. LE PRÉSIDENT. Permettez-moi de faire une observation. M. A. Weill a fait, selon moi, chose utile dans l'intérêt des travaux de la section, en la saisissant, dès le début de la séance, de la question qu'il voudrait voir débattre aujourd'hui ou demain.

Cette question, par son importance même, peut soulever, chez certains membres, le désir d'y réfléchir. Il serait donc bon que nous vidassions, dès à présent, ce que je puis considérer comme un incident.

Les membres ont le droit de faire des propositions. Ces propositions doivent être discutées, tant dans l'intérêt des travaux de la section que par égard pour les membres. La section a le droit de les prendre en considération ou de les rejeter.

Je crois donc que la délibération doit continuer sur l'incident. Il s'agit de savoir si l'on discutera la proposition de M. A. Weill. Si vous décidez qu'elle sera discutée, elle sera mise à la suite de l'ordre du jour tel qu'il est formulé au programme.

M. A. WEILL. Je dois répondre un mot à M. Dognée. C'est que s'il ne nous était pas permis d'aborder la philosophie et la religion, nous n'aurions rien à faire ici. Ce serait comme si l'on voulait discuter le corps sans l'âme.

M. LE PRÉSIDENT. Je crois que la proposition de M. A. Weill a un horizon très vaste. Il est aussi difficile de la repousser à priori que de l'accepter dans sa stricte et rigoureuse expression.

J'engage la section à l'admettre et à la placer à l'ordre du jour. Ce seront évidemment les développements de l'orateur qui donneront à sa question sa véritable valeur. Elle n'est pas petite. Puisque M. Weill veut prendre ce lourd fardeau sur ses épaules, voyons comment il le portera.

Je propose donc, sans vouloir influer en aucune manière sur la décision de la section, de mettre la question de M. Weill à l'ordre du jour de demain.

M. POTVIN (Bruxelles). J'avais l'intention de soumettre au Congrès une question que je crois utile ; mais j'attendais que l'ordre du jour du programme fût épuisé et nous laissât le terrain libre. M. Weill introduit un côté de la question générale, ma proposition complétera la sienne. On pourra les discuter ensemble.

M. Weill, si j'ai bien compris, veut mettre en discussion les conditions philosophiques de l'art ; je vous proposerai d'en mettre au concours les conditions morales.

Trop souvent on a vu des écrivains, accusés d'immoralité par la critique, s'en défendre vivement. Était-ce ignorance des écrivains ou de la critique ? Le chaos semble régner dans les régions morales de l'art ; il importe d'y jeter quelque lumière.

Un article du règlement porte au nombre des moyens d'exécution de l'Association le droit d'ouvrir des concours. Je demande que la section des arts et des lettres, propose à l'Association internationale, d'ouvrir un concours sur la question de la MORALITÉ DANS L'ART.

M. LE PRÉSIDENT. M. Potvin désire rattacher sa proposition à celle de M. Weill.

M. ROMBERG (Bruxelles). Je crois qu'il est convenable et régulier, d'ailleurs, que l'on commence par épuiser d'abord l'ordre du jour tracé par le comité d'organisation du Congrès.

Voilà une proposition incidente qui vient de surgir. Il peut s'en produire d'autres. Si on les examinait d'abord, il pourrait en résulter que l'on arrivât à jeudi, sans avoir discuté autre chose que les questions incidentes.

Je crois que l'ordre du jour régulier doit passer avant tout et qu'il ne faut aborder qu'ensuite les questions émanant de l'initiative des membres.

Je suis un vétéran des Congrès, et c'est ainsi que j'ai toujours vu procéder.

Je ne veux étouffer l'initiative de personne, mais je demande que l'on suive la voie régulière. Je ne conteste pas l'intérêt des questions que MM. Weill et Potvin viennent de formuler, mais je crois que celles qui figurent au programme ont un intérêt plus général, et qu'au point de vue de la régularité, elles doivent être examinées les premières.

M. Vilbort (France). Ce que vient de dire M. Romberg est exact pour les questions incidentes, en général, mais la question posée par M. Weill domine toutes les autres.

Je crois donc qu'il y aurait utilité, au point de vue de nos travaux, à élucider en premier lieu, la question de M. Weill.

M. le Président. Messieurs, votre président ne s'est point dissimulé la portée de cette question. Il vous a fait remarquer qu'elle embrassait toutes les autres ; mais c'est justement à cause de son importance, que nous devons examiner s'il ne serait pas utile de vider d'abord l'ordre du jour. Vous pouvez le faire facilement en restant fidèles à l'esprit et à la lettre du règlement. Que les personnes qui veulent aborder immédiatement la proposition de M. Weill, s'abstiennent de parler sur les autres questions du programme. Elles auront ainsi tout à la fois atteint leur but et respecté le règlement.

M. Vilbort. Je persiste dans mon opinion, que la question générale de M. Weill, qui embrasse tout le programme et toutes les questions incidentes qui pourraient se produire, doit être discutée avant tout, parce qu'il y aurait à cela avantage pour nos travaux.

M. Hymans (Bruxelles). Je ferai remarquer à la section qu'il n'y a pas de questions générales ni de questions spéciales. Nous n'avons pas de programme à discuter, nous avons à examiner des questions relatives aux arts et aux lettres.

Nous avons à épuiser d'abord l'ordre du jour ; nous aborderons ensuite l'examen des questions qui nous seront soumises.

Je demanderai que M. le président veuille bien prier les membres de la section de faire connaître, dès à présent, les questions qu'ils comptent soumettre à l'assemblée, en dehors du programme arrêté. De cette manière, nous ne serons pas obligés de perdre du temps en discussions incidentes sur le point de savoir s'il faut oui ou non discuter telle ou telle question. Je crois que tous les membres ont le droit de faire des propositions et qu'il faut qu'elles soient énoncées à l'avance, afin que l'on puisse se préparer à la discussion.

La section, consultée par M. le président, décide qu'elle épuisera d'abord son ordre du jour.

Quels sont pour les beaux-arts les avantages et les inconvénients de l'enseignement privé (ateliers) et de l'enseignement public (académies) ?

—

Note présentée par M. J. Starck, artiste peintre à Bruxelles.

Cette question est d'une opportunité incontestable, non seulement parce qu'elle révèle la situation des arts plastiques en Belgique, mais encore parce qu'elle touche à un problème posé depuis longtemps dans tous les pays, problème agité tout récemment encore au sein de notre capitale.

Pour résoudre la difficulté, il est indispensable de l'examiner sous toutes ses faces. Je serai bref, cependant. — Je me bornerai à vous exposer sommairement quelques observations.

Je veux plus spécialement m'occuper de l'enseignement privé, des ateliers.

Le choix d'un maître est un acte de la plus sérieuse importance, qui décide souvent de l'avenir des élèves, et qui, par cela même, cache de grands dangers. L'influence du maître ne se borne pas au dessin présent, elle s'étend jusqu'aux dernières limites de la route que doit parcourir l'élève.

En effet, si, quoique grand artiste, le professeur, au lieu de diriger le naturel de l'élève, enchaîne son individualité, s'il lui impose son système, ses préjugés, son propre sentiment; s'il substitue à l'imitation de la nature, l'imitation de sa propre manière, telle qu'il l'entend et l'admire; le maître profane et détruit toutes les dispositions natives de l'élève pour en faire un copiste, un servile plagiaire.

Plus l'artiste aura de réputation, plus le danger sera grand ; il croitra en raison de l'influence qu'assurent le talent et les succès. Le grand artiste exerce d'autant plus d'empire sur ses élèves, qu'il justifie sa méthode par ses œuvres ; comme s'il était plus possible de former un artiste par la compression de ses sentiments, que de rendre un homme libre en lui mettant des fers.

Si le professeur, par un enseignement systématique, sacrifie le sentiment de l'élève à l'espoir de le faire revivre dans sa manière à lui, il commence par forcer cet élève à renier les témoignages de son cœur ; dès lors ses facultés abâtardies, mutilées, cessent d'être pour lui une source d'émotion et d'attrait.

Il faut, au contraire, que le professeur mesure sagement son action, en éclairant le chemin, et non en le traçant ; en pliant l'enseignement aux exigences des dispositions de l'élève, et non en contrariant ces dispositions ; l'influence du maître doit être en quelque sorte négative, il doit se dépouiller de toute prévention, de tout préjugé, de tout système absolu; il doit montrer plus de philosophie que d'amour-propre, plus d'affection pour l'art que pour ses propres œuvres. Alors seulement, l'élève, au lieu d'être assujetti et ballotté entre divers systèmes, marchera libre et sans entraves; il atteindra d'autant plus vite son but, qu'il n'aura versé dans aucune ornière.

Je le répète et j'insiste sur ce point; si les dispositions naturelles de l'élève ne sont ni enchaînées, ni asservies, elles se révèleront d'autant mieux qu'elles auront conservé toute leur énergie.

Comment expliquer l'uniformité de sentiment que l'on constate tous les jours, dans les œuvres d'une même école privée, *atelier*, si ce n'est par l'asservissement du naturel de l'élève, pour lequel la théorie de l'art devient une formule et la pratique, une recette? Faut-il signaler les efforts que ces élèves font pour devenir eux-mêmes? Lorsqu'ils ne sont plus sous la tutelle du maître, tous s'appliquent à retrouver leur véritable chemin; malheureusement, il en est qui le cherchent vainement; ils ont marché trop longtemps en s'éloignant du but que la nature leur avait assigné.

Pourquoi confondre dans le même moule tant d'aptitudes diverses? Car, outre que l'imitation du maître détruit toute originalité, elle affaiblit le sentiment et ne conduit jamais qu'à un mérite secondaire.

Un bon peintre ne commence à compter comme tel, qu'après s'être dégagé de tout servage et lorsqu'il est enfin parvenu à donner à ses œuvres le cachet de sa propre originalité.

Mieux vaut donc que chacun cherche son procédé, que de s'assimiler le procédé d'un autre; c'est à cette condition que l'on obtiendra des ouvrages d'art, brillants de faire spontané et de style.

Ce n'est pas dans l'atelier, ce n'est pas dans le talent du professeur, c'est dans l'individu lui-même, que se trouve la source de l'originalité simple et réelle; n'est-ce pas l'histoire de tous les grands maîtres? Ils trouvent, ils devinent les procédés de l'art, mais ils sont impuissants à les transmettre.

Résumons :

Qu'est-ce qu'une école, si les plus grandes qualités du maître ne sont pas transmissibles? L'école devrait être l'endroit où l'on acquiert le plein développement des dispositions natives, où il n'est pas permis de méconnaître les aptitudes originelles, où l'on aurait bien compris que vouloir donner à une multitude d'esprits la même étendue, la même capacité, c'est tenter une absurde entreprise.

Les esprits naissent inégaux, leurs facultés ne peuvent et ne doivent, par conséquent, pas être soumises à des règles identiques. C'est au professeur qu'il incombe d'avoir assez de discernement, pour servir aux élèves de flambeau et non d'éteignoir.

Des différents genres de musique dans leurs rapports avec l'éducation des masses.

—

Note présentée par M. Éd. G. J. GRÉGOIR, compositeur, à Anvers.

Examinons d'abord l'état de l'enseignement du chant, principalement dans les écoles primaires. En Suisse, en Allemagne et particulièrement en Saxe, le chant, dans les écoles primaires, a produit les plus heureux résultats, et la musique entre chaque jour davantage dans les mœurs des villes et des campagnes. C'est sans doute à la propagation de cet art, que le peuple allemand doit cette douceur de mœurs et cette bonté toute primitive qu'on s'accorde à lui reconnaître.

Si nous examinons ce que l'on a fait, en Belgique, pour propager l'enseignement élémentaire de la musique populaire, nous ne trouvons évidemment ni l'élan, ni la pureté de goût qui caractérisent le mouvement qui s'est opéré dans d'autres pays et surtout en Allemagne.

En Belgique, dans quelques villes, l'enseignement du chant, dans les écoles primaires, est parfaitement organisé; mais c'est un bienfait purement local; cet enseignement, dans les campagnes de plusieurs de nos provinces, est pour ainsi dire nul. Une répétition routinière de quelques morceaux appris à l'oreille, ne mérite pas le nom d'étude du chant; un enseignement complet et régulier est donc indispensable.

Cependant des cours de chant sont institués dans sept écoles normales des évêques, et dans deux de l'État. On les a établis dans le but de propager le chant dans les écoles communales et de venir en aide à d'autres besoins de l'instruction.

Ce but a-t-il été atteint? Cet enseignement a-t-il progressé? La statistique suivante va répondre pour nous :

Le rapport triennal de l'enseignement primaire nous apprend que le chant est enseigné dans un grand nombre d'écoles de la province d'Anvers. Dans la province de Brabant, il fait peu de progrès. Plusieurs instituteurs donnent des leçons de chant dans la Flandre occidentale. Dans la province de Liége, le chant noté n'est enseigné que dans quelques écoles. Il est pratiqué dans les deux tiers des écoles du Limbourg. Dans la province du Luxembourg, sur plus de 200 écoles, on enseigne le chant dans 119. On voit, par cette statistique, que cet enseignement n'est pas très répandu dans nos écoles primaires.

J'ai la conviction que si l'on veut réellement propager le chant dans les

écoles communales, il faut le rendre obligatoire, au moins pour les instituteurs diplômés sortant des écoles normales. Dans un grand nombre
de pays, l'autorité supérieure a compris l'importance de cette branche;
en 1858, le gouvernement des Pays-Bas a décrété l'enseignement du chant
obligatoire dans toutes les écoles primaires.

Instruire et récréer, travailler au développement du sentiment des ado-
lescents, tel a été le but du gouvernement hollandais, en inscrivant sur son
programme l'enseignement obligatoire du chant.

C'est la Société *pour l'encouragement de l'art musical* (*Maatschappy tot
bevordering der toonkunst*), fondée par M. Vermeulen, en 1829, qui fit les
instances auprès du gouvernement, pour obtenir cet enseignement.

Cette institution si justement renommée a démontré à l'évidence : que
pour les élèves ayant de bonnes dispositions, l'enseignement du chant est
un moyen puissant de leur faire acquérir une diction convenable, et de provoquer chez eux un développement général de l'intelligence; qu'il renferme
une force que rien ne surpasse, pour fixer dans la mémoire les leçons de
la poésie; enfin, qu'étant peu dispendieux et propre à ennoblir l'âme, le
chant constitue un moyen de réjouissance et d'élévation du cœur, dont les
fruits ont une valeur incalculable pour l'avenir des classes populaires.

Ce serait donc rendre un grand service non seulement à l'art musical,
mais aussi aux générations futures, que de propager l'enseignement du
chant parmi nos jeunes gens, en prenant soin d'y introduire les perfectionnements que l'expérience et les études ont fait découvrir.

Une fois la musique bien organisée dans les écoles primaires, des sociétés chorales se formeront dans les plus petits villages; la musique, qui
laisse tant à désirer dans nos églises de village, sera radicalement réformée; des concours pourront être organisés, et ce moyen stimulera l'ardeur
des instituteurs, qui trouveront ainsi une juste récompense de leur dévouement et de leur zèle.

Quant aux différents genres de musique dans leurs rapports avec l'éducation des masses, le genre que nous préférons est le plus simple, celui
qui se grave le mieux dans la mémoire et développe sagement les dispositions natives.

Les intelligences les moins développées, par exemple, sont en état de
contribuer à l'exécution du chant d'ensemble.

Nous devons dire que le chant choral a trouvé en Belgique de chauds
partisans, et que le gouvernement aussi a droit à nos éloges pour le développement qu'il a su imprimer, depuis plus de vingt-cinq ans, à l'art musical, en créant et en subsidiant des conservatoires, qui sont l'honneur de
notre pays.

SÉANCE DU 23 SEPTEMBRE

—

Présidence de M. le comte DE LIEDEKERKE-BEAUFORT.

M. LE PRÉSIDENT informe la section, que M. Danel met à sa disposition un grand nombre d'exemplaires d'un livre intitulé : *Méthode simplifiée pour l'enseignement populaire de la musique.*

L'ordre du jour appelle la suite de l'examen de la quatrième question du programme.

Mémoire de M. Louis DANEL, propriétaire à Lille.

Au nombre des questions proposées par le Comité fondateur à l'examen de la troisième section, se trouve celle *des différents genres de musique, dans leurs rapports avec l'éducation des masses.*

Je crois qu'en première ligne, on doit mettre la musique d'ensemble pour les voix.

La musique est l'un des délassements les plus agréables que l'on puisse proposer à l'homme; et cependant elle n'est guère cultivée que par un nombre restreint de personnes favorisées de la fortune ou douées d'une organisation spéciale. Le peuple reste étranger à un art qui serait pour lui une consolation, une source de jouissances et un puissant moyen de moralisation.

J'ai pensé qu'en restreignant les préceptes au strict nécessaire, on parviendrait, en peu de temps, et sans de grandes difficultés, à donner aux masses de la population des connaissances musicales suffisantes pour les chants d'ensemble. C'est le but de la méthode dont je vais vous esquisser rapidement quelques traits.

Je me présente devant vous, fort de l'appui du savant et illustre maître que vous comptez dans vos rangs, M. Fétis père.

L'habile directeur du Conservatoire de Bruxelles a bien voulu examiner et expérimenter la *Méthode d'enseignement populaire de la musique*, et son approbation a été telle, qu'il a fait de cet examen l'objet d'articles dans la *Revue et gazette musicale* du 26 février 1860, et dans sa *Biographie des musiciens.* Je lui en témoigne aujourd'hui publiquement ma gratitude.

Mes procédés ne diffèrent de l'enseignement ordinaire qu'en deux points, savoir :

1° L'abréviation des termes usités pour indiquer les noms des notes, leur valeur et leur altération. Cette nomenclature s'appelle : *langue des sons* ;

2° Le remplacement du nom des notes, en solfiant, par l'indication numérique du rang qu'elles occupent dans la gamme du ton.

Voici en quoi consiste la *langue des sons* :

On désigne habituellement les notes, signes représentatifs des sons, par les mots : . . . *do ré mi fa sol la si*

Je ne conserve de ces mots que la première lettre ; et pour éviter la confusion des deux notes, *sol* et *si*, commençant par la même consonne, je change le second *s* en *b*, ce qui donne : . . *d r m f s l b*

Ces signes sont ceux de l'octave moyenne de la voix, un point placé au dessus des lettres, indique une octave supérieure ; un point au dessous, une octave inférieure ; s'il fallait représenter une octave suraiguë, on mettrait deux points au dessus des lettres et pour une octave grave, on les mettrait au dessous.—Voilà pour ce qui concerne l'intonation. Occupons-nous maintenant du rhythme.

La valeur ou durée des notes et des silences dépend de la forme que leur figure affecte.

Les durées nommées	ronde	blanche	noire	croche	double croche	triple croche	quadr. croche
figurées par les signes	o	♩	♩	♪	♫	♫	♫
ainsi que les silences de durée équivalente, nommés	pause	½ pause	soupir	½ soupir	¼ soupir	⅛ soupir	1/16 soupir
figurés par les signes	▬	▬	૪	૪	૪	૪	૪
s'indiquant respective-ment par les voyelles et diphtongues . .	*a*	*e*	*i*	*o*	*u*	*eu*	*ou*

Enfin les signes d'altération nommés	DIÈSE	BÉMOL	BÉCARRE
dont la figure est	#	♭	♮
s'expriment par la consonnance finale de leur prononciation.	z	l	r

Réunissant ces trois abréviations des notes : intonation, durée et altération ;

On remplace les mots	mi ronde	do double croche dièse	ré noire bémol, etc.
par	m a	d u z	r i l

On exprime donc en une seule syllabe de deux ou trois lettres, selon que les notes sont naturelles ou altérées, ce qui, dans le langage ordinaire, exige deux, trois ou quatre mots.

Comme vous le voyez, messieurs, la langue des sons permet l'emploi *facultatif* d'une notation par lettres en texte courant. Exemple :

Notation ordinaire :

Langue des sons : ‖ $\frac{3}{4}$ ‖ di mi si | fi . so li | so. lu so. fu mo. ru | di e ‖

On supplée ainsi à l'absence de papier réglé pour la musique ; la lecture est plus facile pour les commençants en ce que cette écriture ne laisse pas d'équivoque ; tandis que dans la notation ordinaire, chaque note est une énigme dont on ne peut trouver le mot sans avoir la clef. — La langue des sons est d'une grande utilité pour la dictée. On peut même sans inconvénients dicter simultanément, dans un même local, les diverses parties d'un chœur.

Elle est de plus applicable à l'enseignement de la musique aux aveugles. Avec son secours, toute personne, fût-elle même étrangère aux connaissances musicales, peut dicter à un aveugle, qui, écrivant par les signes qui lui sont familiers, ne dépend plus, pourapprendre de nouveaux morceaux, d'un musicien qui les lui fasse entendre.

Passons maintenant au second point : *le remplacement du nom habituel des notes, en solfiant, par l'indication numérique du rang qu'elles occupent dans la gamme du ton.*

Ce mode de solmisation se justifie par la manière dont on explique, dans tous les solféges, la contexture de la gamme.

Que dit-on en effet?

Toute gamme comprend 5 tons et 2 demi-tons. Les demi-tons se trouvent de la 3ᵉ à la 4ᵉ note et de la 7ᵉ à la 8ᵉ (tonique octave).

Puisque, dans cette définition, on a désigné, par leur numéro d'ordre, les notes entre lesquelles se trouvent les demi-tons, agissons de même pour les autres notes, et nous obtiendrons la formule unique : 1, 2, 3, 4, 5, 6, 7, qui s'applique à toutes les gammes quels que soient d'ailleurs le point de départ et le *genre de notation.*

Dans la méthode ordinaire, le nom des notes sur la portée dépend des clefs, et la tonique dépend de l'armure de ces clefs.

Au moyen de trois clefs de *fa* 𝄢, d'*ut* 𝄡, et de *sol* 𝄞,

chaque note peut occuper sept positions différentes.

Exemple :

Et chaque position peut recevoir chacune des sept notes.

Exemple :

De plus, chaque note peut être à son tour *tonique*, selon l'armure de la clef.

Il en résulte une infinité de gammes dont les noms et les positions varient.

Avec l'appellation numérique, au contraire, la formule 1, 2, 3, 4, 5, 6, 7, suffit pour tous les cas, et dispense de l'obligation de connaître les clefs. Toute *tonique* se solfie, 1; toute *médiante*, 3; toute *dominante*, 5, etc.

Cela est d'un emploi facile, si l'on remarque que les notes impaires d'une gamme affectent des positions identiques, et qu'il en est de même des notes paires; en d'autres termes : si les notes impaires 1, 3, 5, 7, sont placées sur des lignes, les notes paires 2, 4, 6, se trouveront entre les lignes et *vice versa*.

Exemple :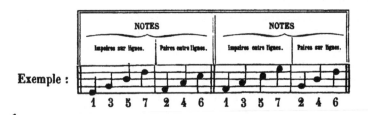

Cette formule numérique s'adapte également à la notation du plain-chant. Comme toutes les notes y sont naturelles, *do*, sera toujours 1 ; *ré*, 2; *mi*, 3, etc., quel que soit le mode.

En résumé, messieurs, *la méthode simplifiée* ne 'change en rien les principes de l'enseignement ordinaire. Elle lui sert, au contraire, d'introduction.

Elle élague tout ce qui n'est pas indispensable dans la pratique du chant populaire.

Elle dote la musique d'une nomenclature abrégée qui devient au besoin une véritable notation.

Elle rend la dictée facile et prompte.

Elle supplée aux nombreuses gammes par une formule unique.

Elle est enfin d'une transmission facile et abrége considérablement la durée des études.

En cela surtout, messieurs, elle est appelée à rendre de grands services aux masses. Ne perdons pas de vue que l'ouvrier, fatigué du travail journalier, ne s'occupera de la musique que s'il peut l'apprendre facilement et en peu de temps.

Hier, un orateur, M. Grégoir, après avoir constaté les heureux effets .de l'enseignement musical parmi les populations ouvrières et notamment dans la province d'Anvers, exprimait le vœu que cet enseignement fût obligatoire.

C'est avec bonheur que je constate une réalisation anticipée de ce généreux désir; sur ma demande, l'étude de la musique a été rendue obligatoire, à Lille, dans la classe d'enseignement mutuel supérieur.

Je ne vous parlerai pas de bandes, qui, placées en regard du clavier d'un piano aident à la transposition. Ce serait abuser de vos moments et m'éloigner du sujet qui nous occupe.

Je n'ajouterai qu'un mot :

Cette méthode, expérimentée d'abord comme essai, est maintenant pratiquée avec succès dans plus de 18 établissements. Je citerai :

1° L'école normale de Douai, d'où sortent chaque année des élèves-maîtres capables de professer la musique dans les communes où ils sont placés comme instituteurs primaires ;

2° La colonie pénitentiaire de Saint-Bernard, pour les jeunes détenus à l'abbaye de Loos. Sous la conduite d'un prisonnier de la maison, ces enfants, par leurs progrès, ont dépassé mes espérances.

3° L'orphelinat dit des Bleuets, à Lille.

Outre d'autres cours créés dans diverses maisons d'éducation pour les deux sexes, il a été fondé, sur la demande de MM. les doyens, un orphéon religieux, dont les élèves vont exécuter, dans les paroisses, des œuvres qui ajoutent aux solennités du culte.

Tous les détails dont je n'ai pu vous entretenir ici sont consignés dans la 6ᵉ édition de la méthode, j'en ai déposé sur le bureau quelques exemplaires destinés aux membres de cette assemblée. Je serai heureux d'en offrir aux personnes qui me feront l'honneur de m'en demander à Lille, rue Basse, 20. Je me mets à leur disposition pour les explications qu'elles pourraient désirer, et pour répondre aux objections qui me seraient faites. (Applaudissements.)

DÉBAT.

M. Fétis père. Si l'assemblée veut bien le permettre, je dirai quelques mots sur les motifs qui m'ont déterminé à approuver cette méthode, entre toutes celles qui se sont produites pour l'enseignement populaire de la musique.

Depuis 150 ans environ, on s'occupe des moyens de rendre l'enseignement de la musique facile aux masses.

On a d'abord remarqué que la musique doit se distinguer : ou comme destinée à produire des artistes, ou comme destinée à donner l'enseignement du chant aux populations.

Pour former des artistes, il est évident qu'il n'y a que l'enseignement individuel.

Les difficultés que l'on a cru remarquer dans la notation de la musique ne sont pas aussi considérables qu'on se l'était figuré. Ce qui le prouve, messieurs, c'est que, dans les concours de nos conservatoires, nous voyons des enfants de 8 à 10 ans lire des sons écrits dans lesquels on a réuni tous les genres de difficultés imaginables ; les lire à première vue et obtenir le premier prix, parce qu'ils les lisent sans fautes.

Il est évident, conséquemment, que la notation de la musique n'offre pas des difficultés aussi grandes qu'on le suppose, puisque des enfants de 8 à 10 ans arrivent à les surmonter si facilement.

Mais, lorsqu'il s'agit de l'enseignement des masses, il faut procéder autrement; il faut se rapprocher des connaissances acquises déjà par les enfants.

La langue des signes est toujours ce qu'il y a de plus difficile.

On s'est dit : la notation de la musique présente des choses diverses, inconnues à ceux qui commencent cette étude. Ne serait-il pas possible de partir du connu pour les mener à la connaissance de la musique? Or, que connaît l'enfant? Les lettres et les chiffres. C'est à ces deux éléments qu'on s'est attaché particulièrement, et l'on a essayé de noter la musique par lettres et par chiffres.

L'une et l'autre chose sont bonnes, mais à une condition. C'est qu'elles ne forment pas une langue qui soit sans rapports avec celle que connaissent les artistes, avec la musique proprement dite.

Ainsi, on a fait une notation par lettres. On l'a faite dans le système de Galin, mis ensuite en pratique par beaucoup de professeurs et notamment par Paris et Chevée.

Cette notation par chiffres, que tout le monde comprend rapidement, est bonne en soi, tant qu'on est à l'école, tant qu'on n'a pas besoin d'autre musique que de celle notée par chiffres. Une fois qu'on en a appris la signification, on la chante facilement. Mais, sorti de l'école, se trouvant en face de la musique véritable, chargée de tous les signes de la notation ordinaire, on ne voit plus qu'un grimoire indéchiffrable.

De là vient que beaucoup de personnes, en sortant des cours de meloplastes, des cours de Galin-Chevée-Paris, reviennent d'une illusion complète. Elles croyaient savoir la musique, elles ne la savent pas. Elles savent une musique qui n'est pas la musique véritable, qui n'est que la musique traditionnelle de l'école.

C'est là l'inconvénient de la notation absolue des chiffres.

Ce qui fait que le système que vient d'exposer M. Danel est excellent, c'est que, prenant d'abord des signes représentés par des lettres connues des commençants, il applique ensuite ces lettres et les syllabes qu'il en forme, tant pour l'intonation que pour la durée et les autres signes.

Lorsqu'il place les syllabes sur la portée vide, l'enfant étranger à l'art, commence à comprendre que la syllabe placée sur la ligne n'est qu'un acheminement, que c'est la ligne qui est l'intonation. Il en résulte que lorsqu'on voudra remplacer la syllabe par un signe, on le fera seulement comme un synonyme.

De là vient que l'enseignement de M. Danel, partant de ce qui est connu de tout le monde, conduit à la connaissance véritable de la musique et ne sépare point l'enfant sorti de son école, des musiciens.

Il est à remarquer, messieurs, que Natorp, chargé de l'inspection des écoles du royaume de Prusse, où la musique est enseignée aux enfants, en même temps que la langue, a imaginé une notation par chiffres dont l'emploi n'avait point d'inconvénients pour l'objet qu'on se proposait.

De quoi s'agit-il, en effet, dans les pays protestants? D'apprendre des psaumes, des cantiques qui se chantent au temple. Or, ces chants sont d'une grande simplicité; ils sont, en général, à notes égales et ne sortent point de la portée ordinaire des voix qui est de dix notes environ; aussi n'exigent-ils pas tous les signes de la musique.

C'était facile, et l'on adopta le système pour toutes les écoles de Prusse.

Mais il advint que les jeunes gens qui, à l'école primaire, avaient appris la musique de cette manière, arrivés à l'université, trouvaient des sociétés de chœurs organisées par leurs camarades, où l'on chantait la vraie musique. Ils s'apercevaient alors que ce qu'ils avaient appris était un obstacle à leur admission comme membres des sociétés chorales.

Ce sont les élèves des universités eux-mêmes qui ont présenté des réclamations aux gouvernements de Prusse et de Saxe, pour faire modifier l'enseignement de la musique par notation chiffrée.

Dans la méthode de M. Danel, ces obstacles n'existent pas. On passe de son enseignement primaire à la portée de tout le monde, comme par un intermédiaire, à la connaissance de la musique véritable.

L'élève de M. Danel n'est pas séparé de l'école de musique. Il y entre immédiatement. Voilà ce que je désirais avoir l'honneur de vous dire. (Applaudissements.)

M. DANEL. Je remercie M. Fétis de la valeur qu'il vient de donner à. ma méthode par l'autorité de sa parole.

L'ordre du jour appelle la discussion de M. Weill, sur la recherche d'un criterium des lettres et des arts.

DÉBAT.

M. A. WEILL (France). Messieurs, la question que j'ai soulevée est un lourd fardeau. A peine réussirai-je à me mettre à une certaine hauteur, tant je crains qu'elle ne m'écrase ; mais je compte sur des voix éloquentes, sur de nobles esprits qui voudront bien venir à mon secours.

Il est quelque part dans l'histoire, un Juif qui s'appelait Jean et qui disait : « Au commencement fut le Verbe. » Il aurait pu ajouter : « et il sera jusqu'à la fin. »

En effet, toute l'humanité se forme par le verbe, parce que seul le verbe est immortel et inaltérable, seul il est divin.

Quand nous considérons les transformations et les émanations de l'esprit, nous voyons que les œuvres d'art, tout immortelles qu'elles sont, disparaissent ou changent de forme, y compris même la musique. Ainsi nous lisons dans l'histoire, qu'Orphée domptait les bêtes au son de sa lyre. Orphée était donc un artiste, un virtuose, et nous ne connaissons rien de lui. Il y a dans la musique, une portée idéale qui reste et qui peut contribuer dans l'éternité au progrès de l'humanité, mais il faut toujours pour l'exprimer le concours d'autres hommes qui, peut-être, ne rendent pas fidèlement la pensée de l'auteur.

En fait d'art, il y a eu des chefs-d'œuvre qui sont détruits, que nous ne connaissons pas. Les statues se brisent, les tableaux se moisissent, et ainsi les effets que doivent produire les œuvres d'art sont ou restreints ou défectueux.

Seuls, la parole, le verbe, la pensée de l'homme ne changent pas, bravent l'espace et le temps, comme Dieu même. Le verbe qui est sorti de la plume d'Homère est encore aujourd'hui sans altération. C'est donc l'homme de lettres seul, le poète, qui forme l'humanité.

Il y a dans l'échelle des êtres, différents degrés. D'abord les minéraux qui se forment dans la terre, puis les plantes qui sont déjà dans un ordre plus élevé et qui ont une certaine volonté, puisqu'on voit des plantes briser le roc pour chercher la terre ou ramper au loin pour trouver la lumière ; il y a ensuite les animaux dont la volonté est plus libre que celle des plantes, bien qu'elle ne soit pas tout à fait libre ; car le tigre n'est pas libre de ne pas se jeter sur sa proie.

L'homme seul est entièrement libre. L'homme seul est en pleine possession de lui-même. L'agriculteur, en cultivant la terre, la transforme et l'élève d'un degré ; le constructeur qui prend la pierre brute pour en faire une maison élève cette pierre d'un degré. L'artiste qui peint un arbre a donné à cet arbre quelque chose d'humain. Sinon ce n'est pas une œuvre d'art. Il faut qu'après avoir passé par la main de l'homme, il ait reçu une partie de son âme. Mais l'homme de lettres, le poète, s'adressant à l'homme et lui apprenant le but de son existence, le prend, le soulève, le spiritualise, l'immortalise !

L'art n'atteint donc pas les hauteurs de la parole qui est la raison, l'esprit, l'humanité, qui apprend à l'homme non seulement à être juste, à ne faire de mal à personne, car cette justice ne serait que l'égoïsme dans l'isolement, mais à n'exister que pour les autres, à ne pas permettre qu'une injustice soit faite à qui que ce soit !

L'homme de lettres n'est donc plus un homme, c'est un être idéal supérieur à l'homme.

Pour juger de ce que nous étions et de ce que nous sommes, nous n'avons qu'à prendre l'histoire de l'homme. Nous verrons alors que très peu d'idées ont surgi dans l'humanité. Qu'une seule idée, qui était vraie à l'époque où elle s'est produite, a fait une société qui a duré des siècles. Qu'à mesure que l'humanité a marché, les hommes ont déchiré un peu plus le voîle qui recouvre la vérité. Alors de nouvelles idées ont été énoncées par des hommes de lettres, et la société a fait un pas de plus vers la justice et le bonheur.

Il y a dans l'histoire quatre phases que nous connaissons : l'anthropophagie, l'esclavage, le servage et le salariat auquel nous sommes arrivés maintenant. Ces quatre phases répondent à quatre idées.

M. LE PRÉSIDENT. Monsieur Weill, votre discours est jusqu'ici l'exposé de vos principes généraux ; c'est une espèce de préface. Vous venez de diviser l'histoire en quatre grandes périodes. Ne croyez-vous pas que, dans l'intérêt même des deux questions que vous voulez aborder, vous feriez bien d'omettre les trois premières divisions et de passer immédiatement à la quatrième.

Nous pourrions ainsi arriver plus facilement à l'examen de la question : « Y a-t-il un « criterium pour juger l'art et la littérature ? » En procédant autrement, je crains que la discussion ne devienne trop longue et que nous ne puissions aboutir.

M. WEILL. Je cherche le criterium dans l'histoire. Je trouve que chaque phase de l'histoire a été le résultat des idées mises en avant par un homme de lettres qui l'a précédée.

M. LE PRÉSIDENT. Nous acceptons cela comme vrai pour les trois premières phases. Vous pourriez passer immédiatement à la quatrième et dire ce qui a caractérisé l'homme de lettres pendant cette période.

M. WEILL, après avoir rapidement indiqué les deux courants intellectuels qui ont traversé l'histoire, l'un par le prophète de la Judée, l'autre par le poète et le philosophe de la Grèce, après avoir tracé la ligne de démarcation qui sépare le prophète ne briguant les suffrages de personne, du poète grec forcé de soumettre son œuvre à l'approbation du peuple, arrive aux hommes de lettres de la France.

Je passe donc à Montaigne, le premier grand homme de lettres qui ait paru en France et qui émet des idées sur lesquelles repose l'avenir, qui crée Descartes et engendre Spinosa.

Nous arrivons à cette idée, qu'il y a une solidarité entre les êtres, qu'il y a dans tous les êtres une partie divine qui se développe par l'existence, qu'il y a égalité complète entre tous les êtres.

Cette philosophie qui a produit la révolution française se pose carrément devant nous. Il ne suffit plus d'être juste, il faut qu'un homme de lettres arrive à ne pas permettre qu'une injustice soit faite à autrui.

Demandons-nous donc : Y a-t-il un critérium pour mesurer les lettres et les arts? Je dis : oui. Il existe dans l'histoire, des hommes de lettres qui ont fait marcher l'humanité. Nous n'en connaissons qu'une vingtaine depuis l'existence du monde. Ces hommes qui ont d'abord cherché la vérité, croyant l'avoir trouvée, l'ont énoncée et ont vécu d'après les principes qu'ils professaient.

Ainsi, J.-J. Rousseau, à l'âge de quarante ans, croyant avoir trouvé la vérité, dit : Ma vie passée a été légère; j'ai trouvé la vérité. A l'avenir, je ne vivrai plus que pour la vérité, pour l'humanité.

Notre siècle est rempli d'hommes de talent, d'hommes de génie, la question n'est pas là ; la question est de savoir s'il y a au XIXᵉ siècle des hommes de lettres qui ont travaillé à chercher la vérité, qui, dans ce sentiment, ont sacrifié leur fortune et leur vie et ont produit quelque avantage pour la société.

Depuis 1793, les hommes de lettres sont revenus à l'ancien principe philosophique, qu'il y a des hommes nés pour commander, d'autres pour obéir. Je demande donc qu'on réponde à cette question : Y a-t-il au XIXᵉ siècle, un homme de lettres qui ait posé les jalons de l'avenir et sur les idées duquel la société puisse marcher?

M. LE PRÉSIDENT. Messieurs, vous venez d'entendre M. Weill dans les développements de sa question.

Je dois faire observer aux personnes qui désireraient répondre à M. Weill que j'ai cru devoir lui laisser une grande liberté, afin qu'il pût exprimer dans toute leur étendue, ses idées, ses croyances et les arguments dont il les étayait.

Son discours a été un discours historique, philosophique, théologique et artistique. Je crois qu'aucun des grands sujets qui peuvent occuper l'humanité n'a été omis par lui.

J'engage ceux qui lui répondront à circonscrire autant que possible la discussion, car sans cela, elle pourrait tomber dans une sorte de chaos.

M. WEILL. Si j'avais su que cette discussion dût être tronquée, je ne l'aurais pas provoquée.

Il s'agit ici d'une question capitale, d'une question de conscience. Je regrette que l'on ne m'ait pas permis de développer mes idées, car ce n'est pas en dix minutes, que l'on peut exposer un sujet pareil. Il faudrait au moins une demi-heure pour en donner la synthèse.

Comme l'assemblée n'est pas disposée à m'écouter, je renonce à la discussion.

Je m'étais figuré que l'on voulait faire de cette question la question principale; que l'on voulait chercher la voie de l'avenir et en poser les jalons.

S'il ne s'agit ici que d'un amusement, je pense qu'il ne faut pas aborder une pareille question.

M. LE PRÉSIDENT. Je ne crois pas que les observations que vient de faire M. Weill doivent être acceptées par la section ni par le bureau.

Je pense que M. Weill a eu une entière liberté pour le développement de ses idées. Si le sujet qu'il a traité et les bases de son argumentation sont tellement développés, embrassent des sphères et des horizons tellement considérables, qu'il lui faille un temps indéfini pour les produire au sein de la section, je dois faire observer qu'il m'était impossible de faire moins que je n'ai fait, en priant l'honorable membre d'abréger un peu.

Maintenant, s'il a tellement réfléchi à cette question, si c'est pour lui un travail si profond et si ancien, il doit pouvoir faire aboutir ses idées universelles à certaines conclusions, à certains résumés.

Or, quand des congrès se réunissent, c'est avec ces résumés appuyés par quelques arguments puissants, qu'il faut se produire devant eux. Cela suffit à ces assemblées intellectuelles.

Il ne s'agit pas ici de s'amuser — nul n'y songe — mais de s'éclairer et de s'instruire dans un échange de paroles bienveillantes et réfléchies, et aussi dans des limites sérieuses et dans le but d'arriver à des résultats utiles, dignes du Congrès et dignes de l'humanité.

Je ne puis donc accepter, ni pour la section ni pour le bureau, les paroles de M. Weill.

Personne ne demandant plus la parole sur les deux questions posées par M. Weill, la section passe à la proposition de M. Potvin : *De la moralité dans l'art.*

DÉBAT.

M. POTVIN. Je parlerai simplement. Notre honorable président nous l'a dit, nous sommes ici pour recueillir des idées et pour nous instruire. Je ne crois pas que personne cherche à briller en petit comité, à faire du bruit presque à huis clos.

Ma question s'appuie sur un principe et sur un fait.

Le principe, le Congrès l'a reconnu, en consacrant une de ses sections aux arts et aux lettres. Si l'art et la littérature sont du domaine des questions sociales, l'art est donc un apostolat, les lettres sont donc un sacerdoce.

Mais pourquoi cette question : De la moralité dans l'art ?

C'est que, si la conscience universelle accepte le principe que l'art a un but moral, la conscience de notre époque semble tout aussi unanime pour accuser d'immoralité la littérature moderne.

Notre siècle présente un triste spectacle. Jamais peut-être on n'a proclamé aussi haut la mission nationale, humaine, sociale, de l'écrivain ; jamais l'influence des lettres n'a été plus directe, ni plus étendue, et cependant la corruption s'accroît dans les classes qui lisent, et jamais la littérature n'a été plus souvent et plus généralement accusée d'immoralité. Je ne parle ni des médiocrités, ni des marchands du temple ; il n'est guère d'écrivain, je dis des plus huppés, qui n'ait encouru cette accusation capitale.

Ce n'est pas moi, c'est l'Académie, c'est la magistrature, c'est la critique, c'est le parterre, c'est l'opinion, c'est le théâtre lui-même qui portent le réquisitoire. Il n'est pas de régime qui n'ait confirmé le verdict, il n'est pas de parti qui n'ait été mis en cause. Si je remonte à la restauration, je trouve des pièces romantiques suspendues, des romans accusés devant la justice. La monarchie de juillet n'a pas été moins explicite ; elle a supprimé, elle a mis en jugement des pièces de théâtre. La république n'en a pas appelé aux tribunaux. C'est la presse alors qui a pris la parole, et j'entends encore un prince du feuilleton s'écrier au bas d'un grand journal libéral : « La censure, la censure ! voilà la loi suprême qui peut sauver le théâtre, si le théâtre peut être sauvé ! »

La France maintenant a la censure, et elle a les *pièces à femmes*, selon l'expression consacrée, que je trouve dans la *Revue des Deux Mondes*, expression aussi laide que la chose est vilaine. La France a la censure et nous avons des œuvres prétendues littéraires qui ne sont que l'exploitation des curiosités scandaleuses d'un public blasé.

La censure, de tout temps, se préoccupe bien plus de politique que de morale; sous l'Empire, ce n'est pas la censure, ce n'est pas la magistrature, ce sont les sifflets des écoles qui suppriment des pièces dramatiques et font justice des écrivains.

Donc, je le répète, de tous les points de la conscience publique, de tous les organes de l'opinion, j'entends s'élever des accusations contre le théâtre et le roman modernes. J'ouvre ces œuvres accusées par la presse, citées devant les tribunaux, sifflées au théâtre. Que dit l'auteur? Il affirme qu'il a eu un but moral. Il expose le thème vrai qu'il a voulu vulgariser dans l'esprit public à l'aide de l'illusion puissante du roman ou du théâtre. Il y a un malentendu, s'écrie-t-il, et il rejette l'erreur sur ses accusateurs.

Pour moi, je ne trouve notre société ni si scrupuleuse, ni si immaculée, qu'il faille mettre en suspicion ses jugements quand elle prend le parti de la morale; et, malentendu pour malentendu, j'aime mieux croire que c'est l'écrivain qui se trompe.

En tout cas, il y a confusion évidente : ou les écrivains ont perdu le sens moral dans l'art, ou la conscience publique ne sait plus distinguer ce qui est sain de ce qui est dangereux.

Le principe est indiscutable, le fait est avéré; je me demande donc s'il y a une question plus utile à porter devant le Congrès que celle que je vous propose?

Grâce aux siècles de Racine et de Corneille, de Voltaire et de Rousseau, grâce à la révolution de 1789, la littérature française a fait le tour du monde et y règne presque en monopole; et c'est dans cette position élevée qu'elle oublie sa mission, au point de se faire accuser de perversité. N'est-il pas temps qu'on se demande quand et comment elle abandonnera ces erreurs qui font, dans ce temps d'annexion par le suffrage universel ou d'invasion par la littérature, que les honnêtes familles, que les peuples libres commencent à redouter les livres de la France plus que son épée?

Je ne pense pas que cette étude puisse être approfondie dans la section. Il faudrait prendre chaque œuvre incriminée, peser l'accusation, écouter la défense et traîner, pour ainsi dire, la littérature tout entière à la barre de nos discussions.

Il y aurait là des questions de parti et surtout des questions de personnes qui pourraient devenir irritantes.

C'est pour ces motifs, messieurs, que je vous ai proposé de demander au Congrès, en vertu de l'art. 3 des statuts, de mettre au concours la question que j'ai eu l'honneur de vous soumettre : DE LA MORALITÉ DANS L'ART. (Applaudissements.)

M. A. WEILL. L'honorable membre demande que les écrits soient moraux. Mais, pour savoir ce qui est moral, il faut connaître la vérité; il faut remonter aux sources, rechercher quelle est la mission de l'homme de lettres et dans quelle voie il doit marcher.

M. POTVIN. J'ai si bien compris ce que vient de dire M. Weill, que, lorsqu'il a proposé de discuter le criterium, j'ai émis ma proposition en disant qu'il y avait connexité, et que si M. Weill nous avait apporté le criterium, ma question eût été résolue.

Pour moi, en fait de criterium, j'accepterai la conscience publique, le bon sens universel.

M. CH. DE LORBAC. M. Potvin vient de poser une question pour le concours prochain. J'y trouve quelque chose de trop personnel, de trop local.

M. Potvin dit que la France en est arrivée à ce point que l'on redoute plus sa littérature que son épée.

S'il y a immoralité dans la littérature, je ne pense pas que ce soit dans la littérature française seule. L'accusation me paraît injuste sous ce rapport.

M. LE PRÉSIDENT. Il ne faut pas confondre avec la proposition de M. Potvin, ses développements oraux dans lesquels il a pu faire des observations plus ou moins vives sur la littérature française ; mais évidemment ces observations ne peuvent être reproduites dans la formule de sa proposition.

M. ULBACH (France). J'ai écouté avec la plus grande attention les développements que M. Potvin vient de donner à sa proposition, et j'avoue que je ne la comprends pas.

Qu'est-ce que la morale en fait d'art et de littérature? Où commence-t-elle? où finit-elle? comment la règle-t-on? comment la fait-on vivre et prospérer? Entendez-vous, par moralité la consécration exclusive du ciseau, du pinceau, de la plume, aux sujets et aux intentions vertueuses? Mais, vous admettrez, au moins, que le talent est indispensable à la morale pour produire autre chose que des œuvres médiocres : si, de l'avis de tout le monde, le talent est indispensable, pourquoi répugnerait-on à reconnaître qu'il est la seule condition exigible? Un livre immoral n'est pas autre chose qu'un livre mal fait. Tout ce qui satisfait aux règles supérieures de l'esthétique, tout ce qui atteint à la beauté, atteint du même élan à la moralité. Le bon est un des éléments constitutifs du beau ; on ne peut mépriser ce qu'on admire.

Quant à la littérature française contemporaine, j'ai entendu avec surprise, avec douleur, qu'on l'attaquait et qu'on la calomniait. N'a-t-on pas été jusqu'à dire qu'elle démoralisait la conscience universelle? En vérité, messieurs, si les écrivains français, dans une époque où la vie politique s'amoindrit, où la liberté souffre cruellement, où, par conséquent, la dignité de la nation subit une atteinte, si les écrivains français participaient à cet abaissement, il faudrait les plaindre, au lieu de les rendre responsables.

Mais, je n'admets pas même le prétexte de ce reproche inconsidéré. Si la littérature française atteste un certain désordre, une certaine confusion d'idées (ce qui est autre chose que l'immoralité), il faut s'en prendre aux grands efforts tentés par cette génération d'écrivains, au grand tumulte soulevé autour d'elle. Puisque chacun reconnaît que la révolution française est l'aurore d'un jour qui se lèvera sur toutes les nations, à quoi bon être injuste envers les écrivains qui ont secondé de propos délibéré, ou à leur insu peut-être, ce mouvement humanitaire?

J'affirme que parmi tous les grands contemporains dont s'honore la France, il n'y en a pas un seul auquel on puisse faire le reproche d'avoir démoralisé la conscience publique. Ce qui est vrai, c'est qu'ils ont tous commencé par leurs inspirations individuelles, par leurs élégies ou par leurs confessions égoïstes ; ils ne sentaient que leur âme. Puis, peu à peu, l'humanité, la solidarité les a atteints : peu à peu, ils ont mêlé à leurs fictions politiques les préoccupations extérieures, et l'âme du monde s'est éveillée dans leur poitrine.

Vous voulez des œuvres sereines, paisibles ; empêchez donc alors toutes les questions sociales de surgir, empêchez le monde nouveau, qui s'agite et qui s'élance, de nous secouer de son élan.

M. Potvin trouve un aveu de l'immoralité de la littérature française dans le refus de l'Académie de décerner le grand prix à Mᵐᵉ Sand. Mais, outre que le témoignage de l'Académie ne me paraîtrait pas suffisant en pareille matière, je crois qu'il faut attribuer à des sentiments d'une moins haute portée, ce refus scandaleux. On a craint de proclamer comme l'œuvre la plus considérable de ce temps-ci, les romans d'une femme, et de nommer en quelque sorte une *académicienne!*

Mais l'exemple de Mme Sand est précisément un de ceux que j'aimerais à invoquer pour prouver la conscience, la sincérité et les loyales intentions de la littérature française. Si, avec l'impétuosité de la jeunesse, à ses débuts, participant à la fièvre de son époque, Mme Sand n'a pas craint de poser des questions hardies; si elle a lutté à l'heure des luttes les plus violentes, peu à peu son génie s'est calmé, s'est refroidi, s'est augmenté par la réflexion, par la résignation; et, au moment où vous l'accusez d'immoralité pour les défis de ses premières années, elle écrit des études d'une psychologie fine, d'une limpidité parfaite, d'une grâce artistique et d'une honnêteté pratique à ne rien laisser aux recueils de morale. *Jean de la Roche, le Marquis de Villemer* et tant d'autres, sont des romans dont vous ne nierez pas le charme et la moralité, et qui démontrent assez qu'on n'est pas perdu pour être parti d'*Indiana* et de *Lélia*, avec la curiosité du bien et l'inquiétude du beau. Encore une fois, ce qu'on prend pour l'immoralité n'est que l'agitation de la vie.

J'aurais moins d'objections à faire, si vous intentiez un procès à la politique. C'est elle qu'il faut accuser de démoraliser la conscience; et, pourtant, condamnerez-vous absolument la France pour ces défaillances qui sont les lendemains de si grandes victoires, pour ces accès d'autorité qui sont le contre-coup de magnifiques accès de liberté. Ces réactions que l'on constate avec tristesse, mais comme une fatalité du mouvement, les hommes de lettres, les écrivains, les subissent et les traduisent dans leurs œuvres. S'ils ont l'inquiétude et le trouble que vous blâmez, c'est qu'ils sont les interprètes les plus sincères, les plus fidèles, de la moindre émotion du pays, et cela est tellement vrai, que ceux-là même qui proclamaient, au début de leur carrière, le principe absolu de l'art pour l'art, ont fini par se trouver mêlés si intimement au mouvement, qu'en 1848, nous avons vu un poète prendre énergiquement en main le drapeau de la révolution, pour rassurer et entraîner les esprits, en proclamant la république; et ce n'est pas à Bruxelles que j'aurai besoin de rappeler qu'un autre poète expie dans l'exil son dévouement à la cause de la liberté. (Applaudissements.)

On accuse Mme Sand : que ne reprochera-t-on pas à Balzac? Direz-vous que ce grand génie est un auteur immoral, parce qu'avec sa nature ardente et patiente à la fois, il est entré, pour les fouiller, pour les analyser, dans les retraites les plus profondes, dans les replis les plus cachés de la société moderne? Mais, au milieu de tableaux pénibles, au dessus d'une anatomie inflexible, nécessaire à la liquidation du vieux monde, on voit planer des figures idéales, des types éclatants et sublimes de dévouement, d'amour chaste, d'honneur, de probité, de tout ce qui élève et purifie l'humanité.

Les règles sont impossibles à établir; il faudrait prévoir et fixer d'avance toutes les combinaisons du génie. Pour ma part, je ne demande à un écrivain que la sincérité. Toute œuvre loyale a son mérite et sa bonne influence : ce qui pervertit, c'est le mensonge et la médiocrité. Tant que vous n'aurez pas inventé un procédé pour donner du talent à ceux qui en manquent, vous n'aurez rien trouvé d'efficace. Le talent est la loi suprême. Un chef-d'œuvre n'est jamais et ne peut être immoral. (Applaudissements.)

M. POTVIN. M. Ulbach a commencé en disant qu'il ne m'avait pas bien compris. Je m'en suis aperçu depuis son premier mot jusqu'au dernier.

Je n'ai pas fait le procès aux idées de la littérature française. J'ai fait le procès à ses œuvres. L'orateur n'a répondu que sur les idées.

Certes, nous sommes dans un travail de rénovation générale; c'est une raison de plus pour que les écrivains connaissent les conditions morales d'un des plus puissants agents de rénovation et de progrès.

Je n'accuse personne, je me fais simplement le rapporteur des accusations qui s'élèvent de tous les points de l'opinion publique; il n'y a peut-être pas une idée rénovatrice de ces écrivains incriminés que je n'accepte; mais je ne crois pas qu'il y ait parmi leurs œuvres une œuvre, quelque grande réputation qu'on lui ait faite, qu'on l'appelle chef-d'œuvre et plus encore, qui réponde au vrai sentiment moral de notre époque, qui n'est déjà pas si élevé, ni si noble.

La question reste donc tout entière.

La France a des écrivains de talent, de génie si l'on veut, pour employer un mot dont on abuse tant; leurs sentiments sont généreux, ils aspirent à un état meilleur, ils cherchent ce que notre époque a de plus élevé pour le vulgariser dans leurs œuvres; et, en définitive, ces œuvres de bonne volonté sont accusées d'être des instruments de perversion.

On a demandé des exemples; en voici :

Un romancier *du progrès* s'est vu refuser un grand prix littéraire par l'Académie; pourquoi? Pour raison d'immoralité. L'école romantique a été incriminée dans ses principales œuvres; l'école réaliste est incriminée dans sa doctrine même, et, plusieurs fois, on a relevé, avec raison, l'immoralité de romans catholiques.

Pour le théâtre, on a vu deux écrivains distingués se réunir, se donner un but moral à plaider en collaboration; ils connaissaient à fond leur art; ils étaient maîtres de toutes les ressources du théâtre, ils savaient comment on met une idée en scène. L'œuvre paraît : Elle ne recueille que des sifflets et soulève l'indignation. Le parterre a-t-il eu tort ?

Une autre fois, le parterre applaudit; mais la presse s'élève contre la donnée immorale de la comédie. Est-ce le parterre qui a raison cette fois ou la critique?

Deux écrivains s'inspirent de la même idée au théâtre, l'un est libéral, l'autre est catholique; on a reproché à tous les deux de réhabiliter la courtisane.

Ainsi, de toutes les magistratures, de tous les organes de l'opinion, de tous les partis, la protestation s'élève; la question est portée devant la conscience du XIXᵉ siècle; *et adhuc sub judice lis est.*

Qu'y a-t-il à faire devant une pareille situation? Rechercher les conditions philosophiques et morales de l'art.

M. Ulbach a dit qu'il n'y a pas de chef-d'œuvre immoral. Je dis moi qu'il y a tel chef-d'œuvre qui a démoralisé son époque et qui démoralise tous les jours, et que la plupart de ces prétendus chefs-d'œuvre sont des instruments de corruption et de décadence.

Il n'y a pas, dit-on, de règles de morale ; c'est nier la philosophie de l'art, c'est nier la philosophie tout entière.

Je remarque que les écrivains du siècle dernier savaient où ils allaient. Je ne vois pas que Racine, Molière, Voltaire se trompent; quand ils veulent vulgariser une idée juste, ils l'émettent d'une manière morale. Mais quand Parny a écrit l'*Ode à Priape* et Voltaire *la Pucelle*, ils savaient aussi ce qu'ils faisaient, ils n'ont pas mis de préface humanitaire à leur œuvre.

D'où vient donc cette ignorance, cette erreur, aujourd'hui? Ce n'est pas à moi de le rechercher ici. Je me borne à constater un fait et à demander au Congrès de soumettre la question aux hommes de science et d'étude qui peuvent l'élucider.

On dit : il n'y a pas de règles; et l'on ajoute : la sincérité de l'écrivain suffit !

Ah ! messieurs, l'un de ces grands écrivains tant accusés, a été appelé par un écrivain plus grand encore : la fille du marquis de Sade. Eh bien ! l'œuvre du marquis de Sade est sincère. Lises-en seulement le commencement et la fin, et l'œuvre vous semblera morale. L'auteur veut prouver cette thèse : à quelque souillure qu'une femme soit exposée par la violence, elle n'est pas criminelle, elle n'est pas déchue, si elle est restée pure dans son âme.

Mais qu'est-ce que la thèse fait à une pareille œuvre, infectée de détails aussi rebutants qu'infâmes ?

M. LE PRÉSIDENT. Avouez que c'est bizarre.

M. POTVIN. Les détails sont autres aujourd'hui ; ils sont faits pour séduire ; l'immoralité n'en est que plus difficile à découvrir et plus dangereuse. Mais qu'importe la thèse si la forme énervante, si les détails faux ou corrupteurs emportent le fond juste ? C'est ainsi qu'avec du talent, de la conscience, du génie, si l'on veut, on fait des chefs-d'œuvre immoraux.

Ce ne sont pas de vrais chefs-d'œuvre, car une œuvre qui ne répond pas aux conditions morales de l'art, n'est pas un chef-d'œuvre, mais on les nomme ainsi et les mœurs se perdent, de chefs-d'œuvre en chefs-d'œuvre.

C'est ce malentendu, ce manque de sens moral que j'aperçois dans toutes mes études, que j'entends proclamer par l'Académie, par la magistrature, par la presse, par le théâtre lui-même, car le théâtre a protesté contre le théâtre. C'est ce malentendu ou cette ignorance que je voudrais faire cesser, et c'est pour cela que j'insiste et prie la section de vouloir bien accueillir ma proposition.

M. ULBACH. Je persiste à croire que la question, dans les termes où vous la posez, est insoluble. Il est impossible, et j'ajoute qu'il serait dangereux de placer la littérature dans des conditions telles que tous les écarts fussent prévenus. Ce n'est pas la perfection qui s'obtient par des défenses ; c'est la négation de toute spontanéité et, par suite, de toute beauté. On a cité comme des symptômes le succès de certaines pièces de théâtre: L'exemple n'est pas sérieux. La fortune, au théâtre, dépend de tant de causes souvent étrangères à la littérature même ! On a fait allusion aussi à des pièces sifflées, malgré leur intention morale, comme s'il n'y avait plus de sens pour apprécier en France ce qui est honnête ; mais, les pièces sifflées l'ont été précisément pour satisfaire la conscience publique blessée de certains faits qui s'étaient produits en dehors des pièces en question.

J'ai dit qu'un chef-d'œuvre n'est jamais immoral. On a bien voulu rendre hommage à la moralité de Racine, de Molière, de Voltaire. Il était tout aussi facile de les accuser d'immoralité et leur adresser les reproches dont on prétend écraser les contemporains. Que n'a-t-on pas dit de la licence de Voltaire ? Pour beaucoup de dévots, Molière est un corrupteur, et son *Tartufe*, une œuvre obscène qui déflore le goût et qui insulte à tous les intérêts religieux.

N'a-t-on pas prétendu qu'il fallait déchirer Rabelais et jeter son livre aux ordures ? Un poète l'a appelé le *Léviathan de la crapule* et a demandé qu'on rayât son nom de la liste des génies dont s'honore la France. Oserez-vous confirmer ce jugement passionné, cette révolte d'un instinct poétique d'une autre école ? Et direz-vous que Rabelais a mérité de périr dans la mémoire d'un peuple qui se respecte ?

Non, je le répète, il n'y a pas de chef-d'œuvre immoral.

Ce qu'on doit exiger des écrivains, c'est qu'avec la connaissance de leur art, ils aient individuellement une conscience éclairée et affermie ; c'est que, derrière l'écrivain, on sente un homme aimant et croyant. Vous n'inventerez jamais un procédé didactique pour améliorer les œuvres, en dehors de l'amélioration des consciences : que les hommes soient moraux, les écrits le deviendront. Or, ce procédé-là existe, seulement il n'est plus appliqué en France, c'est la liberté. Dans un pays libre, il n'y a pas de littérature corruptrice.

Ces *pièces à femmes*, dont vous parliez, ces exhibitions scandaleuses, croyez-vous donc que ce soit la vocation naïve des écrivains qui les invente et qui les produise ? Croyez-vous que la complaisance avec laquelle on les autorise n'est pas un encouragement pernicieux ? et pensez-vous qu'une pièce à idées philosophiques ou politiques serait plus facilement tolérée ?

Que je conçoive et que j'écrive un drame, sans aucune allusion mesquine, sans manifestation de parti, mais dans lequel je montrerai un citoyen qui revendique la liberté pour son pays, croyez-vous que mon drame ne sera pas interdit ? Espérez-vous qu'on lui permettra de développer des sentiments aussi purs, aussi nobles, mais aussi inopportuns ? Mais que j'offre de remplacer cette pièce quasi-séditieuse par une folie, par une féerie, dans laquelle j'amuserai le public à l'aide de danses, de tableaux vivants et de *trucs* nouveaux, ne pensez-vous pas que cette compensation sera acceptée avec empressement ? Ma pièce sera jouée, et si des honnêtes gens la sifflent, l'autorité la défendra et la soutiendra malgré la répugnance du public.

Mais, à part quelques littérateurs trop empressés de jouir pour savourer les austères satisfactions du devoir, et qui préfèrent la littérature patronée et productive à la littérature indépendante et difficile, la majorité des écrivains cherche le succès par des moyens honorables, et met, en somme, le plus de conscience possible dans ses œuvres. Ce qui manque à la moralité, demandez-le à la liberté ! (Applaudissements.)

M. Ant. Rondelet (France). Je n'entends pas discuter la question qui vient d'être soulevée ; cependant il y a des choses qui ne peuvent passer sans protestation. J'entends dire qu'il n'y a pas de chef-d'œuvre immoral. Je regarde comme un devoir d'exprimer ici ce que je crois être le cri de la conscience publique. Si l'on jugeait les œuvres de l'esprit ou de l'art sur un pareil principe, on irait contre le sentiment de l'humanité. Il y a, en effet, deux choses à considérer : l'état de l'homme qui écrit et le but qu'il poursuit. N'y a-t-il pas dans l'existence des individus, comme dans celle des sociétés, des moments de crise, où leur ciel s'obscurcit et où le génie lui-même n'exprime que le doute ? C'est cette crise qui a produit le *Discours sur la méthode*, de Descartes, et les romans d'*Obermann* et de *René*.

Ces œuvres représentent donc l'état d'un homme qui cherche la vérité, mais qui ne l'a pas trouvée. Cet homme, s'il est sincère, peut faire un chef-d'œuvre. Mais est-il bon pour l'humanité que cet homme ne sache pas se taire ? Est-il bon, est-il heureux qu'il fasse un chef-d'œuvre dans cette situation d'esprit ?

Si je passe à l'intention de l'auteur, au but qu'il poursuit, peut-être se sera-t-il fait cette illusion, de penser qu'en faisant partager aux autres son découragement ou son désespoir, il les invitera à chercher comme il cherche lui-même. Mais l'œuvre n'en est pas moins immorale. C'est un chef-d'œuvre immoral. Ce n'est pas impunément qu'on entend maudire. Ce n'est pas impunément qu'on entend le cri de Werther.

L'homme sent alors peser plus lourdement sur lui le fardeau de la vie. L'auteur, au lieu de soutenir l'humanité, l'accable du poids de son génie et lui rend en quelque sorte impossible la vie pratique. Il y a eu de grandes époques où les hommes qui souffraient, qui cherchaient et qui n'avaient pas encore trouvé, avaient la sagesse de se taire. Ils faisaient comme Descartes, ils parcouraient la vie dix ans, vingt ans, cherchant la vérité, et ils se renfermaient en eux-mêmes jusqu'au jour où ils l'avaient trouvée. Ils savaient résister à l'influence malsaine de la vérité et de l'orgueil ; l'écrivain qui cherche et qui souffre ne doit point donner aux autres le spectacle de son âme.

A l'heure du mal, messieurs, quand on a du génie, on fait un chef-d'œuvre et, permettez-moi de le dire, un chef-d'œuvre immoral.

J'entendais tout à l'heure parler de pièces de théâtre et de considérations politiques. J'ai toujours pensé que ces considérations sont les moindres pour ceux qui se tiennent dans les régions sereines de la littérature et de l'art. Je me suis demandé quels peuvent être les motifs qui font naître les pièces à femmes et je me suis souvenu d'un renseignement que l'on m'a donné hier matin à Paris. On joue en ce moment, à Paris, une pièce fort immorale et fort sotte, — je la qualifie ainsi parce que j'ignore le nom de son auteur ; s'il était ici, je m'empresserais de me rétracter. — C'est *Rothomago*. Cette pièce que j'ai eu le malheur d'entendre — j'y étais allé pour voir la salle — a rapporté à son auteur 120,000 francs de droits d'auteur. Voilà pourquoi on joue les pièces à femmes, et je ne crois pas que les gouvernements y soient pour rien.

Non, messieurs, je ne puis admettre qu'un chef-d'œuvre ne puisse être immoral du moment où il est sincère. L'homme qui doute, qui lutte et qui n'a pas vaincu, doit se taire. Croyez-vous qu'un père de famille qui, sous l'influence de ces passions qui font rougir même l'homme dont la tête a blanchi, aurait contracté une liaison coupable, ferait bien de dire à son fils l'état de son âme, pour l'éclairer sur les difficultés de la vie ? Croyez-vous que l'enfant, voyant faillir la morale, le sentiment du devoir dans celui qui est pour lui le plus auguste représentant de l'humanité, son père, n'en recevrait pas une impression funeste ?

Les hommes de génie, messieurs, sont les pères de l'humanité ; ils ne doivent parler que pour se faire écouter ; ils ne doivent pas donner le spectacle de leurs faiblesses ; et si par malheur, abusant de leur grand esprit, ils viennent jeter parmi nous des paroles de démoralisation et de découragement, nous pouvons leur dire : Périsse votre chef-d'œuvre plutôt que de léguer à la postérité une leçon d'immoralité et de corruption. (Très bien.)

M. ULBACH. Je savais fort bien, sans qu'on prît tant de peine pour m'en convaincre, que ce que je disais n'était pas de la science. C'étaient les observations d'un homme qui participe à la littérature et qui est trop fier de son métier pour le laisser calomnier. Je ne prétends donc à aucune autorité personnelle, je ne compte que sur la valeur de mes raisons.

Les hommes de génie, a-t-on dit, sont les pères de l'humanité et ne doivent pas donner un mauvais exemple, en faisant à leurs enfants la confidence de leurs faiblesses. Les hommes de génie, messieurs, ne sont pas les pères de l'humanité, qui naît orpheline : ils sont l'humanité même, dans son expression la plus accentuée ; ce sont les points d'intersection de tous les penchants, de toutes les passions de leur temps. Voilà pourquoi on n'a soulevé qu'une petite chicane didactique, quand on a dépeint *Werther*, *Obermann* et *René*, comme des œuvres immorales. On s'est placé en dehors du mouvement dans lequel ces œuvres se sont produites.

Comment, après une révolution prodigieuse où tout s'est écroulé dans le sang et dans la poussière, quand le génie moderne s'éveille au milieu des décombres et cherche à tâtons à construire quelque chose, vous voulez que son premier cri soit un hymne de foi et qu'il entre dans l'avenir avec la confiance sereine d'un triomphateur qui a le dernier mot de la destinée? Vous voulez qu'il ait, au moins sur les lèvres, la *Marseillaise* du progrès, et que, le lendemain du chaos, l'homme chancelant encore, s'offre avec un criterium infaillible?

Non, le premier balbutiement est un soupir d'effroi et de tristesse. On hésite, on a peur, on boude la vie dont le flot retentissant monte vers vous. *Werther, René, Obermann* ne sont pas des excitations au désespoir, le testament de vaincus qui désertent la mêlée ; ce sont les confidences d'âmes aimantes et sincères qui voudraient bien se familiariser avec la vie. Est-ce que l'humanité s'est arrêtée après *Werther* et *René?* Est-ce que les poètes qui ont écrit ces livres n'ont fait que cela et ont résumé toute leur énergie dans un appel au néant? Oserez-vous personnifier dans Gœthe, dans Châteaubriand, le renoncement, la désertion du combat, la faiblesse, la mort? On a dit que *Werther* avait été une école de suicide ; qu'on se tuait pour se mettre à la mode. Mais, c'est le contraire qui est vrai : *Werther* a été l'expression fidèle des âmes à une époque où le suicide était fréquent, où il était une conséquence des grands efforts et des grandes lassitudes causées par la Révolution.

Fallait-il donc que les hommes de génie ou que les écrivains de talent s'abstinssent de voir et de traduire dans leurs œuvres ce qu'ils voyaient? Devaient-ils mentir à leur génération et feindre l'ivresse et la joie, quand ils écrivaient devant des visages pâles et sous des regards embrasés d'inquiétude? Leur défendre d'interpréter les sentiments, c'est leur interdire le génie et le talent ; c'est ôter toute actualité pratique à leurs œuvres ; c'est contrarier une loi de la nature ; c'est vouloir que l'homme ne s'émeuve plus de l'humanité, que l'oiseau ne chante pas à ses heures et que le soleil luise selon des règles conventionnelles. Gœthe, Châteaubriand, Sénancourt, ont écrit des chefs-d'œuvre qui n'ont droit à ce titre que parce qu'ils contiennent précisément toutes les douleurs, toutes les aspirations de leur temps. N'isolons pas, pour les juger, *Werther* et *René* du mouvement qui les a produits.

Est-ce que ces écrivains, je le répète ,parce qu'au début ils avaient eu cet excès de douleur, ont tout renié et légué, pour seul héritage, le poignard ou le pistolet? Est-ce qu'ils n'ont pas eu d'autres formules? Mais admirez, au contraire, la sérénité virile, la puissance heureuse et assurée avec laquelle ils ont entretenu le culte de l'art et de la vérité. Lamartine chantait aussi à vingt ans :

« *Mon cœur lassé de tout, même de l'espérance.* »

Est-ce qu'il s'est reposé, parce qu'il s'était lassé avant la route? est-ce qu'il s'est tué? Non; il a corrigé bien vite ce cri de l'égoïsme, il s'est élevé de l'élégie au poème ; il a parlé, après avoir chanté, il a agi, après avoir parlé, et l'affirmation décisive dans une heure de doute et d'anxiété, c'est lui qui l'a lancée du haut de la tribune.

Ne laissons donc pas dire que *Werther, René, Obermann* sont des œuvres corruptrices. Les sentiments vrais ne corrompent pas. Ces livres sont des études morales, écrites dans une époque d'inquiétude universelle.

L'orateur auquel je réponds a déclaré qu'il ne voulait pas mêler la politique à la littérature, et que j'avais tort d'attribuer à des influences sociales la décadence, l'éclipse, au moins, du théâtre français. Je crois, pour ma part, que la politique doit se mêler à toute chose ; qu'on ne peut l'isoler de rien de vivant, de rien de moderne ; que la littérature est faite par des citoyens, et que les tristesses ou les espérances des citoyens ne peuvent rester étrangères à l'inspiration artistique. J'affirme de plus, en ce qui concerne la France, que si une malheureuse tendance change les théâtres en mauvais lieux, bons pour des exhibitions de femmes ou de costumes, les écrivains ne sont pas seuls, ne sont pas surtout responsables de cette déchéance. Ils la subissent — quelques-uns en profitent — parce que toute réaction dans un sens plus noble serait dangereuse, inopportune, impossible.

D'ailleurs, pour se scandaliser du succès d'une féerie comme *Rothomago*, il faut oublier que certains théâtres vivent absolument par les décors, les trucs, les costumes, les ballets : et jamais les épopées spectaculeuses du Cirque ne sont entrées en ligne de compte avec les œuvres littéraires du Théâtre-Français ou des théâtres de genre. Cessons donc des comparaisons inutiles, et croyons bien que si des livres immoraux se produisent, les époques immorales les inspirent, et ce ne sont, en tout cas, que des œuvres médiocres. A Dieu ne plaise que, pour une éclipse passagère, je songe à désespérer du temps où nous vivons ! L'âme est captive, mais elle rêve toujours la liberté, et tant qu'il restera quelque chose de ressemblant à la conscience, on saura démêler, dans les œuvres sincères, le principe fécond, moral, qui ne saurait se confondre pour le lecteur sérieux avec les crudités de la mise en scène. (Applaudissements.)

M. BEREND. L'honorable membre qui vient de parler a beaucoup mieux exprimé que je ne saurais le faire, les sentiments que m'avait inspirés, à moi aussi, le discours de M. Rondelet.

Mon sang d'Allemand a été un moment en ébullition, quand j'ai entendu blasphémer contre l'un des chefs-d'œuvre dont ma patrie est le plus justement fière.

L'honorable professeur a dit que *Werther* était un chef-d'œuvre immoral !

Est-ce au point de vue de l'auteur ou au point de vue du public que l'œuvre est immorale ? Au point de vue de l'auteur ? Mais l'auteur a prouvé que son œuvre était le résultat d'une impression sincère et profonde, et je défie l'homme de génie de produire un chef-d'œuvre qui ne soit pas sincère.

Au point de vue du public ? M. Ulbach a dit que c'était là une considération didactique, et il a raison.

Si l'on veut faire de *Werther* une œuvre pour l'éducation des enfants, comme Cornelius Nepos, soit ; mais tous les chefs-d'œuvre ne sont pas écrits pour les enfants et pour les femmes.

Pour l'homme fait, *Werther* est l'expression d'une passion ardente, sincère, entraînant tout, jusqu'à la conscience.

Qu'a fait Gœthe ? Il a montré son héros cédant à cet entraînement, et il l'a laissé mourir. Voilà la gloire de ce chef-d'œuvre.

On a dit que *Werther* avait conduit plusieurs jeunes gens au suicide ; c'est vrai, mais Gœthe n'avait pas fait *Werther* pour glorifier la mort de ces gens-là.

Quelques étudiants écervelés des universités d'Allemagne, après la lecture de ce chef-d'œuvre grandiose et immortel...

M. RONDELET. Malheureusement.

M. BEREND. Malheureusement immortel, je le veux bien, se sont brûlé le peu qu'ils avaient de cervelle. (Rires.)

On a rapporté le fait à Gœthe ; on lui a dit : Voilà ce qu'a fait votre livre.

Qu'a répondu le grand maître de la poésie allemande ?

« Tant mieux pour eux, ils ne méritaient pas mieux que de mourir de la sorte. » (Hilarité.)

C'était une leçon. Cela voulait dire : Ne vous laissez pas aller à des amours immorales ; ne soyez pas seulement un homme de sentiment, soyez avant tout un homme de droit, de devoir et de liberté, un citoyen enfin.

Voilà pourquoi je suis persuadé qu'un livre comme *Werther*, qui montre le danger de se fourvoyer dans les routes de Cythère, est un flambeau pour la jeunesse. Il lui dit : Ne vous adonnez pas exclusivement aux sensations décevantes et énervantes de l'amour ; elles conduisent à la mort. Adonnez-vous à l'étude virile et forte, elle conduit à la vie. (Applaudissements prolongés.)

M. Weill. M. Ulbach a dit qu'il n'y a pas de chef-d'œuvre immoral. Il a dit vrai ; car ce qui est immoral ne saurait être chef-d'œuvre.

Il est parfaitement indifférent à la société qu'un jeune homme se brûle la cervelle et qu'un homme qui s'appelle Jocelyn, aime une femme qui s'appelle Laurence. Si Gœthe n'avait fait que *Werther*, si Lamartine n'avait fait que *Jocelyn*, cela importerait fort peu à l'humanité. Mais je soutiens que c'est à la littérature française que nous devons la société telle qu'elle existe aujourd'hui.

M. Rondelet. Je dois m'excuser auprès de M. Ulbach. Je ne savais pas à quelle personnalité éclatante j'avais l'honneur de répondre. On m'a dit que j'avais voulu faire de la question, une question didactique. Je crois que c'est la seule manière possible de la traiter. Si en parlant de *Werther*, nous arrivons déjà à ne plus nous posséder, jugez donc de ce qui arriverait si nous mettions en jeu des individualités contemporaines. Je vais donc me renfermer dans *Werther*.

M. Ulbach disait avec raison que l'on ne peut en vouloir aux écrivains qui, à une époque d'inquiétude, de rénovation, alors que tout s'écroulait, ont fait entendre un cri de découragement et de désespoir.

Je suis tout à fait de l'avis de M. Ulbach. Je n'en veux pas aux auteurs. Ils souffraient, ils ont crié. Mais je me place à un point de vue pratique, car la littérature c'est la pratique, autrement ce ne serait rien.—Je développe cette pensée de Pascal : que « un homme représente l'humanité. » L'humanité, comme l'homme, va de l'ignorance à la science du bien et du mal, de la paix au combat, de la tentation à la faute et de la faute au repentir. L'humanité passe du XVII° au XVIII° siècle, c'est à dire de la pleine possession de la foi à la révolte, de la révolte au scepticisme. Je vois donc qu'à prendre la succession des siècles, comme des années dans la vie de cet homme qu'on appelle l'humanité, les siècles ont traversé des états moraux différents.

N'est-il pas vrai que chacun reproduit en soi les crises de l'humanité? Il y a eu un moment où chacun de nous a été l'homme du moyen âge, je parle de ceux qui ont perdu leur foi. Il y a eu un moment où chacun de nous a été l'homme du XVII° siècle, admirant ce qui a été admiré par Pascal, et affirmant ce qui a été affirmé par Bossuet. Il y a eu un moment où nous avons été l'homme du XVIII° siècle avec ses généreuses impatiences, ses ardeurs, ses révoltes, ses luttes, et aussi, messieurs, disons la vérité, n'avons-nous pas été aussi l'homme du XVIII° siècle avec ses corruptions, ses faiblesses, je ne veux pas dire ses *petites maisons?* Ne connaissons-nous les passions que pour en avoir entendu parler? N'y a-t-il pas eu un moment où nous ouvrions une oreille complaisante aux mauvaises paroles? Je veux dire qu'il y a un moment où nous nous trouvons dans un état fâcheux, même à l'âge où nous devrions être raisonnables ; car ne l'oubliez pas, messieurs, il y a l'été de la Saint-Martin pour les passions.

Lorsque je veux connaître l'état moral de quelqu'un de mes amis, je me rends chez lui, quand il n'y est pas, et je regarde le dernier livre qu'il a touché. S'il commence une passion, je sais le livre qu'il a lu. S'il éprouve un doute, je sais le volume qu'il a ouvert. S'il médite un retour à la foi, je sais encore l'ouvrage qu'il a consulté.

Voici donc à quoi nous aboutirons : c'est que ceux qui au XVIIIe et au XIXe siècle se sont laissés aller à représenter l'état moral de leur époque et qui ont eu le déplorable privilége de créer un chef-d'œuvre condamnable, sont les mauvais génies de l'humanité.

J'ai été stupéfait d'entendre parler de Gœthe; nous savons son histoire et mon honorable contradicteur la connaît aussi bien que moi. Gœthe était amoureux de la femme d'un conseiller aulique. C'était fort mal; un homme toutefois peut se trouver dans cette position fâcheuse de devenir amoureux de la femme de son meilleur ami. Mais il y a quelque chose de plus malheureux, pour l'amour-propre, et c'est ce qui est arrivé à Gœthe; c'est d'être repoussé avec armes et bagages.

Gœthe ne se brûla pas la cervelle; il imagina un héros qui fit ce qu'il aurait pu faire, s'il avait eu un peu plus de cœur, au point de vue humain.

Messieurs, je ne vois pas l'utilité qu'il y ait, de par le monde, un livre répondant à cette situation. Est-il bien nécessaire que le jour où un homme sera dans cette position, il puisse mettre la main sur un livre écrit par l'un des plus grands génies de l'humanité, dans lequel il trouvera analysé et poétisé le triste état de son âme, et où il puisera à loisir toutes les raisons possible de se tuer parce qu'il a aimé lâchement la femme de son ami.

Dans les six mois qui ont suivi la publication de *Werther*, dix-huit personnes se sont tuées. Je ne dis pas que tous ces suicides doivent être attribués à l'histoire de Werther, mais voici ce qui arrive. Ceux qui souffrent et qui sont dans le doute se disent : que faire? Alors, au lieu de se retremper aux sources vives de la morale et du devoir, ils font ce que nous faisons tous quand nous avons fait une mauvaise action; au lieu d'aller trouver l'homme qu'ils estiment, ils vont trouver celui qui a fait ce qu'ils ont fait.

N'est-il pas fâcheux qu'à ce moment, nous trouvions ce mauvais conseiller nous donnant dans un magnifique langage, sous une forme poétique et séduisante, les raisons qui expliquent le crime que nous allons commettre? (Applaudissements.)

Messieurs, tout le monde sait ce qui est arrivé à l'époque de la publication des *Brigands*, de Schiller. Les jeunes gens désertaient les universités d'Allemagne et allaient dans les bois, pour y mener la vie de grand chemin. J'arrive donc à cette conclusion, que l'on peut excuser les individus, mais que celui qui crée un chef-d'œuvre répondant à un état malsain de l'âme crée un foyer corrupteur qui répond aux besoins de ceux qui cherchent le mal.

SÉANCE DU 24 SEPTEMBRE

Présidence de M. le comte DE LIEDEKERKE-BEAUFORT.

M. LE PRÉSIDENT. Messieurs, vous avez entendu hier les développements de M. Danel sur sa méthode d'enseignement de la musique vocale. Vous avez entendu également les explications qu'a données M. Fétis, directeur du Conservatoire, pour appuyer la méthode de M. Danel.

Cette question présente un grand intérêt à cause de ses rapports avec l'instruction musicale des classes populaires.

La section jugera sans doute utile de nommer un rapporteur, afin que cette question parvienne au conseil d'administration de l'association. Je propose de désigner M. Ad. Samuel, comme rapporteur de cette question. — Adopté.

(Suite du débat sur la moralité dans l'art).

M. WEILL. Hier je me suis perdu dans des considérations historiques et philosophiques, je n'avais pas eu le temps de me résumer. M. le président a eu la bonté de me faire une observation dont je le remercie et dont je ferai mon profit.

La question de M. Potvin étant en somme la même que la mienne, permettez-moi de m'occuper très succinctement du sujet en discussion. Il me semble que la société est complétement impuissante à moraliser l'art et la littérature. Je crois que ce que nous avons de mieux à faire ici, c'est de définir le véritable homme de lettres. Depuis ma jeunesse, je cherche la vérité, et jusqu'ici, je ne sais pas si je me suis fourvoyé ou si je suis dans la bonne voie, si je suis un homme de lettres ou non, abstraction faite du talent.

Je trouve dans l'histoire, trois genres d'hommes de lettres. Le premier appartient à la race juive. C'est un homme qui, après avoir cherché la vérité toute sa vie et se sachant illuminé, arrive soit au forum, soit sur le parvis du temple, et y annonce la parole divine. Il ne se préoccupe pas de ce qui lui arrivera. Il est persécuté, flagellé, mis en croix, peu importe, il reste fidèle à sa mission et meurt en proclamant ses principes.

Jusqu'au christianisme, les choses ne changent pas ; l'homme de lettres s'appelait homme de verbe ; les lettres n'étaient jamais un métier, à tel point que quand on a réuni les éléments de la *Bible*, on a voulu en exclure le *Cantique des Cantiques*, parce que l'on prétendait que c'était une œuvre littéraire sans portée.

En Grèce, ce n'était déjà plus la même chose. L'homme de lettres arrive au forum et le peuple lui décerne le prix. C'est encore social, mais ce n'est plus la mission des lettres ; c'est quelquefois la commission des lettres ; il y a un but matériel ; mais c'est encore l'homme de lettres.

Arrive alors l'homme de lettres qui se donne pour mission d'amuser la société ; l'un flatte le peuple, un autre le pouvoir, un troisième les passions et les vices.

Voilà trois genres d'hommes de lettres.

En France, nous voyons après la Renaissance le premier homme de lettres : c'est Montaigne. Il a attendu jusqu'à 60 ans pour recueillir ses idées, et il n'en a pas fait métier. Vient ensuite Descartes, puis Luther, Mélanchton, Spinoza, puis Fénelon, puis Montesquieu, puis Rousseau et Voltaire. Tous ont un but politique et partant philosophique. Ils portent une idée. Arrive alors l'homme de lettres qui fait des pièces de théâtre. Or il est impossible de renfermer dans une pièce de théâtre, des idées philosophiques qui préparent l'avenir. *Tartufe* et *Alceste*, les deux seules œuvres de Molière, n'ont jamais eu un succès réel et n'en auraient même pas aujourd'hui. *Athalie* ferait bâiller d'ennui nos Mécènes du théâtre, ainsi que *Brutus* et *Jules César* de Voltaire. Il n'y a rien à espérer d'un auteur qui cherche à gagner de la gloire populaire et de l'argent par le théâtre. Un public qui paye et qui vient pour s'amuser n'acceptera pas des enseignements philosophiques, n'acceptera même pas que l'on corrige ses travers et ses vices.

L'homme de lettres du temps passé était supérieur à son public, il imposait ses idées. Aujourd'hui, l'homme de lettres est obligé de se faire accepter par son public ; il a peur d'être sifflé. Je me demande donc s'il y a de notre temps un homme de lettres, si la France, depuis Rousseau, a eu un homme de lettres, Lamennais peut-être excepté. Si l'on me dit que non, je chercherai la vérité philosophique et sociale dans l'histoire, et je me dirai quelques instants avant ma mort : Je n'ai pas vécu pour rien ; j'ai cherché à faire quelque chose.

M. VILBORT. Messieurs, si j'ai bien compris la question qui nous est posée, on nous demande pourquoi entre l'écrivain ou l'artiste et le public, il y a souvent désaccord et procès, sur la moralité d'une œuvre. On nous demande que cette question de la moralité dans les productions de l'esprit humain, soit mise au concours par l'Association.

Dans ce que M. Potvin nous a dit à l'appui de sa proposition, je me plais à reconnaître une aspiration des plus hautes et des plus généreuses vers le but que poursuit incessamment et passionnément tout écrivain, tout artiste digne de ce nom : le vrai, le juste, le beau dans les lettres et les arts. Je ne saurais pourtant me prononcer en faveur de sa proposition, parce qu'au fond je la crois sans objet ou, pour mieux dire, sans résultat possible dans l'application.

Je ne suis pas de ceux qui nient l'idéal. Je crois à l'absolu et j'y aspire de toutes les forces de mon âme. Une société découronnée de l'idéal et de l'absolu, exclusivement vouée aux œuvres de la matière, c'est à peine si l'on en découvre encore quelques vestiges parmi les peuplades sauvages des terres australiennes, chez les Papous, ces misérables parias de l'espèce humaine, qui semblent destinés à disparaître jusqu'au dernier, faute de pouvoir gravir les degrés de l'échelle où l'humanité monte vers la perfection éternelle. La question de savoir s'il existe une vérité absolue, à laquelle l'homme puisse atteindre par les seules forces de sa raison, rencontre assurément des sceptiques de plusieurs sortes. Il y a les fanatiques de la matière et les fanatiques du miracle. Mais nous pouvons affirmer, à la gloire de ce temps, que chaque jour, chaque heure, voit grossir les rangs des croyants de la raison, affranchie des puérils épouvantements du passé et des lâches terreurs du présent. Les hommes libres, ceux qui ont conscience d'eux-mêmes, de leur force, de leur dignité, de leurs droits et de leurs devoirs, car il n'y a pas de droits sans devoirs, se cherchent et se reconnaissent, non pas seulement dans tel ou tel pays, mais dans l'univers entier ; la matière domptée par eux favorise ces heureuses rencontres. Faut-il de longs discours pour qu'ils se comprennent? Non, messieurs ; qu'ils viennent de l'est ou de l'ouest, du nord ou du midi, ils pourront parler des idiomes différents, mais les pensées qu'ils échangent paraissent enfantées par des cerveaux tous sortis du même moule ; qu'ils agitent entre eux les plus vastes et les plus hauts problèmes, ils s'entendront sur-le-champ, ils exprimeront leurs opinions variées dans une langue comprise de tous, familière à tous. Cette langue nouvelle que parlent tous les croyants de la raison, de quelque pays qu'ils viennent, de quelque race qu'ils soient, c'est la langue de l'idéal, de l'absolu, dont l'homme libre du XIXe siècle porte au front la rayonnante auréole. Messieurs, nous en trouvons la manifestation la plus éclatante dans ce Congrès même. Des opinions profondément divergentes se sont fait jour dans cette section et dans les autres, à propos de doctrines, de théories, de principes, de faits et de projets qui touchent au vif la société tout entière. Mais il est une base sur laquelle l'entente s'est établie unanime, un but vers lequel nous nous sentons tous irrésistiblement entraînés : c'est la liberté poursuivant le bien, qui trouve son expression la plus haute dans le vrai, le juste et le beau. Nous n'avons que ces mots-là, pour exprimer cette foi nouvelle du présent et de l'avenir. Les sceptiques, que j'ai désignés tout à l'heure, diront que ces mots sont vides et qu'ils ne disent rien. Mais nous les comprenons, messieurs, et tous les croyants de la raison humaine. Encore une fois, il y a donc un idéal, un absolu.

Ceci bien établi, et c'était le point essentiel, je dis que tout écrivain ou tout artiste qui ne tient point les yeux invariablement fixés sur ce soleil resplendissant qui nous éclaire et nous réchauffe, qui nous fortifie au milieu de nos épreuves, de nos déceptions, qui du noir bourbier fait jaillir la fleur éblouissante, et qui promet enfin sinon à nous, les hommes du jour, du moins à nos enfants, ces autres nous-mêmes de demain, une riche et merveilleuse moisson! je dis que celui-là n'est pas un vrai champion, c'est un soldat qui déserte son drapeau.

Mon Dieu! Faut-il lui jeter la pierre? Faut-il formuler contre lui de nouveaux *édits*? Faut-il ajouter un nouveau chapitre au code pénal contre ce banqueroutier de l'idéal ou de la conscience? Car il y a deux espèces de déserteurs : ceux qui eussent pu produire une œuvre et qui, par faiblesse ou par nécessité, gaspillent leur génie en marchandise de pacotille, et ceux qui font trafic tout à la fois de leur conscience et de leur talent. Oh! ces derniers surtout sont à plaindre! Nous aimons trop la liberté, et M. Potvin en est un trop fervent disciple, pour vouloir d'un autre tribunal en cette matière que le jury. Et ne le trouvons-nous pas déjà perpétuellement en fonctions? Le public, croyez-le bien, n'absout ni les déserteurs du talent, ni les banqueroutiers de la conscience. L'indifférence ou le mépris public, les regrets ou les remords du coupable, voilà son vrai châtiment.

Quant à introduire à plus haute dose la moralité dans la littérature et dans l'art, je pense que tout moyen qu'on pourrait proposer dans ce but serait de soi impuissant et nul. L'absolu ne se traduit point en formules. On n'en saurait faire un catéchisme par demandes et par réponses. On ne mesure pas l'infini. Le beau a une infinité de formes. Chaque grand génie en saisit une qui lui devient propre. Le chef-d'œuvre est inévitablement une production personnelle. On peut et on doit le donner en exemple; mais on ne saurait fixer par des règles la beauté idéale. Donc, il me semble impossible de formuler un code de la morale littéraire ou artistique. On ne pourrait que proscrire ce que la conscience universelle condamne déjà. Pour le reste, l'œuvre, acclamée par les uns, réprouvée par les autres, selon les croyances ou les consciences, ne pourrait rencontrer un jugement sans contradicteurs. C'est le temps, ce grand jury formé de plusieurs générations successives, qui prononce sur toutes les œuvres humaines la sentence sans appel : pour le plus grand nombre, c'est le néant, pour quelques-unes, l'immortalité. Celles-ci portent le cachet divin, et quoi qu'on puisse dire, leur moralité est incontestable. Car ce qui est impérissable est nécessairement conforme à l'ordre éternel vers lequel nous attirent toutes les forces de notre être, dont il nous faut découvrir la loi en nous-mêmes, et qui nous apparaît de toutes parts, dans sa perfection inaltérable et dans sa sereine majesté.

M. ULBACH. Si je prends encore une fois la parole dans ce débat, ce n'est pas pour répondre à la dernière partie de la discussion interrompue hier. Les spirituelles ironies de M. Rondelet sur le chef-d'œuvre de Gœthe ont égayé et égaré la question, mais ne l'ont pas éclairée. Je me permettrai de la ramener au but précis que M. Potvin a choisi.

Je ne répondrai pas à M. Rondelet. Je crois qu'il est de bonne tactique de ne pas donner à ses adversaires des triomphes accessoires trop faciles, et si je soutenais le tournoi d'esprit et d'éloquence qui a été ouvert, je serais trop facilement battu.

Je me permettrai de faire remarquer toutefois que la façon dont M. Rondelet a jugé *Werther* fait descendre la critique des hauteurs où elle doit rester quand il s'agit d'une question pareille. Ne voir dans *Werther* qu'un galantin amoureux de la femme de son ami, dans *René* que le récit d'une passion incestueuse, dans *Mariage de Figaro* que les aventures d'un barbier intrigant, c'est évidemment méconnaître la portée philosophique de ces œuvres qui sont restées, sinon des chefs-d'œuvre incontestables pour tout le monde, du moins des œuvres puissantes, résumant les passions, les agitations, les souffrances de leur époque. N'égarons pas la critique dans des chicanes de détail. Cherchons dans *Werther*, dans *René*, dans le *Mariage de Figaro*, autre chose que le sujet lui-même. Celui-ci n'a été qu'un prétexte pour l'auteur, pour sa conscience, pour le sentiment dont il était débordé.

Je reviens donc à la question de M. Potvin, parce que je la crois intéressante ; non que je pense, comme lui, qu'il faille la mettre au concours et que l'on puisse arriver à une solution pratique, mais parce qu'il est toujours bon de parler de la dignité des lettres et de la conscience des écrivains.

J'ai affirmé qu'il n'était pas, selon moi, d'autre moyen de moraliser l'art et la littérature que de leur donner la liberté. C'est, en effet, pour les lettres comme pour les institutions, la seule conquête à laquelle nous devions tendre. La liberté est le soleil des âmes ; elle y fait tout fleurir et tout prospérer. (Applaudissements).

Je crois que quelques personnes se sont méprises au sens de mes paroles et m'ont regardé comme un partisan de l'art pour l'art, de l'art égoïste, indifférent, qui n'adore que la forme et qui subordonne les questions idéales aux questions plastiques. Je me serais mal expliqué, si j'avais laissé de moi cette opinion. Autant que vous, j'aspire à la diffusion du bien par la propagande du beau ; autant que vous, je désire que la littérature serve surtout aux influences salutaires, et qu'on ne quitte pas un auteur sans se sentir le cœur échauffé, assaini, purifié. Mais cet assainissement, ce rayonnement que laisse la lecture d'une belle œuvre, je suis convaincu qu'il faut les demander, non pas à des prescriptions de moralité usuelle et banale, mais au développement complet, absolu, du talent de l'artiste, de l'écrivain, dans les régions où rien ne borne son essor, où son enthousiasme peut s'étendre et se développer à l'aise. Quand j'ai dit que l'homme de lettres devait être l'homme de son époque, je n'ai pas, il me semble, proclamé un principe d'égoïsme, de culte matériel. C'est en lui souhaitant le plus de sensibilité, le plus de force expansive, le plus de cœur et d'imagination, que j'ai rêvé pour lui un rôle dans le mouvement social. N'est-on qu'un virtuose impassible avec ces dons-là ? Mais aussi, quand on les possède, quand on participe à tous les travaux, à toutes les aspirations de son temps, si l'on est sincère dans l'expression, ne produit-on pas une œuvre, dans les meilleures conditions possibles pour instruire et moraliser ?

Oui, l'art doit être moral. Mais il doit, avant tout, être un art, et je craindrais qu'en voulant le limiter, l'empêcher d'obéir à sa loi d'épanouissement, on ne le pervertit, et l'on ne dénaturât ses conditions essentielles. Abaissons les barrières devant l'artiste, comme nous les abaissons devant le voyageur ; que toutes les routes, celles de l'idéal comme celles de la réalité soient libres et sans gendarmes. Vous demandez l'abolition des douanes, ne mettez pas de frontières à la pensée. La presse et l'industrie demandent leur affranchissement : comment donc l'art aurait-il mérité d'être moins affranchi ? L'art libre dans un pays libre, voilà ma formule. Je défie bien qu'elle ne satisfasse pas à tous les besoins de moralité.

En dehors de ce principe, essayez donc de poser des règles ! Comment apprécierez-vous la moralité d'une œuvre ? Sera-t-elle morale, uniquement parce qu'elle présentera le tableau d'un homme vertueux se livrant à la pratique de la vertu ? Ferez-vous des tableaux, des drames, des romans, en supprimant les passions ? Ou bien vos œuvres ne seront-elles morales que quand le crime sera invariablement puni à la fin, et la vertu généreusement récompensée ? Mais alors, vous supprimerez Shakspeare, qui reste comme un témoin im-

passible entre ses héros, qui laisse succomber la vertu et triompher le crime, abandonnant
à la conscience le soin de formuler un jugement que le poète n'a pas voulu rendre lui-
même. Prétendrez-vous que la morale gagnera à la suppression de Shakspeare?

Quand j'ai soutenu cette proposition que tous les chefs-d'œuvre étaient moraux, je n'ai
pas prétendu que toute œuvre hardie dans sa donnée, audacieuse dans son anatomie, fût
un chef-d'œuvre. On m'a objecté des œuvres fameuses, scandaleuses que je n'accepte pas
plus que vous. Transigeons, si vous le voulez, sur un point; adoptez ma formule et je vous
accorderai que les chefs-d'œuvre sont rares. Il restera à spécifier les conditions du chef-
d'œuvre.

Combien de livres, accueillis avec faveur, parce qu'ils répondent à un préjugé puissant,
qui sont immoraux, malgré leur renommée, et qui ne sont pas des chefs-d'œuvre! On
accuse les romans de pervertir la conscience, et on absout certains livres d'histoire, on
proclame, comme des monuments nationaux, les panégyriques d'actes de violence!

En refusant le prix à Mme Sand, sous prétexte d'immoralité, l'Académie française a
doublé son injustice d'un scandale, en décernant le prix à M. Thiers. Qu'est-ce donc, en
effet, que le livre de M. Thiers, sinon la glorification constante du *fait accompli?* Si jamais
la conscience publique eut besoin de protester contre une œuvre immorale, de se soulever
contre l'apologie du despotisme et de la matière, c'est à chaque page de cette œuvre, une
des plus honorées et une des plus dangereuses pour le bien et pour la vérité. (Applaudissements.)

M. POTVIN. Cela ne justifie pas Mme Sand.

M. ULBACH. Cela condamne au moins l'Académie, et cela prouve combien il est chimérique de demander des règles, des prescriptions sur lesquelles on ne tomberait pas d'accord.

Interdirez-vous, par exemple, l'ironie, qui est une des formes littéraires les plus puissantes, et qui, prise à la lettre ou maniée maladroitement, peut sembler une façon de s'exprimer immorale? Tous les jours, des écrivains qui abusent de l'ironie sont méconnus et
outragés; mais qu'un génie supérieur, faisant appel aux sentiments de justice, à l'instinct
de la conscience, s'applique systématiquement à montrer la vertu persécutée, le vice triom-
phant, crierez-vous au scandale parce que vous n'aurez pas pénétré ses intentions? Il n'y
a donc d'immoral, au fond, que la maladresse d'un auteur et l'ignorance d'un lecteur.
Enseignez les autres et instruisez-vous, vous aurez élevé la moralité littéraire.

J'accorde très volontiers que le succès ne justifie pas plus les livres que les méfaits politiques. La vogue d'un moment, le triomphe obtenu par des circonstances exceptionnelles,
ne peuvent faire classer définitivement un livre parmi les chefs-d'œuvre. Nous ne pouvons
donc discuter que sur des ouvrages consacrés par une admiration longue, continue, universelle. C'est parmi ces monuments, c'est parmi ces témoins, à la nomenclature desquels
notre époque aura beaucoup ajouté, que vous ne sauriez trouver une œuvre immorale.
L'enthousiasme est une purification. Tout ce qui trouble, tout ce qui agite par la beauté
de la forme, par la virilité des sentiments, par la grâce et le charme de l'expression, laisse
un parfum dans le souvenir, et comme la tradition d'un enseignement moral.

Rien n'est à coup sûr plus monstrueux que la situation de *Phèdre* au théâtre; et si
l'exemple de la fille de Minos pouvait pervertir les jeunes filles et les mères de famille, il
faudrait proscrire, comme une abomination, le chef-d'œuvre de Racine. Mais, outre que
les erreurs et les crimes de Phèdre sont imposés par la fatalité, à qui donc ferez-vous

croire que le tableau de ces remords, de ce désespoir, de cette torture de la conscience, soit de nature à pervertir? Comment! vous admettrez qu'au sortir du Théâtre-Français, une femme ira rêver l'adultère et l'inceste, parce qu'elle aura vu l'agonie d'une femme adultère et incestueuse, châtiée, frappée pour ces fautes dont elle n'a pas même l'entière responsabilité? Si c'est là l'effet que vous redoutez de la tragédie de Racine, vous calomniez étrangement le public et Racine. Le sentiment qui reste, au contraire, du spectacle de *Phèdre* est une vive admiration pour les ressources profondes de l'âme humaine et pour l'expression sublime et savante que le poète sait donner à ses sentiments.

Souhaitons que le nombre des œuvres bonnes à admirer s'augmente tous les jours, et la moralité publique y gagnera. Excitons l'émulation des écrivains pour le beau, nous l'aurons excitée pour le bien. Voilà, je ne me lasse pas de le répéter, la seule règle logique : quant à chercher des prescriptions pour procréer des œuvres morales, des livres moraux, c'est là une recherche mesquine, sans portée, sans résultat.

Je ne suis pas un partisan de l'art pour l'art. Je veux que l'art soit humain dans l'expression la plus générale de ce mot. Je ne demande pas à l'auteur de mettre une cocarde à son livre; mais je ne suis pas fâché qu'il ait une cocarde dans sa poche, et j'ai plus de joie à estimer son livre, quand je l'estime d'abord. Je ne veux pas d'aristocratie pour la littérature; le genre noble est une niaiserie des écoles et, dans un temps de démocratie, se choquer du choix des héros, c'est transporter les préjugés gothiques dans l'atmosphère même de l'égalité et du progrès. Tout ce qui est de l'âme humaine nous intéresse et mérite de nous intéresser. Quand Balzac raconte, avec la science et la conscience que vous lui connaissez, les grandeurs et les infortunes du parfumeur Biroteau ou de tout autre individu obscur, il nous émeut plus que s'il nous racontait des catastrophes de rois, de reines, de grands personnages historiques. Qu'on sente l'humanité dans toutes vos œuvres, l'humanité avec toutes ses faiblesses, ses violences, ses illusions qui causent son héroïsme, l'humanité peinte loyalement, il ne sera pas nécessaire de conclure en faveur du bien et contre le mal. Pourvu que le lecteur soit amené par la forme, par les détails du tableau, à donner son verdict, le but de toute œuvre artistique sera atteint. Le public est le jury; les écrivains, les artistes ne sont que les rapporteurs des procès éternels. Que leurs rapports soient consciencieux et éloquents, c'est tout ce qu'on peut leur demander; le public jugera.

M. Al. Weill. Le public de *Fanny!*

M. Ulbach. Toute espèce de public. Rien ne garantit dans ce monde contre les erreurs judiciaires. Mais le goût peut les rendre plus rares. Le scrupule qui a dicté à M. Potvin la proposition que je combats, c'est l'effroi des analyses trop complètes, trop anatomiques; il s'est alarmé des crudités. Il faut sans doute que ces analyses soient des autopsies, et non pas des massacres; mais, là encore, la forme est la moralité. Quant à souhaiter que ces analyses n'aient pas lieu, c'est contester à l'homme de lettres le droit de s'émouvoir des misères de son temps; c'est lui refuser la légitime ambition de participer aux discussions, aux évolutions et même aux révolutions, qu'il doit sentir et pressentir avant ses lecteurs.

Diriger l'art par des règlements et des lois absolues, c'est le tuer; de même que quand on dirige la presse, on l'avilit. Ce qu'il y a de plus indépendant dans le monde, c'est la pensée, c'est l'imagination, c'est la conscience. Développez ce que je me permettrai d'appeler l'*humanisme* en littérature; engagez le romancier, l'auteur dramatique à analyser le milieu dans lequel peut s'exercer son observation. Que l'on sente la vérité de l'âme dans les œuvres artistiques, il sera impossible de ne pas y sentir un principe moral. En un mot, donnez de la conscience aux hommes et vous aurez moralisé les lettres. Mais la conscience n'est pas un avantage qui s'obtienne par des formules. J'en reviens, en finissant, à mon point de départ : la liberté! C'est la seule condition exigible pour les lettres, comme pour le reste. Il n'y a rien de plus immoral et de plus démoralisant que le despotisme; il n'y a pas d'atmosphère où les institutions, les mœurs et les arts puissent se développer avec plus d'avantage que l'atmosphère d'un pays libre.

Donnez-nous la liberté, nous vous rendrons la moralité. C'est l'émulation des gens de lettres entre eux qui désigne le but à atteindre; mais il n'y a d'émulation que dans un État libre, et, dans un État libre, tous les hommes aspirent à un but glorieux.

Je conclus pour la dernière fois. Ce qui éveille l'enthousiasme n'est jamais nuisible, quel que soit le sujet de l'admiration; fût-ce le tableau d'un crime, si par le sentiment de violente répulsion que le crime éveille, il mène à la conception du beau et du bien qui sont identiques et qui se confondent! (Applaudissements.)

M. POTVIN. Je ne veux pas laisser l'assemblée sous l'impression des raisonnements de M. Ulbach.

Il a parlé en commençant de triomphes faciles ; il en a remporté un d'autant plus facile que je ne l'ai pas vu un seul instant dans la question, au moins pour la combattre.

Je trouve, dans ce qu'il a dit, une série d'affirmations qui confirment ma proposition. L'accusation qu'il a portée contre M. Thiers est un fait de plus à ajouter à tous les autres. Je m'étonne que personne ne se soit levé pour défendre M. Thiers, le hasard a voulu sans doute qu'il n'y eût ici aucun apôtre de la déification du succès; mais je ne pense pas que la sentence de M. Ulbach soit acceptée sans contrôle. Je suis de l'avis de M. Ulbach sur M. Thiers, mais il ne partage pas mes idées sur Georges Sand. Sur ce point, comme sur tous les autres, la divergence d'opinions apparaît toujours.

On a parlé de *Werther*, on aurait pu citer aussi *Manfred; Werther* a été défendu et *Manfred* l'eût été, avec non moins d'enthousiasme sans doute.

Il y a donc, je puis le répéter plus haut maintenant, il y a confusion dans la conscience de notre époque.

Les écrivains crient à l'apostolat de l'art, proclament, dans leurs préfaces, que l'art a une mission sociale, humanitaire; mais, soit qu'ils aient négligé l'étude des conditions morales de l'art, soit qu'un milieu corrupteur les empêche de sentir juste, ils ont été accusés d'immoralité, et cela non pas à une époque de despotisme, mais à une époque de liberté.

Je n'ai pas réduit le débat à la France actuelle : sous tous les régimes, on peut être moral. J'ai mis en cause la littérature moderne qui s'est épanouie dans la liberté. Les principales œuvres incriminées l'ont été sous la monarchie de juillet, et quand je vois pendant quarante ans, s'élever de tous les points de la conscience publique, l'accusation d'immoralité contre les lettres modernes, je crois qu'il y a lieu de s'inquiéter et de s'éclairer; je crois que la philosophie peut dissiper ces erreurs et porter quelque lumière dans ce chaos.

M. Ulbach m'accuse de vouloir mettre des lisières au génie et de toucher à la liberté de l'écrivain. Je n'ai pas l'honneur d'être connu de M. Ulbach ; sans cela, il saurait que depuis que je tiens une plume, j'ai été, dans mon petit pays, l'un des plus ardents défenseurs de la liberté et de la raison. (Applaudissements.)

Ma proposition n'a pas d'autre but que d'éclairer la liberté des écrivains et d'assainir, s'il est possible, leur conscience. Et c'est au nom du libéralisme que je la présente; la démocratie y a surtout le plus grand intérêt. Comment améliorer la société, si nous ne connaissons pas seulement les moyens de moraliser l'art? Comment réformer les lois, si nous ne savons comment réformer les mœurs?

Il y a une autre partie du discours de M. Ulbach à laquelle j'ai beaucoup applaudi; c'est tout le côté moral.

« Que l'écrivain soit honnête, qu'il se pénètre d'idées humanitaires, qu'il ait conscience de sa mission, et ses œuvres seront saines et utiles! » a-t-il dit. Voilà M. Ulbach qui entre en lice et qui devient un de nos concurrents. Je demande qu'on établisse les règles morales de l'art; il nie que cela soit possible, et il commence à les établir lui-même.

Si M. Ulbach et tant d'hommes qui savent écrire avec autorité trouvaient la question digne de leurs travaux, notre concours produirait des œuvres philosophiques et morales qui aideraient, qui forceraient les écrivains à moraliser leur art, ou du moins qui donneraient à la critique et à l'opinion les moyens de discerner le mal et de porter leurs jugements, leurs condamnations avec quelque certitude.

Je me félicite d'avoir apporté cette question ici, messieurs, car elle a donné lieu à un débat déjà utile et qui sera fécond. Au premier mot, de tous les coins de la salle, des orateurs se sont levés, les uns pour l'appuyer, les autres pour la combattre. Mais ceux qui l'ont repoussée n'ont réussi, dans tous leurs efforts, qu'à en faire mieux ressortir la portée et l'utilité.

Continuez donc, messieurs, continuez de parler pour et contre; plus, dans ce débat, vous apporterez d'idées, de passion, d'éloquence : plus vous éclairerez, plus vous appuyerez ma proposition, plus vous nous ferez comprendre qu'elle est utile, nécessaire!

M. RONDELET. M. Ulbach a bien voulu me reprocher, avec une vérité que je m'empresse de reconnaître, que j'avais été hier en dehors de la question. Il ne pouvait en être autrement, car j'ignorais les termes précis de la proposition.

J'avoue que, depuis le commencement de la séance, je me rends difficilement compte de la manière dont on discute, car il semble que la liberté soit engagée dans le débat.

Il me paraît qu'on ne saurait chercher des moyens coercitifs pour rendre les auteurs moraux malgré eux; cela ne se peut guère. Quelques mots m'ont frappé dans le débat. On a parlé d'œuvres qui sont immorales, *malgré les bonnes intentions de l'écrivain.* Voilà, en effet, ce qu'il y a de pratique dans cette discussion. Non, on ne peut pas faire que des hommes immoraux deviennent moraux; on l'essaie, mais, hélas! vous savez quels résultats on atteint.

Il y a de par le monde, des critiques qui pensent que telle œuvre est morale et qui se donnent la peine de la propager. Porterons-nous atteinte à leur liberté, en cherchant à leur faire voir que cette œuvre est mauvaise, déplorable et que leur rôle de critique serait plutôt de la combattre que de l'approuver?

Ici, j'aborde carrément la question. Y a-t-il réellement une littérature immorale et cette littérature est-elle celle de notre siècle?

Messieurs, je suis professeur de philosophie, et je me souviens qu'Aristote, mon maître, a dit, dans un de ses plus beaux ouvrages : *Il est des choses dans la vie qu'il vaut mieux ignorer.*

Que cette parole est profonde et comme elle s'applique bien à la littérature de notre temps! Je demande la permission de ne citer aucun livre et de faire, comme on me le reprochait avec tant de bienveillance, des *recherches didactiques.* M. Ulbach disait que la littérature de notre temps avait pour caractère spécial d'être analyste. J'ai entendu ces paroles avec un étonnement profond; car, enfin, nous n'avons pas inventé l'analyse; il y a même des gens qui prétendent et qui pourraient soutenir que nous l'avons gâtée. Nous avons tous lu *la Princesse de Clèves* et *Clarisse Harlowe*. Ce sont là des modèles d'analyse.

Nous avons inventé une certaine analyse à notre usage. Si c'est de celle-là que vous voulez parler, permettez-moi de m'expliquer.

Il y a dans le monde deux côtés qu'on peut analyser : le côté réel, qui ne manque pas d'intérêt; je n'en veux pour preuve que certains romans vendus à 30 ou 40,000 exemplaires. Il y a aussi un monde idéal, un monde philosophique supérieur au monde réel. Les écrivains du xvii⁰ siècle avaient fait leur choix entre la peinture de ce monde moral et la peinture du monde matériel. Les œuvres de Racine et de Corneille, au lieu de nous entretenir des circonstances matérielles de la vie, nous transportent dans un monde idéal dont le poète est le révélateur. La question est donc très nette.

Vous, littérateurs du temps présent, vous avez inventé une analyse exacte, minutieuse, par laquelle vous nous représentez le monde tel qu'il est. Vous nous le faites voir, vous nous y intéressez si bien, que nous le prenons pour notre idéal.

Il y a un autre mode d'analyse, c'est l'analyse de ce monde idéal, par laquelle on montre à l'homme le devoir.

On a dit que toute admiration était bonne. Je me rappelle, à ce propos, un beau vers de Racine :

La foi qui n'agit pas, est-ce une foi sincère ?

Lorsque la littérature nous aura pénétrés d'admiration pour telle ou telle œuvre contemporaine, lorsque, par exemple, nous admirerons *Werther*, ne serons-nous pas bien près de lui passer son découragement? Ne disons donc pas que les admirations sont indifférentes, qu'elles sont impunément dirigées dans tel ou tel sens. Le plus beau chef-d'œuvre de la sculpture antique n'est pas *l'Apollon du Belvédère*, ni *la Vénus de Milo*, c'est une statue renfermée dans un musée secret de Naples et que je ne puis décrire. Il serait impossible de ne pas l'admirer. Je demande si c'est là de l'admiration saine. Non, messieurs, il y a des admirations malsaines, parce qu'elles font aimer ce qui est inférieur. Voilà me semble-t-il le langage qu'on peut tenir aux auteurs contemporains. On peut leur dire : Prenez garde, vous êtes des gens d'honneur ; c'est à votre raison et à votre conscience que nous faisons appel. Nous venons humblement vous soumettre les motifs pour lesquels nous ne voudrions pas introduire cette littérature dans nos familles; nous sommes obligés d'appliquer le vieil adage d'Aristote, qu'*il y a des choses qu'il vaut mieux ignorer*.

On a cité le nom de *Phèdre*. Je suis de l'avis de Bossuet, qui trouvait le rôle de *Phèdre* profondément immoral, et voici pourquoi : Chacun reconnaîtra que les passions ne se traduisent pas de la même manière chez l'homme du monde et chez l'homme du peuple. L'homme du monde cache sous un front serein et une attitude impassible, les passions qui l'agitent. Les chaînes de l'éducation le retiennent. C'est un feu qui couve sous la cendre. L'homme du peuple, au contraire, éclate au dehors sous l'influence de ses instincts, il se laisse entraîner à ces actes qui remplissent les annales des cours d'assises.

Si donc, dans la création de certains rôles romantiques, l'auteur donne à des personnages qui vivent dans le monde de l'idéal, des passions vulgaires, s'il leur met le poignard à la main, il fait une alliance impossible de deux choses qui ne peuvent aller ensemble.

Ce n'est pas que je veuille condamner le théâtre de Racine. La meilleure manière de triompher de ses adversaires, c'est de leur prêter des idées qu'ils n'ont pas ; mais nous cherchons ici de bonne foi la vérité. Oui, il y a des chefs-d'œuvre immoraux dans l'ordre de la littérature réelle, et les chefs-d'œuvre les plus moraux dans l'ordre de la littérature spiritualiste sont faits, dans certains cas, pour suggérer aux hommes des tentations, des faiblesses et pour exercer une influence funeste sur les esprits et sur les cœurs. Voilà la vérité.

Il y a un fait qui m'a toujours frappé; les ouvrages les plus immoraux, tels que ceux du marquis de Sade, *Faublas*, etc., sont précédés de préfaces dans lesquelles les auteurs cherchent à prouver que leurs livres sont très moraux. Ils tiennent d'autant plus à prouver que leurs livres sont moraux, qu'ils le sont moins. Cela prouve que les conseils ne sont pas déplacés. Je pense que c'est le but de la question posée, et c'est à cela que je me réduis. (Applaudissements.)

M. WEILL. Moi qui connais les œuvres de M. Ulbach, et qui ai entendu son discours, je puis assurer qu'il s'est calomnié, depuis le commencement jusqu'à la fin. Dans ses romans, dans ses critiques, M. Ulbach fait tout le contraire de ce qu'il vient d'énoncer. Il ne fait nullement de l'art pour l'art, mais il a des amitiés dangereuses et c'est pour défendre ses amis, qu'il vient d'émettre des principes qui sont tout à fait opposés à ceux qu'il pratique. Personne n'a attaqué la liberté de la littérature; le malheur est exclusivement dans la situation que M. Ulbach vient d'indiquer. Il y a Paris 3,000 peintres dont 2,999 n'avaient d'autre vocation que de faire des bottes, des pantalons ou des chapeaux. Vous croyez qu'ils font des tableaux? Non, ils font des bottes en peinture. M. Al. Dumas fait 40 volumes. C'est un acteur très habile qui prend 40 costumes et qui joue 40 rôles.

Pour résumer la question, voyons la différence entre les deux époques. Nous avons eu les romans de Rousseau. La *Nouvelle Héloïse* a créé Mme Roland et, en Allemagne, MM^{mes} Herder et Schiller. Si Mme Roland n'avait pas existé, la révolution n'aurait pas eu ni son salon ni son héroïne, et nous ne serions peut-être pas ce que nous sommes.

Bien des fois, on a admiré la génération française de 1793, qui a tenu tête à trois armées de l'étranger et à une guerre civile dans la Vendée. Parbleu! Elle avait Voltaire et Rousseau dans le ventre! Elle avait sucé avec le lait, un principe d'éternelle vigueur, d'éternelle jeunesse. La nôtre a dévoré Antony, Lelia, Hernani, et les vers paillards de Musset. Au jour du danger, que vouliez-vous qu'elle fît? Qu'elle s'aplatît sous la main de Napoléon III.

M. BEREND. Quand je suis entré hier dans cette section, j'avais la ferme intention de ne pas parler.

Là où tant d'illustrations se font entendre, des nullités comme moi n'ont qu'à se renfermer dans la coque de leur zéro (rires) et ne peuvent que gagner à se taire.

Hier comme aujourd'hui, je n'ai pas pris la parole; c'est la parole qui me prend. Tout à l'heure, un brillant orateur vous disait, en citant les paroles d'un homme illustre : il y a des choses qu'il est bon de ne pas connaître. Eh bien, messieurs, il y a aussi des choses qu'il est bon de ne pas entendre, car, quand je les entends, je me sens irrésistiblement entraîné à y répondre, et cela procure toujours un quart d'heure d'ennui à la société à laquelle je m'adresse. Je vous demande donc pardon d'avance.

Avant d'aborder la réplique que je veux faire au brillant professeur de Clermont-Ferrand, je désire répondre en quelques mots à ce qu'a dit mon ami, M. Weill, du *métier* d'homme de lettres.

On a si bien compris que ce métier n'est pas une profession ordinaire, que la faible rémunération qui y est attachée n'a pas reçu le nom de salaire, mais celui d'honoraires, parce qu'après tout, c'est un métier qui procure des avantages honorifiques, bien plutôt que des avantages pécuniaires.

La plupart des hommes de lettres vivent dans la pauvreté, alors qu'ils enrichissent leurs éditeurs.

L'orateur auquel j'avais spécialement en vue de répondre a classifié la littérature en deux grandes catégories : la littérature de ce qui devrait être, la littérature de l'idéal, et la littérature de ce qui est, celle du réel.

L'honorable professeur n'a pas vu que ces deux littératures se confondent et se doivent confondre. (Très bien.)

Je ne comprendrais pas que l'on fît dans une œuvre littéraire, quelque forme qu'elle revête, la peinture de ce qui doit être, d'un monde qui n'existe pas, d'un monde que l'auteur doit créer, sans rattacher ce monde supérieur, par des liens visibles, au monde réel dans lequel nous vivons et qui doit nous intéresser bien plus que les créations d'un homme, quel que soit son génie.

On a essayé de prouver qu'en peignant le monde qui est, en peignant des passions qui existent, des passions que, d'après les paroles d'Aristote, il vaudrait mieux ignorer, en faisant cette peinture, même d'une manière sévère, on arrive à exciter des idées, des passions funestes. J'ai été profondément étonné de voir l'honorable professeur de philosophie reconnaître que les œuvres de Corneille et de Racine, qu'il rangeait d'abord dans la catégorie de celles qui peignent ce qui doit être, que ces œuvres touchaient en beaucoup de points à la littérature qui s'occupe de ce qui est. J'ai entendu une philosophie toute nouvelle sur les passions et sur la manière dont elles se manifestent. Il y a, paraît-il, des passions en blouse et des passions en habit. L'homme du monde, quand il est fortement remué, au lieu de faire explosion, d'agir, de fournir matière à l'action, au roman, à la tragédie, laisse éclater la tempête dans son cerveau, bouillonner les passions dans son cœur et reste impassible.

A ce compte, si Hamlet et Othello avaient été des hommes du monde, ils n'auraient pas fait les choses très inconvenantes (rires) qui ont fourni le sujet des grands chefs-d'œuvre de Shakspeare.

Il y a encore dans ce qu'a dit l'honorable professeur un point qui me frappe et sur lequel je ne suis pas d'accord avec lui. Il a parlé d'une statue renfermée dans un musée secret de Naples, et il a dit que c'était le plus beau chef-d'œuvre de la sculpture antique ; il trouve cette statue admirable et en même temps immorale. Je suis de son avis, mais parce que cette statue est admirable de forme, en résulte-t-il qu'elle soit un chef-d'œuvre ? Sont-ce là les notions du beau dans la philosophie moderne ? Non ; si le sculpteur a choisi un sujet immoral, quelque parfaite que soit la forme qu'il lui ait donnée, l'œuvre tout entière restera immorale.

L'honorable professeur a dit qu'il serait désirable qu'on donnât des conseils aux littérateurs modernes ; c'est là que je l'attendais.

Je lui réponds : donnez-nous vos conseils, dites-nous ce qu'il faut faire, dites aux littérateurs la ligne qu'ils doivent suivre. Nous verrons alors s'il y a lieu d'accepter vos conseils. Jusque-là, je ne vois pas que l'honorable professeur ait répondu à la question de M. Potvin. (Applaudissements.)

M. LE COMTE FOUCHER DE CAREIL. Comme j'étais absent hier de la section, je ne puis que reprendre la discussion au point où elle en est en ce moment.

Je viens d'entendre, et cela est naturel sur une question de cette ampleur, les trois seules théories, les trois seules solutions qu'on en donne depuis le commencement du monde.

La première est celle de M. Weill, la solution radicale qui ne voit d'homme de lettres que dans le prophète, dans l'homme inspiré, dans l'apôtre, dans cette sorte de sacerdoce antique que son imagination lui fait rêver, comme le seul état possible de la littérature de l'avenir.

Nous avons la musique de l'avenir ; peut-être aurons-nous aussi, grâce à lui, la littérature de l'avenir. Il en empruntera comme toujours les éléments au passé.

Cette théorie essentiellement radicale ne laisse à l'homme qu'un très petit domaine. Elle raye le théâtre ; elle efface la littérature de romans dont nous vivons au XIXᵉ siècle, et elle se renferme dans une doctrine vague d'art chrétien bien connue déjà, sinon du moyen âge, de ce fameux Savonarole qui, à Florence, élevait des bûchers sur la place publique et était arrivé à y faire jeter les chefs-d'œuvre de l'art de la renaissance.

C'est là une théorie absolue qu'il est inutile de combattre, parce qu'elle n'a pas d'application possible.

Après cela viennent les deux solutions pratiques, la solution idéaliste et la solution réaliste. Elles ont été soutenues par deux éminents disciples de ces tendances, M. Ulbach et M. Rondelet.

M. Ulbach a préconisé la littérature humaniste, j'accepte l'expression ; mais tout le monde reconnaîtra que sa tendance est celle du réel. M. Rondelet, cherchant des tendances contraires, est venu revendiquer les droits de l'idéal et il a montré que Racine lui-même, ce grand maître de l'idéal, ne le satisfaisait pas toujours.

Mais le débat touche à sa fin et il s'agit de voir ce qu'il faut faire.

Reportons-nous d'un demi-siècle en arrière ; voyons les grandes luttes qui se sont livrées, les solutions qui ont été données, et nous trouverons peut-être le moyen d'arriver à un résultat.

Le mieux serait de cesser ces discussions et de se dire que la seule solution possible, c'est celle qui comprend les trois éléments qui sont représentés ici : l'enthousiasme presque prophétique dont M. Weill est l'apôtre, l'étude consciencieuse du réel dont M. Ulbach a donné de si belles définitions et ces nobles sentiments de l'idéal dont M. Rondelet, en spiritualiste convaincu, s'est fait le défenseur.

Rappelez-vous ce paradoxe éloquent de Rousseau qui avait tant ému le XVIIIᵉ siècle : « De l'influence corruptrice des lettres et des arts. » Rousseau, qui était assurément un homme de lettres, quoiqu'il ne remonte pas au déluge, Rousseau avait eu le courage de soutenir cette thèse paradoxale à première vue que les lettres et les arts étaient une source de corruption pour la république. Il avait été jusqu'à dire que ces arts que nous aimons et qui font nos délices ne se nourrissaient que de corruption, comme certaines plantes ne se nourrissent que des sucs vénéneux de la terre et qu'Athènes, qu'on nous citait comme un idéal, n'avait pas eu de plus grandes époques de corruption que celle où les arts y avaient atteint leur plus grand développement ; que Rome était venue confirmer cette loi et que partout les arts et la littérature avaient engendré la corruption, comme le fumier fait la fécondité de la terre.

Voilà la thèse de Rousseau. A la même époque, dans un autre pays, en Allemagne, cédant à ce mouvement généreux de l'esprit humain qui soufflait alors partout, deux hommes qui nous sont donnés en opposition, comme MM. Ulbach et Rondelet, deux hommes de génie, Schiller et Gœthe, entamèrent ces grandes questions. Schiller était le représentant de l'idéal, Gœthe, celui de la nature dans son immensité ; ces deux hommes échangèrent alors une série de lettres qu'il faudrait relire pour en donner une idée exacte, mais la note juste m'est restée de cette conversation entre les deux grands génies de l'Allemagne.

Schiller, au nom de l'idéal, voulait faire l'éducation esthétique de la sensibilité; il croyait possible, de même que la philosophie fait l'éducation de l'esprit, que la littérature fît l'éducation de la sensibilité, de cette chose si tenue, si délicate qui échappe, pour ainsi dire, à l'analyse, qui vibre sous toutes les influences de la passion et que le psychologue a peine à suivre dans ses variétés infinies.

Il regardait avec effroi cette pente naturaliste, vers laquelle le génie de Gœthe se trouvait entraîné, et il disait ces nobles paroles : L'artiste est fils de son temps, mais il faut qu'il retourne en arrière vers la Grèce, pour reparaître dans son pays, comme le fils d'Agamemnon, plein d'une séve vigoureuse. Il faut qu'il recherche dans ces contrées lointaines ces nobles sentiments de l'idéal que notre siècle a proscrits, et alors il reviendra dans sa patrie, éclairé par cette antiquité qui aura doublé sa force.

Voilà une noble pensée; mais comme je ne suis pas exclusif dans cette question, voyons ce que lui répondait Gœthe, avec son génie et son sublime bon sens : il disait à Schiller que la nature avait ses droits et qu'il avait tort de ne pas assez l'étudier. Il ne lui citait pas son propre exemple, mais il lui laissait entrevoir sa méthode, peut-être plus compréhensible et plus large que toute autre. Il lui laissait voir que lorsqu'il avait fait son *Werther*, injustement décrié selon moi, son génie avait jeté ses gourmes et que, de même que la religion dans l'antiquité, de même le génie au XIX° siècle, avait eu ses bacchanales; mais ce n'était là que l'excès de la verve, de la jeunesse et du génie. Gœthe donnait ensuite d'excellentes leçons à l'artiste de nos jours. Il disait qu'il ne fallait pas que l'artiste pût triompher facilement; il lui disait que son *Faust* avait été, jusqu'à un certain point, sa vie. Il avait senti ce qu'il avait exprimé dans *Faust*, dans ce poème immortel.

Quand M. Ulbach exprimait cette pensée qu'il n'y a pas d'admiration mauvaise, je suis de son avis. Oui, il n'y a pas de génie, sans les trois éléments fondamentaux qui ont été représentés par trois écoles diverses; il n'y a pas de génie sans enthousiasme. Et que M. Rondelet me permette de lui rappeler ici une parole d'Aristote son maître : Θαυμαζ ει. μαλα φιλοσοφικον παθος.

Admirer ! c'est là une passion de philosophe; malheureusement, ce n'est pas la passion de notre siècle. Aujourd'hui, c'est le « Nil mirari » d'Horace.

Mais, messieurs, quand on a une admiration profonde, une admiration qui vous saisit à la racine des cheveux, qui vous transporte d'enthousiasme, vous le savez, vous, monsieur Rondelet, ce n'est pas d'ordinaire pour les honteux débordements de la statuaire antique, relégués dans je ne sais quel musée secret de Naples, ni pour l'œuvre du marquis de Sade, mais toujours pour quelque chose de noble et de grand.

Moi, messieurs, qui ai été six ou sept fois en Italie et qui espère bien y retourner; plus j'y vais, plus j'y comprends que ce pauvre Savonarole avec son génie n'était qu'un fou. Cet homme voulait tout réduire à ce qu'il appelait l'art chrétien, c'est à dire : que là où il trouvait une sorte de raideur mystique, accompagnée d'une expression béate, il voyait le triomphe de l'art. Il coupait Raphaël en deux. Jusqu'à 24 ans, c'était un grand homme; de 24 ans à 38 ans, c'est je ne sais quel débauché qui passait son temps dans des parties de plaisir avec la Fornarina.

Ne comprenez-vous pas que l'excès même de cette théorie la ruine, et que si, dans ce Raphaël sorti de l'école du Pérugin, il y a la grâce et l'éclat du grand artiste, le Raphaël complet est celui qui est en pleine possession de lui même, affranchi du maître et faisant aussi son esthétique?

Dans ses lettres au comte de Castiglione, son ami, lorsque celui-ci lui demandait : Quelle méthode suivez-vous pour faire vos chefs-d'œuvre? Ce pauvre Raphaël, avec son génie, lui répondait : Une certaine idée du beau que j'ai dans la tête, et voilà tout; je suis la nature. Platon a dit : Le beau, c'est la splendeur du vrai. Le beau, c'est aussi la splendeur de la nature, c'est la vie, la réalité.

N'allons pas faire de théorie arbitraire et dire : Le beau ne sera que dans les régions de l'idéal. C'est un blasphème pour des chrétiens, et c'est par là que je repousserai vos théories giottesques et préraphaëliques.

Le beau est descendu des hauteurs de l'idéal, il est apparu sur la terre, il s'y est incarné dans un homme, il y existera jusqu'à la consommation des siècles. Il sera l'appui de tous les grands cœurs, la source de tous les beaux livres, la vie de tous les hommes libres. Il n'y a pas de siècles impies; il y aura toujours des hommes de lettres, des serviteurs du beau, des apôtres de l'idéal; mais nous sommes à une époque de transition; nos tronçons palpitent sans se rejoindre, nous ne savons pas quand paraîtra le génie de la renaissance à venir; mais ce que nous sentons, c'est que cette renaissance est proche, qu'elle sera; aujourd'hui, s'il n'y a pas de gigantesques génies, comme il y en a eu à la première renaissance, il y a une force latente qui creuse le sol; une armée de littérateurs en est sortie, les jouissances de l'esprit ont pénétré dans les masses, et de ce rayonnement jaillira une littérature plus grande que toutes celles que nous avons connues.

Pour moi, je n'en doute pas, et je n'aurais pas fait de ce métier d'hommes de lettres et de savant, ma vie et ma joie, si je ne croyais pas à cette renaissance dans l'avenir.

Ainsi, je vous en supplie, débarrassons-nous de ces préjugés de secte; prenons à Gœthe sa sérénité antique, prenons-lui sa compréhension sublime des choses. Gœthe disait : Je suis polythéiste en fait d'art, panthéiste en fait de nature, je suis chrétien, je suis tout. Contemplons, comme lui, les phénomènes éphémères qui apparaissent un instant sur cet océan de beauté, dont nous n'avons reçu que des gouttes. Cette grande puissance de transformation lui permettait de vivre en dehors de l'esprit de secte; il avait la compréhension vaste, infinie, de l'homme du XIXᵉ siècle. Il n'écrivait pas sur son drapeau le mot de réaliste ou d'idéaliste, il y inscrivait avant tout, le mot d'humanitaire, c'est à dire : homme de son siècle, artiste du présent et non du passé.

Ainsi, pour me résumer et pour conclure, de ces trois théories, je n'en répudie aucune; je crois qu'elles peuvent tenir toutes les trois dans un cœur et dans un esprit mû du sentiment du beau; je crois qu'il faut être idéaliste et chrétien, je crois qu'il faut être aussi pénétré du sentiment de la nature et de l'humanité.

Il ne faut pas croire qu'il n'y a de grand que Racine et Bossuet.

L'homme complet sera celui qui saura aimer comme esthétique et comme amour de l'art, Goethe, Racine, Bossuet, Schiller, Shakspeare et tous les extrêmes en fait d'art. (Longs et bruyants applaudissements.)

M. LE PRÉSIDENT. Je vous demanderai la permission de faire, en quelques mots, le résumé succinct non pas de la discussion, mais des idées émises par chaque orateur.

M. Ulbach reconnaît que la littérature est dans un état de crise, de transformation. M. Rondelet le constate également. M. Potvin, à qui l'on a reproché de vouloir imposer une espèce de harnais à la littérature, ne parle que des conditions qui pourraient rendre la littérature plus morale et plus civilisatrice.

Il ne veut nullement lui imposer un joug, mais il voudrait rechercher pourquoi des livres admirables, sous le rapport littéraire, ne produisent pas pour l'humanité et la civilisation tous les fruits que l'on pourrait en attendre.

Quant à l'honorable orateur que vous venez d'entendre, il voudrait que l'union de toutes les forces de la nature et de l'idéal fit aboutir la littérature à cette grande et salutaire influence qu'elle doit avoir sur le sort de l'humanité.

La question de M. Potvin offre donc un intérêt sérieux.

Notre règlement nous fait un devoir de désigner un rapporteur qui expose à l'assemblée générale le résumé et les conclusions des débats.

Cependant, contrairement au précédent que nous avons posé, au commencement de la séance, je serais d'avis de ne point nommer de rapporteur pour la question que nous venons d'agiter.

En effet, il me paraît impossible de formuler d'ici à demain, un rapport sommaire de ce grand débat.

Je propose donc à la section de renvoyer la proposition de M. Potvin au conseil d'administration, en lui laissant le soin de désigner un rapporteur pour la prochaine réunion du Congrès, et de décider si elle doit ou non être mise au concours.

M. MADIER DE MONJAU aîné (Bruxelles). Je me permettrai de combattre l'opinion de M. le président.

Lorsque le Congrès divise les membres en sections, pour délibérer sur les questions qui leur sont plus spécialement soumises, ce n'est pas seulement pour que les membres des sections profitent des débats, mais encore pour que les idées soient, autant que possible, portées à l'assemblée générale, et que des développements écrits puissent en surgir.

Il paraît résulter des débats auxquels j'assiste depuis deux jours et que j'ai écoutés avec un intérêt infini, que la question est grande. Elle a donné lieu à de fort remarquables discours.

Bien que mon opinion ne soit pas formée, je sens le besoin de voir arriver la question devant l'assemblée générale. Je demande donc qu'un rapporteur soit choisi parmi les personnes qui ont suivi les débats, avec mission de les résumer de la manière la plus complète possible.

La section consultée par M. le président, décide qu'un rapporteur sera nommé.

Elle exprime aussi le vœu que la question posée par M. Potvin, soit mise au concours.

Sur la proposition de M. le président, M. Madier de Montjau est nommé rapporteur.

SÉANCE DU 25 SEPTEMBRE.

——

Présidence de M. le comte DE LIEDEKERKE-BEAUFORT.

—— .

De la part du gouvernement dans la formation d'un public littéraire,
par M. J. STECHER, professeur à l'université de Liége.

Je n'appartiens pas aux impatients, encore moins aux retardataires qui jettent l'anathème au XIXᵉ siècle. Je n'aime pas les doléances d'Hésiode demandant au Destin de naître ou plus tôt ou plus tard. Je préfère redire avec Ovide, cette fois juste et profond :

> « Que d'autres raffolent du passé ! moi, d'être né aujourd'hui
> Je me félicite : ce siècle convient à mon humeur. »

Je crois que notre époque a sa grandeur, aura sa gloire, et quand j'étudie le passé, c'est pour mieux apprécier ce que nous valons aujourd'hui. Mais on peut aimer sans flatter. Précisément parce que l'heure présente est grosse d'espérance, on peut, sans se décourager, avouer ses lacunes et ses défaillances. Et puis, c'est rendre un mauvais service aux choses, de n'en voir que le bon côté.

Il faut donc bien le dire, dans l'intérêt de la vérité sociale : il y a aujourd'hui un despotisme plus menaçant, plus absorbant, plus honteux que tous les autres, c'est le despotisme des intérêts matériels. Chaque progrès de la science, chaque conquête de la liberté leur semble une proie à dépecer. Les voiles se déchirent, les barrières s'abaissent; mais on dirait que tout cela n'arrive que pour s'escompter et s'agioter. Pour qui ne voit qu'un côté de l'actualité, il semble vraiment que tout l'esprit du monde soit en quête de lucre. Mathurin aurait-il raison de dire :

> L'honneur est un vieux saint que l'on ne chôme plus.

Sans doute, on se hâte de répondre que cette universelle soif du gain ne tient qu'à des circonstances transitoires. Ce siècle est ce que les saint-simoniens appelaient un siècle *critique*, un siècle en travail. L'âge *organique* qui en doit résulter fera voir toute l'harmonie de ces passagères dissonnances. Ce besoin de gagner ne vient pas seulement du trouble provisoire d'une société en reconstruction , il y a là autre chose que l'effarement égoïste d'un sauve qui peut. On y voit aussi reluire un besoin d'individualité, un instinct d'indépendance personnelle, un point d'honneur enfin, qui éclate chez le marchand et chez l'ouvrier, tout aussi bien que chez le soldat et chez le grand seigneur.

On répond encore : « Le matérialisme du XIXᵉ siècle n'a rien de commun avec celui de l'Assyrie ni avec celui du Bas-Empire. Il ne s'agit plus d'engraisser quelques despotes, quelques patriciens, quelques nababs, des misères publiques de millions de parias et d'esclaves. Le bien-être, le mieux-être, qui est aujourd'hui notre quête du saint Graal, aura un aboutissement généreux. Notez bien que ce branle-bas des gagneurs résulte d'une immense concurrence déchaînée aux quatre vents du monde et que cette concurrence ne permet plus à personne de rester stationnaire ni d'enfouir ses capitaux. Il ne se fait plus une invention qui, en dernier

résultat, ne profite à tout le monde; l'opulence de quelques-uns donne
l'aisance et le confort au plus grand nombre. Assurément, le brillant
Gaston Phébus, dont Froissart faisait le parangon et la merveille de son
temps, était loin d'avoir cette splendeur domestique, ce doux relief de la
vie que le travail fait acquérir au plus ordinaire bourgeois. Et tout n'est
pas matériel dans ces conquêtes sur la matière : l'industrie touche par plus
d'un bout au monde de l'esprit, de la justice et de la liberté. Ce bourgeois,
si décrié chez les bonnets-rouges comme chez les talons-rouges, devient,
grâce à l'industrie, un des plus solides pionniers de la civilisation future.
C'est ce tâtillon bavard, ce chicaneur trotte-menu, ce grippe-sou, ce robin,
ce cuistre, comme disent les poètes et les philosophes, qui, en fin de
compte, liquide le passé pour mieux déblayer la route de l'avenir.

« Donc, conclut-on, trève à ces anathèmes. Ne négligeons aucun élément de la civilisation qui s'avance, car, au rebours de toutes celles qui
l'ont précédée, elle ne se réalisera qne par la collaboration de tous les stimulants de la vie sociale. S'il est permis d'augurer, par l'autorité de l'histoire et par la puissance des tendances, de la crise actuelle, l'ère nouvelle
qui s'élabore ne sera ni matérielle ni mystique, elle sera libérale et rationnelle, pour se rapprocher de plus en plus de ce plan de Dieu où l'on voit le
corps en solidarité avec l'âme.... »

Mais, quelles que puissent être les explications, les atténuations et les
justifications du mal qui nous tourmente, il n'en est pas moins à croire
qu'il nous tourmentera encore longtemps. On ne se défend pas, sans quelque effort, sans quelque énergique persistance, de cette glu du positivisme
et de l'utilitarisme. Ajoutez que le mal s'est compliqué, envenimé de plus
d'une façon.

En même temps que la nécessité du gain, grandissant pour tout le
monde, absorbe une plus grande partie de l'activité humaine, des besoins
d'esprit tout nouveaux sont venus solliciter son énergie. Jadis, les citoyens
vivaient dans une atmosphère d'idées communes et traditionnelles dont le
nombre était limité et dont la formule ne variait que lentement et superficiellement. Chacun avait sa sphère et devait s'en contenter; la vie était
simple, l'idéal élémentaire et les situations étaient rarement compliquées
au point de faire hésiter sur la route du devoir. Aujourd'hui l'orientation
morale n'est pas toujours facile; des nuances délicates, inattendues,
obscurcissent parfois le fond de la conscience au lieu de l'illuminer. Puis,
on demande à tout sa raison d'être; on n'accepte plus rien que sous bénéfice d'inventaire. Partout, quoi qu'on fasse, quoi qu'on veuille et sous
quelque forme qu'on se déguise l'exigence moderne, la raison remplace la
tradition. Les plus grands, les plus fiers doivent descendre dans l'arène

des syllogismes. Ainsi, l'agitation et la fièvre non seulement dans le monde des lingots et des machines, mais jusque dans celui des sentiments et des idées.

Or, bien des gens n'ont pas encore la trempe assez forte pour résister aux assauts de cette vie militante. C'est un tohu-bohu qui les ahurit; c'est un choc qui les désarçonne. Égarés, éperdus, ils se découragent, et de là à l'indifférence, il n'y a pas loin.

Voilà pourquoi ce siècle, aux généreuses espérances, est témoin de tant d'abdications intellectuelles. On embrasse trop, on étreint mal. On pose plus de problèmes qu'on n'en peut résoudre.

Ce désarroi de transition, quoi qu'on en puisse dire, n'est pas sans grands aspects et qui consolent. Notre génération est de celles qui méritent le mot de Leibnitz : elle a « l'honneur de se tromper. » Si elle montre tant de blessures, c'est sans doute pour avoir hardiment combattu. Mais il faut le confesser, trop de gens rendent les armes avant la fin de la bataille. Il en est même qui refusent de la commencer. Et c'est le plus grand nombre : il est vrai qu'il leur manque non pas tant le courage que les armes. Je veux dire qu'en général l'éducation n'est pas à la hauteur des situations nouvelles. Elle est trop tiraillée du côté du passé et du côté de l'avenir.

Qu'on ne s'étonne donc plus des contradictions qui se font voir dans la vie actuelle. Elles étaient peut-être inévitables.

Mais la plus étrange de toutes, c'est, sans contredit, celle qui dans un siècle à prétentions encyclopédiques, éclectiques, cosmopolites, universellement compréhensives, fait une grande place à ce qu'on appelle les *spécialités*. Dans tout, on a poussé la division du travail à outrance. Par ce positivisme de plus en plus miscroscopique, l'homme s'absorbe dans le métier, ou, pour mieux dire, il oublie son métier principal qui est d'être homme.

Ainsi cantonné dans sa spécialité jalouse et blotti dans son gain de chaque jour, quelle force lui restera-t-il pour la haute et grande vie, la vie de l'âme? Les misanthropes assurent, en effet, que l'idéal n'a plus de zélateurs. L'homme-machine est partout à l'ordre du jour; le calcul fait mépriser le rêve; l'expérimentation physique a pris la place de l'émotion délicate; toute spontanéité s'en va, tout élan généreux devient suspect, ridicule, toute aspiration vers l'Infini, vers l'Absolu, vers le Beau, est amèrement condamnée, et si, de loin en loin, le despotisme des intérêts matériels octroie quelque loisir, quelque trève, savez-vous quels plaisirs on recherche? Ceux de Sancho et de Falstaff. Au moins, si c'était les drôleries de Panurge : il y a là quelque trace d'âme, quand ce ne serait que *dans le mépris des choses fortuites.* « Et l'on voit, dit Victor Hugo, de certaines fêtes malsaines qui désagrégent le peuple et le font populace. Et aux populaces, comme aux tyrans, il faut des bouffons. »

Exagérées ou non, ces plaintes méritent notre étude. Qu'on y songe : au moment où toutes les libertés s'installent dans la vie humaine, quand les mutations les plus brutales et les plus intéressées nous poussent, même en dépit de nous, à la fraternité universelle, ne serait-ce pas le plus grand des malheurs, des dangers, de voir notre génération déserter ses hautes destinées? A ces gens qui s'en vont par les bas-côtés de la vie, tournant le dos à l'avenir et se courbant de plus en plus sénilement vers leurs petits gains et leurs petites études, n'est-il donc pas possible de faire entendre le *sursum corda*, « haut les cœurs et les courages! » afin qu'un jour nous puissions rendre des actions de grâces à celui qui a soumis le xix⁰ siècle a de si formidables épreuves?

Heureusement, si la tâche est lourde, les outils que Dieu nous donne sont puissants et solides. Cette décrépitude qu'amènerait infailliblement l'individualisme sans contre-poids, cette barbarie organisée et civilisée dont nous menace, dit-on, la force centrifuge trop développée dans les pays libres, cet étiolement que produit dans l'âme le manque d'air et de lumière, tout cela peut être conjuré par trois grands moyens toujours à la disposition des hommes de bonne volonté.

Que je dise : *sens religieux* ou sens du devoir devant Dieu; — que je dise : *sens politique* ou sens du droit devant les hommes, tout le monde admettra au moins la plausibilité de mes paroles. Mais si je m'avise de joindre à ces grands topiques de la vie sociale le *sens littéraire*, combien voudront encore me prêter l'oreille?

C'est que nous sommes un peu romains en ce point. « Ce grand brutal de peuple qui regardait l'univers comme sa légitime proie, et l'indépendance d'autrui comme une insulte à ses droits (*), » ce peuple de gagneurs, s'il en fut, voulut bien, une fois sa fortune faite, se donner le relief d'une littérature; mais ce ne devait être qu'un ornement, une distraction sonore, *nugæ canoræ*. Ces idées, dignes de ces soldats-usuriers parvenus, sont encore plus répandues qu'on ne croit. On s'imagine avoir tout dit, quand on a répété la jolie phrase de Cicéron *pro Archia : « Delectant domi, non impediunt foris, peregrinantur, rusticantur. »* Oui, sans doute, les belles-lettres sont les délices du foyer domestique; et au dehors, à la campagne, en voyage, elles nous accompagnent sans nous embarrasser. » Mais, outre qu'elles embellissent la vie, ne peut-on pas affirmer qu'elles la fortifient et l'épurent?

(*) TOPFER. — *Nouveaux voyages en zig-zag.*

Au point de vue social, la littérature est une grande et magique éducatrice. Ç'a été l'honneur et le bonheur des Grecs de deviner cela mieux qu'aucun autre peuple, et, puisque progrès et liberté obligent, c'est à nous, enfants de ce siècle, de le comprendre encore mieux que les Grecs. Ils n'ont réussi qu'à faire des lettres le truchement de la vie nationale : nous pouvons, nous devons tenter de les élever, sans les troubler, sans les affaiblir, jusqu'à l'expression de l'esprit cosmopolite. L'infini même doit entrer dans la sérénité du beau plastique et classique.

Laissons donc à l'arrière-plan le dilettantisme, l'épicurisme de l'art; comprenons enfin que pour être utile, la littérature ne perd ni de sa noblesse, ni de sa beauté. Le culte du Beau littéraire est sain aux âmes; il leur est nécessaire aussi bien que le culte de la Justice et de la Vérité. Il y a d'ailleurs une divine solidarité entre toutes ces choses : l'une ne va pas complétement sans l'autre.

Le sentiment littéraire, « ce résumé de tous les beaux sentiments dans l'homme parvenu à la perfection de sa nature (*), » doit être de plus en plus généralisé, vulgarisé pour combattre les fatales influences du matérialisme industriel et du scepticisme moral. Ce n'est pas trop de la conspiration de tous les grands stimulants pour empêcher une stagnation de l'Idéal.

« Que ferions-nous, s'écrie M. Guizot, dans toutes nos patries, de tous ces hommes, de ces millions d'hommes qui s'élèvent incessamment à la civilisation, à l'influence, à la liberté, s'ils étaient exclusivement livrés à la soif du bien-être matériel et aux passions politiques, s'ils ne songeaient qu'à s'enrichir ou à débattre leurs droits? Il leur faut encore d'autres intérêts, d'autres sentiments, d'autres plaisirs : non pour les détourner de l'amélioration de leur condition et du progrès de leurs libertés; non pour qu'ils soient moins actifs et moins fiers dans la vie sociale; mais pour les rendre capables et dignes de leur situation plus élevée, capables et dignes de porter plus haut, à leur tour, cette civilisation vers laquelle ils montent en foule; et aussi, pour satisfaire en eux ces penchants, ces instincts de notre nature auxquels ne suffisent ni le bien-être matériel, ni même les travaux et les spectacles de la liberté politique. Comme les lettres, comme les sciences, les arts ont cette vertu; ils ouvrent, à l'activité et aux jouissances des hommes, une belle et large carrière. Ils répandent des plaisirs brillants et pacifiques. Ils animent et calment en même temps les esprits. Ils adoucissent les mœurs sans les énerver. Ils rapprochent et unissent dans une satisfaction commune, des hommes d'ailleurs fort divers de situation, d'habitudes, d'opinions, de volontés (**). »

(*) LAMARTINE. — *Cours familier.*
(**) GUIZOT. — *Mémoire pour servir à l'histoire de mon temps,* t. V, p. 128.

Après ces paroles de l'homme d'État qui connaît à fond les rouages de la société, qu'ai-je besoin d'insister encore? La cause est entendue : il est prouvé que sans ce milieu ambiant littéraire, nos jeunes démocraties ne sauraient suffisamment respirer. C'est comme un large terrain neutre où se peuvent rencontrer sans encombre tous ceux qui ont foi dans la liberté et l'immortalité de l'âme. Il est à égale distance de l'ignorance naïve et de l'érudition raffinée : tout le monde s'y dépouille de sa barbarie innée ou acquise. Mais laissons là cette apologie de la littérature devant un auditoire littéraire : il est trop facile, dit Socrate, de faire l'éloge d'Athènes devant des Athéniens.

Ce qui est moins facile, c'est de s'entendre avec les gens de cœur et d'esprit, sur la manière dont il convient de donner droit de bourgeoisie définitive à cette propagande des hautes aspirations et des voluptés généreuses qu'on appelle la littérature. Ce phare des nations, qui doit l'entretenir? Voilà la question. Il s'entretiendra de lui-même, disent quelques-uns; et si, par chance, il s'obscurcissait dans quelque orage de l'industrie ou de la politique, il suffirait d'un souffle de liberté pour le raviver.

En effet, poursuivent-ils, la littérature étant l'expression de la société, laissez faire celle-ci et vous aurez celle-là. Plus vous aurez de liberté, plus vous aurez de littérature. L'exemple de la Grèce est concluant, ce semble. Ce pays, littéraire entre tous, ne sait-on pas qu'il avait une religion sans dogmes arrêtés, et que ses poètes étaient vraiment ses hiérophantes? Ensuite, est-ce après 89, qu'il faut désespérer des miracles de la liberté, de l'initiative de chacun et de tous?

Nous aussi, nous avons foi dans la liberté, et ce n'est certes pas en Belgique, qu'on apprend à s'en défier. Depuis 1830, et grâce à notre Constitution libérale, nous avons pu apprendre comment un gouvernement, fidèle à ses principes et à ses devoirs, pouvait servir la liberté. Au reste, nous ne considérons un bon gouvernement que comme un *en-cas* de la liberté. Un bon gouvernement, a-t-on dit, doit travailler à se rendre inutile. Si ces mots ont un sens, ils signifient que les gouvernements dignes de notre époque, doivent se borner à protéger tout ce qui ne peut pas suffisamment se protéger par soi-même. Dans ces conditions, nier la légitimité gouvernementale serait tout simplement nier la solidarité. Qu'on y prenne garde.

Il s'agit donc de savoir si, de soi-même et sans autre appui, la littérature peut obtenir la place sociale qui lui est due. Il est bien entendu que tout appui superflu devient une gêne, et que ce n'est que comme pis-aller qu'il faut faire intervenir le gouvernement.

Ceux qui rappellent le souvenir d'Athènes pour s'en tenir, en matière littéraire, à la pure spontanéité des citoyens, oublient deux choses essentielles. L'une concerne l'histoire; l'autre, notre actualité.

Et, de fait, est-il un gouvernement qui ait eu, autant que celui d'Athènes, une action directe et intime sur les lettres? Périclès et les Pisistratides, les concours publics, les lectures solennelles, les représentations nationales de cantates et de tragédies, et tant d'autres faits bien connus ne parlent-ils pas assez haut? Tout avait un côté officiel dans la littérature attique, et la muse ne s'effarouchait pas d'être au service du gouvernement. C'est que ce gouvernement était celui de tous les citoyens et ne vivait qu'au grand air de la liberté, — tout au rebours de la bureaucratie chinoise qui réussit à procréer une littérature postiche.

Quant à notre actualité, si l'on veut sérieusement éviter des plans chimériques, voici ce qu'il y a à noter avant tout : nous l'avons déjà reconnu, l'heure présente est pleine de trouble, encore bien qu'on ait lieu d'avoir grande confiance. La civilisation moderne est un problème à mille faces; il y faut non seulement de l'élan, mais aussi de la science. Aucun peuple ne peut plus se civiliser isolément et sa nationalité ne saurait demeurer absolument exclusive, impénétrable. L'élément humanitaire revendique sa place à côté de l'élément purement individuel et local.

Il résulte de tout cela que la vie littéraire exige désormais beaucoup plus d'énergie, beaucoup plus d'efforts.

Ces efforts, se flatte-t-on de les voir naître d'eux-mêmes, dans le tumulte de nos compétitions et de nos affaires, alors qu'au printemps de l'Europe, dans la Grèce aimée des Dieux, il a fallu organiser la constante stimulation de l'État?

Encore y faudrait-il du loisir : on en trouva, par exemple, en France au lendemain des guerres civiles et religieuses du XVIe siècle. Mais aujourd'hui, l'Industrie, la Science et la Politique, pour ne citer que le plus saillant, vont d'un train à ne pas permettre de longtemps un repos qui suffise à l'éclosion spontanée d'un mouvement littéraire. C'est ici qu'on peut apprécier un mot de Gœthe : « Prenons soin du Beau, disait-il, l'Utile prendra toujours assez soin de lui-même. »

Reste donc à examiner ce que le gouvernement, sans sortir de sa sphère libérale, peut faire pour l'éducation littéraire des citoyens..

Tout le monde devine qu'aujourd'hui cent fois plus qu'autrefois, le premier devoir est de multiplier les écoles et de regarder comme un déshonneur social, tout exemple d'ignorance involontaire. Dans ces écoles gratuites et populaires, il est essentiel d'enseigner de bonne heure à tout le monde, la Constitution dont on doit vivre. La Constituante, d'héroïque mémoire, a déclaré un jour solennellement que « le maintien de la société demande que ceux qui la composent, connaissent et remplissent également leurs devoirs. » D'ailleurs, *ignoti nulla cupido ;* on ne peut aimer à pratiquer la liberté que l'on ne connaît pas.

Mais, comme l'entière propagation des goûts et des plaisirs littéraires peut être à bon droit considérée comme la plénitude et, en quelque sorte, la sublimation de la vie sociale, il va de soi qu'encore d'autres mesures y sont nécessaires.

Et d'abord, le gouvernement doit-il donner des encouragements aux écrivains qui commencent, des secours et des récompenses aux écrivains qui ont déjà réussi? En cela, comme en matière d'art et d'industrie, la seule question utile et pertinente est celle de l'opportunité de l'intervention de l'État et des ressources dont il dispose. Quant au principe même, il ne nous paraît pas attaquable.

On peut demander en second lieu, s'il ne serait pas plus utile aux lettres, plus conforme à leur dignité, d'instituer de larges concours littéraires dans les villes, dans les provinces et dans l'État. Il est bien évident *à priori*, que ces encouragements ne peuvent fructifier qu'à la condition d'une entière liberté. Comprenons que la littérature est chose délicate et que les mains du gouvernement sont quelquefois lourdes. Au surplus, il n'y a jamais eu de véritable littérature que par une large dose de liberté ou tout au moins de tolérance.

Mais il y a d'autres moyens plus directement efficaces pour constituer ce public littéraire, qui, dans les pays démocratiques et vraiment modernes, stimule les écrivains plus énergiquement que ne peut le faire aucun gouvernement, aucun Mécène.

Ce que nous allons dire pourra paraître une utopie, quoique la chose ait été affirmée, croyons-nous, plus d'une fois. Mais le mot *utopie* n'est pas fait pour nous effrayer gratuitement. Du moment que l'utopie est dans le sens et la logique des choses déjà existantes, elle peut être facilement la réalité du lendemain, et l'on n'a pas le droit de la confondre avec la chimère de la pure fantaisie.

Or, nous disons qu'il est dans la logique des institutions démocratiques et libérales, d'appeler la généralité des citoyens à un certain niveau d'éducation littéraire. Nous croyons que ce serait là un puissant levier de progrès moral, et qu'à ce titre, aucun gouvernement ne peut y demeurer indifférent.

Pour éveiller dans les masses quelque goût pour les choses de l'esprit, pour épurer l'imagination publique, pour rompre enfin une bonne fois en visière à toutes ces grossières inventions qui trompent la soif du peuple, et en attendant qu'il se dégoûte des brutalités traditionnelles, le gouvernement devrait mettre à profit les moindres occasions. Ce n'est pas que j'imagine de substituer le caprice d'une commission ou d'un ministre à tous les rêves des gens illettrés. Je voudrais seulement qu'en popularisant autant que possible les grands représentants des grandes littératures, on pût dégager de là pensée populaire l'étincelle poétique qui y attend encore l'heure propice.

Cela bien entendu, on aurait à discuter, entre autres propositions, les suivantes :

1° Le gouvernement, pour un grand nombre de places dont il dispose, pourrait avec le temps, exiger un minimum de connaissances littéraires. Presque partout où la loi institue des examens, la littérature peut trouver sa place ; si minime qu'elle soit, elle suffit à montrer à tous l'importance sociale des lettres. Cette exigence n'aurait rien d'extraordinaire de la part d'un gouvernement dont le constant programme serait l'émancipation intellectuelle de ses administrés. On peut d'ailleurs renforcer les conditions d'admissibilité dès que, comme il arrive, il y a plus d'offre que de demande.

2° En favorisant ou plutôt en recommandant l'établissement des bibliothèques populaires dans les villes et les villages, l'État contribue sérieusement à l'avénement d'un public littéraire. Les véritables chefs-d'œuvre de tous les temps et de tous les pays, convenablement traduits, comme ils le sont déjà, peuvent servir à répandre, avec le sentiment si salutaire de l'admiration, de l'enthousiasme, la connaissance également utile des caractères des divers peuples avec lesquels on sera chaque jour dans un contact plus fréquent. Ces lectures tueraient de proche en proche la haine stupide de l'étranger et feraient de la fraternité humaine quelque chose de moins abstrait et de plus visible. Que l'on considère la littérature comme le dépôt des meilleures impressions de l'humanité ou comme le recueil des plus intimes confidences de chaque âge et de chaque peuple, il est évident qu'elle doit grandement contribuer à répandre ce *sens humain* si indispensable à la force de la civilisation moderne. Plus nous nous éloignons de la politique païenne, plus il devient difficile de civiliser une nation sous la forme d'égoïsme collectif. Chaque jour nous sentons se renforcer davantage la loi de la solidarité humaine. Le patriotisme d'aujourdhui n'est plus un principe de haine et de convoitise.

3° A côté des bibliothèques populaires se placent logiquement, naturellement des conférences familières et des lectures publiques. Quelques conseils communaux de Belgique y ont déjà songé. D'ailleurs l'exemple fourni en 1848, par Émile Souvestre et d'autres, est véritablement encourageant, si l'on tient compte des observations recueillies à cet égard par

M. Sainte-Beuve (*Causeries du lundi*, 1er vol.). Il n'y pas de difficulté sérieuse à investir un jour de cette espèce de ministère spirituel les instituteurs de nos communes. Cette perspective d'un cours de lectures littéraires introduites et encadrées par quelques observations, quelques notices élémentaires à la portée du plus grand nombre des auditeurs, stimulerait et rehausserait à leurs propres yeux les jeunes gens de nos écoles normales. Si cette institution complémentaire des bibliothèques populaires pouvait se consolider et s'étendre, on y trouverait l'occasion d'augmenter le traitement de ces fonctionnaires si laborieux, si nécessaires et généralement si mal payés. On voit que l'honneur des pays civilisés gagnerait doublement à cette innovation.

Quelques personnes peut-être se récrieront à l'idée insolite de donner à d'humbles instituteurs une mission littéraire. Quoi, diront-elles, on parlera d'Homère, de Dante, de Corneille, de Shakspeare et de Schiller à nos bourgeois, et qui sait? à nos ouvriers des villes et des campagnes? N'est-ce pas jeter la perturbation dans ces faibles esprits?...

Ces esprits, selon toute apparence, ne sont faibles que parce qu'ils sont délaissés. Il y a là de l'imagination tout comme en nous, et quelquefois mieux qu'en nous. Ces hommes à peine lettrés qui s'extasient à la poésie frelatée de la *Bibliothèque bleue*, pourquoi ne pourrait-on pas les rendre sensibles à la magie des grands écrivains? Quand vous voyez sur nos marchés populeux ces yeux écarquillés, ces bouches béantes et ces attitudes extatiques devant la faconde des charlatans ou devant la baguette des chansonniers démonstrateurs de sanglantes et brutales aventures, ne songez-vous pas involontairement à tout ce que l'ancienne société fourvoyait d'instincts littéraires? La monstruosité de la forme importe peu ici : il s'agit de constater dans les plus rudes natures, un impérieux besoin d'émotions dramatiques et de plaisirs imaginaires. Sans se piquer d'érudition inopportune et par là même importune, il serait facile de populariser les beaux endroits des grands poètes. L'expérience a été plus d'une fois renouvelée : le peuple, rendu convenablement attentif par quelque explication préparatoire, mord plus vite au grand, au véritablement grand qu'au médiocre. Ne croyez pas que l'horrible idiotisme du métier ait tout éteint dans le peuple. Plus d'un travailleur chante mystérieusement les *Ouvriers* de Pierre Dupont :

> Nous nous plairions au grand soleil
> Et sous les rameaux verts des chênes!...

Heureuse la société où le pauvre s'abreuve d'un peu de poésie! C'est là qu'on voit que le superflu est chose très nécessaire et que le luxe des lettres est vraiment une nécessité. Évidemment il y a moins d'envie chez le pauvre qui sait donner quelques heures aux lectures idéales et aux peu coûteux voyages de l'imagination en quête d'idéal. Au reste, comment les grandes œuvres littéraires pourraient-elles nuire? Elles sont la quintessence des civilisations, elles enlèvent l'homme à ses mesquins soucis de tous les jours, elles font briller à la pensée ravie, toutes ces idées générales non encore volatilisées par l'abstraction, tous ces nobles lieux-communs sur Dieu, sur l'âme, sur le soleil, sur l'océan, sur la patrie, sur l'amour, sur le courage, sur la bonté, sur la fraternité qui ne connaît pas de frontières, enfin toutes ces poétiques banalités qui sont le trésor du pauvre, tandis que le stérile paradoxe n'est souvent que la honteuse pauvreté du riche.

C'est quand on verra tout ce que renferme de charme consolateur un poète aimé et compris du peuple, quand on verra les mœurs publiques s'adoucir sans s'efféminer, s'élever sans se gourmer, qu'on pourra calculer les bénéfices de l'argent placé, si je puis ainsi dire, en fonds littéraires. On sera ainsi sorti de ce cercle éternellement vicieux qui, pour avoir des poètes, demandait un public, et pour avoir un public, demandait des poètes. Plus de coteries, plus de cénacles, plus de dictatures usurpées; nous serons entrés dans la bonne démocratie littéraire; nous aurons allongé, comme on dit, les basques des carmagnoles. Une nouvelle chevalerie surgira, celle de la délicatesse des sentiments, de la cordialité des propos, de l'élévation des tendances, et de la franche énergie des actions. Cette humanité de Pascal, toujours en voie d'éducation, aura fait définitivement un grand pas en avant. Les *écrivains-étendards*, les immortels lampadophores de l'humanité auront plus de popularité que les anciens trouvères et, en même temps, une influence plus véritablement morale. Car peu de citoyens demeureront dès lors étrangers aux sentiments élevés ou délicats qui honorent la nature humaine (*).

Par la vulgarisation des grands modèles, les hommes de tous les pays se rapprocheront sans se confondre et l'humanité ne sera pas une promiscuité d'intérêts, de souvenirs et de droits. Une individualité nationale pourra grandir, sans s'armer de dédain et sans susciter de haine ou d'envie.

Et si, ce qu'à Dieu ne plaise, une nation devait perdre un jour sa liberté ou son indépendance, savez-vous ce qui arriverait? Recueillie en elle-même, elle s'inspirerait de tous ces grands écrivains, infatigables champions de la justice, pour y puiser la force et la patience jusqu'au jour de l'affranchissement. Que n'avons-nous eu, enfants de Henri de

_____

(*) CONDORCET. — *Esquisse d'un tableau des progrès de l'esprit humain.*

Dinant, d'Agneessens et d'Artevelde, ces grands souvenirs littéraires, quand
le Bourguignon, l'Espagnol et l'Autrichien nous ôtèrent l'honneur de notre
nom! Nous n'aurions pas payé notre vieille autonomie de deux siècles
d'abâtardissement et de léthargie!...

DÉBAT.

M. PASCAL DUPRAT (France). Messieurs, c'est tout à fait inopinément, et pour ainsi
dire, contre mon gré, que je prends la parole.

La thèse qui vient d'être soutenue à des côtés qui plaisent, qui doivent vous plaire.

De quoi s'agit-il, du moins en apparence? De répandre l'instruction, de faire descendre
plus avant, dans ces profondeurs trop souvent obscures du peuple, la lumière de l'intelligence, de développer, d'agrandir le cercle de cette société intellectuelle qui fait la force et
l'honneur de l'humanité.

Voilà la question, telle qu'elle a été posée dans ses termes généraux; mais qu'il me soit
permis de signaler une contradiction entre deux parties du discours que vous venez d'entendre.

Dans la seconde partie, il s'agit d'une série de mesures pratiques qui ne sont pas nouvelles, qui sont appliquées dans différentes parties de l'Europe avec plus ou moins de succès,
et dont l'auteur n'avait pas besoin de se défendre comme d'une nouveauté.

Ces mesures en elles-mêmes, sont bonnes, je dirai même qu'elles sont excellentes, mais il
s'agit de savoir quelle main sèmera sur toute la surface du pays ces bibliothèques. Si j'en
crois la première partie de ce discours, c'est l'État; plus tard, il disparaît, il devient
gênant, et c'est alors la province et la commune, plus sympathiques et plus populaires,
plus soucieuses et plus jalouses de la liberté, qui sont chargées de ce soin.

Je ne suis pas un ennemi de l'État; j'ai souvent défendu ses priviléges. Je les défends
encore très souvent.

Je suis convaincu que l'opinion publique n'est pas toujours juste envers l'État; et que
s'il n'y avait pas parmi nous des vaincus, et par conséquent, des ressentiments, des rancunes contre la force publique, on serait plus juste envers l'État, que l'on étendrait son
domaine, que l'on élargirait ses attributions.

Mais pourquoi se montre-t-on si jaloux, si sévère, si avare à propos de cette action de
l'État? C'est que par le malheur des temps, par suite des révolutions que nous traversons
les uns et les autres, souvent en vaincus et parfois en vainqueurs, l'État n'est pas l'ami, le
protecteur, mais le maître, l'adversaire, l'ennemi.

Voilà pourquoi nous lui refusons une partie des attributions auxquelles il me semble naturellement appelé par son rôle.

Maintenant, entre-t-il véritablement dans le rôle de l'État de contribuer à former un
public littéraire?

C'est cette question qui m'effraye. Elle ne m'effrayerait pas, si vous la réduisiez aux proportions modestes dont vous parliez tout à l'heure; mais à côté du fait que vous mettez en
avant, il y a une théorie vraiment effrayante.

On parle de cette magnifique littérature de l'antiquité qui est éternellement jeune, et l'on
dit qu'elle est sortie des mains de l'État. Il y a quelques souvenirs qu'on peut invoquer en
faveur de cette thèse.

Quand Périclès est président de la république ou chef du pouvoir, j'avoue que je ne vois pas l'intervention de l'État avec déplaisir. Je l'accepterais encore avec Pisistrate, dont je me défie cependant un peu.

Mais sans vouloir attaquer les hommes qui gouvernent et pour lesquels j'ai un profond respect, je demanderai si l'on a à la tête des gouvernements des Périclès, des Pisistrate?

Faut-il, pour être ministre d'un grand État, avoir étudié Voltaire, Rousseau, Bossuet, Bourdaloue? car littérature religieuse ou littérature profane, c'est toujours le même rayonnement de l'esprit; faut-il avoir le sentiment bien prononcé, bien profond des beautés littéraires?

Messieurs, je ne citerai pas de noms, mais j'ai connu des ministres qui n'étaient pas même très forts sur l'orthographe.

Dans une pareille situation, leur confierez-vous la mission dont vous parlez?

Peut-on, dans l'état actuel de l'Europe, confier l'éducation littéraire aux hommes chargés des affaires publiques?

Ne nous faisons pas illusion sur l'influence que peut exercer dans cet ordre de choses le gouvernement.

Je sais que, par leurs subsides, par les concours qu'ils organiseront de temps en temps, ils pourront produire quelques effets utiles, mais ils ne créeront jamais une grande littérature.

Messieurs, si je pouvais réveiller ici mes souvenirs, et faire passer sous vos yeux, la liste des poètes officiels qui sont nés du système que l'on préconise ici, vous laisseriez échapper un sourire de mépris pour cette littérature servile, bâtarde, qui pervertit les idées et les sentiments.

Cette protection, quand on en fait une théorie, ne donne jamais que des résultats insuffisants et qui ne sont pas en harmonie avec les sacrifices qu'elle exige. C'est le sceau du gouvernement, de la police, mis sur les esprits, sur les intelligences.

Vous voulez que l'État forme un public littéraire, et pour aboutir à ce résultat, vous me parlez de bibliothèques qui devront être établies dans les communes par l'État.

Je préférerais que ce fût par les communes ; c'est moins dangereux, plus pratique, plus paternel; mais croyez-vous que ces bibliothèques répandues dans les campagnes, créeront une classe de littérateurs bien cultivés, bien intelligents, possédant à un haut degré le sentiment du beau ; croyez-vous que vous aurez formé ce public littéraire que vous appelez de tous vos vœux?

Messieurs, on ne force pas la marche des révolutions; je suis de ceux qui accordent beaucoup d'action à la loi sur la marche de l'humanité, mais cette action a ses limites infranchissables devant lesquelles on est obligé de s'arrêter toujours.

Un public littéraire ne naît pas ainsi d'un système, d'une théorie, de la protection du gouvernement.

Il y a eu de nos jours des hommes d'esprit,—je ne sais s'ils n'ont pas de représentants ici, — qui avaient conçu une société tout à fait différente de la nôtre. Cette société devait être gouvernée par les plus capables, les plus intelligents. La science était au sommet, et, dans cette combinaison qui avait sa grandeur, elle était unie à la religion. Les grands savants étaient les grands pontifes.

C'était la science qui rayonnait du sommet sur toutes les sphères et résolvait le problème qui tourmente tous les économistes, la répartition équitable des salaires.

Je suppose cette société réalisée un jour. Je suppose qu'elle sorte des limbes où elle est restée enfermée. Croyez-vous que cette société saint-simonienne fût parvenue, par son organisation scientifique et pontificale à la fois, avec une doctrine unitaire qui eût dominé les cerveaux de tous les membres, à former cette classe de lecteurs dont vous parlez et à créer des littérateurs?

Sans doute, il y aurait eu une production régulière, une production officielle, mais pâle, faible et languissante, comme toute production officielle de même nature.

Le mouvement littéraire d'un peuple n'est jamais dû au hasard, ni à des accidents, ni à une protection systématique.

Tout en laissant, comme je le disais tout à l'heure, une certaine part à l'action du gouvernement, je crois pouvoir affirmer que les chefs-d'œuvre sont le produit du temps, qu'ils arrivent dans le cours des siècles, sous l'empire d'une certaine loi harmonieuse qui préside au développement des sociétés humaines.

C'est un privilége de Dieu et de la nature. C'est le fruit qui apparaît sur l'arbre après des siècles de végétation.

Je dis que la thèse que l'on préconise est dangereuse, surtout avec les tendances naturelles, irrésistibles des gouvernements. Lorsqu'ils entendent soutenir de pareilles théories, ils doivent éprouver un mouvement de satisfaction bien naturel. Vous allez les avoir pour complices autant et plus que vous ne voudriez. Ils savent très bien, qu'ils soient ou non composés d'hommes lettrés, quelle est la puissance de la presse, des livres; ils savent, pour rappeler un mot d'un grand poète dont vous avez célébré l'arrivée ces jours-ci, « que ceci tuera cela, » et, comme les gouvernements ont au suprême degré le culte de la force, ils ne demandent qu'à s'associer à ceci qui doit tuer cela. Ils sont donc trop portés par eux-mêmes à donner la main aux hommes de lettres, aux artistes. Quelquefois, dans leur obscurité, les ministres, les hommes d'État espèrent trouver un rayonnement de leur nom dans ces œuvres des poètes, des peintres, des sculpteurs; ils espèrent aller par une pente douce à la postérité, à laquelle ils n'arriveraient pas, s'ils n'y étaient portés par ces magnifiques instruments de la pensée. Ne craignez rien, ils ne seront pas avares de leur protection, ils la prodigueront à pleines mains. Je ne veux pas commettre d'indiscrétion, mais je me suis procuré un jour, en France, il y a longtemps, — j'habitais la France alors, — la liste des encouragements scientifiques, littéraires, je pourrais dire moraux aussi, mais vous ririez, et il est pénible de faire rire de choses pareilles, qui étaient distribués par un grand gouvernement, c'était sous la monarchie, et je dois cette justice à certains hommes qui étaient à la tête du gouvernement d'alors, de dire que c'étaient de grands écrivains dont j'ai combattu les tendances, mais dont j'ai applaudi le talent avec une sorte de répugnance. Eh bien, la protection officielle entraîne avec elle tant de vices, elle est tellement chargée de corruption, que, même sous un gouvernement d'honnêtes gens, ces encouragements étaient allés chercher des œuvres indignes de l'attention du public.

Ainsi, messieurs, pour me résumer, nous pouvons tous travailler dans notre sphère d'action à la formation de ce public littéraire que vous appelez de vos vœux. Nous devons tous, non-seulement par nos efforts individuels, mais par les efforts collectifs des associations qui existent et de celles que nous formerons, développer dans les masses le goût de la littérature; mais ce que nous devons redouter, ce que nous devons éviter, c'est la protection jalouse du gouvernement.

Je finis par un mot : « Ne confions pas à César la garde des Muses. » (Applaudissements.)

M. STROHM. Je ne puis que me féliciter de m'être attiré une aussi belle réponse; mais ce dont j'ai besoin, c'est de ne pas laisser subsister un malentendu. M. Duprat a dit que j'attribuais tout au gouvernement. Qu'il me permette de lui rappeler que j'ai formellement indiqué que l'intervention du gouvernement n'était qu'exceptionnelle et qu'au surplus, elle ne pouvait jamais être qu'accessoire. En second lieu, je comprends parfaitement la défiance qu'éprouve M. Duprat, quand il s'agit d'un gouvernement absolu. Mais chez nous, je ne la comprends pas. Ce n'est pas parce que je suis fonctionnaire et parce que comme tel, je suis habitué à avoir confiance dans le gouvernement de mon pays; je suis citoyen aussi, et, en Belgique, l'un ne gêne pas l'autre; au contraire, l'un complète l'autre.

Je ne comprends pas comment un gouvernement démocratique pourrait devenir suspect, parce qu'il tâcherait de faire lire Corneille, Shakspeare, le Dante. Je crois que ces défiances sont excessives. Je dois répondre aussi à M. Pascal Duprat qu'il n'y a rien de plus opposé à mes tendances libérales qu'un État pontife. Seulement, je suis de ceux qui croient que la liberté seule ne peut dans ce moment-ci arranger les affaires.

Il faut une force centrale à côté de la force centrifuge. Sans cela, vous n'avez pas d'équilibre social.

M. DE PRESSENSÉ (France). Je voudrais, messieurs, ne présenter qu'une ou deux observations sur le sujet si intéressant qui vous est soumis.

Je n'entre pas dans les objections déjà présentées; je ne veux pas répondre non plus directement à l'honorable orateur qui a introduit la question devant vous. Un sentiment libéral émanait de son discours, et je serais désolé qu'il y eût dans mes paroles, quelque chose qui pût le blesser.

Je laisse de côté son discours et je m'attache à l'esprit général qu'il renferme.

Lorsqu'il a dit qu'il fallait que le pouvoir central exerçât une action directe pour le développement des lettres, je crois qu'il s'est trompé.

Il disait que c'était l'intervention de l'État qui avait développé les arts et la littérature à Athènes. Mais nous savons tous qu'à Athènes, l'État, c'était le peuple tout entier. Il n'y a jamais eu d'identification plus complète entre le peuple et l'État, qu'à Athènes.

Mais, les temps ont changé. Comparez l'art alexandrin à l'art athénien, et vous verrez ce qu'il faut en conclure, au point de vue de la liberté.

A Athènes, comme c'est un art essentiellement populaire, inspiré par la liberté, il s'attache aux grandes choses. A Athènes, il y a des temples, et dans ces temples, des statues. A Alexandrie, il y a des palais. Ce n'est plus la même chose. Dans les palais, l'art devient courtisan, et, en devenant courtisan, il s'abaisse et se flétrit.

Dans nos temps modernes, il y a eu un génie royal, Napoléon. Il disait : Ah! si j'avais eu Corneille, j'aurais fait un prince.

Mais nous pouvons dire avec le poète :

Vous pouvez prendre, sire, à Mahomet l'Asie,

Vous pouvez faire des héros, vous ne pouvez faire des poètes; vous pouvez régner dans le monde de la matière, vous ne pouvez régner dans le monde de la pensée!

Quand je me reporte aux souvenirs de l'empire, quand je songe à l'influence que ce grand génie voulait exercer, précisément pour faire des lecteurs, aux livres qui devaient circuler dans le pays, à ce catéchisme qui contenait deux articles : « Vous croirez premièrement en Dieu, secondement en Napoléon, » j'ai peur de cette initiative de l'État, j'ai peur de ce pouvoir central.

Profondément convaincu qu'il y a une solidarité étroite entre toutes les grandes manifestations de la pensée humaine, je dis que cette initiative de l'Etat sera partout une cause de stérilité et d'avilissement pour les lettres.

Je me rappelle ce mot d'un ministre : « Quand je pense qu'à cette heure, dans tous les colléges de France, on fait exactement le même thème et qu'on lit exactement le même morceau de littérature. »

Croyez-vous que ce genre de protection qui donnerait une pareille unité au développement de l'esprit, c'est à dire à ce qu'il y a de plus libre, de plus spontané, aurait de bons résultats?

Poussez le plus possible vers la liberté ; ce n'est qu'ainsi que vous arriverez à faire reparaître les grandes inspirations ; car, reconnaissons-le, il y a un abaissement désolant dans la littérature contemporaine et surtout dans la littérature qui est protégée.

Quand je pense à quelques-uns des grands succès de ces derniers temps, le rouge me monte au visage, et je sens que la situation est grave pour les lettres comme pour l'ensemble de notre état social.

Je le répète, plus vous aurez recours aux mesures publiques, plus vous tarirez la source des pensées généreuses.

Je dis donc, au nom des lettres, à l'Etat : Ah! si vous vouliez nous laisser tranquilles.

M. STECHER. Je ne diffère, avec l'honorable M. de Pressensé, que sur un point : c'est qu'il ne veut pas admettre, comme moi, qu'il y ait des gouvernements franchement démocratiques fonctionnant avec la presse la plus libre possible.

M. DOGNÉE (Liége). J'aurais voulu présenter quelques observations sur l'enseignement des arts industriels, mais je crois que le temps nous manque pour aborder une pareille discussion.

Qu'il me soit au moins permis de faire aux membres de la section une proposition qui, j'en suis sûr, sera chaleureusement acclamée par eux.

Nous avons eu, depuis quatre jours, de remarquables débats. Grâce à la à la direction habile, ferme et impartiale que leur a imprimée M. le Président, ces débats ont abouti aux résultats les plus utiles.

Aussi pensé-je aller au devant des vœux de la section tout entière, en lui proposant d'émettre un vote, non pas de remerciement, comme on le fait d'ordinaire en pareille circonstance, mais de reconnaissance à M. le Président et aux membres du bureau qui lui ont prêté leur appui. (Applaudissements.)

M. LE PRÉSIDENT (comte de Liedekerke-Beaufort). Messieurs, le Président ne peut qu'être extrêmement touché et reconnaissant, tant pour lui que pour ses collègues du bureau, des paroles si bienveillantes que vient de faire entendre M. Dognée.

Certes, quand on assiste à des discussions aussi belles, aussi nobles, aussi élevées que celles auxquelles il m'a été donné d'assister, quand l'esprit, l'éloquence, la finesse des idées et la grâce de l'expression font assaut, pour donner à chaque opinion son sens le plus complet et le plus libre, la tâche d'un président est bien facile, par cela même qu'elle est bien agréable.

Je renvoie donc à la section tout entière l'éloge que M. Dognée a bien voulu adresser au bureau; je le renvoie surtout aux orateurs qui depuis quatre jours, ont fait l'agrément et je dirai, l'honneur de la section. (Applaudissements.)

M. Pinchard a fait parvenir au bureau une proposition que je vais avoir l'honneur de vous faire connaître.

Vous avez entendu, dans votre seconde séance, les développements que M. Danel a donnés à sa méthode. Vous avez sans doute été touchés de ce qu'elle a d'avantageux et d'utile, pour faire pénétrer dans les masses, les connaissances musicales auxquelles elles ne sont malheureusement restées que trop étrangères.

M. Pinchard propose à la section, d'exprimer le vœu que le conseil d'administration de l'Association internationale examine s'il ne serait pas avantageux d'introduire la méthode musicale de M. Danel, dans les écoles communales de la Belgique. — Adopté.

La séance est levée à 1 heure.

BIBLIOGRAPHIE

OUVRAGES REÇUS DEPUIS LA CLOTURE DU CONGRÈS

BATJIN (N.) — *La Revue continentale*. 1863, n⁰ˢ 1 et 2. Gand, in-8°, 300 pages par numéro.

CAUMONT ALDRICK, avocat au barreau du Havre. — *Des Gens de mer*. 1863. Paris, in-8°, 35 pages.

P. DE CARTIER, baron, Bruxelles. — *De la navigation à vapeur en Belgique*. 1863. Bruxelles, in-8°, 200 pages.

TH. ENGELS et E. VAN PEBORGH, Anvers. — *Uniformité de législation commerciale et maritime*. 1863. Anvers, in-12, 45 pages.

VAN HEES, secrétaire générale de la société : *Tot nut van t'algemeen*, Amsterdam :
1° *Handelingen van de Algemeene Vergaderingen*, 1853-1862.
2° *Printen ter beschryving van de Algemeene Vergaderingen*. 1862-1863.
3° *Jaarboek*. 1852-1861.
4° *Wet van de Maatschappy*

QUATRIÈME SECTION. — BIENFAISANCE ET HYGIÈNE PUBLIQUE

MÉMOIRES ET DÉBATS

Tout ce qui tend à prévenir ou à réprimer le crime, à améliorer, physiquement ou moralement, les conditions d'existence de l'homme est du domaine de cette section. D'où les subdivisions qui suivent :

I. Excitations au désordre, au crime, aux maladies morales et physiques.

Paupérisme. — Insalubrité. — Vagabondage. — Ivrognerie. — Recel. — Jeu. — Débauche. — Insalubrité de certaines professions ou de certaines localités. — Influence de causes externes sur les maladies sociales, morales ou physiques. — Statistiques sur ces objets.

II. Bienfaisance préventive.

Drainage des villes. — Règle pour la construction des habitations (surtout par rapport aux habitations des classes laborieuses, tant à la campagne que dans les villes). — Lavoirs et bains publics. — Sophistications des denrées alimentaires. — Police sanitaire. — Quarantaines. — Secours à domicile. — Charité publique et privée. — Hôpitaux. — Hospices, etc.

III. Réforme des délinquants.

Dépôts de police. — Dépôts de mendicité. — Pénitentiaires. — Écoles de réforme. — Refuges. — Enseignement professionnel dans ces établissements. — Comités de patronage. — Surveillance des déliquants libérés.

IV. Répression des crimes.

Bagnes, prisons, etc. — Déportation. — Colonies pénitentiaires. — Enseignement et travail dans les lieux de détention. — Discipline intérieure. — Surveillance après libération.

Le comité fondateur de l'Association avait spécialement proposé à l'examen de la quatrième section les questions suivantes :

1° Quels sont les moyens à recommander pour la réhabilitation sociale des délinquants libérés?

2° Dans quelles professions, jusqu'ici réservées aux hommes, les femmes peuvent-elles être utilement employées?

3° Quels sont les moyens de donner au peuple l'esprit de prévoyance et l'habitude de l'épargne?

4° Quelle influence exercent les monts-de-piété sur les habitudes des classes laborieuses, et de quelles réformes ces institutions sont-elles susceptibles?

5° Les liquides fermentés sont-ils utiles ou nécessaires à l'homme?

6o La société a-t-elle le droit de réprimer le vice de l'ivrognerie? Dans l'affirmative, déterminer dans quelle mesure l'intervention de l'autorité peut être admise.

7° Le régime alimentaire des ouvriers de fabrique et son insuffisance pour la plupart d'entre eux ne contribuent-ils pas puissamment aux progrès de la tuberculose pulmonaire? Quels sont les moyens de remédier à ce mal?

8° Du drainage considéré au point de vue de l'hygiène publique : son application à l'assainissement des habitations, des villes et des localités destinées à renfermer une grande population. Est-on fondé à admettre que les travaux de drainage peuvent faire disparaître des maladies endémiques?

9°. Les enfants dits des hospices sont souvent atteints de scrofule. N'est-il pas désirable de les réunir à la campagne ou sur les bords de la mer où la scrofulose est rare? N'y a-t-il pas lieu d'y fonder des orphelinats généraux à l'instar des écoles de réforme de Beernem et de Ruysselede?

10° Des dangers des mariages consanguins. Faut-il solliciter des gouvernements de nouvelles dispositions législatives pour les entraver?

La quatrième section ouvre ses travaux le 22 septembre, à 1 heure et demie, sous la présidence de M. Vléminckx père, président de l'Académie royale de médecine.

Les pouvoirs du bureau provisoire sont confirmés par acclamation.

M. LE PRÉSIDENT. Messieurs, mes collègues et moi nous vous remercions de la marque de confiance que vous venez de nous donner. Nous nous efforcerons de nous en rendre dignes, en apportant à l'œuvre que nous inaugurons aujourd'hui, tout ce que nous avons de zèle et de dévouement.

Vous appartenez, messieurs, à une des sections les plus importantes de l'Association. Elle embrasse des questions d'une portée immense; *hygiène et bienfaisance*, ces mots-là résument les problèmes les plus ardus de l'humanité. Peut-être eût-il été préférable de ne pas soumettre à la même section ce double ordre d'idées ; mais la division a paru présenter certaines difficultés, au moins pour la présente session. D'ailleurs, il faut bien le reconnaître, il existe entre l'hygiène et la bienfaisance, de nombreux points de contact. La bienfaisance, c'est de l'hygiène aussi et de la meilleure. La bienfaisance, c'est l'hygiène de l'âme, et nous n'en sommes plus à douter de l'action réciproque qu'exercent l'un sur l'autre, le corps et l'esprit.

Lorsqu'en 1852 , j'eus l'honneur d'être appelé à la présidence du Congrès international d'hygiène, je m'exprimai comme suit : « Rendre le peuple plus fort, plus sain, c'est exercer une salutaire influence sur sa moralité ; l'âme s'abat dans l'adversité ; elle se fortifie dans l'aisance ; augmenter l'aptitude au travail, c'est écarter une des causes du paupérisme, de la mendicité, de l'abrutissement, c'est relever la dignité humaine. »

L'hygiène et la bienfaisance sont donc naturellement associées l'une à l'autre, s'entr'aidant mutuellement, se suppléant, au besoin, pour la conquête des magnifiques résultats que je viens de faire entrevoir.

Les Congrès, on l'a dit avant moi, ne sauraient prétendre à créer des idées, mais ils ont incontestablement le mérite de les mettre en lumière et de les vulgariser. Ils transportent au loin, sur des terrains fertiles, de chaudes semences, et préparent aux peuples avides du bien-être de saines et d'abondantes récoltes. Ce que le Congrès d'hygiène de 1852 a produit d'heureux et de bon est vraiment digne de remarque : qu'il vous suffise d'apprendre que ses décisions sont devenues, en Belgique, la loi de l'administration et le guide de nos populations. Il y a là pour vous, messieurs, un grand et puissant encouragement.

Avant de commencer vos travaux, permettez à votre président de vous donner un conseil. Nous n'avons que peu de temps à consacrer à l'examen des grandes questions qui nous sont soumises ; il importe de l'employer avec fruit. Soyons donc concis et clairs : *multa sed lucide et breviter*. Ne recherchons pas surtout des satisfactions d'amour-propre, nous ne sommes ici que pour être utiles ; *être utiles*, c'est la pensée commune qui nous a réunis : ne la perdons pas un instant de vue.

Je réclame personnellement votre concours et votre bienveillance. Messieurs, j'ai l'espoir que ni l'un ni l'autre ne me feront défaut.

Je déclare ouvertes les délibérations de la quatrième section de l'Association internationale pour le progrès des sciences sociales. (Applaudissements.)

**Les liquides fermentés sont-ils utiles ou nécessaires à l'homme?
La société a-t-elle le droit de réprimer le vice de l'ivrognerie? Dans
l'affirmative, déterminer dans quelle mesure l'intervention de l'autorité peut être admise.** •

———

Mémoire de M. le docteur Crocq, *professeur à l'université libre, membre de
l'Académie de médecine, à Bruxelles.*

Afin de bien nous fixer sur l'utilité des boissons fermentées, nous
devons nous rendre compte de leur action ; et pour l'apprécier en pleine
connaissance de cause, nous devons savoir ce qu'il faut entendre par ces
mots : *boissons fermentées.* Ces boissons, comme leur nom même l'indique,
sont le produit de la fermentation, non pas toutefois de l'une quelconque
des transformations que les chimistes désignent sous ce nom, mais uniquement de la fermentation alcoolique. Leur principe actif commun, celui
qui les fait ce qu'elles sont, c'est le produit essentiel de cette fermentation, c'est l'alcool. Avant d'aller plus loin, nous devons donc jeter un
coup d'œil sur les effets produits par l'alcool sur l'économie animale. Je
n'ai nullement la prétention de traiter ici en détail cet important sujet;
le temps dont je puis disposer ne me permettrait pas même d'y penser.
Je dois me borner à quelques points capitaux, nécessaires à l'établissement
des propositions qui constituent le but de mon travail.

L'alcool ingéré dans l'économie animale constitue un véritable poison,
et, comme vous le verrez bientôt, messieurs, l'un des plus redoutables.
Administré à dose suffisante en une fois, il détermine des phénomènes
d'intoxication aiguë qui ne sont pas sans analogie avec ceux que produisent
certains poisons narcotiques. On voit survenir d'abord une période d'exaltation, caractérisée par un besoin immodéré de mouvement, une loquacité souvent intarissable, de la fréquence du pouls, de l'injection de la
face. Un véritable délire et l'incertitude de la marche terminent cette
période, à laquelle en succède une autre, celle de dépression. Dans celle-ci,
les mouvements deviennent lents et gênés, la démarche lourde, la langue
pâteuse, l'intelligence et la sensibilité s'assoupissent. Enfin, dans une dernière période, survient un sommeil de plomb, véritable état comateux,
qui se termine par la mort, si la dose du poison a été suffisante. Une seule
cuillerée d'alcool absolu suffit pour amener ce résultat chez un chien de
haute taille, de sorte que l'alcool doit être considéré comme un poison
violent.

Toutefois ce n'est jamais à l'état de pureté que l'alcool est ingéré; constamment il est plus ou moins étendu d'eau, constituant ainsi les eaux-de-vie, les genièvres, les rhums, les vins, les bières et les cidres. Sous ces diverses formes, son action reste toujours la même; toutes ces boissons, prises en quantités suffisantes, déterminent la série des phénomènes précédemment décrits; seulement, et cela se comprend sans peine, la dose doit être d'autant plus forte que l'alcool est plus étendu. A ce point de vue, on peut diviser toutes ces boissons en deux catégories parfaitement distinctes, bien délimitées par leurs effets sur l'organisme : ce sont, d'une part, les boissons fermentées proprement dites, d'autre part, les boissons distillées ou boissons alcooliques. Les premières, produits immédiats de la fermentation alcoolique, sont moins concentrées, moins riches en alcool, dont elles contiennent au plus 18 p. c. Cet alcool n'est pas simplement mélangé avec de l'eau; il renferme une foule de substances étrangères provenant de la fermentation. Quant aux boissons distillées, elles renferment au delà de 40 p. c. d'alcool; elles ne proviennent pas directement de la fermentation, parce que déjà à dose inférieure à celle-là, ce principe immédiat met obstacle à la continuation de cet acte chimique. Il faut donc pour les obtenir, une manipulation, une intervention de l'industrie humaine, et cette manipulation, c'est la distillation.

Avant d'aller plus loin, jetons un coup d'œil sur l'effet des boissons contenant de l'alcool, sur l'économie animale, non plus lorsqu'elles agissent d'une manière brusque, instantanée, passagère, mais lorsque, ingérées journellement ou du moins fréquemment à doses fortes ou restreintes, elles agissent d'une manière continue sur l'organisme.

Ici, messieurs, la question devient très complexe, et afin de bien fixer vos idées, j'établirai dans l'action de l'alcool trois échelons, trois modes d'action qui se succèdent. Dès qu'il est ingéré, il agit sur l'estomac et l'intestin, avec lesquels il se trouve immédiatement en contact. Il arrive ensuite par l'absorption dans le sang, dans le torrent de la circulation et y subit des transformations spéciales. Enfin, transporté par le sang dans tous les organes, il les altère et les transforme comme je vais vous l'exposer.

L'alcool, mis en contact avec la muqueuse gastrique, produit une rougeur et un gonflement de cette membrane; si l'action est assez violente, il y a inflammation; si elle est souvent répétée, cette inflammation passe à l'état chronique. Il y a donc chez les individus adonnés aux boissons fortes, une gastrite ou une gastro-entérite chronique, qui amène à sa suite un développement insolite des glandules et une hypertrophie de la tunique musculaire. Cet état est caractérisé par la perte de l'appétit, des digestions pénibles, une bouche pâteuse et mauvaise, des renvois, des nausées et des vomissements. Ceux-ci sont parfois alimentaires; mais le plus souvent ce sont des vomissements séreux survenant le matin à jeun, et tout à fait caractéristiques. L'intestin, recevant moins immédiatement et moins directement l'impression de l'agent toxique, présente des altérations moins constantes et moins fortement accusées, et elles le sont d'autant moins qu'on avance davantage vers ses parties inférieures. Les phénomènes qui les accusent sont en proportion aussi moins intenses : ce sont, chez ceux qui ont longtemps abusé de ces boissons, des douleurs abdominales, des coliques et des irrégularités dans les évacuations alvines.

L'alcool ne reste pas dans le tube digestif; l'absorption le fait passer rapidement dans le sang, avec lequel il est, par le torrent de la circulation, transporté dans tous les organes. Voilà pourquoi l'haleine et même la transpiration des buveurs exhalent une odeur particulière. Mais reste-t-il là à l'état d'alcool? De prime abord, ceci paraît peu vraisemblable; l'alcool absorbe avec avidité l'oxygène de l'air dès qu'il se trouve placé dans des circonstances favorables et subit diverses transformations : il se transforme d'abord en aldéhyde, puis en acide aldéhydique ou acéteux, puis en acide acétique, en acide oxalique, et finalement en eau et en acide carbonique. Tels sont les divers échelons de cette transformation que l'alcool parcourt. Ces réactions s'opèrent avec une telle facilité, qu'une goutte d'alcool mise sur un verre de montre, passe rapidement à l'état d'aldéhyde. Les circonstances favorables à leur production sont un grand état de division, qui multiplie les points de contact, et une température convenable; personne ne niera qu'elles ne se trouvent réalisées dans l'organisme. De plus, celui-ci constitue un appareil énergique d'oxydation, de combustion; les substances poreuses qui le composent agissent sur les corps combustibles mis en contact avec elles, de manière à leur faire absorber avec rapidité l'oxygène, qui s'y trouve partout répandu. Aussi toutes les substances avides de cet élément, les acides végétaux, les sucres, le tannin, les graisses, en. sont-elles généralement expulsées, non pas en nature, mais à l'état de produits d'oxydation plus élevée, dont les derniers termes sont toujours constitués par l'eau et l'acide carbonique. M. Liebig a le premier affirmé cette transformation, sans toutefois la prouver. MM. Bouchardat et Sandras n'ont retrouvé dans les produits d'excrétion qu'une faible proportion de l'alcool ingéré, et quelquefois ils y ont rencontré de l'acide acétique, avant-dernier terme de la série des transformations de l'alcool. Ils en concluent que celui-ci se transforme comme je viens de le dire, mais avec une rapidité qui permet à peine de saisir les degrés intermédiaires d'oxydation. Cependant M. le docteur

Duchek, de Prague, est parvenu à retrouver dans le sang l'aldéhyde immédiatement après l'ingestion de l'alcool ; et par l'administration directe de ce corps, il a pu déterminer avec beaucoup de rapidité tous les phénomènes de l'ivresse alcoolique. Depuis, MM. Lallemand, Perrin et Duroy, n'ayant pas réussi à retrouver dans les produits excrétés, l'aldéhyde ni l'acide acétique, mais bien l'alcool en nature, ont nié ces transformations ; ils ont considéré l'alcool comme une substance non assimilable, inaltérable au sein de l'organisme, et agissant seulement par sa présence. Mais ils n'ont jamais retrouvé dans leurs recherches qu'une minime partie de l'alcool ingéré ; qu'était donc devenue la plus grande partie de ce produit ? Évidemment elle avait subie la transformation en eau et en acide carbonique.

Cette transformation, s'effectuant de la manière que je viens d'exposer, constitue donc un fait démontré dans l'état actuel de la science, et ce fait est fort important au point de vue de la question que je traite. Il en résulte qu'à la suite de l'ingestion de l'alcool, le sang ne contient pas seulement ce principe, mais aussi et surtout l'aldéhyde, corps plus irritant, plus instable et, par conséquent aussi, plus nuisible que lui.

L'alcool et l'aldéhyde sont transportés par le sang, et mis par lui en contact avec toutes les parties du corps, qui toutes doivent ressentir l'action de ces substances ennemies et irritantes. Aussi toutes s'affectent-elles, à des degrés divers selon les diverses prédispositions individuelles. Sous l'influence de cette irritation continuelle qu'elles subissent, elles perdent de leur irritabilité, leur tissu se relâche, les petits vaisseaux n'ont plus la tonicité nécessaire pour que la circulation capillaire s'exécute avec l'équilibre voulu pour le jeu normal des organes. Ceux-ci s'engorgent, ils deviennent le siége de congestions, de dilatations variqueuses des petits vaisseaux, d'épanchements séreux et sanguins, d'inflammations chroniques, enfin de dépôts de graisse. Ils arrivent ainsi à la dégénérescence graisseuse, terme ultime des transformations régressives des principes organiques.

Appliquons maintenant ces données générales aux différents organes considérés en particulier : cette étude est fort instructive, et mérite que nous nous y arrétions un instant.

De tous les organes, le foie est celui dans lequel l'alcool absorbé pénètre le plus immédiatement et en proportion plus considérable. Aussi présente-t-il constamment, chez les individus habitués aux alcooliques, des altérations, qui sont d'abord la congestion de l'organe, la stéarose à ses différents degrés, puis l'hépatite chronique et la cirrhose, la plus terrible de toutes ses altérations chroniques, suite toujours funeste de l'inflammation chronique. Parmi ces altérations, il en est une qui est constante, c'est la stéarose ou dégénérescence graisseuse. Ces lésions se manifestent par des troubles des fonctions digestives, un appauvrissement prononcé du sang, et une teinte jaunâtre, sale, terreuse, rarement franchement ictérique de la peau.

Les organes respiratoires sont le siége de lésions moins graves, mais qui méritent pourtant notre attention. Les buveurs offrent généralement un timbre particulier de la voix, une certaine raucité; ils doivent de temps en temps, faire des efforts pour détacher des mucosités qui séjournent dans leur gorge; ils sont fréquemment sujets à une toux et à une expectoration habituelles. Ces phénomènes sont dus à un boursouf-flement de la muqueuse des voies aériennes, depuis les bronches jusqu'au pharynx et aux amygdales; le pharynx se présente souvent à l'exploration tout couvert de granulations. L'emphysème pulmonaire, et, chez les individus prédisposés par l'hérédité et les mauvaises conditions hygié-niques, les tubercules, se rencontrent aussi comme altérations adven-tives ou accessoires.

Le cœur est atteint de dégénérescence graisseuse à un degré plus ou moins élevé. Il ne faut pas confondre cet état avec la surcharge graisseuse qui a pour siége sa surface; la dégénérescence consiste en une transformation de la chair musculaire même de l'organe, qui de-vient par là incapable de remplir ses fonctions, de chasser le sang à tra-vers le système vasculaire. Cette dégénérescence, habituelle chez le vieillard arrivé à la décrépitude, indice normal en quelque sorte de la mort physiologique par usure des organes, survient prématurément, par-fois dès l'âge de 30, 40 ou 50 ans, chez ceux qui ont usé prématurément leur existence par l'usage des boissons fortes, qui ont fait fonctionner en pure perte, pour brûler de l'alcool, cet admirable appareil d'oxydation qui est le point de départ et la base de tous les phénomènes de la vie orga-nique. Cette même dégénérescence s'empare aussi, quoiqu'à un degré moins prononcé, des muscles de la vie animale, qui deviennent pâles et flasques, et perdent, en grande partie leur énergie, leur force contractile. Mais cet effet n'est pas le seul que les liqueurs alcooliques produisent sur le cœur; leur action irritante, en déterminant de sa part des contractions désordonnées, le prédispose à l'hypertrophie; elle prédispose encore plus aux inflammations de sa membrane interne, tant aiguës que chroniques, qui ont pour résultats les altérations valvulaires, affections incurables qui tôt ou tard entraînent fatalement la terminaison funeste. Ces affections, quoi qu'on en ait dit, sont le partage habituel des vieux buveurs. Il en est de même de l'athérôme des artères, qui reconnaît pour point de départ la combinaison de l'action irritante des principes que le sang charrie avec lui, avec la tendance aux dégénérescences graisseuses; il prédispose aux ruptures vasculaires, aux anévrismes et à la gangrène sénile.

Le principal organe sécréteur, les reins, participe à un haut degré aux altérations que détermine le principe alcoolique; ici encore c'est l'inflammation chronique que nous rencontrons, sous forme de néphrite albumineuse ou maladie de Bright, et sa terminaison habituelle est la dégénérescence graisseuse de l'organe. La néphrite albumineuse peut se rencontrer dans des circonstances toutes différentes et toujours avec les mêmes caractères; mais nulle part, elle n'est aussi fréquente que chez les buveurs, auxquels appartiennent le plus grand nombre des cas de cette redoutable maladie.

Chez ceux qui commencent à user des alcooliques, la peau présente une activité plus grande; la transpiration devient plus abondante et plus facile; la coloration est plus rouge, plus foncée, par suite de l'activité plus grande imprimée à la circulation. Mais bientôt l'irritation trop longtemps continuée et trop souvent répétée donne lieu à des résultats tout opposés : la peau devient sèche, aride, jaunâtre, et parfois elle se couvre d'éruptions pustulo-squammeuses, sous forme d'acne, d'eczéma, d'impétigo, d'ecthyma; la couperose des buveurs, le bourgeonnement du visage (acne sebarea), en est un exemple bien connu. Probablement les altérations de l'estomac et du foie, organes liés à la peau par des rapports sympathiques si intimes, sont-elles aussi pour quelque chose dans la production de ces éruptions.

Le système nerveux, siége principal des manifestations de l'ivresse, de l'abus des alcooliques, présente aussi des phénomènes frappants sous l'influence de leur usage habituel. Tout le monde connaît le tremblement des ivrognes, qu'ils masquent en ingérant une dose suffisante de boisson : moyen de soulagement trompeur qui, à la suite d'une amélioration factice, laisse une aggravation réelle et permanente. Mais ce phénomène, si commun et si constant, n'est pas le seul : il s'y joint des aberrations de la sensibilité, consistant en anesthésie plus ou moins complète, hyperesthésie, hallucinations de la vue et de l'ouïe, qui par leur association avec le tremblement musculaire, constituent à proprement parler l'état désigné sous le nom de *delirium tremens* ou délire des buveurs. Puis viennent, dans des cas plus rares, lorsque les excès ont été poussés à leur plus haut degré, des accès convulsifs qui revêtent parfois la forme épileptique, des paralysies, des apoplexies.

A côté de ces phénomènes, qui atteignent les fonctions sensitives et motrices du système nerveux, s'en produisent d'autres qui se rapportent aux facultés les plus élevées, les plus nobles de l'homme, qui le frappent dans ce qu'il a de plus précieux. L'alcool brise l'instrument de la pensée, il anéantit la manifestation de cette intelligence qui nous distingue de la brute, et place ainsi l'homme autant au dessous de celle-ci, dont les facultés instinctives lui font défaut, que par son essence, il se trouvait au dessus d'elle. Parfois, mais seulement épisodiquement, surviennent des accès de manie aiguë; plus souvent, et toujours au bout d'un temps suffisamment long, c'est l'abrutissement, l'anéantissement de l'intelligence, la dépravation des sentiments, la stupidité, la démence, l'idiotisme. Je pose en fait que, sur dix cas d'aliénation mentale, surtout dans la classe du peuple, huit reconnaissent pour point de départ l'abus des alcooliques. Tous les statisticiens et les criminalistes s'accordent pour signaler leur action sur la fréquence des méfaits que les tribunaux ont pour mission de réprimer.

Toutes ces anomalies fonctionnelles du système nerveux ont pour point de départ des altérations anatomiques multiples; des congestions, des dilatations vasculaires, la dégénérescence athéromateuse des artères du cerveau, des ramollissements, des hémorrhagies récentes ou anciennes, des inflammations, des épaississements des membranes, des suffusions séreuses, enfin ici comme partout, la dégénérescence graisseuse des organes.

Mais le sang lui-même, qui charrie ce poison et sert en même temps de théâtre à ses transformations successives, subit également son influence. Le sang aussi est vivant, et de toutes les parties vivantes, il est sans doute la plus importante. Eh bien, à son tour, il s'altère et devient malade. Pour comprendre ceci, nous devons nous reporter à notre point de départ, qui nous a montré l'alcool passant par tous les degrés d'oxydation, depuis l'aldéhyde jusqu'à l'eau et l'acide carbonique. Le théâtre de ces phénomènes, c'est le torrent de la circulation; cet oxygène qui sert à leur accomplissement avait dans le sang qui l'avait absorbé une fonction à remplir : il devait y transformer le sucre et la graisse, et, d'une manière moins active et moins rapide, les principes azotés eux-mêmes, devenus inutiles à l'économie, usés en quelque sorte par le jeu des organes. Il y a dans ce laboratoire, réservoir et source des forces vives de l'organisme, de la chaleur et du mouvement, une économie, un ordre, un équilibre admirables. Les aliments féculents, sucrés et gras sont ingérés jusqu'à concurrence de la somme nécessaire pour fournir à l'activité de la combustion organique; l'oxygène à son tour en détruit ce qu'il faut pour que l'économie n'en soit pas surchargée; les besoins instinctifs nous avertissent en quelque sorte des quantités qui doivent être ingérées pour que cette juste pondération soit maintenue. Nous introduisons en excès un agent facilement combustible; il absorbe l'oxygène, l'utilise, et préserve de son action les corps qu'il aurait dû s'approprier, et surtout les éléments saccharins et gras. Cette action est d'autant mieux marquée que l'alcool et l'aldéhyde agissent encore d'une autre façon : ils retardent l'échange qui doit se faire dans les poumons entre l'air atmosphérique et l'acide carbonique; le sang est surchargé de ce dernier, et il y a une véritable asphyxie. Ce phénomène a été constaté par M. Bouchardat sur un coq dont, sous l'influence de l'ivresse, la crête, primitivement d'un rouge vif, présentait une coloration noire. Les phénomènes asphyxiques qui accompagnent l'ivresse sont d'ailleurs bien connus, et parfois ils sont portés au point de déterminer la mort. Cette oxygénation incomplète et cette surcharge d'acide carbonique expliquent parfaitement l'état particulier que présente le sang des personnes habituées aux alcooliques : il est plus noir, plus poisseux, moins coagulable, et, si la maladie est arrivée à un plus haut degré, plus aqueux qu'à l'état physiologique. L'alcool entrave donc la combustion organique animale par un double mécanisme : d'abord par la soustraction de l'oxygène employé à sa destruction, puis par le ralentissement qu'il apporte dans le dégagement de l'acide carbonique. Les corps gras restent dans l'organisme qu'ils encombrent; les principes saccharins y restent aussi, quoiqu'en moindre proportion, et finissent par s'y transformer en graisse. De là la tendance aux dépôts adipeux, constitués par une graisse molle et mal élaborée, différente de cette graisse consistante et élastique qui caractérise l'état de santé; de là aussi cette tendance générale à la transformation graisseuse des organes, à la terminaison des inflammations elles-mêmes par la dégénérescence graisseuse. Quelques auteurs ont cru devoir admettre, en présence de ces phénomènes, une transformation de l'alcool en graisse au sein de l'organisme; mais la chimie désavoue cette transformation, qui, on le voit, n'est nullement nécessaire à l'explication du fait. Cet état particulier du sang ne peut du reste pas borner là son action : il doit agir aussi sur les organes, concurremment avec les propriétés irritantes de l'alcool et de l'aldéhyde, et surtout sur le cerveau, au fonctionnement normal duquel est indispensable la stimulation apportée par un sang bien composé et bien élaboré, ne renfermant pas un excès d'acide carbonique.

Un médecin américain, M. Hammond, a démontré par des expériences que la diminution dans la quantité d'acide carbonique exhalé n'est pas la seule modification que l'usage des acides alcooliques apporte dans les excrétions. Les quantités de matières fécales, d'urine, d'eau, d'urée, de chlore, de phosphates et de sulfates rejetées au dehors sont également diminuées, ce qui implique un ralentissement du mouvement de composition et de décomposition de l'organisme dans tout son ensemble. Ce ralentissement, s'il est longtemps continué, s'il devient habituel, n'est nullement inoffensif; il rompt l'équilibre des fonctions et altère la composition du sang, de manière à introduire un état permanent de discorde et d'anomalie qui ne peut se perpétuer sans agir défavorablement sur la nutrition des organes. Cette cause, jointe à celles énumérées précédemment, rend parfaitement compte des altérations anatomiques et fonctionnelles que nous rencontrons en si grand nombre à la suite de l'usage des boissons fortes. Ces considérations nous font comprendre comment les maladies quelconques, toutes accidentelles, les pneumonies, les arthrites, les bronchites, même les blessures, revêtent, dans ces circonstances, une gravité qu'elles n'ont pas dans toutes autres : c'est aussi ce que la pratique de tous les médecins a constaté.

Certainement les faits physiologiques et pathologiques que j'ai rassemblés jusqu'ici ont une grande importance; mais ils ne se rapportent qu'à l'individu pris isolément. J'arrive maintenant à une autre série de faits, qui intéresse l'avenir même de l'humanité, le sort de nos descendants, la destinée des générations futures. Les alcooliques, qui, lorsqu'on commence à en faire usage, stimulent les organes génitaux, aboutissent, lorsqu'on les emploie d'une manière continue, à un résultat tout opposé : ils amènent progressivement chez l'homme l'impuissance, chez la femme la stérilité; et l'on comprend que l'extension progressive et indéfinie de leur usage puisse amener la diminution des populations et même au bout d'un certain temps l'extinction de la race. C'est du reste ce qui s'est vu; des tribus entières d'Indiens de l'Amérique du Nord ont disparu sous l'influence du genièvre que les négociants anglais leur livraient en énorme quantité, en échange des précieuses fourrures de leurs forêts; cette boisson a été pour eux, plus rapidement et plus complétement meurtrière que le fer des Espagnols pour leurs frères de l'Amérique du Sud. Mais là ne se borne pas l'action funeste de l'alcool : non seulement il tend à anéantir la race, mais aussi à la dégrader et à la pervertir. J'ai tracé le tableau des phénomènes qu'amène à sa suite l'usage des alcooliques; eh bien, toutes les prédispositions organiques que nous portons nous-mêmes, nous avons une tendance à les léguer à nos enfants, comme nous leur léguons nos traits, la forme de notre nez, de notre bouche, de nos oreilles, de notre front. Ceci est vrai surtout relativement aux fonctions du système nerveux dont les altérations, comme nous l'avons vu, priment toutes les autres. Aussi ne manque-t-il pas d'exemples qui nous montrent le fils de l'ivrogne se jetant à corps perdu dans la voie du crime et de la dégradation, ni d'autres qui nous le montrent atteint de folie, d'épilepsie, d'hallucinations, de monomanie, d'idiotisme. Je ne puis mieux faire à cet égard que de reproduire un passage d'un écrivain qui a étudié avec beaucoup de soin tout ce qui se rattache aux causes de l'aliénation mentale, M. le docteur Morel, médecin en chef de l'asile des aliénés de Saint-Yon. Voici comment s'exprime ce savant médecin :

« La dégradation physique, la perversion complète de l'intelligence et
« des sentiments, ne restent pas à l'état de ces faits isolés qui, n'ayant
« aucun rapport ni avec le passé des parents, ni avec l'avenir des descen-
« dants, disparaîtront tôt ou tard avec les victimes de cette déplorable
« habitude. Il n'est, au contraire, aucune autre maladie où les influences
« héréditaires soient aussi fatalement caractéristiques ; si l'imbécillité
« congéniale, l'idiotie sont les termes extrêmes de la dégradation chez
« les descendants d'individus alcoolisés, un grand nombre d'états inter-
« médiaires se révèlent à l'observateur par des aberrations de l'intelli-
« gence et par des perversions tellement extraordinaires des sentiments,
« que l'on chercherait en vain la solution de ces faits anormaux dans
« l'étude exclusive de la nature humaine déviée de son but intellectuel et
« moral. »

Quelle est, messieurs, la conclusion à tirer de ces faits que j'ai fait en si grand nombre passer sous vos yeux ? Chacun de vous l'a sans doute déjà formulée : c'est que l'alcool est un poison, et l'un des plus terribles que la nature renferme. Il est d'autant plus terrible qu'il n'est pas, comme tant d'autres, repoussant par son aspect ou par sa saveur, et qu'il exerce sur ceux qui se livrent à lui une attraction qui, toujours croissante, finit par devenir irrésistible. Cependant faut-il proscrire d'une manière absolue toute substance qui en contienne? Ne peut-il pas, au contraire, sous certaines formes, présenter une incontestable utilité? Examinons cette question sans nous laisser épouvanter par ce mot de poison, et rappelons-nous que la plupart des agents par lesquels le médecin rend la santé aux malheureux qui souffrent, sont de violents poisons, à commencer par l'opium et le mercure, desquels il lui serait impossible de se passer.

Les effets que j'ai mentionnés dans ce qui précède sont d'autant plus prononcés, que l'alcool est pris à plus haute dose et à un plus haut degré de concentration. Il ne faut donc pas seulement tenir compte de celle-là, mais aussi de celui-ci, car une même dose agira avec d'autant moins d'énergie qu'elle sera plus étendue. La bière et le vin, toutes choses égales d'ailleurs, sont moins nuisibles que le genièvre et l'eau-de-vie. En effet, plus l'alcool est concentré, moins il présente de densité, plus par conséquent il doit, en vertu des lois de l'endosmose, être absorbé avec rapidité ; plus il est étendu, plus lentement l'absorption doit s'en faire. Or, plus l'absorption est lente, plus est lente aussi la combustion de l'alcool dans le sang, moins il rend celui-ci irritant, et moins il apporte de trouble dans l'action de l'oxygène; on comprend même qu'un certain moment arrive où il joue le rôle de ces aliments qui doivent être immédiatement transformés, les sucres et les graisses, et les supplée au besoin. L'alcool étendu, tel qu'il se trouve dans la bière, dans le vin, dans le cidre, remplit fort bien ces conditons, à moins qu'on n'en fasse un usage immodéré. Il les remplit d'autant mieux qu'il y est uni à des substances qui contrebalancent et ralentissent son action sur l'organisme : tels sont les acides, les sels, les principes aromatiques et amers du houblon, les principes aromatiques, éthérés et astringents du vin. Ces boissons-là renferment sans doute le poison, mais sous une forme qui lui enlève ses qualités malfaisantes, pourvu qu'elles soient prises dans une certaine mesure. D'autre part, elles stimulent légèrement l'estomac et le cerveau, sans cependant les irriter; elles activent la digestion et facilitent le travail intellectuel. Par là, elles sont utiles à l'homme vivant en état de civilisation; elles sont nécessaires même la plupart du temps à ceux qui doivent se livrer à des travaux fatigants, soit du corps, soit de l'esprit, elles le sont au même titre que le café, si souvent calomnié sans raison. La bière et le vin, quand ils sont de bonne qualité, sont des boissons dont l'usage doit être recommandé, et non proscrit; seulement comme de toutes choses, et des meilleures, il faut savoir en user avec modération ; il faut que l'individu sache apprécier la quantité qui lui convient, et ne pas la dépasser, pas plus qu'il ne doit dépasser la quantité d'aliments nécessaire à sa sustentation. Il serait aussi à désirer qu'on ne les prît jamais en dehors des repas, ou du moins sans y joindre quelque substance alimentaire solide; car lorsqu'elles sont versées dans un estomac vide, elles l'irritent beaucoup plus, et leur absorption se fait avec une rapidité bien plus grande. Ainsi, pris au repas, un verre de vin généreux activera la digestion; pris habituellement le matin à jeun, il pourra déterminer une gastrite, ou même agir sur le système nerveux. J'ai dit toutefois, que pour être bienfaisantes, les boissons fermentées devaient être de bonne qualité; et précisément à cause des avantages qu'elles présentent, je voudrais que la loi punît avec une rigueur exemplaire les industriels coupables qui les adultèrent de toutes les façons, qui, par exemple, neutralisent les acides par la chaux ou la litharge, ou qui remplacent le houblon par l'aloès, ou même par la strychnine, l'un des plus violents poisons qui existent.

Mais si les boissons fermentées sont utiles, je ne puis en aucune façon, dire la même chose des boissons distillées, de ces boissons qui renferment au delà de 40 p. c. d'alcool, telles que le genièvre, l'eau-de-vie, le rhum, l'absinthe. Celles-ci possèdent au plus haut degré toutes les mauvaises qualités que j'ai attribuées aux alcooliques; l'alcool est très concentré, son action nuisible n'y est contrebalancée par rien; si, à fort petite dose, elles peuvent présenter certains avantages, les boissons fermentées les présentent aussi, sans qu'à côté d'eux on trouve des inconvénients inhérents à l'action d'un agent que j'ai démontré être un poison violent. On dit qu'elles soutiennent les forces, et que, par conséquent, dans certaines circonstances, elles peuvent être utiles, mais sur ce point, il faut s'entendre. Les boissons distillées ne nourrissent pas; elles excitent, elles ralentissent momentanément le mouvement de composition et de décomposition organiques, et par là elles soutiennent, momentanément aussi, celui qui doit se livrer à un exercice fatigant sans avoir une nourriture suffisante. Mais ces avantages-là, je le répète, sont atteints aussi bien par la bière et le vin, et on peut faire de la bière et du vin un usage habituel journalier, tandis que je n'oserais conseiller à personne l'usage habituel, même à dose très modérée, d'une boisson distillée quelconque. En effet, j'ai observé les phénomènes bien déterminés de l'intoxication alcoolique, y compris le *delirium tremens*, chez des ouvriers qui n'étaient pas des ivrognes, mais qui prenaient journellement le matin à jeun un ou deux petits verres de genièvre. Je sais bien que d'autres en prennent impunément davantage; mais leur immunité ne prouve rien; si certains individus sont réfractaires à une dose de poison qui en tuerait d'autres, ce n'est pas une raison pour considérer le poison comme inoffensif. L'hygiène doit donc, en règle générale, proscrire les boissons distillées.

L'histoire s'accorde complétement avec les considérations physiologiques pour démontrer l'inutilité des boissons distillées. Les boissons fermentées ont été connues et employées de tout temps : d'après la Bible, Noé connaissait le vin, et Tacite nous apprend que les anciens Germains fabriquaient de la bière. Les Indiens et les Chinois paraissent avoir de temps immémorial fabriqué de l'eau-de-vie de riz; mais dans l'Occident les alcooliques restèrent inconnus jusqu'au xie siècle, époque à laquelle les Arabes découvrirent l'esprit de vin, qui reçut d'eux le nom d'*alcool*. Toutefois il resta d'abord confiné dans les pharmacies, desquelles il n'aurait pas dû sortir. Au xvie siècle, quelques médecins allemands chantèrent ses louanges avec toutes les exagérations de l'imagination la plus exaltée; il fut représenté comme le remède à tous les maux, il devait prolonger la vie à des termes jusques là inconnus. Il devint ainsi panacée universelle, remède populaire, et bientôt après boisson usuelle. Son emploi se généralisa rapidement; on tacha de le préparer le plus économiquement possible; on découvrit l'eau-de-vie de grains et le genièvre de pommes de terre; . et au xviie siècle, les Suédois en abusaient tellement, qu'en 1622, le roi

Gustave-Adolphe en interdit le débit. En 1718, le roi de Prusse, Frédéric-Guillaume I⁰ʳ, prit une mesure analogue. Toutefois rien n'y fit ; la puissance royale même devait venir se briser contre cette triste passion, et toutes les défenses et tous les édits n'empêchèrent, en aucun pays, le mal de faire des progrès et des ravages de plus en plus étendus. Cet aperçu historique nous montre que l'usage des boissons distillées est d'origine bien récente, ne remontant pas au delà du xviᵉ siècle ; il nous apprend que les Grecs, les Romains, et nos rudes ancêtres, les chevaliers et les hommes des communes du moyen âge, ne connaissaient pas les spiritueux, ce qui ne les empêchait pas de se livrer, d'une manière soutenue, aux fatigues de la guerre.

Mais il ne suffit pas que l'hygiène nous apprenne que les boissons distillées doivent être bannies des usages ordinaires de la vie ; il faut que nous trouvions des moyens pratiques d'assurer l'exécution de ses arrêts. Et remarquez bien qu'il ne s'agit pas ici d'une de ces questions de science pure que l'on peut discuter froidement et auxquelles on laisse ensuite faire tant bien que mal leur chemin. Non, messieurs, il s'agit d'une des questions sociales les plus graves que l'on puisse soulever, d'une de ces questions desquelles dépend l'avenir de l'humanité et de la civilisation. Si, d'une part, nous montrons, avec un juste orgueil, les conquêtes de la science, les progrès de l'esprit humain, d'autre part, nous devons bien nous avouer que cette société à laquelle nous appartenons est minée par des vices hideux, parmi lesquels l'ivrognerie tient le premier rang, et que par tous les moyens possibles nous devons combattre. Nous devons nous la représenter comme un monstre qui s'avance pour étouffer dans ses immondes replis l'intelligence humaine, pour substituer à la pensée et aux sentiments religieux et artistiques, la dégradation, l'immoralité et l'abrutissement. Et nous devons nous tenir d'autant plus en garde que, ainsi que je vous l'ai dit, ce n'est pas tant nous qu'elle menace, que les générations futures auxquelles leurs pères transmettront, comme une marque indélébile de honte, les conséquences de leurs fautes et de leurs erreurs.

Il menace dans son essence même notre civilisation, à laquelle il prépare, si nous n'y mettons ordre, le même sort que les hordes barbares de la Germanie et de la Scythie firent subir à la civilisation romaine.

Ce n'est pas d'ailleurs un mal qui puisse rester stationnaire ; comme toutes les passions dévastatrices, d'année en année, tant que d'une main ferme on ne lui aura pas posé une borne, un *nec plus ultra*, on pourra constater ses progrès. Ainsi, récapitulons-les sommairement. Au xviᵉ siècle on commença à faire usage des boissons distillées. Au xviiᵉ et au xviiiᵉ, des édits parurent, destinés à en restreindre l'usage toujours croissant.

En 1747, les États de Suède les indiquaient déjà comme menaçant le bien-être et la prospérité de l'État. Dans ce pays aussi bien qu'en Russie, la consommation s'en est jusqu'aujourd'hui accrue d'une manière effrayante ; ce sont peut être les deux pays où elle est la plus forte. A ce propos, on a dit que les spiritueux étaient d'autant mieux tolérés et même d'autant plus utiles qu'on s'avançait davantage vers le Nord. Il y a là quelque chose de vrai ; l'estomac en supporte, sans se révolter, des doses plus élevées en Hollande ou en Suède qu'en France ; mais il est permis de se demander si le résultat final, l'action sur l'organisme, en général, n'est pas en définitive identique. Ce qui doit le faire croire, c'est que c'est précisément dans les pays du Nord, là où la consommation est la plus forte, que l'on a aussi recueilli et relaté les cas les plus graves et les plus nombreux d'intoxication. Ainsi, un Anglais, Letsom, a le premier décrit avec soin, en 1794, les principaux symptômes nerveux, et un autre Anglais, Pearson, a signalé, en 1801, le *delirium tremens*. Un médecin russe, le docteur Brühl-Cramer de Moscou, décrivit avec beaucoup d'exactitude les paralysies et les anesthésies alcooliques en 1819, et M. Magnus Huss, de Stockholm, a donné, en 1852, une monographie des plus complètes dans laquelle il a décrit les formes les plus graves des accidents nerveux ; le premier, il a proposé pour désigner ces accidents le nom d'alcoolisme, aujourd'hui généralement adopté. Cette indication sommaire des progrès de la science médicale relativement à ce point est très instructive : elle nous fait toucher du doigt les progrès de cette redoutable maladie, presque une acquisition de notre siècle qui, le premier, lui a donné un nom ; elle nous montre ensuite cette étude se perfectionnant et se complétant dans les parties septentrionales de l'Europe, où, par conséquent, les alcooliques sont loin d'être plus inoffensifs que dans les contrées situées sous un ciel plus doux.

La ville de Berlin comptait, en 1822, 1,520 débits d'eau-de-vie ; 30 ans plus tard, elle en comptait 6,540. A Paris, la consommation s'accroît d'année en année : de 20,000 hectolitres qu'elle était en 1809, en 1827, elle s'élevait à 80,000 hectolitres ; et pourtant la population n'avait pas même doublé. Aux États-Unis, on a calculé que de 1807 à 1828, la consommation annuelle a été en moyenne de 27 litres par habitant ; défalquez les enfants et les femmes, et vous serez effrayés de la quantité absorbée par chaque buveur. A Bruxelles, il y a 50 ans, les débits de liqueurs étaient peu répandus, et se comptaient facilement ; aujourd'hui, on en rencontre dans toutes les rues. En 1849, il y avait 445 estaminets, 474 débits de liqueurs et 191 établissements cumulant les deux commerces, soit 665 maisons où l'on vendait des liqueurs. En 1861, il y avait 617 estaminets, 783 débits de liqueurs, et 316 maisons de la troisième catégorie, soit en tout 1,099 débits de liqueurs. Le nombre d'estaminets a donc augmenté de 1849 à 1861, de 172, soit $\frac{1}{2.58}$, ou $\frac{100}{258}$; le nombre des débits de liqueurs a augmenté de 434, soit $\frac{1}{1.53}$, ou $\frac{100}{153}$; le nombre des débits de liqueurs a donc augmenté dans une proportion bien plus forte que celui des estaminets; il a presque doublé, tandis que la population ne s'est nullement accrue dans la même proportion. En 1850, Bruxelles comptait 142,489 habitants, 468 estaminets, et 733 débits de liqueurs; en 1860, il y avait 174,829 habitants, 577 estaminets, et 1,031 débits de liqueurs. Cela fait sur cette période de 10 ans, les augmentations suivantes :

Habitants . . . . 32.340 ou $\frac{1}{4.40}$

Estaminets . . . . 119 ou $\frac{1}{4.90}$

Débits de liqueurs . . . . 109 ou $\frac{1}{2.45}$

On v oit par là que les estaminets, pendant ces 10 ans, se sont multipliés à peu près dans la même proportion que la population, tandis que le nombre des débits de liqueurs s'est accru à peu près du double. Ce que je dis ici pour Bruxelles existe à peu près de la même manière pour la plupart des localités de la Belgique. Aussi plus de la moitié des hommes au dessus de 40 ans qui viennent se faire traiter dans les hôpitaux de Bruxelles présentent-ils, soit comme affection essentielle, soit comme complications, des lésions ou des phénomènes appartenant à l'alcoolisme.

Il est urgent, messieurs, de chercher et de trouver des remèdes à un mal pareil, qui menace de nous déborder et de nous engloutir. Je crois devoir à cet égard vous présenter un ensemble de mesures dont l'adoption pourrait avoir une grande influence. Pour qu'elles soient complètes, il faut qu'elles atteignent deux buts différents. Il faut qu'elles restreignent la consommation des boissons distillées en favorisant dans une juste mesure celle des boissons fermentées; il faut ensuite qu'elles empêchent l'ivrognerie, quel que soit son point de départ. Quant à ce vice, je voudrais voir établir une pénalité, consistant en une amende et un certain nombre de jours de prison, contre toute personne qui se montrerait en état d'ivresse dans la rue ou dans un lieu public. Lorsqu'un aliéné est dans des dispositions telles qu'il pourrait devenir nuisible à lui-même ou aux autres, ce sont les propres termes de la loi, les médecins doivent le faire séquestrer. Eh bien, un homme ivre est exactement dans cette situation-là; on doit craindre qu'il ne nuise à lui-même ou aux autres; il est disposé au suicide; accidentellement, il ira se jeter sous les roues d'une voiture, dans un fossé, dans une mare d'eau, il commettra des délits ou des crimes sous l'influence de l'ivresse, il ira même jusqu'au meurtre. Tous, nous avons vu des soldats ivres dégainer leur sabre et en menacer ceux qui se trouvaient à leur portée; j'ai vu des ouvriers manœuvrer, en pleine rue, des outils au moins aussi dangereux, avec lesquels ils auraient facilement tué un enfant, s'il s'en était trouvé sur leur chemin. Un homme ivre est un être éminemment dangereux ; la société a le droit et le devoir de le séquestrer, comme elle séquestre un fou, et de plus de le punir, parce que c'est volontairement qu'il s'est mis dans cet état.

Lorsqu'un homme a commis quelque méfait, et qu'il allègue l'état d'ivresse, généralement les tribunaux y voient une circonstance atténuante, qui appelle leur indulgence; aussi voit-on des gens invoquer cet état pour échapper à la punition qui les menace. Je voudrais, au contraire, que le méfait commis en état d'ivresse fût constamment puni du maximum de la peine : car lorsqu'on se met volontairement dans un état quelconque, on doit être responsable de toutes les conséquences que cet état peut amener à sa suite. Agir différemment, c'est encourager l'ivrognerie, la plaie de notre siècle, la mère de tous les vices et de tous les crimes.

Je voudrais que dans les écoles, on inculquât aux enfants la peur des boissons spiritueuses et l'horreur de l'ivrognerie, en leur dépeignant, à traits fortement accentués, tous les accidents physiques et moraux qui en sont le résultat. Que les ministres des cultes en fassent ressortir les inconvénients, à tous les points de vue, physique, moral, religieux, économique, et ils auront rendu aux doctrines mêmes qu'ils enseignent un éminent service, car l'alcool, en abrutissant l'intelligence anéantit la conscience et le sentiment religieux. Une action analogue pourrait être exercée sur les ouvriers par les patrons et les chefs d'atelier, qui pourraient même par des réprimandes et des punitions s'opposer à l'ivrognerie.

Un grand nombre de communes ont fondé des bibliothèques publiques, destinées à moraliser et à éclairer le peuple, à le détourner du cabaret et à lui donner le goût des jouissances de l'esprit. Cette idée est excellente, et ceux qui la propagent ont bien mérité de l'humanité. Pour que l'œuvre fût complète, il faudrait que l'ouvrier y trouvât des livres qui lui dévoilassent les inconvénients de l'ivrognerie et les dangers des boissons distillées. Peut-être même, afin de mieux faire pénétrer ces idées, les généreux philanthropes qui patronnent ces établissements pourraient-ils, de temps en temps, y donner ou y faire donner une conférence sur ce sujet.

En Amérique, où l'abus des alcooliques avait atteint un degré très élevé, on a fondé des sociétés de tempérance, dont les membres s'engagent à s'abstenir de toute boisson distillée. En quelques années, la consommation de ces boissons a diminué d'un tiers : preuve irrécusable de l'excellence de ce moyen. De semblables associations se sont formées et fonctionnent en Irlande, en Angleterre, en Allemagne, dans les Pays-Bas, en Suède, et je souhaite qu'il s'en forme de pareilles dans tous les pays, et en particulier, dans le mien.

. Indépendamment de ces moyens, les gouvernements et les autorités locales pourraient, par quelques mesures bien simples, restreindre tellement l'usage des boissons distillées, que leur influence néfaste se ferait à peine encore sentir. Dans beaucoup de pays, on distribue aux soldats et aux marins des rations d'eau de vie et de genièvre; pourquoi ne les remplacerait-on pas par des rations de vin ou de bière? Ces boissons atteindraient le même but sans présenter aucun inconvénient, et l'on n'habituerait pas les hommes aux boissons distillées, vers lesquelles ils se sentent d'autant plus attirés qu'ils en ont usé davantage. Il est sans doute des circonstances spéciales, exceptionnelles, dans lesquelles les boissons distillées présentent des avantages; mais ces circonstances ne doivent pas faire loi, l'exception ne doit pas être transformée en principe, et ce n'est qu'aux médecins qu'il appartient d'apprécier et de préciser ces cas.

Pourquoi enfin ne frapperait-on pas de droits élevés la distillation du grain et des pommes de terre, et le débit même des boissons distillées? De cette manière, par des mesures fiscales bien combinées, on en élèverait le prix de telle manière que l'ouvrier ne pourrait plus que difficilement en abuser, et que, contrairement à ce qui arrive maintenant, il préférerait un verre de bière qui lui coûterait moins. J'entends déjà dire que par une semblable mesure on porterait un coup fatal à une industrie importante, et que ce serait faire un grand tort à l'agriculture, qui considère la distillation comme un utile auxiliaire de ses travaux, comme une source de bénéfices. Je ne puis pas accepter une semblable manière de voir; au dessus de toutes les industries et de toutes les spéculations, il y a quelque chose de sacré, une chose devant laquelle tous les intérêts particuliers doivent se taire : c'est l'intérêt de l'humanité, dont la grande voix doit dans ce débat être seule écoutée. Du reste, à ce propos une autre considération se présente. Les résidus des distilleries servent à l'engraissement du bétail; et, d'où provient l'alcool que l'on retire du grain et des pommes de terre? Cet alcool n'est pas autre chose que la fécule, la farine, un principe nutritif important, qu'on a transformé d'abord en glucose, puis en alcool. Si, au lieu de cela, on l'avait employé directement à la nutrition des hommes et des animaux, n'aurait-on pas, au point de vue social et humanitaire, un bénéfice bien plus grand que celui qu'on a pu obtenir en le transformant en une substance nuisible? Ici, l'intérêt particulier, l'intérêt des distillateurs, qui dit de faire de l'alcool pour en retirer des bénéfices, est en opposition directe avec l'intérêt social, qui dit de ne pas faire d'alcool pour pouvoir faire servir, à un but bien plus utile, la matière première aux dépens de laquelle il se produit. Dans cette conjoncture, c'est à l'autorité qui représente la société, à rétablir l'équilibre, et nulle part son intervention ne saurait être plus légitime; c'est au gouvernement, par des droits convenablement fixés, à faire en sorte qu'on ne trouve pas plus de bénéfice à fabriquer un produit nuisible qu'à employer utilement les dons de la nature. Je sais bien qu'ici je rencontrerai comme adversaires du principe que je proclame ceux qui veulent laisser à chacun une liberté illimitée, qui ont adopté pour devise : chacun chez soi, chacun pour soi. Moi aussi je suis partisan de la liberté la plus large possible, mais je reconnais à toute liberté une limite, c'est le point où elle devient nuisible à autrui, et à plus forte raison, celui où elle devient nuisible à la société tout entière. Ma devise est : chacun pour tous et tous pour chacun; nous nous devons avant tout à la société qui, pour la protection dont elle nous entoure, pour l'instruction qu'elle nous a dispensée, a le droit d'exiger en retour que nous concourions tous à l'œuvre commune dans la mesure de nos forces.

Mémoire de M. Boens, *docteur en médecine à Charleroi.*

On demande si les liquides fermentés, sont utiles ou nécessaires à l'homme ?

Il serait difficile de parler des liquides fermentés sans dire un mot de l'alcool qui est leur principe constituant le plus actif.

L'alcool est un stimulant énergique qui exerce une action puissante sur l'estomac, le sang, les nerfs et sur tous les appareils organiques avec lesquels il est mis en contact, après son absorption et son passage dans les voies circulatoires. Cette stimulation est d'autant plus énergique que l'alcool est moins dilué par des éléments rafraîchissants et que l'estomac contient moins de substances alimentaires.

L'action des liquides fermentés sur l'homme est en rapport avec la quantité d'alcool qu'ils contiennent et avec la nature et la qualité des autres matières qui entrent dans leur composition. On peut cependant ne former que deux classes de liquides fermentés. Dans la première, qui comprend les boissons fermentées de qualité inférieure, telles que les bières sucrées, le cidre, l'hydromel, etc., on rencontre des quantités généralement faibles d'alcool et des proportions variables, mais souvent assez fortes de substances féculentes, extractives et amères. Ainsi il existe des bières qui peuvent être considérées comme une boisson aqueuse légèrement nourrissante ; d'autres qu'on pourrait ranger à la suite de la série des liqueurs alcooliques. — Dans la seconde classe, nous trouvons les vins de toute espèce et les liqueurs aromatiques plus ou moins alcoolisées qui forment la transition entre les boissons spiritueuses proprement dites et les vins. Le vin est plus alcoolisé que la bière. Il renferme, en outre, des principes éthérés et des sels généralement acides et astringents, qui diffèrent en quantité, selon les années, les localités, les modes de vendange et l'âge de chaque produit.

C'est la distillation des liquides fermentés qui produit les diverses liqueurs alcooliques dont nous n'avons pas à nous occuper spécialement ici. Aussi nous bornerons-nous à faire observer que ces liqueurs ont été l'objet de la réprobation absolue de tous les hygiénistes. Royer-Collard, dans une thèse célèbre, étendit même cette réprobation à toute espèce de boissons fermentées : « Ces boissons ne sont jamais nécessaires pour qui que ce soit, dit-il, excepté pour les individus chez lesquels l'habitude a créé des besoins véritablement morbides. » Triste exception, comme on le voit. « On peut considérer, ajoute le même savant, tous les liquides comme des agents thérapeutiques plutôt qu'hygiéniques. » D'accord avec les plus grandes autorités de la science, nous adoptons cette manière de voir en ce qui concerne les liquides alcooliques proprement dits.

Pouvons-nous être aussi rigoureux à l'égard des liquides fermentés simples ? Royer-Collard lui-même, après avoir rejeté tous ces liquides indistinctement au rang des médicaments dont il ne faut user qu'en cas de maladie et selon les prescriptions des hommes de l'art, consent à tolérer l'usage du vin et de la bière, à petites doses, par la raison que l'état social où nous vivons nous crée des conditions de régime auxquelles l'hygiène doit plier la rigueur de ses prescriptions absolues. C'est là une condescendance que nous ne comprenons point. L'homme de science ne doit jamais plier la sévérité de ses convictions, sous la pression des usages et des coutumes qu'il réprouve. Son rôle est d'éclairer les masses et de les pousser malgré elles vers le bien. Aussi n'est-ce pas pour une considération de cette nature, que nous admettons l'usage hygiénique des boissons fermentées dans les circonstances et aux conditions que nous indiquerons, quand nous aurons jeté un rapide coup d'œil sur les doctrines et sur les faits qui font autorité en cette matière.

Hofmann préfère l'eau comme boisson à toute liqueur alcoolique ou fermentée, sans excepter la bière.

Huffelaud, en sa *Macrobiotique*, s'exprime ainsi : « Les bières bien faites

« suppléent à l'eau dans les contrées où celle-ci n'est pas bonne, et en
« d'autres lieux, chez les personnes qui ont un estomac faible, le ventre
« resserré, le corps sec. Le vin réjouit le cœur, mais il n'est nullement
« *nécessaire* à la prolongation de la vie. Les hommes qui ont atteint l'âge
« le plus avancé, n'en buvaient point. Au contraire, lorsqu'on en boit trop
« ou trop souvent, il peut abréger l'existence. Aussi pour que cette liqueur
« ne fasse pas de mal, il ne faut pas en boire tous les jours. Plus on est
« jeune, moins on doit boire de vin. En général, il ne faut voir dans cette
« liqueur qu'un apaisement de la vie, qu'il faut réserver pour les jours de
« fête, pour ceux où l'on veut faire circuler la joie autour de la table qui
« réunit quelques amis. »

Virey, dans son *Hygiène philosophique*, après avoir proclamé avec trop
d'enthousiasme et d'entraînement poétique, que le règne de Bacchus sur la
terre, fut aussi celui de la liberté et que, si le dieu du vin fut jadis conqué-
rant des Indes, il est aujourd'hui exilé de cette antique patrie de toutes les
servitudes, ajoute aussitôt que le vin est malheureusement la principale
source des apoplexies et des hydropisies, qu'il délabre l'appareil digestif et
le système hépatique, qu'il engendre diverses maladies des voies urinaires
et du sang, telles que la gravelle, la pierre, les affections arthritiques et
goutteuses. La nature offre l'eau pure, comme boisson universelle à tous les
animaux, aux carnivores comme aux herbivores. Aussi sont-ils moins maladifs que l'homme. Les peuples hydropotes sont également moins affligés
de maux que les œnopotes. Et si le sauvage, le pauvre et l'enfant suivent
des lois diététiques analogues, c'est qu'ils sont plus rapprochés de la nature
que les hommes civilisés, les opulents et les vieillards. En effet, ceux-ci,
généralement lassés ou blasés de tant de choses dont ils ont trop souvent
joui, suivent un régime de plus en plus restaurant et inflammable qui
achève de ruiner et de corrompre leur constitution physique et morale.

M. Londe et M. Levy ont émis à peu près les mêmes vues, dans leurs
remarquables traités d'hygiènes. Ainsi Londe, après avoir judicieusement
fait observer que les boissons fermentées doivent être considérées dans le
régime, comme des assaisonnements stimulants, se demande dans quelles
circonstances on peut user de ces liquides et quelles sont celles, au contraire, dans lesquelles on doit s'en abstenir? Suivant lui, l'usage des boissons fermentées peut être permis dans le cas de tempérament lymphatique,
de peu d'excitabilité de l'estomac, de transpiration musculaire pénible,
d'un âge avancé, d'une température froide ou excessivement élevée, énervante et d'alimentation grossière résistant aux forces gastriques. Mais il faut
s'en abstenir complètement, dans les cas de tempérament bilieux ou san-
guin, excitabilité suffisante de l'estomac, vie et professions sédentaires,

action musculaire peu inteuse, jeunesse, culture des sciences et des lettres, température moyenne, alimentation de bonne nature.

Chez les anciens, l'usage des liquides fermentés a été souvent l'objet d'interdictions sévères.

Moïse, Pythagore, Jésus-Christ et Mahomet ont insisté, dans leurs maximes, sur la sobriété, surtout en ce qui concerne les boissons fermentées.

Galien défend d'user du vin avant l'âge de dix-huit ans ; Platon l'interdit jusqu'à vingt-deux ans et le chirurgien Hotter jusqu'à quarante.

Démosthènes, Haller, Locke, Milton et le célèbre chirurgien Théden étaient des buveurs d'eau.

Suivant Amyot, les grands buveurs de vin sont lâches à l'acte de la génération et ne sèment rien qui vaille et qui soit de bonne trempe. Bacon a constaté aussi que la virilité s'affaiblit chez les buveurs de vin. Une ancienne loi de Carthage défendait expressément l'usage des liquides fermentés le jour des rapprochements conjugaux.

Hebert a reconnu qu'au nord de la Russie même, les Tartares, qui brillent par leur vigueur et leur activité, se conforment scrupuleusement aux préceptes de leur religion qui leur impose l'abstinence des boissons fortes. Enfin les Indiens, les Arabes du désert, les Suisses, les Italiens, les Espagnols, ainsi que la plupart des peuples des montagnes, sont d'une sobriété exemplaire.

Ces quelques considérations, que nous pourrions étendre et multiplier, suffisent, croyons-nous, pour faire saisir la valeur des conclusions suivantes qui résument, en quelques mots, notre manière de voir.

Nous pensons :

1° En ce qui concerne les liquides fermentés,

A. Que les liqueurs alcooliques, considérées comme boissons, sont toujours nuisibles. — Ce sont des médicaments dont il ne faudrait user que dans certains cas morbides et d'après les prescriptions de la science;

B. Que les vins et les liqueurs sucrées ou aromatiques, plus ou moins chargées d'alcool, pris en quantités modérées, peuvent être quelquefois utiles;

C. Que les liquides fermentés de qualité inférieure, tels que les bières sucrées, etc., sont utiles à certaines catégories d'individus.

2° En ce qui concerne les individus,

A. Que les enfants sains et bien portants ne peuvent prendre aucun liquide fermenté, avant l'époque ordinaire du sevrage. Après cette époque, un peu de bonne bière ou d'eau rougie peut leur être accordée, en certaines circonstances, aux repas principaux ;

B. Que les femmes bien constituées doivent éviter les liqueurs fermentées, à l'exception de la bière et de l'eau rougie en petites quantités ;

C. Que pour l'homme qui ne se livre pas régulièrement à de grandes fatigues corporelles, les liqueurs fermentées sont inutiles toujours et souvent nuisibles, hormis certaines circonstances de temps et de lieux dont il sera question plus bas. — Au contraire, ils sont utiles pour les artisans, en général, pourvu qu'ils soient pris en quantités modérées et à l'heure des repas seulement.

3° En ce qui concerne les climats, les localités et les saisons,

A. Qu'il est bon de rappeler que l'homme supporte mieux les liquides fermentés dans les pays froids que dans les pays chauds, en hiver qu'en été, et dans les lieux bas, humides, marécageux que dans ceux où l'air est plus vif et plus sain ;

B. Qu'il doit être établi que, hors le cas de maladie, les liquides fermentés ne peuvent jamais être pris qu'au moment des repas, en quelque circonstance de temps et de lieux que ce puisse être ;

C. Enfin que, pendant les repas aussi bien que dans leurs intervalles, l'eau doit constituer, pour la majeure partie du genre humain, la principale et souvent l'unique boisson.

Mémoire de M. ESHUYS, *pharmacien-chimiste, à Rotterdam* (*).

La Société a le droit de réprimer le vice de l'ivrognerie, et c'est là, incontestablement, un devoir qui lui incombe. Plus le mal est grand, plus les moyens de répression doivent être énergiques et persistants.

Je vais droit aux chiffres. Je ne multiplierai pas les exemples, messieurs, pour ne pas abuser de votre attention; du reste, le petit nombre que je citerai suffira amplement à la thèse que je soutiens.

Je me bornerai donc à rapporter des statistiques de mon pays. Et ici, je tiens à protester d'abord de mes sentiments trop sincèrement patriotiques, pour qu'on puisse me suspecter d'exagérer l'élévation des chiffres et de vouloir ainsi humilier ma patrie. A d'autres, le triste rôle de dénigrer le sol natal. D'un autre côté, je suis trop cosmopolite pour cacher, sur le sol de cette Belgique qui m'est chère, des chiffres qu'il importe au monde entier de connaître dans toute leur horreur, afin qu'ils deviennent un enseignement salutaire pour tous les peuples, et que de

(*) Traduit du hollandais par M. A. A. Reynen, traducteur juré à Anvers. Les *Mémoires de* MM. Josh. Jebb et Middleton, ont été traduits de l'anglais par le même.

l'excès du mal surgissent les mesures préventives et les moyens de guérison.

Dans les Pays-Bas, il se débite annuellement pour vingt millions de florins de boissons fortes.

A Schiedam, où existent le plus grand nombre de distilleries de genièvre, on consomma, en 1860, à leur usage, 54,164,607 liv. de farine de seigle et d'orge.

A Rotterdam, ville de commerce de cent mille habitants, les accises sur les liquides fermentés produisirent à elles seules, en 1861, la somme de fl. 295,788-90 c., dont :

> Pour l'intérieur . . . . fl. 273,731 89
> »   l'extérieur . . . . »   22,057 01

Ces accises sont perçues :

> Pour l'intérieur, à raison de . . . . 90 cents additionnels.
> »   l'extérieur »   . . . . 57 »   »
> Les liqueurs payent . . . . 39 »   »

Ce qui équivaut à :

> fl. 19,80 par hectolitre pour l'intérieur.
> »   19,95 »   »   » l'extérieur.

Il a donc été consommé :

> 13,825 hectolitres dans l'intérieur.
> 1,106   »   à l'extérieur.
> Ensemble . . . 14,931 hectolitres.

Or, en admettant le prix de 20 florins par hectolitre, on obtient une somme de 596,373 fl., ou à peu près six tonnes d'or. Si maintenant on considère que la majorité des habitants se compose de femmes et d'enfants, et qu'on fasse abstraction d'environ 1,200 abolitionnistes, on trouvera que cette somme a été dépensée en boissons fortes par 30,000 personnes.

Et le fruit de cette dépense? Surexcitation à l'ivrognerie, affaissement des forces physiques, raccourcissement de la vie, démoralisation, misère, abrutissement et crimes ! ! !

Qu'après cela, des voix s'élèvent pour se récrier contre le droit de répression, comme si nos libertés civiles étaient en péril, comme si tous les principes politiques et économiques étaient violés, comme si les liqueurs étaient une boisson réconfortante quand on en fait un usage immodéré!

Nous sommes profondément convaincus, en Hollande, que les liquides fermentés sont un poison physique et moral. Telle est l'opinion de toutes les forces vives de notre représentation nationale; tel est encore l'avis de 10 professeurs et de 500 médecins, qui nous en ont délivré la déclaration écrite.

Et s'il s'en trouve qui combattent cette opinion, l'observateur impartial, qui a vu tous les maux infligés à la société par la lèpre de l'ivrognerie, partagera, comme moi, l'avis que votre compatriote, M. Dieudonné, émit dans le compte rendu des travaux du conseil central de salubrité publique, en 1839, page 14.

« Faudrait-il, par hasard, qu'une substance, pour être regardée comme
« dangereuse, pour être qualifiée de poison, occasionnât instantané-
« ment des douleurs atroces et jetât immédiatement notre organisme
« dans d'horribles convulsions, suivies bientôt de la mort? Ah ! gardons-
« nous de sanctionner et de propager une semblable erreur d'où découle-
« raient pour la société les plus funestes conséquences. Ne nous bornons
« pas à signaler les dangers présents, mais sachons aussi prévoir ceux
« qui sont possibles. »

Ces considérations doivent nous faire rechercher des moyens de réforme pratiques; or parmi ces moyens, figure d'abord le devoir pour tout homme vertueux, de prêcher d'exemple, par l'abstinence totale de ces boissons.

S'abstenir des boissons fortes, ne pas débiter des boissons fortes, voilà tout le secret du remède! — Ce qu'il importe, c'est que les hommes sages de tous les pays unissent leurs efforts pour opposer une digue au mal, pour l'extirper et relever par là les forces morales et physiques des nations, forces si délabrées surtout dans la classe inférieure.

Faut-il craindre que les gouvernements et les peuples se rétorquent, pour l'application des mesures, cette phrase d'un journal satirique : « Vous en avez les bénéfices, portez-en aussi les charges? »

Je crois que non et je pense qu'il incombe aux gouvernements, en vertu du droit naturel, de faire d'abord ce que leurs moyens d'action leur commandent de faire pour arriver à un résultat clairement déterminé.

Pour donner un appui énergique à l'œuvre d'extermination du mal signalé, pour en assurer la réussite, deux moyens s'offrent à l'administration publique : la prévention et la répression.

Ainsi on pourrait :

Augmenter et porter partout à un même taux, les droits des accises.

Augmenter le taux des patentes et ne pas permettre leur accumulation avec les autres charges, pour conférer le droit d'élection.

Faire des règlements de police, — le gouvernement ne peut pas empêcher l'autorité communale de faire des règlements dans l'intérêt de l'ordre et de la police, — règlements qui établiraient :

L'incompatibilité de l'état de cabaretier avec toute autre profession;

Le droit, pour le chef de la commune, de refuser ou d'accorder l'autorisation d'ouvrir des cabarets, et en cas d'autorisation, le droit d'indiquer les places et quartiers où cette profession pourrait être exercée exclusivement.

On commencerait par refuser cette autorisation dans les grands centres de population, dans le proche voisinage des églises, des écoles, des établissements publics, des fabriques, des usines, etc. Ailleurs on consulterait les voisins et l'on tiendrait compte de leurs griefs contre la tolérance des cabarets dans leur quartier.

Le débit des boissons fortes serait prohibé dans les environs des lieux qui seraient devenus le théâtre d'un incendie. On n'en pourrait jamais servir aux enfants, aux idiots, aux personnes déjà ivres, aux employés de police et aux militaires.

Les kermesses et autres fêtes analogues seraient abolies.

Les cabarets seraient fermés tous les samedis soir et pendant toute la journée du dimanche, pour que ces paroles de Voltaire ne soient plus une vérité :

« Ce sont les cabaretiers, sans doute, qui ont inventé ce nombre pro-
« digieux de fêtes; la religion des paysans et des artisans consiste à
« s'enivrer le jour d'un saint; c'est dans ces jours d'oisiveté et de débauche
« que se commettent les crimes. »

Dans l'armée, on ne permettrait plus la distribution des boissons fermentées et les cantines actuelles seraient supprimées. Par contre, on procurerait aux militaires des liquides sains, rafraîchissants et bienfaisants, ainsi que d'agréables délassements.

Les navires de guerre ne prendraient plus de liqueurs à bord et l'on y recommanderait la lecture d'ouvrages utiles et instructifs.

Ces mesures réalisées, les excès et l'esprit de désordre diminueraient dans l'armée et dans la marine; les naufrages deviendraient moins nombreux et l'on ne serait plus si souvent exposé à rencontrer les défenseurs de la patrie faisant, contre des gens inoffensifs, abus des armes qui leur sont confiées.

Que si tout le pouvoir dont le gouvernement est investi ne lui permet pas de prohiber la fabrication et l'importation des boissons distillées et enivrantes, ni d'en empêcher la consommation, l'application de mesures préventives et répressives, par des règlements de police et des charges fiscales, sera là pour mettre un frein aux excès de l'ivrognerie.

J'ai travaillé vingt-quatre ans, à la bonne cause de la prohibition des boissons fortes. J'ai eu le bonheur de voir introduire dans ma patrie et dans presque tous les autres pays des mesures plus ou moins complètes, plus ou moins efficaces contre l'usage immodéré des liqueurs. Récemment encore un excellent règlement a été mis en vigueur à Anvers.

La nécessité d'opposer enfin des barrières plus solides aux débordements de ce vice se fait de plus en plus sentir, et c'est à cette œuvre que je vous convie tous, au nom de la solidarité morale des nations.

J'ai à déposer sur le bureau le compte rendu, de 1861, de la *Société néerlandaise pour l'abolition des liqueurs fortes* et les déclarations de 500 médecins.

Ce corps, dont j'ai l'honneur d'être le délégué, sans avoir la prétention d'avoir de nouvelles lumières à vous communiquer, se tient à votre disposition pour les renseignements que vous pourriez désirer de lui; il m'a chargé de recueillir dans votre sein, les idées qui pourraient s'y faire jour sur les moyens de restreindre l'usage des boissons fortes, ce fléau de l'humanité, qui n'engendre que paupérisme et misère, enlève à l'homme tout ce qu'il a de vraiment humain et lui rend inaccessible le chemin qui conduit vers Dieu.

DÉBAT.

M. CROCQ (Bruxelles). Il est un point, sur lequel je désire appeler un instant votre attention, et que j'ai déjà touché dans mon travail.

On ne saurait trop insister sur la différence entre les boissons fermentées et les boissons distillées.

Les boissons fermentées, celles qui contiennent de l'alcool en petite quantité, le vin et la bière, sont, dans nos climats et dans nos conditions de vie et d'activité, non seulement utiles, mais d'une haute nécessité. Seulement on ne doit pas en abuser.

Quant aux boissons distillées, je n'hésite pas à les signaler comme de véritables poisons qui devraient rester entre les mains des pharmaciens et des médecins.

M. Boens a dit que les boissons alcooliques étaient plus ou moins inoffensives, selon les climats. Il y a là quelque chose de vrai. Il est certain que nous supportons mieux les boissons alcooliques dans les climats les plus froids, les plus humides. Ainsi le Belge supportera mieux ces boissons en Hollande, en Suède, que dans son pays. Cependant il ne faut pas se prononcer d'une manière trop absolue sur cette innocuité des boissons alcooliques dans certains climats, car on pourrait être conduit de cette façon à de dangereuses illusions. Quand vous êtes saisi par le froid, vous êtes plus disposé à user et aussi à abuser des liqueurs alcooliques, et c'est ce qui explique comment, dans les climats du nord, on en abuse plus que dans les climats tempérés. C'est en Suède, en Russie, dans la partie septentrionale de l'Amérique, que l'abus est le plus fréquent; et c'est aussi de là que nous sont venues les principales recherches sur les conséquences de cet abus. Or, ces travaux, notamment celui d'un médecin de Moscou, M. Brüll-Cramer, et celui de M. Magnus Huss de

Stockholm, démontrent que dans ces pays, les résultats des boissons alcooliques sont beaucoup plus graves encore que chez nous. C'est là que nous rencontrons principalement la description des formes les plus terribles de l'alcoolisme, telles que les formes paralytique, convulsive, apoplectique, épileptique, anesthésique, hypéresthésique; ces formes sont très rares chez nous; c'est que l'intensité des accidents est en raison directe des quantités d'alcool ingérées.

Il en résulte que si le froid fait mieux supporter momentanément ces boissons et empêche la manifestation de leurs effets immédiats, leur action toxique ne s'en produit pas moins d'une manière plus grave encore que dans nos climats.

M. Nakwaski (Pologne). On peut dire que la question des boissons alcooliques en fait est jugée.

Tout ce que ces messieurs viennent de dire, chacun de nous en est pénétré; nous sommes convaincus que les boissons alcooliques sont une espèce de poison.

Cependant, il y a des pays où l'on prend beaucoup de ces boissons, et, notamment en Hollande, elles sont considérées comme nécessaires. Je ne prends jamais d'eau-de-vie sans éprouver un effet désagréable. Cependant, en Hollande, pendant un ou deux hivers, je supportais très bien ces liqueurs, et je croyais même qu'elles m'étaient nécessaires.

Je suis né en Pologne; j'ai quitté ce pays depuis une trentaine d'années. Eh bien! je me rappelle que dans ma jeunesse, principalement à la chasse, je prenais un verre de vin et ensuite un verre d'eau-de-vie et que j'en supportais parfaitement les effets.

C'est en Pologne, qu'on a consommé l'eau-de-vie en plus grande quantité; elle était devenue une boisson ordinaire, à tel point que lorsqu'un enfant naissait, on lui donnait de l'eau-de-vie. Il n'y avait pas de mariage, pas de décès, où l'on n'en bût à l'excès. Cela provenait de différentes causes, entre autres peut-être du funeste privilége qu'avaient les propriétaires de la terre, de fabriquer l'eau-de-vie et de la débiter.

Mais ce mal commence à disparaitre. Les gens instruits ont été frappés des maux qu'entraîne l'usage de ces boissons; on a formé des sociétés de tempérance qui ont produit le plus grand bien. On a constaté ce fait curieux que ces liquides, dont toute la population faisait usage, non seulement n'étaient pas nécessaires, mais étaient nuisibles à la santé, au travail et à la moralité.

Malheureusement, le gouvernement a vu dans ces associations des tendances politiques. C'étaient les prêtres catholiques qui s'en occupaient principalement; dès lors on les a proscrites. Néanmoins les sentiments qu'elles avaient éveillés ont persisté et quantité de distilleries ont disparu.

On vous a parlé de l'impôt; on a vu dans ce moyen un remède au mal. Je ne crois pas que jamais on amène par des moyens fiscaux des résultats utiles. En Prusse, l'impôt sur les liqueurs alcooliques est très fort. Qu'en est-il résulté? Les petites distilleries ont disparu; mais les grandes ont progressé et sont parvenues par des procédés perfectionnés à extraire plus d'eau-de-vie de la même quantité de matière.

Je crois que c'est par les moyens moraux, et particulièrement par la formation des sociétés de tempérance, qu'on parviendra à extirper l'ivrognerie.

Répondant donc à la question qui nous est posée:

« La société a-t-elle le droit de réprimer le vice de l'ivrognerie? »

Sans doute, mais par le droit commun et non par des mesures extraordinaires, et je crois que l'éducation publique, l'instruction, la civilisation, sont les meilleurs moyens pour atteindre ce but. (Applaudissements.)

M. Boëns (Charleroi). Je vois avec plaisir que nous sommes tous d'accord sur les dangers que présente l'usage des boissons alcooliques. Nous ne différons peut-être que sur le point de savoir s'il ne faut pas faire d'exceptions pour certaines localités. Ceci rentre dans les prescriptions de l'hygiène et de la médecine. Mais, comme règle générale, on doit proscrire les boissons alcooliques. L'usage ne doit en être toléré que comme mesure exceptionnelle et dans certaines circonstances à déterminer, notamment dans les contrées froides et marécageuses, parmi lesquelles la Pologne et la Hollande qu'on a citées figurent en première ligne. Il faut peut-être y ajouter certaines contrées du Midi, où, pour les populations énervées par le climat équatorial, on dit qu'un peu de boisson stimulante peut produire aussi du bien.

Quant aux moyens répressifs, je crois que c'est par des mesures générales qu'on doit réprimer l'ivrognerie et non par des règlements de police qui porteraient atteinte à la liberté individuellle.

M. Leprestre (France). Je crois qu'il y a certaines mesures à prendre dans les localités où l'ivrognerie est devenue un péché d'habitude. Ainsi, dans certaines localités de mon pays, où l'on remarquait un grand nombre d'ivrognes, voici ce qu'on a fait. Les maires ont fait des règlements de police pour fermer bon nombre de cabarets, sans nuire à la santé publique et au bien-être des voyageurs. Ainsi, là où il y avait trois cabarets, on en a fait fermer un, puis un second. On a menacé le troisième, s'il tolérait l'abus, de le fermer aussi. On a ainsi diminué singulièrement le nombre des ivrognes.

Le clergé a aussi exercé une influence très satisfaisante et très utile. Je connais des villages où, grâce à l'influence des conseils paternels donnés non pas en chaire, mais dans les familles, les principes de tempérance ont acquis une telle force que l'ivrogne serait promené sur un âne, la tête tournée vers la queue, comme punition de son vice.

Je crois donc qu'il faut tirer parti des moyens dont dispose l'autorité locale, pour réprimer l'ivrognerie. Je voudrais aussi que l'instituteur, dans des cours abrégés d'hygiène qui pourraient se donner le dimanche, fît comprendre les inconvénients graves de l'ivrognerie et que ces cours fussent donnés sous une forme qui les mit à la portée des populations rurales.

M. Ed. Ducpetiaux (Bruxelles). Je me bornerai à appeler votre attention sur un mouvement de la plus grande importance.

En Angleterre, la société de l'*Alliance* est parvenue, en réunissant des associations particulières, à former une fédération qui compte 350,000 membres. Elle admet dans son sein, toutes les associations, quelle que soit la variété des moyens qu'elles proposent pour remédier au grand vice de l'ivrognerie. Mais le drapeau de l'association principale est la suppression complète de la distillation. En effet, s'il est prouvé que le produit des distilleries est un poison, il faut nécessairement que ce poison soit assimilé à tous les autres et que, par conséquent, sa fabrication soit surveillée et soumise à certaines conditions.

C'est, du reste, le grand principe qui a été proclamé, il y a quelques années, dans plusieurs parties des Etats-Unis, entre autres dans l'Etat du Maine.

Je ne dis pas qu'on réussira ; mais ce mouvement vaut la peine d'être étudié.

M. Bergé (Bruxelles). On a proposé d'établir des droits fort élevés sur les boissons alcooliques, dans l'espoir que, par ce procédé très simple, on arriverait à l'extinction de l'ivrognerie. Je crois que ce moyen ne peut produire aucun résultat.

En Angleterre, les boissons alcooliques sont à un haut prix ; dans notre pays, les droits augmentent constamment et cependant l'ivrognerie ne fait que croître.

Quant à la fermeture des cabarets, cette réglementation, qui est appliquée en France, a soulevé dans tous les pays libres des protestations. L'industrie des cabarets, pas plus que toute autre, ne peut être réglementée de la sorte, sans porter atteinte à la liberté individuelle.

M. André Uytterhoeven (Bruxelles). Je conteste que l'ivrognerie soit habituelle aux ouvriers de Bruxelles ; je demande une enquête.

Elle ne serait pas difficile. Vous avez vos hôpitaux, vos maisons de santé. Une des suites principales de l'ivrognerie est le *delirium tremens*. Or combien de fois rencontre-t-on le *delirium tremens* dans les hôpitaux ? Demandez aussi à la police, si elle ramasse fréquemment des hommes ivres dans la rue.

Et pour généraliser la question, n'y aurait-il pas moyen d'avoir cette statistique pour les différents pays ?

M. Ducpetiaux. Elle existe. En Angleterre, on a fait à cet égard, un travail très important.

M. Burggraeve (Gand). Je n'ai rien à dire contre les savantes déductions de l'honorable M. Crocq, quant aux funestes effets des boissons alcooliques. Je pourrais cependant plaider en leur faveur les circonstances atténuantes. — Il y a l'usage et l'abus. Prise à dose modérée, la petite goutte (c'est ici le cas de l'appeler de son nom populaire) est un stimulant de l'économie qui permet à l'homme de résister aux fatigues excessives et aux intempéries de l'atmosphère ou aux conditions nuisibles des climats. Sous ce rapport, il y a de grandes différences. Entre l'habitant des contrées brumeuses et marécageuses, qui éprouve le besoin d'un verre de liqueur et le Napolitain qui préfère un verre d'eau glacée, il y a toute la distance qui sépare l'instinct de nos raisonnements souvent erronés.

On dira que cette goutte, prise ainsi journellement, doit finir par saturer l'économie. Il n'en est rien : l'alcool pris à dose modérée sort du corps comme il y est entré, sans avoir subi aucune décomposition. Ce n'est pas même, comme on l'avait pensé, un aliment respiratoire ; c'est, comme nous l'avons dit, un simple stimulant de l'économie. Si ce n'était la crainte de vous paraître trop orfèvre, je vous renverrais à mon ouvrage intitulé : *Études sociales.* — Article : *Amélioration de l'espèce humaine*, où j'ai longuement débattu cette question.

Puisque la goutte est un stimulant de l'économie, il n'est pas étonnant que l'ouvrier y ait recours ; mais quand en use-t-il le plus ? C'est quand les aliments plastiques ou réparateurs lui font défaut.

Permettez-moi de vous citer ici quelques chiffres. Rien n'est brutal comme un chiffre, il entre au fond d'une question comme un boulet de canon.

J'ai consulté les livres de l'octroi de la ville de Gand, à l'effet de savoir quel était le rapport entre le chiffre de la population et les diverses consommations, et voici ce que j'y ai trouvé :

En 1830, la population montait au chiffre de 83,843 habitants. En 1849, elle était de 96,890 et en 1859 de 115,000. Eh bien, durant cette période, la consommation des boissons distillées a été en augmentant, tandis que la consommation de la viande et de la bière a diminué en raison directe de l'augmentation de la population. Diverses enquêtes ont fait voir que l'ouvrier de fabrique mange à peine une fois de la viande par semaine. Plusieurs familles n'en mangent jamais. Vous voyez que nous sommes loin de l'intempérance tant reprochée à l'ouvrier. Son ivresse est plus creuse que *pleine*, si je puis ainsi dire. Avant donc de prêcher la tempérance, il faudrait s'enquérir si l'ouvrier a des moyens d'existence suffisants, et alors on se trouverait devant ce fait désolant que ce n'est pas tant la morale que la nourriture qui fait défaut au peuple.

Il y a ici un grand mal; c'est cet égoïsme social qui a fait formuler la loi économique la plus inique : celle du travail marchandise; et, chose déplorable, l'exemple vient d'en haut. Tous les jours, dans les adjudications publiques, on voit se produire ce fait inouï de rabais de 25 et même de 30 p. c. sur des devis faits par des hommes spéciaux. Sur quoi l'entrepreneur se retrouve-t-il? Sans doute sur des fraudes qu'il espère faire passer inaperçues, mais bien sûrement sur le salaire des ouvriers. De là ces murmures toujours prêts à se traduire en révoltes. Pourquoi les cahiers de charge ne stipuleraient-ils pas un minimum des journées, tout aussi bien que la bonne qualité des matériaux? La chose vaut la peine qu'on y réfléchisse.

Nous le disons avec une profonde conviction : la loi de l'offre et de la demande appliquée aux salaires est inique, parce que l'ouvrier n'a pas le choix entre accepter et refuser; nous ajouterons qu'il n'a pas le droit de choisir, puisque la loi lui interdit de s'associer pour se défendre contre d'injustes exigences. (Applaudissements.)

M. BELVAL (Bruxelles). En prenant la parole après l'éloquent orateur que vous venez d'entendre, j'ai besoin de votre indulgence.

On vient de vous représenter la classe ouvrière comme excessivement besogneuse. Je crois, en effet, qu'il y a beaucoup à faire pour améliorer sa position. Mais en attendant qu'on soit arrivé à changer complétement le système social, l'ivrognerie pourra faire encore beaucoup de victimes, malgré les opinions optimistes émises dans la dernière partie de cette discussion.

L'ivrognerie, dit-on, c'est presqu'une chimère, on calomnie les populations. Je crois qu'il y a de l'ivrognerie, qu'il y en a beaucoup trop pour que les amis de l'hygiène, les philanthropes, se déclarent satisfaits.

On peut distinguer deux classes d'ivrognes. Il y a les ivrognes d'habitude, d'instinct, qui sont complétement tombés dans la décrépitude et l'abrutissement. Pour ceux-là, vous aurez beau élever le prix des boissons alcooliques et diminuer le nombre des cabarets, rien n'y fera. Il y a force d'habitude; cette classe d'ivrognes ne reculera devant aucun moyen pour se livrer à sa passion.

Mais il y a une autre classe d'ivrognes; ce sont les individus qui se laissent aller, je dirai par hasard, à l'ivrognerie; qui se livrent à la boisson, certains jours de la semaine; qui, après avoir reçu leur paye, au lieu de la rapporter à leur famille, commencent par en boire une partie. C'est l'histoire de tous les jours, ou pour mieux dire, de toutes les semaines.

Pour ces derniers, je crois que les moyens répressifs, les règlements de police locale doivent porter des fruits. Ils auront peur, ils craindront de se montrer ivres en public, sachant qu'ils s'exposent à être punis. L'abus, au lieu de se produire toutes les semaines, diminuera progressivement, le vice deviendra moins étendu, moins chronique.

On a parlé de la suppression de certains débits de liqueurs. Dans les pays libres, ces moyens ne peuvent être mis en usage. Tout ce qu'on peut faire, c'est de frapper les établissements de ce genre, de droits tellement élevés, que leur nombre soit forcément restreint.

Je crois que ces moyens peuvent avoir de l'influence sur l'ivrognerie qui se produit accidentellement.

Quant à l'ivrognerie habituelle, il n'y a réellement que les moyens moraux qui puissent en amener la diminution, et je crois que les sociétés de tempérance peuvent à cet égard produire d'excellents résultats.

M. NEUMANN (Prusse). D'après votre règlement, il me serait libre d'employer ma langue maternelle. Mais je crois qu'il vaut mieux faire un appel à votre indulgence pour les courtes observations que j'aurai à vous présenter et me servir de cette langue qui est reconnue comme la langue internationale.

Je me range à l'avis de M. Burggraeve, qui vous a déclaré que la question était une question sociale. Je crois, à cet égard, devoir appeler votre attention sur quelques faits historiques qui ont été observés dans ma patrie.

Dans les provinces de Silésie et de Posnanie, il y avait une population complétement dégradée par l'ivrognerie. Grâce à des moyens moraux, dont une bonne part revient, il faut le dire, à l'influence du clergé, on est parvenu à faire renoncer presque complétement la population à l'usage des boissons alcooliques. L'abus s'est reproduit de temps à autre; mais, en général, dans ces provinces, l'usage des boissons alcooliques a complétement disparu.

Il est un autre point sur lequel je désire appeler votre attention.

Je crois qu'il serait bon, non-seulement de faire une statistique des cabarets, mais aussi de demander aux médecins, principalement dans les grandes villes, de faire une statistique des décès dus à l'ivrognerie. Ainsi, jusqu'à présent, nous avons eu chaque année, à Berlin, de trente à quarante cas de mort, par suite du *delirium tremens*. Je crois qu'il serait très intéressant et très utile de pouvoir établir à cet égard une comparaison. Mais il ne faudrait pas restreindre cette statistique aux cas de *delirium tremens*; il faudrait étendre le cadre et y comprendre toutes les causes de mort que nous pourrions appeler causes alcooliques.

M. JAMINÉ (Tongres). Je n'ai qu'un fait à citer à l'appui de ce qu'ont dit d'autres orateurs.

Un honorable membre a cherché à vous démontrer que c'était un mauvais moyen que de frapper d'un impôt considérable les débits de liqueurs alcooliques et qu'en Prusse, par exemple, ce moyen n'avait produit aucun résultat.

Chez nous, en 1849, on a porté une loi qui frappe d'un impôt spécial le débit des boissons alcooliques. Qu'en est-il résulté? C'est que le nombre des cabarets a augmenté et le nombre des ivrognes n'a pas diminué; c'est donc là un moyen qu'il faut abandonner, le but qu'on s'était proposé n'ayant pas été atteint.

M. LAUSSEDAT (Bruxelles). Bien que le Congrès s'interdise de voter, il serait à désirer que dans une question spéciale, exposée si clairement, nous arrivassions à avoir une conclusion qui serait l'expression du sentiment le plus général de l'assemblée.

On a parlé surtout des inconvénients des liquides alcooliques. Je ferai remarquer que le mot *alcoolique* n'est pas même écrit dans le programme. Or, il y a une grande différence entre les liquides fermentés, la bière, le vin, reconnus nécessaires à l'homme, et les liqueurs alcooliques dont on a fait une juste et sévère critique.

Je demande donc qu'il soit entendu que la distinction existe et que, comme l'a dit

M. Crocq, les liquides fermentés sont nécessaires, mais qu'il y a protestation formelle, non seulement contre l'abus, mais contre l'usage des liqueurs alcooliques.

On a traité la question de savoir si la société a le droit de réprimer le vice de l'ivrognerie. Mais on ne l'a pas résolue, ou du moins nous avons entendu à ce sujet les opinions les plus diverses.

On a parlé de moyens fiscaux et de règlements de police.

Il a été prouvé par des faits que les moyens fiscaux n'aboutissent à rien.

Quant aux règlements de police, ils sont en opposition avec les institutions générales des pays libres, et les exemples cités ne pouvaient pas convaincre ceux qui veulent qu'on respecte le droit. Si, en France, des maires intelligents ont pu contribuer à réprimer les abus de l'ivrognerie, en diminuant le nombre des cabarets, je ne voudrais pas accorder à l'autorité le droit de fermer à son gré les cabarets. Que les règlements de police soient faits, par exemple, de telle sorte que lorsqu'il est constaté par des procès-verbaux authentiques qu'il y a eu, dans un cabaret, abus des boissons dangereuses, que des délits y ont été commis, que la tranquillité publique y a été troublée, l'autorité puisse le fermer, je le conçois. Mais il faut que cette mesure soit basée sur des faits bien motivés.

Il restera donc dans les esprits le souvenir des bons sentiments manifestés ici, mais dans le rapport qui sera présenté à l'assemblée générale, nous ne pourrons répondre, d'une manière nette et précise, à la seconde partie de la question.

M. MIDDLETON (Angleterre). La plupart des membres qui ont pris part à ce débat se sont prononcés contre l'usage des liqueurs alcooliques; je crois qu'avant de prendre parti, vous voudrez bien entendre quelques observations en sens contraire. Nous avons à examiner, me paraît-il, si les liqueurs alcooliques ne peuvent pas être permises, non seulement en médecine, mais dans les usages sociaux.

C'est surtout aux hommes de l'art que je m'adresse. Je leur demande si dans des cas graves, si dans certaines localités, sous certains climats, ils n'ont pas reconnu les effets avantageux de l'alcool.

Je ne citerai qu'un cas récent.

Il y a deux ou trois semaines, une jeune femme est arrivée à l'hôpital. Elle avait des défaillances continuelles. Depuis trois semaines, elle ne faisait que vomir. Elle eut une fausse couche de quatre mois et demi; tout le monde disait qu'elle allait mourir. En quatorze heures, elle prit un litre et demi d'alcool et fut guérie.

M. LE PRÉSIDENT. C'est une exception. C'est comme médicament que cet alcool lui a été donné.

M. MIDDLETON. On a aussi parlé des climats. Parlez aux personnes qui ont vécu aux Indes, et elles vous diront que l'on y prend des liqueurs alcooliques, sans qu'elles produisent le moindre mal, qu'elles y produisent, au contraire, des effets bienfaisants.

Dans quelles professions jusqu'ici réservées aux hommes, les femmes peuvent-elles être utilement employées ?

—

Mémoire de Madame Fanny Lewald-Stahr, *à Berlin* (*).

Depuis que le système monarchique absolu s'est généralement transformé en gouvernement constitutionnel, l'activité des membres de la société est devenue relativement plus considérable, et les hommes, ainsi que les femmes, ont besoin de se rendre aptes, par leur éducation, à remplir des fonctions plus importantes.

Dans les monarchies absolues, la participation des citoyens au gouvernement est presque nulle, et l'idée de se régir soi-même ou d'agir librement en commun, pour le développement des intérêts généraux, n'est nullement éveillée.

Sous ce régime, l'homme, le père de famille, n'avait d'autres devoirs à remplir que ceux que lui imposaient sa profession et l'obligation de subvenir à l'entretien de sa famille. Il lui restait presque toujours le temps d'être l'administrateur de sa maison, le précepteur de ses enfants et le conseiller constant de son épouse.

La femme recevait tout de la main de son mari, elle n'était, pour ainsi dire, que la fille aînée de la maison et on ne lui abandonnait que le ménage intérieur de la famille et les soins nécessités par les besoins matériels. Par cela même, l'activité des servantes était abaissée jusqu'à l'état de machine et je me rappelle encore très bien le temps où les maîtresses de maison avaient l'habitude de dire à leurs domestiques, avec un ton de reproche : « Vous feriez mieux de ne pas penser, mais d'obéir. »

La marche des sociétés, le changement des gouvernements absolus en États constitutionnels, ont relevé la position de l'homme et l'ont fait corégent de l'État, co-créateur du bien-être commun, et ont modifié la condition de la femme, en lui inspirant une activité nouvelle et en lui imposant de nouveaux devoirs.

Maintenant l'homme peut travailler pour sa famille, tout en se rendant utile à la société : la femme doit devenir la gouvernante et l'institutrice de la génération future confiée aujourd'hui, en grande partie, à son intelli-

(*) Traduit de l'allemand par M. Aubanel.

gence, à son esprit, et c'est à elle de fixer et de maintenir la position de la famille dans la société.

Comme l'activité de la femme s'est développée davantage, elle deviendra et doit devenir nécessairement une tout autre personne; et la maîtresse de maison et la mère ne pouvant plus se vouer exclusivement aux soins nécessités par les besoins matériels, il arrivera que l'activité des servantes mêmes ne pourra plus se produire machinalement, mais bien avec réflexion et d'une manière libre et indépendante.

Toutes ces circonstances se reproduisent de la même manière, dans tous les États civilisés. J'ai vu en Angleterre et en Italie, étalés dans les librairies, des ouvrages traitant de cette question : « Que devons-nous faire des femmes célibataires et comment devons-nous former des mères capables d'élever la nouvelle génération? » Et nulle part cependant, le développement du rôle des femmes n'a suivi la même marche que le développement des États.

En tournant mes regards particulièrement vers l'Allemagne, je trouve que l'éducation des femmes y est très défectueuse. Elles apprennent beaucoup de choses, mais aucune à fond : leurs connaissances sont très superficielles et ne peuvent leur procurer aucune satisfaction, ni leur être d'aucune utilité.

On se place à un point de vue tel que l'on considère une éducation approfondie, le développement et l'indépendance du caractère, comme autant de choses qui ne conviennent pas aux femmes : bien plus, on croit que cela peut nuire à leur amabilité et même à leur nature de femme.

Quand les malheurs viennent fondre sur la famille et qu'on se trouve avec effroi en face de la faiblesse des femmes, alors seulement on regrette amèrement de les avoir sciemment rendues ce qu'elles sont.

Malgré tant d'obstacles, il se trouve des femmes capables et courageuses; ce qui montre ce que pourrait faire notre sexe, s'il obtenait une instruction et un développement complets.

Mais tous les moyens font défaut. Il manque des écoles, des établissements du même degré que les colléges, où les jeunes demoiselles désireuses de s'instruire puissent s'appliquer à des pensées claires et sérieuses et à un travail réfléchi et assidu, seuls moyens d'arriver à la possession d'une volonté persévérante.

Si la femme venait à acquérir ces connaissances, sans lesquelles un jeune homme ne peut pas même entrer dans la vie, cela ne pourrait sans doute porter aucune atteinte ni à l'amour conjugal, ni aux devoirs maternels, ni à la modestie, ni au cœur, ni à l'amabilité de la femme : aucune de ces qualités ne péricliterait par cela seul que les femmes seraient capables de méditer et de comprendre les choses auxquelles les hommes les plus nobles et les meilleurs doivent leur élévation ou leur satisfaction personnelle.

C'est donc un crime de prétendre que l'éducation et les sciences, qui ennoblissent l'homme, peuvent rendre la femme incapable de poursuivre dignement sa vocation.

Il nous faut également des établissements où les demoiselles puissent acquérir les connaissances nécessaires pour élever les jeunes enfants et leur donner des soins utiles.

Car, les jeunes filles se marient aujourd'hui sans connaître d'aucune manière les soins réclamés par les enfants. Beaucoup de jeunes mères sont obligées d'acquérir, au hasard et au détriment de leurs enfants, les connaissances nécessaires.

Les crèches formeraient une bonne école pratique, si le service en était confié à des demoiselles placées sous une direction habile.

En préparant les jeunes filles aux travaux de l'esprit, nous aurions besoin de pouvoir diriger leur éducation vers certaines industries où elles pourraient rendre des services en qualité de maîtresses ou de directrices, vers la science dont elles deviendraient les auxiliaires comme professeurs, ou vers tout autre emploi honorable.

Il ne suffit pas que les femmes puissent devenir maîtresses dans les arts, institutrices ou gouvernantes; car toutes les femmes n'ont pas de dispositions artistiques ou la vocation d'institutrice; mais toutes ont besoin de subvenir à leur subsistance et la plupart sont animées du désir de le faire d'une manière indépendante. Je suis bien convaincue que les femmes sont parfaitement aptes à chaque science et à toute industrie n'excédant pas la portée de leurs forces physiques.

En effet, on ne voit pas pourquoi les femmes ne seraient pas, par exemple, naturalistes, astronomes, botanistes et chimistes aussi bien que les hommes. Les femmes aiment à observer, elles sont perspicaces et ont une grande dextérité.

Il est admis depuis fort longtemps, que des femmes même ignorantes, peuvent pratiquer la profession d'accoucheuse, pourquoi n'admettrait-on pas que des femmes instruites et bien élevées pussent étudier et pratiquer la médecine?

Elles sauraient parfaitement, mieux même que les hommes, diriger des pharmacies, et on pourrait leur confier en toute sécurité, l'instruction et la direction des âmes, lorsqu'elles seraient préparées d'une manière sévère et approfondie, à l'exercice de ces fonctions.

Si je passe aux métiers, il est positif que les femmes peuvent devenir des lithographes, des peintres, des vanniers, des passementiers, des horlogers, des tailleurs, des cordonniers, etc., etc., si l'on voulait leur apprendre ces professions, comme on le fait pour les hommes.

J'ai vu des femmes occupées, en Suisse, dans les bureaux des télégraphes et des postes; on pourrait les employer aussi bien dans les bureaux des monts-de-piété, des caisses d'épargne, et dans d'autres administrations comme teneurs de livres et comptables; on en voit qui sont employées d'une façon très utile dans les maisons de commerce de détail et dans d'autres magasins, soit comme commis, soit comme directrices.

Je crois qu'il n'existe pas de genre de commerce qu'elles ne soient capables d'apprendre : toutefois en Allemagne, dans le cercle de mes relations, et malgré toutes les peines que je me suis données, je n'ai pas pu obtenir que des familles bien élevées, — quelque nécessiteuses qu'elles fussent — se décidassent à permettre à leurs filles de se placer dans un bureau.

De même aussi, des négociants ont refusé d'admettre des demoiselles dans leurs magasins avec des commis de l'autre sexe. Ils ont fait valoir des raisons de moralité et ont prétendu ne pouvoir pas être responsables de la conduite de leurs employés.

Ils n'ont pas voulu croire que les rapports journaliers des jeunes gens avec des jeunes filles bien élevées sont sans aucun danger pour ces dernières et peuvent contribuer à la civilisation des premiers.

Jusqu'à présent, on a employé ensemble des jeunes gens et des jeunes filles dans des magasins de modes, de parfumeries et dans quelques autres; mais dans la plupart des cas, ce n'étaient que des jeunes filles appartenant à des familles dans lesquelles l'éducation avait été négligée ou tout à fait défectueuse et le résultat peut avoir été déplorable, mais il ne prouve rien contre la valeur de mon opinion.

Il est certain que les femmes peuvent se rendre utiles, selon la mesure de leurs forces, dans les imprimeries. En Prusse, il n'y a pas longtemps qu'une demoiselle, nommée Maria Pioskowska, a passé l'examen exigé pour la profession de libraire-éditeur et s'est établie en cette qualité, à Bromberg.

Outre les intérêts industriels et commerciaux des négociants peu intelligents, certains préjugés, devenus nationaux, mettent encore obstacle à l'emploi des femmes dans diverses carrières.

Pour lutter avec efficacité contre de pareils obstacles, je crois qu'il ne suffit pas seulement d'employer les armes de Dohleim, mais qu'il faut s'appuyer sur l'exemple qui fera tout.

Je crois que toute association doit avoir pour tâche d'encourager, autant qu'il dépend d'elle, les femmes qui veulent se vouer à une carrière scientifique ou industrielle, et d'écarter, pour elles, les difficultés qui s'opposent à l'emploi de leur talent.

Si nous laissons de côté les femmes qui sont maîtresses de maison, mères de famille, et celles qui sont dans une condition un peu aisée, pour arriver aux servantes, nous trouvons qu'à l'égard de ces dernières, il y a un manque complet d'instruction élémentaire.

J'ai rarement rencontré une servante qui sût écrire convenablement. Il leur manque surtout un établissement où elles pourraient acquérir la science et la pratique du ménage, et savoir ce qu'on exige d'elles, et c'est là la cause la plus ordinaire de leur démoralisation.

Dans l'état social actuel, les jeunes filles entrent en condition vers l'âge de quinze à dix-sept ans, sans avoir reçu aucune instruction préparatoire ; le plus souvent elles commencent chez des personnes sans éducation et sans intelligence.

Ces filles sont incapables de faire leur service, et les maîtresses de maison sont souvent trop occupées pour se donner la peine de les instruire.

Bientôt elles vont dans une autre maison, tout aussi incapables que lorsqu'elles sont entrées dans la première ; on les renvoie de nouveau et après des déplacements multipliés, elles trouvent toujours de mauvaises maîtresses, parce que les changements fréquents n'inspirent pas de confiance aux bonnes familles. Alors se trouvant malheureuses, elles croient qu'on a tort à leur égard et finissent par se persuader que les maîtresses sont leurs ennemies et qu'elles doivent se défendre contre elles.

S'il arrive par bonheur à une jeune fille d'entrer enfin dans une famille qui a des égards pour les domestiques, elle aura été tellement négligée, qu'il n'est plus possible de regagner sa confiance et d'en faire un membre utile dans un ménage.

Des dames charitables, voulant obvier à ces inconvénients, ont fait, il y a quelques années des essais à Berlin, en prenant tour à tour à la journée, des jeunes filles issues de parents honnêtes, pour les occuper aux soins du ménage.

On a cru les habituer à l'obéissance et aux différents services exigés dans les maisons, en les faisant changer continuellement de place dans des familles de l'association.

Cette idée n'était pas juste, et n'a eu aucun succès ; car la première chose à apprendre aux servantes, c'est l'attachement à la maison dans laquelle elles travaillent, et la persévérance dans leur service.

Il serait, je crois, possible de fonder, sous la direction de dames raisonnables et bien élevées, des hôtels garnis qui se maintiendraient plus facilement que les autres hôtels, si les directrices prenaient des jeunes filles comme apprenties.

Ces jeunes filles feraient là un apprentissage de trois ans et gagneraient leur nourriture et leur habillement, comme cela se pratique pour les jeunes gens apprentis dans les différents métiers.

Dans une semblable maison, elles auraient l'occasion d'apprendre plus facilement tout ce qui est nécessaire dans un ménage.

L'association pourrait alors, dans chaque endroit où se trouve un tel établissement, placer d'une manière très avantageuse les apprenties qui auraient obtenu de bons certificats.

Si, par ce moyen, on pouvait former de bonnes servantes en grand nombre, elles-mêmes pourraient plus tard, dans leur propre famille, concourir à la formation de nouvelles servantes et elles agiraient, en outre, comme élément civilisateur au milieu de la classe ouvrière.

Ce sont là quelques idées qui ne paraîtront pas nouvelles au Congrès; je les communique seulement, afin de prouver que partout où les mêmes besoins se sont fait sentir, les mêmes questions et les mêmes idées ont été mises en avant et attendent une solution pratique.

Mémoire de M. le docteur Boens, *à Charleroi.*

L'examen de cette question doit nous conduire à indiquer, non seulement quelles sont les professions qui nous paraissent devoir être accessibles aux femmes, mais aussi quelles sont celles dont elles devraient être éloignées.

On peut ranger toutes les professions en deux grandes catégories : l'une comprenant les arts et métiers qu'on exerce isolément, à domicile; l'autre, ceux qu'on ne saurait pratiquer que dans des lieux déterminés, dans des ateliers communs. Les professions de la première catégorie sont communément désignées sous le nom de *professions spéciales*, *privées* ou *sédentaires;* celles de la seconde, pourraient recevoir la dénomination de *professions générales.*

Dans la catégorie des professions générales, il existe quelques industries où les femmes pourraient être employées à l'exclusion des hommes.

Pourquoi, par exemple, les femmes ne seraient-elles pas chargées des fonctions de typographe et de lithographe, où une instruction médiocre, la légèreté de la main et la délicatesse du toucher constituent les qualités essentielles pour faire d'excellents ouvriers? Déjà cette innovation a été essayée avec beaucoup de succès à Paris. M. Firmin Didot et quelques-uns

de ses confrères ont eu l'heureuse inspiration d'ouvrir pour des femmes
seulement des ateliers de composition.

Malheureusement les femmes ne sauraient être admises dans le plus
grand nombre des autres professions générales, qu'à la condition du
mélange des sexes. C'est un grand mal.

Nous ne voudrions certainement pas exclure les femmes du travail de
ces grandes industries, telles que les charbonnages et les manufactures
diverses où le mélange des sexes est inévitable, mais nous voudrions que,
dans tous ces établissements, on leur confiât des occupations qui ren-
dissent leur contact et leurs rapports avec les hommes le moins directs et
le moins fréquents possible. Ainsi, pour ce qui est des charbonnages, le
soin des lampes, la charge de commissionnaires et quelques-uns des
autres travaux de jour, pourraient leur être réservés sans inconvénient.
Quant aux travaux du fond, il serait à souhaiter que l'accès en fût définitivement interdit aux femmes. En effet, il existe pour réclamer l'exclusion
des femmes du travail souterrain des mines, des raisons d'humanité, de
morale et d'hygiène, qu'il n'est pas nécessaire de développer ici. Qu'il
nous soit permis seulement de relever ce fait si connu de tous les chirur-
giens des districts charbonniers, que les *hiercheuses,* ou tireuses du fond,
sont exposées, par suite de leur travail, à contracter des vices de conformation du bassin qui, au moment de l'accouchement, compromettent
fréquemment leur existence et celle de leurs enfants. — Dans les autres
grands établissements industriels où l'on emploie des femmes, on devrait
s'attacher aussi à les réunir dans des ateliers distincts, où elles pourraient
travailler ensemble à l'exclusion des hommes. C'est ce que l'on pourrait
aisément faire dans certaines manufactures, notamment dans les verreries
et les fabriques de glaces, de porcelaines, de papiers peints, etc., etc.

Pour justifier ces propositions, est-il nécessaire d'insister sur les inconvénients qui résultent du travail en commun des hommes et des femmes?
Les personnes qui vivent dans les centres industriels n'ignorent pas quelles
fâcheuses habitudes de langage, de gestes et de provocations de toute
espèce, on remarque dans ces communautés composées d'individus de
l'un et de l'autre sexe, qui se trouvent sans cesse en présence pendant le
travail, pendant les heures de repos et tout le long des chemins qu'ils ont
à parcourir pour aller à leurs occupations.

On dira peut-être qu'avec une bonne surveillance, une partie des inconvénients que nous venons de signaler disparaîtrait. Sans doute, mais cela
est difficile à obtenir. Les médecins chargés du service de grands établissements savent tous combien il est commun de voir les surveillants pousser eux-mêmes les filles au désordre.

Ces considérations nous autorisent déjà à dire qu'il serait sage de chercher à éloigner les femmes de toutes les professions générales où le mélange des sexes, pendant le travail, est inévitable. Nous ajouterons qu'il serait à souhaiter que les femmes fussent appelées de préférence vers les professions sédentaires.

En effet, c'est dans les professions sédentaires seules que la femme peut trouver des ressources régulières dans toutes les conditions particulières auxquelles elle est soumise pendant le cours de son existence. Si les filles peuvent être utilement employées à certaines classes de travaux, il n'en est plus de même des femmes. Après le mariage, — et l'on se marie généralement de bonne heure dans les classes laborieuses, — la femme devient impropre au travail des manufactures, des charbonnages et de toutes les industries qui exigent le déplacement quotidien des ouvriers. Les soins du ménage, les obligations de la grossesse et de l'allaitement, la surveillance des nourrissons, retiennent forcément les femmes dans leurs demeures. L'institution des crèches et des écoles gardiennes n'est pas encore assez généralisée pour porter un remède efficace à ce mal, ou plutôt à ces nécessités sociales. Cette institution, d'ailleurs, ne peut dispenser la mère de famille d'avoir son ménage à soigner et son linge à entretenir, choses qui prennent d'autant plus de temps, que l'on est moins apte à le faire : c'est là malheureusement ce qui n'est que trop commun chez les ouvrières des fosses et des fabriques. Adonnée dès l'enfance à cette vie laborieuse qui lui fait passer la plus grande partie de son temps en dehors de la famille, l'ouvrière n'apprend rien de ce qu'elle doit savoir pour vivre avec ordre, économie et propreté. Il y a des ouvrières qui se marient à vingt ans et qui n'ont jamais fait une soupe. Ainsi, comme conséquences de l'introduction des femmes dans les professions générales, nous devons citer : 1° l'obligation quasi constante pour les femmes, de quitter ce genre de travail à l'époque de leur mariage, et de devoir par là renoncer aux bénéfices qu'elles en retiraient ; 2° l'ignorance parfois profonde, et souvent l'insouciance des soins les plus ordinaires du ménage. Beaucoup d'ouvriers, pour excuser les habitudes d'ivrognerie qu'ils avaient contractées après leur mariage, ne nous ont pas signalé d'autres causes que l'inaptitude de leurs femmes à tenir leur ménage avec ordre et économie.

Les résultats ne sont pas les mêmes lorsque, dès leur enfance, les femmes ont été occupées à des arts ou métiers qui leur permettent de travailler chez elles. L'habitude de la vie intérieure, le goût de la vie de famille se développent peu à peu et les disposent favorablement pour le rôle d'épouse et de mère auquel elles sont destinées.

Les professions spéciales, sédentaires ou privées, ne sont pas toutes accessibles aux femmes. Il en est un grand nombre qui sont incompatibles avec les attributs du sexe, soit dans l'intérêt des femmes elles-mêmes, soit dans celui de la société. Ainsi, il est évident que les métiers de forgerons, de maréchal, de menuisier, de charpentier, d'ardoisier et tous ceux, en général, qui exigent un grand déploiement de force, ou qui sont accompagnés de beaucoup de dangers, ne conviennent pas aux femmes. Les arts qui réclament une éducation exceptionnellement longue et élevée, des aptitudes particulières, tels que ceux qui comprennent l'exercice des pouvoirs administratifs, civils, militaires et religieux, ainsi que la pratique de la médecine et du droit, ne leur conviennent pas davantage. Cependant, avant d'aller plus loin, remarquons que cette exclusion qui est consacrée par nos mœurs, nos instincts et notre raison, a souffert quelques exceptions qu'il ne sera pas déplacé de signaler ici, afin que l'avenir les fasse disparaître. Nos lois et nos coutumes admettent aujourd'hui des *femmes dentistes* et des *sages-femmes*. Quand les académies de médecine retentissent chaque jour des justes griefs que la chirurgie élève contre la mauvaise institution des hommes dentistes étrangers aux notions des sciences médico-chirurgicales, est-il raisonnable d'ajouter des femmes au nombre de ces artisans? L'étude pathologique des dents appartient à la chirurgie et à la médecine, qui sont loin d'avoir dit leur dernier mot sur ce sujet plus important qu'on ne le croit. Nous en dirons autant des *sages-femmes*. Depuis la loi de 1835, qui a réuni dans un même diplôme, l'étude et la pratique de toutes les branches de l'art de guérir, la raison d'être des sages-femmes diminue chaque année. Il arrivera un temps, peu éloigné, où chaque commune de la Belgique possédera un médecin formé sous l'empire de cette sage loi. Alors, quelle raison d'utilité restera-t-il pour justifier l'existence des sages-femmes? Mais savez-vous ce qui restera et ce qui sera plus frappant alors, ce sont les graves inconvénients attachés au maintien de cette profession exceptionnelle, inconvénients dont tous les accoucheurs connaissent le nombre et l'étendue.

Mais, si nous excluons les femmes du groupe de professions spéciales que nous venons de mentionner, nous leur réservons une large part dans l'exercice d'un grand nombre d'autres professions où, jusqu'à ce jour, elles n'avaient pas eu accès. Nous ne ferons que les citer, nous réservant d'adhérer aux propositions nouvelles qu'on pourrait faire.

Il manque, dans notre pays du moins, des *gardes-couches* et des *gardes malades*. Ces professions occuperaient certainement plus de femmes, à moins de frais et avec plus de profits pour les ménages d'ouvriers, que celles de femmes-dentistes et de sages-femmes.

La *confection d'habits* de tous genres, la *passementerie*, la *chapellerie*, la *corderie*, la *cordonnerie*, la *fabrication du chocolat*, la *patisserie*, la *petite serrurerie*, la *clouterie*, la *bijouterie* et le *dessin industriel* pour les fabriques et les manufactures, pourraient occuper des femmes, aussi bien dans les campagnes que dans les villes, dans une humble chaumière aussi bien que dans l'atelier le plus confortable. Ces professions n'exigent guère de déplacement ; elles sont essentiellement sédentaires et d'un labeur aussi simple, aussi facile que celui de couturières, de modistes, de lingères et de fleuristes. Elles n'éloignent pas les femmes de leur famille et ne les exposent pas à contracter de mauvaises habitudes. Enfin, mariées ou non, avec ou sans enfants, les femmes initiées à l'une ou l'autre de ces professions pourraient utiliser les loisirs que leur laissent les soins du ménage pour y apporter par leur travail un peu plus d'aisance.

Hâtons-nous de dire que nous ne désirons nullement que ces professions deviennent l'apanage des femmes exclusivement. Les hommes trouveraient encore à occuper les meilleures places dans les différents états. De plus, ils auraient quelquefois la chance de rencontrer pour épouse, une femme capable de les aider dans leurs travaux. D'ailleurs, il faut le remarquer aussi, la plupart des professions spéciales accessibles aux femmes sont seulement celles où l'homme est le moins bien rétribué. Ne vaudrait-il pas mieux, en ce cas, que celui-ci s'adonnât à des travaux qui, exigeant plus de force, d'activité ou d'intelligence, comportent toujours de meilleurs salaires ?

Il nous reste à demander comment il serait possible d'introduire ces innovations dans l'éducation des femmes. Plusieurs moyens s'offrent à nous. On peut instituer des écoles d'arts et métiers pour femmes, des ateliers d'apprentissage ; on peut annexer aux écoles communales, l'enseignement de quelques professions faciles en rapport avec les besoins et les coutumes du lieu ; etc., etc...

Pour nous résumer, nous poserons les conclusions suivantes :

1° Il serait sage d'engager les femmes à se porter vers les professions spéciales, sédentaires ou privées plutôt que vers les professions générales ;

2° Néanmoins certaines professions générales pourraient leur être spécialement attribuées, par exemple, celles de *typographe* et de *lithographe* ;

3° Dans quelques autres industries de la même catégorie, telles que les verreries, manufactures de papiers peints, de glaces, de porcelaines, etc., il serait possible de leur confier une partie des travaux préparatoires ou accessoires qui s'exécutent ou peuvent s'exécuter dans des ateliers distincts, exclusivement réservés pour elles ;

4° Dans les grands établissements métallurgiques et les charbonnages, les femmes ne peuvent être utilement employées que pour remplir les fonctions de lampistes, de commissionnaires et de concierges ;

5° En ce qui concerne les professions spéciales, il y a lieu de supprimer, non pas immédiatement, mais d'une manière lente et progressive, les fonctions de femmes-dentistes et de sages-femmes pour les remplacer par celles de gardes-malades et de gardes-couches patentées ;

6° Enfin, parmi les professions qui nous paraissent devoir être accessibles aux femmes, nous devons citer : la *confection d'habits* de tous genres, la *passementerie*, la *chapellerie*, la *corderie* et la *cordonnerie*, la *fabrication du chocolat*, la *patisserie*, la *petite serrurerie*, la *clouterie*, la *bijouterie* et le *dessin industriel* pour les fabriques et les manufactures ;

7° Chaque administration communale pourrait être chargée d'indiquer le genre de professions spéciales qu'il conviendrait plus particulièrement d'enseigner aux femmes de leur localité respective, et de désigner les moyens qu'elle jugerait les plus efficaces pour leur rendre ces professions familières.

DÉBAT.

M. Hastings (Angleterre). *L'Association nationale anglaise pour le progrès de la science sociale* s'est particulièrement occupée de cette question, notamment en 1847, lors de sa première session. Je demande qu'en égard à la participation que cette association a prise à la solution de cette question, on s'en réfère à son expérience.

Dans l'Association anglaise, ce ne sont pas seulement les hommes qui ont pris part à la discussion sur cette question, mais aussi un grand nombre de dames haut placées et qui exercent dans la littérature une grande influence.

La conclusion à laquelle nous sommes arrivés, c'est qu'il y a des vices dans la société ; nous voyons des femmes employées à des travaux qui sont contraires à leur constitution, tandis que, dans beaucoup de pays, elles ne sont pas appelées à des travaux qui pourraient être de leur domaine.

Sans doute, il y a des mesures à prendre à cet égard ; le mieux cependant est que l'autorité intervienne le moins possible, certains que nous sommes que les progrès de la civilisation mèneront dans la meilleure voie.

Sous ce rapport, on doit beaucoup aux travaux de l'Association et aux dames qui ont voulu propager l'œuvre. On doit noter particulièrement l'imprimerie *Victoria*, où l'on a admis beaucoup de femmes. Leurs travaux se donnent à bon marché, et l'on éprouve la nécessité d'augmenter le nombre des femmes qui s'occupent de la composition. Là, il n'y a pas eu coalition comme en France, parce que la liberté d'association est mieux comprise en Angleterre qu'à Paris.

Ma conclusion est donc que le cours naturel des choses amènera la réforme des abus qui existent encore.

M. Visschers (Bruxelles). Messieurs, parmi les observations si justes, si fondées, qui viennent de vous être présentées par M. le docteur Boëns, il y a un point que je désire faire ressortir et sur lequel je vous prierai de vouloir bien porter votre attention, c'est le travail des femmes et des jeunes filles dans les mines.

En demandant l'exclusion des femmes des travaux souterrains des mines, l'honorable auteur du mémoire qui vient de vous être lu, s'est fait l'écho de plaintes formulées depuis longtemps, et qui ont provoqué même une enquête de la part du gouvernement belge.

Vous voyez qu'à propos de la deuxième question de notre programme, actuellement en discussion, je ne viens point vous indiquer quelles sont les professions qui, à mon gré, doivent être principalement réservées aux femmes ; au contraire, mon intention est de vous en signaler une dont elles doivent être exclues. J'espère que vous voudrez bien me permettre d'entrer, à cet égard, dans quelques détails, qui d'ailleurs sont fort courts.

Une enquête parlementaire avait fait connaître, en Angleterre, les nombreux abus qui régnaient dans l'exploitation des mines ; des faits scandaleux avaient été révélés relativement au mélange des deux sexes dans les travaux souterrains des mines. Un acte du 10 août 1842, a défendu à tout propriétaire ou exploitant de mines, dans la Grande-Bretagne, d'employer des femmes ou des jeunes filles dans les exploitations. Les rapports des inspecteurs des mines attestent que l'exécution de cette mesure n'a rencontré aucune difficulté, et que les effets en ont été reconnus excellents, tant sous le rapport des mœurs que sous celui de la santé des femmes, peu propres à ce genre de travaux.

En 1843, messieurs, le gouvernement belge confia aussi à une commission (*) le soin de faire une enquête sur le travail des femmes et des enfants dans les manufactures, mines, usines et ateliers. Les chambres de commerce, les commissions médicales provinciales, les ingénieurs des mines furent entendus dans cette enquête. Pour ne parler que de l'objet qui nous occupe, de toutes parts on réclama l'exclusion des femmes des travaux souterrains des mines. On signala des faits scandaleux ; on démontra combien les rudes travaux des mines sont peu en harmonie avec la constitution délicate et la vocation de la femme ; on fit valoir même l'intérêt de prévenir la dégénérescence de la race dans les districts de mines. D'après des témoignages recueillis, la dépravation, le scandale dépassaient toute expression, notamment dans certaines parties du Borinage. La commission médicale provinciale du Hainaut s'exprimait, à cet égard, dans les termes suivants : « C'est un abus qui fait honte et qu'aucun prétexte ne semble justifier (**). »

Les résultats de cette enquête, dont M. Ducpetiaux et moi nous avons été les rapporteurs, ainsi que le rapport de la Commission, ont été publiés en trois volumes in-8°. Dirons-nous, messieurs, que, malgré le temps qui s'est écoulé, aucune suite n'a été donnée aux propositions de la Commission ?

Le Congrès international d'hygiène, qui s'est réuni à Bruxelles en septembre 1852, s'est également occupé des questions qui concernent le travail, en particulier celui des femmes et des enfants dans les manufactures, les mines, etc. La 4e section m'avait fait l'honneur de me nommer rapporteur de ces questions. Parmi les vœux formulés par la section et qui ont été ratifiés par l'assemblée générale, figure « l'exclusion des femmes des travaux « souterrains dans les mines (***). »

Sous le rapport de l'hygiène, il est sans doute indispensable de veiller à conserver intactes

(*) Nommé par arrêté royal du 7 septembre 1843.
(**) Enquête sur la condition des classes ouvrières et sur le travail des enfants. — Rapport de la commission. Bruxelles, 1846-1848. Tome III, p 20.
(***) Congrès général d'hygiène de Bruxelles.—Session de 1852. 1 vol. in-8°. Pages 117 et suivantes.

la santé et l'organisation de la femme. On ne doit pas oublier le rôle important qui lui est assigné pour la perpétuation de la race ; l'avenir des générations y est donc intéressé. Mais, en outre, c'est à la femme à prendre soin du ménage, à y entretenir la propreté. En s'acquittant de sa mission, elle contribue à la santé, au bien-être de toute sa famille.

Sous le rapport moral, voyez, messieurs, la jeune fille ignorante entourée de séductions, loin de toute surveillance, au fond des travaux des mines. Mais, sans insister sur ce point, est-ce dans ce genre d'ateliers, dans ces travaux grossiers, qu'elle puisera l'instruction qui lui est nécessaire? Est-ce ainsi qu'on la prépare aux devoirs d'épouse, de mère de famille? Le commencement de toute réforme, c'est l'éducation ; mais n'aperçoit-on pas que l'on ne peut séparer l'éducation de la femme de celle de l'homme? Si l'on veut parvenir à améliorer la condition de l'ouvrier, il est indispensable, non seulement de lui procurer une habitation salubre et convenable, mais encore de la lui rendre attrayante, afin qu'il évite la fréquentation des cabarets, où il ruine sa santé et sa bourse. Pour le retenir dans sa demeure, il faut qu'il y trouve une compagne rangée qui lui en fasse apprécier les charmes; il faut que la femme sache réparer et entretenir le linge de la famille, élever ses enfants, leur inculquer les premiers principes de morale. Vous remarquez, messieurs, combien la question grandit, quelle est sa portée.

Je pense donc pouvoir conclure devant vous, et obtenir votre adhésion. Le travail des mines ne convient nullement à la femme : l'école et l'ouvroir doivent la préparer à la mission que la Providence lui a assignée. En vain on objecterait que le travail des femmes est nécessaire pour l'exploitation des mines : l'exemple de l'Angleterre répond suffisamment à cette objection. Il est consolant d'ajouter qu'en Belgique, même en l'absence d'une loi, un grand nombre d'exploitations, celles qui sont le mieux conduites, interdisent aux femmes l'accès des travaux souterrains. Dans plusieurs arrondissements, cette mesure est devenue presque générale. Aussi j'ai la conviction que la mesure, qui, dans ce moment, fait de ma part, l'objet d'une proposition formelle, ne présenterait aucune difficulté dans l'exécution.

A la suite de ce discours, la quatrième section émet par acclamation le vœu que les gouvernements interdisent aux femmes le travail dans les mines. — La séance est levée à 4 heures.

¡SÉANCE DU 23 SEPTEMBRE.

Présidence de M. VLÉMINCKX.

Quels sont les moyens à recommander pour la réhabilitation sociale des condamnés libérés?

Mémoire de M. J. STEVENS, directeur de la maison pénitentiaire, à Louvain.

Cette question n'embrasse pas exclusivement l'examen des moyens à mettre en œuvre à l'époque de la libération, mais encore celui des moyens à employer, depuis le jour où le coupable aura outragé les lois de la société et attiré sur lui quelque châtiment, afin que rien dans la peine qui lui sera infligée, ni dans son mode d'infliction, ne puisse venir ajouter des difficultés aux obstacles déjà si puissants que rencontre le libéré à sa sortie de prison.

Quelle est aujourd'hui la position du criminel? Il est flétri aux yeux du public par le crime commis; la peine qui lui est infligée a un caractère infamant; le lieu où il la subit a la triste réputation d'achever sa corruption; à sa sortie de prison, la surveillance de la police sous laquelle il est placé indique au public le degré de confiance qu'il inspire, et enfin, sans recommandation, sans appui sérieux, il rentre dans cette société où il ne pourra inspirer que l'effroi et ne rencontrer que le dédain et l'éloignement.

Le libéré inspire généralement de la défiance. Ordinairement on hésite à le recommander, dans la crainte d'avoir à assumer la responsabilité morale des méfaits qu'il pourra encore commettre. — On craint de l'employer à cause de l'effroi qu'il inspire. Ajoutons à cela que la surveillance de la police lui interdit ordinairement le séjour des villes où il pourrait vivre de son travail et se perdre dans la foule, et nous aurons un aperçu de la situation dans laquelle il se trouve. Supposez que l'action pénale et l'action moralisatrice aient fait naître en lui de bonnes résolutions. Que pourront ces projets de bonne conduite, en présence du mépris et de la misère? Peu à peu ses ressources s'épuisent, la masse qu'il a reçue en sortant de prison est bientôt dépensée; il ne peut plus que se livrer aux inspirations du mal.

Voilà les principales causes qui s'opposent à la réhabilitation des condamnés libérés, voilà la source de tant de récidives. Ces causes se trouvent à la fois dans les vices de la société, des lois pénales, des pénitenciers et du mode de libération.

Je les résume ainsi :

1° Les condamnations infamantes;
2° L'absence de réforme morale chez les condamnés libérés;
3° La surveillance de la police;
4° Le défaut d'un patronage efficace.

Après avoir examiné les causes qui, à mon avis, s'opposent puissamment à la réhabilitation sociale des libérés, je vais indiquer les moyens à l'aide desquels il sera possible de la tenter.

Ces moyens sont :

1° La suppression des peines infamantes;
2° La réforme des prisons basée sur l'expiation et l'amendement; l'or-

ganisation du travail des condamnés ; l'éducation ; l'enseignement religieux, élémentaire et industriel ; l'isolement des condamnés, le jour et la nuit ;

3° La délivrance d'un acte provisoire de réhabilitation, au libéré amendé qui aura donné, pendant sa détention, des preuves d'un sincère retour au bien ;

4° La remise de la surveillance de la police, en faveur des libérés qui auront obtenu l'acte de réhabilitation dont il est question ci-dessus ;

5° La réorganisation du patronage des condamnés libérés.

Je vais analyser successivement les moyens indiqués, démontrer leur utilité et formuler leur exécution pratique.

1° *Suppression des condamnations infamantes.* — Quelle est l'utilité, la raison d'être des peines infamantes? Quels sont leurs résultats? Je n'en vois pas d'autres que d'imprimer l'infamie au front du condamné, sans cependant lui faire subir une peine qui soit matériellement plus sévère que l'emprisonnement correctionnel. La répulsion qu'on éprouve pour les libérés, n'est-elle pas provoquée par l'infamie dont ils ont été stigmatisés? N'est-ce pas l'une des principales causes de l'impossibilité d'une véritable réhabilitation?

Que le coupable subisse une peine sévère ; qu'elle lui soit rigoureusement appliquée, c'est bien ; mais pourquoi entraver une partie de l'œuvre, en donnant à la peine un caractère d'infamie qui fermera dans l'avenir toutes les issues du retour au bien.

Bentham a dit : « L'infamie, selon son emploi usité, porte plutôt sur « le criminel que sur le crime. C'est, pour ainsi dire, un contre-sens en « législation. Si l'infamie portait sur le crime même, son effet serait plus « certain, plus durable et plus efficace. On pourrait la proportionner à la « nature de la chose. Mais comment arriver à ce but? Il faudrait trouver « pour chaque espèce de délit une espèce particulière de déshonneur. »

La suppression de la qualification « d'infamante, » donnée à la peine pour crimes, a déjà été réclamée en France ; et il paraît qu'il n'existe plus, en Prusse ni en Allemagne, aucune peine qualifiée d'infamante par la loi, ni aucune surveillance de la haute police, après la libération.

2° *Réforme des prisons.* — La réforme des prisons basée sur l'expiation et l'amendement ; l'organisation du travail des condamnés ; l'éducation ; l'enseignement religieux, élémentaire et industriel ; l'isolement des condamnés, le jour et la nuit : tels sont les moyens de préparer leur régénération.

Tant qu'un aussi fatal état de choses que la réunion des détenus persistera; tant que l'on ne prendra pas de mesures positives pour frapper la récidive dans cette cause fondamentale, on verra nécessairement les progrès de la criminalité continuer leur marche; et la société devra rejeter sans pitié cette foule de délinquants et de criminels sortis des pénitenciers communs qui sont devenus des foyers de corruption et des écoles de perversité.

En adoptant le régime cellulaire, comme la base principale de toute peine d'emprisonnement, il y a lieu d'admettre certaines exceptions qui embrassent notamment :

1° Les condamnés aliénés et simples d'esprit ;

2° Les condamnés qui ont une mauvaise santé ou sont atteints de maladies chroniques, d'infirmités graves ;

3° Les condamnés âgés de moins de 18 ans ;

4° Les condamnés politiques ;

5° Les condamnés militaires qui, à l'expiration de leur peine, doivent rentrer sous les drapeaux ;

6° Les condamnés à l'emprisonnement perpétuel.

Les condamnés indiqués sous les n°' 1 et 2 seraient placés dans une prison-hôpital et traités suivant les besoins et les circonstances, sans toutefois les enfermer dans des maisons de santé où l'on reçoit des citoyens libres mais malheureux.

Des établissements spéciaux, organisés chacun en vue de leur destination, avec séparation la nuit, recevraient les condamnés désignés sous les n°' 4, 5 et 6.

3° *Délivrance d'un acte provisoire de réhabilitation.* — Dans l'organisation actuelle, le libéré peut obtenir, cinq ans après l'expiration de sa peine, la réhabilitation. — Mais c'est là un hommage rendu, une attestation publique de son retour au bien et non un moyen pour y revenir. Le moment le plus critique pour le condamné est celui de sa libération; c'est donc à cette époque, qu'on doit chercher à consolider les effets de sa régénération et, s'il s'en est rendu digne, lui en donner une attestation qui facilitera son retour dans la société honnête. Cette attestation serait un acte provisoire de réhabilitation qu'il aurait la faculté de faire confirmer après le délai de cinq ans fixé par la loi.

Ces actes provisoires de réhabilitation seraient délivrés par les comités de surveillance des pénitenciers, dont l'unique mission devrait être l'amélioration morale des condamnés et le patronage des libérés. — Ces comités seraient composés de magistrats. Ils se réuniraient dans le courant de chaque mois, pour examiner les dossiers des condamnés à libérer. Ils entendraient les rapports du membre du comité qui, pendant la durée de la peine, se serait particulièrement occupé d'eux; celui du directeur, de l'aumônier, du médecin et de l'instituteur et délivreraient un acte de réhabilitation au libéré qui obtiendrait au moins les 2/3 des suffrages des membres du comité et du personnel supérieur du pénitencier.

La délivrance de cet acte entraînerait de plein droit la remise de la surveillance de la police.

4° *Remise de la surveillance.* — L'influence pernicieuse de la surveillance de la police, au double point de vue de l'existence misérable du libéré et de son impulsion à la récidive, est une chose trop évidente pour qu'il soit encore nécessaire de la prouver.

La surveillance met au grand jour la défiance du gouvernement à l'égard des libérés et doit nécessairement éveiller celle des populations. Elle soutient le préjugé qui les repousse de la société honnête et les rejette forcément dans la société des gens mal famés. C'est l'abîme où vont s'engouffrer tant de bonnes résolutions, tant de projets d'existence honnête; c'est la cause qui ramène bientôt dans la prison qu'ils viennent de quitter, et quelquefois même sur l'échafaud, des infortunés qui très souvent sont moins coupables que fatalement poussés vers le crime.

Il convient de conserver la surveillance de la police pour une certaine catégorie de libérés. Elle doit être entièrement abandonnée à l'égard de ceux qui, par leur amendement et la confiance qu'ils inspirent, donneraient des garanties suffisantes d'un retour au bien. La surveillance ne serait maintenue qu'à l'égard des libérés qui persisteraient dans leur endurcissement. L'application de cette mesure extrême se trouverait alors pleinement justifiée.

5° *Réorganisation du patronage des condamnés libérés.* — Il est constant que le patronage des condamnés libérés est le complément d'un bon système pénitentiaire, et qu'avant de songer aux résultats du patronage, il faut assurer l'amendement des prisonniers.

Dans l'organisation actuelle, quelle est la situation? Pourquoi cette institution a-t-elle généralement failli jusqu'ici en Belgique, en ce qui concerne notamment les libérés adultes? C'est qu'elle n'était pas convenablement préparée. Dans son remarquable travail « des Conditions d'application de l'emprisonnement séparé, » M. Ducpetiaux, inspecteur général des prisons, a dit : « En présence de malheureux qui, à la suite « d'une captivité plus ou moins prolongée, loin de présenter des garan- « ties d'amendement, portent, au contraire, les signes malheureusement

« trop visibles de la contamination inséparable du régime des prisons
« communes, que peuvent faire, je le demande, les patrons les plus cha-
« ritables et les mieux intentionnés? Peuvent-ils les recommander avec
« sécurité, lorsqu'ils ont la presque certitude que cette recommandation
« n'a pas de fondement suffisant et qu'elle peut induire en erreur et
« exposer les personnes qui seraient disposées à y avoir égard? Les con-
« damnés eux-mêmes ont le sentiment de cet embarras et de cette
« impuissance : aussi beaucoup refusent-ils spontanément l'offre qu'on
« leur fait du patronage, au moment de leur mise en liberté. »

La situation se trouve parfaitement exposée dans ces quelques lignes;
il faut donc non seulement régénérer les condamnés, mais encore donner
à l'institution du patronage des bases qui la recommanderont à la confiance
publique.

Ces bases sont :

1° La nomination auprès de chaque prison, d'un comité pour l'amélioration morale et le patronage des condamnés libérés. — Ces comités
seraient composés de magistrats et remplaceraient les commissions administratives ou de surveillance des prisons;

2° Les comités officiellement attachés à chaque établissement formeraient des sous-comités correspondants qui, dans les diverses localités,
seraient formés de personnes charitables qui voudraient s'associer à l'œuvre
du patronage. Ces personnes, patrons occultes, ne recevraient ni nomination ni délégation et rempliraient, en quelque sorte, une mission confi-
dentielle, secrète;

3° Le patronage s'exerce sans autre responsabilité que celle d'un zèle
charitable et d'une surveillance bienveillante sur les actions des patronnés.

4° Seront seuls admis à solliciter la faveur du patronage les condamnés amendés ou en voie d'amendement qui auront donné des garanties
d'un sincère retour au bien et seront spécialement recommandés au comité
officiel par la direction de la prison.

5° Un mois avant la libération, le comité conviendra avec le condamné
du lieu de sa nouvelle résidence et fera les démarches nécessaires auprès
des sous-comités, pour obtenir du travail ou le placement du détenu à
libérer.

6° Afin de faciliter la mission des patrons et la régénération des condamnés, ces derniers seront tenus, en acceptant le patronage, sauf des
raisons majeures, de choisir une autre résidence que celle où ils auront
commis les crimes ou les délits pour lesquels ils auront été condamnés.

7° La masse de sortie sera payée par les patrons aux libérés par petites
portions et au fur et à mesure des besoins.

8° Des secours seront accordés au libéré qui, à sa sortie de prison, consentirait à s'expatrier. On doit encourager l'émigration volontaire, car quoi qu'on fasse pour le libéré, sa position sera toujours difficile et à côté de l'expiation et du repentir, il restera toujours le souvenir de la faute.

Mémoire de M. FRÉDÉRIC LAGET-VALDESON, *ancien magistrat (à Nîmes).*

> « La société doit beaucoup se préoccuper des libérés :
> « car leurs vices et leur misère sont un danger social.
> « Mais comment convient-il de venir à leurs secours ?
> « C'est là une question d'une difficulté extrême. »
> DE TOCQUEVILLE.

A leur sortie de prison, les libérés, en butte à la répulsion générale, se trouvent fatalement exposés à de nouvelles rechutes, si la société et l'État n'étendent pas sur eux une vigilante et permanente protection.

Avant de déterminer le caractère de cette intervention, recherchons les causes du grand nombre de récidivistes, véritable plaie sociale ; nous proposerons après cela, le remède qui nous semble le plus efficace.

C'est principalement aux vices des systèmes répressifs et à la rigueur des lois pénales, qu'il faut attribuer un état de choses si déplorable.

RÉGIMES PÉNITENTIAIRES.

Si, d'une part, l'humanité exige qu'on n'impose pas aux condamnés des rigueurs inutiles ; d'autre part, il est dangereux de céder à l'entraînement d'une philanthropie mal entendue, qui ne tend à rien moins qu'à rendre le sort d'un détenu préférable à celui d'un honnête ouvrier soumis à un travail pénible pour subvenir aux besoins de sa famille.

En France, les réclusionnaires sont mieux nourris que les cultivateurs. Ils ont le pot au feu le dimanche. Leur pain est de la veille. La partie du gain qui leur est attribuée leur permet de se procurer, à la cantine, des vivres supplémentaires, du pain, des légumes, du laitage, jusqu'à concurrence de 15 centimes par jour.

Ainsi, sécurité du bien-être matériel, sécurité d'un bénéfice qui varie de 15 à 20 centimes par jour, tel est le sort de ceux que la société entend punir.

Comparez-le avec celui des ouvriers des grandes villes, luttant avec résignation contre le renchérissement incessant des loyers et des vivres et contre les chômages périodiques et les suites des crises commerciales !

Mais, objectera-t-on, vous ne comptez donc pour rien la privation de la liberté ?

Sans doute, c'est une forte punition pour ceux qui sont entraînés, quelquefois par la misère ou l'ignorance, à commettre une faute ; mais ce n'est plus un châtiment pour les endurcis qui subissent de cinq à dix condamnations (*).

MAISONS CENTRALES.

« Les maisons centrales sont autant de manufactures, a dit M. Léon Faucher, en attendant que ce soient des maisons pénitentiaires. Ce sont autant de palais, si on les compare aux prisons départementales. »

Enfin, on ne peut pousser plus loin la sollicitude vis-à-vis de gens qui témoignent leur reconnaissance par de fréquents retours (**).

La prison doit être un lieu de moralisation et de correction ; afin que si, à sa sortie, le délinquant n'est pas rendu meilleur, il se souvienne au moins de la peine qui, sans être trop dure, doit être assez efficace pour le retenir à l'avenir dans le devoir, par la crainte d'une nouvelle épreuve.

SYSTÈMES D'AUBURN ET DE PHILADELPHIE.

On a cru un moment trouver ce désideratum dans le régime pénitentiaire d'Auburn, ou mieux de Gand (car c'est dans cette ville que le premier essai eut lieu en 1772), et dans le système de Philadelphie.

Le premier a pour base la terreur des châtiments ; le second consiste à enfermer le prisonnier dans une cellule d'où il ne doit plus sortir.

Dans l'un, le condamné n'a point d'espoir de faire abréger la durée de sa peine par sa bonne conduite ; en outre, il est soumis aux châtiments corporels.

Dans l'autre, la moindre infraction à la règle est punie de l'emprisonnement dans un cachot obscur, avec réduction de nourriture.

L'isolement absolu, en plaçant le coupable en face de son crime, avec l'espoir de l'amener insensiblement au repentir, n'est qu'une pure illusion de la philanthropie.

(*) De 1856 à 1860, les récidivistes qui n'avaient subi qu'une seule condamnation forment moins de la moitié du nombre total. On en compte près d'un vingtième qui avaient subi au moins dix condamnations. Pour plusieurs, le nombre est de vingt à quarante.

(**) De 1854 à 1860, il est sorti des seize maisons centrales d'hommes, 65,570 condamnés libérés : 5,850 de la réclusion, et 59,320 de plus d'un an d'emprisonnement, soit, année moyenne, 8,517 des uns et des autres. Pendant la même période, il a été libéré des maisons centrales de femmes (huit), 15,823 condamnées qui avaient subi, 4,389 la réclusion ; 11,434 l'emprisonnement de plus d'un an : c'est, par année moyenne, 1,569 libérées des deux catégories. (Extrait du compte rendu de la justice criminelle.)

C'est, de plus, infliger une peine inégale, attendu que tous les condamnés ne la supportent pas avec la même énergie, et que quelques-uns sont atteints d'aliénation mentale ou se suicident.

Au lieu de l'appliquer aux réclusionnaires dont la plupart sont déjà corrompus, on devrait réserver la cellule pour les prévenus, et pour les condamnés à un an de prison.

Empêcher les prisonniers de se corrompre, employer tous les moyens de moralisation par le travail et l'instruction élémentaire, nous paraît le nec plus ultra d'un bon système pénitentiaire.

Avec de fréquentes visites des aumôniers, avec le travail obligatoire et deux promenades par jour, on pourra supporter la cellule pendant une année, sans inconvénient moral et physique. Étendre cette peine au delà, c'est pousser la rigueur jusqu'à l'inhumanité.

Dans l'intérêt de la réforme pénale, il serait à désirer qu'on supprimât les maisons centrales et qu'on les remplaçât par des colonies agricoles, soit à l'intérieur, soit à l'extérieur, destinées à l'emprisonnement de 2 à 3 ans.

COLONIES AGRICOLES.

L'institution des colonies agricoles est toute moderne. Inspirée par la charité, elle a pour but la moralisation ; elle prévient le vice et le réprime ; elle accomplit enfin une œuvre essentiellement humanitaire (*).

Le travail pénible des champs empêcherait les détenus de former ces projets qu'ils exécutent avec tant d'audace à la sortie de la prison. En présence de la nature, l'âme s'élève malgré soi, vers le Créateur. La lassitude du corps préviendrait la corruption et le vice honteux si généralement répandu dans les prisons.

Ce mode de répression serait, en outre, une puissante ressource pour la richesse territoriale, en secondant l'activité générale qui se porte vers l'agriculture, par le défrichement des terres incultes, par de grands travaux auxquels on soumettrait les condamnés, moyennant une part de salaire réservée pour l'époque de leur libération. (**).

(*) C'est en 1847, que le premier essai a été tenté par la ville de Paris, en consacrant une maison à l'éducation correctionnelle des jeunes détenus.
En 1832, furent fondées les colonies suivantes : celle de Saint-Antoine (Charente-Inférieure), dirigée par l'abbé Fournier, admit également les enfants pauvres et abandonnés ; Petit-Bourg, colonie agricole et industrielle, près de Corbeil (Seine et Oise), et qui se transforma plus tard en colonie pénitentiaire, a été évacuée en 1858, l'institution de Saint-Nicolas, ayant deux maisons, l'une à Paris, l'autre à Issy.
(**) Depuis 1837, le canton de Berne emploie des prisonniers à la construction des routes. Souvent, ils vont travailler sur des points éloignés, par groupes, sous la conduite de surveillants armés qui ont le droit de faire feu sur les fugitifs.

Pendant la mauvaise saison, on leur apprendrait à lire, à écrire et à compter. On établirait des ateliers pour plusieurs métiers.

Quant à la destination à donner aux bâtiments affectés aux maisons centrales, on pourrait les utiliser pour établir, soit des dépôts de mendicité pour les infirmes, soit des refuges pour la vieillesse.

Alors, les grandes villes seraient délivrées de tous ces mendiants, de tous ces faux estropiés ou mutilés, étalant des plaies dégoûtantes!

En 1839, MM. de Metz et de Courteilles fondèrent une colonie à Mettray, près de Tours, qui a servi de base au régime adopté par la loi du 5-12 août 1850 (*) sur l'éducation et le patronage des jeunes détenus; Puis vint Quevilly, près de Rouen, sous la direction de MM. Lecomte et Duhamel; Le Petit Mettray (Somme) fondé par le comte de Reynneville; l'établissement du digne abbé Fissiaux, à Marseille, où sont placés de jeunes détenus condamnés en vertu de l'art. 67 du code pénal.

Aujourd'hui, ces établissements sont au nombre de 58, dont 12 publics, — colonies agricoles annexées aux maisons centrales (**), quartiers correctionnels ou établissements départementaux, et 46 établissements privés, dont 22 colonies agricoles, et 24 maisons du Bon-Pasteur, refuges, instituts, etc... (Rapport du ministre de l'intérieur à l'Empereur).

La statistique des prisons, publiée depuis 1852, est une véritable anatomie de la pénalité. Elle constate les excellents effets obtenus dans les maisons d'éducation correctionnelle (***).

(*) C'est en vertu de cette loi que la colonie correctionnelle de Saint-Antoine (Corse) a été fondée, ainsi que le pénitencier agricole de Chiavari, pour les réclusionnaires et les correctionnels.

(**) C'est pour se conformer à l'esprit de la loi du 5-12 août 1850, qui donne la préférence aux établissements privés pour le placement des enfants, qu'on a supprimé les quartiers correctionnels annexés aux maisons centrales. Il n'existe plus que celui de Gaillon où la séparation avec les autres détenus est complète (1859).

(***) Voici les principaux résultats signalés dans le Rapport pour l'année 1859 :

Au 31 décembre 1858, le nombre des jeunes détenus était de 9,336, dont 7,478 garçons et 1,858 filles ; en 1857, il était de 9,896, dont 7,899 garçons et 1,997 filles, c'est une diminution, pour 1858, de 421 garçons et de 139 filles.

Les établissements privés en renfermaient 6,804, et les établissements publics 3,532, dont 2,137 dans les colonies annexées aux maisons centrales, et la colonie publique de Saint-Antoine (Corse), et 393 dans les quartiers dépendant des maisons d'arrêt, de justice et de correction.

Les renseignements recueillis sur les enfants détenus en 1857 (9,896) constatent que 175 appartenaient à des parents aisés ; 1,937 à des familles vivant de leur travail ; 2,308 à des mendiants, vagabonds, prostituées ; 4,001 à des parents inconnus, décédés ; 1,045 à des repris de justice.

Avant leur entrée dans les maisons, 1,849 enfants avaient appris ou exerçaient des professions industrielles, 826 des professions agricoles ; 6,700 étaient sans profession.

Après leur entrée, ces enfants ont été classés selon les métiers qu'ils exerçaient et suivant leur aptitude, de la manière suivante :

4,389 aux travaux agricoles ; 4,143 aux travaux industriels ; 585 aux services intérieurs, 279 n'avaient pas encore de profession dans l'établissement au 31 décembre 1858.

En 1857, le nombre des enfants appliqués à des travaux industriels était supérieur de 248 à celui des enfants agriculteurs.

En 1858, au contraire, le chiffre des agriculteurs est supérieur de 246 à celui des industriels.

Des instructions formelles ont été données à l'inspecteur général des prisons pour réduire les ateliers dans les plus strictes limites, et pour tourner autant que possible vers l'agriculture toutes les aptitudes physiques et intellectuelles de l'enfance.

Le nombre des libérés, du 31 décembre 1857 au 31 décembre 1858, y compris ceux qui ont été graciés, placés ou

Ces chiffres prouvent surabondamment, combien le système des colonies agricoles est répressif et moralisateur.

Les législateurs ne devraient donc pas hésiter plus longtemps à étendre ce régime aux individus âgés de 20 à 30 ans, qui fournissent aux prisons le plus fort contingent.

RIGUEUR DES LOIS PÉNALES.

Il est incontestable que les codes criminels exigent une prompte révision. La plupart édictent des châtiments qui ne sont pas en rapport avec les délits. Il en résulte un excès d'indulgence chez les peuples qui jouissent de la liberté, et une rigueur excessive chez ceux qui gémissent encore sous le despotisme.

L'adoucissement des mœurs, la répugnance d'un grand nombre de jurés à prononcer la peine de mort et les peines perpétuelles, la préoccupation inévitable des conséquences de leurs verdicts, motivée par la sévérité des peines, est encore une cause de la progression incessante des récidivistes, qu'il importe de signaler.

Les limites de ce mémoire nous interdisent de jeter ici un coup d'œil sur les législations criminelles de l'Europe.

CONCLUSION.

Il n'y a pas d'autre remède au mal que nous venons de constater, que le patronage.

« L'âme du système pénitentiaire, c'est le patronage, a dit un éminent criminaliste (*). »

Procurer du travail au libéré et l'assister provisoirement, lui distribuer sa réserve avec une sage prévoyance, le conseiller et le surveiller, lui délivrer, au bout d'un certain temps, un livret sur lequel il ne sera pas fait mention de ses antécédents, telle devrait être la mission des patrons.

rendus à leurs familles, s'est élevé, en 1858, à 2,086, soit 22,36 de la population moyenne. En 1855, cette proportion n'était que de 16,47; en 1856 de 17,95, et en 1857 de 16,45.

A leur sortie des établissements, 302 savaient lire, 689 lire et écrire, 782 lire, écrire et calculer; 323 étaient complétement illettrés. Le nombre des libérés qui avaient appris un métier agricole était de 922, dont 881 garçons et 42 filles; un métier industriel, de 1,162, dont 852 garçons et 344 filles.

Parmi ceux qui étaient en état de gagner leur vie, on compte 1,773 enfants; 81 n'étaient pas en position de pourvoir à leurs besoins, par suite d'infirmités ou de mauvaise santé; 181 par défaut d'instruction; 54 par défaut d'intelligence.

1,644 enfants libérés se sont retirés dans leurs familles, 86 ont été confiés a des sociétés de patronage; 34 se sont engagés dans les armées de terre et de mer; 220 ont été placés comme ouvriers, domestiques ou agriculteurs. (Rapport de M. le ministre de l'intérieur à l'Empereur.)

(*) M. Béranger de la Drôme.

Il est essentiel de ne pas perdre de vue qu'il s'agit ici d'une assistance limitée, et non d'une œuvre de bienfaisance.

Ce serait alors provoquer la démoralisation en accordant une *prime* au vice, en excitant l'ouvrier honnête à commettre des délits pour participer aux mêmes avantages.

Que les gouvernements adoptent cette institution, comme une mesure d'utilité publique; que tous les jurés soient appelés à en faire partie; que dans chaque chef-lieu de département, d'arrondissement et de canton, on établisse un comité.

Nous pensons que tous les libérés, sans distinction, doivent être admis aux bienfaits du patronage (*).

Pour les amendés (ou qui paraissent tels), ce sera une tentative de régénération, pour les incorrigés, une dernière épreuve.

Quant à la surveillance de la haute police, il faut reconnaître que les législateurs ont trop prodigué cette *aggravation* de peine, qu'ils auraient dû réserver pour les délits dénotant une grande perversité. Dans certains cas, ne serait-il pas convenable de laisser à l'administration le soin de l'appliquer d'après les notes recueillies par les directeurs des prisons (**).

Si ces précautions restent inefficaces, on se demande quels seront les moyen de protection et de correction dont la société sera alors en droit de disposer?

Il faudra nécessairement recourir à notre législation de 1791, qui déclarait, qu'après avoir subi leur peine, les récidivistes seront transférés pour le reste de leur vie, au lieu fixé pour la déportation des malfaiteurs (***).

C'est l'expatriation, dure extrémité sans doute, mais commandée par l'intérêt public!

(*) « Je voudrais qu'il s'établit une société de patronage général pour tous les libérés, à l'instar des sociétés partielles formées pour les jeunes détenus mis en liberté. Ce vaste réseau, partant du centre, aboutirait aux extrémités du royaume, de sorte que tout libéré tomberait forcément sous une surveillance spéciale, paternelle, bienveillante et active. » (M. Guillot, entrepreneur de la Maison centrale de Gaillon.)

(**) « La surveillance de la haute police, si elle n'est pas supprimée, doit tout au moins être remplacée par des mesures moins assujettissantes pour les libérés repentis. » (M. Béranger de la Drôme)

« Elle devient inutile, a dit l'honorable magistrat, si le système pénitentiaire atteint le but qu'on se propose. »

« La surveillance de la haute police n'a d'autre raison d'être, d'autre justification que la probabilité de la rechute. Cette probabilité existe, je le reconnais, avant l'expiation, pour tous les condamnés que la loi on le juge croit devoir soumettre à la surveillance ; mais, après l'expiation, elle ne peut évidemment continuer d'exister que pour les seuls condamnés incorrigés. — Elle cesse de droit et de raison pour tous les condamnés amendés, pour tous ceux que la peine (*remedium criminis*) a radicalement guéris. — Il est clair que, pour eux, le remède doit cesser avec la maladie.

« Donc, dès lors que, par l'effet d'un repentir sincère et d'un amendement bien constaté (j'entends celui qui ramène le libéré à l'exécution des lois), la probabilité de rechute a disparu, la surveillance ne peut être ni légitime, ni utile. Tout au contraire, elle ne peut être que nuisible; elle ne peut que détruire l'amendement et pousser le libéré vers le crime. » (M. Bonneville, *Traité du régime pénitentiaire*.)

En Belgique, pour bénéficier du patronage, on exige du libéré un certificat de bonne conduite délivré par le directeur de la prison.

La surveillance de la haute police perpétuelle a été abolie dans le royaume d'Italie et en Belgique.

(***) C'est l'opinion d'un savant professeur de droit pénal à la Faculté de Paris.

Les remèdes appliqués jusqu'à ce jour n'ont été que des palliatifs impuissants. Ce n'est qu'en éloignant le fléau de la récidive, qu'on pourra s'en préserver.

Puisse l'Association internationale, foyer des aspirations généreuses, adopter notre projet! La sécurité publique, le sort de ces malheureux déclassés, le réclament instamment!

DÉBAT.

M. VLEMINCKX (Bruxelles). Le mémoire dont vous venez d'entendre la lecture, contient certaines prémisses qui me semblent devoir être rectifiées.

Il adresse au système cellulaire que nous avons inauguré en Belgique, dans plusieurs prisons, depuis douze à quinze ans, des reproches qui ne sont nullement justifiés.

L'auteur ne veut de l'emprisonnement cellulaire que pour un an. Il appelle cela l'emprisonnement séparé ou isolé. Il prétend qu'au delà, il y a crainte d'aliénation mentale, de maladies de toute espèce. Eh bien, en ma qualité d'inspecteur général du service de santé des prisons, je puis donner à la section l'assurance la plus formelle que nos prisons les plus saines sont les prisons cellulaires; que, dans aucun système, il n'y a moins d'aliénés que dans l'emprisonnement cellulaire. A cet égard, les statistiques sont concluantes.

Mais il ne faut pas croire que nous appliquions ici ce qu'on appelle l'isolement complet, absolu. Non, chez nous, comme en Angleterre, l'emprisonnement cellulaire consiste dans la séparation absolue des mauvais d'avec les mauvais, mais aussi dans la conjonction, dans la mesure du possible, des mauvais avec les bons. C'est à dire que les emprisonnés cellulaires ne sont jamais isolés; ils sont constamment en contact avec les gardiens, avec le directeur, avec les aumôniers, avec les médecins, avec leur famille même, lorsque leur conduite le permet. Il ne s'agit donc pas d'un homme qui n'a devant lui que le ciel et l'air qu'il respire, mais c'est l'homme qui est constamment en contact avec ses semblables. Et quels sont ces semblables? Des hommes qui ne peuvent lui donner de mauvaises leçons, qui, au contraire, emploient constamment leurs efforts à le rendre meilleur.

Je ne m'attendais pas, je l'avoue, à ce qu'on pût encore défendre l'emprisonnement en commun. Nous en avons vu les horribles défauts. Il n'y a pas un détenu dans l'emprisonnement en commun, si mauvais qu'il fût, qui ne soit sorti de prison plus mauvais encore. L'honorable inspecteur général des prisons, M. Ducpetiaux est là pour confirmer mon opinion.

M. DUCPETIAUX (Bruxelles). Parfaitement.

M. VLEMINCKX. Je dis donc qu'un des plus grands moyens d'améliorer les détenus, et l'un des plus profitables, par conséquent, au résultat de la libération et du patronage qui doit être exercé sur les libérés, c'est l'emprisonnement cellulaire; et si j'ai un regret à former, c'est qu'en France, ce système soit sur le point d'être complétement abandonné.

M. SURINGAR (Pays-Bas). Réhabilitation des prisonniers, c'est un mot seulement, mais un mot d'une grande importance. Qu'est-ce que réhabiliter un condamné? C'est le rendre digne de reprendre place dans la société ; or, pour cela, il faut avant tout tâcher de le connaître ; et cette connaissance n'est pas possible sans le système cellulaire. Il faut rendre plusieurs visites au malheureux prisonnier ; il faut causer avec lui, étudier son histoire, son caractère.

Mais le système cellulaire n'est pas appliqué d'une manière convenable, dans tous les pays. En Belgique, on l'a bien compris. Une visite à la prison de Louvain portera plus de fruits que la lecture de dix volumes. L'auteur de la note qu'on vous a lue ne connaît pas le système cellulaire.

Je m'occupe depuis 1839 de cette question, et je suis tellement convaincu que le système cellulaire mérite la préférence, que si j'étais seul de mon avis, je resterais constant dans mon opinion.

A Amsterdam, le système cellulaire marche à merveille. Nous avons des sociétés de dames qui nous aident dans notre œuvre. Deux dames visitent tous les jours les prisonnières. Nous avons ensuite un comité pour l'amélioration des prisonniers. Quelques membres de ce comité visitent les prisons. Notre commission administrative le fait aussi. Je suis vice-président de ce comité. Je suis obligé, tous les mois, d'employer une semaine à la visite journalière des prisonniers.

Malheureusement, on n'agit pas de même partout, et c'est ce qui fait que ce système n'a pas porté plus de fruits. On parle toujours du système, mais un système ne peut améliorer personne. Une cellule ne corrige pas ; ce qui est important, c'est ce qui se passe dans cette cellule.

Il ne faut pas seulement organiser le patronage ; il ne s'agit pas de prononcer des discours ou d'écrire des livres ; il faut se mettre en relation avec le prisonnier libéré, il faut, à l'occasion, le prendre à son service.

Notre société n'est pas une œuvre parfaite ; il lui manque encore beaucoup de choses ; mais on fait ce qu'on peut.

Pour moi, le système cellulaire mérite la préférence, quoique présentant encore des imperfections. Je l'accepte néanmoins, pour toutes les catégories de condamnés, pour les condamnés à court terme, pour les condamnés à long terme, pour les condamnés à vie. S'il est prouvé qu'un condamné ne peut subir cette peine, parce qu'il est malade de corps ou d'âme, il faut le libérer.

Je suis tout à fait d'accord avec le premier mémoire que vous avez entendu, que les peines infamantes ne conduisent à rien, et la division en classes dans les prisons cellulaires ne me plaît nullement. Je ne comprends pas cette division des peines en travaux forcés, en emprisonnement, en détention, etc. La peine est toujours la même. La législation devrait être réformée sur ce point. La législation doit être très simple et son application aussi.

M. GLATIGNY (France). La question qui nous occupe est certes des plus intéressantes au point de vue social. En effet, la statistique criminelle montre dans les crimes une progression vraiment effrayante. Je ne sais pas si c'est dans le régime des pénitenciers qu'il faut chercher le remède au mal. Je ne sais pas si c'est le système cellulaire ou le système en commun qui doit être appliqué. Je crois plutôt qu'il faut avant tout chercher le remède à la source du mal. C'est, par conséquent, des jeunes détenus, des enfants condamnés, que les philanthropes doivent surtout s'occuper. Je ne puis qu'appuyer à cet égard ce que dit M. Laget-Valdeson, dans son mémoire, qu'il faut couvrir le pays d'un réseau de colonies agricoles et pénitentiaires. Ces colonies, en effet, sont un remède très efficace, très salutaire.

La statistique sur la proportion des récidivistes entre les détenus qui sortent des prisons ordinaires, en France, et les jeunes délinquants qui ont accompli leur peine dans les colonies, est à cet égard, extrêmement remarquable. Si j'ai bon souvenir, le chiffre des jeunes détenus qui sortent de prison et qui tombent en récidive a été, dans ces dernières années, de 36 à 40 p. c., tandis que le chiffre des récidivistes parmi les jeunes délinquants qui ont accompli leur peine dans les colonies pénitentiaires, est de 12 à 14 p. c.

Vous voyez dans ces chiffres un résultat considérable bien digne d'être noté. Il y a donc dans ce système des colonies pénitentiaires, un remède salutaire au mal et il faut chercher à propager ce système. La France possède un grand nombre de colonies agricoles, en tête desquelles figure celle de Mettray. C'est un bel exemple que ces enfants travaillant à la terre, moralisés par les excellents exemples et les excellents principes qui leur sont donnés. Ce système a tant d'attraits pour eux que les deux seuls enfants qui aient fui de la colonie de Mettray avaient, moins d'un mois après, imploré la grâce de pouvoir finir leur peine à la colonie.

J'insiste sur le nom de colonies agricoles, parce que c'est là que s'amendent réellement les jeunes délinquants. Le travail au soleil, le travail de la terre, voilà ce qu'il faut.

Les colonies industrielles pénitentiaires ne produisent pas les mêmes résultats. Là, l'enfant, en contact quotidien avec les autres détenus, n'a pas les mêmes chances de s'amender et l'effet moral est beaucoup moindre.

Ainsi, c'est surtout aux colonies agricoles qu'il faut avoir recours pour arrêter le mal dans sa source.

Tout à l'heure, on vous parlait de l'incognito nécessaire au condamné libéré; on vous a dit qu'il serait avantageux pour eux de cacher leur nom, de ne pas donner un caractère officiel à leur détention. C'est une idée que nous sommes en train de poursuivre; dans le département de la Moselle notamment, M. Pistor, avocat, a fait à cet égard des travaux considérables et a obtenu un grand nombre d'adhésions. Car ces améliorations que nous recherchons, nous voulons, comme en Belgique, les introduire en dehors du gouvernement. Nous nous sommes adressés aux sociétés libres, notamment aux comices agricoles, et nous avons obtenu les meilleurs résultats. Nous avons des steppes, des terrains incultes que nous faisons défricher par les condamnés libérés. Nous faisons ainsi faire des progrès à l'agriculture et c'est ce qui a été un titre pour nous auprès des comices agricoles. Un comité fondateur vient d'être formé et nous espérons que les jeunes délinquants, aujourd'hui détenus, pourront bientôt travailler à la terre, dans de bonnes conditions morales. Ils s'amenderont et l'on verra encore diminuer le nombre des récidives.

A côté de ce projet, nous en avons conçu un autre. Nous ne nous sommes pas seulement occupés des jeunes délinquants, nous avons été plus loin et nous voulons établir sur le modèle des colonies pénitentiaires, une espèce de refuge pour ces petits malheureux, pour ces jeunes vagabonds, courant dans les rues, souvent reniés de leur famille, exposés journellement à la misère et par conséquent aux délits et aux crimes.

M. Nakwaski (Pologne). J'arrive ici avec des idées tout à fait opposées à celles de notre honorable président et de notre honorable vice-président. Non seulement je trouve que le système cellulaire est mauvais, mais je trouve qu'il va bientôt cesser partout. C'est ainsi qu'il vient d'être supprimé complètement en Suisse et en France.

Sans doute je n'ai jamais eu l'honneur d'être inspecteur du service de santé ni de pouvoir suivre cette question en qualité de médecin. Mais depuis une trentaine d'années je m'en occupe. J'ai visité beaucoup de prisons en Europe, et j'ai particulièrement discuté avec les directeurs.

Ce qui m'a le plus affermi dans mon opinion, c'est la visite que j'ai faite dernièrement à Tours où existait, depuis plusieurs années, une prison cellulaire. Le directeur m'a dit que depuis un an, une ordonnance ministérielle avait complétement aboli le système cellulaire; je lui ai demandé quelle était son opinion à cet égard, et je me suis convaincu par ses réponses que ce système était complétement condamné.

La discussion qui a lieu s'écarte de la question posée et qui concerne seulement la réhabilitation des condamnés libérés. Mais le premier orateur entendu nous a dit que le système cellulaire était le meilleur et il a tiré de ces prémisses, des inductions que je dois combattre. Toutefois si je me déclare contre le système cellulaire, il n'en résulte pas que je sois favorable au système d'Auburn. On dit que le système auburnien est mauvais; je l'admets; mais peut-on conclure de là que le système cellulaire est le meilleur? Je crois, au contraire, qu'il faut chercher un troisième système. J'ai publié à ce sujet une brochure dont je vous apporte une vingtaine d'exemplaires et où vous trouverez la question traitée sous toutes ses faces. J'avais proposé au congrès des économistes à Lausanne en 1860, la réunion en Suisse d'un congrès *ad hoc*. Malheureusement diverses circonstances n'ont pas permis de réaliser ce projet.

J'ai communiqué mes idées à l'Institut national genevois, à la section des sciences morales et politiques. Elle s'est occupée de la question, pendant plusieurs séances, auxquelles assistaient les hommes les plus compétents, notamment M. Aubanel que plusieurs de vous connaissent. Dans cette discussion, on s'est déclaré complétement contre le système cellulaire.

En 1857, la section de l'Institut national genevois que je viens de citer a envoyé au congrès de Francfort un mémoire entièrement contraire au système cellulaire. Non seulement le directeur des prisons, mais le conseiller d'État qui était à la tête de l'administration, se déclaraient contre ce système.

A Lausanne, on a essayé du système cellulaire, pendant quelque temps; mais on en est revenu au système en commun.

A la suite de plusieurs visites que j'ai faites à la colonie agricole de Mettray et dans plusieurs autres établissements du même genre en Suisse, voyant les bons résultats des colonies agricoles, je me suis convaincu, et c'est la conclusion de ma brochure, que c'était ce système des colonies agricoles qui était le meilleur.

Il me semble que la société fait trop de dépenses pour des gens qui se sont déclarés contre elle. Je crois qu'il y a lieu de modifier la législation, et que beaucoup d'individus qui sont condamnés aujourd'hui ne le seraient pas si les lois étaient autres. Ce serait là une question législative que je ne veux pas aborder.

Voici mes conclusions :

« 1° Il faut retourner en tout sens la question des droits et des devoirs de la société, à l'égard des prévenus et des condamnés; il faut rechercher par quels moyens, on pourra le mieux la résoudre en pratique.

« 2° Lorsqu'on a découvert les vrais coupables, ceux que la société a le droit et le devoir de punir, il faut concilier l'application de la peine avec les principes de l'humanité et de la civilisation, et avec les mœurs particulières à chaque pays; il faut découvrir le mode le plus économique. Dans ce but :

« A. Qu'on étudie à fond les systèmes déjà mis en usage, en particulier ceux de l'emprisonnement cellulaire et du travail en commun;

« B. Qu'on se demande si un système nouveau, le système agricole, par exemple, ne serait point préférable. »

Dans cette vue, j'avais préparé, avant d'arriver ici, une proposition qui, si elle n'est pas discutée dans cette session, pourrait l'être dans notre prochaine réunion. Je la crois digne d'attention. La voici :

« Je propose de mettre en discussion la question du système pénitentiaire :

« Il est un fait, que dans la pratique, le système du confinement solitaire est abandonné presque partout. Il n'existe plus en Suisse, et une ordonnance ministérielle l'a aboli en France, depuis un an. Comme le congrès de bienfaisance réuni à Francfort, en 1857, s'est déclaré pour ce système, je suis d'avis que l'*Association internationale pour le progrès des sciences sociales* doit prendre cette question en main, pour l'examiner à fond.

« J'ai publié en 1860, pendant la réunion du congrès des économistes à Lausanne, une brochure, afin de provoquer, en Suisse, un congrès spécial qui eût à s'occuper de cette question. Ce congrès n'ayant pu se réunir jusqu'à présent, je remets cette affaire entre les mains de notre nouvelle association, en joignant ici une vingtaine d'exemplaires de ma brochure, pour ceux des membres de cette réunion, que cela peut intéresser particulièrement, et en faisant remarquer, que j'y propose, à la place des systèmes existants, un système pénitentiaire agricole, comme répondant le mieux, selon moi, à toutes les exigences. »

M. FLEURY (France). Cette question a soulevé en France de longs débats, et donné lieu à des travaux très étendus et très importants. Or, je dois le dire, il en est résulté qu'en France, l'emprisonnement cellulaire est radicalement condamné et condamné d'une manière à peu près unanime, condamné au nom de la science, de la justice et de l'humanité.

Quand j'ai vu notre honorable Président prendre la parole, j'ai cru qu'une nouvelle condamnation du système cellulaire allait sortir de sa bouche. Aussi, j'ai été profondément étonné d'entendre les déclarations faites par M. le Président. Je crois que, dans cette circonstance, il serait important que la Belgique, à qui la science est déjà redevable de tant de bonnes choses, de tant de travaux historiques et scientifiques, mît à même les publicistes, et surtout les publicistes français, de discuter à nouveau cette question de l'emprisonnement cellulaire et de la résoudre en connaissance de cause, si faire se peut.

Je me résume par ce vœu : c'est que des documents historiques soient publiés qui permettent d'examiner de nouveau cette question.

M. DUCPETIAUX. Je regrette que cette question ait été soulevée.

Je crois cependant devoir, en invoquant une expérience de trente et une années, des voyages nombreux, une étude constante, m'élever contre les critiques qui viennent d'être adressées au système de l'emprisonnement cellulaire. On semble croire que cette question en est encore à son origine. C'est une erreur. Cette question a fait l'objet de longs débats. Elle a donné lieu à des enquêtes, à des rapports, à la production de documents historiques nombreux. Elle a été traitée dans tous ses détails au Congrès général de bienfaisance de Francfort en 1857. Ceux d'entre vous qui connaissent le compte rendu de ce Congrès ont pu voir, en ouvrant le deuxième volume, des documents officiels émanés de toutes les autorités compétentes, de tous les hommes pratiques et spéciaux de divers pays. Tous ces témoignages attestent les résultats excellents de l'emprisonnement séparé. Parmi ces témoignages, je citerai ceux, et ils sont nombreux, de la France elle-même, de plusieurs conseils généraux qui, malgré la pression exercée par le gouvernement nouveau, en ce qui concerne cette question comme en beaucoup d'autres, ont protesté solennellement contre la suppression du système cellulaire. Je ne citerai que les rapports de deux conseils généraux : ceux de la Seine et de Seine-et-Marne. Ces rapport sont reproduits textuellement dans le deuxième volume du compte rendu du Congrès de Francfort, et j'engage les personnes qui veulent approfondir la question et se convaincre de l'état de l'opinion publique en France, à examiner ces documents. Ils répondent d'une manière complète à ce qu'on vient de dire, à savoir que l'opinion en France serait presque unanime contre l'emprisonnement séparé.

Il y a des conseils généraux qui ont résumé l'opinion de la France entière, l'opinion de la cour de cassation, celle des conseils départementaux, celle des cours d'appel, qui toutes sont favorables au système cellulaire.

Vous vous rappelez les grands débats qui ont eu lieu en France, en 1847, et dont l'effet n'a pu être interrompu que par les événements de 1848. Alors, l'opinion était unanime pour préférer à l'emprisonnement en commun, source de tous les crimes, l'emprisonnement séparé.

Quant aux faits particuliers cités par M. Nakwaski, j'en dirai un mot. Il est impossible qu'une assertion inexacte se produise ici sans amener une dénégation.

Je connais la prison de Tours et je dirai dans quelle circonstance je l'ai visitée.

Je l'ai visitée en 1849; c'était à l'époque du choléra. Je me rendis d'abord chez le préfet, pour lui demander l'autorisation de visiter la prison. Ce fonctionnaire avait jugé prudent de quitter la ville et d'aller à la campagne. Je demandai le secrétaire général; il était aussi absent. Faute de permission, je me rendis à toute aventure à la prison. Je trouvai la porte ouverte. Je me dis : il est probable que je suis chez le concierge; je pénètre et ne vois personne. Je vais plus loin, croyant qu'au deuxième guichet je pourrais parler à un gardien, je ne rencontrai personne. Dans la prison, je vois des cellules ouvertes. Mais aussi, je sens une odeur insupportable et je suis pris d'une espèce d'évanouissement. C'est que la prison de Tours était construite dans des conditions sanitaires tellement déplorables, que la ventilation y avait produit un effet contraire à celui qu'on en attendait, c'est à dire, que la ventilation se faisait par les tuyaux des lieux d'aisance et que bientôt la population avait été décimée, que les portes avaient dû être ouvertes et que la prison avait été désertée par tous, détenus et employés.

Je demande si les faits qui se sont produits dans une semblable prison peuvent être invoqués contre le système cellulaire. Les faits avancés par M. Nakwaski condamnent, non le système, mais l'instrument qui a servi à l'appliquer.

En ce qui concerne la Suisse, j'ai visité, à différentes reprises, les prisons de ce pays. Je dois dire que c'est à tort qu'on a déclaré que la Suisse avait fait l'essai de l'emprisonnement cellulaire. La Suisse n'en est pas encore arrivée à ce degré de progrès. On y a beaucoup discuté la question de l'emprisonnement séparé; mais on ne l'y a introduit que d'une manière imparfaite. Ainsi, j'ai vu l'introduction, à titre d'essai, de l'emprisonnement séparé à Lausanne, dans les conditions les plus défavorables. J'ai visité les prisons de Lausanne, et j'ai moi-même prié le conseiller d'État chargé de l'application de cet essai de vouloir le faire cesser, parce que, dans les conditions où il était introduit, il n'avait aucune chance de succès.

A Genève, il y a également une prison auburnienne, dirigée par un homme très estimable. On y a, en 1840 ou 1841, construit une prison cellulaire pour les détenus en état de prévention ou d'accusation. On nous annonce que cette prison a été transformée. Je le regrette infiniment. C'était un petit essai qui aurait pu, sous une bonne direction, porter d'excellents fruits.

En somme, voici à quelles conclusions j'arrive : c'est qu'il est impossible de juger de l'importance d'une question comme celle-là, d'après quelques faits isolés. Il faut, pour juger le système, connaître la question tout entière. Il ne faut pas s'en rapporter uniquement à ce qui s'est fait en Suisse et en France, où ce système n'a pas reçu une application convenable. Il faut surtout s'en rapporter aux pays où le système a été appliqué comme il doit l'être, et où il a produit des résultats parfaitement satisfaisants. Je citerai un grand nombre d'Etats d'Allemagne : la Prusse qui, après une interruption, vient de rétablir le système cellulaire; le Danemark, la Suède, la Norwége, où l'emprisonnement cellulaire fonctionne sans le moindre inconvénient; je citerai la Hollande que représente si bien ici mon vieil ami, M. Suringar; je vous citerai enfin la Belgique où nous avons quatorze ou quinze prisons, notamment celle de Louvain, où le système cellulaire fonctionne et où chacun peut aller se convaincre de ce que nous disons. Les portes vous en sont ouvertes; nous ne cachons rien; vous y trouverez une réponse positive aux accusations que l'on a portées contre le système de l'emprisonnement séparé.

J'en reviens maintenant à la question posée au programme et je dis que le point sur lequel on a insisté dernièrement est un des points essentiels. Je dois, sous ce rapport, vous engager à visiter, si vous en avez le temps, les établissements que nous avons déjà en Belgique, pour arriver au but que nous nous proposons : *c'est la réparation de l'offense par l'éducation des enfants*, qui, sans cette éducation, seraient nécessairement lancés dans la voie du crime. Nous avons l'établissement de Ruysselede qui, depuis douze années d'existence, a vu sortir 2,500 enfants, sans qu'il y ait eu de récidives.

Les expériences faites en Belgique, par le système de l'emprisonnement séparé et par le système créé pour les jeunes délinquants, ont amené ce résultat : c'est que tandis que la criminalité, dans plusieurs pays, augmente continuellement, en Belgique, elle est dans un état de décroissance très prononcé. Nous avions, il y a six ans, plus de 9,000 criminels; ce chiffre est descendu à 6,000, et bien certainement cette diminution, malgré la progression constante de la population, doit être attribuée, en grande partie, au système admis par le gouvernement et aux institutions qu'il a créées.

Je compléterai ces renseignements par le dépôt d'un certain nombre d'exemplaires d'un article qui a été inséré dans la *Revue britannique*, et qui donne les détails les plus récents sur la question de l'emprisonnement séparé. Vous vous convaincrez que les renseignements invoqués à l'appui du système de l'emprisonnement séparé, sont nombreux, étendus et de nature à modifier l'opinion qui vient d'être exprimée devant vous.

M. NEUMANN (Prusse). On a fait remarquer que la question posée au programme ne porte pas sur le système pénitentiaire; mais sur les moyens à employer pour la réhabilitation sociale des délinquants libérés.

Je crois que si l'auteur du programme avait cru que le régime pénitentiaire fût le point de départ absolu pour la solution de la question que nous discutons, il l'aurait posée en ces termes : Quel est le régime pénitentiaire le meilleur pour la réhabilitation sociale des délinquants libérés? Mais probablement les auteurs du programme ont cru que ce serait là une question purement théorique, parce qu'il existe dans le monde, des modes très différents de système pénitentiaire. Je crois, quant à moi, qu'il faut traiter la question telle qu'elle est posée dans le programme, et je me permettrai, à cet égard, une simple remarque.

Selon moi, tous les moyens que l'on pourrait choisir pour la réhabilitation sociale des délinquants n'aboutiront à rien, si l'on ne parvient pas à transformer l'opinion publique, envers les condamnés libérés. Je crois que c'est la méfiance qu'inspirent les délinquants libérés, qui est le plus grand obstacle à tout système de patronage. J'attire sur ce point l'attention de la section; c'est que ce qu'il faut réformer, avant tout, c'est l'opinion publique.

Je présenterai encore une observation. Nous avons à Berlin, une prison cellulaire. Mais le système cellulaire n'est pas encore sanctionné chez nous par la loi. Il y existe, à titre d'essai, en vertu d'un règlement ministériel. D'après tout ce que j'ai observé, l'opinion publique n'est pas encore complétement convaincue chez nous des avantages du système cellulaire. La question sera probablement débattue, l'année prochaine, dans les Chambres législatives.

M. STEVENS (Louvain). J'ai entendu avec peine le jugement qui a été porté sur l'emprisonnement cellulaire. Je dirige la prison cellulaire la plus vaste, je pense, qui existe sur le continent européen. A ce titre, nous pouvons y constater des faits nombreux et importants. Je convie MM. les membres de l'assemblée à bien vouloir venir contrôler les faits que j'avance.

On a parlé de nombreux cas de suicide qui se produisent dans les prisons cellulaires. J'en suis fâché pour les prisons où ces cas se sont produits ; mais il n'en est pas de même chez nous. La prison de Louvain reçoit des condamnés correctionnels, des condamnés réclusionnaires, des condamnés aux travaux forcés, c'est à dire qu'elle reçoit des hommes condamnés à l'emprisonnement depuis un an jusqu'à quinze et vingt ans. Or, depuis plus de deux ans que l'établissement est ouvert, on y a constaté un seul cas de suicide, et cela non chez un condamné admis définitivement dans l'établissement, mais chez un malheureux qui venait d'arriver et n'avait subi que quelques jours de détention.

Voilà le seul cas de suicide que nous ayons eu, sur une population de plus de 900 détenus, choisis parmi les condamnés à long terme, et par conséquent le plus exposés à être poussés au désespoir. Quant aux cas d'aliénation mentale, sur cette même population, il y en a eu deux, et pour l'un des deux, il a été constaté que sept années auparavant, il avait été atteint d'un mal du même genre.

Donc, pour le suicide, comme pour l'aliénation mentale, on peut soutenir que l'emprisonnement cellulaire est préférable à l'emprisonnement en commun.

J'ajouterai, quant aux cas d'aliénation mentale, qu'on est bien mieux à même de les constater dans les prisons cellulaires que dans les prisons en commun, parce que dans ces dernières, le personnel a généralement très peu de relations avec les détenus, tandis qu'en cellule, nous les voyons continuellement et que le moindre dérangement d'esprit est aussitôt remarqué.

Enfin, au point de vue des travaux industriels, il y avait encore une grave question. On pensait que l'on ne pourrait pas introduire le travail d'une manière efficace dans les prisons cellulaires, que l'on ne pourrait pas y apprendre des professions aux détenus, chose si utile pour leur avenir. Qu'est-il arrivé ? c'est qu'à Louvain, il résulte des comptes généraux, qu'on a réalisé sur le travail industriel, plus de bénéfices que dans les autres prisons, et qu'on forme dans les cellules des tisserands, des tailleurs, des cordonniers. Sous ce rapport, si M. Nakwaski désire des renseignements précis, je le prie de m'honorer d'une visite, et je n'ai pas de doute qu'il sortira de la prison de Louvain, avec une meilleure opinion que celle qu'il a aujourd'hui du système cellulaire.

M. WINSBACH (France). J'ai demandé la parole un peu tard, et il se trouve que les orateurs qui viennent de parler ont dit à peu près tout ce que je voulais dire.

Je voulais d'abord signaler la différence radicale qui existe entre les opinions qui viennent d'être exprimées sur les deux systèmes d'emprisonnement. L'intervalle entre ces deux opinions est si grand qu'il me parait difficile de le combler. Cependant je crois qu'il a grandi par suite d'un malentendu et qu'on peut du moins l'atténuer de beaucoup. Il faut d'abord, tenir compte du caractère national. Il est évident que les gens qui ont une certaine vivacité, pour qui le soleil et le mouvement sont un besoin continuel, supporteront le système cellulaire plus difficilement que les gens d'un caractère plus calme, plus froid. Est-ce une des causes fondamentales de la différence des résultats obtenus ? Je n'en sais rien, mais on pourrait l'admettre, sans s'avancer trop.

Une autre cause, c'est la manière dont l'emprisonnement cellulaire a été appliqué dans les différents pays. M. Ducpetiaux nous a signalé les vices de l'établissement de Tours. Sans prétendre défendre l'administration française, je crois cependant pouvoir dire que ces fautes ne sont pas générales, et surtout que les exemples d'administrateurs haut placés, comme le préfet et le secrétaire général, abandonnant leur poste au jour du danger, sont très rares et doivent être considérés comme des cas tout à fait exceptionnels.

Le point de départ de cette discussion est le travail d'un ancien magistrat de Nîmes. On y a vu la condamnation du système cellulaire. Mais un mot a échappé, je crois, à l'attention de l'assemblée : c'est qu'il s'agissait du système cellulaire *complet*. Je ne sais si l'épithète se trouve dans le travail, mais elle a été dite tout à l'heure. Or, notre honorable président vous a indiqué la manière dont l'application du système cellulaire se faisait en Belgique, et m'a donné lieu de penser que ce n'était pas le système cellulaire complet qui y était admis.

Il nous a dit que les mauvais y étaient mis en contact avec les bons, c'est à dire avec des personnes du dehors, avec les gardes, les aumôniers, les médecins, les directeurs.

Il reste une difficulté à vaincre : c'est de trouver les gens de dévouement qui veulent remplir cette mission. Cela ne fait pas défaut en Belgique ; j'espère que cela ne fait pas défaut non plus dans mon pays. Le zèle des médecins, des administrateurs, est connu en France, comme en Belgique. Mais c'est cependant un point qui mérite de fixer votre attention.

SIR JOSHUA JEBB (Angleterre). Comme le meilleur moyen de réhabiliter le prisonnier dans la vie sociale, est de le rendre digne d'être reçu parmi les membres honnêtes et respectables de la société, la discussion a rencontré très à propos la question de savoir quel est le système pénitentiaire le plus propre à favoriser l'amendement du délinquant.

En discutant sur les lois et les institutions pénales, on a l'habitude de séparer trop souvent les deux résultats qu'elles doivent produire : répression du délit et réforme du criminel.

Ces deux résultats, qu'il faut poursuivre, représentent deux idées parfaitement distinctes.

Le premier but, comme aussi le plus naturel, que la société se propose dans l'application du châtiment, c'est la protection des personnes et des biens. — La charité chrétienne et notre devoir d'homme nous engagent à adopter le genre de correction qui contribuera le plus à opérer l'amélioration morale et la régénération du criminel.

La recherche des moyens qui peuvent conduire à ce double but, voilà ce qui constitue proprement la science de la législation pénale.

Quand on considère bien attentivement les choses, on trouvera que ces moyens ne peuvent pas être hostiles entre eux ; au contraire, que l'instrument de punition et de discipline le plus propre à corriger, est celui dont l'aspect est désagréable et qui inspire une crainte salutaire à cette catégorie d'hommes qui sont les plus enclins à se livrer à des actes criminels.

La fin qu'il faut avoir en vue ne doit pas être cette idée illusoire de parvenir à extirper un jour le crime de la société ; mais l'idée chrétienne de le contenir dans les bornes les plus étroites possible.

L'expérience a suffisamment démontré que l'emprisonnement isolé, et, comme M. Suringar l'appelle, « la substitution de bonnes influences à de mauvaises influences » remplissent ces conditions d'une manière plus parfaite que tout autre système pénitentiaire quelconque.

La seule question qui reste debout, à mon avis, est celle de préciser le temps pendant lequel l'encellulement peut être prolongé avec fruit et sans danger de devenir nuisible à la santé physique et aux facultés mentales du détenu. La durée de ce temps variera nécessairement d'après les circonstances et les conditions dans lesquelles on se trouve, dans les différents pays, et dépendra surtout des moyens dont on dispose pour adoucir les rigueurs de la solitude ; tels sont la fréquence des visites dans les cellules, l'occupation des détenus à des travaux utiles, ou l'adoption d'un régime de discipline industrielle.

Le système de l'emprisonnement séparé fut introduit en Angleterre, en 1778, par le célèbre Howard. Il y fut abandonné ensuite, mais continua à subsister en Amérique. Il fut réintroduit en Angleterre en 1839.

Nous devons son rétablissement en mon pays, au témoignage unanime rendu en sa faveur par MM. Crawford et Russell, MM. De Beaumont et De Tocqueville, M. Ducpetiaux, M. le Dr Julius, M. Suringar et autres hommes distingués.

L'érection de la prison de Pentonville, commencée en 1840, fut le premier pas qu'on fit dans cette voie. Elle fut bâtie pour servir comme modèle de construction et comme moyen de constater l'efficacité du système cellulaire, par une expérience pratiquée sur une grande échelle. La maison, achevée en 1842, devait pouvoir contenir 500 prisonniers du sexe masculin.

Quelques-uns de nos hommes les plus éminents furent désignés comme commissaires, notamment le duc de Richemont, le comte de Chichester, lord J. Russell et autres auxquels on me fit l'honneur de m'associer.

Je ne puis mieux, messieurs, vous faire connaître la manière dont j'envisage le résultat moral obtenu par ce genre de discipline, qu'en citant ici le passage suivant, que j'extrais du cinquième rapport des commissaires, en date du 10 mars 1847 :

« Nous terminâmes notre troisième rapport, en faisant ressortir les avantages de « l'isolement des détenus, comme étant la base et le type de tout emprisonnement disci« plinaire.

« En soumettant cette opinion à un nouvel examen, et profitant de l'expérience que nous « avons acquise depuis lors, nous sommes entièrement fondés à dire aujourd'hui que dans « notre ferme conviction, le résultat moral qui a été obtenu est des plus encourageants et « le succès tel, qu'il n'en est pas, croyons-nous, d'exemple dans l'histoire de l'emprison« nement disciplinaire. »

Ils terminent ce rapport en disant qu'ils sont intimement persuadés que :

« Le système d'isolement est la seule base solide dont on puisse attendre la réforme des « délinquants avec quelque espoir raisonnable de succès. »

Sans parler de l'horreur salutaire que ce genre de peine inspire à l'homme, la cellule est un lieu où l'esprit du prisonnier est particulièrement accessible à l'influence de la religion.

La monotonie de la solitude amène presque toujours la réflexion ; et un regard rétrospectif du coupable sur le passé ne peut manquer de susciter dans son âme le trouble d'un remords, si ce n'est la componction et le repentir.

Le résultat satisfaisant de cette expérience et la grande confiance que le public plaçait dans les commissaires, sous l'intendance desquels la prison de Pentonville était dirigée, avaient fait naître un désir général de voir adopter le système cellulaire pour tout le pays. Aussi à l'heure qu'il est, l'Angleterre possède-t-elle 12,000 à 13,000 cellules dans les différents comtés et bourgs.

Toutes les prisons sont érigées d'après le modèle de Pentonville.

J'ai été extrêmement heureux et fier de voir que ce système a obtenu l'approbation de M. Ducpetiaux et du gouvernement belge. Il existe aujourd'hui en Belgique six prisons construites d'après des plans analogues.

La Hollande en possède une, qui honore le nom de M. Suringar. Il en existe en France, en Prusse et dans le Hanovre.

Ce grand nombre d'établissements est une preuve suffisante que le principe du régime cellulaire et son efficacité comme instrument de correction et comme moyen d'amendement ont été généralement reconnus aujourd'hui.

En terminant ces quelques remarques, je dois cet hommage à la vérité, de dire que, soit qu'il s'agisse de mes visites dans les écoles de réforme de Ruysselede et de Beernem, soit qu'il s'agisse de celles que je fis dans les prisons de Gand, d'Anvers et de Louvain, je n'ai jamais vu ni en Angleterre, ni dans un autre pays quelconque, des maisons de ce genre où il régnât un plus grand esprit d'ordre, ni qui fussent mieux appropriées à leur destination. Et je ne parle pas, messieurs, de la propreté ni de cette organisation admirable qui frappent tout d'abord la vue de tout observateur que le hasard y a conduit, mais, chose bien plus importante, de ce secret de l'esprit de discipline qu'on y possède, de ces excellents moyens d'encouragement et d'instruction dont on y dispose, de cet art de savoir mettre constamment sous les yeux des prisonniers des motifs de bien faire. Au milieu de sa punition, le prisonnier, d'une manière ou d'une autre, se voit entouré d'éléments d'espoir pour se rattacher à l'idée de sa réhabilitation morale.

Ceci m'amène naturellement à la question posée : « Quels sont les moyens à recommander pour la réhabilitation sociale des délinquants libérés. »

Alors même que le prisonnier aura donné des preuves d'amendement et sera jugé digne de retourner dans la société, le problème de la réforme n'est pas résolu. Une grande difficulté reste et restera toujours debout dans les pays où les ouvriers non flétris par la justice sont nombreux. Je veux dire l'emploi des condamnés libérés.

Ceci constitue une grave question, et je ne suis pas venu parmi vous pour vous apporter des lumières sur les moyens de la résoudre, mais pour en recueillir dans votre sein. Je me réjouis donc d'entendre parler si favorablement de l'œuvre du patronage. Nous avons commencé en Angleterre, et avec quelque succès, l'essai de cette œuvre, depuis si longtemps organisée en Europe, au moyen de sociétés instituées dans ce but. Je ne me réjouis pas moins d'entendre qu'on condamne de toutes parts la surveillance directe de la police sur les détenus libérés, comme leur enlevant toutes les chances de vivre honnêtement. C'est à juste raison qu'on a fait remarquer que cette surveillance dénote une méfiance dans les efforts tentés pour réformer les délinquants; qu'elle est de nature à susciter la suspicion et à augmenter les difficultés.

Le moyen auquel nous recourons en Angleterre avec le plus de confiance, quand le libéré n'a pas de perspective certaine dans sa famille, consiste à encourager l'émigration, et les gratifications qu'on alloue aux prisonniers du chef de leur activité et de leur bonne conduite, fournissent les moyens d'effectuer l'expatriation.

La réhabilitation sociale des condamnés libérés est et sera, je crains, toujours l'une des plus grandes difficultés; et c'est là une des questions les plus dignes de l'attention de ceux qui sont chargés de l'administration de l'État, ou qui ont à cœur le bien-être de l'humanité. Je la recommande vivement à l'étude et à la sollicitude des hommes éminents devant lesquels j'ai l'honneur de parler. (Applaudissements.)

M. T'KINT DE NAEYER (Bruxelles). Je prierai M. le général Jebb de nous dire à quels travaux les condamnés sont employés lorsque l'emprisonnement cellulaire vient à cesser.

M. LE GÉNÉRAL JEBB. Ils sont employés aux travaux de Portland, et aux travaux des fortifications à Chatam.

M. T'KINT DE NAEYER. C'est donc un travail très actif, un travail en plein air qui succède à l'emprisonnement cellulaire.

M. SURINGAR (Pays-Bas). Je convie M. Nakwaski, après qu'il aura visité l'établissement de Louvain, à venir loger chez moi. Car il est dans une grande erreur. Les prisons qu'il a nommées, je les ai vues toutes et je ne puis comprendre ce qui le rend ennemi du système cellulaire. Dans les huits premières années que la prison cellulaire d'Amsterdam a été établie, nous avons eu, sur cinq à six mille détenus, douze cas de décès, deux par mille. Dans les six dernières années, nous n'avons pas eu un seul cas de suicide. Pendant dix ans, nous n'avons pas eu un seul cas de folie causé par l'emprisonnement cellulaire.

Quand un prisonnier quitte la prison cellulaire et qu'il est récidiviste, il revient seul à la prison, car il n'a pas eu occasion d'y faire des complots.

Que veut-on de plus? Obtient-on de si bons résultats de la vie en commun des prisonniers, même lorsqu'ils sont à la campagne? Si c'est une question d'économie que l'on a en vue, je puis vous citer une prison où les prisonniers ne coûtent pas un sou à l'État, où même, une année, ils ont procuré un bénéfice. Cette prison est placée dans le voisinage d'une fabrique de sucre et d'autres fabriques. Les prisonniers quittent la prison le matin à neuf heures; ils travaillent autant qu'il est nécessaire et même pendant toute la nuit. Ils gagnent beaucoup d'argent qu'ils sont obligés de donner à la direction des prisons au profit de l'État. Cela marche admirablement bien; car cela ne coûte rien. Mais quand j'ai demandé quelle était la situation de ces gens, au point de vue de la moralité, on m'a répondu : « Oh! quant à cela, nous ne nous en occupons pas. »

M. NAKWASKI (Pologne). Tout en exprimant ma reconnaissance de l'invitation aimable et si cordiale que me fait mon honorable collègue qui croit que je changerai d'idée en visitant l'établissement de Louvain, je dois déclarer que, pour le moment, je persiste dans mon opinion, et j'ai à cet égard, quelques considérations à émettre. Je n'entrerai pas dans beaucoup de détails, parce que, dans la brochure que je viens de vous remettre, se trouve l'exposé complet de mes idées.

Je dirai seulement que l'Institut national genevois s'est adressé à M. le général Jebb pour obtenir des renseignements sur le régime cellulaire et que M. le général Jebb a eu la bonté de lui envoyer tout ce qui avait rapport à ce système et aux prisons de l'Angleterre. Ces documents ont été examinés, discutés; une commission a été nommée et, malgré cela, l'on s'est déclaré contre le système cellulaire.

M. DUCPETIAUX. A Genève!

M. Nakwaski. Lorsque je rappelle ce qui s'est passé en Suisse, bien que l'on ait écrit sur le système cellulaire dans ce pays plus que dans aucun autre, M. Ducpetiaux me répond : Cela ne prouve rien, le système n'a pas été bien introduit. Mais tous ceux qui se sont occupés de la question savent que le système cellulaire a été introduit à Lausanne et à Genève, d'après toutes les exigences possible. Il y a eu à Genève un grand nombre de partisans du système cellulaire. Il y a une vingtaine d'années, le Grand Conseil, pour faire un essai à côté du pénitencier auburnien, dirigé par M. Aubanel, a construit un établissement considérable dans un endroit nommé *l'Évêché*. On a tâché d'y prévenir toutes les chicanes. L'essai a duré pendant plusieurs années et on l'a complétement abandonné. Ce ne sont pas là des critiques, ce sont des faits que je cite.

M. Ducpetiaux vous a parlé du Congrès de bienfaisance de 1857. Je n'y ai pas été, mais j'ai lu tout ce qui y a été dit. Or, il y a eu partialité dans la discussion. La section de morale et de politique de l'Institut genevois avait envoyé à ce Congrès un mémoire. Ce mémoire a été inséré avec des remarques qui en faussaient la portée. On m'a assuré qu'à ce Congrès de Francfort, les décisions, loin d'être mûries par la discussion, y furent prises au pas de charge.

Quant à ce qu'on vous a dit de la prison de Tours, qu'est-ce que cela a de commun avec la question qui nous occupe? Qu'un préfet ait, il y a une dizaine d'années, quitté la ville, parce que le choléra y régnait, qu'est-ce que cela a de commun avec ce qui se passe aujourd'hui à la prison de Tours?

Le système cellulaire ne peut exister qu'avec un grand patronage, beaucoup de soins, beaucoup de visites. Mais je déclare que ce patronage est impossible. Peut-être s'exerce-t-il en Belgique; mais il ne s'exerce pas en Suisse. Comment voulez-vous que ce système soit appliqué dans une prison comme Bruchsal, où il y a mille détenus, dans une localité qui a pour toute population quelques employés, des militaires et un peu de commerce? Comment trouverez-vous dans cette localité assez de personnes pour suffire à un patronage pareil?

Genève est remplie de gens éclairés, riches, voués aux œuvres de bienfaisance. Eh bien! jamais ce patronage n'a pu y fonctionner comme il faut. Il n'existe presque pas, et les directeurs de la prison m'ont dit que ce patronage ne produisait pas les effets qu'on en attendait et qu'il est presque abandonné.

Je demande donc que vous veuillez bien examiner le système des pénitenciers agricoles que je propose. Je crois qu'il peut amener les résultats les plus avantageux. Le travail au grand air, qui fait bien dormir la nuit, qui donne la santé au corps, réagirait de la manière la plus favorable sur les condamnés.

Il y a d'ailleurs d'autres considérations au point de vue social. Comme je l'ai dit, beaucoup d'hommes sont condamnés, qui ne le seraient pas avec un bon système de législation. Et ces hommes, vous les punirez de la manière, à mes yeux, la plus terrible, de la prison cellulaire ! Je n'approuve pas un semblable système, et je finirai, comme dans ma brochure, par ces mots : « Celui qui a longtemps gémi sous les verroux, disait notre grand poëte Mickiewicz, est un être qui n'est plus propre à rien. »

Le régime alimentaire des ouvriers de fabrique et son insuffisance, pour la plupart d'entre eux, ne contribuent-ils pas puissamment aux progrès de la tuberculose pulmonaire? Quels sont les moyens de remédier à ce mal?

DÉBAT.

M. BURGGRAEVE (Gand). Je n'insisterai pas sur ce fait trop connu que les ouvriers de fabrique deviennent tellement faibles et chétifs, que l'État est dans l'impossibilité de trouver parmi eux le nombre de miliciens nécessaires et qu'il doit y suppléer par les districts agricoles. Un autre fait non moins constant, c'est que la tuberculose fait chaque année, d'énormes progrès. Dans la Flandre orientale, les phthisiques entrent dans la population totale de la province, pour plus de 20 p. c. C'est également la proportion qu'on observe à l'hôpital civil de Gand. Aussi, du 1er octobre 1861 au 20 septembre 1862, il est entré à cet hôpital 2,175 malades atteints d'affections internes, dont 408 tuberculeux. Il en est mort 297, dont 116 tuberculeux, ce qui donne une moyenne d'environ 20 p. c. quant aux entrées et à peu près 15 p. c. pour la mortalité.

Messieurs, rapprochez ces deux faits : diminution de l'ouvrier de fabrique en taille et en poids, augmentation de la tuberculose, et il vous sera facile d'en tirer les conséquences. J'ai déjà eu l'honneur de vous dire combien les aliments plastiques font défaut à l'ouvrier de fabrique, notamment la viande; or, c'est cette dernière qu'il lui faudrait pour réparer ses forces et contrebalancer l'influence délétère du travail auquel il se livre. Ce travail se faisant dans un air confiné, il faudrait à l'ouvrier de fabrique des aliments immédiatement assimilables, c'est à dire de la viande. On comprend, que dans des conditions contraires, c'est à dire travaillant au grand air, le laboureur puisse se contenter d'un régime frugal, dont la pomme de terre, le laitage, le lard, le pain noir font les frais. Mais cette alimentation ne serait pas supportée par l'ouvrier de fabrique, qui mange généralement du pain blanc, le pain noir lui étant indigeste; le reste de son alimentation se compose d'une soupe au riz où nagent quelques débris de boucherie, de pommes de terre, et pour boisson, une infusion de chicorée. Il n'y a donc pas là une alimentation suffisante; aussi l'ouvrier de fabrique est-il lymphatisé. On pourrait presque dire qu'il n'a plus de sang dans les veines et toutes ses maladies tournent à la consomption.

Nous trouvons un argument à l'appui de la thèse que nous défendons dans ce qui se passe dans les districts houillers. Là, la phthisie pulmonaire est rare, mais là aussi l'ouvrier est bien nourri. Il mange de la viande tous les jours, boit une bière fortement houblonnée, amère, tonique, et même, en montant de la bure, comme en descendant, un verre de genièvre!

Les maîtres (il faut le dire à leur honneur) sont pleins de soins pour leurs ouvriers. Un bon feu et un bain les attendent au sortir de la fosse. Quand ils sont remis de la fatigue du travail souterrain, ils trouvent quelques heures à donner à la culture d'un petit jardin; quelques-uns louent une portion de terre qu'ils cultivent avec leur famille pour les provisions de l'année. Nous avons vu ainsi, près de Péruwelz, une partie de l'immense bois de Bon-Secours, appartenant au prince de Croy, dérodée et mise en culture par les charbonniers de la commune attenante de Bernissart. C'est là que nous avons eu occasion d'étudier cette classe intéressante de travailleurs, et que nous avons pu constater combien chez eux, les affections tuberculeuses sont rares. Nous devons ajouter que la Société fait tout pour entretenir l'aisance et la moralité parmi ses ouvriers. Elle leur a bâti des maisons confortables, avec jardin, et leur paye un salaire suffisamment rémunérateur. Au risque de blesser sa modestie, nous nommerons ici l'administrateur de la Société, M. le comte Alb. Duchastel, un de ces nobles qui ne croient pas déroger en s'occupant d'industrie, parce qu'ils comprennent sa haute mission : celle de moraliser les masses par le travail et le bien-être.

Messieurs, nous admettons qu'il n'y a aucune assimilation possible entre l'industrie manufacturière et l'exploitation des mines de charbon, la première s'exerçant au sein des villes, dans des quartiers souvent resserrés, au milieu de populations qui ne font ainsi qu'échanger l'air malsain des ateliers contre l'air plus malsain encore de leurs habitations; la seconde, c'est à dire l'exploitation houillère, ayant lieu à la campagne ou, du moins, dans la banlieue des villes; mais nous devons insister sur ce fait : l'immunité de l'ouvrier houilleur vis-à-vis de la phthisie pulmonaire, malgré les conditions défavorables du milieu dans lequel il effectue son travail. Il est anémique, parce que la lumière lui fait défaut, mais rarement il devient tuberculeux. C'est que, quoique travaillant au fond de la mine, il a un air riche en oxygène, même plus dense et plus constant que celui qu'il respire dehors; c'est que son alimentation est suffisamment réparatrice; c'est, en un mot, que toutes les mesures sont prises pour le soustraire, dans la mesure du possible, aux dangers de sa profession.

La question des classes laborieuses, surtout de celles dont le sort se rattache à l'industrie manufacturière, ne me semble pas assez comprise. Autrefois, le travail à la main rendait impossible ces concurrences ardentes qu'ont provoquées les machines. Le privilége protégeait le travailleur. Les corporations, au besoin, laissant là l'instrument du travail, descendaient sur la place publique pour soutenir, par des armes moins pacifiques, ce qu'elles considéraient comme leur droit, c'est à dire le monopole. C'était le droit au travail pour soi et non pour les autres. Personne, sans doute, ne voudrait voir revenir un pareil système, qui ne s'accorderait pas avec nos principes de liberté plus largement comprise. Mais est-ce à dire que nous soyons dégagés de toute obligation envers ceux auxquels la loi ne reconnaît pas de droits politiques? Évidemment non. Cette non-participation les constitue en véritable minorité; dès lors, nous devons nous conduire envers eux en tuteurs. Ainsi, aux chefs d'industrie, à diminuer les dangers inhérents au travail manufacturier, à faciliter le travail à l'ouvrier et à le rendre plus productif par un bon outillage, à contribuer à répandre l'instruction, mais surtout à proportionner les salaires aux besoins; aux gouvernements, à débarrasser le travail de toute espèce d'entraves, comme à ne pas lui accorder de protection endormante. De la liberté des échanges, résultera une activité de transactions qui tournera au bien-être du producteur et du consommateur; la loi de l'offre et de la demande deviendra alors une vérité pour l'ouvrier. Il ne faut pas que l'industrie, à l'instar du Saturne antique, dévore ses propres enfants.

Nous nous serions bien gardé de toucher à la question de la liberté commerciale, si nous n'étions ici réunis en congrès pour le progrès des sciences sociales. Présentée devant une Académie de médecine, la question de la tuberculose pulmonaire serait naturellement limitée à son côté médical. Ici elle prend des proportions plus larges. Il ne s'agit pas de discuter sur la maladie, mais sur les causes qui la produisent. Or, selon nous, une des causes principales, c'est une alimentation insuffisante. Il est dès lors tout naturel de dire un mot de l'insuffisance des salaires.

Messieurs, les circonstances critiques que nous traversons en ce moment ne sont pas sans précédents dans l'histoire de la civilisation. La gêne résulte évidemment de la perturbation jetée dans les rapports de la valeur de l'or et de l'argent et de celle des denrées alimentaires. Chaque fois que les populations ont augmenté d'une manière notable, la vie est devenue plus chère, sans que l'argent représentant la rémunération du travail ait augmenté de valeur. Ce qui valait, il y a vingt ans, *un* se vend *deux* aujourd'hui. Il devrait en être de même des salaires. C'est là, du reste, une progression que l'histoire démontre : ainsi, au moyen âge, la journée de l'ouvrier était de deux sous; successivement, elle est montée où nous la voyons aujourd'hui. Pourquoi nous arrêterions-nous dans cette voie progressive? Craignons-nous que l'or et l'argent nous fassent défaut? Il faudrait pour cela que les gisements de métaux précieux vinssent tout à coup à faire défaut, ce qui n'est pas admissible. Messieurs, il y a dans l'ordre social, comme dans la nature entière, deux modes d'équilibre : celui par la mort et celui par la vie. Le premier consiste à laisser les populations se décimer, le second à augmenter leur activité tout en donnant satisfaction à leurs besoins. Entre ces deux modes notre choix ne saurait être douteux.

M. Rul-Oger (Anvers). En prenant la parole devant un auditoire si distingué, mon principal but est de rappeler la nécessité de propager les notions générales d'hygiène et de salubrité.

Je ne m'étendrai pas sur l'utilité de la connaissance des éléments d'hygiène et des principes de salubrité publique; cela n'a plus besoin de démonstration.

A mesure que la population augmente, et que l'extension incessante des industries accumule des causes d'insalubrité dont les effets sont malheureusement trop évidents, nous sentons instinctivement le besoin de multiplier les mesures hygiéniques.

D'où vient donc que l'on s'occupe si peu de vulgariser les notions de l'hygiène? Comment se fait-il que l'étude de cette science, si indispensable à l'homme, dans toutes les conditions de l'existence sociale, ne soit pas encore comprise dans le programme des différents degrés de l'enseignement primaire, moyen, commercial, naval, artistique, industriel, etc., alors qu'on enseigne aux deux sexes tant de choses, sinon inutiles, au moins d'une application plus que problématique, dans la plupart des positions sociales? N'est-ce pas une inconséquence incompréhensible?

Il ne faut pas tenir la lumière sous le boisseau ; il faut sortir de l'ornière de la routine ; c'est la diffusion des principes de la science de l'hygiène qui est nécessaire ; loin de restreindre l'exposition de ses préceptes à l'enseignement supérieur, il faut établir des cours publics d'hygiène, au moins dans toutes les grandes villes, et rendre obligatoire leur fréquentation en vue de la plupart des carrières ; il faut populariser les principes de l'hygiène dans les livres de l'enseignement primaire.

Il est évident que l'application de pareilles mesures aurait pour effet, dans un avenir peu éloigné, d'amener les résultats les plus heureux pour la moralité, la santé et le bien-être de toutes les classes de la population.

M. Vleminckx père. Je suis loin de contester ce que vient de vous dire M. Burggraeve, en ce qui concerne la nécessité de donner aux ouvriers plus d'aliments réparateurs que d'aliments respiratoires. Mais j'ai un doute sur les conséquences déduites par M. Burggraeve.

Suivant lui, la cause principale de la tuberculose pulmonaire résiderait là ; lui-même a eu soin de vous dire que les conditions hygiéniques des ouvriers se sont complétement modifiées depuis quelque temps, qu'ils respirent un air plus pur, que leurs demeures sont plus propres, et, ne trouvant pas dans de mauvaises conditions hygiéniques la cause des progrès de la tuberculose, il la cherche principalement dans une alimentation insuffisante.

Eh bien! j'ai un doute à soumettre à l'honorable membre. Je crois pouvoir assurer à M. Burggraeve que les prisonniers en cellule ne mangent pas plus de viande que les ouvriers de fabrique; il suffit de jeter un coup d'œil sur le tableau de leur régime.

Or, depuis que nous avons des prisons cellulaires, nous ne connaissons, pour ainsi dire, plus la phthisie dans les prisons.

Dans les prisons communes, nous avions jadis un grand nombre de cas de fièvres typhoïdes et de phthisie pulmonaire. Or, ce n'est pas l'alimentation qui a fait disparaître la phthisie; car on peut être bien convaincu que les prisonniers ont tout justement le nécessaire pour vivre, et rien au delà. La seule chose qu'ils ont maintenant, et qu'ils n'avaient pas autrefois, c'est de l'air pur.

Ce n'est donc pas uniquement l'insuffisance d'aliments et d'aliments plastiques qu'il faut accuser de la tuberculose pulmonaire chez les ouvriers. Elle peut être l'une des causes, mais, à coup sûr, ce n'est pas la cause unique, et l'exemple que je viens de tirer de nos prisons doit faire réfléchir et administrateurs et médecins.

Quant à moi, j'ai été longtemps de l'avis de M. Burggraeve; j'ai cru que l'insuffisance de l'alimentation de nos classes ouvrières était pour beaucoup dans la génération de la tuberculose pulmonaire; je suis aujourd'hui convaincu que c'est une cause accessoire.

Mais il y a une autre grande cause : ce sont les excès, les excès de boisson surtout.

M. Rul-Oger nous a parlé de la nécessité de propager les préceptes d'hygiène. Il a mille fois raison; mais qu'il me soit permis de dire ce qu'a déjà fait sur ce point notre gouvernement : il a fait rédiger, pour nos écoles, un petit *Traité d'hygiène populaire*; je ne sais pas l'usage qu'on en fait; mais je voudrais que ce livre d'hygiène, à la portée de tout le monde, fût mis dans les mains des enfants, comme leur catéchisme. Au point de vue de la moralité et de la santé des générations futures, les préceptes d'hygiène sont autant et même plus utiles que les livres d'histoire. Il faut que les jeunes gens les lisent et les relisent tous les jours, et qu'ils soient au courant de cette science comme nous-mêmes.

M. CROCQ (Bruxelles). Je crois que notre honorable président n'a pas fait tout à l'heure la part assez large à l'insuffisance de l'alimentation dans la classe ouvrière. Sur ce point, et sur ce point seulement, je ne suis pas tout à fait d'accord avec lui. Ainsi, bien évidemment, on voit des malheureux chez lesquels se développent les germes de la phthisie pulmonaire, par suite d'une insuffisance radicale d'aliments azotés.

Cependant, je crois, d'un autre côté, que M. Burggraeve n'a pas fait une part suffisante à chacune des causes de la tuberculisation pulmonaire.

Et d'abord, quant à l'insuffisance de l'aération, il est certain qu'elle est une cause fréquente de phthisie pulmonaire. Le fait que vous citez, M. le Président le prouve à l'évidence. Nos prisons cellulaires sont bien aérées, et vous venez d'entendre que chez nos prisonniers, la phthisie pulmonaire est maintenant presque inconnue.

Quant à l'alimentation, nous avons des ouvriers qui se nourrissent exclusivement de végétaux, pour lesquels la viande est une rare exception. Ces ouvriers sont sujets à la phthisie pulmonaire. A la campagne, une foule de travailleurs ont une alimentation analogue, et cependant chez eux la tuberculisation est rare. D'où vient cette différence? De la nature de l'air qu'ils respirent : d'un côté, l'air pur des campagnes, de l'autre, l'air malsain des villes; l'oxygène en quantité suffisante, d'une part, l'oxygène en quantité insuffisante d'autre part.

Il faut donc attribuer une grande importance à l'insuffisance de l'élément respiratoire.

Quant aux excès, bien évidemment, ils agissent dans le même sens. C'est un fait, je crois, qui n'est pas contesté.

Pour dire encore un mot des détenus des prisons cellulaires, sans doute, ils n'ont pas une alimentation riche, mais elle est suffisante, et l'on a soin de la régler selon les lois de l'hygiène, tandis que l'alimentation des malheureux épuisés par le travail et condamnés à un salaire insuffisant n'est pas du tout coordonnée selon ces lois.

M. LE PRÉSIDENT. Permettez-moi de vous faire remarquer que lorsque nos prisonniers étaient réunis en commun, l'alimentation était la même et que cependant les cas de tuberculose étaient fréquents.

M. CROCQ. Ceci prouve encore une fois en faveur de la thèse que je soutiens. Lorsque les prisonniers vivaient en commun, il y avait défaut d'oxygénation. Ils ne respiraient pas un air aussi pur.

Quant aux remèdes à apporter à ces maux, ils sont bien difficiles à indiquer. C'est une question des plus délicates, car elle se rattache immédiatement à la question des salaires.

M. Rul-Oger a indiqué la propagation des lois de l'hygiène. Certainement, si vous apprenez au peuple comment il doit se nourrir pour jouir de la meilleure santé, vous lui aurez rendu un grand service. L'enseignement de l'hygiène dans les écoles devrait être obligatoire; le manuel d'hygiène devrait être, comme le catéchisme, entre les mains des enfants. Mais aura-t-on, par ce moyen, apporté un remède sérieux au mal? Je me permets d'en douter. Vous dites : Il faut apprendre à l'ouvrier ce dont il doit se nourrir, la manière dont il doit se vêtir, dont il doit se loger. Mais lui aurez-vous donné ainsi les moyens de se procurer les choses nécessaires? Est-ce que, par exemple, en lui indiquant l'alimentation dont il doit faire usage, une alimentation composée d'éléments respiratoires et d'éléments azotés en proportions convenables, vous le mettrez en face d'une table couverte de mets bien choisis et suffisants?

Vous voyez que la question d'hygiène devient question sociale dans le sens le plus large du mot.

Or, nous devons l'aborder franchement, sans crainte et sans réticence.

D'abord, il faut inculquer des idées d'ordre à l'ouvrier, il faut l'engager à éviter les excès.

Mais le grand mal, comme vous l'a dit M. Burggraeve, c'est l'insuffisance des salaires. Une concurrence effrénée s'est emparée de l'industrie; on fabrique au plus bas prix possible; l'ouvrier n'est pas assez rétribué; il lui est impossible de se procurer les choses nécessaires à sa subsistance.

Je ne sais pas si la société fait tout ce qu'elle pourrait faire. Certainement, nous ne pouvons imposer aux patrons un minimum de salaire, sans violer nos libertés les plus chères. Mais il y aurait peut-être moyen d'arriver au but par l'application la plus large du principe même de liberté que nous invoquons constamment : qu'on permette aux ouvriers, comme aux autres citoyens, l'association dans un but quelconque, et la liberté elle-même se chargera de corriger les faits dont nous nous plaignons. Permettez donc aux ouvriers de s'associer sans qu'ils soient pour cela poursuivis du chef de coalition.

Voilà, selon moi, où est le nœud de la question.

M. DUCPETIAUX. Si la société a des devoirs à remplir pour améliorer la condition des classes ouvrières, le travailleur, de son côté, peut faire beaucoup dans ce but, en modifiant ses habitudes, en évitant les excès. Je suis convaincu que l'ouvrier pourrait, sans autre secours que sa propre volonté, conjurer la plupart des maladies, et notamment la tuberculose pulmonaire.

Il est certain que la source du mal réside dans l'ignorance de l'ouvrier. Le point essentiel est donc de l'éclairer sur ses véritables intérêts et sur les moyens qu'il doit employer lui-même pour améliorer sa condition physique.

Une société s'est formée à Londres, il y a trois ans, sous le nom d'Association sanitaire des dames de Londres. Elle fait imprimer de petits traités qu'elle répand en très grand nombre, et qui ont pour objet de faire ressortir les avantages d'un air pur et d'une bonne alimentation, ainsi que les moyens de les obtenir.

Ces traités ont produit d'excellents effets. Quelques-uns ont été distribués à 48,000 exemplaires à Londres seulement.

La société a joint à son œuvre un comité de propagation; des dames se sont chargées de visiter les malades, de leur remettre d'abord ces petits traités et de surveiller ensuite l'application des principes qui y sont renfermés.

M. SURINGAR (Pays-Bas). J'ai peu d'observations à faire.

C'est un fait certain que l'ouvrier mange rarement de la viande. Un moyen d'améliorer la nourriture, serait d'employer l'argent que les ouvriers versent pendant l'été, dans les caisses de prévoyance, à acheter des denrées à un prix modéré pour leur être cédées pendant l'hiver.

Un second moyen, c'est l'établissement de boucheries économiques dont l'influence ne doit pas être méconnue.

Un troisième moyen que j'ai vu appliquer dans quelques localités, c'est que les ouvriers se réunissent et établissent pour eux-mêmes une boutique où ils trouvent tous les objets à bas prix.

En ce qui concerne l'hygiène, il est à regretter que les femmes des ouvriers n'entendent généralement pas l'art de préparer les légumes d'une manière convenable. Un de mes amis voulut, quoique très riche, connaître par expérience, la position dans laquelle se trouvait un mendiant, et pendant trois jours, il joua le rôle de mendiant. Il parcourut les rues, les villages. Les deux premiers jours, il reçut quelque argent. Le troisième jour, il fut invité par une famille d'ouvriers à prendre part au repas. La manière dont la nourriture était préparée, le dégoûta tellement qu'il renonça à jamais à jouer le rôle de mendiant. (Hilarité.) Je voudrais qu'il fût possible d'apprendre à la classe ouvrière la manière de préparer ses aliments d'une manière plus convenable.

M. KAYSER (Schaerbeek). Je ne rechercherai pas, messieurs, quelle peut être l'influence que l'usage habituel, comme aliment, de certaines matières grasses, peut exercer sur la classe ouvrière. Au point de vue de la tuberculose encore, je désire seulement appeler votre attention sur certains corps gras dont fait usage l'ouvrier de nos grandes villes et dont les effets ne sauraient être que funestes à sa santé.

Prétendant venir en aide à l'insuffisance des ressources de l'ouvrier, l'industrie lui fournit, depuis quelques années, un grand nombre de substances économiques et principalement une matière connue sous le nom de graisse d'hôtel, qui n'est autre chose que le produit d'une ébullition prolongée des os et de tous les déchets des cuisines d'hôtel.

Je crois inutile, messieurs, d'insister sur ce fait que les graisses ainsi préparées sont non seulement impropres à l'alimentation, mais même de nature, par leur composition, à provoquer des désordres graves dans des organisations offrant une faible somme de réaction.

J'insiste, avec les orateurs qui m'ont précédé, pour que l'instruction donnée dans les écoles communales comprenne, dans son programme, des connaissances élémentaires d'hygiène.

M. BERTHENSON (Russie). Le régime alimentaire des ouvriers des fabriques n'est pas la seule condition voulue pour diminuer les progrès de la tuberculose pulmonaire ; la question la plus importante, sous ce rapport, c'est le régime hygiénique en général, c'est à dire la salubrité de leur domicile, la régularité de leurs occupations, et, autant que possible, l'éloignement de toute influence pernicieuse provenant du caractère de leurs occupations elles-mêmes. Comme, cependant, malgré la rigoureuse application du régime hygiénique et alimentaire, les ouvriers des fabriques sont inévitablement appelés à s'occuper d'ouvrages nuisibles pour des hommes disposés à la phthisie, tels que ceux qui remplissent l'atmosphère de parcelles organiques et inorganiques ou d'exhalaisons malsaines, provenant des produits chimiques en général, il me semble qu'il faudrait que les hommes à poitrine faible fussent empêchés de se livrer à des occupations de cette nature. Il serait encore à désirer que les directeurs de fabrique fussent tenus à ne recevoir les ouvriers que munis de certificats de médecins, constatant le bon état de leur santé en général.

SÉANCE DU 24 SEPTEMBRE.

—

Présidence de M. VLÉMINCKX.

Quels sont les moyens de donner au peuple l'esprit de prévoyance et l'habitude de l'épargne?

DÉBAT.

M. NEUMANN (Prusse) prononce en allemand un discours que M. Ducpetiaux résume en ces termes :

Il s'est formé en Allemagne des associations nombreuses qui ont pour but de fournir aux ouvriers les moyens d'améliorer leur situation par leur propres efforts. Le promoteur et le le fondateur de ces associations est M. Schulze-Delitsch, aujourd'hui l'un des membres les plus éminents du Parlement de Berlin. Ces sociétés pourvoient à toute espèce de besoins de l'ouvrier, lui ouvrent des crédits, forment des approvisionnements pour la vente des denrées à prix réduit, etc. Le cercle de leurs opérations est extrêmement varié. Mais elles procèdent toujours de ce principe : c'est que l'ouvrier doit compter avant tout sur ses propres efforts. La charité, la bienfaisance n'a aucune action sur ces sociétés. Elles sont répandues dans toute l'Allemagne ; on en compte aujourd'hui 130 qui ont fait pour 10 millions de thalers (35 millions de francs) d'affaires.

Ces sociétés nomment chaque année des délégués qui se réunissent en congrès, le dernier a siégé tout récemment à Weimar.

C'est le Congrès international de bienfaisance de Francfort, en 1857, qui a fait naître l'idée de cette réunion de délégués, ainsi que l'idée des réunions annuelles d'un Congrès d'économistes qui s'est assemblé l'année dernière à Cologne. Ces associations concourent au même but et ont des liens très intimes.

L'orateur, secrétaire de l'Association pour l'amélioration des classes ouvrières, à Berlin, dépose le dernier rapport de M, Schulze-Delitsch sur les sociétés ouvrières d'Allemagne.

M. BURGGRAEVE (Gand). Pour inculquer à l'ouvrier l'idée de la prévoyance et de l'épargne, le premier moyen, c'est la vie de famille, et dans cette vie, il y a deux éléments : l'un moral, l'autre matériel, tous deux se donnent la main, et l'un ne peut exister sans l'autre. L'élément moral peut se résumer dans la mère de famille. Depuis quand le foyer domestique est-il désert? Depuis que la femme a été obligée de l'abandonner pour entrer dans la fabrique, dont tout devait la tenir éloignée. Moralement elle y a perdu ce caractère sacré de la mère de famille veillant au bonheur du ménage, soignant ses enfants et accueillant son mari, au retour de son rude labeur, avec un de ces sourires qui à lui seul est un encouragement. Hélas ! tout cela a disparu. Parcourez nos quartiers ouvriers aux heures de travail : les maisons sont désertes ; la femme n'est plus pour son mari et ses enfants que leur égale en labeurs, en fatigues, et, chose plus triste, le salaire qu'elle touche fournit au mari un prétexte pour distraire de la masse commune une partie de son gain qu'il va dépenser au cabaret. Car rien ne le retient chez lui ; le foyer est éteint, la demeure triste, l'atmosphère qu'on y respire est lourde sinon infecte. Matériellement l'éloignement de la femme de son ménage n'est pas moins préjudiciable à la communauté. Ce n'est pas ce qu'on gagne qui enrichit, mais ce qu'on économise. Bien entretenus, le linge et les vêtements durent deux fois autant ; bien préparés, les aliments nourrissent doublement ; bien soignés, les meubles, les ustensiles de ménage sont presque inusables.

Restaurer le foyer domestique, tel est donc le moyen de développer chez l'ouvrier l'idée de la prévoyance et de l'épargne.

Nous lisons dans un rapport émanant de la Commission médicale de la Flandre orientale, que les maisons se composent, en général, d'une pièce au rez-de-chaussée et d'une pièce à l'étage ; le plus souvent cette dernière est sous-louée, de sorte, qu'en réalité, chaque ménage n'occupe qu'une chambre servant à la fois de cuisine, d'atelier, de chambre à coucher pour toute la famille, composée souvent d'enfants d'âge disproportionné. Quelquefois un seul grabat où toute une famille couche pêle-mêle.

Non seulement ces habitations sont trop petites, mais elles sont construites de manière à rendre la ventilation complétement impossible. Privées de cour et de toute espèce de dégagement vers le fond, elles ne peuvent recevoir l'air et la lumière que par les deux seules ouvertures, la porte et la fenêtre, s'ouvrant toutes deux sur la ruelle commune de l'enclos, de sorte qu'il n'existe aucun moyen d'établir à travers des chambres si renfermées, un courant d'air capable de renouveler l'atmosphère qu'on y respire.

Il faudrait donc que les règlements sur les bâtisses fussent plus sévères, et ne permissent pas aux propriétaires de spéculer sur la vie des ouvriers.

Je voudrais voir fermer les impasses, les enclos, ou les faire traverser par des rues larges, établir au centre de ces quartiers ainsi dégagés des squares, véritables poumons des villes. On ouvre des quartiers de luxe, mais les quartiers pauvres conservent leur caractère de sordidité. Ici, dans cette ville qui semble jetée au milieu de l'Europe comme une gracieuse villa, on rencontre, même dans les quartiers les plus opulents, de ces impasses qui rappellent les Ghetto des anciennes cités italiennes. Et l'on voudrait moraliser le peuple, lui inspirer des idées de prévoyance et d'épargne dans de pareils pandémonium! Mieux vaudrait aller catéchiser en enfer !

L'influence de la demeure sur la moralité de la classe ouvrière est telle, que quelques hommes de bien, des esprits élevés, y ont vu le véritable remède à la situation eu général si désordonnée de cette classe. Nous n'avons pas besoin de vous rappeler les tentatives déjà faites dans ce sens. Nous ferons une seule remarque. Les maisons d'ouvriers construites jusqu'ici l'ont été avec trop de luxe : ce sont plutôt des demeures de bourgeois aisés, témoin celles que le défunt roi de Hollande Guillaume II a fait construire dans son Parc, aujourd'hui le West-End de La Haye, et celles bâties à Londres et aux environs par feu le prince Albert de si regrettable mémoire.

Sur plusieurs points, vous le savez, des sociétés se sont formées pour inspirer à l'ouvrier l'idée de la propriété, et pour cela on lui permet d'acheter par des retenues hebdomadaires ou mensuelles, la maison qu'il occupe. Tout en applaudissant au but qu'on s'est proposé, je ne puis m'empêcher d'en faire ressortir les inconvénients, et de vous faire remarquer que si ce système de mutation ne présentait des difficultés sérieuses, il y a longtemps qu'il aurait dû se généraliser. On se tromperait, si l'on croyait qu'il est facile à l'ouvrier de se maintenir dans la position si enviée où l'on est parvenu momentanément à le placer. Propriétaire! nous comprenons le juste orgueil que ce titre inspire. Aux uns, il représente la sage prévoyance de leurs parents; pour les autres, c'est le fruit de leur labeur, de leurs économies. Mais, il ne faut pas se le dissimuler, une maison est une propriété onéreuse. Il faut l'entretenir, la réparer : viennent ensuite les mutations par suite de décès : comment la famille de l'ouvrier s'en tirera-t-elle?

Nous ne parlerons pas des filets des hypothèques dans lesquels *certains hommes d'affaires* ne manqueront pas de l'enlacer. Tout en approuvant l'idée, je crois que, pour les ouvriers les moins aisés, il faut une combinaison moins dispendieuse. Ainsi, les maisons construites à Mulhouse ont coûté jusqu'à 3,000 francs. A mon sens, c'est beaucoup trop. En moyenne, ces maisons ne doivent coûter que 1,000 francs. J'ai visité des habitations qui n'ont coûté à leur propriétaire que 500 francs et qui rapportent jusqu'à 12 et 15 p. c.! Le système que je voudrais voir introduire dans les centres manufacturiers serait mixte : il comprendrait des ouvriers *propriétaires* et des ouvriers *actionnaires;* dans la première catégorie seraient rangés les artisans qui, par leur esprit d'ordre, sont à même de conserver leur propriété; dans la deuxième, les ouvriers de fabrique proprement dits. La société anonyme, qui se constituerait sur le modèle de celle de Mulhouse, construirait, aux meilleures conditions possible, des maisons simples et confortables qu'elle revendrait aux ouvriers de la première catégorie, moyennant des retenues hebdomadaires ou mensuelles, et qu'elle louerait aux ouvriers de la deuxième catégorie, tout en leur ménageant le moyen de devenir eux-mêmes actionnaires dans la société, par l'émission d'actions ou de coupons d'actions. Pour encourager ces sortes de placements, la société bonifierait à l'ouvrier actionnaire un dividende de 1 p. c., indépendamment de l'intérêt de 4 p. c. Le restant du revenu des maisons (j'ai dit que les maisons d'ouvriers rapportent à leurs propriétaires 10 et même 12 p. c.) serait affecté à l'entretien des demeures, et à la formation d'un fonds de réserve, tant pour les cas imprévus que pour la construction de demeures nouvelles; enfin à l'augmentation de l'intérêt et des dividendes. Dans ce système, la demeure serait pour l'ouvrier sa caisse d'épargne, en même temps qu'elle lui donnerait le confort dans le présent. L'ouvrier comprend assez peu que son bien-être futur doive dépendre de ses privations actuelles. Loin de moi cependant de rejeter les caisses d'épargne; je crois, au contraire, qu'il faut les propager par tous les moyens. On objectera que les actions étant au porteur, l'ouvrier les aliénera : il en est le maître, puisqu'elles sont à lui; mais ce qu'il ne pourra aliéner, c'est sa maison. De cette manière, au moins, le but sera atteint et on n'aura pas fait l'affaire des spéculateurs. Les administrations pourraient encourager l'esprit d'épargne, en achetant elles-mêmes des actions et en les donnant pour récompense aux ouvriers les plus méritants, surtout à ceux qui pourraient représenter leurs titres d'actionnaires.

L'ouvrier une fois installé dans une demeure confortable, reprendrait insensiblement le goût de la vie de famille. Il comprendrait que mieux vaut pour lui une bonne ménagère qu'une auxiliaire insuffisante pour son labeur. Il éprouverait une juste fierté de travailler pour les siens, et on ne verrait plus cette honte, des enfants faibles et chétifs exposés aux dangers de l'atelier, qui les dévore avant le temps. Le ménage étant bien tenu, il coûterait un tiers de moins que ce qu'il coûte aujourd'hui, sans compter ces mille gaspillages qui, étant évités, feraient en fin de compte une économie de plus de moitié sur la dépense actuelle.

Messieurs, je crois en avoir assez dit pour qu'on comprenne comment j'entends la moralisation de la classe ouvrière. Selon moi, cette moralisation ne saurait se séparer de la vie de famille. Donnez un foyer domestique à l'ouvrier, et l'ordre, la prévoyance naîtront chez lui, comme ils existent dans les autres classes de la société.

M. DUCPETIAUX. Je crois devoir appeler votre attention sur les trois moyens principaux qui doivent conduire l'ouvrier à contracter l'habitude de l'épargne et de la prévoyance.

Le premier de ces moyens, celui qui date du commencement de la vie, c'est l'éducation; nous devons, dans nos écoles, habituer l'ouvrier à contracter des habitudes d'économie, d'ordre et de prévoyance. Il y a une hygiène morale qui doit faire partie de l'enseignement dans nos écoles.

Pour favoriser cet esprit de prévoyance chez les enfants, on a, dans plusieurs établissements d'instruction, organisé de petites institutions d'épargne, où les enfants, qui reçoivent de leurs parents quelque argent, vont déposer leurs petites économies, ce qui leur donne le moyen de se procurer des objets utiles à la fin de l'année.

La société a ensuite un devoir à remplir envers la classe ouvrière, en favorisant, par certaines institutions, l'esprit de prévoyance et d'épargne. Ce sont ces grandes institutions qui existent à des degrés plus ou moins développés dans les pays civilisés : les caisses d'épargne et les caisses de retraite. Vous savez qu'en Belgique, en particulier, une grande institution est sur le point d'être créée, pour fournir à l'ouvrier, aux petits capitalistes, à tous ceux qui font des économies, le moyen de les placer sûrement. Il existe également une caisse de retraite qui, jusqu'ici, n'a pas porté de grands fruits, mais qui, après avoir subi quelques modifications, pourra en produire de plus considérables et atteindre son but.

Mais un troisième moyen essentiel, c'est de répandre dans la classe ouvrière l'esprit d'association. C'est là la source de toutes les grandes améliorations. Aussi longtemps que l'ouvrier ne peut compter que sur autrui, vous ruinez, en quelque sorte, en lui l'esprit de prévoyance que vous désirez encourager.

Notre système de charité et de bienfaisance, à certains égards si utile, produit malheureusement ce résultat que l'ouvrier, lorsqu'il est sur une pente décroissante, ne peut compter que sur d'autres, tandis qu'il devrait compter avant tout sur lui-même. Je crois donc que le moyen le plus puissant d'inculquer à l'ouvrier des idées de prévoyance et d'épargne, c'est de favoriser toutes les formes d'associations.

Vous connaissez tous les associations allemandes. Leur nombre s'accroît chaque année. Leurs applications sont très nombreuses. Les unes se fondent dans le but de fournir aux ouvriers des fonds en cas de maladie ou d'infirmités, d'autres pour leur procurer des moyens d'embrasser une profession, d'autres pour les funérailles, d'autres pour fournir aux ouvriers des provisions, des outils. On a étendu le cercle de leurs travaux, comme vous l'a dit M. Neumann, par la création de sociétés de crédit, et, ainsi que vous l'a encore dit cet honorable membre, on pourrait couronner l'œuvre, en créant des associations pour les habitations ; elles procureraient aux ouvriers les moyens d'acheter leur demeure. Tout ouvrier propriétaire est, selon moi, un ouvrier sauvé. Vous savez ce qui s'est réalisé sous ce rapport dans différents pays. Il existe en Angleterre, différentes sociétés qui ont procuré, dans les centres manufacturiers, à environ 300,000 ouvriers, les moyens de devenir propriétaires d'une habitation ou d'une part d'habitation. Les ouvriers versent une certaine somme. Tous les ans, on fait un tirage, et l'ouvrier favorisé par le sort devient propriétaire de sa demeure.

Je crois en avoir dit assez pour attirer la sérieuse attention de la section sur ces trois moyens d'amener l'ouvrier à contracter des habitudes d'épargne et de prévoyance : l'éducation, l'assistance des communes, des provinces et de l'État, par l'institution des caisses d'épargne et de retraite ; ce sont là des améliorations qui ne dépendent pas de l'ouvrier seul ; et enfin, comme dernier moyen, l'association avec ses nombreuses applications.

M. E. LHOEST (Mons). Je n'ai qu'une seule objection à faire, M. Burggraeve, dont je partage la manière de voir au sujet des associations, comme moyen de moraliser la classe ouvrière. En proposant la création de sociétés pour la construction d'habitations d'ouvriers, M. Burggraeve a, me paraît-il, oublié un moyen très simple d'atteindre son but. Pourquoi construire des maisons neuves pour l'artisan ? Tous les ans, nous voyons dans toutes nos villes, s'élever des quartiers neufs que vont habiter les gens les plus fortunés ; les maisons qu'ils abandonnent sont reprises par des personnes d'un rang inférieur qui délaissent à leur tour une maison que viendra habiter le petit bourgeois, lequel encore une fois laissera vide une habitation salubre ordinairement, presque toujours de nature à être habitée, pendant dix ou quinze ans encore, et dont le prix de revient sera infiniment moins élevé que des constructions neuves. Je crois donc que les sociétés feraient encore une économie bien entendue, en employant leurs fonds au rachat de celles des maisons de cette dernière catégorie qui présenteraient toutes les conditions désirables de salubrité.

Du drainage considéré au point de vue de l'hygiène publique. Son application à l'assainissement des habitations des villes et des localités destinées à renfermer une grande population. Est-on fondé à admettre que des travaux de drainage peuvent faire disparaître des maladies endémiques?

———

Mémoire de M. le docteur ÉDOUARD BURDEL, *à Vierzon* (*France*).

Pour pouvoir résoudre comme il convient ces différentes questions, il nous semble utile de rappeler ici, en peu de mots, quelles sont les propriétés générales du drainage et quelles conditions générales doivent présenter les terrains sur lesquels on veut le pratiquer.

Il n'est personne aujourd'hui qui ne sache que le drainage consiste à enlever du sol l'excès d'humidité qu'il contient, à l'aide de saignées plus ou moins profondes, pratiquées dans le sol et refermées, après avoir placé à leur partie inférieure soit des morceaux de pierre en fragments, soit de petits canaux appelés drains, légèrement inclinés et formés ordinairement par des tuyaux de terre cuite posés bout à bout. L'eau s'égouttant incessamment par les interstices de ces canaux, se trouve emportée par la pente vers un point déterminé. On sait enfin que cette opération est destinée à produire artificiellement l'écoulement des eaux renfermées dans le sous-sol, lesquelles sans cela demeurent à l'état d'eaux stagnantes.

C'est donc surtout dans les terrains recélant par leur nature ou par des causes accidentelles un excès d'humidité, que doit se faire l'opération du drainage. L'agriculture à mis depuis longtemps à profit les avantages que peut donner cette opération, c'est par ce moyen qu'elle assainit le sol, l'ameublit, l'allégit, en un mot, qu'elle le rend plus fertile.

Mais il était réservé à l'hygiène publique de s'emparer à son tour du drainage et de répandre d'immenses bienfaits sur les populations, en assainissant non seulement des rues, des places, des établissements publics et privés, mais encore des villes et des localités tout entières.

Avant de nous étendre sur ce sujet, qu'il nous soit permis de dire sommairement quels sont les inconvénients qui peuvent résulter de l'excès d'humidité dans le sol, et quels effets fâcheux cet excès peut produire;

car ces effets seront différents suivant la nature du sol et du sous-sol, suivant enfin la topographie et la géographie des lieux.

Prenons, par exemple, une ville à rues étroites et serrées, où les rayons solaires viennent rarement échauffer la surface du sol et, par conséquent, les matières organiques qui y sont en dissolution ; de cet excès d'humidité presque toujours à une basse température, naîtront le plus souvent la scrofule, l'anémie, la turberculose, le rachitisme, les rhumatismes sous toutes les formes, sans compter ce nombre infini d'affections qui sont sous la dépendance de ce qu'on a appelé avec raison *la malaria urbana*.

Si au contraire, cet excès d'humidité existe dans un sous-sol argileux, largement aéré et exposé, suivant les saisons, à l'action alternative des pluies abondantes et de la chaleur d'un soleil ardent, il est hors de doute que là seront accumulés tous les éléments d'un sol palustre et que la population répandue sur ce sol subira, suivant les conditions sociales de chacun de ceux qui la composent, les effets plus ou moins pernicieux de l'effluve fébrifère qui naît de ce sol.

L'assainissement d'un sol humide par le drainage est un fait tellement frappant et tellement avéré, que nous nous demandons comment il se fait que l'hygiène publique ne se soit pas depuis plus longtemps approprié ce puissant moyen, et ne l'ait pas mis en œuvre pour assainir les villes, les villages et toutes les agglomérations d'habitations, là où les populations ont à subir les effets nuisibles de l'humidité du sol développant les affections endémiques et ce cortége nombreux de maladies et d'infirmités que nous venons d'énumérer.

N'y eût-il dans l'influence du drainage appliqué ainsi à l'hygiène publique, que cette possibilité de soustraire du sol l'excès d'humidité qui, en s'infiltrant, par les phénomènes de la capillarité, jusque dans les murs des maisons, va donner naissance aux maladies rhumatismales, à l'anémie, à la tuberculose, etc., il n'y aurait pas même lieu de discuter son importance. Mais le drainage n'agit pas seulement sur l'humidité par l'égouttement du sol, il possède encore une action physique et chimique propre à réagir contre les effets physiques et chimiques qui se développent dans le sol, sous l'influence de l'humidité combinée avec la chaleur solaire et les conditions particulières de l'atmosphère, ce qui est le propre des pays dits paludéens.

Expliquons-nous sur ce point.

II

Pour démontrer l'importance du drainage, on s'est déjà servi d'un exemple d'autant plus saisissant qu'il est plus vulgaire ; on nous permettra de le reproduire sous une forme et une application nouvelles. Pourquoi, a-t-on dit, ce petit trou au fond de ce pot de fleurs ? Je vous demande cela, disait M. Martinelli, président du comice de Neirac, parce qu'il y a toute une révolution agricole dans ce petit trou. Eh bien, nous, nous disons qu'il y a là toute une révolution hygiénique et le secret d'un puissant remède contre une multitude de maux.

Ce trou, au point de vue agricole, permet le renouvellement de l'eau, en la laissant s'évacuer à mesure ; et cette eau a besoin d'être renouvelée parce qu'elle donne à la plante la vie ou la mort : la vie en lui apportant des principes fécondants qu'elle tient en dissolution et dont la plante a besoin pour se nourrir ; la mort, lorsqu'elle séjourne dans le pot ; car elle ne tarde pas à se corrompre, à pourrir les racines et à empêcher l'eau nouvelle d'y pénétrer.

Plaçons-nous maintenant au seul point de vue de l'hygiène ; supposons à ce pot de fleurs une étendue de plusieurs hectares, et nous verrons que, suivant que nous laisserons le trou ouvert ou fermé, il se développera des phénomènes analogues à ceux qui touchent à la vie et à la mort des plantes et bien autrement importants, car il s'agit d'une source intarissable de maux qui affligent l'humanité : c'est la maladie et souvent aussi c'est la mort.

Si le trou de ce vaste pot est fermé, en d'autres termes, si l'eau contenue dans le sol n'a pas d'issue, nous verrons que, non seulement elle se corrompra ainsi que toutes les matières organiques qu'elle tient en dissolution ; mais aussi que sous l'influence des saisons et des conditions thermométriques et hygrométriques, il se produira des perturbations atmosphériques qui rejailliront sur l'homme condamné à vivre sur le sol. Tant que les chaleurs de l'atmosphère seront peu intenses, l'évaporation de la surface du sol sera peu active aussi, et l'humidité jouera seule son rôle, produisant les effets dont nous venons de parler.

Mais viennent les chaleurs estivales, vienne un soleil ardent rayonner sur ce sol, le pénétrer ; non seulement l'évaporation sera triplée, mais alors sous l'action de la chaleur, il se développera un travail immense de fermentation ; toutes les mollécules organiques qui se trouvent dissoutes dans l'eau et dont la terre est pénétrée, produisent une série innombrable d'opérations analytiques et synthétiques, de mouvements de composition et de décomposition. Les affinités chimiques enfin, en sollicitant, d'une part, la destruction des principes immédiats déjà existants, et de l'autre, la formation de nouveaux principes, développeront de la chaleur et de l'électricité ; car l'élément actif de l'impaludation, cet agent febrigène auquel on a donné le nom de miasme, n'est pas autre chose que le résultat de cette vaste action chimique, s'opérant à la surface et dans les couches superficielles du sol des contrées dites paludéennes, c'est à dire, dans lesquelles il y a, avec excès d'humidité, immersion prolongée de matières organiques.

Le drainage d'un sol paludéen, c'est à dire, l'écoulement donné aux eaux stagnantes contenues dans le sous-sol, peut, selon nous, être comparé à une pile *voltaïque* dont l'activité cesse, diminue ou augmente selon que les éléments qui composent cette pile sont secs ou humides. Si donc vous drainez un sol palustre, vous verrez peu après, l'activité de cette pile gigantesque, diminuer, cesser, et le grand mouvement de composition et de décomposition que nous venons de signaler s'arrêtera, même au milieu des conditions atmosphériques les plus favorables au développement de l'effluve fébrigène. Que les chaleurs estivales, qui sont comme indispensables pour susciter l'action tellurique d'où naît ce phénomène thermo-électrique, viennent à surgir, et malgré leur influence, nous ne verrons apparaître que très faiblement ces manifestations électro-chimiques ; le sol demeurera muet, la pile sera au repos et l'endémicité palustre, anéantie.

Sous l'influence du drainage, un sol change, pour ainsi dire, de nature et de classe ; d'imperméable qu'il était, il devient perméable, se trouvant modifié jusque dans ses couches profondes. Le drainage, en diminuant l'évaporation, modifie aussi l'atmosphère, et tous deux, sol et atmosphère, ont un rapport tellement intime, que la transformation de l'un réagit sur la nature et la composition de l'autre.

Dans une semblable question, il est important de ne pas perdre de vue que la cause essentielle de l'endémicité palustre est toute météorologique de sa nature et que, dans la production de cette cause, tout se lie et tout s'enchaîne ; que la première et la plus essentielle condition d'endémicité réside dans un sol n'ayant souvent aucune apparence d'eau stagnante, mais dont le sous-sol imperméable et très rapproché de la surface, retient une couche liquide dans laquelle se macère et fermente une quantité innombrable de molécules organiques ; que la seconde condition réside dans l'intensité des rayons solaires; et qu'enfin, c'est par le concours de ces deux conditions réunies, que se développe l'effluve fébrifère tellurique appelée miasme; que cette effluve ou fluide thermo-électrique rayonne du sol, et a son maximum d'intensité vers le milieu du jour; que c'est de là enfin, que viennent les troubles météorologiques qui sont le caractère propre des pays paludéens, que c'est par là que se manifeste aussi le défaut d'équilibre qui s'établit dans l'atmosphère sous forme de brouillards au coucher du soleil, au lever de l'aurore, et qui coïncident avec l'humidité et les sécheresses dues à la vaporisation.

III

PHÉNOMÈNES PHYSIQUES ET CHIMIQUES QUI SE PRODUISENT SUR UN SOL IMPERMÉABLE APRÈS LE DRAINAGE.

Nous venons de voir quels sont les phénomènes qui résultent de l'imperméabilité du sol; observons maintenant quels sont ceux qui se développent sous l'influence du drainage et étudions leur action; car de même que nous avons vu l'imperméabilité du sol donner naissance à des phénomènes qui sont sous la dépendance des lois physiques et chimiques; de même nous allons voir l'opération du drainage produire des réactions analogues, dépendant des mêmes lois, mais d'un autre ordre, et qui neutralisent et anéantissent, pour ainsi dire, la première.

L'action physique du drainage a pour effet : 1° d'exercer une influence notable sur la température du sol; 2° de modifier le *pouvoir évaporatoire* de la couche superficielle.

Ces deux questions, on le conçoit, ont entre elles une relation directe si intime, qu'on ne peut les séparer; c'est qu'en effet, qui dit vaporisation dit aussi refroidissement; car chaque fois que l'eau s'élève sous forme gazeuse ou de vapeur d'eau dans l'atmosphère, elle emporte avec elle une très grande quantité de chaleur qu'elle emprunte nécessairement aux corps avec lesquels elle est en contact; et quand rien ne restitue à ces corps la chaleur dont ils sont privés, il en résulte qu'ils sont refroidis d'une manière notable.

Les expériences faites, d'une part par M. Charnok, vice-président de la société météorologique de Londres, et de l'autre par MM. Milne et de Courcy, mettent hors de doute que le drainage diminue fortement l'évaporation du sol, cette cause énorme de refroidissement. Que l'on suppose seulement que le drainage puisse diminuer l'évaporation d'un tiers ou d'un quart, on comprendra quelle quantité de chaleur pourra être ainsi conservée à la terre, et l'on admettra facilement que le drainage puisse apporter une modification profonde dans le climat d'une contrée.

Enfin, s'il est vrai que l'imperméabilité d'un sol donne lieu à l'évaporation, nous devons ajouter qu'il est certains sols qui, par leur nature et les éléments qui les composent, provoquent un rayonnement plus grand de la chaleur solaire, développent une plus grande quantité de chaleur et d'électricité, en même temps qu'ils doublent la puissance d'évaporation. De là cette augmentation dans les brouillards et dans les rosées qui viennent s'abattre le matin et le soir sur ces sortes de terrains, et qui sont un des phénomènes propres aux pays paludéens.

On sait d'après Schubler, que si l'on représente par 100, la faculté que possède le sable calcaire de retenir la chaleur, on a pour le sable siliceux 95, pour la terre calcaire arable 74, pour la terre argileuse 68 et pour l'humus 49. D'où il suit que l'humus et la terre argileuse se refroidissent en moitié moins de temps que le sable calcaire.

Une fois échauffées par le soleil, les différentes espèces de terres ne se refroidissent pas dans une même proportion, ne réagissent pas également par voie de rayonnement sur l'air ambiant ; de sorte que, à un instant donné, la température de l'air n'est pas identique à hauteur égale pour chacune d'elles. Il en résulte, et nos recherches sont venues confirmer ce fait, que, à latitude égale, dans les mêmes conditions et dans des lieux peu éloignés, mais suivant la nature du sol, son imperméabilité ou la perméabilité que donne le drainage, on trouve une différence de température excessivement marquée dans la couche atmosphérique qui repose sur le sol.

Ces différences dans la température de l'air au dessus du sol, sont produites, ainsi que nous l'avons déjà dit, par ces réactions chimiques sans nombre, qui naissent sous l'influence de la chaleur solaire, et plus grande, plus puissante se trouve cette chaleur, plus intenses aussi sont ces phénomènes. « C'est le propre de l'affinité chimique, dit M. Barral ; (*Manuel du drainage*, page 719) que d'être modifiée constamment par les agents physiques, et notamment par la chaleur et l'électricité, en même temps qu'elle n'est jamais en jeu, *sans donner naissance à des phénomènes calorifiques et électriques*, ou même lumineux, quand les premiers ont une grande intensité. »

Ainsi la différence que nous devons établir entre deux terrains, dont l'un seulement est drainé et l'autre ne l'est pas, c'est que dans celui-ci, les réactions chimiques qui s'opèrent dans le sol et particulièrement à sa surface ont un effet direct sur l'atmosphère, par suite des dégagements de

chaleur et d'électricité que produit incessamment l'évaporation, tandis que
dans celui-là, les réactions chimiques se produisent dans le sol lui-même
et à son profit, en diminuant l'évaporation, et par là les perturbations
calorifiques et électriques qui en dépendent.

IV

Telle est la théorie des faits qui se passent sur le sol imperméable et
sur le sol soumis à l'influence du drainage; il y a entre cette théorie et
les faits un complet accord, et l'évidence est telle, qu'il n'est plus besoin
d'avoir recours à l'hypothèse pour démontrer et expliquer; il n'y a qu'à
observer et à enregistrer chaque phénomène, chaque acte qui se produit. En présence de ces faits, est-il enfin permis de penser que le drainage appliqué à l'assainissement des villes et des localités destinées à
renfermer une nombreuse population, puisse donner des résultats satisfaisants?

Bien qu'une réponse affirmative découle naturellement des observations
météorologiques qui précèdent, nous voulons néanmoins joindre le fait
pratique au fait théorique, et ajouter à la force de l'assertion l'argument
sans réplique de l'expérimentation.

Ce n'a été jusqu'à présent que d'une manière très restreinte que le drainage a été employé en vue de l'hygiène publique. Nous n'entendons point
parler ici du drainage agricole, bien que ce soit à lui que nous serons un
jour redevables de la bienheureuse influence qu'il exercera sur l'hygiène
publique; nous ne parlons en ce moment que de l'application du drainage
aux rues, aux places, à des cours intérieures d'établissements, etc. Or
dans ces conditions, on a eu le plus souvent pour unique but d'assainir le
sol, de l'égoutter, de le rendre plus ferme, plus solide sous le pied qui le
foule, et d'en faire disparaître les flaques d'eau qui se produisent quand il
est imperméable.

Mais le drainage, il faut bien le remarquer a deux effets distincts, dont
l'un peut être appelé *effet direct*, parce qu'il agit sur le sol et ses éléments;
et l'autre *effet indirect* parce qu'il agit sur l'atmosphère, c'est à dire, sur la
couche d'air qui repose le plus près du sol, et avec laquelle l'homme est en
contact. Ainsi, une maison, un édifice public étant humides; par le drainage, on assainit directement le sol, et si cette opération est convenablement secondée par l'aération et l'introduction de la lumière, non seulement
l'humidité qui se transmettait aux murs par l'infiltration disparaîtra, mais
les effets hygiéniques se feront ressentir sur l'air ambiant; de sorte que

les conditions locales qui donnaient naissance aux affections dont la source étiologique est l'humidité, disparaîtront, et l'hygiène aura à compter un ennemi de moins. Là, les effets du drainage sont directs et indirects.

Mais voici quelques faits qui semblent plus concluants que tout ce que nous pourrions ajouter.

Il a été fait, en France, dans le département de Loir-et-Cher, à La Motte-Beuvron, près du château de l'empereur, une expérience d'un haut intérêt, sous le rapport de l'assainissement des villages, des habitations rurales et même des cités importantes. Le bourg de La Motte offre une des situations caractéristiques des terres de Sologne. Là, à une profondeur de cinquante centimètres à un mètre environ, à l'époque des plus grandes chaleurs et des plus grandes sécheresses, alors que toutes flaques d'eau avaient disparu du sol, on rencontrait une vraie nappe d'eau.

Pendant les trois quarts de l'année, les caves quoique peu profondes, renfermaient des eaux fétides ; l'eau des puits s'élevait jusqu'à la surface du sol ; enfin les habitants souffraient de tous les inconvénients d'une humidité extrême.

Pour remédier à cet état de chose, on a pratiqué le drainage en formant deux lignes de drains, voisines des maisons qui bordent la grande rue du bourg. Les eaux recueillies ont été déversées, au midi, dans la rivière du Breuvron, au nord, dans un gros ruisseau. Ces lignes principales ont été coupées, de distance en distance et à angle droit, vis-à-vis des portes des maisons ou des rues, par des puits ou *regards* établis dans le but de faciliter les réparations, et de mettre le drainage partiel de chaque propriétaire autour de son habitation en communication avec le collecteur.

Au point de vue de l'assainissement, l'opération a parfaitement réussi. Les caves dans lesquelles on avait été obligé d'établir des contre-murs pour préserver les tonneaux de l'envahissement des eaux, ont été parfaitement assainies ; les eaux des puits ont été ramenées à une profondeur suffisante au dessous de la surface du sol ; des jardins autrefois inondés et improductifs sont devenus sains et fertiles, l'église a été dégagée de toute humidité, enfin les voies publiques, autrefois boueuses, molles, fangeuses, ont été rendues praticables.

Mais le résultat le plus satisfaisant à signaler, c'est que la santé publique s'en est trouvée améliorée, et que le nombre des fièvres intermittentes palustres a diminué chaque année dans une proportion notable. Nous disons avec intention que la fièvre intermittente a *diminué*, parce qu'en effet, pour faire disparaître presque entièrement cette affection endémique, il faudrait que le drainage fût pratiqué autour du bourg dans un rayon d'une grande étendue.

Malheureusement l'assainissement du sol par le drainage n'a pas été effectué sur une assez grande échelle ni en France, ni en Belgique, ni en Allemagne, pour qu'on puisse observer un effet si remarquable; et si l'assainissement général d'un pays au sous-sol argileux et imperméable, venait à s'effectuer tout d'un coup, nul doute que la santé publique ne s'en trouvât presque instantanément et efficacement modifiée.

En Angleterre, où l'application du drainage a pris depuis quelques années une extention plus grande, où des contrées entières ont été presque complétement drainées, on a fait des observations qui commencent à avoir une grande valeur et viennent donner à notre assertion une autorité plus significative.

M. Cuthbert Johnson, qui a parcouru l'Angleterre en tous sens pendant quarante ans, a constaté que les opérations de desséchement par le drainage ont changé, pour ainsi dire, le climat de cette contrée ; que dans le district marécageux du Lincolnshire, les brouillards ont diminué des neuf dixièmes en intensité, et que la santé des habitants s'en trouve beaucoup fortifiée.

M. Barré de Saint-Venant rapporte aussi que dans le district de Kelso, en Écosse, depuis l'exécution des travaux d'*égouttage*, la fièvre et l'hydropisie, qui formaient près de la moiti édes maladies, ont presqu'entièrement disparu.

Enfin nous citerons le relevé que donne M. Pearson, suivant le nombre des cas de fièvre et de dyssenterie, observés, à une année de distance, dans une partie du district de Wolton, où des opérations de drainage ont été exécutées sur une grande étendue de terrains.

MOIS.	CAS DE FIÈVRE ET DE DYSSENTERIE	
	1847.	1848.
Juillet	25 .	'
Août	30	2
Septembre	17	7
Octobre	9	4
Novembre	9	3
Décembre	12	'

Le drainage, dans ses effets directs et indirects, est donc appelé à produire des résultats immenses et que nous osons dire merveilleux; c'est là, nous pouvons l'affirmer, une grande mesure *hygiénique*, *agricole* et *humanitaire*. C'est le drainage appliqué aux pays palustres surtout, dans ces conditions, pour ainsi dire, spéciales, qui, non seulement assainit directement le sol, mais qui assainit aussi indirectement l'atmosphère; par son action, il modifie, détruit tous les phénomènes météorologiques ci-dessus et qui sont non pas la cause mais l'élément fébrigène lui-même.

Enfin, puisque nous avons aujourd'hui l'honneur de nous faire entendre en Belgique, là où le gouvernement a été, après l'Angleterre, un des premiers à favoriser et encourager le drainage, là où il a créé des ingénieurs spéciaux pour diriger les travaux, en y contribuant même pour une assez large part; qu'il nous soit permis, non pas de citer les localités et les contrées palustres qui auraient besoin d'être assainies, mais de montrer, comme exemple, un point placé au milieu d'une population nombreuse, sur lequel s'exerce de la manière la plus fâcheuse l'influence palustre et où l'application du drainage produirait une révolution hygiénique des plus favorables.

Nous voulons parler de ce point de la ville d'Anvers où s'élève la citadelle autour de laquelle rayonne un espace considérable possédant les qualités palustres les plus marquées. Certes, rien ne manque là pour produire l'éffluve fébrigène, et la population, on le sait, en subit souvent l'influence nuisible. La citadelle du Nord, sorte de sentinelle avancée au milieu de ces terrains paludéens est fréquemment comme immergée par les brouillards et les autres phénomènes météorologiques inhérents à la nature d'un sous-sol où se trouve une nappe d'eau stagnante : d'où il suit que l'on pourrait assurer sans crainte, que des travaux d'assainissement pratiqués vers ce point dans une étendue convenable donneraient les résultats les plus heureux.

C'est dans de semblables cas que l'hygiène publique est appelée à opérer une transformation salutaire, et l'endémicité palustre pourrait être combattue avec d'autant plus de succès, que dans une garnison, par exemple, l'autorité militaire après avoir assaini le sol, peut à son gré, employer tous les autres auxiliaires hygiéniques propres au soldat et concernant l'alimentation, les boissons, les vêtements, ainsi que je les ai indiqués dans un mémoire présenté à l'Académie, en 1861.

V

CONCLUSION.

Notre tâche serait sans nul doute loin d'être terminée, si nous ne nous étions imposé des limites que nous avons peut-être même franchies malgré nous; mais ce travail n'étant qu'un résumé d'observations et de faits, fallait-il au moins les mettre en évidence : et c'est d'après les faits eux-mêmes, que nous pensons pouvoir poser les conclusions suivantes :

1° Le drainage, considéré au point de vue de l'hygiène publique, est appelé à remplir un des rôles les plus importants, non pas seulement en assainissant le sol, mais en modifiant considérablement les phénomènes météorologiques qui se produisent au dessus des terrains imperméables ;

2° En assainissant les villes, les rues et tous les centres d'agglomérations de population, le drainage contribuera nécessairement à diminuer une multitude d'affections qui n'ont d'autre cause que l'humidité du sol ; nous avons cité les scrofules, la tuberculose, l'anémie, les rhumatismes, etc. ;

3° Nous pensons avoir démontré, non par la théorie, mais par des faits authentiques, que l'on est fondé à admettre que des travaux de drainage exécutés dans une certaine étendue peuvent faire disparaître des maladies endémiques, et nous nous sommes appesantis d'une manière particulière sur l'endémie palustre dont la cause réside plus spécialement dans l'humidité permanente du sous-sol.

Et en terminant, nous demanderons qu'on veuille bien ne pas se méprendre sur notre pensée et lui donner une interprétation autre que celle que nous lui accordons nous-même, en supposant, par exemple, que le drainage est appelé à faire disparaître complétement une multitude de maladies endémiques et sporadiques qui affligent l'humanité. Telle n'est certainement pas notre opinion ; mais nous le répétons, le drainage est destiné à concourir à l'assainissement général d'une contrée, à la condition d'être appliqué dans une assez grande étendue ; et comme conséquence, à diminuer, d'une manière notable, le chiffre des maladies qui y règnent habituellement.

Il est des phénomènes météorologiques qui certainement demeureront toujours au dessus des efforts de nos facultés bornées et impuissantes ; pourrons-nous jamais nous opposer aux effets désastreux de l'ouragan, de la grêle, du froid extrême, de l'extrème chaleur, des pluies diluviennes, etc. ? Hélas, non ! Et parce que nous pouvons présenter un bouclier aux effets terribles de la foudre, n'en soyons pas moins modestes, ou plutôt restons ce que nous sommes, c'est à dire petits et humbles devant l'immensité, surtout lorsqu'il s'agit des opérations mystérieuses et terribles de l'océan atmosphérique.

Mais, si, dans ces circonstances, nous ne pouvons que courber la tête, il nous est du moins permis de nous défendre contre tout ce qui est accessible à nos forces et à nos moyens ; et si par de simples canaux, par des fossés pratiqués à ciel ouvert, nous parvenons à enlever l'eau trop abondamment épanchée à la surface du sol, il n'est pas au dessus de notre pouvoir de donner à la nappe d'eau souterraine, un écoulement qu'elle n'a pas su trouver, et de détruire ainsi un foyer d'insalubrité si funeste aux populations et aux générations qui s'y succèdent depuis des siècles. Enfin, rappelons-nous que si assainir un sol, c'est le fertiliser, c'est aussi restreindre les causes des maladies et diminuer la mortalité.

DÉBAT.

M. Crocq. Messieurs, je ne puis que m'associer pleinement aux conclusions qui ressortent de l'important travail de M. Burdel. Il est toutefois quelques points sur lesquels je crois devoir appeler principalement votre attention.

M. Burdel a traité spécialement la question au point de vue des avantages que le drainage pourra avoir en diminuant l'humidité du sol, en entraînant les quantités d'eau exubérantes. Mais il y a un autre point sur lequel je désire appeler votre attention.

Les recherches de plusieurs savants ont prouvé que la fièvre typhoïde qui, comme vous le savez, est beaucoup plus fréquente dans les grands centres de population qu'en dehors, qui règne, par exemple, d'une manière à peu près endémique à Bruxelles, à Paris et dans d'autres grandes villes, reconnaît pour cause, non seulement les miasmes qui peuvent se répandre dans l'atmosphère, mais à un degré plus élevé et principalement, les miasmes qui se trouvent dans le sol, lesquels à un moment donné se dégagent en quantités considérables, infectent l'air et l'eau et propagent ainsi les germes de la maladie.

A cet égard, un médecin de Luxembourg, M. le docteur Schmidt, a recueilli des observations qui prouvent que le dégagement de ces miasmes provenant d'un sol dans lequel des impuretés animales s'étaient introduites en grande quantité, a pu donner naissance à un développement de fièvre typhoïde.

Un médecin de Munich a déterminé avec une grande exactitude, combien il s'infiltre annuellement dans le sol, de matières fécales, d'urines, de résidus quelconques qui ne peuvent que causer un préjudice notable à la santé des habitants, et il est arrivé ainsi à un chiffre que j'appellerai effrayant. Je crois que c'est au delà de 100,000 quintaux de matières animales en voie de décomposition qui s'infiltrent dans le sol de la grande ville de Munich.

Évidemment il est impossible que ces infiltrations soient inoffensives, on doit leur attribuer une grande part dans la production des maladies épidémiques. Du reste, tous les médecins savent que, dans les grandes centres de population, lorsqu'on se livre à des travaux de déblaiement, il se déclare constamment dans le voisinage, des maladies à caractère spécial ; tantôt ce sont des fièvres intermittentes, d'autrefois des fièvres typhoïdes ou encore une espèce de combinaison de ces différentes affections.

Pourquoi ces mouvements du sol sont-ils si nuisibles? C'est parce que le sol renferme des impuretés, des résidus organiques qui sont une source continuelle d'émanations funestes, lesquelles, chassées par l'air atmosphérique, sont absorbées par les organes respiratoires, ou bien, transportées par les eaux, sont ingérées par nous.

Je crois donc que le drainage appliqué sur une vaste échelle, dans les grandes villes, devra rendre d'immenses services, diminuer à un haut degré, le nombre des maladies et surtout les cas de fièvre typhoïde et de fièvre intermittente.

M. Belval. Je puis citer un fait qui s'est passé près de Bruxelles et qui ne pourra qu'ajouter aux considérations qui viennent d'être développées.

Dans une impasse de Saint-Josse-ten-Noode excessivement humide et étroite, contenant un petit jardin avec une végétation maigre, mais couvrant le sol d'une humidité permanente et empêchant son évaporation, on constatait depuis longtemps des cas d'ophthalmie dont le médecin ne parvenait pas à débarrasser les habitants; à la suite de mesures d'assainissement, la suppression du petit jardin remplacé par un pavage, le sol a été rendu sec, et en quelques mois, les ophthalmies ont disparu complétement.

C'est un fait qui prouve une fois de plus l'utilité de maintenir le sol tout à fait sec, que l'on ait recours pour cela au drainage, dans les circonstances où l'humidité est excessive, comme dans les terrains marécageux, ou que l'on puisse, dans d'autres circonstances, employer des moyens plus simples dans les petites localités, comme le pavage. Évidemment on obtiendra ainsi des résultats excellents qui, comme vous le voyez, ne s'appliquent pas seulement aux fièvres typhoïdes ou aux affections endémiques.

M. Pousset (Tongres). Je crois que tout le monde est d'accord sur l'influence sanitaire du drainage sur la santé publique. Mais je crois qu'il serait utile d'émettre un vœu quant à la manière d'exécuter le drainage qui, mal établi avec des pentes mal combinées pour le déversement des eaux, pourrait produire un effet contraire à ceux qu'on en attend.

Il serait bon que, dans notre pays, par exemple, le département de la guerre, qui fait actuellement dresser une carte générale des nivellements, mît ce travail à la disposition des administrations communales, pour être consulté lorsqu'un particulier demande à exécuter un drainage.

M. Vleminckx père. Quand il s'agit de propriétaires, je crois qu'il faut leur laisser le soin de faire leurs affaires eux-mêmes, selon que leurs intérêts les y engagent.

Mais lorsqu'il s'agit de rues ou de places qui appartiennent aux communes, le drainage est l'affaire des communes; si leurs revenus sont insuffisants, la province, l'État même doivent leur accorder des subsides.

M. Ducpetiaux. La question du drainage des habitations est du plus haut intérêt. Aussi faut-il rechercher les meilleurs moyens de l'appliquer. Or, nous sommes encore en présence de systèmes très différents. Presque partout encore on fait des essais.

Cette grande question a été étudiée dans des réunions précédentes, notamment au Congrès d'hygiène et au Congrès de bienfaisance. On eut surtout en présence deux opinions opposées; les uns voulaient les conduits à grande section, les autres soutenaient le système des conduits à petite section. En ce moment, la question est encore en discussion en Angleterre.

M. O'Reilly (Angleterre). J'ai lu, il y a quelques jours, un long rapport fait sur ce sujet en Angleterre, et dans lequel sont consignées les résultats des essais faits avec le plus de soin. Ils sont nombreux, et cependant bien des questions restent encore à résoudre. Faut-il pour un motif de salubrité, avoir des égouts couverts, ou bien peut-on les laisser à découvert? Faut-il de grands ou de petits tuyaux? Enfin, et c'est là le point le plus délicat, surtout pour les grandes villes, que fera-t-on du résidu du drainage? La quantité de ces résidus, dans les grands centres, est tellement considérable que la grande difficulté est de s'en débarrasser. On fait des expériences depuis deux ans, pour savoir quel effet produisent ces eaux impures sur la culture des céréales et des herbages.

J'espère qu'en Belgique on voudra aussi procéder aux mêmes expériences. En comparant le résultat des expériences faites dans les différents pays, nous arriverons sans aucun doute, d'ici à peu de temps, à résoudre la grande question du drainage.

M. T'KINT DE NAEYER (Bruxelles). On s'est principalement occupé jusqu'ici des moyens de favoriser les travaux de drainage dans les villes, mais au point vue agricole, il reste quelque chose à faire, c'est de restituer partout aux cours d'eau non navigables leur largeur et leur profondeur normales. Sans cela, le drainage restera impraticable dans un grand nombre de localités faute de débouchés suffisants.

L'étude des cours d'eau, certains travaux de nivellement incombent aux administrations publiques. Il serait bon de recommander à tous les gouvernements l'accomplissement de ce devoir. Lorsqu'il sera bien compris, la question du drainage aura fait un pas immense.

M. LAUSSEDAT (Bruxelles). Un précédent orateur vient de nous dire qu'il existe encore une grande divergence d'opinions sur les meilleurs procédés à employer pour le drainage; quelle que soit la solution du problème, toujours est-il que nous sommes tous d'accord sur la nécessité de faire disparaître tous les foyers d'infection qui proviennent de la stagnation ou de l'infiltration des eaux.

En attendant que les procédés les plus efficaces et les plus économiques soient connus et adoptés, il est un moyen très simple applicable aux marais ou collections d'eaux stagnantes qui vient d'être indiqué par notre honorable collègue M. T'Kint de Naeyer. Ce moyen est dans l'emploi bien entendu des divers cours d'eau non navigables lesquels doivent servir au déversement et à l'écoulement des eaux stagnantes. Pour utiliser ces cours d'eau, il importe que leur nivellement soit fait avec soin dans les diverses contrées.

A l'appui des bons résultats qu'on en obtiendrait, je citerai ce que j'ai vu dans un des départements du centre de la France, le département de l'Allier. Il y a une trentaine d'années, de nombreux marais existaient dans les cantons situés entre les rivières l'Allier et la Loire. Ces cantons étaient le siége de fièvres intermittentes presque universellement répandues. Alors le drainage était à peu près inconnu. Des agriculteurs intelligents et habiles entreprirent et exécutèrent le desséchement d'un grand nombre de marais, et dès que ces opérations étaient accomplies, on voyait disparaître les fièvres et leur triste cortége.

Eh bien, ces desséchements ne s'opéraient alors que par des fossés conduisant les eaux primitivement stagnantes dans les divers cours d'eau naturels et à l'aide de niveaux bien étudiés.

Une opération préalable du nivellement des cours d'eau serait donc fort utile aux communes et aux particuliers qui auraient la bonne pensée d'assainir les habitations et les terres.

Quelle influence exercent les monts-de-piété sur les habitudes des classes laborieuses et de quelles réformes ces institutions sont-elles susceptibles ?

———

De la substitution du prêt au don dans la bienfaisance publique,
par M. ÉMILE LHOEST, avocat et homme de lettres (Mons).

APERÇUS GÉNÉRAUX.

§ 1er. *Deux genres de moyens destinés à combattre la misère.*

La misère peut et doit être assimilée à une maladie du corps humain. Le paupérisme est, en effet, un mal profond, source de dégradation physique et morale de l'espèce humaine, et que bien des efforts et des millions, jetés dans le gouffre de la bienfaisance publique, ont été impuissants à guérir.

La bienfaisance est ou devrait être le remède au paupérisme.

Or un remède est destiné, ou bien à prévenir le mal, ou bien à le réparer. Il en est de même de la bienfaisance.

Pour me servir d'une comparaison qui s'applique bien au côté administratif de mon sujet, je rappellerai que la police administrative étant organisée surtout pour empêcher certaines infractions de se commettre, et la police judiciaire ayant pour but de poursuivre les auteurs des infractions commises, on trouve dans ce double rôle quelque chose qui approche de celui que joue la bienfaisance.

La bienfaisance préventive empêche donc ceux qui ne sont point misérables, mais qui pourraient le devenir, de perdre leurs moyens de subsistance. C'est à elle que se rattachent les institutions d'assurances, les caisses d'épargne, les sociétés de secours mutuels, etc.

Je ne m'occuperai que de la bienfaisance répressive.

§ 2. *Un préjugé.*

Il est encore des gens qui considèrent la misère comme un état de perfection fort enviable. Elle s'appelle dans leur langage : *le détachement des choses de ce monde,* et le système qui consiste à la glorifier pourrait s'intituler le *Labrisme*, du nom de saint Benoît Labre qui jeune, fort et intelligent, crut devoir passer sa vie à demander l'aumône.

Je ne fais, du reste, que signaler cette erreur. La réfuter demanderait trop de temps auprès des esprits prévenus. Quant à ceux chez lesquels l'éducation peut en avoir laissé quelques traces, il suffit de la leur indiquer.

§ 3. *De l'indigence et de ses remèdes.*

Se plaçant au point de vue de l'existence matérielle, on peut formuler cet axiome, que tout homme vivant dans des conditions normales ne souffre pas et même est heureux ; car vivre est par soi-même un bonheur ; on peut enfin définir le bonheur matériel : *l'état d'un homme vivant dans les conditions normales de l'existence matérielle.*

Ces mots « conditions normales de l'existence » sont susceptibles d'une foule de significations, suivant qu'ils s'appliquent à des hommes de caractère, de tempérament, de climats divers ; mais tous ces aspects peuvent néanmoins être ramenés à deux principaux, qui sont : *la propriété et la famille.*

Telles sont, en effet, les deux bases de notre existence, en tant que membres du corps social ; le droit civil ne contient que des règles relatives à l'organisation de la famille ou à la garantie de la propriété ; et l'esclave, qui se trouve privé de l'une et de l'autre, se juge, et avec raison, ravalé par cela même et par cela seul, au rang de la brute.

Quand donc un homme possède certains biens acquis par son travail, le seul fondement légitime de la propriété, ou bien quand il peut se procurer ces biens, en faisant usage du droit d'aliments que lui accordent sur ses proches et le droit civil et le droit naturel, pas n'est besoin pour lui de recourir à la société ; il ne constitue pas un membre inutile de l'État. Le but de toute bonne organisation de la bienfaisance est d'arriver à augmenter le nombre de ces citoyens utiles, et surtout de ne pas l'empêcher de s'accroître ou de ne pas tendre à le faire diminuer.

En est-il ainsi dans la pratique ? Peu ou point, malheureusement !

On peut, en effet, classer toutes les institutions de bienfaisance sous deux catégories : les unes tendent à suppléer au manque d'argent du malheureux, les autres, à la privation d'une famille. Les premières comprennent les institutions de secours à domicile et les monts-de-piété ; les secondes, les hospices, hôpitaux, crèches, etc.

Or, dans les premières, l'usage de faire de la charité *gratuite* constitue un abus, rendu d'autant plus dangereux que les conditions onéreuses imposées par les monts-de-piété sont plus propres à conduire les malheureux à y avoir recours; dans les secondes, une funeste manie de centralisation détruit, en certains cas, l'esprit de famille qu'elle devrait stimuler, ou bien ôte au malheureux qu'on arrache au dénûment, le bonheur qu'il attend du soulagement de ses peines.

Je ne m'occuperai que des abus signalés en premier lieu.

§ 4. *Du criterium à appliquer aux préceptes de l'économie politique.* •

Il ne faut pas oublier que ·l'économie politique, dont la science de la charité n'est qu'une branche, est, avant tout, matérielle par son objet, et qu'en conséquence, elle doit être expérimentale par sa méthode.

Ceci veut dire que, loin de présenter ses enseignements et ses préceptes sous une forme immuable et universelle, comme le font, par exemple, les sciences philosophiques et esthétiques, celle-ci est obligée de les faire plier à tout instant devant les exigences de la pratique; que, loin de nous présenter ou de nous enseigner des lois, elle ne nous présente que des règles, ou ne nous enseigne que les formules générales des phénomènes.

J'ajouterai que, dès qu'à ces règles pratiques et expérimentales, l'économie politique mêle des notions philosophiques, les nouveaux principes résultant de cette alliance prennent un caractère d'immuabilité, comme dans la théorie de la liberté du travail, du libre-échange, etc., etc.

II

DU DON.

§ 1er. *Iniquité du don fait par les administrations publiques.*

La propriété n'est autre chose que le droit de disposer librement des valeurs produites. Si l'on assigne à la propriété un autre fondement que le travail libre, ce ne peut être qu'un droit sur le produit du travail d'autrui; c'est à dire, qu'on tombe dans cette contradiction qui consiste à édifier la propriété sur les ruines de la propriété.

Telle est l'erreur des Romains qui ont considéré le butin fait à la guerre, comme la propriété typique, et celle où l'on verse aujourd'hui, en défendant l'institution des bienfaits administratifs qui ne sont que l'application de principes communistes qu'on repousserait bien loin, si on les voyait clairement mêlés à la bienfaisance.

Ici, chose digne de remarque, l'erreur a suivi une marche opposée à celle qu'elle suit ordinairement. Souvent, en effet, on s'éprend d'un principe, que l'on abandonne dès qu'on en voit les conséquences; ici on accepte les conséquences, tout en repoussant le principe.

Je ne me dissimule certes pas que ma thèse se heurte contre le sentiment public excité par une sorte de mirage du devoir; mais la puissance du préjugé ne m'empêchera pas de réagir contre ce que je considère comme une iniquité et une absurdité.

Il y a lieu, d'ailleurs, de se défier de ce qu'on appelle le *consensus omnium*, quand on voit le peuple romain, le créateur des lois auxquelles on a justement pu appliquer l'épithète de *raison écrite*, donner à la propriété une base aussi fausse que celle qu'il a choisie.

§ 2. Le don avilit.

On m'objectera que la bienfaisance administrative ne s'alimente pas seulement de dons forcés dont le contribuable doit faire les frais; mais aussi de subsides librement fournis par des particuliers, sous forme de souscriptions, de présents, ou de fondations. Examinons la valeur de cet argument.

Par le don en général, et surtout par celui qui est offert sous la forme humiliante de secours public, on peut bien faire présent à un homme d'une parcelle d'existence, mais on lui ravit cette qualité précieuse qui le constitue en tant qu'homme : sa dignité.

Oui certes, c'est une pratique avilissante que celle qui conduit de la misère à l'abjection; ce n'est pas de la fraternité pure et sans alliage.

On aime généralement assez à souhaiter le rôle de l'homme qui *répand des bienfaits sur ses semblables*, mais mettons-nous un instant à la place des misérables qu'on soulage de la sorte et consultons notre conscience pour savoir si notre caractère, notre dignité, nous permettraient d'accepter ces secours. La réponse n'est pas douteuse; on préférerait mourir de misère plutôt que d'accepter l'aumône administrative, tant il est vrai de dire que, si cette bienfaisance impose quand on la considère d'en haut, elle perd tout prestige lorsqu'on la considère d'en bas.

Si donc vous préférez la mort à l'aumône, pourquoi condamner et solliciter vos frères à mendier?

Ce juste sentiment d'orgueil existe au fond du cœur de tous. Combien ne voit-on pas de malheureux, abattus par les privations et par ces luttes incessantes contre la misère, refuser pourtant de tendre la main?

On a créé un terme spécial pour les désigner. Ces martyrs de la plus sainte des causes, celle de l'honneur, s'appellent *les pauvres honteux*.

§ 3. *Effets de la tentation produite par la gratuité des aumônes.*

Mais comme le pauvre qui sollicite l'aumône est précisément celui que favorise le plus la charité d'aujourd'hui, il arrive que la plupart cherchent à se rapprocher de ce type, et se rendent aux yeux du visiteur, plus misérables, plus irréparablement misérables qu'ils ne le sont.

C'est Thénardier *faisant des frais* pour exciter la compassion de Jean Valjean.

Quel triste et hideux spectacle! L'homme tuant en soi-même, et comme à plaisir, la dernière étincelle de fierté qui lui reste, et se rapprochant volontairement d'un ignoble idéal de pauvreté impuissante et dégradée!

Les Chinois ont dit avec une visible intention de mépris : « *Que le paresseux qui ne travaille pas, songe qu'il oblige un de ses frères à travailler pour lui.* » Nous autres, nous offrons une prime à la fainéantise et à l'imprévoyance, et nous imposons le travail à leur profit.

Or ce n'est jamais en vain qu'on méconnaît une loi providentielle, comme celle de la responsabilité humaine; aussi voit-on se produire cet étrange résultat d'une étrange doctrine, que le nombre des pauvres grandit avec et par les sommes destinées à le diminuer.

Tel est l'effet de la taxe des pauvres en Angleterre, tel est l'effet des bureaux de bienfaisance. Aussi c'est presque toujours dans les plus vieilles cités, pourvues d'institutions de bienfaisance richement dotées, que les indigents se rencontrent en plus forte proportion.

Bien qu'il soit à peine nécessaire de citer des faits à l'appui d'une doctrine dont le bon sens démontre assez la vérité, je rappellerai pourtant ce passage d'un livre de feu M. Ch. de Brouckere :

« Dans notre pays, dit-il, il existe un petit coin compris entre la Meuse
« et le Jaer; il se compose de huit ou dix communes et s'étend depuis
« Maestricht jusqu'à Glons. Je l'ai habité pendant onze ans, et jamais je
« n'ai vu un mendiant à ma porte. *Il n'y avait pas de bureau de bienfai-*
« *sance dans la commune et il y eût été inutile, à moins que ce ne fût pour*
« *provoquer la misère, apprendre à la population qu'elle pourrait compter*
« *sur autre chose que sur son énergie.* Tout le monde vivait par le travail;
« mais la maladie sévissait là comme ailleurs, occasionnait des misères
« accidentelles. Alors, et seulement alors, la charité intervenait; un des
« notables aidait le malade et sa famille jusqu'à la guérison, puis la main
« secourable se retirait et, abandonné à lui-même, l'homme reprenait son
« travail. »

§ 4. *Biais employés pour atténuer les mauvais effets du don en argent : 1° Dons d'aliments ;*
2° aumône du travail.

On s'est aperçu parfois que les secours donnés à l'homme supposé dans le besoin, servaient à alimenter la débauche ; on a voulu prémunir le malheureux contre ses propres passions, et souvent, hélas, les enfants contre celles du père. On a inventé des secours en nature, idée assurément des plus naïves ; car rien n'est plus facile que de vendre et souvent, à vil prix, les aliments ou vêtements obtenus de la sorte. Cette pratique est même tellement commune que, dans certains endroits, et notamment à Lille, elle fait l'objet d'un négoce.

On se tromperait, du reste, en mettant uniquement sur le compte de la débauche, la pratique d'un négoce semblable. Il est certain qu'un ménage que l'on gratifiera d'une espèce de secours qui ne lui manque pas, cherchera à en tirer un meilleur parti d'une façon quelconque.

Mais ce système a d'autres inconvénients ; le pire peut-être est d'avoir réduit le nombre des pauvres *honteux* en rendant, au moins en apparence, le secours moins humiliant.

On a donc commis cette étrange bévue d'encourager et de faciliter l'exercice de la profession de mendiant. Les effets ne tardent pas à se produire.

Ainsi, à Liége, on avait, malgré l'avis de M. Neuville, alors bourgmestre, procédé à des distributions de soupes économiques. Or le nombre des gens qui achetaient ces soupes et leurs exigences ont fini par amener des abus tels, qu'on a dû renoncer pour l'avenir à l'emploi de ce moyen. Des circonstances analogues se sont produites à Mons.

Ou l'on a bonne opinion de l'individu secouru, alors pourquoi ne pas lui donner de l'argent, si l'on tient à *donner* ? Ou l'on en a mauvaise opinion ; alors pourquoi, en le secourant, l'entretenir dans la paresse et le vice ?

L'invention de l'aumône dite « du travail » n'est pas plus brillante. Elle a tous les inconvénients de l'aumône pécuniaire et y ajoute les suivants :

1° Enlever des sommes considérables à la bienfaisance, car il est impossible qu'il n'y ait pas un énorme gaspillage de fonds, et à cause des abus qui ne tardent pas à s'introduire dans les administrations de ces secours (ateliers nationaux de Paris) et à cause de la production inutile de richesses non demandées actuellement, et enfin eu égard au prix considérable de revient de ces valeurs que l'on est presque toujours obligé de revendre à perte ;

2° Enfin, cette détestable pratique conduit encore, par l'abaissement artificiel des prix, à percevoir, au profit de la misère non respectable, un impôt sur le travail, à écraser souvent celui-ci sous le poids d'une concurrence ruineuse, contre laquelle il lui est impossible de lutter.

C'est là un des inconvénients les plus grands des dépôts de mendicité. C'est là aussi un abus produit indirectement, pour le dire en passant, par certains ordres religieux féminins qui, entretenus par la piété des fidèles, n'ont pas à demander à leur travail un bénéfice aussi considérable que les ouvrières qui doivent vivre du leur et qui, écrasant celles-ci par une concurrence inégale, contribuent à aggraver le sort si précaire déjà de la femme dans les classes inférieures, et à amener les tristes et funestes résultats de l'influence de la misère sur des êtres faibles.

§ 5. *Des dépôts de mendicité.*

Les dépôts de mendicité participent à la fois de la nature des maisons de correction et des institutions de bienfaisance. A ce double point de vue, ils me paraissent détestables; je m'en suis occupé dans le paragraphe précédent, au point de vue de la bienfaisance, je tâcherai d'établir que cette institution est chose irrationelle et déplorable au point de vue pénal.

La mendicité, qui tombe sous le coup de nos lois, ne devrait cependant être considérée ni comme une contravention, ni comme un délit.

Elle ne peut constituer une contravention, parce que cette espèce de dommage matériel causé à la communauté, et qui est le caractère propre de la contravention, ne s'y rencontre point.

Elle ne peut être envisagée comme un délit, parce qu'il est impossible de trouver dans le fait de demander et de recevoir une aumône accordée librement, un élément de criminalité suffisant pour constituer un délit.

Et le pourrait-on même théoriquement, que ce serait encore injuste, dans l'état actuel de notre législation.

Il est évident, en effet, qu'il n'est rien d'absurde comme une présomption *juris et de jure* que l'on a assez d'argent pour ne pas mourir de faim. Il n'est pas moins certain que, puisque ni le droit à l'assistance, ni le droit au travail ne sont inscrits dans notre Constitution, il est impossible d'empêcher, sans injustice, l'homme momentanément dans l'indigence, de se soustraire, lui et les siens, à la mort par la mendicité.

Si la loi a seulement voulu exciter la réprobation publique contre les mendiants, il faut convenir, d'abord, qu'elle a prétendu accomplir une œuvre réservée aux mœurs et au sentiment public. De plus, elle a fort mal réussi; car toutes les lois sur la mendicité ont été impuissantes. Si le chiffre des mendiants diminue dans un pays, ce n'est pas grâce aux dispositions répressives de la mendicité, mais malgré ces règlements dont la conséquence nécessaire est d'amener dans des maisons de travail privilégiées, l'homme auquel les soucis de la prévoyance paraissent trop pénibles.

Ce n'est pas dans un vain palliatif du mal qu'il faut chercher le remède à cette plaie. Se figurer qu'on extirpe la mendicité d'un pays parce qu'on enferme les mendiants, est aussi absurde que de croire qu'on guérit un ulcère en le fardant. C'est dans une réaction violente, produite au sein de la population par le hideux spectacle de la mendicité, qu'on doit trouver l'antidote de cette plaie sociale, car c'est aux mœurs qu'il appartient d'opérer la réforme.

Ainsi, je voudrais qu'on décrétât la liberté de la mendicité, je voudrais qu'on ouvrît les portes de tous les dépôts de notre pays ; nul doute que cette nuée d'indigents méprisables ne tarirait bientôt les bourses complaisantes qui se lasseraient de sustenter leur ignoble misère, ou plutôt, nul doute qu'au mérite de poser un acte charitable, les hommes qui font l'aumône ne joindraient celui de le poser avec intelligence, discernement et à propos.

§ 6. *Conclusion de ce qui précède.*

Une expérience tant de fois séculaire doit faire assez apprécier l'insuffisance des dons à remplir le tonneau des Danaïdes de la bienfaisance publique. Les dons, et surtout les dons administratifs, ont assez nui à la classe qu'ils devaient régénérer, pour qu'on y renonce enfin, et qu'on cesse de retrancher du corps social des hommes, pour mettre à leur place des mendiants.

Est-ce à dire qu'il faille abandonner à elles-mêmes les classes pauvres ? Non, certes ; mais il ne faut employer pour les soulager qu'un moyen qui ne les avilisse point, un moyen qui ne fasse que stimuler leur activité personnelle, au lieu de l'endormir, car, ainsi que l'a dit, je pense, Ricardo, nulle institution de bienfaisance ne remplit son rôle, si elle ne travaille sans cesse à se rendre inutile.

Et ce moyen, si simple qu'il en est naïf, existe pourtant, car il suffirait de *prêter*.

III

DU PRÊT.

§ 1er. *Le prêt n'a aucun des inconvénients du don.*

En effet, le prêt n'est ni injuste, ni avilissant.

Je ne le suppose pas injuste vu que, d'après ma manière de voir, les revenus du bureau de bienfaisance ne devraient point se composer de fonds pris sur la caisse communale. Admettant même qu'on ne renonce pas à ce système, il est certain que l'injustice en serait atténuée par le retour de ces fonds, ou, tout au moins, par la possibilité de ce retour.

Mais c'est surtout au point de vue de la moralisation des masses que le système du prêt aurait des effets saisissants. Qu'on imagine l'émotion immense, profonde et salutaire à la fois que produirait, sur les classes inférieures, la réforme qui consisterait dans la suppression de ce qu'on appelle *la liste des pauvres*, et dans la déclaration que le bureau de bienfaisance prêtera au lieu de donner. Certes, au premier moment, la défiance, la colère même, s'empareront de l'esprit des pauvres; ils croiront à une spoliation, à un acte d'inhumanité... Mais qu'on agisse sur leur esprit par la persuasion, qu'on leur explique que les paresseux et les débauchés ont seuls lieu de se plaindre de la nouvelle mesure, que les secours mis, à un moment donné, à la disposition de l'honnête misère, seront aussi et plus abondants que par le passé, qu'on réveille enfin le sentiment indestructible de la dignité humaine, et ils comprendront certainement. Ils comprendront d'autant mieux que les pauvres honteux, les pauvres honnêtes, partisans nécessaires de ce nouvel état de choses qui permet de les secourir sans les abaisser, seront les premiers à moraliser leurs camarades.

Le système, enfin compris et pratiqué largement, obligera les malheureux à ne plus se rapprocher de ce hideux idéal de la misère incurable, mais, au contraire, à jouer la comédie en sens inverse, afin d'imprimer, dans l'esprit de l'homme qui les secourt, cette conviction que l'argent qu'il leur remet leur sera plutôt confié que donné, et qu'ils feront honneur à leur promesse de le rendre. En un mot, au lieu d'éveiller la *pitié*, ils voudraient éveiller la *confiance*.

Aussi verrait-on la propreté régner dans les habitations, l'intempérance, l'ivrognerie diminuer sensiblement, l'esprit de famille se raffermir, et toute la population paraître fière et travailleuse.

Il y aurait bien un peu d'affectation dans tout cela; mais l'affectation même engendrerait de bonnes habitudes. Ce n'est pas en vain qu'on pratique longtemps la vertu.

Oui, certes, c'est là mon premier et mon principal argument en faveur du prêt : s'il est un mobile puissant qui porte l'homme aux nobles actions, c'est sa fierté native. Qu'on la stimule donc, au lieu de l'étouffer.

Plus de bienfaisance gratuite, ou, du moins, que les principes ne cèdent qu'à la dernière extrémité. Ainsi, par exemple, pourquoi ne pas prêter même à un vieillard?

Il rendrait difficilement; oui, mais a-t-on la certitude mathématique qu'il ne pourrait rendre? Et l'eût-on, n'est-ce rien d'avoir, par des procédés délicats, empêché un homme de rougir du bienfait dont il est l'objet?

§ 2. *Avantages du prêt.*

Le prêt permettrait de consacrer à la bienfaisance des sommes plus considérables qu'aujourd'hui. En effet, il est incontestable que, dans des moments de crise, alors qu'on fait appel à la bourse de chacun, on obtiendrait des sommes plus considérables.

Il est clair, en outre, que, ne fût-il restitué que deux pour cent sur les sommes prêtées, ce serait, en définitive, une augmentation de deux pour cent sur les capitaux disponibles. Il est possible aussi que, dans les commencements, la pratique de l'emprunt n'étant point passée dans les mœurs, il serait difficile de persuader aux pauvres que l'obligation de rendre est sérieuse et qu'elle doit constituer pour eux une affaire de conscience; mais enfin on y viendrait, et cela permettrait sans doute de renoncer aux subsides communaux, et surtout à l'inique droit des pauvres perçu au préjudice des entreprises théâtrales.

Tout emprunteur qui détiendrait une somme à lui prêtée par le bureau de bienfaisance alors qu'il pourrait la restituer commettrait un acte préjudiciable à tous les pauvres, car il diminuerait d'autant les capitaux qu'il est possible de consacrer à leur soulagement. On comprend dès lors que ces pauvres, lésés dans leur intérêt, exercent sur lui une contrainte morale qui l'oblige à restituer son emprunt, ou à travailler pour pouvoir le faire.

Cela ne souffrirait aucun empêchement, car, le prêt n'étant point chose déshonorante comme l'aumône, rien n'engagerait à tenir secrets les noms des emprunteurs, rien ne ferait obstacle, par conséquent, à cette surveillance mutuelle, à cette touchante solidarité des membres de la classe pauvre.

On le voit donc, l'homme à qui l'on prêterait, au lieu de donner, serait non seulement relevé à ses propres yeux, mais il serait à tout instant exposé à se voir repoussé par tous, s'il ne se rend pas digne de la confiance qu'on a placée en lui et s'il ne s'applique pas à la justifier par ses actes.

IV

MOYENS A EMPLOYER POUR APPLIQUER CETTE THÉORIE.

§ 1er *Changements dans l'organisation des bureaux de bienfaisance.*

Je crois pouvoir affirmer que, à part la réprobation passagère mais énergique que ce système soulèverait dans les classes peu éclairées, peu d'innovations importantes nécessiteraient moins de changements radicaux.

Rien ne serait changé au système des recettes des bureaux de bienfaisance, si ce n'est qu'on en pourrait déduire les subsides communaux et y ajouter ceux que les particuliers ne manqueraient pas d'y apporter, sous certaines conditions de restitution.

Quant à la distribution, il n'y aurait d'autre changement que celui qui consisterait à supprimer la liste des pauvres pour prêter à tout homme justifiant de ses besoins et de sa moralité.

Le prêt serait fait sur l'avis d'une commission délibérant quotidiennement.

Les prêts seraient refusés à ceux qui seraient reconnus avoir dissipé de l'argent qu'ils pouvaient consacrer à rembourser des prêts antérieurs.

La police bien faite serait un utile auxiliaire de cette commission; elle lui permettrait de recueillir sans frais des renseignements nombreux et impartiaux. Il y aurait encore des visiteurs des pauvres, mais ils ne feraient de visites que sur la demande de ceux-ci et pour s'assurer des titres qu'ils ont pour obtenir un prêt.

Le prêt porterait intérêt; mais, pour éviter des calculs qui nécessiteraient le salaire de plusieurs commis, cet intérêt, modique d'ailleurs, ne serait perçu qu'après un certain laps de temps. Le crédit serait illimité, la seule garantie étant la conscience du pauvre et la crainte de ne plus obtenir de prêt à l'avenir. Une caisse d'à-compte recevrait les sommes les plus minimes à titre de restitution.

C'est assez simple, comme on le voit. — Après tout, cette réforme n'est autre chose que celle à laquelle on a songé autrefois et qui consiste à supprimer le gage exigé par les monts-de-piété.

V

DES MONTS-DE-PIÉTÉ.

§ 1er. *L'exigence du gage, caractère et défaut radical des monts-de-piété.*

La pensée qui présida à l'organisation des monts-de-piété fut une pensée toute charitable. Le nom de ces institutions l'indique assez ; mais la restriction apportée à cette idée de charité pure, j'entends l'exigence du gage, leur a été fatale, et le mal est tel aujourd'hui que je n'y connais qu'un remède : la suppression des monts-de-piété ou plutôt leur absorption par les bureaux de bienfaisance *prétant*. Quant à savoir comment on utiliserait ensuite le personnel des administrations des monts-de-piété qui se trouverait ainsi sans emploi , je m'en occuperai dans un paragraphe suivant.

Quelle est la conséquence immédiate de l'exigence du gage? Une manutention excessivement coûteuse et, par suite, des capitaux enlevés à la bienfaisance, ou, ce qui revient au même, une charge très lourde imposée aux emprunteurs.

Ce n'est pas tout ; comme ces frais de manutention, inscription, emmagasinage sont, pour des gages de peu de valeur, les mêmes que pour des gages de valeur considérable, la rétribution perçue de ce chef a été plus forte, proportionnellement, sur les petits emprunts ; et cependant, malgré les frais énormes dont ceux-ci sont grevés, il est constant que le mont-de-piété supporte de ce chef une perte à peine compensée par les quelques bénéfices procurés par·les prêts importants. Or il est certain que cette considération ne pouvait qu'engager les monts-de-piété à favoriser les prêts importants, de préférence aux autres. L'institution a donc cessé de présenter un caractère exclusivement charitable. La débauche y a trouvé son compte, tout comme l'honnête misère.

Non seulement l'exigence d'un gage est onéreuse pour l'institution et pour l'emprunteur, non seulement elle amène fatalement un changement dans le caractère des monts-de-piété ; mais elle est tyrannique au plus haut point.

N'y a-t-il pas quelque chose de profondément inhumain dans cette action d'enlever par pure défiance à un honnête homme des objets dont il peut avoir le plus pressant besoin? Ainsi des meubles ou bien des literies, en cas de maladie, etc.

Voici un exemple : il y a bien des pauvres qui pratiquent l'emprunt dit : *à la semaine;* ils mettent le lundi, leurs effets du dimanche au mont-de-piété et les retirent le samedi, en payant cinq centimes au minimum d'in-térêt par jour.

Cette petite somme, insuffisante pour payer les frais de manutention du gage, représente cependant au bout de l'année un intérêt de trente, qua-rante ou cinquante pour cent, suivant la somme empruntée. S'ils s'adres-saient à une institution de prêt qui n'exigerait pas de gage, ils pourraient rendre, je suppose au bout de l'an, avec un intérêt de trois ou quatre pour cent, la somme empruntée; mais ils ne peuvent contracter cet unique emprunt ayant souvent besoin des objets qu'ils ont déposés au mont-de-piété, si bien qu'en définitive, l'exigence du gage les prive, eux, de l'usage de certains objets pendant un temps plus ou moins long et les oblige à payer un intérêt énorme; elle ne profite pas au mont-de-piété, car cet intérêt est absorbé, et au delà par les frais. Il l'est si bien que, pour les petits prêts, on dépense autant que la valeur du gage même, en frais d'administration, de loyer, etc. Pourquoi dès lors ne pas renoncer à une oppression inutile du pauvre?

Quels sont enfin les bénéfices de cette détention de gage?

L'objet détenu subit nécessairement pour être revendu une diminution de valeur. Il y a perte d'abord de tout le bénéfice que pourrait produire l'usage de cet objet enfermé, pendant un an, sans profit pour personne. Il y a perte enfin parce que l'objet revendu à un tiers ne vaut pas, pour ce tiers ce qu'il valait pour le déposant. — Je m'explique.

La valeur d'un objet que l'on dépose au mont-de-piété, vaut, pour le déposant, non pas ce qu'il pourrait en obtenir en le vendant, mais la somme qu'il devrait dépenser pour le remplacer. Or il est certain que les vieilles pièces de ménage ou d'habillement, les literies, etc., ne pourraient se remplacer convenablement pour un prix égal à leur valeur vénale.

Qui donc profite de cette perte? C'est une perte sèche, une perte qui ne consiste pas dans un *déplacement*, mais dans une *destruction* de valeur.

Double conséquence : nécessité pour les monts-de-piété de prêter des sommes extraordinairement minimes sur les objets les plus nécessaires; et enfin pertes très souvent essuyées par les monts-de-piété, malgré toute la modicité des évaluations.

Donc finalement encore, oppression inutile du pauvre.

§ 2. *Conséquences.*

Les monts-de-piété doivent prêter sans gage. Ils seraient alors absorbés par les bureaux de bienfaisance conçus de la façon exposée plus haut.

§ 3. *Les monts-de-piété, institutions de crédit pour le petit commerce.*

Les institutions de crédit, si nombreuses, si variées aujourd'hui, présentent néanmoins une lacune regrettable qu'il importe d'autant plus de combler que l'institution à l'aide de laquelle on atteindrait ce résultat participerait à la fois de la nature des établissements de bienfaisance et des établissements ordinaires de crédit.

Elle participerait de la nature des premiers, en ce qu'elle aurait cette belle mission d'empêcher des prolétaires à peine émancipés, de retomber dans la caste des modernes parias ; elle participerait de la nature des établissements de crédit, en ce qu'elle constituerait une excellente opération.

Il est notoire, en effet, que le tout petit commerçant ne peut régulièrement trouver de l'argent.

Il ne peut user du mont-de-piété, car le prêt qu'on intitule *prêt sur marchandises neuves* coûte presque toujours plus qu'il ne profite.

Il ne peut s'affilier aux Unions du crédit existantes, les conditions posées par les membres de ces associations étant trop onéreuses pour lui. Lui en faire fonder est tout simplement une chimère en ce moment.

Enfin, les banquiers n'escomptent ni leurs modestes traites, ni leurs modestes lettres de change, si bien qu'en fin de compte, il peut arriver, et il arrive qu'un petit commerçant se voit déconsidéré, ruiné, en faillite, quoique possédant, soit en marchandises, soit en créances, de quoi faire honneur à ses obligations.

Or, il est de la plus haute importance d'encourager le petit commerce. D'abord parce que les petits commerçants sont très nombreux, ensuite parce que, sortant de la misère, ils sont en danger d'y rentrer à chaque instant.

Ils sont enfin précieux pour les classes pauvres, qu'ils soutiennent dans des moments difficiles à l'aide de crédits accordés à propos.

Ainsi je voudrais que des prêts fussent faits aux petits commerçants sur le certificat de possession de marchandises ou de créances dont le montant recouvrable suffirait pour éteindre la dette.

Sur cette attestation, que serait chargée de faire une commission, on leur prêterait des sommes plus ou moins considérables et à un honnête intérêt.

L'effet de l'attestation, par la commission, de l'existence de ces marchandises ou de ces créances ne serait pas de mettre ces dernières en la possession des monts-de-piété, mais l'emprunteur prendrait l'engagement de verser dans une caisse d'à-compte le prix des marchandises vendues ou des créances recouvrées, au fur et à mesure de la vente ou du recouvrement, faute de quoi le prêt serait retiré; on pourrait aussi stipuler une clause pénale.

§ 4 *Adjonction des caisses d'épargne à cette espèce de mont-de-piété.*

On a essayé d'opérer cette adjonction aux monts-de-piété organisés de la façon actuelle, mais l'expérience a démontré l'inanité de ces efforts. Voici les deux inconvénients principaux qui s'y opposaient :

Il faut, pour engager le public à mettre à la caisse d'épargne, lui servir un intérêt aussi fort que possible, et d'un autre côté, l'humanité défend de percevoir sur les malheureux qui empruntent au mont-de-piété, un intérêt élevé, de façon qu'il y a contradiction à vouloir alimenter le mont-de-piété au moyen des fonds fournis par la caisse d'épargne. Cet inconvénient disparaîtrait dans mon système, car les services rendus aux petits commerçants étant assez importants, rien n'empêcherait de leur demander à eux un intérêt de nature à engager les possesseurs d'épargne à mettre leurs fonds à la caisse.

On avait encore objecté contre l'adjonction des caisses d'épargne aux monts-de-piété que, dans une époque de crise, tout le monde cherchait à emprunter, et d'autre part, retirait ses épargnes de la caisse, si bien qu'il n'y avait plus que des emprunteurs, et pas de prêteurs. — Sans prétendre que cet inconvénient disparaîtrait totalement avec ma combinaison, je crois néanmoins qu'il serait neutralisé de beaucoup, et voici pourquoi.

Ceux qui retireraient leurs épargnes de la caisse le feraient pour pourvoir à leurs besoins, et, par conséquent, pour alimenter le petit commerce qui est un commerce de consommation, et ils payeraient comptant, puisque celui-ci l'exigerait; ils le mettraient ainsi dans une position telle qu'il n'eût pas besoin d'emprunter aux monts-de-piété. D'un autre côté, si le petit commerce emprunte, c'est pour faire crédit, et, par là, il permet à ceux qui n'auraient pas retiré leurs fonds de la caisse d'épargne, de les y laisser encore. Il y a donc une tendance à l'équilibre qui conjurerait les effets de la crise.

A la vérité, si l'on suppose la crise se prolongeant, les moyens proposés deviennent insuffisants; mais alors, nous nous trouverions en pleine misère; ce ne serait donc plus à une institution telle que celle-ci à réparer le mal, ce serait le rôle des établissements de bienfaisance répressive. Petits commerçants et autres emprunteraient alors à la caisse du bureau de bienfaisance.

DÉBAT

M. Visschers (Bruxelles). Je n'ai que de courtes observations à présenter sur le sujet qui nous occupe. Nous n'avons pas à examiner quels bienfaits ont pu procurer les monts-de-piété, il y a plusieurs siècles, aux populations pauvres dévorées par l'usure. Je voudrais cependant être d'autant plus favorable à ce genre d'institutions que nos provinces, après l'Italie, ont été le premier pays où elles se sont d'abord propagées (*).

Si nous examinons quelle est actuellement l'influence des monts-de-piété sur les habitudes des classes laborieuses, nous trouvons qu'ils prêtent avec la même facilité à l'ouvrier honnête et malheureux et à la dissipation et au dérèglement. La grande dame, dans les capitales, vient y déposer ses bijoux. Dans les pays où existe la funeste institution de la loterie, l'homme du peuple va déposer au mont-de-piété ses meubles, ses hardes, pour satisfaire son fatal penchant... La statistique de ces établissements montre que c'est surtout à la veille des grandes fêtes, au carnaval, que les dépôts y sont le plus nombreux. Jamais ces établissements ne prêtent à l'ouvrier industrieux et de bonne conduite un petit capital suffisant pour l'aider à s'établir, pour lui fournir des moyens de production. Considérés sous le rapport de la bienfaisance, ils *prêtent*, à un taux usuraire (de 10 à 15 p. c.), au malheureux. Comme institutions de prévoyance, nous venons de dire que leurs effets sont nuls.

Quel qu'ait été autrefois leur caractère, on ne peut donc les considérer aujourd'hui comme des institutions de bienfaisance : la charité *donne* au malheureux et proportionne ses dons au degré de ses souffrances; elle agit avec discernement.

Loin d'inculquer au peuple des idées de prévoyance, les monts-de-piété l'habituent à l'imprévoyance : ses bureaux, son argent ne sont-ils pas toujours à la disposition du premier venu, mais on sait à quel prix!

Je ne m'occuperai donc pas de la seconde partie de la question; les réformes dont ces institutions sont susceptibles. Il y a longtemps que ces institutions, du moins en dehors de l'Italie, ne font plus de prêts gratuits. En général, leur mode de comptabilité peut être cité comme modèle; les plus florissantes, ce sont celles qui jouissent d'une dotation. Les efforts de leurs administrateurs tendent toujours à en diminuer les frais et par conséquent le taux d'intérêt des prêts.

Combien plus efficaces sont les institutions modernes de prévoyance, à l'usage des classes laborieuses! En première ligne, je placerai les Sociétés de secours mutuels, qui prodiguent leurs bienfaits à l'ouvrier, en cas de maladie ou d'accident. C'est la compagnie d'assurance mise à la portée des classes ouvrières. Je voudrais, messieurs, pouvoir vous entretenir des banques populaires (*Vorschuss-und Credit Vereine*) dont l'infatigable M. Schulze-Delitsch s'est fait le promoteur en Allemagne. Comme offrant un degré à peu près égal d'utilité, je vous parlerais des Caisses d'avances ou de prêts qui ont rendu tant de services en Angleterre et en Irlande, et qui, depuis quelques années, se sont si fort répandues dans le nord de l'Allemagne et dans les Pays-Bas. En France, la société établie tout récemment sous le titre de *Société du Prince Impérial* a le même objet en vue. D'après le principe constitutif de ces Sociétés, on n'y prête qu'à l'ouvrier rangé, qui offre une caution, et seulement comme avance pour un travail productif. Les remboursements s'y font de semaine en semaine, avec un intérêt modique. On n'y prête pas à la dissipation et au libertinage. Je pourrais aussi, messieurs, vous faire l'apologie des Caisses d'épargne où l'ouvrier, par des mises succes-

---

(*) La ville d'Ypres, autrefois si recommandable par ses institutions charitables, a eu un mont-de-piété *gratuit*, dès 1534, cinq ans avant Rome elle-même. (F. DE DUCXEE, *Études historiques et critiques sur les monts-de-piété en Belgique*. Bruxelles, 1844.)

Quelques personnes ont pensé que le nom italien *monte-di-pieta* pouvait n'être qu'une traduction de la dénomination flamande : *Berg van bermhertigheid* (dépôt ou magasin de miséricorde). — *Bergen*, en flamand, signifie « garder, conserver; » *Berg*, « mont, montagne, » et aussi « lieu de dépôt. » — Quant au nom français, on a traduit littéralement, mais non correctement, *pieta* par « piété »

sives, se prépare un petit capital pour étendre ses affaires, acheter un champ ou une maison, ou pour trouver une réserve en cas de malheurs imprévus. Mais ici je dois rappeler (en reportant ma pénsée sur un projet qui vient d'être récemment discuté dans ce pays) que ces caisses doivent être nombreuses, facilement accessibles, n'exiger que peu de formalités pour les dépôts et pour les remboursements, abréger les délais autant que possible. Si l'institution est formée en vue des classes populaires, les dépôts doivent y être limités à un *maximum;* la garantie de l'État doit donc être elle-même limitée. Le taux de l'intérêt n'y est que chose secondaire. Que ne puis-je, messieurs, entrer ici dans quelques détails relativement aux Caisses d'épargne postales qui viennent d'être créées en Angleterre? Bien que la loi ne remonte qu'au 17 mai 1861, au 31 mars de cette année, on comptait déjà 2,532 bureaux ouverts au public, tous les jours de la semaine, pendant huit heures; les dépôts atteignaient la somme de 18 millions 381,000 francs. L'intérêt n'y est que de 2 1/2 p. c. par an. L'organisation de ces caisses nous paraît un modèle à suivre.

Je ne citerai que pour mémoire les Caisses de retraite, garanties par l'État ou fondées par des compagnies industrielles. Une énumération prolongée nous entraînerait trop loin.

De toutes ces institutions, messieurs, il n'y en a pas une dont le but et les effets ne soient parfaitement d'accord avec la moralité et l'intérêt bien entendu de l'ouvrier. S'agit-il de crédit, on ne doit pas en accorder au libertin et au dissipateur. En fait de crédit, ce n'est pas à la charité, c'est à l'abondance des capitaux qu'il faut faire appel.

Mais si l'on revendique les droits du malheur, si la charité privée fait défaut (ce que nous ne croyons pas), j'admets l'existence d'institutions de bienfaisance, en mettant cependant pour condition qu'une juste sévérité et une vigilance éclairée président à leurs distributions. On ne prête pas au malheureux dénué de ressources, car il est dépourvu des moyens de restituer le *prêt;* on lui donne, et le secours s'applique dans la limite de ses besoins.

Je m'arrête, messieurs : j'en ai dit assez pour démontrer qu'il est impossible d'assigner aux monts-de-piété un caractère net, précis, recommandable, soit comme institutions de bienfaisance, soit comme institutions de prévoyance. Nuls sous ce dernier rapport, ils n'ont jamais guéri le paupérisme; ils n'offrent qu'un palliatif à la misère.

M. VLEMINCKX père (Bruxelles). Je ne prends pas la parole en mon propre nom. Je la prends au nom d'un de mes amis, M. Thiéfry, membre de ce Congrès et de l'administration des hospices de Bruxelles, qui, prévoyant que les monts-de-piété pourraient être, dans cette enceinte, l'objet de quelques attaques, a voulu me pourvoir de quelques notes, afin d'être à même d'y répondre.

Et que tout d'abord M. Visschers me permette de le lui dire, il calomnie un peu son propre pays. Lorsqu'il vous dit que les monts-de-piété ont été institués par de vieux préjugés séculaires, et de cette façon qu'ils devaient être nécessairement usuraires, il se trompe. Il a oublié qu'en Belgique, une loi a pourvu à tous les inconvénients qu'il prétend être attachés à ces établissements.

Laissez-moi vous dire ce qui en est, d'après M. Thiéfry :

» Les premiers monts-de-piété ont été créés en Italie, il y a plusieurs siècles, pour venir en aide à la classe indigente qui n'obtenait de prêts sur nantissement qu'en payant de très gros intérêts, 30, 40, 50 p. c. et plus !

» L'Allemagne, les Pays-Bas, la France et autres pays suivirent l'exemple de l'Italie.

» Dans leur origine, ces établissements répondaient au but de leur institution; ils prétaient à un faible intérêt, et plusieurs même accordaient des prêts gratuits : plus tard, beaucoup d'entre eux élevèrent l'intérêt à un taux que l'on peut considérer comme se rapprochant de l'usure, 12, 14 et 15 p. c. Il est facile d'en indiquer la raison et le remède à y apporter.

« Là où ces établissements sont régis pour compte de particuliers, ceux-ci cherchent à réaliser les plus gros bénéfices possible : ailleurs, sauf quelques exceptions, la plupart des monts-de-piété sont sans ressource, ils obtiennent des fonds des administrations de bienfaisance, en payant 5 p. c. d'intérêt ; et pour ne pas être en perte, condition essentielle à leur existence, ils prélèvent sur les sommes avancées cet intérêt de 5 p. c., plus les frais d'administration qui sont plus ou moins élevés, selon l'importance des prêts et la bonne gestion de l'établissement ; les bénéfices réalisés sont, chaque année, versés dans la caisse de bienfaisance, ils sont un revenu des hospices ; ceux de Paris touchent annuellement de ce chef près de quatre cent mille francs ; ce sont donc des pauvres qui fournissent des ressources à d'autres pauvres.

« Le remède à l'élévation de cet intérêt se trouve dans la loi belge du 30 avril 1848. Les bénéfices restent acquis au mont-de-piété jusqu'à l'époque où l'établissement possède une dotation suffisante pour subvenir à ses opérations. Il doit donc arriver un moment où le mont-de-piété, propriétaire de son capital, n'exigera du déposant que le remboursement des frais d'administration.

« C'est ainsi que, peu d'années après la loi de 1848, le mont-de-piété de Bruxelles, qui prêtait à 15 p. c., réduisit l'intérêt à 14, puis à 12 et finalement à 10 p. c. ; sans une dépense extraordinaire motivée par la construction d'un nouvel établissement, cet intérêt ne serait plus aujourd'hui que de 8 p. c.

« Je sais bien que ce n'est pas toujours la nécessité qui force l'ouvrier à avoir recours au mont-de-piété ; des habitudes vicieuses enseignent ce chemin à un certain nombre, témoin la loterie ; en voici la preuve : En 1828, on a supprimé la loterie de Bruxelles, et, dans les six mois qui ont suivi cette suppression, le mont-de-piété de cette ville a reçu plus de 8,000 gages de moins que dans les temps correspondants de l'autre année : la même observation a été faite à Louvain. On ne peut cependant, pour corriger ces abus, se défendre de prêter sur gages à ces hommes égarés, sinon ils auraient recours à des usuriers qui les ruineraient encore plus vite. Il faut les éclairer par la propagation de l'instruction, les ramener dans la bonne voie, en cherchant à obtenir la cessation de l'ivrognerie et en leur donnant des encouragements pour des placements aux caisses d'épargne et de retraite.

« Les monts-de-piété sont utiles à la classe laborieuse, parce que le prêt immédiat peut empêcher la ruine d'un boutiquier ; il vient en aide à l'ouvrier malade, à celui qui est momentanément privé d'ouvrage, ou qui subit une diminution de salaire ; il épargne au malheureux la dure nécessité de vendre ses meubles, ses habits, son linge, ou de passer par les mains de ces usuriers dont je viens de parler : c'est surtout dans les années de crise commerciale, ou quand les denrées ont atteint un prix excessif, que les monts-de-piété sont d'une utilité réelle ; alors les ouvriers y affluent, et lorsqu'on rentre dans un état normal, ils retirent leurs effets.

« Si ces établissements doivent être conservés, ils sont néanmoins dans quelques pays, susceptibles de réformes. Je pose en première ligne la conservation des bénéfices jusqu'à concurrence du capital nécessaire aux opérations des monts-de-piété et d'une réserve pour faire des prêts gratuits.

« Puis la suppression des commissionnaires jurés et leur remplacement par des bureaux auxiliaires où l'on en reconnaîtrait le besoin.

» Et enfin, pour empêcher le mouvement des gages qui entrent et sortent chaque semaine, je suis d'avis de ne pas prêter pour moins de quinze jours, sauf autorisation du directeur.

» Défense devrait être faite d'établir des monts-de-piété, si ce n'est au profit des pauvres.

» Je termine en exprimant le vœu que les employés des monts-de-piété soient exempts du payement de la patente; ce droit est remboursé par l'administration et augmente les dépenses. »

L'espoir de M. Thiéfry, et vous connaissez la valeur de cet homme de bien, est que l'intérêt des objets mis au mont-de-piété pourra être abaissé jusqu'à ce taux qu'il ne coûtera plus aux déposants que les frais d'administration.

Je sais bien que ce n'est pas toujours la nécessité qui pousse l'ouvrier à recourir aux monts-de-piété. Des tentations fâcheuses en enseignent le chemin à un certain nombre.

On ne peut cependant corriger ces abus. Si vous défendiez au mont-de-piété de prêter sur gage à ces hommes égarés, ils auraient recours à des usuriers qui les ruineraient bien vite. Il faut, comme l'a dit M. Visschers, éclairer ces hommes, chercher à les ramener dans la bonne voie en leur donnant des encouragements pour le placement aux caisses d'épargne et de retraite.

Mais les monts-de-piété seront utiles et nécessaires aussi longtemps qu'on ne sera pas parvenu à inculquer aux ouvriers l'esprit d'ordre et d'association.

Seulement, il faut faire en sorte, et notre loi belge y a heureusement pourvu, que les frais d'administration seuls soient remboursés par les déposants.

M. DE BONNE (Bruxelles). Je n'ai pas examiné la question des monts-de-piété, l'utilité de leur maintien ou de leur suppression. Mais on nous a parlé de l'administration des pauvres; je la connais un peu; il y a nombre d'années que j'ai l'honneur d'en faire partie, et c'est pourquoi je me permets de répondre quelques mots.

On voudrait que les administrations de bienfaisance devinssent des maisons de prêts. Cela est de toute impossibilité; il est facile de le démontrer.

On parle toujours de l'homme qui se trouve dans une position gênée, qui est sans travail, par suite d'une crise commerciale ou autrement, qui a besoin de secours, qui ne peut subvenir à l'entretien de sa famille. Mais il y a d'autres pauvres, des pauvres auxquels on ne peut pas prêter. Un ouvrier meurt. Il n'avait rien que son travail. Il laisse une femme et des enfants. Que faut-il faire? C'est l'administration de la bienfaisance qui vient en aide à cette famille, qui se charge des orphelins, qui leur fait apprendre un métier et les met à même de gagner leur vie. Est-ce là une charité humiliante? Non, c'est une charité nécessaire, qu'il est impossible de prévenir par aucune mesure. On ne peut prêter à une femme qui n'a que des soins à donner à ses enfants. Il faut que les administrations publiques lui viennent en aide.

Il est donc impossible de transformer les institutions de bienfaisance en institutions de prêt. Qu'on réforme les monts-de-piété, qu'on institue de nouvelles sociétés pour secourir les malheureux, et leur prêter même sans aucun intérêt, rien de mieux, mais quant aux administrations de bienfaisance, il est impossible de les détourner de leur destination.

C'est le seul point sur lequel je voulais appeler votre attention.

M. DUCPÉTIAUX (Bruxelles). Nous discutons longtemps sur une question qui me paraît extrêmement claire.

Les monts-de-piété sont des institutions qu'il faut juger d'après les circonstances et les besoins actuels.

Quelle est leur origine? Le désir d'empêcher l'usure.

En Angleterre, les monts-de-piété n'existent pas; on y trouve des institutions particulières de prêt.

Dans les rues de Londres, on voit des maisons à la vitrine desquelles se trouvent des masses d'objets innommés, depuis la vieille paire de souliers jusqu'aux broches de diamants. Elles ont pour enseigne trois boules d'or ou dorées. Ce sont des maisons de prêts particulières qui, n'étant pas surveillées, donnent lieu à de graves abus.

Voilà pourquoi, dans les pays du continent, les monts-de-piété ont été créés.

Suivant moi, il faut voir dans ces institutions une forme de la bienfaisance. Sans doute, une transformation des monts-de-piété est désirable, et je ne doute pas que dans un temps plus ou moins rapproché, on ne parvienne, sinon à les supprimer, du moins à en conserver l'utilité en en diminuant les inconvénients.

Le vœu exprimé par M. Lhoest a déjà été compris dans plusieurs localités. Je citerai la ville de Gand dont le mont-de-piété jouit d'une dotation spéciale pour les prêts.

D'autres institutions ont pour but et auront, j'espère, pour résultat, de transformer les monts-de-piété. Je veux parler des institutions de prêts sur garantie morale.

Mais, en attendant, il y a des besoins pressants, des besoins actuels auxquels il faut satisfaire; j'estime qu'à cet égard, les monts-de-piété bien administrés, entourés des garanties nécessaires, avec un taux d'intérêt s'abaissant d'année en année, sont utiles.

M. WINSBACH (France). Sans doute le mont-de-piété présente des inconvénients assez graves, on vient d'en faire un tableau qui n'est pas exagéré. Je le regrette, mais je ne pense pas que l'institution puisse être supprimée.

Tout en désirant de grandes améliorations, je vous avoue que je ne saurais pas me rallier sans restrictions à celles qui ont été indiquées par un précédent orateur.

Je ne crois pas que les institutions de bienfaisance puissent devenir simplement des institutions de prêts.

L'honorable M. De Bonne, qui nous a parlé avec tant de cœur et que l'on a reconnu à ses paroles si bien senties, pour un homme pratique, vient de vous le dire; il est des circonstances dans lesquelles il est impossible de ne pas donner des secours immédiats.

Pour que la nécessité des secours se produise, il ne faut même pas supposer la mort d'un chef de famille. Comme médecin du bureau de bienfaisance de Metz, je vois les pauvres de très près. Or, je connais des familles composées de quatre, cinq et six personnes; le père est, par exemple, un simple manœuvre. Tous les ouvriers ne gagnent pas 3 ou 4 francs par jour; beaucoup de manœuvres à Metz ne gagnent que 30, 35 ou 40 sous et ne sont pas toujours assurés d'avoir de la besogne. Voyez quelle est la situation d'une famille dans ces conditions. J'ai vu des familles loger dans des bouges, coucher sur la paille et n'avoir pour toute nourriture que du pain, sans qu'on puisse imputer cette misère à l'imprévoyance, à l'ivrognerie ou à la débauche. Le salaire n'est pas plus élevé et le chef de la famille ne peut pas gagner plus qu'il ne gagne.

Il est impossible qu'à cette famille dont la situation ne s'améliorera pas, on fasse des prêts; on est certain qu'elle sera dans l'impossibilité de pouvoir jamais rendre. Eh bien! je dis que donner, dans ces conditions, vaut infiniment mieux que prêter. Car si vous donnez, le pauvre ne vous doit rien. Je sais combien la bienfaisance administrative a d'inconvénients; je sais qu'elle détruit en partie le sentiment de la reconnaissance. Mais aussi on a une répartition plus exacte, les uns n'absorbent pas une trop grosse part aux dépens des autres. Je préfère donner à de pauvres ouvriers que prêter à des gens qui ne seront jamais dans le cas de rendre et deviendront en quelque sorte des banqueroutiers. La banqueroute me semble plus avilissante que l'aumône.

Permettez-moi maintenant de vous signaler une institution de prévoyance qui existe à Metz, c'est l'œuvre appelée l'*œuvre des loyers*. Une société l'a fondée sur les bases que voici : Les ouvriers ont toujours beaucoup de peine à payer leur terme. L'argent qu'ils ménagent dans ce but. ils sont souvent tentés de le dépenser. Mais s'ils ont un endroit sûr où ils peuvent déposer au fur et à mesure leurs petites économies ; au jour fixé, ils les trouvent accumulées, et payent sans peine. C'est déjà beaucoup ; mais cela ne suffit pas. L'institution dont je vous parle, a trouvé des ressources qui lui permettent de donner un intérêt très fort de l'argent déposé en vue des loyers. Les ouvriers sont attirés par l'avantage qu'ils trouvent d'un intérêt très grand pour les sommes versées à une époque éloignée du terme. A Metz, l'habitude est de payer les loyers de six mois en six mois, au mois de juin et au mois de décembre. Quand les ouvriers font leurs dépôts au mois de janvier ou au mois de juillet, il se trouve, si ces dépôts sont un peu forts, qu'ils peuvent avoir en intérêts la moitié de leur loyer. C'est un très grand avantage pour eux.

Telles sont les bases générales d'une œuvre qui donne de très bons résultats.

M. E. LHOEST (Mons). Je vais tâcher de rencontrer en peu de mots les objections qui viennent de m'être opposées.

On a formulé cette objection ci : c'est que le prêt conduirait à la banqueroute dans certains cas, ce qui serait plus avilissant que l'aumône. Cela est vrai. Mais selon moi, les prêts devraient être à longs termes plutôt fixés par l'emprunteur que par le prêteur, et dans ce cas, vous arriveriez rarement à une banqueroute.

Quant à l'objection tirée de ce fait que, dans certaines circonstances, on prêtera à des personnes que l'on saura ne pouvoir jamais payer, c'est le côté faible de mon système, mais au point de vue pratique seulement, car, au point de vue théorique, on reconnaîtra que le don n'est pas une chose normale.

Au point de vue pratique, d'ailleurs, pourquoi ne pourrait-on prêter à celui qui ne peut rendre ? Dans le cas de la femme restée veuve avec plusieurs orphelins, vous savez que la mère ne pourra rembourser le prêt, mais les enfants devenus grands, ne considéreront-ils pas comme une dette sacrée le prêt fait à leur mère et ne se feront-ils pas un devoir de le payer ? Pourquoi l'enfant ne payerait-il pas la dette de la mère ?

Il y a un cas plus fort que celui-là : celui du pauvre sans famille, moribond. A celui-là vous devez donner ? Non. Il est certain que chez l'homme, quelque vieux, quelque malade qu'il soit, il reste une étincelle d'espérance. Pourquoi ne pas encourager cette espérance et relever ce malheureux à ses propres yeux ? Vous l'aurez au moins sauvé de l'injure de l'aumône ; et ne fût-ce que le résultat de donner un bienfait avec la conscience que le pauvre n'a pas rougi en le recevant, je pense que cela est digne d'un homme de cœur.

M. PERKINS (Bruxelles). J'ai été au printemps en Italie, à Florence, que j'avais vue sous l'ancien régime, et j'étais curieux de savoir comment le petit peuple se trouvait du changement. Je connais, dans cette ville, un estimateur du mont-de-piété. Il m'a assuré que la position de la classe ouvrière, quant aux monts-de-piété, ne s'était nullement modifiée. « Mais du reste, disait-il, il n'y a pas que les pauvres qui recourent au mont-de-piété. Il ne faut pas vous imaginer que ce sont les pauvres qui nous donnent de l'occupation. Non, ce sont les jeunes gens de fortune qui ont perdu au jeu, qui ont dépensé de l'argent auprès des femmes; ce sont des dames qui viennent en secret nous apporter des diamants, des bijoux. .

En Italie, il y a encore un fléau qui contribue beaucoup à faire fleurir les monts-de-piété, c'est la loterie. D'ailleurs, chose curieuse, la situation, quant au nombre des dépôts, reste constamment la même; on croirait qu'à cet égard, ni guerres, ni révolutions, ni changements de gouvernement, ni augmentation des contributions, ni hausse du prix des vivres n'ont d'influence.

L'intérêt perçu en Italie par les monts-de-piété est modéré. Si je ne me trompe, anciennement il était nul, conformément aux préceptes de la Bible qui défendait aux Hébreux de jamais prendre d'intérêt.

M. Visschers (Bruxelles). Ainsi que l'a dit, en excellents termes, le vénérable M. De Boune, les institutions secourables *donnent* aux malheureux, elles ne prêtent pas; les commissions' des hospices, les bureaux de bienfaisance, n'ont pas de fonds sur lesquels ils puissent faire des prêts.

Si vous enlevez les monts-de-piété au peuple, a-t-on dit, quelle ressource voulez-vous qu'ait dans sa misère une pauvre veuve chargée d'enfants, lorsqu'elle a perdu son mari ? Ah ! messieurs, je sais que le mont-de-piété prendrait en gage jusqu'au lit de cette veuve, jusqu'aux hardes de ses enfants; mais est-ce là de la bienfaisance!

On a supposé aussi, que j'avais parlé de caisses de prêt ou d'avances qui venaient en aide au malheureux pour lui donner du pain, pour l'aider à vivre. Non, messieurs, comme institution de prévoyance, les caisses de prêt n'accordent des fonds qu'à ceux qui, cautionnés par des voisins ou des patrons, empruntent en vue d'un travail reproductif. Cette nécessité d'une caution les oblige à une bonne conduite, ils doivent mériter d'obtenir un crédit personnel. Les remboursements se faisant par portions successives, de semaine en semaine, ou de mois en mois, on les effectue d'ordinaire sur les produits. On voit qu'il s'agit d'un ordre particulier de choses. On ne peut songer sérieusement à prêter à des personnes sans ressources.

Les monts-de-piété ne mériteraient des éloges que si franchement ils se transformaient, en quittant la prétention d'être des institutions secourables. Mais alors, en devenant de simples comptoirs de prêts sur dépôt de valeurs, leur caractère serait totalement changé; et le malheureux, l'homme privé entièrement de ressources, devrait trouver ailleurs une main pour le secourir.

Les enfants dits des hospices sont souvent atteints de scrofule. N'est-il pas désirable de les réunir à la campagne ou sur les bords de la mer où la scrofulose est rare? N'y a-t-il pas lieu d'y fonder des orphelinats généraux à l'instar des écoles de réforme de Beernem et de Ruysselede?

—

Mémoire de M. le docteur Burggraeve, *professeur à l'université de Gand.*

Vous savez combien les affections scrofuleuses sont multipliées dans nos maisons d'orphelins. C'est un triste spectacle que la vue de ces enfants auxquels leurs parents ont laissé pour unique héritage, une constitution maladive. Le séjour des villes n'est pas propre à corriger ces dispositions morbides; au contraire, il les augmente encore.

Mais il est une autre catégorie d'enfants plus malheureux encore, puisqu'ils n'ont jamais connu les caresses d'une mère : ce sont les enfants trouvés et abandonnés. La plupart meurent dès le plus bas âge; ceux qui survivent sont placés à la campagne, où grâce au grand air, leur constitution se retrempe. Mais le défaut de ce système, c'est l'absence de surveillance et surtout l'ignorance et la pauvreté des campagnards auxquels ces pauvres petits enfants sont affermés. « C'est ce déplorable système, a dit le Dr Guislain, qui porte à vouloir créer en tout des économies et qui a recours à la plus mauvaise de toutes, celle d'affermer par entreprise les soins à donner aux malheureux et de négliger tout contrôle, toute surveillance directe; — c'est ce déplorable système qui envoie les enfants trouvés, les orphelins, chez des paysans pauvres ou avares, c'est ce système qui peuple nos campagnes, de même que nos établissements, d'individus pâles, scorbutiques, scrofuleux, c'est ce système qui cause une mortalité effrayante parmi ces indigents, parce que la faible nourriture qu'ils reçoivent ne suffit point à l'entretien de leurs forces, parce que les mauvais vêtements qui les couvrent ne les préservent point de l'intempérie de l'air. » (*Lettres médicales sur l'Italie*, page 529.)

Mais il ne suffit pas de condamner un système : il faut y substituer un système meilleur. C'est dans ce but que nous avons proposé l'érection, au bord de la mer, d'instituts agricoles et maritimes, à l'instar de l'école de réforme de Ruysselede. Depuis, cette idée a reçu son application en Angleterre; et, en France, on s'occupe actuellement de la création d'un établissement du même genre pour l'extinction des maladies scrofuleuses.

Le motif qui nous a fait choisir le littoral maritime, c'est que nul autre lieu n'est plus propre à l'extinction des maladies scrofuleuses. Là, en effet, ces maladies sont presque inconnues et la tuberculose y est infiniment rare. Dans une note communiquée à l'Académie royale de médecine de Belgique par M. Verhaeghen, d'Ostende, ce praticien distingué a fait ressortir tous les avantages de l'air de la mer. Ses motifs sont savamment exposés et complétement décisifs.

Sans doute, il y a d'autres contrées également saines, par exemple, les plateaux élevés, et pour notre pays, le Luxembourg. Mais le climat y est moins *constant*, plus *excessif*. Il serait donc à craindre qu'il ne fût trop âpre pour des organisations faibles, surtout pour des poitrines délicates. C'est la faute que nous voyons commettre chaque jour, quand on envoie les poitrinaires dans la haute Italie.

Un autre motif qui nous fait préférer le bord de la mer à l'intérieur des
terres, c'est que là on formerait des marins en même temps que des agriculteurs, certaines dunes étant très propres à être mises en culture. La
navigation, l'agriculture, voilà les véritables besoins de notre époque.
A côté d'une production industrielle peut-être excessive, il faut une production agricole qui mette à la portée du travailleur le plus de denrées
alimentaires possible; il faut en même temps des voies d'écoulement
promptes et faciles. Les orphelinats maritimes seraient donc une pépinière
féconde de marins d'autant plus entreprenants qu'ils auraient été familia-
risés avec la mer dès leur enfance. L'Angleterre sait qu'il ne faut pas
négliger de pareilles ressources. Indépendamment des écoles de mousses
établies dans les ports, elle en a fondé jusque dans l'intérieur des
terres. Nous citerons entre autres, l'école de réforme de Norwood.

Nous citerons encore la colonie de Mettray, en France, celle qu'a créée
en Hollande, notre vénérable vice-président, M. Suringar, auquel sa patrie
est redevable d'une de ses plus belles institutions, enfin notre école de
Ruysselede.

En visitant Ruysselede, on ne peut se garder d'une profonde émotion,
si l'on songe que tous ces enfants, aujourd'hui si pleins de santé, portant
sur leurs traits l'expression de la franchise et de l'honnêteté, étaient auparavant confondus, dans les dépôts de mendicité, avec des êtres dégradés
qui, eux aussi, auraient peut-être droit de demander compte à la société
de leur dégradation même. Car enfin, avant l'institution de Ruysselede,
qu'avait-on fait pour combattre l'ignorance? La société se vengeait d'autant
plus durement qu'elle se sentait plus coupable. (Applaudissements.)

Financièrement (en fait de bienfaisance, ce côté de la question ne doit
pas être négligé), financièrement, l'institution de l'école de Ruysselede a
donné d'admirables résultats. Les bâtiments et les terres avaient été acquis
pour une somme de 700,000 francs, aujourd'hui la valeur de la propriété
excède 2,000,000. La journée d'entretien des enfants qui était de fr. 1 50,
est descendue successivement à 90, 70 et 40 centimes.

Vous le voyez, messieurs, un bienfait n'est jamais sans récompense. Je
sais bien que des esprits sceptiques trouveront qu'en internant de jeunes
malfaiteurs, la société n'a eu en vue que sa propre sécurité et qu'une pareille
institution, pour des orphelins pauvres et inoffensifs, n'aurait guère de
chance. C'est là un blasphème. L'accueil favorable fait à ma proposition
par les administrations des hospices civils et par les bureaux de bienfaisance prouve qu'ils en ont compris le côté bienfaisant. Ils ont voulu
donner à la question le temps de mûrir; avec votre concours, elle recevra
bientôt son application. C'est pourquoi j'ai pensé utile de formuler un

projet de statuts sur lequel les hospices civils et les bureaux de bienfaisance pourraient faire porter leurs délibérations.

STATUTS.

Art. 1er. Il est fondé entre les hospices civils et bureaux de bienfaisance, une société civile sous la dénomination de : *Société civile des hospices et bureaux de bienfaisance réunis, pour la fondation d'orphelinats maritimes et agricoles.*

Art. 2. Le but de l'association est de fortifier la constitution des orphelins pauvres, tout en leur donnant une éducation morale et professionnelle qui leur permette de prendre une place honorable dans la société.

Art. 3. L'association fera ériger, au bord de la mer, des instituts pour filles et garçons assez rapprochés pour que ces instituts puissent se venir mutuellement en aide.

Art. 4. Le capital social est de..... qui pourra être augmenté si l'intérêt de l'association l'exige.

Art. 5. Chaque administration qui prendra part à l'association versera, pour parfaire le capital social, une somme équivalente au..... de ses revenus annuels.

Art. 6. Cette somme portera intérêt à 4 p. c. l'an, à partir de la mise en activité des instituts.

Art. 7. La journée d'entretien des enfants sera fixée annuellement par la commission administrative, sans qu'elle puisse descendre au-dessous de 60 centimes.

Art. 8. L'excédant des recettes sur les dépenses sera affecté à : *a.* l'entretien, l'amélioration, l'agrandissement des établissements existants ou la formation d'établissements nouveaux ; — *b.* l'amortissement du capital social au marc le franc du capital versé par les hospices et bureaux de bienfaisance ; — *c.* l'achat d'ouvrages et d'instruments concernant les professions enseignées dans les instituts ; — *d.* des placements sur les caisses d'épargne ou l'achat de fonds publics au profit des enfants, pour leur être remis soit en partie, soit en totalité, à l'époque de leur majorité.

Art. 9. Les orphelins seront admis dans les instituts à partir de l'âge de trois ans et pourront y rester jusqu'à leur puberté confirmée. Cependant, pour des motifs d'inconduite graves, les enfants pourront être renvoyés à leurs hospices respectifs.

Art. 10. Les orphelins ayant encore de la famille ne pourront être placés aux instituts que sur la demande de leurs parents les plus proches.

Art. 11. Les différentes administrations faisant partie de l'association, choisiront un certain nombre de délégués qui nommeront dans leur sein la commission chargée de la surveillance des instituts, de concert avec les commissaires nommés par le gouvernement.

Art. 12. Chaque année, il sera rendu compte aux administrations associées de l'état des instituts.

Permettez-moi, messieurs, d'appeler encore un instant votre attention sur la portée de ces statuts. Les art. 4 et 5 fixent le capital social et la part contributive de chaque administration pour parfaire ce capital. Supposons que ce capital soit de un million. Pour fixer le versement à faire par chaque administration, il faut prendre les revenus de tous les établissements. Or, il résulte de la statistique faite, en 1853, par le gouvernement, que les revenus des hospices civils et bureaux de bienfaisance sont de fr. 19,286,466-25. Si nous ajoutons à cette somme le chiffre de 300,000 francs provenant des dons et legs faits dans le courant de 1855, aux établissements de charité, nous pouvons évaluer les revenus à vingt millions, c'est-à-dire le *septième* du budget de la Belgique.

Nous demandons pardon à MM. les membres étrangers de ne parler que de notre pays ; nous n'avons que ces éléments sous la main.

Dans ces vingt millions, les principaux établissements entrent comme suit :

VILLES.	REVENUS.		Total.
	HOSPICES.	BUREAUX DE BIENFAISANCE.	
Gand	fr. 824,035	fr. 322,988	fr. 1,147,023
Bruxelles	1,579,629	524,564	2,104,193
Bruges	468,490	225,619	794,109
Anvers	448,608	254,682	703,290
Mons	309,508	141,474	450,982
Liége	646,159	259,752	905,911
		Fr. . . .	6,105,508

En supposant que les versements fussent du vingtième du revenu de ces administrations, ce serait déjà 305,275 francs, c'est-à-dire près du tiers du million nécessaire (*). Ces versements une fois faits, seraient-ils trop

(*) Dans ces versements :

1° Les hospices de Gand entreraient pour . . . . fr.	41,204	00
Le bureau de bienfaisance	16,149	00
2° Les hospices de Bruxelles	78,981	00
Le bureau de bienfaisance	26,228	00
3° Les hospices de Bruges . . . . : . .	23,424	00
Le bureau de bienfaisance	11,280	00
4° Les hospices d'Anvers	22,430	00
Le bureau de bienfaisance	12,734	00
5° Les hospices de Mons	15,475	00
Le bureau de bienfaisance	7,073	00
6° Les hospices de Liége	32,307	00
Le bureau de bienfaisance	12,987	00

considérables pour les besoins de l'exercice pendant lequel ces versements auraient été faits? D'abord on pourrait reporter ces versements en plusieurs annuités, bien cependant que nous n'en voyions pas la nécessité, puisque, chaque année, les hospices et les bureaux de bienfaisance ont des fonds à remployer. Ces administrations verraient en même temps diminuer leurs frais généraux, puisque toute la partie malingre de leurs orphelinats, source de grandes dépenses, serait entretenue dans un même établissement.

Faisons quelques calculs, afin de prouver que, financièrement, le projet des orphelinats généraux est inattaquable.

Nous avons supposé un capital d'un million, à 4 p. c.
l'an, c'est un intérêt de.   40,000
Admettons que la journée d'entretien soit de 1 franc
pour 600 garçons et 300 filles (*), soit   327,600

Ensemble. . . . . . fr.   367,600

Pour faire face à cette dépense que nous avons calculée sur la base la plus large, les orphelinats auraient :

1° La redevance des hospices et bureaux de bienfaisance
pour les enfants qu'ils y placeront, soit . . . . . . fr.   327,600
2° Le produit de l'exploitation agricole (ferme, brasserie, etc.) et des ateliers, que nous évaluons à . . . .   50,000(**)

Ensemble. . . . . . . fr.   377,600

Reste donc un boni des recettes sur les dépenses de . fr.   10,000

lequel augmentera chaque année par l'activité imprimée au travail des enfants. Les hospices et bureaux de bienfaisance verront également la journée d'entretien diminuer; toutefois l'art. 7 des statuts stipule que cette journée ne pourra descendre au dessous de 60 centimes, afin de limiter l'es-

---

(*) Dans la journée d'entretien se trouvent compris tout frais généraux, tels qu'administration, personnel, bâtiments, etc. Ces frais pourront être diminués par une bonne gestion : en ne multipliant pas les êtres sans nécessité, et surtout en ne se livrant pas à des dépenses de luxe qui pèsent si lourdement sur le budget de beaucoup d'établissements hospitaliers. Ainsi, il y a tel hôpital qui a coûté autant que le palais le plus somptueux.

(**) Il n'y a rien d'exagéré dans cette évaluation, puisque tous ces produits viendront en défalcation du prix de la journée d'entretien.

prit de spéculation qui n'est jamais plus odieux que lorsqu'il s'exerce aux dépens de la santé de pauvres enfants.

Messieurs, veuillez m'accorder votre indulgence pour les détails dans lesquels je viens d'entrer. J'ai eu à cœur de vous faire voir que mon projet repose sur autre chose que sur une simple utopie. J'ose espérer que le Congrès voudra bien prendre ce projet sous son haut patronage, et que les hospices civils et bureaux de bienfaisance, forts de cet appui, se mettront à l'œuvre sous cette devise de notre pays qui devrait être celle de tous les peuples : *L'union fait la force.*

DÉBAT.

M. Perkins (Bruxelles). La statistique de l'honorable préopinant me semble un peu douteuse. L'Angleterre est le pays qui présente le plus de côtes, de sorte que la phthisie devrait y être très rare. Cependant, dans la ville la plus salubre de l'Angleterre, à Plymouth, les phthisiques figurent parmi les morts pour 25 p. c. On n'y meurt que de la phthisie, de la vieillesse ou dans la plus tendre enfance. Cependant, il y a à Plymouth, plus de vieillards que partout ailleurs, près d'un cinquième de la population dépasse l'âge de 70 ans. C'est la phthisie qui tue; sinon, la mortalité y est faible, parce que le pays est sain; il n'y a pas de miasmes et la population est bien nourrie.

Il n'y a donc pas lieu de croire, ce me semble, que les bords de la mer jouissent d'un privilége quelconque.

M. Ducpetiaux. Je viens appuyer la proposition de M. Burggraeve. Nos écoles de réforme ont reçu, depuis leur origine, environ 3,000 enfants. L'examen qu'on leur fait subir à l'entrée, a constaté que, sur ces 3,000 enfants, plus de 60 p. c. étaient atteints de scrofule constitutionnelle à des degrés plus ou moins prononcés. Quel a été le résultat du séjour de ces enfants aux écoles de réforme? Par le fait seul du régime, de la vie au grand air, des travaux agricoles, et, jusqu'à un certain point, de la situation rapprochée de la mer, ces enfants, dans un espace de trois ou quatre ans, ont été radicalement guéris de cette affection, de telle sorte maintenant que la phthisie et la scrofule sont, pour ainsi dire, inconnues à ces écoles.

C'est un fait que M. Burggraeve peut invoquer à l'appui de sa proposition.

M. André Uytterhoeven (Bruxelles). Les causes de la scrofule ne résident pas seulement dans l'air ou dans la nourriture. Quant à l'air, nous avons lu dans le travail de M. Guislain sur l'Italie, que, dans ce pays, si favorisé sous le rapport de l'air, les phthisies sont très nombreuses. Les médecins italiens sont même étonnés que nous, Belges ou Français, nous envoyons nos phthisiques en Italie pour se rétablir.

Les causes de la scrofulose sont autres. Un enfant devient scrofuleux, parce que les parents qui l'ont procréé, ou sont d'âges disproportionnés, ou sont vieux, ou parce que tantôt le père, tantôt la mère est malade, et d'autres causes semblables. C'est donc une question d'hygiène d'une grande portée. J'ajouterai que les orphelins en bas âge ont eu nécessairement des parents maladifs, sinon ils ne seraient pas orphelins si jeunes.

Voilà donc une des causes de leur scrofule. Eh bien, mettre ces enfants dans un hospice, à l'intérieur d'une grande ville, me paraît très nuisible. Je crois que M. Burggraeve a raison, lorsqu'il vous dit que l'air des bords de la mer, que l'air si pur des plateaux élevés leur serait beaucoup plus favorable. Sous ce rapport, j'appuie sa proposition.

M. Crocq (Bruxelles). Messieurs, il me semble impossible de ne pas se ranger à l'opinion si bien défendue par M. Burggraeve. En effet, les causes de la scrofule, causes multiples sans doute, résident, en dernière analyse, dans un défaut d'assimilation. Ainsi, l'encombrement, la viciation de l'air, l'absence d'oxygène, une alimentation insuffisante, voilà des causes de la production de la scrofule.

Par conséquent, le séjour au grand air, la création d'orphelinats à la campagne, constitue une mesure préventive de la scrofule et même de la tuberculisation pulmonaire.

En même temps, c'est un moyen curatif, et peut-être même le seul applicable à des populations entières.

Quant aux qualités spéciales attribuées à l'air des bords de la mer, elles ont été prouvées par de nombreuses observations. Tous les jours encore, elles sont attestées par les médecins qui pratiquent dans les localités situées sur les côtes, bien entendu abstraction faite de toutes les autres conditions quelconques qui doivent jouer un rôle dans la genèse des maladies. Ainsi, dans une grande ville, où vous trouvez des populations mal nourries, entassées les unes sur les autres, dans des logements insalubres, quoique sur le bord de la mer, ces populations deviendront phthisiques et scrofuleuses. Pourquoi? Parce qu'elles ne jouissent pas des conditions hygiéniques générales, nécessaires, en tout lieu, au maintien d'une bonne santé.

M. Laussedat (Bruxelles). On nous dit : « Les enfants dits des hospices sont souvent atteints de scrofule. » On demande s'il n'est pas désirable de les réunir à la campagne ou sur les bords de la mer où la scrofuloce est rare. On ajoute : « n'y a-t-il pas lieu d'y fonder des orphelinats généraux? »

Assurément si nous entrions dans la discussion sur les statistiques constatant le nombre des phthisiques ou des scrofuleux, nous pourrions trouver les contradictions les plus flagrantes.

Nous ne pouvons considérer une localité comme étant complétement indemne de scrofule ou de phthisie. Encore moins pouvons-nous déclarer qu'une localité déterminée doit nécessairement guérir ces maladies. Mais ce qui nous est demandé et ce à quoi nous pouvons répondre par la proposition de M. Burggraeve, c'est que les enfants orphelins enfermés à l'heure qu'il est dans les hospices, dans les workhouses, où il n'y a rien de ce qui peut ranimer la vitalité, n'ont qu'à gagner à être mis en plein air, et rapprochés des bords de la mer; parce qu'il est très vrai que c'est surtout pour ces enfants qu'il est bon de relever les forces vitales et de trouver un stimulant.

M. Burggraeve. Il est un point qu'il ne faut pas perdre de vue, c'est que la température au bord de la mer est constante, tandis qu'à l'intérieur des terres, elle est très variable; cela semble étrange. Cependant dans les hivers les plus rigoureux, quand le thermomètre, à Liége, marquait 6° au dessous de 0, à Ostende, il avait à peine baissé au dessous de 0. Or, l'égalité de température est certainement une condition très favorable pour un enfant malade.

Notez que je m'occupe ici des scrofuleux. Je désire qu'on ne les confonde pas avec les tuberculeux. La tuberculose tient souvent à des causes tout à fait différentes, et notamment à des causes morales. Le scrofuleux est un être abâtardi, à qui l'on a donné cette honteuse désignation parce que ce n'est, pour ainsi dire, plus un être humain. Il faut donc refaire sa constitution.

Je ne veux pas supprimer les orphelinats dans les villes, mais je veux de grands déversoirs où l'on puisse envoyer, en grande partie, les jeunes orphelins, et je crois être en cela l'organe de la plupart des administrateurs des hospices. J'ai recueilli l'adhésion de quinze établissements qui m'ont dit : Si vous parvenez à réaliser votre idée, vous rendrez un grand service à l'humanité. Seulement quand il s'est agi d'attacher le grelot, quand j'ai demandé : qui agira? on m'a répondu : le gouvernement. Car nous sommes ainsi faits que nous attendons tout du gouvernement. Mais les hospices ne sont-ils pas un gouvernement aussi? Ils ont un budget énorme. J'estime que le budget des hospices et des bureaux de bienfaisance s'élève aujourd'hui, en Belgique, à près de 25 millions. N'est-ce rien que cela? Mais c'est le budget d'un État. Malheureusement ces 25 millions s'absorbent, en grande partie, en frais généraux. Dans notre bonne ville de Gand, nous avons trois orphelinats de filles exigeant des frais généraux triples de ceux qu'il faudrait, s'il n'y en avait qu'un seul. Eh bien! il y a là un excellent moyen pour les hospices de diminuer leurs frais généraux. Le gouvernement a des dépôts à la campagne; on sait ce que lui coûte la journée d'entretien. Ce prix est fabuleusement exigu et il diminuera encore.

Il y a donc là une excellente combinaison financière. Seulement il faudrait donner aux administrations des hospices ce qui nous manque à tous, l'esprit d'initiative; nous devrions nous dégager de cette idée que le gouvernement doit tout faire; mettons nous à la hauteur des autres nations; ayons un peu d'esprit d'initiative, de constance dans nos efforts, et que les administrations comprennent qu'il ne s'agit pas de faire la critique de ce qui s'est fait jusqu'ici, mais qu'il faut entrer dans une voie nouvelle.

M. DUCPETIAUX (Belgique). L'étude de la question a été faite aussi aux hospices de Paris, et si mes renseignements sont exacts, on s'occupe de créer au bord de la mer des maisons pour les enfants scrofuleux.

La question devrait être sérieusement examinée par la province qui peut le mieux prendre l'initiative en ces matières; je veux parler de la Flandre orientale. Je suis persuadé que plusieurs institutions, notamment les hospices de Bruxelles, n'hésiteraient pas à contribuer à la création d'établissements comme ceux dont M. Burggraeve nous a entretenus.

SÉANCE DU 25 SEPTEMBRE

Présidence de M. VLÉMINCKX.

Des dangers des mariages consanguins. Faut-il solliciter des gouvernements de nouvelles dispositions pour les entraver?

DÉBAT.

M. NEUMANN (Berlin). Dans mon opinion, la question n'est pas encore assez élucidée pour qu'on puisse déterminer, par une loi, des mesures pour entraver ces mariages; aussi, je vous propose de décider que la question sera ajournée à une autre session.

M. BOENS (Charleroi). Je partage tout à fait la manière de voir de M. Neumann. Je crois aussi que la question n'est pas mûre. Je désire toutefois dire quelques mots pour développer les motifs de la proposition suivante :

« Vu l'importance de cette question, il est à désirer que, dans les travaux qui seraient adressés au comité sur ce sujet, on tienne compte, indépendamment des degrés de parenté des conjoints, de leurs conditions respectives de constitution, de tempérament, de santé. »

Nous voyons fréquemment des mariages dont les conjoints n'étaient unis par aucun lien du sang, produire des rejetons vicieux, mal conformés, et cela pour des raisons inhérentes à l'un ou à l'autre des individus et quelquefois à tous les deux.

L'un des conjoints peut être atteint de vices syphilitiques, et, dans ce cas, il arrive souvent que les produits sont frappés d'une affection qui tire sa source de ce vice.

Si les sujets sont tous les deux d'une santé mauvaise, ils sont exposés à produire des rejetons chétifs, défectueux, mal conformés.

Ces circonstances peuvent se présenter dans les mariages ordinaires comme dans les mariages consanguins, et, si l'on n'en tenait pas compte, on serait porté à attribuer à des affinités du sang ce qu'il faudrait mettre sur le compte des circonstances individuelles, des aptitudes morbides et autres considérations.

La question n'est donc pas aussi simple qu'on pourrait le croire, et, pour la résoudre, il faut, dans l'enquête qui aura lieu par la suite, tenir compte de ces éléments. Tel est l'objet de ma proposition.

M. VICTOR UYTTERHOEVEN (Bruxelles). Dans l'examen de cette question, il faut nécessairement s'occuper d'abord de s'assurer si *le plus grand nombre de cas d'abâtardissement des familles qui s'unissent entre elles de génération en génération, ne proviennent pas de ce que l'examen des conditions de mariage nécessaires à leur conservation a été négligé.*

Je n'ai pu étudier complètement et dans les détails les plus intimes, que douze familles prises au hasard. Or, les faits observés prouvent que les causes d'abâtardissement sont très variées et autres que celles qui sont généralement mises sur le compte des unions consan-

guines. Ils démontrent de la manière la plus évidente que des familles peuvent se conserver longtemps fortes et belles, alors même qu'elles se sont formées d'unions successives entre proches.

En présence de ces faits, peut-on condamner absolument de semblables mariages?

L'opinion publique, aussi bien que la science, est divisée sur ce sujet. Deux camps se sont solidement organisés. Dans l'un, les opinions traditionnelles sont conservées et appuyées de statistiques religieusement recueillies. Là, nul doute ne semble plus possible; l'union entre proches transgresse une loi spéciale de la nature, et la surdi-mutité, l'idiotie, la folie, l'épilepsie, voire même les affections de la vue, en seraient souvent les malheureux, les déplorables fruits. Dans l'autre, ces données statistiques n'ont qu'une valeur relative.

Des faits historiques militent en faveur des unions consanguines : en quatorze générations, les hommes de l'époque la plus reculée ne donnèrent-ils pas naissance à une nation qui comptait 600,000 combattants? L'histoire naturelle, la physiologie comparée, la zootechnie même, sont mises à contribution pour élucider la question. On ne saurait le contester, les recherches s'étendent, se compliquent; mais déjà il est avéré que l'hérédité joue le plus grand rôle dans les dangers qui occupent si vivement la société.

Il ne m'appartient pas de dire où est la vérité. Mais ce que je puis dire avec conviction, c'est que la question est immense et grave, qu'elle s'attaque à la conservation de l'individu, de la famille, de la société tout entière. Ce que je puis ajouter encore, c'est que la question est loin d'être arrivée à maturité, et qu'il est indispensable d'en continuer l'étude, mais sur des bases fixées de commun accord et assises de manière à satisfaire les justes exigences de la science, de la philosophie et du progrès.

M. FLEURY (France). Je crois aussi qu'il serait convenable d'élargir le cadre, de ne pas s'occuper des mariages consanguins seulement, de formuler la question d'une manière plus générale, en disant : « du mariage civil au point de vue de l'hygiène sociale. »

Seulement permettez-moi d'ajouter que j'ai beaucoup médité sur la question de la restriction apportée aux mariages consanguins et que, de quelque manière que je l'aie envisagée, j'y ai trouvé un grand obstacle. Cet obstacle, c'est la liberté.

M. CROCQ (Bruxelles). Permettez-moi de vous faire remarquer que la question ne peut être résolue que par une observation excessivement étendue. Ici les cas particuliers s'effacent.

Je ne vous parlerai pas des différentes statistiques qui ont été invoquées dans le remarquable mémoire de M. Boudin, je dirai seulement que plusieurs auteurs sont arrivés à des conclusions analogues. Ainsi le docteur Gandès a publié un travail statistique remarquable sur l'idiotisme dans le royaume de Hanovre, et il présente comme ayant une influence considérable, les mariages consanguins. Il a porté ses investigations sur les îles Feroë, dont les habitants, à cause de la distance de ces îles du continent, se marient constamment entre eux. Il nous apprend qu'on y rencontre 1 fou sur 110 habitants, plus qu'on n'en rencontre partout ailleurs.

Le docteur Gandès a aussi confirmé cette donnée fournie par M. Boudin que, parmi les Israélites qui toujours se marient entre eux, on rencontre un nombre d'aliénés et d'idiots plus considérable que parmi toutes les autres confessions religieuses. Ainsi tandis qu'en moyenne, on trouve 1 idiot sur 1,445 habitants dans le royaume de Hanovre, les Israélites en comptent 1 sur 733.

Je dois ajouter que les relevés du docteur Gandès sont faits avec une grande exactitude, qu'il a compulsé la liste totale des aliénés et des idiots, commune par commune.

M. Uytterhoeven a dit tout à l'heure avec raison, qu'à cette question du perfectionnement ou de l'abâtardissement de la race, s'en rattachait une plus importante que la consanguinité, celle de l'hérédité. Cela est vrai, l'hérédité des maladies est un des points les plus importants à considérer. Pourquoi, dans certaines circonstances, les unions consanguines sont-elles évidemment nuisibles, ont-elles des résultats fâcheux sur la fécondité, sur le plus ou moins de perfection de certains organes ? Ne serait-ce pas parce que, dans certaines familles, il y a des prédispositions spéciales à certaines affections, il y a des organes forts et des organes faibles, si je puis m'exprimer ainsi ? Eh bien, si une union s'établit entre deux individus de cette famille, et ainsi successivement, vous arriverez à des générations présentant les mêmes vices à la 2e, à la 3e, à la 4e puissance.

C'est, du reste, je crois, de cette manière qu'on peut expliquer les divergences d'opinion qui existent entre les vétérinaires et les autres techniciens. Les premiers prétendent que, pour arriver au perfectionnement des races, les unions consanguines sont utiles, tandis que les autres attribuent à ces unions l'abâtardissement de la race. Je crois que les uns et les autres ont raison.

Il faut voir de quelle manière les unions consanguines sont organisées. Les agriculteurs et les éleveurs n'associent pas les individus pêle mêle ; ils les choisissent avec les qualités convenables pour le perfectionnement. Si un individu présente des prédispositions défavorables, on ne l'associe pas à ceux qui présentent les mêmes prédispositions, on l'associe à des individus qui présentent des prédispositions organiques opposées ; ou si ces prédispositions sont trop fortes, si l'individu ne paraît pas propre à la reproduction, on ne le fait pas servir, on l'élague.

Cela vous explique comment on a pu faire servir les individus consanguins au perfectionnement de la race, et comment, au contraire, dans l'espèce humaine, on peut arriver, par les unions consanguines, à des résultats tout opposés ; c'est que, chez l'homme, ce ne sont pas des considérations hygiéniques qui dictent les unions, ce sont des considérations morales, des considérations de convenance, de fortune, de sentiment.

Je crois que là est le nœud de la question. Comme elle n'est pas mûre pour une solution plus complète, je ne puis terminer qu'en m'associant au vœu de voir ajourner la question.

M. LE PRÉSIDENT. Nous sommes en présence de trois amendements.

Le premier est de M. Boens ; il vous en a donné lecture. Le second, déposé par M. V. Uytterhoeven, tend à ajourner la question et à en déterminer l'étude sur les bases suivantes qui sont extraites d'un article de M. Dally, inséré dans le *Journal hebdomadaire de Médecine et de Chirurgie.*

« *A*. 1° Prendre le chiffre des mariages par départements ; 2° prendre, dans chaque département, le chiffre des mariages consanguins au second degré (cousin germain, oncle et nièce, neveu et tante seulement), ce degré étant le seul que mentionnent les statistiques ; 3° établir leur rapport numérique.

« *B*. 1° Prendre par département le chiffre total ou des sourds-muets ou des aliénés, (ce qui vaudrait mieux) ou des cas de stérilité (ce qui est possible par le registre des naissances) abstraction faite de la congénialité, le grand nombre devant égaliser les nombres particuliers des cas accidentels ; 2° Établir le rapport des sourds-muets ou autres, issus de consanguins au degré précité, à ceux issus de non consanguins ; 3° comparer tous les rapports.

« *C.* Le tout en tenant compte du chiffre de la population départementale, par rapport au chiffre des mariages, et par rapport à ceux-ci, du chef des naissances ; car il peut se faire que les cas d'infirmités augmentent en raison de la fécondité des mariages. En outre, le mariage ne représentant qu'une partie des unions, il faut ajouter à leur chiffre celui que représentent proportionnellement les naissances illégitimes. La comparaison des résultats partiels résoudrait la question de savoir s'il y a lieu d'éliminer certains départements qui se trouvent dans des conditions exceptionnelles, et qui fourniraient des chiffres en contradiction avec ceux de la grande majorité.

Le troisième, de M. Fleury, propose d'ajourner la question et de la porter au programme du prochain Congrès, dans ces termes :

» Du mariage civil au point de vue social. »

Cet amendement étant le plus large, est celui qui doit être mis le premier aux voix. — Il est adopté.

Des exploitations agricoles considérées au point de vue de leur insalubrité.

—

Note de M. A. KAYSER, *pharmacien (Schaerbeek).*

On s'est souvent et longuement occupé de la construction des maisons d'ouvriers, et jusqu'à ce jour, il n'est pas question de l'amélioration des demeures de nos paysans, qui presque toutes sont construites dans les plus déplorables conditions d'hygiène.

Des murs souvent en terre, des toitures en paille, l'absence presque constante d'un pavement convenable, l'exiguïté des places, leur peu d'élévation, enfin l'étroitesse des fenêtres, voilà les principales causes d'insalubrité que nous rencontrons dans la plupart de nos petites fermes.

La manière dont sont disposées les différentes parties constituantes des exploitations agricoles mérite également de fixer notre attention, car elle augmente fort souvent les causes d'insalubrité que nous venons de passer en revue.

1° Trop grande proximité des étables qui fréquemment communiquent directement avec les habitations ;

2° Mauvaise disposition de ces étables dans lesquelles il est souvent impossible d'opérer une ventilation suffisante ;

3° Emplacement défectueux et mauvaise construction des fosses d'aisance et des fumiers ;

4° Absence souvent complète d'un pavement convenablement disposé pour l'écoulement régulier des eaux pluviales et des liquides insalubres provenant de la ferme.

Il est incontestable que la réunion de toutes ces imperfections doit augmenter l'insalubrité de l'habitation, et qu'une agglomération de semblables exploitations doit nécessairement favoriser le développement de maladies nombreuses, telles que les fièvres, les rhumatismes, les affections scrofuleuses et, à certains moments, les maladies épidémiques.

Pour arriver au but que nous nous proposons tous, l'assainissement des constructions rurales, et en attendant que par les bienfaits de l'instruction, le villageois apprécie les avantages d'une exploitation proprement tenue, j'ai l'honneur de proposer à l'assemblée d'émettre le vœu de voir réglementer par la loi, la construction des habitations agricoles et leur agglomération.

DÉBAT.

M. Poussет (Tongres). Je partage complétement l'avis qui vient d'être émis sur l'insalubrité générale des constructions rurales. Il faut donc des règlements; il faut surtout les faire exécuter. Pour atteindre ce but, on pourrait constituer en commissaire-voyer en sous ordre, l'instituteur communal et lui confier la mission de veiller à la stricte observance des règles de l'hygiène.

Je conclus en demandant qu'on organise une administration centrale pour la surveillance des travaux de la voirie vicinale et de l'hygiène publique et qu'on désigne l'instituteur comme architecte voyer communal.

De l'amélioration de la classe ouvrière par l'épargne forcée.

—

Note de M. Rey aîné (Bruxelles).

Depuis bientôt 60 ans, messieurs, que je vis au milieu d'un nombreux personnel d'ouvriers, je me suis appliqué à trouver un moyen efficace d'améliorer leur position, et ce moyen, je crois l'avoir trouvé dans l'épargne forcée — obligation toute morale, bien entendu.

Pour cela, que tout chef d'industrie détermine ses ouvriers à s'astreindre à économiser, tous les ans, 5 pour cent de son salaire; que de son côté, pour leur venir en aide, il ajoute annuellement à leur épargne, 2 pour cent nouveaux, et j'ai l'intime conviction, basée du reste sur des exemples que je pourrais vous citer, que maître et ouvrier y gagneront tous deux; car devenu propriétaire, ce dernier se respectera davantage, travaillera avec plus de goût et de courage et partant, produira plus. Il aimera plus sa famille et pourra faire donner l'instruction à ses enfants, tout en leur inculquant de bonne heure le goût du travail.

Dans les villes ou villages où il n'y a point de fabriques, la commune ou la province interviendrait en place du fabricant, pour payer à l'ouvrier acceptant l'épargne, les 2 pour cent en question sur la somme gagnée annuellement par lui.

La dépense pour la commune ne serait point onéreuse, attendu qu'elle n'aurait plus de mendiants à entretenir.

Il est bien entendu que l'épargne serait facultative et que le bénéfice des 2 pour cent ne serait payé qu'à bon escient.

L'État serait le débiteur de l'épargne; il payerait 5 pour cent d'intérêts. On remettrait à l'ouvrier créancier des coupons d'obligations sur l'État, comme on le fait depuis longtemps en Angleterre.

Des dangers inhérents à l'opération du blanchiment des dentelles.

Note de M. Van Holsbeek (Bruxelles).

Personne ne contestera que l'industrie dentellière ne soit une des plus belles et des plus florissantes du pays; mais on ne contestera pas davantage qu'elle ne soit également une des plus pernicieuses. Elle l'est d'autant plus, que les ouvrières qu'elle emploie sont généralement mal logées, mal nourries, mal vêtues et s'adonnent aux excès de tous genres. Je n'en connais pas de plus dignes de sollicitude que celles qui blanchissent et appliquent les fleurs; en effet, presque toutes succombent plus ou moins tôt à l'empoisonnement par le plomb.

On sait que les fleurs sortent plus ou moins souillées des mains des ouvrières qui les confectionnent; avant de les appliquer, on leur fait subir une espèce de blanchiment qui se pratique à l'aide du *sous-carbonate de plomb*. On conçoit que cette opération est nuisible pour les ouvrières chargées de la pratiquer et pour celles qui attachent les fleurs au réseau ou au tulle. Je sais que, dans ces derniers temps, on a inventé des machines pour blanchir les dentelles; mais elles n'enlèvent pas les dangers, et puis elles n'empêchent pas les *appliqueuses* de fleurs d'absorber la poussière du sel plombique.

Le grand remède à cet état de choses serait de trouver une substance aussi propre au blanchiment des fleurs, que le sous-carbonate de plomb, lequel s'attache bien, est bien blanc et ne jaunit pas, et qui mettrait les ouvrières à l'abri des accidents occasionnés par l'usage du sel plomblique.

Mais, en attendant que cette découverte soit faite, faut-il laisser mourir de malheureuses ouvrières?

Il serait à désirer qu'on s'occupât une bonne fois et sérieusement de l'amélioration physique et morale de cette classe si nombreuse de travailleuses, et qu'une mesure de police bien sévère défendit l'usage du sous-carbonate de plomb pour le blanchiment des dentelles.

Autrefois la dentelle était jaune et elle n'était pas moins estimée qu'aujourd'hui. Si les fabricants croient que la dentelle doit être nécessairement blanche pour pouvoir en effectuer la vente, ils feraient preuve de bonne humanité, en s'entendant entre eux et en fondant un prix qui serait distribué à celui qui découvrirait une substance qui réunirait toutes les conditions qu'ils réclament.

DÉBAT.

M. VAN DEN BROECK (Bruxelles). Je reconnais aux observations qui viennent d'être faites un grand fonds de justesse. Mais l'industrie des dentelles n'est pas la seule qui fasse usage de matières nuisibles. Il y a peu de temps, j'ai lu à l'Académie de médecine, un travail établissant que certaines robes de bal en gaze verte contenaient environ 484 grammes d'une matière vénéneuse.

Il serait désirable que de pareilles industries ne pussent s'exercer impunément. Cependant, dans un pays libre comme le nôtre, je crois que les interdictions légales doivent être aussi peu nombreuses que possible. Tout ce que peut l'administration, c'est de faire connaître le danger de l'emploi de ces matières et d'engager le fabricant à y renoncer. Je crois qu'une défense radicale n'obtiendrait pas beaucoup d'écho chez nous.

Des moyens d'améliorer les conditions physiques et de prévenir la mortalité excessive des jeunes enfants.

—

Mémoire de Mme M. A. BAINES (Londres).

Il est généralement reconnu que les premiers mois de l'enfance sont les plus difficiles à traverser; le plus grand nombre d'enfants meurt avant d'avoir accompli sa première année. Cette mortalité excessive est une question qu'il faut examiner sérieusement sous plusieurs points de vue.

Considérons un instant le contraste que nous offre à ce sujet toute la création animale. Les petits des animaux se suffisent de bonne heure à eux-mêmes, leur instinct les guide dans le choix des aliments que la nature a mis sur leur route et que la Providence semble avoir indiqués elle-même.

En outre, si nous considérons qu'un être sage et bienfaisant a réglé le monde extérieur et tout ce qui en dépend, de manière à ce qu'il pût satisfaire aux besoins physiques de l'homme aussi bien qu'à ses besoins moraux; si nous considérons que le dispensateur de tout bien a disposé toutes choses de manière à assurer le bien-être de l'homme, on est tenté de croire que cette grande mortalité qui règne parmi les jeunes enfants est contraire aux vues de Dieu. Devant ces jeunes fleurs qui se penchent et meurent, il est triste de constater que si elles appartenaient à un ordre inférieur de la création, leurs chances de vie eussent été plus grandes. Il est hors de doute qu'il doit exister un vice radical dans le système nutritif de l'enfance. L'enfant qui dépend entièrement de ses semblables, malgré le milieu intelligent où il vit, est souvent dans de plus mauvaises conditions que le petit de l'animal dont l'instinct seul suffit pour le prémunir contre les fâcheux accidents qui n'arrivent que trop souvent aux créatures humaines.

Un tel sujet n'est-il pas du plus haut intérêt et digne d'attirer l'attention de l'assemblée à laquelle j'ai l'honneur de m'adresser?

Je mentionnerai, en passant, une coutume fâcheuse qui règne dans la classe ouvrière, où les mères de familles abandonnent leurs enfants à eux-mêmes, pendant qu'elles vont se livrer aux travaux des manufactures ou de la campagne. C'est là une des causes principales des maladies qui règnent parmi les petits enfants. La pauvre mère s'imagine à tort que ce labeur contribue au bien-être de la famille; tandis que, pendant qu'elle travaille du matin au soir, ses enfants sont négligés. Il n'y a pas la moindre exagération à soutenir que l'ivrognerie, le paupérisme et le crime qui pèsent si lourdement sur la société, prennent leur source dans ces intérieurs malpropres et négligés, où le mari trouve moins d'attractions qu'au cabaret. Que l'économiste se persuade de la vérité de cette proposition, qu'il s'unisse au philanthrope pour prouver à la femme que c'est au sein du foyer domestique que doivent se déployer toutes ses forces physiques et morales, non seulement en vue de l'hygiène, mais aussi de la moralité et des ressources pécuniaires.

Ces réflexions me semblent très importantes; elles sont intimement liées à mon sujet et forment, en outre, la base de bien d'autres questions sociales.

Il n'est pas nécessaire de faire un examen statistique du sujet qui nous occupe; il suffit de constater, en termes généraux, que la mortalité des enfants est énorme, et que ces morts prématurées sont aussi hors nature que celles qui sont amenées à dessein ou par les accidents, malheureusement fort nombreux, qui peuvent arriver pendant l'enfance. Mais l'accident proprement dit, n'entre que pour une faible part dans la statistique des causes de décès; bien plus souvent la mort est due à une mauvaise alimentation.

Les enfants pauvres sont, en général, fort mal nourris : et s'il fallait attribuer au manque d'argent, cette pâleur, cette maigreur chétive que l'on remarque chez la plupart d'entre eux, le mal serait sans remède. D'après mes observations, j'ai lieu de croire que l'ignorance y joue un rôle encore plus cruel que la misère, en privant les enfants d'une nourriture convenable à leur développement.

Il est pourtant certain que les aliments nuisibles qu'on leur donne et qui produisent tant de maux sont beaucoup plus coûteux qu'une nourriture dont les effets seraient plus salutaires.

Dans une brochure traitant « des nourrices, » que j'ai présentée à la section d'hygiène du Congrès international de statistique tenu à Londres, en 1860, j'ai cherché à prouver combien l'emploi des nourrices est général. J'ai en outre essayé d'énumérer les nombreux inconvénients qui résultent de cette coutume, voulant démontrer que bien rarement la nourrice est vraiment indispensable, et, qu'en abuser doit nécessairement conduire à des résultats nuisibles non seulement aux individus, mais à la communauté en général.

Ceci étant admis, une question se présente naturellement : par quoi peut-on remplacer avantageusement le lait maternel chez l'enfant élevé à la cuillière?

Dans un travail antérieur, j'ai recommandé l'usage des substances végétales mêlées au lait de vache, comme étant salutaires aux enfants *depuis le moment de leur naissance*. J'insiste particulièrement sur ce point, parce que la généralité des médecins défend l'usage d'aucune substance farineuse jusqu'à l'âge de dix à douze mois.

Examinons les motifs de ces objections : si la méthode d'élever à la cuillère est tombée en désuétude, c'est uniquement parce que ses résultats ont été souvent défavorables. Les convulsions et autres maladies si fatales à l'enfance, prennent fréquemment naissance dans un emploi trop exclusif des substances farineuses, de sorte qu'un préjugé s'est élevé contre ce système.

C'est là une erreur fatale, qui nous fait passer d'un extrême à l'autre, de l'usage abusif des farineux à leur entière prohibition.

L'enfant pauvre est soumis au premier des deux régimes, celui des classes aisées au second.

Je suis d'avis que l'usage exclusif du lait des animaux est des plus nuisibles ; il amène souvent des maladies qui, sans être toujours mortelles, prédisposent à un état maladif dans un âge plus avancé et même dans la vieillesse. Ces maladies sont rarement attribuées à leur véritable cause. On les met sur le compte d'une constitution délicate. L'enfant mal nourri (et ceci se rapporte autant à l'excès qu'au manque de nourriture), succombera plus facilement à la maladie, aura moins de force contre une épidémie, que celui dont les aliments auront été judicieusement préparés.

L'espace me manque pour faire valoir les arguments tirés de la *chimie* et de la *physiologie*, dont je pourrais appuyer mon opinion ; je dois me contenter de quelques mots à ce sujet : il me semble que la chimie, telle qu'elle est connue de nos jours, n'est point un guide sûr en cette matière ; tout en indiquant que le lait de vache et le lait d'ânesse sont presque semblables à celui de la femme, quant à leur composition et à la valeur relative des substances ; elle ne nous prouve nullement que le lait de ces animaux contienne, dans ses éléments, toutes les qualités propres à l'alimentation des enfants, sans qu'il soit nécessaire d'y mêler aucune autre matière, ni qu'on puisse sans danger le substituer à celui de la mère.

L'expérience nous dit tout le contraire.

Quant aux faits physiologiques qu'ont avancé mes adversaires, je les ai expliqués ailleurs de telle façon qu'ils servent de confirmation à mes arguments.

L'anatomie comparée ne dit aucunement que, parce que les petits de l'espèce animale digèrent les végétaux, ces mêmes végétaux sont impropres aux estomacs humains.

· Quelques physiologistes prétendent que l'estomac de l'enfant est une membrane tubulaire incapable de digérer autre chose que le lait maternel, ou celui de la vache ; tandis que chez les animaux l'estomac est fait de telle façon que la digestion des végétaux leur est facile.

On a oublié ici, me semble-t-il, un fait important qui a rapport aux fonctions du double estomac des animaux et au genre de nourriture que nécessite cette structure particulière. — Tout ce que mange l'animal est à l'état de crudité. Il est probable que son deuxième estomac lui sert, en quelque sorte, d'appareil préparatoire pour les aliments, avant leur passage dans l'appareil digestif ordinaire.

Les enfants, au contraire, ne sont pourvus que d'un seul estomac, ce qui ne prouve pas que le lait soit le seul aliment qui leur convienne, mais seulement que l'homme par sa nature demande des aliments *cuits*.

Donc, puisque l'enfant appartient à une race civilisée, il faut que les intelligences les plus élevées s'occupent à lui trouver une nourriture qui puisse remplacer avantageusement le lait maternel.

Je me résume :

1° La mortalité parmi les enfants est immense ;

2° Les morts prématurées sont contre nature ; elles peuvent être évitées ;

3° Les causes principales de mort prématurée sont :

A. L'absence trop fréquente des mères ;

B. L'emploi trop fréquent de nourrices (leurs propres enfants sont souvent victimes de cette coutume déplorable) ;

C. Le préjugé contre les farineux ;

4° Il est inutile d'indiquer les remèdes, ils ont dû se suggérer d'eux-mêmes par la lecture de cet exposé.

Avant de conclure, cependant, voici un plan dont les résultats pourraient être d'une grande utilité. Je veux parler d'*institutions* pour *bonnes d'enfants* et gouvernantes où les mères elles-mêmes pourraient au besoin chercher des instructions. On y ferait des cours d'hygiène et de physiologie d'une manière simple et compréhensive.

En outre, les médecins rendraient un service immense en faisant des expériences, avec différentes matières farineuses, sur les enfants confiés à leurs soins. Le résultat de ces essais serait constaté devant l'Association à sa prochaine réunion.

Les *faits* sont venus fréquemment confirmer mon opinion. J'ai vu plusieurs fois des enfants réduits à un état de faiblesse mortelle, par des parents qui s'étaient obstinés à ne leur donner que du lait de vache.

Quand, après d'incessantes prières, j'ai pu obtenir qu'on changeât leur régime, leurs forces revenaient si rapidement, qu'aucun doute n'était plus possible quant à l'efficacité d'une nourriture farineuse.

Je suis parfaitement convaincue que la valeur des céréales consiste encore plus dans leurs propriétés *sanitaires* que dans leurs propriétés exclusivement *diététiques*.

De l'enregistrement des décès et de l'utilité des statistiques sanitaires hebdomadaires.

—

Mémoire de M. le docteur MIDDLETON, *à Bruxelles.*

Permettez-moi, messieurs, d'appeler votre attention sur un projet que je désire depuis longtemps voir soumis à la discussion. Il m'a paru qu'aucune circonstance ne peut être mieux choisie que la réunion de ce Congrès.

J'ai souvent, mais en vain, cherché dans les feuilles périodiques de Bruxelles des chiffres sur l'état sanitaire, la mortalité et les maladies régnantes, selon les cas qui se produisent d'une semaine à l'autre, dans la capitale, afin d'être en quelque sorte prémuni contre le mal dominant.

L'absence de ces rapports publics constitue une véritable lacune, et l'on rendrait, en y remédiant, un extrême service aux médecins, qui, dans leur pratique de tous les jours, ont besoin de ce guide, de cette assistance.

Dans un siècle comme le nôtre, où toutes les branches de la science font des progrès si étonnants et si rapides, la diffusion des principes scientifiques se rattache nécessairement à la pratique journalière. Aussi, avons-nous le droit de demander à ceux qui nous gouvernent toute l'assistance nécessaire pour l'élucidation de nos travaux, ou pour mieux dire, les moyens de faciliter nos recherches, dont le but est tout humanitaire.

Mon désir est donc de voir que le gouvernement adopte le système de publier des états hebdomadaires de mortalité avec indication des maladies qui ont été les causes des décès. En regard de chaque état, on reproduirait celui de l'année précédente, correspondant à la même période et celui de l'époque où aurait sévi toute épidémie qui viendrait à faire une réapparition parmi les habitants.

Ces renseignements, publiés dans une forme simple mais significative, attireraient l'attention du public et deviendraient par la voie de la presse, un avertissement pour toute la population. L'État, dans cette circonstance, agirait vraiment comme l'intendant sanitaire de ses administrés.

Il me sera, sans doute, permis de citer à l'appui de mes opinions, une autorité aussi transcendante que celle de Michel Levy. Voici des paroles que je suis heureux de trouver dans son estimable ouvrage sur l'hygiène :

« Les instructions populaires, les préceptes hygiéniques vulgarisés par la
« presse et les affiches, ont assurément leur utilité; elles témoignent de la
« sollicitude de l'administration, elles dissipent les appréhensions exagé-

« rées, elles font appel à la raison publique, à la réflexion, à la vigilance.
« Il n'y a pas lieu d'y détailler les prodrômes et les symptômes du mal
« redouté, d'y offrir matière à la peur, aux interprétations de l'ignorance.
« Mais, avec cette réserve, les avis au peuple tendent à fortifier son bon
« sens, sa résistance morale, et j'ai toujours pensé que, au lieu de lui
« cacher les dangers épidémiques qui le menacent, il fallait les lui
« dénoncer franchement à l'avance ; j'ai toujours conseillé en temps utile
« ces avertissements qui ne viennent le plus souvent qu'après l'explosion
« du mal. »

En l'absence d'une publication pareille dans ce pays, publication dont
tout homme sérieux et bien pensant doit reconnaître la nécessité, je ne
puis, messieurs, que supposer qu'elle n'aura pas été recommandée jusqu'ici aux sages et généreux patrons de la salubrité publique, dans ce
royaume.

Je suis sûr que vous reconnaîtrez avec moi la sagesse de cette mesure,
et quelle que puisse être d'ailleurs la divergence des opinions quant au
plan et aux détails de l'exécution, tout le monde conviendra qu'elle est de
nature à rendre de grands services à la science en particulier et au public
en général, en nous offrant des tableaux où l'on puisse en tout temps puiser des dates précieuses et authentiques.

Tous ceux qui ont cherché des chiffres exacts sur le développement de
quelque maladie, dans les temps passés, ont assurément dû déplorer l'absence de ces statistiques. L'histoire médicale des anciennes maladies démontre suffisamment combien sont incomplets les témoignages que les
historiens nous ont transmis à cet égard.

Il serait difficile de contester l'utilité de ces rapports publics, au point
de vue de leur influence directe. Et je puis avec confiance en appeler au
témoignage de mes collègues d'Angleterre, ou de ceux qui ont introduit
dans d'autres pays cette sage institution. Tous reconnaîtront qu'elle leur
est devenue une source de renseignements précieux. La seule chose qu'on
puisse et que peut-être on va lui reprocher, c'est sa portée indirecte, qui
mène à déduire des conclusions de cette méthode numérique d'investigation.

De hauts cris, en effet, ont été poussés contre ce système, et des objections de diverse nature furent opposées à son adoption ; mais nonobstant
toute la déférence que je professe pour les autorités qui ont paru dans le
camp de ses adversaires, je suis d'opinion qu'il faut l'accepter avec les
inconvénients qu'il peut avoir, et qu'en dépit de ceux-ci, on ne peut méconnaître son mérite réel.

Mon dessein, messieurs, n'est pas de remonter à l'origine, ni de tracer les développements de cette institution. Aussi n'ai-je pas sous la main, les matériaux nécessaires pour établir cette date; mais déjà en 1835, un état de la mortalité publié dans la *London medical Gazette* du 3 octobre, indique en termes clairs et succincts, la nature des maladies qui occasionnèrent les décès. J'aurais pu trouver, dans mes papiers, des bulletins d'une date antérieure; mais celui-ci suffit pour prouver que depuis longtemps notre gouvernement est convaincu des avantages de ce système de publicité.

La manière dont les travaux sont conduits, fait le plus grand honneur au *Register office de Somersethouse*, institution qui doit une grande partie de sa réputation aux opérations et au concours du docteur William Farr; et les efforts que ce dernier déploya dans ses recherches statistiques furent couronnés du plus beau succès, lorsqu'il donna au monde scientifique, son rapport sur le choléra, en Angleterre, dans les années 1848-1849.

Je vous présente quelques spécimens de nos états de mortalité à Londres, publiés par l'enregistreur général. Ces états paraissent tous les mercredis, dans les journaux quotidiens. En outre, le *Medical Times and Gazette* de Londres, en publie un, tous les huit jours, dressé d'après un autre modèle et dans lequel les maladies dues à des causes générales sont indiquées séparément, suivant le mode adopté et conseillé par le gouvernement.

Ces états statistiques offrent notamment :

a. Un tableau hebdomadaire des inhumations, extrait de la *London medical Gazette* du 3 octobre 1835. Il se rapporte à un état de la mortalité, publié le 29 septembre 1835, dont il prend et classe par ordre alphabétique, toutes les maladies, en indiquant pour chacune d'elles, le chiffre des victimes qui y ont succombé. Il se termine par une comparaison du chiffre des inhumations de la semaine avec celui de la semaine précédente.

b. Un tableau des maladies zymotiques et aiguës du registre des médecins de l'établissement de l'*Union*, pendant le quatrième trimestre 1860, où l'on voit figurer :

1° Le nom des médecins ;

2° La désignation et le chiffre respectif des maladies qu'ils ont traitées pendant cette période;

3° Sous la colonne consacrée à chaque maladie, se trouve le ressort respectif des trois trimestres précédents; comme aussi la récapitulation des années 1859, 1858, 1857, 1856;

4° La moyenne des cas de fièvre par semaine.

c. Un tableau des maladies épidémiques dans le district de White-Chapel, pendant le quatrième trimestre 1860, et qui ont été suivies de mort. On y donne une récapitulation comparative du même trimestre en 1859.

d. Un tableau comparatif des naissances et des décès, dans divers districts de Londres, pendant le quatrième trimestre 1860.

e. Un tableau annuel du même genre, des mois d'avril, juillet, octobre et décembre 1859.

f. Un tableau numérique des personnes décédées respectivement dans les périodes de 0 à 1 an, de 1 à 5 ans, de 5 à 20 ans, de 20 à 40 ans, de 40 à 60 ans, de 60 à 80 ans, de 80 ans et au delà.

g. La mortalité comparative des années 1856 à 1860, dans le *Workhouse* de l'Union, dans le *London Hospital* et dans le *Military Hospital*.

h. La moyenne de la mortalité dans le district de White-Chapel, depuis 1857 à 1858, de 1859 à 1844, de 1844 à 1850, de 1850 à 1855, de 1856 à 1857, de 1857 à 1858, de 1858 à 1860.

i. Le relevé de la mortalité, dans le même district, par année, de 1848 à 1860.

j. Cinq tableaux du genre de ceux ci-dessus et parmi lesquels en figure un, émanant du *London Hospital*, où les maladies les plus communes sont indiquées, suivant leur classe et degré d'affinité. Sept colonnes sont réservées à chaque maladie pour y indiquer la période de l'âge auquel le malade a succombé. Ces sept périodes sont celles mentionnées ci-dessus sous la lettre *f*.

k. Un état hebdomadaire publié par le *Medical Times and Gazette* de Londres, 2 août 1862, où figurent :

1° Le nombre des naissances par sexe, avec la moyenne des semaines de 1852 à 1861 qui y correspondait ;

2° Celui des décès avec les mêmes détails. On y indique la moyenne corrigée pour augmentation de population.

l. Un tableau des décès en 1861, par suite des diverses maladies épidémiques, dans quelques sous-districts, dont on indique la population.

Un extrait du *Times*, n° du 20 août 1862, donne, sous la rubrique *Salubrité publique*, des renseignements puisés dans le rapport hebdomadaire de l'enregistreur général.

On y trouve le nombre des décès pendant une semaine, et la moyenne de la mortalité de la même semaine, pendant les dix années précédentes ; d'autre part, la statistique des naissances pendant ces mêmes périodes. Enfin une énumération des différentes maladies qui ont déterminé les cas de mort.

Outre ces rapports, émanant de l'enregistreur général et ceux qui sortent périodiquement, mais avec plus de détails, de son *Office*, la direction des travaux publie trimestriellement un rapport dressé par l'officier de santé de la paroisse, dans lequel est exposé l'état sanitaire de la localité pendant la même période, comme aussi un tableau de tous les décès et de toutes les maladies traitées respectivement par les divers médecins de la paroisse. Ces cas sont inscrits dans l'ordre de classification nosologique de l'enregistreur général.

Personne ne niera le mérite de ces tableaux qui constituent incontestablement la base d'une étude des maladies locales. Ici encore la méthode numérique est la source de toutes nos conclusions pratiques; car Chomel a dit : « En réunissant un grand nombre de faits, en les comparant « ensemble sous toutes leurs faces, en donnant un relevé numérique de « tout ce qui a rapport à leurs causes, à leurs symptômes, à leur durée, à « leurs terminaisons diverses, à l'influence des divers moyens de traite- « ment mis en usage, le médecin n'est que l'historien exact des faits « accomplis, et si une relation de ce genre peut manquer d'intérêt, du « moins ne peut-elle offrir et n'a-t-elle jamais offert, je ne dirai pas seule- « ment de danger, mais même d'inconvénient. » — (Voir *Pathologie externe* de Chomel. Paris, 1856.)

En ce qui concerne l'inscription des décès, je dois faire remarquer qu'en Angleterre, un acte du Parlement défend d'inhumer, s'il n'est produit une déclaration mentionnant les noms, âge, sexe, profession et résidence du décédé, comme aussi la date à laquelle la maladie primitive a commencé, sa complication ou la cause immédiate du décès, la durée de la maladie; en cas d'autopsie, il en est fait mention; il en est de même de l'analyse des matières trouvées dans l'estomac, s'il y a lieu. Cette déclaration doit être signée par un médecin diplômé, qui fait connaître son grade en médecine et la date de sa dernière visite chez le malade. Le médecin conserve une copie sommaire de sa déclaration.

Le gouvernement fournit aux praticiens les imprimés de déclaration légale à remplir et simplifie ainsi la chose.

Avant de finir, permettez-moi, messieurs, d'attirer votre attention sur les services que nous rendraient les hôpitaux, en publiant des rapports périodiques sur le nombre de leurs malades, avec indication des motifs de l'admission, des progrès et de l'issue des maladies et, si possible, en deux mots, du mode de traitement et du régime diététique, et en cas d'épidémie ou de maladie particulière, du caractère et des symptômes particuliers. Ces rapports devraient être dressés dans un ordre clair et concis.

J'ai tout lieu de croire que ces statistiques seraient d'une grande utilité pour les praticiens éloignés des hôpitaux, ou autres centres de maladies, et qui ne seraient pas à même d'avoir des renseignements directs de leurs

confrères ou seraient empêchés de confronter le résultat de leûrs observations et traitements avec celui obtenu par d'autres médecins. La rédaction
de ces tableaux n'offre aucune difficulté. Un peu de pratique met l'interne
de l'hôpital en état de remplir la formule, s'il consacre tous les jours
quèlques minutes à cette œuvre utile. En outre, l'élève observateur
acquerra par là l'habitude et la facilité d'examen et une instruction dont il
pourra tirer parti plus tard pour la satisfaction de son profit personnel,
comme de celui d'autrui. L'enregistreur recommande à tous les praticiens
de tenir un memorandum de tous les cas qu'ils traitent, afin d'être mis à
même de renseigner exactement les causes des décès. Le registre particulier d'un praticien peut devenir, après un certain nombre d'années, d'un
intérêt incalculable. Il peut le transmettre à ses fils ou à ses successeurs,
et former ainsi avec ceux de ses confrères de tous les pays, un trésor immense de matériaux qui ne manqueraient pas de faire faire un pas à l'art
médical dans la voie du progrès.

Du temps où j'étais médecin d'un des hôpitaux de Londres, aucun cas
n'y était traité dont je ne tinsse note dans un registre, d'après le spécimen
ci-joint (*), et dont j'avais fait le plan pour mon propre usage. Depuis
lors, j'ai eu ample occasion d'apprécier les avantages pratiques de ce procédé. Dans les cas particuliers, j'avais soin d'annoter mes prescriptions,
la diète et mes observations, sinon toujours, du moins la plupart du
temps. Par là, on abrége les recherches futures pour des cas identiques;
car, en considérant le traitement suivi par un autre médecin ou par soi-
même dans telle ou telle maladie, en tenant compte de l'âge et sexe du
malade, du régime et de la date du traitement particulier (car ceci, naturellement, ne peut être perdu de vue), on a suffisamment le fil des choses
pour agir dans des occurrences analogues.

En introduisant donc le système des rapports publics de la mortalité,
nous contribuerons, je n'en doute point, aux progrès de notre art, au
point de vue de la pratique; nous y trouverons le moyen d'étendre
l'application des mesures hygiéniques, prophylactiques et lénitives; nous
engagerons la société entière à s'intéresser davantage aux moyens de
préservation, en même temps que nous augmentons les trésors de la
science et que nous multiplions les remèdes aux maux physiques de nos
semblables.

Je crois, messieurs, vous avoir fait suffisamment comprendre que mes
observations n'ont qu'une portée purement pratique et que mon seul but

---

(*) Ici l'orateur communique le tracé d'un tableau où figurent : la date de l'admission du malade, le folio du
registre des prescriptions, le nom, l'âge, le sexe, l'état social et la profession du malade, le genre de maladie, la
date à laquelle elle a commencé, la maladie antérieure, l'issue de la maladie actuelle, etc., etc.

a été de nous instruire mutuellement et de rendre service à ceux dont nous sommes appelés à soulager les maux physiques. La pureté de mes intentions me défendra dans les combats que les préjugés et l'esprit d'opposition n'excitent que trop souvent contre l'adoption d'une mesure utile, qui a le caractère d'une tendance novatrice.

Des hôpitaux et de l'assistance à domicile.

—

Note de M. le docteur Hubert Valleroux (*France*).

L'état précaire dans lequel vit, en Europe, une partie notable des populations rend insuffisants les efforts de la charité privée. De là, la nécessité de l'intervention sociale.

De toutes les institutions : crèches, ouvroirs, bureaux de charité, etc., créés par les pouvoirs publics et accrus des établissements de la philanthropie, je me bornerai, dans cette notice, à parler des hôpitaux et des secours à domicile. Je dirai l'insuffisance et l'insalubrité des premiers, la moralité et l'économie qui résulteraient de l'organisation judicieuse et libérale des seconds.

Le salarié qui, par suite de blessures ou de maladie devient incapable de travailler, n'a très généralement de moyens de se guérir qu'à l'hôpital, de même que sa famille ne trouve alors que dans la charité publique les moyens d'exister.

Les hôpitaux suffisent-ils, du moins, pour admettre tous ceux qui auraient besoin de s'y faire traiter? Loin de là. Sauf de bien rares exceptions, on n'en trouve nulle part à la campagne; et les travailleurs si nombreux pourtant qui y tombent malades, restent privés des ressources de l'hôpital. Moins malheureux sous ce rapport, les ouvriers des villes peuvent donc, en temps ordinaire, se faire traiter à l'hôpital. Mais viennent les épidémies et même les endémies, si fréquentes au renouvellement des saisons, l'hospitalité devient partout insuffisante.

On sait combien sont nuisibles à la santé, les accumulations d'hommes; les fièvres des camps, des prisons et des vaisseaux le prouvent surabondamment.

Mais combien plus dangereuses encore sont les accumulations de malades dans les hôpitaux, où comme viennent de le démontrer les récentes

discussions qui ont eu lieu à l'Académie de médecine de Paris, le chiffre
de la mortalité atteint quelquefois un degré effrayant et hors de proportion avec la pratique civile.

Ces griefs ne sont ni les seuls ni même, peut-être, les plus graves qu'on
puisse opposer au système hospitalier.

Conçoit-on, par exemple, un état plus poignant que celui de la mère
contrainte de porter son enfant malade à l'hôpital, alors précisément qu'il
aurait le plus besoin de ses soins? Conçoit-on situation plus douloureuse
que celle de la femme et du mari forcés de se séparer dans les mêmes circonstances? Et a-t-on suffisamment compris que, de ces asiles où le vice
éhonté avoisine et coudoie l'innocence et la vertu, plus d'une jeune fille
entrée pure est sortie — sinon corrompue dans son corps, au moins per-
vertie dans son âme et déjà vicieuse par le cœur.

L'assistance à domicile, que l'on ne connaît guère, en France, que de
nom, paraît rendre en Angleterre les plus grands services et les rendrait
partout, si partout elle était bien connue et libéralement appliquée. Elle
consiste, comme on sait, dans le traitement à domicile substitué au traitement à l'hôpital, sans que cependant cette organisation de l'assistance
à domicile entraîne comme conséquence la suppression des hôpitaux.
Elle laisse au malade l'option si désirable et si morale, à la fois, entre les
deux systèmes.

Mais voyez quelles seraient les conséquences de cette option facultative.
Suppression de l'encombrement hospitalier ; par suite, diminution de la
mortalité qui y règne et suppression des épidémies de fièvres éruptives,
typhoïdes, puerpérales, etc., qui en sortent pour se déverser sur les population; dignité des pauvres ménages et liberté de choisir leur mode de
traitement reconnue; moralité des jeunes malades sauvegardée, et économies notables réalisées.

Deux ordres de considérations me restent encore à émettre :

1° Alors que les divers États pourvoient au traitement de leurs serviteurs malades et assurent aux infirmes des pensions, ne serait-il pas
logique et équitable, à la fois, d'astreindre aux mêmes devoirs, à l'égard
de leurs serviteurs et de leurs ouvriers, les maîtres et patrons. L'exemple
de serviteurs de millionnaires traités à l'hôpital aux frais du public est
démoralisant.

2° Cependant l'assistance sociale restera toujours un palliatif et sera ce
qu'est la thérapeutique qui soulage le mal, à l'égard de l'hygiène qui le
prévient.

Ici, le mal naît du salariat qui lui-même a sa source dans nos législations. Je ne puis qu'engager les savants de la section économique à étu-

dier ces lois et notamment celles qui concernent l'héritage. Là, peut-être. ils trouveront à proposer quelque réforme qui nous rapprochera de la solution.

———————

M. B. TROMPEO, président de l'Académie de Turin, résume ainsi sa manière de voir au sujet de différentes questions du programme.

5ᵉ *Question.* — Je crois, dit-il, les liquides fermentés nécessaires à l'homme, surtout sous l'influence de certains climats.

6ᵉ *Question.* — Je ne donne pas à la société le droit de réprimer l'ivrognerie : l'homme doit être libre; mais la société a le devoir de la combattre par l'instruction des masses, par la civilisation, en répandant le bien-être, le goût pour le beau et pour les arts, le sentiment de l'honneur individuel, et, s'il le faut, en infligeant des peines, ou, pour mieux dire, des châtiments de honte et de déshonneur à ceux qui s'en rendent coupables.

7ᵉ *Question.* — Les travaux de drainage sont sans doute non seulement utiles, mais même réclamés par l'hygiène publique; il n'y a pas de doute qu'ils ne soient destinés à faire disparaître des maladies endémiques, à assainir les habitations; nous en avons la preuve dans les terres de l'ancien Piémont rendues salubres par l'exécution de travaux de drainage.

9ᵉ *Question.* — L'exemple donné par les écoles de Beernem et de Ruysselede mériterait sans doute d'être suivi par tous les États civilisés de l'Europe, et il faudrait insister avec opiniâtreté et persévérance auprès des gouvernements, pour qu'ils prennent des mesures hygiéniques en faveur des enfants atteints de scrofules. A cet effet, les localités situées sur les bords de la mer et sur les montagnes seront préférables; il faudrait toutefois éviter l'agglomération disproportionnée des enfants atteints de ces maladies.

10ᵉ *Question.* — Quant aux mariages consanguins, certes, ils sont un grand fléau; mais le gouvernement ne peut pas s'arroger le droit de les entraver. L'homme doit être libre dans le choix de la compagne de sa vie. Toutefois le gouvernement devra tendre à ce que le nombre de ces mariages diminue; pour cela, je crois que l'instruction publique et la civilisation toujours croissantes exerceront dans l'avenir une grande influence.

———————

M. NAKWASKI (Pologne). Au moment où les travaux de ce Congrès vont être clos, je vous propose, messieurs, de voter des remerciements à notre bureau et surtout à M. le président qui a dirigé nos débats avec tant de zèle et d'impartialité. (Applaudissements).

M. LE PRÉSIDENT. Je suis heureux, messieurs, des sentiments que vous témoignez au Comité. Je vous en remercie; je vous remercie plus encore de votre assiduité à nos séances et du talent dont vous avez donné tant de preuves. C'est un nouvel acte de dévouement pour la chose publique. (Nouveaux applaudissements.)

La séance est levée à midi et demi.

CINQUIÈME SECTION. — ÉCONOMIE POLITIQUE

MÉMOIRES ET DÉBATS

La cinquième section s'occupe de toutes les questions qui sont du ressort de la science économique.

I. Théorie pure.

Mécanisme de la production et de la distribution des richesses. — Des agents de la production. — De la forme et des limides des entreprises. — Du crédit et de la monnaie. — De la rémunération des agents de la production. — Des perturbations que subit l'économie de la production et de la distribution des richesses. — Question de la population. — Les questions non résolues de l'économie politique.

II. Application.

De l'influence de la législation sur l'économie de la société, et spécialement de la législation financière, industrielle et commerciale. — Des systèmes d'impôts. — Des impôts directs et des impôts indirects. — Des douanes envisagées comme instrument de protection et de fiscalité. — Des monopoles et des priviléges en matière d'industrie et de crédit. — Des lois sur les coalitions et sur les livrets, sur le travail des enfants et des femmes dans les manufactures. — De l'uniformité à établir dans les lois relatives à l'industrie et au commerce.

III. Des maladies économiques et sociales et de leurs remèdes.

Le paupérisme et ses causes économiques. — Les disettes, les crises industrielles, commerciales et financières. — Des *nuisances* économiques et sociales et de leur influence particulière sur la condition des classes souffrantes. — Dépenses improductives de l'État; appétits déréglés, ivrognerie et autres vices. — Remèdes; réforme des dépenses publiques. — Moyens de développer le sentiment de la responsabilité et de l'esprit de prévoyance. — Éducation, institutions de prévoyance et d'épargne; sociétés de secours mutuels; assurances sur la vie, etc. (Ces questions doivent être envisagées au point de vue économique.)

IV. Des progrès des instruments et des moyens de production.

Industries nouvelles. — Procédés nouveaux économisant le travail et le capital. — Développement des voies de communication, etc.

V. Statistiques agricoles, industrielles et commerciales.

Prospérité comparée de différents pays. — État de la population. — Progrès de l'agriculture, de l'industrie et du commerce accomplis en Europe depuis 1830. — Renseignements sur les échanges qui peuvent s'opérer utilement entre les différents pays, etc.

Le comité fondateur de l'Association avait spécialement proposé à l'examen de la cinquième section les questions suivantes :

1° Des différents systèmes d'impôts et de leur influence sur la production.
2° De l'influence des prix de transport sur les transactions commerciales.
3° Des résultats produits par les modifications apportées dans les tarifs douaniers de différents pays.
4° De l'uniformité à établir au point de vue international, dans les lois relatives au commerce, à la navigation, aux assurances et au règlement des avaries.

Les travaux de la cinquième section sont ouverts le 22 septembre, à une heure et quart, sous la présidence de M. DE NAEYER, membre de la Chambre des représentants.

Les pouvoirs du bureau provisoire sont confirmés par acclamation.

M. LE PRÉSIDENT. Je vous remercie, messieurs, de la marque d'estime et de confiance que vous venez de me donner en m'appelant à l'honneur de présider votre section.

Dans une assemblée qui compte tant d'hommes éminents, les fonctions de la présidence pourraient être occupées plus dignement. Cependant je me soumets à la volonté que vous venez d'exprimer, parce que je ne veux laisser aucun doute sur mon dévouement à l'œuvre que nous avons entreprise et qui promet d'être féconde en excellents résultats. (Applaudissements.)

J'apporterai, messieurs, à l'accomplissement de la tâche qui m'est imposée, tout le zèle dont je suis capable; mais je ne me fais pas illusion. Ma bonne volonté pourra être insuffisante, et je dois compter beaucoup sur votre bienveillance et sur votre indulgence.

Notre présence dans cette enceinte prouve que nous sommes tous animés d'une même pensée qui, j'en suis certain, dominera toujours nos débats et nos divergences d'opinions. Cette pensée, qui nous unit, c'est un appel franc et loyal à toutes les intelligences et à toutes les convictions, afin que chacune d'elles apporte son contingent de lumières pour éclaircir les problèmes qui intéressent particulièrement le bien-être matériel et moral des populations.

J'en conclus, messieurs, que deux principes doivent diriger et féconder nos travaux. D'abord une parfaite impartialité, une véritable neutralité entre toutes les opinions consciencieuses. Telle est la portée de cette disposition inscrite dans nos statuts et qui forme en quelque sorte notre devise : *La société discute et ne vote pas ;* c'est à dire, que nous voulons que toutes les questions soient soumises aux discussions les plus approfondies, les plus complètes possible, mais en laissant le soin de les résoudre à l'opinion publique, cette puissante souveraine du monde. — L'autre principe également sacré qui doit nous guider, c'est une liberté de parole la plus large possible; liberté qui ne peut être limitée que par ce qui est indispensable pour maintenir l'ordre et la dignité dans nos délibérations.

C'est en me montrant fidèle à ces deux principes, que j'espère acquérir quelques titres à votre indulgence et à votre bienveillance. (Applaudissements.)

M. LE COMTE ARRIVABENE (Italie). Vous savez, messieurs, que S. M. se propose de faire sa rentrée à Bruxelles, mercredi prochain. Je n'ai pas besoin de vous dire avec quel enthousiasme le Roi sera reçu; tout le monde voudra assister à cette fête.

Je proposerai donc que mercredi nous ne tenions pas de séance l'après-midi. — Cette proposition est adoptée.

Messieurs, en 1847, il y a eu un Congrès économique auquel beaucoup d'entre vous n'assistaient pas. Les travaux de ce Congrès ont produit la plus heureuse influence, car ils ont été la source de laquelle ont découlé les progrès successifs qui, par un grand bonheur, ont établi le système de la liberté commerciale. Des exemplaires du compte rendu de ces travaux ont été conservés; j'en ai apporté une centaine et je demande qu'ils soient distribués à nos collègues. (Adhésion.)

Des différents systèmes d'impôts et de leur influence sur la production.

—

Mémoire de M. Lawrence Heyworth, *magistrat à Yewtree, près de Liverpool.*

Observations sur les avantages qui résulteraient de l'adoption d'un système d'impôt direct substitué aux tarifs de douane, et justification de l'income-tax, comme étant l'impôt le plus propre à assurer cette réforme financière.

> La domination de l'espèce humaine sur toute la nature animée et inanimée consiste dans la possession de la faculté de développer la science industrielle, et de multiplier indéfiniment ses moyens d'existence. Si l'homme devait vivre exclusivement des productions spontanées de la nature, son espèce serait tout au moins réduite à quelques rares spécimens. Aussi toute mesure qui favorise l'accroissement de la production industrielle est prise en conformité de la loi naturelle, et ne tend pas seulement à augmenter les jouissances de la vie, mais remplit la condition la plus essentielle pour que la famille humaine puisse peupler la terre.

Me flattant de l'espoir que mes opinions, en matière financière, ne sont que l'écho des opinions de plusieurs hommes influents de mon pays, qui prennent part aux travaux de ce Congrès, j'aime à me persuader que cet exposé ne sera pas sans intérêt pour les membres de l'Association internationale, et je compte trouver ici des champions ardents à dénoncer et à combattre l'odieux régime des douanes.

Les esprits impartiaux n'ont aucune peine à reconnaître que la suppression complète des barrières douanières aurait les plus féconds résultats : accroissement de la prospérité publique et du bien-être individuel, soulagement inouï apporté au sort du peuple, augmentation du salaire de l'ouvrier et des bénéfices du négociant, hausse sur les frets, extension considérable du produit des chemins de fer, etc., etc. Aussi est-il généralement admis que toute objection sérieuse disparaîtrait du moment qu'on aurait trouvé le moyen de substituer aux douanes un impôt direct qui suffirait aux besoins de l'État.

Malgré l'heureux essai qui a été fait de l'*income-tax*, on oppose, comme argument à son adoption immédiate en remplacement des droits douaniers, que peut-être on arrivera à trouver un meilleur genre d'impôt pour réaliser ce projet.

Arrêtée par cet espoir, la voix du peuple hésite et tarde à donner son chaleureux assentiment à l'innovation qu'on lui propose; cette indécision ferme le chemin à l'accomplissement si désirable de la réforme fiscale.

Les principaux arguments dont on se sert pour combattre l'*income-tax* peuvent être résumés ainsi : Le public considérerait cet impôt comme une contribution additionnelle. En effet, la majoration de taxe à laquelle il faudrait recourir pour combler le déficit ouvert par l'abandon des droits douaniers est très propre à susciter, dans l'esprit de l'homme superficiel, une impression fâcheuse et l'idée illusoire que cette majoration serait un impôt nouveau et une charge toute gratuite au profit du fisc.

En second lieu, l'*income-tax* offre beaucoup de facilités à la fraude. Mais quel est le genre de contribution qu'on ne parvienne à éluder?

Troisièmement, le taux que l'*income-tax* prélève uniformément sur tous les revenus est inique, en ce qu'il pèse trop lourdement sur les revenus précaires et les moyens modiques d'existence de certaines classes de la société; — quoiqu'il faille admettre que le tort qui en résulte pour le nombre très restreint des rentiers est incomparablement plus léger, que ne le sont les charges oppressives que les droits douaniers imposent si durement à toute la masse du peuple et principalement à la classe industrielle, source vive du bien-être de la nation.

Enfin, le taux beaucoup plus élevé de l'*income-tax*, nécessaire pour couvrir le déficit laissé par l'abolition des contributions indirectes, serait si onéreux et le montant si énorme, qu'il serait impossible d'effectuer la perception d'une si grande somme par un impôt sur le revenu.

Mais les droits prélevés sur les produits étrangers augmentent le prix de ces produits, en diminuent sensiblement la consommation et restreignent aussi la demande des produits indigènes qu'on donne en échange. Ces droits donc mettent une entrave sérieuse au développement de l'industrie du pays et de l'industrie étrangère, arrêtent la hausse des salaires et enlèvent par là le moyen de faire un grand nombre d'achats qu'une meilleure rémunération du travail permettrait d'effectuer.

Sous le régime actuel, l'ouvrier demeure privé non seulement de maintes jouissances dont il pourrait se donner le bénéfice, mais souvent son travail ne lui rapporte pas les moyens de faire face aux premières nécessités de la vie; tandis qu'il jouirait abondamment de tous ces biens, si le système douanier était totalement aboli. La nation entière se verrait considérablement enrichie par la recrudescence qui se manifesterait dans les importations et par le surcroît d'activité qui en résulterait dans toutes les branches de l'industrie nationale; car, qu'on le remarque bien, messieurs, « *le pays le plus riche est celui où les produits industriels sont le plus abondants.* » — N'est-il donc pas bien évident et clairement établi que

ces droits si désastreux nous soumettent à des privations qui dépassent
de beaucoup, par leur nombre, leur durée et leur étendue, la somme de
préjudice qui résulterait, pour un nombre exceptionnel de citoyens, de
l'application de l'*income-tax?*

Si donc on admet que le système douanier énerve la vigueur des facultés productrices et tue l'énergie féconde de l'industrie; qu'il est une triste
entrave à l'abondance, à la paix, au progrès et au bonheur de l'humanité;
et si, en outre, on ne peut nier que la substitution de l'*income-tax* à ces
droits serait tout à la fois le moyen de restaurer le commerce défaillant et
d'alléger les charges dont la population est accablée par le fisc; si, dis-je,
on est d'accord sur ces points, il s'agit d'examiner les objections soulevées contre l'*income-tax*, et, s'il est reconnu qu'elles ne reposent pas sur
une base solide, il importe qu'elles soient combattues et détruites dans
l'esprit du public.

La première objection n'est qu'une illusion naïve des esprits vulgaires,
qui ne calculent point; aussi se dissipe-t-elle devant le moindre examen.
L'impôt sur le revenu ne serait pas une imposition nouvelle, mais purement et simplement la substitution d'un impôt à un autre qu'on aurait
aboli. La seconde objection est une arme qui frappe tous les régimes de
fiscalité. En effet, il n'y a pas un genre de contribution où la fraude ne
trouve quelque échappatoire. Et, il faut bien le reconnaître, les douanes
sont, de tous les régimes, celui qui a les plus larges portes ouvertes aux
collusions et à la contrebande pratiquée sur une large échelle; et ce n'est
pas tout, car encore est-il loisible à chacun de ne contribuer pour aucune
part à l'acquittement des charges de l'État, en s'abstenant de faire usage
des articles imposés ; tandis que sous le régime de l'*income-tax* tous sont
tenus de payer la quotité sur leurs revenus. Toute fraude est passible d'une
pénalité et ne peut donc devenir un motif de satisfaction égoïste et de
parfaite impunité. La troisième objection est la seule qui soit sérieuse.
Elle consiste à dire que l'*income-tax*, par l'uniformité de son taux, blesse
le principe de l'égalité relative, en ce qu'il frappe trop durement les petits
revenus. On ne peut nier que cet argument, considéré à un point de vue
abstrait, n'ait un fondement solide, et, il faut bien avouer que cet impôt
serait réellement oppressif, si l'abolition des douanes n'était pas de nature
à nous donner une grande prospérité nationale, ce qui met les lésés à
même de décharger leur part inique du fardeau sur les épaules de la masse
et surtout des membres aisés de la société.

Un écrivain du *Financial Reformer* se rapproche probablement autant
que possible de la vérité, lorsqu'il dit au sujet de cet impôt : « Je prétends
que personne ne paye ni plus ni moins que la somme proportionnée à son

revenu, par rapport à la taxe totale nécessaire au pays. Si le taux de cette taxe est de 70 millions de liv. st. et le revenu total de 700 millions de liv. st., je prouverai que personne ne paye en impôt plus de dix pour cent de sa dépense. Et je crois que s'il était possible d'exiger que chaque individu de la communauté tint ouvert un compte de doit et avoir à chaque autre individu, pour savoir ce qu'ils payent l'un et l'autre de leurs taxes réciproques — la balance serait exactement de dix pour cent. »

Quand on raisonne sur un projet quelconque de changement fiscal, moral ou social, on est très sujet à tomber dans une erreur commune. On discute sur les résultats probables de l'essai, non pas en tenant compte des circonstances favorables que le changement produira, selon toute probabilité, mais en les considérant selon l'état actuel des choses.

La conclusion à laquelle doit mener un tel raisonnement est nécessairement en désaccord avec les faits résultant du changement.

La quatrième objection à l'*income-tax* repose sur des fondements tout aussi peu solides. Ses auteurs perdent de vue le grand accroissement de richesse publique qui doit résulter de la nouvelle situation créée au pays; ils posent en fait que le taux le plus élevé de l'*income-tax* sera calculé sur ce qu'ils considèrent comme un impôt stationnaire, au lieu d'admettre le fait certain que les circonstances rendues très favorables pour l'individu comme pour la communauté, ont été et seront le criterium du succès de la réforme projetée. Ils semblent ignorer également que le même taux d'impôt sur le revenu, prélevé sur une nation dont la richesse s'est considérablement accrue, produira un revenu beaucoup plus élevé et que la taxe qui pèse sur les individus diminuera, en proportion de l'amélioration de leur position et de l'expansion de la richesse de la nation.

Il n'est nullement essentiel non plus à l'adoption par le Parlement de la mesure proposée, que les 40 millions de liv. st. d'impôts indirects soient abolis en totalité. Au contraire : il vaudrait mieux que cette somme fût réduite graduellement, d'année en année, et que le nouvel impôt ne s'élevât qu'à mesure que les besoins de l'État réclameraient le revenu nécessaire. L'idée de l'impossibilité de la perception de cette somme immense par l'*income-tax* est absurde, puisque le pays même, dans ce temps défavorable au commerce, n'a pas à débourser cette somme énorme d'impôt. De plus, ces fardeaux indirects, tels qu'ils sont perçus, pèsent lourdement et d'une manière peu équitable, non pas sur la classe aisée, mais sur le pauvre qu'ils abreuvent de privations, en prenant sur la maigre pitance de son salaire hebdomadaire.

C'est cette inique oppression du pauvre qui, aux yeux du philosophe philanthrope, marque d'un cachet d'imbécillité la taxe indirecte à laquelle il n'hésite pas à prédire la représaille des privations infligées à la communauté et dont l'abolition répandrait des bienfaits en abondance sur le monde entier.

Il est vrai que, de nos jours, le bas prix et l'abondance de toutes choses — ce qui est le *desideratum* de la science sociale — sont déjà merveilleux, comparés à la pauvreté des moyens d'existence d'il y a à peine une centaine d'années. Or, c'est à l'application des principes de l'*income-tax* et à l'avènement du libre-échange, que nous sommes redevables de cet heureux état de choses : ces principes, bien qu'ils ne soient développés que partiellement, ont donné à la force de production un élan suffisant pour justifier l'adoption de l'*income-tax* par un acte de législation.

Imposer les articles de consommation, c'est arrêter dans son élan, le mouvement du commerce qui répand partout l'abondance, assure la paix, centuple les richesses de la nation, et qui paye aisément, quand il est libre, toutes les charges onéreuses de l'État. Au contraire, exonérer ces articles, c'est mettre le commerce dans une voie qui lui permette de s'étendre et de prendre tous les développements dont il est susceptible; c'est doter la nation d'une somme d'aisance dans laquelle et l'homme du commerce et le citoyen ayant des services à offrir et le contribuable lésé par la réforme économique, trouveront, comme l'expérience l'a déjà démontré, un moyen naturel et aisé de se récupérer entièrement des charges du fisc, dont ils se plaignent, et cela par l'augmentation du salaire ou du prix à réclamer, du chef de leurs services ou de leurs marchandises, au public qui aura bénéficié à l'innovation.

De même que le distillateur se récupère des dizaines de mille, et le négociant des centaines de mille qu'il a déboursés pour droits au fisc, en les comprenant dans le prix de vente de ses articles, de même le boutiquier, l'artisan, l'ouvrier, le manufacturier, le médecin, etc., récupéreront les taxes acquittées à l'État, en les recouvrant de la même manière sur leurs clients ou leurs patrons. Tous les frais dans le commerce, les droits de l'État compris, sont supportés par le public qui achète, et cela, en dehors des profits commerciaux. C'est cette marche des choses de convention tacite dans les transactions sociales et commerciales, qui ôte, en grande partie, à l'*income-tax* son caractère d'iniquité, et qui fait que la charge en est répartie sur l'ensemble de la société. Cette considération devrait fermer la bouche à tous ceux qui se plaignent, et mettre un terme à toute opposition.

Si la réforme financière n'était pas de nature à imprimer à l'industrie une impulsion nouvelle, à créer une plus grande abondance d'articles de commerce; si elle n'était pas éminemment propre à favoriser la prospérité générale et à augmenter le bien-être de la nation, son adoption aurait encore pour effet de faire sentir vivement à la classe aisée de la société, le poids de l'imposition et de la disposer à user de son influence, pour obtenir la suppression des folles dépenses de l'État. L'établissement d'un impôt direct, comme l'*income-tax*, aurait certainement, en dehors de ses autres mérites, celui de provoquer l'économie dans toutes les branches de nos dépenses administratives.

L'opinion publique, édifiée sur ces points, ne peut tarder longtemps à se prononcer énergiquement en faveur de l'heureuse réforme que je défends.

Je supplie l'intelligence suprême, qui révèle ses décrets à l'esprit de l'homme, de féconder le zèle de tous ces hommes de bien que ce Congrès a réunis en cette ville, pour discuter et fixer les lois que la Providence destine comme des bienfaits à l'humanité. Je prie qu'elle les dispose à donner tout leur concours à la propagation des grands principes du libre-échange; qu'elle leur fasse apprécier l'immense mérite et les dispose à revendiquer les droits de cet important et vaste mouvement politique et social qui s'opère parmi nous.

Veut-on savoir ce qu'il faut? C'est que l'opinion publique soit éclairée par la diffusion de notions exactes qui lui fassent comprendre les avantages prodigieux, les avantages universels du libre-échange, pratiqué dans toute l'étendue de son application; c'est qu'on détruise dans leurs racines, les illusions, les sophismes, les erreurs qui s'opposent à l'admission de l'*income-tax* pour remplacer toutes les taxes indirectes.

Ce fut le célèbre sir Robert Peel qui jeta en Angleterre les premiers fondements de la réforme financière par l'application, sur une échelle bornée, d'un impôt sur le revenu. Le désir de ranimer le commerce défaillant, tout autant que celui de mettre le peuple en état de contribuer par une plus large part d'impositions au rétablissement des finances de l'État, obéré à cette époque, lui avait suggéré l'idée de recourir à cette mesure initiatrice. Pendant le courant des vingt dernières années, le Parlement, dans de semblables circonstances, recourut cinq ou six fois à cet impôt, et toujours avec le même résultat, celui de donner un développement prodigieux au commerce, d'enrichir l'individu, de multiplier le bien-être de la nation entière et de mettre le contribuable à même de payer, tout en jouissant d'une plus grande somme d'aisance, des impôts considérablement plus élevés.

En présence de faits historiques d'une si grande éloquence, le devoir d'un peuple éclairé est de donner son entier développement au système financier inauguré par sir Robert Peel, en abolissant toutes les taxes indirectes, non en un jour, mais successivement, par gradation, en commençant par celles qui sont le plus préjudiciables au commerce. Peut-être ferait-on bien de commencer par les droits sur les sucres, de continuer par ceux sur le thé, le café, les céréales, etc., et ainsi de suite, jusqu'à ce que tous les droits de douane et toutes les contributions indirectes soient complétement supprimées, et que le commerce, dégagé de tous liens et de toutes entraves, soit proclamé libre d'échanger les produits abondants et variés qui découleront alors, en flots éternels, des sources à jamais affranchies de l'industrie productrice.

Des hommes de bonne volonté, croyant fermement au progrès constant de l'humanité — hommes bons et sincères — sont réunis aujourd'hui de toutes les parties du monde, dans le but de développer, pour l'intelligence de tous les honnêtes penseurs, les lois immuables de la nature humaine, lois qui, comprises et appliquées, sont divinement destinées à donner l'essor à la puissance créatrice de l'homme et à élever, par l'abondance des produits, sa condition morale et physique.

Inspiré par ce but généreux : vivre pour aider son semblable, et enflammé d'un zèle humanitaire pour augmenter son bien-être, le feu prince-conjoint, cet esprit noble et éclairé dont la Grande-Bretagne déplore profondément la perte, en s'adressant aux membres de la « Social science Association » au dernier meeting qu'il présida, après avoir fait allusion à la prospérité nationale sans précédents qui avait couronné d'un succès complet la politique libre-échangiste de sir Robert Peel, les exhorta solennellement dans ces termes qui devraient rester toujours gravés dans notre mémoire et par lesquels je suis heureux de pouvoir terminer ce mémoire :

— « Je vous exhorte, en général, à ne pas perdre vos forces sur des points de détail minutieux, quelque attrayants qu'ils puissent être par leur intérêt et leur importance intrinsèques. Dirigez votre énergie entière vers l'établissement de ces principes larges sur lesquels l'action commune de différentes nations peut être basée ; cette action commune (parlant, sans aucun doute, du libre-échange international) doit s'exercer, si nous voulons faire des progrès réels. Je sais que ce Congrès ne peut que proposer et recommander, et que c'est aux différents gouvernements de donner suite ultérieurement à ces propositions. Plusieurs propositions recommandées ont été, il est vrai, menées à bonne fin ; mais beaucoup d'autres ont été abandonnées — et je n'exclus pas de ce blâme notre propre pays. En vérité, je me sentirais heureux et fier, si cette noble assemblée pouvait devenir capable d'établir la base solide d'un édifice — nécessairement long à construire — qui obligerait les générations futures à des efforts laborieux et persévérants vers le progrès du bonheur humain, en conduisant à la découverte de ces lois éternelles (fiscales, commerciales ou autres) dont dépend ce bonheur universel. Que celui qui a implanté dans nos cœurs le besoin de la vérité, et qui nous a donné les facultés du raisonnement, afin que nous les employions à la découvrir, sanctifie nos efforts et les bénisse dans leurs résultats. »

Mémoire de M. Hyacinthe Deheselle, *publiciste à Verviers.*

Théorie de l'impôt.

Il n'est pas en économie politique de question plus importante et plus controversée que la théorie de l'impôt. La diversité des opinions est extrême, et l'on reconnaît à cette marque infaillible, l'imperfection des théories exposées jusqu'aujourd'hui. Elles reposent toutes sur ce prétendu axiome : Chacun doit payer l'impôt suivant ses facultés. Or, cet axiome est faux et il ne me sera pas difficile de démontrer qu'il est exactement le contrepied des lois économiques.

Au point de vue économique, l'État est institué pour rendre aux citoyens des services dont l'impôt n'est que la rémunération. Ces services sont de deux sortes qu'il importe de bien distinguer et dont le caractère est parfaitement tranché :

1° *Les services spéciaux* que le citoyen peut toujours accepter ou refuser au moment où ils lui sont offerts : tels sont les services de la poste, du télégraphe, des routes, des canaux, des chemins de fer, de l'enseignement, etc. ; chacun est libre de mettre une lettre à la poste, de profiter d'une route, d'un canal, du chemin de fer, de placer son fils aux écoles de l'Etat, absolument comme s'il s'agissait d'accepter ou de refuser la marchandise d'un boutiquier.

2° *Les services généraux*, c'est à dire ceux qu'on accepte forcément dès qu'on séjourne dans le pays : tels sont ceux que rendent l'armée, la police, les tribunaux, la diplomatie, etc. En effet, ils donnent la paix, la sécurité qui, pour ainsi dire, nous enveloppe de toutes parts, comme l'atmosphère que nous respirons. On est libre d'habiter ou non tel pays donné, mais, dès qu'on l'habite, il faut bien accepter les services généraux de l'État.

La distinction de ces deux ordres de services, qui, je pense, n'a pas encore été faite avec une netteté suffisante, me paraît tout à fait essentielle. Elle jette une lumière singulière sur toutes les graves questions qui concernent l'intervention de l'État ; mais nous n'avons ici à nous occuper que d'un seul point : Comment les services rendus par l'État seront-ils rémunérés? Quel en sera le prix?

Voyons d'abord quelles sont, en cette matière, les lois générales de la science économique. Il est à peine nécessaire de rappeler qu'elles sont au nombre de deux : *la loi de l'offre et de la demande* et *celle du prix de revient*. Si la première agissait seule, le prix des choses subirait des oscillations excessives, suivant qu'il y aurait rareté ou abondance; mais la seconde vient limiter ces alternatives en limitant l'offre. En effet, si l'objet d'un service peut être produit en quantité indéfinie, il sera offert sur le marché jusqu'à ce que son prix descende un peu au dessus du prix de revient. Comme les choses peuvent presque toujours être produites en quantité indéfinie, du moins relativement au chiffre de la demande, il s'ensuit que dans la plupart des cas, le prix des choses est réglé par le prix de revient. Ce qui fait le prix d'un objet, ce n'est ni le besoin qu'en a l'acheteur ni la facilité qu'il a de payer : l'homme affamé et l'homme repu, l'homme pauvre et l'homme riche payeront le même pain au même prix. Le principe est que chacun paye ce que la chose coûte, plus un bénéfice réglé par la concurrence. Voilà les lois économiques : je ne chercherai pas à les justifier. Elles existent chez tous les peuples; la science n'a fait que les reconnaître. Elles s'imposent avec l'autorité écrasante d'un fait universel. Ajoutons que pour recevoir leur plein développement, une seule condition est nécessaire : la liberté de l'échange, l'entière indépendance des contractants.

Maintenant, d'après quelles lois établirons-nous le prix des services rendus par l'État? Évidemment, d'après les lois économiques, lois aussi simples qu'incontestées et qui règlent toutes les transactions.

En ce qui concerne les *services spéciaux*, l'application est facile : l'État demandera le prix du service qu'il rend à celui qui le reçoit et au moment où il le reçoit. Ainsi, rien de plus simple : une lettre à transporter, une place en chemin de fer, le parcours d'une route, d'un canal, un fils à instruire, tous ces services seront payés par ceux qui les réclament et au moment où il les réclament. Quel sera le prix? Il devra naturellement tendre à se rapprocher du prix de revient.

La réforme postale, qui a produit de si admirables résultats, n'a pas été autre chose que l'application des vraies lois économiques au transport des lettres. Rowland-Hill s'était aperçu, en premier lieu, que si le prix du transport était payé d'avance, il en résulterait une diminution du prix de revient; en second lieu, que ce prix de revient était à peu près le même pour toutes les lettres, qu'elles fussent transportées à une lieue ou à cent lieues. De là, les deux bases de la réforme postale : l'affranchissement obligatoire et l'uniformité du prix. Ainsi, pour fixer ce prix, le réformateur ne s'est occupé ni de la distance à parcourir, ni du désir plus ou moins vif que pouvait éprouver l'expéditeur, ni de sa fortune plus ou moins grande, — tout cela serait absurde et anti-économique, — mais uniquement du prix de revient.

Il est vrai que, même en Angleterre, et, à plus forte raison, sur le continent, le service des postes donne des bénéfices très considérables. La taxe d'un penny est donc beaucoup supérieure au prix de revient; elle devra être abaissée et ce sera l'objet d'une autre réforme presque aussi importante que la première. En Belgique, par exemple, il est certain que la taxe pourrait descendre à cinq centimes et laisserait encore un bénéfice.

Du reste, la plupart des nations violent les lois économiques en ce qui concerne les services spéciaux, dont le prix est établi comme à l'aventure, sans mesure ni règle. Cela entraîne toujours des inconvénients graves, quoique souvent peu visibles. Pour s'en convaincre, il suffira de comparer ce qu'était le transport des lettres en Angleterre, avant la réforme de Rowland-Hill, et ce qu'il est aujourd'hui; on verra d'un coup d'œil, la perte énorme produite par l'infraction des règles et dont personne ne s'était douté jusque-là.

Passons aux *services généraux*. Quel sera leur prix? Ici l'application des lois économiques devient plus difficile, parce que la liberté n'existe pas. Dès qu'on séjourne dans un pays, l'acceptation [des services généraux est forcée : c'est un échange entre l'État et le citoyen qui se fait, pour ainsi dire, à tous les moments et malgré la volonté des contractants. Vis-à-vis de cette acceptation forcée, il a bien fallu imaginer une rémunération forcée qui a reçu le nom d'impôt, sans quoi chacun eût profité des avantages de l'État, sans en payer le prix. L'impôt peut donc être défini : *Le prix imposé d'un service imposé*. De la sorte, ses caractères seront parfaitement nets et tranchés.

Mais il faut savoir quelle sera la répartition de l'impôt ou bien quel prix payera chaque citoyen pour sa part de services généraux. Si la liberté présidait à cet échange, les lois de l'offre et de la demande, et surtout celle du prix de revient, s'appliqueraient d'elles-mêmes. La liberté absente, que faire? Il n'y a qu'une seule science qui s'occupe de la valeur des choses : c'est l'économie politique. Comment découvrir la valeur des services de l'État, si ce n'est avec son aide. Elle résoudra le problème ou il est insoluble.

Quelles sont donc les dépenses de l'État et les éléments de son prix de revient?

Que fait un industriel, soit, par exemple, un fabricant de calicots, pour calculer son prix de revient? Il divise sa dépense totale d'une année, matières premières, main-d'œuvre, frais généraux, etc., par le nombre de pièces de calicots fabriquées, et il a pour quotient son prix courant par pièce.

Rien de plus facile dans les États libres que d'établir le chiffre total des dépenses publiques; mais où sera notre diviseur, l'équivalent de la pièce de calicot? Qu'allons-nous prendre pour unité des services rendus par l'État? Évidemment cette unité n'existe point. La sécurité que produit l'État, la protection générale qu'il accorde ne peut se subdiviser en quart, en tiers, en dixième de protection.

Que faire alors? D'après quelle base répartir l'impôt, de manière que chaque citoyen paye à l'État ce qu'il a coûté à l'État? Il n'y a qu'un moyen, c'est de chercher s'il n'y a pas un rapport entre les frais de la protection et ce qui est protégé. Or, cette protection porte : 1° sur les propriétés; 2° sur les personnes, et ne peut porter sur autre chose. Voyons donc si les dépenses de l'État varient en raison de la valeur des propriétés protégées ou en raison du nombre des personnes protégées.

Les dépenses afférentes aux services généraux peuvent se ranger sous cinq chefs différents : 1° défense nationale et police; 2° justice; 3° affaires étrangères; 4° administration et finances; 5° encouragements aux arts, à l'industrie, au commerce, aux travaux publics, à l'enseignement. Il va sans dire que ces encouragements doivent être très faibles, sous peine de constituer des services spéciaux.

On s'aperçoit sans peine que les dépenses de l'État augmentent avec la richesse publique qui elle-même consiste dans la totalité des valeurs matérielles, meubles et immeubles, qui se trouvent dans le pays. Ainsi, les dépenses militaires sont beaucoup plus considérables dans les pays riches que dans les pauvres. D'abord les premiers, étant plus convoités par des voisins ambitieux, doivent être défendus par des forces plus imposantes. Ensuite, même à forces militaires égales, tout y coûte plus cher : les travaux de défense, les enrôlements, les émoluments, les pensions, les vivres, les chevaux, etc. On peut ajouter que les émeutes et les révolutions y causent des désastres terribles en comparaison de ce qu'elles produisent dans les pays pauvres; il faudra donc prendre plus de précautions pour que l'ordre ne soit pas troublé ; de là, plus de dépenses. Les frais de la police varient aussi avec la richesse. La police, qui ne coûte presque rien à Arlon, devient une affaire très coûteuse et très compliquée à Bruxelles. En effet, plus il y a de valeurs matérielles de toutes sortes, plus elles sont difficiles à garder.

De même pour la justice. Les affaires civiles et les affaires pénales, au moins en ce qui concerne les délits et les contraventions, augmentent avec la richesse; il faut donc augmenter le nombre des magistrats; de plus, il faut les payer plus cher. De même encore pour les affaires étrangères : les pays riches ont avec l'étranger des relations plus étendues, plus multipliées, exigeant un personnel plus nombreux. L'administration générale et celle des finances sont également plus coûteuses, puisqu'il y a plus d'impôts à recueillir et plus de dépenses à liquider. Les émoluments des fonctionnaires sont plus élevés. Enfin, les encouragements modérés à donner aux arts, à l'industrie, etc., satisfont à des besoins qui souvent n'existent que peu ou point dans les pays pauvres. Ces encouragements peuvent même être considérés comme des moyens préventifs pour diminuer les frais d'armée, de police, de justice, en éclairant les citoyens et en développant chez eux le goût des plaisirs intellectuels.

Maintenant, si de l'État, nous nous tournons vers la Commune, qui est un petit État dans le grand, nous verrons, là encore, les dépenses grandir avec la fortune publique. Dans une capitale, on veut des rues très larges, parfaitement pavées, des trottoirs commodes et amples, un éclairage somptueux, un système d'égouts complet, des places publiques grandioses, de beaux monuments, des boulevards, des parcs, des fontaines, de l'eau à profusion, une police très active : toutes choses à quoi l'on ne pense même pas dans les petites villes, où le simple nécessaire paraît déjà du luxe. On est plus raffiné, plus délicat, plus exigeant, précisément parce qu'on est plus riche.

Des propriétés, passons aux personnes : leur nombre influe peu ou point sur les dépenses de l'État. Cent paysans de l'Ardenne ou de la Campine coûtent évidemment moins à garder et à protéger qu'un millionnaire de Bruxelles qui détient de grandes valeurs et use de toutes les ressources d'une société raffinée. Ensuite, les trois quarts au moins des attentats contre les personnes ont le vol et, par conséquent, la propriété pour motif. Ainsi, en protégeant les biens, on protége la personne par-dessus le marché et, par conséquent, sans frais. Si pourtant on admet que la personne donne lieu à une aggravation de dépense, celle-ci est si légère, qu'elle ne peut entrer en ligne de compte. On perd beaucoup à compliquer, et c'est un avantage énorme que la simplicité des tarifs. La réforme postale l'a démontré avec usure.

Les dépenses de l'État et de la commune augmentent donc, non en raison du nombre des citoyens, mais en raison de la quantité de valeurs matérielles existant dans le pays ou dans la commune. Nous sommes en droit d'en conclure que tout objet ayant une valeur doit payer l'impôt en proportion de cette valeur. Ainsi, voilà deux maisons, valant, contenant et contenu, l'une 100,000 et l'autre 200,000 fr. : la seconde payera un impôt double de la première.

Est-il bien certain que la seconde a coûté juste le double à l'État? Je n'oserais l'affirmer, mais le contraire serait tout aussi difficile à prouver et la discussion, puérile. Nous devons nous contenter ici d'une approximation, d'une sorte de moyenne, comme cela se pratique, du reste, très fréquemment dans l'industrie privée. Ainsi, les déblais, par exemple, s'entreprennent au mètre cube, à un prix moyen, bien que tel mètre coûte dix fois, cent fois plus à extraire que tel autre. Les commissions de vente se payent à tant pour cent, pour une petite affaire comme pour une grande, pour une balle de laine ou de coton, comme pour cent balles. Dans les voitures publiques, le voyageur qui pèse 120 kil. et celui qui n'en pèse que 40, sont transportés au même prix. Enfin, deux maisons, l'une de 1,000 fr., l'autre de 100,000 fr., sont assurées au même taux, bien que la prime soit relativement plus coûteuse à percevoir pour la première que pour la seconde. Mais, dans tous ces cas, et dans bien d'autres qu'on pourrait rapporter, la simplicité des tarifs commande ces déviations plus apparentes que réelles à la loi du prix de revient.

J'ai dit que tout objet ayant une valeur paye l'impôt en raison de cette valeur. Il faut insister sur ce point. Il n'y a que les valeurs matérielles qui soient sujettes à l'impôt; les valeurs dites *représentatives*, comme les lettres de change, actions, obligations, titres de la dette publique et hypothécaire, chirographes, etc., y échappent complétement. En effet, tous ces titres ou preuves d'obligations ne font que représenter des objets matériels existant ailleurs et payant là l'impôt. Prenons une action de société industrielle : elle donne droit à une partie du capital social formé lui-même d'immeubles, ateliers, machines, outils, approvisionnement, numéraire, etc., tous objets matériels passibles de l'impôt. Or, de deux choses l'une, ou le siége de cette société se trouve dans le pays ou hors du pays. Dans le premier cas, toutes ces valeurs ont déjà payé l'impôt, qu'on ne peut faire payer deux fois. Dans le second cas, toutes ces valeurs se trouvant hors de l'État n'ont en rien augmenté ses dépenses et ne doivent pas l'impôt.

Il en est exactement de même d'un titre de la dette publique. La valeur représentée par ce titre, ou bien se trouve reproduite en travaux publics, monuments, fortifications, etc., etc., ou bien a été tout à fait consommée sans qu'il en reste rien. Dans le premier cas, toutes ces valeurs matérielles sont entre les mains de l'État, qui seul en profite et se paye en quelque sorte l'impôt à lui-même. Dans le second cas, il n'y a plus rien et il n'y a lieu ni à dépense ni à impôt. Donc, faire payer le détenteur du titre, c'est, ou bien le faire payer au lieu de l'État, ou bien le faire payer sans motif. Ces considérations s'appliquent, à plus forte raison, aux titres d'une dette publique étrangère, car, s'ils représentent des valeurs encore existantes, celles-ci sont en dehors du pays et doivent l'impôt là où elles sont.

Nous arrivons de la sorte à la constitution d'un cadastre universel, à la fois mobilier et immobilier. Dans ce cadastre, figurerait d'abord la valeur de chaque parcelle du sol, non une valeur arbitraire et fixe comme on fait aujourd'hui, mais une valeur réelle, marchande. Puis viendrait la valeur de la propriété bâtie sur la parcelle. Puis enfin, la valeur des meubles de tous genres contenus dans l'habitation : les meubles meublants, les vêtements, bijoux, numéraire, vins, voitures, linge, objets d'art, marchandises en magasin, machines, outils en fabrication, etc. Ce serait donc l'inventaire de toute la fortune publique sous trois grandes divisions : 1° propriété foncière; 2° propriété bâtie; 3° propriété mobilière. Il donnerait, non la somme des fortunes individuelles, il faut bien le remarquer, mais la fortune propre du pays, l'ensemble des valeurs matérielles qui se trouvent sur son territoire. Tout cela payerait un tantième par mille à fixer annuellement par les Chambres.

Remarquons que l'impôt est complétement indépendant des personnes. Peu importe qui le paye : propriétaire, locataire ou simple détenteur; c'est la chose qui a provoqué la dépense de l'État, c'est la chose qui doit, et l'impôt la poursuit. A ce titre, il pourrait recevoir le nom d'*impôt réel* semblable au *droit réel* des Romains, droit qui, comme l'hypothèque, est attaché à la chose et la suit toujours et partout, quel qu'en soit le propriétaire.

Voilà où nous conduit l'application rigoureuse des deux grandes lois économiques, et surtout de celle du prix de revient qui se formule ainsi : Chacun paye les choses ce qu'elles coûtent au vendeur, plus un bénéfice déterminé par la concurrence. Mais, comme l'État ne peut faire de bénéfice, puisque, payé par les imposés, ce bénéfice ne serait que l'impôt sous un autre nom, notre formule peut se simplifier comme suit : Chacun paye à l'État ce qu'il coûte à l'État. Mais ici nous retrouvons encore la personne du citoyen, élément indifférent, étranger, que nous avons éliminé, et la formule, réduite à sa plus simple expression, devient : *Chaque chose doit à l'État ce qu'elle coûte à l'État*. Tel est le vrai principe régulateur de l'impôt.

La théorie régnante en matière d'impôt procède d'un principe tout contraire; elle est basée sur la personne et non sur la chose; c'est l'état de fortune du citoyen qui règle la part d'impôt qui lui incombe. En se repor-

tant au droit romain, on pourrait l'appeler la théorie de l'*impôt personnel*.
Elle a produit ces trois prétendus axiomes qui en constituent le fonds :
1° L'impôt est payé suivant les facultés de chacun ;
2° L'impôt ne doit jamais atteindre le nécessaire ;
3° L'impôt est payé suivant l'utilité que chacun retire des services de
l'État.

Ces axiomes sont radicalement faux comme principes économiques.
Est-ce qu'un boulanger, par exemple, s'enquiert jamais de l'état de fortune
de son client pour régler le prix du pain ? S'informe-t-il s'il a ou s'il n'a
pas le nécessaire ? Recherche-t-il avec soin l'utilité que ce pain peut avoir
pour l'acheteur, et vend-il plus cher à l'homme affamé qu'à l'homme repu ?
Non, il a pour tous le même prix, le prix coûtant, augmenté du bénéfice
permis par la concurrence. Il ne lui vient pas même à l'idée de faire ces
recherches bizarres, ni au client de réclamer des droits aussi exorbitants :
ils sentent l'un et l'autre que cela serait faux, absurde, injuste.

Pourquoi l'État agirait-il autrement que ce boulanger ? Les services
généraux qu'il rend sont payés par l'impôt ; c'est un échange incomplet,
sans doute, puisqu'il y manque la liberté ; c'est un *échange imposé*, mais
échange encore et comme tel, sujet aux lois économiques. Du reste, il le
faut bien ; comment établir la valeur de l'impôt, si ce n'est d'après la
seule science qui traite de la valeur ? Si la loi du prix coûtant n'est pas
applicable ici, elle ne l'est jamais, et l'économie politique tout entière a
péri ; dans tous les pays, les transactions de toute nature, sont régies par
cette loi ; si la loi est mauvaise, elles sont donc mauvaises par essence ; il
faut tout bouleverser et livrer le monde à la plus effroyable des perturbations.

Il y a dans cette théorie de l'impôt personnel une méprise étrange,
fatale. Ses axiomes, en effet, sont aussi vrais en morale qu'ils sont faux
en économie politique. Ainsi, il est clair que nous devons secourir les
autres, suivant leurs besoins ou, ce qui est, la même chose suivant leurs
facultés. De même nous devons aider celui qui n'a pas le nécessaire ; de
même encore nous devons mesurer nos dons à l'utilité qu'ils ont pour le
donataire et non à leur valeur intrinsèque. Mais il s'agit là de donner et
non d'échanger, d'un acte de bienfaisance et non d'un acte de commerce ;
actes différents dans le but, dans les moyens, en essence, en tout. Il serait
vraiment insensé de leur appliquer les mêmes principes. Le boulanger de
tout à l'heure sera peut-être le plus bienfaisant des hommes ; mais quand il
débite son pain, il est marchand et rien que marchand : le bon sens le plus
vulgaire l'ordonne ainsi. L'État aussi peut et doit même, en certain cas,
exercer la bienfaisance, mais à coup sûr, ce n'est pas en percevant l'impôt.

La confusion du domaine moral avec le domaine économique a donné à ces prétendus axiomes un crédit d'emprunt qui explique la persistance de leur empire. Sans leur insupportable tyrannie, il y a longtemps que cette idée si simple et si facile de l'impôt réel eût conquis sa place ; mais ils étaient là, obscurcissant tous les yeux. Ils sont ainsi devenus comme un malheur public ; toutefois, nous espérons que leur règne aura bientôt cessé.

Si maintenant nous soumettons l'impôt réel à l'épreuve de l'application, il n'est pas de difficulté qu'on ne puisse vaincre. L'exactitude de la mise à prix peut toujours être approchée aussi loin qu'on voudra. Les difficultés de l'impôt personnel venaient de ce que, au lieu d'évaluer un objet matériel, on cherchait à évaluer une fortune, un revenu, évaluation impossible puisque les éléments d'appréciation manquaient. A quoi il faut ajouter l'intrusion du fisc dans les affaires privées, très pénible pour les particuliers et évitée dans l'impôt réel, car la somme des valeurs matérielles dont on est détenteur, ne révèle nullement la vraie situation de la fortune. Mais je suppose même qu'on fût parvenu, par quelque tour de magie, à connaître le chiffre exact de la fortune ou du revenu de chaque citoyen, on tombait alors dans des difficultés encore plus insurmontables. En effet, dès qu'on' admet que l'impôt est dû en raison des facultés de chacun, il est facile de démontrer que celles-ci ne sont pas proportionnelles à la fortune ou au revenu. De là l'impôt progressif, théorie funeste, digne fille de l'impôt personnel qui, par une pente insensible, pouvait conduire les communistes à leur but. De là toutes ces questions : Est-ce que, à revenu égal, un père chargé d'enfants et un célibataire ont faculté égale de payer? Comment celle-ci varie-t-elle avec le nombre d'enfants? Comment varie-t-elle avec la source du revenu, selon qu'il est en terre, en rente ou en viager? Comment la progression de l'impôt varie-t-elle avec la grandeur du revenu? Dédale vraiment inextricable, questions radicalement insolubles, comme je le démontrerai quelque jour, à l'aide d'une économie politique mathématique dont j'ai déjà établi toutes les bases et qui m'a conduit au travail que je viens d'exposer. Si ce travail est vrai, toutes ces questions s'évanouissent comme par enchantement et l'impôt progressif frappé à mort ne se relèvera jamais.

On a souvent remarqué que certains contribuables parvenaient à se faire rembourser l'impôt qu'ils avaient effectivement payé au fisc, mais qui, en réalité, retombait sur d'autres citoyens. C'est ce phénomène qu'on a appelé la *répercussion de l'impôt*. Étudions-le par rapport à l'impôt réel ; voyons comme celui-ci est répercuté, ou plutôt, qu'elle est sa répartition définitive.

Commençons par l'impôt foncier, propriété non bâtie. Divers économistes ont montré que c'était une rente tout à fait analogue à la rente hypothécaire; c'est même une hypothèque qui prime toutes les autres. Si l'on achète ou si l'on vend une propriété, elle est grevée d'une rente au profit de l'État et son prix diminue en proportion. Supprimez l'impôt foncier, c'est une rente rédimée; le propriétaire sera tout à fait dans le même cas que s'il eût remboursé une hypothèque; il ne retirera pas un revenu moindre de sa propriété, et la rente fiscale sera désormais perçue à son profit. Il en résulte que l'impôt foncier fait de l'État une sorte de co-propriétaire et qu'il ne grève nullement les produits du sol dont les prix restent invariables, fût-il même supprimé. En effet, le fermier continuera à payer le même fermage que par le passé; seulement, au lieu qu'une partie de celui-ci allait tomber dans le trésor public, il tomberait tout entier dans la poche du propriétaire. L'impôt foncier ne pèse donc sur personne; c'est un capital acquis par l'État aux dépens des propriétaires primitifs et des défricheurs actuels et dont il recueille la rente. Ces considérations s'appliquent de tous points à l'impôt réel.

Toutefois, on est tombé dans une grave erreur en étendant ces conclusions de la propriété non bâtie à la propriété bâtie. En effet, supposons qu'on supprime l'impôt sur les propriétés bâties. Tout d'abord, nous retrouverons les mêmes effets que nous venons de signaler; la rente fiscale entrera tout entière dans la poche du propriétaire. Mais ici intervient un nouvel élément, la possibilité de bâtir des maisons nouvelles à côté des anciennes, ce qui fera baisser le prix des loyers et enlèvera au propriétaire le bénéfice temporaire dont il jouit. Prenons une maison valant 100,000 fr. et louée 6,000. L'impôt réel à 3 par mille, serait de 300 fr. et le produit net de cet immeuble s'élèverait à 5,700 fr. L'impôt supprimé, le revenu net monte à 6,000 fr. Mais si l'on bâtissait des maisons donnant 5 7/10 p. c., c'est que ce revenu suffirait; si vous l'élevez à 6 p. c., vous accordez une prime à la bâtisse, et, toutes choses égales d'ailleurs, il est clair que la concurrence ramènera les loyers au taux jugé satisfaisant de 5 7/10 p. c. Par conséquent, l'impôt s'ajoute au prix naturel du loyer, il fait partie du prix de revient. Cela résulte de cette grande différence entre la propriété bâtie et la propriété non bâtie, qu'on peut toujours ajouter des maisons aux maisons et non pas des terrains aux terrains.

Par les mêmes raisons et à plus forte raison, la propriété mobilière, plus extensive encore, se trouve dans les mêmes conditions que la propriété bâtie. Là aussi l'impôt réel vient augmenter le prix naturel à payer pour la jouissance des meubles; il agit exactement comme s'il augmentait leur prix de revient.

Maintenant, ces points établis, il nous sera facile de découvrir sur qui le poids de l'impôt retombe en définitive. Prenons un manufacturier ayant un grand établissement, machines, outils, marchandises, etc., plus une maison d'habitation et jardins attenants : il est certain que tout l'impôt frappant la manufacture doit entrer dans les frais de celle-ci ; c'est une dépense comme serait un loyer et qui doit entrer dans le calcul du prix de revient. Ainsi, il portera au compte des frais généraux, d'abord la rente de la terre sur le sol occupé, augmentée de l'impôt foncier : n'oublions pas toutefois que si l'impôt était supprimé, c'est la rente qui augmenterait d'autant, et il faudrait continuer à porter le même chiffre ; l'impôt foncier, encore une fois, n'augmente donc pas le prix de revient. De même, notre manufacturier portera parmi ses frais généraux, l'impôt pesant sur les propriétés bâties et mobilières, sur les ateliers, machines, outils, marchandises en fabrique et en magasin, etc., et cette fois, le prix de revient de ses produits en sera accru d'autant. Ce n'est pas lui, en définitive, qui paye ces impôts, mais le consommateur de ses produits. Il en est tout autrement de la maison d'habitation et dépendances ; l'impôt qui les frappe augmente ses dépenses personnelles et n'a aucun rapport avec son industrie. De même, un négociant en gros ou en détail fera entrer dans son prix de revient l'impôt sur ses marchandises en magasin, sur les immeubles et meubles nécessaires à son commerce. Ce sont donc encore les consommateurs de ces marchandises qui, en définitive, payeront l'impôt. De même, enfin, un banquier fera rejaillir sur ses clients l'impôt payé sur son numéraire en caisse, sur les immeubles et meubles, outillage nécessaire des opérations de banque. Il ne pourrait leur faire payer l'impôt qui frappe sa maison d'habitation.

En généralisant ces résultats, nous arrivons à la loi de répercussion qu'on pourrait définir ainsi : Tout impôt frappant un objet à l'usage personnel d'un citoyen est payé, en définitive, par ce citoyen ; tout impôt frappant un instrument de production (sauf l'exception pour la propriété foncière), et par là servant indirectement au consommateur, est payé, en définitive, par le consommateur.

Nous en déduirons une loi plus générale encore, c'est que l'impôt réel est payé par le consommateur en proportion, non de la consommation, il faut bien le remarquer, mais du capital employé à produire les objets consommés ou utilisés.

Ainsi, l'homme aisé et dix ménages d'ouvriers qui dépensent pour eux et leur famille, l'un 10,000 et les dix autres, chacun 1,000 fr., ne payeront pas l'impôt en proportion de ces consommations annuelles, mais en raison du capital employé à produire les objets de cette consommation.

Or, pour les dix ouvriers, ce capital est moindre. En effet, leur consommation porte en grande partie sur des subsistances que l'impôt foncier n'a point renchéries ; le reste consiste en objets grossiers qui n'ont exigé que l'emploi d'un capital relativement modique. Dans la dépense de 10,000 fr., au contraire, les subsistances ont moins d'importance, et le surplus consiste en objets plus raffinés qui ont coûté plus à produire en machines, outils, approvisionnements, etc. Ainsi, l'homme aisé payera un peu plus que les dix familles d'ouvriers, ce qui est juste, puisqu'il a coûté davantage à l'État.

En posant quelques autres exemples, on reconnaîtra mieux encore avec quelle justice parfaite, l'impôt réel se répartit. Un étranger qui traverse le pays, payera sa part d'impôt qui sera comprise dans la note de l'hôtelier, dans le prix de sa place au théâtre, dans les achats qu'il fait, etc. S'il séjourne et prolonge sa dépense, l'impôt se prolonge dans une mesure exacte. Supposons un millionnaire vivant dans un taudis ; celui-là, consommant peu, paye peu à l'État, mais aussi il coûte peu, sans compter que sa fortune, consistant en terres, manufactures, etc., est utile aux autres citoyens. Supposons, au contraire, un homme menant grand train, avec une petite fortune, ou peut-être pas de fortune du tout, comme un négociant au dessous de ses affaires ; il paye beaucoup à l'État parce qu'il coûte beaucoup, exactement de la même manière qu'il paye beaucoup à son carrossier, parce qu'il achète beaucoup de voitures.

Ce serait ici le lieu de faire la critique des impôts existants, de les mesurer en quelque sorte à cet étalon, à ce principe si souverainement simple : *Chaque chose paye à l'État ce qu'elle coûte à l'État.* Mais le temps manque. On trouverait que presque tous les impôts actuels sont iniques dans leur répartition et qu'ils vont précisément à l'encontre du principe économique. On trouverait aussi que beaucoup d'entre eux, notamment les impôts indirects, grèvent la production d'une façon si déplorable, qu'outre l'impôt payé à l'État, ils frappent la nation d'une autre perte peut-être aussi forte. Ce principe régulateur grandira sans cesse en puissance, parce que, à mon avis, il porte une âme qui est la vérité. A la longue, il battra en brèche et ne laissera pas pierre sur pierre de la formidable citadelle de l'impôt, entassement informe des abus et des exactions de tous les âges.

Permettez-moi, en finissant, de tracer un tableau rapide de ce que serait l'impôt réel dans un pays comme la Belgique. Je suppose qu'un vaste et lent mouvement de conversion ait remplacé tous les impôts actuels par un tantième sur chaque valeur matérielle. Chaque année un vieil impôt est tombé et les tantièmes se sont accrus de 1/4 ou de 1/2 par mille. La conversion faite, à combien de tautièmes par mille s'élèvera l'impôt réel? Voyons d'abord la somme exigée par les services de l'État. Les dépenses s'élèvent à environ 145 millions et supposent une recette égale. Or, les recettes provenant de services spéciaux, c'est à dire la poste, les télégraphes, chemins de fer, bateaux à vapeur, péages, barrières, domaines, etc., s'élèvent au moins à 45 millions par an et ce chiffre augmente rapidement. Reste donc 100 millions à percevoir par l'impôt; mais je réduis ce chiffre à 90 millions, parce que la suppression des douanes, accises, etc., permettra de faire une économie de 10 millions sur les frais de perception (2 millions au lieu de 12). Ainsi, en arrondissant les chiffres, l'impôt devrait rapporter une somme de 90 millions. Je prends les budgets tels qu'ils sont et laisse de côté toutes les économies qu'ils comportent.

Maintenant quel sera le capital imposé? Je crois qu'on peut attribuer une valeur d'environ 17 milliards à la propriété bâtie et non bâtie, en y ajoutant les forêts sur pied, les chemins de fer et canaux concédés, etc. Pour les houillères, mines, minières, carrières, etc., 3 milliards. Pour les meubles meublants, machines, outils, chevaux, bétail, marchandises, numéraire, etc., 10 milliards. Soit en tout 30 milliards, ce qui suppose un tantième de 3 par mille, pour parfaire la somme de 90 millions. Si l'on réduisait le capital national à 23 milliards, on n'arriverait pas encore à 4 par mille, chiffre réellement modique et qui ne serait qu'une charge insensible sur la production. Remarquez qu'à raison de 3 par mille, la propriété foncière ne serait guère plus imposée qu'aujourd'hui où avec les impôts de mutation, hypothèques, successions, etc., son contingent atteint au moins 45 millions par an.

Cette conversion opérée avec sagesse ne causerait aucune perturbation dans le pays; car, le cadastre universel une fois établi, on pourrait procéder avec autant de lenteur qu'on le désirerait, en suivant, pas à pas, les progrès de l'opinion publique. Les grandes villes, du reste, devraient donner l'exemple, en cherchant dans l'impôt réel la source des revenus qui leur manquent. La réforme serait aussi singulièrement favorisée par le développement extraordinaire que prendraient l'agriculture, l'industrie et le commerce, grâce à la suppression de toutes les entraves douanières et fiscales. Les brasseries, distilleries, fabriques de sucre et de vinaigre, seraient transformées; les fabriques de produits chimiques et les verreries recevraient une impulsion nouvelle. La Belgique deviendrait un immense port franc où afflueraient les marchandises de tous les pays, et le grand commerce qu'on cherche serait né. Il n'y a pas un manufacturier, pas un négociant, pas un agriculteur, et, ce qui vaut mieux peut-être, pas un ouvrier qui ne regagnât par mille facilités, abondance des matières premières et de toutes choses, choix varié, abolition des droits d'entrée, bon marché des subsistances, par mille moyens indirects, beaucoup au delà de ce qu'il paye par l'impôt.

Assurément le ministre qui le premier aura renversé la douane et l'accise, se sera conquis une belle place dans l'histoire et aura mérité la reconnaissance de la postérité. Ouvrir la Belgique à tous les produits, en faire l'entrepôt de l'Europe septentrionale, la mettre au premier rang des nations par cette initiative, donner à son agriculture, à son industrie un développement inouï, leur livrer à pleines mains et au plus bas prix, tous les instruments de la production par la seule magie de la liberté, simplifier l'administration, délivrer la terre des entraves déplorables qui frappent l'hypothèque et les transmissions, introduire la justice dans l'impôt et la faire dominer en maître, comme il sied à cette reine toute divine, voilà une œuvre digne de l'homme d'État déjà illustre qui a renversé l'octroi.

La question de l'impôt embarrassait l'économie politique; c'était, à vrai dire, une de ses faiblesses. Ses ennemis en tiraient avantage pour l'outrager et la taxer d'impuissance. A cette malheureuse théorie de l'impôt personnel, on opposait l'impossibilité de la mettre en pratique sur une grande échelle, on montrait la nécessité de maintenir un tohu-bohu d'impôts, bizarre amalgame de tout ce que le passé et l'empirisme le plus étroit nous avaient transmis. Qu'a-t-il fallu pour justifier la science? Presque rien, messieurs; il a fallu revenir aux lois fondamentales qu'elle avait établies : elle n'était point à refaire, Dieu merci, mais à restituer. Désormais, telle est ma conviction profonde, la théorie et l'application marchent de concert, elles s'embrassent et, dans cette étreinte, s'affermissent et se grandissent l'une par l'autre. Les faits révoltés sont assujettis, leur vain tumulte dompté, la science règne et sans doute ceux qui l'aiment, en auront du plaisir. Il n'est pas de plus légitime orgueil que de se complaire dans la fierté des pensées. Ce n'est point là en effet un orgueil personnel et mesquin, mais l'orgueil même de l'humanité.

DÉBAT.

SIR J. BOWRING (Angleterre). Je demande à faire d'abord une rectification.

Sir Robert Peel a beaucoup fait dans l'intérêt du commerce, mais il faut aussi rendre hommage à ses devanciers; car nous leur devons de grandes améliorations.

La question posée par mon honorable ami, M. Heyworth, est de savoir si l'impôt direct doit être entièrement substitué à l'impôt indirect. Je suis d'avis que l'impôt direct est préférable à l'impôt indirect; il pèse moins sur celui qui le paye et est plus juste, plus raisonnable ; sa perception est moins onéreuse que celle de l'impôt indirect ; mais il ne faut pas perdre de vue qu'aucun pays jusqu'ici n'a pu se soustraire à la nécessité des impôts indirects.

Je suis également de l'avis de mon honorable ami, lorsqu'il dit que si nous pouvions supprimer tous les droits, nous rendrions un grand service à l'humanité ; mais nous n'en sommes pas encore là malheureusement. Je ne m'étendrai pas sur la question des impôts, mais je demanderai à dire quelques mots sur la liberté du commerce. La liberté du commerce doit procurer au monde entier des bienfaits incalculables.

Je viens d'un pays où j'ai représenté le commerce anglais ; dans le temps où le monopole régnait dans ce pays, le commerce n'avait pas le quart du développement qu'il a aujourd'hui.

Lorsque je pris la direction de cette colonie, je pratiquai la liberté la plus large ; toute entrave à l'entrée et à la sortie fut supprimée ; on m'a reproché quelques-uns de mes actes, on m'a reproché, entre autres choses, de ne pas faire de statistique ; mais j'ai vu le commerce grandir, les propriétés augmenter de quatre à cinq fois leur valeur, une population de 33,000 âmes s'élever, en un temps relativement peu considérable, à 96,000 âmes, tout cela grâce à la liberté du commerce.

En Angleterre, le capital du pays est en ce moment de 700 millions de livres sterling. C'est encore là un des résultats de la liberté du commerce. (Applaudissements.)

Mlle Cl. Royer (Suisse). La théorie que vient de développer M. Deheselle conclut à l'établissement de l'impôt réel ; je ne puis me dispenser d'élever la voix pour la défense de l'impôt personnel contre lequel M. Deheselle a présenté des arguments d'une grande force, mais qu'il me semble cependant avoir condamné d'une manière trop absolue.

L'impôt doit se payer en proportion de la richesse et c'est précisément ce qui me fait rejeter en principe l'impôt réel. Si l'impôt devait être réel, s'il devait frapper les choses sans acception des personnes, d'où vient qu'on n'ait jamais eu l'idée d'imposer les richesses naturelles dont nous disposons sans nous les être appropriées ? L'électricité est une force et une richesse, pourquoi ne l'imposons-nous pas ? pourquoi n'imposons-nous pas la foudre des nuages, l'eau de la rivière, le vent de la mer ? Ce sont pourtant bien des richesses. La personne, il faut donc le reconnaître, joue un grand rôle dans la théorie fiscale et en effet l'impôt est tout humain. L'impôt est la part que nous apportons chacun, pour subvenir aux dépenses de ces associations appelées États, peuples, nations, et je ne vois pas comment on pourrait lever l'impôt sur certaines richesses considérées comme impersonnelles, tandis que d'autres richesses resteraient dégagées de toute charge fiscale. L'impôt selon moi, doit en effet, se payer proportionnellement à la richesse, mais à la richesse comme extension de la personne. Qu'est-ce que la richesse pour les hommes ? C'est un accroissement de forces. Au lieu d'employer quatre bras, nous employons une machine à vapeur, au lieu de vingt bras armés de vingt fusils, nous employons un canon. Et tout cela au moyen du capital. S'il n'y a que la richesse appropriée qui paye, l'impôt est donc personnel par essence, et vouloir faire abstraction complète de la personne dans le système fiscal, c'est aller à l'encontre des principes de la société même.

Il est bien vrai que l'impôt est le payement d'un service ; mais l'État ne saurait en aucune façon être considéré comme un industriel. Ce serait mettre l'État en concurrence avec la société ; or l'État n'est autre chose que la société même et, par conséquent, les principes de la libre concurrence ne peuvent être applicables aux relations mutuelles de l'État et du peuple. — S'il fallait trouver quelque analogie, nous en trouverions plutôt dans les sociétés de mutualité ; là, chacun participe à raison de son apport.

Eh bien ! dans cette grande société mutuelle à laquelle nous appartenons fatalement, à laquelle nous ne pouvons échapper, dans la société humaine enfin, notre apport n'est pas une partie de notre richesse, c'est la totalité. Nous devons donc l'impôt, non seulement sur notre fortune, mais sur tout notre être.

Le système de l'impôt réel est non seulement anti-social, mais aussi en opposition avec les lois qui régissent l'humanité et la nature elle-même.

M. Deheselle en exposant sa théorie, a jugé bon d'adresser au système contraire des critiques qu'il ne mérite pas.

La théorie de l'impôt personnel n'admet pas comme axiome que l'impôt ne doit pas être payé par les nécessiteux ; je soutiens, au contraire, que tout homme doit participer aux charges fiscales de la société. D'après le principe de la proportionalité, ceux qui n'ont que le nécessaire ne sont en aucune façon exonérés, et c'est ce qui m'a fait en principe rejeter l'impôt progressif.

L'impôt proportionnel sur les facultés, se confond dans la pratique avec l'impôt réel, tel que l'a entendu M. Deheselle ; la différence qui existe entre les deux systèmes, c'est que le dernier est purement théorique ; car au fond ils auraient tous les deux à peu près le même résultat ; nous différons sur le pourquoi et le comment des choses, bien plus que sur les choses elles-mêmes.

Qu'on y fasse attention ! demander l'impôt directement aux choses, c'est donner à l'État la disposition universelle des choses, c'est faire de l'État le propriétaire universel. L'État impose les choses et les choses se laissent prendre ; il n'en est pas de même des personnes ; il y a chez elles un élément de résistance et de liberté ; l'impôt personnel doit être consenti par la majorité de la nation, car autrement la nation refuserait de le payer. Il y a donc dans l'impôt personnel une garantie politique que vous ne trouvez pas dans l'impôt réel.

M. C. LE HARDY DE BEAULIEU (Mons). Je n'ai que peu de choses à dire sur la question qui vient d'être traitée par M. Deheselle et par Mᵐᵉ Royer.

Je suis d'accord avec M. Deheselle, quant au principe ; mais je crois qu'il a oublié quelque chose dans l'énumération des bases de l'impôt ; il n'a égard qu'à la richesse matérielle ; et pourtant elle n'est pas l'unique source des revenus d'un pays, ni la seule chose qui réclame la protection de l'État. La richesse intellectuelle a au moins autant besoin de protection ; car il ne manque pas de gens très honnêtes qui se l'approprient souvent sans scrupule. Cette propriété exige donc une protection plus coûteuse, et il n'est que fort juste qu'elle participe à l'impôt.

Tel est le lien qui rattache l'impôt payé par la chose à l'impôt payé par la personne ; car ici plus que partout ailleurs, la propriété est indissolublement liée à la personne.

M. VANDEN BROECK (Bruxelles). La théorie de M. Deheselle, exprimée d'ailleurs en fort bons termes, pèche par une espèce d'absolutisme. Elle a pour conséquence de ravir à l'intelligence la protection à laquelle elle a droit, ou de la lui faire payer trop cher. Et puis comme l'a dit Mᵐᵉ Royer, ne pas faire intervenir la personne dans l'impôt, c'est aller à l'encontre des principes de la société moderne.

M. Deheselle affirme un principe qui me paraît anti-économique. Les peuples les plus riches, dit-il, ont besoin, pour se protéger, des forces les plus imposantes. Je ne partage pas cet avis ; je ne crois guère aux baïonnettes intelligentes ; je crois que les peuples sont bien mieux protégés par la conscience et par la liberté.

M. Masson (Verviers). Il y a une différence fondamentale entre les deux théories. On dit que si le système de M. Deheselle est vrai, il faudrait imposer les richesses naturelles. Or, M. Deheselle ne prétend imposer que le produit du travail; en protégeant le produit, on protège la personne et c'est parce que le produit est protégé que la personne peut développer toutes ses facultés.

L'intelligence aussi a besoin de protection! Voudrait-on prétendre que les facultés doivent être imposées, qu'il faut faire des catégories pour les médecins, pour les avocats, pour les hommes exerçant une profession libérale quelconque, et qu'il faut les frapper d'un impôt, parce que pour exercer leurs facultés, ils ont besoin d'une protection spéciale? Mais l'intelligence se manifeste dans les produits matériels, et ce serait imposer deux fois, qu'imposer les produits et l'intelligence de celui qui les crée.

M. C. Lehardy de Beaulieu. D'après M. Masson, la propriété intellectuelle est assez imposée quand on impose le produit matériel qui en est le résultat. Ce serait là établir une inégalité entre la propriété intellectuelle et la propriété matérielle. Ainsi, pour avoir imposé un fonds de terre, on n'en impose pas moins les bâtiments, les instruments aratoires, les récoltes, etc., c'est à dire qu'on impose à la fois le capital et le produit du capital; pourquoi n'en serait-il pas de même de la propriété intellectuelle?

M. Boult (Angleterre). En posant les bases d'un système fiscal il faut surtout éviter qu'il mette des entraves à l'industrie. Toutes les taxes indirectes doivent disparaître, elles sont les ennemies de la civilisation.

J'ai entendu ici, il y a quelques années, un homme éclairé, M. Ch. De Brouckere, signaler les maux qu'engendre l'octroi dont vous avez été débarrassés depuis; eh bien, l'octroi et la douane ne sont qu'une même chose; la douane c'est l'octroi des nations, avec cette différence toutefois, que les inconvénients et les abus de l'octroi se multiplient dans la douane. Les entraves mises au commerce sont fatales aux relations des peuples entre eux, et je suis convaincu qu'elles sont la cause de plus d'une guerre. M. Bowring nous a dit qu'aucune nation n'était encore parvenue à borner son système d'impôt à l'impôt direct; il serait plus exact de dire que pas une nation ne l'a encore voulu.

Et c'est un tort, car en mettant un droit sur un produit quelconque, vous en augmentez le prix et, par une conséquence naturelle, vous en restreignez la consommation; ce qui équivaut à diminuer les bénéfices du fabricant. Pourquoi est-on si embarrassé aujourd'hui de gagner sa vie? Parce que les impôts pèsent trop lourdement sur les citoyens, parce qu'on a mis des entraves à l'exercice du travail.

Les droits indirects augmentent, dans une forte proportion, le coût des choses et viennent ainsi s'ajouter à la taxe. Sismondi estime que la taxe s'élève ainsi de 70 p. c.; après avoir examiné ce point avec attention, je suis convaincu qu'il est resté en dessous de la vérité.

M. Bowring prétend qu'on peut s'affranchir des impôts indirects, en ne consommant pas les objets qui en sont frappés; mais peut-on s'abstenir de consommer du pain? On ne s'en abstient que lorsqu'on n'a pas le moyen d'en acheter, ce qui n'arrive que trop souvent à cause de sa cherté. La taxe sur le pain est une taxe horrible; on inflige au pauvre, parce qu'il est pauvre, des privations et des souffrances dont on a bien soin de ne pas prendre sa part.

Je demande donc en terminant que l'impôt direct soit conservé, étendu, comme utile, nécessaire et sacré pour tous les peuples.

M. A. JOFFROY (Anvers). La chambre de commerce d'Anvers m'a chargé de faire au Congrès la déclaration de principes dont je vais vous donner lecture :

« La chambre de commerce d'Anvers, après de longs débats et un examen approfondi, a décidé, l'année dernière, d'exprimer au gouvernement le vœu de la « suppression des douanes en Belgique. »

« Elle ramenait ainsi devant l'opinion publique une question qui, au siècle passé, agita nos provinces et à laquelle l'empereur Joseph II, d'illustre mémoire, accorda son appui.

« Des désordres politiques empêchèrent alors la réalisation de cette réforme importante.

« Les temps depuis ont heureusement changé : l'état prospère du pays, les institutions libérales qui nous régissent et la longue paix dont nous jouissons, permettront sans nul doute au gouvernement d'exaucer notre vœu.

« La suppression des douanes est bien positivement un des besoins ardents, irrésistibles de l'époque, et les encouragements, le concours de presque toutes les chambres de commerce du pays nous ont prouvé, qu'en Belgique surtout, cette terre classique de la liberté, le désir, le besoin, la volonté de se débarrasser des entraves douanières est plus vive peut-être que dans aucune autre contrée.

« Le gouvernement doit savoir qu'il ne serait pas sage de résister à un pareil élan ; il n'est pas prudent d'enrayer les aspirations vers la liberté ; car leur force d'expansion est telle qu'elles éclatent quand on veut les comprimer.

« La chambre de commerce d'Anvers n'admet pas que la suppression des douanes puisse rencontrer des objections financières sérieuses ; et, dût-il y en avoir, elle a assez de confiance dans les hommes d'État du pays pour être convaincue qu'ils sauront les surmonter.

« Les impôts qui portent obstacle à la prospérité générale doivent disparaître. La richesse publique augmentera ; l'agriculture, l'industrie, le commerce y gagneront. Ce sont ceux qui en profitent, qui doivent nous donner les moyens d'opérer ces réformes. Dans aucun cas, on ne pourra avoir recours à aucune mesure qui nuirait au développement du travail.

« La propriété, le personnel, les successions et surtout les économies, notamment sur le budget de la guerre, offrent un large champ aux études et aux recherches du financier et de l'économiste, du patriote, de l'homme de bien.

« Nous avons donc posé la question de la suppression des douanes devant le pays ; nous venons la soumettre à l'examen du monde et nous en attendons la solution avec calme ; car nous avons foi dans l'avenir de la Belgique, nous avons confiance dans les progrès de l'humanité. Nous croyons avec Bastiat, et c'est là une de ses pages sublimes, que celui qui a arrangé le monde matériel, n'a pas « voulu rester étranger aux arrangements du monde « social. — Nous croyons que tout dans la société est cause de perfectionnement, même « ce qui la blesse. — Nous croyons que le mal aboutit au bien et le provoque, tandis que « le bien ne peut aboutir au mal, d'où il suit que le bien doit finir par dominer. — Nous « croyons que l'invincible tendance sociale est une approximation constante des hommes « vers un commun niveau physique, intellectuel et moral, en même temps qu'une élévation « progressive et indéfinie de ce niveau. — Nous croyons qu'il suffit au développement gra- « duel et paisible de l'humanité que ses tendances ne soient pas troublées et qu'elles « reconquièrent la liberté de leurs mouvements, — nous croyons ces choses et nous sommes « ardents à propager nos croyances ; oui, nous croyons que le problème social que nous « posons sera bientôt résolu, car il est, quoi qu'on en dise, facile à résoudre. — Les inté- « rêts sont harmoniques, donc la solution est tout entière dans ce mot :

« Liberté. »

Dans ces derniers temps, les membres de la chambre de commerce ont été fort occupés, les uns dans leurs affaires, les autres par suite de voyages qu'ils ont dû entreprendre. Nous étions donc aux séances en nombre trop limité pour oser discuter et décider la question des impôts ; cette question tient intimement à celle de la suppression des douanes.

J'ai pris la résolution de vous exposer, messieurs, sous ma responsabilité personnelle, les moyens que je crois les plus praticables pour trancher les difficultés financières que présente la suppression des douanes et qui paraissent effrayer les esprits timides ; elles ne sont pas aussi grandes qu'on le croit généralement.

La suppression des douanes, messieurs, est aujourd'hui à l'ordre du jour de l'humanité. Je n'exagère pas en m'exprimant ainsi.

La suppression des douanes n'est plus une réforme économique, c'est un mouvement social.

Après avoir gémi, depuis bientôt deux siècles, sous les étreintes de la protection, le travail se lève et réclame ses droits : la liberté.

Je l'ai dit déjà dans une autre occasion, messieurs, et d'après Turgot : « La liberté du travail est le premier des droits de l'homme civilisé. »

Permettez-moi de compléter ma pensée en citant un autre grand homme :

« Il n'y a pas de droit au dessus du droit, » a dit Bossuet.

Que la protection ne nous parle donc plus de droits acquis, — ce droit n'existe pas pour elle, — il n'y a pas de droit au dessus du droit.

La protection a fait son temps ; il faudrait être aveugle aujourd'hui pour ne pas voir les résultats heureux de la liberté même partielle du commerce.

Dans notre pays, partout où la liberté du commerce a passé, elle a laissé derrière elle des marques éclatantes de ses bienfaits, et ses plus grands adversaires, dans bien des cas, sont devenus ses plus fervents admirateurs.

La draperie devait mourir ; le haut fourneau devait s'éteindre ; l'agriculture devait être ruinée ; tous trois demandent à présent la liberté absolue du commerce. Faut-il aller plus loin et vous montrer la houille revenant de ses frayeurs ; les minières affranchies prenant un essor considérable ; les fabriques de machines également ; notre commerce grandissant, nos exportations gagnant en importance à mesure qu'on les débarrasse des entraves de la protection ? Et puis, en Angleterre, quelles manifestations éclatantes en faveur de nos principes ! Ce pays relativement stationnaire jusqu'en 1842, rétrogradant presque par suite d'un accroissement d'impôt de douane de 5 p. c. à l'entrée, que le ministère précédant celui de sir Robert Peel établit en vue d'augmenter le revenu, et qui manqua entièrement son but, car les recettes diminuèrent ; ce pays, dis-je, progresse à pas de géant à la faveur de la liberté commerciale : ses exportations doublent au bout de quelques années ; — le tonnage de ses navires monte de 7 à 14 millions ; la propriété assessible de 85 millions, en 1842-43, à 126 millions, en 1860 ; ses profits du commerce de 57, à 90 millions ; le paupérisme diminue de 1,400,000 à 1,000,000.

L'épargne du peuple augmente. L'instruction et la moralité progressent. Le bon sens gagne les masses, et bientôt nous verrons en Angleterre un mouvement irrésistible contre les dépenses insensées des armements de guerre. Puisse la Providence seconder ce mouvement !

Vous le voyez, messieurs, nous sommes au courant des admirables résultats que vous obtenez chez vous par la liberté du commerce ; une seule chose nous étonne, nous frappe, c'est qu'il y a encore parmi vous des hommes comme sir John Bowring, qui, tout en dépeignant à grands traits les bienfaits de la suppression partielle des douanes, manquent de confiance lorsqu'il s'agit de supprimer entièrement cette institution malfaisante.

Chacun de vous, messieurs, n'a-t-il pas vu dans son pays, les effets salutaires de la liberté commerciale se produisant peut-être sur une échelle plus limitée qu'en Angleterre? Et n'avez-vous pas tous été souvent indignés des iniquités que la protection consacre?

L'impôt de la douane ne vous révolte-t-il pas à cause de son injustice, lorsque, comme en Belgique, il frappe d'un droit le poisson, cette viande du pauvre, le sel, une de ses nourritures principales?

La douane, par ses entraves de tous les instants, comprime l'élan du travail, elle étouffe dans leur germe, des sources infinies de prospérité; plaçant une barrière infranchissable entre les nations, elle empêche l'union des peuples et rend possibles les guerres qui, sans elle, deviendraient, au bout d'un certain temps, presque impossibles, à cause de la fusion des intérêts.

Nous devons donc faire disparaître les douanes, nos intérêts nous le commandent, l'humanité nous y convie.

« Mais, nous dira-t-on, partout il y a des douanes, et comment suppléerez-vous aux « ressources que les douanes procurent aux États? Nous admettons les inconvénients de « la douane; nous voyons même tout ce que vous mettez à sa charge; mais donnez un « substitut aux revenus de la douane, et aussi longtemps que vous ne l'aurez pas fait, « votre proposition sera incomplète, votre vœu irréalisable. »

En présence de pareils raisonnements, et je m'adresse à votre bonne foi, à votre intelligence; en présence de pareils raisonnements, je me sens humilié et, s'ils pouvaient être sérieux, je douterais de moi-même et de tout ce qui m'entoure. Comment! vous reconnaissez que la douane est un fléau, et vous vous arrêtez devant une question d'argent et pas même devant une question d'argent, puisque finalement vous gagnez les frais de perception des douanes et accises, mais devant une simple question de transformation d'impôt!

« Mais, me dira-t-on de nouveau, là est tout l'important; comment transformerez- « vous? »

A cela je réponds résolûment : En faisant porter à la propriété une grande part de ma transformation.

« La propriété est trop chargée déjà. »

Je conteste cela et pour preuve, je dirai à ceux qui doutent, que l'impôt foncier est moins élevé aujourd'hui que sous l'empire; la valeur des propriétés a doublé, triplé peut-être depuis, et le total de l'impôt qui est un impôt de répartition, est resté le même.

La propriété, après tout, ne supporterait pas absolument le poids de la transformation quand même on la lui ferait payer; elle se ferait rembourser en partie par le locataire, sous forme de loyer, et le locataire ne s'y refuserait pas dans un temps de prospérité tel que le serait celui qui suivrait la suppression des douanes.

Le roi comme le prolétaire, l'industriel, le propriétaire, le négociant, tous profiteront à la suppression des douanes.

Le prolétaire, l'industriel et le négociant, représentent le travail, et le fruit du travail va toujours à la propriété.

L'intérêt du travail est d'être libre.

L'intérêt du propriétaire est avec le travail, — il doit donc désirer l'affranchissement du travail.

Le travail ne sera affranchi que lorsque les douanes seront supprimées.

L'intérêt du propriétaire est de payer une grande part dans la rançon du travail, — le travailleur le lui rendra avec usure.

Un exemple, messieurs : prenez un terrain dans une ville près d'une station, il aura une valeur, parce qu'il y a là du travail; prenez-en un dans un endroit où il n'y a pas de travail, et il n'aura pas de valeur; tracez une route à travers ce terrain sans valeur, aussitôt il gagne; c'est que le travail l'a relevé de sa déchéance, l'a tiré de l'oubli. La propriété augmente partout où il y a beaucoup de travail, — la propriété diminue lorsque le travail la quitte ou qu'il y est comprimé.

Le fruit du travail va toujours à la propriété.

Le travail doit être libre avant tout.

La propriété doit payer une part de sa rançon.

Bacon, Turgot et Smith indiquent la propriété comme la meilleure base de l'impôt. Je partage leur opinion, et je pense, messieurs, que la Belgique est peut-être le pays où l'impôt se rapproche le plus des idées de ces hommes illustres.

Quant à la difficulté de supprimer les douanes sans supprimer les accises, il serait possible de faire porter par le débit, au moyen de patentes spéciales, le montant de l'impôt des accises; on pourrait étendre les choses imposables, changer, en un mot, la base de l'accise, ce serait encore, messieurs, une complication dans une simplification et dès lors, je n'hésite pas à le dire, supprimez aussi les accises et arrivez au mode le plus simple possible de percevoir vos impôts. — Tous les pays gagneraient à l'établissement d'un impôt unique.

Comment se fera la transformation ou plutôt le transfert des impôts des douanes et accises? Quelle sera la part de chacun dans ce transfert?

Ici, messieurs, je pourrais de nouveau faire appel à votre bonne foi et vous dire que cette répartition appartient au ministre, que c'est à lui, qui a tous les moyens d'employés et de statistique, de déterminer cette part. Je pourrais, comme sir Robert Peel à lord John Russell, dire : *Call me in, and I will tell.*

La chose me paraît d'une réalisation si simple, que je ne vois pas de raison pour ne pas vous exposer mes idées à cet égard. C'est l'œuf de Christophe Colomb; il suffira, je pense, que les faits vous soient présentés pour que vous touchiez la solution du doigt.

Je ne relèverai pas tous les impôts. Je n'indiquerai que superficiellement ma pensée sur ceux qui pourraient demander une réforme par suite de la suppression des douanes. Le temps qui est réservé à chacun de nous, ne me permet pas d'entrer dans de grands développements.

Je supprime donc les accises et j'en analyse le détail.

Le chiffre brut de l'accise s'élève à 36,630,000 fr., soit pour le sucre. fr. 5,200,000
et pour le vin 3,500,000

faisant . . . . fr. 8,700,000

Les sucres et les vins sont spécialement consommés par ceux qui payent le personnel; croyez-vous qu'il y aurait en Belgique et dans le monde entier, beaucoup de personnes qui ne comprendraient pas l'utilité, le bienfait, l'équité du transfert de ces deux impôts sur le personnel? Au lieu de payer de la main gauche, on payerait de la main droite.—Y aurait-il un homme assez peu raisonnable pour dire qu'il perd à cette opération.

Un de mes amis me fait la réflexion suivante : J'ai une maison de 3,000 francs, mon voisin en a une également de 3,000 francs; il consomme du sucre et du vin; je n'en consomme pas, et cependant je payerais la même augmentation d'impôt; à cela il y a plusieurs réponses :

1° La supposition n'est pas admissible; 2° si l'augmentation est de 10 francs, votre voisin l'appellera impôt sur la consommation et vous impôt sur le revenu; en somme, l'impôt n'est pas perçu parce que vous mangez ou buvez, mais par suite du degré d'importance que vous occupez dans la communauté.

Les droits sur les sucres sont de 46 francs pour 100 kilogrammes. Ne croyez-vous pas que la suppression de ce droit doublerait et triplerait la consommation en peu de temps? Il n'en faut pas douter; 46 centimes de baisse par kilogramme réduit le prix de 76 centimes à 30 centimes! Il n'y aurait plus un seul ménage où l'on ne ferait usage de sucre et la production aurait de la peine à suffire à la demande.

La consommation du sucre en Belgique n'est que de 4 1/2 kilogrammes par tête; en Hollande, elle est de 19 kilogrammes. Si nous arrivions à 12 kilogrammes seulement, il y aurait un accroissement de consommation de 40,000,000 de kilogrammes environ. Voyez donc, messieurs, le bien que la suppression des douanes ferait du chef de ce seul article; que de raffineries en plus dans le pays; quelle augmentation dans la culture de la betterave, quelle source d'activité pour l'agriculture ; que de bateaux, de chariots, de navires pour répandre partout un pareil accroissement dans la consommation !

Le sel entre dans l'accise pour 5,000,000 de francs; cet impôt est payé en grande partie par les campagnes; il est spécialement odieux; la consommation en est de 40,000,000 de kilogrammes ; elle serait de 200,000,000 de kilogrammes au bout de très peu de temps, si on la rendait libre. Je ne veux pas m'appesantir ici sur le tort incalculable que cet impôt a fait au pays depuis tant d'années. On ne consomme que 40 millions lorsqu'on pourrait en consommer 100 ou 200 millions; et c'est un mauvais impôt qui occasionne cette lacune dans la consommation, dans la main-d'œuvre, dans les transports de tout genre; c'est presque incroyable; et il n'y a pas encore eu un homme d'État qui a eu le courage d'abolir cet impôt.

L'impôt foncier devrait fournir les ressources pour le couvrir.

J'ai dit tout à l'heure que l'impôt foncier n'a pas varié depuis l'empire et que la propriété a doublé ou triplé depuis lors. Comme le total de l'impôt foncier est de 18,886,290 fr on ne l'accablera pas en l'augmentant de 5 millions, car dans la proportion de l'accroissement de la propriété, ce n'est pas 5 millions qu'on devrait obtenir, mais au moins 18 millions de plus.

Reste à trouver les moyens de remplacer 9,370,000 francs pour les eaux-de-vie, 13,560,000 pour les bières, ensemble 22,930,000 francs. Je réduirai d'abord ce chiffre de 8,000,000 de francs environ pour les frais de perception des douanes et accises réunis, reste 14,930,000 francs. Je sais que l'économie des frais de perception ne se produira pas du jour au lendemain, mais elle se produira et c'est le principe que je pose en chiffres.

J'ai donc, du chef des eaux-de-vie et des bières, à couvrir la somme de 14,930,000 francs. Il y a plusieurs moyens pour cela, messieurs : le premier de tous, à mon avis, c'est l'économie, et, si j'étais ministre, c'est celui que je proposerais. Je réduirais d'un coup du budget de la guerre, toute la somme de 14,930,000 francs et je croirais par là avoir fait acte de bon patriote et avoir effectivement consolidé la nationalité et la royauté.

Je dois vous faire observer, à cette occasion, que dans les réductions que je propose au budget de la guerre de la Belgique, je n'entends pas critiquer ce seul budget; j'en parle parce que je le connais et que je connais aussi l'opinion du pays. Il n'y aurait qu'une voix en Belgique, pour approuver des réductions sensibles dans nos dépenses militaires. La Belgique, toutefois, n'est pas le seul pays où ces réductions soient nécessaires; la France et l'Angleterre sont dans le même cas; les dépenses militaires de la France dépassent tout ce qui est raisonnable, et celles de l'Angleterre ne sont pas sensées non plus; vous le savez quelque chose, messieurs de Liverpool, car si je ne me trompe, votre budget de la guerre est d'environ 60 millions de livres sterling. Quant au militaire même, quant au soldat, je ne lui en veux pas personnellement ; il est la première victime d'une institution exagérée dans ses conséquences ; l'armée renferme beaucoup d'hommes remarquables, estimables et savants, et lorsque je rencontre un militaire, je n'éprouve en le regardant ni haine ni aversion, je me sens, au contraire, pénétré d'un *regret bien vif*, en songeant que tant de dévouement et de science restent stériles et que je ne puis pas les utiliser pour en faire un bon négociant.

Le second de mes moyens serait un moyen *transitoire*, qui, tout en étant juste, ne pourrait en aucun cas être perpétuel. Ce serait une capitation spéciale destinée à décroître annuellement, en prenant le locatif pour base du dégrèvement et en commençant ce dégrèvement par les petits loyers.

Le bourgeois est le consommateur principal des bières et des eaux-de-vie ; la grande fraction de l'impôt tombe donc sur lui ; par la capitation, il n'aurait plus qu'une part relative à payer, ce serait une première économie pour lui. Au bout de deux ans, peut-être au bout d'une année, il serait entièrement affranchi de la capitation, car la prospérité financière du pays serait telle, que le gouvernement n'aurait aucune peine à combler, peu de temps après, plusieurs séries de la capitation, au moyen de ses excédants de recette sur diverses branches du revenu public, celles de l'enregistrement et du chemin de fer entre autres.

Cette capitation ne devrait atteindre que les individus ayant plus de 14 ans ; il y en a 3,300,000 de cet âge en Belgique, et comme il y a un million de familles, la capitation s'élèverait à 15 francs par famille et par an, soit 30 centimes par semaine environ, ou presque rien. La perception pourrait être organisée facilement ; et d'ailleurs, comme je viens de le dire, chez le petit bourgeois surtout, où la perception serait moins facile, elle ne serait que de très courte durée.

Mon troisième moyen serait la prompte révision du cadastre et la transformation de l'impôt foncier en impôt de quotité.

Il y a des partisans de l'impôt sur le revenu ; c'est le revenu, disent-ils, qui doit payer, car seul il fait appel au service public.

Je dois vous déclarer, messieurs, que je suis adversaire de l'impôt sur le revenu ; en Angleterre, où il existe, il est éludé en tout ou en partie, par plus des trois quarts des contribuables.

J'ai puisé ces données dans les écrits d'un grand nombre d'hommes publics d'Angleterre et dans des opinions exprimées presque continuellement par divers orateurs dans les meetings. Je suis ces meetings avec beaucoup d'attention et j'y ai gagné la conviction que l'impôt sur le revenu conduit à beaucoup d'injustices et à des fraudes nombreuses.

M. Heyworth vient de nous faire le panégyrique de cet impôt, qu'il nous engage d'adopter, afin de pouvoir arriver à la suppression des douanes.

Je conseille à M. Heyworth d'étudier nos lois ; car c'est ici qu'il trouvera en application les véritables principes qui doivent conduire à une répartition équitable des charges publiques ; oui, je crois, et ici je m'adresse surtout aux membres étrangers, qu'en Belgique, nous avons dans les impôts foncier et personnel et dans les droits de succession, les vrais éléments pour la suppression des douanes ; d'ailleurs, ces trois bases sont presque toujours des éléments pour atteindre le revenu.

Voilà, messieurs, les détails de l'accise et des ressources approximatives pour en opérer le transfert.

J'ai encore à vous parler des douanes. Ici, messieurs, j'aurais de nouveau recours aux économies, notamment sur le budget de la guerre; en dehors des ressources qu'offre une réduction sur ce budget, il y a, pour combler le déficit de l'impôt des douanes, un autre moyen; le voici :

Les douanes proprement dites, produisent 16,575,000 francs.

Cette somme est entièrement absorbée par les villes à octroi.

Tout en applaudissant à la suppression des octrois et tout en considérant cette suppression comme le précurseur de la suppression des douanes, je pense qu'il faudrait obliger les villes à suffire à leurs dépenses; elles reprendraient le droit de se créer leur propre budget, sauf l'approbation des moyens par le gouvernement et sous défense du rétablissement de tout impôt indirect.

Si cette idée n'était pas admise, c'est à la capitation, toujours comme moyen transitoire, ou à la révision du cadastre que j'aurais recours. Cette révision pourrait être accélérée par des moyens spéciaux.

Je voudrais aussi, autant que possible, rendre libre le commerce intérieur et conséquemment supprimer les patentes, en n'en conservant que pour les brasseries, distilleries, débits de boissons et débits de tabacs.

Ceux-ci auraient à me fournir tout le montant actuel des patentes.

Ayant été dégrevés de près de 23 millions, ces établissements ne trouveraient pas à redire, sans doute, à un impôt de 4,000,000 de francs; d'ailleurs ce régime spécial pourrait n'être que transitoire et l'on aviserait à un moyen graduel de le faire disparaître.

Les droits de péages et de barrières devraient aussi être supprimés; les droits de succession en fourniraient les moyens. L'accroissement de la fortune publique rendrait léger le sacrifice qu'exigerait cet affranchissement; il n'y aurait même pas de sacrifice, il y aurait bénéfice pour les successions qui s'accroîtraient notablement par suite de la liberté absolue du commerce.

Voilà, messieurs, mes idées sur les réformes financières en vue de la « suppression des douanes en Belgique; » si elles étaient adoptées, j'ai la plus profonde conviction qu'elles produiraient des résultats considérables.

Il y aura bien peut-être sur l'un ou l'autre point quelques objections, quelques difficultés à vaincre; mais elles seraient vaincues, car la base du plan incomplet que je viens de vous soumettre est juste, et ce n'est pas alors aux détails qu'on doit s'arrêter.

Pour réaliser cette réforme, il ne faut pas un colosse d'intelligence, ni un grand esprit; il faut simplement, messieurs, un travailleur, un honnête homme, un homme de bonne volonté.

M. BOWRING (Angleterre). Je crois avoir été mal compris. Je suis partisan de l'entière abolition des douanes et je considérerais comme un bienfaiteur celui qui les détruirait par le flambeau de l'économie politique.

La séance est levée à quatre heures.

SÉANCE DU 23 SEPTEMBRE

—

Présidence de M. DE NAEYER.

———

(Continuation du débat sur la question de l'impôt).

M. JULES DUVAL (France). Sur l'idée générale de l'impôt, je ne puis partager les doctrines de M. Deheselle. D'après lui, la société moderne aurait jusqu'à présent erré, en prétendant que l'impôt doit être proportionnel aux fortunes.

Je tiens moi, à ce principe. Il a un grand mérite, c'est de parler à la raison, à la conscience, au sentiment du juste; baser l'impôt sur une sorte d'arithmétique sociale, serait, à mon sens, une chose fâcheuse; si chacun avait à calculer ce qu'il coûte et ce qu'il doit payer, on arriverait à des résultats impossibles.

En soutenant qu'on doit payer ce que l'on coûte, on est dans le vrai, mais j'ajoute immédiatement, qu'en thèse générale, chaque homme coûte en proportion de sa fortune.

Quant à la personne, chacun s'estime autant que le voisin; riche ou pauvre, notre personne fait partie du corps social et elle a moralement, devant les hommes comme devant Dieu, la même valeur; la justice se préoccupe avec autant de sollicitude, de l'être le plus infime que du plus riche millionnaire. A cet égard, il n'y a pas d'inégalité entre les hommes, et les frais généraux, quant à la protection des personnes, sont les mêmes pour tous.

Mais les frais généraux ne sont plus les mêmes lorsqu'il s'agit de la fortune. Tel a des capitaux immobiliers, tel autre des capitaux mobiliers qui, pour être protégés, transmis, etc., réclament tout un immense appareil social. Il est clair qu'en règle générale, l'homme coûte à la société en proportion de la quantité d'objets qu'il possède. Si l'on part de l'idée que l'impôt est une assurance, il faut reconnaître que le risque représenté par la prime à payer est proportionnel aux valeurs. Le principe de M. Deheselle est donc juste; mais il se confond essentiellement avec le principe de la contribution proportionnelle aux fortunes qui est le fondement de toutes les législations modernes.

Permettez-moi maintenant une observation sur la tendance générale des discours que vous avez entendus; on vise trop à donner un caractère absolu à ce qui est relatif, un caractère général à ce qui est spécial, un caractère très simple à ce qui est très complexe, un caractère radical à ce qui est essentiellement traditionnel.

Dans les lois sociales et économiques, le milieu ambiant, les traditions font partie des faits à étudier et il est essentiel d'en tenir compte, si l'on ne veut pas se perdre dans le vague.

On affirme que l'impôt doit être ou personnel ou réel; pourquoi cela? pourquoi ne serait-il pas à la fois l'un et l'autre; personnel, parce qu'il frappe la personne; réel, parce qu'il frappe la chose; dans certains cas, le caractère individuel s'efface presque entièrement. Ainsi une succession s'ouvre en Belgique, au profit d'un étranger; sans vous inquiéter du propriétaire réel, vous prélevez sur la succession un droit de mutation, par la raison qu'en assurant au propriétaire quel qu'il soit, la succession qui lui échoit, vous lui rendez un service et qu'il est juste que ce service soit rétribué par un prélèvement sur la succession.

On se demande aussi si l'impôt frappera sur le capital seul ou sur le produit seul. Mais encore une fois, pourquoi ne frapperait-il pas à la fois sur le capital et sur le produit? Si le coût de chacun peut se mesurer tantôt sur le capital, tantôt sur le revenu, il sera juste d'affecter tantôt le capital et tantôt le revenu. De même encore on veut que l'impôt soit direct ou indirect ; pourquoi s'en tenir à un procédé exclusif, si l'on atteint les fortunes avec plus de justice, tantôt par les moyens directs, tantôt par les moyens indirects?

A propos des impôts indirects, la douane a eu les honneurs de la discussion; une grande éloquence a été déployée contre ce malheureux vestige des temps anciens. J'admets qu'elle peut avoir fait son temps. Mais en vertu de quel principe entendez-vous la supprimer? est-ce au nom de la justice ou au nom de l'utilité publique? Je crois que la douane ne succombera que quand elle aura été jugée inutile ou même plus nuisible qu'utile.

La douane peut être considérée à deux points de vue: au point de vue fiscal, et oserai-je le dire, au point de vue protecteur (rires); au point de vue fiscal, la douane n'est pas le moins du monde une iniquité.

Qu'est-ce en définitive que la douane? c'est le moyen de prélever sur les marchandises importées dans un pays, les frais qu'elles occasionnent. Pour qu'un pays puisse faire venir des marchandises des pays étrangers, il faut qu'il négocie des traités, qu'il institue des consulats, qu'il crée une marine pour protéger les navires, qu'il établisse des phares, qu'il construise des quais, etc. Tout cela exige des dépenses et il faut bien que ces dépenses soient remboursées. Il y a, je le veux bien, diverses manières de les rembourser, mais le mode usité aujourd'hui, s'il est gênant, n'a rien d'inique; il se borne à dire aux marchands : la part de frais que vous occasionnez à la société, je vous demande de la payer par la douane.

Je me récrierais davantage si la théorie présentée au nom de la Chambre de commerce d'Anvers par son représentant pouvait prévaloir. Cette théorie consisterait à remplacer les droits de douane et, d'une manière générale, les impôts indirects, par un accroissement d'impôts directs; et sur quoi? sur le commerce? non; sur l'industrie? non; sur l'agriculture, sur la propriété foncière.

Je comprendrais que la Chambre de commerce d'Anvers vînt nous dire : les droits de douane sont fâcheux, supprimons-les ; mais comme en définitive, le commerce extérieur est la source de la prospérité d'une nation, nous consentons à les remplacer par des droits sur les marchandises en magasin, par un prélèvement sur nos capitaux ; que nos inventaires servent de base à une espèce de cadastre mobilier et nous payerons les charges qui résulteront de la suppression que nous demandons au budget de l'État.

Je retrouverais là la logique jointe à l'intelligence des intérêts locaux. Mais dans le système qui nous est présenté, je ne vois, au contraire, qu'une prépondérance du commerce et de l'industrie sur l'agriculture, de la propriété mobilière sur la propriété immobilière. C'est là précisément le contre-pied de ce qu'il y a à faire.

Nous sommes tous témoins de ce déplacement universel et profondément déplorable des fortunes de nos jours; les campagnes émigrent vers les villes ; les campagnes se dépeuplent et la population des villes augmente d'une manière effrayante. La fortune des industriels croît par millions, la fortune des propriétaires fonciers reste stationnaire (Interruption) Et c'est dans une telle situation sociale qu'on vient nous dire : dégrevez la navigation, gardez-vous de grever nos marchandises, c'est l'impôt foncier qu'il faut augmenter !

C'est là un véritable contre-sens économique. La propriété foncière, au contraire, est trop grevée, les fortunes agricoles sont trop difficiles à constituer et à accroître ; les populations rurales ne sont pas assez retenues à la campagne par leurs bénéfices. Il faut donc rétablir l'équilibre et favoriser l'agriculture, car c'est l'agriculture qui fait les hommes vigoureux et les nations viriles ; ce ne sont pas les campagnards qui diraient : chaque fois que je vois un officier, j'éprouve le désir d'en faire un négociant; mais ce sont eux qui, au moment du danger, se lèvent pour défendre la patrie (Applaudissements).

Des idées générales que je viens d'exposer, je conclus que, s'il y a une réforme à faire aux dépens des douanes, il importe que cette réforme s'accomplisse par une répartition égale entre toutes les classes de la société.

Lorsque nous débattons des questions d'impôts d'une manière générale, nous planons toujours un peu dans le vague, mais nous avons autour de nous quelques exemples de sociétés fondées par la libre association des intérêts, et nous pouvons voir de quelle façon s'y établissent et s'y distribuent les impôts.

Ainsi, dans votre heureux et libre pays de Belgique, vous avez la précieuse chance de posséder encore des communes et des provinces s'administrant elles-mêmes ; elles ont nécessairement une part d'impôt à exiger des contribuables. Eh bien ! dans les communes, a-t-on eu l'idée de supprimer tous les impôts indirects ? Non ; en Belgique comme en France, les communes établissent des impôts sur les marchés, sur les voitures, etc. On n'y prélève l'impôt direct qu'à de rares exceptions.

Eh bien, je crois que les communes en s'administrant ainsi, montrent à l'État comment lui-même doit administrer.

Au lieu de faire bon gré mal gré de la simplicité, il faut accepter les éléments complexes du problème et viser à la dissémination de l'impôt, à sa décentralisation, en distinguant les impôts en impôts généraux et en impôts spéciaux.

Encore un exemple de sociétés se constituant librement, je veux parler des Cercles.

Nous avons eu l'honneur d'être reçu hier au Cercle de Bruxelles de la manière la plus courtoise ; eh bien, je serais bien étonné s'il n'était pas basé sur les mêmes principes que les Cercles de France.—En France, on y établit deux impôts : un impôt général qui représente les frais généraux et divers impôts spéciaux qui se prélèvent sur certains détails de service, dont les membres désirent se donner la jouissance. Ce seront des jeux de cartes ; des heures de billards, les consommations, etc.

Le principe de l'impôt général, qui est la cotisation et de l'impôt spécial, qui est le prélèvement accidentel, me paraît conseillé par la raison et par la justice.

Je citerai encore un autre exemple emprunté à un autre ordre d'idées.

Dans le commerce, que fait la comptabilité toutes les fois que se réalise une opération ? Établit-elle, en bloc, d'un côté toutes les dépenses, de l'autre toutes les recettes ? Non ; une bonne comptabilité a soin d'attribuer à chaque opération agricole, commerciale ou industrielle la part de frais spéciaux qu'elle occasionne ; le prix de revient s'établit sur cette base.

Il doit en être de même dans la société ; une société bien constituée doit faire la part des frais spéciaux qui peuvent être payés par des services spéciaux et des frais généraux qui sont imputés sur la généralité des services.

Quelqu'un pourrait-il trouver injuste de payer le service de la poste ou le prix du transport par chemin de fer ? Non.

Je conviens que tout impôt spécial qui ne répond pas à un service réel doit être supprimé, mais les autres peuvent être maintenus, car ils se justifient par eux-mêmes. L'impôt de l'enregistrement ! Cet impôt est fort juste ; l'enregistrement vous rend le service de donner une date certaine à vos actes ; pourquoi ne payeriez-vous pas ce service ?

On a attaqué hier les péages ; mais quand une ville fait un pont, par exemple, quoi de plus juste que ceux qui en profitent, payent la dépense ? Les péages en eux-mêmes n'ont rien d'injuste ; il arrivera peut-être un jour où la circulation sera tellement rapide, que les péages deviendront un embarras, alors vous aurez le droit de dire qu'ils ont fait leur temps.

Je conclus en disant que la division en impôt personnel ou réel, en impôt direct ou indirect, est une division incomplète ou arbitraire. Au point de vue de l'application, les impôts peuvent être divisés en impôts généraux et spéciaux. Les impôts généraux sont payés par tous les membres de la société, tantôt sur le capital et tantôt sur le revenu, tantôt sur les professions intellectuelles, tantôt sur les objets de consommation et dans la mesure que les circonstances et l'expérience indiquent comme étant la plus convenable.

Les impôts spéciaux représentent des services rendus, et en outre, ils dégrèvent les frais généraux.

Ces impôts ont l'avantage de maintenir dans les communes l'administration la plus large possible ; d'attribuer à la commune les frais de la commune, à la province les frais de la province, et de ne laisser ainsi à l'État que les frais généraux d'administration. Je tiens que la décentralisation est le meilleur moyen de diminuer la part des frais généraux de l'État et le meilleur moyen de résoudre ce problème si difficile de l'impôt. (Applaudissements).

M. VANDEN BROECK (Bruxelles). Je viens combattre la proposition de M. Joffroy, mais pour un motif qui est en dehors du principe qu'elle consacre. J'aime à envisager la science économique au point de vue de son application prochaine ; en législation, en progression sociale, aussi bien qu'en finances, les plus courtes échéances sont les meilleures et les traites payables par les siècles, me préoccupent médiocrement. Or, j'ai la conviction profonde que la réforme radicale demandée par M. Joffroy, ne saurait aboutir prochainement, au milieu des exigences, des dépenses exagérées et des appréhensions de toutes sortes qui assiégent la société.

Puisque le progrès absolu est pour le moment insoluble, et qu'il faudrait avant tout réduire les dépenses militaires et administratives, les armements et la bureaucratie, pourquoi ne pas se borner à un progrès partiel et immédiatement réalisable ? pourquoi, par exemple, ne pas suivre la voie tracée par la Hollande et par la Suisse ? Ces deux pays ont à peu près réalisé tous les bienfaits de la liberté commerciale.

On reviendrait plus tard à la formule radicale et humanitaire de l'honorable M. A. Joffroy.

Tout le monde économique reconnaît que les tarifs protecteurs vont à côté de leur but, j'ajouterai qu'ils ne sont que trop souvent l'expression d'une iniquité révoltante. Je n'en citerai qu'une preuve et je la prends au *Moniteur*.

Dans un rapport adressé au Roi par M. Frère-Orban, je trouve l'énoncé des droits payés en 1857, pour divers articles importés. J'ai divisé ces articles en deux catégories : celle des objets à l'usage des classes riches et celle des objets similaires consommés par les classes laborieuses et pauvres. Voici le tableau comparatif des droits acquittés par les deux ordres de matières :

A. *Objets à l'usage des classes riches ou aisées.*

1° Instruments de musique.	5.5 °/. de leur valeur.	
2° Bois d'ébénisterie	1.0	—
3° Montres d'or et d'argent.	2.5	—
4° Machines et mécaniques	0.1	—
5° Habillements et modes	12.9	—
6° Tulles et dentelles de soie	11.5	—
7° Tissus de soie et rubans.	3.3	—
8° Chapeaux	11.5	—
9° Porcelaines	14.5	—
10° Ouvrages d'or et d'argent	6.5	—
11° Huiles alimentaires, d'olives et fromages étrangers	5.0	—
Moyenne.	7.11 °/. de la valeur.	

B. *Objets à l'usage des classes laborieuses.*

1° Ouvrages de bois et d'osier	16.9 °/, de leur valeur.
2° Bois divers	6.3	—
3° Horloges communes	7.0	—
4° Fontes brutes, vieux fer (matières premières)	21.1	—
5° Bonneterie de laine	19.6	—
6° Tulles et dentelles de coton	16.1	—
7° Tissus de coton	16.9	—
8° Bonneterie de coton	34.8	—
9° Poteries communes	23.2	—
10° Ouvrages { de fer blanc	18.6	—
{ de fer	63.8	—
11° Morue en saumure	34.0	—

Moyenne. . . . . 23.60 °/, de la valeur

Le riche a donc payé au fisc, en 1857, trois fois moins que le pauvre! Eh bien, je dis que ce sont là des iniquités flagrantes qu'il importe de faire disparaître, surtout alors qu'on vient, en Belgique, par exemple, et simultanément, d'abaisser les droits d'entrée sur les vins de France et d'élever de 100 p. c. les droits d'accises sur la bière indigène. Certes, je voudrais que tous les Belges pussent boire du vin au moindre prix possible, mais je dis qu'alors qu'on diminue les droits sur la boisson du riche, on n'a pas le droit de les doubler sur la seule boisson du peuple et de l'ouvrier. (Applaudissements.)

C'est là, sous quelque nom qu'on la déguise, une monstrueuse iniquité.

Et les traités de commerce, sont-ils plus équitables?

On nous a naguère vanté les charmes du traité conclu en 1861, entre la Belgique et la France.

Or, voici quelques dissemblances assez inexplicables dans le taux des droits à payer réciproquement, à l'entrée des deux pays :

ARTICLES DIVERS.	Taux des droits à percevoir à dater de 1864 à l'entrée	
	en Belgique.	en France.
Acier ouvré (barres en feuilles, fils, tôles)	6 fr les 100 kilogrammes.	13 à 25 fr. les 100 kilogr.
Fonte brute	1 —	2 fr. les 100 kilogrammes.
Vieux fers	1 —	2.75 —
Fer battu, étiré ou laminé	3 —	4-5 à 10 —
Fer blanc	6 à 10 —,	13 —
Zinc laminé	3 —	4 —
Pièces de machines en fonte	4 —	6 —
— en fer ou acier	6 —	10 à 35 —
— en cuivre	12 —	20 —
Peaux préparées, vernies, etc.	30 —	100 —
Navires et bateaux	6 fr. par tonne de jauge.	20 à 60 fr. par tonne de jauge.
Acide chlorhydrique	0.50 les 100 kilogrammes.	60 fr. les 100 kilogrammes.
Poteries communes	1.50 —	4 —
Instruments de musique et pièces détachées	6 °/. de la valeur.	10 °/. de la valeur.
Caoutchouc ouvré et appliqué sur les tissus	10 °/. de la valeur.	20 à 200 fr. les 100 kilogr.
Poissons (autres que la morue) préparés	1.50 à 5 fr. les 100 kilogr.	10 fr. les 100 kilogrammes.
Houblon	1.50 les 100 kilogrammes.	20 —
Chicorée brûlée ou moulue	2 fr. —	4 —
Cartes à jouer	10 °/. de la valeur.	15 °/. de la valeur.
Crayons à gaine de bois	10 —	20 —

Des inégalités de ce genre froissent les sentiments de justice et de confraternité qui doivent animer les peuples qui prétendent se rallier aux progrès économiques. (Applaudissements.)

Qu'il me soit permis de signaler aussi quelques contradictions que j'ai cru remarquer dans le système de M. Joffroy.

L'honorable partisan de l'abolition complète des douanes réclame le respect le plus absolu pour les *droits du travail*. Il proclame ces droits antérieurs et supérieurs à beaucoup d'autres et il a raison. Mais il me concédera bien que le droit de se chauffer en hiver, le droit de jouir de l'éclat et de la chaleur du soleil, le droit de respirer l'air pur, sont des droits également antérieurs et supérieurs de l'humanité. Pour être conséquent, M. Joffroy devrait demander, du même coup, l'abolition des impôts sur les foyers, les portes et les fenêtres. Son système va-t-il jusque-là ?

Mais une contradiction plus grave, à mon avis, se rencontre dans l'argumentation de l'honorable délégué de la chambre de commerce d'Anvers. Il réclame en même temps que l'abolition des douanes, des accises et des patentes, le maintien des patentes ou taxes sur les brasseries, sur les distilleries, sur les débits de tabac, sur la propriété foncière et sur ses produits. Je proteste de toutes mes forces contre ces tendances que je trouve souverainement injustes.

Comment! Vouloir dégrever le commerce et l'industrie manufacturière, sous toutes leurs formes, et par une inconséquence difficile à comprendre, imposer la première de toutes les industries, celle qui nourrit toutes les autres, l'agriculture ! De quoi s'alimentent donc les brasseries, les distilleries, les débits de tabacs, sinon des produits de la terre et celle-ci représentée par tous les biens au soleil, n'est-elle pas déjà suffisamment imposée? Si vous voulez abolir les patentes industrielles, vous devez, pour être juste, abolir *toutes* les patentes. Déjà les avocats n'en payent plus ; car eux qui font les lois, ils ont eu soin de ne pas imposer leur parole. Mais les médecins, dans notre libre Belgique, payent encore patente ; et je prétends qu'il est indigne d'un peuple libre de devoir avouer que pour soulager son semblable, pour lui prodiguer son dévouement, pour avoir le triste droit d'aller affronter dans les hôpitaux la maladie et la mort, il est indispensable de payer patente ! (Applaudissements prolongés.)

M. KOECHLIN (Pays-Bas). Comme délégué de la Société des Industriels néerlandais, je viens appeler votre attention sur quelques points de la question douanière.

C'est la tendance générale des économistes de notre siècle de traiter, par excellence, des questions qui, à vrai dire, ne pourront être résolues que dans les siècles futurs; sans déprécier la haute valeur de ces études, il faut avouer que leur école a créé des disciples trop zélés, qui, sans avoir égard aux convictions actuelles de la société, veulent la précipiter en avant, sans tenir compte des préjugés des masses, ni des intérêts du jour.

Mais il nous semble que la pratique mûrie a ses droits ; il faut que l'ouvrage des mains puisse suivre le travail de la tête ; sinon, le résultat est nul.

Notre but est de propager des idées saines; industriels et praticiens, nous sommes mieux que qui que ce soit à même de rassembler les faits et de les soumettre à une juste appréciation.

La pratique est la mère de la théorie ; c'est elle qui vient avertir son enfant de tempérer la marche et de ne pas dédaigner la voix de l'expérience.

Une des questions non résolues de l'économie politique c'est de savoir si un pays quelconque peut supprimer ses droits d'entrée envisagés comme instruments de protection, sans porter préjudice à sa richesse nationale, alors que tous les pays qui l'entourent et avec lesquels il se trouve en relation, n'en agissent pas de même; c'est à dire, s'il accordera libre entrée à tout produit étranger sans stipuler de réciprocité.

Nous avons consulté quelques écrivains de réputation, qui se sont prononcés sur ce point, notamment *J. B. Say* et *Robert von Mohl.*

Say a dit :

« Je suppose qu'un gouvernement dise à toutes les nations étrangères : vous apporterez
» chez nous toutes les marchandises que vous voulez, en acquittant des droits d'entrée pro-
» portionnés à toutes nos contributions publiques. Le blé (au moyen de la contribution
» foncière), les objets de fabrique payent leur impôt ; les produits du commerce étranger
» doivent payer le leur, aussi bien que ceux des autres industries ; mais cet impôt, résultat
» d'une mesure générale, n'est point combiné pour procurer un privilége au produit inté-
» rieur ; il ne va que jusqu'au point de ne pas accorder aux produits du dehors un affran-
» chissement que les premiers n'ont pas. Soumettez-vous à cette loi commune aux produc-
» teurs de tous les produits qui se consomment dans notre pays. » Si un gouvernement
tenait ce langage à toutes les nations amies ou ennemies, je crois qu'il obtiendrait d'elles,
mieux que par tout autre procédé, un allégement des droits sur l'introduction de ses marchandises nationales.

Von Mohl a dit :

« Une appréciation plus juste de la nature de l'économie politique et des moyens d'ac-
» quérir des richesses, apprendra quel est le genre de commerce ou d'industrie le plus
» naturel à chaque peuple ; quels sont les barrières et les priviléges qui doivent être
» abattus, quelles sont les mesures transitoires nécessaires ; et sur cette base pourront
» être établies alors des mesures internationales plus libérales, soit par le moyen des
» traités, soit par des mesures unilatérales. Bref, il y a ici un droit des gens plus libéral à
» établir, vraiment conforme aux intérêts matériels des peuples, mais pas avant que les
» principes de l'économie politique aient remporté *une victoire complète.* » — Oui, et il ne
faut pas même tenter ces essais, avant que les palliatifs soient généralement connus et
admis par l'opinion publique. Une autre condition est aussi indispensable pour que le système du libre échange puisse être convenablement mis en pratique ; c'est que la philosophie
du droit des gens soit généralement comprise et affirmée et que les liens internationaux
aient été fortement resserrés.

Contrairement à ces principes de prudence, nous avons vu récemment un gouvernement supprimer tous ses droits protecteurs et n'admettre de droits d'entrée que comme
exception, de sorte que tout article non dénommé dans le tarif, est réputé libre à
l'entrée.

Ce pays espère ainsi se faire suivre par d'autres nations dans la même voie, et avoir créé
un stimulant infaillible à l'industrie nationale.

Cette manière d'agir nous semble si peu d'accord avec les vrais principes, que nous avons
jugé utile d'appeler votre attention sur ce point.

Parmi les questions soumises à notre examen, aucune ne concerne le système à adopter
pour l'application des droits d'entrée.

Quelques nations ont établi comme règle générale que tous les droits d'entrée auraient
pour base le poids, la mesure et le nombre.

D'autres pays ont adopté un système mixte, taxant tel objet au poids, à la mesure et au
nombre, tel autre à la valeur.

Enfin quelques-uns ont admis comme règle générale la taxe à la valeur.

Le but de tout système d'impôt est d'obtenir un résultat réel, soit comme instrument de protection, soit comme moyen de fiscalité.

Pour cela il doit dériver d'un calcul invariable.

D'après notre humble conviction, la taxe *ad valorem* ne fournit pas un moyen d'appréciation suffisante.

1° On n'a pas encore établi, si l'on doit prendre pour base la valeur au lieu de production ou bien au lieu de vente, et la différence pourtant est pour certains articles, de plus de 50 p. c.;

2° Il y a des articles dont la valeur varie journellement, comme les produits textiles, les céréales, etc. D'où l'impossibilité de constater les valeurs d'une manière un peu approximative, à moins que les préposés ne soient des spécialités financières;

3° L'étendue des limites douanières éloigne certains bureaux de douane de tout centre commercial, et les met dans l'impossibilité de constater la valeur ou de procéder à la vente en cas de saisie;

4° Quand les objets n'ont de valeur réelle que pour le destinataire, comme des parties de machines — ou quand des objets, afin de frustrer le fisc, sont morcelés et expédiés à des époques et par des voies différentes; dans ce cas, la valeur doit passer pour nulle ou à peu près.

Quels sont donc les motifs qui ont fait adopter ce mode de tarification? Les partisans mettent en première ligne la plus grande célérité des visites en douane; mais il nous semble qu'il est aussi facile de cuber en bloc pour constater le poids ou la mesure, que de constater la valeur d'un assortiment de marchandises d'une nature fort diverse.

Un second point mérite plus d'attention: en tarifiant au poids et à la mesure, les marchandises de peu de valeur payent, dit-on, le même droit que les objets de luxe, à moins d'établir dans le tarif, des catégories infinies qui en compliquent l'usage.

Nous répondrons que la statistique enseigne que le nombre des riches consommant des objets de luxe est si minime en proportion du gros des populations, qu'il est indigne d'un tarif international de vouloir en faire un impôt somptuaire.

Le gouvernement qui juge à propos de frapper les riches dans une plus forte proportion que les pauvres, peut régler ce détail par l'assiette de ses autres impôts.

Le seul inconvénient qui, suivant nous, résulte de la tarification au poids, c'est que les peuples arriérés en industrie, n'auront plus de stimulant à fabriquer des produits d'un goût et d'un fini au dessus de l'ordinaire; puisqu'ils seraient également protégés pour les marchandises demandant moins de travail et pour celles en demandant beaucoup, ils n'auraient intérêt qu'à fabriquer les produits les plus grossiers.

M. O. VAN REES (Pays-Bas). Je n'avais pas l'intention de me mêler au débat; je désirais surtout voir et entendre. Mais en entendant hier tant louer l'impôt direct, tant désirer l'impôt unique, je me suis demandé si nous ne faisions pas tort à ces pauvres impôts indirects qui, à mon avis, ne font pas tout le mal qu'on leur attribue souvent, et dont en tout cas, nous ne saurions pas encore nous dispenser. Ne croyez pas que je veuille les disculper tout à fait ou les prendre sous ma protection. Je suis partisan déclaré du libre échange et je ne désirerais rien de plus que de voir tomber toutes les entraves du commerce; le sort des classes laborieuses m'intéresse au plus haut point, et je serais heureux de leur procurer la vie à bon marché. Mais je crois, messieurs, qu'on est enclin dans des discussions de ce genre, à oublier une vérité trop souvent méconnue, à savoir que les impôts tombent souvent en définitive sur de tout autres personnes que sur celles qui les acquittent. Hier on a déjà remarqué que beaucoup d'industriels trouveraient moyen de faire tomber sur les con-sommateurs le poids de l'impôt établi sur leurs fabriques. N'en serait-il pas de même pour les impôts indirects? Beaucoup d'impôts indirects ne sont payés par l'industrie que comme une avance au trésor. D'autres qui semblent s'attaquer aux classes ouvrières, parce qu'ils frappent sur des objets de première nécessité, ont pour résultat définitif d'élever le salaire. Alors ce ne sont pas les ouvriers, ce ne sont pas même les industriels qui payent l'impôt, au moins en entier. L'impôt leur fera toujours un peu de mal, il est vrai; mais il tombera en définitive sur les consommateurs. Voilà une des raisons qui me font croire que l'impôt indirect fait souvent moins de mal qu'il ne semble.

Mais il y a une autre considération que je voudrais vous soumettre. Serait-il possible d'abolir tous les impôts indirects et de ne garder que l'impôt unique sur le capital ou sur le revenu ou sur tous les deux combinés? Pour répondre à cette question nous pouvons faire plus que de discuter des théories, nous pouvons consulter l'expérience. Eh bien, je n'hésite pas à le dire, l'expérience de l'Angleterre, de la France, de ma propre patrie, proteste contre une telle proposition. Partout où on a institué un impôt sur le capital ou sur le revenu quelque peu lourd, on s'en est plaint vivement. En Hollande, nous avons eu de ces impôts au commencement du siècle; on n'a pu les garder que quelques années. En France, on a eu la taille réelle et personnelle, dont vous connaissez tous les funestes effets. Il n'y a pas encore longtemps qu'on déclamait en Angleterre, contre l'income-tax, *the hateful income-tax*; et si l'on s'accoutume peu à peu à cet impôt, c'est d'abord que les mœurs anglaises s'y prêtent beaucoup plus que partout ailleurs, et ensuite parce qu'on a la conviction qu'on ne pourrait plus s'en passer. Et en vérité, messieurs! il n'est pas difficile de trouver les raisons qui rendent cette taxe impopulaire. Juste en apparence, elle tombe pourtant très iné-galement sur les contribuables. Adam Smith a déjà dit que la capitation devenait le plus injuste et le plus vexatoire des impôts, lorsqu'on voulait le proportionner au revenu, non seulement parce que la fortune des particuliers change à tout moment, mais aussi parce qu'on ne pourrait la connaître sans faire usage de moyens tout à fait contraires aux prin-cipes de liberté! Serait-il plus facile et moins vexatoire de frapper le capital? Peut-être, si on voulait s'en tenir seulement au capital matériel; mais si l'on veut aussi faire payer le capital immatériel, comme l'a proposé hier M. Le Hardy de Beaulieu, comment fera-t-on pour l'apprécier? L'impôt sera toujours réparti avec une injustice plus ou moins grande. Mais il y a plus, messieurs. Si l'on défend l'impôt direct, c'est surtout en vue de l'industrie. Eh bien, je crois qu'on se trompe, en se disant que l'industrie n'en souffre pas. Elle en souffre de quatre manières. Premièrement, parce que les industriels honnêtes, qui déclarent tout leur avoir, ont de la peine à soutenir la concurrence avec les industriels improbes, qui cachent une partie de leur capital ou de leur revenu. Secondement, parce qu'il est impos-sible de ne pas imposer quelques industries plus lourdement que d'autres. Troisièmement, parce que les industriels ont besoin de plus de capital pour pouvoir verser au trésor de plus fortes sommes. Quatrièmement, parce que les particuliers, dont on prend une partie du revenu, achètent moins et font moins travailler. Et si l'impôt était très lourd, ils en souf-friraient encore plus, parce que des capitaux quitteraient le pays pour se soustraire à l'impôt. Et c'est là surtout, messieurs, ce que je craindrais, si l'on voulait abolir tous les impôts indirects pour ne laisser subsister que l'impôt sur le capital ou sur le revenu. On ne pourrait adopter un tel système que lorsque tous les peuples voudraient s'y soumettre en même temps. Et je crois que nous sommes loin de cet accord.

En résumé, les impôts directs ne font à mon avis tout le bien, ni les impôts indi-rects, tout le mal qu'on leur attribue. On ne peut se passer ni des uns ni des autres; et c'est la tâche de l'économie politique d'éclairer les gouvernements sur les moyens de les asseoir de telle sorte que l'industrie en souffre aussi peu que possible. Je dis *aussi peu que possible*, parce qu'à mon avis, elle en souffrira toujours plus ou moins. Tout impôt est par sa nature un poids et une entrave. Mais on peut, en beaucoup de cas, diminuer ce poids jusqu'à ce qu'il ne soit presque plus senti. On a parlé hier de l'abolition des douanes. Mais croyez-vous qu'en Angleterre, le commerce souffre beaucoup des impôts qu'on a laissé subsister à l'entrée de quelques marchandises, très bien choisies? Croyez-vous que l'essor magnifique du commerce de Hambourg et de Brême soit bien entravé par le droit d'un demi ou de deux tiers pour cent qu'on y prélève encore? Et cependant, tout aussi bien en Angleterre que dans ces deux villes, les douanes contribuent beaucoup à grossir les recettes du trésor. Dans ma patrie, où depuis 1845, on a abandonné le système protecteur, pour adopter un tarif de plus en plus libéral, la valeur du commerce a doublé en quinze années. Vous me permettrez donc de croire qu'il est possible d'avoir des impôts indirects, sans que l'industrie en souffre plus que s'ils étaient changés en impôts directs. Sans doute, je préférerais de beaucoup un seul impôt direct, s'il était possible de l'obtenir; mais nous n'en sommes pas là. Quand les gouvernements ne s'occuperont plus que de ce qui est strictement de leur compétence, quand tous les peuples auront bien compris que leur intérêt comporte de s'entr'aider, quand il n'y aura plus d'armées, alors peut-être les dépenses publiques seront réduites à ce point qu'on pourra avoir un seul impôt, un impôt sur le capital ou sur le revenu, un impôt toujours un peu inégal, toujours un peu vexatoire, mais préférable par sa simplicité et accepté par tous à cause de sa légèreté. Si j'avais l'espoir de vivre encore dans ce siècle bienheureux, je serais le premier à applaudir à ce changement.

M. Joseph Garnier (France). Je me vois bien à regret obligé de combattre un peu mon excellent voisin, M. Bowring, qui critiquait hier la tendance que nous avions à l'idéal. Où est le mal? nous ne sommes pas ici pour faire des lois et nous pouvons étendre très loin et sans inconvénient, le cercle de nos discussions. Nous nous instruisons; ceux qui liront nos travaux, s'instruiront et si parmi eux, il se trouve des législateurs, tant mieux. Ne craignez donc pas de paraître un peu idéalistes.

Il faut considérer la question de l'impôt à deux points de vue : celui de la recette et celui de la dépense; il faut avoir constamment ces deux côtés de la question présents à l'esprit. Sans la dépense, on ne sait pas ce que doit être la recette, et sans la recette, on ne sait pas ce que peuvent être les dépenses. Partant de ce point, voyons ce que sera l'impôt futur; d'après moi, il devra être conçu de telle façon qu'il ne soit que le payement des services rendus par l'autorité publique. Or nous voilà obligés de nous demander quels sont les meilleurs services que l'autorité puisse nous rendre; car il faut prendre garde qu'elle ne nous en rende trop; les gouvernements orientaux, par exemple, rendent à leurs administrés des services si nombreux que, sous ce prétexte, ils leur prennent tout ce qu'ils ont en poche.

Quels sont les meilleurs services que l'autorité puisse nous rendre? Le service de la sécurité et le service de la justice; encore ce dernier doit-il tendre à s'effacer. Espérons du moins que le service de la sécurité sera seul indispensable.

L'impôt est donc le payement d'un service; voilà le premier principe.

Le second principe, c'est l'égalité; principe proclamé depuis longtemps, mais jusqu'ici peu pratiqué. D'abord, les classes supérieures, le clergé, la noblesse, ne voulaient pas payer l'impôt; vint ensuite un renversement complet; ce furent ceux qui se trouvaient au bas de l'échelle qui refusèrent de payer l'impôt.

Je trouve que tout le monde doit payer l'impôt; quand tout le monde payera, tout le monde aura des droits et tout le monde ayant des droits, tout le monde pourra s'occuper des affaires publiques et servir ainsi de contrepoids à la volonté de ceux qui voudraient établir de mauvais impôts.

Les pauvres, dans leur intérêt même, doivent payer l'impôt; ils auront alors plus de courage pour revendiquer leurs droits égaux à ceux des autres citoyens. Le vote de l'impôt doit être le frein des gouvernements.

L'impôt doit être modéré et pour cela, il faut que chacun connaisse bien ce qu'on lui demande; il le connaîtra surtout, si l'impôt lui est demandé directement, s'il est payé directement; alors chacun pourra raisonner sur l'utilité des dépenses à faire; je suppose toujours qu'on ait le droit de raisonner...

L'impôt doit donc être direct, reste à savoir comment il faut s'y prendre pour l'asseoir directement.

D'abord l'impôt doit être simple, unique, si c'est possible, seulement ce serait là le beau idéal. Mais, frappera-t-il sur le capital ou sur le revenu? Il y a ici des hommes très compétents pour décider cette question; les uns sont partisans de l'impôt sur le capital, les autres de l'impôt sur le revenu; ils ont chacun d'excellentes raisons pour justifier leur opinion et je leur laisse le soin de vous dire en quoi l'un est supérieur à l'autre.

Pour mon compte, je n'ai qu'une idée à émettre sur ce point et je vous demande pardon à l'avance de l'exprimer, car je suis persuadé qu'elle ne plaira pas. Je prononcerai d'abord un gros mot qui vous effrayera peut-être, Mais je vous demanderai la permission de l'expliquer : Je crois que l'impôt doit être simple, unique, si c'est possible, et j'ajoute qu'il doit être progressif (Sensation).

Il y a deux manières de concevoir l'impôt progressif; si je l'entendais d'une certaine manière, je mériterais bien que mon estimable voisin, M. Bowring, me casse sa canne sur le dos avant que je sorte d'ici; je veux parler de la manière dont nos pères entendaient l'impôt progressif; ils voulaient imposer ceux qui possédaient beaucoup, afin d'arriver à l'égalité des conditions. Ce système était forcément spoliateur et ce n'est que très justement qu'il inspire de la répulsion.

Après les rêveurs d'égalité sont venus les révolutionnaires, les rêveurs socialistes qui, pour arriver à une certaine fusion dans la société, ont aussi voulu employer l'impôt progressif.

Ce n'est pas là mon système. L'impôt progressif comme je l'entends, ne peut pas être spoliateur; car on lui oppose une barrière infranchissable; il ne pourrait jamais frapper qu'une partie du revenu, 10 p. c. par exemple.

Je disais qu'il fallait considérer dans l'impôt les recettes et les dépenses. Il est évident que les peuples et les gouvernements..... mais je préfère parler au peuple, on est plus à l'aise avec lui (très bien) — les peuples ont à la longue les gouvernements qu'ils veulent; quand ils ont un mauvais gouvernement, c'est qu'ils n'ont pas bien su s'y prendre. Les gouvernements, en général, représentent assez bien les peuples... il y a bien des intermittences... — mais enfin! (Rires, applaudissements.)

Il faut donc s'adresser au peuple; or, les peuples sont pleins de préjugés et ils ont un préjugé abominable, exécrable contre lequel je ne saurais trop protester; les peuples sont belliqueux, et puis ils ont un amour-propre affreux; ils sont fiers de leurs victoires et de leur gloire militaire; c'est Waterloo en Angleterre, le pont d'Iéna à Paris...

Tout cela est absurde.(Applaudissements). Tant que les peuples n'applaudiront pas comme vous applaudissez, ils feront des dépenses considérables, inutiles, anti-philosophiques, antimorales, absurdes. Et ce ne sera pas par la faute de leurs gouvernements, ce sera par la leur. Prenez l'histoire, vous y verrez que dans beaucoup de pays, les partis politiques ont souvent fait un grief à leur gouvernement de n'être pas suffisamment belliqueux; alors un beau jour les gouvernements se disent : il faut être belliqueux. Et ils le sont; seulement cela coûte de l'argent, et quand les gouvernements se présentent pour recevoir, les peuples sont mécontents. Le plus absurde des deux, ce n'est pas le gouvernement, c'est le peuple. Tant que ce système plaira au peuple, on dépensera inutilement beaucoup de capitaux et beaucoup de revenus. Aussi, c'est à détruire les préjugés du peuple que les amis du progrès doivent surtout travailler. Quand ces préjugés seront détruits, vous trouverez dans la paix le moyen de supprimer la grosse dépense des peuples; alors vous ne traiterez plus d'utopistes ceux qui réclament la modération des impôts, alors les partisans des impôts indirects auront perdu leur meilleur argument.

Je n'insisterai pas sur ce point; j'ajouterai seulement que le préjugé belliqueux est tellement fort chez les peuples, qu'une nation qui, depuis 60 ans, donnait l'exemple au monde, a abandonné la voie où elle marchait si glorieusement.

Le Nord et le Sud de l'Amérique sont en discussion; eh bien! au lieu de prendre des arbitres parmi les sages du monde, choisissant le plus possible en dehors des diplomates et des militaires, de leur exposer leurs griefs et de s'en rapporter à leur décision, les parties n'ont pas honte de recourir au duel.

La cause du Sud est ignoble; mais la cause du Nord est tyrannique, c'est la cause de l'annexion forcée. (Très bien.)

Pour en revenir à ma théorie, je dirai qu'elle serait susceptible de beaucoup de développement; seulement, comme le temps manque, je me résume. D'après moi, l'impôt rationnel est le prix des services rendus par l'autorité publique; l'impôt doit être payé par tout le monde, sans exception, il doit être simple, direct, et assis de préférence sur le revenu. Enfin, l'impôt doit être perçu en proportion progressive.

Je dirai aussi que l'impôt doit toujours être préféré à l'emprunt, car en empruntant, les nations ne savent pas où elles vont; il y a même des gens qui prétendent que plus nous emprunterons, plus nous serons riches. Ce n'est pas mon avis.

Je termine en déclarant que, selon moi, les finances des peuples ne se constitueront d'une manière rationnelle, que lorsque les peuples auront renoncé au système des gros armements militaires. (Applaudissements prolongés.)

M. Baruchson (Angleterre) se prononce en faveur du libre-échange; il prétend que ce système est visiblement protégé par Dieu, puisque son introduction dans le monde coïncide avec la découverte des mines de la Californie et de l'Australie qui ont rendu possible une circulation monétaire, sans laquelle ce système ne pouvait pas porter ses fruits; il compare le libre-échange aux chemins de fer quant aux bienfaits qu'il est destiné à répandre dans le monde. Quant à la suppression des douanes, elle produirait, selon lui, un grand développement du commerce et de l'industrie, et aurait, en outre, ce grand avantage d'épargner aux contribuables des frais de perception considérables et qui aujourd'hui ne profitent à personne. Le commerce de Liverpool, dit-il, serait enchanté de voir ces barrières entièrement supprimées, mais il ne croit pas avec M. Heyworth, que la suppression absolue des douanes soit immédiatement possible en Angleterre; il partage, au contraire, l'avis de M. Bowring, qu'il faut encore maintenir les taxes indirectes, surtout parce qu'il est juste que les pauvres payent et qu'il n'y a pas d'autres moyens de les faire payer puisqu'on ne peut pas les imposer sur le revenu.

L'orateur ajoute qu'il est plus facile de frauder l'*inc*
douane ; le produit de l'*income-tax* à Londres, est loin
or, si un impôt de 9 pence à la livre entraîne des frai
pas d'un impôt de 12 pence à la livre ; car il faudrait
ce que l'on perdrait à la suppression des douanes.

M. Baruchson est partisan de l'abolition entière de
croit pas que cette suppression soit possible en Angle
ques observations sur l'utilité de la liberté absolue du
terre, et il regrette qu'il n'en soit pas encore de même
courtier de commerce est libre en Angleterre, elle ne l'
à réaliser.

L'orateur manifeste aussi le regret de voir certains m
nement ; c'est là un mal dont le gouvernement a le pr
vernement a le monopole du tabac et quoique l'Anglais
l'impôt sur le tabac rapporte plus en Angleterre qu'en

Examinant l'objection que la suppression des dou
fâcheuses pour les intérêts agricoles, l'orateur décl
l'abaissement des tarifs en Angleterre, la valeur des p
pour pourvoir aux frais d'entretien des ports, à la
maintenir les douanes ; ces frais peuvent être payés par
il y a des docks immenses, tous ces frais sont perçus a

M. O'REILLY (Angleterre) ne veut pas rentrer dar
tion ; mais comme il pense que cette discussion sera
croit devoir exposer quelques-uns des principes qui d
d'abord prendre le moins possible au peuple et choisir
sont les plus minimes ; dans une ville, il y a deux mar
un octroi et par une taxe sur les maisons ; mais l'octr
tion, tandis que la taxe sur les maisons ne coûte que 5
est préférable. Il faut aussi avoir soin de rapprocher l'
mation, car sans cela le consommateur payera l'intéré
personne qui a subi l'impôt. Il faut en troisième lieu,
possible le commerce. Il ne veut pas examiner la qu
raison de ses richesses, si l'impôt doit frapper sur le rev
qu'en termes généraux, les impôts soient le plus possi
qu'il est impossible que les impôts soient absolument
n'atteignent jamais parfaitement leur but.

M. Duval a exprimé l'opinion que loin de supprime
culture, il fallait dans les circonstances actuelles dég
l'abolition des douanes ne dégrèverait pas seulement le
temps aux consommateurs. Qu'importe au consomma
pour sa maison, s'il achète à meilleur marché ce qu'il

Ce qu'il faut chercher, c'est un impôt qui coûte le n
qui occasionne le moins de vexations possible, car le
que les impôts.

M. CH. LE HARDY DE BEAULIEU (Mons). La qu

qu'on ne le pense. Elle ne peut être entièrement isolée de deux autres questions qu'on retrouve à chaque pas.

On a proposé la suppression de la douane; mais la difficulté principale est de savoir par quel impôt on la remplacera; et puis la grosse question c'est celle de la réduction des dépenses publiques. Car aussi longtemps qu'il faudra beaucoup d'impôts, on ne pourra pas être difficile sur le choix.

M. Duval, tout en reconnaissant que la première condition c'est d'être juste, a soutenu qu'il fallait choisir les impôts les plus commodes à percevoir. Cependant la commodité ne se concilie pas toujours avec la justice.

L'impôt indirect frappe principalement sur le pauvre; on dit bien qu'il se fait rembourser par le prix de son travail. C'est là le dernier résultat. Mais à quel prix y arrive-t-on? Le travail dépend de l'offre et de la demande. Pour que l'ouvrier puisse imposer un prix à son travail, il faut que la misère soit devenue si grande que le nombre des ouvriers ait considérablement diminué.

Chaque fois qu'on remue une question d'impôts, on se heurte aux mêmes difficultés. Eh bien, le seul remède, c'est de diminuer les dépenses militaires.

Un partisan de l'impôt sur le revenu lui reconnaît de très graves inconvénients, entre autres de donner lieu à plus de fraude que l'impôt de la douane. Cela provient de ce que, par suite de l'inégale répartition de l'impôt, chacun en est venu à considérer la fraude comme légitime, à croire presque de bonne foi que voler l'État ce n'est pas voler. Il faut donc, non seulement une réforme dans les dépenses publiques, mais encore une réforme dans la moralité publique, pour qu'on puisse utilement discuter les questions d'impôts.

Tant que ces deux réformes ne seront pas faites, les discussions resteront sans effet.

M. LE COMTE ARRIVABENE (Italie). J'ai une grande antipathie pour l'absolu. L'absolu ne peut pas avoir place dans tout ce qui est humain. Je n'admets donc pas l'impôt unique. Ceux-là même qui le prônent avouent qu'en présence des budgets des dépenses, propres aux gouvernements modernes, il serait impossible de demander tout le revenu nécessaire à une source unique. D'ailleurs, en frappant une seule catégorie de personnes ou de matières imposables, on leur fait payer des dépenses aux avantages desquelles elles ne participent pas.

En outre, il est impossible d'établir un système d'impôts qui soit praticable dans tous les pays, à toutes les époques.

On peut faire une théorie, créer un idéal de l'impôt, mais la différence de richesse, de civilisation ne permet pas de faire passer tous les pays sous le même niveau en matière d'impôts.

On a signalé la tendance des populations rurales à se porter dans les villes. On en a déduit le triste état auquel l'agriculture doit être réduite. Il faut remarquer pourtant que, dans la première moitié de ce siècle, en France, par exemple, la production agricole a doublé. Si les ouvriers des campagnes se portent dans les villes, ils font ce que tout homme fait; ils tâchent d'améliorer leur sort. Dans les villes, ils trouvent des salaires plus élevés, élevez donc les salaires à la campagne et ces ouvriers resteront à la campagne. L'amour du lieu natal est assurément très fort chez l'habitant de la campagne; en Belgique, dans le village où, depuis plus de trente années, je passe la saison d'été, presqu'aucun individu n'a quitté l'ombre de son clocher, quoique la journée de l'ouvrier y soit seulement de 75 centimes, tandis qu'à quelques lieues de là, l'ouvrier campagnard gagne 1 fr. 50 centimes et même deux francs.

On a demandé en faveur de l'agriculture l'abolition des péages des routes. La Société centrale d'agriculture, dont j'ai l'honneur d'être membre, pousse avec persévérance à la suppression des barrières. Je regrette de ne pouvoir pas être de son avis; je crois que le droit de barrière est juste; il fait payer la route à ceux qui en usent; d'ailleurs, il ne faut pas se faire illusion; tout avantage procuré au cultivateur du sol tourne, en dernière analyse, au profit du propriétaire. Ainsi quand le gouvernement et les provinces accordent des subsides aux communes pour la création de routes, c'est un cadeau qu'ils font aux propriétaires. Les chemins vicinaux devraient être payés par les propriétaires.

Un orateur s'est plaint qu'on frappe d'un droit plus élevé les choses de consommation générale que les objets de luxe. Mais il n'a pas observé qu'à mesure qu'on élève le droit sur ces objets, leur consommation diminue immédiatement; que ce sont des objets de peu de volume et de peu de poids, et que, par conséquent, ils se prêtent facilement à la fraude; et qu'enfin les gouvernements ne peuvent obtenir un fort revenu qu'en imposant les objets de consommation générale.

Nous sommes tous animés de bienveillance envers les classes ouvrières. Nous voudrions les voir mieux nourries, mieux logées, mieux vêtues, plus instruites. Mais pour atteindre un but si désirable, il faut arriver à l'augmentation du capital en plus forte proportion du nombre des travailleurs. Gardons-nous donc de décourager d'aucune manière la formation du capital. Et, quant aux travailleurs, instruisons-les, élevons-les de quelques degrés sur l'échelle sociale, qu'ils soient plus civilisés, et la classe ouvrière usera alors, dans toute sa conduite, de cet esprit de prévoyance et de sagesse qui distingue les classes aisées. Le travail sera moins offert que demandé et les salaires s'élèveront naturellement, indubitablement.

M. CLAMAGERAN (France). M. J. Garnier a exposé des idées que je partage à peu près; je voudrais seulement ajouter quelques observations sur une question qu'il vient de reproduire et qui, en effet, domine le débat : je veux parler du lien qui unit le budget des recettes et le budget des dépenses. Il y a un lien entre ces deux budgets, non seulement dans ce sens que lorsque vous dépensez beaucoup, il vous faut beaucoup d'argent, mais encore en ce sens que lorsque vous dépensez beaucoup, vous êtes obligé de répartir l'impôt d'une manière différente de celle que vous voudriez adopter. Il est évident que la principale objection faite contre le système de taxation se trouve dans le chiffre énorme des dépenses auxquelles il faut subvenir. L'État doit d'abord se demander s'il peut couvrir la dépense qu'il a en vue, et s'il peut le faire sans nuire à la prospérité nationale et sans violer les lois de la justice. Dans cette discussion, peut-être n'a-t-il pas été assez tenu compte de l'intérêt de la justice. La question est souvent posée en ces termes : Nous avons un budget énorme; l'argent qui nous est nécessaire ne peut être levé par un impôt juste; que faire? La conclusion semblerait devoir être qu'on doit réduire le budget; eh bien! la conclusion, au contraire, est toujours qu'il faut écarter l'impôt juste.

Je suis frappé de l'iniquité énorme qui se cache derrière cette manière de procéder.

Il faut commencer par examiner le budget des recettes; une fois les recettes établies, on verra quelles dépenses on peut faire : sans cela on s'expose à commettre des injustices flagrantes, à demander aux pauvres ce qu'on devrait demander aux riches. Si l'on procédait ainsi, la question de la diminution des dépenses aurait fait un grand pas; parce que le jour où le peuple saurait qu'il paye plus qu'il n'a l'air de payer et que c'est lui qui paye pour les autres, il y aurait un tel mouvement dans l'opinion publique, qu'on devrait bien réduire le budget des dépenses.

Quant au système d'impôt, je suis partisan de l'impôt direct sur le revenu et sur le capital; je ne crois pas que l'impôt sur le capital seul soit juste : un revenu précaire ne doit pas non plus payer le même taux que le revenu perpétuel, provenant de capitaux; je crois nécessaire la combinaison des deux impôts auxquels j'ajouterais encore volontiers un impôt sur les successions, qui a l'avantage d'être prélevé sur un bénéfice.

Le système de taxation directe est supérieur au système de taxation indirecte, au point de vue de la justice, des libertés et de l'économie.

Au point de vue de la justice, on objecte que les impôts indirects, ont des répercussions qui les rendent plus proportionnels qu'ils ne paraissent l'être. Cela ne me satisfait pas; je vois dans les impôts indirects, deux grandes branches, le timbre et l'enregistrement. Eh bien! ces impôts à mes yeux, ont l'inconvénient de grever non la richesse, mais la circulation de la richesse Ils doivent être repoussés.

C'est surtout en faveur des douanes et des accises qu'on a invoqué le système de répercussion qui tendrait à rendre ces droits proportionnels. Je ne crois pas que lorsqu'on taxe la substance du pauvre, il retrouve dans le taux de son salaire, ce qu'on lui a ôté en élevant le prix des subsistances, et je pourrais invoquer plus d'un exemple à l'appui de mon opinion. Lors des crises alimentaires, le salaire de l'ouvrier serait donc plus élevé! Or tous les statisticiens reconnaissent que dans ces circonstances, au contraire, le salaire de l'ouvrier est moins élevé. Et cela se comprend; car c'est surtout alors que l'ouvrier est le plus à la merci du capitaliste.

Autre exemple :

Je lisais, il y a quelque temps, un ouvrage fort remarquable traitant de l'influence de la découverte des mines d'or de la Californie sur le mouvement économique. Cet ouvrage produisait des chiffres qui démontrent que par suite de l'invasion de l'or dans les pays européens, toutes les marchandises ont haussé de prix. Et, chose curieuse, la hausse a commencé par les objets de première nécessité et ne s'est faite qu'en dernier lieu sur le salaire des ouvriers. Le salaire n'a repris son niveau que huit ans après l'origine du mouvement. Il n'est donc pas vrai de dire qu'à l'élévation du prix des subsistances correspond une élévation dans le taux du salaire. Dès lors comment hésiter à rayer des impôts qui violent si manifestement la justice et qui ont de plus l'inconvénient grave de gêner la liberté individuelle.

J'arrive à la question de l'économie ; il est évident que, toutes choses égales d'ailleurs, on doit préférer les impôts qui coûtent le moins à percevoir. Supposez que les impôts indirects soient aussi justes que les impôts directs, qu'ils laissent la liberté individuelle aussi intacte, il reste encore à examiner s'ils ne coûtent pas plus cher, car les frais de perception sont des dépenses perdues pour tout le monde; sur ce point, la démonstration n'est pas difficile ; en général, on peut dire que les impôts indirects, les octrois par exemple, coûtent 15, 20, 25 et même 30 p. c. de frais de perception; ces impôts exigent une armée de percepteurs, des barrières, etc., toutes choses extrêmement onéreuses ; l'impôt direct, au contraire, coûte fort peu ; le maximum est tout au plus de 5 p. c. ; en Prusse, l'impôt sur le revenu ne coûte pas plus de 3 p. c. — en Angleterre, de 3 à 3 1/2. Je me souviens même que lors de la vaste enquête qui eut lieu en Angleterre et dans laquelle furent consultés des financiers, des économistes, des négociants, un négociant de Liverpool, homme pratique, disait que si l'on supprimait à Liverpool et aux environs, les taxes indirectes en maintenant la taxe sur le revenu seulement, il se chargeait de lever cette taxe moyennant des frais de perception de 1 1/2 p. c. Voilà où peut arriver l'impôt direct, comme économie. Les impôts indirects ont ce triple inconvénient : 1° de ne pas être susceptibles de proportionnalité et de violer les lois de la justice ; 2° d'élever le prix des actes de la vie commerciale et de la circulation des richesses; enfin 3° de coûter beaucoup plus cher.

Des observations pratiques ont été faites aussi contre l'impôt sur le capital et le revenu ; j'y répondrai en deux mots : il n'y a pas d'impôt parfait. Mais je crois que l'impôt direct a cet avantage, que la valeur peut être constatée par une foule de moyens. Le grand reproche fait à l'impôt sur le revenu, est de ne pas être mathématiquement proportionnel ; cela est vrai, mais il l'est un peu plus que les impôts indirects, qui ne le sont pas du tout. (Très bien.) Telles sont les observations que j'avais à présenter. (Applaudissements.)

M. MACFIE (Angleterre). La chambre de commerce de Liverpool a acquis la conviction que tous les droits sur les importations doivent cesser d'être prohibitifs ou protecteurs. Sa conviction toutefois ne s'est pas encore formée sur la question de savoir dans quelle proportion il faut établir les impôts directs ou indirects. Ce qui a surtout attiré l'attention de la chambre de commerce de Liverpool, c'est la nécessité de maintenir la plus grande liberté au commerce et à l'industrie; elle trouve dans le monopole, un obstacle qu'elle se propose de renverser.

M. WOLOWSKI (France). Je n'entends pas prolonger la discussion, mais seulement présenter quelques observations sur des points traités hier et aujourd'hui.

Relativement à l'importance des modifications à établir dans l'assiette de l'impôt, M. C. Le Hardy de Beaulieu a dit en excellents termes, ce que je me proposais de dire. La question véritable est celle de la quotité de l'impôt; ce n'est pas de gaieté de cœur que le fisc a inventé divers modes de perception pour diversifier les charges; on y a été successivement amené par la nécessité de pourvoir à des dépenses qu'on croyait utiles et nécessaires, sans peser trop sur le point choisi jusque-là comme objectif de l'impôt. On a compris parfaitement que la propriété foncière, sur laquelle M. Deheselle voudrait reporter tout le poids de la contribution publique, serait ainsi surchargée. Sous ce rapport, je ne saurais trop approuver l'opinion de M. Duval. On semble oublier, en parlant de productions, qu'il y a une production agricole. On semble dire que la terre peut tout porter. Mais l'agriculture est un métier au soleil; elle mérite autant de protection de la part du législateur, que toutes les autres branches de la production. Cette protection se traduirait d'une façon singulière, si l'on voulait faire supporter toutes les charges à cette seule industrie; je ne comprendrais pas un pareil système. Je sais que dans les temps passés, il y a eu des classes qui ont voulu s'exempter de l'impôt; cela n'était pas juste. Pour ma part, le principe que je défends, c'est la contribution de tous aux charges publiques. Je ne vois pas de justice en dehors de ce principe.

Ce sont les riches qui doivent payer, a-t-on dit. Pourquoi? Croit-on que ce soient les riches qui tirent le plus grand avantage de l'état social, de cet immense organisme social dans lequel nous vivons? Ce serait, selon moi, une erreur. C'est le plus faible qui en profite le plus; je ne veux pas dire pour cela que c'est le pauvre qui doit payer le plus; mais, en considérant l'État comme une maison de commerce, on n'a pas assez tenu compte des avantages de l'état social. Le fort se défend bien lui-même, mais le faible a besoin de protection ; l'État ne doit pas être considéré comme un épouvantail sous la forme d'un gendarme ou d'un juge. L'État a pour premier devoir de faire respecter la sûreté et la justice, mais il a encore une autre mission; l'État n'est pas seulement un bouclier, il est encore un guide; il doit venir au secours de ceux dont tout le monde désire l'amélioration du sort.

Je suis de ceux qui croient qu'il faut laisser beaucoup à l'initiative particulière ; mais je suis aussi de ceux qui disent que quand cette initiative fait défaut, l'État doit intervenir ; je suis de ceux qui croient que le progrès des lumières est le moyen le plus efficace de venir au secours de ceux qui travaillent et qui souffrent ; je crois que l'accroissement de la puissance productive du travail est plus essentiel que les petites modifications que l'on pourrait introduire dans l'assiette de l'impôt, modifications qui, dans tous les cas, ne pourraient mener à un grand résultat tant que la quotité de l'impôt restera aussi considérable qu'elle l'est aujourd'hui. Ceux qui veulent arriver à un résultat en déplaçant le fardeau, me font un peu l'effet de ces malades qui se retournent dans leur lit, croyant ainsi trouver un soulagement à leur mal ; il faut que la maladie s'en aille. La maladie, c'est la quotité de l'impôt et je ne crois pas la guérison prochaine, précisément parce j'entends les devoirs de l'État autrement que ceux qui ont parlé jusqu'ici.

L'État doit garantir la sécurité, sans doute ; c'est là un devoir élémentaire ; mais il faut encore s'entendre sur la valeur du mot ; il y a la sécurité qui doit présider au libre essor des facultés, au développement du travail libre, et la sécurité qui est la cause des plus grandes dépenses et qui pèsera longtemps encore sur les nations, celle de la patrie. Je ne regarde pas les richesses comme le besoin le plus considérable d'une société ; il y a quelque chose qui doit se placer au dessus de la richesse, c'est l'indépendance du pays. (Très bien.)

On dit que la guerre est une chose odieuse ; quand elle est nécessaire, la guerre est une chose sainte ! Nous ne sommes pas encore arrivés à ce moment rêvé par le poète où l'on pourra transformer les épées en socs de charrue et il ne serait pas prudent de renvoyer les chiens de garde, quand il y a tant de loups. — Je crois qu'il est également nécessaire, indispensable que la force serve à restaurer le droit ; il y a encore trop d'injustices dans ce monde ; il y a encore trop de peuples qui souffrent des violations passées pour qu'on puisse renoncer à l'idée de la guerre dans l'avenir ; il y a donc des dépenses considérables aux quelles nous sommes fatalement condamnés et qui ne nous permettront pas de sitôt de diminuer le chiffre total de l'impôt et par conséquent de procéder à la réforme de l'assiette de l'impôt.

Il y a un point auquel on a touché et dont je veux dire un mot ; on a parlé de la répercussion des impôts ; je crois à la répercussion des impôts, je crois que les choses cherchent toujours à reprendre leur niveau et c'est pour cela qu'une modification à l'assiette de l'impôt me paraît chose grave ; je voudrais être deux fois convaincu de l'excellence de la modification pour l'adopter.

On a insisté sur la question de justice, et, sous ce rapport, j'ai quelques mots à dire à l'adresse de M. Garnier. — M. Garnier nous a parlé de l'impôt progressif ; il a même cru devoir user pour en parler d'un certain artifice oratoire. Cet impôt, je le considère comme nuisible à la société et je le repousse, parce qu'il correspond à un mauvais sentiment du cœur humain. Ce sentiment-là, c'est l'envie. Je ne conçois pas que l'on veuille imposer une peine (car l'impôt progressif n'est pas autre chose) à ceux qui travaillent autant que qui que ce soit au développement des richesses et à l'amélioration du sort de ceux qui souffrent. M. Garnier croit juste de faire payer, non pas proportionnellement à la fortune, mais un peu plus que proportionnellement, ceux qui jouissent d'un certain avoir. Avec ce système, on arriverait bien vite à ce résultat qui serait déploré de M. Garnier lui-même, à savoir que le combat finirait faute de combattants.

L'augmentation du capital est le levier le plus puissant de l'amélioration des sociétés, parce que l'augmentation des instruments de travail est la chose la plus essentielle.

La question du sort de l'ouvrier est bien simple ; elle se réduit à ceci : est-ce le fabricant qui court après l'ouvrier? est-ce l'ouvrier qui court après le fabricant? Si c'est le fabricant qui court après l'ouvrier, je ne suis plus inquiet, le sort de l'ouvrier est assuré.

Il y a une relation nécessaire entre le capital et le travail; toute augmentation de capital entraîne une augmentation de travail. Il faut donc ménager le capital. M. Garnier, pour atténuer les conséquences du principe qu'il pose, nous dit : La progression pourrait être limitée à 10 p. c., par exemple. Je ne sais trop comment procéderait M. Garnier pour rester dans cette limite.

M. Joffroy, en parlant de la suppression des douanes, a cru lever la difficulté qu'entraîne cette suppression, en reportant sur la terre toutes les charges. Pourquoi y a-t-il tant de gens qui croient pouvoir opérer cette modification sans danger? parce que l'on ne tient pas compte des effets de l'impôt territorial, parce que l'on ne voit pas que cette modification mène à la destruction de la propriété.

Je vais en donner une preuve. Vous prétendez reporter sur le capital immobilier toutes les charges de l'impôt.

M. JOFFROY. Du tout!

M. WOLOWSKI. Vous avez dit, il est vrai, qu'il y aurait répercussion et qu'en définitive l'impôt serait supporté par le consommateur; mais vous vouliez reporter toutes les charges sur la terre : or, les revenus de la propriété territoriale ne s'élèvent pas à la somme qu'il faudrait payer. Grand merci donc pour le propriétaire!

Comme M. Duval, je crois que la propriété foncière est suffisamment chargée et qu'il ne faut pas baser une réforme des impôts sur des charges nouvelles imposées à l'agriculture.

Mᵐᵉ ROYER (Suisse). Après l'énoncé de toutes les opinions contradictoires, tâchons de résumer un peu la question.

Parmi les économistes, les uns se disent théoriciens, les autres se font gloire d'être des hommes pratiques. Je me suis demandé souvent comment il se faisait que la pratique et la théorie fussent toujours ainsi considérées comme ennemies. Il me semble que toute pratique est l'application d'une théorie quelconque. Je reconnais toutefois que la pratique du jour est fort souvent l'application d'une théorie déjà ancienne, tandis que la théorie, idéale de sa nature, marche en avant sans trop se préoccuper des lenteurs de la pratique. La théorie doit nous indiquer le but vers lequel nous devons nous diriger, car (c'est une vérité si élémentaire que j'ose à peine la dire) pour marcher sûrement, il faut savoir où l'on va ; quand une fois le but est déterminé, la marche est assurée et l'on ne risque plus de se perdre dans ces détours où trop souvent la politique a fait traîner l'humanité.

Dans la question qui nous occupe, je vois deux doctrines antagonistes en présence ; l'une d'elles est la doctrine de l'impôt indirect.

Pour admettre que l'État a le droit de prendre les biens où il les trouve, il faut lui reconnaître le droit de propriété sur toutes les richesses du peuple.

Un homme, dont le nom a eu un grand retentissement dans la science politique, Montesquieu, a posé en principe que l'impôt indirect était l'impôt de la liberté, que l'impôt personnel était l'impôt du despotisme. Montesquieu parlait pour son siècle, pour ce siècle où déjà on considérait comme un progrès que l'État ne possédât plus la personne des citoyens, mais seulement ses biens.

Montesquieu appartenait au XVIIIᵉ siècle; on n'était pas bien loin alors de Louis XIV, qui recevait de ses conseillers intimes l'assurance que tout ce qui appartenait à la nation était son bien propre.

Montesquieu avait donc raison; l'impôt indirect a été une transition légitime, nécessaire entre l'impôt de capitation, imposé par le souverain considéré comme maître absolu de l'État, et la liberté vers laquelle lentement, mais enfin chaque jour, nous nous acheminons. (Très bien.)

Dès que les peuples ont eu le pouvoir de résister à l'influence du souverain, ils ont dégagé leur personne. Ils ont obtenu la suppression de ces tailles, de ces capitations qui pesaient directement sur leurs têtes.

Qu'advint-il alors? les biens seuls restèrent serfs quand les hommes étaient devenus libres! Cette transition a été nécessaire, mais quel en a été le résultat? C'est que les gouvernements, pour ainsi dire, sans contrôle, prirent presque tous les biens de la nation; non pas ce qu'il était juste de prendre, mais ce qu'ils purent prendre.

Comme je l'ai déjà dit hier, il n'y a qu'un frein à opposer aux dépenses des États et ce frein, c'est de transformer l'impôt indirect en impôt direct, lequel nécessite le consentement de la grande majorité de la nation, et ici je n'entends pas parler de la majorité des individus, mais encore de la majorité des intérêts.

Les impôts indirects comprennent diverses catégories; il y a d'abord l'impôt dit « de consommation. » Beaucoup d'économistes ont conclu à la conservation des douanes comme moyen de transition; mais j'ai vu aussi s'élever des voix courageuses en faveur de la suppression totale de ces barrières qui sont une entrave à la richesse publique et aux grandes institutions de la liberté. (Applaudissements.)

On a dit que l'impôt indirect se répercutait; que le pauvre en définitive faisait retomber sur le riche l'impôt dont il est chargé; mais M. Le Hardy nous a démontré que ce résultat n'était atteint qu'après que les privations et les souffrances avaient réduit le nombre des pauvres.

Enfin un membre de cette assemblée, dont le nom a tant d'autorité dans la science économique, a avancé ce principe que l'impôt possible dans un pays n'est pas possible dans l'autre. Cela est vrai; mais cela est vrai surtout des impôts injustes, car si nous pouvions trouver un impôt parfaitement juste, cet impôt conviendrait à tout le monde. M. C. Le Hardy de Beaulieu s'est demandé par quoi on remplacerait les douanes. Il faut que ce soit par un impôt direct. Mais par lequel? Deux impôts sont en présence, l'impôt direct sur le capital et l'impôt direct sur le revenu. On ne s'est pas toujours bien rendu compte de ce que sont le capital et le revenu et par suite, on est tombé dans des erreurs.

Qu'est-ce que le capital? Le revenu accumulé.

Qu'est-ce que le revenu? Le capital accumulable.

Le capital et le revenu ne sont donc que deux formes de la richesse et n'imposer que l'un d'eux serait une faute.

Il ne peut s'agir d'imposer seulement le capital pas plus qu'il ne s'agit d'imposer le revenu; ce qu'il faut chercher, c'est une combinaison qui permette d'éviter toute espèce de double emploi, en imposant deux fois le revenu ou le capital.

L'homme est une machine, l'homme est donc un capital, il accumule en lui des richesses qu'il produira plus tard. Il est vrai que chacun de nous est inégalement doué, que, par conséquent, certains capitaux produiraient plus que d'autres. Mais il faut atteindre séparément les différentes choses, il faut atteindre, d'une part, le bien, d'autre part, le capital personnel, la richesse contenue en nous et que nous représentons.

Quelle sera maintenant l'assiette de l'impôt? Admettrons-nous la progressivité? Vous savez combien cette question est brûlante ; vous savez aussi avec quelles précautions ceux mêmes qui ont soutenu l'impôt progressif en ont prononcé le nom ; c'est que l'impôt progressif a toujours paru dans l'humanité comme une sorte de vengeance, comme une tendance à égaliser les inégalités sociales. M. Garnier ne veut pas faire de l'impôt progressif un moyen d'égalisation ; mais cela n'empêcherait pas que le résultat serait atteint. Cet impôt ne serait pas juste et il doit être repoussé en principe. Il est peut-être des concessions à faire à l'époque dans laquelle nous vivons, à cette époque de transition qui a tant d'iniquités à réparer. Depuis 6,000 ans, depuis que l'humanité se connaît, depuis qu'elle a des institutions sociales, toutes ces institutions ont été au profit de certaines classes privilégiées, au profit de certaines races ; les lois ont donc créé, conservé, multiplié, en raison constamment progressive, des inégalités, des iniquités qui n'existeraient pas par le seul jeu des libertés naturelles. (Applaudissements.)

Eh bien, messieurs, accordons un siècle d'impôt progressif, pour rétablir cet équilibre détruit et je crois qu'après ce siècle, toutes les iniquités auront été réparées, sans cependant que nous ayons atteint cette égalité complète des situations, des positions, des fortunes que je veux moins que chacun de vous.

Et maintenant, puisque ce serait-là le beau idéal, quel serait le moyen de réaliser cette théorie ? Il faudrait d'abord diminuer la quotité de l'impôt et pour cela arriver à supprimer le budget de la guerre ou le réduire à un taux modéré. Alors on pourrait arriver graduellement à supprimer l'impôt des douanes. Pour cela il faudrait une chose bien rare, un siècle de stabilité ; mais enfin nous faisons de la théorie. Voici comment on procéderait : on chercherait la quotité du produit des douanes et la quotité de l'impôt sur le revenu et on établirait une sorte de balance, de manière à diminuer les douanes, tous les ans, de 1/10 par exemple, et d'augmenter d'autant l'impôt sur le revenu. On arriverait ainsi lentement, sans choc, à transformer l'impôt sur les douanes.

Chez presque toutes les nations, il existe un impôt sur les mutations soit à titre onéreux, soit à titre gratuit ; la science économique condamne l'impôt de mutation à titre onéreux, mais entre les mauvais impôts, elle considère comme un des meilleurs, l'impôt sur les mutations. Cet impôt est une autre forme de l'impôt sur le capital ; rien n'empêcherait d'établir entre l'impôt de mutation et l'impôt sur le capital, cette même transformation successive, de sorte qu'en 10 ans ou en un siècle, si vous voulez, il serait possible d'absorber, peu à peu, l'un de ces impôts. De quatre impôts, on pourrait ainsi n'en faire que deux qui, en se coordonnant, donneraient un système unitaire.

Nous avons dit que l'impôt direct permet la résistance ; cependant les États ont souvent besoin de grandes ressources ; il faut donc préparer la conscience publique à ne pas s'opposer systématiquement à la levée de l'impôt. Avant de réaliser des économies, il faudrait donc qu'une part du budget de la guerre fût employée à répandre l'instruction, à propager les principes de l'économie politique ; malheureusement cette science ne rayonne pas assez. (Très bien.)

Ce sont là, messieurs, les observations que je désirais vous présenter. (Applaudissements prolongés.)

M. Georges Clermont (Verviers). J'ai l'honneur de vous proposer de déclarer qu'il *est de l'intérêt bien entendu de tout État, de supprimer ses douanes, sans exiger des États étrangers ni réciprocité ni compensation quelconque.* Ce principe, si vous l'approuvez, fera son chemin ; il fructifiera, se développera, et le temps n'est guère éloigné où par son application complète, il contribuera puissamment au bonheur des peuples.

En effet, messieurs, cette réforme détruira radicalement l'antagonisme factice des intérêts, cause principale et permanente des calamités qui jusqu'à présent ont désolé la terre, pour faire place au système harmonique et bienfaisant de *la solidarité*; elle contient la solution pacifique de toutes les graves questions qui menacent d'ensanglanter le monde. Le déplorable conflit qui déchire l'Amérique, la question du Mexique, la question d'Italie, la question du Levant n'ont pas d'autre mobile que des divergences d'intérêts, et se dénoueraient admirablement par *la solidarité*. Il en sera de même des questions d'annexion, d'agrandissement d'États, de frontières naturelles qui troublent et inquiètent les peuples en Europe et qui n'auront plus la moindre raison d'être.

Ainsi la famille humaine formera une vaste association d'assurances mutuelles, qui n'exigera de ses membres, dans chaque État, qu'une *redevance unique*, *une prime infime* comparée aux impôts actuels.

Dès lors, plus d'armées permanentes, plus de bureaucratie, plus de diplomatie. Quelle économie immense!

D'autre part, plus un seul pouce de terrain inculte, l'agriculture produisant son grand maximum, l'industrie décuplant ses produits, le commerce centuplant ses affaires, les arts et les sciences florissant à l'ombre de la paix basée sur *la solidarité*.

Et puis, plus d'ignorance, plus de crétinisme, plus de marasme! L'instruction répandue partout!

Nous arriverons alors à la constatation de cette vérité, tant de fois proclamée, que l'homme n'est pas absolument dévolu au travail perpétuel, et qu'il doit lui rester du temps pour la méditation; nous démontrerons à l'évidence *que le travail n'est pas le but*, la seule mission de l'homme, comme on l'a soutenu si longtemps, *mais seulement le moyen* de se moraliser, de se perfectionner par l'aisance et le bien-être. Depuis le commencement de ce siècle, l'agriculture, l'industrie, les arts et les sciences ont progressé au point que, sous ce rapport, nous pouvons réellement nous enorgueillir. Nous avons enfanté des prodiges. Seule la science gouvernementale est restée dans le marasme, et tous les amis du progrès social doivent tendre à l'en faire sortir, pour l'asseoir enfin sur des bases solides et rationnelles.

M. H. DEHESELLE. Hier, Mlle Royer a bien voulu s'occuper de ce que j'ai appelé l'*impôt réel* et je constate que, de ce moment, la question a pris pour l'auditoire un intérêt que je n'avais pas su lui donner. C'est un grand avantage que de rendre la science aimable et je ne puis que remercier Mlle Royer de son intervention. Les idées simples, comme celle que je préconise en matière d'impôt, ne peuvent être assimilées qu'avec lenteur; plus elles sont simples, plus il y faut de temps et de peine, et quand elles sont vraies, toute discussion leur est favorable.

Le principal argument soulevé hier contre l'impôt réel a été celui-ci : l'État, a dit Mlle Royer, protége non seulement les choses, mais encore les capacités naturelles qui sont aussi une richesse et doivent l'impôt de ce chef. L'argument de M. Le Hardy de Beaulieu est le même, sous une autre forme; il a dit que la propriété intellectuelle, personnelle par essence, devait aussi rémunérer la protection que lui accorde l'État.

Les capacités naturelles pas plus que la propriété intellectuelle ne payent rien à l'État, par l'excellente raison qu'elles ne coûtent rien à l'État. Prenez l'homme le plus intelligent, Leibnitz, par exemple; coûte-t-il plus à protéger que son valet de chambre ou que l'homme le plus stupide. L'intelligence comme l'électricité, la chaleur, la lumière est une force naturelle qui n'a pas besoin de protection. Celle-ci ne commence qu'au moment où, à l'aide de ces forces, on a créé des produits matériels ayant une valeur marchande. Je suppose un grand inventeur imaginant des machines admirables, mais qu'il ne sait pas exploiter commercialement et faire connaître partout ; ces inventions sont, entre ses mains, comme des instruments inutiles qui ne produisent aucun fruit et l'État n'aura rien à protéger si ce n'est la personne de l'inventeur, mais encore une fois l'homme intelligent coûte moins à protéger que l'homme stupide. Pourquoi cet homme de génie payerait-il plus ? Iriez-vous par hasard imposer les millions qu'il pourrait produire et qu'il ne produit pas ? L'injustice serait si révoltante qu'elle ne supporte même pas l'examen.

Supposons maintenant que notre inventeur tire un grand profit industriel de son invention : il s'enrichit, mais, quoi qu'il fasse, cette richesse sera représentée, ou plutôt formée d'objets matériels : terres, maisons, meubles, machines, numéraire, marchandises, et ceux-là coûtant à protéger, payeront l'impôt à proportion de ce qu'ils coûtent.   •

Il n'est donc pas possible de faire peser l'impôt sur les forces et facultés naturelles, mais seulement, ainsi que M. Masson vous l'a déjà si bien dit, sur le *produit vénal* de ces forces et facultés. Je crois, messieurs, que l'argument dirigé contre le système de l'impôt réel n'aura servi qu'à le faire mieux comprendre.

Mlle Royer repousse cet axiome propre au système de l'impôt personnel : — L'impôt ne doit pas être prélevé sur le nécessaire. — N'est-ce pas avouer que la situation personnelle du contribuable n'est pour rien dans la répartition de l'impôt ? N'est-ce pas adopter pleinement la loi du prix de revient et sa conséquence directe, l'impôt réel ? Dire que le citoyen doit l'impôt même sur le nécessaire, c'est dire de la manière la plus claire qu'il ne doit pas l'impôt suivant son capital ou son revenu, ou, ce qui est la même chose, suivant ses facultés ; car alors il ne devrait rien. C'est une condamnation implicite de l'impôt personnel.

Je ne puis admettre non plus avec Mlle Royer et M. Duval que, dans la pratique, l'impôt réel se confonde avec l'impôt sur le revenu et qu'il n'y a entre eux qu'une différence théorique. Les différences dans l'application sont très grandes :

1° Au lieu d'évaluer un revenu, opération arbitraire et, pour mieux dire, impossible, il n'y a plus à évaluer que des objets matériels dont le prix est toujours facile à établir ;

2° Au lieu de s'ingérer dans les affaires d'un citoyen pour connaître sa fortune réelle, il n'y a plus qu'à apprécier la valeur des objets qu'il détient, peu importe s'il en est ou non propriétaire, appréciation qui n'indique nullement sa situation financière ;

5° Au lieu de dresser un bilan impossible de la fortune de chaque citoyen, en portant en compte les valeurs représentatives, actions, obligations, hypothèques, dette publique, etc., on supprime d'un coup toutes ces recherches dont il n'y a que faire ;

4° L'homme riche et avare, *ayant sa fortune placée à l'étranger*, paye beaucoup dans le système de l'impôt personnel, parce qu'il a un gros revenu ; il ne paye presque rien dans le système de l'impôt réel, puisqu'il ne coûte rien à l'État. L'homme pauvre menant grand train, serait au contraire traité à l'inverse ; il serait aussi ménagé par l'impôt personnel que frappé par l'impôt réel, il doit payer beaucoup à l'État parce qu'il coûte beaucoup à l'État, exactement de la même manière qu'il paye beaucoup à son carrossier parce qu'il achète beaucoup de voitures.

Je me borne à ces différences, elles sont radicales ; elles éliminent d'une façon victorieuse, les objections principales faites à l'établissement de l'impôt unique et direct.

M. Duval a conclu par demander des impôts spéciaux pour des services spéciaux et des impôts généraux pour des services généraux, en quoi nous concordons, car il finit par où j'ai commencé. Mais là s'arrête notre accord : en effet, M. Duval préconise tous les genres d'impôts, depuis l'impôt indirect jusqu'à l'impôt protecteur, depuis l'impôt sur le revenu ou sur le capital jusqu'à la capitation. Il arrive, au fond, à nier toute théorie en matière d'impôts et à se contenter du pur empirisme. Disons mieux, en admettant comme vrais et justes tous les systèmes et tous les principes même les plus contradictoires, il nie la science et tombe dans le scepticisme.

M. Garnier nous disait tout à l'heure : nous sommes ici, bien moins pour chercher des moyens pratiques d'établir l'impôt, que pour chercher l'idéal de l'impôt ou, en d'autres termes, la théorie sur laquelle elle repose. En effet, c'est à nous, c'est aux hommes de la science économique à frayer la voie aux hommes de l'application, à leur montrer le but qu'ils doivent atteindre, à leur communiquer, s'il est possible, ces convictions profondes, cette foi dans les principes qui n'est pas moins vive que la foi religieuse. Si au contraire, nous admettons, avec M. Duval, que tous les impôts sont bons et justes, que tous se répartissent avec équité et comme au hasard, puisqu'on ne voit pas d'après quelle loi cette répartition se fait ; qu'il n'y a pas de principe régulateur de l'impôt ou qu'il est inutile de le chercher, nous aurons ôté toute force et toute portée à nos délibérations et infligé le plus sanglant des outrages à la science économique.

A mon avis, pour rendre nos débats fructueux, la première question à vider serait celle-ci : Y a-t-il un principe régulateur de l'impôt? en d'autres termes, y a-t-il ou non une science de l'impôt? Si ce principe existe, quel est-il? Le définir avec précision, le mettre au grand jour, l'élever comme un phare; telle doit être, me semble-t-il, la mission de cette assemblée. Par là elle aurait rendu un immense service : les contradictions de la science, en matière d'impôt, seraient résolues et les hésitations des hommes politiques qui n'en sont que le contre-coup, cesseraient à leur tour.

Je résume tout mon système en trois mots :

L'Etat rend des services et a droit de ce chef à une rémunération. Ces services seront-ils rémunérés comme ceux que les citoyens se rendent entre eux, alors il y a lieu d'appliquer la loi du prix de revient : chacun paye à l'Etat ce qu'il coûte à l'Etat. Vous n'acceptez pas cette loi? Soit, quelle autre prenez-vous? Aucune peut-être; ainsi vous exaltez l'arbitraire et établissez en définitive la théorie du despotisme. Il faut une loi. Pourquoi ne pas adopter cette loi si simple du prix de revient? Resterons-nous toujours esclaves de l'axiome trompeur que l'impôt est dû selon les facultés de chacun? Voilà un boulanger; s'informe-t-il de la fortune, des facultés de son client, pour savoir à quel prix il lui vendra son pain? Non, millionnaire et pauvre l'obtiennent au même prix. L'Etat a-t-il à s'enquérir de la fortune, des facultés des citoyens, ses clients? Non, pas davantage; non, ce principe, qui proportionne l'impôt ou l'offrande aux facultés, est vrai au point de vue de la charité, de la donation, de la morale; il est radicalement faux au point de vue de l'échange et de l'économie politique. Il vicie la science qu'il fait indignement balbutier et doit en disparaître à jamais. (Applaudissements.)

La séance est levée à 4 1/2 heures.

SÉANCE DU 24 SEPTEMBRE

Présidence de M. De Nærver.

De l'influence des dépenses militaires, au point de vue de la richesse publique.

DÉBAT.

M. Garnier-Pagès (France). Il n'est pas de question plus importante que celle de la suppression des armées permanentes. Je vais chercher à la traiter à ses divers points de vue.

Dans la séance d'ouverture, M. le président nous a dit : « Vous avez la parole libre. Le Congrès s'en rapporte à chacun de vous du soin d'user de ce droit avec mesure, sagacité et modération. »

Je me souviendrai de ces bons conseils.

Il y a deux forces qui luttent dans le monde ; la force morale et la force matérielle. La force morale jusqu'à présent a bien de la peine à prévaloir ; la force matérielle n'a que trop souvent cherché et réussi à l'étouffer et à l'éteindre. La force morale revendique ici surtout sa place et son influence. Ici donc liberté complète.

La question des impôts et celle des dépenses militaires sont corrélatives.

Il ne faut pas se borner, suivant la parole heureuse de M. J. Garnier, à faire des rêves, à créer des chimères, à vivre dans l'idéal.

Parlons comme des hommes d'État. On fait des budgets ; or, savez-vous ce qui arrive quand il s'agit de les discuter dans les parlements ? On vous dit : voilà la division du budget : d'abord, la dette. La dette ! ah, il faut bien la payer, il n'y a rien à réduire là-dessus. Viennent l'armée et la marine ; ce sont là les grosses dépenses, c'est la moitié du budget, mais on n'en peut rien réduire. Ne touchons pas à l'armée ; ne portons pas une main profane sur la marine qui est la force d'une nation ; les fortifications ! ah, il faut bien se défendre. C'est encore une arche sainte. Il y a encore l'administration ; mais que voulez-vous réduire dans l'administration ? On ne peut pas désorganiser le service !

On ne peut cependant pas non plus faire des réductions sur les dépenses affectées à l'instruction publique, ce pain de l'âme ; quant aux travaux publics, ils répandent la prospérité dans un pays !

Dès lors, que voulez-vous retrancher d'un budget ? Rien.

Je ne parlerai pas de ce qui se passe dans les Chambres belges ; mais chaque fois que dans les Chambres françaises, les commissions ont voulu arriver à des réductions, elles se sont heurtées contre des impossibilités ; quand, après des recherches minutieuses, les commissions parvenaient à réduire de 10 millions un budget de 1,700 millions, elles s'applaudissaient de leur succès et venaient avec orgueil déposer leur rapport à l'assemblée générale.

Où faut-il donc chercher les réductions ? Dans l'armée et dans les administrations ; ce sont là les deux grandes ennemies des économies.

Il y a des réductions à faire sur les administrations, en laissant le pays se gouverner un

peu lui-même (très bien); sur le budget de la guerre et sur le budget de la marine, en s'occupant un peu du désarmement. Je ne parle pas de désarmer un pays en présence d'un
autre pays qui arme; cela ne serait pas raisonnable; je ne veux pas surtout demander aux
petits États de ménager leurs dépenses défensives; je le demanderai aux puissants, à ceux
qui oppriment, à ceux qui ont une épée à mettre dans la balance des peuples. Quand les
grands consentiront à désarmer, ce ne sont pas les petits qui armeront.

Prenons-nous-en donc à deux grandes puissances. Ce sont elles qui sont la cause du mal.
Nous avons nommé la France et l'Angleterre.

Voyez l'étrange spectacle! Le gouvernement français a une forte armée, des flottes nombreuses. Et que dit-on au Parlement anglais? Lord Palmerston déclare avec beaucoup de
simplicité, qu'en présence de la France qui arme, l'Angleterre ne peut rester désarmée, que,
pour conserver la paix, il faut préparer la guerre. Et l'Angleterre, à l'heure présente, a
dépensé trois milliards, tout bonnement pour la paix. (Interruption.) Ce n'est pas pour la
guerre, c'est pour la paix!

UN MEMBRE. Vous avez raison.

M. GARNIER-PAGÈS. Évidemment; et que fait la France? elle proteste de son abnégation complète; elle arme, pour assurer la paix du monde. Elle aussi fait, au point de vue de
la paix, des dépenses militaires colossales.

Mais si nous pouvions mettre en présence deux hommes de bon sens, lord Palmerston,
par exemple, et le président du conseil en France. — Je ne sais pas trop s'il y a encore en
ce moment un président du conseil en France. (Rires.) — Enfin, si ces hommes pouvaient
se dire : « Nous tenons entre nos mains les destinées du monde; mais il nous en coûte à
chacun, tous les ans, de 6 à 700 millions; qu'est-ce qui nous empêche de réduire nos
armées de moitié? » croyez-vous que la chose ne serait pas bientôt faite? D'où viennent
tous les embarras de la Prusse en ce moment? D'une question d'armement ou de désarmement. L'Autriche, elle aussi, ne demande qu'à désarmer; c'est le sentiment général.

Nous sommes ici pour faire une opinion publique. Je crois les gouvernements de bonne
foi; eh bien! aidons-les, en formant une opinion publique qui applaudisse à l'avance au
désarmement et nous aurons rendu service à tout le monde, nous aurons contribué au bonheur de l'humanité. (Applaudissements.)

Quand on aura réduit le budget de la guerre, la question des douanes et des impôts indirects sera bientôt tranchée; alors nous pourrons tenter un nouveau système d'impôts et
faire des expérimentations sans crainte. Alors aussi on pourra simplifier le système administratif.

Un gouvernement qui n'aurait pas besoin d'armée, qui ne ferait, par conséquent, pas de
grosses dépenses, serait le plus populaire du monde. Et tel doit être le but principal des
gouvernements.

Les gouvernements qui ont des armées, doivent les occuper; ils ont l'esprit inquiet dans
leurs rapports avec les autres nations. Leurs armées poussent à des guerres souvent hasar-
deuses. Au moindre conflit, on refuse de céder; appuyé d'une force colossale, on croit de
son devoir de résister; on craindrait d'être accusé de faiblesse. Et voilà une lutte engagée.

S'ils n'avaient pas dans leurs mains ces grandes forces, les gouvernements auraient un
rôle plus facile, celui de gouverner selon la volonté de la nation.

Dieu ne m'a pas fait naître bien haut, je suis sorti d'une maison d'ouvriers (applaudissements), mais s'il m'avait fait naître roi, je voudrais être le roi le plus populaire et je dirais

à mon peuple : Gouvernez-vous vous-même, je ne ferai que veiller à ce que vous vous gou-
verniez bien (très bien); le gouvernement est un devoir, mais n'est pas un droit; est-ce que
j'ai besoin d'armée? Non, je reste au milieu de vous, paisible, recueillant les gémissements
pour les calmer, les plaintes pour faire justice (applaudissements); je leur dirais : Préparez-
vous, si vous redoutez l'invasion de notre pays. Quant à moi, pour vivre en paix, je ne
veux pas d'armée, je n'ai besoin que de l'amour de mon peuple. (Applaudissements.)

Au point de vue des rapports internationaux, si vous avez une armée, vous ne pouvez
pas la laisser dans l'inaction. Alors qu'arrive-t-il? vous êtes gouvernement fort, vous dites...
ou vous ne dites pas ce que vous voulez faire (rires), vous dévoilez à votre guise ou vous
cachez votre but quand il vous plaît; votre diplomatie est obscure; vos méditations sont
tellement profondes que le monde a beau écouter, il n'entend rien. Bientôt on se demande
si la prétendue profondeur n'est pas en réalité de l'irrésolution, et l'inquiétude naît. C'est
là un grand mal; vous vous créez ainsi une situation fausse chez vous et à l'étranger.

Il faut donc absolument chercher à supprimer les dépenses excessives des armées.

Les mœurs changent; par la rapidité actuelle des communications, par les grandes
découvertes modernes, le monde a subi une véritable transformation; à un monde nouveau,
il faut une situation nouvelle; eh bien, chose singulière! de toutes les sciences, la politique
seule n'a pas fait de progrès. (Applaudissements.)

Que devons-nous donc faire aujourd'hui? Le mot pourra paraître étrange; qu'importe?
Nous devons être les militants de la paix (très bien). A la force nous voulons substituer la
raison, à l'épée nous voulons substituer la justice; à la guerre, aux ravages, à la destruction, nous voulons substituer le respect de soi-même et le respect des autres. (Applaudissements.) Autrefois, dans les siècles de ténèbres, tout le monde se battait, villages contre
villages, villes contre villes, provinces contre provinces.

La civilisation a fait des progrès; aujourd'hui il faut que tous les peuples soient unis;
nous devons les fédérer, établir entre eux, non seulement des rapports matériels, mais des
rapports pacifiques, moraux, intellectuels, faire en un mot de tous les peuples des frères.
(Applaudissements.)

On nous dira que ce sont là des rêves; non, c'est un but, et ce but nous saurons l'atteindre. Et c'est surtout d'une assemblée comme la nôtre que cette tendance doit partir; ici
nous ne sommes plus ni Anglais, ni Français, ni Italiens, nous sommes les citoyens de la
pensée, les citoyens de l'intelligence; ce qui nous lie, c'est l'amour de l'humanité. (Applaudissements prolongés.)

Il me reste à examiner la question des armées au point de vue de la production.

Chez une nation qui a de grandes armées que voyons-nous? On prend des bras à l'agriculture, à l'industrie, à toutes les branches du travail; de ces bras voués à la production
des richesses, on fait des bras voués à la destruction. Il y a double perte.

Le pays souffre et le soldat souffre; un économiste allemand me disait un jour : Voilà un
soldat, si au lieu d'être soldat, il était charpentier, il gagnerait au moins 3 francs, maçon
3 francs, laboureur 2 francs... Et il reçoit une paye de 20 centimes!

C'est surtout aux économistes à démontrer la triste influence des armées...

Mais peut-être ai-je déjà parlé trop longtemps; le règlement...

VOIX NOMBREUSES. Non, non, continuez.

M. LE PRÉSIDENT. En présence de l'attitude de l'assemblée, je n'ai pas besoin de dire que
l'autorisation de continuer vous est accordée.

M. Garnier-Pagès. Dans la propagande que nous voulons faire, appelons à nous tout le monde, ceux-là surtout qui aiment la liberté, et disons-leur : Partout où les grandes armées disparaissent, la liberté se développe ; partout où les grandes armées disparaissent, il y a plus d'accord entre les gouvernants et les gouvernés. Appelons encore à nous les capitalistes, les banquiers contre lesquels règne plus d'un préjugé fâcheux, et disons-leur : Vous êtes les plus riches, vous êtes les plus intéressés à la paix publique. Disons aux commerçants : Les inquiétudes de la guerre, la crainte de la guerre arrêtent le travail et le commerce ; aidez-nous dans notre œuvre ; disons aux industriels : Avec la guerre, vous êtes sous le coup de la banqueroute ; nous voulons rendre le travail prospère ; aidez-nous ; disons-aux bourgeois : Aidez-nous vous qui vivez de vos rentes et qui aimez le repos ; disons aux femmes qui pleurent au départ de leurs fils : Venez à nous et unissez vos larmes à nos vœux. Disons à tous ceux qui se sentent battre un cœur dans la poitrine : Venez à nous et aidez-nous. C'est parce que je sais que vous êtes dans les voies de la morale et de la justice, que je n'ai pas hésité à vous faire cet appel, persuadé que vous m'entendriez avec intelligence et avec bonne amitié. (Applaudissements prolongés.)

M. Mayer-Hartogs (Bruxelles). Il y a quelque témérité de ma part, à prendre la parole après le brillant discours que vous venez d'entendre ; car je ne suis qu'un homme d'affaires, un de ces industriels auxquels une voix si éloquente vient de faire appel.

Je me suis occupé de la question des dépenses militaires en ce qui concerne mon pays. Je me suis particulièrement attaché à vérifier l'exactitude des chiffres et à faire le total sincère des dépenses pour la guerre. On affirme généralement que nous dépensons par an, en Belgique, pour la guerre, une somme de 30 millions de francs. Or, je suis arrivé à démontrer sans réplique qu'en 1859, nous avons dépensé, liquidé et ordonnancé une somme de 55 millions de francs, plus indirectement 20 millions de francs, ce qui fait un total de 75 millions de francs ; et cela avec un budget général de 100 millions. Ces dépenses sont plus ou moins gazées dans notre pays. Ainsi les pensions militaires au lieu de figurer au budget de la guerre, figurent au budget de la dette publique.

J'engage les économistes à examiner le tableau que j'ai fait ; on le trouve dans le numéro du 10 mai de l'*Économiste belge*.

Je crois qu'il serait très utile de spécifier nettement l'emploi qu'on fait du produit des impôts. Quand le peuple saurait qu'on ne consacre que 10 millions pour l'instruction, les beaux-arts etc., alors qu'on applique 75 millions aux dépenses de la guerre, la question de la réduction des dépenses militaires aurait fait un grand pas.

Hier un membre s'est prononcé contre la suppression des douanes. Je répondrai que nous, hommes d'affaires, nous avons fait dans notre pays, l'expérience de la liberté commerciale, nous avons acquis la conviction que c'est par la liberté qu'on arrive au progrès. Lors de la grande misère des Flandres qui fut le résultat de la transformation de l'industrie linière, on a essayé de tous les moyens pour arrêter les progrès du paupérisme ; on n'a réussi que par l'application de la liberté la plus complète dans l'introduction des fils étrangers.

Cette expérience a été toute dans l'intérêt de la classe ouvrière ; aussi, selon moi, il ne peut plus s'agir maintenant de la réforme douanière ; le progrès vers lequel nous devons marcher c'est la suppression complète des douanes (très bien). On a dit que le droit fiscal n'était pas une entrave ; je prouverai le contraire par un exemple : La ville de Hambourg et la ville d'Altona sont voisines ; Hambourg a jugé convenable d'établir un droit de 1/2 p. c. sur les cafés ; ce droit bien minime a transporté le commerce du café à Altona où l'introduction est restée libre de tout droit.

Pour revenir, en finissant, sur la question des dépenses militaires, je tiens à déclarer que je n'ai jamais attaqué ni l'armée, ni l'existence de l'armée; ce que j'ai critiqué, ce que je continuerai à condamner, c'est l'exagération des dépenses militaires. (Applaudissements.)

M. Ch. Le Hardy de Beaulieu (Mons). Il est un point sur lequel je désire dire quelques mots.

Je tiens M. Wolowski pour un grand économiste, je partage ses opinions sur un grand nombre de questions. Mais précisément à cause de sa science profonde, à cause de la manière originale dont il présente ses idées, les erreurs de M. Wolowski sont graves.

Il a dit hier que, dans les circonstances actuelles, il considérait encore la guerre comme une nécessité, parce qu'il y avait encore en Europe trop de nationalités opprimées. Eh bien, je ne puis admettre cette doctrine. Je reconnais que la nation à laquelle M. Wolowski appartient a raison de se plaindre, qu'elle a de justes griefs à faire valoir; mais je crois qu'elle a tort d'en appeler aux armes. L'emploi de la force brutale est toujours blâmable; il doit être condamné au point de vue moral, comme au point de vue économique. Je lui préfère, quant à moi, la force morale.

M. Garnier-Pagès. Si la Russie désarmait, si elle réduisait son armée, en ne se servant que de la force morale, la Pologne serait bientôt libre.

M. Le Hardy de Beaulieu. C'est aussi mon avis. Mais qu'est-ce qui a causé les malheurs de la Pologne? Est-ce la nation russe? J'en doute. Quel intérêt la Russie a-t-elle de spolier la Pologne? Ce n'est donc pas de la nation russe que la Pologne a à se venger, c'est du souverain. Or, qu'est-ce qui fait la force des gouvernements absolus? Les armées permanentes. Ce sont les armées permanentes dont on a préconisé l'influence au point de vue de la paix, qui précisément rendent la paix impossible.

J'ai dit que la Pologne agirait plus sagement en employant la force morale. Mais pour que la force morale puisse prévaloir, pour que l'opinion des nations soit écoutée plutôt que l'opinion des souverains, il faut d'abord que les armées permanentes disparaissent. Les armées permanentes éternisent les dépenses publiques; tous les économistes qui veulent sincèrement le bien-être de l'humanité doivent donc réunir leurs efforts pour en obtenir la suppression.

M. J. Duval (France). Ce Congrès, en réunissant des étrangers de toutes les nations, nous donne bien la preuve évidente que la fraternité est possible entre les hommes. Il est certain que Français, Belges, Anglais réunis ici, nous nous donnons tous sympathiquement la main et que nous sommes disposés à accueillir toutes les nations avec la même fraternité. (Très bien.)

Il n'y a donc dans la nature aucun germe de haine entre les hommes; ce qui les divise, ce qui les mène à se faire la guerre, tient à des conflits d'intérêts, à des passions qui peuvent être déracinées tantôt par les mœurs, tantôt par les lois.

J'applaudis aux belles paroles prononcées par M. Garnier-Pagès; je désire seulement signaler une lacune dans les considérations soumises au Congrès.

Le beau idéal du genre humain serait assurément que les peuples formassent une famille de frères, comme la nation belge, par exemple, forme une famille de concitoyens. Il est difficile de concevoir que le progrès social puisse aller plus loin; au sein d'une nation quelconque, n'y a-t-il pas des causes de conflits, n'y a-t-il pas tous les jours des luttes d'intérêts, de passions? Ce qui existe au sein d'une nation, vous devez vous attendre à le rencontrer dans la grande famille de l'humanité. Croire à la fraternité pure et simple, c'est une illusion qui n'appartient plus à notre âge. De 15 à 20 ans, on peut croire qu'il suffit de s'embrasser pour rester éternellement unis; mais à mesure qu'on avance dans la vie, on acquiert la triste certitude que les luttes existent entre les hommes par suite d'intérêts et de passions qui n'ont pas encore pu trouver la loi de leur accord.

Il faut donc rechercher, entre les nations, les lois de l'accord des sentiments, des intérêts, des passions, de manière à les faire converger vers un but commun.

Dans l'ordre économique, il y a des lois naturelles qui doivent amener l'accord des intérêts.

En cas de conflits, comment faites-vous au sein d'une nation? Vous établissez des tribunaux. Eh bien, il faut arriver à la réalisation de la même idée pour les conflits entre nations, il faut établir une sorte de tribunal amphictyonique qui règle les querelles des peuples. Cette idée déjà préconisée par de puissants génies, n'est pas encore descendue dans le cerveau des peuples. Il faut insister et faire ressortir l'utilité d'un tribunal européen qui puisse intervenir par voie d'arbitrage et, au besoin, par voie de contrainte, pour empêcher les scissions violentes entre les peuples. Alors seulement vous pourrez dire adieu à la guerre et aux armées permanentes. Si un tel tribunal avait existé lors de cette fatale scission des États-Unis, si au lieu d'en venir aux mains et d'user toute leur énergie à se détruire, les rivaux s'étaient tournés vers un tribunal suprême, composé de l'élite des nations, quel différent spectacle nous aurions devant les yeux. (Applaudissements.)

A défaut de ce tribunal, les gens qui se disputent, n'ont vraiment qu'à se battre; c'est le plus fort qui l'emporte. On peut bien, au nom du sentiment chrétien, enseigner que celui qui reçoit un soufflet sur une joue doit tendre l'autre joue; mais nous n'en sommes pas là. chacun a le sentiment profond qu'en se laissant opprimer sur un point, il encourage l'oppression partout. D'ailleurs, celui qui se résigne à l'injustice prouve son incapacité de donner à ses forces physiques et morales toute l'énergie dont elles sont susceptibles; il n'accomplit pas sa destinée. (Applaudissements). Un peuple ne peut ni se laisser mutiler, ni tendre le cou à la servitude, sans disparaître bientôt de la surface de la terre. (Nouveaux applaudissements.)

Et maintenant laissez-moi dire une chose qui affligera peut-être quelques Anglais que j'honore infiniment; mais malheureusement il est vrai que l'Angleterre n'a pas toujours pratiqué le précepte de la justice et de la fraternité dans l'histoire.

M. J. GARNIER. Toutes les nations ont quelque chose à se reprocher.

M. J. DUVAL. Je ferai volontiers le *mea culpâ* pour la France; mais permettez-moi de le faire aussi pour l'Angleterre.

Il y a une nation qui par la violence ou par l'habileté diplomatique, par la puissance légitime du génie industriel, ou par la supériorité que donne la liberté politique (très bien), a conquis à peu près le quart de la population du globe. Il y a aujourd'hui 200 millions d'âmes soumis à la domination, je n'ose pas dire, au joug de l'Angleterre; 180 millions d'hommes étaient nés citoyens et vivaient libres; des colonies sans nombre fondées par le courage des Hollandais, des Portugais, des Français, des Espagnols sont tombées sous la main de l'Angleterre. Je ne veux pas récriminer; mais l'Angleterre impose au monde une situation violente contre laquelle tous les peuples sont obligés de protester ou de résister. La nation britannique professe ce principe qu'elle est tenue d'avoir une force maritime égale à celle de toutes les autres nations ensemble.

UNE VOIX. Vous sortez de la question.

AUTRE VOIX. Laissez continuer, on répondra.

M. J. DUVAL. Je ne mets aucun homme en cause ; j'attaque un principe anti-social, anti-humanitaire ; je m'en prends à l'expression d'un sentiment de domination universelle. Nous ne pouvons pas l'accepter. (Très bien.) Ce principe est faux devant Dieu et devant les hommes. Ni par sa population, ni par aucune influence légitime, une nation n'a le droit de s'égaler à toutes les nations réunies. Que dirait-on de la France, dont on accuse les goûts belliqueux, si elle affectait la prétention de posséder une armée aussi forte que toutes celles de l'Europe réunies ?

Je sais qu'au nom des principes anglais, on nous dit : « Vous avez des soldats, nous avons des marins ; nous développons notre industrie sur la mer. » Mais sur la terre, chacun de nous est limité ; tandis que le propriétaire de la mer est le maître du monde. C'est donc sur la mer que doit s'établir l'équilibre.

Il faut que les armées soient progressivement réduites, mais en comprenant les navires de guerre aussi bien que les troupes de terre. Qu'on prenne telle base que l'on voudra, le nombre de la population, la richesse en capital, la richesse en marchandises, et qu'on arrive à établir entre les nations un chiffre proportionnel des forces de terre et de mer, je l'accepte, et j'ose même dire que dans mon pays, tous les hommes libres adhéreraient d'avance à ce projet. Mais jamais nous n'adhérerons à ce qu'une nation s'empare des mers et ne nous laisse que la terre. (Applaudissements.)

M. LE PRÉSIDENT. Le premier orateur inscrit est un Français ; mais comme on vient d'attaquer un principe attribué à l'Angleterre, ne conviendrait-il pas d'accorder la parole à un membre de cette nation pour qu'il puisse répondre immédiatement ?

M. LE COMTE ARRIVABENE (Italie). C'est un devoir de délicatesse.

M. CLAMAGERAN (France). Je demande pardon à M. le président et à l'Assemblée d'insister pour que la parole me soit maintenue ; mais je crois que cela vaut mieux, justement afin de ne pas irriter le débat.

Nous sommes tous pénétrés de cette grande pensée que les armées permanentes sont un mal ; un mal au point de vue de l'humanité, au point de vue moral et au point de vue économique ; sur ce point, nul doute parmi nous ; la seule difficulté est celle-ci : Comment arriver à supprimer ou même à réduire les armées permanentes ? Je crois que pour aboutir il faut éviter les récriminations. Toutes les nations ont beaucoup à se faire pardonner. Certainement la politique de l'Angleterre a souvent été égoïste, mais la politique de la France, ne l'a-t-elle pas été ? (Applaudissements.) Lorsque la France dominait la moitié de l'Europe, lorsqu'elle étouffait l'Allemagne, n'était-elle pas égoïste ? (Applaudissements.)

Je suis Français, mais je le déclare hautement, j'abhorre pour mon pays cette gloire qui consiste à conquérir et à opprimer des nationalités. (Très bien.) La France s'est trop souvent laissé entraîner à des conquêtes. Nous avons tous des torts et même des crimes à expier ; expions-les dans un pardon réciproque ; ne cherchons pas quelle est la nation la plus égoïste, mais cherchons comment nous pouvons entrer dans une voie nouvelle, comment nous pouvons fonder la fraternité humaine. (Applaudissements.)

Je me demande quels sont les obstacles qui s'opposent à la réduction et à la suppression des armées permanentes ; j'adhère à toute une partie du discours de M. J. Duval ; je crois qu'une sorte de tribunal amphictyonique serait chose excellente pour régler les relations entre nations, mais je crois aussi qu'avant d'établir ce tribunal, il y a autre chose à faire; il ne suffit pas d'avoir un tribunal pour régler les conflits; c'est la cause même des conflits qu'il faut chercher à faire disparaître.

On vous disait tout à l'heure que si l'Amérique avait eu un tribunal pour juger entre le Sud et le Nord, la guerre n'aurait pas éclaté. Ce n'est pas un tribunal qui a manqué à l'Amérique; si la guerre a éclaté, c'est que l'Amérique a été inconséquente avec elle-même; c'est qu'après avoir, dans son admirable acte d'indépendance de 1767, proclamé les droits de l'homme, elle a méconnu les droits d'une partie de l'humanité. L'Amérique expie son injustice. Et ici, avouons-le, nous aussi nous avons beaucoup à nous faire pardonner! Nous avons été trop indifférents quand on nous parlait de ces millions de nègres qui gémissaient sous la fourche de l'esclavage! Que nous importe? disions-nous; les nègres produisent du coton; les nègres ne sont pas de notre race! Eh bien, la Providence a démontré que cela nous importait; car tout à coup la redoutable question de l'esclavage a divisé deux grands peuples et l'Europe souffre; elle souffre dans son industrie, dans sa consommation, elle souffre dans sa conscience morale. Le mal n'est pas dans l'absence de tel ou tel tribunal, il est dans la violation des droits de l'humanité! (Applaudissements).

En Europe, quelles sont les causes qui s'opposent à la suppression des armées permanentes? Un grand obstacle se présente d'abord, c'est la question des nationalités. Il faut que les peuples s'affranchissent, que les nationalités triomphent. Il faut que la France retire ses troupes de Rome (très bien), qu'elle cesse de retenir ce qui appartient au peuple romain, à ce peuple qui a un nom assez grand dans l'histoire, pour qu'on lui rende enfin ce qu'il a donné à l'humanité.

Si la France réduisait son armée, si l'Angleterre suivait cet exemple, la Russie serait bientôt elle-même obligée de désarmer, car il y aurait un tel mouvement dans l'opinion publique, un tel frémissement des peuples, qu'elle ne pourrait pas résister. Et les nationalités triompheraient. (Applaudissements).

Un autre obstacle, c'est que dans certains pays, dans ceux-là même qui se vantent d'être à la tête de la civilisation, la liberté politique n'existe pas, ou n'existe que dans une faible mesure; or, tous les peuples sont solidaires. Quand Cobden, en Angleterre, demande qu'on réduise les armements, que lui répond-on? « Nous avons en face de nous la France constituée sous un régime militaire, nous avons devant nous une force disciplinée qui, au premier signe, sur le caprice du maître, peut se lancer contre nous. » Je comprends qu'un peuple qui aime la liberté et qui lui, a su la maintenir glorieusement, hésite à réduire ses armements en présence d'un peuple qui arme, d'un peuple qui se relèvera, mais qui a fléchi et livré ses volontés, ses ressources, ses enfants à un seul homme.

Tant que les peuples ne se gouverneront pas eux-mêmes, les nations seront toujours en méfiance les unes des autres. Que devons-nous faire? nous devons répandre l'amour de la liberté, faire comprendre qu'elle n'est pas seulement la dignité et la régénération, mais aussi la seule chose qui puisse favoriser les intérêts matériels, rendre possible la réduction des dépenses publiques et permettre de venir en aide aux classes souffrantes. (Applaudissements).

Il dépend de nous que cette propagande se fasse.

Il me reste à dire un dernier mot qui servira à rattacher cette discussion à la question traitée hier, à la question des impôts.

Un peuple qui se gouverne librement, qui est maître de son indépendance, peut se laisser aller parfois à des velléités terribles; eh bien, il faut lui donner un frein pour l'arrêter dans des entreprises criminelles contre la liberté des autres peuples. Il faut l'avertir qu'il en souffrira lui-même, non dans un avenir éloigné, mais à l'instant même. Voilà pourquoi je soutenais hier l'impôt direct; le jour où chacun saura ce qu'il paye et pourquoi il paye, il sera bien moins disposé à se lancer dans des entreprises folles, et à attenter à la liberté d'autrui.

Je me résume en rappelant les trois grands obstacles à la suppression des armées permanentes : le défaut de reconnaissance des nationalités, l'absence des libertés politiques chez plusieurs grands peuples et le système d'impôts qui permet de faire illusion aux populations sur les charges qui leur sont imposées. Sous ce rapport, les discussions de l'économie politique ne seront pas inutiles et contribueront autant que les ouvrages des moralistes et des philosophes, au bonheur de l'humanité et au règne futur de la fraternité humaine. (Applaudissements.)

Sir J. Bowring (Angleterre). Je remercie l'honorable orateur de ses élans généreux.

Je n'ai pas l'intention de répondre longuement à M. Duval; en ce qui concerne mon pays, je vois dans le passé bien des choses regrettables; mais j'y vois aussi des choses glorieuses. On ne peut méconnaître que si l'Angleterre a eu des torts, si elle a commis des excès, elle a aussi rendu de grands services à la liberté (très bien), à la liberté sous toutes ses formes, liberté commerciale, liberté d'enseignement, liberté religieuse, liberté politique. (Applaudissements.) L'Angleterre a aussi rendu de grands services à la science; c'est dans ce pays que les chemins de fer et les télégraphes ont pris naissance.

J'ai été ému du langage de M. J. Duval, mais je pardonne à sa bonne foi et j'espère voir disparaître bientôt tous les griefs. La France et l'Angleterre ont peur l'une de l'autre. Si les deux nations pouvaient s'incarner chacune en un individu, je crois que toutes les questions seraient résolues dans le sens de la paix et dans l'intérêt de tout le monde.

Les intérêts après tout, sont les mêmes. Le passé, c'est l'histoire des entraves, des barrières, des haines; mais dans l'avenir, les barrières disparaîtront, les haines n'existeront plus, et, espérons-le, les mers n'appartiendront plus aux Anglais seulement, mais à tout le monde. (Applaudissements.) Ainsi tout le monde entrera dans le grand héritage que Dieu a donné à l'humanité.

Un orateur a parlé de la guerre fratricide des Etats-Unis; je souhaite que mes vœux soient écoutés de ce côté des mers.

Un de nos poètes a dit que la guerre n'est qu'un jeu; mais que si les peuples étaient sages, ils n'y joueraient pas. (Applaudissements.)

Combien ne doit-on pas regretter de voir un pays vers lequel nous nous sommes tournés dans l'espoir d'y voir résolues toutes les grandes questions humanitaires, se trouver dans la position d'un frère qui veut détruire son frère? Espérons que cette horrible lutte se terminera bientôt, et que nous pourrons assister à la réconciliation.

Nos réunions sont une promesse pour l'avenir; vous nous tendez la main avec fraternité, nous l'acceptons avec reconnaissance. Je suis un peu épuisé par la vieillesse et je ne puis vous exprimer, comme je le voudrais, ce qui se passe dans mon âme. Mais j'espère que mes vœux seront écoutés et que bientôt règneront le bien-être pour l'homme et la paix perpétuelle entre les nations. (Applaudissements prolongés.)

M. de Marcoartu (Espagne). Après les paroles qui viennent d'être échangées, le devoir m'oblige à vous dire que l'Espagne qui a promené son drapeau victorieux dans tous les coins de la terre, proteste aujourd'hui contre son histoire; elle veut désormais la fraternité et la paix. Malheureusement elle est encore en proie au militarisme qui fait le servage de la terre et de la mer.

L'impôt pour la guerre est le plus inique des impôts ; d'ailleurs, je n'admets pas l'impôt. Le mot d'impôt est une négation du droit. Ce que je comprends, ce sont les contributions payées en échange des services que rend l'État.

M. Garnier-Pagès a démontré la triste influence des armées permanentes ; d'un côté, la diminution de production, de l'autre, l'aggravation des charges publiques. C'est encore une entrave aux relations amicales et commerciales et partant une grave atteinte à la richesse publique.

Prêchons donc et soutenons toujours la justice et nous arriverons infailliblement à la suppression des armées permanentes.

M. VANDEN BROECK (Bruxelles). M. Garnier-Pagès vous a dépeint avec tout le charme de sa parole et toute l'autorité de son langage, l'embarras de deux grandes nations. Il vous a montré l'Angleterre s'armant pour répondre aux armements de la France et cela en dépit de ses aspirations et de ses tendances pacifiques.

Il a rappelé ce mot de lord Palmerston affirmant que les dépenses de la guerre étaient faites pour assurer le maintien de la paix ; il aurait pu ajouter que le premier ministre [1] poussé la naïveté, l'inconséquence ou la malice jusqu'à dire que les armements de la Grande-Bretagne étaient effectués dans le but de maintenir la bonne entente et les relations cordiales entre l'Angleterre et la France. Je n'appuierai pas sur l'énormité de l'antithèse, elle saute aux yeux. Mais je voudrais expliquer en quoi j'ose me permettre de ne point être d'accord avec M. Garnier-Pagès. Après avoir indiqué et déploré les motifs, les préjugés, les résistances avouées et inavouées qui rendent actuellement très difficile le désarmement des grandes puissances, M. Garnier-Pagès a conclu au maintien de l'armement des petites nations.

Permettez-moi, messieurs, de combattre cette idée, au moins en ce qui concerne la Belgique.

Notre sol si fertile a trop souvent été le théâtre des grandes querelles européennes ; nous avons été tour à tour la proie des vainqueurs. En 1830, par une inspiration qui ne lui est pas ordinaire, la diplomatie honnête et équitable consentit à décerner à la Belgique un brevet de neutralité. Tous ceux qui, à des titres ou sous des prétextes divers, avaient foulé notre sol et perçu nos deniers, se réunirent dans une noble pensée et nous tinrent à peu près ce langage : Belges, qui êtes depuis des siècles voués au culte et à l'usage intelligent des libertés publiques, nous nous en rapporterons désormais au respect que vous professez pour tous les droits et au sentiment que vous avez de tous vos devoirs. Au lieu d'être la pomme de discorde qui nous divise, devenez le lien qui nous unit. Et si, entraînés, comme nous pouvons l'être encore, dans les hasards et dans les aveuglements de la guerre, nous brisons la paix du monde, eh bien, vous jugerez nos coups ! Qui sait même si, par votre exemple, vous ne désarmerez pas nos bras !

Tel est, à peu près le langage que nous tint la diplomatie, en nous conférant le bienfait d'une perpétuelle neutralité.

Notre position est-elle changée aujourd'hui ? Je ne le crois pas, et c'est pourquoi je m'étonne que nos dépenses militaires soient devenues ce qu'elles sont aujourd'hui. A une armée permanente dont les charges ont été longtemps modérées, a succédé un bilan militaire qui se solde par un budget écrasant. Ce qui ne devait être pour nous qu'un élément de sécurité et d'ordre intérieur s'est élevé, par son exagération même, jusqu'aux proportions d'une quasi menace envers l'étranger. On transforme notre unique place de commerce en une des plus formidables forteresses du monde, et notre pays, constitué pour la paix, s'impose toutes les charges que subissent les nations organisées pour la guerre.

Or, je ne crois pas que notre puissance militaire nous sauve si nous sommes attaqués. (Interruption). Je veux bien admettre que la question soit controversable, mais à mes yeux, les fortifications d'Anvers sont plutôt un danger qu'un moyen de salut...

UN MEMBRE. Nous ne sommes pas ici pour discuter stratégie...

M. LE PRÉSIDENT. J'invite M. Van den Broeck à rentrer dans la question qui ne comporte pas ces détails.

M. VANDEN BROECK. Puisqu'on me soupçonne de stratégie, je me bornerai à exprimer cette pensée que dans un petit pays, neutre par ses intérêts et du consentement de tous, le respect de soi-même et des autres est la première et la plus solide des garanties contre les convoitises du dehors.

Je sais bien qu'on a dit quelque part qu'il est des peuples qui ont dû à l'occupation étrangère les libertés dont ils jouissent. Je repousse énergiquement cette assertion en ce qui concerne mon pays. La liberté, chez nous, est de tradition séculaire. Ouvrez nos vieilles chartes flamandes, et vous constaterez, à chaque page, les jalons de nos libertés actuelles : Respect de la personne du citoyen, inviolabilité du domicile, jugement de l'accusé par ses pairs, serment imposé au prince, droit pour le peuple de refuser l'impôt! Toutes ces franchises sont notre œuvre et notre gloire; et j'estime, quant à moi, que l'annexion et la conquête peuvent bien apporter à un peuple l'arbitraire, le despotisme, la spoliation et la honte, mais jamais la liberté. (Applaudissements).

M. LE MAJOR VANDEVELDE (Bruxelles). On a beaucoup attaqué les armées permanentes, et même avec animosité; mais excepté M. Garnier, personne n'a traité la vraie question, celle du désarmement général, le but vers lequel nous tendons tous.

Supprimez les armées régulières, et la société retombe dans le chaos où elle était plongée au temps des milices des communes et des bandes de volontaires de toutes sortes.

Consultez l'histoire, et vous trouverez que c'est aux armées permanentes qu'on doit la stabilité, l'ordre, la liberté et le progrès de la civilisation.

Autrefois, les bandes indisciplinées de chevaliers, de routiers, de condottiere que les seigneurs entraînaient au combat et au pillage, bien loin d'être des principes d'ordre, comme nos armées modernes, étaient des éléments de désordre, encore plus redoutables pour les citoyens que pour les ennemis de la patrie.

Alors la guerre était la règle, la paix, l'exception. Les populations étaient constamment en armes sur les remparts. Villes, bourgades et châteaux, tout était forteresse.

Charles VII créa les premières troupes permanentes; si imparfaites que fussent les compagnies d'ordonnance, les chefs étaient responsables envers le roi de l'inconduite de leurs troupes; les écrivains du temps vantent déjà la discipline des ordonnances et assurent que leur organisation eut la plus heureuse influence sur l'ordre social.

Bientôt après, le roi abolit la milice des communes et la remplaça par une infanterie plus régulière, par les francs-archers.

Ces institutions enlevèrent aux chevaliers toute prérogative au commandement. Peu à peu, les grades et les ordres militaires, accessibles à tous, remplacèrent les priviléges de la naissance. C'était le premier germe de liberté et d'égalité qui pénétrait par l'armée dans la société.

La substitution du fusil aux anciennes armes amena surtout de grandes modifications : la chevalerie dut céder le pas à l'infanterie, et l'introduction de toutes les classes dans les armées régulières contribua grandement à la transformation de la société.

Quand on reconnaît la nécessité d'une force armée, il la faut admettre permanente. Les preuves ne manquent pas : les deux plus grandes puissances militaires du monde, la France et l'Autriche, se sont fait la guerre à propos d'une question politique des plus graves. Avec des sacrifices d'hommes et d'argent relativement faibles et sans ébranler sérieusement le crédit public, en deux mois à peine, elles ont terminé leur différend par les armes.

En Amérique, où les armées sont formées de milices et de volontaires, la guerre dure depuis des années, dévore des centaines de mille hommes, jette la perturbation dans les finances et détruit la richesse publique, sans amener le moindre résultat.

Si l'Amérique avait eu des armées régulières, la guerre serait terminée depuis longtemps. Les armées de volontaires n'ont pas assez de cohésion pour entreprendre des opérations décisives ; leur manque de consistance fait échouer les combinaisons stratégiques les mieux conçues, et les batailles livrées avec des troupes sans esprit de corps et sans discipline ne sont que des échauffourées, des tueries sans autre résultat que de paralyser momentanément les deux parties.

Pour terminer leur différend par les armes, le Nord et le Sud n'ont rien de mieux à faire que de s'en retourner chacun chez soi, puis de rentrer en campagne avec des armées organisées à l'européenne. Alors la lutte aboutira.

En affaires militaires, comme en affaires industrielles, on ne fait vite et bien que ce qu'on fait tous les jours ; la division du travail est le principe économique par excellence. Donc, aussi longtemps qu'on ne pourra pas se passer d'une force armée, servons-nous de troupes régulières, ce sont les plus utiles et les moins coûteuses.

On a souvent vanté l'organisation économique du système militaire de la Suisse. D'abord cette contrée ne ressemblant à aucun autre pays de l'Europe, il se peut qu'une organisation qui astreint au service militaire tout citoyen de 19 à 44 ans, convienne à un pays de montagnes en grande partie arides, où l'émigration est constante et où la surabondance des bras a de tout temps permis de fournir des travailleurs et des soldats à la plupart des États de l'Europe; mais à coup sûr, une telle organisation ne s'appliquerait que difficilement à un pays industriel et agricole où la profession des armes n'est pas recherchée comme en Suisse. Et dans les pays comme le nôtre, par exemple, nos miliciens, appartenant généralement à la classe ouvrière, la perte de leurs journées de travail n'enlève pas à la société le quart de la valeur qu'on perdrait, si l'on incorporait indistinctement tous les hommes valides, avocats, professeurs, chefs de maisons de commerce et d'établissements industriels, etc. De plus, en temps de paix, avec l'organisation suisse, nous n'aurions pas moins de 400 mille hommes sous les armes. Pour se passer de troupes permanentes, la Suisse s'est jusqu'ici trouvée dans des conditions exceptionnelles : en contractant des capitulations militaires avec les souverains étrangers, elle se réservait le droit, si son territoire était menacé, de rappeler ses régiments ; elle avait ainsi de fait une armée permanente. En outre, il lui restait le précieux avantage de recruter, en bonne partie, son armée parmi les officiers et soldats rentrés au pays, après avoir servi un ou plusieurs termes dans des armées étrangères. Aujourd'hui que les cantons se sont interdit les capitulations, il s'agit de voir si la Suisse garde cet esprit militaire qui l'a toujours distinguée des autres nations, et si son armée conserve assez de consistance pour se passer complétement de troupes permanentes.

On a signalé les dangers de l'abus de la force; mais ils seraient bien plus grands si la force publique, au lieu d'être confiée à des armées disciplinées et recrutées dans le sein de la nation, était composée de milices citoyennes, peu soucieuses du service militaire, et de stipendiés toujours prêts à se livrer au plus offrant. En Belgique, par exemple, que peut-on craindre? le pouvoir exécutif est sans cesse obligé d'avoir recours aux Chambres pour entretenir la permanence de l'armée; et c'est moins le gouvernement que l'autorité communale qui dispose de la troupe pour faire respecter l'ordre public. L'armée ne peut intervenir que sur l'ordre du bourgmestre.

Selon moi, messieurs, pour arriver un jour au désarmement général, il faut non seulement maintenir les armées régulières, mais encore perfectionner tout le système militaire, qui, au point de vue de la défense surtout, laisse encore beaucoup à désirer. Si l'on parvenait à rendre *le faible fort chez lui*, nous serions bien près de voir notre désir se réaliser. Si, par exemple, nous, petit peuple, nous pouvions tenir en échec l'agression d'un de nos grands voisins pendant six semaines ou un mois seulement, je dis que nous n'aurions plus guère à redouter les invasions. Il n'y a pas de puissance assez bien assise pour se hasarder à une telle entreprise, quand le faible aurait le bon droit de son côté, et par suite, les sympathies de l'Europe.

Si, à l'aide d'un bon système militaire, on parvenait à enlever au fort tout espoir de vaincre le faible chez lui, — ce qui est possible, — le fort n'ayant pas à redouter le faible et ne prévoyant plus la possibilité de faire des conquêtes, réduirait bientôt sa force armée au strict nécessaire pour le maintien de l'ordre intérieur. Le faible suivrait évidemment l'exemple du fort, et, en une ou deux générations, le désarmement se ferait tout seul.

Je suis militaire; j'ai fait une étude toute spéciale du sujet qui nous occupe; j'ai consumé bien des veilles à l'examen de la défense des États, des petits États surtout. J'ai fait sur ce sujet un livre assez extraordinaire, pour me faire traiter de fou par les hommes les plus sérieux (rire général). Riez, messieurs; on m'a traité de fou, parce que j'ai démontré — et d'une manière irréfutable — qu'avec une forteresse située au cœur du pays, nous serions plus forts qu'avec vingt-sept places fortes et citadelles échelonnées en cordon sur la frontière; parce que j'ai soutenu qu'avec le nouveau système de défense, nous pouvions, non-seulement tenir tête, pendant des mois, à une puissance de premier ordre, mais encore acquérir une grande prépondérance et même décider du sort de l'Europe, si l'on venait faire la guerre sur notre sol; en un mot, parce que j'ai prétendu qu'on peut rendre le faible fort chez lui.

Un orateur belge vient de dire qu'on devrait démolir le camp retranché situé en avant d'Anvers et supprimer notre armée, parce que tout cet appareil militaire ne servirait à rien si nous étions attaqués sérieusement.

Je l'avoue, je suis peiné de devoir constater qu'il y a des Belges qui aient si peu de confiance dans notre existence nationale et dans le courage de notre armée. Mais en fait de guerre, je crois être aussi compétent que mon honorable compatriote et je suis loin de partager son avis. Comment! une armée de plus de 100 mille hommes, qui, sous le rapport de l'organisation, de l'administration, de l'équipement, de l'armement, du personnel et de l'instruction, n'a peut-être pas d'égale en Europe, une telle armée, dis-je, suivie de tous les hommes valides d'une nation de 5 millions d'âmes, dont la bravoure a été reconnue par Napoléon comme par César, se déclarerait d'avance incapable de repousser une invasion! Si tel était le sentiment de la nation et de l'armée, je n'hésiterais pas à déclarer hautement que nous serions indignes de jouir des larges et nobles institutions qui nous régissent. (Bravos et applaudissements prolongés.)

Sans doute, malgré le plus grand dévouement, nous pourrions avoir le dessous dans la lutte, mais au moins nous succomberions honorablement. On a vu les armées les plus vaillantes et les plus nombreuses, conduites par les plus grands capitaines, échouer contre des armées relativement faibles, mais soutenues par le sentiment national. — Un peuple qui a le courage d'incendier ses villes pour priver l'ennemi d'abris, ne périra jamais. — On a vu un petit État, épuisé par sept années de guerre, attaqué par une coalition et menacé d'être rayé de la carte de l'Europe, grâce à son énergie encore plus qu'à ses ressources matérielles, sortir victorieux de la lutte.

Avec notre système militaire, au lieu d'une armée nombreuse suivie de toute la nation, n'eussions-nous qu'une armée de 25 mille hommes, conduite par un général capable — et soyez tranquille, nous saurons le trouver — nous pourrions momentanément contenir l'invasion et donner le temps aux deux tiers de l'Europe de venir à notre aide ; et si au pis-aller, nous étions vaincus, au moins l'honneur serait sauf. (Applaudissements.) Si au contraire, nous ne voulons pas nous défendre nous-mêmes, nous serons méprisés par les autres nations ; personne ne se souciera de secourir un peuple qui s'abandonne lui-même, et alors indépendance, liberté, honneur, tout sera englouti. (Très bien, très bien.)

Je vous demande pardon, messieurs, de cette digression ; mais j'ai cru de mon devoir de réfuter les attaques dirigées contre une institution sur laquelle repose la sécurité de la patrie. (Oui, oui ! vous en aviez le droit.)

Je me résume. Ce n'est pas en attaquant les armées permanentes, qu'on arrivera au désarmement. Il y a une question préalable à résoudre, c'est de mettre les nations dans l'impossibilité de faire la guerre.

Multipliez les voies de communication, abaissez les tarifs des postes et des chemins de fer, rendez les relations et les transactions entre les peuples de plus en plus faciles, engagez le faible à se rendre fort chez lui et surtout conseillez aux peuples de constituer leurs gouvernements de manière à ce qu'on ne puisse faire la guerre sans l'assentiment de la nation, et la question du désarmement sera résolue. (Très bien.)

M. VANDENBROECK (Bruxelles). J'ai été mal compris ; je n'ai nullement entendu soutenir qu'il fallait supprimer l'armée permanente en Belgique.

M. J. DUVAL (France). J'ai été étonné d'entendre protester contre mes paroles. Ce que j'ai dit cependant est au dessus de toute protestation.

J'adhère complétement au principe du désarmement général ; c'est ce principe qui doit prévaloir. Mais comment ? A mes yeux, le désarmement doit se baser sur la justice proportionnelle ; je ne puis admettre que, dans une assemblée de peuples, un peuple se fasse la part du lion. Or, ce principe de justice proportionnelle est violé par une nation que j'admire et à la tête du gouvernement de laquelle je voudrais voir sir J. Bowring ; car elle professerait alors des principes qui rassureraient le monde entier. L'Angleterre, je le répète, veut posséder une force maritime égale à celle de toutes les autres puissances réunies. Ce principe-là est proclamé et universellement adopté par l'Angleterre. (Interruption.) Il faut que les nations, en procédant au désarmement, procèdent toutes en égale proportion. Procéder autrement serait inique.

M. GARNIER PAGÈS (France). Si j'ajoute un mot au discours si justement applaudi de mon ami M. Clamageran, c'est pour dire qu'il ne faut pas oublier que l'idée d'une Association internationale pour le progrès des sciences sociales, nous vient précisément de ce grand peuple anglais, comme tout ce qui est libre et tout ce qui est bon. (Applaudisse-ments.) Oublions donc l'histoire du passé et faisons l'histoire de l'avenir. (Très-bien.)

Nous avons un but à poursuivre; poursuivons-le en discutant vivement, mais en nous tenant la main. (Applaudissements.)

La discussion est close.

M. Gustave Jottrand est nommé rapporteur de la question de l'impôt et de celle des dépenses militaires (*).

SÉANCE DU 25 SEPTEMBRE.

—

Présidence de M. De Naeyer.

—

De l'uniformité à établir au point de vue international, dans les lois relatives au commerce, à la navigation et au règlement des avaries.

—

Mémoire de M. Aldrik Caumont, avocat au Havre.

Fixer les principes d'une loi internationale régissant d'une manière uniforme le *droit maritime,* voilà la tâche que doit accomplir le dix-neu-vième siècle.

Le jurisconsulte philosophe qui prendra sur lui le fardeau d'une telle responsabilité devra se pénétrer de l'esprit et de la lettre de toutes les législations maritimes, en combiner mûrement les dispositions et en choisir les textes pour les mettre en harmonie avec les besoins économiques.

Ce travail répandrait de vives lumières sur la science du droit des gens, rectifierait bien des erreurs et concilierait des opinions contradic-toires, en même temps qu'il trancherait de nombreuses difficultés.

L'importante matière du droit maritime est au dessous des besoins du monde commercial, et il faut l'élever au niveau que réclame la loi du progrès.

Il importe d'opérer avec nombre, poids et mesures. Les réformes exagé-rées, par la réaction qu'elles pourraient causer, seraient le plus grand obstacle à un progrès régulier. Donc la pensée qui poursuit des améliora-tions et combine le thème de nouveaux perfectionnements, loin de se borner à des plaintes et à des satires sur ce qui est, doit avec sagesse indiquer, d'une manière précise et lucide, ce qui devrait être pour satis-faire aux besoins de l'économie sociale.

(*) C'est à M. Jottrand qu'est due la traduction de anglais, faite séance tenante, des discours reproduits par la sténographie sous la forme indirecte.

Avec l'aide de Dieu, je me propose, messieurs, d'entreprendre ce beau travail d'une loi internationale maritime, pour vous le soumettre dans le prochain congrès, et si, comme j'aime à le croire, quelqu'un parmi vous enviait cette noble mais difficile tâche, je recommanderais à son esprit d'investigation et d'analyse, de prendre pour base de son œuvre hautement utilitaire, le droit maritime français, hollandais et portugais ; et surtout de rechercher si les points suivants n'appellent pas impérieusement la proclamation de l'autorité législative de tous les États, à savoir :

1° Que le navire *en chargement* ne puisse être *saisi;*

2° Qu'il en soit de même des capitaines, officiers de l'équipage et marins, *dès qu'ils ont pris leur service à bord;*

3° Que le navire soit qualifié *immeuble* et considéré comme *tel*, puisqu'il est susceptible d'*hypothèque* et du droit de *suite;*

4° Que ces droits soient préférablement attachés aux dettes maritimes;

5° Que les bâtiments faisant une navigation fluviale soient assimilés aux bâtiments de mer ;

6° Que la vente volontaire des navires ne puisse être faite que par acte public, avec obligation de faire transcrire l'acte de vente à l'intendance du port;

7° Que la vente forcée des navires ait lieu suivant la procédure déterminée pour la vente des biens immeubles des mineurs;

8° Que la responsabilité des armateurs ou propriétaires soit limitée au navire et au fret, pour tout ce qui est relatif au navire et à l'expédition, *sans qu'ils puissent se libérer par l'abandon des frais d'armement et des salaires des gens de mer;*

· 9° Que le contrat de participation maritime prévu par le code portugais, art. 1321 et 1335, devienne universel;

10° Qu'il en soit de même des dispositions relatives aux subrécargues ou fondés de pouvoirs des chargeurs, prévues par les articles 723 à 728 du code espagnol;

11° Que l'engagement entre le capitaine et les marins soit toujours stipulé, *sans condition ni clause pénale*, et soit exclusivement régi par les lois et ordonnances ;

· 12° Qu'en cas de prise, de bris et de naufrage avec perte entière du navire et des marchandises, les matelots *qui ont fait leur devoir* soient payés personnellement par l'armateur jusqu'au jour du sinistre, et, à partir de ce moment, que leur solde et leur rapatriement soient à la charge de l'État;

13° Qu'en cas de vente du navire pour innavigabilité, les loyers courus depuis l'engagement jusqu'à la vente soient payés sous la déduction des avances reçues, et qu'en plus les marins aient droit à leur solde jusqu'à leur rapatriement, sauf aux armateurs à recourir contre l'État, en cas de négligence des agents consulaires dans le rapatriement;

14° Que ni le voyage sur lest, ni la stipulation gratis de fret d'aller, ne puissent préjudicier aux droits des marins qui seront payés comme si le navire avait voyagé chargé ou n'eût pas été affrété en travers;

15° Qu'outre l'engagement personnel des armateurs, le navire et le fret soient spécialement affectés pour les loyers, indemnités et frais de route des navires;

16° Que les capitaines ou armateurs qui, sans cause valable, seront en retard de payer les gens de mer, soient tenus de donner à chacun des officiers 5 fr. par jour, et à chacun des autres gens de l'équipage 2 fr. 50 c. par chaque jour de retard;

17°. Qu'il soit défendu aux marins d'intenter, pour leurs créances, aucun procès contre le capitaine et le navire, avant le voyage fini par le désarmement administratif dans les bureaux de l'inscription maritime d'un port de la métropole; mais en même temps, que la prescription annale ne puisse courir qu'à partir de ce désarmement administratif et soit toujours neutralisée par la délation du serment;

18° Que l'administration de la marine ait le droit d'agir au nom des matelots absents et *présents*, pour avoir payement de leur solde et autres dus, et, à plus forte raison, d'intervenir dans toutes les causes où il s'agit de ce qui leur est dû à quelque titre que ce soit;

19° Que la *Bible* soit toujours à bord et que lecture en soit faite au moins le dimanche;

20° Que le capitaine, garant de ses fautes les plus légères, ait toujours droit par contre et outre ses salaires, à une commission de 5 p. c. sur le fret;

21° Que l'affrétement *total* ait lieu par *écrit*;

22° Qu'il soit indéfiniment permis de *sous-affréter* en restant garant;

23° Que l'affréteur puisse faire annuler le contrat, si on lui a caché le véritable pavillon ou déclaré une contenance plus grande d'un trentième;

24° Que le contrat à la grosse, tel qu'il est défini par le code prussien (art, 2359 à 2362), soit transcrit sur *l'acte de nationalité* du navire *faisant partie des pièces à bord*, pour pouvoir obtenir préférence à l'égard du tiers;

25° Qu'il faut permettre l'assurance des *profits espérés* (*) dans lesquels il faut bien comprendre le fret à faire, le loyer des gens de mer et le profit maritime;

26° Que la police d'assurance puisse être rédigée payable à ordre ou au

(*) Le sénat français a bien voulu accueillir favorablement le chef de notre pétition demandant l'abrogation de l'article 347, C. Comm., seulement en ce qui touche les profits espérés. (Voir le *Moniteur* du 15 mai 1861.)

porteur, et que les armateurs soient toujours chargés des prévarications ou
fautes du capitaine et des gens de l'équipage, ainsi que cela est édicté par
la législation de Hambourg et de Suède, sauf leur recours contre les
capitaines et marins;

27° Que pour tout ce qui n'est pas contraire aux présents points, le
code maritime français, hollandais et portugais soit la base de la législation internationale;

28° Que les lois sur l'émigration et l'immigration soient puisées dans
les législations française et anglaise, mises en harmonie;

29° Qu'en ce qui touche le délaissement et les avaries et les actions
qui en découlent, on suive la loi française;

30° Qu'il en soit de même pour le jet et la contribution, les prescriptions et fin de non-recevoir.

Je m'arrête, messieurs, dans ces énonciations sèches et arides, quoique
j'aie la confiance de ne point fatiguer votre attention; car vous avez
compris l'importance de ce sujet, vous savez que les nations ne peuvent
être puissantes et heureuses que par le commerce; que le *travail*, organe
de la production, forme la richesse des peuples; que le commerce, débou-
ché de la production, opère, sous l'empire du droit des gens, l'étroite
union des nations; que la puissance industrielle de terre et de mer doit
ramener la paix dans le monde, et que le premier intérêt des peuples,
c'est la paix. Car vous voulez que l'intelligence des lois naturelles se
perfectionne; que partout chaque peuple se place du côté du Droit et de la
Justice; qu'il ne demande le triomphe du Vrai, du Juste, du Beau et du
Saint qu'à la modération, à la sagesse et à la raison.

Mémoire de MM. Th. Engels *et* Ed. Van Peborgh, *à Anvers.*

Il n'entre pas dans le cadre restreint de cet exposé de faire l'historique
du droit commercial maritime, ni de faire ressortir l'utilité et les avantages que le monde commercial est appelé à retirer d'une législation qui
serait la même dans tous les pays du monde.

Nous nous bornons à exposer en peu de mots l'origine de ce mouvement en faveur de l'uniformité, en y ajoutant quelques considérations au
sujet de la mise en pratique qui nous paraît plus facile qu'on ne l'aurait
pensé d'abord.

Il est reconnu que les principes fondamentaux du droit maritime établi
par les lois rhodiennes et les lois nautiques des Romains peuvent être
considérés comme la législation primitive des anciens peuples navigateurs
et qu'elles forment encore la base de la législation maritime moderne.

Ceci posé, il en résulte que les *principes fondamentaux* du droit maritime sont uniformes, mais que chaque peuple, tout en y restant fidèle pour le fond, les interprète et les applique d'après ses us et coutumes, ou en modifie l'application d'après ses besoins ou d'après le degré de perfectionnement intellectuel dont il est doué; c'est ainsi que parurent successivement des règlements et des ordonnances particulières d'où sont dérivés nos codes modernes; mais ces codes, en général restreints à quelques cas, laissent le surplus à l'appréciation du juge et aux us et coutumes qui diffèrent dans chaque pays, dans chaque port, dans chaque localité.

Comme il est de toute impossibilité de connaître toutes ces lois diverses, ainsi que leur interprétation et leur application, est-il dès lors nécessaire d'appeler l'attention sur les mécomptes et les pertes auxquels sont exposés le négociant, l'armateur, l'assureur, le capitaine de navire engagés dans une expédition pour une contrée lointaine.

Les inconvénients de cet état de choses sont depuis longtemps sentis; ils ont appelé la sérieuse attention de plusieurs jurisconsultes et écrivains distingués, mais aucun remède radical n'avait été essayé avant 1860.

C'est alors, que l'*Association britannique pour le progrès des sciences sociales* prit l'initiative, et, considérant qu'une réunion de jurisconsultes joints à des hommes pratiques pourrait parvenir à établir en un corps de loi, les dispositions législatives et judiciaires, les us et les coutumes ainsi que les principaux points de la doctrine, elle appella tous les corps commerciaux de toutes les nations à un Congrès, pour y discuter et régler les bases d'une législation uniforme pour tous les pays du monde.

Ne pouvant embrasser à la fois tout ce qui concerne le commerce en général, il fut résolu de s'occuper d'abord de la législation maritime, en entamant la partie la plus importante, celle des avaries, sur laquelle il y avait le plus de divergence dans les divers pays. (Cette partie est régie par les art. 397 à 429, titres XI et XII du Code de commerce en vigueur ici). On se réservait de discuter ultérieurement toutes les dispositions législatives régissant le commerce et la navigation.

Ce premier congrès eut lieu à Glasgow, en septembre 1860; à l'appel avaient répondu des délégués de la plupart des corps commerciaux du continent européen, du Royaume-Uni et de l'Amérique; nous y assistâmes comme délégués de la chambre de commerce d'Anvers.

Le succès obtenu par le congrès de Glasgow engagea l'*Association britannique* à provoquer le nouveau congrès qui a eu lieu à Londres en juin dernier. Nous y assistâmes dans la même qualité.

Les débats qui avaient eu lieu à Glasgow n'embrassèrent que les points sur lesquels il y avait le plus de divergence; mais cette fois-ci à Londres, des réunions privées eurent lieu où l'on traita la généralité de la doctrine, de la jurisprudence et de la législation maritime relative aux avaries, et l'on institua un comité permanent, comme point central, pour réunir tous les éléments épars. Pour arriver plus promptement à une mise en pratique, une résolution fut votée, par laquelle les membres de ce comité étaient priés de se charger de la rédaction d'un projet de code international, ayant pour base les débats de Londres et de Glasgow, en prenant soin, autant que possible, de les mettre en concordance avec les législations les plus récemment introduites chez différents peuples.

A notre retour de Londres, nous avons mis la main à l'œuvre, et nous vous soumettons aujourd'hui l'avant-projet de loi ci-joint, en invitant les membres de la section et toute personne compétente à transmettre les observations qu'ils croient utiles, à M. E. E. Wendt, *chairman of the general average Committee*, 15, *Fenchurch Buildings Fenchurch street*, à Londres, afin qu'à un prochain congrès, on puisse approuver une loi internationale qui serait soumise à la législation de tous les pays.

Pour la mise en pratique, divers modes avaient été suggérés, notamment l'insertion dans les chartes parties, connaissements, polices d'assurances et autres documents relatifs à une expédition maritime, d'une clause obligeant tous les intéressés dans cette expédition à se conformer au Code international; mais ce système présentant trop d'inconvénients, on a généralement reconnu que la codification était indispensable et la voie législative la seule propre à arriver au résultat désiré.

Nous avons l'espoir que la publicité que l'Association voudra bien donner à cette affaire engagera les pays qui n'ont pas encore coopéré à l'œuvre de l'uniformité à concourir à sa réussite.

Les autres parties de la législation maritime restent encore à examiner, notamment celles concernant les navires, les affrétements, les contrats d'assurances, les contrats à la grosse, etc., etc.

Nous-mêmes, ou d'autres plus diligents, nous en occuperons lorsque la partie à laquelle nous avons consacré notre temps et nos soins aura obtenu le résultat désiré.

Si l'espace de temps écoulé entre notre retour de Londres et le présent Congrès n'eût été si court, nous aurions peut-être pu produire un travail plus soigné et plus complet; toutefois, nous espérons que, malgré quelques imperfections, le patronage des personnes éminentes et éclairées réunies aujourd'hui en congrès ne nous fera pas défaut, en considération de l'utilité de l'œuvre.

PROJET

DE CODE INTERNATIONAL TRAITANT DES AVARIES MARITIMES ET DE LA CONTRIBUTION (*).

TITRE I

DES AVARIES

—

CLAUSE INTERPRÉTATIVE (**)

Pour l'application des dispositions renfermées dans le présent code, les définitions suivantes sont adoptées :

Capitaine comprend toute personne ayant le commandement ou la direction d'un navire quelconque.

Équipage comprend toute personne employée ou engagée dans le personnel maritime d'un navire quelconque.

Navire comprend tout bâtiment de guerre ou marchand public ou privé, avec ses agrès, apparaux et munitions. — Sous la même dénomination, et pour autant que les dispositions de ce code y soient applicables, sont rangées : les embarcations de toute espèce, qu'elles soient mues par avirons ou autrement.

Chargement comprend les marchandises ou effets de toute nature, chargés à bord d'un navire.

Propriété comprend le *navire* avec ses agrès, apparaux et munitions, le *fret* et le *chargement* engagés conjointement dans une expédition maritime.

Péril imminent et extraordinaire comprend : ennemis, pirates, forbans, tempêtes, coups de mer et de vent, bas-fonds, sables mouvants, écueils, rochers, falaises, abordage, voie d'eau, échouement du navire et autres semblables ou analogues, pourvu que cette classe de périls ne soit pas inhérente au cours ordinaire de la navigation entreprise par le navire au moment où s'accomplit le sacrifice.

Art. 1. Sont réputés avaries : tout dommage qui arrive au navire ou au chargement, — toutes dépenses extraordinaires faites pour le navire ou le chargement conjointement ou séparément, depuis l'embarquement et départ jusqu'à l'arrivée et déchargement.

Art. 2. A défaut de conventions spéciales entre toutes les parties ayant un intérêt quelconque dans la propriété engagée dans une expédition maritime, les avaries sont réglées conformément aux dispositions ci-après.

(*) Les dispositions législatives traitant de cette matière se trouvent rangées dans le Code de commerce, en vigueur en Belgique et en France, sous les titres XI et XII, art. 397 à 429.
(**) Cette clause peut être considérée comme une disposition transitoire jusqu'à ce qu'un code de commerce complet et uniforme soit généralement adopté.

Art. 3. Les avaries sont rangées en deux classes, en avaries grosses ou communes et en avaries particulières ou simples.

Art. 4. Sont réputées avaries grosses ou communes, en général :

La perte ou le dommage résulté de tout sacrifice délibéré (*) et extraordinaire d'un article de la propriété, exécuté par le capitaine ou sous sa direction, en vue d'éloigner du navire et du chargement un péril extraordinaire ou imminent. — Toute dépense ou tout engagement dûment justifié et délibérément contracté par le capitaine dans l'intérêt commun de la propriété engagée dans l'expédition, ou pouvant être considéré comme la conséquence directe et immédiate d'un sacrifice ou d'un acte constituant une avarie grosse.

Art. 5. Sans préjudice des dispositions générales de l'article précédent, sont rangés dans la classe des avaries grosses ou communes (**).

1° Les marchandises ou effets jetés à la mer pour le salut commun ;

2° Le dommage survenu au navire ou au chargement par suite d'une ouverture pratiquée dans une partie quelconque du navire, pour en retirer des marchandises ou des effets qu'on se propose de jeter ;

3° Le dommage occasionné au chargement par l'eau pénétrant dans la cale par les écoutilles ouvertes pour en retirer des marchandises qu'on se propose de jeter ;

4° Le dommage ou la perte de marchandises enlevées ou endommagées par l'action de la mer, alors qu'elles ont été retirées de la cale et placées sur le pont dans le but d'être jetées ou bien à l'effet de pouvoir atteindre à des marchandises plus lourdes qu'on se propose de jeter les premières ;

5° Les câbles, mâts, voiles, bastingages et autres agrès ou apparaux coupés ou sacrifiés ; — les ancres, câbles, chaînes, chaloupes ou autres effets abandonnés et les frais faits pour les sauver ;

6° Le dommage occasionné à la mâture, aux embarcations, bastingages, ou toute autre partie du navire ou de la cargaison, par la chute d'un mât coupé pour le salut commun ;

7° Toutes dépenses faites et tous engagements délibérément contractés par le capitaine à l'effet de décharger un navire après un échouement ;

8° Toute perte ou dommage survenu au chargement résultant du débarquement en cas d'échouement ;

9° Toute perte ou dommage occasionné directement et immédiatement au navire, aux agrès et apparaux avant le débarquement du chargement par les mesures adoptées pour remettre le navire à flot après un échouement, — et même après le débarquement du chargement, pourvu que celui-ci soit rembarqué et conduit à bon port par le même navire ;

10° Le sacrifice ou le jet d'une partie de la cargaison déchargée ou prête à être déchargée dans une allége, chaloupe ou embarcation, et les dépenses contractées du chef de cette allége ;

(*) Il a été généralement convenu de substituer au mot traditionnel *volontaire* le terme plus rationnel de *délibéré* en anglais *prudent*, pour démontrer qu'un acte volontaire seul ne suffit pas, mais qu'il faut que cet acte soit réfléchi, délibéré et qu'il ait lieu pour éviter un péril imminent, un danger réel.

(**) Dès lors les dispositions de cet article ne sont pas limitatives.

11° Les frais de rembarquement dans le navire des marchandises déchargées dans les alléges, pour remettre à flot ou alléger le navire échoué ;

12° Toute perte ou dommage survenu au navire ou au chargement par suite des mesures efficacement adoptées pour éteindre un incendie qui se serait déclaré à bord, et toutes dépenses ou engagements délibérément contractés dans le but de parvenir à cette fin (*), — abstraction faite du dommage causé par le feu qui est avarie particulière.

13° Les munitions de guerre consommées ou détruites, le sacrifice de tout objet quelconque à bord du navire ; le dommage causé par le feu de l'ennemi au navire et aux marchandises, dans un combat engagé contre des ennemis ou des pirates, pour empêcher le navire et la cargaison d'être pris et amenés.

14° Les dépenses résultant du pansement et du traitement des personnes (capitaine, équipage ou passager) atteintes, blessées ou mutilées en concourant à la défense du navire ; les frais de funérailles de celles qui auront succombé et l'augmentation de gages qui pourrait résulter de l'engagement d'autres matelots en remplacement de ceux tués ou blessés.

15° La rançon de ceux envoyés à terre pour le service du navire et du chargement et qui seraient pris et faits captifs ou esclaves.

16° Toutes choses données par composition ou toutes sommes payées à des pirates, à titre de rachat du navire et du chargement.

17° L'indemnité due à toute personne détenue comme otage pour garantir le payement d'une composition ou d'un rachat et les dépenses de retour à bord ou à domicile de cette personne.

18° Les frais d'escorte ou de convoi et toute dépense encourue dans le but de rejoindre ou d'attendre l'arrivée d'un convoi.

19° Les gages et nourriture de l'équipage et toutes autres dépenses faites ou engagements contractés dans le but d'obtenir la libération du navire et du chargement en cas de capture, d'arrêt ou d'embargo de la part d'une puissance ou d'un pouvoir quelconque, — dans un port autre que celui de départ. — Si l'équipage ou une partie de l'équipage a été congédié pendant l'arrêt, il ne sera alloué que les gages des matelots restés en service.

20° Toutes sommes payées ou effets donnés par le capitaine en compensation des services qu'un autre navire aurait rendus, en faisant la reprise ou la recousse du navire et du chargement d'entre les mains d'un ennemi ou pirate.

21° Les sacrifices faits pour éviter un abordage, ou pour se dégager d'un navire abordeur, abstraction faite du dommage causé par l'abordage qui est avarie particulière (**).

22° Le droit de sauvetage (***) ou d'assistance légalement payé, soit à un autre

(*) Conforme à la 2e résolution votée à Glascow, en septembre 1860.
(**) *Abordage.* Par la fréquence des abordages, on a reconnu la nécessité d'introduire de nouvelles dispositions législatives à ce sujet.
(***) *Sauvetage.* Pour prévenir les abus et mettre un frein à l'excès d'ardeur de certains sauveteurs, il serait également désirable de voir s'introduire de bonnes dispositions législatives au sujet du droit de sauvetage et d'assistance en cas de détresse.
Le défaut de temps n'a pas permis au meeting de Londres de s'occuper de ces deux objets, abordage et sauvetage.

43.

navire ou à des pilotes, lamaneurs ou mariniers, pour renflouer un navire échoué ou pour le retirer d'un danger imminent et extraordinaire.

23° Les frais résultant de toute relâche délibérée pour le salut commun, tant à la suite d'un acte constituant une avarie grosse, qu'à la suite d'une avarie particulière, de maladie ou de mortalité de l'équipage, lorsque les marins restants ne peuvent plus suffire à la manœuvre ; désarrimage de la cargaison ; engorgements des pompes et autres accidents semblables, provenant de fortunes de mer ('), notamment frais d'alléges, de quarantaine, droits de port à l'entrée, remorquage, pilotage, frais de bassin, de quai, de santé et autres analogues, le salaire payé aux gens employés aux pompes, aussi longtemps que le chargement est à bord, et les frais de débarquement du chargement.

24° Les gages et nourriture du capitaine et de l'équipage (**), à compter du jour de l'entrée du navire dans un port de relâche, pour les causes mentionnées au § 23, jusqu'au jour où le navire est prêt à mettre à la voile ; — Les gages calculés d'après le rôle d'équipage et les frais de nourriture d'après un tarif à adopter ; — Les frais de loyer des magasins où les marchandises auront été déchargées ou ceux des allèges louées pour éviter une mise à terre partielle ou totale. — Les frais de rembarquement des marchandises et les frais de sortie du port de relâche, pour autant que le navire reprenne à bord le chargement et le conduise au port où le voyage finit légalement (***).

Dans le cas de condamnation ou de vente du navire dans un port de relâche par suite de fortunes de mer, les gages et nourriture restent au compte du navire et les autres frais mentionnés dans le présent paragraphe sont au compte du chargement.

25° La perte, le dommage ou les frais résultant de la vente ou de la réexpédition de marchandises, qui, dans un port de relâche, n'auraient pas pu être reprises à bord sur le navire principal avec le surplus du chargement.

26° Les frais de justice, les droits consulaires, notariels, port de lettres, télégrammes et commission d'agence dans un port de relâche.

27° Les frais d'estimation de la valeur du navire et du chargement au port de destination ou à celui où le voyage finit légalement, ainsi que tous les frais relatifs au règlement d'avarie à y établir.

Art. 6. La commission pour avances de fonds dans un port de relâche, la prime d'un emprunt à la grosse ou la prime d'assurance pour éviter un emprunt à la grosse, les intérêts des sommes avancées pour payer les frais dans un port de relâche ; la perte sur les marchandises vendues ou engagées pour se procurer des fonds dans le même but, seront répartis au prorata, entre l'avarie grosse et l'avarie

---

(*) Dans le *Bill* présenté à Londres, figure comme avarie grosse la relâche pour *manque imprévu de provisions*.

Nous supprimons ce cas et nous pensons que cette suppression obtiendra, après mûre réflexion, l'adhésion unanime. Le mot *imprévu* n'est pas une sauvegarde suffisante contre les abus. De tous temps, il a été admis que si le voyage, sans que le navire ait éprouvé aucune avarie, se prolonge soit par calmes, tempêtes ou vents contraires, de manière qu'il y ait nécessité de se procurer de nouvelles provisions, les frais qui en résultent ne sont point admis en avarie grosse.

(**) Conforme à la 8° résolution votée à Glascow, en septembre 1860.

(***) Conforme à la 6° résolution votée à Glascow, en septembre 1860.

particulière, selon l'importance des montants respectivement admis dans l'une ou l'autre classe de ces avaries.

Art. 7. Dans tous les cas où un sacrifice de marchandises entraînerait une perte de fret, la perte de fret résultant de ce sacrifice sera également réputée avarie grosse.

Art. 8. En cas de naufrage ou de condamnation du navire, seront réputées avaries grosses entre les marchandises sauvées et les débris ou l'épave du navire et le fret de distance, toutes dépenses faites ou tous engagements contractés pour retirer les marchandises du navire et les mettre à terre, le salaire dû aux gens de l'équipage qui auraient travaillé au sauvetage, ou qui auraient été employés dans l'intérêt commun, après la date où le capitaine aurait pu les congédier, et tous autres frais communs aux marchandises sauvées, à l'épave du navire et au fret de distance.

Art. 9. En règle générale, en cas de l'échouement d'un navire en cours de son voyage, la perte ou le dommage au navire ou à la cargaison ne sera pas considéré comme avarie grosse. Il pourra toutefois être fait exception à cette règle dans des cas tout particuliers, en présence de faits spéciaux clairement prouvés (*).

Art. 10. Les marchandises déchargées dans des allèges, soit pour relever un navire échoué, soit pour entrer dans un havre ou une rivière, continuent à rester en communauté avec le navire principal et le surplus de son chargement, depuis le moment de leur mise à bord de ces allèges jusqu'à leur déchargement au lieu de destination ou de celui où le voyage finit légalement. Dès lors :

1° Si les marchandises déchargées dans les allèges viennent à périr ou à s'endommager, cette perte sera réputée avarie grosse à l'égard de toute la propriété engagée dans l'expédition.

2° La contribution que les marchandises déchargées dans une allège auraient à supporter du chef d'un sacrifice fait à bord de cette allège, sera réputée avarie grosse à l'égard de toute la propriété engagée dans l'expédition.

3° Si après le débarquement d'une partie du chargement en allèges, il est fait un sacrifice constituant une avarie grosse en faveur du navire principal et de la

---

(*) *Échouement volontaire.* — Il est presque impossible qu'un *sacrifice* résultant d'un échouement volontaire se réalise En effet, on n'échoue un navire que lorsque, par suite de dommages considérables déjà éprouvés, il fait tant d'eau qu'il ne peut plus être maintenu à flot. — En l'échouant, on ne fait donc aucun *sacrifice*, on profite d'une chance qui se présente pour tâcher de conserver ce qui était inévitablement perdu sans cette ressource. — Un navire qui n'a pas éprouvé des avaries majeures et qui peut être maintenu à flot ne doit pas être échoué. — De nombreux abus résultant de réclamations en remboursement de dommages prétendûment occasionnés par des échouements volontaires, étant généralement reconnus, nous avions dès notre réunion à Glascow, fait tous les efforts possible pour les faire cesser, en n'admettant plus comme avarie grosse, l'échouement volontaire. Mais à Glascow comme à Londres, tout en reconnaissant les abus et les difficultés pratiques de distinguer les avaries causées par l'échouement de celles existantes antérieurement, la grande majorité a été d'avis que pour se conformer au *principe* et attendu qu'il y avait cependant des cas où un échouement pourrait être considéré comme volontaire, notamment celui où le capitaine d'un navire exempt d'avaries, chassé par l'ennemi et sur le point d'être pris, échouerait délibérément son navire sur une côte neutre à l'abri de la prise et si des dommages en résultaient, il faudrait bien les admettre comme faits dans l'intérêt commun et ayant contribué à sauver la propriété engagée dans l'expédition. Dès lors, après deux jours de débats consécutifs, fut voté l'article dans le sens tel que nous l'insérons ici. — Au dernier meeting de Londres, on a encore voulu modifier l'article voté à Glascow, mais nous ne pouvons nous rallier à ces modifications et nous pensons que la résolution votée après mûre délibération à Glascow, peut être acceptée sans inconvénient et sans crainte d'être considérée comme illogique et irrationnelle.

partie du chargement restée à bord, toute la propriété engagée dans l'expédition contribuera en avarie grosse, comme si aucune partie de marchandises n'avait été débarquée avant le sacrifice.

ART. 11. Aucuns frais d'allèges prévus ou inévitables pour partir du port de charge, ou pour atteindre celui de destination, aucuns frais d'allégements prévus ou inévitables pour passer une barre ou un écueil situé en aval ou en amont du port de départ ou de celui de destination, ne seront réputés avaries. — Les frais de ces allèges ou allégements sont à la charge exclusive du navire, sauf stipulations contraires. — Et les avaries ou dommages de quelque nature qu'ils soient, survenus à bord de telles allèges, sont en tous cas applicables seulement aux marchandises y placées, sans que le navire principal ou le chargement déjà à bord ou resté à bord, aient à y contribuer.

ART. 12. Dans les cas cités au § 23 de l'art. 5, ne seront pas réputés avarie grosse, les frais résultant du traitement médical de l'équipage, ni l'augmentation de gages résultant de l'engagement de matelots en remplacement de ceux décédés ou malades ; les autres frais seront admis conformément aux dispositions dudit § 23 et de celles du § 24 du même article.

ART. 13. Les lamanages, touages, pilotage pour entrer dans les havres ou rivières ou pour en sortir, les frais pour ouvrir un passage dans la glace pour pouvoir quitter le port de départ ou atteindre celui de destination, les droits de congé, visites, rapports, tonnes, balises, quarantaine, ancrage et autres droits de navigation ne sont point avaries, ils sont de simples frais à charge du navire, sauf conventions contraires ; cependant si ces frais ont eu lieu extraordinairement dans un port où le navire a relâché pour le salut commun, ils rentrent dans la classe des avaries communes.

ART. 14. Ne sont pas réputés avaries, quoiqu'ils aient été faits délibérément, les dommages ou les frais causés par les vices internes du navire, ou ceux qu'il sera prouvé être la conséquence de l'état d'innavigabilité où se trouvait le navire au moment du départ.

ART. 15. Si le navire était passible de confiscation pour violation de lois internationales, aucune perte ou dommage éprouvé par l'armateur, en cherchant à éviter le danger d'une confiscation, ne sera réputé avarie.

ART. 16. Ne seront pas réputés avarie grosse, quoique soufferts volontairement et délibérément ou à la suite d'un acte considéré comme avarie grosse, les sacrifices, pertes ou dépenses mentionnés ci-après :

1° Le sacrifice d'un objet ou article quelconque qui aura été par lui-même une cause de péril pour la propriété ou pour une partie de la propriété engagée dans l'expédition ;

2° Le sacrifice de tout objet portant entrave à la libre manœuvre du navire ;

3° Le sacrifice d'embarcations suspendues en porte-manteau ou hors de bord, aux daviers ;

4° Le sacrifice de voiles, câbles ou agrès placés sur le pont ou dans des embarcations et non logés dans les emménagements prescrits par les règlements et usages maritimes ;

5° Le sacrifice des marchandises embarquées à l'insu du capitaine et dont il n'y aurait pas de connaissement, ni de déclaration, et celles transférées sans le consentement du capitaine dans un endroit du navire autre que celui qui leur avait été assigné, ni des espèces, bijoux et effets de valeur, dont la déclaration n'aurait pas été faite au capitaine au moment de la mise à bord ;

6° Le sacrifice des marchandises embarquées frauduleusement par le capitaine ou en contravention à la charte-partie ;

7° Le sacrifice de marchandises chargées pour le compte du capitaine, dont il ne justifierait pas l'achat et la preuve de l'embarquement ;

8° Le sacrifice de marchandises chargées pour le compte de tout homme de l'équipage et de tout passager dont l'achat ne serait pas justifié et la preuve de l'embarquement fournie :

9° Le sacrifice de marchandises chargées sur le pont du navire avec ou sans la permission du chargeur, excepté dans les voyages de petit cabotage (*) ;

10° Les frais de la relâche et ses conséquences pour aérer ou rafraîchir des marchandises échauffées par vice propre, tels que frais de port, débarquement du chargement, main-d'œuvre pour aérer, magasinage, gages et nourriture de l'équipage, etc. ;

11° La perte de bénéfice ou d'intérêts occasionnée par retard, déchet ou diminution de valeur, dépréciation de marché, et toutes éventualités de hausse ou de baisse dans le prix des marchandises engagées dans l'expédition.

Art. 17. Sont réputés avaries particulières ou simples,

En général :

La perte ou le dommage souffert accidentellement par le navire seul ou le chargement seul, et les dépenses faites pour le navire et le chargement séparément.

Sont rangés spécialement dans cette classe d'avaries :

1° Toute perte ou dommage survenu au navire ou au chargement par tempête, prise, pillage, naufrage, abordage ou échouement fortuit, et les frais faits pour les éviter ou les atténuer ;

2° La perte ou dommage survenu aux mâts, câbles, ancres, cordages, voiles, agrès ou apparaux du navire, par toute fortune de mer fortuite et les frais faits pour les sauver ;

3° La perte ou le dommage survenu au navire ou au chargement à la suite d'un forcement de voiles ;

4° Le sacrifice ou l'abandon de voiles déjà déchirées, de débris d'un mât ou de pièces de mâture rompues ou enlevées par le vent, le sacrifice ou l'abandon du gréement et de voiles attachées à un mât ou pièce de mâture rompue par cas fortuit ou de toute partie quelconque du navire, de ses agrès ou apparaux qui

(*) *Petit cabotage.* — Nous avions proposé que le jet de la charge du pont même au petit cabotage n'eût pas été admis en avarie grosse, les objets ainsi chargés étant toujours une surcharge pour le navire et une entrave à la manœuvre. Nous n'avons pu parvenir à rallier les opinions à notre opposition ; les législations de tous les pays autorisant cette surcharge, on a décidé qu'il fallait conserver la disposition dans l'intérêt du commerce et de la navigation.

serait déjà accidentellement endommagée ou rendue impropre à son usage primitif ;

5° Le sacrifice de toute embarcation, barrique à eau, objet de rechange ou de tout autre objet démarré par les coups de mer ou par cas fortuit et flottant sur le pont ;

6° Toute perte éprouvée par vents contraires, calmes, glaces ou autres causes atmosphériques et tout dommage occasionné à la propriété, par vers, insectes, vice propre ou effets du climat ;

7° Le dommage occasionné au chargement par frottement ou bris, à la suite d'un jet ou de tout autre acte considéré comme avarie grosse (*) ;

8° La perte d'une partie quelconque du chargement dans un port de relâche, soit par incendie, vol ou tout autre accident.

ART. 18. Les avaries particulières sont supportées et payées par le propriétaire de la chose qui a essuyé le dommage ou occasionné la dépense.

ART. 19. Les dommages arrivés aux marchandises, faute par le capitaine d'avoir bien fermé les écoutilles, bien arrimé la cargaison, fourni de bons guindages et par tous autres accidents provenant de la faute ou de la négligence du capitaine ou de l'équipage, seront également réputés avaries particulières, mais pour lesquelles les propriétaires ont leur recours contre le capitaine, le navire et le fret.

TITRE II

DE LA CONTRIBUTION

ART. 20. Les avaries grosses ou communes sont supportées par contribution entre les marchandises sauvées, sacrifiées et jetées, le navire avec son inventaire et le fret, au prorata de leur valeur au port de destination ou au port où le voyage finit légalement (**).

ART. 21. La valeur des marchandises délivrées au terme du voyage est établie d'après leur prix à l'époque du débarquement, déterminé par experts ou personnes compétentes, sous déduction du fret, des droits et impôts, frais de déchargement et courtage de vente, en déduisant également l'avarie particulière, si elles en ont éprouvé pendant le voyage. Les marchandises vendues pour cause d'avarie particulière dans un port de relâche, contribuent sur le produit net obtenu dans le lieu de la vente. Les marchandises sacrifiées contribuent sur le montant de leur valeur bonifiée en avarie grosse, conformément à l'art. 24.

Les marchandises endommagées par suite d'un acte constituant une avarie

(*) Conforme à la 3ᵉ résolution votée à Glascow.

La 4ᵉ résolution votée à Glascow portait « que le dommage et la perte survenus au chargement par suite du « déchargement opéré dans le port de relâche de la manière usitée dans ce port pour des navires non en « détresse, ne devaient pas être admis en avarie grosse. » Dès lors, ces dommages seraient considérés comme avaries particulières ; toutefois, réflexion faite et persuadés que cette résolution est tout à fait contraire aux principes et qu'il est de la dernière difficulté au port où finit le voyage, de constater exactement quel est le mode usuel de débarquement employé dans un port éloigné où le navire aurait relâché, nous avons pensé qu'il serait préférable de supprimer cet article.

(**) Voir l'art. 50 pour la fixation du port où doit se faire le réglement d'avaries

grosse, contribuent sur la valeur en état d'avarie, en y ajoutant le montant de l'indemnité allouée en avarie grosse.

Les espèces monnayées, les bijoux, les perles et valeurs non portées sur le corps des personnes se trouvant à bord, contribuent d'après le cours du lieu où finit le voyage.

L'argent prêté à la grosse en cours de voyage pour subvenir aux besoins communs dans un port de relâche, contribue à une avarie grosse subséquente, d'après le cours du change au moment de l'échéance, non compris l'intérêt maritime, connu sous la dénomination de prime à la grosse (*).

Art. 22. La valeur du navire s'établit par évaluation d'experts, d'après l'état où il se trouve à l'arrivée au port de destination ou à celui où finit légalement le voyage, en y ajoutant l'indemnité revenant au navire pour sacrifices opérés pour le salut commun.

Si le navire a réparé dans un port de relâche, il sera déduit de la valeur établie, de la manière prescrite par le paragraphe qui précède, le montant estimatif des améliorations apportées au navire depuis le moment du sacrifice, par les réparations subies dans le port de relâche.

Si, à la suite d'un naufrage ou de condamnation, le navire a été vendu, le produit net de la vente du navire et de ses agrès servira de base à la contribution.

Art. 23. Le fret contribuera pour les six dixièmes de son montant brut, fixé par connaissements, non compris le primage ou chapeau.

Si le navire a fait naufrage ou a été condamné en cours de voyage, les six dixièmes du fret lui revenant pour la distance avancée du voyage contribueront en avarie grosse.

Le prix de passage des passagers contribuera sur les mêmes bases.

Le fret payé d'avance et par convention, acquis en tous cas à l'armateur, ne subira aucune réduction, le chargeur en supportera la contribution à la décharge de l'armateur.

Art. 24. La valeur des marchandises jetées ou sacrifiées ou vendues dans un port de relâche pour se procurer des fonds dans l'intérêt commun, sera estimée par experts, d'après le prix courant du lieu de déchargement à l'époque du débarquement, au cours des marchandises de même nature et qualité, sous déduction des frais épargnés par la non arrivée, tels que droits et impôts, frais de débarquement et courtage de vente; leur qualité sera constatée par la production des connaissements et factures, ou autres preuves, s'il y a lieu.

Les marchandises jetées, celles vendues ou débarquées dans un port de relâche,

(*) *Argent prêté à la grosse.* — Cette question, agitée au meeting de Londres, a donné pour résultat que la majorité a été d'avis que l'argent prêté à la grosse dans un port de relâche ne devait pas contribuer à une avarie grosse subséquente. Nous n'avons pu nous y rallier, par le motif que l'argent prêté à la grosse est exposé aux risques maritimes et, dès lors, totalement perdu pour le prêteur, si le navire, fret et chargement qui y sont affectés, se perdent totalement. Or, l'argent ainsi prêté à un intérêt qui serait usuraire, s'il n'était pas exposé aux chances de la navigation, étant sauvé par le sacrifice, il est de la dernière justice de le faire contribuer au sacrifice qui l'a sauvé. — Cette contribution admise de tout temps, ne nous paraît pas de nature à pouvoir être abolie, sans déroger aux principes fondamentaux qui constituent l'avarie grosse. Nous pensons que l'adoption de cette règle ne pourra rencontrer d'obstacle sérieux.

continuent de rester en communauté avec le navire principal et le surplus du chargement pour ce qui concerne la contribution.

ART. 25. Si les marchandises jetées ou sacrifiées étaient déjà avariées ou endommagées avant le sacrifice, cette détérioration, étant une avarie particulière, sera déduite de leur valeur établie, comme il est dit à l'article précédent.

ART. 26. Si la qualité des marchandises a été déguisée par le connaissement et qu'elles se trouvent d'une valeur supérieure, elles contribuent sur cette dernière valeur, si elles sont sauvées.

Elles sont payées d'après la qualité désignée par le connaissement, si elles sont sacrifiées; — si elles sont d'une qualité inférieure à celle indiquée dans le connaissement, elles contribuent d'après cette dernière valeur, si elles sont sauvées.

Elles sont payées sur le pied de leur valeur, si elles sont jetées ou sacrifiées.

ART. 27. Les marchandises et effets mentionnés aux §§ 1er à 9 de l'art. 16, quoique n'étant pas remboursés en cas de jet ou de sacrifice, contribuent s'ils sont sauvés.

ART. 28. La perte résultant d'une vente de marchandises faite par le capitaine, dans un port de relâche pour se procurer des fonds, se règlera par différence entre la valeur établie, d'après les dispositions du § 1er de l'art. 24 et le produit net de cette marchandise dans le port de relâche.

Si le produit de la vente faite dans ce port de relâche dans le but précité dépassait la valeur de la marchandise au port de destination, établie ainsi qu'il est dit ci-dessus, le bénéfice qui en résulterait sera déduit du montant total des pertes et frais admis en avarie grosse.

ART. 29. Lorsque des marchandises auront été embarquées dans un port de relâche, en remplacement de celles jetées, sacrifiées ou vendues, du fret de ces marchandises ainsi chargées en remplacement, il sera alloué à l'armateur un quart en compensation de la perte de temps et des soins donnés pour se procurer ce fret; les trois autres quarts seront déduits du montant total des pertes et frais admis en avarie grosse.

ART. 30. Les provisions de bord, victuailles, effets de matelots ou de passagers sacrifiés, seront remboursés à la valeur de ces effets au port où le voyage finit, eu égard à l'état où se trouvaient ces effets au moment du sacrifice.

ART. 31. Le montant alloué en avarie grosse pour dommage occasionné au corps, quille, agrès ou apparaux du navire sera le coût réel et justifié au lieu où le remplacement ou la réparation a été fait, si l'estimation préalable à faire par experts dépasse le coût; dans le cas contraire, l'estimation faite par experts sera prise pour base, sous déduction d'un tiers pour compenser la différence présumée du vieux au neuf, et de ce montant ainsi réduit, il sera déduit encore le produit des restants des matériaux remplacés. — Cette réduction s'applique indistinctement à toutes les réparations, fournitures et main-d'œuvre, mais elle ne sera que d'un sixième sur le prix des chaînes-câbles, et le prix des ancres n'en subira aucune.

Si le navire est tout à fait neuf et à son premier voyage, aucune déduction quelconque ne sera faite pour compenser la différence du vieux au neuf; sera seulement déduit le produit des restants des matériaux sacrifiés, s'il y en a.

Pour l'application de cet article, sera considéré comme premier voyage du navire, l'intervalle qui s'écoule entre la sortie de son port d'armement où il prend charge et l'arrivée au premier port où il débarque le tout ou partie de son chargement; tout voyage ultérieur ne sera plus considéré comme premier voyage.

ART. 52. Le capitaine, est obligé de remplacer tout objet jeté ou sacrifié pour lequel il lui sera fait compensation par contribution en avarie grosse (*).

ART. 53. Si le capitaine, dans un port de relâche, n'a fait que des réparations temporaires à son navire, qui ont eu uniquement pour but de pouvoir continuer le voyage en sécurité, et s'il est prouvé que ces réparations ont évité les frais de séjour dans un port de relâche et ceux de débarquement du chargement, le coût de ces réparations temporaires sera admis en avarie grosse, sans déduction, peu importe dès lors que les travaux temporaires aient eu lieu pour réparer provisoirement un dommage résultant d'une avarie grosse ou d'une avarie particulière.

ART. 34. Les armes et toutes autres munitions de guerre nécessaires à la défense du navire, les victuailles destinées aux besoins du voyage, les hardes de l'équipage, les effets et vêtements ordinaires des passagers ne contribuent pas au jet ou au sacrifice.

La valeur des articles prémentionnés, qui auraient été jetés, sera payée cependant par contribution sur tout le surplus de la propriété engagée dans l'expédition.

ART. 35. Ne seront pas non plus sujets à contribution en avarie grosse : les gages de l'équipage, le primage sur le fret désigné sous le nom de chapeau du capitaine, l'argent, les bijoux et autres articles portés sur le corps des personnes à bord du navire.

ART. 36. En cas d'un sacrifice délibéré et extraordinaire à bord d'un navire en lest, la perte qui en résultera, affectera le navire seul, qu'il soit affrété ou non.

ART. 57. Une demande pour avarie grosse est recevable en tous cas, quelque minime qu'elle soit (**).

(*) *Le capitaine doit remplacer.*
Nous avions mis cette question à l'ordre du jour à Londres, dans le but de provoquer une mesure législative qui mette un frein aux nombreux abus que toutes les personnes qui s'occupent d'affaires maritimes ont été dans le cas de constater à Anvers et dans d'autres ports maritimes.
Comme il ne paraît pas résulter des lois actuellement en vigueur dans notre pays, que le capitaine est obligé de remplacer au port où finit le voyage, les articles d'agrès ou d'apparaux sacrifiés ou perdus, l'usage a consacré que l'estimation faite par experts serait admise, pour l'indemnité revenant aux navires du chef de ces avaries; dès lors, il arrive que certains capitaines ne remplacent pas les effets pour lesquels ils reçoivent compensation, ils quittent le port avec un inventaire incomplet sous prétexte de remplacer dans leur port d'armement, à un moindre prix, des objets pour lesquels le prix du port de radoub leur a été porté en ligne de compte.
— On a vu ainsi des capitaines exposer bénévolement à un péril imminent le navire et la cargaison, faute d'avoir complété leur inventaire, dans l'espoir de se procurer un bénéfice sur le prix d'objets moins coûteux chez eux que dans le port où l'estimation en a été faite
Ce mode vicieux, si l'on n'y porte remède, est de nature à engager un capitaine peu scrupuleux à simuler des avaries pour en tirer son profit.
Cette question n'a pas été résolue à Londres, toutefois nous pensons qu'en égard aux motifs exposés ci-dessus et par mesure d'ordre public, l'admission de la disposition que nous proposons ne rencontrera pas d'obstacle.
(**) *Avarie grosse remboursée intégralement.* Notre Code de commerce (art. 408) porte que l'avarie grosse, pour pouvoir être réclamée, doit s'élever à 1 p. c. Mais depuis longtemps déjà, il a été décidé judiciairement que cette disposition ne concerne que les demandes en remboursement envers les assureurs et que toute réclamation pour avarie grosse est recevable quelque minime qu'elle soit. — Ce point n'a pas été touché à Londres; toutefois, nous pensons que l'introduction légale de cette mesure ne rencontrera aucune opposition.

ART. 38. Si le jet ou le sacrifice n'a pas sauvé le navire, il n'y a lieu à aucune contribution. Les marchandises sauvées ou précédemment débarquées dans des alléges, ne sont tenues à aucun payement ou contribution des objets jetés, coupés ou endommagés.

ART. 39. Si le navire est sauvé par le jet et qu'il périsse en continuant sa route, les effets sauvés contribuent seuls au jet sur le pied de la valeur qu'ils auront alors, déduction faite des frais de sauvetage.

ART. 40. Si le navire a été réduit à l'état complet d'innavigabilité et s'il est vendu dans un port de relâche, il sera considéré comme n'ayant pas été sauvé par le sacrifice.

ART. 41. Si les sacrifices ou dommages faits pour éviter au navire d'être pris ou amené ne l'ont pas empêché, ou si le combat n'a pas procuré la conservation du navire, il n'y a lieu à aucune contribution.

ART. 42. Le propriétaire des marchandises ne peut, dans aucun cas, être forcé de contribuer aux avaries communes, au delà de la valeur des marchandises à leur arrivée, et l'armateur du navire, au delà de la valeur du navire et du montant du fret.

ART. 43. Si des effets jetés ou sacrifiés ont été ultérieurement sauvés, la réalisation en aura lieu par vente publique, et le produit net qui en résultera, déduction faites des droits, frais de vente et de sauvetage, sera réparti entre tous les intéressés, en proportion des valeurs qui ont servi de base à la contribution en avarie grosse.

TITRE III

DU RÈGLEMENT DES AVARIES ET DES DEVOIRS DU CAPITAINE EN CAS D'AVARIES (*)

ART. 44. Lorsque le capitaine se croit obligé pour le salut commun de faire un acte ou un sacrifice constituant une avarie grosse, il prendra, autant que les circonstances le permettront, l'avis des intéressés au chargement qui se trouveront à bord du navire et des principaux de l'équipage. Cependant en cas de diversité d'opinion, celle du capitaine prévaudra (**).

ART. 45. Les marchandises chargées sur le pont, celles qui seraient par elles-mêmes une cause de péril, celles irrégulièrement embarquées, devront être jetées les premières, puis, autant que possible, les choses les moins nécessaires, les plus pesantes et celles de moindre valeur, ensuite celles de l'entrepont.

(*) *Du capitaine.* Les dispositions relatives aux devoirs du capitaine en cas d'avaries se trouveraient à leur place sous un titre traitant, en général, des devoirs et obligations du capitaine ; cependant, comme les autres dispositions législatives relatives à la navigation n'ont pas encore été discutées, nous pensons qu'il convient de les introduire ici ne fût-ce que transitoirement.

(**) *Délibération préliminaire.* Quelques personnes présentes au meeting avaient proposé de ne plus imposer au capitaine l'obligation de délibérer préliminairement avec l'équipage, la jurisprudence ayant établi que le défaut de délibération, ne peut être opposé au capitaine, s'il est prouvé que les circonstances ne l'ont pas permis, car la promptitude avec laquelle on doit agir, ne peut, dans la plupart des cas, s'accommoder avec les lenteurs d'une délibération. Nous avons pensé que cette obligation tirée du droit romain et qui se trouve reproduite dans toutes les législations, devait être maintenue en principe, mais en la modifiant et ne l'imposant que *pour autant que les circonstances le permettent.*

C'est ainsi que nous en proposons l'adoption.

ART. 46. Dans tous les cas et aussitôt qu'il en aura les moyens, après qu'un sacrifice aura été fait pour le salut commun, le capitaine en consignera les détails dans son registre ou journal de bord par un procès-verbal où seront relatées les circonstances qui, dans son opinion, ont rendu le sacrifice nécessaire, et contenant une description de la propriété sacrifiée. Ce procès-verbal sera signé par le capitaine, les officiers, les matelots et les propriétaires d'effets ou de valeurs qui se trouveraient à bord au moment du sacrifice.

ART. 47. Au premier port où le navire abordera, le capitaine est tenu, dans les 24 heures de son arrivée, de faire viser son registre ou journal de bord et de faire son rapport sur les faits contenus dans le procès-verbal transcrit sur le registre.

ART. 48. Ce rapport se fera devant les autorités compétentes du lieu et sera affirmé par l'équipage.

ART. 49. Pour vérifier le rapport du capitaine, le magistrat reçoit l'interrogatoire des principaux de l'équipage et, s'il est possible, des passagers, sans préjudice des autres preuves.

Les rapports non affirmés par l'équipage ne sont pas admis à la décharge du capitaine et ne font point foi en justice.

ART. 50. La répartition des pertes et dommages (règlement d'avarie ou dispache) se fait au port de destination du navire ou au port où le voyage finit légalement (*)

Elle se fait, à la diligence du capitaine, par experts (dispacheurs) nommés par les autorités compétentes. Ces experts prêtent serment avant d'opérer. Leur mission consiste à procéder à la répartition ou règlement des avaries, d'après les dispositions du présent code. Leur répartition est rendue exécutoire par homologation du magistrat compétent. Si toutes les parties intéressées dans une expédition maritime sont d'accord, il leur est loisible de nommer ces experts par la voie amiable et de les dispenser des formalités judiciaires.

ART. 51. Si le capitaine reste en défaut de remplir l'obligation qui lui est imposée par l'article précédent, la répartition peut se faire à la requête de la partie la plus diligente.

ART. 52. Le capitaine est privilégié sur les marchandises ou le prix en provenant, pour le montant de la contribution. — Il peut demander le dépôt en mains tierces jusqu'au payement de la contribution, à moins que le consignataire ne fournisse caution ou engagement satisfaisant.

En cas de faillite, les sommes dues du chef d'une contribution d'avarie grosse, sont réputées créances privilégiées.

ART. 53. Pour le cas où le navire est débiteur à la masse, il ne pourra quitter le port avant que la réparation soit faite, sans donner bonne et valable caution pour les parts qui incombent au navire et au fret.

(*) En règle générale, le règlement des avaries doit se faire au port de destination du navire, soit au terme du voyage fixé par charte partie et connaissements. — Mais, si par suite de fortunes de mer, le navire réduit à l'état d'innavigabilité est vendu dans un port intermédiaire, ce port sera considéré comme terme du voyage et c'est là que se fera la liquidation des avaries entre navire et cargaison.

Le fret revenant dans ce cas au navire s'établit en proportion de la distance parcourue.

Art. 54. Si le capitaine en cours de voyage, après due autorisation, a emprunté de l'argent à la grosse sur navire, fret et cargaison, ou s'il a vendu des marchandises pour les besoins communs dans un port de relâche, toute la propriété engagée dans l'expédition est solidairement tenue du remboursement de cet emprunt ou du prix des marchandises ainsi vendues, et en cas d'insuffisance du navire et du fret ou de la cargaison de rembourser la part entière qui, d'après le règlement d'avarie, serait mise à leur charge, le déficit sera supporté et réparti entre le surplus de la propriété engagée dans l'expédition par une répartition supplémentaire.

DÉBAT.

M. Rathbone (Angleterre). Je regrette de devoir dire qu'il n'y a rien à espérer du Lloyd en Angleterre; mais il y a chez nous des sociétés de *Docks* qui ont beaucoup plus d'influence et sont à même de pouvoir résoudre plus facilement cette question, qui ne doit point intéresser seulement les assureurs, mais encore plus les négociants.

Nous nous sommes vivement et profondément émus à l'occasion de cette loi en Angleterre; c'est vous dire, messieurs, que j'ai été heureux de voir la question mise à l'ordre du jour du Congrès de l'Association internationale. Je remercie MM. Van Peborgh et Engels d'avoir rédigé ce projet de loi et j'espère qu'il sera discuté l'année prochaine, soit à Édimbourg, soit à Liverpool, où se tiendra un nouveau Congrès pour résoudre cette importante question.

Vous tous, messieurs, qui assistez à cette réunion, vous trouverez, si vous voulez bien venir chez nous, un accueil sympathique. Je parle au nom des assureurs auxquels s'associe la chambre de commerce de Liverpool, qui vous promet, dès aujourd'hui, un cordial accueil.

M. Macfie (Angleterre). Je ne puis que confirmer ce qu'a dit l'orateur qui vient de se rasseoir; il est d'autant plus autorisé à parler comme il l'a fait, qu'il est représentant des assureurs de Liverpool et que sa famille s'est, de tout temps, livrée à cette branche de commerce. Les assureurs de l'Angleterre représentent la moitié du commerce de l'Angleterre; l'opinion de M. Rathbone a donc une haute importance en cette matière.

M. Bradfort (Angleterre). Je suis représentant des assureurs de Boston; je me suis trouvé, en 1860, aux Congrès qui se sont tenus à Londres et à Glasgow, où les assureurs de New-York et de la Nouvelle-Orléans avaient également envoyé leurs délégués pour s'entendre sur les moyens d'établir une législation internationale concernant les assurances.

Je suis donc fondé à dire qu'une législation internationale sur les assurances serait accueillie aux États-Unis avec enthousiasme. Je suis heureux de voir cette question portée à l'ordre du jour de nos délibérations, parce que c'est lui faire faire un pas de plus dans l'opinion publique.

M. Winmackers (Pays-Bas). L'utilité d'une législation internationale réglant le commerce du monde ne pourrait plus être contestée aujourd'hui. L'époque n'est pas loin où, entre les divers pays, entre les diverses provinces, il y avait, en quelque sorte, une barrière législative ; c'était alors un dédale inextricable. Ce système est tombé; mais, aujourd'hui, que les chemins de fer et les télégraphes ont établi des rapports constants entre les peuples, il faut de toute nécessité arriver, en matière de commerce, à une législation uniforme. Cela est urgent. Mais est-ce possible? Oui ; l'exemple de l'Allemagne est là pour le prouver. L'Allemagne comprend différents Etats qui tous aspirent à l'unité politique. Ce désir encore irréalisable, au point de vue politique, est parfaitement praticable sur le terrain des intérêts sociaux. Après que le Zollverein a réuni les intérêts commerciaux des différents Etats allemands, on a senti le besoin d'une unité plus grande, d'une plus grande intimité et on s'est dit : Maintenant que nous avons fait tomber les barrières qui s'opposaient à la circulation de nos produits, il faut également que nos produits puissent s'échanger avec facilité.

Une question d'un haut intérêt dans le commerce, c'est la question de la lettre de change; la lettre de change était réglée, dans les différents États de l'Allemagne, de cent manières différentes ; il a fallu plusieurs années pour établir une législation uniforme. Mais le Code qui a réuni les divers éléments en un seul faisceau est un beau monument de législation. Ce qu'on avait fait pour la lettre de change, on a senti le besoin de le faire pour les autres branches du commerce ; on s'est mis à l'œuvre et, en quelques années, on a créé un code de commerce général; adopté pour toute l'Allemagne, il est entré en vigueur en Prusse, le 1er mars 1862; et, depuis, il a été promulgué dans quelques autres Etats. Ce qui est possible pour l'Allemagne est possible pour tous les Etats civilisés de l'Europe; il ne faut pour cela qu'un peu de bonne volonté de la part des gouvernements. S'ils voulaient s'entendre, ils n'auraient qu'à confronter les diverses législations existantes avec la législation actuelle de l'Allemagne.

L'uniformité dans la législation relative au commerce est chose utile et indispensable, il faut la réaliser le plus tôt possible. Une commission internationale pourrait être chargée de confronter les différentes législations commerciales, de discuter le Code allemand et d'établir ainsi une législation, sinon uniforme en tous points, au moins générale pour tous les pays, sauf à indiquer spécialement les articles pour lesquels on s'en écarterait. (Applaudissements.)

M. RATHBONE. M. Wenmaeckers a parlé du Code de l'Allemagne. Je ne puis adhérer à l'éloge qu'il en fait. J'ai examiné ce Code et je ne pourrais l'admettre pour l'Angleterre.

Des résultats produits par les modifications apportées dans les tarifs douaniers des différents pays.

Mémoire de M. DU MESNIL-MARIGNY, à Paris.

Nombre d'économistes prétendent qu'un pays accroît toujours ses richesses en adoptant le principe du *laisser-faire* et du *laisser-passer*.

Cette doctrine, des plus rationnelles lorsqu'il est question de la *richesse de bien-être*, puisque alors l'effort nécessaire pour créer chaque marchan-

dise se trouve réduit autant que la nature des choses peut le comporter,
est complétement erronée lorsqu'il s'agit de la *richesse de valeur* des
peuples ; richesse qui s'apprécie en additionnant les sommes représentées
par la valeur des terres, des maisons et de toutes les autres marchandises
qu'ils possèdent.

Aussi, nous ne craignons pas de le dire, à ce dernier point de vue, bien
souvent le libre échange appauvrit les peuples au lieu de les enrichir.
Mais, avant d'en donner la démonstration, nous ferons toucher au doigt
la distinction fondamentale qui existe entre la *richesse de bien-être* et la
richesse de valeur, distinction qui, jusqu'à cette époque, n'a pas suffisamment fixé l'attention des publicistes.

Sans doute, le bien-être, c'est à dire la possession des divers objets qui
peuvent servir à nous loger, à nous nourrir et enfin à nous donner le
confortable, est une richesse qu'ambitionnent les humains ; mais il est des
satifactions d'un autre genre après lesquelles ils soupirent encore avec bien
plus d'ardeur.

S'agit-il de venger une injure nationale, ou bien d'étendre leur domination au loin, pour eux qu'est-ce alors que le bien-être? Voyez avec quel
élan ils le sacrifient, voyez comme ils marchent avec intrépidité au combat,
à la mort ! Mais leurs efforts seront impuissants sans la *richesse de valeur*,
c'est à dire s'ils n'ont pas à leur disposition un grand nombre d'espèces ; la
puissance des nations à notre époque étant, suivant nous, en rapport avec
le capital dont elles disposent.

Ainsi, considérons deux peuples en guerre : quel est celui qui tiendra
en campagne les bataillons les plus nombreux, donnera à ces bataillons le
plus de persistance dans leur action, armera le plus grand nombre de
navires et se procurera les engins les plus meurtriers? Évidemment celui
qui pourra dépenser la somme en espèces la plus considérable, car toutes
les marchandises nécessaires pour ces armements ont généralement la
même valeur sur toutes les places de l'Europe.

Ensuite, comment transporter des armées, les faire vivre sur des terri-
toires neutres, amis ou ennemis, si ce n'est en étant capable d'en supporter
les énormes frais?

Certainement, on doit tenir compte des qualités guerrières des peuples :
mais à mesure que la civilisation progresse, les machines offensives et
défensives prennent dans les combats une importance si grande, et en

même temps s'élèvent tellement de prix, que c'est seulement avec beaucoup d'or que l'on peut les acquérir, les faire manœuvrer, et en définitive triompher sur les champs de bataille.

II

Mais on a dit : La quantité d'espèces que peut se procurer une nation est proportionnelle à sa *richesse d'usage* ou de bien-être, puisque plus on a d'argent, plus sont nombreux les objets que l'on peut consommer. A quoi bon dès lors parler de *richesse de valeur?*

Nous allons donc essayer de rendre palpable la différence qui existe entre la *richesse d'usage* et la *richesse de valeur*.

Supposons deux peuples également nombreux et jouissant de la même aisance, c'est à dire que, relativement aux climats sous lesquels ils vivent, ils produisent annuellement des marchandises, de telle sorte que chez l'un et l'autre de ces peuples chaque individu dispose du même nombre d'unités d'existence (cette expression, unité d'existence, désignant la somme des objets qui, dans chaque pays, sont essentiels à la consommation moyenne d'un individu pendant une année). Or le prix de l'unité d'existence varie du simple au double et plus, de pays en pays. N'en résulte-t-il pas que si, pour subvenir à des besoins urgents, chacun de ces peuples fait une économie d'un cinquième sur ses productions annuelles, l'un disposera seulement de 100 millions de francs, lorsque l'autre, sans se gêner davantage, pourra disposer de 200 millions?—Deux peuples peuvent donc avoir une même aisance et une richesse de valeur différente.

Nous ajouterons que l'accord est loin d'être unanime entre les publicistes, pour décider qui de la Russie, qui de la France, qui de l'Espagne, qui de l'Angleterre, etc., a la plus grande *richesse d'usage*. La difficulté qu'ils éprouvent dans ce classement doit être attribuée à la différence peu marquée qui existe entre ces diverses richesses comparées, et l'explication de cette minime différence n'est pas difficile à donner. En effet, les productions annuelles dans un pays sont-elles supérieures à la consommation, aussitôt une population nouvelle ne manque pas de survenir. Ces productions éprouvent-elles un déficit, une plus grande mortalité vient aussitôt éclaircir les rangs de la population : d'où il résulte que la *richesse d'usage* normale des peuples s'élève partout à peu près au même niveau.

Mais personne n'oserait mettre en doute la supériorité de l'Angleterre sur la Russie, par rapport à la valeur des marchandises de toute espèce que ces deux nations possèdent à égalité de surface, de territoire et même de population ; car, envisagée sous cet aspect, la richesse de l'Angleterre est cinq à six fois plus grande que celle de la Russie. Les *richesses* de valeur de ces deux pays ne se proportionnent donc nullement à leurs *richesses d'usage*. Chez un peuple, dès lors, la *richesse d'usage* est tout autre que la *richesse évaluée*, ou *de valeur*.

III

Ce premier point acquis, nous allons prouver qu'au moyen de la protection, bien qu'on diminue la *richesse d'usage* d'un peuple, on développe, dans certains cas, sa *richesse de valeur*, ou autrement (comme nous l'avons vu) sa puissance.

Or, messieurs, cette proposition peut se démontrer mathématiquement (*). Mais ici, pour cette démonstration, nous aurons recours simplement à des nombres puisés dans les statistiques officielles, nombres établissant que le préjudice éprouvé par les consommateurs d'un pays, en raison d'une certaine protection, est largement compensé par les bénéfices des producteurs, et qu'en conséquence il résulte de cette protection un accroissement de capital pour le pays.

IV

Mais les statistiques officielles sont-elles dignes de quelque foi?

Messieurs, s'il s'agissait ici d'un chiffre unique sur lequel nous nous appuierions, certes l'objection qui nous est faite pourrait avoir de la valeur; mais si nous puisons nos arguments dans une série de chiffres officiels fournis par des ministères opposés aux doctrines que nous soutenons, chiffres qui viennent tous se grouper, se contrôler, pour témoigner à la fois en notre faveur, il nous semble que le scepticisme cesse d'avoir sa raison d'être. — Remarquons-le, messieurs, le chiffre a une autorité qu'il n'avait pas autrefois; — sa puissance a progressé avec toutes les sciences. Du reste, des considérations d'une autre sorte viendront confirmer encore leur exactitude.

(*) Voyez *Les Libres Échangistes et les Protectionistes conciliés;* 3e édition. Paris, Guillaumin éditeur.

Eh bien, relevons dans la statistique générale de France, les nombres (*) qui, pour chaque espèce d'industries, indiquent : 1° la quantité de personnes qui y sont employées, 2° le total des bénéfices et des salaires de ces personnes, 3° la valeur du produit total, 4° la valeur des matières premières.

Si nous considérons le travailleur comme étant à la fois *capitaliste*, *directeur* et *ouvrier*, voici comment, d'après ces nombres, il sera rétribué annuellement dans les exploitations suivantes :

1° Dans l'agriculture. . . . . fr. **250**

Notons que les viticoles n'ont point été distraits des agriculteurs, et que, si cette disjonction avait eu lieu, le chiffre ci-dessus ne s'élèverait peut-être qu'à 200 francs, surtout s'il ne s'agissait que des producteurs de grains.

2° Dans la réunion des industries textiles. . . . . . fr. **600**
3° Dans le cotonnage. **560**
4° Dans le lainage. **465**
5° Dans les houilles **1,300**
6° Dans la soierie. **1,040**
7° Dans l'orfévrerie parisienne **4,300**

Vous remarquerez, messieurs, que l'agriculture, mise en parallèle avec les autres industries, ne fait obtenir aux travailleurs, *considérés comme ci-dessus*, qu'une rétribution bien minime. Mais ne récusez pas ce résultat : un léger examen, que n'ont pas même besoin de faire avec nous ceux qui ont des intérêts tout à la fois dans les ateliers industriels et les ateliers agricoles, effacera dans vos esprits toute indécision, toute incertitude sur la réalité de cet important phénomène économique.

Entrons, je vous prie, dans le détail d'une houillère qui rend 100,000 fr. par an à ses actionnaires, et ouvrons ses livres :

Un gérant appointé annuellement à . . . . fr. 20,000
Un conseil d'administration, à. 12,000
Un ingénieur, à 8,000
Un médecin, à 2,000
Un maître d'école, à. 2,000
Un bureau de correspondance à Paris, à. 10.000

Le tout sans y comprendre une quantité de maîtres, contre-maîtres, écrivains, voyageurs, journalistes même, également bien rétribués.

Comparons maintenant cette administration à celle d'une commune entièrement livrée au travail de la terre, et où le revenu net s'élève au même taux de 100,000 francs. — Tout d'abord vous constaterez dans cette commune l'absence de ce nombreux et coûteux état-major; et si vous y trouvez un maître d'école, à coup sûr, il sera payé par l'État. — De plus, chaque ouvrier agricole ne touchera guère que la moitié des salaires affectés aux ouvriers mineurs.

N'en faut-il pas conclure, messieurs, en faisant la part de chacun des intéressés, que, pour le même revenu net, l'industrie houillère se montre large et généreuse, tandis que l'agriculture est d'une parcimonie et d'une lésinerie incontestables? — Nous ajouterons qu'une exploitation rurale exige une telle assiduité dans les travaux, une telle réserve dans les dépenses, qu'en général, si l'on a reçu une éducation libérale, la ruine est presque infaillible quand on veut faire cultiver ses domaines par des journaliers.

Ce que nous avons dit des houillères s'appliquerait à nombre d'autres industries. Ainsi, messieurs, il n'est pas besoin de recourir aux statistiques officielles pour constater la supériorité de ces industries sur l'agriculture, sous le rapport de la rémunération des travailleurs.

V

Maintenant, pour constater que la protection de certaines industries accroît parfois le capital d'une nation, prenons au hasard, messieurs, parmi les nombres de la statistique de France que nous avons produits, et qui sont relatifs aux exploitations de diverses sortes, ceux qui concernent le travail de la laine (les raisonnements que nous allons faire pouvant s'appliquer à la mise en œuvre de presque toutes les autres matières premières).

Le lainage (voyez la note de la page 677) occupe 144,000 ouvriers, patrons et autres; il emploie pour 335 millions de francs en matières premières, et produit 473 millions de francs de marchandises. Les bénéfices et salaires s'élèvent à 138 millions. — Si cette fabrication, introduite en France, nécessite un tarif protecteur de 15 p. c., le 15/100 de 473 millions, valeur de la production totale, étant de 70,950,000 fr., incontestablement on frappera les consommateurs de lainage d'une taxe énorme se montant à cette dernière somme.

Voilà certes un sacrifice très pénible que l'on exigera d'eux; mais, en définitive, il n'y aura rien de perdu, ni rien de très alarmant pour la France par suite de cette taxe, attendu que ces 70,950,000 fr. passeront seulement des mains des consommateurs dans celles des producteurs. — Ne frappe-t-on pas sur d'autres classes d'administrés des impôts bien plus accablants, afin de provoquer l'accroissement de la richesse, et donner une plus forte impulsion à la puissance nationale?

Mais où sont les profits que la France retire de cette protection de 15 p. c.?

Messieurs, ce profit elle le trouve dans une somme de 67,500,000 fr., qui est la différence entre les 138 millions, coût du travail de la laine, et les 70,950,000 fr., qui n'ont fait que se répartir autrement.

Or, en partageant ces 67,500,000 fr. entre les 144,000 travailleurs, chacun d'eux reçoit moyennement une allocation annuelle de 465 fr., dont le chiffre dépasse celui que nous avons trouvé pour l'agriculture de 215 fr.

— D'où nous tirons cette conséquence, qu'il y a eu avantage à utiliser ces 144,000 ouvriers plutôt dans le lainage que dans l'agriculture, attendu qu'il en résulte chaque année un boni de 31 millions de fr. (produit de la multiplication de 215 fr. par 144,000).

Et ce boni, messieurs, en augmentant les revenus du pays, appellera sur son territoire de nouveaux habitants, dont les consommations forceront l'agriculture à multiplier ses produits, et par suite feront accroître tout à la fois : 1° la rétribution annuelle du travailleur agricole, que les statistiques actuelles fixent à 250 fr.; 2° la valeur capitale du sol. — Car, tout le monde le sait, jusqu'ici la terre n'a pas encore assigné de bornes à sa fécondité. — Aux environs des grandes villes, n'est-elle pas toujours plus productive que dans les campagnes, même les plus fertiles? — Mais ce sont les hommes qui souvent se refusent à la travailler dans les campagnes, attendu qu'il leur manque des débouchés pour donner un prix rémunérateur aux denrées qu'ils récoltent; et la nouvelle exploitation dont il vient d'être parlé ci-dessus, fera cesser cet ordre de choses qui paralyse en partie les efforts dont ils sont susceptibles.

De plus, en raison de ces 144,000 travailleurs, la laine indigène prend une plus value notable (autre avantage pour l'agriculture), attendu que les producteurs de cette matière première bénéficient des frais de transport dont elle aurait été grevée s'il avait fallu l'exporter.

· Du reste, messieurs, croyez-vous que si ces 144,000 industriels n'avaient pu s'employer au lainage, ils se seraient classés tout naturellement parmi les agriculteurs? — Sans nul doute, s'il s'agissait d'un pays vierge, où commenceraient à s'établir des hommes laborieux et éclairés. Mais dans un pays civilisé depuis des siècles, et contenant une nombreuse population, les cultivateurs ne s'y accroissent en nombre qu'autant qu'ils s'enrichissent. Aussi, soyez-en certains, dans un pareil pays, ils se garderont bien d'admettre ou de maintenir en surplus dans leurs rangs 144,000 travailleurs, si cette intrusion est une cause d'appauvrissement.

Vous conclurez donc avec nous, messieurs, que, dans les circonstances où nous nous sommes placés, les 144,000 laineurs, maintenus par le fait de la protection, si cette protection est nécessaire, feront augmenter : 1° le personnel des agriculteurs ; 2° la quantité des produits du sol ; 3° le capital de la France.

Observons que de cette manière nous avons accru non seulement le capital de la France, mais en outre sa population aisée, ce qui est un nouvel élément de force pour le pays. — La *richesse d'usage* a diminué incontestablement, mais la *richesse de valeur*, ou autrement la puissance de la nation, a grandi.

VI

Déterminons actuellement les chiffres au dessus desquels les tarifs douaniers ne pourraient s'élever qu'en portant de plus en plus atteinte à la prospérité de la France. Dans ce but, si l'on recherche quel est dans ce pays, le salaire annuel indispensable à un ouvrier pour qu'il ne soit pas à charge à la société, on trouve qu'une famille composée de cinq personnes peut encore, dans maintes localités, pourvoir à ses besoins les plus essentiels avec une recette annuelle de 500 fr. par an. — Nous admettrons donc que la somme de 100 fr. est le minimum de ce que doit gagner moyennement un ouvrier, et qu'au dessous de cette somme, il n'y a pour lui que misère et indigence, et qu'ainsi il est à charge à la société.

Or, si nous revenons au lainage, nous allons voir que ce chiffre de 100 fr. correspond à une protection d'environ 26 p. c. — En effet, détaquons les 124 millions dont les consommateurs sont grevés par le fait d'une protection pareille des 138 millions de bénéfices et salaires obtenus dans cette fabrication; il restera une somme de 14,400,000 fr., dont la 144 millième partie est bien 100 fr.

Le taux de 26 p. c. est donc le maximum de la protection utile du lainage; car, en élevant ce taux, on s'assurerait, par le chiffre correspondant de la rémunération du travailleur, qu'il n'y aurait plus alors que dommage et ruine pour notre pays.

On voit ainsi comment le profit qu'une contrée retire des tarifs protecteurs, non seulement diminue au fur et à mesure qu'il est nécessaire de les hausser, mais encore qu'il est un certain degré d'élévation pour les tarifs où ce profit se change en perte. — C'est pour cette raison qu'il serait absurde, dans le nord de l'Europe, de vouloir protéger la fabrication du poivre et des épices au moyen de serres chaudes. Mais de ce que cela est absurde, il ne faut pas conclure, comme plusieurs économistes, qu'aucune manufacture ne puisse être protégée utilement.

En cas de protection outrée, certainement les laineurs, individuellement, recevront en réalité bien plus que les faibles sommes équivalentes ou inférieures à 100 fr. résultant de nos calculs, mais il n'y aura que cesdites faibles sommes qui tendront à accroître le capital national.

Ci-dessus, nous avons spécifié le chiffre de 26 p. c. comme étant la dernière limite à atteindre pour la protection du lainage français. Mais, nous devons le dire, la statistique dont nous nous sommes servi remonte déjà à quelques années, et il est probable qu'aujourd'hui la proportion (bénéfices et salaires) dans le coût de cette fabrication, est plus élevée par rapport à la valeur des matières premières. Aussi ce chiffre de 26 p. c. pourrait, à l'époque actuelle, s'accroître peut-être jusqu'à 30 ou 35 p. c. sans préjudicier à la prospérité générale.

Il est bien entendu, messieurs, que, s'il s'agissait d'une protection qui concéderait des avantages extraordinaires à certains industriels pour les engager à implanter dans un pays une industrie étrangère susceptible de s'y naturaliser, le chiffre que nous avons indiqué pourrait fort bien être dépassé, attendu qu'il serait convenable de perdre momentanément, afin de se récupérer largement dans la suite.

VII

Nous avons vu, messieurs, que pour accroître les capitaux d'un pays, il était souvent nécessaire de protéger certaines industries; nous établirons

encore que cette protection doit parfois être normale et non temporaire :
et dans cette démonstration, nous nous servirons d'exemples pris en
Angleterre et en France.

Le bon marché dans les fabrications tient à nombre de causes. Nous
signalerons les principales : 1° le faible loyer des capitaux ; 2° la grande
quantité des débouchés ouverts aux marchandises fabriquées ; 3° les aptitudes que depuis longtemps les ouvriers ont su acquérir ; 4° la proximité
des matières qui entrent dans la fabrication d'un objet et généralement
la facilité des transports ; 5° le milieu où les producteurs travaillent, milieu
où leurs facultés prennent chaque jour un nouvel essor.

Où trouver, messieurs, d'aujourd'hui à une époque très éloignée, une
contrée où les capitaux pourront lutter de bon marché avec ceux de l'Angleterre ? — Dans cette île, ils sont immenses ; et, de par la constitution
et les mœurs nationales, ils appartiennent et appartiendront, pendant
nombre d'années encore, à un petit nombre de personnes fort riches, non
seulement très compétentes pour juger les grandes entreprises, mais
encore capables de les fonder et même de les diriger.

Quelle différence avec la France, pays cependant d'aisance générale,
mais où les grands capitalistes sont rares, très sollicités, et tout à la fois
inintelligents, peureux et défiants ! — Ensuite, messieurs, le capital ne
doit-il pas encore longtemps exiger sur le continent, où tout le monde
s'effraye de l'avenir, un intérêt plus élevé que chez les Anglais, qui n'ont
rien à redouter du volcan qui semble nous menacer.

De cet état de choses, il découle qu'en fait de capital obtenu aisément et
à bas prix, l'industriel trouve et trouvera, pendant longues années encore,
beaucoup plus de ressources en Angleterre que partout ailleurs.

Quant aux débouchés, est-ce que les innombrables comptoirs que l'Angleterre possède dans tout le monde, est-ce que cet instinct du commerce
inné chez ses habitants comme chez les israélites, ne nous autorisent pas
à penser qu'elle fabriquera pendant un siècle et davantage, dix fois plus de
marchandises que tous les autres peuples, et qu'en conséquence elle aura
encore sur eux, sous ce rapport, la suprématie relativement aux prix ?

Nous passerons légèrement sur les aptitudes des ouvriers anglais, qui
sont proverbiales, aptitudes qui non seulement se transmettent à leurs
descendants, mais encore deviennent de génération en génération de plus
en plus grandes, ainsi que le constate la science physiologique dans tous
les phénomènes du même ordre.

Nous n'insisterons pas non plus sur l'heureuse coopération de la nature,
qui a réuni dans les mêmes lieux, sur le sol de la Grande-Bretagne, les
principaux éléments de chacune de ses fabrications, et par suite assuré à

ses travailleurs un privilége perpétuel; ni sur les nombreux moyens de communication qu'elle possède, car vous savez tous quelle influence exercent sur les prix la facilité et plus encore la suppression des transports.

Le milieu où les producteurs travaillent doit être particulièrement l'objet de notre attention. Jetez un regard sur ces soieries et maints autres objets de mode, de luxe et d'art que nous avons le privilége de fournir à toutes les nations : pensez-vous qu'il suffira à l'étranger d'embaucher quelques-uns de nos metteurs en œuvre, maîtres ou contre-maîtres, pour s'approprier facilement leurs industries respectives? Qu'on se détrompe : chacun d'eux a besoin de se retremper constamment dans le milieu français, centre du goût, pour conserver et régénérer ses facultés productrices. — Ce bottier renommé, — ce tailleur célèbre, — cette couturière à la mode, n'auront pas quitté Paris, pendant six mois, qu'ils seront devenus des ouvriers presque vulgaires. — Leur savoir-faire ne pourra donc être combattu que par une protection normale.

En fait d'acclimatation, il en est un peu de l'industrie comme des animaux et des végétaux de certaines contrées. — Beaucoup d'entre eux ne sont pas susceptibles d'être naturalisés ailleurs. — Quelques-uns, cependant, avec des soins continuels, résistent aux déplacements, et, bien que leur vigueur et leur beauté en soient altérées, rendent encore de grands services.

De ces diverses considérations il résulte que certains pays jouissent et jouiront longtemps de monopoles, naturels ou artificiels, éminemment propres à accumuler les capitaux, monopoles qu'on ne peut combattre que par une protection constante, normale.

Nous voici donc bien loin des idées ayant cours, même parmi les protectionnistes, qui, en général, ne réclament qu'une tutelle temporaire. Mais il faudra tôt ou tard se rendre à l'évidence.

Veut-on assurer seulement le bien-être des nations : qu'on ne mette d'autre entrave au libre échange que des droits fiscaux. — Veut-on, au contraire, accroître le capital d'un pays, pour assurer son indépendance : on doit y sauvegarder certaines industries, longuement, normalement; et cependant les tarifs douaniers ne doivent pas dépasser un certain chiffre, sous peine de porter atteinte au capital de ce même pays. — Nous ajouterons que le chiffre de ces tarifs doit être révisé à certaines époques, de telle sorte que les régnicoles soient nécessairement forcés d'adopter les perfectionnements qui ont eu lieu au dehors.

Est-ce à dire, messieurs, que chaque nation doive s'enfermer dans un cercle d'airain, et entretenir dans son sein les fabriques de toute nature qui lui apportent la richesse, même dans des proportions infimes? Non ,

messieurs ; une nation devra faire bon marché de ses industries les plus
rebelles, et, en abaissant certaines barrières, obtenir que, par réciprocité,
d'autres barrières à l'étranger s'abaissent aussi devant elle.

Ces notions étant vulgarisées, on ne verra plus certains peuples,
dans un esprit machiavélique, vanter les douceurs du libre échange,
soit pour s'enrichir plus aisément, soit pour dominer plus sûrement dans
le monde.

Messieurs, si nous venons devant vous défendre par de nouveaux arguments le système protecteur, gardez-vous de croire que nous désirons
qu'il soit adopté partout et toujours. Ici, comme nous l'avons vu, s'il doit
régner en souverain, ailleurs il serait incontestablement nuisible et devrait
céder la place au libre échange.

Du reste, nous le disons hautement, le libre échange, comme donnant à tous le plus grand bien-être, est le drapeau de l'avenir. Aussi,
lorsque, grâce au progrès des lumières, la paix universelle sera établie
d'une manière inébranlable, ce système ne devra plus trouver d'adversaires.

Mais, fatalement, l'univers, à notre époque et pour longtemps encore,
est divisé en peuples dont les intérêts diffèrent et dont les sentiments
sympathiques sont plus que douteux ; et comme l'influence, la force et par
conséquent l'indépendance des nations résultent en grande partie, ainsi
que nous l'avons vu, du capital qu'elles possèdent, le capital devient pour
toutes un besoin du premier ordre, besoin qu'elles doivent satisfaire avant
de se prodiguer les jouissances du bien-être.

DÉBAT

M. D'ENGELBRONNER (Pays-Bas). A différentes reprises, on a rendu hommage aux
principes libéraux que respirent, depuis des siècles, les institutions néerlandaises. Nous
avons entendu défendre ces mêmes principes par rapport aux questions purement théoriques de la distribution des richesses et du bonheur moral et matériel des populations.
Vous les avez soutenus dans l'examen des différents systèmes d'impôt, et spécialement des
droits douaniers. J'ai été vivement frappé de l'énoncé de deux propositions, l'une affirmant
que l'économie politique ne s'occupe pas seulement de l'état actuel de la société, mais surtout de l'avenir, de l'idéal qui se réalisera un jour; l'autre, des plus flatteuses pour ma
patrie, disant que la Néerlande, par rapport à la pratique des grands principes de l'économie politique, est au premier rang parmi tous les États. Je crois de mon devoir de vous
témoigner toute ma reconnaissance, messieurs, avant de vous présenter quelques observations sur la question *des résultats produits par les tarifs douaniers*. Pour comparer avec
exactitude, on ne peut que grouper des chiffres empruntés aux statistiques officielles, en
prenant soin d'en bien interpréter le sens et apprécier la signification. C'est une œuvre difficile où l'on peut aisément se méprendre.

Permettez, messieurs, qu'en deux mots je m'explique plus clairement. La statistique commerciale se réduit à deux sommes, le total des *importations* et des *exportations*. Ces statistiques sont dues uniquement aux données de l'administration de la douane, qui n'a d'autre source que les déclarations des intéressés, déclarations faites d'après le poids, la mesure ou le nombre, comme en Angleterre, en Prusse et dans la plupart des Etats européens, ou d'après la valeur, base assez fâcheuse que le commerce ne néglige pas d'exploiter comme une mine d'abus et de fraudes. De là des causes d'erreur et de déception pour ceux qui acceptent les chiffres de la statistique comme irréprochables, sous prétexte que c'est le gouvernement qui les publie. En premier lieu, la valeur totale des choses exportées et importées sera en effet beaucoup plus grande qu'elle ne le paraît dans les tableaux, et la balance entre les totaux d'*import* et d'*export* n'a plus aucun sens. En second lieu, la masse des produits manufacturés sera effectivement beaucoup plus considérable que ne le laisse soupçonner le montant de leur valeur déclarée, et cela au grand préjudice de l'industrie nationale.

M. le ministre des finances de Belgique s'est expliqué nettement à la séance de la Chambre des représentants du 6 mai dernier, sur le système de tarification à la valeur, à propos du dernier traité de commerce avec la France. Le *Journal des Économistes* a, il y a déjà quatorze ans (15 avrril 1849, n° 97), consacré un article intéressant à l'examen des *valeurs officielles;* et certes plusieurs de vous se rappelleront la dissertation de M. *Natalis Rondot*, de Paris : *Les Valeurs de douane officielles et artificielles en France, en Angleterre et en Belgique* (*).

Je crois en avoir assez dit pour légitimer au moins un doute sérieux sur la possibilité de comparer la prospérité des nations et je vais vous en citer une preuve bien frappante.

D'après la statistique commerciale des Pays-Bas, le montant en florins de la valeur des *imports* et des *exports* annuels s'élève à quelques centaines de millions de florins. En apparence, ces chiffres démontrent que l'état de notre commerce va toujours en augmentant et que toutes les classes de la société doivent jouir d'une certaine aisance. Or, chez nous aussi, la classe ouvrière souffre. Dans leur rapport annuel, présenté au mois de juillet dernier, aux Etats provinciaux, les Etats députés de la Frise disent *se réjouir* de ce que l'import de la graisse ou du suif, *résidu de notre bétail envoyé en Angleterre et que les Anglais n'aiment pas,* a augmenté, parce que les classes ouvrières remplacent par cette graisse ou ce suif la viande qu'elles ne sauraient acheter. Je pourrais vous citer plusieurs traits à l'appui de ma thèse que les chiffres officiels du commerce ne peuvent pas servir de base à une étude sérieuse de la prospérité comparée des nations.

Il y a, je crois, une autre base de comparaison, moins sujette à caution.

Toute nation qui exporte ses fabricats et demande et facilite l'import des comestibles pourra justement passer pour riche.

Toute nation, au contraire, qui laisse librement entrer les produits des manufactures étrangères, et exporte ses comestibles, devra être considérée comme pauvre. Chez nous le prix moyen du travail est actuellement très bas, beaucoup trop bas relativement au prix des victuailles ; je crois que cela démontre assez l'état de souffrance des classes ouvrières, malgré la tendance extrêmement libérale du tarif hollandais qui, par la loi du 15 août 1863, subira, dès le 1er novembre, de nouvelles réductions; malgré des institutions vraiment libé-

(*) M. *Bleekrode*, de son vivant professeur à l'école polytechnique de Delft, a prouvé les mêmes défauts dans la statistique commerciale de la Néerlande, voir son *Tijdschrift* 1859, pag. 76 et suiv., 121 et suiv. et 127 et suiv.

rales; malgré une instruction primaire publique, soigneusement donnée depuis plus d'un demi-siècle; malgré le mouvement remarquable du commerce; malgré les revenus magnifiques des possessions transatlantiques; malgré toutes ces conditions qui, pour la théorie pure, vaudraient des arguments et des garanties infaillibles de prospérité générale, au point de vue intellectuel, moral et commercial.

Nous traitons, messieurs, de la prospérité comparée des différents pays; de l'état de la population; des progrès de l'agriculture, de l'industrie et du commerce accomplis en Europe depuis 1830; eh bien, je suppose que si votre examen pouvait se borner à mettre en ligne les points de rapport et de divergence des deux pays, vos conclusions — je le déplore pour ma chère patrie — vos conclusions seraient sans aucun doute en faveur de la Belgique. J'espère ardemment que vos investigations mettront en pleine lumière le véritable état des choses. Alors peut-être les yeux s'ouvriront et l'on s'apercevra que chez nous du moins, la science de l'économie politique n'est pas comprise en ce sens prudent et restreint que, sans aucune contradiction, M. J. Garnier définissait dans la séance d'hier.

De l'organisation du crédit.

DÉBAT.

M. HAECK (Schaerbeek). Ce n'est pas à la fin de la session que nous pouvons traiter la question de l'organisation du crédit. Je désire seulement exposer les raisons pour lesquelles cette question devrait être mise à l'ordre du jour de la prochaine réunion du Congrès.

La question d'organisation du crédit est importante à plusieurs points de vue : d'abord à cause de sa nécessité pressante; puis par les résultats économiques qu'elle doit amener et les facilités qu'elle doit procurer pour la solution d'autres questions d'ordre intellectuel et moral; enfin elle est importante par l'influence qu'elle doit exercer sur les principes fondamentaux du gouvernement du pays par le pays.

Aujourd'hui presque toutes les opérations se font à terme; il en résulte que l'institution du crédit qui, il y a 25 ou 30 ans, n'était en quelque sorte qu'accidentelle, est devenu un moyen de relations universelles; ce qui n'était qu'accessoire dans le passé, est devenu la règle absolue aujourd'hui. — De même qu'on a perfectionné les routes pour les échanges, de même on doit mettre le système de circulation pour les valeurs, en rapport avec les nouveaux besoins économiques.

Comme le but de l'organisation du crédit est de fournir à chacun les moyens de continuer son industrie, sans interruption, en lui fournissant les ressources financières nécessaires, il est évident qu'une pareille organisation étendue à tout un pays, à toutes les branches de la production doit, dans un délai prochain, créer une grande prospérité.

Dès lors beaucoup de questions insolubles aujourd'hui vont se résoudre avec facilité, la question des impôts, par exemple; il est évident que la réduction des dépenses militaires est un moyen d'arriver à la réduction des impôts; mais il est bien certain aussi que si le nombre des personnes qui peuvent payer l'impôt devenait plus grand, la réforme de l'impôt serait plus facile.

Au point de vue moral, l'organisation du crédit aura une influence immense. Vous savez que, pendant les années de disette, la mortalité et la criminalité sont excessives. En Belgique, lorsque le froment est à 17 fr., il meurt environ 94,000 personnes par an, lorsqu'il est à 31, il en meurt environ 120,000; le nombre des prisonniers varie également d'après le prix du froment. Ainsi tout ce qui pourra améliorer la production, modifiera beaucoup la moralité de la population.

Mais l'organisation du crédit aura surtout de l'influence sur le fonctionnement du gouvernement du pays par le pays. Il est évident que celui qui dans un pays serait le maître des routes, serait aussi le maître de tout le pays; le maître de la poste pourrait, quand il le voudrait, paralyser toutes les transactions. Eh bien, il en est de même du crédit; comme aujourd'hui vous êtes obligé de faire du comptant, si vous ne parvenez pas à faire escompter vos valeurs, celui qui tient le comptant, tient le pouvoir de vous faire mettre en faillite. Le système de circulation pour les valeurs, par rapport à l'indépendance du citoyen, a exactement la même importance que la circulation pour les produits.

Les routes et les postes sont des institutions au service national; elles ont été créées avec ce caractère; ainsi une compagnie demande de faire un chemin de fer; elle est obligée d'abord d'acheter la voie entière avec l'argent des actionnaires, mais au profit de l'État, et au bout de 90 ans, c'est le pays qui devient propriétaire du chemin de fer.

La législation dit aux compagnies : vous pouvez exploiter avec vos fonds, mais j'entends que vous soyez au service du public. — Or, c'est tout à fait le contraire qui existe pour les établissements de crédit. Les institutions soutenues par le pays, frappent sur le travail les impôts qu'il leur plaît d'établir; je ne dois pas sortir de mon pays pour en trouver des preuves; la Banque Nationale ne fonctionne qu'avec l'argent du pays, — eh bien, elle prélève sur la circulation des effets de commerce les sommes qu'il lui plaît de prélever; il n'y a pas de contrôle, et le jour où elle voudra frapper telle ou telle branche du travail national, elle le pourra. (Sensation.)

Voilà les raisons pour lesquelles je demande que la question de l'organisation du crédit soit mise à l'ordre du jour de notre prochaine réunion et qu'en attendant, les membres qui se sont occupés de cette question soient invités à produire les propositions fondamentales de leur projet, afin qu'elles puissent être imprimées et distribuées aux membres qui pourraient ainsi être édifiés sur les différents systèmes.

M. NAKWASKI (Pologne). Le Congrès de bienfaisance, réuni à Bruxelles en 1856, a émis l'avis : « Que les sociétés de Crédit mutuel de la Pologne et de l'Allemagne, comme celle de l'Union du crédit de Bruxelles, et l'organisation des banques d'Écosse doivent être recommandées comme des institutions à étudier pour arriver à la solution complète du problème du Crédit foncier et du Crédit agricole. »

Dans les débats relatifs à cette même question, il a été spécialement prouvé que la mutualité est préférable dans les institutions du Crédit foncier, aux sociétés par action, d'après l'exemple de la Pologne et de l'Allemagne opposé à celui de la France.

Malgré cela, nous apprenons qu'on vient d'établir en Italie, un Crédit foncier à l'instar de celui de France ! Il est vrai, par contre, qu'on demande dans les provinces polonaises incorporées à l'empire russe, en Lithuanie et dans les Ruthénies (Volhynie, Podolie et Ukraine), l'introduction du système de crédit territorial, à l'instar de l'Association du royaume de Pologne, et, de plus, qu'on le propose pour la Russie même; — mais, comme cette question n'est pas assez connue dans l'Occident de l'Europe, je trouve que l'*Association internationale pour le progrès des sciences sociales* devrait s'en occuper, et cela d'autant plus que cette question a du rapport avec celle du changement des corvées que faisaient les paysans en Pologne, en redevances pécuniaires et en propriétés, aussi bien qu'avec l'émancipation des paysans en Russie.

Je joins ici une vingtaine d'exemplaires d'une brochure que j'ai publiée dernièrement sur ce sujet, et qui jette quelque lumière, non seulement sur la question des paysans en Pologne, mais encore sur les Associations du Crédit territorial. Je les offre à ceux de MM. les membres de cette réunion que cette question peut intéresser spécialement.

M. LE COMTE ARRIVABENE. J'ai eu l'honneur de faire partie de la commission qui s'est occupée, en Italie, de l'organisation du Crédit foncier et agricole; la question a été étudiée en tenant compte des conditions particulières du pays; l'Italie a beaucoup de bois; le Crédit foncier français établit un système qui rendait plus facile la vente des biens nationaux; nous avons cru devoir adopter ce système. L'Italie se trouvant dans des circonstances extraordinaires, il fallait bien recourir à des mesures extraordinaires. Le système que nous avons créé convenait, je pense, à la situation actuelle de l'Italie. (Applaudissements.)

De l'uniformité des monnaies, poids et mesures.

DÉBAT.

M. LE COMTE NAHUYS (Pays-Bas). Je ne veux pas présenter une proposition à discuter dans cette séance. Je désire simplement appeler l'attention du Congrès sur une question d'une haute importance et qui fait depuis longtemps le sujet des méditations de la science. Plusieurs orateurs ont parlé des entraves de la douane; il y a encore une autre entrave à la liberté du commerce dans la diversité des poids et des mesures. Cette diversité ne devrait plus exister dans notre siècle de progrès; la facilité qu'offrent les chemins de fer et la navigation font sentir plus vivement les inconvénients de cette irrégularité. Il est donc urgent d'établir l'uniformité dans le système des poids et mesures et dans le système monétaire. Il y a, je le reconnais, des obstacles à la réalisation de ce projet, mais je crois que ces obstacles ne sont pas insurmontables. Les gouvernements sauront apprécier l'utilité et la nécessité de cette mesure. D'ailleurs, les antécédents de l'Angleterre et de l'Allemagne m'affermissent dans l'espoir de voir mon vœu réalisé.

Je prierai les membres de l'Association de vouloir étudier cette question, afin qu'elle puisse être discutée dans notre session prochaine. (Applaudisseménts.)

M. ALFRED GEELHAND (Anvers). Le progrès de la civilisation a supprimé les douanes communales et provinciales, les monnaies urbaines, les mesures et poids locaux. En outre, diverses nations ont adopté un système uniforme de monnaie, de poids et de mesures.

Le commerce, de nos jours, a pris un immense développement. Dans les ports de l'Europe affluent les produits de toutes les parties du monde. Ce progrès, nous le devons, sans doute, à la facilité des communications, heureux résultat des inventions modernes, mais nous le devons surtout à l'ère de paix et de sécurité qui a succédé au règne agité du premier empereur français.

Sans sécurité, point de crédit; sans crédit, point de commerce.

La guerre ne pourrait-elle point être limitée dans l'espace, en l'empêchant de sévir en certains lieux, comme elle fut, au moyen âge, limitée dans le temps par la trève de Dieu? Comme alors il existait des jours privilégiés où tout combat cessait, ne pourrait-on pas, par une convention de tous les peuples, établir des positions spéciales qui seraient préservées en toute occurrence du terrible fléau de la guerre?

Il me semble voir une tendance vers ce système dans la répartition des ports d'une des premières puissances militaires du globe. — En effet, s'il existe en France cinq ports militaires, savoir : Cherbourg, Lorient, Brest, Rochefort et Toulon, il en est près de quatre cents exclusivement réservés au commerce.

L'Europe a pressenti la vérité de ce principe, et elle l'a heureusement appliqué à un pays restreint, il est vrai, mais pour lequel je suis fier de revendiquer l'honneur d'avoir élevé une tribune libre pour le progrès des sciences sociales. Au moment du triomphe solennel du droit sur la force des nationalités, sur l'ambition personnelle, le 30 mai 1814, l'Europe diplomatique a proclamé que le port d'Anvers sera exclusivement un port de commerce; ce principe fait aussi partie du traité conclu le 19 avril 1839.

Limitée de la sorte, la guerre manquera d'espace à mesure que le commerce s'étendra, et déjà le développement chaque jour croissant des établissements de commerce envahit même les terrains militaires affectés aux fortifications dépendant de la guerre.

C'est ainsi que, par ordonnance du 28 mai 1829, la ville de Dieppe a été rayée des places de guerre; et sur d'autres points, comme au Havre, les travaux de fortification sont détruits ou appropriés aux établissements de commerce.

M. Georges Clermont (Verviers). La question de l'uniformité internationale des poids et mesures et du système monétaire est une des plus importantes pour la civilisation. En 1855, le Congrès de statistique de Paris a fourni à quelques personnes l'occasion de se réunir spécialement pour la réalisation de cette œuvre. D'abord, nous n'étions qu'une douzaine; mais l'importance de l'objet accrut bientôt à Paris même le comité fondateur, et l'intétêt qu'il acquit fut tel que le chef de l'État mit à la disposition de l'Association, son propre salon au local de l'Exposition universelle pour y tenir ses séances. Elle comptait alors environ trois cents membres. M. le banquier Rothschild, homme si compétent en cette matière, fut désigné par l'Association pour la présider. D'excellentes résolutions furent prises, et des moyens de succès furent organisés.

Depuis lors, messieurs, les membres de cette Association n'ont cessé de travailler à la réalisation du grand but qu'elle s'est proposé. L'Angleterre surtout s'en est occupée avec une activité, une persévérance telles qu'un triomphe presque complet vient d'y être obtenu. Un projet d'adoption du système métrique doit être soumis prochainement au Parlement, et son adoption est certaine, car l'opinion publique l'a mûri. C'est un grand pas de fait. Mais la question de l'uniformité monétaire ne peut manquer d'amener bientôt aussi une solution satisfaisante.

M. E. de Girardin (France). Je demande la parole pour faire une simple proposition; je désire qu'avant de se séparer, l'Association déclare qu'elle considère comme un progrès social l'adoption des mêmes monnaies dans les divers pays de l'Europe.

M. Le Président. Aux termes de nos statuts, nous ne votons pas; mais il est évident que nous sommes tous d'accord sur la proposition de M. Em. de Girardin.

Une voix. Elle rencontre l'adhésion unanime.

M. Joffroy. Si nous ne pouvons pas voter, nous pouvons applaudir. (Applaudissements unanimes.)

M. Groverman (Gand). Je n'ai pas la prétention de faire un discours ; je me bornerai à appeler votre attention sur la nécessité de réglementer le travail dans les manufactures.

On a signalé le courant qui entraîne les populations rurales vers les villes. M. J. Duval a attribué cette désertion à la lourdeur de l'impôt, ; je crois moi qu'il faut attribuer le dépeuplement des campagnes au mauvais régime qui existe dans la plupart des manufactures et à la grande consommation d'ouvriers qui se fait dans les villes manufacturières.

Le libre échange est destiné à porter remède à cette situation fâcheuse ; la première loi du libre échange c'est de produire librement, le premier effet sera de rémunérer convenablement le travail ; alors chacun de nous sera intéressé à propager cette idée que le meilleur moyen de produire économiquement c'est de protéger la santé de l'ouvrier, de l'enfant et de la femme dans les manufactures. En faisant pénétrer ce principe dans notre législation nous aurons rendu un grand service à l'humanité.

Les jeunes ouvriers que nous aurons enlevés au travail absorbant des fabriques, nous les enverrons à l'école, et les mères nous devront ainsi la santé et peut-être la vie de leurs enfants. (Applaudissements.)

Les brevets d'invention considérés au point de vue international.

—

Mémoire de M. Macfie, président de la chambre de commerce de Liverpool.

Le dialogue suivant peut être supposé entre un ambassadeur du Japon et un économiste d'Angleterre, pays dont la législation commerciale actuelle est diamétralement opposée à celle qui, depuis plusieurs siècles, régit et caractérise les peuples de l'Asie.

L'économiste. — Votre pays a bien fait d'abandonner, pour suivre les idées qui ont prévalu parmi les nations les plus éclairées de l'Europe, son système commercial exclusif et de soumettre volontairement sa liberté nationale et son indépendance aux restrictions des traités de commerce. La science économique et l'expérience recommandent l'adoption du libre-échange.

L'ambassadeur. — J'ai beaucoup entendu parler du libre échange ; veuillez me donner la définition de ce système.

L'économiste. — Par libre échange, on entend la liberté pleine et entière accordée au commerce, aux agents producteurs et à tout individu ayant des biens à donner en échange d'autres biens, de faire leurs affaires, comme il l'entend, sans que l'État s'ingère dans leurs opérations, ou mette un obstacle quelconque au cours libre et naturel des choses.

L'AMBASSADEUR. — Je ne trouve pas que cette belle théorie soit mise en pratique. Dans le Royaume-Uni même, on trouve plus d'une restriction au principe du libre échange. Je veux parler, par exemple, de ces priviléges que vous appelez *droit d'auteur* et *droit de patente*.

L'ÉCONOMISTE. — Le premier de ces priviléges s'applique à deux classes d'auteurs, celui d'un ouvrage littéraire et celui d'un dessin. Ce droit est de création récente dans notre législation.

L'AMBASSADEUR. — Quant à ce privilége, puisqu'il n'est garanti que pour un court délai, je ne m'opposerais pas, si j'étais sujet britannique, à ce qu'on en fît un bon essai. Son importance pourtant, aussi bien que ses inconvénients, doit grandir de jour en jour. Ainsi, le traité conclu entre votre pays et ce peuple éminemment pratique et perspicace de la Belgique, n'établit-il pas « le droit exclusif de faire usage d'un échan-
« tillon ou modèle industriel ou manufacturier, » après que le traité a déclaré antérieurement que « ce droit n'est pas subordonné à la condition
« que les modèles ou échantillons soient exploités dans le pays auquel le
« privilége est accordé? » De sorte que, si l'ayant droit omet de satis-
faire à la demande de l'article dans ce pays, c'est à dire l'Angleterre, le commerce anglais est privé du bénéfice de l'invention, tout en éprouvant le dépit de voir que d'autres nations industrielles, qui ne reconnaissent pas le droit d'auteur, viennent alimenter le marché de vos colonies et combler le vide, en emportant le bénéfice. J'en conclus donc que le droit de l'auteur d'un dessin, s'il existe dans la nature des choses, devrait être reconnu et admis par tous les pays industriels.

L'ÉCONOMISTE. — D'accord; veuillez continuer et me dire votre opinion à l'égard de la propriété littéraire?

L'AMBASSADEUR. — Je ne vois pas un grand inconvénient à la propriété littéraire; encore qu'il doive paraître fort étrange de voir l'usage que font de leurs droits certains moralistes, qui, composant avec un saint zèle des livres pour l'édification de tout le monde, aliènent ensuite leurs prérogatives à des gens qui ne recherchent pas la plus grande propagation de l'ouvrage et du bien moral qu'il doit produire, mais la plus grosse somme d'intérêt pécuniaire à leur profit personnel.

L'ÉCONOMISTE. — Et relativement à nos patentes, qu'en pensez-vous?

L'AMBASSADEUR. — Quant à vos brevets, ou comme vous les appelez en Angleterre, vos patentes, on voit du premier coup d'œil qu'elles éta-
blissent un droit tout à fait différent de ceux dont je viens de parler. Malgré le droit d'auteur, ou peut-être grâce à ce droit, je me suis procuré à bon compte des guides et des cartes géographiques, qui me mettent à même de voyager *confortablement* et économiquement; mais, quand

j'achète la description d'une invention, je demeure privé, pendant plusieurs
années, de la faculté de l'exploiter.

L'ÉCONOMISTE. — Oui, nos lois garantissent aux patentés un monopole
de 14 ans ; mais il est rare de voir des patentés qui refusent de donner
contre une redevance satisfaisante, des licences pour la co-exploitation de
leur monopole.

L'AMBASSADEUR. — Ici encore le titre de la patente conserve son caractère exclusif, en ce qu'il donne au patenté le droit de dicter ses conditions
à ceux qui veulent participer à l'exploitation de l'article. — Qu'entendez-
vous proprement par redevance dans l'espèce ?

L'ÉCONOMISTE. — Nous entendons par là une certaine taxe ou droit
prélevé par celui qui donne une licence, et calculé d'après le nombre ou
l'importance des machines et des instruments employés, ou d'après les
produits fabriqués par le cessionnaire de la licence.

L'AMBASSADEUR. — Ceci me surprend vraiment ; comment une nation,
comme la vôtre, si jalouse de ses libertés qu'elle ne permet pas même à
la reine de puiser au trésor de l'État, sans l'assentiment des représentants
du peuple, peut-elle octroyer au plus simple de ses sujets un pareil droit !
— Et quelles dispositions légales a-t-on établies pour assurer au patenté
le payement de la redevance d'après le chiffre des bénéfices réalisés par
le cessionnaire ?

L'ÉCONOMISTE. — Nous nous fions en ceci entièrement à la loyauté des
gens et à la bonne foi des parties. Une convention est un acte qui appartient à l'ordre des choses facultatives ; personne n'est obligé d'exploiter
des inventions patentées.

L'AMBASSADEUR. — Il me semble que vous ne tenez pas suffisamment
compte de la nécessité où se trouve tout industriel de fabriquer les meilleurs articles pour leur prix coûtant. Aussitôt qu'une invention se produit,
qui perfectionne une industrie, ou en réduit les frais de fabrication, il
faut l'adopter et suivre le courant, ou succomber à la concurrence.

L'ÉCONOMISTE. — A l'époque où le système des patentes fut introduit,
elles jouissaient d'un crédit plus restreint ; leur portée était plus limitée.
Les différentes branches de l'industrie et du commerce n'étaient ni aussi
nombreuses, ni aussi développées qu'à l'heure présente. La création d'un
monopole au profit d'un inventeur pouvait donc être un moyen de provoquer l'extension des industries ; mais dans l'état actuel des choses, il est
peut-être imprudent de maintenir ce monopole. En effet, les inventions de
nos jours ne se rapportent, pour ainsi dire, plus qu'au perfectionnement
des procédés d'application, ou à des fractions de certaines industries qui
sont déjà devenues nombreuses et florissantes.

L'AMBASSADEUR. — Je crois que tout droit exclusif, sous le régime de vos institutions, est un mal et qu'il faut l'abolir.

L'ÉCONOMISTE. — Mais remarquez que ceux qui font ou publient des inventions sont considérés parmi nous comme des bienfaiteurs publics. Vous ne voudriez certainement pas que leur mérite restât privé d'honneur et de récompense.

L'AMBASSADEUR. — Vous ne les traitez pas comme des bienfaiteurs; vous achetez leur secret, leurs connaissances à prix d'argent, voilà tout. Or, il peut y avoir un grand nombre de cas où le prix que vous payez sera beaucoup trop élevé, ou encore, que votre argent ne sera pas le plus avantageusement employé dans le but que vous vous proposez. Le grand succès que vous avez obtenu dans l'industrie peut vous avoir rendus injustes envers une autre classe de bienfaiteurs publics, je veux dire les industriels, dont les intérêts ici lésés sont les mêmes que ceux du public. Vos hommes d'État, si habiles, pourraient aisément trouver un meilleur moyen d'encourager les découvertes et les inventions utiles.

L'ÉCONOMISTE. — On ne peut le méconnaître, nos lois sur les patentes sont imparfaites. Les inventeurs, aussi bien que les industriels s'en plaignent. Je ne puis pas en dire autant du public en général, qui n'est pas sorti de son apathie jusqu'aujourd'hui. Une commission d'hommes distingués, nommée par la reine, a été chargée d'examiner le résultat que ces lois ont produit. J'espère qu'elle étudiera la question sous toutes ses faces. — Puis-je vous demander quel tort, d'après vous, l'institution des brevets fait aux industriels?

L'AMBASSADEUR. — Les industriels européens articulent divers griefs. Je ne parlerai que d'un seul, qui est très grave surtout dans la bouche des industriels anglais. Vous donnez à tout inventeur, même à tout importateur d'une amélioration matérielle, le droit de prendre une patente et de demander un prix arbitraire à ceux qui veulent participer à l'exploitation du monopole, ou même la faculté de refuser toute licence. Or, vous industriel anglais, vous devez vous résoudre à payer ce prix arbitraire, ou renoncer à l'avantage de participer à l'exploitation; tandis que l'étranger qui vient vous faire la concurrence, demeure exempté de cette taxe, parce que le pays où il fabrique, n'aura pas adopté le système des brevets, ou parce que le brevet de cette invention n'y aura pas été demandé, ou s'il y a été demandé, parce que votre concurrent n'y sera soumis qu'à une faible redevance, ou même échappera à toute redevance. Pour avantager un petit nombre d'inventeurs, vos lois sur les patentes frappent de droits extraordinaires la production indigène, qui, au lieu d'être protégée aujourd'hui, comme au temps où la science économique était moins avancée, doit lut-

45

ter contre des produits étrangers pour lesquels les redevances, dont nous parlons, sont une espèce de prime d'importation.

L'ÉCONOMISTE. — Vous entrez dans le vif de la question. Le danger est moins grand dans la pratique que dans la théorie. Je dois avouer néanmoins que vous avez raison. En affranchissant de tous droits les produits importés, nous avons laissé subsister sur certains produits indigènes des droits auxquels nos nationaux ne sauraient se soustraire. Le prix que nous payons pour les articles brevetés, représente la valeur de l'invention dont l'étranger, dans certaines circonstances, bénéficie gratuitement.

L'AMBASSADEUR. — C'est bien ainsi; mais en instituant les patentes, vos législateurs ont, sans doute, eu en vue d'encourager les inventions, qui sans cela, croit-on, seraient rares et ne se propageraient pas, ce qui, à mon avis, est une opinion très hasardée, sinon tout à fait erronée. — Les titres conférés à l'auteur d'un dessin ou d'un livre sont sauvegardés par des mesures rigoureuses qui arrêtent l'importation de l'article à vos frontières. Voudriez-vous me dire pour quels motifs on s'est abstenu d'entourer des mêmes garanties les droits des patentés?

L'ÉCONOMISTE. — Je ne sache pas que le public ait déjà dirigé son attention sur ce point; mais l'amélioration des voies de transport et les proportions prodigieuses que prend le commerce international doivent nécessairement amener à l'étude de cette question. Déjà son importance et son actualité ont grandi par l'abolition des droits douaniers, réforme toute récente chez nous, comme vous le savez. La visite douanière, du reste, ne serait pas, dans cette occurrence, un sûr garant, ni un moyen praticable. Il est aisé de vérifier et d'arrêter des marchandises contrefaites d'après un dessin particulier, ou des livres réimprimés à l'étranger, mais comment constater si des produits ont été fabriqués d'après tel système ou tel procédé particulier?

L'AMBASSADEUR. — Ce que vous dites est fort juste et fait voir clairement la différence qui existe entre le droit d'auteur et le droit que confère le brevet d'invention, différence dont on aurait grand tort de ne pas tenir compte. Devant des faits de cette nature, j'opine qu'il serait très nécessaire que toutes les nations industrielles se missent d'accord sur l'adoption d'un même système de brevets, comme il serait à désirer, ainsi que je l'ai dit déjà, que toutes établissent de la même manière le droit d'auteur.

L'ÉCONOMISTE. — Sans cela, il vaudrait mieux peut-être ne pas avoir de brevets du tout. Voici un plan qu'on m'a soumis sur l'institution d'une *union internationale des brevets d'invention*. Je crois que le principe de l'abolition du droit des inventeurs au profit du public, mis en avant dans ce projet, a déjà été reconnu dans des lois françaises, ou du moins qu'il a été proposé et soutenu dans des rapports et des brochures :

1° Les principaux États de l'Europe et de l'Amérique, avec leurs colonies, s'allieraient pour former une *union internationale des brevets d'invention;*

2° Chaque capitale aurait son bureau des brevets, correspondant avec les bureaux des autres capitales ;

3° Toute invention brevetée dans un de ces bureaux jouirait de la même protection dans tous les États associés;

4° Tous les États recevraient une copie de la description de chaque invention et seraient chargés de la traduire et de la publier dans les limites de leur territoire respectif;

5° Le brevet conférerait des droits exclusifs, pour le terme de 3 ans;

6° Un agent ou fondé de pouvoirs serait établi dans chaque État, à l'effet d'y négocier les affaires des brevetés;

7° Faculté aux brevetés de faire cession de leurs droits à des tiers;

8° Des commissaires estimeraient, après le délai de 2 ou de 3 ans, la récompense due à toute invention qui n'aurait pas été abandonnée avant ce terme;

9° En faisant cette estimation, les commissaires seraient autorisés à prendre l'avis d'hommes pratiques et de considérer toutes les circonstances qui pourraient influer sur l'estimation, telles que l'originalité et l'importance de l'invention; la probabilité qu'un autre inventeur aurait bientôt trouvé le secret; les dépenses et les périls auxquels les expériences ont exposé l'inventeur; l'utilité que le public pourra en retirer; le bénéfice qu'elle a rapporté au breveté, l'usage qu'il en a fait et les cessions qu'il a accordées pendant les 3 années de son monopole;

10° Si le breveté a livré son invention au domaine public avant le terme, il sera tenu compte de cet abandon;

11° Les commissaires établiront le prorata de chaque État dans le prix alloué aux inventeurs, et ce d'après le chiffre de sa population, de ses revenus publics et de son commerce;

12° Ils pourraient dans des cas particuliers, où le mérite de l'invention serait extraordinaire, accorder une récompense exceptionnelle à titre d'honneur;

13° Les récompenses seraient calculées de manière à ce que le montant total dépensé pour les inventions ne dépassât jamais le maximum d'un million de livres sterling par an, somme dans laquelle aucun État ne pourrait être tenu de contribuer pour plus de 100 mille liv. st., ou pour plus de mille dans une seule récompense;

14° Les commissaires pourraient proposer comme candidats pour des médailles, des rubans et des certificats honorifiques, des inventeurs réels, ayant de grands titres et surtout ceux qui abrégeraient volontairement la durée de leur monopole, si l'invention est importante.

L'Ambassadeur. — Voici les principaux traits qui caractérisent ce plan : Il soumet tous les pays à un même système de brevets. Ceci est bien, pour l'inventeur, comme pour l'industriel et le public en général. Il abrége la durée des brevets, en accordant une compensation pécuniaire dans une mesure équitable. J'aime cela, mais pourquoi ne pas faire table rase du monopole, encore qu'il ne soit que de 3 ans.

L'Économiste. — Il aurait peut-être mieux valu proscrire tout privilége exclusif et toute redevance; mais une réforme si radicale pourrait être trop difficile à opérer aujourd'hui ; d'ailleurs, je ne vois pas un si grand inconvénient à maintenir un monopole qui ne dure que trois ans. Mais ce terme-là suffit pour assurer aux inventeurs de nouvelles machines et de nouveaux produits, les avantages de l'initiative et le prestige auxquels ont droit les auteurs ou vendeurs primitifs d'un article nouveau.

L'Ambassadeur. — Quelle serait sous ce régime la rémunération pécuniaire des brevetés, relativement à celle dont ils jouissent sous le système actuel, si on peut l'appeler système?

L'Économiste. — Le montant des redevances que les brevetés perçoivent n'est qu'une faible portion de ce que le système d'aujourd'hui coûte à la société tout entière. En faisant le compte de ce système, on doit mettre à sa charge tous les inconvénients qu'il occasionne; le retard qu'il apporte à l'adoption utile et générale des inventions ; le découragement qu'il jette parmi ceux qui voudraient les perfectionner. Or, on sait qu'une invention vient rarement seule : l'idée d'un inventeur suggère une idée ingénieuse à un autre, la deuxième en fait jaillir une troisième ; un quatrième inventeur finit par agencer et coordonner en une œuvre unique et complète, le travail de ses devanciers, pourvu que le triste monopole ne soit pas là pour barrer le chemin et priver le monde de la jouissance de ces bienfaits. Mais à ne considérer même que le profit pécuniaire des inventeurs, il est probable qu'ils gagneraient au change; car, aujourd'hui, une grande partie de leurs redevances passe aux mains de leurs agents et mandataires, tandis qu'alors ils jouiraient seuls du prix, équitablement établi, de leurs découvertes et cela en un temps incomparablement plus court et où cet argent comptant leur sera peut-être plus profitable qu'un bénéfice en perspective dont la réalisation est problématique.

L'Ambassadeur. — Vous faites abstraction de ces quelques cas où des inventeurs ont réalisé des fortunes immenses.

L'ÉCONOMISTE. — Oui, parce que dans des cas tout exceptionnels, où le maximum de récompense prévu par le projet ne serait pas convenable, on pourrait recourir à des dispositions exceptionnelles.

L'AMBASSADEUR. — Certaines gens diront que votre système est moins encourageant pour les inventeurs que les lois actuelles.

L'ÉCONOMISTE. — Au contraire, l'esprit d'investigation recevrait une impulsion nouvelle, il opérerait sur un champ bien plus vaste, dans une sphère bien plus étendue qu'aujourd'hui. Aucune invention ne serait tenue secrète. Les découvertes se multiplieraient par cet élan plus général imprimé au génie des hommes. Le stimulant qui serait offert, sans retrancher l'espoir d'un avantage lucratif, ne serait pas un aliment exclusif donné en pâture à l'égoïsme et à l'esprit de spéculation, mais réveillerait plus vivement le désir de coopérer à l'amélioration des conditions physiques de l'humanité.

L'AMBASSADEUR. — Vous êtes en droit d'attendre le plus heureux résultat de votre système. Il vous débarrasserait des obstacles qui arrêtent aujourd'hui le développement des inventions. A l'indifférentisme que le monopole entretient, il substituerait l'activité; il exciterait l'ardeur des ingénieurs, des chimistes et de tous les agents producteurs.

L'ÉCONOMISTE. — Le public aurait tout intérêt à examiner sérieusement la question, et je ne doute pas un instant que le Congrès international n'élève la voix pour approuver toute mesure qui contribuera à nous débarrasser de ces entraves surannées, à émanciper l'industrie et à écarter tout reproche contre le libre-échange.

L'AMBASSADEUR. — Quoi qu'il en soit et sans attendre que le projet soit réalisé, ce qui ne sera que l'œuvre du temps, rien n'empêcherait votre pays d'adopter et de pratiquer, dès aujourd'hui, ces principes. Cela coûterait peut-être 2 millions de livres sterling au lieu d'un; mais qu'est-ce que cette différence quand on pense à l'immense somme de bien-être qui en résulterait pour le genre humain.

Le droit régalien des mines est-il contraire à la liberté du travail et au développement de l'exploitation des mines?

Mémoire de M. MANUEL MALO DE MOLINA, avocat à Madrid.

Le droit régalien en matière de mines, comme tous les droits politiques, prit naissance dans l'antiquité la plus reculée. Les Égyptiens l'exerçaient déjà, selon Diodore de Sicile ; les Grecs le connurent aussi ; et les Romains le pratiquèrent et le transmirent aux peuples assujettis à leur joug. Du temps des Romains et de leurs successeurs, les Goths et les Germains, toute l'Europe reconnaissait le droit régalien, et les mines faisaient partie du fisc ; les empereurs en disposaient à charge de redevances, qui, par leur énormité, accablaient les mineurs ; on n'exploitait que les minéraux les plus riches, l'or et l'argent ; et le fer et le cuivre, seulement pour les nécessités de la guerre.

Dans le moyen âge, le droit régalien resta soit aux princes, soit à certaines classes de la population. Il entravait la recherche et l'exploitation des mines dans les pays où ce n'était pas une industrie indispensable, comme en Espagne où l'agriculture formait la base du travail.

C'est à l'économie politique qu'il était réservé de proclamer la liberté du travail et, par suite, de demander l'abolition du droit régalien.

La doctrine des économistes et surtout celle d'Adam Smith, proclamait le principe que la richesse minérale faisait partie intégrante de la surface du sol. Mais Turgot ne pouvait méconnaître que la richesse minérale n'est point un produit nécessaire et naturel de la surface, et qu'elle n'existe réellement qu'au moment où le travail lui a donné l'existence ; modifiant la doctrine antérieure, il établit que la richesse minérale est la propriété du premier occupant.

Cette nouvelle et hardie théorie fut accueillie avec empressement et discutée largement. Enfin, on obtint comme résultat pratique de faire concorder le droit régalien avec la liberté du travail.

Dans l'Assemblée constituante de France, la voix éloquente de Mirabeau concilia les droits de chacun à jouir des richesses minérales qui n'appartenaient à personne, et les droits des propriétaires du sol, sans oublier le rôle que l'État devait remplir pour harmonier ces droits opposés. De là s'ouvrit une ère nouvelle pour l'industrie des mines, malgré les passions des hommes de l'Empire, et surtout l'esprit de Napoléon. La loi française finit par consacrer la liberté du travail, limiter le droit régalien, tout en conservant quelques préoccupations des âges antérieurs.

Nous acceptons, comme la plupart des nations européennes, que la richesse minérale est une richesse séparée et indépendante du sol, et que le propriétaire de la surface n'est pas le propriétaire du fonds, comme conséquence des doctrines économistes du xviiie siècle, à savoir que la propriété n'est pas le *jus utendi et abutendi*, mais *le jus utendi*, parce que l'abus est le contraire de la liberté.

Si la propriété du sol ne reconnaît d'autre origine que le partage primitif ou l'occupation par la guerre, il faut admettre que la propriété des richesses minérales repose sur les mêmes principes; comme désormais, les sociétés sont formées et les lois connues, il faut accepter le *statu quo* et s'y conformer, pour en déduire les procédés nécessaires à la constitution de la propriété des mines.

La liberté du travail, c'est le droit de travailler et de disposer du produit de son travail. Cette liberté ne permet cependant pas de travailler partout et d'entraver la propriété d'autrui.

Tel qu'il existe chez presque toutes les nations de l'Europe (l'Angleterre exceptée), le droit régalien s'oppose-t-il à la liberté du travail? Nous croyons que non.

Les lois des mines en Espagne, par exemple, ne conservent le droit régalien que comme le régulateur de la propriété nouvelle : elles proclament la liberté et pour la recherche des mines dans les terrains du domaine public, et pour les travaux d'exploitation, et pour la vente des produits. Elles réservent seulement à l'État le droit de faire des concessions et d'en déterminer les limites afin de garantir à chacun sa propriété et d'éviter toute collision.

Du moment qu'une concession est faite, le droit régalien cesse de peser sur le concessionnaire et celui-ci a le droit de travailler à son gré et à son bon plaisir, sauf le payement de l'impôt.

A partir de la loi espagnole de 1825 qui proclama la liberté du travail des mines, cette industrie prit un développement merveilleux; dans les cinq premières années, le nombre des mines en exploitation s'éleva au quintuple. La loi de 1825 fut abrogée par celle de 1849 dont les principes étaient plus libéraux encore; elle réduisit à la moitié les impôts sur les mines et simplifia les formalités à remplir pour obtenir les concessions.

Cette loi fut remplacée par celle de 1859. Les concessionnaires acquirent de nouvelles garanties : les impôts se réduisirent, et l'industrie des mines prospéra tellement, qu'en 1860, il y avait 1,988 mines exploitées, dont la superficie était de 220,389,352 mètres carrés, formant 3,294 concessions, avec 28,554 ouvriers et 39 machines à vapeur; leurs produits s'élevaient à 356,240,233 réaux, ou 83,500,000 francs.

Si l'industrie prospère et se développe si extraordinairement sous le régime du droit régalien modifié par l'économie politique, nous nous croyons autorisé à assurer que le droit régalien n'est contraire, ni à la liberté du travail en matières de mines, ni au développement de l'industrie.

De la nécessité de créer un fonds d'agriculture, ou caisse destinée à refaire le capital des agriculteurs lésés ou ruinés par la perte partielle ou totale de leur bétail ou de leurs chevaux.

—

Mémoire de M. L.-A. De Cock, à Molenbeek Saint-Jean.

Le bétail et les chevaux forment le capital le plus important de l'industrie agricole.

Les efforts individuels sont souvent impuissants pour reconstituer ce capital, lorsqu'il vient à être atteint ou qu'il est anéanti.

Les maladies contagieuses, qui frappent les races bovine et chevaline, portent à l'agriculture et à l'alimentation publique d'immenses dommages. Ces pertes rejaillissent sur le commerce et sur l'industrie

L'autorité, dans tous les pays, intervient d'office pour faire abattre les animaux condamnés; mais elle n'intervient pas partout, pour indemniser les détenteurs, et quand elle le fait, l'indemnité est insuffisante. Cette indemnité devrait être des deux tiers de la valeur de l'animal.

Le meilleur moyen pour venir en aide à l'agriculture, est la formation d'un fonds agricole à l'aide d'une légère taxe par tête de bétail.

Ce système fonctionne déjà avec succès dans deux provinces belges. L'expérience est donc faite.

Dans plusieurs pays de l'Europe, les maladies épizootiques, la pleuropneumonie exsudative et la morve surtout, exercent de terribles ravages parmi les races bovine et chevaline. L'autorité exécutive, comprenant l'étendue de ses devoirs, ordonne l'abattage des animaux atteints de ces affreuses maladies.

On peut se faire une idée de la perte générale qui en résulte, en observant que, dans la seule province du Brabant, pendant une période de 10 années, de 1841 à 1850, le chiffre des pertes accusées s'est élevé à la somme de 1,584,000 francs.

De 1851 à 1860, il a été abattu en Belgique, 6,037 chevaux et 12,994 bêtes à cornes. D'après expertise, la perte s'élève à 6,352,256 fr.

Pour obvier à de si grands maux, on a trouvé que l'intervention forcée des détenteurs d'animaux, au moyen d'une rétribution modérée, pouvait seule résoudre la difficulté.

En Belgique, à l'aide d'une taxe annuelle de 25 à 50 centimes sur les chevaux, et d'une taxe de 13 à 25 centimes sur les bêtes bovines, outre l'indemnité de l'État, on peut, dans les années ordinaires, couvrir les deux tiers des sinistres.

Tous les peuples sont aujourd'hui solidaires, et si la fraternité et la responsabilité universelles tendent à s'établir, il est bien certain que les pertes partielles retombent de tout leur poids sur la généralité et viennent l'affecter cruellement.

La création d'un fonds d'agriculture est le moyen le plus pratique et le plus sûr pour arriver à reconstituer, dans les conditions les plus économiques, le capital de l'agriculteur lésé ou ruiné. Pour produire les meilleurs effets, il devrait être institué par subdivisions d'un pays, par provinces, départements, cercles, régions, etc.

Pourquoi, dira-t-on, préférer une taxe forcée, à l'assurance volontaire par des sociétés?

C'est que l'industrie privée est obligée d'exiger des primes assez élevées, à cause des frais d'administration.

En Hollande et en Belgique, où des sociétés de ce genre ont existé, les primes s'élevaient jusqu'à six et neuf francs par tête de bétail; les frais d'administration absorbaient de 25 à 45 p. c. du montant des recettes.

Ces associations sont donc impuissantes et coûteuses à l'excès. Elles ont dû disparaître. Elles étendaient leurs opérations à tout le pays où elles existaient, ne pouvaient faire de distinction dans les primes qui étaient fixes, et ne trouvaient des assurés que dans les circonscriptions où régnait le fléau.

La taxe établie par circonscription de pays serait recouvrée par l'autorité, les frais de perception et autres n'atteindraient pas 2 p. c. du produit.

Une autre face de la question intéresse au plus haut point la police sanitaire.

Les éventualités d'un traitement incertain poussent les cultivateurs, dès que le mal paraît, à vendre les bestiaux. Mais l'affection existe en germe, elle se déclare chez le nouvel acquéreur et le mal se répand. Si l'animal est acquis pour l'alimentation, les dangers et les inconvénients ne sont pas moins grands. La loi ne peut rester désarmée devant ces transgressions illicites et immorales.

La création d'un fonds d'agriculture, à quelque point de vue qu'on l'envisage, est donc appelée à produire d'immenses bienfaits.

L'agriculture, la société entière, sont intéressées à ce que cette bienfaisante institution se généralise et se multiplie.

M. LE PRÉSIDENT. Messieurs, avant de lever notre dernière séance, j'éprouve le besoin de vous exprimer ma vive gratitude pour les sentiments de bienveillance et d'indulgence, sur lesquels j'ai dû compter beaucoup en acceptant les fonctions de la présidence, et que vous m'avez si généreusement accordés.

Le temps ne nous a pas permis de discuter d'une manière complète toutes les questions qui nous avaient été soumises, nous avons dû nous borner à en approfondir un petit nombre, d'autres ont donné lieu à des communications intéressantes et pourront être examinées fructueusement dans nos prochaines sessions.

Messieurs, vous le savez, nous n'avons pas prétendu nous ériger en une espèce d'aréopage décidant souverainement les problèmes de la science sociale; nos prétentions sont plus modestes et plus raisonnables : recueillir' des renseignements exacts sur la situation économique des différents pays, mettre en présence les systèmes divergents luttant avec les seules armes de la raison et de l'expérience et faire jaillir ainsi la lumière du choc même des opinions, en deux mots, nous éclairer mutuellement, afin de pouvoir contribuer d'une manière plus efficace à éclairer la conscience publique. — Voilà le but que nous nous sommes proposé et la publication de nos séances prouvera, j'en suis convaincu, que nos efforts n'auront pas été stériles. A cet égard, nous avons une dette de reconnaissance à payer à tous les orateurs qui ont bien voulu prendre part à nos discussions, et je suis certain d'être l'interprète des sentiments de toute l'assemblée, en remerciant particulièrement Mlle Royer, du concours qu'elle nous a prêté par le charme de sa parole éloquente. (Applaudissements.)

Messieurs, notre œuvre est destinée à avoir une durée permanente; aussi en nous séparant, ce n'est pas *adieu* que nous disons mais *au revoir*. Oui nous nous reverrons, dès l'année prochaine, et nous réunirons de nouveau nos efforts pour nous livrer ensemble au travail le plus noble et le plus digne de l'homme, celui qui a pour objet la recherche consciencieuse de la vérité. — Poursuivons donc avec une nouvelle ardeur nos études économiques; si l'échange des produits matériels rencontre encore des entraves, rien au moins ne nous empêchera ici de pratiquer le libre échange des conquêtes de l'intelligence. (Applaudissements.)

UN MEMBRE. — Je propose d'adresser des remerciements à notre honorable président pour la manière dont il a dirigé nos débats. (Nouveaux applaudissements.)

UN MEMBRE ANGLAIS. — Permettez-moi, messieurs, comme étranger, de vous remercier de l'accueil sympathique que nous avons reçu, et de vous dire que nous serons charmés de trouver l'occasion de renouveler les amitiés que nous avons formées ici. (Applaudissements.)

M. Groverman (Gand). — Déjà la ville de Gand réclame pour elle l'honneur de voir siéger le prochain congrès. J'exprime donc le désir de retrouver l'année prochaine dans nos murs les illustres étrangers qui sont aujourd'hui à Bruxelles. (Applaudissements.)

La séance est levée à midi et demi.

LISTE DES MEMBRES

DE

L'ASSOCIATION INTERNATIONALE

POUR LE PROGRÈS DES SCIENCES SOCIALES

MEMBRES PROTECTEURS A VIE

FEDERRE, Frédéric, banquier, consul de Belgique. Stuttgard.
HEYWORTH, Lawrence, magistrat et rentier. Liverpool.
PEUT, Hippolyte, propriétaire. Paris.
TIEDEMAN, J.-N., propriétaire. Cercay (France).

MEMBRES PROTECTEURS

BÉLIARD, Ed., propriétaire. Étampes.
BISCHOFFSHEIM, Raph., banquier. Bruxelles.
DANEL, Louis, propriétaire. Lille.
DE GIRARDIN, Émile, propriétaire, rédacteur en chef de *la Presse*. Paris.
DELAPIERRE, chirurgien-dentiste. Bruxelles.
DE MARCOARTU, Art., ingénieur en chef des ponts et chaussées, membre de l'Institut de Londres. Madrid.
DE MONTALEMBERT, comte, membre de l'Académie française. Paris.
DROBY, G.-W., consul de S. M. le roi de Hanovre, inspecteur de la Compagnie impériale et continentale du gaz. Gand.
FONTAINAS, André, bourgmestre. Bruxelles.
FORTAMPS, sénateur. Bruxelles.
GOEMAN, rentier. Bruxelles.
GOUPY DE BEAUVOLERS, propriétaire. Bruxelles.
PRÉVINAIRE, représentant. Bruxelles.
SZARVADY, homme de lettres. Paris.

MEMBRES EFFECTIFS

A

ABOUT, professeur. Moscou.
ALFONSECA, médecin, député au Cortès. Lisbonne.
ALLARD, Alfred, avocat. Bruxelles.
ALLARD, J., directeur de la Monnaie. Bruxelles.
ALLART, Jean, docteur en médecine. Bruxelles.
ALM, Léopold, journaliste, Stockholm.
ALTMEYER, professeur à l'université. Bruxelles.
ALVES DE SA, juge à la cour d'appel. Lisbonne.
ANCIAUX, H. Th., docteur en médecine. Jodoigne.
ANDRÉ, Auguste, courtier maritime. Anvers.
ANNEMANS, Pierre, négociant. Bruxelles.
ANSPACH, J., échevin. Bruxelles.
ARRIVABENE (comte), sénateur du royaume d'Italie, présid. de la soc. d'écon. polit. Turin.
ASSER, F.-M.-C., avocat et professeur de droit. Amsterdam.
AVILA, ministre d'État. Lisbonne.

B

BAINES, M.-A. (Mme). Londres.
BALAT, architecte, vice-président du Cercle artistique. Bruxelles.
BAMBERGER, associé de la maison L. R. Bisschoffsheim, banquier. Anvers.
BARA, avocat, représentant. Bruxelles.
BARBANSON, Ernest, avocat. Bruxelles.
BARBIER-HANSSENS, industriel. Bruxelles.
BARBIER, Jules, industriel. Bruxelles.
BARBIER, A. Clermont-Ferrand.
BARROS, jurisconsulte, ancien député. Lisbonne.
BARTH, E.-P.-N., avocat, avoué. Arlon.
BARTHELEMY. Paris.
BARTHOLOMEU DOS MARTYROS, ancien président de la Chambre des députés. Lisbonne.
BARUCHSON, Arnold, membre de la chambre de commerce. Liverpool.
BASCOU, Adrien, président de la société française de bienfaisance. Bruxelles.
BATHGATE. Édimbourg.
BANDELOQUE, J.-E., avocat, membre du conseil municipal, du bureau d'assistance judiciaire, du bureau d'administration, du collége et de la commission d'inspection de la bibliothèque. Boulogne-sur-Mer.
BAUDUIN, Hippolyte, rentier. Bruxelles.
BECQUET, J., négociant. Bruxelles.
BEDARRIDE, avocat. Aix.
BEEK-MULLENDORF, professeur à l'école industrielle. Verviers.

Beernaert, A., avocat à la cour de cassation. Bruxelles.

Belleroche, Ed., fils, industriel. Londres.

Belval, Théod., pharmacien, docteur en sciences naturelles, conservateur au musée royal d'hist. naturelle de l'État, secrétaire du comité de salubrité publique. St-Josse-ten-Noode.

Bennert, Aug., industriel. Jumet.

Bennert, J.-J., négociant, membre de la chambre de commerce. Anvers.

Bérardi, directeur de l'*Indépendance belge*. Bruxelles.

Berdolt, négociant. Anvers.

Berck, professeur de chimie au musée. Bruxelles.

Bergh, Édouard, av. et journaliste, réd. du *Helsingfors Dagblad*. Helsingfors (Finlande).

Berthenson, Joseph, doct. en méd., membre de la chambre médicale. St-Pétersbourg.

Bertin, avocat. Paris.

Besme, V., ingénieur et architecte. Bruxelles.

Beyens, baron, conseiller de la légation de Belgique. Paris.

Binard, Louis, industriel. Charleroi.

Bihet, Nicolas, docteur en médecine. Huy.

Blaes-Dedoncker. Bruxelles.

Blomme, B.-J., procureur du roi. Termonde.

Blondiaux, Désiré, industriel. Thy-le-Château.

Blot, Alfred, professeur. Paris.

Bodet, ingénieur des ponts et chaussées. Turnhout.

Boens, H., docteur en sciences, médecine, chirurgie, etc. Charleroi.

Boetman, A.-J., fabricant, ancien journaliste. Bruges.

Bogaerts, C., négociant, membre de la chambre de commerce. Anvers.

Bogaerts, Désiré, courtier d'assurances. Anvers.

Bohn, Henri, éditeur. Londres.

Boizot, propriétaire. Paris.

Bols, Corneille, imprimeur. Bruxelles.

Bonneville de Marsangy, avocat à la cour impériale. Paris.

Borre, Pierre, avocat. Bruxelles.

Bortier, Pierre, cultivateur. Ghistelles.

Bossuet, artiste peintre. Bruxelles.

Boucher, Théophile, industriel, membre de l'académie agricole, manufacturière et commerciale de Paris. Saint-Ghislain.

Boucquéau, Ernest, maître de forges. Bruxelles.

Bougard, J.-J., docteur en médecine. Bruxelles.

Bouillon, inspecteur de l'enseignement musical. Bruxelles.

Boult, Francis, vice-président de la Financial association. Liverpool.

Bouquié-Lefebvre, propriétaire. Bruxelles.

Bourlard, Jules, membre du conseil prov. du Hainaut et du conseil communal. Mons.

Bouten, Henri, notaire. Courtrai.

Bouvier, Ernest, avocat à la cour d'appel. Bruxelles.

Bowring, sir John, ancien ambassadeur en Chine. Londres.

Bradford, dispacheur. Boston.

Brantsen, officier de la marine des Pays-Bas. Arnhem.

Brasseur, Hubert, professeur d'économie politique à l'université. Gand.

Brasseur, Prosper, banquier. Bruxelles.

BRAUN, Aug., professeur à l'Athénée. Gand.

BROUGHAM, lord, président de la *National Association for the promotion of social science*. Londres.

BROWN, Samuel. Londres.

BROWN, W., négociant. Liverpool.

BRUGMANN, Ernest, banquier, consul général de Saxe. Bruxelles.

BRUGMANN, Georges, banquier, juge au tribunal de commerce. Bruxelles.

BUCHAUT, Aug., essayeur à la Monnaie. Bruxelles.

BUCHNER, E.-C., docteur en médecine, membre des États provinciaux de la Hollande septentrionale. Amsterdam.

BULS, Ch., fils. Bruxelles.

BURETTE, homme de lettres. Paris.

BURGER, William, homme de lettres. Paris.

BURGGRAEVE, professeur à l'université, membre de l'Académie royale de médecine Gand.

BUSE, Julien, avocat. Gand.

BUSSCHOP, Julien, compositeur de musique. Bruges.

C

CABRAL, Eduardo, docteur en droit. Lisbonne.

CALDEIRA, Correa, conseiller à la cour des comptes. Lisbonne.

CALLAND, Victor, ingénieur, Beausite (près Jouarre).

CALLIER, Gust., professeur à l'université. Gand.

CALMELS, docteur en droit, avocat à la cour impériale. Paris.

CAMBIER, L.-J., doct. en droit, ancien notaire, memb. du cons. prov. du Hainaut, Elouges.

CAMPAN, Adrien, négociant. Bruxelles.

CAMPAN, Ch.-A., négociant, Bruxelles.

CAMPENON, T., avocat. Paris.

CAPOUILLET, négociant, membre du conseil communal. Bruxelles.

CAPRON, J., Ypres.

CAPRONNIER, J.-B., peintre sur verre. Bruxelles.

CARBALLO, Benigno, avocat, professeur d'économie politique et publiciste. Madrid.

CARINA, Dino, professeur d'économie industrielle. Florence.

CARLEER, brasseur, conseiller communal. Louvain.

CARLIER, docteur en médecine, Bruxelles.

CARLIER, avocat, membre de la Chambre des représentants. Mons.

CARLIER, Jos., docteur en médecine. Saint-Josse-ten-Noode.

CARNEIRO, Bernardino, professeur à l'université de Coïmbre.

CAROLUS, ministre de Belgique. Rome.

CARTON, Ch., chanoine, membre de l'Académie de Belgique, directeur de l'établissement des sourds-muets. Bruges.

CARTON, Henri, commiss. d'arrond., présid. de l'assoc. agric. de l'arrondissement. Ypres.

CASENEUVE, directeur de l'école de médecine, président de la société centrale de médecine du Nord. Lille.

CASPER, conseiller privé et professeur à la Faculté de Berlin.

CATALAN, Eug., professeur de mathématiques. Paris.

CAUMONT, Aldrik, avocat. Le Havre.

CETTO, Charles, propriétaire, membre de la Chambre des députés. Trèves.

CHALON, R., président de la société des bibliophiles belges, directeur de la *Revue numismatique*. Bruxelles.

CHAMPFLEURY, Bas Semois près Fontainebleau.

CHARLIER, J., homme de lettres. Bruxelles.

CHAUVIN, Auguste, directeur de l'Académie. Liége.

CHEVALIER, Michel, sénateur. Paris.

CHOTTEAU, Alph., candidat notaire. Bruxelles.

CIERSKOWSKI, député au Parlement prussien, pour le grand duché de Posen. Berlin.

CINI, député au Parlement. Turin.

CLAMAGERAN, docteur en droit, avocat à la cour de Paris. Paris.

CLERMONT, Georges, rentier et publiciste. Verviers.

CLERMONT, consul de Belgique. Maestricht.

CLEBCX, F., avocat. Blerut lez-Venloo.

CLESSE, Antoine, armurier et chansonnier. Mons.

CLOQUET-DEVIS, négociant. Bruxelles.

CLOSSET, D.-J., notaire, ancien membre de la Chambre des représentants. Dison.

CLUYDTS, Édouard, négociant. Bruxelles.

COBDEN, membre du Parlement. Midhurst.

COCHIN. Plessis-Chenet. (France).

COELHO, Pinto, avocat. Lisbonne.

COGLIEVINA, F., ancien assistant à la faculté de philosophie de l'université de Padoue, directeur de l'institut italien-français. Vienne.

COLINEZ, conseiller à la cour de cassation. Bruxelles.

COLLART, Léopold, industriel, membre du conseil provincial et de la Chambre de commerce. Bruxelles.

COLSON, Albert, conseiller communal. Gand.

CONSIDÉRANT, Nestor, homme de lettres, professeur à l'école militaire. Bruxelles.

CONTRERAS, Elizalde Pedro, chef de bureau à la section d'instruction publique, membre honoraire de la société mexicaine de géographie et de statistique. Mexico.

CONVERT, Alfred, avocat. Bruxelles.

CORR-VANDERMAEREN, ancien négociant, juge au tribunal de commerce. Bruxelles.

COSTANTINI, administrateur de la Caisse des propriétaires. Bruxelles.

COUTEAUX, banquier, membre du conseil communal. Bruxelles.

COUVREUR, Aug., homme de lettres, anc. secrét. du congrès des réf. douanières. Bruxelles.

CRAIG (miss). Londres.

CROCQ, Dr, professeur à l'université, membre de l'acad. royale de médecine, etc. Bruxelles.

CROUSSE, Ch. Désiré, juge au tribunal de 1re instance. Nivelles.

CRUYSMANS, Fl., courtier d'assurances. Anvers.

CUMONT-DECLERCQ, négociant. Alost.

D

DA MOTA, C., attaché à la légation du Brésil. Bruxelles.

D'ANETHAN, J., (baron), sénateur, ministre d'État. Bruxelles.

DANSAERT, Ant. Bruxelles.

DARIMON, publiciste, député au Corps législatif. Paris.

DARTEVELLE, Léon, négociant. Bruxelles.

DA SALVO PEREIRA, juge à la cour d'appel. Lisbonne.

D'AUXIS DE LAUNOIS, (comte), propriétaire. Mons.

DAWBARN, magistrat. Wisbeach.

DE BALABINE, Jean, ancien colonel de la garde à cheval, homme de lettres. St-Pétersbourg.

DE BARILLON, George, avocat, ancien rédacteur de la *Liberté*. Paris.

DE BAVAY, Paul, industriel, président du tribunal de commerce. Bruxelles.

DE BAVAY, fils. Bruxelles.

DE BLANCKART, baron, propriétaire. Hozémont.

DEBOE, représentant. Bruxelles.

DE BOECK, J., avocat. Bruxelles.

DE BOJANOWSKI, Paul, homme de lettres. Paris.

DE BONA Félix, publiciste. Madrid.

DE BONNE, F.-J., avocat, membre du conseil général des Hospices. Bruxelles.

DE BORCHGRAVE, Émile, docteur en droit, membre de la Société d'ethnographie orientale et américaine de France. Gand.

DEBORGER, J., négociant. Bruxelles.

DE BOSCHKEMPER, professeur honoraire. Amsterdam.

DE BOVE, Aug.-V., avocat, candidat notaire, homme de lettres. Boussu.

DE BRIENEN DE GROOTELINDT, baron, propriétaire, chambellan de S. M. le roi des Pays-Bas. La Haye.

DE BROUCKERE, H., ministre d'Etat, représentant. Bruxelles.

DE BROUCKERE, Ch., président de la chambre de commerce. Roulers.

DE BRUYN, J., courtier d'assurances. Anvers.

DE BRUYN, Léon, industriel, secrétaire-adjoint de la chambre de commerce. Termonde.

DE BURBURE, chevalier Léon, membre de l'Académie. Anvers.

DE BURTIN D'ESSCHENBEEK, chevalier, juge de paix du canton de Wolverthem, président de la Société royale de Philanthropie. Bruxelles.

DEBY, Alexandre, industriel, Bruxelles.

DE CALONNE, A., directeur de la *Revue Contemporaine*. Paris.

DE CARTIER, baron Paul, industriel. Bruxelles.

DE CASTRO, Joas, député aux Cortès. Lisbonne.

DECHAMPS fils, Alph., avocat. Manage.

DE COCK, Aug., vice-président de la chambre de commerce. Gand.

DE COCK, L.-A., propriétaire, conseiller provincial. Molenbeek-Saint-Jean.

DE CONDÉ, Ad., directeur de l'école moyenne. Visé.

DE CONINCK, Frédéric, ancien négociant. Le Havre.

DE CRAEKER, Louis. Alost.

DE CROMBRUGGE, madame la baronne. Bruxelles.

DE CURTE, L., architecte, membre de la commis. royale des monum. St-Josse-ten-Noode.

DE DECKER, Pierre, ancien ministre, membre de la Chambre des représentants, membre de l'Académie de Belgique. Bruxelles.

DE FACQZ, conseiller à la cour de cassation, membre de l'Académie de Belgique. Bruxelles.

DE FAYE, Ed., docteur en médecine. Ixelles.

DEFOURNIER, avocat. Paris.

DE FRANCIOSI, Ch., homme de lettres. Lille.

DEFRÉ, L., avocat, représentant. Bruxelles.

DEFUISSEAUX, Ernest, avocat. Bruxelles.

DE GERMINY, comte Eugène, propriétaire. Paris.

DE GHELCKE, juge de paix. Poperinghe.

DE GOTTAL, avocat, représentant. Anvers.

DE GREEF, ancien échevin. Schaerbeek.

DE GROUX, Ch., peintre. Bruxelles.

DE GROUX, Louis, avocat à la cour d'appel. Bruxelles.

DE HENNIN, Éd., docteur en droit. Nivelles.

DE HERMANN, conseiller d'État de S. M. le roi de Bavière. Munich.

DE HESELLE, Hyac., homme de lettres. Verviers.

DE HESELLE, Victor, manufacturier. Verviers.

DE HÜGEL, baron, envoyé extraordinaire et ministre plénipotentiaire de S. M. I. et R.
apostolique. Bruxelles.

DE KERCHOVE, Ch., bourgmestre et conseiller provincial. Gand.

DEKEYSER, Désiré, architecte. Bruxelles.

DEKONINCK, G., sténographe de la Chambre des représentants. Ixelles.

DE LA BASSECOUR-CAAN, secrétaire de la Société de bienfaisance. La Haye.

DE LANDTSHEERE, Norbert, directeur-gérant de la linière de Bruxelles. Saint-Gilles.

DE LA ROUSSELIÈRE, baron Amédée, homme de lettres. Liége.

DE LA ROUSSELIÈRE, baron Arthur. Liége.

DE LA ROUSSELIÈRE, baron Gaston. Liége.

DE LAVELEYE, Ém., avocat. Gand.

DELCOIGNE, Pierre, avocat. Bruxelles.

DELECOURT, Emile, avocat. Gand.

DE LIEDEKERKE-BEAUFORT, comte, membre de la Chambre des représentants. Bruxelles.

DE LIGNE, S. A. le prince, président du Sénat, ancien ambassadeur. Bruxelles.

DELINGE, Gust., avocat. Bruxelles.

DELVAUX, Fr., avocat et échevin. Anvers.

DELSTANCHE, docteur en médecine. Bruxelles.

DE MAERE, Aug., échevin. Gand.

DE MAGALHAENS, baron. Lisbonne.

DE MAN, médecin, membre du conseil de salubrité. Ixelles.

DEMANET, lieutenant-colonel honoraire du génie. Bruxelles.

DE MÉRODE-WESTERLOO, comte, membre de la Chambre des représentants. Bruxelles.

DE MESCHIN, Thomas. Londres.

DE MEUR, Ad., avocat. Bruxelles.

DE MEURE, Ch., vice-président de la chambre de commerce. Bruxelles.

DE MIÉVILLE, membre du conseil national suisse. Yverdun (Vaud-Suisse).

DE MOLINARI, Gust., directeur de l'Économiste belge. Bruxelles.

DE-MONGE, Léon, avocat, Bruxelles.

DE MOT, J.-A., directeur de la Société des galeries Saint-Hubert. Bruxelles.

DE MOT, Em., avocat. Bruxelles.

DE NAEYER, membre et ancien vice-président de la Chambre des représentants. Bruxelles.

D'ENGELBRONNER, Ch., anc. secrét. gén. au départem. de la just., avocat, secrét. de la Soc.
néerland. pour l'abolition des boissons fortes et de la Soc. des industriels néerland. La Haye.

De Paepe, Polydore, substitut du procureur général près la cour d'appel. Gand.

De Pène, Henri, homme de lettres. Paris.

De Potter, ancien échevin. Molenbeek-Saint-Jean.

De Pouhon, directeur de la Banque nationale. Bruxelles.

De Pressensé, pasteur. Paris.

Depret, Louis, homme de lettres. Paris.

Deprez, Maximilien, avocat, docteur en philosophie et lettres. Mons.

De Ram, recteur à l'université, membre de l'académie royale de Belgique. Louvain.

De Reali, (chevalier), vice-consul de Belgique. Venise.

De Rego Macedo, ingénieur brésilien. Bruxelles.

Dereine, Ernest, avocat. Bruxelles.

De Richter, Paul, ingénieur civil. Saint-Pétersbourg.

De Robaulx de Soumoy, A., auditeur militaire du Brabant. Bruxelles.

Deroisin, Philippe, avocat. Paris.

De Rongé, conseiller à la cour d'appel, délégué du Cercle artistique. Bruxelles.

Deroubaix, recteur de l'université. Bruxelles.

Deroubaix, A., négociant, membre de la chambre de commerce. Anvers.

De Saint-Julien, homme de lettres. Paris.

Descressonnières, Anatole, industriel. Bruxelles.

De Selys-Lonchamps (baron), sénateur, membre de l'académie royale de Belgique. Liége.

De Silva Rebelle, membre effectif de l'académie des sciences. Lisbonne.

Desmarest, Ernest, avocat. Paris.

De Sitter, membre des États députés. Groningue.

De Smedt, Jules, membre de la Chambre des représentants. Alveringhem.

De Soure, J.-Z., pair du royaume, ancien ministre. Lisbonne.

De Soures Franco (vicomte), chef de l'état-major de la marine. Lisbonne.

Desprets, Em., homme de lettres. Marchienne-au-Pont.

De Stubenrauch, Maurice, doct., prof. à l'univ., membre du conseil municipal. Vienne.

De Thal, conseiller d'État. Saint-Pétersbourg,

De Thier, Arn., homme de lettres. Bruxelles.

De Vadder, échevin. Bruxelles.

Devaux, Eug., artiste peintre. Bruxelles.

De Vergnies, Ad., Bruxelles.

Devos, Désiré, avocat. Bruxelles.

De Zea, Ant.-M., vice-consul d'Espagne. New-York.

D'Hainault, Frédéric, publiciste. Bruxelles.

D'Hane de Steenhuyse, membre du conseil provincial. Anvers.

D'Hauw, Ferd., directeur de filature. Bruges.

Diercxsens, Jos., directeur de la Cie l'Escaut. Anvers.

Direction centrale de la société : *Tot nut van t'Algemeen*. Amsterdam.

Discailles, Ernest, professeur d'histoire à l'athénée. Bruges.

Dognée, M.-O.-Eugène, avocat, membre de l'institut archéologique liégeois, membre correspondant de l'académie d'archéologie de Belgique. Liége.

Dognée-de Villers, avocat, membre de la société d'émulation de Liége. Liége.

Dolfus, Jean, manufacturier. Mulhouse.

Dolgoroukow (prince Pierre), membre de la société d'économie politique. Bruxelles.

Donckers, docteur en médecine. Bruxelles.

D'Otreppe de Bouvette, A., conseiller honoraire à la cour de Liége, membre du conseil des mines, président de l'institut archéologique liégeois. Liége.

Dréo, A., avocat. Paris.

Dubois, Ad., avocat, conseiller communal. Gand.

Ducpetiaux, Ed., inspecteur général honoraire des prisons, membre de l'Académie de Belgique. Bruxelles.

D'Udekem, Jules, docteur en médecine et en sciences naturelles, membre de l'Académie royale, professeur à l'université. Bruxelles.

Du Mesnil-Marigny, publiciste. Paris.

Dumortier, H., membre de la Chambre des représentants. Bruxelles.

Dumoulin, rédacteur de l'*Escaut*. Anvers.

Duprat, Pascal, homme de lettres, directeur de l'*Italie nouvelle*. Turin.

Dupuich, chef d'institution. Bruxelles.

Duquid, miss Hannah. Liverpool.

Durant, L., docteur en médecine. Ixelles.

Duriau, docteur en médecine et chirurgie. Bruxelles.

Durier, Emile, avocat. Paris.

Dutrône, conseiller honoraire à la cour d'Amiens.

Duval, Jules, directeur de l'*Économiste français*. Paris.

E

Ellero, Pierre, professeur de droit pénal à l'université. Bologne.

Elsen, J.-A., négociant-armateur. Anvers.

Emerique, directeur de l'*Union du Crédit*. Bruxelles.

Engels, directeur du *Lloyd belge*, membre de la chambre de commerce. Anvers.

Ernotte, Ed., avocat. Bruxelles.

Errera, banquier et consul d'Italie. Bruxelles.

Eshuys, G.-H., pharmacien-chimiste. Rotterdam.

Everwyn-Lange, avocat, secrétaire de la caisse d'épargne. Amsterdam.

Evit, Ferd., notaire. Alost.

Evrard, C., gérant de la comp. belge du matériel de chemin de fer. Molenbeek-St.-Jean.

Eyerman, Désiré, avocat et bourgmestre. Termonde.

F

Fallot, docteur en médecine. Bruxelles.

Feignaux, Achille, docteur en médecine. Bruxelles.

Félix, avocat. Paris.

Ferreira da Sylva, sous-directeur au secrétariat de la marine. Lisbonne.

Ferreira, Gaspar, ministre de la justice. Lisbonne.

Ferreira Lima, juge à la cour d'appel. Lisbonne.

Ferry, avocat. Paris.

Fétis, Ed., membre de l'Académie royale de Belgique, conservateur-adjoint à la Bibliothèque royale. Bruxelles.

ÉTIES, F., avocat, professeur à l'université. Bruxelles.

FÉTIS, F.-J., direct. du Conserv. de musique, memb. de l'Acad. de Belgique. Bruxella.

FIGUEROLA, Laureano, député aux Cortès. Madrid.

FINET, Victor, agent consulaire de Belgique. Paris.

FITZPATRICK, médecin, Trinity collège. Dublin.

FIX, Ad., négociant. Bruxelles.

FLÉCKET, conseiller provincial et communal, notaire. Verviers.

FLEMMICH. J.-J., directeur de la compagnie d'assurances. Anvers.

FLEURY, Louis, professeur agrégé à la Faculté de médecine de Paris. Schwalheim.

FLOQUET, Ch., avocat. Paris.

FONSNY, Jean, industriel et bourgmestre. Saint-Gilles.

FONTAINAS, Ch., avocat. Bruxelles.

FOSTER, Louis, rentier. Bruxelles.

FOUCHER DE CAREIL (comte), homme de lettres. Perray (France).

FOUCHER, V., conseiller à la cour de cassation. Paris.

FOURCAULT, Ferréol, industriel, ancien capitaine d'état-major. Bruxelles.

FOX, Alfred, consul de Belgique. Falmouth.

FRAIKIN, Jean, avocat. Verviers.

FRANCART, Ad., avocat, docteur en sciences politiques et administratives. Mons.

FRANÇOIS, Albert, négociant. Bruxelles.

FRANS, J., propriétaire. Bruxelles.

FRÉDÉRIX, Gust., homme de lettres, membre de la commission pour l'encouragement de l'art et de la littérature dramatiques. Bruxelles.

FRIPIER, homme de lettres. Paris.

G

GACHARD, Emile, membre de l'académie. Bruxelles.

GALLIEN, avocat, Paris.

GAMGEE, Mᵐᵉ. Edimbourg.

GAMGEE. M. Edimbourg.

GARNIER, Joseph, professeur à l'école impériale des ponts et chaussées. Paris.

GARNIER-PAGÈS, avocat, ancien membre du gouvernement provisoire. Paris.

GAROT, Louis, négociant en laines. Verviers.

GEEFS, Guillaume, statuaire, membre de l'Académie de Belgique. Bruxelles.

GEELHAND, Alf., propriétaire. Anvers.

GEELHAND, Emile, président du comité spécial de salubrité publique. Anvers.

GEELHAND, Louis, propriétaire. Bruxelles.

GELLION-DANGLAR, professeur de littérature française au gymnase. La Haye.

GELZ, Gust., docteur. Francfort.

GENICOT, dispacheur. Anvers.

GERARD, Joseph, artiste-peintre. Bruxelles.

GERARD, P.-A.-F., substitut-auditeur général. Bruxelles.

GHEYSSENS, notaire. Anvers.

GILLIOT, Charles, membre de la chambre de commerce. Anvers.

GILLON, bourgmestre. Saint-Josse-ten-Noode.

GIUDICE, secrétaire de la société d'économie politique. Turin.

GLATIGNY, avocat. Metz.

GLOESENER, professeur à l'université de Liége, directeur du cabinet de physique, membre de l'Académie de Belgique, etc. Liége.

GODARD, Léon. Paris.

GOBLET, Louis, (comte), membre de la Chambre des représentants. Bruxelles.

GOFFIN, sous-ingénieur de l'administration des chemins de fer. Ixelles.

GOICOERRETA, Roman, député au Cortès. Madrid.

GOLDSCHMIDT, B.-M. Francfort.

GONZALEZ BRAVO, député au Cortès. Madrid.

GOOD, William, négociant, vice-président de la chambre de commerce. Anvers.

GOSSEN, Jos., membre de la chambre de commerce. Anvers.

GOUPY DE QUABEEK, A., propriétaire agronome. Malines.

GOUVY, Florent-J., industriel. Hodimont.

GRAADT-VAN ROGGEN, Joh., négociant. Nimègue.

GRÉGOIR, Ed.-G.-J., littérateur et compositeur musical. Anvers.

GRENIER, D., négociant. Anvers.

GRISAR, Ch., courtier maritime. Anvers.

GROSSELIN, homme de lettres. Paris.

GROVERMAN, Oct., avocat, secrétaire de la chambre de commerce. Gand.

GUGGENBICH, médecin. Abendberg.

GUIDY, Isidore, pair du royaume de Portugal. Lisbonne.

GUILLAUME, colonel, directeur du personnel au ministère de la guerre. Bruxelles.

GUILLAUMIN, éditeur. Paris.

GUILLERMIN, Maximilien, propriétaire. Paris.

GUILLIAUME, Jules, homme de lettres. Bruxelles.

GUILLERY, membre de la Chambre des représentants, avocat. Bruxelles.

GUNTHER, O., négociant, membre de la chambre de commerce. Anvers.

H

HAECK, conseiller communal. Schaerbeek.

HAGEMANS, G., propriétaire, membre de plusieurs sociétés savantes. Bruxelles.

HAGHE, J.-G., avocat. Anvers.

HAIRION, L., professeur à l'université de Louvain, membre de l'Académie royale de médecine. Louvain.

HAMEL, avocat. Paris.

HANON, T., docteur en médecine, secrétaire du conseil de salubrité, ancien membre du bureau de bienfaisance. Nivelles.

HANSEN, G., bottier. Liége.

HANSSENS-HAP, sénateur, bourgmestre. Vilvorde.

HANSSENS, Louis, négociant. Vilvorde.

HANUS, D., secrétaire de la chambre de commerce. Arlon.

HASTINGS, G., secrétaire général de la *National association for the promotion of social science*. Londres.

HAVEN, professeur de philosophie. Paris.

HEEMSKERKE, membre des Etats généraux. Amsterdam.
HELBIG, artiste peintre. Liége.
HEMERDINGER, avocat. Paris.
HENAUX, échevin. Liége.
HENRIETTE, médecin de l'hopital Saint-Pierre, membre correspondant de l'académie de
   médecine. Bruxelles.
HENRION, fabricant d'étoffes de laine. Hodimont.
HENSMANS, U.-J., docteur en médecine, préparateur à l'Université, médecin agréé de
   l'administration des chemins de fer de l'Etat, membre fondateur et contrôleur du cercle
   philanthropique des Sans nom non sans cœur. Gand.
HEREMANS, Edouard, brasseur. Bruxelles.
HERMANS, Charles, artiste-peintre. Bruxelles.
HERMANS, L.-J., juge de paix et conseiller communal. Liége.
HARRY, bourgmestre. Laeken.
HÉROLD, avocat au conseil d'Etat et à la cour de cassation. Paris.
HERTZ, Hartwig-Samson, publiciste et économiste. Hambourg.
HERVY, J.-B., avocat et juge suppléant. Mons.
HETVAERT, chimiste de la ville, chargé de la vérification des denrées alimentaires. Bruxelles.
HEYWORTH, capitaine dans l'armée anglaise. Londres.
HIFFELSHEIM, docteur en médecine. Paris.
HOCHSTEYN, directeur de la poste, membre du conseil communal. Bruxelles.
HODGSON, docteur. Édimbourg.
HOFFMAN, L., juge de canton. Venloo.
HOLLAND, vice-président de la Financial association. Liverpool.
HOLLANDERS, expert en tableaux modernes. Bruxelles.
HORN, J.-E., homme de lettres. Paris.
HOUDIN, J., propriétaire. Bruxelles.
HOUGET, Adrien, constructeur de machines. Verviers.
HOUTEKIET, Charles, avocat. Bruxelles.
HOUTMANS, Ad.-J., fabricant et dessinateur de dentelles. Bruxelles.
HUBER, professeur à l'école des mines. Wernigerode am Harz.
HUBERT, professeur à l'université, membre de l'académie de médecine. Louvain.
HUBNER, Rodolphe, étudiant en jurisprudence. Vienne.
HURDEBISE, Aug.-C., professeur à l'athénée royal. Tournai.
HUSSON, professeur à l'école vétérinaire. Bruxelles.
HYMANS, L., membre de la Chambre des représentants. Bruxelles.

I

ISENBAERT, E.-J., courtier maritime. Anvers.
ITHIER, Paul, homme de lettres. Bruxelles.

J

JACOBINA, majordome de la maison de l'empereur du Brésil.
JACOBS, Jacques, négociant. Bruxelles.

Jacobs, J.-F., directeur des écoles communales. Bruxelles.
Jacobs, Léon, négociant. Bruxelles.
Jacquemyns, membre de la Chambre des représentants. Gand.
Jacquet, Charles, propriétaire. Bruxelles.
Jacquinet, M., propriétaire. Charneux (Liége).
Jamar, membre de la Chambre des représentants. Bruxelles.
James, professeur à l'université. Bruxelles.
Jaminé, anc. membre du Congrès national, prés. du conseil prov. du Limbourg. Tongres.
Janin, Jules, homme de lettres. Paris.
Janssens, docteur en médecine, secrétaire adjoint de la Société des sciences médicales et
naturelles. Bruxelles.
Janssens, Ch., avocat, échevin, membre du conseil provincial. Ostende.
Jaumar, A.-L., dispacheur. Anvers.
Jebb, sir Joshua, directeur général des prisons d'Angleterre. Londres.
Jedels, Philippe, propriétaire, Bruxelles.
Joffroy, Alex., négociant, membre de la chambre de commerce. Anvers.
Jolles, J.-A., conseiller à la haute cour des Pays-Bas, ancien ministre pour les affaires du
culte protestant, etc. La Haye.
Jonas, Oscar, négociant. Bruxelles.
Jones, Ad., avocat. Bruxelles.
Jones, Auguste, conseiller provincial. Bruxelles.
Jonet, D., maître de verreries. Charleroi.
Joniaux, E., employé à la société générale pour favoriser l'industrie nationale. Bruxelles.
Joostens, J., membre de la chambre de commerce. Anvers.
Joureneff, Georges, licencié en droit de l'université, secrétaire de collége. St-Pétersbourg.
Journet, négociant. Bruxelles.
Jottrand, Gust., avocat, ancien secrétaire du congrès des réformes douanières. Bruxelles.
Jubinal, Achille, homme de lettres, député au corps législatif. Paris.
Juglar, docteur en médecine. Paris.

K

Karkenbeek, Victor, avocat. Bruxelles.
Kausler, négociant. Anvers.
Kegeljean, F., banquier, président de la chambre de commerce. Namur.
Kempeneers, Const., négociant, membre de la chambre de commerce. Anvers.
Kennedy, armateur. Anvers.
Kennis, G., ingénieur, directeur de la fabrique de bougies de l'étoile. Cureghem.
Kervyn de Lettenhove, membre de la Chambre des représentants, membre de l'académie
de Belgique. Bruxelles.
Koechlin, Émile, fabricant, membre de la société des industriels néerlandais. La Haye.
Kohnstamm, rentier. Bruxelles.
Kreglinger, H., négociant, membre de la chambre de commerce. Anvers.
Krieger, A.-F., membre de la cour suprême du royaume de Danemark. Copenhague.
Kubanda, directeur de l'*Ost-deutsche-Post*. Vienne.

L

Lacomblé, Ad., secrétaire communal. Bruxelles.

Lacroix, Albert, éditeur, membre du conseil communal. Bruxelles.

Ladubon, Paul, directeur de l'école moyenne de l'État. Saint-Ghislain.

Laget-Valdeson, F., ancien magistrat. Nîmes.

Lahaye, Charles, avocat à la cour d'appel. Bruxelles.

Lambert, banquier. Bruxelles.

Lambrechts. Jos., docteur en médecine, président de la commission médicale de la province d'Anvers. Hoboken.

Landoy, Eug., homme de lettres. Gand.

Laneau, pharmacien en chef de l'hôpital Saint-Jean, membre correspondant de l'académie de médecine. Bruxelles.

Lasalle, Jules, avocat. Bruxelles.

Lassen, Louis, fabricant. Bruxelles.

Laurent, Ch., préfet des études à l'athénée royal. Bruxelles.

Laurent-Pichat, homme de lettres. Paris.

Laussedat, Louis, docteur en médecine. Bruxelles.

Lauwers, Henri, négociant. Anvers.

Lavainne, professeur au conservatoire. Lille.

Lavertujon, rédacteur en chef du journal *la Gironde*. Bordeaux.

Leal Mendes, ministre de la marine. Lisbonne.

Learch, Ad., industriel. Bruxelles.

Lebeau, Ch., membre de la Chambre des représentants, bourgmestre. Charleroi.

Lebens-Schul, Emile, architecte, Bruxelles.

Lebermuth, négociant. Bruxelles.

Le Catte, Aug., inspecteur cantonnal de l'instruction primaire. Dinant.

Leclerc, Jean, inspecteur de l'agriculture et des chemins vicinaux, directeur du service du drainage. Bruxelles.

Leclercq, Alphonse, docteur en médecine, conseiller communal. Bruxelles.

Leemans, Th., directeur de l'école moyenne de l'État. Gosselies.

Lefebure, Julien, fabricant. Bruxelles.

Le Hardy de Beaulieu, Ad., membre du conseil provincial du Brabant. Bruxelles.

Le Hardy de Beaulieu, Ch., professeur d'économie politique. Mons.

Le Hon, (comte), ministre d'État, ancien envoyé extraordinaire et ministre plénipotentiaire. Bruxelles.

Leirens, Const., homme de lettres. Bruxelles.

Lejeune, Désiré, courtier d'assurances. Anvers.

Lejeune, Jules, avocat. Ixelles.

Lejeune, Vincent, fabricant, membre de la chambre de commerce. Dison.

Lelièvre, Al., président du tribunal de 1re instance. Gand.

Lelong, Charles, imprimeur. Bruxelles.

Lemaïeur, industriel, membre du conseil communal. Bruxelles.

Lemaire, Xavier, avocat. Namur.

Lemaire-Dupret, fabricant. Tournai.

LEMME, C., négociant. Anvers.

LENTING, avocat. Zutphen.

LEPRESTRE, professeur de médecine et chirurgien en chef. Caen (Calvados).

LEQUIME, membre de l'académie royale de médecine. Bruxelles.

LESAGE, Victor, fabricant de fil de fer. Saint-Josse-ten-Noode.

LESOINNE, membre de la Chambre des représentants. Liége.

LESTGARENS, Jules, négociant. Bruxelles.

LETTE, président du tribunal pour les affaires agraires. Berlin.

LEVEN, avocat. Paris.

LEVRAT, F.-M.-P., directeur de l'institut médical universel, membre de l'Académie impériale de médecine de France. Bruxelles.

LEVY, Maria-Jordao, avocat. Lisbonne.

LEWALD-STAHR, madame. Berlin.

LEYS, Henri, artiste-peintre, membre de l'Académie. Anvers.

LIEDTS, docteur en sciences politiques et administratives. Bruxelles.

LIMAUGE, Edouard, propriétaire. Bruxelles.

LINDER, T., journaliste. Helsingfors.

LINCÉ, F., juge au tribunal de commerce. Dison.

LION, rédacteur du *Nieuw dagblad van s'Gravenhague*. La Haye.

LOKKENBERG, rentier. La Haye.

LOPPENS, directeur de l'école industrielle. Gand.

LORENT, E., docteur, médecin en chef de l'hôpital. Bremen.

LOOS, membre de la Chambre des représentants. Anvers.

LOTTE, Louis, négociant. Bruxelles.

LOUDEMANT, Robert, fabricant. Dison.

LOUWAGE, Louis, négociant huilier. Bruges.

LUBLINER, Louis, avocat à la cour d'appel. Bruxelles.

LUZAC, avocat. Leyde.

LUSTIG, banquier. Bruxelles.

LVOFF, prince. Moscou.

LYNEN, Victor, négociant, membre de la chambre de commerce. Anvers.

LYON, conservateur des hypothèques. Liége.

M

MABILLE, Victor, avocat. Tournai.

MACFIE, Richard, président de la chambre de commerce. Liverpool.

MADOUX, directeur de *l'Étoile belge*. Bruxelles.

MAINY, Michel, négociant. Bruxelles.

MALLET, Victor, conducteur des ponts et chaussées. Ixelles.

MALCOMSON, William, armateur. Porthaw.

MALO DE MOLINA, Manuel, avocat. Madrid.

MANTEGAZZA, Paul, professeur de pathologie générale à l'université. Pavie.

MAQUINAY, A., négociant, président de la chambre de commerce. Anvers.

MARC, Auguste, directeur du journal *l'Illustration*. Paris.

MARCQ, Léon, docteur en médecine, secrétaire de la Société medico-chirurgicale pratique et de la Société d'anatomie pathologique. Bruxelles.

MARICHAL, homme de lettres. Bruxelles.

MARSILLON, ingénieur. Bruxelles.

MARTHA, Ed., notaire. Bruxelles.

MARTIN, homme de lettres. Paris.

MASCART, membre de l'académie royale de médecine. Ohain.

MASKENS, membre du conseil général des hospices. Bruxelles.

MASSON, Lucien, avocat, secrétaire de la Chambre de commerce. Verviers.

MASSON, Michel, homme de lettres. Paris.

MATTHAEI-DE GORGE, propriétaire. Mons.

MAXWELL. Brésil.

MAYER-HARTOGS, fabricant. Bruxelles.

MEEUSSEN, P.-E.-L., commissaire d'arrondissement. Anvers.

MELSENS, membre de l'académie, professeur de chimie. Bruxelles.

MÉRA, consul de Belgique. Avignon.

MERCHIE, médecin en chef de l'armée. Bruxelles.

MERCIER, ministre d'État, membre de la Chambre des représentants. Bruxelles.

MERSMAN, avocat. Bruxelles.

MEULEMANS, Auguste, comptable. Bruxelles.

MIERSZEWICZ, Jules, professeur à l'université. Kazan.

MIDDLETON, J.-W., docteur en médecine. Bruxelles.

MINNE, Félix, notaire. Ixelles.

MIOULET, Ant., professeur au gymnase communal, membre de la société néerlandaise des instituteurs. La Haye.

MONJEAN, directeur du collége Chaptal. Paris.

MOREAU, Christophe, homme de lettres. Paris.

MOREAU, membre de la Chambre des représentants. Bruxelles.

MORET Y PRENDERGAST, Sigismond, professeur à l'université centrale. Madrid.

MORIN, A.-S., avocat. Paris.

MORPURGO, Joseph, banquier, consul de S. M. le roi des Belges. Trieste.

MOYNIER, Gustave. Genève.

MULLENDORF, Ch., industriel. Verviers.

MULLER, membre de la Chambre des représentants. Bruxelles.

MULVANY, William, ancien directeur des travaux publics d'Irlande. Dusseldorf.

MUSSCHE, avocat. Bruxelles.

N

NAHUYS (comte), chef de division à l'administration communale. Utrecht.

NAKWASKI, ancien nonce à la Diète de Pologne. Tours.

NAMORADO, J.-F., membre effectif de la société des sciences médicales. Lisbonne.

NEILL (Mme). Londres.

NEILL (Miss). Londres.

NEISSEN, Auguste, avocat, Bruxelles.

NEUMANN, J., docteur. Berlin.

NEUVILLE, bourgmestre. Liége.

NIFFLE, J.-Aug., juge au tribunal de première instance. Charleroi.

NOLET DE BRAUWERE VAN STEELAND, membre associé de l'acad. royale de Belgique. Brux.

NOTHOMB, Alph., ancien ministre, membre de la Chambre des représentants. Bruxelles.

NYPELS, J.-J.-Guillaume, professeur ordinaire à la faculté de droit à l'université. Liége.

O

OLIN, père, fabricant. Bruxelles.

OLIN, fils, avocat. Bruxelles,

OLIN, fils, H., fabricant. Bruxelles.

O'NEIL, Ch.-Forlades, vice-consul de Belgique, négociant. Sétuval.

OPPENHEIM, Paul, avocat. Bruxelles.

O'REILLY, major, membre du Parlement anglais. Londres.

ORTS, membre et ancien président de la Chambre des représentants. Bruxelles.

O'SULLIVAN DE GRASS (comte), envoyé extraordinaire et ministre plénipotentiaire de S. M. le roi des Belges. Vienne.

O'SULLIVAN DE GRASS (comte Charles), Vienne.

OUGHTERSON, George-Blake, ingénieur. Bruxelles.

P

PAES, José, professeur à l'université. Coïmbre.

PAGLIARDINI, T. Londres.

PAPIN, négociant, membre du conseil communal. Mons.

PARENT, Auguste, attaché de légation des Pays-Bas. Bruxelles.

PARTOES, père, architecte, membre de l'Académie de Belgique. Bruxelles.

PASSY, Frédéric, publiciste. Paris.

PASTOR, Luis-Maria, ministre d'Etat. Madrid.

PATTE, Aug., négociant. Bruxelles.

PAXHMANN. Saint-Gilles.

PAYEN, Alfred, avocat. Bruxelles.

PEEMANS, Henri, avocat-avoué, vice-président du conseil provincial du Brabant. Louvain.

PEETERS-BAERTSOEN, propriétaire et industriel. Gand.

PELLETAN, Eugène, homme de lettres. Paris.

PERKINS, Jean, docteur en médecine. Bruxelles.

PETITPIERRE, Gonzalve, homme de lettres, ancien député à l'Assemblée fédérale. Berne.

PIERSON, M.-G., secrétaire de la Société d'économie politique. Amsterdam.

PINCHART, Al., chef de section aux archives du royaume. Bruxelles.

PIRMEZ, Eudore, avocat, membre de la Chambre des représentants. Bruxelles.

POELAERT, avocat à la cour d'appel. Bruxelles.

POLL, Guillaume, directeur des écoles agricoles de réforme. Ruysselede.

POLLENUS, Eugène, ancien représentant. Spalbeek.

PORTAELS, peintre d'histoire, membre de l'Académie de Belgique. Bruxelles.

POULET, A., chef du mouvement au chemin de fer Liége-Maestricht. Liége.

POUSSET, J.-J., géomètre, commissaire voyer d'arrondissement. Tongres.
PRINZ, Georges, négociant. Bruxelles.
PRINS-LEVY, consul de S. M. l'empereur de Turquie. Bruxelles.
PYLS, bourgmestre. Maestricht.

Q

QUAIRIER, Joseph, avocat à la cour d'appel. Bruxelles.
QUARRÉ, Émile, notaire. Gosselies.
QUETELET, directeur de l'Observatoire, secrétaire perpétuel de l'Académie royale de Bel-
  gique. Bruxelles.
QUINOTTE, Alfred, avocat et homme de lettres. Liége.

R

RACHEZ, Henri, chef d'institution. Bruxelles.
RADCLIFF, Charles. Birmingham.
RAIMONDE, professeur à l'université. Turin.
RAINGO, B.-J., notaire, président de la chambre des notaires de l'arrond. de Mons. Dour.
RAKOWSKI, Denis, maréchal de la noblesse. Ukraine.
RANWET, conseiller communal et conseiller à la cour d'appel. Bruxelles.
RAPET, J.-J., inspecteur général de l'instruction primaire. Paris.
RATHBONE, P.-M., délégué des assureurs maritimes de Liverpool. Liverpool.
RATHBONE, Mme. Liverpool.
REGNAULT, Elias, homme de lettres. Paris.
RENSING, J.-G., chef de division au ministère de l'intérieur. Saint-Josse-ten-Noode.
REY, aîné, H.-J., fabricant. Bruxelles.
REYNTJENS, N.-J., propriétaire. Bruxelles.
ROBERT, Charles, maître des requêtes au conseil d'État. Paris.
ROBERTSON, Ch., vice-président de la *Financial Association*. Liverpool.
RODENBACH-MERGAERS, membre de la chambre de commerce. Roulers.
RODRIGUEZ, Gabriel, ingénieur civil. Madrid.
ROGIER, Ch., ministre des affaires étrangères. Bruxelles.
ROGIER, Firmin, envoyé extraordinaire et ministre plénipotentiaire. Paris.
ROLIN, avocat, ancien ministre. Gand.
ROLIN-JACQUEMYNS, avocat. Gand.
RONDELET, Antonin, professeur de philosophie. Clermont-Ferrand.
RONEY, sir Cusak. Londres.
RONNOW-HANSEN, attaché au ministère de l'intérieur. Christiania.
ROUSSEL, A., professeur à l'université libre. Bruxelles.
ROUSSELLE, Hip., avocat, conseiller provincial. Mons.
ROYER DE BEHR, membre de la Chambre des représentants. Bruxelles.
RUPP, Lewis, homme de lettres. New-York.

S

SABATIER, membre de la Chambre des représentants. Bruxelles.

SACRÉ, membre de la société des sciences médicales. Bruxelles.

SACRÉ, Aug., rentier. Ixelles.

SAMUEL, Ad., professeur au Conservatoire. Bruxelles.

SARPHATI. Amsterdam.

SAUVESTRE, Ch., rédacteur de l'*Opinion nationale*. Paris.

SAUVEUR, insp. gén. du service sanitaire et secr. de l'acad. royale de médecine. Bruxelles.

SAX, Alphonse, facteur, ingénieur en instruments de musique. Paris.

SAX, Jean-Baptiste-Léon, administrateur du chemin de fer du Nord. Paris.

SCABRA, Antonio, juge à la cour d'appel. Lisbonne.

SCHOUPPE, Lucien, avocat. Termonde.

SCHOUTEN-DEVADDER, industriel. Bruxelles.

SÉGOVIA, Antonio-Maria, homme de lettres. Madrid.

SCHUSTER, architecte. Bruxelles.

SIEGLITZ, marbrier-sculpteur. Bruxelles.

SELB, Hyppolite, négociant, membre de la chambre de commerce. Anvers.

SERGEANT, Pierre, négociant. Bordeaux.

SÈVE, Aug., négociant. Bruxelles.

SÈVE, Éd., négociant. Bruxelles.

SEYDLITS, H.-F., membre de la députation permanente des Etats provinciaux. Maestricht.

SIEBURGH, J.-W -C., consul de Belgique. Amsterdam.

SILVA, ministre de la justice. Lisbonne.

SIMON, Jules, homme de lettres. Paris.

SLINGENEYER, E., peintre. Bruxelles.

SOCIÉTÉ DE JURISPRUDENCE, président M. le comte de Wartensleben. Berlin.

SOMERHAUSEN, chef de bureau au ministère de l'intérieur. Bruxelles.

SOUVERAIN, Hipp., éditeur. Paris.

SOUZA AZEVADO, agent du ministère public près la cour suprême de justice. Lisbonne.

SPANOGHE, ancien juge d'instruction. Bruxelles.

SPITAELS, Ferdinand, propriétaire, sénateur. Marcinelle.

SPRING, Ant., professeur à l'université, président du conseil de salubrité publique de la province. Liége.

SQUILLIER, capitaine du génie. Termonde.

STAES, Prosper, avocat. Bruxelles.

STECHER, J., professeur à l'université. Liége.

STENGEL. Bruxelles.

STEVENS, J., directeur de la maison pénitentiaire. Louvain.

STRAMBIO, Gaetano, médecin de l'institut lombard, rédacteur de la *Gazette Médicale*. Milan.

STRENS. Jules, industriel. Anvers.

STROOBANT, peintre. Bruxelles.

STUCKENS, propriétaire. Bruxelles.

Subingar, W.-H., vice-président de la commission administrative des prisons. Amsterdam.

Sylva de Ferrao, grand de Portugal, ancien ministre, conseiller à la cour de cassation. Lisbonne.

Systematic beneficence society. Londres.

T

Tallois, membre de l'académie de médecine. Bruxelles.

Tardieu, Ch., homme de lettres Bruxelles.

Tarlier, J., professeur à l'université. Bruxelles.

Telghuys, H.-J.-A. courtier maritime. Anvers.

Telle, Louis, docteur en philosophie et lettres. Tournai.

Tempels, Pierre, procureur du roi. Ypres.

Terbade, Prosper, propriétaire. Bruxelles.

Thibaut-Brignolles, conseiller d'État. Saint-Pétersbourg.

Thibeau, notaire. Ceroux-Mousty.

Thibou, J.-B., docteur en médecine, président de la commission médicale du Brabant. Bruxelles.

Thiéfry, ancien membre de la Chambre des représentants. Bruxelles.

Thienpont, membre de la Chambre des représentants. Bruxelles.

Thiry, membre correspondant de l'académie de médecine, prof. à l'université. Bruxelles.

Thooris, L., avocat, secrétaire de la chambre de commerce. Bruges.

Tielemans, président à la cour d'appel de Bruxelles, membre du conseil communal, professeur de droit administratif à l'université. Bruxelles.

Tillière, Thomas, avocat à la cour d'appel. Bruxelles.

T'Kint de Naeyer, ancien membre de la Chambre des représentants, propriétaire. Gand.

Tomachevski, officier en retraite. Gembloux.

Torrigiani, Pierre, professeur d'économie politique à l'université. Parme.

Trappeniers, Antoine, architecte. Bruxelles.

Travers-Twiss, avocat, ancien professeur à l'université. Oxford.

Trekker, Pierre-Jos, négociant commissionnaire. Anvers.

Troye, H., gouverneur de la province de Hainaut. Mons.

T'Schaggeny, peintre. Bruxelles.

Tydeman, recteur-inspecteur des écoles élémentaires. Tiel.

Twinning, J., propriétaire. Twickenham.

U

Ulbach, Louis, homme de lettres. Paris.

Umé, Godefroid, architecte, membre du Cercle artistique et de la société de l'Union des artistes. Liége.

Uytterhoeven, André, docteur en médecine. Bruxelles.

Uytterhoeven, Victor, docteur en médecine et chirurgie, membre du conseil supérieur d'hygiène publique. Bruxelles.

V

VAES, Joaquim, professeur de droit à l'université. Coïmbre.

VAILLANT, J.-P., avocat, membre du conseil communal. La Haye.

VALCKENAERE, Thomas, banquier, membre du conseil provincial, du conseil communal et de la Chambre de commerce. Bruges.

VALLEROUX. Hubert, docteur en médecine. Paris.

VAN BELLINGEN, Ant.-Jos., négociant. Anvers.

VAN BEMMEL, professeur à l'université. Bruxelles.

VAN BOMBERGHEN, directeur d'assurances. Anvers.

VAN CAMP, A., avocat. Bruxelles.

VAN CAMP, P., conseiller à la cour d'appel. Bruxelles.

VAN CAUBERGH, O.-C., ancien greffier de la province de Limbourg, membre du conseil provincial du Brabant. Bruxelles.

VAN DAMME, Jules, docteur en sciences politiques et administratives. Arlon.

VANDEN BERGH, J.-F.-X. Amersfoort.

VANDEN BROECK, Victor, chimiste, membre correspondant de l'acad. de méd. Bruxelles.

VANDEN CORPUT, médecin à l'hôpital Saint-Pierre, secrétaire de la Société des sciences médicales et naturelles. Bruxelles.

VANDEN EYNDT, Alph., négociant, consul de la république argentine. Anvers.

VANDENKERKHOVE, avocat à la cour d'appel. Bruxelles.

VANDERAUWERA, Charles, libraire-éditeur. Bruxelles.

VANDERBORGHT, A., fabricant de voitures. Bruxelles.

VANDERELST, Ernest, industriel. Braine-le-Comte.

VANDERKINDERE, Léon. Uccle.

VANDEVELDE, L., major, officier d'ordonnance du roi. Bruxelles.

VANDEZANDEN, agent d'assurances. Anvers.

VAN DE WEYER, ministre de Belgique. Londres.

VANDIEVOET, J., étudiant. Bruxelles.

VAN EIK ISON, Josua, avocat. Amsterdam.

VAN ELEWYCK, chevalier, propriétaire. Héverlé.

VAN HAM. Ch., négociant. Anvers.

VAN HASSELT, André, inspecteur des écoles normales primaires, membre de l'Académie. Bruxelles.

VAN HAVRE, chevalier Gustave, bourgmestre, ancien sénateur. Wyneghem.

VAN HECK, Edouard, docteur en médecine, médecin des écoles de réforme de Ruysselede, médecin en chef de l'établissement des aliénés. Bruges.

VAN HOETER, docteur en médecine. Bruxelles.

VAN HOLSBEEK, H., docteur en médecine. Bruxelles.

VAN HOORDE, Louis, avocat. Bruxelles.

VAN HOYTEMA, industriel. Culembourg (Hollande).

VAN HUMBEECK, membre de la Chambre des représentants. Bruxelles.

VAN MEENEN, François, propriétaire. Bruxelles.

VAN MOER, artiste peintre. Bruxelles.

VAN LEE, Maurice, homme de lettres. Bruxelles.

Van Overloop, membre de la Chambre des représentants. Bruxelles.

Van Parys, J.-E., propriétaire. Bruxelles.

Van Peborgh, Ed., dispacheur. Anvers.

Van Rees, O., professeur d'économie politique et de statistique à l'université. Utrecht.

Van Roey, docteur en médecine. Anvers.

Van Schoor, sénateur, membre du conseil des hospices de la ville. Bruxelles.

Van Vloten, A.-A., propriétaire. Bruxelles.

Van Vloten, E., propriétaire. Bruxelles.

Van Volxem, J.-Ph., rentier. Bruxelles.

Van Vreckom, père, propriétaire. Bruxelles.

Varconcellos, Lopes, conseiller d'État. Lisbonne.

Varrentrapp, Georges, médecin. Francfort.

Vauthier, président du tribunal de première instance. Bruxelles.

Vautier, J. Bruxelles.

Verbiest. Jacques, négociant. Anvers.

Verboeckhoven, E.-B., échevin. Schaerbeek.

Verboeckhoven, Hip., éditeur. Bruxelles.

Vercamer, directeur du pensionnat de l'Athénée. Namur.

Vercken, Léon, secrétaire de la chambre de commerce. Anvers.

Verduchène, échevin. Maestricht.

Verheyen, inspecteur général du service sanitaire de l'armée et membre titulaire de l'académie de médecine. Saint-Gilles.

Vermeulen, Ém., notaire. Bruxelles.

Vernois, Maxime, membre de l'acad. impériale de médec., médecin de l'empereur. Paris.

Vervoort, avocat, président de la Chambre des représentants et du Cercle littér. Bruxelles.

Vinchent, J.-H., président du conseil des mines. Bruxelles.

Viardot, Louis, homme de lettres. Paris.

Vilbort, homme de lettres. Paris.

Visschers, membre du conseil des mines, membre de la commission de la caisse générale de retraite. Bruxelles.

Vissering, S., professeur d'économie politique à l'université. Leyde.

Vivier, Joseph, compositeur de musique. Bruxelles.

Vleminckx, père, inspecteur général du service de santé de l'armée et président de l'académie royale de médecine. Bruxelles.

Vleminckx, Victor, docteur en médecine. Bruxelles.

W

Wachter, Alfred, banquier. Bruxelles.

Waedemont, père, négociant, membre du conseil communal. Bruxelles.

Waelbroeck, Ch., avocat. Gand.

Waha de Baillonville (baron), propriétaire. Liége.

Washer, Ferd., industriel. Bruxelles.

Washer, Gustave, industriel. Bruxelles.

Washer, Victor, négociant. Bruxelles.

Watteeu, avocat, échevin. Bruxelles.

WAUTELÉE, Aug., propriétaire, Bruxelles.
WAUTELET, Camille, secrétaire de la chambre de commerce. Charleroi.
WAUTELET, Jean, président de la chambre de commerce. Charleroi.
WAUTERS, archiviste. Ixelles.
WEBER, B., négociant. Anvers.
WEBER, Henri, avocat. Bruxelles.
WEILL, Alex., homme de lettres. Paris.
WENDT, E.-E., négociant. Londres.
WENMAECKERS, avocat. Maestricht.
WEREFKIN, Arcadie, capitaine aux gardes de S. M. l'empereur de Russie. Bruxelles.
WERNADSKY, Jean, conseiller d'État actuel, membre du comité central de statistique et docteur en économie politique. Saint-Pétersbourg.
WERY, N., juge au tribunal de 1re instance, président du bureau de bienfaisance. Mons.
WESTLAKE, John, avocat, secrétaire de la *National association for the promotion of social science*. Londres.
WESTLAKE, Mme. Londres.
WETTRENS-VANDE VYVER, fabricant. Bruxelles.
WICHMANN, Rob., négociant. Hambourg.
WICHMANN, V.-D., négociant. Hambourg.
WIENER, Léopold, statuaire et graveur. Bruxelles.
WIESENGRUND, propriétaire. Munich.
WILLEMARS, avocat. Bruxelles.
WINS, avocat. Bruxelles.
WINSBACH, docteur en médecine. Metz.
WIRTH, Max., directeur de l'*Arbeitgeber*. Francfort.
WITTOX, Hector, fabricant de dentelles. Schaerbeek.
WOESTE, Ch., avocat. Bruxelles.
WOLFF, industriel. Bruxelles.
WOLOWSKI, membre de l'Institut. Paris.
WYTSMAN, Clément, notaire et échevin. Termonde.
WYVEKENS, avoué, trésorier du Cercle artistique et littéraire. Bruxelles.
WYZINSKI, Henri, professeur à l'université. Moscou.

Z

ZOSAKOFF, propriétaire. Asie.

MEMBRES AFFILIÉS

'A

ARGUEDAS, secrétaire de la légation du Pérou. Bruxelles.

B

BEEKMANS, Jacob, courtier d'assurances. Anvers.
BERKHOUT, E.-A., avocat. Amsterdam.
BERLIOZ, Hector, compositeur. Paris.
BERRÉ, Gustave, courtier d'assurances. Anvers.
BERTAU. Nivelles.
BLATON, Adolphe, négociant. Bruxelles.
BLOCKHUYS, instituteur en chef des écoles communales. Schaerbeek.
BOETMAN, A.-J., fabricant, ancien journaliste. Bruges.
BOIS, G., instituteur. Werchter.
BOON, Chrétien, rentier propriétaire. Bruxelles.
BOSSCHAERTS, trésorier du cercle artistique, littéraire et scientifique, vice-président de la section des sciences. Anvers.
BRASSEUR, Alfred. Bruxelles.
BRAUN, Th., professeur à l'école normale de l'État. Nivelles.
BRESZOLARSKI, notaire. Lublin (Pologne).
BURDEL, Ed., docteur en médecine. Vierzon.

C

CAMBIER, Eugène, agent d'assurances. Anvers.
CAMPION, instituteur, directeur du journal *le Progrès*. Bruxelles.
CARPENTIER, Nicolas Joseph, (abbé), directeur de l'école moyenne de Saint-Barthélemy, inspecteur cantonnal de l'enseignement primaire et président-fondateur de la société ouvrière de Saint-Joseph. Liége.
CLARIOND, ancien rédacteur du *Sémaphore* de Marseille. Paris.
CLINTON, colonel. Londres.
CONARD, Edm., courtier d'assurances. Anvers.
COSTANZO NORANTE, (chevalier), économiste. Naples.
CUX, Gustave, agent consulaire de Belgique. Flessingue.

D

DADESKY, Éd., capitaine pensionné. Bruxelles.
DE BAEKER, instituteur. Gand.

DE BRAEKELAER, père, artiste peintre. Anvers.

DE BRUYN, Ch., courtier d'assurances. Anvers.

DE CEULENER-VAN BOUWEL, délégué de la société de médecine. Anvers.

DE HAERNE, (abbé), représentant. Bruxelles.

DE HAULLEVILLE, Prosper. Bruxelles.

DE LA COLINA, Narcisse. Bruxelles.

DE LACUNZA, médecin et rédacteur du journal *la Corona*. Barcelone.

DE LAVELEYE, Aug., fils. Bruxelles.

DELBEKE, Louis, artiste-peintre. Ypres.

DELEMER, H., professeur de commerce et d'économie industrielle, pensionné de l'athénée royal de Bruxelles. Bruxelles.

DE MEREN, avocat. Bruxelles.

DE MORETON, comte, propriétaire. Paris.

DE PEELLAERT, A., lieut. colonel pensionné, homme de lettres, compositeur. Bruxelles.

DE RYK, membre de la députation permanente. Maestricht.

D'OTTAJANO, prince. Naples.

DUCHAINE, avocat. Bruxelles.

DUCHÊNE, chef de division au ministère de la guerre. Bruxelles.

DULIEU, chef de bureau au ministère de l'intérieur, homme de lettres. Bruxelles.

DURUTTE, comte Camille, homme de lettres, compositeur de musique. Metz.

F

FLEMMICH, Henri, directeur d'assurances. Anvers.

FRÉDÉRIX, général, ancien directeur de la fonderie de canons. Liége.

G

GEEFS, Guillaume, membre de l'Académie. Bruxelles.

GÉRARD, Ad.-Hipp., conseiller à la cour d'appel. Bruxelles.

GUIBERT, Victor, docteur en sciences et en médecine, professeur de mathématiques supérieures au collége communal. Louvain.

H

HAGENAERS, courtier d'assurances. Anvers.

HANON, Firmin, docteur en médecine, médecin de l'hôpital Pachéco. Bruxelles.

HANON, E., docteur en médecine, secrétaire du conseil de salubrité publique, ancien membre du bureau de bienfaisance. Nivelles.

HEYLIGHEM, docteur en médecine, président du comité de salubrité publique. Schaerbeek.

HOTTON, Adolphe, ingénieur. Bruxelles.

HUBERTI, Alp., étudiant en droit. Bruxelles.

J

JACOBS, instituteur en chef. Saint-Josse-ten-Noode.
JUSTE, Th., membre correspondant de l'Académie royale de Belgique, etc. Bruxelles.
JUSTE, Ed., homme de lettres. Bruxelles.

K

KOPSTADT, J.-Ph., professeur. Crefeld.

L

LAMBERT, Casimir, fils, industriel. Lodelinsart.
LAMBERT, Jules, industriel. Lodelinsart.
LAURENTZ-WILLIAM, négociant. Bruxelles.
LAURIA GIUSEPPE AURELIO, conseiller d'État, Naples.
LEBON, François, docteur en médecine, membre de l'administration des hospices et du comité de salubrité publique. Nivelles.
LEQUENNE, Henri, ancien chef d'institution à Paris, greffier de justice de paix. Lille.
LEYS, Julien, étudiant. Anvers.

M

MADIER-MONTJAU, ancien avocat, homme de lettres. Bruxelles.
MALLET, Victor, conducteur des ponts et chaussées. Ixelles.
MARC-MONNIER, homme de lettres. Naples.
MARINUS, secrétaire annuel de l'Académie. Bruxelles.
MEESMAN, Léon, étudiant en droit. Bruxelles.
MEYNNE, Ch., avocat, président du cercle des arts et des sciences. Bruges.
MIRANDA (duc de). Naples.
MÖHL, G., professeur à l'athénée royal. Bruxelles.
MOREL, Maximilien, avocat. Bruxelles.
MORNAND, Félix, homme de lettres. Paris.

N

NAUTZ, Charles, négociant, ancien juge au tribunal de commerce. Anvers.
NAVEZ, peintre. Bruxelles.

O

OLIVIER, T., docteur en médecine. Tournai.
ONRAET, Ch., conseiller à la cour d'appel. Gand.

P

PANCHAUD, Édouard, ministre de l'Évangile. Ixelles.
PANIGADA, propriétaire. Ixelles.
POLAIN, M.-L., administrateur inspecteur de l'université. Liége.
POTVIN, Ch., homme de lettres. Bruxelles.
PRISSE (baron Ed.), directeur gérant du chemin de fer d'Anvers à Gand. Saint-Nicolas.
RAEYMAEKERS, avocat. Bruxelles.
RAHLENBECK, Ch., consul de Saxe. Bruxelles.
RONDACHEFF, propriétaire. Gembloux.
ROUSSELLE, Charles, avocat. Mons.
ROYER-BUYDENS, A., négociant, membre de la chambre de commerce. Namur.
RUL-OGER, J.-A., docteur en médecine et chirurgie, membre de la Société de médecine.
 Anvers.

S

SAUNIER, organiste. Lille.
SCHOUTEN, Alfred, rentier. Bruxelles.
SERMONT, H., Bruxelles.
SERRURE, Edouard, courtier d'assurances. Anvers.
SIMON, homme de lettres. Anvers.
SIRET, Adolphe, commissaire d'arrondissement. Saint-Nicolas.
SIRTAINE, Godefroid, avocat. Verviers.
SOLIMENE, Michele, conseiller d'Etat. Naples.
SPLINGARD, Pierre, avocat. Bruxelles.
STARCK, J., peintre d'histoire. Schaerbeek.
STEVENS, secrétaire général au département de l'intérieur. Bruxelles.
SULZBERGER, Max., homme de lettres. Bruxelles.

T

TARDIEU, père, avocat. Bruxelles.
THIRLYNCK, Ch., avoué au tribunal de 1re instance. Gand.
THEIS, docteur en médecine. Bruxelles.
THYS, Charles, négociant. Bruxelles.
TROMPEO, Benoît, président de l'académie de médecine. Turin.
TROUET, Godefroid, ingénieur des ponts et chaussées. Nivelles.

V

VALLEZ, P.-J., docteur et oculiste, membre de plusieurs académies. Bruxelles.
VAN BARRLE, Ch., avocat, homme de lettres, candidat notaire. Bréda.
VAN BERKEL, membre de la direct. cent. de la Société *Tot nut van 't algemeen*. Amsterdam.
VAN COETSEM, prof. à l'université et vice-président de l'académie royale de méd. Gand.

VANDE CASTEELE, L., brasseur. Londres.

VANDER BURCH, comte G., propriétaire. Bruxelles.

VANDEN EYNDE, instituteur en chef, membre de la Société des psychologues de Bruxelles. Assche.

VANDER HEIM, J.-D., avocat. La Haye.

VANDONGHEN, Pierre, agent d'assurances. Anvers.

VANDERSTRAETEN, Éd., compositeur de musique et homme de lettres. Bruxelles.

VAN WYLICK, membre de la députation permanente. Maestricht.

VAN HALL. Amsterdam.

VAN HEES, P.-M.-G., secrétaire général de la société : *Tot nut van t'algemeen*. Amsterdam.

VAN OUTHORNE, F.-L.. docteur en droit. Bruxelles.

VAN PETEGHEM, Louis-Joseph, dessinateur et graveur lithographe. Bruxelles.

VAN SCHERPENZEEL-THIM, Jules, ingénieur au corps des mines, agrégé à l'université. . Liége.

VERGOTE, Aug., directeur au ministère de l'intérieur. Bruxelles.

VIELVOYE, membre de la chambre de commerce. Andenne.

VIGNOLE GIOVANNI, président du conseil d'État. Naples.

VILAIN, chef de division au ministère de l'intérieur. Bruxelles.

VINCHENT, Julien-Henri, président du conseil des mines. Bruxelles.

W

WARLOMONT, docteur en médecine. Bruxelles.

WARNKOENIG, professeur à l'école moyenne. Dolhain.

WILLEQUET, Edmond, avocat. Gand.

APPENDICE

CONSEIL D'ADMINISTRATION

Extrait du procès-verbal de la séance du 23 novembre 1862

Présidence de M. Fontainas, bourgmestre de Bruxelles.

Sont présents . MM. Fontainas, président, Comte Arrivabene, Orts, Quetelet, Prévinaire, Nothomb, Vleminckx père, Ducpetiaux, De Nayer, A. Lebardy de Beaulieu, Crocq, Lacroix, Van Camp, Donckers, Samuel, Gérard, Woeste, Sève, Demot, Degroux, Geelhand et Couvreur.

M. Couvreur, secrétaire-général, donne lecture du rapport suivant :

« L'Assemblée générale, en se séparant, a confié à son comité fondateur, complété par les membres des bureaux des diverses sections, tant belges qu'étrangers, le soin d'assurer l'existence et le futur développement de l'œuvre. C'est à ce titre que nous sommes réunis aujourd'hui en conseil d'administration.

« Cette première séance n'ayant qu'un caractère préparatoire, votre bureau n'a pas jugé nécessaire d'y appeler les éléments étrangers. C'eût été les déranger inutilement pour demander leur avis sur des objets qui ne peuvent être résolus qu'à Bruxelles et par les membres belges. Mais lorsque le terrain sera déblayé, nous ne manquerons pas d'invoquer le concours de leurs conseils, ainsi que le commandent les intérêts d'une institution internationale.

« Des circonstances indépendantes de notre volonté nous ont empêchés de vous convoquer plus tôt; nous tâcherons de regagner le temps perdu par l'énergie redoublée de l'action.

« Avant que le conseil n'aborde les sujets sur lesquels il doit délibérer, le bureau a quelques communications à lui transmettre.

« Il a reçu, depuis la clôture du Congrès, deux lettres : l'une de M. Van de Weyer, l'autre de M. le comte O'Sullivan de Grass, ministres de Belgique à Londres et à Vienne, qui, en réponse à des lettres de notre président d'honneur, M. Vervoort, expriment leurs regrets de n'avoir pu assister à notre première réunion. Le nombre des Autrichiens qui s'y sont rendus ayant été fort restreint, M. le comte O'Sullivan de Grass annonce qu'il ne négligera aucune occasion de faire connaître et apprécier notre œuvre.

« Nous avons également reçu, depuis la clôture du Congrès, une lettre très sympathique de M. le vicomte de Seisal, envoyé de Portugal à Bruxelles. Elle nous apprend que le ministre de l'intérieur du Portugal a engagé les diverses corporations scientifiques et artistiques de ce pays à correspondre avec l'Association, en les autorisant, en même temps, à accréditer auprès d'elle, à ses futures réunions ou Congrès, des délégués chargés de lui fournir toutes les informations nécessaires relativement au Portugal et qui peuvent avoir rapport aux diverses matières traitées dans les Congrès.

« Le nombre et la haute position des membres de l'Association résidant en Portugal témoignent assez de l'efficacité du concours que nous ont prêté, en cette circonstance, les autorités de ce royaume. Un délégué officiel, M. le comte Silva Ferrao, a suivi nos travaux : l'impression d'un discours qu'il a déposé sur le bureau, à la séance de clôture, constatera sa participation.

« Plusieurs ouvrages adressés à la bibliothèque naissante de l'Association nous sont parvenus. Nous vous proposons de mentionner les noms des donateurs dans nos publications et de leur voter des remerciements.

« Au banquet du Congrès, M. Vervoort, rendant à l'Association Nationale d'Angleterre une gracieuseté dont elle avait usé à notre égard lorsque nous naissions à peine, fit transmettre, par le télégraphe, à lord Brougham, les vœux que renfermait un toast porté en son honneur et en l'honneur de l'Association qu'il préside. Cette communication a motivé, de la part du noble lord, une réponse des plus sympathiques.

« L'Association anglaise s'était fait représenter par deux de ses principaux officiers. Le rapport élaboré par ces délégués n'a pas encore pu être déposé. Mais nous sommes en possession d'un rapport présenté à la Chambre de commerce de Liverpool par MM. Lawrence Heyworth et Baruchson. Il est conçu dans l'esprit le plus bienveillant, non seulement pour notre œuvre, mais encore pour notre pays, et il exprime l'espoir de voir notre succès grandir avec les années.

« Il ne nous appartient pas ici de juger notre œuvre. Mais, quelles que soient les appréciations qui se formulent sur elle, il doit nous être permis de dire que ses résultats immédiats ont dépassé les espérances les plus exagérées de ses promoteurs, et de faire, dans ces résultats, la part de ceux qui nous ont aidés à les atteindre.

« Le gouvernement belge nous a libéralement accordé l'usage du Palais Ducal où nous avons siégé: par lui-même ou par ses agents, il a appuyé l'Association dans les limites où il pouvait le faire, sans engager sa responsabilité et notre indépendance.

« Plusieurs gouvernements étrangers nous ont donné un appui bienveillant. La commune de Bruxelles a déployé, pour recevoir nos membres, une hospitalité sans égale ; un grand nombre de corporations publiques ou privées se sont fait représenter au Congrès; la presse, à quelques rares exceptions près, nous a prêté un concours de publicité inappréciable et continue à nous faire jouir des bénéfices de ses éloges ou de ses critiques ; enfin, jusque dans les pays les plus éloignés, nous avons rencontré des correspondants actifs et pleins de bonne volonté.

« Vous accomplirez, messieurs, un devoir de reconnaissance en votant des remerciements à tous ces collaborateurs que les limites de ce rapport ne permettent pas de. désigner plus exactement, et en autorisant le bureau, qui a su apprécier leurs services, à leur exprimer votre gratitude.

« Nous devons aussi un vote de remerciements à M. Dutrône, conseiller honoraire à la cour d'Amiens, délégué de la *Société d'Acclimatation* et de la *Société Protectrice des animaux*, de Paris. Cet honorable membre de l'Association a déféré à votre conseil le soin de distribuer trois médailles en or : l'une, à la *Société de Sobriété*, l'autre, à la *Société d'Acclimatation*, la troisième, à la *Société Protectrice des animaux* qui, d'ici au prochain Congrès, se seront organisées sur les bases les plus efficaces, d'après un programme arrêté par les soins du Conseil.

« Il me reste à mentionner une communication très importante, parce qu'elle donne la mesure des services que peut rendre l'Association si, comme nous le voulons tous, elle reste fidèle à son caractère d'enquête impartiale sur les faits, base essentielle de l'institution. Nous existons à peine, et déjà le maire d'une commune française nous a demandé des renseignements sur la question des orphelinats, examinée par la quatrième section. Il viendra un temps où, de toutes les parties de l'Europe, — et ce résultat se produit déjà dans l'Association anglaise, moins cosmopolite que la nôtre, — on puisera, dans nos débats, les éléments comparés nécessaires à la solution des questions sociales qui agitent notre époque.

« Pour favoriser ce mouvement, il convient que nous puissions livrer le plus tôt possible à l'impression les mémoires que nous avons reçus, les discussions que nous avons provoquées. Nos ressources financières, comme le constatera l'état de caisse qui vous sera présenté par M, le trésorier, sont heureusement suffisantes pour pourvoir à cette nécessité.

« Jusqu'à présent, les réunions analogues ont consigné leurs travaux dans un ou deux volumes déposés au fond des bibliothèques. Votre bureau soumet à votre approbation la proposition de nommer, au sein du conseil, un comité spécialement chargé d'examiner le plan d'une publication paraissant en livraisons à intervalles réguliers. Cette publication prendrait le titre d'*Annales de l'Association* et contiendrait les discours et les mémoires recueillis dans les assemblées annuelles, ainsi que des extraits des délibérations de ce conseil, établissant, de la sorte, un courant d'informations et d'études, d'une assemblée générale à l'autre,

« Indépendamment de ce comité, votre bureau pense qu'il conviendrait d'en instituer un autre qui préparerait les travaux du conseil; comité peu nombreux, mais composé d'éléments disposés à se charger des labeurs du pouvoir exécutif. »

M. le secrétaire-général justifie l'institution de ce comité d'exécution par le grand nombre de questions à examiner, la révision des statuts réclamée par plusieurs sociétaires, le choix du siège du prochain Congrès et les négociations préliminaires relatives à cet objet, l'étude des questions à mettre à l'ordre du jour de ce Congrès, l'examen des vœux exprimés par les différentes sections, des demandes formulées par les membres, le programme des concours à ouvrir, etc.

M. EUG. PRÉVINAIRE, trésorier, fait connaître l'état de la caisse de l'Association. Les recettes effectuées jusqu'à ce jour s'élèvent à la somme de fr. 13,410 ; les dépenses ont été de fr. 9,585-45 ; reste en caisse fr. 3,824-55.

M. ÉMILE DE MOT, secrétaire ayant fait fonctions de questeur, est autorisé à régler, d'accord avec M le trésorier, divers comptes pour dépenses faites d'urgence pendant la session.

Quelques membres demandent à quel chiffre s'élèveront les frais d'impression des débats de la première session.

M. LACROIX estime que les frais d'impression des travaux du Congrès pourront s'élever à 4,000 francs environ, si l'on parvient à les renfermer dans trois volumes de 300 pages chacun, tirés à mille exemplaires. C'est un calcul approximatif fait sur les dossiers de chaque section tels qu'ils lui ont été communiqués.

Une discussion s'engage sur la question de savoir si les ressources de l'Association seront suffisantes pour acquitter l'impression des Annales, l'organisation du prochain Congrès, les frais de bureau, etc

M. COUVREUR fait observer qu'il ne faut pas confondre l'état de la caisse avec la situation financière de l'Association. Celle-ci ne pourra être connue qu'à la fin de l'année sociale, au 31 mai, lorsque toutes les cotisations auront été perçues. Bon nombre de cotisations, renseignées par les registres du secrétariat, doivent encore être encaissées. Leur rentrée n'est pas douteuse. Les ressources seront amplement suffisantes pour couvrir l'impression des débats du Congrès et les frais d'administration jusqu'à la clôture de l'année sociale. Quant au Congrès de 1863, les frais de son organisation devront être imputés sur l'exercice de la seconde année. M. Couvreur demande qu'on passe outre aux propositions contenues dans le rapport qu'il a présenté.

Les propositions faites dans ce rapport sont approuvées ; en conséquence, le conseil d'administration, à l'unanimité, vote des remerciements aux institutions et aux personnes qui ont contribué à la formation et au succès de l'Association ; puis il nomme.

Membres du *Comité pour la publication des Annales* : MM. Couvreur, Crocq, Degroux, Félis, Lacroix, Sève et Van Camp.

Membres du *Comité d'exécution* : MM. Fontainas, Prévinaire, De Nayer, A. Nothomb. Tielemans, Vleminckx père, Bérardi, Corr-vander Maeren, Couvreur et Gérard.

M. A. De Vergnies est adjoint comme secrétaire à ces deux comités.

Les diverses questions sur lesquelles le Conseil est chargé de statuer sont renvoyées au comité d'exécution pour en faire rapport.

La séance est levée à 3 heures.

ÉTAT DE LA CAISSE DE L'ASSOCIATION

AU 31 DÉCEMBRE 1862

Recettes.

Produit des inscriptions . . fr. 14,590 00

Fr. 14,590 00

Dépenses.

Loyer des bureaux	fr.	450 00
Fournitures de bureau		130 00
Impression de circulaires, lettres, etc. . .		1,721 31
Frais de poste		1,210 63
Appointements des employés, huissiers, etc. .		1,600 10
Appropriation des salles, location de banquettes .		981 82
Subside pour le banquet		800 00
Frais de recouvrement		77 39
Sténographie		1,820 00
Frais divers.		158 00
Total des dépenses . . .	fr.	8,949 25
Solde en caisse		5,640 75
	Fr.	14,590 00

LISTE ALPHABÉTIQUE (*)

DES MEMBRES PROTECTEURS ET EFFECTIFS DONT LA COTISATION A ÉTÉ PERÇUE

———

MEMBRES PROTECTEURS A VIE

Federer, Frédéric, Stuttgard. — 250 francs.
Heyworth, Lawrence, Liverpool. — 10 livres sterling.
Peut, Hippolyte, Paris. — 300 francs.
Tiedeman, J. N., Suisse. — 250 francs.

MEMBRES PROTECTEURS

(Souscription annuelle. — 50 fr.)

Béliard, Éd., Étampes.
Bischoffsheim, Raph., Bruxelles.
Danel, Louis, Lille.
De Girardin, Émile, Paris.
Delapierre, Bruxelles.
De Marcoartu, Art., Madrid.
De Montalembert, comte, Paris.
Drory, G. W., Gand.
Goeman, Bruxelles.
Goupy de Beauvolers, Bruxelles.
Prévinaire, Bruxelles.
Szarvady, Paris.

(*) Cette liste n'est que provisoire. Une liste générale et complète, comprenant les qualités et l'adresse d
chaque souscripteur, sera publiée à la fin de la dernière livraison, après que toutes les rentrées auront ét é
opérées.

Adresser toute réclamation AUX BUREAUX DE L'ASSOCIATION, 46, RUE DE LILLE.

MEMBRES EFFECTIFS

(Souscription annuelle. — 20 fr.)

A

Allard, Alfred, Bruxelles.
Allard, J., Bruxelles.
Allart, Jean, Bruxelles.
Alm, Léopold, Stockholm.
Altmeyer, Bruxelles.
Anciaux, H.-Th , Jodoigne.
André, Auguste, Anvers.
Annemans, Pierre, Bruxelles.
Anspach, J., Bruxelles.
Arrivabene, comte, Bruxelles.
Asser, F.-M.-C., Amsterdam.

B

Baines, M. A. (Madame), Londres.
Balat, Bruxelles.
Bamberger, Anvers.
Bara, Bruxelles.
Barbier-Hanssens, Bruxelles.
Barbier, Jules, Bruxelles.
Barbier, Clermont-Ferrand.
Barth, E.-P.-N., Arlon.
Baruchson, Arnold, Liverpool.
Bascou, Bruxelles.
Baudeloque, J.-E., Boulogne-sur-Mer.
Bauduin, Bruxelles.
Beek-Mullendorf, Verviers.
Bedarride, Aix.
Belleroche, Ed , Londres.
Belval, Théod., Bruxelles.
Bennert, Auguste, Jumet.
Bennert, Anvers.
Bérardi, Bruxelles.
Berdolt, Anvers.
Bergé, Bruxelles.
Bergh, Édouard, Helsingfors (Finlande).
Berthenson, Saint-Pétersbourg.
Bertin, Paris.
Besme, Bruxelles.
Binard, Louis, Charleroi.
Bibet, Nicolas, Huy.
Blaes-Dedonder, Bruxelles.
Blomme, B. J., Termonde.

Bodet, Turnhout.
Boëns, H., Charleroi.
Boeteman, A. J., Bruges.
Bogaerts, C., Anvers
Bogaerts, Désiré, Anvers.
Boizot, Paris.
Bols, Corneille, Bruxelles.
Bonneville de Marsangy, Paris.
Borre, Pierre, Bruxelles.
Bortier, Pierre, Ghistelles.
Boucher, Théoph., Saint-Ghislain.
Boucquéau, Bruxelles.
Bougard, J. J., Bruxelles.
Bouillon, Bruxelles.
Boult, Francis, Liverpool,
Bouquié-Lefebvre, Bruxelles.
Bourlard, Jules, Mons.
Bouten, Henri, Courtrai.
Bouvier, Ernest, Ixelles.
• Bowring, (sir John), Londres.
Bradfort, Boston.
Brantsen, Arnhem.
Brasseur, Prosper, Bruxelles.
Braun, Aug., Gand.
Brugmann, Ernest, Bruxelles.
Brugmann, Georges, Bruxelles.
Buchaut, Bruxelles.
Büchner, E. C., Amsterdam.
Buls, Ch., fils, Bruxelles.
Burggraeve, docteur, Gand.
Buse, Julien, Gand.
Busschop, Bruges.

C

Calland, Victor, Beausite (près Jouarre)
Callier, Gust., Gand.
Calmels, Paris.
Cambier, L. J., Élouges.
Campan, Adrien, Bruxelles.
Campan, Ch. A., Bruxelles.
Campenon, T., Paris.
Capouillet, Bruxelles.
Capron, Ypres.
Capronnier, J. B., Bruxelles.
Carleer, Louvain.

Carlier, Mons.
Carlier, Jos., Saint-Josse-ten-Noode.
Carton, Ch., Bruges.
Carton, Henri, Ypres.
Catalan, Eugène, Paris.
Caumont, Aidrik, Le Hâvre
Cetto, Trèves.
Chalon, R., Bruxelles.
Charlier, J., Bruxelles.
Chotteau, Alph., Bruxelles.
Clamageran, Paris.
Clermont, Georges, Verviers.
Clercx, Blérut-lez-Venlo.
Clesse, Antoine, Mons.
Cloquet-Devis, Bruxelles.
Closset, D. J., Dison.
Cluydts, Bruxelles.
Coglievina, F., Vienne.
Colinez, Bruxelles.
Collart, Léopold, Bruxelles.
Colson, Albert, Gand.
Considérant, Nestor, Bruxelles.
Contreras, Élizalde Pedro, Mexico.
Convert, Gaston, Bruxelles.
Corr-vander Maeren, Bruxelles.
Costantini, Bruxelles.
Couteaux, Bruxelles.
Couvreur, Aug., Bruxelles.
Crocq, Dr, Bruxelles.
Crousse, Ch., Nivelles.
Cruysmans, Fl. Anvers.
Cumont-Declercq, Alost.

D

Da Mota, C., Bruxelles.
Dansaert, Ant., Bruxelles.
Dartevelle, Léon, Bruxelles.
D'Auxis de Launois, comte, Mons.
Dawbarn, Wisbeach.
De Balabine, Saint-Pétersbourg.
De Barillon, Paris.
De Bavay, Paul, Bruxelles.
De Bavay fils, Bruxelles.
De Blanckart, baron, Hozémont.
Deboe, Bruxelles.
De Boeck, J., Bruxelles.
De Bonne, F. J., Bruxelles.
De Borchgrave, Émile, Gand.
Deborger, J., Bruxelles.
De Boschkemper, Amsterdam.
De Bove, Aug. V., Boussu.
De Brienen de Grootelindt, baron, La Haye.

De Brouckere, Ch., Roulers.
De Bruyn, J., Anvers.
De Bruyn, Léon, Termonde.
De Burbure, chevalier Léon, Anvers.
De Burtin d'Esschenbeek, chevalier, Brux.
Deby, Alexandre, Bruxelles.
De Calonne, A., Paris.
Dechamps fils, Manage.
De Cock, Auguste, Gand.
De Cock, L. A., Molenbeek-Saint-Jean.
De Condé, Ad., Visé.
De Coninck, Le Hâvre.
De Craecker, Louis, Alost.
De Crombrugge, Bᵗ, Bruxelles.
De Curte, Saint-Josse-ten-Noode.
De Decker, Pierre, Bruxelles.
De Franciosi, Lille.
Defré, L., Bruxelles.
De Fuisseaux, Ern., Bruxelles.
De Germiny, comte Eugène, Paris.
De Ghelcke, Poperingue.
De Greef, Schaerbeek.
De Groux, Ch., Bruxelles.
De Groux, Louis, Bruxelles.
De Hennin, Nivelles.
De Heselle, Hyac., Verviers.
De Heselle, Victor, Verviers.
De Hügel, baron, Bruxelles.
De Kerchove, Ch , Gand.
De Keyser, Désiré, Bruxelles,
De Koninck, G., Ixelles.
De Landtsheer, Saint-Gilles.
De la Rousselière, baron Amédée, Liége.
De la Rousselière, baron Arthur, Liége.
De la Rousselière, baron Gaston, Liége.
De Laveleye, Em., Gand.
Delcoigne, Pierre, Bruxelles.
Delinge, Gust., Bruxelles.
Delvaux, Fr., Anvers.
Delstanche, Bruxelles.
De Maere, Auguste, Gand.
De Man, Ixelles.
Demanet, colonel, Bruxelles.
Demeur, Ad., Bruxelles.
Demeure, Ch., Bruxelles.
De Molinari, G., Bruxelles.
De Monge, Léon, Bruxelles.
De Mot, J. A., Bruxelles.
De Mot, Em., Bruxelles.
De Nayer, Bruxelles.
D'Engelbronner, Ch., La Haye.
De Paepe, Polydore, Gand.
De Potter, Molenbeek-Saint-Jean.

De Pouhon, Bruxelles.
De Pressensé, Paris.
Deprez, Maxim., Mons.
De Ram, Louvain.
De Rego Macedo, Bruxelles.
Dereine, Ernest, Bruxelles.
De Richter, Saint-Pétersbourg.
De Robaulx de Soumoy, A., Bruxelles.
De Rongé, Bruxelles.
Deroubaix, A., Anvers.
Descressonnières, Bruxelles.
De Sélys-Longchamps, baron, Liége.
Desmarest, Ernest, Paris.
De Smedt, Jules, Alveringhem.
De Taye, Édouard, Ixelles.
De Vadder, Bruxelles.
Devaux, Eug., Bruxelles.
De Vergnies, Ad. Bruxelles.
Devos, Désiré, Bruxelles.
De Zea, Ant. M., New-York.
D'Hainault, Paris.
D'Hane de Steenhuyse, Anvers.
D'Hauw, Ferd., Bruges.
Diercxsens, Jos., Anvers.
Direction centrale de la société *Tot nut van l'algemeen*, Amsterdam.
Discailles, Ernest, Bruges.
Dognée-de Villers, Liége.
Dolfus, Jean, Mulhouse.
Dolgoroukow, prince Pierre, Bruxelles.
Donckers, D', Bruxelles.
D'Otreppe de Bouvette, A., Liége.
Du Bois, Adolphe, Gand.
Ducpetiaux, Ed., Bruxelles.
D'Udekem, Jules, Bruxelles.
Dumortier, Henri, Bruxelles.
Duprat, Pascal, Turin.
Dupuich, Bruxelles.
Duquid, miss Hannah, Liverpool.
Durand, L., D', Ixelles.
Duriau, D', Bruxelles.
Durier, Émile, Paris.
Dutrône, Amiens.
Duval, Jules, Paris.

E

Elsen, J. A., Anvers.
Emerique, Bruxelles.
Engels, Anvers.
Ernotte, Ed., Bruxelles.

Errera, Bruxelles.
Everwyn-Lange, Amsterdam.
Evit, Ferd., Alost.
Evrard, C., Molenbeek-Saint-Jean.
Eyerman, Désiré, Termonde.

F

Fallot, Bruxelles.
Feignaux, Bruxelles.
Fétis, Ed., Bruxelles.
Fétis, F., Bruxelles.
Fétis, F. J., Bruxelles.
Finet, Victor, Paris.
Fix, Adolphe, Bruxelles.
Fléchet, Verviers.
Flemmich, J. J., Anvers.
Fleury, Louis, Schwaiheim.
Floquet, Ch., Paris.
Fonsny, Jean, Saint-Gilles.
Fontainas fils, Bruxelles.
Foster, Louis, Bruxelles.
Foucher de Careil, comte, Perray.
Fourcault, Ferréol, Bruxelles.
Fraikin, Jean, Verviers.
Francart, Ad., Mons.
François, Albert, Bruxelles.
Frédérix, Gust., Bruxelles.

G

Gachard, Émile, Bruxelles.
Gamgee, Mᵐᵉ, Édimbourg.
Gamgee, M., Édimbourg.
Garnier, Joseph, Paris.
Garnier-Pagès, Paris.
Garot, Louis, Verviers.
Geefs, Guillaume, Bruxelles.
Geelhand, Alf., Anvers.
Geelhand, Émile, Anvers
Geelhand, Louis, Bruxelles.
Gellion Danglar, La Haye.
Gelz, Gust., Francfort.
Génicot, Anvers.
Gérard, Joseph, Bruxelles.
Gérard, P. A. F., Bruxelles.
Gheyssens, Anvers.
Gilliot, Charles, Anvers.
Gillon, Saint-Josse-ten-Noode.
Glatigny, Metz.
Gloesener, Liége.

Goblet, Louis, Bruxelles.
Goffin, Ixelles.
Goldschmidt, Francfort.
Good, William, Anvers.
Gossen, Jos., Anvers.
Goupy de Quabeck, A., Malines.
Gouvy, Florent, Hodimont.
Graadt-Van Roggen, Joh. H., Nimègue.
Grégoir, Ed. G. J., Anvers.
Grenier, Anvers.
Grisart, Anvers.
Groverman, Gand.
Guilliaume, Jules, Bruxelles.
Guilliaume, Bruxelles.
Guillaumin, Paris.
Guillery, Bruxelles.
Gunther, O., Anvers.

H

Haeck, Schaerbeck.
Hagemans, G., Bruxelles.
Haghe, J. G., Anvers.
Hanon, Bruxelles.
Hansens, G., Liége.
Hanssens-Hap, Vilvorde.
Hanssens, Louis, Vilvorde.
Hanus, D., Arlon.
Heemskerke, Amsterdam.
Henaux, Liége.
Henriette, docteur, Bruxelles.
Henrion, Hodimont.
Hensmans, U. J., Gand.
Heremans, Bruxelles.
Hermans, Bruxelles.
Herry, Laeken.
Hertz, Hartwig-Samson, Hambourg.
Hervy, J. B., Mons.
Heyvaert, Bruxelles.
Heyworth, capitaine, Londres.
Hodgson, Édimbourg.
Hoffman, Venlo,
Hollanders, Bruxelles.
Houdin, J., Bruxelles.
Houget, Adrien, Verviers.
Houtekiet, Bruxelles.
Houtmans, Bruxelles.
Hubert, docteur, Louvain.
Hubner, Rodolphe, Vienne.
Hurdebise, C., Tournai.
Husson, Bruxelles.
Hymans, L., Bruxelles.

Isembaert, E. J., Anvers.
Ithier, Paul, Bruxelles.

Jacobina, Brésil.
Jacobs, Jacques, Bruxelles.
Jacobs, J. F., Bruxelles.
Jacobs, Léon, Bruxelles.
Jacquemyns, Gand.
Jacquet, Charles, Bruxelles.
Jacquinet, M., Charneux.
Jamar, Bruxelles.
James, Bruxelles.
Jaminé, Tongres.
Janssens, Bruxelles.
Janssens, Ch., Ostende.
Jaumar, A. L., Anvers.
Jebb (sir Josh), Londres.
Jedels, Philippe, Bruxelles.
Joffroy, Alex., Anvers.
Jolles, J. A., La Haye.
Jonas, Oscar, Bruxelles.
Jones, Ad., Bruxelles.
Jones, Auguste, Bruxelles
Jonet, D., Charleroi.
Joniaux, E., Bruxelles.
Joostens, J., Anvers.
Joureneff, Saint-Pétersbourg.
Journet, Bruxelles.
Jottrand, Gust., Bruxelles.

K

Kaekenbeek, Bruxelles.
Kausler, Anvers.
Kegeljean, F. J., Namur.
Kempeneers, Const., Anvers.
Kennedy, Anvers.
Kervyn de Lettenhove, Bruxelles.
Koechlin, Émile, La Haye.
Kohnstamm, Bruxelles.
Kreglinger, Anvers.
Krieger, Copenhague.

L

Lacomblé, Ad , Bruxelles.
Lacroix, Albert, Bruxelles.
Laduron, Paul, Saint-Ghislain.
Laget-Valdeson, F., Nimes.
Lahaye, Ch., Bruxelles.
Lambert, Bruxelles.
Lambrechts, Jos., Hoboken.
Laneau, Bruxelles.
Lasalle, Jules, Bruxelles.
Lassen, Louis, Bruxelles.
Laurent, Ch., Bruxelles.
Laussedat, Louis, Bruxelles
Lauwers, Henri, Anvers.
Lavertujon, Bordeaux.
Learch, Ad., Bruxelles.
Lebens-Schul, Bruxelles.
Lebermuth, Bruxelles.   .
Le Catte, Auguste, Dinant.
Leclerc, Jean, Bruxelles.
Leclercq, Bruxelles.
Leemans, Th., Gosselies.
Lefebure, Julien, Bruxelles.
Lehardy de Beaulieu, Ad., Bruxelles.
Lehardy de Beaulieu, Ch., Mons.
Le Hon, comte, Bruxelles.
Leirens, Const., Bruxelles.
Lejeune, Désiré, Anvers.
Lejeune, Jules, Ixelles.
Lejeune-Vincent, Dison.
Lelièvre, Al., Gand.
Lelong, Charles, Bruxelles.
Lemaieur, Charles, Bruxelles.
Lemaire, Xavier, Namur.
Lemmé, Anvers.
Leprestre, Caen (Calvados).
Lequime, docteur, Bruxelles.
Lesage, Saint-Josse-ten-Noode.
Lesoinne, Liége.
Lestgarens, Bruxelles.
Levrat, F. M. P., Bruxelles.
Leys, Anvers.
Liedts, Bruxelles.
Limauge, Bruxelles.
Linder, Helsingfors.
Lincé, Fr., Dison.
Loppens, Gand.
Lorent, Bremen.   .
Lotte, Louis, Bruxelles.
Loudemant, Robert, Dison.

Louwage, Louis, Bruges.
Lubliner, Louis, Bruxelles.
Lundin Claës.
Lusac, Leyde.
Lustig, Bruxelles.
Lvoff, prince, Moscou.
Lynen, Victor, Anvers,
Lyon, Liége.

M

Mabille, Victor, Tournai.
Macfie, Liverpool.
Mainy, Bruxelles.
Mallet, Ixelles.
Malo de Molina, Manuel, Madrid.
Mantegazza, Pavie.
Maquinay, Anvers.
Marc, Aug., Paris.
Marsillon, Bruxelles.
Martha, Ed., Bruxelles.
Mascart, docteur, Ohain.
Maskens, Bruxelles.
Masson, Lucien, Verviers.
Matthæi-De Gorge, Mons.
Maxwell, Brésil.
Mayer-Hartogs, Bruxelles.
Meeussen, P. E. L., Anvers.
Melsens, Bruxelles.
Merchie, Bruxelles.
Mercier, ministre d'État, Bruxelles.
Meulemans, Bruxelles.
Miekszewicz, Jules, Kazan.
Middleton, Bruxelles.
Minne, Félix, Ixelles.
Mioulet, Antoine, La Haye.
Morin, As., Paris.
Morpurgo, Joseph, Trieste.
Mullendorf, Ch., Verviers.
Mulvany, William, Dusseldorf.
Mussche, Bruxelles.

N

Nahuys, comte, Utrecht.
Nakwaski, Tours.
Neil, M᎐, Londres.
Neil, Miss, Londres.
Neumann, J., Londres.
Niffle, J. Aug., Charleroi.
Nolet De Brauwere van Steeland, Bruxelles.

O

Olin père, Bruxelles.
Olin, avocat, Bruxelles.
Olin fils, H., Bruxelles.
O'Neil, Ch. Forlades, Sétuval.
Oppenheim, Paul, Bruxelles.
O'Reilly, major, Londres.
Orts, Bruxelles.
O'Sullivan de Grass, comte, Vienne.
O'Sullivan deGrass, comte Charles, Vienne.
Oughterson, George, Bruxelles.

P

Pagliardini, Londres.
Papin, Mons.
Parent, Bruxelles.
Partoes père, Bruxelles.
Patte, Auguste, Bruxelles.
Paxhmann.
Payen, Bruxelles.
Peemans, Henri, Louvain.
Peeters-Baertsoen, Gand.
Perkins, Jean, Bruxelles.
Pierson, M. G., Amsterdam.
Pinchart, Bruxelles.
Poelaert, Bruxelles.
Poll, Guillaume, Ruysselede.
Pollenus, Spalbeek.
Portaels, Bruxelles.
Poulet, Liége.
Poussez, J. J., Tongres.
Prins, George, Bruxelles.
Prins, Levy, Bruxelles.
Pyls, Maestricht.

Q

Quairier, Joseph, Bruxelles
Quarré, Émile, Gosselies.
Quetelet, Bruxelles.
Quinotte, Alfred, Liége.

R

Rachez, Henri, Bruxelles.
Raingo, B. J., Dour.
Rakowski, Denis, Bruxelles.

Rathbone, Liverpool.
Rathbone, Mad., Liverpool.
Rensing, J. G., Saint-Josse-ten-Noode.
Rey aîné, Bruxelles.
Reyntiens, N. J., Bruxelles.
Rodenbach-Mergaers, Roulers.
Rogier, Firmin, Paris.
Rolin, Gand.
Rolin-Jacquemyns, Gand.
Rondelet, Clermont-Ferrand.
Roney, sir Cusack, Londres.
Ronnow-Hansen, Christiania.
Roussel, A., Bruxelles.
Rousselle, Hyp., Mons.
Royer de Behr, Bruxelles
Rupp, Lewis, New-York.

S

Sabatier, Bruxelles.
Sacré, Bruxelles.
Sacré, Aug., Ixelles.
Samuel, Ad., Bruxelles.
Sarphati, Amsterdam.
Sauvestre, Ch., Paris.
Sauveur, Bruxelles.
Sax, Alphonse, Paris.
Schouppe, Lucien, Termonde.
Schouten-Devadder, Bruxelles.
Schuster, Bruxelles.
Selb, Hippolyte, Anvers.
Sergeant, Pierre, Bordeaux.
Sève, Aug., Bruxelles.
Sève, Ed., Bruxelles.
Seydlitz, Maestricht.
Sieburgh, J. W. C., Amsterdam.
Simon, Jules, Paris.
Slingeneyer, E., Bruxelles.
Société de jurisprudence, Berlin.
Somerhausen, Bruxelles.
Souverain, Hipp., Paris.
Spanoghe, Bruxelles.
Spring, Ant., Liége.
Squillier, Termonde.
Staes, Prosper, Bruxelles.
Stecher, J., Liége.
Stengel, Bruxelles.
Stevens, J., Louvain.
Strens, Jules, Anvers.
Stroobant, Bruxelles.
Stuckens, Bruxelles.
Suringar, Amsterdam.

T

Tallois, docteur, Bruxelles.
Tardieu, Ch., Bruxelles.
Tarlier, J., Bruxelles.
Telghuys, H. J. A., Anvers.
Telle, Louis, Tournai.
Tempels, Pierre, Ypres.
Terrade, Bruxelles.
Theis, Bruxelles.
Thibeau, Céroux-Mousty.
Thibou, J. B., Bruxelles.
Thiéfry, Bruxelles.
Thooris, L., Bruges.
Tielemans, Bruxelles.
Tillière, Thomas, Bruxelles.
T'Kint de Nayer, Gand.
Tomachevski, Gembloux.
Trappeniers, Antoine, Bruxelles.
Trekker, Pierre, Anvers.
Troye, Mons.
Tschaggeny, Bruxelles.
Twining, J., Twickenham.

U

Ulbach, Louis, Paris.
Umé, Godefroid, Liége.
Uytterhoeven, André, Bruxelles.
Uytterhoeven, Victor, Bruxelles.

V

Vaillant, La Haye.
Valkenaere, Bruges.
Valleroux, Hubert, Paris.
Van Bellingen, Ant., Anvers.
Van Bemmel, Bruxelles.
Van Bomberghen, Anvers.
Van Camp, Bruxelles.
Van Camp, Bruxelles.
Vancaubergh, O. C., Bruxelles.
Vandamme, Jules, Arlon.
Van den Bergh, Amersfoort.
Vanden Broeck, Victor, Bruxelles.
Van den Corput, Dr, Bruxelles.
Vanden Eyndt, Alph., Anvers.
Van den Kerkhove, Bruxelles.
Van der Auwera, Bruxelles.
Vanderborght, A., Bruxelles.

Vander Elst, Ernest, Braine le Comte.
Vanderkindere, Léon, Uccle.
Vandevelde, L., major, Bruxelles.
Vandezanden, Anvers.
Vandievoet, J., Bruxelles.
Van Eik, Amsterdam.
Van Elewyck, chevalier, Héverlé.
Van Ham, Ch., Anvers.
Van Hassell, André, Bruxelles.
Van Havre, Chevalier-Gustave, Wyneghem.
Van Heck, Édouard, Bruges.
Van Hoeter, Bruxelles.
Van Holsbeck, H., Bruxelles.
Van Hoorde, Louis, Bruxelles.
Van Hoytema, Culembourg, Hollande.
Van Humbeeck, Bruxelles.
Van Meenen, Bruxelles.
Van Moer, Bruxelles.
Van Overloop, Bruxelles.
Van Parys, I. E., Bruxelles.
Van Peborg, Ed., Anvers.
Van Rees, Utrecht.
Van Roey, Anvers.
Van Vloten, A. A., Bruxelles.
Van Vloten, Bruxelles.
Van Volxem, Bruxelles.
Van Vreckom père, Bruxelles.
Varentrapp, Georges, Francfort.
Vauthier, Bruxelles.
Vautier, I., Bruxelles.
Verbiest, Jacques, Anvers.
Verboeckhoven, E.-B., Schaerbeck.
Verboeckoven, Hipp., Bruxelles.
Vercamer, Namur.
Vercken, Léon, Anvers.
Verduchène, Maestricht.
Verheyen, Saint-Gilles.
Vermeulen, Em., Bruxelles.
Vinchent, I.-H., Bruxelles.
Visschers, Bruxelles.
Vissering, S., Leyde.
Vivier, Joseph, Bruxelles.
Vléminckx père, Bruxelles.
Vléminckx, Vict., Bruxelles.

W

Wachter, Alfred, Bruxelles.
Waedemont, Bruxelles.
Waelbroeck, Ch., Gand.
Waha de Baillonville, baron, Liége.
Washer, Ferd., Bruxelles.

Washer, Gustave, Bruxelles.
Washer, Victor, Bruxelles.
Watteeu, Bruxelles.
Wautelet, Auguste, Bruxelles.
Wautelet, Camille. Charleroi.
Wautelet, Jean, Charleroi.
Wauters, Ixelles.
Weber, B., Anvers.
Weber, Henri, Bruxelles
Weill, Alex., Paris.
Wendt, E. E., Londres.
Wenmaeckers, Maestricht.
Werefkin, Bruxelles.
Wery, N., Mons.
Westlake, M**, Londres.
Wettrens Van de Vyver, Bruxelles.
Wichmann, Rob., Hambourg.

Wichmann, V. D., Hambourg.
Wiener, Léopold, Bruxelles.
Wiesengrund, Munich.
Willemaers, Bruxelles.
Wins, Bruxelles.
Winsbach, Metz.
Wittox, Hector, Schaerbeek.
Woeste, Ch., Bruxelles.
Wolff, Robert, Bruxelles.
Wolowski, Paris.
Wytsman, Clément, Termonde.
Wyvekens, Bruxelles.
Wyzinski, Henri, Moscou.

Z

Zosakoff, Asie.

CONSEIL D'ADMINISTRATION

Extrait du procès-verbal de la séance du 1er février 1863.

Présidence de M. FONTAINAS, bourgmestre de Bruxelles.

Sont présents : MM. FONTAINAS, président, NOTHOMB, VERVOORT, DE NAYER, LACOMBLÉ, CORR-VANDERMAEREN, BÉRARDI, ÉD. FÉTIS, DEGROUX, WOESTE, SÈVE, COUVREUR.

MM. LE COMTE DE LIEDEKERKE, DE RONGÉ et SAMUEL se font excuser de ne pouvoir assister à la réunion.

M. LE SECRÉTAIRE GÉNÉRAL présente le rapport suivant au nom du *Comité pour la publication des Annales* :

« MESSIEURS,

« Le Comité nommé pour la publication des débats de la première assemblée générale de l'Association et des travaux envoyés aux sections a pris, à l'unanimité de ses membres, les résolutions suivantes :

« Au lieu de paraître en un ou deux volumes, les documents qui sont en notre possession seront publiés en six livraisons, sous le titre d'*Annales de l'Association internationale pour le progrès des sciences sociales*, à partir du mois de février et à intervalles à peu près égaux. Cette publication comprendra les travaux des assemblées, les mémoires jugés dignes de l'impression et des extraits des délibérations du conseil d'administration.

« La première livraison, outre les documents qui ont servi à constituer l'Association, contiendra les comptes rendus des deux séances générales, les discours du banquet, les rapports des cinq sections et des extraits du procès-verbal de la séance du 23 novembre du conseil d'administration.

« Les cinq livraisons suivantes contiendront chacune les travaux d'une section, d'après l'ordre que les sections occupent dans notre organisation.

« Pour la reproduction des débats, on suivra l'ordre logique des matières, de façon à ne pas scinder les délibérations. Aux débats succéderont les mémoires déposés. Conformément à l'art 17 des statuts, votre commission se réserve de donner les mémoires et les débats, soit textuellement, soit par voie d'analyse.

« Une proposition tendant à publier, dans chaque livraison, une fraction des travaux de chacune des sections a été écartée comme peu pratique et de nature à altérer le caractère d'unité qu'il importe de conserver aux livraisons successives. Le seul inconvénient qui résulte du système adopté, c'est que la cinquième section, par exemple, attendra trois ou quatre mois la publication de ses travaux Mais un intervalle d'au moins trois mois séparera encore l'apparition de la dernière livraison de l'ouverture du prochain congrès, et c'est un délai suffisant pour qu'elle puisse servir d'élément aux travaux de cette réunion.

« Nous estimons que six livraisons d'environ 150 pages chacune, suffiront pour l'impression des documents que nous avons à faire connaître à nos associés. Les frais s'élèveront à 4,000 francs à peu près, pour un tirage de mille exemplaires. La publication sera cédée au public à raison de 20 fr., les six livraisons, ou de 4 fr., la livraison séparée.

« Telles sont les propositions que nous soumettons à votre sanction. »

Les conclusions de ce rapport sont adoptées.

M. LE SECRÉTAIRE GÉNÉRAL fait connaître l'avis du *Comité d'exécution* sur les questions suivantes :

1° *Formation de sous-comités.*

« Une proposition signée de MM. Jules Simon, Van Hees, E. Desmarest, Mioulet, Rathbone, Baruchson, Fr. Boult, Pelletan, prince Lvoff, Geelhand, Lemaire, Masson, Deheselle, Matthaei-de Gorge, Corr-Vandermaeren, Mayer-Hartogs, A. Joffroy, Ch. Potvin, Stecher, Duriau, de Pressensé, Beck-Mullendorff et Mⁿᵉ Cl. Royer, réclamait « l'organi-« sation, dans les principales villes de la Belgique et des autres pays, de sous-comités « de l'Association qui continueraient, d'une manière permanente, l'étude des questions « soumises aux congrès annuels. »

Le *Comité d'exécution*, chargé d'examiner la proposition, est d'avis que l'institution de semblables sous-comités n'étant point prévue par les statuts, serait au moins prématurée et présenterait, d'ailleurs, de grandes difficultés d'exécution. En donnant une sorte d'investiture officielle à des groupes de membres, avec mission d'élaborer des rapports sur des questions déterminées, l'*Association*, sous peine de compromettre le caractère de neutralité et d'impartialité auquel elle doit ses premiers succès, se verrait obligée d'exercer une surveillance continuelle sur la composition et les travaux de ces réunions. Elle assumerait ainsi un rôle impossible. Toutefois, le vœu exprimé par les signataires mérite la plus sérieuse attention du conseil, parce que, s'il pouvait se réaliser, sous une autre forme, il tendrait à donner aux travaux des assemblées annuelles plus de solidité et plus d'éclat. En effet, quels excellents fruits ne pourrait-on pas attendre du concours de groupes constitués, dans les divers pays, et venant apporter à nos congrès les résul_tats d'une année d'études sur l'une des questions du programme? La diversité des éléments d'information, le nombre et la variété des faits, la différence même des conclusions, tout se trouverait réuni pour donner aux délibérations générales la plus grande somme possible de lumières ; l'expérience des pays et des siècles serait, pour ainsi dire, concentrée dans nos séances et représentée par les hommes les plus capables d'en dégager d'heureuses et fécondes conclusions.

Alors on verrait arriver promptement à maturité ces grands problèmes sociaux qui font le désespoir des penseurs et des nations, et dont la solution serait d'autant plus prochaine, que notre Association les aurait environnés des clartés d'une enquête plus approfondie et plus universelle.

Le *Comité d'exécution* désire donc vivement qu'il soit donné suite à la proposition soumise à son examen, mais sans engager la responsabilité de l'Association. Qu'usant de leur droit d'initiative et profitant des facilités offertes par les assemblées annuelles, des associés de divers pays s'engagent à former des groupes de spécialistes pour l'étude des questions sociales, qu'ils s'entendent sur les bases générales de leurs travaux, qu'ils désignent des délégués chargés de prendre part aux débats des sections, et le concours empressé du conseil d'administration ne leur fera pas défaut.

Dans ces limites, le *Comité d'exécution* considère la mesure proposée comme la plus utile qui puisse être prise par l'Association pour accomplir ses véritables destinées »

Les conclusions de ce rapport sont adoptées sans discussion.

2° *Souscription à la fondation Savigny.*

M. le comte de Wartensleben, en souscrivant comme membre effectif de notre Association, au nom de la Société de jurisprudence de Berlin, dont il est le président, a présenté au conseil le programme de la *Fondation Savigny* et l'a prié de recueillir des souscriptions pour cette fondation destinée à encourager la science des législations comparées.

Le comité, tout en applaudissant à la généreuse pensée qui a inspiré la fondation Savigny, regrette que l'organisation de l'Association ne lui permette pas de donner complète satisfaction à la demande qui lui est faite. Il propose au conseil de borner son action à solliciter le bon vouloir des associés en publiant le prospectus de la fondation — Adopté

3° *Échange de travaux entre l'Association anglaise et l'Association internationale.*

M. Westlake, secrétaire de la *National Association for the promotion of social science*, de Londres, a proposé « d'échanger entre les deux Associations, d'une part, les rapports des comités délégués par l'Association anglaise ; d'autre part, les communications des membres de l'Association internationale qui seraient chargés d'examiner quelque sujet mis à l'ordre du jour d'un congrès ; de telle sorte que ces pièces pourraient être présentées à une réunion de l'Association-sœur, même dans le cas où elles auraient été destinées à l'autre Association. »

Cette proposition est adoptée à l'unanimité, sous la réserve du consentement des auteurs.

4º *Siége du prochain Congrès.*

Un vote de l'assemblée générale, dans la séance de clôture du 25 septembre dernier, a tranché la question en faveur de la Belgique. Reste à savoir s'il convient d'accepter l'invitation faite par M. le bourgmestre de Kerchove, au nom du conseil communal de Gand, de transférer dans cette ville la deuxième réunion générale de l'Association.

« Dans une première séance, le *Comité d'exécution* s'est demandé s'il serait possible de constituer à Gand des bureaux composés d'éléments empruntés aux diverses nuances d'opinions, comme cela s'est fait pour la formation du comité fondateur et du conseil d'administration. Cette condition, jugée d'une importance extrême, a été l'objet de négociations dont M. le secrétaire général a rendu compte dans une deuxième séance. Il résulte des démarches faites que les intentions du *Comité* ont été parfaitement appréciées à Gand. En cas de difficultés dans le choix des notabilités représentant les diverses nuances d'opinions, le conseil d'administration devrait chercher à vaincre par des démarches personnelles les scrupules et les résistances qui pourraient se produire.

« En conséquence, le *Comité d'exécution* propose l'adoption de la proposition de M. le bourgmestre de Gand. »

Quelques objections sont présentées, exprimant la crainte qu'on ne puisse surmonter les obstacles signalés par le comité d'exécution lui-même. Le transfert du Congrès de Bruxelles à Gand pourrait avoir pour effet de déprécier au lieu d'agrandir l'œuvre entreprise et jusqu'ici si complétement réussie. Bruxelles est une ville quasi européenne, fort connue à l'étranger, attirant la curiosité par ses monuments, ses institutions, la présence de la cour ; elle a l'avantage d'être entièrement à l'abri des tiraillements que causent les petites rivalités dans les villes de province ; elle est plus propre que toute autre cité à servir de siége à des réunions internationales.

D'ailleurs, les pérégrinations de ville en ville ne peuvent conduire l'Association à son but ; au lieu de la consolider, elles ne sauraient que l'affaiblir et lui faire perdre toute importance. Et puis, il ne faut pas espérer de vaincre les prétentions locales ; de mesquines tracasseries, de petites rivalités entraveront la marche de l'Association. On froissera des susceptibilités et on se créera ainsi des germes d'insuccès.

En réponse à ces observations, des membres font remarquer que justement à cause de son caractère international, l'Association est tenue de changer de siége. Le cas est prévu par les statuts. Le Congrès le savait si bien, qu'il a cru nécessaire de déclarer par une sorte d'exception, que la seconde session aurait encore lieu en Belgique. Le choix de la ville a été laissé à la discrétion du conseil. Mais la lettre de M. le bourgmestre de Gand, lue dans la même séance, a été fort applaudie, et c'est la seule demande du même genre qui ait été adressée à l'Association.

Si le conseil prétendait fixer à Bruxelles le siége permanent des réunions de l'Association, on aurait à craindre, tout d'abord, le refus de concours des villes de province et, bientôt après, des pays étrangers ; car les fondateurs ont formellement promis, dans les statuts, d'accomplir ces mêmes pérégrinations contre lesquelles s'élèvent des objections.

Quant aux prétentions locales, elles sont beaucoup moins redoutables qu'on ne paraît le croire. Gand nous donne les assurances les plus satisfaisantes à ce sujet. On y a très bien apprécié l'esprit d'impartialité qui a présidé à l'organisation de l'œuvre ; on s'y montre tout disposé à marcher dans la même voie sous la haute direction du conseil d'administration, auquel on reconnaît tout droit pour la nomination des bureaux des sections.

M. LE PRÉSIDENT regrette que, pour la solution d'une question aussi vitale, le conseil ne compte pas un plus grand nombre de membres présents. Il propose d'ajourner le vote à une prochaine séance.

L'ajournement est combattu par plusieurs membres. Ils craignent qu'il ne serve à rien. Le temps presse, il faut aller en avant. Une nouvelle convocation peut réunir moins de monde encore. Les statuts autorisent le conseil à prendre des résolutions dès que dix membres sont présents.

Revenant au fond de la question, un membre rappelle que l'idée de tenir nos prochaines assises à Gand a été partout fort bien accueillie ; à la séance de clôture, au banquet dans un toast, l'annonce d'une prochaine réunion à Gand a été couverte d'applaudissements. Dans l'opinion publique, la question est depuis longtemps résolue.

Le désir de visiter Bruxelles et d'assister à ses fêtes magnifiques a peut-être valu quelques adhérents à l'Association. Mais ce mobile doit perdre de sa puissance à Bruxelles ; à Gand, au contraire, il la retrouve tout entière. Gand mérite bien, d'ailleurs, d'éveiller la curiosité. Il y a là des institutions et des trésors d'art dignes d'être mieux connus. L'inauguration solennelle de la statue d'Artevelde, le grand « ruwaerd » des Flandres, sera l'occasion de fêtes locales qui auront leur intérêt et leur enseignement.

Après un nouvel échange d'explications sur la proposition d'ajourner le vote, le conseil décide qu'il se réunira de nouveau le vendredi, 6 février, à huit heures du soir, pour prendre une résolution définitive.

5o *Concours sur la moralité dans l'art.*

Le *Comité d'exécution* a examiné la proposition faite par la troisième section d'ouvrir un concours sur la question de *la moralité dans l'art.* Il a pris d'abord connaissance d'une lettre adressée au secrétaire général par M. Ch. Potvin et dont un passage dit : « Je viens, de la part de M. Wiertz, vous répéter, de la façon la plus positive, son offre de joindre, au prix que donnerait l'Association, un portrait peint par lui. Vous jugerez peut-être bon d'ajouter que ce portrait sera celui du lauréat ou d'un membre de sa famille. »

Un membre du comité a exprimé la crainte que la situation de la caisse ne permette pas de donner des prix convenables. Au prochain Congrès, chaque section voudra avoir son concours et son prix. Dans l'occurrence, le mal n'est pas grand, puisque M. Wiertz a la générosité d'offrir un prix d'une valeur considérable. Mais ce serait un mauvais précédent. En supposant qu'on veuille ouvrir le concours réclamé, le terme de rigueur pour le dépôt des mémoires pourrait être fixé à un an. Ce serait au moins un ajournement.

Mieux vaut, fut-il répondu, que le terme soit rapproché, surtout à cause du caractère un peu vague de la question, ce qui exposerait à recevoir des mémoires trop volumineux. Il serait même prudent de limiter le nombre des pages à cent, format des *Annales de l'Association;* car il ne faut pas oublier que l'Association sera tenue de faire ^imprimer à ses frais le mémoire couronné. Il importe donc que le travail ait des proportions déterminées.

Quant à la formule de la question et aux conditions du concours, le comité, tout en regrettant que les circonstances imposent, en quelque sorte, pour premier sujet de concours, une question purement philosophique, dépourvue du caractère d'utilité positive recherché par les fondateurs de l'Association, a décidé néanmoins que le bureau de la 3° section sera chargé du soin de formuler le programme du concours.

M. Éd. Fétis, prié par le bureau de la 3° section de rédiger le programme du concours, donne lecture de son projet de rédaction, déjà soumis au président de la troisième section, M. le comte de Liedekerke-Beaufort.

Le conseil d'administration exprime le désir d'être saisi, dès vendredi prochain, d'une proposition définitive, et vote des remerciements à M. Wiertz pour son offre généreuse.

Extrait du procès-verbal de la séance du 6 février.

Présidence de M. Kervyn de Lettenhove, membre de la Chambre des Représentants, vice-président.

Sont présents . MM. Kervyn de Lettenhove, Couvreur, Nothomb, Geelhand, de Naeir, Van Camp, Woeste, Lehardy de Beaulieu, de Groux, Gérard, Lacomblé, Bérardi, de Rongé, Donckers, Balat, Lacroix.

MM. Fontainas, Vervoort, Corr-Vandermaeren, Fortamps et Sève se font excuser de ne pouvoir assister à la séance.

Après la lecture du procès-verbal de la séance du 1ᵉʳ février, lequel est adopté sans observations, M. le président donne connaissance de la lettre suivante qui lui a été adressée, en date du 3 février, par M. Alph. Vandenpeereboom, ministre de l'intérieur·

« J'ai l'honneur de vous informer que, désirant donner à votre Association un nouveau témoignage de sa vive sympathie, le département de l'intérieur souscrit pour cinquante exemplaires au compte-rendu des séances du mois de septembre dernier.

« Si cette souscription n'atteint point un chiffre plus élevé, c'est, messieurs, parce que je me trouve dans la nécessité de me renfermer dans la limite des crédits destinés à l'encouragement des sciences et des lettres.

« Agréez, etc. »

Des remerciements sont votés à M. le ministre de l'intérieur.

L'ordre du jour appelle la continuation de la discussion sur le siége du prochain Congrès.

Après de courtes explications échangées sur les difficultés d'organiser la réunion à Gand, le conseil adopte à l'unanimité la proposition de tenir à Gand, au mois de septembre prochain, les secondes assises de l'Association.

Le bureau est chargé d'en informer M. le bourgmestre de Gand et de lui transmettre les remerciements du conseil.

M. LE SECRÉTAIRE-GÉNÉRAL annonce que le bureau de la 3ᵉ section n'a pas pu lui faire parvenir la rédaction définitive du programme du concours sur *la moralité dans l'art*. Il propose au conseil de s'en remettre aux décisions du bureau de la section, visées par le *Comité d'exécution*.

M. BÉRARDI, sans s'opposer à la proposition, demande qu'elle ne puisse pas compter comme précédent et que mention de son observation soit faite au procès-verbal. Le conseil porte la responsabilité des concours à ouvrir; il faut que cette reaponsabilité soit réelle.

M. LE PRÉSIDENT appuie ces observations.

M. ALPHONSE NOTHOMB fait remarquer que, déjà, le conseil a résolu la question de principe et même délibéré sur le programme. En conséquence, il est d'avis d'adopter la proposition de M. le secrétaire général, tout en maintenant les réserves faites par M. Bérardi. — Adopté.

Quant aux concours proposés par M. Dutrône, le conseil d'administration se bornera à rappeler que cet honorable conseiller à la cour d'Amiens a offert à l'Association trois médailles, de la valeur de deux cents francs chacune, pour être décernées, l'une, à la *Société de sobriété*, l'autre, à la *Société d'acclimatation*, la troisième, à la *Société protectrice des animaux*, qui, dans l'intervalle de la première à la deuxième session, se seront organisées sur les bases et avec le programme d'action reconnus comme devant être les plus efficaces.

Les sociétés qui veulent prendre part à l'un ou à l'autre de ces trois concours adresseront, avant le 15 août prochain, au conseil d'administration, un exemplaire de leurs statuts et règlements, ainsi qu'un compte rendu de leurs travaux.

M. LE HARDY DE BEAULIEU désire savoir à quel point en est arrivée l'impression des débats du Congrès.

M. LE SECRÉTAIRE-GÉNÉRAL répond que les premières feuilles sont sous presse et que le premier fascicule paraîtra vers la fin du mois. La copie du second fascicule, contenant les débats de la première section, sera mise entre les mains des imprimeurs vers la même époque. Il réclame l'indulgence du conseil pour le comité chargé de la publication; ce comité doit examiner un nombre considérable de travaux et en analyser plusieurs, dans l'intérêt même de la publication. En outre, il est parfois obligé de consulter les orateurs, et cet échange de communications entraîne des retards regrettables.

COMITÉ D'EXÉCUTION.

Extrait du procès-verbal de la séance du 5 mars.

Sont présents : MM. BERARDI, CORR-VANDERMAEREN, COUVREUR, J. GÉRARD, ALPH. NOTHOMB et A. DE VERGNIES, secrétaire.

MM. FONTAINAS, PRÉVINAIRE et VLÉMINCKX se font excuser de ne pouvoir assister à la réunion.

Après avoir adopté le procès-verbal de la séance précédente, le comité prend connaissance du projet de programme du concours sur *la moralité dans l'art*. Il approuve la rédaction qui lui est transmise par le bureau de la troisième section, sauf les amendements suivants :

Au lieu de 150 pages, il limite les mémoires à 100 pages, format des *Annales de l'Association*.

Au lieu du 15 juillet, il fixe le terme du dépôt des mémoires au 15 août prochain.

Il supprime la phrase qui exige le dépôt de tous les mémoires dans les archives de l'Association.

Il ajoute après les mots : « le portrait du lauréat, » ceux-ci : « ou d'un membre de sa famille. »

Il décide, en outre, que le mémoire couronné restera la propriété de l'auteur.

En conséquence, le comité charge M. le secrétaire-général de la publication du programme de ce concours, ainsi que des concours proposés par M. Dutrône.

Voici en quels termes M. Dutrône a formulé ses propositions :

PREMIER CONCOURS. — SOCIÉTÉS DE SOBRIÉTÉ.

« On a demandé, par d'excellentes communications, que la législation concernant les aliénés soit améliorée sous plusieurs rapports.

« Je commence par m'associer à ces justes réclamations. Puis, je demanderai la permission de proposer un moyen préventif contre la folie même.

« Cette cruelle maladie provient, le plus souvent, de l'ivrognerie directement, soit de la débauche ou de la misère qu'elle engendre. Prévenir l'ivrognerie, c'est donc prévenir de nombreux cas d'aliénation mentale, et n'oublions pas que c'est prévenir aussi une infinité de délits et de crimes, comme ceux qui sont constatés chaque jour par les tribunaux correctionnels, les cours d'assises et les conseils de guerre.

« Dans ce quadruple but, je viens de mettre à la disposition de l'Association internationale une médaille d'or (valeur de 200 francs), pour être, à la prochaine session du Congrès, décernée à la Société de sobriété, qui, d'ici à cette époque, se sera organisée sur les bases et avec le programme d'action, qui seront reconnus comme devant être les plus efficaces.

« Les Sociétés qui voudront concourir adresseront, un mois avant la réunion de la prochaine session, au comité permanent de l'Association, un exemplaire de leurs statuts et règlements, ainsi qu'un compte rendu de leurs travaux. »

DEUXIÈME CONCOURS. — SOCIÉTÉS ET JARDINS D'ACCLIMATATION.

La section d'économie politique, s'occupant de la *richesse publique* sous toutes les formes, a reçu la seconde proposition faite en ces termes :

« Le développement de la richesse agricole occupe un rang si élevé dans la science sociale, que j'ai cru devoir attirer l'attention du Congrès sur un nouveau genre d'association appelée à augmenter considérablement cette richesse : — richesse qui, outre qu'elle fournit à nos premiers besoins matériels, a l'avantage moral de conserver à la vie régénératrice des campagnes les jeunes populations entraînées vers le gouffre asphyxiant des villes, où elles vont s'éteindre misérablement.

« Les nouvelles sociétés dont je veux parler sont les sociétés d'acclimatation. L'extension des richesses agricoles qu'elles ont pour but porte sur le règne animal et le règne végétal dans leurs espèces principales.

« Il y aura tantôt cent ans, Buffon disait :

« L'homme ne sait pas assez ce que peut la nature, et ce qu'il peut sur elle. Au lieu de
« la rechercher dans ce qu'il ne connaît pas, il aime mieux en abuser dans ce qu'il en
« connaît. »

« Puis, à cet enseignement critique, il fait succéder un fécond enseignement pratique, en consacrant à l'étude de toutes les productions de la nature, le Museum d'histoire naturelle, où, plus tard, Étienne Geoffroy Saint-Hilaire créa la ménagerie, première pierre de cet édifice que, soixante ans après, son digne fils achevait par la Société d'acclimatation et son jardin du bois de Boulogne.

« Notre ambition, a dit M. Drouin de Lhuys, en séance solennelle de la Société d'acclimatation, est d'ajouter, dans le règne animal et dans le règne végétal, des nouveautés utiles à nos anciennes richesses.

« ... Distinguons, parmi les choses appropriées à nos besoins les plus vulgaires, à notre
« alimentation, à notre vêtement, celles que produit spontanément notre sol, et celles qui
« proviennent de l'acclimatation · nous verrons que, réduits aux premières, nous péri-
« rions en quelques jours de misère et de faim. Les animaux qui composent le grand
« cheptel que l'homme a, pour ainsi dire, attaché à l'exploitation de son domaine sont
« presque tous originaires de l'Orient, et particulièrement de l'Asie. Le blé lui-même n'est
« point un produit naturel de nos contrées. Le gland du chêne, quelques fruits après,
« quelques légumes insipides, peuvent seuls prétendre à l'indigénat. L'homme, en Europe,

« ne vivrait donc que du produit de la chasse, et la population n'aurait jamais pu s'y
« développer, si elle n'eût emprunté à d'autres régions un large supplément d'animaux et
« de plantes. »

« D'après M. Alph. de Candolle, sur 137 espèces les plus généralement cultivées,
« 33 sont originaires de l'Asie septentrionale et occidentale ; 1 de l'Afrique septentrionale ;
« 3 de l'Afrique intertropicale ; 40 de l'Asie méridionale et de l'Archipel asiatique ; 11 de
« l'ancien monde, mais douteuses quant à la région ; 2 de l'Amérique septentrionale, sauf
« les Antilles ; 20 de l'Amérique méridionale, de Panama et des Antilles ; 5 de l'Amérique,
« avec doute sur la région ; 1 d'origine absolument inconnue ; 35 seulement apparten-
« nent à l'Europe.

« Permettez-moi de vous présenter une très petite partie du catalogue des végétaux
« utiles ou d'ornement que la France paraît avoir empruntés aux régions étrangères
« Parmi les céréales, le froment et le sarrasin viennent de l'Asie ; le seigle, de la Sibérie,
« le riz, de l'Éthiopie ; le maïs, de l'Amérique méridionale. Parmi les légumes, le con-
« combre, de l'Espagne ; l'artichaut, de la Sicile et de l'Andalousie ; le cerfeuil, de l'Italie,
« le cresson, de Crète ; la laitue, de Coos ; le chou blanc, du Nord ; le chou vert, le chou
« rouge, l'oignon et le persil, de l'Égypte ; le choufleur, de Chypre ; l'épinard, de l'Asie
« Mineure ; l'asperge, de l'Asie ; la citrouille, d'Astrakan ; l'échalotte, d'Ascalon ; le haricot,
« de l'Inde ; le raifort, de la Chine ; le melon, de l'Orient et de l'Afrique ; l'Amérique nous
« a fourni la pomme de terre et le topinambourg. Parmi les fruits, nous devons l'aveline,
« la grenade, la noix, le coing et le raisin à l'Asie ; l'abricot, à l'Arménie ; le citron, à la
« Médie ; la pêche, à la Perse ; l'orange, à l'Inde ; la figue, à la Mésopotamie ; la noisette et
« la cerise, au Pont ; la châtaigne, à la Lydie, la prune, à la Syrie ; les amandes, à la Mau-
« ritanie, et les olives, à la Grèce. Parmi les plantes qui servent à divers usages, citons
« encore le tabac, du nouveau monde ; l'anis, de l'Égypte ; le fenouil, des Canaries, le
« ricin, de l'Inde ; le laurier, de la Crète ; le sureau, de la Perse, etc., etc. »

« Toutes ces acclimatations, données par le passé, sont une garantie de celles que
l'avenir peut accorder à des Sociétés spéciales bien organisées.

« De pareilles Sociétés, en multipliant les richesses végétales et animales nécessaires à
nos premiers besoins, augmentent le bien-être des populations et leur permettent de se
développer plus nombreuses, sur un espace donné : avantage inappréciable dans notre
Europe si étroite. Obtenir de tels résultats, c'est, pour ainsi dire, ajouter à la création et
agrandir le monde.

« Désirant donc que les *Sociétés* et les *Jardins d'acclimatation* se multiplient et se per-
fectionnent dans leur organisation, je m'empresse de mettre à la disposition de l'Association internationale une médaille d'or (valeur 200 francs), pour être, à la prochaine session
du Congrès, décernée à la Société d'acclimatation qui, d'ici à cette époque, se sera organisée sur les bases et avec le programme d'action qui seront reconnus comme devant être
les plus efficaces.

« Les Sociétés qui voudront concourir adresseront, un mois avant la réunion de la prochaine session, au comité de l'Association internationale, un exemplaire de leurs statuts
et règlements, ainsi qu'un compte rendu de leurs travaux. »

TROISIÈME CONCOURS. — SOCIÉTÉS PROTECTRICES DES ANIMAUX.

« C'est à la section d'éducation, dans les attributions de laquelle se trouvent *l'élévation du niveau social, l'adoucissement des mœurs et l'augmentation de la puissance productive,* que la troisième médaille d'or a été offerte par les lignes suivantes :

« Tout ce qui peut contribuer à adoucir les mœurs de l'homme et à développer en lui le sentiment de la justice élève évidemment notre *niveau social.* Ce double caractère existe dans les Sociétés protectrices des animaux. Elles ont donc droit à nos préoccupations.

« Ces Sociétés, en combattant chez l'homme les habitudes de mauvais traitements envers les êtres inférieurs, défendent la cause de l'humanité même. Car si l'homme n'est point réprimé dans sa cruauté pour les animaux, il étendra ses habitudes cruelles sur ses semblables.

« D'un autre côté, les mauvais traitements exercés sur l'animal qui nous sert constituent un acte d'injustice, et l'injustice envers un être souffrant conduit à l'injustice envers l'homme. Le cœur est donc endurci et l'esprit faussé par le défaut, par le vice que les Sociétés protectrices combattent.

« La protection exercée envers les animaux, outre le bien moral que je viens de rappeler, présente de grands avantages matériels. L'agriculture, faisant la force et la richesse des États, le bétail, faisant la force et la richesse de l'agriculture, toute nation est intéressée à ce que les animaux domestiques soient bien traités, et à ce que l'on n'exige d'eux qu'un service en rapport avec leur force, avec leurs aptitudes, parce que, dans ces conditions, ils donnent plus et de meilleurs produits ; ils travaillent plus efficacement, et vivent plus longtemps ; tandis que la négligence, la parcimonie, la brutalité, non seulement diminuent leur rendement, leur valeur et abrégent leur vie, mais amènent souvent des épizooties, ruine de toute une contrée.

« Les Sociétés protectrices défendent ainsi l'intérêt moral et l'intérêt matériel de l'humanité, contribuent puissamment, on le voit, au progrès social. Et il importe que l'intensité de leur action s'accroisse.

« En France, le premier germe de progrès apparut en l'an X de la République. On avait posé pour sujet d'un prix à décerner en vendémiaire an XII cette question :

« Jusqu'à quel point les traitements barbares exercés sur les animaux intéressent-ils la « morale publique et conviendrait-il de faire des lois à cet égard ? »

« A Londres, en 1809, la même idée trouvait, dans lord Ersking, un promoteur dévoué ; puis, Richard Martin, en 1822, attachait son nom au premier acte anglais, pour la répression de la cruauté envers les animaux ; et, en 1824, il fondait la première Société qui ait existé pour la poursuite de ce noble but. — La Société de Londres, patronée par la reine ainsi que par la haute aristocratie, et enrichie par des legs nombreux, est maintenant une puissante institution.

« A Paris, en 1839, sous les auspices de MM. le comte de Laborde et le duc de la Rochefoucauld-Liancourt, un essai de Société fut tenté, mais sans résultat.

« A Munich, en 1841, sous le patronage du feu prince, frère du roi Louis, et auquel a succédé S. A. R. le prince Adalbert, frère du roi régnant, une Société, devenue célèbre, se forma ; et, par le dévouement hors ligne de M. le conseiller Perner, elle contribue sans relâche à en faire organiser de semblables dans les États voisins, si bien que les Sociétés de dix-huit villes, appartenant à tous les pays de l'Allemagne, étaient représentées au Congrès spécial qui vient de se réunir à Hambourg (31 juillet 1862).

« En 1842, devant la Société d'agriculture de Melun, M. le vicomte de Valmer, et, à l'École vétérinaire de Lyon, M. le professeur Magne, émettaient le vœu que des Sociétés protectrices fussent organisées en France. — En 1843, M. Dumont de Monteux réclamait auprès de l'administration une loi pour la *protection des animaux*, et M. Gabriel Delessert, préfet de police, défendait aux cochers « de frapper les chevaux avec le manche de leur « fouet, ou de les maltraiter de quelque manière que ce soit. » — En 1844, Camille Pagaud, secrétaire général de l'agriculture, manifestait officiellement les mêmes sentiments

« En 1844, MM. le vicomte de Valmer et Périsot de Cassel fondèrent la Société de Paris. »

« Cette Société, — dont l'action incessante encouragea l'initiative parlementaire d'un de ses membres, M. le général de Grammont, promoteur, en 1850, de la loi qui porte son nom, — vient, après avoir subi les épreuves du conseil d'État, d'être reconnue comme Société d'utilité publique.

« Afin d'accélérer la formation de semblables Sociétés, et d'étendre ce nouveau progrès de la science sociale, je viens mettre à la disposition de l'Association internationale une médaille d'or (valeur 200 francs), pour être, à la prochaine session du Congrès, décernée à la Société protectrice des animaux qui, d'ici à cette époque, se sera organisée sur les bases et avec le programme d'action qui seront reconnus comme devant être les plus efficaces.

« Les Sociétés qui voudront concourir adresseront, un mois avant la réunion de la prochaine session, au comité de l'Association internationale, un exemplaire de leurs statuts et règlements, ainsi qu'un compte rendu de leurs travaux.

« Bruxelles, 24 septembre 1862.

« (Signé) DUTRÔNE,

« Délégué de la Société protectrice des animaux (Paris) »

CONCOURS OUVERTS PAR L'ASSOCIATION

CONCOURS SUR LA QUESTION DE LA MORALITÉ DANS LA LITTÉRATURE

La question *de la moralité dans la littérature* a été longuement discutée au sein de la troisième section. De brillants orateurs ont pris part au débat, qui a rempli plusieurs séances et excité un vif intérêt. Sur une proposition fortement appuyée, il a été décidé que le conseil d'administration de l'Association serait prié de faire de cette même question l'objet d'un concours. Le conseil a résolu de déférer au vœu exprimé par la troisième section. En conséquence, un concours est ouvert sur la question formulée en ces termes :

« De la moralité dans la littérature.

« Par quels signes se manifeste, dans les productions de la littérature, l'affaiblissement du sens moral ?

« Quelles sont les causes de cet affaiblissement et quels en sont les résultats ♦

« Par quels moyens cette déviation des esprits peut-elle être corrigée?

« Appliquer à l'art en général les principes énoncés d'une manière particulière pour la littérature. »

Les mémoires adressés en réponse à cette question ne pourront pas excéder cent pages, format des *Annales de l'Association*. Les manuscrits devront être envoyés au conseil de l'Association avant le 15 août prochain. Ils porteront une devise répétée sur un billet cacheté renfermant le nom de l'auteur.

Tout auteur qui se sera fait connaître sera exclu du concours.

Le prix consiste en une médaille d'or *de la valeur de 300 francs*. M. Wiertz, voulant s'associer à la pensée qui a fait instituer le concours, s'engage à faire gratuitement le portrait du lauréat ou d'un membre de sa famille.

Le mémoire couronné sera imprimé aux frais de l'Association. Il restera la propriété de l'auteur.

Un jury nommé par le conseil d'administration sera constitué juge du concours. La décision sera proclamée à l'une des séances du prochain Congrès.

—————————

Indépendamment de ce concours, un membre de l'Association, M. Dutrône, conseiller honoraire à la cour d'Amiens (France), délégué de la *Société d'acclimatation* et de la *Société protectrice des animaux de Paris*, a offert au conseil trois médailles, chacune de la valeur de 200 fr., pour être décernées :

1° L'une à la *Société de sobriété* qui d'ici à la prochaine session du Congrès se sera organisée sur les bases et avec le programme d'action qui seront reconnus comme devant être les plus efficaces ;

2° Les deux autres à la *Société d'acclimatation* et à la *Société protectrice des animaux* qui, dans le même délai, se seront organisées dans les mêmes conditions que la précédente.

Les sociétés qui voudront concourir adresseront, avant le 15 août, au conseil d'administration de l'Association internationale, 46, rue de Ligne, un exemplaire de leurs statuts et règlements, ainsi qu'un compte rendu de leurs travaux.

Prospectus adressé au conseil par M. le comte DE WARTENSLEBEN.

La Société de jurisprudence deB erlin a célébré, le 29 novembre, en l'honneur du grand jurisconsulte Savigny une fête commémorative à laquelle assistaient LL. MM. le roi et la reine, le prince royal, le ministre de la justice, le ministre de l'instruction publique et des cultes, un grand nombre de membres du corps diplomatique, et plusieurs hauts fonctionnaires de la magistrature, de l'armée, de l'université et de la ville de Berlin.

L'éloge de l'illustre défunt a été prononcé par M. Heydemann, professeur en droit.

A la fin de la cérémonie, le président de la Société de jurisprudence, comte de Wartensleben, a annoncé à l'assemblée qu'une fondation pour l'encouragement de la science des législations comparées allait être créée sous le nom de *Fondation Savigny.*

LL. MM. le roi et la reine ont daigné permettre d'inscrire leurs noms en tête de la liste des souscripteurs.

FONDATION SAVIGNY

Les immenses services que Frédéric-Charles de Savigny a rendus à la jurisprudence moderne, en Allemagne et à l'étranger, lui ont acquis des titres glorieux et impérissables à la reconnaissance des jurisconsultes et des législateurs de tous les pays. Ces titres imposent à ses admirateurs le devoir d'élever un monument à sa mémoire.

Une fondation portant son nom, et soutenue par les contributions volontaires de ses disciples de toutes les nations, répandra partout des encouragements et des bienfaits sur les adeptes de la science à laquelle il avait consacré sa vie. Un pareil monument serait sans doute plus digne de sa mémoire vénérée que ne le serait le marbre ou le bronze.

Telle est la pensée qui a décidé les soussignés à établir la fondation Savigny. Ils espèrent qu'elle trouvera en France comme en Allemagne une approbation et un appui efficaces.

La fondation Savigny a pour but :

1° D'encourager par des récompenses proportionnées :

a) Les travaux les plus remarquables de législation comparée, relatifs surtout au droit romain et au droit germanique ;

b) Les meilleurs ouvrages qui, se rattachant à *l'histoire du droit romain au moyen âge,* seront consacrés à exposer l'histoire des dogmes et de la littérature juridiques des temps postérieurs à l'époque qu'a traitée Savigny.

2° De fournir aux jurisconsultes d'un mérite reconnu, sans distinctions de nationalité, les moyens d'aller étudier à leur source même les institutions juridiques de l'étranger

Les souscripteurs sont invités à envoyer le montant de leur souscription à A.-J. Stern et Cⁱᵉ, banquiers à Paris, rue de la chaussée d'Antin, 68, au compte de la maison M. Borchardt Junior, à Berlin, Franzosische-Strasse, 32.

Les soussignés se chargent également de recevoir les souscriptions et de les transmettre à la maison Borchardt.

La souscription close, l'Académie royale des sciences de Berlin se chargera de l'administration du capital et de l'emploi des revenus de la fondation, d'après les statuts qui seront établis par elle en commun avec les soussignés; elle s'entendra ensuite avec les Académies des sciences de Munich et de Vienne, pour que la distribution des récompenses et des subventions soit faite, alternativement, par l'une de ces trois sociétés savantes.

Un compte rendu trimestriel des progrès de la souscription, ainsi qu'un compte définitif après sa clôture, sera publié par les soussignés.

Le ministre de la justice, DE BERNUTH.
Le ministre de l'instruction publique et des cultes, DE BETHMANN-HOLLWEG.
BORCHARDT, conseiller à la cour royale de Berlin.
BORNEMANN, président au tribunal suprême.
BRUNS, professeur en droit.
DOVE, docteur en droit, agrégé à la faculté de Berlin.
GNEIST, professeur en droit.
HEYDEMANN, conseiller intime de justice, professeur en droit.
HOMEYER, conseiller au tribunal suprême, professeur en droit.
MEYEN, procureur du roi.
Le ministre des finances, baron DE PATOW.
RICHTER, conseiller intime de régence, professeur en droit.
RUDORFF, conseiller intime de justice, professeur en droit.
Le ministre de l'intérieur, comte DE SCHWERIN.
SIMSON, avocat près la cour royale de Berlin.
VOLKMAR, conseiller de justice, avocat près le tribunal suprême.
Comte DE WARTENSLEBEN, conseiller à la cour royale de Berlin.

Berlin, décembre 1861.

LISTE ALPHABÉTIQUE

DES MEMBRES PROTECTEURS ET EFFECTIFS DONT LA COTISATION A ÉTÉ PERÇUE

(Suite)

—

MEMBRES EFFECTIFS

(Souscription annuelle. —20 fr.)

About, Moscow.
Barbanson, Ernest, Bruxelles.
Carlier, docteur, Bruxelles.

De Stubenrauch, Vienne.
Dognée, Eug., Liége.
Horn, publiciste, Paris.

CONSEIL D'ADMINISTRATION

Extrait du procès-verbal de la séance du 8 mai 1863.

Présidence de M. TIELEMANS, président à la cour d'appel de Bruxelles.

Sont présents : MM. TIELEMANS, CORR-VAN DER MAEREN, DE NAEYER, BÉRARDI, VLÉMINCKX père, STAES, BERGÉ, FÉTIS père, FÉTIS ED., GEELHAND, DE MOT, ASSER, VAN HEES, DE GROUX, WOESTÉ, LACROIX, FRÉDÉRIX, COUVREUR.

M. LE SECRÉTAIRE GÉNÉRAL annonce que MM. FONTAINAS, FORTAMPS, NOTHOMB, SÈVÉ, MAX WIRTH, CLAMAGERAN, TROMPEO, DEROISIN, LUZAC, CINI, DE STUBENRAUCH, CARINA DINO, NAKWASKI, ULBACH, JOLLES, ont adressé au conseil l'expression de leurs regrets de ne pouvoir pas assister à la réunion.

Puis il donne l'analyse suivante de la correspondance :

M. MAX WIRTH, économiste à Francfort, demande qu'à la question des *associations coopératives* soient ajoutés ces mots : « *Et de quel effet est l'influence de l'État sur ces Associations?* » Il promet d'intéressantes communications sur ce sujet.

M. CLAMAGERAN, docteur en droit à Paris, désire voir figurer au programme, la question du meilleur mode d'organisation du pouvoir judiciaire, et reporter de la quatrième à la cinquième section, la question des *Associations coopératives;* puis retrancher de la cinquième section, la première et la cinquième question, parce qu'elles rentrent dans la question générale de l'impôt, traitée à fond l'an dernier. Il réclame, en outre, l'institution d'assemblées générales pour toutes les après-midi de la session.

M. TROMPEO, président de l'Académie de médecine, à Turin, demande que la section d'hygiène porte à son ordre du jour la question de l'établissement des rizières, des causes et des effets de l'insalubrité de ce genre de culture, ainsi que des mesures préventives propres à garantir contre ce mal.

M. Deroisin, avocat à Paris, rappelle ses observations antérieures sur le nombre et la tenue des séances générales, en exprimant le vœu que l'Association conserve pourtant le caractère pratique que lui ont donné ses statuts.

M. Cini, député au parlement, à Turin, propose de modifier la rédaction de la cinquième question de la cinquième section de la manière suivante : « Est-il utile pour l'État et pour « le public, que le transport des lettres soit libre ou soumis à un monopole ? Dans le cas « où l'État possède le monopole, est-il tenu d'organiser le service de la poste au prix « coûtant? » Pour appuyer sa proposition, M. Cini envoie un numéro du compte rendu des débats de la Chambre de Turin sur ce sujet.

M. de Stubenrauch, professeur à l'Université de Vienne, demande qu'on ajoute à l'ordre du jour de la deuxième section, la question suivante : « L'enseignement dans les écoles primaires doit-il être en général gratuit ou non? » Il fait connaître que la question est en ce moment très débattue en Autriche.

M. Carina Dino, professeur d'économie industrielle, à Florence, approuve le programme et promet d'assister au prochain Congrès.

M. Nakwaski, ancien noncé à la Diète de Pologne, à Tours, demande : 1° que les réunions du conseil d'administration soient périodiques et régulières, que trois réunions se tiennent annuellement, l'une immédiatement après la session, l'autre à Pâques, la troisième à l'ouverture du Congrès ; 2° qu'on tienne compte des observations présentées au sujet des séances générales par MM. Garnier et Suringar; 3° que l'Association s'applique à devenir de plus en plus internationale en recherchant l'adhésion d'un plus grand nombre de nationalités ; 4° que les listes des membres soient dressées par nationalités et non par pays ; 5° qu'une liste des membres présents au Congrès soit distribuée pendant la session ; 6° qu'une publication spéciale rende compte, jour par jour, des débats de l'Association et soit distribuée le lendemain même des séances, ainsi que cela eut lieu au Congrès de bienfaisance de 1856 ; 7° que la session de 1864 ait lieu en Suisse.

Quant au programme provisoire des sections, M. Nakwaski fait remarquer qu'on n'a pas assez tenu compte des résolutions prises au Congrès. Ainsi la quatrième section avait décidé de mettre à son ordre du jour la question du système pénitentiaire. La seconde section avait émis le même vœu pour la question des colléges internationaux; la cinquième, pour la question du crédit foncier. Enfin il est d'avis que le conseil d'administration soit convoqué de nouveau dans deux mois, afin « de débattre toutes ces questions « générales et de détail avec plus de connaissance de cause. »

M. L. Ulbach, homme de lettres, à Paris, exprime le désir que le service sténographique soit organisé de telle sorte qu'on puisse, le lendemain même des séances, vérifier et revoir les discours.

M. Jolles, conseiller à la haute cour des Pays-Bas, à La Haye, pense qu'il serait utile afin d'éviter des discours longs et vagues, de statuer que les communications doivent particulièrement porter sur des faits. Il demande s'il ne serait pas possible d'ajouter au programme les questions suivantes : 1° Est-il nécessaire de maintenir dans les législations le statut personnel? Serait-il préférable d'ordonner que les lois concernant les droits, l'état et la capacité des personnes obligent tous ceux qui se trouvent sur le territoire? 2° La peine de mort devient heureusement de plus en plus rarement exécutée. Ne vaudrait-il pas mieux l'abolir?

M. LE COMTE DE WARTENSLEBEN, conseiller à la cour royale à Berlin, transmet à l'*Association* les statuts et les documents relatifs à la *Fondation Savigny*, pour qu'une analyse puisse en être publiée dans les *Annales*.

M. PAUL ITHIER, homme de lettres, à Bruxelles, propose de mettre à l'ordre du jour la question suivante : « Le droit social est identique pour l'homme et la femme; le droit étant méconnu quant à celle-ci, il y a lieu d'en réclamer l'application. Cette application étant, dans la pratique, subordonnée à l'état des connaissances, il importe de réformer l'éducation de la femme. »

MM. AUG. BURY, JULES BOURDON, DE BEHR, HANSSENS et J. DELBŒUF, membres du comité provisoire de l'Association fondée à Liége pour l'abolition de la peine de mort, demandent que l'Association internationale place à l'ordre du jour du prochain Congrès, *la question de la peine de mort.— De son maintien ou de son abolition.* Ils pensent que ce sujet doit amener une discussion aussi utile qu'intéressante et ils espèrent que la haute importance pour le progrès social, et l'actualité pressante de la question de la peine de mort, feront bien accueillir leur demande.

M. LE SECRÉTAIRE GÉNÉRAL propose de faire droit à la demande de M. Nakwaski, en ce qui concerne une nouvelle réunion du conseil d'administration, et d'en fixer la convocation pour le mois de juillet. — Adopté.

Il annonce que M. VAN HEES, secrétaire général de la société *Tot nut van t'algemeen*, d'Amsterdam, et qui assiste à la séance, fait hommage à l'Association internationale, des statuts et du compte rendu des travaux de cette société, documents qui seront très utiles à consulter quand il s'agira de modifier le règlement. — Des remerciements sont votés à M. Van Hees

Il rappelle que la date précise de la deuxième session n'avait pas été déterminée par le conseil d'administration qui avait chargé le comité d'exécution de s'entendre à ce sujet avec l'administration communale de Gand. La date du 14 septembre a été choisie afin de faire concorder la session, 1° avec la clôture du Congrès de statistique et de bienfaisance de Berlin, 2° avec l'inauguration de la statue de Jacques Van Artevelde, 3° avec l'Exposition universelle des beaux-arts.

Enfin il donne lecture du projet de circulaire rédigé par le *Comité d'exécution* pour annoncer le prochain Congrès, rappeler les principes constitutifs de l'Association, publier le texte des concours et donner les informations les plus nécessaires. — Ce projet est approuvé.

Le conseil passe à l'examen des questions préparées par les bureaux des cinq sections, pour être mises à l'ordre du jour du prochain Congrès.

M. LE PRÉSIDENT donne lecture de chacune de ces questions.

PREMIÈRE SECTION. — LÉGISLATION COMPARÉE.

1. « Il est désirable que les jugements rendus dans chaque pays puissent recevoir leur exécution dans les autres. Quelles sont les garanties, les formalités et les conditions à établir par les lois politiques ou les traités pour réaliser ce progrès? »

Un membre fait observer que la première phrase contient une assertion contestable Il peut être fort dangereux, par exemple, de rendre exécutoire en Belgique un jugement rendu à Constantinople.

M. LE PRÉSIDENT répond que l'objection serait fondée si l'on ne réclamait pas l'examen des garanties, des formalités et des conditions. Le principe n'est pas contesté. Les divergences d'appréciation ne portent que sur le mode d'application.

M. ASSER propose d'ajouter au mot *jugements* les mots *et les actes authentiques.* Après quelques observations tendant à montrer que cette addition compliquerait inutilement la question, cet amendement est retiré. — La rédaction primitive est adoptée.

2. « Lorsqu'un crime a été commis, la société a le droit d'en arrêter et détenir préventivement l'auteur, à l'effet de rétablir tout d'abord la sécurité publique et de parvenir ensuite à la punition du coupable. Quels sont les moyens d'empêcher que l'exercice de ce droit ne dégénère en abus ou en rigueurs inutiles et qu'il ne nuise à la défense de l'accusé? » — Adopté.

3. « L'authenticité et la publicité des actes sont la meilleure garantie des transactions civiles. Cependant plusieurs causes et notamment le fisc, les offices ministériels et la nécessité des déplacements, ont empêché cette garantie de devenir aussi usuelle, aussi populaire qu'elle devrait l'être pour la sécurité des intérêts civils. Quels sont les moyens de remédier à cet état de choses? » — Adopté.

4. « L'avenir du gouvernement représentatif repose sur la liberté des électeurs et sur la sincérité des votes. Quels sont les meilleurs moyens d'assurer l'une et l'autre? »

M. LE PRÉSIDENT fait connaître que le comité d'exécution, pour éviter de faire porter au conseil d'administration la responsabilité des incidents plus ou moins irritants que pourrait faire naître la discussion de cette question, propose de l'ajourner tout au moins à une autre session, tout en maintenant à l'initiative individuelle des membres, le droit de l'aborder devant la section.

M. Vléminckx fait remarquer que la question a cependant un caractère bien évident d'utilité générale et même d'actualité ; qu'en Belgique assurément elle ne soulèvera de colères dans aucun parti ; que les élections seront terminées en France, depuis plus de trois mois et que dans tous les pays, on s'intéresse beaucoup à la solution de cette question.

M. le président met l'ajournement aux voix ; il est prononcé par 9 voix contre 7.

5. « Dans quelles limites convient-il de restreindre le droit de visite et de prise et le droit de blocus en temps de guerre, pour concilier l'intérêt des parties belligérantes avec celui des autres États? — Adopté.

6. « De la peine de mort. Son abolition ou son maintien. » La mise à l'ordre du jour de cette question a été provoquée par M. Jolles d'un côté et, de l'autre, par le *comité provisoire* de l'Association fondée à Liége, pour l'abolition de la peine de mort. Après une courte discussion sur son opportunité et sur la manière de la poser, cette question est admise par 13 voix contre 5, dans les termes suivants : « La peine de mort est-elle nécessaire? Peut-on la supprimer ou du moins en restreindre l'application ? »

7. M. Asser, professeur de droit à l'Université d'Amsterdam, propose d'ajouter au programme la question que voici : « La lettre de change ayant un caractère essentiellement international, l'uniformité de la législation concernant cette matière, serait d'une grande utilité pour le commerce. Quels sont les moyens par lesquels on pourrait obtenir autant que possible une telle uniformité? quelle pourrait être la base d'une législation internationale à cet égard? »

M. Asser ne présente pas cette rédaction comme définitive. Il demande seulement que l'assemblée se prononce sur le principe, sauf à laisser au *comité d'exécution* le soin de poser la question. — Adopté. (*).

DEUXIÈME SECTION. — ÉDUCATION ET INSTRUCTION.

1. « Est-il utile de conserver à l'étude des langues mortes, dans l'enseignement moyen, son développement actuel, ou vaudrait-il mieux donner plus d'extension à l'étude des langues vivantes? »

M. Bérardi pense que cette rédaction ne rend pas les intentions du bureau de la deuxième section. En effet, il semblerait qu'une plus grande extension donnée à l'étude des langues modernes, soit exclusive du développement actuel de l'étude des langues mortes. Or on admet généralement qu'il est indispensable de fortifier l'enseignement des langues mortes

(*) Le *Comité d'exécution* a rédigé la question ainsi : « Sur quelles bases pourrait-on établir une législation internationale en matière de lettre de change ? »

et en même temps de rechercher les moyens de donner à la jeunesse la connaissance des langues vivantes. Il vaudrait donc mieux poser la question en ces termes :

« Quelles sont les méthodes à l'aide desquelles, en conservant à l'étude des langues mortes son développement actuel, on pourrait donner plus d'extension à l'enseignement des langues vivantes? » — Adopté.

2. « Quelle est la meilleure organisation d'un enseignement moyen professionnel? »

M. LE SECRÉTAIRE GÉNÉRAL propose d'ajouter : « tant pour les filles que pour les garçons. » — Adopté.

3. « Quelle est sur les études, l'influence des programmes, des examens et des concours? » — Adopté.

4. « L'État doit il intervenir dans l'enseignement? »

Cette rédaction est approuvée, après qu'il a été reconnu qu'elle renferme implicitement la question « de la gratuité de l'instruction primaire » réclamée par M. DE STUBENRAUCH.

5. « Convient-il d'introduire dans l'enseignement à tous les degrés, l'étude des institutions nationales? » — Adopté.

M. LACROIX propose d'ajouter au programme de la deuxième section, la question relative à la liberté des professions libérales ; il rappelle que, dans un récent Congrès, les avocats et les médecins de l'Allemagne n'ont pas hésité à aborder ce sujet ; les pays qui, comme l'Angleterre et l'Amérique, donnent au monde l'exemple de la pratique de toutes les libertés, ont consacré la liberté presque absolue des professions dites libérales. Il serait donc utile d'inviter les membres de l'Association à étudier aussi cette question.

Le conseil adopte la question ainsi formulée :

6. « L'État doit-il subordonner à des garanties spéciales, l'exercice des professions libérales? »

TROISIÈME SECTION. — ART ET LITTÉRATURE.

Le conseil adopte successivement les quatre questions proposées, sauf de légères modifications. Voici la rédaction définitive.

1. « Le développement excessif des moyens matériels d'exécution a eu pour effet de faire négliger par les compositeurs les qualités qui relèvent du sentiment, en donnant une importance de plus en plus grande aux combinaisons techniques. De quelle manière cette tendance a-t-elle influé jusqu'ici sur le caractère des productions musicales et quelles seront les dernières conséquences du principe qu'elle a introduit dans l'art? »

2. « La multiplicité des relations établies de nos jours entre les peuples et la fréquence des expositions où se rencontrent les productions des artistes de tous les pays, sont-elles de nature à faire disparaître les caractères particuliers des différentes écoles de peinture? Dans l'affirmative, quels seront pour l'art, les avantages et les inconvénients de la substitution d'une communauté de principes à la diversité des systèmes suivis par les anciens maîtres? »

3. « L'étude des langues étrangères et la multiplicité des traductions des œuvres littéraires, n'ont-elles pas pour effet d'affaiblir les traits distinctifs et l'originalité des diverses littératures? Dans l'affirmative, quels sont les résultats déjà produits et quelles conséquences faut-il prévoir? »

4. « Quelle est l'influence de la centralisation administrative sur le développement des lettres et des beaux-arts? »

QUATRIÈME SECTION. — BIENFAISANCE ET HYGIÈNE PUBLIQUE.

1. Sur la proposition de M. VLEMINCKX, la première question, relative au traitement des maladies à domicile et dans les hôpitaux, est supprimée.

2. « Comment faut-il organiser les secours sanitaires dans les campagnes? »—Adopté.

3. « Quels sont les avantages de la colonisation agricole appliquée aux aliénés? Ce mode peut-il également s'appliquer à toutes les variétés de l'aliénation mentale? En cas de négative, quelle serait pratiquement la part à faire à chacun des deux systèmes celui des établissements fermés et celui du placement des aliénés chez les habitants des campagnes? »—Adopté.

4. « Quels sont les avantages et les inconvénients des crèches et des salles d'asile? Ces établissements sont-ils nuisibles à l'esprit de famille? Dans l'affirmative, comment peut-on combattre cette fâcheuse influence? »—Adopté.

5. « Quels sont les résultats des associations *coopératives* constituées dans divers pays, et notamment en Angleterre et en Allemagne, pour le travail, le crédit, la consommation etc.? Quels seraient les moyens de propager ces sociétés et d'en étendre les bienfaits?

M. LE SECRÉTAIRE GÉNÉRAL rappelle la proposition de M. MAX WIRTH, d'ajouter les mots : Et de quel effet est l'influence de l'État sur ces associations? » et celle de M. CLAMAGERAN de reporter cette question à la 5ᵉ section.

La proposition de M. CLAMAGERAN est adoptée.

Quant à celle de M. WIRTH, M. LE PRÉSIDENT fait observer que sans aucun doute, l'intervention de l'État dans les associations *coopératives* doit exercer une influence très grande, soit en bien, soit en mal, et que, par conséquent, la demande de l'honorable membre du conseil devrait être accueillie, si elle ne se trouvait pas en réalité comprise dans l'énoncé de la question : *Quels seraient les moyens de propager ces sociétés et d'en étendre les bienfaits?* Il paraît évident que parmi ces moyens, on doit examiner quelle serait l'influence de l'intervention de l'État.

Le conseil se range de cet avis.

6. « Quelles sont les améliorations réalisées depuis quelques années dans l'habitation des classes ouvrières, dans les campagnes et dans les villes? Quels seraient les meilleurs moyens de propager ces améliorations? » — Adopté.

7. « La constatation des décès et la police des inhumations donnent-elles, dans leur organisation actuelle, des garanties suffisantes contre toute erreur, en cas de mort apparente ou d'attentat commis contre la vie humaine? »

« Quelles seraient, le cas échéant, les mesures à prendre pour compléter ces garanties? » — Adopté.

8. « L'hygiène réclame-t-elle l'addition d'interdictions nouvelles à celles qui sont mises au mariage par la plupart des législations de l'Europe? » — Adopté.

La question de l'insalubrité des rizières proposée par M. Trompeo, de Turin, n'est pas adoptée, parce que le conseil la regarde comme trop spéciale et trop locale.

Quant à la réclamation de M. Nakwaski, relative à la question du régime pénitentiaire, M. Vléminckx déclare que la 4ᵉ section n'avait pas décidé de la porter à son ordre du jour.

CINQUIÈME SECTION. — ÉCONOMIE POLITIQUE.

1. « De la douane au double point de vue de la protection et de l'impôt. » La question est adoptée, avec l'addition suivante : « Est-elle compatible, comme institution fiscale avec le principe de la liberté commerciale? »

La proposition de M. Clamageran, de supprimer cette question est écartée, parce que beaucoup de membres en ont vivement réclamé le maintien au programme.

2. « Quelles sont les conditions les plus favorables au développement du crédit, dans les différentes branches de la production? » — Adopté.

3. « Quel est l'avenir réservé à l'industrie cotonnière en Europe, en égard aux circonstances qui affectent l'approvisionnement de la matière première? » — Adopté.

4. (Ici se place la question des *associations coopératives*, empruntée à la 4ᵉ section.)

5. « Quelle est l'influence des possessions coloniales sur le développement du commerce et de l'industrie des nations européennes. ? » —Adopté.

6. La question des monopoles, modifiée dans le sens indiqué par M. Cini, est admise sous la forme suivante :

« L'État doit-il se réserver certains monopoles? La poste, les télégraphes ou les autres monopoles exploités par l'État, doivent-ils servir à augmenter les ressources du trésor public? »

« N. B. La 5ᵉ section aura encore à examiner :

« 1° Le travail de MM. Th. Engels et Van Peborgh, *sur le règlement des avaries*;

« 2° Le rapport de M. Tillière sur le projet de *Patent Union (Union des brevets)*, présenté par M. Macfle, vice-président de la Chambre de commerce de Liverpool. » — Adopté.

Le conseil, sur la proposition de M. le secrétaire général, charge le *Comité d'exécution* de revoir l'ensemble du programme et d'en classer définitivement les questions.

Enfin, M. le secrétaire général soumet à l'approbation du conseil les propositions du *Comité d'exécution*, relatives à la désignation de secrétaires des sections pour le Congrès de Gand. Après quelques renseignements donnés sur les titres des personnes présentées, le conseil émet à l'unanimité le vœu que les fonctions de secrétaires soient acceptées par :

MM. Rolin, Van Biervliet et Waelbroeck, pour la section de *législation*.

Hennebert, L. Verhaeghe et Wauters, pour la section d'*éducation*.

Vanderhaghe, Voituron et Wagner, pour la section d'*art et de littérature*.

Bodaert et Rommelaere, pour la section de *bienfaisance et d'hygiène*.

De Laveleye, de Mulder et Waldack, pour la section d'*économie politique*.

Le conseil charge le *Comité d'exécution* de provoquer l'adhésion de ces messieurs.
La séance est levée à 3 1/2 heures.

LISTE ALPHABÉTIQUE

(Suite.)

—

MEMBRES PROTECTEURS
(Souscription annuelle. — 50 fr.)

Fontainas, Bruxelles.   Fortamps, Bruxelles.

MEMBRES EFFECTIFS
(Souscription annuelle. — 20 fr.)

Becquet, J., Bruxelles.
Beernaert, Bruxelles.
Blondiaux, Thy-le-Château.
Bossuet, Bruxelles.
Brasseur, Gand.
D'Anethan (baron), Bruxelles.
De Brouckere, Henri, Bruxelles.
De Cartier (baron Paul), Auderghem.
De Facqz, Bruxelles.
De Gottal, Anvers.
De Ligne (prince), Bruxelles.
De Mérode (comte), Bruxelles.
Defournier, Paris.
Delcourt, Gand.
Deroisin, Ph., Paris.
Desprets, Émile, Marchienne-au-Pont.
Deroubaix, Bruxelles.
Dréo, Paris.
Floquet, Ch., Paris.
Frans, Joseph, Bruxelles.
Hairion, Louvain.
Hemerdinger, Paris.
Hermans, Liége.

Hérold, Paris.
Kennis, Cureghem.
Lambrechts, Hoboken.
Laurent Pichat, Paris.
Lebeau, Charles, Charleroi.
Lemaire-Duprez, Tournai.
Loos, Anvers.
Marcq, Léon, Bruxelles.
Marichal, Bruxelles.
Mersman, Bruxelles.
Muller, Liége.
Neissen, Bruxelles.
Neuville, Liége.
Nothomb, Bruxelles.
Nypels, Liége.
Passy, Frédéric, Paris.
Pirmez, Charleroi.
Ranwet, Bruxelles.
Robert, Ch., Paris.
Seiglitz, Bruxelles.
Spitaels, Marcinelle.
Thiry, Bruxelles.
Van Schoor, Bruxelles.

TABLE DES MATIÈRES

DEUXIÈME SECTION. — ÉDUCATION ET INSTRUCTION.

C°

DE

L'ASSOCIATION INTERNATIONALE

POUR LE

PROGRÈS DES SCIENCES SOCIALES

—

PREMIÈRE SESSION

—

CONGRÈS DE BRUXELLES

—

PREMIÈRE LIVRAISON

—————◦+◦⋯◦+◦—————

BRUXELLES ET LEIPZIG

A. LACROIX, VERBOECKHOVEN ET Cⁱᵉ, IMPRIMEURS-ÉDITEURS

RUE ROYALE, 3, IMPASSE DU PARC

—

1863

MM. les membres protecteurs ou effectifs qui n'ont pas encore acquitté leur souscription pour l'année 1862-63 sont priés d'en faire parvenir le montant aux bureaux de l'Association, 46, *rue de Ligne.*

COMPTE RENDU

DU

CONGRÈS DE BRUXELLES

PREMIÈRE LIVRAISON

SOMMAIRE

APPENDICE

ASSOCIATION INTERNATIONALE

PROGRÈS DES SCIENCES SOCIALES

BUT ET MOYENS D'ACTION DE L'ASSOCIATION

L'Association a pour but de développer l'étude des sciences sociales, de guider l'opinion publique vers les moyens les plus pratiques d'améliorer les législations civiles et criminelles; de perfectionner et de généraliser l'instruction; d'étendre et de déterminer la mission des arts et des lettres dans les sociétés modernes, d'augmenter la somme des richesses publiques et d'assurer leur bonne distribution; d'améliorer la condition physique et morale des classes laborieuses; d'aider, enfin, à la diffusion de tous les principes qui font la force et la dignité des nations.

A cet effet, l'Association groupe autour d'elle toutes les sociétés et tous les individus qui s'appliquent ou s'intéressent à l'examen de ces questions, et, sans intervenir dans leurs efforts particuliers, elle cherche à dégager la vérité de l'erreur, à dissiper les doutes, à rapprocher les opinions dissidentes, à offrir, enfin, à toutes les convictions et à toutes les recherches un terrain neutre pour l'échange d'informations et d'études sérieuses sur tous les grands problèmes sociaux de notre époque.

L'Association poursuit son but :

1° Par des assemblées internationales se réunissant une fois par an, et pendant huit jours au plus, dans quelque grande ville d'Europe;

2° Par la publication des travaux de ces assemblées;

3° Par des prix accordés, au moyen de concours, aux œuvres les plus propres à seconder l'action des assemblées annuelles.

ANNALES

DE

L'ASSOCIATION INTERNATIONALE

POUR LE

PROGRÈS DES SCIENCES SOCIALES

—

PREMIÈRE SESSION

—

CONGRÈS DE BRUXELLES

—

DEUXIÈME LIVRAISON

—•◦◦•—

BRUXELLES & LEIPZIG

A. LACROIX, VERBOECKHOVEN & Cie, IMPRIMEURS-ÉDITEURS

RUE ROYALE, 3, IMPASSE DU PARC

PARIS

GUILLAUMIN & Cie, ÉDITEURS

RUE RICHELIEU, 14

1863

MM. les membres protecteurs ou effectifs qui n'ont pas encore acquitté leur souscription pour l'année 1862-63 sont priés d'en faire parvenir le montant aux bureaux de l'Association, 46, *rue de Ligne*.

DEUXIÈME LIVRAISON

SOMMAIRE

ASSOCIATION INTERNATIONALE

PROGRÈS DES SCIENCES SOCIALES

————

BUT ET MOYENS D'ACTION DE L'ASSOCIATION

L'Association a pour but de développer l'étude des sciences sociales ; de guider l'opinion publique vers les moyens les plus pratiques d'améliorer les législations civiles et criminelles ; de perfectionner et de généraliser l'instruction ; d'étendre et de déterminer la mission des arts et des lettres dans les sociétés modernes ; d'augmenter la somme des richesses publiques et d'assurer leur bonne distribution ; d'améliorer la condition physique et morale des classes laborieuses ; d'aider, enfin, à la diffusion de tous les principes qui font la force et la dignité des nations.

A cet effet, l'Association groupe autour d'elle toutes les sociétés et tous les individus qui s'appliquent ou s'intéressent à l'examen de ces questions, et, sans intervenir dans leurs efforts particuliers, elle cherche à dégager la vérité de l'erreur, à dissiper les doutes, à rapprocher les opinions dissidentes, à offrir, enfin, à toutes les convictions et à toutes les recherches un terrain neutre pour l'échange d'informations et d'études sérieuses sur tous les grands problèmes sociaux de notre époque.

L'Association poursuit son but :

1° Par des assemblées internationales se réunissant une fois par an, et pendant huit jours au plus, dans quelque grande ville d'Europe ;

2° Par la publication des travaux de ces assemblées ;

3° Par des prix accordés, au moyen de concours, aux œuvres les plus propres à seconder l'action des assemblées annuelles.

DE

L'ASSOCIATION INTERNATIONALE

POUR LE

PROGRÈS DES SCIENCES SOCIALES

—

PREMIÈRE SESSION

—

CONGRÈS DE BRUXELLES

—

TROISIÈME LIVRAISON

———————————

BRUXELLES & LEIPZIG

A. LACROIX, VERBOECKHOVEN & Cie, IMPRIMEURS-ÉDITEURS

RUE ROYALE, 3, IMPASSE DU PARC

PARIS

GUILLAUMIN & Cie, ÉDITEURS

RUE RICHELIEU, 14

—

1863

MM. les membres protecteurs ou effectifs qui n'ont pas encore acquitté leur souscription pour l'année 1862-63 sont priés d'en faire parvenir le montant aux bureaux de l'Association, 46, *rue de Ligne.*

TROISIÈME LIVRAISON

SOMMAIRE

ASSOCIATION INTERNATIONALE

POUR LE

PROGRÈS DES SCIENCES SOCIALES

———

BUT ET MOYENS D'ACTION DE L'ASSOCIATION

L'Association a pour but de développer l'étude des sciences sociales ; de guider l'opinion publique vers les moyens les plus pratiques d'améliorer les législations civiles et criminelles ; de perfectionner et de généraliser l'instruction ; d'étendre et de déterminer la mission des arts et des lettres dans les sociétés modernes ; d'augmenter la somme des richesses publiques et d'assurer leur bonne distribution ; d'améliorer la condition physique et morale des classes laborieuses ; d'aider, enfin, à la diffusion de tous les principes qui font la force et la dignité des nations.

A cet effet, l'Association groupe autour d'elle toutes les sociétés et tous les individus qui s'appliquent ou s'intéressent à l'examen de ces questions, et, sans intervenir dans leurs efforts particuliers, elle cherche à dégager la vérité de l'erreur, à dissiper les doutes, à rapprocher les opinions dissidentes, à offrir, enfin, à toutes les convictions et à toutes les recherches un terrain neutre pour l'échange d'informations et d'études sérieuses sur tous les grands problèmes sociaux de notre époque.

L'Association poursuit son but :

1° Par des assemblées internationales se réunissant une fois par an, et pendant huit jours au plus, dans quelque grande ville d'Europe ;

2° Par la publication des travaux de ces assemblées ;

3° Par des prix accordés, au moyen de concours, aux œuvres les plus propres à seconder l'action des assemblées annuelles.

DE

L'ASSOCIATION INTERNATIONALE

POUR LE

PROGRÈS DES SCIENCES SOCIALES

—

PREMIÈRE SESSION

—

CONGRÈS DE BRUXELLES

—

QUATRIÈME LIVRAISON

BRUXELLES & LEIPZIG

A. LACROIX, VERBOECKHOVEN & Cᵢₑ, IMPRIMEURS-ÉDITEURS

RUE ROYALE, 8, IMPASSE DU PARC

PARIS

GUILLAUMIN & Cᵢₑ, ÉDITEURS

RUE RICHELIEU, 14

—

1863

MM. les membres protecteurs ou effectifs qui n'ont pas encore acquitté leur souscription pour l'année 1862-63, sont priés d'en faire parvenir le montant aux bureaux de l'Association, 46, *rue de Ligne*.

QUATRIÈME LIVRAISON

SOMMAIRE

QUATRIÈME SECTION. — BIENFAISANCE ET HYGIÈNE PUBLIQUE.

ASSOCIATION INTERNATIONALE

PROGRÈS DES SCIENCES SOCIALES

BUT ET MOYENS D'ACTION DE L'ASSOCIATION

L'Association a pour but de développer l'étude des sciences sociales ; de guider l'opinion publique vers les moyens les plus pratiques d'améliorer les législations civiles et criminelles ; de perfectionner et de généraliser l'instruction ; d'étendre et de déterminer la mission des arts et des lettres dans les sociétés modernes ; d'augmenter la somme des richesses publiques et d'assurer leur bonne distribution ; d'améliorer la condition physique et morale des classes laborieuses ; d'aider, enfin, à la diffusion de tous les principes qui font la force et la dignité des nations.

A cet effet, l'Association groupe autour d'elle toutes les sociétés et tous les individus qui s'appliquent ou s'intéressent à l'examen de ces questions, et, sans intervenir dans leurs efforts particuliers, elle cherche à dégager la vérité de l'erreur, à dissiper les doutes, à rapprocher les opinions dissidentes, à offrir, enfin, à toutes les convictions et à toutes les recherches un terrain neutre pour l'échange d'informations et d'études sérieuses sur tous les grands problèmes sociaux de notre époque.

L'Association poursuit son but :

1° Par des assemblées internationales se réunissant une fois par an, et pendant huit jours au plus, dans quelque grande ville d'Europe ;

2° Par la publication des travaux de ces assemblées ;

3° Par des prix accordés, au moyen de concours, aux œuvres les plus propres à seconder l'action des assemblées annuelles.

ASSOCIATION INTERNATIONALE

POUR LE

PROGRÈS DES SCIENCES SOCIALES

TRAVAUX DES ASSEMBLÉES ANNUELLES DE L'ASSOCIATION

Les assemblées annuelles de l'Association se divisent en cinq sections.

Les discussions s'engagent dans chaque section sur des communications faites par des membres de l'Association.

Ces communications peuvent exposer soit des faits, soit des points de doctrine. Ceux qui les présentent en assument la responsabilité.

Chaque membre conserve la plus entière liberté d'exprimer ses opinions ; néanmoins il est de rigueur que, dans une assemblée composée de personnes dont les convictions sur des sujets politiques ou religieux peuvent être très diverses, l'on évite soigneusement toute communication de nature à soulever de justes susceptibilités ou des débats irritants

Les communications se font sous la forme de discours ou de mémoires. Aucun mémoire déjà publié ne peut être lu en section.

La lecture d'un mémoire ne peut dépasser quinze minutes. Sont exceptés de cette disposition, les travaux des rapporteurs.

Le conseil d'administration fait imprimer chaque année les travaux des diverses sections, soit en totalité, soit en partie.

Aucune communication faite aux sections ne peut être publiée par son auteur avant la publication des travaux de l'Association, sauf l'autorisation spéciale donnée par le conseil d'administration.

PARTICIPATION AUX TRAVAUX DE L'ASSOCIATION

Ne peuvent participer aux assemblées de l'Association que les personnes inscrites comme membres de l'institution. L'inscription s'accorde à toute personne jouissant de ses droits civils qui en fait la demande.

Les membres *effectifs* payent annuellement vingt francs; les membres *protecteurs*, cinquante francs par an ou 250 francs une fois donnée. Ils ont le droit : 1° d'adresser, ainsi que toutes les personnes de leur famille demeurant sous leur toit, des communications à toutes les assemblées annuelles et de prendre part aux discussions ; 2° de recevoir les publications de l'Association ; 3° de nommer les comités des sections de l'Association et son conseil d'administration.

Les membres *affiliés* payent une cotisation de cinq francs. Ils participent aux assemblées de l'Association. Ils ne reçoivent pas les publications de l'Association et n'exercent aucun droit dans son administration intérieure.

Les corporations publiques ou sociétés privées, telles que les académies, les conseils communaux, les chambres de commerce, les conseils de prud'hommes, les institutions charitables, les cercles, sociétés de commerce, etc., peuvent se faire inscrire comme membres et participer aux assemblées de l'Association par un ou plusieurs délégués.

BUREAUX :

46, rue de Ligne, à Bruxelles.

Le prix de vente de chaque fascicule des publications de l'Association est de 4 francs Le cinquième et dernier fascicule contenant les mémoires et les débats de la 5e section (Économie politique) est sous presse.

ANNALES

DE

L'ASSOCIATION INTERNATIONALE

POUR LE

PROGRÈS DES SCIENCES SOCIALES

—

PREMIÈRE SESSION

—

CONGRÈS DE BRUXELLES

—

CINQUIÈME ET DERNIÈRE LIVRAISON

BRUXELLES & LEIPZIG

A. LACROIX, VERBOECKHOVEN & Cⁱᵉ, IMPRIMEURS-ÉDITEURS

RUE ROYALE, 3, IMPASSE DU PARC

PARIS

GUILLAUMIN & Cⁱᵉ, ÉDITEURS

RUE RICHELIEU, 44

—

1863

CINQUIÈME LIVRAISON

SOMMAIRE

CINQUIÈME SECTION. — ÉCONOMIE POLITIQUE.

AVIS AU RELIEUR

Ordre des matières des cinq livraisons des *Annales* :

    1° L'introduction ;

    2° Le corps de l'ouvrage ;

    3° Les divers appendices réunis ;

    4° La table des matières.

ASSOCIATION INTERNATIONALE

PROGRÈS DES SCIENCES SOCIALES

BUT ET MOYENS D'ACTION DE L'ASSOCIATION

L'Association a pour but de développer l'étude des sciences sociales ; de guider l'opinion publique vers les moyens les plus pratiques d'améliorer les législations civiles et criminelles ; de perfectionner et de généraliser l'instruction ; d'étendre et de déterminer la mission des arts et des lettres dans les sociétés modernes ; d'augmenter la somme des richesses publiques et d'assurer leur bonne distribution ; d'améliorer la condition physique et morale des classes laborieuses ; d'aider, enfin, à la diffusion de tous les principes qui font la force et la dignité des nations.

A cet effet, l'Association groupe autour d'elle toutes les sociétés et tous les individus qui s'appliquent ou s'intéressent à l'examen de ces questions, et, sans intervenir dans leurs efforts particuliers, elle cherche à dégager la vérité de l'erreur, à dissiper les doutes, à rapprocher les opinions dissidentes, à offrir, enfin, à toutes les convictions et à toutes les recherches un terrain neutre pour l'échange d'informations et d'études sérieuses sur tous les grands problèmes sociaux de notre époque.

L'Association poursuit son but :

1° Par des assemblées internationales se réunissant une fois par an, et pendant huit jours au plus, dans quelque grande ville d'Europe ;

2° Par la publication des travaux de ces assemblées ;

3° Par des prix accordés, au moyen de concours, aux œuvres les plus propres à seconder l'action des assemblées annuelles.